Wilhelm von Kügelgen
Bürgerleben

*Wilhelm von Kügelgen.*
*Selbstbildnis aus dem Jahre 1836*

Wilhelm von Kügelgen

# Bürgerleben
# Die Briefe an den Bruder Gerhard
# 1840–1867

*Herausgegeben*
*und mit einer Einleitung versehen*
*von Walther Killy*

Verlag C. H. Beck München

Mit 20 Abbildungen im Text
und zwei Faksimiles

Die Transkription der Handschrift
besorgte Ulrike Seeger

CIP-Titelaufnahme der Deutschen Bibliothek
*Kügelgen, Wilhelm* von:
Bürgerleben : die Briefe an den Bruder Gerhard 1840 – 1867 /
Wilhelm von Kügelgen. Hrsg. u. mit e. Einl. vers. von Walther
Killy. – München : Beck, 1990
ISBN 3406342108
NE: Kügelgen, Gerhard [Adressat]

ISBN 3 406 34210 8


Satz: Fotosatz Otto Gutfreund, Darmstadt
Druck und Bindung: Franz Spiegel Buch GmbH, Ulm-Jungingen
Printed in Germany

# Inhalt

# Einleitung

*Ballenstedt,* so weiß die ‹Landeskunde des Herzogtums Anhalt› zu berichten, *schmiegt sich an den Nordostrand des Harzes, indem es den Schutz einer Bodenfalte sucht, die von dem Muschelkalkrücken der Steinberge und den Randhöhen des Harzes eingefaßt wird. Lieblich ist der Anblick, den zur guten Jahreszeit die nördlich gelegenen Erhebungen auf die langgestreckte Stadt gewähren. Zur Rechten lugt das Schloß, hoch auf Bergeshöhe gebaut, aus weit wallendem Waldmantel hervor. Langsam steigt die an den Herrensitz angelehnte Stadt in das Tal hinab, eine lange Reihe grüner Baumwipfel in der Mitte, daneben ein Saum rotleuchtender Dächer, heller Wände und Giebel...* Nicht ganz so poetisch beschreibt Pierers Lexikon im Jahre 1835 den Ort, in dem Wilhelm von Kügelgen seit 1833 als Hofmaler des Herzogs von Anhalt-Bernburg lebte, als Kammerherr diesem kranken Fürsten diente, die ‹Jugenderinnerungen eines Alten Mannes› schrieb und 1867 fast fünfundsechzigjährig starb. *Ballenstedt,* so gibt Pierer kund, sei ein Amt im *obern Fürstenthum Anhalt-Bernburg mit 6200 Unterthanen,* benannt nach *Stadt und Amtsitz daselbst an der Geitel, mit naheliegendem Residenzschloß des Herzogs (wozu die Schloßkirche mit der Asche Albrechts des Bären, die große Reitbahn, das Schauspielhaus, der Redoutensaal gehört), Synagoge, Badehause, 2500 Einwohner. Sehenswerth sind der Ziegenberg (mit schönen Aussichten), die Fasanerie, der Thiergarten, Geburtsort des Theologen Joh. Arndt.*

Die dürren Daten machen deutlich, daß es sich um eine kleine Residenzstadt handelt, einen Hauptort des sehr kleinen Fürstentums, dessen Regent dem alten Haus der Askanier entstammte. Er gebot über ein Gebiet von 15 Quadratmeilen, aus zwei nicht zusammenhängenden, sondern von dem großen Preußen umfaßten Landesteilen bestehend. Es war eine, auch zu Zeiten der so viel und vielleicht sehr zu Unrecht geschmähten deutschen Kleinstaaterei, winzige Herrschaft. Aber die 6200 Untertanen hingen am angestammten Herrscherhause, und Kügelgen nannte das Städtchen den *angenehmsten Ort in Deutschland* oder einfach *mein frisches freundliches Ballenstedt.* Vielfältige Schicksale hat er dort erlebt, mancherlei Verantwortung getragen, wovon die hier erstmals vollständig und unverfälscht veröffentlichten Briefe Zeugnis geben.

Aber nicht nur davon. Sie sind in das ferne Estland gerichtet, an den geliebten jüngeren Bruder, der in dem Baltenlande Güter verwaltete; dem Land und dem Bruder galt Kügelgens Sehnsucht ein Leben lang. *Der erste Schnee versetzt mich also gleich nach Ehstland und der Morgen meiner Jugendjahre umdämmert mich zauberhaft. Ich rieche sogar in diesem Augenblick den scharfen Geruch von Leder, Mist und Pferdeschweiß an den Krügen und sehe die halbwilde Wirtschaft der dunkeln geräucherten Gestalten mit weißen verwühlten Haaren. Ach wie tief steht doch die Vollendung der Civilisation unter ihren Anfängen.* Aber größer noch als das Verlangen nach diesem Lande war die Bindung an den drei Jahren jüngeren Gerhard von Kügelgen. Wenn nicht das Corpus der Briefe als eine Art Lebenstagebuch davon zeugte, so bewiesen das schon die wechselnden Anreden: *mein lieber Engelbraten* (dieser Gegensatz zu Teufelsbraten wurde 1842 in Ballenstedt erfunden). Von ebendort heißt es *Mein innig geliebter Dicker!* (1842) oder *Mein geliebter alter Wanna* (= Mann) *und treues Bruderherz!* (1842), *geliebte theure Seele meines Bruders!* (1843), *Viel Geliebtester!* (aus St. Petersburg 1846) bis hin zum *Mein lieber alter Bruder* des Briefes vom 1. Oktober 1864.

Aber nicht allein die menschliche Teilnahme, welche eine so ungebrochene, getreue, vertrauensvoll aufrichtige Beziehung dem späteren Leser abnötigt, begründet den Wert dieser Briefe. Vielmehr entsteht im Fortgang ihrer Berichte das vollständige Bild einer versunkenen Welt, die auch einmal eine deutsche Welt gewesen ist: im Kleinstaat erhielt sich ein spätbiedermeierliches Bürgerleben, keineswegs nur idyllisch, über das in den Metropolen Berlin und Wien die Zeit längst hinweggegangen war. Bürgerleben ist das rechte Wort, denn das Haus Kügelgen war (trotz seinem bescheidenen Adel) in Gesittung und Maßstäben ein bürgerliches Haus, in dem weder Wohlleben noch Geld eine bedeutende Rolle spielten, auch wenn es am letzteren zuweilen so fehlte, daß der Hausherr auf die Sparbüchsen der Kinder zurückgreifen mußte. An dieser Bürgerlichkeit änderte auch die Verbindung zum herzoglichen Hofe nichts, der in seinen Chargen und seinem Zeremoniell den Brauch vergangener Jahrhunderte konservierte und keineswegs arm war. Aber das heute notgedrungen modisch gewordene Wort «Bürgernähe» galt noch, und der Herzog, krank wie er war, kannte selbst den verstorbenen örtlichen Schornsteinfegermeister beim Namen; Kalitsch hatte er geheißen und versagte sich dem Wunsch seines Landesherrn, der den Geist des Toten zu beschwören unternahm.

Dieser geisteskranke Fürst, Alexander Carl von Anhalt-Bernburg, ist eine in mehrfacher Hinsicht erstaunliche Figur. Je mehr seine Krankheit vorschreitet, je stärker seine Wahnvorstellungen werden, um so näher steht ihm Kügelgen; schließlich widmet er sich ganz dem auf Schloß Hoym internierten Herrn wie auf einem anderen Zauberberg. Er selbst gebraucht dieses Wort: *Was mich betrifft, so habe ich die Empfindung, als sei ich mit meinem Herzog gestorben, und führe nun mit ihm, etwa im Inneren eines Zauberberges, ein bloßes Scheinleben.*

Aber das Amt des herzoglichen Kammerherrn, das Kügelgen von seinen Geldsorgen (und vom Malen) befreite, war keineswegs ein Scheinleben und auch keine Sinekure. Es brachte Pflichten bei Hofe, die um so beträchtlicher wurden, je mehr sich Kügelgens liebevolles Geschick im Umgang mit dem Kranken bewährte, aber auch, je mehr ein wachsendes Vertrauen die Herzogin dazu brachte, sich auf den Rat des Hofmalers zu stützen, der auch auf eine Weile ihr Vorleser war. Auch diese Herzogin, Prinzessin aus holsteinischem Hause und in größeren Verhältnissen aufgewachsen, ist erstaunlich: *Die Herzogin war mir früher sehr gleichgültig, da unsere Naturen nichts sympathisches haben. Sie ist sanguinisch, modern, rasch, verbindlich und sehr prosaisch ... Als sie aber unglücklich und rathlos es nicht verschmähte, Rat und Hülfe bei mir zu suchen, widmete ich mich ihrem Dienst mit allen meinen Kräften und gewann sie wegen ihrer Redlichkeit und persönlichen Liebenswürdigkeit sehr lieb ... sie ist aus einer aufgeputzten Staatspuppe wirkliche Regentin dieses Landes geworden.*

Standen diese Herrschaften nach altem Brauch an der Spitze der *dramatis personae* auf Kügelgens übersehbarer Lebensbühne, so standen seinem Herzen ganz andere Personen und Schauplätze näher, die Angehörigen seiner Familie und sein Haus, den Hund Poll eingeschlossen. Die Seele des Hauses war seine Frau Julie, genannt Julchen, eine Tochter des bedeutenden, poetisch veranlagten Theologen Friedrich Adolf Krummacher, in dessen Haus der Gymnasiast Kügelgen einst als Pensionär gewesen war. *Es ist doch was recht Großes, so 25 Jahre mit einander hingepilgert zu sein. Das bindet fest bis in den Tod und bei der silbernen Hochzeit weiß man erst, was eine Ehe ist.* Es war eine Ehe, die vielfach geprüft wurde, nicht nur durch Kügelgens zur Schwermut neigendes und erregbares Naturell: *Mit mir selber hat Rousseau die schlagendste Ähnlichkeit, ja ich bin es ganz und gar, nur daß das Erbarmen meines Gottes mir andere Eltern, andere Geschwister andere Lehrer und Freunde gegeben hat.* Dieser Notiz anläßlich der Lektüre der ‹Confessions› fehlt der wichtigste Name, Julchen, die ihren Mann und drei Kinder bis ins 20. Jahrhundert überleben sollte. Es fällt schwer, sie sich in wilhelminischer Zeit zu denken, aber erst 1909 ist sie, hundertvierjährig, gestorben. Von diesem Zeitpunkt jedoch sind die Briefe weniger durch Jahre als durch die Verhältnisse entfernt. Wie festgefügt diese in dem Ländchen waren, zeigte sich im Jahre 1859, als das fünfundzwanzigjährige Regierungsjubiläum des gemütskranken Herzogs gefeiert wurde.

1848 lag elf Jahre zurück, das auch in Ballenstedt einige provinzielle Aufregung verursacht hatte. Jetzt aber war *in allen Kirchen... Gottesdienst, Abends Illuminationen in allen Städten, Bälle, Zweckessen und dergleichen... Die Illumination in Ballenstedt war für einen so kleinen Ort großartig genug, doch fehlte es auch nicht an kleinen liebenswürdigen Nippes. Einer hatte z. B. mit Tinte auf einen Bogen Papier geschrieben: «Der Handschuhmacher Fuchs wünscht Heil und Segen dem vielgeliebten Dux.» Dahinter war ein Licht gestellt... Eine arme Wittwe hatte an einem kleinen Fenster die Worte transparirt: «Ich heiße Gille und lebe in der Stille. Ich bin so alleine, der Herzog ist in Haime.»* Damit war das schon erwähnte Schloß Hoym gemeint, wo Kügelgen die Internierung seines Herrn mit diesem teilte. Auch dort gab es *Ständchen, Gratulationen, große Tafel, Stadt- und Gartenillumination, Feuerwerk und dergl.* Der Herzog war vergnügt und faßte seine Zufriedenheit zusammen in dem Satz *das Wetter wäre freilich sehr schlecht gewesen, aber innerlich gut.* Das war wieder ein charakteristisches Dictum dieses verstörten Souverains, der über die Gabe verfügte, imaginäre Nägel auf den Kopf zu treffen. So beugte er sich etwa zu Frau von Kügelgen und vertraute ihr an: *«Es ist alles unvollkommen und wer das nicht zugeben will, ist ein sogenanntes Luder.»* Überhaupt hatte er es mit dem Weltzustand und den Zeitläuften. Als man eines der beliebten Schreibspiele spielte, wo jeder eine Zeile schreibt, um sie verdeckt dem Nachbarn weiterzureichen, gab der Herzog das Papier nicht weiter, sondern machte das Gedicht alleine mit folgendem Wortlaut:

Quakerlei und dummes Zeug!
Zeit du bist nun bald dahin
Nur ein Monat nur
Dann bist du ja geliefert.
Dann kommt ja eine andere
Zeit, aber keine bessere.

Die jetzige, wenn man sie alle hätte
Befriedigt, so wird sie ja toller,
Aber nicht besser. Man kann
Die ganze tolle Zeit nehmen
Wie sie ist; aber hoh!
Wenn sie abgespielt ist...

Solches Mißtrauen in Gegenwart und Zukunft war der cantus firmus all seiner Äußerungen, so lange jedenfalls, als die Krankheit nicht ganz überhand nahm. Indem er des örtlichen Superintendenten ansichtig wird, *fing er an sich gegen die Geistlichkeit auszulassen: «Es wäre was ganz heilloses mit der Geistlichkeit, das geistliche Zeug müsse ganz ausgerottet werden – und – setzte er nach einer Weile begütigend hinzu – und das Weltliche auch.»* Und das ausführliche Gespräch, das auf den Seiten 475 ff. nachzulesen sich lohnt, gipfelt in der Äußerung: *«... ich hätte doch gar nicht in diese Zeit kommen sollen; oder wissen Sie vielleicht warum ich in diese Zeit gekommen bin?»* Kügelgen: *«Das weiß allein der liebe Gott.»* Herzog: *«Der wird wohl auch finden, daß nichts Gutes mehr an der Zeit ist und an allem Uebrigen auch nicht, und was soll man da noch länger machen in dieser schändlichen Zeit?»*

Da traf er sich freilich mehr, als er zu wissen vermochte, mit seinem treuen Kammerherrn, den das Bewußtsein nie verließ, er lebe in einer Zeitwende: *Meine Liebe greift nach dem zurück, was vergangen ist, die Gegenwart ist blutarm und die Zukunft schwarz und finster wie der Tod.* So schreibt Kügelgen 1856 an den Bruder und ein Jahr später: *Unser Adel ist kein Adel mehr, unsere Bauern sind keine Bauern mehr und von Bürgern ist vollends gar nicht mehr die Rede. Es löst sich eben Alles auf und der Brei läuft einem Ziele zu, das wir nicht kennen, wahrscheinlich dem Imperialismus... Die Despotie scheint das naturgeschichtliche Ende der Civilisation und Geistesfreiheit, und der Natur setzt man schwerlich Dämme entgegen.* Solche Gedanken, welche diejenigen des sech-

*Alexander Karl, Herzog von Anhalt-Bernburg*

zehn Jahre jüngeren Jacob Burckhardt vorausahnen, finden sich im Laufe der Korrespondenz immer wieder ein. Sie entspringen keineswegs einer Abneigung gegen die eigene Zeit, vielmehr einer tiefsitzenden Furcht um deren Bestand: *Ich sehe ein,* so heißt es schon im Januar 1848, noch vor der Erschütterung durch die Revolution, *daß es die humanste Zeit ist, welche Deutschland geschichtlich gehabt hat und bin auch geneigt, sie für die bei weitem sittlichste zu halten.* Aber dann fährt Kügelgen fort: *Dennoch glaube ich, daß wir am Vorabende irgendeines großen Endes stehen, weil alle früheren Zustände und alle früheren leitenden Ideen entweder schon aufgelöst sind, oder sich in Auflösung befinden. Was darnach kommen wird, weiß ich nicht und habe nicht einmal eine Ahnung davon, glaube aber, daß die Katastrophe eine sehr üble sein wird.* Und schließlich wagt er eine Voraussage, die den vom Ende des 20. Jahrhunderts Zurückblickenden wie eine Prophezeiung anmutet: *Die Katastrophe, die ich herankommen sehe, wird ein langer blutiger Krieg sein, der auf deutscher Erde ausgefochten wird und in der darauffolgenden Periode, wird wenn ich weißsagen darf, Deutschland unter einem Hut stehen und das Volk wird eine Rolle spielen wie in England, oder Deutschland wird wie Polen gestrichen sein aus dem Buch der Lebendigen.*

Dies alles steht in einem eindrucksvollen Gegensatz zur politischen Realität des kleinen Landes, ja zu seinen Lebensverhältnissen schlechthin. Auf sie trifft die Diagnose noch nicht zu, die Kügelgen dem Bruder im Blick auf Deutschland insgesamt stellt: *Deutschland mußt Du Dir nicht mehr denken wie es in unserer Jugend war, wo man z. B. in den Mittelgasthöfen noch weiße Wände fand und Kalbsbraten mit Pflaumen zu essen kriegte. Jetzt braust man nach allen Seiten hin mit den verdammten Eisenbahnen in Gesellschaft von Tausenden und tritt in Pallästen ab mit vergoldeten Wänden ... Der Reichthum geht in die Hände der Wirthe und Fabrikanten, Staatsdiener und Handwerker hungern und die Arbeiter verhungern oder wandern aus, hunderttausend in diesem Jahr allein über Bremen und Hamburg ... Dabei bittere Feindschaft der Armen gegen die Reichen, der Niederen gegen die Vornehmen, allgemeine Unzufriedenheit Aller mit Allen und Allem. Leere Kirchen, übervolle Bier- und Weinhäuser, wie sollte da der Krieg ausbleiben.* Das war fast zwanzig Jahre vor dem deutschfranzösischen Krieg und nahm die Charakteristik der Gründerjahre voraus avant la lettre.

*Friederike, Herzogin von Anhalt-Bernburg*

Auf Anhalt-Bernburg paßte nichts davon. Das Volk hielt sich loyal zu seinem verrückten Fürsten und verehrte seine Herzogin, die zunächst nur de facto, später von Rechts wegen die Regentschaft führte. Wenn sie von einer längeren Reise zurückkam, so war ihr ein festlicher Empfang sicher: *Bauern und kleine Gutsbesitzer mit grünen Schärpen ritten vor,* vor ihrem Wagen nämlich. *Vierhundert Schulkinder umstanden mit Guirlanden den ganzen Schloßhof und sangen ... Ich konnte kaum die Thränen unterdrükken als der Wagen langsam vorfuhr. Der Herzog, der aus eigenem Antrieb bis Bernburg entgegengejagt war, saß neben seiner Gemahlin. Es waren vier Vierspänner und ein Zweispänner, außer dem Packwagen, der später nachkam. Blumen und Bekränzung überall auf dem Schloß und durch die ganze Stadt ...*

Wie gefestigt die dynastischen Verhältnisse waren, ist ablesbar an der Tatsache, daß niemand auf den Gedanken kam, sich den Willensäußerungen des kranken Fürsten zu widersetzen, sie waren Befehle. Wenn er in Alexisbad während eines Sommeraufenthalts, am Abend eines Augusttags den Einfall hat, eine Harzreise zu unternehmen, so reisen am nächsten Morgen sechzehn Personen mit ihm, *bei schwülem Wetter im Gondelwagen,* von sechs Pferden gezogen, bei starkem Regen und Nebel. Dann geht es über Wernigerode nach Ilsenburg (dem Leser sei empfohlen, eine Karte zu konsultieren), wo ein Vorreiter die Gesellschaft bereits im Gasthof *Forelle* angemeldet hat. Von Ilsenburg fährt man noch nach Elbingerode, steigt in die *Baumannshöhle* ein, der Herzog im Bergmannskittel und *auf's tiefste ergriffen, ja erschüttert von den unterirdischen Eindrücken.* Auch unter Tage wird er geehrt, denn es erhebt sich *aus dunkler Schlucht ein ernster vierstimmiger Gesang von Bergleuten ausgeführt.* Anlaß des ganzen Ausflugs war die vom Herzog empfundene Tatsache, das ihn im Bade beherbergende Haus sei ein Geisterhaus; freilich wurde der unglückliche Herr auch sonst reichlich von den Geistern visitiert, die ihn plagen und die er *Weserei* nennt. Die bringt ihn zu der Klage, daß *er es nun balde nicht mehr aushalten könne, er magere ab, er verdorre ganz, die Weserei lasse ihm keine Ruhe auf seinem Zimmer, er könne weder lesen noch spielen, die Oberwelt mische sich in alles.*

Vorläufig aber versuchte die irdische Welt am Hofe den Eindruck aufrechtzuerhalten, der je länger je mehr auch öffentlich auffallende Fürst sei ein *dispositionsfähiger regierender Herr,* eine Fiktion, die *eine heillose Lügenwirtschaft* erforderte. Dies strenge Urteil Kügelgens aus dem Jahre 1855 wurde freilich temperiert dadurch, daß auch das Volk (aller 1848 hervortretenden Unruhe zum Trotz) gleichsam mit von der Partie war: *Rührend ist es, mit welcher Theilnahme ihn der gemeine Mann betrachtet, wenn er so rast. Nie sieht man ein Lächeln. Er ist ja der letzte aus einem uralten Stamm und mit seinem Tode erlischt die Selbständigkeit des Landes.* Wenn Kügelgen auch nach eigenem, vielleicht nicht ganz ernst zu nehmendem Bekunden *an dieser Selbstständigkeit nichts gelegen* war, so hat er ihr doch treulich gedient, ein Dienst, der seit seiner förmlichen Anstellung den Beruf des Malers immer mehr zurücktreten ließ, so daß er sagen konnte (Dezember 1853), er betreibe die Malerei *eben auch wie ein Schulknabe als Spielerei... weil es nicht mehr mein eigentlicher Beruf ist.*

So drückend nämlich zeitweise die dienstlichen Pflichten waren, welche bei feierlichen Gelegenheiten im Glanz *der gestickten Uniform mit Degen und Federhut* sichtbaren Ausdruck fanden, so brachten sie doch auch Erleichterung. Denn Kügelgens Verhältnis zu seiner Kunst war gebrochen und mühsam, wobei der Broterwerb durch Portraitieren, womöglich auf Reisen, keineswegs das Mühseligste an der Sache war; sein kluger Blick und sein Sinn für Menschen war ihm förderlich, aber zwei Hindernisse standen einer freien Entfaltung entgegen und wurden von ihm lebhaft empfunden. Das eine war ein Gebrechen, die angeborene Farbenblindheit; das andere war der überaus hohe Anspruch, den seine Kunstlehre stellte. Und vielleicht kam zu beidem noch die ohnehin übermächtige Erinnerung an den so schrecklich verlorenen Vater, bei dem er gelernt hatte. *Daß er's besser konnte als wir, begriff der Dümmste auf der Stelle* heißt es in den ‹Jugenderinnerungen›. *Wenn mir der liebe Gott mein Auge aufthun wollte, daß ich die Farben unterscheiden könnte, dann würde ich eine rechte Freude haben. Noch gestern hielt ich ein saftgrünes Samtkleid für rothbraun. Alle Mühe und Zeit, die ein andrer auf Zeichnung und Hell-Dunkel, das Wesentliche des Bildes, verwendet, verbrauche ich auf die Farben und dann kommt doch ein kleiner Rotzjunge und weißt mir einen Fehler nach, und mit aller Mühe habe ich nur ein schlechtes Colorit. Ich arbeite ganz im Finstern und daher ohne Lust. Das ist ein Theil meiner Last, schon genug, um einem Maler alle Freude aus dem Leibe zu treiben.*

Dazu kam sein hoher und im zwiefachen Sinn idealistischer Kunstbegriff. Er hat ihn ausführlich und in schöner philosophischer Prosa dargelegt in den ‹Drei Vorlesungen über Kunst›, die im Jahre 1842 bei Joh. Georg Heyse in Bremen erschienen. Sie sahen die Kunst im Zusammenhang mit der Religion, deren Glaubensfragen und Forderungen Kügelgen zeitlebens und zuweilen übermächtig bedrängten. *Sucht man,* so schreibt er, *nun in wenig Worten ein Verhältniß der Kunst zum Christenthume auszusprechen, so könnte vielleicht gesagt werden, die Kunst bietet die Form dar, für das sich objectiv außer dem Menschen gestaltende Christenthum, das Christenthum aber die Form für die subjectiv und innerlich den Menschen selbst gestaltende Kunst.* Dieser Grundüberzeugung, die das Christentum als Hauptsache jeglicher Geistesbeschäftigung (und nicht nur dieser) versteht, tritt eine keineswegs originelle, dem Maler Kügelgen wichtige ästhetische Lehre zur Seite. Er bringt sie auf den lapidaren Satz: *Das Schöne ist Identität des Guten und Wahren in der Erscheinung.* Und dann fährt er fort, implizite die Aufgabe des Künstlers beschreibend: *Die Kunst aber, welche an dem Anblicke der Schönheit sich entzündet, ist das willkührliche Zustandebringen dieser Identität von Seiten der menschlichen Freiheit.*

An diesem *Zustandebringen* hat der Künstler Kügelgen gelitten, an dem Anspruch, der in dem Satz gipfelt, er sehe *die Kunst als Priesterin ... an heiliger Stätte und in einem Lichte, in welchem alles menschliche Fühlen, Denken und Handeln erst zu seiner Wahrheit kommt.* Wie sollte dem Genüge getan werden – auch eine größere Begabung hätte angesichts solcher Herausforderung wie er gestehen müssen, daß *ich auch nie zufrieden mit meinen Arbeiten bin.* Dem heutigen Betrachter erscheint alles anmutig und ansprechend, was Kügelgen in kleiner Form, als Skizze, Zeichnung und Kinderbild, auch als Illustrator Krummacherscher «Parabeln» geleistet hat. Die große Form, das religiöse oder allegorische Bild wirkt mühsam und erdacht und bleibt hinter dem zurück, was die Zeitgenossen und nicht zuletzt die voraufgegangene Generation zu leisten vermochten. Man kann sich dem Eindruck nicht entziehen, Kügelgen habe dies gewußt, und als er an die Niederschrift seiner ‹Jugenderinnerungen› ging, war er zwar auch mit Mühe, aber mit einer Lust am Werke, die man diesem Buch bis heute anmerkt. Hier fiel schon durch den Gegenstand der gewaltige Anspruch fort; an dessen Stelle trat die Einsicht, daß bei *meinen unbedeutenden Erinnerungen Alles auf die Darstellung ankommt. Nicht das Was, sondern das Wie ist hier die Hauptsache. Ganz nichtige Bege-*

*benheiten können durch die Art der Relation interessant werden. Meine Aufgabe ist aus Nichts etwas zu machen ohne der Wahrheit zu nahe zu treten.* Das ist, wie der Leser weiß, vollauf gelungen und hat Kügelgens Kunstsinn im sprachlichen Werk so frei gemacht, wie es ihm im Bildnerischen nie beschieden war. Ein erzählendes Buch entstand, das in die erste Reihe der – im Vergleich mit den Nachbarn – an bedeutenden Leistungen nicht allzu reichen deutschen Erzählkunst gehört.

Vermutlich war die Niederschrift auch ein Mittel gegen die immer wiederkehrenden Phasen von Traurigkeit und Schwermut, so wie später ein kluger Hausarzt Theodor Fontane die Abfassung seiner Kindheitserinnerungen als Mittel gegen eine lähmende Depression verschrieb. Zur Traurigkeit gab es in Kügelgens Leben vielfachen Anlaß, nicht zuletzt durch den Tod von drei geliebten Kindern, wobei der Tod der Tochter Elisabeth durch die schrecklichen Umstände ihres Sterbens auch heute den Leser der Briefe unwiderstehlich ergreift. Wie mußte es erst einem Vater ergehen, der Zeuge solchen Sterbens wurde, bei dem freilich die *Todesfreudigkeit,* die Kügelgen bei den Herrnhutern gefunden hatte, nicht mehr zu helfen vermochte. Da hatte er geschrieben: *Auch mich weht diese Todesfreudigkeit mit an. Wenn man sich unter lauter Menschen befindet, die den Tod nicht fürchten, die ihm ganz getrost entgegensehen wie einem Engel Gottes, so wird man getrost.* Einmal, im Juni 1843, stellte er Betrachtungen über allerlei Weisen des Sterbens an: *Die erste Frau von Heynitz ließ sich ein geistliches Lied vorsingen und ich könnte wünschen Du wärst bei mir, wenn ich stürbe, doch sterbe ich auch gerne allein und habe nur den einen großen Wunsch nicht erstickt zu werden.* Wie man weiß, ging dieser Wunsch nicht in Erfüllung. Kügelgen starb zwar nicht allein, aber mit der furchtbarsten Atemnot.

Tod, Abschied, Sterben mögen Quellen der Traurigkeit sein, Schwermut, diese lebenslange Begleiterin, ist etwas anderes. Sie hat, zusammen mit ihrer Schwester, der üblen Laune, Kügelgen lebtags zu schaffen gemacht, wobei dahingestellt bleiben mag, ob die üble Laune wirklich eine Schwester oder eher ein Abkömmling der Schwermut sei; gewiß ist aber, daß die letztere mit dem religiösen Bedürfnis verschwistert ist. Kügelgen hat das in den Satz gefaßt *... gerade das melancholische Temperament, als das der innersten Erregbarkeit, ist dasjenige, an dem die Religion am sichersten experimentirt.* Aber ehe davon die Rede ist, lohnt es, das Phänomen in der milderen Form des Unmuts zu betrachten, der diesen wohlgezogenen Mann ergreifen konnte. *Ich wollte Dir schon vor fünf Wochen schreiben, ward aber durch das dumme Ding daran verhindert, welches man üble Laune nennt. Denke Dir, dieser alte Erbfeind hat sich wieder gemeldet, nachdem ich glaubte, gänzlich von ihm befreit zu sein.* So beginnt Kügelgen einen Brief Ende August 1851, der mit brüderlicher Aufrichtigkeit von einem Badeaufenthalt berichtet, zu dem die Herzogin ihn eingeladen. Sie wollte ihrem Ratgeber Gutes tun. *Es war das lieblichste, was mir geboten werden konnte, aber ich fühlte sogleich eine heimliche Neigung mir und anderen durch Unmuth Alles zu verderben.* Und das geschah gründlich; das schöne, aber keineswegs luxuriöse Zimmer im Gasthof, mit Mühe freigehalten, wird ohne jeglichen Grund ausgeschlagen und eine schäbige Bedientenkammer vorgezogen: *Ich hätte weinen können, mir so mit einem Male alle Glückseligkeit zerstört zu haben und doch konnte ich nicht anders.* Die Freundlichkeit der Herzogin, die Freude und die Gaben der Kinder, die schöne Landschaft und der strahlende Himmel, selbst eine aus Hamburg eigens gebrachte gute Zigarre – nichts vermag die tiefe Verstimmung zu mildern. Sie wird noch befördert durch eine Kügelgen eigentümliche, sehr menschliche Eigenschaft, die nämlich, sich selbst über die Schulter zu sehen, mit Bewußtsein Zeuge der eigenen Unleidlichkeit, ja Unvernunft zu sein und ihr doch nicht abzuhelfen. *Du siehst,* schreibt er, indem er dem Bruder so distanziert von dem verdorbenen Aufenthalt berichtet, als ob er das unvernünftige Verhalten eines anderen beschriebe, *Du siehst, daß ich halb verrückt gewesen bin, und ich beichte es Dir gern. Was ist das nun, daß man so absichtlich und wider seinen Willen gegen sich selbst wüthen kann? .. Ich würde eine ganz andere Stellung in der Welt einnehmen, wenn mir nicht die üble Laune von jeher allen Fortschritt verriegelt hätte.*

Es gibt in diesen Briefen noch mancherlei Beispiele für dies Sichselbst-im-Wege-Stehen, welche eine Antwort auf Kügelgens Frage herausfordern, was das denn sei, dieses *wider seinen Willen gegen sich selbst wüthen.* Man zögert, auf die Frage mit Bestimmtheit zu antworten, zumal die Briefe an den Bruder, bei aller vertraulichen Offenheit, bei allen Einblicken in die Beschaffenheit des Gemütes und die vergangene Wirklichkeit doch ein geheimes Vorzeichen tragen, das der Satz bezeichnet, *das was Einen eigentlich niederdrückt, das sagt man nicht, ich wenigstens thue es nie, und Du wirst wohl auch den dicksten Bissen für Dich behalten haben.* Aber daß Unleidlichkeit und widersinniges Verhalten die nach außen gekehrte Schwermut sind – diese Erklärung liegt nahe.

Eine tiefere Ursache der Schwermut wird jedoch erkennbar in Kügelgens Glaubensnöten, die ihn auf weiten Strecken seines Lebensweges begleiten; erst nach 1848 scheint das theologische Interesse hinter dem politischen zurückzutreten. Es schwindet nie ganz und ist zu Zeiten übermächtig bis zur Qual: ... *wenn ich selbst Christ oder ein decidirter Feind des Christenthums wäre, so hätte ichs auch leichter, aber so zieht mich mein Herz fortwährend zum Christenthum hin, während mein Kopf es verleugnet. Ich bin nicht glücklich, bis es Gott gefallen wird mich entweder vom Glauben oder vom Unglauben zu erlösen... Ich habe mir schon oft gewünscht, ich möchte sterben um diesem Zwiespalt zu entgehen.* Solche Klage aus dem Dezember 1842 wird im September 1847 in ein Gleichnis gefaßt: *Ich bin wie Einer, der seiner Braut nicht mehr schreibt, weil er keine Antwort erhält und nicht weiß, ob sie lebt, untreu, treu oder todt ist, der aber dennoch keine andere heirathet, weil er die Hoffnung hat, die erste könnte sich einmal wiederfinden.*

Und so ist die Feststellung durchaus ernst zu nehmen, daß Kügelgen sich *von Jugend auf für Nichts so lebhaft interessirt habe, als für das Christenthum.* Die Briefe geben davon vielfaches Zeugnis und gleichen zuweilen theologischen Traktaten. Obgleich Kügelgen ein erklärter Feind aller rationalistisch gesonnenen Theologie war, hatten seine Zweifel doch ganz vernunftgemäße Gründe und erwuchsen aus lebenslangem Bibelstudium: .. *es ist die Bibel selbst, die mich aus dem schönen Garten des Christenthums herausgeworfen hat... denn wenn ich auch glauben könnte sie sei von Gott eingegeben, so weiß ich doch immer nicht und kann ich trotz alles Studiums nicht erfahren, was Gott eigentlich mit dieser Eingebung will, da sich in den Aussprüchen der Bibel alles widerspricht.* Solche Widersprüche, wirkliche und vermeintliche, hatten dem noch jungen Mann den fraglosen Christenglauben genommen, mit dem er aufgewachsen war. Man muß sich verdeutlichen, daß die ersten Jahrzehnte des 19. Jahrhunderts vor allem im protestantischen Norddeutschland eine theologisch bewegte Zeit waren, mit einem von den letzten Jahrzehnten des voraufgegangenen Jahrhunderts ganz unterschiedenen geistlichen Klima. Die Gebildeten nahmen Glaubensdinge ernst, und neben dem rationalistischen Erbe der

Aufklärung gab es vielerlei biblizistische Neigung oder rigide Orthodoxie, zu schweigen von immer stärker anwachsenden liberalen Tendenzen, zu schweigen auch von der großen Wirkung eines David Friedrich Strauß, der die Evangelien historisierte.

Es waren also Bibelstudium und das Ärgernis an der Orthodoxie, *(durch letztere bin ich darum gekommen)*, welche Kügelgen dem aus dem Elternhaus mitgebrachten Glauben entfremdeten, den er liebte. Als die Mutter gestorben war, deren jugendliche Gestalt aus den ‹Jugenderinnerungen› so lebhaft und klug hervortritt, rief Kügelgen dem Bruder (am 25. Mai 1842) zu: *Mein lieber Gerhard, es giebt in solchen Fällen nur einen Trost der tröstet, das ist der Glaube! wo aber der Glaube dünn geworden ist, womit soll man trösten? .. Ich habe keine Lust am Zweifel, sondern ein Grauen davor und doch ist er gerade mein Theil geworden.* Dies Grauen oder besser, diese erschütternde Beunruhigung währte fast ein Jahrzehnt, das erste des in diesem Buche sich darstellende Zeitraumes, vor allem in dessen ersten Jahren. Eine wesentliche Beruhigung trat ein, nachdem Kügelgen bei seinen Beschäftigungen Abschied nahm von der Inspirationslehre, welche die Heilige Schrift als gleichsam vom heiligen Geist wörtlich diktiert verstand. *Diese Lehre war es einzig, die mich geirrt hatte und wie Schuppen fiel es mir von den Augen, als ich zuerst versuchte, von der wörtlichen Inspiration abzusehen und die Bibel so zu verstehen, wie man sich bemühen würde, ein Buch zu verstehen, was Menschen geschrieben haben.* Diesen Abschnitt seiner inneren Biographie faßte Kügelgen in einem Büchlein zusammen, dem er den Titel ‹Von den Widersprüchen der Heiligen Schrift für Zweifler› gab. Es zeugte von vielerlei Nachdenken, bemüht um einen Begriff der Vernunft, ohne in die Fallstricke des Rationalismus zu geraten, der ihm tief zuwider war. Es ging ihm um *eine mit dem christlichen Glauben schon erfüllte Vernunft,* welche bestrebt ist, den Text zu verstehen auch dort, wo sein Autor *sich im Widerspruch mit sich selbst ausdrückt.* Wenn dabei dem angefochteten Glauben der Vorrang zukam, so vor allem, weil die Möglichkeit, in ein *Kopfchristenthum* zu verfallen, dem Glaubensbedürftigen vor allem widerwärtig war: *Ich habe es jetzt sehr deutlich erkannt, wie wenig das Christenthum in Glaubenssätzen, wie ganz und gar sein Wesen in der Nachfolge Christi liegt.* Oder wie er es auch ausdrückte: .. *das Christenthum sei wahr, mit allen seinen Unglaublichkeiten und Widersprüchen; weil es gerade so ist wie es ist und nicht anders den*

*Zwiespalt im Menschen löst ... Kein Wasser kann aber den Durst stillen, wenn man es nicht trinkt, sondern etwa nur ansieht oder chemisch untersucht.* Mit dem Gewinn dieser Überzeugung trat eine Beruhigung ein, und es scheint, daß sie in allen noch bevorstehenden Prüfungen sich bewährt hat, auch wenn diese herbe waren und erneuter Abfall von der mühsam gewonnenen Gewißheit drohte: *Selig aber sind wir, wenn wir in solcher Abtrünnigkeit keinen Frieden finden und die Seele sich bewußt bleibt, daß sie in der Finsterniß, der sie verfallen, nicht zu Hause ist ... Übrigens ist hier auf Erden kein Himmel und selig sind wir eigentlich nur in Hoffnung.* Spät, im März 1865, lautete die Summa: *Unser Glaube aber heißt Hoffnung und Zweifel.* Und im vorletzten der Briefe, vor dem qualvollen Ende, seufzt der Kranke: *Leb' wohl mein Bruder und bitte Gott, daß er mein Glaubenslichtlein nicht ganz verlöschen wolle. Ich merke nichts mehr von diesem süßen Licht, das mir doch sonst bisweilen etwas leuchtete.* Im letzten aller Briefe steht: *Besonders lieb sind mir die drei letzten Verse des unveränderten Liedes «O Haupt voll Blut und Wunden». Desgleichen einzelne Verse aus «Wie soll ich Dich empfangen». Höchst erquicklich bleibt immer das alte «Nun danket alle Gott».* Danach versagte die Kraft zu schreiben.

Betrachtet man Kügelgens geistlichen Werdegang und den Ernst seiner Beschäftigung mit Glaubensdingen, so kann man ihn zwar mit seinen immer mehr in den Vordergrund tretenden allgemeinen politischen Überzeugungen vereinbaren, nicht aber mit so manchen einzelnen oder spontanen Äußerungen. Verhältnismäßig spät, elf Jahre nach der Revolution von 1848 (sie hat ihn getroffen und verändert) schrieb er: *Vor 1848 war ich durchaus liberal wie meine Briefe bezeugen. Ich kenne daher alle diese Phrasen, die mich ja selbst früher beherrschten ... daß der Liberalismus seine Stelle finden müsse im Staatsleben, von wo aus er segensreich wirken könne, wird übrigens damit gar nicht in Abrede gestellt.* Man muß sich verdeutlichen, daß das Wort *Liberalismus*, als diese Zeilen niedergeschrieben wurden, nicht die gleichen Connotationen hatte wie heute; es schlug vielmehr nach «links» aus und hatte etwa die Beschränkung fürstlicher Gewalt, demokratische Verfassung und eine Befestigung der Volksrechte zum Inhalt. (Dabei ist daran zu erinnern, daß die rückblickende Anwendung von Begriffen wie rechts und links ohnehin problematisch ist.) Zwei Tage nach der Revolution, bei der, wie man weiß, eine garantierte Verfassung zu den

Hauptzielen der Volksbewegung in den deutschen Staaten gehörte, schrieb Kügelgen seinem Bruder: *Eine Verfassung die den Wohlstand und die politische Bedeutsamkeit eines Volkes hebt, ist die beste, einerlei ob sie despotisch ist oder frei, monokratisch oder demokratisch. Eine solche Verfassung muß aber immer aus den in dem Volke liegenden Elementen hervorgehen.*

Das klingt, wo nicht liberal so doch tolerant. In Wahrheit bewirkten die politischen Erschütterungen in dem nachdenklichen und zu Extremen keineswegs geneigten Alten Mann bemerkenswerte Verhärtungen. Als die Niederschlagung der Aufstände in Wien und Berlin bekannt wird, notiert er, der König von Preußen müsse die in Aussicht gestellten *Freiheiten durchaus modificiren, sonst kriegen wir ganz die alte Schweinerei wieder. Soviel wird jedenfalls erreicht, daß der verfluchte Revolutionsstolz und Schwindel gebeugt werden und daß wieder Respect ins Land kommen wird, der gänzlich geschwunden war.* Und dann folgen Worte, die aus frommem Munde überraschen und schwer zu vereinbaren sind mit dem Gerechtigkeitssinn ihres Autors: *Daß Windischgrätz es wagte den Robert Blum, trotz seiner Unverletzlichkeit* (d.h. Immunität), *todt zu schießen, ist mir ein wahrer Labetrunk gewesen. Das Geschrei über diese kühne That ist entsetzlich, aber dennoch war sie durchaus politisch.* Mit diesem Satz, niedergeschrieben in der Erregung des Augenblicks, deutet sich erstmals ein zur Geschichte des deutschen Bürgertums gehöriger Sachverhalt an, der uns noch beschäftigen wird: der Sachverhalt nämlich, daß – scheinbar in aller Unschuld – elementare Lehren der Religion, zu der man sich bekennt, und das Rechts, das man für zwingend hält, unverbindlich werden können, gleichsam dem Reiche bloßer Theorie angehörig und in der praktischen Wirklichkeit disponibel. Die gleiche Feder, die diese Sätze schrieb, schreibt wenig später (und gewiß in aller Aufrichtigkeit): *Jeder Glaube ist so weit wahr und richtig als er sich practisch bewährt, d.h. als er Trost und sittliche Veredelung bringt.* Aber sie schreibt auch: *Ein Volk in dessen Herzen die liberale Phrase erst einmal zur Macht geworden, das ist verloren, es ist ihm wenigstens nicht durch Freiheit, sondern nur durch Knechtschaft zu helfen.*

Man wird solche Äußerungen gewiß nicht überbewerten, aber ebenso gewiß auch nicht beiseite schieben dürfen. Sie stehen im Zusammenhang einer widersprüchlichen Grundstimmung, welche einerseits die vertrauten und geliebten Umstände des kleinen Landes bewahrt wissen wollte, andererseits erfüllt war von der Ahnung tiefgreifender, bevorstehender Veränderung aller Weltverhältnisse. *Wenn wir auch keiner Parthei angehören, so sind wir doch nicht indifferent* schreibt er im März 1842 an Gerhard. Im April 1847 heißt es: *Mein Herz ist mir voll Trauer, denn wir leben in einer bösen Zeit. Ich trage mit mir das Gefühl eines Propheten herum, der in eine schwarze Zukunft blickt.* Noch ist dieser Pessimismus verursacht von dem Ungeschick, das Kügelgen im Verhalten des Königs von Preußen wahrnahm; denn der Diener des kleinen Herzogs blickte auf den großen Nachbarn mit hoffnungsvoller Verehrung, *weil ich Deutschland liebe wie kein anderes Land und den König liebe wie keinen andern König.* Der Unmut wurde vor allem erregt durch die berühmt gewordenen Sätze der Thronrede Friedrich Wilhelms IV., daß er keine Verfassung wolle, die sich als ein Papier zwischen *Gott und die Nation* schiebt. Da war es noch im März 1847 Kügelgen unbegreiflich, *wie man eine Constitution für ein Stück Papier halten kann, welches sich (nicht einmal zwischen Fürst und Volk) «zwischen Gott und die Nation schiebt»; wie man von den vielen Herren phantasiren kann, welche die Constitution bringt, im Gegensatz zu dem einen Herrn eines monarchischen Staats.*

Vierzehn Jahre später aber wird er dem Bruder vorhalten, er *müsse das gänzlich unpractische und chimärische des modernen Constitutionalismus einsehen, der bis jetzt überall fiasco gemacht hat... Seit 70 Jahren nun sprechen Theorie und Praxis gegen die Constitutionen.* Der Sinneswandel hatte während der Revolutionstage eingesetzt und war ausgelöst durch das Schauspiel spontaner Volksbewegung vor allem in Berlin. Es gab noch keine «Medien», und so gelangten die Ereignisse zunächst gerüchtweise, *durch Briefe und mündliche Überlieferungen von allen Seiten* in das kleine Ballenstedt: *In Berlin soll es fürchterlich hergehen und Gott weiß, ob in diesem Augenblick* (man schreibt den 20. März) *der König noch auf dem Thron sitzt... Als der letzte Potsdamer Bahnzug abging, lagen die Leichen wie Häringe übereinander.* Die Konzessionen des Königs waren von einer Art, die Kügelgen nach allem, was er bis dato politisch gedacht, begrüßen mußte; aber die *Freude über das bis jetzt erworbene Gute wird mir immer mehr und mehr durch den Gedanken getrübt, daß wir durch Revolution dazu gelangt sind. Ich habe eine tiefe Traurigkeit in der Seele...* Die Traurigkeit war auch ausgelöst durch *die Leichenhügel Berlins,* aber ihre eigentliche Ursache war die Bestürzung darüber, daß der Souverän dem Druck der Straße gewichen war: *Ach! hätte der König, was er gegeben hat, aus eigener freier Überzeugung gegeben, dann wäre Deutschland politisch wiedergeboren und stünde höher als zur Zeit der Hohenstaufen.*

Das war freilich sehr hoch gegriffen, und in dem Vergleich kündigte sich eine Einschätzung der Deutschland zugewiesenen Rolle an, die nicht viele Jahre danach Kügelgen zu einem entschiedenen Bewunderer Bismarcks machen sollte, eine bemerkenswerte Gesinnung für den im Königreich Sachsen aufgewachsenen Hofbeamten eines anhaltinischen Duodez-Fürsten. Es war zugleich ein Hinweis darauf, wie wirksam der Begriff mittelalterlicher Größe war, den die Romantik den Gebildeten vermittelt hatte. Und nur so ist verständlich, daß Kügelgen in dem Augenblick, da es auch in Ballenstedt unruhig zu werden schien, gegen den Bruder in den Ruf ausbricht *Gott schütze den Kaiser und die Ordnung der Dinge in Russland. Das wünsche ich im Interesse Aller, welche Ordnung und Gesetzlichkeit lieben und anstreben.* Hier liegt wohl der Grund für die Verhärtung von Kügelgens Denkungsweise, die seit den Revolutionstagen greifbar wird. *Ordnung und Gesetzlichkeit,* dieses bis heute von konservativem Denken untrennbare Begriffspaar, waren für ihn nicht Worte, die man modern mit «law and order» übersetzen würde; sie waren vielmehr Bedingungen für eine äußere Stabilität, deren Kügelgen um so mehr bedurfte, je mehr er seiner eigenen inneren Gefährdungen bewußt war.

Freilich fühlte er sich während des Höhepunktes der revolutionären Ereignisse in Wien und Berlin auch äußerlich gefährdet. *Wer von uns kann wissen, ob er nicht übers Jahr, ja über vier Wochen an irgendeiner Laterne hängt,* eine Befürchtung, die weniger furchtsam als grotesk anmutet angesichts des Verlaufes der revolutionären Ereignisse in Ballenstedt. Zwar war es in Bernburg zu Gewalttätigkeit und Schüssen gekommen, aber es gab gewiß keinen Grund für die Vermutung, *sollten die Demokraten wieder ans Ruder kommen, so sind wir natürlich Alle Kinder des Todes.* Nach den ersten Aufregungen in Ballenstedt trat Beruhigung ein, als die Regierung einen von der Stadt beanspruchten Wald zurückgab *mit Schadenersatz für 100 Jahre,* eine Forderung, die den Wunsch der armen Leute nur zu verständlich macht, sie *wollten auch etwas haben – etwa Acker.* Das alles hatte, so sehr es Kügelgen ergriff, doch auch Krähwinkel-Züge, denen die Beschreibung der zur Aufrechterhaltung von Ruhe und Ordnung ins Leben gerufenen Bürgerwehr nicht widerspricht, der auch Kügelgen angehörte. Er hat das, aller Erregung zum Trotz, selbst empfunden, wenn er am 22. März 1848 die Nachtwache auf dem Rathaus und die nächtlichen Patrouillen durch die schlafende Stadt beschreibt: *Wir waren 4 Edelleute und 12 Bürger, unter denen Kaufleute, Schneider, Schuster, auch ein Jude... Übrigens muß ich sagen, daß unsere Bürger, die alle in Uniform und bis an die Zähne bewaffnet waren, sich allerliebst benahmen und gegen uns Vornehmere so rücksichtsvoll und artig, so dienstfertig und bescheiden waren, als wenn noch Alles beim alten wäre.*

Als wenn noch alles beim Alten wäre – daß dies nicht mehr so sei, war nun eine unabweisliche Erfahrung, gültig auch nachdem die revolutionäre Unruhe wieder geschwunden war. Noch ehe die Weltveränderungen wirklich eintraten, die er kommen sah, hatte sich für ihn die Welt verändert. *Es ist ein tiefer schneidender Schmerz für mich, dies schöne Land, das ich so geliebt habe, rettungslos von Buben zerstört zu sehen* – so schreibt er im Oktober 1848. Eine parlamentarische Regierung erschien ihm, je länger je mehr, als die Verwirklichung allen Übels, denn *Das Volk ist durch giftige, prahlerische und lügenhafte Advocatenreden überall sehr leicht zu den extravagantesten Ansichten zu bringen...* Und so scheint sich – offenbar nicht zur Freude des Bruders, der sich schließlich politische Gegenstände verbittet und dessen verlorene Briefe der Leser immer wieder vermißt – eine Veränderung der Tonart anzubahnen, die symptomatisch sein mag für die Veränderung bürgerlicher Gesinnungen überhaupt, und zwar durchaus vor Reichsgründung und Gründerjahren. Man registriert sie mit einem gewissen Unbehagen, gerade weil man die ehrenhaft-integre Gestalt des Schreibers liebt, der sie äußert. Vor 1848 ist nur ganz gelegentlich die Rede von jüdischen Dingen; während der unruhigen Tage ändert sich die Tonart, als *ein infamer Bernburger Jude, namens Calm,* überdies ein Pferdedieb, die Bauern aufwiegelt. In Kügelgens letzten Lebensjahren aber wird ein neues Vokabular geläufig. Alle Welt, so klagt er, kenne die Verhandlungen des preußischen Herrenhauses *nur aus den entstellenden Resumes der Judenblätter*; er bemängelt *Leute, die... alles auf Treu und Glauben hinnehmen, was Juden und Judengenossen in die Welt schreien,* und als Wahlen in Preußen bevorstehen, vermutet er, sie *fallen wieder nach jüdischem Geschmack aus.*

Gewiß wäre es verfehlt, in diesem ernsthaften Christen einen ernsthaften Antisemiten zu sehen; aber ebenso gewiß ist, daß hier eine Tendenz sich abzeichnet und daß Wendungen gebraucht werden, die zum festen Bestand des Antisemitismus gehören und im Bürgertum akzeptabel werden. Nach dem dänischen Krieg heißt es, gewiß zutreffend, *Die Preußen haben ihren alten Waffenruhm neu aufgefrischt, Napoleon (III) hat Respect bekommen, die Armeeorganisation ist gerettet, die Nation jubelt und Bismarck wird immer populärer.* Aber darauf folgt ein Ausfall gegen England, es habe sich *so stock-gemein gezeigt, so falsch und lügenhaft, so ungerecht und erbärmlich* – ein Ausfall, der das wilhelminische Schlagwort vom perfiden Albion vorwegnimmt. Es sind dies Redeweisen, die, weil nur gelegentlich gebraucht, am Bilde des Schreibers wenig ändern; aber sie sind bedeutsame Anzeichen für die Wege, die das Denken des Mittelstandes künftig einschlagen wird, und sie sind durch den Zeitpunkt bemerkenswert, da sie geäußert werden.

Insgesamt aber tritt uns in den Briefen eine Welt entgegen, die Deutschland gleichsam vor dem Sündenfall zeigt, nicht nur weil man an Sommerabenden noch *eine Masse von Nachtigallen* hören konnte. Es wäre falsch, diese Welt zu idealisieren, aber es ist wert festzuhalten, daß die Natur, im kleinen Ländchen jedenfalls, noch unbeschädigt war und die Vorstellung, was ein gebildeter Mensch sei, durchaus formulierbar, ja in bezug auf das Wissbare kanonisch festgelegt. Als der später im preußisch-österreichischen Krieg als Hauptmann gefallene Sohn Gerhard sich im Jahre 1851 auf das preußische Fähnrichsexamen vorbereitet, wird ihm folgendes abverlangt: *deutsche Grammatik, deutsche Aufsätze, französische Grammatik, franz. Übersetzen, lateinisches Übersetzen aus einem Classicer (ohne Lexikon), mathematische und statistische Geographie in ihrem ganzen Umfange, da darf kein Leuchtthurm, keine Insel, kein Meerbusen fehlen, allgemeine Geschichte, preußische specielle Geschichte und endlich Mathematik in allen ihren Theilen.* Der besorgte Vater fügt diesem Katalog die Bemerkung hinzu: *Dabei ist der arme Junge auf einem Gymnasium gebildet, wo blos auf Latein und Griechisch Werth gelegt wird und auf dieser Schule nur bis Secunda gekommen.* Natürlich hat er das Examen bestanden, wenig verwunderlich bei dem intellektuellen Klima seines Elternhauses. Kügelgen selbst war ein begieriger Leser und überaus bestrebt, das Provinzielle seiner Existenz durch lebhafte Teilnahme am geistigen Leben auszugleichen. Die Spannweite seiner Lektüre war groß, sie reichte von zeitgenössischer Unterhaltungsliteratur bis zu kompendiösen historischen Werken; immer waren Shakespeare und die Bibel zur Hand. Eine herzhafte Abneigung hegte er gegen Schiller zu einer Zeit, da der Schiller-Kultus in hoher Blüte stand: *Schiller ist mir zuwider, er ist unächt, unwahr in seinen Gefühlen, ein gemachter Dichter, ein Heuchler und Edelthuer, ein Verstandesmensch. Wenn Verstandesmenschen dabei Enthusiasten sind, so belasten sie die Gesellschaft, ebenso, wenn sie einen Beruf fühlen witzig zu sein. Wie anders ist Schakespeare, der ein viel tieferer Denker als Schiller ist und doch kein Verstandesmensch.* Und dann folgt, Kügelgenschem Gerechtigkeitsbedürfnis entspringend, der nachgeschobene Satz: *Dennoch ist Schiller ein sehr großer Dichter und Heros in seiner Art, nur daß ich's ihm nicht danke.* Goethe stellte er im gleichen Atemzug neben Shakespeare, wenn auch kritische Anmerkungen nicht fehlen. Jean Paul steht ihm hoch: *Welch eine Fülle von Gedanken regt Jean Paul an und lange, nachdem man ihn gelesen, wird man durch tausend Zufälligkeiten immer wieder an das Gelesene erinnert. Bestimmte Gedanken giebt Göthe, haftende Gedanken, die bleibend sind und immer gern wieder zu derselben Lectüre zurückführen.* Anders klingt es bei der Lektüre von ‹Dichtung und Wahrheit›, der dritten. *Du hast Recht, manchmal erscheint er wirklich flach. Das liegt an seiner Characterlosigkeit. Er ist nur Künstler und das wirkliche Leben scheint ihn nie ernsthaft zu interessiren. Er scheint nie von einer großen Idee recht wahrhaft und lebendig ergriffen worden zu sein.* Dabei bleibt es, mit geringen Modifikationen auch dort, wo Bewunderung durchschlägt. Die Vorstellung vom entrückten und wirklichkeitsfernen Olympier ist alt.

Es wäre verlockend, den ganzen Umkreis von Kügelgens Lektüre abzuschreiten, aber er hat zu viel gelesen. Auch dabei tritt im Laufe der Zeit das Theologische immer mehr hinter der Geschichte zurück, aber es schwindet nie ganz, oder beides trifft sich in kirchengeschichtlicher Beschäftigung. An den Abenden zu Hause wurde viel vorgelesen, so wie der Kammerherr oft und auch von Amts wegen der Herzogin vorlas. *Waren wir unter uns des Abends, so las ich aus den Nibelungen vor oder aus dem Don Quixote, welcher besonders für meine Frau, die Bernstorff und mich ein wahres Fressen ist, die wir ohne Ende über ihn lachen können. Es ist doch eines der schönsten Bücher, die geschrieben worden sind.* Unterhaltende Romane wurden keineswegs verachtet, ob es Walter Scott war, Bulwer Lytton oder gar Dumas' «Graf von Monte Christo». Der Bulwer Lytton (gewiß die ‹Letzten Tage von Pompeji›) wurde *verschlungen* und gab Anlaß zu einem Vergleich guter englischer und guter deutscher Romane. Auch hier ähnelt das Urteil einem Vorurteil, wenngleich zu bewundern ist, was alles an aktueller Literatur in das abgelegene Harzstädtchen gelangte. *Einen englischen Roman kann man nicht aus der Hand legen, aber man greift nachher nie wieder danach, hat auch keine innere Bereicherung dadurch erfahren. Einen deutschen Roman verschlingt Niemand, man legt ihn zu jeder Zeit ruhig weg, aber er läßt Gedanken zurück, die nicht aufhören, in der Seele ihr Werk zu treiben, bildend, erweiternd.* Das ist die in Deutschland von jeher verbreitete Vorstellung vom Roman als Vehikel der Weltanschauung. Weniger Anklang fand Dumas, wobei es erstaunlich ist, daß diese riesenhafte Räuberpistole, in der Kitsch übergeht in Kunst, ebenfalls vorgelesen wurde, und zwar von Julchen, um die Mühsal abendlicher Brotarbeit zu erleichtern: ... *eigentlich ein recht elendes Buch, welches aber seinen Zweck für mich erfüllt, indem es mich unterhielt ... ein wahres Monstrum, ein unnatürliches Phantasiegebilde* ... Soweit vermag man durchaus zu folgen, aber dann folgt daraus der allgemeine Schluß: *In das Herz der Franzosen, für die dieser Roman berechnet ist, blickt man tief hinein und darin liegt vielleicht der Werth des Buchs für uns.*

Von anderem Gehalt sind die Werke, mit deren Hilfe Kügelgen eine Auseinandersetzung sei es mit dem zeitgenössischen Denken, sei es mit elementaren Fragen suchte. Dabei neigt er zu Lebensbeschreibungen, Briefen und Autobiographien, zu gleichsam an Personen greifbarer Geschichte oder zu historischer Darstellung. Es sind zumeist Gegenstände, die noch im Bereich des Erinnerungsvermögens der eigenen Generation liegen, und in den meisten Fällen ist sein literarisches Urteil sicher. Mit Vergnügen nimmt er die Briefe von Johann Heinrich Voß zur Kenntnis: *Es ist eine Biographie in Briefen. Voß zeigt sich überaus gemüthlich, kindlich und oft sehr in unserer Art*, womit der Sinn für heitere Einzelheiten gemeint ist. Zu tieferer Betrachtung gab Eylerts ‹Leben des Königs Friedrich Wilhelm III› Anlaß, das er neben der noch dem vergangenen Jahrhundert entstammenden ‹Geschichte Peters des Großen› las, zwei überaus verschiedene Fürsten, deren Vita auch überaus verschiedene Erwägungen auslösen. Im Hinblick auf den preußischen König laufen sie hinaus auf den Satz: *Gesunde Vernunft ohne Genius scheint mir das höchste zu sein, nur solche können ruhig und glücklich leben.* Im Hinblick auf den großen Zaren aber und gleichsam im selben Atemzug erwägt er: *Welcher Kaiser würde jetzt Petersburg bauen können, mitten im Kriege mit Schweden. So etwas konnte nur da gehen, wo Menschenleben gegen den Vortheil des Staats garnichts wogen ... Offenbar denken wir jetzt zu weichlich über den Mord und sind durchaus unfähig, die alte Geschichte zu beurtheilen, weil wir den Tod für das größte Übel ansehen.* Ebenfalls ins Zentrum der eigenen Lebenszeit führte ihn, freilich später, Friedrich Perthes' Leben, 1855 erschienen und bald darauf gelesen: *Durch diese Lectüre bin ich einmal wieder tief eingetaucht worden in die wilden Strudel der verrückten Zeit, die ich selbst mit durchschifft habe ... Alle raisonniren und keiner weiß eigentlich was er will. Perthes urteilt am Vernünftigsten, aber was er will weiß er auch nicht ... Den Perthes gewinnt man zwar nicht lieb, wegen seiner grauen Mitte, aber man bewundert die Kenntniß und den Scharfsinn des ungeschulten und unstudirten Naturalisten.* Was die graue Mitte bedeutet, bleibe dahingestellt, vermutlich eine von Kügelgen empfundene religiöse Indifferenz. Der unstudierte Naturalist aber zielt auf Perthes' Werdegang als selfmade man und seinen tüchtigen Realismus.

So wird fast alle Lektüre, wie es bei rechter Lektüre geht, in eine Beziehung zum eigenen Dasein gesetzt, sei es die *alte Kirchengeschichte von Milner,* sei es Dahlmanns ‹Geschichte der französischen Revolution›. Jene *erwärmt von Grund aus, während die meiste Lectüre und das Weltgetümmel einen von allen Seiten ankältet,* diese erweckt hohes Interesse, *weil alle Lebensfragen des verfassungsmäßigen Regiments gründlich besprochen sind.* Im Mittelpunkt stehe die Gestalt Mirabeaus – *Wieviel an einem gescheuten Mann gelegen und wie ganz unersätzlich der Verlust, lernt man an diesem Werke kennen.* Genug von solcher Art von Lektüre, zu der auch die Biographien von Louis XVII. oder Cromwell zu rechnen wären; die letzte veranlaßt Kügelgen zu dem Satz: *Die Geschichte gehört doch zu den unsichersten Disciplinen.*

Sicher hingegen ein Leben lang ist die Freude an der Natur im Wandel des Jahres, bis auch da eine Ahnung von Abschied sich einstellt. Sie wird mit dem Auge des Malers gesehen, aber mehr noch in der Zuversicht, sie jedenfalls sei verläßlich. Jeder Frühling wird aufs neue zur Kenntnis genommen: *Die Knospen schwellen und brechen auf, die Blütenknospen der Kirsch- und Birnbäume sind schon farbig und die Siringo-Sträucher* (Flieder) *überziehen sich mit lieblich grünem Flor und der Waldboden bedeckt sich mit Leberblumen, Schneeglöckchen, Waldhähnchen und gelber Vogelmilch.* So hält er es am 3. April 1841 für berichtenswert, und es ist, als ob der 2. Mai 1862 nichts als eine Fortsetzung darstellte... *es ist ein gar zu herrlicher Maitag voller Blüthenwürze. Kaum habe ich's noch so gesehen, Bosquets und Waldbäume dicht belaubt – mit Ausnahme der Eichen – und alle Obstbäume wie weiße oder rosenrothe Blumenbouquets.* Als Kügelgen beim Landrat von Krosigk zu Hohenerxleben in fünf Wochen vier Porträts gemalt hatte, packt ihn (es ist nochmals das Jahr 1841, aber im Mai) die Sehnsucht nachhause, und er ging zu Fuß zurück nach Ballenstedt, den Wagen verschmähend, so wie er in seiner Jugend das Reisen zu Fuß vorgezogen hatte. *Das war einer der schönsten Tage meines Lebens. Ich ging um fünf Uhr früh dort ab, über blumige Wiesen, durch duftende Birkenwäldchen, bis um sieben Uhr der ganze Harz in dunkelblauer Farbe vor meinen Augen lag. Der Brocken mit seiner Schneekrone in weiter Ferne, als ein glänzender schneeweißer Stern. Diese herrliche entzückende Aussicht behielt ich nun immer im Auge bis ich endlich um 1 Uhr Nachmittag in meinem Hause einrückte. Julchen saß schlafend in der Kanape Ecke und ich setzte mich ihr gerade auf den Schooß.* Fernblicke hatten es ihm überhaupt angetan, so wie die Poesie der Romantiker Fernblicke geliebt hat. Nach einer schlaflosen Nacht in Alexisbad verläßt er um ½5 (es ist August) sein Zimmer. *Tiefer violett neblicher Schatten lag auf dem Thale, aber die Spitzen der Berge glänzten im Golde der Morgensonne. Ich stieg auf gemächlichen Wegen die Berge hinan. Oben trat ich aus dem Walde auf sonnige hügliche Feldflur, eingefaßt von altem Buchenwalde. Darüber hinaus schaute mich der hohe Ramberg ehrwürdig und dampfend an. Feld und Wald erglänzten im Diamantenschmuck der Thautropfen. Rückwärts lagen in dunkelblauem Schleier die entgegengesetzten Berge des Selkethals. O mein Alter! es war eine herrliche feierliche Stunde und Du fehltest mir dazu, Du Genosse der ersten Jugendeindrücke...*

Die Bewegung, die Kügelgen angesichts solcher Eindrücke ergriff, blieb ihm erhalten bis ins Alter und war keineswegs auf die heimatliche Mittelgebirgslandschaft beschränkt. Immer wieder ist die erlebte Gegenwart die schönste: *Wir erfreuen uns übrigens,* so schreibt er im vorletzten Lebensjahr, *in diesem Jahr einer Herbstpracht, wie ich ähnliches noch nicht erlebt habe. Der Wald hat eine so fabelhafte Färbung, daß man sich die Augen reibt und sich frägt ob es Wirklichkeit oder Zauberbethörung ist. Strohgelb, gelb, orange braun, feuerroth, blutroth, violett, dunkelgrün, graugrün, kurz alle denkbaren Schattirungen in geschmackvollster Zusammenstellung. Am schönsten sehen einzelne alte Linden aus, von einer Seite mit dem feinsten Golde angehaucht, von der andern noch grün, oder ganz grüne Birken mit vergoldeten Zweigspitzen. Einzelne Buchenpartien stehen ganz im Feuer auf dunklem Tannengrunde usw. .. Man kann sich nicht sattsehen! Wärst Du doch hier!*

Fast jede dieser Beschreibungen läuft auf den Wunsch hinaus, der Bruder möge gegenwärtig teilhaben an so schön Erlebtem. Als Kügelgen ihn besucht hatte, auf der unvergeßlichen baltischen Reise des Jahres 1846, schrieb er ihm den ersten Brief nach der Landung in Swinemünde, nach einem Gang durch den hübschen Ort: *Ich suchte mir den Strand. O war das schön! Ich ging weit weit hin an den einsamen Dünen. Das Meer war ganz still, nur die Brandung donnerte mit ihren breiten Schaumwogen über den Sand hin, den Horizont verbargen Nebelmassen. Das war ein großer, sehr gewaltiger Natureindruck und wie ein letzter Abschied von Dir.* Es ist, als ob die Möglichkeit, ein *O war das schön* mit dem nächsten Menschen teilen zu können, noch die Möglichkeit einer Steigerung mit sich gebracht hätte.

Statt dessen kündigen sich in späteren Jahren ganz andere Abschiede an. Als Kügelgen im August 1864 mit Gästen einen Ausflug zum Bodetal unternimmt, kam man zugleich mit dem *Magdeburger Dampfzuge an*, das Eisenbahnnetz war dicht geworden und brachte Touristen in Menge. *Ich war lange nicht im Bodethal gewesen und werde schwerlich wieder hingehen. Es ist da kein heiliges Land mehr. Hotels auf Hotels, Gartenwege, alle erdenkliche Commoditäten und tausend und abertausend sich untereinander herumwürgender Reisende, deren Exhalationen das tiefe Thal erfüllen und unathembar machen. Wer noch Natur genießen will, muß nach Kamtschatka reisen.* In einem der letzten Briefe wird es heißen, anläßlich einer Reise, die Carus einst mit C. D. Friedrich nach Rügen gemacht hatte: *.. o wie heimelt Einen das jetzt an – wie scheußlich dagegen die modernen Reisen ganz ohne Übergang und Vermittlung von einem Ort zum andern. Es ist alles für Kauf-*

*leute und Fabrikanten – wir treten jetzt in den Himmel der Industrie ein.* Ob solche Klagen produktiv waren, stehe dahin. Aber von diagnostischem Vermögen zeugten sie ebenso wie die Betrachtung, die Kügelgen angesichts eines mit den neuen Maschinen bearbeiteten Feldes anstellt: *Man findet auf diesen Feldern kein Unkraut, keine Korn- und Radeblumen. Mir mißfällt das. Kein Säemann mehr, der mit seinem weißen Sack taktmäßig dahinschreitet, keine Kornblumen mehr, die das Feld allein erträglich machen; die Pächter aber füllen ihre Taschen.*

So wird, und wohl zu Recht, die eigene Existenz und Lebensform als anachronistisch erfahren. Als sich zwei Jahre vor dem Tode die erste lebensbedrohliche Erkrankung einstellte, *eine furchtbare Sterbenszeit,* begann sie *psychisch: Eine tiefe, krankhafte Sehnsucht überfiel mich nach den Verhältnißen, Dingen und Gestalten meiner Vorzeit, nach Mutter, Vater, Geschwistern, Freunden wie sie damals waren als wir noch im «Gottessegen» wohnten, ja nach den Dienstbothen, Zimmern und Geräthschaften von damals. Das Alles stand lebendig und doch auf ewig verloren vor meinen Augen und erpresste mir bittere Thränen. Gleichzeitig erschien mir mein ganzes bisheriges Leben als ein verlorenes; ein mißlungener Christ, Maler, Hausvater und ein arger Übertreter aller Gebote.* Es war ein letzter Angriff der Schwermut im Angesicht des Todes, wie überhaupt diese letzten beiden Jahre noch einmal eine Häufung von Bitternis mit sich brachten, vor allem den Tod des so geliebten Sohnes Gerhard bei Königgrätz. *Freundschaft mit einem Sohne,* so schrieb er nach einem halben Jahr, *ist die höchste Steigerung der Vaterfreude.*

Zu Beginn des letzten Lebensjahres, in der Erinnerung an frühere frohe Jahreswechsel im Kreise aller Kinder, heißt es dann: *Fahre hin Du 66! sollte ich Dich noch einmal durchmachen müssen, so würde ich wünschen nicht geboren zu sein! Mein armer lieber Gerhard!* Die alte Finsternis hatte den immer kränkeren Mann wieder eingeholt, und alle ihm zuteil werdende Zuwendung von (wie man zu sagen pflegte) Hoch und Niedrig half ihm kaum aus dem wiederkehrenden Gefühl der Vergeblichkeit. *In seiner Arbeit sich nicht wohlfühlen, ist schlimmer als leibliche Krankheit, aber besser ist es doch noch, als sich seinem Berufe nicht gewachsen fühlen, in welchem Falle … ich mich befand so lange ich Maler war.* Von dieser Prüfung wie von den schrecklichen Krankheitszuständen geben die letzten Briefe hinlänglich Bericht, bis zum Ende mit der gleichen lebhaften Sachlichkeit und aufrichtigen Unmittelbarkeit, welche diese ein Leben begreifenden Mitteilungen auszeichnet. Von allen Seiten strömt ihm Teilnahme zu, *und ich bin so beschämt von aller dieser Liebe, daß ich mein Haupt verhüllen möchte... Schreibe mir nichts Theilnehmendes, überhaupt nicht viel über meine Krankheit – ich darf nicht weich werden und habe mich bis jetzt auch gut gehalten; aber die entsetzliche Theilnahme von nah und fern macht es mir bisweilen schwer.* So heißt es in dem letzten Bruderbrief von Kügelgens Hand unter dem Datum vom 3. Mai 1867. Drei Wochen später, am 26. Mai, gibt dann die Tochter Anna nach Estland Nachricht vom Tode des Vaters: *Alles, was er lebenslang als das Entsetzlichste befürchtete, hat er auskosten müssen bis auf den letzten Tropfen – Wassersucht, Sprachlosigkeit und elendes Verschmachten.* Am Schluß dieses Bandes kann man ihren Bericht nachlesen, der sie als Tochter ihres Vaters zeigt – sachlich, unbeschönigend und realistisch, aber fromm und liebevoll.

Die Briefe sind überliefert in drei handschriftlichen, in rotes Leder gebundenen Bänden. Die Handschrift ist überaus sauber und lesbar und wird dem Bruder Gerhard zugesprochen, wenngleich sie die Züge einer Frauenhand aus der ersten Hälfte des vergangenen Jahrhunderts trägt. Durch die Abschrift umging Gerhard von Kügelgen die Verfügung Wilhelms, der die Briefe nach seinem Tode vernichtet wissen wollte. Die eigenen Briefe hat Gerhard zerstört, ein großer Verlust, wie der Verlauf des brüderlichen Gesprächs und gelegentliche Zitate zeigen. Es ist nicht ersichtlich, warum die Sammlung mit dem Ende des Jahres 1840 einsetzt; es wurde jedoch darauf verzichtet, anderwärts zerstreut überlieferte Briefe diesem so zusammenhängenden Corpus vorauszuschicken.

Zu einem Teil sind die Briefe bereits von Johannes Werner (Leipzig 1923) veröffentlicht worden. Werner war zwar ein vorzüglicher Kenner des Kügelgenschen Lebenskreises, und auch die vorliegende Ausgabe verdankt ihm vielerlei Auskunft über Personen und Sachen; er war aber auch ein Herausgeber oder besser Redaktor, der vielfach und ungehemmt radikale Kürzungen, Umstellungen und stilistische «Verbesserungen» vornahm, unter denen nicht nur der Charakter des Textes, sondern ganze Interessenbereiche zu leiden hatten, insbesondere Kügelgens für die Frömmigkeitsgeschichte so bemerkenswerten theologischen Äußerungen. Die vorliegende Ausgabe enthält den Text der Briefe wortgetreu und vollständig, mit Ausnahme einiger weniger Stellen, die, von alter Hand unkenntlich gemacht, nicht ganz entziffert werden konnten; lediglich offensichtliche Verschreibungen, die zu Mißverständnissen führen könnten, wurden stillschweigend korrigiert. Ob der alte Abschreiber den Wortlaut der Originale verändert oder gekürzt hat, ist nicht mehr feststellbar; jedoch finden sich keinerlei Indizien für solche Eingriffe; allerdings gibt es gelegentlichen Anlaß zu der Vermutung, daß der eine oder andere Brief ausgelassen wurde: vgl. Anfang des Briefes Nr. 142 vom 23. Aug. 1865. Die Transkription der Handschrift wurde durch Frau Ulrike Seeger geb. von Hahn sorgfältig besorgt, ebenso viele Auskünfte über Personen und zeitliche Verhältnisse. Folgende Zeichen wurden verwendet:

⟨!⟩ bekräftigt die Schreibweise
⟨ ⟩ Ergänzung des Herausgebers
[ ] im Text getilgte Stelle
⟨...⟩ nicht entzifferte getilgte Stelle

Auf durchgängige Erläuterungen wurde verzichtet; der historisch interessierte Benutzer wird sich der geläufigen Hilfsmittel bedienen.

Die Herstellung der Druckvorlage insgesamt wurde ermöglicht durch eine Förderung der Fritz Thyssen Stiftung und durch die Großzügigkeit, mit der die Familie von Kügelgen das Manuskript zur Verfügung stellte, das die Niedersächsische Staats- und Universitätsbibliothek Göttingen hilfsbereit verwahrt hat.

Die Revision des Textes auf der Grundlage der Handschrift und die Beaufsichtigung des Drucks lag in den Händen von Teresa Löwe, die sich dieser Aufgabe mit Umsicht und Sorgfalt unterzog. Der Herausgeber schuldet ihr vielfache Anregung. Ihr und allen übrigen Förderern sei aufrichtig gedankt, nicht zuletzt dem Hause C. H. Beck in München, mit dem zusammenzuarbeiten wie stets ein Vergnügen war.

Der Leser aber möge beim Lesen dieses Buches so viel Belehrung, Genugtuung und Freude davontragen, wie sie dem Herausgeber bei der Beschäftigung mit diesen Briefen zuteil geworden sind.

Göttingen, im Oktober 1989 W. K.

N⁰ 1 Ballenstedt am 8t Oct. 1840

Mein lieber Bruder Gerhard!
Diesmal ist es wirklich Vergeßlichkeit, wenn ich Dir nicht früher die Ankunft des Wechsels gemeldet habe. Zu entschuldigen bin ich vielleicht durch den unaufhörlichen Besuch, durch den mich Gott seit einem halben Jahre versucht. Unsere heutige Loosung lautete: «Du suchst mich heim mit Leiden ohne Zahl» und es paßt dies besser noch auf mich, wenn ich für «Leiden» Leuten setze. Den Schluß der Frühlingsbesuche machte unser lieber Oncle Carl. Mit ihm reiste ich nach Dresden und fand bei meiner Rückkehr, den Pastor Treviranus aus Bremen in meinem Hause vor, der ungefähr 6 Tage blieb. Hierauf kam Caroline Bardua mit ihrer Schwester Minchen aus Berlin, die zwar nicht bei uns, sondern in Gernrode wohnten, mir aber desto mehr Zeit kosteten, da sie trotzdem fast alle Tage bei uns waren oder wir bei ihnen. Wir hatten uns seit beinah 20 Jahren nicht gesehen, holten es aber nun gründlich nach, da sie 6 Wochen blieben. Auch die Lauska streifte mit durch. Zezschwitz kam mit seiner Frau auf einige Tage und verlangte natürlich alle Beachtung. Hierauf ganz unerwartet Vater aus Bremen, welcher 3 Wochen blieb. Gegen Ende von Vaters Aufenthalt erschien Woldemar Bock, der auch beinah eine Woche blieb und mich ganz in Anspruch nahm. Hierauf unsere Schwester Adelheid auch sehr unerwartet, die noch mit 2 Kindern hier ist und bei Mutter wohnt, jedoch wie Du Dir denken kannst, reichlich oft bei uns aus und eingeht. Der Bruder von Prof. Hengstenberg, Student, ein Paar Tage. Julius auch ganz unerwartet, um Adelheid abzuholen. Vor ein Paar Tagen erschienen aus Tecklenburg bei uns der Dr. Förster mit Frau, die bei uns wohnen und mit Adelheid zusammen die Rückreise machen wollen, und sobald Adelheid fort ist, müssen wir den Schwager Natorp erwarten, der sich bei uns angemeldet hat. Die früheren Sommer sind uns zu einsam verstrichen, dieser zu gesellig, in sofern ich allzusehr am Arbeiten verhindert worden bin. Ich habe Dir unerhört lange nicht geschrieben, mein lieber alter Bruder und es wird schwer sein von dem vielen Erlebten das Ersprießlichste auszuheben. Zuerst muß ich von der Freude sprechen, den Oncle Carl doch längere Zeit unter meinem Dache

gehabt zu haben. Ich habe ihn sehr lieb gewonnen und wünsche aufrichtig, daß er balde und auf längere Zeit seinen Besuch wiederholen möchte, besonders, da mir der diesjährige durch die Dresdner Reise so sehr verkürzt worden ist, denn in Dresden war ich so zerstreut und versprengt, daß ich nichts vom Oncle hatte. Hätte ich nicht immer gehofft, daß er sich in Dresden an den Dr. Carus wenden würde, so hätte ich diese Reise gar nicht vorgeschlagen und wir wären lieber ruhig hier geblieben. Durch Homöopathen mögen wohl einzelne Symptome gehoben werden, daß aber bei so complicirten Leiden eine gründliche Heilung erzielt werden könne, daran zweifle ich. Auch hat der Hofrath Wolf (Homöopath) an den der Oncle sich wandte, sich gar nicht mit ihm eingelassen, eben weil er wohl selbst einsah, daß er über ein solches Uebel nichts vermöge. Freilich irren die Allopathen oft gewaltig, weniger in der Wahl der Mittel als in der Bestimmung des Uebels und es bleibt immer ein gewagter Schritt, auch dem geschicktesten Arzte sich anzuvertrauen. Jedenfalls hat Gott selbst den Oncle geleitet, wenn er hier nichts brauchen wollte. Mit Otto habe ich alle Ursache zufrieden zu sein. Er hat Talent und macht Fortschritte. Dabei verhält er sich im Hause still und bescheiden, so daß man ihn kaum gewahr wird. Die 3 Jungens beten ihn fast an und der Oncle Otto ist ihr höchster Gedanke. Die Mädchen sieht er gar nicht an. Wenn er nicht mit den Kindern allein ist, spricht er niemals und dies ist das Einzige, was ich an ihm auszusetzen habe, denn da keine Unterhaltung zwischen uns möglich ist, fehlen mir auch die Mittel bildend auf ihn einzuwirken. Hoffentlich wird dies anders werden, wenn endlich der Winter Stille bringt und eine ruhigere Zeit mir erlauben wird, mich ihm ausschließlicher zu widmen. Trotz seiner Stille ist er mir doch so lieb geworden und ich habe mich so an ihn gewöhnt, daß ich mit Trauer an die Zeit denke, wo er mein Haus wieder verlassen wird. Otto ist ein junger Mensch, von dem man sich alles Gute versprechen kann. – Unser lieber Schwiegervater kam uns hier gänzlich unerwartet an. Er hatte eine Erholung nöthig, da er durch einen heftigen Kirchenstreit in Bremen gewaltig afficirt war. Fritz hatte daselbst in Anscharii Kirche eine Predigt über das jüngste Gericht gehalten, die ich noch nicht gelesen habe. Durch diese Predigt war ein Theil der Gemeinde so erbittert, daß sie sich mit 42 Unterschriften, die Bauherrn an der Spitze an den Vater wandten, bittend, er möge seinen Sohn nicht wieder predigen lassen, um Spaltungen und Unheil in der Gemeinde zu verhüten. Der Alte antwortete, die Predigt sei sehr gut gewesen und habe auch gerade die richtige Wirkung gehabt, denn das Christenthum müsse rumoren, sie aber wüßten nicht was sie wollten, und nun gerade solle sein Sohn wieder predigen. Fritz trat nun (ohne daß jedoch sein Vater ihn mit dem Wunsche der 42 bekannt gemacht hatte) am nächsten Sonntage wieder auf mit dem herausfordernden Text: Gal. 1, 8. Diese Predigt steht nun zwar in durchgängiger Harmonie mit dem Sinne der Bekenntnißschriften beider evangelischen Confessionen, ist aber in einem so animosen Tone verfaßt, daß ihre Heftigkeit, oder vielmehr die Lieblosigkeit des Ausdrucks sogar von Vielen, die Fritzens Glauben theilen, getadelt wird. Gegen diese gewaltige Predigt erhob sich eine wüthende Opposition und besonders schäumten Vaters beide Collegen, die, weil sie Rationalisten sind, durch Fritzens Worte sich verflucht fanden und allerdings hatte auch Fritz diese beiden recht namentlich im Auge gehabt. Der bedeutendere unter ihnen, Paniel, trat nun mit 3 Controverspredigten gegen Fritz auf, Predigten die einem wässrigen Fußbade gleichen würden, wenn sie nicht durch Gift und Galle gepfeffert wären. Auf Grund dieser Predigten posaunten die Zeitungen nun lauter Lügen aus. Ja sogar einige Pariser Blätter nahmen von dem Vorfall eine lächerliche Notiz, indem sie berichteten, in Folge der Quadrupelalliance seien die Gemüther in Deutschland jetzt so sehr gegen Frankreich erbittert, daß ein Prediger in Bremen, Namens Krummacher, es gewagt hätte, die französische Nation in ihren größten Männern zu verdächtigen und zu beleidigen, indem er über Rousseau und Voltaire den Fluch ausgesprochen habe. Durch Schriften für und wider, die nun erschienen und die von christlicher Seite zum Theil gut sind, stieg die Erbitterung und der offene Haß nun immer höher und die Stellung des armen Vaters ward dadurch in Bremen so unbequem, daß eine Reise und dadurch veranlaßte Zerstreuung für ihn durchaus nothwendig wurde. Er lebte hier bei uns ganz still, ich formte seine Büste aus Thon, wir lasen ihm vor, machten kleine Spatziergänge, rauchten und plauderten, bis er nach 3 Wochen sich selbst wieder nach seinen Geschäften sehnte und davon zog. Wie Eduard meldet, hat er sich auf dieser Reise ganz verjüngt. Möchte er doch balde wieder zu uns kommen, der liebe alte Papa! Woldemar Bock kam noch, eigentlich zu meinem Leidwesen, während der Anwesenheit des Vaters, denn später hätte ich mich ihm ausschließlicher widmen können und ihn jedenfalls veranlaßt längere Zeit hier zu bleiben. Mir ist bei solcher Jugend noch nie ein so vollendet gebildeter junger Mann vorgekommen. Gescheut, bescheiden, unterrichtet, wohlerzogen und wenigstens dem Anschein nach unverdorben. Man sieht, daß er unter günstigen Umständen großgezogen ist und seine Umgebung harmonisch auf seinen Geist eingewirkt haben muß, bis er zu einer Selbstständigkeit gelangt ist, die für die Zukunft, wenigstens seinen Verstand vor schiefen und krankhaften Ansichten bewahren wird, die uns mit dem besten Willen doch oft die verderblichsten Richtungen einschlagen lassen.

[Unmittelbar als Woldemar weggereist war, kam Adelheid hier an. Wollte Gott ich könnte Dir von ihr recht Gutes melden. Ich habe über ihr eheliches Verhältniß, solange sie nun verheirathet ist, gegen Dich geschwiegen, weil ich immer hoffte, es würde ja durch Gottes Gnade endlich besser werden. Jetzt aber muß ich Dich auffordern zum gemeinschaftlichen Gebet für unsere arme Schwester, da wir sonst nichts für sie thun können. Niemand kannte von Anfang an den ganzen Umfang ihres Elends so gut als ich. Ich gab mir alle Mühe Adelheid zur Scheidung zu bewegen, allein sie widerstand und wollte von Scheidung durchaus nichts wissen, indem sie fest darauf bestand, mit ihrem Manne fortzuleben, und machte mir so auch alle Einmischung unmöglich, ja die leiseste und subtilste, weil dadurch das Verhältniß ja nur verschlimmert werden konnte. Du kannst Dir denken, mit welchen Gefühlen ich Julius empfing, als er vor kurzer Zeit hier ankam, um seine Frau abzuholen. Ich konnte mich aber doch überwinden und blieb wenn auch kalt, doch freundlich. Sie reisten von hier am 10t Oct. früh 4 Uhr im Dunkeln ab. Um 3 Uhr, da ich das Frühstückszimmer verließ, um etwas von meinem Zimmer zu holen, kam Adelh. mir nach, hing sich an meinen Arm und als wir mein Zimmer betraten, brach sie in heftiges Weinen aus, warf sich mir um den Hals mit den kläglichen Worten: ach mein Bruder, es wird mir doch gar zu, gar zu schwer. Mir brach fast das Herz und ich suchte sie zu trösten so gut es gehen wollte, doch war mir selbst der Trost entzogen, da ich bei den beiderseitigen Charakteren, wenn Gott nicht Wunder thut, mir nur durch den Tod des einen oder des andern eine Hülfe denken konnte. Es war gestern als sie abreisten und ich bin heute noch leiblich krank durch den Gram, den ich so herbe fast noch nicht empfunden habe, und habe Niemand hier, gegen den ich mich aussprechen kann. Mutter war mit der Abreise betrogen worden, die ich ihr gestern früh 7 anzeigte. Sie ahndet von Adelheids Lage mehr als mir lieb ist, es schiene ihr, sagte sie, als wenn die arme Adelheid wie verstoßen wäre aus der Familie. Sie weinte sehr bitterlich, doch war es ihr lieb, daß man ihr den Abschied verheimlicht hatte. Eine Stunde nach Adelheids Abreise schickte der gnädige Gott die Dora Heynitz, die aus der Schweiz kommt und einige Zeit bei Mutter bleiben will. – Will man nun näher auf den Grund von Adelheids Elend sehen, so ist es die religiöse Schwärmerei, die so viele unserer Schritte irre geleitet hat. Ein schwärmerisch frommes Frauenzimmer wie Adelheid war (doch nicht mehr ist) kann sich nichts herrlicheres und höheres auf Erden denken, als einen gläubigen Prediger. Wird von einem solchen etwas Uebeles erzählt, so kann es gar nicht wahr sein und alle Warnungen gegen einen solchen werden in den Wind geschlagen als vom Teufel kommend. Adelheid war mit Julius als Student einige Wochen zusammen gewesen und hatte sich in seine Rechtgläubigkeit und künftigen geistlichen Beruf verliebt. Nachher hatte weder sie, noch wir ihn wieder gesehen. Da kein anderer besonders liebenswürdiger junger Mann Adelheiden weiter näher trat, so hegte sie in ihrer Phantasie das Bild des frommen Julius fort und fort und gestaltete es nach und nach zu einem Engel, wozu die falschen Schilderungen seiner Geschwister viel beitrugen, die ihn immer Benjamin nannten und sich selbst in ihm rühmten, auch seinen starken Glauben hoch erhoben. Als er nun Pfarrer wurde, hielt er, da er auch unterdessen keinem andern Mädchen nahe getreten war, um unsere Schwester an. Mutter und Schwester freuten sich dieser frommen Verbindung und sagten zu. Weil indeß sein Anspracheschreiben so originell war, so schickte mir es Mutter nach Ballenstedt. Mir kam der Brief absurd vor, und ich schrieb sogleich an Mutter, sie müßte die Verbindung ein halbes Jahr aufschieben, sogleich aber Julius als Bräutigam nach Dresden kommen lassen, um ihn erst kennen zu lernen, man kenne ihn ja gar nicht und sein Brief sei doch affrös. So wollte auch nachher Adelheid, so wollte auch der Bremer Vater. Mutter aber hatte ein rastloses Treiben und weil Julius häufige Briefe immer sonderbarer und aufgeregter wurden, so urtheilte sie, daß wenn er noch einen Winter allein bliebe, er leicht wahnsinnig werden könne und wollte deshalb, daß die Verbindung auf der Stelle vor sich ginge, anstatt die Hand ihrer Tochter einem Menschen zu versagen, von dem sie glaubte, daß er so leicht wahnsinnig werden könne. So wurde Julius denn veranlaßt gleich zu kommen. In Dresden, als Julius unverholen seine Selbstsucht, seinen

Mangel an Bildung und Zartsinn und seine Unvernunft zur Schau trug, erschraken alle Freunde des Hauses und weissagten Unglück. Adelheid weinte, Mutter war tief bekümmert, meinte aber, die Verbindung müßte desto rascher vollzogen werden. Dann würde er ein ganz anderer Mensch werden. Dr. Carus, der Julius bei Mutter fand und sich mit ihm unterhalten und ihn beobachtet hatte, erklärte Mutter sie müsse durchaus die Verbindung so lange aufschieben bis Julius erst eine tüchtige Kur gebraucht hätte, da er in einem ganz abnormen Zustande und jedenfalls krank sei. Aber Mutter konnte das alles nicht beachten und machte die Hochzeit. Hätte ich nur irgendetwas von seinem Benehmen in Dresden erfahren, oder die Briefe gelesen, die er an Adelheid geschrieben hatte, so hätte ich gewiß alles noch gestört. Aber Mutter und Adelheid waren wie mit Blindheit geschlagen und weil er den rechten Glauben hatte, so mußte ja auch alles übrige gut und zu ertragen sein, mochte es aussehen wie es wollte. Hätte er diesen Glauben nicht gehabt, so würde man ihn für halb gestört oder für einen bloßen Lümmel gehalten haben, mit dem es sich auf keine Weise verkehren ließe. Aber er hatte und hat noch ein colossales Vertrauen auf das Blut Christi und somit war er ein Kind Gottes. – Richten will und darf ich ja nicht und ich übe mich vor Gott ihn nicht zu verdammen, indem ich mich meiner eigenen Sünde erinnere. Wie weit ein Mensch auch überhaupt zurechnungsfähig sei, weiß Gott allein, aber Adelheid ist sehr unglücklich. Und nun, mein lieber Bruder! Da wir in nichts helfen können, so laß uns wenigstens einig werden, keinen Tag vergehen zu lassen, ohne von ganzem Herzen Gott zu bitten, daß er sich doch endlich erbarmen und helfen wolle. Die arme Adelheid hatte von jeher so etwas, als wenn sie zum Unglück bestimmt wäre, ein so schweres Gemüth, so wenig Freudigkeit und eine so leicht verletzte Empfindung, daß sie alles drei doppelt fühlt. –]

*Am 11t. Oct.* Der Streit den Fritz in Bremen erregt hat, gewinnt immer mehr Breite. Vor mir liegt ein ganzer Stoß Broschüren, leider aber immer die Hauptschrift noch nicht, Fritzens Vertheidigung gegen Paniel. Es ist schade, daß von beiden Seiten mit so viel Anzüglichkeit und so persönlich beleidigend gestritten wird. Die Rationalisten bringen viel Albernheiten vor und verrathen eine heillose Unkenntniß der heil. Schrift, indem sie biblische Gedanken mißhandeln und verunglimpfen. Am leidenschaftslosesten hält sich ein Laie, der anonym schreibt, sich aber auch gegen Fritz und seine Vertheidiger wendet. Das Buch heißt: «Die Versuchungen.» Auf die eigentliche Streitsache geht es weniger ein, sondern enthält vorzüglich eine gelehrte Geschichte der Flüche, jedenfalls ganz interessant. Auffallend ist es aber, daß die Gegner ein so großes Gewicht auf die Bedeutung des Anathemas legen, ob unter demselben ein eigentlicher Fluch, oder nur Kirchenbann und welcherlei Grad des Kirchenbannes zu verstehen sei, anstatt, daß sie untersuchen sollten, ob sie wirklich anders lehren als Paulus und ob sie also von diesem Anathema, das doch jedenfalls immer eine schlimme Bedeutung hat, getroffen werden, oder nicht. Daß Paulus die Judenchristen bei diesem Fluche im Auge hat und nicht die Rationalisten, welches nicht geläugnet werden kann, ändert doch in der allgemeinen Bedeutung seines gewichtigen Wortes nichts. Indessen frägt es sich wie auch der Anonymus thut, ob nicht wirklich ein Unterschied zwischen dem Jacobischen und Paulinischen Christenthum gewesen, wie aus der Epistel Jacobi und aus Gal. 2, 12 vielleicht gefolgert werden könnte und ob nicht folglich Jacobus auch von dem Fluche getroffen würde. Auch berufen sich alle verschiedenen Confessionen, die doch alle von einander abweichen, auf den Paulus, es glaubt ein Jeder von allen Andern, daß sie anders predigen als Paulus und sie müßten sich also consequentermaßen alle miteinander gegenseitig verfluchen. Ob Paulus wirklich wenn man ihm Fritzens Interpretation vorlegte, bekennen würde, daß ganz so seine Meinung gewesen, bleibt mir sehr fraglich, da es mir ganz unmöglich ist bei ehrlichem Studium dahinter zu kommen, wie eigentlich Paulus über gewisse Dinge denkt, indem er sich entgegengesetzt ausspricht. So viel ist gewiß, daß er diejenigen verflucht, die das Christenthum in Außendingen, oder wir sagen besser, die die Gottseligkeit in Außendingen suchen, in Beschneidung, Fasten, Ceremonien u.s.w. übrigens aber soll man sich in Acht nehmen die Stelle auf andere Richtungen zu beziehen. Als Protestant hat Fritz Recht, denn er glaubt was seine Kirche glaubt, ob er als Christ recht hat, ist mir nicht ausgemacht. Jedenfalls mangelt seiner Predigt das eigenthümliche christliche Gepräge von Liebe und Erbarmen, und wenn sie lauter Christenthum enthielte wäre sie doch nicht christlich.

Es ist doch schade mein lieber Bruder und bester Freund! daß wir beide uns in theologicis niemals verständigen können. Du hast, da ich schweigen wollte, mich selbst aufgefordert fortzustreiten und meintest wir würden uns doch endlich verständigen, wenn wir auch 20 Jahre miteinander Geduld haben müßten. Soll es zu einer Verständigung kommen, dann mußt Du, Alter, aber doch auch berücksichtigen was ich schreibe und Gedanken durch Gedanken, nicht aber durch Voraussetzungen und Behauptungen abweisen. Um nun irgend einen Streit beginnen zu können, muß man sich doch vorher über die Bedeutung der Schlagwörter vereinigen, die man immer braucht. Deshalb habe ich Dir eine Definition gegeben von den Begriffen Glaube, Gesetzlichkeit, evangelische Freiheit und 2tes habe ich Dir durch Aufsetzung eines langen Gesprächs bewiesen, daß mein Verstand gegen Deinen Glauben nichts hat, und ich ihn nur deswegen nicht theile, weil ich ihn nicht in der Bibel begründet finde. Warum ich ihn nicht in der Bibel finde, habe ich Dir durch Auszug vieler Bibelstellen vorgelegt, die theils Deiner Meinung, theils sich untereinander entgegenstehen. Da sich nun so viele Stellen in der Schrift entgegenstehen, so habe ich Dir geschrieben, daß ich mich genöthigt sehe, die wörtliche Inspiration, also die formelle Inspiration zu verwerfen. Ich habe Dir überhaupt alle meine Behauptungen mit Gründen belegt. Du aber berücksichtigst meine Gründe nicht und stellst mir nur Behauptungen entgegen. Du nennst mich fortwährend gesetzlich, ohne Dich an meine Definition davon zu kehren, oder ihr eine andere entgegenzusetzen. Du wünschest mir Glauben, ohne daß ich wüßte welchen und was Du darunter verstehst, und Du beklagst mich meines Verstandes wegen, da wir uns doch überhaupt ohne Verstand nicht verständigen können. Um aus dem entsetzlichen Wirrsal herauszukommen, ohne deswegen aufzuhören uns über geistliche Gegenstände zu besprechen, schlage ich daher vor, wenn es Dir überhaupt Vergnügen macht, uns fürs erste nur über einzelne und einfache Gegenstände zu unterhalten, ohne Declamation und Tiraden, wie verständige Brüder, und diese Unterhaltung zu leiten, bitte ich mir von Dir die Erlaubniß aus, indem ich sie mit einer Frage beginne, die Du beantworten magst, indem Du davon nicht auf andere Gegenstände abschweifst sondern fest bei dem Gegenstande bleibst. Eine solche Unterhaltung, wenn wir alle Animosität verbannen und uns indem wir streiten, recht herzlich lieb haben, wird gewiß bildend und fördernd für uns beide sein. Ich beginne also jetzt mit einer Frage und zwar, da ich mit Dir glaube oder überzeugt bin, daß wir durch Glauben selig werden, so frage ich: *Was heißt Glauben?* Um Dir nun an die Hand zu geben, wie ich die Beantwortung wünsche, vervielfältige ich die Frage und spalte sie folgendermaßen 1.) Was versteht man in deutscher Sprache im allgemeinen unter dem Worte Glauben? 2.) In wiefern sind Glauben und Wissen eins und in wiefern gehen sie auseinander 3.) In wiefern wird im Allgemeinen der Glaube als Grund der Seligkeit gedacht? 4.) Wie kommt man zum Glauben im Allgemeinen, oder zu einem jeden Glauben 5.) Zieht ein jeder Glaube die Seligkeit nach sich 6.) Was sind die Kennzeichen oder besser die nächsten Folgen und Wirkungen eines Glaubens, der als Grund der Seligkeit gedacht wird 7.) Kann ein seligmachender Glaube gedacht werden, ohne daß er diese nächsten Wirkungen hat? – Ich werde mir die Fragen numerirt abschreiben, so daß Du sie bei den Nummern benennen kannst. Vielleicht wäre es Dir eine hübsche Herbstabend-Unterhaltung über diese Gegenstände Deine Begriffe zu ordnen. Willst Du mir aber auch vielleicht gar nicht darauf antworten, sondern deinerseits eine Frage an mich stellen, so ist mir das auch recht. Willst Du aber weder das eine noch das andere, so bitte ich Dich eine andere Art der Unterhaltung vorzuschlagen, die unsere Correspondenz beleben könnte, und solltest Du endlich auch dies letztere nicht wollen, so bist Du anathema maharon motha oder ein Schotentöffel.

Ich weiß nicht ob ich Dir schon geschrieben habe, daß ein Paar Stunden nach Adelheids Abreise die selige Dora Heynitz hier angekommen ist. Ich nenne sie selig, nicht weil sie wegen ihrer vielen Vorzüge selig zu preisen ist, sondern weil ich auch glaube, daß sie schon vor ihrer Geburt gestorben ist; wenigstens war sie von jeher das was die Leute todt nennen und doch hat sie mehr Leben als viele Leute, denn sie lebt heimlich in Gott. Ob sie nun gleich nicht die Gewohnheit zu sprechen hat und nur die giftigste Verläumdung ihre Zunge den unruhigen Uebeln beizählen dürfte, so glaube ich doch, daß ihre Gegenwart für Mutter, die gern passive Leute um sich hat, jetzt eine wahre Freude und Trost ist. Sie hat mit ihrer Tante der Frau von Kirchbach eine Reise durch das südliche Deutschland gemacht und auch die Schweiz gesehen. In der Nähe von Bern besuchte Frau von Kirchbach eine Irrenanstalt, wo es ihr so wohl gefiel, daß sie es für passend erachtete, ein ganzes Jahr daselbst zu bleiben, weshalb Dora sich von ihr trennte und allein die Rückreise antrat. Wenn Dora bisweilen spräche, könnte sie recht angenehm sein. Bei Irrenanstalt fällt mir Benno Zezschwitz ein, der sich, wie Mutter Dir wohl schon wird berichtet haben, jetzt auch in einer solchen befindet. Benno ist eigentlich von Hause aus nie ganz im Gebrauche seiner Vernunft gewesen. Durch Roller's Erziehung verwilderte seine Urtheilskraft gänzlich und durch erlangte Selbständigkeit mußte seine Tollheit vollends ausbrechen. Sein Vater zögerte lange, ehe er zu dem Entschlusse kam, ihn einstecken zu lassen. Endlich aber als Benno 50 Bauerpferde aufkaufte, wozu ihm Roller das Geld geborgt hatte und dann in Begleitung eines Schinderknechts, dem er russische Kleider hatte machen lassen, mit diesen Pferden nach Böhmen aufbrach, um sie daselbst zu verkaufen und für den Erlös Güter anzukaufen, ließ er ihn unterwegs wegfangen und nach Wackerbartsruhe bringen. Mein Aufenthalt bei Roller, bei dem ich 6 Tage war, ward mir sehr gestört durch Benno. Du wirst wohl begreifen können wie rührend mir das alte Lausa war. Alles beim Alten, nur daß der Tod die Zahl der Geschwister auf 3 beschränkt hat. Roller unverändert wie wir ihn immer gekannt haben, zu gleicher Zeit unbeschreiblich liebenswürdig und ganz unausstehlich, voll Geist und voller Thorheit. Wir spielten fast alle Nacht bis 2 Uhr Schach. Ich schlief mit in Rollers Kammer, wo nach Benno 77erlei Gerüche sind. Sogar am Fenster noch das Ledertäschchen mit den Brillengläsern. Er führte mich in den Garten, Dein Baum ist gewaltig und voller Früchte. Am sogenannten Wasserfall arbeitet der von Dir geschnitzte Mann in der Mühle. Roller sagte, Du hättest 3 Perioden gehabt, die ihm eindrücklich geblieben. In der ersten hättest Du Dich auf den Hof gestellt und ein Huhn gezeichnet in den Sand, fast zu natürlich mit einem dicken Hintertheil; in der $2^{t}$ hättest Du den Drehmann geschnitzelt, in der $3^{t}$ hättest Du russisch und ehstnisch gesprochen. «Grüße mir nur den Tappe recht herzlich» trug er mir auf. Ich mußte seine Beine messen, und urtheilen, ob Länge und Breite proportionirlich wären, weil er noch zu heirathen gedenkt. Der Gottesdienst war mir umgemein ergreifend. R. ließ mir zu Liebe die schönsten Lieder singen. Es war mir als träumte ich von vergangenen Tagen und müsse mancher noch am Leben sein, der längst schläft. Dieser alte Roller hat doch mächtig in mein Leben eingegriffen, aber obgleich er mir eigentlich nur geschadet hat, so habe ich ihn doch herzlich lieb, würde ihm aber gewiß nie ein Kind anvertrauen. Er steht jetzt recht verlassen und einsam da. – Wie mir es aber in Dresden war, mein alter Gerhard, das ist unmöglich auszusprechen. Ganz unbeschreiblich wehmüthig. Eben so in Loschwitz, ich konnte mich kaum halten, die Erinnerungen stürmten zu mächtig auf mich ein. O alte goldene Zeit! Wie fürchterlich enttäuscht das Leben die Poesie der Jugend! Klug wird man in der Regel erst dann, wenn mans nicht mehr braucht, und dann ist's ein Schatz, der sich nicht vererben läßt. Ich fand viele alte Freunde in Dresden, die zum großentheil selbst fremd zufällig mit mir dort zusammentrafen. Z.B. sämtliche Brüder Heynitz, der alte Aderkas aus Herrnhut, mit dem ich köstliche Stunden hatte u.a.m. Was gäbe ich darum einmal mit Dir Dresden zu durchstreifen – es war keiner mit mir, der empfinden konnte, was in mir vorging. Mit der christlichen Kirche scheint es in Sachsen zu Ende zu sein, so wie überhaupt fast auf der ganzen deutschen protestantischen Kirche das Anathema des Paulus lastet. Die Gläubigen stekken hier und da verborgen in den Conventiceln und andern Verstecken, wo sie sich meistens zu sonderbaren Carricaturen ausbilden, denn eine gesunde Entwickelung ist durch die Opposition, die zu sehr erbittert, fast nicht mehr möglich. Ich meinerseits schäme mich einer Kirche anzugehören, die solche Doctoren hat wie Paniel, und solche Bischöffe wie Röhr, Bretschneider und Ammon. Die Früchte, welche der Rest der alten confessionellen Erkenntniß trägt, sind Steffens, Leonhardi, Scheibel und viele andere, die ich nicht nennen will. Wie glücklich sind doch die Quäker, daß sie keine Pfaffen haben. Man könnte sie, wenn man die Früchte ansieht, für die reinste Gemeinde der Christenheit halten. Von jeher ist von den Geistlichen in der christl. Kirche alles Unwesen und Verderben, Blutvergießen, Unsinn und Unglauben ausgegangen und befördert worden. Indem sie über den Spruch streiten «Christum lieb haben ist besser denn alles Wissen» speien sie sich ins Gesicht, wie auch der Bremer Streit jetzt wieder zeigt. Grüße mir herzlich von mir und Julchen Deine liebe treffliche Frau, Helene, Nanny, alle Kinder und Verwandte, vorzüglich meinen treuen geliebten Oncle Carl und die unvergeßlichen Poll'schen. Möge die Gnade Gottes uns weiter tragen, wie bisher und uns am Ende über den Tod helfen in das ewige Vaterhaus, nach dem wir ja Alle weinen. Hier stecken wir in Sünde und Noth, sind wir gläubig so beten wir: hilf unserm Unglauben und sind wir treu, so beten wir: sei uns Sündern gnädig; aber drüben werden wir Gott schauen und genesen. – Mutter grüßt dich herzlich mit Deiner Frau; wir sind im Geiste eng mit Euch verbunden. Ihr lieben Geschwister Gerhard und Elmine! ich denke Eurer alle Tage mit brüderlichem Herzen und habe Euch sehr sehr lieb. Gott helfe uns Allen! –

Couvert.

16t

Wir haben schreckliches Wetter, naß und kalt. Dadurch werde ich verhindert, meinen Lieblingen, den Pilzen nachzugehen. Ich kenne jetzt sehr verschiedene Arten und unterhalte mich auf meinen Spatziergängen mit dem Sammeln. Ich lese mit großer Aufmerksamkeit die Zeitungen. Es steht ein furchtbares Gewitter am Himmel, aber Gott sitzt im Regimente und ohne ihn fällt kein Sperling vom Dach. Dora reist morgen früh leider schon wieder ab. Mutter hatte sie gern länger hier behalten, weil sie ein Gesicht aus alter guter Zeit ist. Morgen Abend werden es 7 Jahre, daß ich in Ballenstedt mit den Meinigen ankam. Wo blieb die Zeit?

N° 2 Ballenstedt am 25. Jan. 1841

Mein innig geliebter Bruder Gerhard!

Vor mir liegen 2 Briefe von Dir, vom 1sten Nov. und vom 27. Dec. Den letzten empfing ich heute und denke ihn ungesäumt zu beantworten, um Dich aus der Unruhe zu bringen. Ach verzeihe nur, daß ich Dir nicht früher geschrieben habe. Zwei Ursachen waren da, die mich von Woche zu Woche das Schreiben verschieben ließen. [Erstens war mir alles Schreiben ein Gräuel, weil mir Adelheids Verhältniß zu tiefen Kummer machte und zweitens war ich so ⟨...⟩, daß ich den ⟨...⟩ mußte, ⟨...⟩ Brief nicht abgeht. Unser treuer Gott führt die arme Adelheid Wege, die weder ihr noch uns gefallen. Sie ist wirklich sehr unglücklich verheirathet, obgleich ihr Mann nicht gerade böse ist, sondern nur unreif und verrückt, etwas wie Roller, ohne daß er aber dabei Rollers Liebenswürdigkeit hätte, die so vieles wieder gut machte. Er verträgt sich ebensowenig mit seiner Frau, als mit irgend einem anderen Wesen. Mit seiner ganzen Gemeinde ist er überworfen und seine ⟨...⟩] Sie hat den Glauben, daß doch am Ende Gott Alles in Allem ist und an uns Menschen nie etwas anderes geschieht, als sein heiliger Wille, der uns immerwährend zu Ihm, zur Quelle alles Heils hintreibt, [eigentlich nur in Worten, aber nicht lebendig und in Kraft und ⟨...⟩ mit dem Gedanken, daß, alles anders sein könnte, wenn manches anders gemacht wäre; als wenn irgend ein Ding anders sein könnte als es ist.] Sehen wir diese Sache an mit dem Gedanken, so kommen wir zu der Einsicht, daß sie nicht vermieden werden konnte, sondern nothwendig war und daß alles Nothwendige auch gut sei.

Sehen wir sie gläubig an, so müssen wir sagen, daß auch hier Gott keinen Stein für Brod gegeben haben werde, sondern daß die ewige Liebe und das ewige Erbarmen auch [über diese Ehe] wache und daß, wenn [Adelheid] Glauben und Treue hält, sie gewiß gerade für diese Führung Gott einmal am meisten danken wird. Sie ist auch jetzt in schöner Stimmung und findet sich immer demüthiger und resignirter in den steilen Weg, den Gott sie führt. [Sie ist entschlossen bei ihrem Manne auszuhalten und dies Ende abzuwarten, das Gott schenken wird. Ueber Euer ⟨...⟩ war sie sehr erfreut, doch schreibt sie sehr entschieden: ⟨...⟩ dort etwas» Sie möchte immer gern ihr Unglück als Geheimniß bewahrt wissen. Julius sorgt durch sein Benehmen dafür, daß es weltkundig wird. Ich habe mich jetzt so ziemlich an den Gedanken gewöhnt, Adelheid an einen herzlosen, halb verrückten Schwärmer verschleudert zu sehen, weil ich mich gläubig in ihr Schicksal gefunden habe, aber ich bin um so sehr älter geworden durch diese Geschichte, ich habe mich völlig gegrämt und es hat mir fast das Leben abge⟨...⟩. Mutter ist bei ihrer Kränklichkeit durch lauter Herzjammer ganz und gar heruntergekommen. Ich hoffe aber doch sie wird sich wieder finden und auch noch ehe sie stirbt eine Aenderung sehen. Vorerst wird diese Veränderung freilich subjectiv blos in Adelheids Begriffen vor sich gehen, aber sie hat da schon angefangen und wird durch die Gnade Gottes vollendet werden. Adelheid hat in Tecklenburg theure Freundinnen die ihr ein wahrer Trost sind; sie hat köstliche Kinder, besonders die kleine Maria, geistig und leiblich wie ein Engel, und wenn sie erst völlig aufgehört haben wird von dem wirklichen Julius das zu erwarten, was der geträumte ihr gewesen sein würde, so wird sie auch ganz kräftig und fröhlich leben und predigen können. Aber es ist wahrlich nicht leicht für eine Frau, alles das, was sie in ihrem Mann erwartet hat, aufgeben zu müssen und ⟨...⟩ kann das auch keine Frau aus sich haben,] sondern die Gnade muß sie erst durch viele Thränen führen. Ach wie schwer ist es ein gehorsames Kind Gottes zu sein, ist man aber dieses, wie leicht ist dann das ganze Leben, wie süß alle Last. –

Wegen Mutter war ich sehr ernstlich besorgt und glaubte sie würde das Frühjahr nicht erleben und der Gedanke sie so bekümmert hinsterben zu sehen war mir ganz unerträglich. Jetzt aber, Gott sei Dank, obgleich noch bettlägerig erholt sie sich doch wieder, besonders sehr sichtlich seit vorgestern, nachdem sich in der Nacht eine Krisis eingestellt hatte, von der sie glaubte, daß es der

Tod wäre. Nun hoffe ich zuversichtlich, daß sie uns erhalten wird und noch freudige Tage sehen soll. Deinen Brief habe ich ihr gebracht. Dein Novemberbrief entlockte ihr Freudenthränen, besonders Deine Beantwortung meiner Fragen. Was mir diese beiden Briefe für Freude machten, kann ich nicht sagen, besonders der erstere, der gerade an meinem Geburtstag Morgen in meine Hände kam. Ich danke Dir, daß Du in meinen Kram eingegangen bist; wenn Mutter aber, wie sie wollte, einen früher angefangenen Brief mitschicken sollte, so bleibt mir kein Raum die Materie weiter zu verfolgen und muß dies verschoben bleiben. Du hast auf meine Fragen viel mehr geantwortet als ich gefragt habe. Meine Fragen sind viel abstracter als Deine Antwort, diese theologisch, jene metaphysisch. Nun möchte ich Dir auf meine Weise dieselben Fragen beantworten, dann könnten wir vergleichen, uns unserer Einigkeit freuen und die Uneinigkeit, die blos in Begriffen liegt, weiter ausgleichen, doch ich muß erst abwarten, ob ich außer diesem Blatt noch Platz behalte. Gegen Dich spreche ich mich nun ganz offen aus und halte Dir meine geheimsten Zweifel nicht vor, aber sonst, glaube mir, hüte ich mich sehr das Christenthum als die einzig mögliche populäre Form vollkommener Gotteserkenntniß zu verleugnen, sondern bekenne es froh und frei als meinen Glauben, weil ich ja doch den Inhalt glaube. Deswegen gelte ich hier allgemein für einen Pietisten, aber es wagt es keiner mich anzugreifen in meinen Behauptungen, weil ich sie bis jetzt noch immer ad absurdum geführt habe.

*Am 26. Jan.* Eine Stunde bleibt mir noch mit Dir zu schwatzen, dann muß ich mit dem Hofe eine große solenne Schlittenfahrt nach dem Alexisbade machen, um dort zu diniren. Da geht der ganze Tag drauf. Es ist ein unangenehmes Stück Arbeit, weil die Damen mitfahren, welche hier mehr oder minder, mit sehr geringen Ausnahmen, alle etwas albern sind und doch unterhalten werden müssen. Jeder Herr bekommt in seinen Schlitten eine Dame, mit welcher er suchen muß fertig zu werden. Es wird sich ja auch überstehen lassen. Im Ganzen bin ich jetzt weniger genirt durch den Hof als früher, indem es mir gelungen ist den Hofmarschall zu bewegen, mir feste Tage zu geben, wo ich ohne eingeladen zu werden, ein für alle Mal zur Tafel komme und zwar nur 2 Mal in der Woche. Jetzt habe ich Sonnabend und Sonntag, welches mich wenig incommodirt, da ich es die ganze Woche vorausweiß. Ich habe mich daher auch nie hier in B. so wohl gefühlt als jetzt. Etwas zu diesem größeren Behagen trägt auch die größere christliche Gemeinschaft bei, die wir jetzt hier haben. Vor einem Vierteljahr langte eine neue Hofdame aus Holstein hier an, Fräulein von Bernstorff, eine Dame in den vierziger Jahren, welche unsere Herzogin erzogen hat und sie ganz zärtlich liebt, und ihre angenehme Häuslichkeit in Holstein verließ, blos um der Herzogin hier zum Trost zu sein. Diese warf sogleich die Angel nach uns aus und wir erkannten eine weit geförderte christliche Seele. Bald nach ihrer Ankunft wurde sie schwer krank und es ist immer noch zweifelhaft ob sie durchkommen wird. Ihr Krankenlager ist für uns segensreich geworden. Julchen und ich bringen öfter den Abend bei ihr zu und es ist rührend zu sehen, welche außerordentliche Freude sich jedesmal auf ihrem Gesichte malt, wenn wir eintreten. Es ist etwas Großes zu sehen, wie glückselig ein Christ sein kann, unter so schweren leiblichen Leiden. Wir unterhalten uns dann den ganzen Abend von den Hoffnungen des Glaubens, oder es werden einzelne Glaubenssätze zergliedert und zum Verständniß gebracht; oder es werden Erfahrungen mitgetheilt, die einem oder dem andern zum Segen geworden sind. Häufig nimmt die Herzogin Theil an dieser Unterhaltung und spricht sich hier ganz offen und einfach aus, voller Liebe zum Evangelium und voller Theilnahme für alles was im kirchlichen Leben sich bewegt und geschieht. Hier habe ich die Herzogin erst kennen gelernt und gesehen welch ein schöner Grund in ihr liegt, wie sehr ernst sie ist und wie das moderne unruhige und vergnügungssüchtige Wesen, was mir an ihr zuwider ist, nur an der Oberfläche hängt und sich gewiß immer mehr verlieren muß bei so tüchtigem Streben. Auch über Staatsangelegenheiten hat sie sich gegen mich ganz offen ausgesprochen und ich habe ihr im Herzen das Unrecht sehr abbitten müssen, das ich ihr früher gethan habe. Ueberdem zieht uns die Herzogin jetzt auf meine Bitte, da ich sie nicht blos so im Versteck sehen wollte, auch bisweilen in ihre eigenen Abendzirkel und wir stehen uns jetzt so ganz gut miteinander, da früher beständige Mißverständniße und Häkeleien waren, die mir recht schmerzlich gewesen sind und die ich wegen meines Stolzes nicht lichten und ausgleichen konnte. Mit uns trifft bei der Bernstorff, wenn die Herzogin nicht da ist, auch noch eine Kammerfrau derselben, die Dr. Valentiner zusammen, welche auch gläubig geworden ist, da sie früher eine entschiedene Feindin des Glaubens war. Sie wurde vorzüglich gewonnen durch die Liebe die Julchen einmal ihren verlassenen Kindern erwies, als die Mutter sehr schwer krank war. Dadurch wurde sie veranlaßt unser Pietistenhaus zu betreten und auch sogleich angesteckt vom Hauche des Lebens.

*Am 27. Jan.* So weit schrieb ich gestern zerstreut und unter großer Unruhe wegen der bevorstehenden Parade. Um 12 Uhr mußte ich fort und erst um 10 Abends wurde ich wieder mein eigener Herr. Für jüngere Leute mag dergleichen Pomp recht interessant sein, ich aber vergnüge mich an nichts was man Vergnügen nennt. Die eingeladenen Herrn versammeln sich auf dem Schloß, die Schlitten stehen alle mit Vorreitern in großer Gala auf dem Schloßhof. Sobald die Herrschaften kommen, ziehen alle Herrn aus silbernem Becher die Namen ihrer Damen, werfen sich dann in die Schlitten, den Jockei mit Hetzpeitsche voraus und holen jeder seine Dame aus ihren Wohnungen in der Stadt ab. Ich hatte eine Hofdame gezogen und fuhr daher gleich vom Schlosse ab. Auf dem Bauplatz vor der Reitbahn versammelten wir uns unter Hornmusik. Wenn sich hier der Zug geordnet hat, so gehts fort; voran der große Musikantenschlitten mit 20 Hornisten besetzt. Die rothen Jacken der Jockey's ihre Silbertressen, glänzend weiße Lederhosen und reichen Mützen, die bunten Federn und Roßschweife auf den Pferden die bunten Decken, die schönen Glocken und Schellenbehänge, das Gold und die Farben der vielen kleinen Schlitten, dies alles gewährt an einem sonnigen Wintertage einen ganz hübschen Anblick. Bei Wendungen des Weges sah der Zug zauberhaft aus in seiner eiligen Bewegung. Wir fuhren durch das Gatter über den Mägdesprung nach Alexisbad. Hier hatten wir kaum Zeit einige necessaria zu besorgen, so mußten wir schon wieder die eklichen Damen zu Tische führen. Hungrig war man wie ein Wolf und wie viel Champagner getrunken wurde, ist gar nicht zu sagen. Ich war recht heiter, weil mich der Gedanke, daß auch dieses Vergnügen ein Ende nehmen würde, aufrecht erhielt. Nach Tische, als das Geschwätz im schönsten Zuge war, schlich ich mich durch eine Hinterthüre fort, suchte mir einen warmen Winkel und fing an zu rauchen. O wie wohl ist's dem Mann, sagt Roller, wenn er mit seiner Pfeife allein ist. Auf einmal kam der Hofmarschall: Herr Je! Alterchen sie rauchen! das ist zu arg! Ich frug ihn ob er nicht auch wolle und gab ihm eine Cigarre, die er sogleich andampfte und nun kam einer nach dem andern, alle rauchten und man ward ungemein vergnügt, und Hof und Damen und Schlitten und alles war vergessen, bis ein Kammerdiener uns meldete, daß der Herzog in den Schlitten stiege. Da flogen alle Cigarren zum Fenster 'naus und jeder verschlang im Hinuntergehen ein Stückchen oidiverd, ein Würzelchen welches auf der Stelle allen Tabacksgeruch gänzlich vernichtet. – Nun mußte ich noch den ganzen Abend auf dem Schlosse bleiben. – Siehe da kommt Mutters Brief und da es nicht mehr ist, so setze ich unsere wissenschaftliche Untersuchung fort.

ad 1.) Unter *Glauben* verstehen wir ein Fürwahrhalten oder eine Ueberzeugung, die sich auf subjectiv hinreichende Gründe stützt und hierbei kann noch gesagt werden, daß wir unter Meinung ein Fürwahrhalten mit unzureichendem Grunde verstehen.

ad. 2.) *Wissen* heißt eine Ueberzeugung mit objectiv zureichendem Grunde. Also sind Glauben und Wissen beide gleich Ueberzeugung, verschieden aber durch die Art ihrer Begründung.

ad. 3.) Eine jede Ueberzeugung, wissenschaftliche und gläubige drängt sich uns auf und es hängt nicht von Dir ab ob Du glauben willst zu wachen oder zu träumen, sondern Du mußt eins von beiden, jenachdem sich subjectiv die Gründe dafür in Dir gestalten.

ad. 4.) Die Seligkeit hat 2 Seiten und ist subjectiv und objectiv zu denken. Wenn nun der Glaube als Grund der Seligkeit gedacht wird, so muß ich mich natürlich selig fühlen, wenn ich von einer Wahrheit überzeugt bin, die für mein Herz erwünscht und beseligend ist. Doch kann mich hierin mein Herz betrügen. Wenn aber die wirkliche Seligkeit, welche objectiv für sich da ist, auch wenn ich keinen Theil daran habe, nicht unbedingt als jedermanns Erbtheil gedacht wird, so muß ich natürlich, wenn ich zu ihr gelangen will, eine richtige Ueberzeugung, nicht nur von ihrem Dasein, sondern auch von ihren Bedingungen haben. Alle vernünftige Handlungsweise des Menschen hängt ab von seiner Ueberzeugung und daher werde ich in soweit ich vernünftig bin, wenn ich die Ueberzeugung habe der angedeutete Weg führe wirklich zur Seligkeit, diesen auch gehen. In so fern wird nun also auch mein Glaube (subjectiver) erster Grund zu meiner objectiven Seligkeit – objectiver Grund bleibt aber allein die Gnade Gottes, welche diese Seligkeit bereitet hat.

– Insofern ich nun aber auch meiner Ueberzeugung nicht zu folgen brauche, sondern als unvernünftiger Mensch wider meine Einsicht dem Reiz und Kitzel der Sünde unterliegen kann, oder trotz aller richtigen Ueberzeugung in Verbitterung wie ein Teufel mich dennoch von Gott abwenden kann, insofern ist wieder nicht der Glaube, sondern die Treue subjectiver Grund der Seligkeit. Paulus hat den ersten Fall im Auge, Jacobus den zweiten und nur so verstanden widersprechen sie sich nicht. Hierbei muß des Mißverstandes wegen noch bemerkt werden, daß es eben so wenig einen vollkommenen Glauben, als eine vollkommene Treue geben kann.

ad. 6.) Die Kennzeichen des Glaubens sind hiermit angedeutet. Gott ist ein Licht und in ihm ist keine Finsterniß. Das ist ein religiöser und auch ein philosophischer Satz, dem nirgends widersprochen wird. Wenn wir die Sünde als Finsterniß bezeichnen, so kann sich das Herz nur in so fern mit Gott vereinigen, als es der Sünde entsagt, daher ist die Seligkeit wie sie auch in diesem Leben empfunden wird, stufenweise unterschieden. Je mehr Licht, je mehr Seligkeit. Es liegt aber in der Natur des Lichts, daß es nicht das abweist, was vorher finster war, und daß es das erleuchtet und also seiner Natur theilhaftig macht, was sich ihm zuwendet. Dies ist die Gnade welche im Wesen Gottes liegt und vollkommen mit seiner Gerechtigkeit harmonirt, ohne die alle Menschen ewig verdammt wären und die der christliche Glaube durch die Erscheinung Jesu Christi zum Verständniß bringt, auf eine Weise, wie dies philosophisch, oder rein begrifflich gar nicht geschehen kann.

*Am 28sten Januar.* So eben habe ich Deine beiden Briefe noch einmal durchgesehen und es bot sich mir da ein so überreicher Stoff zur Beantwortung dar, daß ich diese doch eigentlich aufgeben muß. Um sich aber nur einigermaßen zu verstehen, muß ich doch folgendes sagen. Laß uns das Christenthum auseinanderlegen in Inhalt und Form und wir wollen die Form Christenthum nennen, den Inhalt Gotteserkenntniß. Was nun den Inhalt anbelangt, so haben wir den beide gleich, mit dem Unterschiede, daß Du die sittliche Kraft im Menschen leugnest und ich sie behaupte, – Du auf Grund der Schrift und ich auf Grund der Schrift, Du aus Erfahrung und ich aus Erfahrung, Du vielleicht aus einer Bescheidenheit und ich aus einer Nothwendigkeit des Denkens. Was mir aber immer untergeschoben wird, als wollte ich mir die Seligkeit verdienen, das ist eine Unwahrheit, die ich nirgends behauptet habe. Auch weiß ich, daß ich nichts habe, ohne von Gott. Willst Du consequent sein, so mußt Du strenger Prädestinatianer werden. Ich bin aber noch eher Prädestinatianer als Du, denn ich halte den Glauben für ein reines Geschenk Gottes, das ich ohne mein Zuthun erhalte und in welchem ich frei werde. Ich habe ungefähr Tersteegens Ansicht, der freilich von den meisten Theologen zu aller Zeit für einen Ketzer gehalten wurde, und den Friedr. Krummacher auch noch dafür hält, und Du hast die Zinzendorfsche oder Herrnhutische. So weit vom Inhalt und wenn wir nicht einmal zusammenkommen, werden wir uns nie verstehen. – Was die Form, *das Christenthum* anbelangt so glaubst Du dasselbe und ich möchte es nur glauben und habe den Wunsch zu haben, was Du hast. Der Grund, der mich am Glauben hindert, ist die heilige Schrift. Erst seit kurzem habe ich wirkliche Erbauung vom Lesen der h. Schrift, weil ich nun mit mir ganz einig bin, sie nicht mehr für inspirirt zu halten. Mit den gläubigen Christen fühle ich mich Eins und verbrüdert und mit ihnen auf einem Wege, ich kämpfe mit ihnen denselben Kampf, ich trage ihre Schmach mit ihnen, aber ich kann das Christenthum nicht begründen, wie die meisten von ihnen und würde mir die Kirche das zumuthen, so würde ich sie verlassen. Entweder muß man gar nicht denken, a priori *jeden Gedanken* abweisen wie ein Türke und glauben wie ein Stock, oder aber man muß ordentlich denken, nach der Schnur, und dann diesen Gedanken folgen. Wollen die Christen das Christenthum dem Gedanken annehmbar machen, so müssen sie durchaus absehen von der wörtlichen Inspiration der h. Schrift. Glauben sie aber an die wörtliche Inspiration, so müssen sie auch alle Aussprüche der h. Schrift dem nächsten Wortverstande nach verstehen und sich das entsetzlich freie Erklären abgewöhnen, was Dir mein lieber Dicker und allereinzigster Bruder Gerhard auch etwas anhanget. Das christliche Bewußtsein ist der beste Schlüssel zur h. Schrift. Wer das nicht hat, weiß nicht was er liest; wer es aber hat, der weiß nicht nur was er liest, sondern er kann es auch sagen, wenn er sich nicht gebunden fühlt durch allerlei mangelhafte Ausdrücke der Schrift selbst, die er alle für Worte Gottes halten muß und die nirgends hin passen. Der Fall kommt öfter vor, daß ich Andere darin bestärken muß, woran ich selber zweifle, das ist denn immer ein Schmerz für mich – und offen bekennen kann ich mich nicht, weil ich in einer Sprache reden müßte, die unter tausenden einer versteht. Ich würde dann ganz einsam und verlassen stehen, ohne alle Möglichkeit des Umgangs und der Gemeinschaft mit gläubigen Seelen. Wie lieb ist mir der Umgang mit Fräulein Bernstorff und wie förderlich für meine Seele; aber es gestaltet sich auch selten das Christenthum in einem Menschen so liebenswürdig und so practisch. Wahrscheinlich wird sie aber gegen Frühling sterben. Sie sieht ganz wie eine Leiche aus, ist so mager wie der Tod und hat schon starke Nachtschweiße. Ihr Verlust wäre in christlicher Hinsicht für das ganze Land unersetzlich und die Herzogin verlöre ihre beste und allertreuste Freundin. Letzten Sonntag predigte hier ein kleines altes Pastorchen vom Lande. Schon aus den Liedern wehte mich der Hauch des Lebens an und die Predigt war ganz gläubig und so erbaulich, wie ich hier noch keine gehört habe, ob er gleich einen so abominabeln Vortrag hatte und eine so lächerliche Declamation, daß der größte Theil der Zuhörer dadurch in Heiterkeit versetzt wurde. Bei Tafel suchte ich ihn auf und setzte mich zu ihm und wir waren sogleich gute Freunde. Er schien ganz glücklich in dieser Versammlung einen Geistesverwandten gefunden zu haben und wurde es noch mehr, als ich ihm von der Herzogin erzählte. Nach Tafel nahm ich ihn mit zu mir, fütterte ihn mit Zigarren und Kaffe und wir blieben bis zum Abend beisammen. Das war für uns beide eine rechte Erquickung. An der herzoglichen Tafel habe ich sehr unerwartet nun schon öfter christliche Gemeinschaft gefunden.

Der Pastor Treviranus aus Bremen hat mir 500 Havanna Zigarren zum Geschenk gemacht. Wärst Du hier so wollten wir rauchen, daß die Fenster platzten, es ist eine deliciöse Wohlthat für Nüstern und Gaumen, aber ich kann sie unmöglich aufheben bis Du kommst, denn meine Freunde oder Bekannte oder Mitmenschen, die mich besuchen, sind wie die Raben dahinterher. Deiner lieben Elmine danke ich herzlich für ihre freundliche Zuschrift und ihr so herzliches, liebevolles Andenken. Die Stricknadelgeschichte hat uns sehr erschreckt, Gottlob wenn sie weiter nicht von Folgen ist. Möge unser getreuer Herr unsere liebe Elmine allezeit schützen und bewahren und ihr glücklich durchhelfen durch ihr Stündlein. Ja er wird's auch thun! Wir wollen Eurer fleißig gedenken. Meiner lieben guten Helene streichele ich die Backen und kann mir gar nicht denken, daß sie schon erwachsen ist. Wenn sie uns doch besuchte mit der kleinen Nanny, wir wollten sie ganz entsetzlich pflegen. Unsere HerzensAlwina, die liebe treue vielgeprüfte Seele sollst Du, lieber Dicker aufs innigste grüßen. Möge Gott allezeit ihr gutes Theil sein und sie stärken und erquicken aus Zion. Meinen besten Wilhelm umarme ich von ganzem Herzen und gedenke seiner fleißig mit brüderlicher Liebe, so wie meine theuern unvergeßlichen Schwestern Sophie, Antonie und Auguste. Unsern väterlichen Oncle Carl grüße doch von ganzem Herzen mit der theuern Tante und allen Kindern. Die Liebe und Herzlichkeit, die er mir gezeigt, erwärmt mir immer noch das Herz. Mit seinem Sohn Otto bin ich fortwährend zufrieden und er wird uns eigentlich immer lieber, obgleich er so still bleibt wie eine Maus. Er zeichnet eifrig und geht schneller vorwärts als ich anfangs dachte, so daß er sehr gut jetzt schon nach Dresden abgehen könnte und bei mir eigentlich zurückgehalten wird. Er ist so gesund wie ein Felsenstein, macht sich überaus viel Bewegung und lebt außerordentlich regelmäßig. Ich wünschte der gute Junge hätte uns so lieb wie wir ihn haben. Da er sich nicht äußert, so wissen wir nicht, ob er dieses oder jenes sehr schmerzlich vermißt und lieber anders hätte und können ihn nicht nach seinem Bedürfniß, sondern nur nach unserem Ermessen behandeln. Siehst Du Tante Gustchen, so küsse ihr doch die Hände mit meinem ehrfurchtsvollen Gruße. Ihr Leben hat sich so traurig und einsam gestaltet, daß ich ohne Wehmuth gar nicht an sie denken kann. Ich hoffe aber der Friede Gottes und seine Seligkeit ersetzt ihr reichlich was Seine Liebe ihr raubte und was die Welt ihr versagte. Ist Er nur unser Theil, so sind wir licht und helle und unsere Worte sind Lob und Dank.

Couvert-Nachrichten.

Wir haben hier auch einen tüchtigen Winter, doch hat die Kälte 14° nicht überstiegen. Neulich wohnten wir einer großen Gesellschaft bei. 35 Personen saßen am Tisch, unter Trinken und Essen, Scherzen und Lachen. Da stürzte auf einmal an meiner Seite Fräulein Ida von Krosigk, die älteste Tochter der Frau von Alvensleben, Deine ehemalige Spielgenossin, todt und steif vom Stuhle. Es war ein füchterlicher Anblick. Die ganze Gesellschaft wie vom Schlage gerührt. Meine Nachbarin kriegte Krämpfe. Die Todte wurde vom alten Alvensleben, der sie weil sie so steif war wie ein Pfahl, kaum halten konnte, sogleich hinausgetragen. Glücklicherweise waren zwei Aerzte zugegen und es zeigte sich balde, daß noch Leben vorhanden war und sie kam wieder zu sich. Ich werde nie dies Entsetzen vergessen. Das Schlimmste war, daß wir des Wirthes wegen nicht fortgehn konnten, sondern leisten mußten, was nur menschenmöglich war, um die alte fröhliche Stimmung wieder hervorzubringen, welches doch nicht so recht gelingen wollte. Den andern Tag war die Kranke wieder frisch und gesund. In 4 Tagen wird uns der Hof auf 2 Monate verlassen, um nach Bernburg zu gehen. Nur Fräulein Bernstorff bleibt krank zurück. Ich lebe immer erst auf, wenn die Herrschaften mit ihrem vielen Vergnügen abgezogen sind. Ich wünschte es gäbe gar kein Vergnügen in der Welt, außer dem das sich ungesucht findet. Es lebt hier niemand so zurückgezogen wie wir, und doch braust uns zuweilen der Kopf vom Troubel der Gesellschaften. Hier in Ballenstedt vom vielen Lachen ordentlich große Mäuler bekommen. Bei den Hofdamen haben sich die Mundwinkel so in die Höhe gewöhnt, daß sie auch beim Weinen aufwärts gehen. Am allersolidesten hier lebt Otto, der weil er keinen Frack hat und haben will, nirgends hingehen kann. Er will sich niemals in seinem ganzen Leben einen Frack anschaffen. Die einzige Ausschweifung die er begeht, ist daß er zuweilen mit Julchen, mir und Gerhard eine Parthie Mist spielt, ein Kartenspiel das ich erfunden habe und das wegen seiner Aehnlichkeit mit Whist Mist genannt wird. Auf den 6$^{t}$ Febr. Vaters Geburtstag haben wir eine totale Mondfinsterniß und wollen aufbleiben. Willst Du nicht auch genießen. Vielleicht spiegelt sich Dein fettes Antlitz im Monde, daß ich Dich sehen könnte. Lebt wohl Ihr Theuern. Wenn ich das große Loos gewinne, hole ich Dich ab, doch habe ich leider nicht eingesetzt.

## N$^{o}$ 3

Ballenstedt am 12$^{t}$ Mai 1841

Mein lieber theurer Goldbruder!
Es ist unverantwortlich, daß ich Dir so lange nicht geschrieben, daß ich Dir nicht einmal die Ankunft des Wechsels gemeldet habe, welches ich doch sogleich thun wollte. Ich habe aber wieder ein Heidenleben geführt, bin wenig zu Hause und zu Hause nie allein gewesen. In den letzten Tagen des März ward ich nach Hohenerxleben zu dem Landrath Krosigk gerufen. Von dort bin ich erst Anfang Mai zurückgekommen und hatte hier sogleich meinen Schwager Emil Krummacher und dann den Vater Volkmann zu

empfangen, welcher noch bei mir ist. In Hohenerxleben empfing ich Deinen Brief, ich war aber dort von der Familie so in Anspruch genommen, daß ich zu einer ruhigen Schreiberei nicht kommen konnte. Vom Morgen bis zum Abend malte ich und dann wurde Schach gespielt, spatziert, gegessen und getrunken und vor 11 Uhr Abends ward ich nicht mein eigener Herr. Ich habe dort 4 Portraits gemalt, die mir ganz wohl gelungen sind. Der Landrath und die Landräthin Krosigk sind christliche Leute und von ihnen geht ein Schein aus auf die ganze Familie, die sehr zahlreich ist und aus 11 Kindern und 2 Tanten besteht. Trotz dem daß die Familie christlich ist, so ist sie doch aus fis dur gestimmt, d.h. von übermäßig lustiger und lebensfroher Art. Die 3 ältesten Töchter sind erwachsen und sehr ausgezeichnet. Die älteste ein Genie und Schriftstellerin, außerordentlich geistreich und begabt. Die 3$^{\underline{t}}$ ist schön und daher auch Braut, obgleich erst 17 Jahr alt. Ihren Bräutigam, einen jungen H. von Veltheim, welcher die ganze Zeit anwesend war, habe ich sehr lieb gewonnen, so wie ich mich überhaupt freue diesem Hause als befreundet mich ansehen zu können. Es ist die einzige gläubige Familie im ganzen Lande, die mir bekannt ist, und wenn ich auch selbst kein großer Glaubensheld bin, so liebe ich doch an Andern das zu finden, was mir selbst abgeht. So schön es in Hohenerxleben auch war, so liebevoll man mich behandelte, so lieb ich die Leute gewann, so sehnte ich mich doch schmerzlich nach den Meinigen zurück, und um das Nach Hause kommen recht zu genießen, machte ich den Rückweg hierher zu Fuße. Das war einer der schönsten Tage meines Lebens. Ich ging um 5 Uhr früh dort ab, über blumige Wiesen, durch duftende Birkenwäldchen, bis um 7 Uhr der ganze Harz in dunkelblauer Farbe vor meinen Augen lag. Der Brocken mit seiner Schneekrone in der Mitte und Ballenstedt in weiter Ferne, als ein glänzender schneeweißer Stern. Diese herrliche entzückende Aussicht behielt ich nun immer im Auge bis ich endlich um 1 Uhr Nachmittag in meinem Hause einrückte. Julchen saß schlafend in der KanapeEcke und ich setzte mich ihr gerade auf den Schooß. Nachdem wir uns gelatzt, nahm der verschmachtete Wanderer eine ganze Suppenterine voll Bierkalteschaale zu sich.

*Am 13$^{\underline{t}}$ Mai.* Das war alles, was ich gestern schreiben konnte und überhaupt thun, denn den ganzen Tag über war mein Haus von Gästen erfüllt. Ich habe jetzt eine unruhige Zeit. Volkmann ist da, und Emil, welcher nach Dresden reiste, erwarten wie alle Tage zurück, in Begleitung eines gewissen H. Feldhof. Diese beiden wollen von hier aus gemeinschaftlich nach Westphalen reisen und Julchen mitnehmen, welche dort alle ihre Geschwister besuchen soll und auch nach Bremen gehen wird, hoffentlich mit Adelheid, welche sie von Tecklenburg abholen will. Ich bleibe dann allein mit allen Kindern zurück. Die Erwartung eines so großen Unglücks läßt mich, wie Du Dir denken kannst, zu keinem rechten Frieden kommen. Verhindern möchte ich diese Reise nicht, weil die Eltern von Bremen fortwährend an meiner Frau zerren und weil einmal die Unvernunft die Welt regiert. Ich hoffe auch, daß diese Reise Julchen körperlich wohl thun soll, die wenn sie auch gerade nicht krank ist, doch so entsetzlich mager wird, daß ich mich darüber ängstigen könnte. Ein Herumfahren mit freudigen Erwartungen macht in der Regel fett und überdem ist Bruder Eduard in Bremen Arzt und kann mit Fleiß seine schöne Kunst an seiner Schwester versuchen. Auch bedarf der alte Vater der Freude, da die kirchliche Differenz mit Dr. Paniel ihn sehr niederbeugt. Der Streit zwischen Fritz und Paniel brennt noch lichterloh und sie verdammen sich gegenseitig und beschimpfen sich aufs äußerste zu Gottes Ehre. Zu den Besuchen die ich habe und zu der Abreise meiner Frau kommt noch die Hofunruhe. Die Prinzeß Friedrich ist jetzt anwesend mit einem Theil ihres Hofstaates und macht uns viel Beschwerde mit Essen und Trinken und Kleideranziehen. Das ewige Waschen, Rasieren, Kämmen und Zusammensuchen der Westen, Stiefel und Hosen wäre wirklich genug, um einen vernünftigen Menschen ins Kloster zu treiben, wo jeder seinen Leib vergessen kann. – Unsere vortreffliche Freundin Bernstorff ist vor einigen Tagen hier abgereist, um in Bernburg eine homöopathische Kur zu brauchen. Obgleich mir dieser Umstand manches Frackanziehen erspart, so werde ich doch den Abend vermissen, den wir wöchentlich bei ihr zuzubringen pflegten. Sie nahm Abschied von uns wie von Leuten, die man vielleicht nicht wiedersehen wird. Wir machten hier indessen den Bruder Emil noch mit ihr bekannt, durch dessen Glaubensfreudigkeit sie kräftig erhoben und gestärkt wurde. Auch kann wirklich Emil sehr innig und erbaulich sein und ich habe ihn während seines Besuchs viel lieber gewonnen, als ich ihn früher hatte. Weil es mir fatal war, daß er mich in christlicher Hinsicht für voll ansah, so bekannte ich ihm meine Zweifel. Diese Unterredung brachte mir indessen keinen andern Nutzen, als daß ich ihn lieber gewann, weil er mir herzliche Theilnahme zeigte. – Jetzt ist ein sehr gelehrter und innig frommer Mann, der Candidat Frech in unsere Nähe gezogen als Hauslehrer in Meisdorf. Er besuchte mich gestern und da ich zu seinem Verstande mehr Zutrauen habe, als zu dem Schubert's und Tholuck's, so werde ich ihn eifrig zu nutzen suchen und hoffe, daß was ein Mensch dem andern helfen kann, durch ihn zu gewinnen sein werde.

*Am 14*$^{t}$ *Mai.* Ich habe Dir von Deinem Geburtstag nichts geschrieben, weil nichts sonderliches davon zu schreiben war; habe ihn aber dennoch ehrlich gefeiert als den Geburts- und Ehrentag meines besten und treusten Freundes in dieser Welt, der mir so weit entrückt ist. Ich habe Dich den ganzen Tag nicht aus dem Herzen verloren und liebte Dich noch auf andere Weise als an den Werkeltagen. Mein theurer Gerhard, Dein Anerbieten mir Reisegeld zu Dir zu schicken und Sonnys und Helenens guter Wille beizusteuern, hat mich so tief bewegt, daß ich weinen mußte. Möge Euch Gott die Freude lohnen, die Ihr mir dadurch gemacht habt, der ich seit langer Zeit besser weiß was Trauer als was Freude heißt. Sich geliebt zu wissen und wenn es auch nur von einzelnen Menschen wäre, ist die größte Freude. An Unterhaltung sollte es uns nicht fehlen, wenn ich käme. Streiten oder zanken wollten wir nicht, aber fleißig besprechen über die wichtigsten Gegenstände des Glaubens und Wissens. Ich wollte mein lieber Bruder, ich hätte Deinen festen Glauben – aber Gott wird wohl wissen, was er einem jedem giebt und er demüthigt mich durch Ungewißheit, wo er Dich erhebt und stärkt durch eine selige Gewißheit. Die Ungewißheit aber, in welcher ich stecke, hat mir eine Frucht getragen, welche *der* Glaube den ich früher hatte, mir verweigerte – ich bin duldsamer geworden mit fremden Ansichten und auf diese Weise bin ich mit meinem Herzen meinen Brüdern im Allgemeinen näher getreten, wenn sich auch die Einzelnliebe die ich früher zu den Bekennern Jesu hatte, dabei etwas vermindert hat. Ich gehöre keiner Parthei mehr an und fühle mich nicht mehr angezogen durch Bekenntniße der Lippen, wohl aber durch Zeugniße, die mich auf ein Herz schließen lassen. Vielleicht würde diese Frucht mir bleiben, wenn mir Gott meinen früheren Glauben wiederschenkte – er mache es aber mit mir wie es ihm gefällt und selbst wenn er mich wollte sterben lassen mit der großen Frage auf den Lippen, so, meine ich, wollte ich ihm doch stille halten. Das woran ich zweifele ist nicht die Hand dessen, der mich hält, sondern seine geschichtliche Offenbarung durch Jesum Christum. Ich erkenne aber, daß der, welcher Gott in Christo anschauen kann, ihn gewissermaßen von Angesicht zu Angesicht sieht. –

*Am* $17^{t}$ *Mai.* So lange habe ich nun wieder pausiren müssen, da es so unerhörte Unruhe in meinem Häuschen gab. Emil kam von Dresden zurück und brachte noch seinen Freund Feldhof mit und ich mußte mein Zimmer räumen und war von allen meinen Sachen getrennt. Dabei blieb es immer ungewiß, wann sie eigentlich wieder abreisen wollten, es wurden Parthien gemacht, Besuche und Julchen mußte packen und ihr Haus beschicken. Endlich reisten sie gestern Mittag von dannen und ließen mich mit Volkmann, allen Kindern und mit unendlicher Wehmuth zurück. Meine Frau reiste ab, gerade während ich bei Tafel war und so kam ich denn vom Schlosse zurück in das verwaisete Nest. Ich machte mit 5 meiner kleinen Plagen einen weiten Gang durch den herrlichen grünen Wald und verbrachte dann die Theestunde mit Volkmann bei Mutter, wo wir eine sehr lebhafte Unterhaltung über die Arche Noä hatten, wobei wir sämtlich viel Toleranz zeigten. Mit Mutter ist es immer beim Alten, doch belebt die schöne Sommerwärme, die wir seit Mitte April hatten (so daß am $7^{t}$ Mai die Eichen schon vollen Schatten gaben) sie sichtlich und sie ist äußerst lebendig. Selten freilich, sehr selten läßt sie sich auf ihrem Rollstuhle in den Vorsaal nach dem Nordfenster fahren und erquickt sich an der weiten Aussicht auf die Gegensteine, so wie an den blühenden Gesträuchen des Gartens. – Ach es ist doch ein elend Ding, wenn die Hausfrau fehlt, unheimlich im ganzen Hause. Jetzt eben ist sie in Hessisch Oldendorf, wo die Post Mittag macht und denkt gewiß an ihr Häuflein Würmer zu Hause. Heute Abend ist sie in Minden, morgen zur Nacht in Langenberg. Von Tecklenburg soll sie mit Adelheid nach Bremen reisen. Wie sie aber wieder zu mir kommen soll, weiß kein Mensch. Gott wird es fügen, denn sie meinte nicht aus Lust, sondern nur aus Pflicht gegen die alten Eltern diese Reise machen zu müssen.

Du äußerst Deine Verwunderung, daß es so sehr viel mehr gläubige Weiber als Männer giebt. Ich glaube daß das Verhältniß wie 10 zu 1 ist. Hier in B. kenne ich 10 gläubige oder doch halbwegs gläubige Frauen und nur einen gläubigen Mann und dieser eine ist ein Ungläubiger nämlich ich. Ich glaube die Ursache liegt darin, daß die Weiber Autoritätsmenschen sind, die auf Autorität einiger Männer die ihnen gefallen, oder imponiren, glauben, da sie selbst unfähig sind zu prüfen. Die Männer aber, welche einen selbstthätigen Verstand haben, können wenn sie wirklich Männer sind, weder auf Luthers noch Augustins noch Paulus Autorität hin glauben, sondern sie prüfen und versuchen, practisch und theoretisch und da zerprüfen sie ihn denn gewöhnlich so daß nichts übrig bleibt. Dies bezieht sich aber nur auf die positiven Glaubenssätze, keineswegs aber auf Frömmigkeit oder auf jene gute Zuversicht zu Gott, welche auch ohne Glauben an die Dogmen bestehen kann und worin die Männer es den Weibern zuvorthun, oft sogenannte Ketzer gläubigen Weibern.

*Am 18t. Mai.* Es ist himmlisches Wetter, reizend, überaus schön, unvergleichlich, so eben die Luft gekühlt durch ein vorübergezogenes Gewitter, die Bäume und Kräuter balsamische Würze duftend; wärst Du hier, so wollten wir die Backen aneinander reiben, wie die Pferde, wenn sie es wohl meinen und dann spatzieren gehen. Der alte Volkmann sitzt in der Nebenstube, raucht sein Nachmittagspfeifchen und ist vertieft in theologische Studia, zu deren Behuf er sich eine Menge Bücher mitgebracht hat. An wohlwollend freundlich christlicher Gesinnung ist er ein Held, ein alter geduldiger Kreuzträger. In unsern Ansichten sind wir ziemlich weit auseinander und daher in fortwährendem Disput begriffen, nichts desto weniger aber doch gute Freunde.

*Am 19t. Mai.* So weit und nicht weiter hieß es gestern. Es kam aus der Berliner Gegend ein Herr Karbe mit seiner jungen Frau, einer Schwester Hengstenbergs. Beide haben sich so eben geheirathet und machen eine Rheinreise, sehen auch den Harz an. Ich lief mit ihnen etwas herum und der ganze Abend ging drauf. Es waren sehr liebe treffliche und fein gebildete Leute, aber ich wollte doch, daß für diesen Sommer alle Besuche nun aufhören möchten. Im Winter bin ich einsam, im Sommer aber allzu gesellig. Nun kommt die letzte Seite, die ich mit Wehmuth ansehe. So voll mir das Herz ist, so bin ich doch eigentlich in Verlegenheit, wenn ich Dir schreibe um die Materie, vielleicht weil ich zu viel habe, oder auch weil es unbequem ist, das mühsam Durchlebte und Durchlittene noch einmal ganz langsam hinzuschreiben. Mit vielem Sprechen versündigt man sich immer, durch viel Schreiben aber noch gar viel mehr,

*Julie von Kügelgen*
*(»Julchen aus der Phantasie«, Rom 1826)*

denn das unschuldigste geschriebene Wort wächst wenn man es lange ansieht zu einem Berge voll Greuel an. Ihr Herzenskinder behaltet mich lieb! Lieben ist leben – balde, recht balde werden wir alle todt sein.

Couvert-Nachrichten.

Ach was haben wir ein vortreffliches Wetter von Mitte April an. Ein Trost für den langen kalten Winter. Mein Freund Gutschmidt ist, weil er in Dresden vergangenen Winter zu sehr gefroren hat, nach Cairo gezogen, wie mir sein gestern empfangener Abschiedsbrief meldet. Das ist Geschmackssache. Fahre wohl Gutschmidt ich beneide Dir nicht. Nach Florenz möchte aber wohl auch ich gern ziehen, wenn es in Deutschland läge. Du wohnst eigentlich nach menschlichen Ansichten in Teufels Nachtstuhl, aber nur nach irriger Menschenansicht, denn nach einer höheren Meinung bist Du gerade da, wo Du sein sollst, so wie auch ich und Gutschmidt. Mutter hat uns seitdem Julchen fort ist, alle Tage zum Essen eingeladen und auch heute wieder und Minchen leistet wahre Wunder der Kochkunst in Dampfnudeln und Omeletten. –

## N° 4

Ballenstedt am 1sten Sept. 1841

Mein theurer geliebter Bruder!

Am 6t Aug. empfing ich Deinen lieben Brief vom 7t Juli und fing am 8t Aug. an ihn zu beantworten, schrieb bis zum 12t eifrig fort und wartete dann bis heute auf Julchens Beitrag, welche mitschreiben wollte, bis ich endlich heute meinen altgewordenen abgelebten Brief wieder durchlas und ihn dann in den Ofen warf nebst einer gehörigen Lunte. Jetzt fange ich nun ein neues Geschreibsel an und habe meiner Frau angekündigt, daß ichs abschicken werde, wenn ich fertig bin, ohne auf ihren Beitrag zu warten. Die Briefe nach Rußland sind zu lang, um sie in einem Zuge zu vollenden und wenn ich öfter an einen alten Brief zurückkehren muß, so kommt er mir zuletzt wie die eitle Sünde vor und ich muß ihn vernichten. Ich glaube auch daß der Teufel das Briefschreiben erfunden habe, um die Leute zu Lästerungen zu Klatschereien und Prahlereien zu verleiten. Dein Brief vom 7t Juli hatte mich damals so wehmüthig und so froh gestimmt – ich habe ziemlich verknöcherte Augen, aber Deine Briefe entlocken mir doch gewöhnlich Thränen – auch glaubte ich meine ganze Seele in die Antwort zu legen, hatte Dir aber doch nichts geschrieben als einen dummen Unsinn, der Dich geärgert haben würde. Du beginnst Deinen lieben brüderlichen Brief mit Trostworten über meinen Unglauben und das ist mir lieb und thut mir gar wohl, obgleich ich an Deinen Trost nicht glaube, denn ich habe nichts mehr vom postiven Christenthum und fange an es offen zu bekennen, weil es mir zu schmerzlich ist, von den Gläubigen als einen der ihrigen angesehen zu werden. Ich habe deshalb ehrlich und unumwunden mit der Herzogin und der Fräulein Bernstorff gesprochen, weil ich mich an ihnen zu versündigen glaubte wenn ich sie in der Täuschung ließ. Dadurch aber ist meine Lage unbequem genug geworden, denn wenn sich auch die Herzogin ruhig verhält, und meine Beziehungen zu ihr sich durch mein Geständniß erledigt haben, so quält mich doch Fräulein Bernstorff fast bis aufs Blut mit Bitten und mit Thränen zu dem verlassenen Glauben wieder zurückzukehren, frägt mich alle Augenblicke wie mirs ist und ob denn ihr Gebet noch nichts gefruchtet habe und ich muß mich sehr wundern, daß sie mich noch nicht getödtet hat. Was ist das aber für ein elender Glaube, sich so sehr über die Meinung eines Andern zu beunruhigen, daß man seiner eigenen darüber nicht froh werden kann! Wenn sie an Gott glaubte, so sollte sie ihm doch auch zutrauen, daß er sich ihrer Freunde erbarmen wird, wie er sich ihrer selbst erbarmt hat, denn sie dankt ja Gott für den Glauben wie für sein Geschenk und sieht ihn nicht als ihr Verdienst an. Mit unserer guten lieben Mutter sehe ich zu wie ich mich durchwinde. Leider kann ich ihr Deine Briefe nicht vorenthalten und wenn ich sie ihr gebe, so weint sie über mich wie über einen verlorenen Sohn. O ich bin unendlich elend, daß ich das nicht glauben kann, was meine Freunde wünschen und indem ich mich vom Glauben wende bin ich den Meinigen gegenüber in der verzweifelten Lage eines Juden, der da anfängt das Christenthum zu bekennen, mit dem Unterschiede, daß dieser doch an der Begeisterung, die der Glaube giebt, noch einen Trost hat gegen die Verzweiflung seiner Angehörigen.

Während meiner Einsamkeit, als Julchen in Bremen war, besuchte mich mein Schwager Friedrich Krummacher. Da ich wußte, daß es der Herzogin Freude machen würde ihn zu sehen, so fuhr ich sogleich mit ihm hinaus nach Alexisbad. Wir blieben 3 Stunden lang mit der Herzogin allein. Diese setzte Fritzen sogleich zur Rede wegen des lieblosen Tones seiner berühmten Bremer Predigt, mit dem Feuer und der Aufrichtigkeit die ihr eigen sind, doch schlug er bald mit einigen guten Witzen, an denen die Herzogin ungemeines Behagen fand, diesen Angriff von sich ab und wandte ihn zu seinem Vortheile. Hierauf bat die Herzogin ihn uns ein Capitel aus dem Römerbriefe auszulegen und nun begann eine Erbauungsstunde, die mir in so fern höchst zerknirschend war, als ich fühlte, daß ich in diese Gesellschaft nicht mehr gehörte. Weiter entspann sich aus dem Vorhergehenden ein Gespräch, in welchem sich beide gegenseitig bezauberten und ich saß daneben wie ein Nüchterner, der Andern ihre Freude nicht gern stören möchte. Bei Tafel hatte die Herzogin hernach gegen Fritz mit einiger Besorgniß von mir gesprochen und da er sich darüber von mir Erleuterungen ausbat, so machte ich ihn auf dem Rückwege mit allen meinen Einwürfen bekannt, die er aber nicht sonderlich beachtete, weil ihn die wilden Schweine, die uns häufig zu Gesicht kamen viel lebendiger interessirten. Am andern Morgen aber rückte ich ihm beim Frühstück ernstlich auf den Pelz und wir kamen so eifrig ins Gespräch, daß wir bis Mittag in Unterhosen blieben. Ich fand aber seine Beweisführung unwissenschaftlich und ungenügend und gewann durch ihn nicht das Geringste. Er gewinnt die Herzen durch erschütternde Effecte und diese sind an mir gänzlich verloren, weil ich sie durchschaue. Uebrigens vertrugen wir uns weit besser als jemals und er war voll der interessantesten Mittheilungen von Berlin, von wo er kam. Er hatte in Sanssouci mit dem Könige gespeist und sich darauf mit dem Monarchen ausführlich im Garten unterhalten, war auch förmlich bezaubert, von der Liebenswürdigkeit, dem Geist, den Kenntnißen und der Frömmigkeit des Königs. Uebrigens war er mit allen berühmten Männern bekannt worden und freute sich der großen Siege des Christenthums in den höheren Ständen, wollte aber nicht einsehen, daß es die Hofluft sei, die diese Wunder bewirke, die auch ihn stark angehaucht hatte, so daß plötzlich alle seine früheren liberalen Ideen zum Teufel gefahren waren. Er hat 2 Mal in Berlin gepredigt, auch die Studenten von Strauß Katheder herab angeredet wofür sie ihm am andern Morgen in seiner Wohnung ein Ständchen gebracht haben. Mehrere Berliner Prediger haben Strauß geschrieben und ihn gebeten, er möge doch seinen Einfluß dahin verwenden, daß Fritz als Hof- oder Domprediger nach Berlin berufen würde, welches mir lieb wäre, weil er uns dadurch so nahe käme.

*Am 4t Sept.* Bald nachdem Fritz fort war, besuchte mich ein rationalistischer Prediger Uhlich aus Pömmelte, mit dem ich sogleich in ein theologisches Gespräch kam, welches wir fortsetzten von 8 Uhr Abends bis Morgens halb drei. Uhlich ist der erste rationalistische Prediger, in welchem mir eine wohlthuende warme Frömmigkeit entgegentrat. Wir lasen zusammen in der Nacht den ersten Brief des Johannes und er suchte mir davon die Art und Weise klar zu machen wie er die h. Schrift ansähe und verstünde. Ich kann nicht leugnen, daß Fritz mir den Eindruck gemacht, als wehten in seinem Herzen die Stürme der Welt, während ich Uhlich die hohe Befriedigung abfühlte, die nur eine Vereinigung des Herzens mit Gott geben kann. Mir hatte der Umgang mit Uhlich so wohl gethan, daß ich mich noch einige Tage danach erwärmt fühlte. Er hat in seinem Wesen und in seiner Persönlichkeit viel Aehnlichkeit mit Schubert, nur freilich gerade die entgegengesetzte Ansicht. In seiner Gemeinde soll er, wie mich ein gläubiger Theolog versicherte, in großem Segen stehen, dutzt sich mit seinen Bauern und geht mit ihnen um, wie mit Brüdern. Bald nachdem Uhlich abgereist war, sandte mit Fritz seine neuste Schrift (der scheinheilige Rationalismus vor dem Richterstuhl der h. Schrift) die ich mit Fleiß durchgeackert habe und durch die ich fast völlig von der Orthodoxie abgekommen bin.

Heute empfingen wir einen Brief von Auguste Stackelberg aus Dresden. Die lieben Poll'schen sind am 29sten Aug. in Dresden angelangt und wollen am 6t Sept. wieder abgehen, um sich nach Kreuznach zu begeben. Sie hätten zu diesem Zweck sehr wohl über Ballenstedt reisen können, aber es scheint, daß sie ein Wiedersehen scheuen, bevor es nicht mit ihrer Gesundheit besser geht. So muß man denn warten bis es diesen Theuern gefallen wird hierher zu kommen, welches sie zu künftigen Frühling versprochen haben, aber möglicher Weise nicht ausführen möchten, denn daß die Pollschen in der Fremde sich auskuriren werden, daran kann ich nicht glauben und krank werden sie nicht herkommen wollen.

Wenn ich an Dich denke, mein lieber Bruder und an Deine Lage, so kommst Du mir abwechselnd recht unglücklich und dann wieder recht glücklich vor. Unglücklich weil Du so allein stehst und glücklich aus dem selben Grunde, und so scheinst auch du es zu empfinden. Uebrigens ähnelt sich unsre Lage, denn auch ich bin hier recht isolirt, da mir die Leute, mit denen ich umgehen könnte, nicht zusagen und zwar hauptsächlich aus dem Grunde, weil sie nicht nach Gott fragen; denn wo der Sinn nach Gott hin steht, da kann ich jetzt auch mir fremde Individualitäten ertragen. Ich kenne aber hier keine frommen Leute, außer einigen Weibern, und mit Weibern kann man nicht recht füglich umgehen, wenn man sie nicht heirathet oder in ein Beichtvaterverhältniß mit ihnen tritt, in welchem letzten Falle man sich und sie in der Regel hintergeht, wenn sie reizend sind. Uebrigens habe ich schon aus dem Grunde alle Beichtvaterschaft verschworen, weil ich selbst so arm an geistlichem Leben bin und nicht heucheln mag. Zu Fritz in Elberfeld kommen alle Augenblick Weiber und Mädchen, die in ihrem respectiven Gemüthe bedrängt sind, um sich von ihm ein bischen zusprechen und trösten zu lassen. Dann setzt er sich mit ihnen aufs Kanape, richtet sie auf und entläßt sie getrost und munter, bis sie nach einigen Tagen wiederkommen, um sich aufs neue auffrischen zu lassen. Männer kommen fast niemals zu ihm. Nun frägt sichs, wenn Fritz ein Weib wäre, ob dann nicht alle diese bedrängten Frauen wegbleiben und sich statt dessen eine Menge trostbedürftiger Männer einstellen würden, wie früher bei der Frau von Krüdener? Es ist mir wahrscheinlich. Nun ist es natürlich und recht und billig, daß die Geschlechter einen Zug zu einander haben, nur sollte man sich dabei nicht einbilden, daß es ein Zug zu Gott wäre. Gottlob, daß wir beide Weiber haben, die nicht fremden Priestern nachlaufen, sondern ihr Herz geradewegs gegen Ihren Herrn und Gott ausschütten, wenn sie des Trostes bedürfen. Es ist etwas Großes, daß wir so treffliche Weiber haben, die auch kein Gepränge mit ihrer Frömmigkeit machen. Ich muß gestehen, daß mir Deine Elmine viel erbaulicher ist, als 27 Frau von Krüdeners, und meine Frau, obgleich sie ihren Schatz ganz heimlich hält, halte ich für viel erweckter als die Frau von Guyon.

Damit Du aber nicht ganz leer ausgehst, so muß ich Dir bekennen, daß mir Deine Briefe lieber sind, als alle halsbrechenden Werke von Hengstenberg und Sartorius zusammen und zwar bist Du mir besonders da lieb, nicht wo Du sagst, was Du hast, sondern was Du nicht hast. Es ist mir sehr lieb und erbaulich, daß Du Dich einer böslichen Neigung zum andern Geschlecht anklagst, denn es geht mir auch nicht besser, daher ich Dir über das Königreich Preußen hinweg meine arme Sünderhand zum Bunde reiche, nicht gegen die Weiber und nicht zur Bestärkung in der bösen Lust, welche wider die Seele streitet, sondern gegen die Sünde die in unsern sterblichen Leibern wohnt, daß wir ihr doch nicht gestatten mögen über uns zu herrschen. Denn wenn wir von der Sünde beherrscht sind, so haben wir keinen Frieden, wir mögen glauben was wir wollen, herrschen aber wir über die Sünde, so haben wir einen freudigen Zugang zu Gott, nicht in unserer, sondern in Seiner Gerechtigkeit, denn das ist die Gerechtigkeit die vor Gott gilt, daß wir, um mit ihm vereint zu bleiben, nach bestem Vermögen die Sünde von uns weisen. Hier weiß ich wohl, lieber Bruder, sind wir theoretisch auseinander, aber doch zuverläßig practisch vereint, denn es giebt keinen andern Weg, der zu Gott führt, als der ist, den uns Christus gezeigt hat und das ist auf einer Seite der Geist der Zucht und auf der andern der Geist der Kindschaft, durch welchen wir beten «Abba lieber Vater» so daß wir nicht mit knechtischer Furcht, sondern mit fröhlicher Zuversicht seine Wege gehen, obgleich wir viele Fehler machen. Ob man dabei im Allgemeinen an Gottes Vaterherz glaubt, oder ob man meint, der unerbittliche Richter sei durch das Opfer Christi nun versöhnt und gegen uns zum Vater umgewandelt, das ist in meinen Augen einerlei, genug daß man eine Versicherung der Gnade hat und bestimmt weiß, daß alle Sünden abgethan sind, die hinter uns liegen. Dir kommt die Ansicht über diesen Punct nicht gleichgültig vor, weil Du vielleicht gerade durch den Glauben an das einmal geschehene Opfer für Deine Sünde zu dem Bewußtsein der Versöhnung gekommen bist und weil die Bibel diese Predigt hat. Ich aber halte dieses Dogma, das allerdings hier und da in der Schrift hervortritt nur für eine nothwendige Form, um auf eine leichtere Weise recht viele zur Erkenntniß der Kindschaft zu bringen, denn das gemeine Bewußtsein verlangt eine Garantie, eine äußere Gewährleistung für jede innere Wahrheit und erst so werden eine Menge Stellen der Schrift klar; die sonst im Dunkeln bleiben müssen z.B. 1 Cor. 8, 11 u.a.m. – Christus ist nur in so fern für uns ein Opfer, als wir uns so ganz und gar in sein Wesen versenkt haben, daß wir mit ihm gestorben, daß wir also auch selbst in ihm zum Opfer geworden sind. Dadurch aber, daß wirs blos glauben, er habe uns gerecht gemacht, sind wir es noch keineswegs geworden, wir müßten denn schon vorher mit ihm gestorben und begraben sein. Hier ist die zarteste Seite und die unergründlichste Tiefe des ganzen Evangeliums und ich lege Dir auch nur meine Ansicht vor, ohne daß ich Dich irren und ohne daß ich streiten will. Wo aber der Glaube sich so materiell gestaltet wie bei Stephan und bei Roller, da muß man streiten, denn es ist die allergröbste Verirrung des Glaubenslebens Christum zu einem Schanddeckel zu machen, in dessen Schatten es keine Sünde mehr giebt und dahin führt der Glaube, als habe Christus außer uns die ganze Sünde abgethan.

Du hältst meine Vernunft für meinen Teufel der mich plagt. Ich versichere Dich aber, daß meine Vernunft nie, wohl aber meine Unvernunft mich zur Sünde verleitet hat, wenn ich auch gegenwärtig durch meine Vernunft gehindert bin manches zu glauben, was dem ungeachtet Wahrheit sein kann, da ich keineswegs meine Vernunft für einen untrüglichen Pabst ausgeben will. Wenn ich allerdings einige historische facta in Zweifel ziehen wollte, um etwa ruhig in Sünde und Schande zu leben, dann würden solche Zweifel mir zur gröbsten Sünde gereichen; wenn ich aber nicht glaube, was ich *gern* glauben *möchte*, weil es mir unwahrscheinlich erscheint, so würde ich mich ja gegen die Wahrheit versündigen, wenn ich meine Vernunft zerstören und mit Gewalt glauben wollte. Du nennst die Vernunft eine feile Dirne, weil alle Religionssecten eine andere haben. Aber das ist eben keine Vernunft was sie haben, sondern Unvernunft und Vorurtheil, denn wenn der Türke den Christen Hund nennt und ihn verachtet, so hat er dazu eben keinen vernünftigen Grund, eben so wenig als der Christ einen hat, wenn er allen denen die Seligkeit abspricht, die Christum nicht kennen, sondern beide weisen auf ihre heiligen Bücher und das ist ihr Grund. Luther wieß bei der berühmten Disputation in Marburg auf sein mit Kreide geschriebenes: hoc est und damit schlug er alle Vernunftgründe von sich ab. Es wird so oft die Form mit dem Wesen verwechselt, eben weil man gerade in einer bestimmten Form das Wesen überkommen hat. Vernunft ist das Organ die Wahrheit zu vernehmen und alle Menschen haben dies, nur gar verschiedentlich ausgebildet oder construirt, so wie sie Alle Augen haben, aber manche sehen damit nur in der Nähe gut, andere in die Ferne, noch andere sehen falsche Farben und wieder andere sehen nichts genau, weil sie Spectra's im Auge haben. Ein jeder aber hält für Wahrheit was er sieht und thut daran so lange wohl, als er allein steht und niemand fragen kann, ob er etwa dasselbe auch sähe. Und so wie nun ein Auge dem andern aushilft und erst durch diese gegenseitige Aushülfe ein richtiges Bild gefaßt werden kann, so kommt auch die Vernunft durch gegenseitige Aushülfe derer, die wirklich nach Wahrheit fragen, erst ganz zu sich selber und erhebt sich von der Subjectivität zur Objectivität und das erst ist die Vernunft in ihrer

Einheit, welche als das köstlichste Gut der Menschheit gepriesen wird.

*Am 15t Sept.* Vor ungefähr 14 Tagen hat uns der Otto verlassen und ist nach Düsseldorf gezogen. Ich habe für ihn recht sehr gute Hoffnungen und glaube er werde ein recht tüchtiger Maler werden. Auch ist es mir gar leid gewesen ihn abziehen zu lassen, da er sich wie ein Hauskind hier eingewohnt hatte und alle meine Kinder in ihn verliebt sind. Aber es wäre ihm schädlich gewesen länger zu bleiben, da mein Haus die großen Vortheile einer Akademie nicht hat und Otto, der sich an ältere Freunde nicht anschließt, hier blos auf den Umgang mit kleinen Kindern angewiesen war und so offenbar in seiner Entwickelung zurückgehalten wurde. Mir ist ein so merkwürdiges Gemüth noch nicht vorgekommen. Es ist mir durchaus nicht gelungen, ihn zutraulich und offen gegen mich zu machen, sondern er blieb immer in dem Verhältniß eines Schulkindes zum Rector. Ich würde glauben, die Schuld habe an mir gelegen, wenn es anderen Leuten nicht ebenso mit ihm gegangen wäre. Alle meine Schwäger, besonders der sehr herzliche Emil haben sich alle erdenkliche Mühe gegeben sein Herz zu erobern, ihn zutraulich zu machen und ihm den Mund zu öffnen, aber er blieb immer einem Felsen gleich, an welchem alle Stürme abprallen, obschon er zuverlässig innerlich lebhaft empfindet und Haß und Liebe fühlt. So bin ich auch überzeugt, daß er alles um sich her deutlich wahr nimmt, aber von diesem Wahrnehmen bemerkst Du nicht das Geringste und Du könntest ihn vor die Peterskirche führen, oder an das rothe Meer, ohne daß auf seinem Gesicht die geringste Veränderung vorgehen würde, ja er würde schwerlich auch nur den Kopf so interessanten Dingen zudrehen, sondern nur ganz heimlich aus den Augenwinkeln danach schielen und seine Meinung darüber niemand verrathen. Auf diese Weise wußte ich nie, was ihm schmeckte, was ihm gefiel, wofür er sich interessirte, was er wußte oder glaubte, ja sogar das Lachen verbiß er sich so lange als möglich, und wenn er sich nicht länger halten konnte, so wandte er sich weg, hielt die Hand vors Gesicht und machte das Ding ganz still ab. Es war daher durchaus nöthig, daß er unter junge Leute kam, die ihn herumzerren und aufrütteln, damit er aus seinem Siebenschlafe erwache, dann wird er ein prächtiger und genießbarer Junge werden und durch die vielen Anker, an denen er von Natur liegt, wird er doch stets vor aller Uebermäßigkeit bewahrt bleiben.

Sein Verderben übrigens wäre es, wenn er unter Pietisten käme, welche alles was ihre Sprache nicht spricht und nicht in ihr Kämmerlein gehört mit vornehm mitleidigem Blick über die Axeln ansehen, wofür ihn der liebe Gott bewahren wolle!

Mein Haus kommt mir ganz öde vor, seitdem dieser stille, aber liebe Gast hinausgezogen ist, und ich gäbe 'was drum wenn Düsseldorf näher läge, daß man ihn öfter sehen könnte.

Unserem ganzen Leben steht jetzt eine große Veränderung bevor, da wir uns entschlosen haben, eine Lehrerin ins Haus zu nehmen, welches aus vielen Gründen und besonders deswegen nothwendig wurde, damit Mutter zufrieden gestellt würde, die es sehr wünschte. Ein junges Mädchen in Hamburg Dlle Flügge, uns sehr durch Dlle Eule in Dresden empfohlen, hat sich uns gewissermaßen aufgedrungen und will bei uns für 80 Thaler conditioniren. Sie unterrichtet im englischen, französischen und allen Schulwissenschaften. Die ganze Sache hat sich so gemacht, daß ich sie für Gottes Fügung halte und glaube es sei sein Wille. Um aber die Kosten bestreiten zu können, entschloß ich mich mein Haus zu verlassen und auswärts zu portraitiren, habe mich auch zu diesem Zweck in Münster angemeldet, wo ich mehr Arbeit finde. Nun bekomme ich aber auf einmal hier so viel Aufträge, daß es fraglich ist, ob ich werde fortkönnen. Mein Haus zu verlassen ist mir der schwerste Gedanke und ich bitte Gott er wolle es so fügen, daß ich hier den Verdienst finde, den ich brauche, um die armen Würmer zu erziehen. Doch gehe ich auch gerne fort wenn es sein muß und alsdann wird *Er* mir ja die Kraft geben, die mir mangelt, auch außer meinem Hause frisch und muthig zu bleiben. Ach lieber Herr! hilf nur daß wir Alle mit Ehren durchkommen! Amen. –

Vor 14 Tagen sind die Poll'schen in Dresden angekommen. Als sie mir es meldeten, waren sie schon wieder im Begriff abzureisen, daher ich sie auch mit dem besten Willen nicht sehen konnte. Wenn Du einmal durch Dresden kommst, so melde es mir doch vorher und fahre mir nicht vorbei. Du mein alter treuer Bruder und bester und geliebtester Freund, wann werden wir uns wiedersehen? Vielleicht erst da, wo die Schellen klingen und die Engel singen in regis curia, Jo Jo wären wir erst do! Ich kann an den großen Tag, der Alles neu machen wird, kaum ohne Freudenthränen denken. Ein neues Herz, einen neuen Leib, eine neue Erde, alles ruhend in den Frühstrahlen der Liebe Gottes – die Menschen dankbar und von ganzem Herzen Gott liebend und sich untereinander. Ob es alles so sein wird, das weiß ich zwar nicht, aber eine höhere Liebe hofft das allerbeste. –

Wir haben nach einem naßkalten Sommer einen herrlichen Herbst. Alle Morgen nach dem Kaffe trete ich mit Julchen für ein Paar Augenblicke in den Garten. Da glänzen die Aepfel auf den Bäumen in der Frühsonne und die Bohnen und der Kohl und alle Gartenfrüchte blitzen und schillern wie Blumen an dem belebenden Morgenstrahl und von fern herschaut der Gegenstein herüber wie ein Altar Gottes – dann ist es uns als sei ein heiliges Buch aufgeschlagen, das keiner Interpretation bedarf und die Hoffnung eines ewigen Lebens bei Gott gräbt sich immer tiefer in das Herz. Es ist alles von Gott und in Gott und zu Gott – das ist die Predigt der Creatur, wenn sie bisweilen ihr Auge aufschlägt und uns anschaut und nur die Sünde steht draußen als das absolute Nichts dem wir nicht angehören wollen. –

Unsere Mutter grüßt Euch herzlich. Sie befindet sich nach ihrer Art leidlich, welches freilich nicht viel sagen will. Wir haben an ihr eine treue Beterin für unser Aller Wohl, die Gott uns noch lange hienieden erhalten wolle! –

Couvert-Nachrichten.

Ein besonderes Unglück habe ich ganz vergessen Dir zu melden. Denke Dir einmal in Deinen confusen Gedanken, daß wir vor 8 Tagen von Ihrer Durchlaucht der Frau Herzogin eine große silberne Theekanne nebst Schmandnapf zum Präsent empfangen haben. In dieser Kanne kann man alle Gegenstände, die sich im Zimmer befinden, widerspiegeln sehen; wer aber daran kein Vergnügen findet, kann sonst nichts damit anfangen. Mir wären 12 Groschen lieber gewesen, wofür ich mir 36 Zigarren kaufen könnte. Julchen aber ist die Theekanne lieber, weil es unmöglich ist aus den Weibern die Hoffart gänzlich und vollkommen auszutreiben. Ad vocem Zigarren habe ich aus Deinem Briefe ersehen, daß man jetzt dergleichen bei Euch raucht – ein wonniges Vergnügen! Meine Frau hat mir extrafeine aus Bremen zum Geschenk mitgebracht. Ich hätte sie Dir gleich halb hingeopfert, wärst Du nur da. – An meinem Fenster steht eine kleine Aloë gerade einen Finger lang. Sie hat jetzt 2 Blüthenstengel getrieben, einen von 1 ¾ Ellen, den andern von 1 Elle Länge.

N° 5 Münster am 4t Febr. 1842

Deinen September Brief erhielt ich hier in Münster wo ich nun schon seit 12 Wochen bin. Es fällt mir auf die Seele, daß ich Dir noch nicht geantwortet habe, aber zu meiner Entschuldigung möge das über alle Maßen unruhige Leben dienen, welches ich hier führe, so wie die sehr vielen Briefe, die fortwährend von mir verlangt werden. Dein Brief mit seiner ungefärbten brüderlichen Liebe regte mich gar sehr an; aber eben weil es darauf so viel zu antworten gab, verschob ich das Schreiben und würde es auch noch verschoben haben, wenn mir nicht plötzlich die Erleuchtung geworden wäre, es müsse Dir eine kurze Nachricht von meinem Leben lieber sein, als eine lange Antwort auf Deinen lieben Brief. In Münster wohnt ein Bruder meiner Schwiegermutter, der alte 79 jährige Consistorialrath Möller und bei ihm im Hause, seine Wirthschaft und Pflege führend, lebt die alte Dlle Engels, deren Du Dich wohl noch erinnerst. Diese letzte ließ mich durch Julchen, welche im vergangenen Sommer in Münster war, auffordern hierherzukommen und Portraits zu malen, da es hier an Malern fehlte. Ich entschloß mich zu diesem Kreuzzug und trat auf Einladung im Möllerschen Hause ab und zwar des Morgens früh als der Oncle noch schlief.

Die Engels machte mir sogleich den Vorschlag hier im Hause wohnen zubleiben, zeigte mir zu diesem Endzweck annehmliche Zimmer, die ganz leer standen und da ich nicht darauf eingehen wollte, weil ich mich vor der Gêne fürchtete, so bat sie mich ich möchte es doch ihr zu Liebe thun, denn sie hätte sich lange darauf gefreut, mich einmal recht nach Herzenslust unter ihrem Dache zu pflegen. Indessen sei der Oncle geizig, wenn ich mich aber dazu verstehen wollte 10 Thaler Kostgeld monatlich zu zahlen, so würde er sich freuen mich hier zu haben und ich würde gegen ein isolirtes Leben immer noch sehr ersparen. Der Oncle, meinte sie, würde mich gar nicht geniren, denn er würde von meinem Hiersein nicht die geringste Notiz nehmen, nie auf mein Zimmer kommen und überhaupt, wegen seiner Zerstreutheit, kein deutliches Bewußtsein von meinem Hiersein haben; ich sollte aber selbst, bat sie, nicht mit ihm über meine Wohnung und dergleichen sprechen, sondern das einem Freunde überlassen. Bald kam auch dieser Hausfreund Dr. Haindorf, noch ehe der Oncle das Bett verlassen hatte, und redete mir dringend zu, hier im Hause zu bleiben, bestätigte alles, was die Engels gesagt und ich blieb.

Den Oncle lernte ich indessen bald von einer ganz andern Seite kennen. Er machte ungeheure Ansprüche an meine Gesellschaft und brachte mich durch seine fortwährende übele Laune und damit verbunden bösartige Geschwätzigkeit fast zur Verzweiflung. Ich war nicht gesonnen, mich durch beständige Unannehmlichkeiten und Mißverständniße aufreiben zu lassen und wollte daher wieder ausziehen. Haindorf indessen, mit dem ich mich hier sehr befreundet habe, widerrieth mir diesen Gewaltschritt und zwar aus dem Grunde, weil ich damit der Engels das Herz brechen und den alten Oncle vor der ganzen Stadt in das miserabelste Licht setzen würde. Dies waren, obgleich sie von einem Juden kamen (Haindorf ist Jude) doch christliche Beweggründe und ich faßte den Entschluß auszuhalten, meinen Aufenthalt in Münster aber abzukürzen. Ich habe hier sehr viel Arbeit gefunden und könnte, wenn ich wollte, mich hier auf ein Jahr beschäftigen und würde auch in sehr angenehmen geselligen Verhältnißen leben, wenn ich für mich wohnte. Es haben sich mir sehr liebenswürdige Kreise, vornehme und geringe eröffnet aber ich kann sie nicht gehörig frequentiren, denn wenn ich ausgehe, ohne dem Oncle etwas zu sagen, so klagt er tagelang auf die herzbrechendste Weise, sage ich es ihm aber, so geht er mit und ist seiner störenden ganz unglaublichen Geschwätzigkeit wegen doch nirgends gern gesehen. Wenn ich ihn also mitnehme, so habe ich von der Gesellschaft nichts und lasse ich ihn zu Hause, so habe ich zu Hause Unfrieden. Vor 1 Uhr komme ich fast nie zu Bette, denn wenn ich aus der Gesellschaft nach Hause komme, mit oder ohne ihn, so nöthigt er mich mit Gewalt noch auf sein Zimmer und schwatzt bis ins Unendliche und ohne alles Punctum, bei dem man abgehen könnte, und bleibe ich den Abend zu Hause, so komme ich eben so wenig von ihm los. Doch genug von diesem Misère, ich nehme keine Portraits mehr an und hoffe in 4 Wochen abziehen zu können. Münster ist eine ganz alterthümliche streng katholische Stadt, berühmt durch Overberg, durch die Gallitzin, durch Stolberg und Droste v. Vischering, den Erzbischof von Köln, als bewährtes Netz für Proselyten. Deshalb denkt man auch in Ballenstedt, wie meine Frau mir schreibt, ich sei hierher gegangen, um heimlich zur katholischen Kirche überzutreten. Dies ist mir nun zwar entfernt nicht eingefallen, aber wenn ich sagen wollte, daß mir der katholische Cultus hier anstößig wäre, so müßte ich lügen. Es sind hier wunderschöne uralte gothische Kirchen, in denen der alte Gottesdienst der römischen Kirche mich wahrhaft erfreut, deshalb ich auch so oft hineingehe, als ich mich ohne den Oncle aus dem Hause stehlen kann. Namentlich gelingt mir dieses früh, wenn es noch dunkelt vor meiner Arbeit. Dann gehe ich in den herrlichen Dom, wo das Volk andächtig auf den Knien liegt und vor den glänzenden Altären schöne Lieder singt. Hier erinnere ich mich der Morgengänge nach der katholischen Kirche in Dresden, die ich mit meinem seligen Vater machte, denn der Gottesdienst ist bis auf die geringste Kleinigkeit ganz derselbe, hier und in Dresden und in Rom und man bekommt Respect vor einem Ganzen, das so fest und harmonisch gegliedert ist. Uebrigens denke Du nur nicht auch etwa, daß ich Lust zum Uebertritt kriegen könnte, denn wie sollte ich, dem es schwer wird an die Bibel zu glauben, der Kirche glauben können, aber es ist herzerhebend ein Volk beten zu sehen, das einen Gott hat. Freilich wenn ich damit unseren Ballenstädter Gottesdienst vergleiche, der nur aus einem langweiligen Geschwätz besteht und wollte dieses Geschwätz (wie das nahe liegt) als Ausdruck der protestantischen Kirche ansehen, so möchte ich auch lieber ein Jude sein als ein Protestant. Den Juden Haindorf, mit dem ich hier befreundet bin, habe ich Dir schon genannt. Ein orthodoxer Jude ist er nicht, aber er ist ein gottesfürchtiger Mann, der ein sehr gutes Herz hat und dies ist nicht blos mein Urtheil, sondern das aller seiner Bekannten. Er ist Arzt und Professor an hiesiger Akademie und nebenbei ist er Kunstfreund und Sammler von Bildern und Antiquitäten. Sein ganzes Haus ist so angefüllt mit Bildern, Waffen, Schnitzwerk und Alterthümern aller Art, daß er für sich selbst nur einen kleinen Winkel übrig behalten hat, wo er wohnt. Dieser Winkel, oder dieses Loch, welches er sein Zimmer nennt, ist (ohne alle Uebertreibung) eine Elle breit und 15 Ellen lang. In der Mitte steht dicht an der Wand ein kleiner Ofen, so groß wie ein gewöhnlicher Nachttopf, welcher mit Steinkohlen rothglühend erhalten wird und dessen eiserne Röhre durch den ganzen Gang geleitet ist, so daß es an Wärme nicht fehlt. Doch braucht es Vorsicht, sich die Beine nicht zu verkohlen, wenn man an diesem glühenden Moloch vorübergeht. In der Nähe des Ofens schmoren einträchtiglich ein alter Kater und ein Spitzhund. Möbeln sind außer einem kleinen Duodez Tisch und 2 Stühlen nicht vorhanden, auch sonst keine Sachen im Zimmer anzutreffen. Auch fehlt das, was man in der Regel Fenster nennt und statt dessen ist über der Thür, die nach dem Gärtchen führt, eine Glasscheibe angebracht, durch welche das spärliche Licht fällt. In dieser gemüthlichen Stube sitzen wir traulich beisammen, ich rauche, er schnupft und so sprechen wir bei einem *vortrefflichen* Glase Wein über die interessantesten Dinge, oder holen uns aus der Sammlung ein Paar Bilder, oder eine Mappe usw. und besehen und besprechen das. – Außer Haindorf habe ich hier noch sehr viele Bekannte und bin vorzüglich gern im Hause des General Pfuel, der ein wissenschaftlicher Mann und ein sehr liebenswürdiger Gesellschafter ist. Bei ihm und bei dem allgemein verehrten Oberpräsidenten Vincke sehe ich die vornehme Welt. Beide wohnen in dem prachtvollen ehemaligen Fürstbischöflichen Schlosse und geben glänzende Fèten, zu denen ich gebeten werde. Vincke gab neulich bei Gelegenheit der Taufe des Prinzen von England einen Ball von 550 Personen, wo ich mich außerordentlich gut unterhielt, weil ich alle meine Bekannten da antraf. Unter andern machte ich da die Bekanntschaft eines alten Regierungsrath Ziegler, der auf dem Gymnasium zu Bonn an der Seite unseres lieben seligen Vaters gesessen hatte und enger mit ihm befreundet gewesen war. Dieser Mann hatte ein Zittern am ganzen Leibe und ich mußte denken, daß unser Vater, wenn er noch lebte, doch nun auch schon recht den Eindruck eines alten Mannes machen müßte, was mir ganz wehmüthig war.

Die so eben erfolgte rasche, aber überaus glanzvolle Durchreise des Königs durch hiesige Provinzen wurde eifrig besprochen und erzählt, was dabei vorgefallen sei. Während einer kleinen Rast, die der König in der Elberfelder Gegend hielt, warteten ihm viele Personen der Umgegend auf und unter andern auch ein steinreicher Fabrikant aus Barmen, Namens Josua Hasenklever, bei dem der König als Kronprinz einmal gewohnt hatte. Nun war in hiesiger Gegend viel davon geredet worden, der König würde auf der Rückreise über Paris gehen, doch wußte man darüber nichts bestimmtes. Da nahm dieser Josua sich die unpassende Freiheit den König zu fragen: «und werden denn wirklich Ew. Majestät auch nach Paris gehen?» worauf der König rasch fragend antwortete: «Ist denn die Königin der Franzosen auch niedergekommen?» und dann dem Frager den Rücken kehrte. –

In den schönsten Kreis habe ich Dich, mein lieber Gerhard hier immer noch nicht eingeführt. Ich danke es der Gnade Gottes, daß er mich mit einem sehr lieben theuern christlichen Manne, einem

Herrn von Untzer hier zusammengeführt hat. Er ist in meinem Alter, hat eine treffliche Frau und ein liebliches Jüngelchen. Wir sehen uns fast alle Tage wenn auch nur auf ein Viertelstündchen. Bisweilen bringe ich den ganzen Abend da zu und kann eigentlich gar nicht begreifen, wie es geschieht, daß diese Leute mich so lieb haben. Es geht wie ein Lichtstrahl über alle 3 Gesichter, wenn ich komme und ich fühle mich ganz wie bei nahen Verwandten. Durch diese Bekanntschaft, die ich so zufällig gleich im Anfange machte, weil die Leute sich malen ließen, ist mein Münstersches Leben vergoldet und ich habe einen Ersatz für manche Entbehrung und für die unaufhörliche Schuhriegelei im Hause. Schlimm genug ist es indessen, daß der Oncle entsetzlich eifersüchtig ist für alle Aufmerksamkeit und Liebe, die man mir beweist, weil er meint daß ihm dadurch Abbruch geschähe. Neulich hat er der Engels gesagt, nun begriffe er warum Untzer sich so an mich angeschlossen habe, denn wir wären beide Pietisten und solche Leute hingen aneinander wie die Kletten. Durch Untzer bin ich auch mit andern frommen Leuten bekannt worden, denen ich jedoch noch nicht habe näher treten können, weil ich zu viel Bekannte habe und im Hause so übermäßig in Anspruch genommen werde, denn wenn ich einen Abend fehle, so klagt der Oncle gleich gegen alle seine Bekannten über gänzliche Vernachlässigung seiner Person von meiner Seite. Uebrigens hat dieser Normal-Egoist auch seine guten Seiten, er ist außerordentlich geistreich und hat eine unendliche Masse von Gelehrsamkeit in seinem Kopfe. In größeren Gesellschaften lebt er so auf, daß er ein Jüngling zu sein scheint und kann über alle Maßen herzlich lachen, daher es gut ist ihm lächerliche Geschichten zu erzählen und ich habe allemal gewonnen Spiel, wenn mir eine solche einfällt. Er ist ein Mann, wie es nur einen in der Welt giebt, übermäßig gelehrt, übermäßig zerstreut, daher er tausend unangenehme Mißverständniße macht, und übermäßig ungeschickt, so ungeschickt, daß er schon deswegen nirgends gern gesehen wird, denn fast alles was er angreift, zerbricht oder verdirbt er und er greift nach allem, was ihm in die Augen fällt. Neulich kamen ein Paar Freimaurer zu mir, denen der Oncle gesagt hatte, daß ich mit Leib und Seele Maçon wäre und begrüßten mich zu meinem Schreck als ihren lieben Bruder. Er führte mich auch zum Mittagsessen in Häuser, wo er meinte eingeladen zu sein und wo unsere Erscheinung Verlegenheit und Erstaunen erregte und blieb mit mir aus Gesellschaften weg, die blos meinetwegen stattfanden, weil er die Einladung, die an ihn ergangen war, vergessen hatte. Was er eigentlich für eine Religion hat, weiß ich nicht. So wie durch Andere mir die christlichen Dogmen verdrießlich wurden, so ist mir durch ihn die Moral auf eine Weise lästig geworden, daß ich gar nichts von Moral mehr hören mag. Er spricht 2–3 Stunden hintereinander mit Eifer über moralische Themata, so daß ihm der Schweiß von der Stirne und über die Backen bis ins Halstuch fließt und stellt sich dann immer selbst als Exempel dar. Wenn ich einmal fort sein werde, wird mir die Sache blos noch komisch sein, jetzt bin ich durch diese Geckenhaftigkeit wahrhaft geplagt.

Dein Leben kann ich mir nach Suspension des Stifts gar nicht mehr denken, freue mich aber von ganzem Herzen, daß Du Dich in die neue Lage und Hausgenossenschaft so gut hast finden können. Wohl hast Du recht, daß es unnütz ist, um das: was wollen wir essen und trinken usw. Sorge zu tragen. Wenn man mit Treue seinem Berufsgeschäfte obliegt, so kann man das übrige Gott ruhig überlassen. Durch Sorge ist noch niemand um einen Deut reicher geworden, doch ist es eben so schwer, sich der Sorge als der Furcht zu enthalten, denn die Sorge ist Furcht. Der Glaube ist's allein, der hier überwindet. – Ich bin von hier aus einige Tage in Tecklenburg gewesen. Das Verhältniß wird doch nun besser und so Gott will, kann es ja auch noch gut werden. Adelheid hat mich auch hier besucht und wir haben Deiner gar viel gedacht, mein lieber lieber Bruder. Adelheids beide Kinder sind allerliebst und ihre Freude. –

Couvert.

Ich habe hier in Münster die Marie Z. wiedergefunden, an die ich seit 20 Jahren nicht gedacht hatte. Sie ist an den Oberlandgerichts-Präsidenten Strampf verheirathet, scheint und behagt mir aber wenig und ihr Mann ist ganz und complett unausstehlich, ein sogenannter Kunstnarr und arroganter Mensch. Nachdem sie sich anfänglich gar nicht um mich gekümmert hatten und ich mich nicht um sie, erhielt ich gestern plötzlich eine Einladung und fand mich mit allen Kunstnarren zusammen gebeten, die Münster aufzuweisen hat. Ich wurde vor übermäßiger Langerweile ganz dünn und kam in der Nacht um 1 Uhr wie ein Faden nach Hause. – Mein alter theurer Junge! Die Eisenbahn nach Stettin ist im Bau! Vielleicht sehen wir uns dann je zuweilen. Gewöhne Dir nur das Rauchen unterdeß nicht ab und behalte Dein Fett, denn im Fett liegt viel Gutmüthigkeit. Verzeihe meinen miserabeln klatschhaften Brief. Es geht hier alles ohne Besinnung und ohne Zeit. Ich wünschte ich könnte meine neuen Freunde und den Dom mit nach Ballenstedt nehmen. O wie freue ich mich auf Frau und Kinder! Lebe wohl Bruderherz und behalte lieb.

## N° 6

Ballenstedt am 25. März 1842

Meinen Brief aus Münster hast Du hoffentlich erhalten. Von dort bin ich hierher vor 14 Tagen zurückgekehrt und bin froh, daß ich wieder unter den Meinigen in meiner Häuslichkeit bin. Meine Abreise von Münster ward wider alles Voraussehen plötzlich herbeigeführt durch einen Brief der Fräulein Bernstorff. Sie meldete mir, Mutter sei so gefährlich krank und sie hielte es für Freundespflicht, mich zu beschwören, augenblicklich nach Hause zu kommen. Julchen hätte nicht schreiben dürfen, weil die Mutter, um meine Ruhe nicht zu stören, es ihr verboten habe, wünsche aber sehnlichst, daß ich kommen möge. So sagte ich denn gleich alle Bestellungen ab, die ich noch hatte und machte mich ohne allen Abschied mit großer Angst im Herzen auf und davon. Mutter wohnt in dem ehemaligen Kirchnerschen Hause, wo ich vorbeifahren mußte, um nach meiner Wohnung zu gelangen. Ich fuhr die Trift heraus und als ich um die Ecke bog, stieg meine Angst aufs höchste, denn nun konnte ich Mutters Fenster sehen. Ich mußte den widerstrebenden Blick förmlich hinaufzwingen. Aber Gott sei Dank ich fand das Fenster an Mutters Schlafgemach sorgsam mit Kissen verwahrt und schloß daraus sogleich, daß ich doch wenigstens nicht zu spät komme. Bald stieg ich an meinem Hause ab und mit freudigem Schreck hing meine Frau weinend an meinem Halse. Ihr erstes Wort war: «Mit Mutter geht es wieder besser.» Gott lob Gott lob! der uns nicht über Kraft und Vermögen beladet. Mutter ward nun durch Julchen sogleich vorbereitet auf mein Erscheinen und 4 Stunden nach meiner Ankunft ging ich zu ihr. Ihr Aussehen war sehr verändert, sehr elend und abgefallen, aber sie ward freudig erregt durch mein Erscheinen und blieb 2 Tage lang in einem Zustande höherer Spannung, so daß ich ernstlich vor einem Zurücksinken in doppelte Schwäche bangte. Am dritten Tage verfiel sie auch wieder in ihre vorige Schwäche, aber die Aufregung hatte ihr eher genützt als geschadet, und daraus schöpfte der Arzt die besten Hoffnungen. Besonders meint er wenn das Frühjahr nicht zu plötzlich einträte, so würde sie sich gewiß zum Sommer wieder etwas erholen. Das hoffen wir denn auch und bitten Gott, er möge unsere Herzen stille machen, alles was er geben will, demüthig aus seiner Hand anzunehmen. Vor 8 Tagen haben wir an ihrem Bette communicirt. In der Nacht vorher hatte sie lebhaft von ihrem Tode geträumt, aber auf so liebliche Weise, daß sie davon erquickt und gestärkt war. Der Genuß des h. Abendmahls war, wie ich hoffe, uns Allen gesegnet, *mir* diesmal ungemein ergreifend. Die liebe alte Mutter schien danach besonders angegriffen, erholte sich aber denn doch balde wieder. Den Nachmittag und Abend brachten wir bei ihr zu. Da wurde denn auch Eurer und der Tecklenburger Geschwister viel gedacht. Ja Ihr Lieben, die Mutter verliert Euch keinen Augenblick aus ihrem Herzen und betet für Euch bei Tag und Nacht. Sie bereitet sich fortwährend in der Stille auf ihren Heimgang vor und trägt sehr ruhig und klaglos alle ihre Leiden.

Julius fängt an immer kindlicher und vernünftiger an Mutter zu schreiben und es scheint durchaus eine Veränderung zum Bessern in ihm vorzugehen. Alle seine früheren Briefe trugen den Stempel einer gestörten Vernunft. Ein übermäßiger Egoismus, der in den meisten Fällen der Grund des Wahnsinns ist, hatte alles gesunde Urtheil in ihm zerstört. Das ist durchaus jetzt besser und ich glaube unsere Mutter hat ihn vernünftig gebetet. Freilich fehlt in seinem Wesen noch viel, sehr viel von dem Bilde Gottes, welchem der Glaube uns näher bringen soll, aber es geht doch besser und darüber muß man sich von Herzen freuen. Mein Besuch in Tecklenburg scheint ihn mit mir vollkommen versöhnt zu haben, wenigstens hat er an seine Eltern und Geschwister und auch an Mutter mit Liebe und Freude von mir geschrieben, welches mir um Adelheids Willen eine große Beruhigung ist.

*Am 26sten März.* Heute Morgen beim Kaffetisch überraschte uns der Briefträger mit Deiner trefflichen und ausführlichen Epistel, mein alter lieber getreuer Freund und Bruder und Goldschatz, der Du bist. Ich möchte Dich dafür gleich in meine Arme schließen und an mein Herz drücken, quittire auch aus besonderer Dankbarkeit hiermit sogleich für die MärzZinsen. Gott sein Dank, daß Du lebst und gedeihst mit allen den Deinigen. Die speciellen Nachrichten, die Du giebst, haben mich sehr interessirt. Wie gerne hätte ich Theil gehabt an dem traulichen Beisammensein mit so lieben Freunden und Verwandten in Deinem Hause, gewürzt durch fast unnatürliches Rauchen und durch einen übernatürlichen Qualm. Unter so lieben Freunden und alten Kumpanen hätte ich auch frisch mitgeschwatzt von allen Dingen, einerlei ob ich sie verstehe, oder nicht und hätte mich im Politischen mit aller Gewalt dem theuern Oncle Stackelberg entgegengestürzt, denn ich war schon bei meinem ersten Aufenthalt in Ehstland völlig überzeugt, daß ohne Grundeigenthum die neue Freiheit den Bauern keinen Dreck werth sein könnte und daß dieses Grundeigenthum verliehen werden könnte, ohne im Geringsten den Werth der adlichen Güter zu mindern. Ohne Grundbesitz ist die Freiheit der Bauern eine bloße Fratze. Ohne wirkliche Freiheit werden die Bauern aber in der Regel faul sein. Allerdings glaube ich, daß durch bloße vernünftige Gesetzgebung der Armuth und zuerst der Faulheit der Bauern abzuhelfen wäre, wenn man nur nicht Früchte verlangt, ehe der Baum reif sein kann. In Ehstland wird freilich immer wegen Schwierigkeit des Absatzes ein großes Mißverhältniß zwischen Bauern und Edelleuten statt finden, wenigstens so lange als bis durch allgemeine größere Freiheit, und namentlich Handelsfreiheit die Städte emporkommen können, aber nichts desto weniger sollte ich meinen, könnte das jetzige Verhältniß der Bauern gar nicht fortbestehen, denn da kommt mir eine unbedingte Leibeigenschaft noch besser vor. Ehstland hat überhaupt eine elende Verfassung, die auf die Länge der Zeit das Land verderben muß und die für seine jetzige Stellung nicht mehr paßt. Uebrigens freue ich mich, daß endlich bei Euch Stimmen laut werden, die den Vortheil der Bauern und damit des ganzen Landes im Auge haben, obgleich alle Uebergangsperioden höchst unbehaglich sind. Du wirst nun wohl meinen, ich spräche wie der Blinde von der Farbe, mag sein! Sollte man nur von dem reden, was man versteht, so müßte man auf ewig verstummen wie das Gethier auf dem Felde.

Anlangend die Theologica, so kommen wir gewiß einmal persönlich zusammen und dann will ich nicht streiten, denn es ist lächerlich, wenn Erdenwürmer über Gott streiten wollen, aber ich will mich Dir klar machen und wenn Deine Gegengründe meine Ansicht zerschmeißen sollten, so will ich mich nicht sträuben. Das was wir beide nicht an Ansichten, sondern an innerem Gottesleben haben, das wird stehen bleiben und kann nicht zerschmissen werden, wenn wir nicht von seinem h. Wege abweichen.

Was mich anbelangt, so habe ich einen gesegneten, aber nicht leichten Winter durchgemacht. Ich mußte fort, denn ich brauchte

Geld für die Gouvernante und Münster bot mir Verdienst. Aber ich ging mit sehr schwerem Herzen, denn wie gesagt unsere Mutter war sehr krank und ich mußte stündlich einen Brief erwarten, der mich zurückrief. Dazu kam, daß Julchen und die neue Lehrerin sich durch aus nicht ineinander finden konnten, gegenseitig über einander weinten und klagten und ich als Mittelsmann wohl hätte nützen können, da sie beide zu mir Vertrauen hatten. Täglich mußte ich die Nachricht erwarten, daß dies Verhältniß mit einem großen Eclat wieder aufgelöst werden würde wozu es auch 4 Wochen nach meiner Abreise bei einem Haare gekommen wäre. Dabei bombardirte mich unsere gute liebe treffliche Fräulein Bernstorff mit bogenlangen Bekehrungsbriefen in wohlgemeintem aber beschwerlichem Eifer und erheischte lange Antworten. Auch Adelheid fing von Tecklenburg solche unbehagliche Scharmützel an. In Münster war ich stockfremd und mußte alle Abend in Gesellschaft, die Arbeit gelang nicht, die Leute knurrten und der alte Oncle lag mir mit seinen Sonderbarkeiten und seinem Wahnsinn fortwährend wie ein großer Drache auf dem Halse, der jede freie Bewegung hemmte. Es war wirklich eine ganz kleine Kreuzträgerei. Endlich faßte ich mich so gut es gehen wollte. Mit ein Paar ungeheuern Kartaunenschüssen tödtete ich zuerst Adelheids und der Bernstorff Predigtadern, dann stopfte ich mir gegen den Oncle die Ohren zu und habe auch einzelne schwache Tage ausgenommen die Stöpsel bis zuletzt drin behalten, und endlich entschloß ich mich ruhig fortzumalen so lange mir noch Leute sitzen wollten und es Gott zu überlassen, ob die Bilder gelängen oder nicht, vorher aber, ehe ich einen neuen Kopf anfing, erbat ich mir von ihm das Gelingen. Ich kam nun in eine sonderbare Resignation, in welcher ich neue Kraft und neues Leben schöpfte. Das Urtheil über meine Bilder änderte sich, die Arbeit wurde mir leichter und bald hatte ich so viel Bestellungen, daß ich nur immer abweisen mußte. Ich wurde ordentlich berühmt und jedermann wollte gemalt sein, allein Mutter ließ mich bitten, ja nicht länger als bis Ostern zu bleiben, auch wäre es mir nicht möglich gewesen vielerlei Umstände halber länger beim Oncle auszuhalten und ausziehen konnte ich nicht. Bis zum 20sten März wollte ich ausharren, aber 12 Tage vor diesem Termin kam der Brief der Bernstorff an. – Mir wurde in M. von vielen Seiten der Wunsch ausgesprochen, ich möchte wiederkommen und wie mir mein Freund Untzer schreibt, warten schon wieder 7 Personen auf meine Rückkunft, um sich malen zu lassen und haben sich eigenhändig in ein von mir zurückgelassenes Anmeldebuch geschrieben. Das ist genug zu einem neuen Anfang und so Gott will, will ich nächsten Winter wieder hin. Das alles macht mir Muth und Freude und wenn ich meinen Winter vergleiche mit dem meiner armen Frau, so habe ich es doch immer noch besser gehabt. Während sie mir immer meldete, es ginge mit Mutter gut, hat sie die schrecklichste Angst um ihr Leben ausgestanden. Mit der sehr heftigen Lehrerin waren ewige Mißverständniße und schreckliche Scenen, auch Kinderkrankheiten von denen ich nichts wußte. Gott sei Dank aber, Julchen hat in der Kraft des Herrn zu dem sie sich hielt, endlich alle Hinderniße überwunden und als ich zurückkam, fand ich zwischen den beiden Frauen ein ganz gutes Einverständniß, Liebe und Freundlichkeit. Die schlimmen Scenen, die vorgefallen sind, haben durch Julchens gerades und offenes Benehmen eine Verständigung herbeigeführt, die außerdem vielleicht kaum möglich gewesen wäre und die Kinder sind im schönsten Zuge, lieben ihre Lehrerin, die sie früher verabscheuten, und machen, wie ich das mit dem innigsten Dank gegen Gott hinschreibe, uns jetzt rechte Herzensfreude. Wie sind wir so oft schon per aspera ad astra gelangt und wenn eine dunkele Zeit vorüber ist im Leben, so gäbe man sie für keinen Preis wieder weg. Ich erfreue mich jetzt eines überaus glücklichen häuslichen Lebens und danke dem treuen Führer droben, daß er alles so gut gemacht hat. Er hat gegeben über Bitten und Verstehen, möge er uns auch recht dankbare Herzen geben! –

Wenn Du das keinen Character haben nennst, daß man keiner Parthei angehört, so habe ich noch viel weniger Character als Du. Aus einem Ultracharacter bin ich nach und nach characterlos geworden und stehe deshalb eben so wie Du vereinsamt da. Findet man aber in solchen Zuständen einen Freund, so giebt es auch ein doppelt inniges Band, denn wenn wir auch keiner Parthei angehören, so sind wir doch nicht indifferent. Ach wie freue ich mich, mein lieber Bruder, einmal mit Dir zusammen zukommen – wie vieles und ernstliches haben wir nicht zu besprechen; wie es geschehen soll weiß ich freilich noch nicht, aber es wird schon noch geschehen und sollte es ein Rendezvous sein. Uebrigens möge Gott alle Wünsche aus unsern Herzen reißen, die nichts taugen. – Einen so langen Brief schreibt man in mancherlei Stimmungen zusammen und wo Du etwas findest, das Dir anstößig ist, da verzeihe es mir, mein alter theurer Bruder! Mutter grüßt und segnet Dich von ganzem Herzen, Dein Weib und Deine Kinder. Unser treuer Herr im Himmel sei mit uns Allen. –

Couvert.

*Ostersonntag* Vormitt. So eben komme ich von unserer Mutter, der ich Deinen Brief an mich und an sie vorgelesen habe. Es war eine schöne heimliche Stunde und die Ostersonne schien freundlich ins Zimmer. Die Mutter hatte herzliche Freude an Deinem Briefe und wir sprachen viel über Dich und über die eigenthümliche Art, mit der der Herr Dich geleitet hat. Ich soll Dir sagen sie hätte sich an Deinem Briefe recht geweidet und erquickt. Da werde ich zu Tische gerufen.

*Nachmittag*. Ich hatte mir bei Julchen ausgebeten, daß ich heute am Ostermittag nur Eier zu essen brauchte und ich aß deren 5 und weiter nichts, während die Andern an einer Kalbsleber schmarotzten. Nach Tische hatte ich doch Deinen Brief in der Tasche und weil er mit Ehren allen Tischgenossen vorgelesen werden sollte, so hätten wir gerne ein Glas Wein dazu getrunken, hatten aber keinen. Daher wurde für jeden ein Glas Punsch gemacht. Die Kinder leckten sich die Schnauze schon während der Bereitung. Wir tranken die Gesundheit der Großmama und während der Rest der Gläser behaglich geschlürft wurde, gab ich Deinen Brief zum Besten. Die Kinder hörten die Worte des verehrten Oncles an wie die Kuh das Evangelium. Als aber die Beschreibung der Engigkeit in Deinem Hause kam und der starke Jungferngeruch, das konnten sie verstehen und die Jungens lachten hart. Anna kann sehr gut sitzend, blos mit dem Popo vor Freuden in die Luft springen, welches sie bei dieser Gelegenheit mit strahlenden Augen that. Diese 3te Lesung Deines trefflichen Briefes hat mir erst den ganzen vollen Genuß verschafft. Du entwickelst Dich vortrefflich in Deiner Einsamkeit zu einer festen männlichen Denkweise.

Wenn Du im Hause gepreßt bist, so wird es mir wohl eben so gehen. Da Fritz Krummacher uns seine älteste erwachsene Tochter aufgedrängt hat, so zählt meine Familie 12 Köpfe. Dabei hat Julchen keinen Saal, sonden ein enges Wohnzimmer und ist auch häufig dem Ersticken nahe. Die Flügge, welche auch eine mächtige Körpermasse ist, übt eben auch nicht blos leiblichen Druck. Ihre Natur ist uns völlig fremd, so wie auch ihre entschieden rationalistische Denkweise. Doch hat sie viel treffliches, arbeitet an ihrer

Seele und fördert die Kinder außerordentlich. Summa der liebe Gott hat alles wohlgemacht. O mein lieber Dicker, wie sehr gefällt mir Deine politische Denkweise und Deine Characterlosigkeit! –

## N° 7

Ballenstedt am 23sten Mai 1842

Theurer geliebter Bruder Gerhard!
Also wiedersehen sollen wir uns! Arm in Arm durch die Berge schlendern und rauchen! Dein Plan hat mich so aufgeregt, daß ich seit der Zeit ganz unruhig geworden bin und weder auf dem linken, noch auf dem rechten Bein mehr Ruhe habe, sondern den Schwerpunkt wechseln muß. Du mußt und wirst's auch ausführen, denn es ist nützlich und gut, daß Du einmal die Luft wechselst und Dich erfrischest, dann wirst Du nachher mit gehobenen Kräften wieder an Dein Werkeltagsleben gehen. 50 Thaler gebe ich Dir zur Reise und Mutter will auch beisteuern, so daß es ja das Leben nicht kosten wird, wenn Du nicht, so wie als Bräutigam, einen lebendigen Ehsten mitbringst und mit Extrapost reisest. Nur eins gefällt mir nicht bei der Sache und das ist das lange Warten und die allzukurze Zeit Deines Verweilens im deutschen Lande, denn wir müsen doch zusammen nach Dresden und wahrscheinlich auch nach Tecklenburg, da Adelheid mit Mann und Kindern reisen müßte wenn es ganz gut ablaufen sollte. Auch ist die Jahreszeit miserabel genug im März und April. Ach daß Du doch ohne Nachtheil für Deine Stellung diesen Sommer kommen könntest, der so wunderschön beginnt und wahrscheinlich auch schön bleiben wird. Doch hast Du freilich vor allen Dingen Deine Stellung im Auge zu behalten und mußt nur das thun, was Du ohne Nachtheil thun kannst, auch verschafft ein späteres Kommen uns eine längere und reichere Vorfreude. Auch noch eins mein lieber Gerhard – könntest Du so kommen, daß Du der Mutter die Augen zudrücktest, so wäre das freilich für Dich und sie am besten, aber eine erneute Trennung von Dir möchte ich um jeden Preis von ihr abhalten. Nun ist aber nach allem menschlichen Ermessen ihr Befinden so, daß Du bald kommen müßtest, um sie vielleicht noch zu finden und Dir ihren Segen zu holen, oder Du würdest sie schwerlich mehr unter den Lebenden antreffen, was ja jedenfalls für Euch beide das beste wäre. Ach ich muß es Dir sagen, mein lieber theurer Bruder, daß mir seit 8 Tagen das Herz recht schwer ist, denn die Mutter ist gar sehr schwach. Deinen Brief, der gerade an Deinem Geburtstage

 № 7.

Ballenstedt am 23sten Mai 1842.

Theurer geliebter Bruder Gerhard!

Also wiedersehen sollen wir uns! Arm in Arm durch die Berge schlendern und rauchen! Dein Plan hat mich so aufgeregt, daß ich seit der Zeit ganz unruhig geworden bin u. weder auf dem linken, noch auf dem rechten Bein mehr Ruhe habe, sondern den Schwerpunkt wechseln muß. Du mußt u. wirst's auch ausführen, denn es ist nützlich u. gut, daß Du einmal die Luft wechselst u. dich erfrischst, dann wirst Du nachher mit gehobenen Kräften wieder an dein Werkeltagsleben gehen. | 50 rt gebe ich dir zur Reise u. Mutter will auch beisteuern, so daß es ja das Leben nicht kosten wird, wenn Du nicht, so wie als Bräutigam, einen lebendigen Schatten mitbringst u. mit Extrapost reisest. Nur eins gefällt mir nicht bei der Sache u. das ist das lange Warten u. die allzukurze Zeit deines Verweilens im deutschen Lande, denn wir müssen doch zusammen nach Dresden u. wahrscheinlich auch nach Tecklenburg, da Adelheid mit Mann u. Kindern reisen müßte wenn es ganz gut ablaufen sollte. | Auch ist die Jahreszeit miserabel genug im März u. April. Ach daß du doch ohne Nachtheil für deine Stellung diesen Sommer kommen könntest, der so wunderschön beginnt u. wahrscheinlich auch schön bleiben wird. Doch hast Du freilich vor allen Dingen deine Stellung im Auge zu behalten u. mußt nur das thun, was Du ohne Nachtheil thun kannst, auch verschafft ein späteres Kommen auch eine längere u. reinere Vorfreude. Auch noch eins mein lieber Gerhard – könntest Du so kommen, daß Du der Mutter die Augen zudrücktest, so wäre das freilich für dich u. sie am besten, aber eine erneute Trennung von dir möchte ich um jeden Preis von ihr abhalten. Nun ist aber nach allem menschlichen Ermessen ihr Befinden so, daß Du bald kommen müßtest, um sie vielleicht noch zu finden u. dir ihren Segen zu holen, oder Du würdest sie schwerlich mehr unter den Lebenden antreffen, was ja jedenfalls für Euch beide das beste wäre. Ach ich muß es dir sagen, mein lieber theurer Bruder, daß mir seit 8 Tagen das Herz recht schwer ist, denn die Mutter ist gar sehr schwach. Deinen Brief, der gerade an deinem Geburtstage ankam, las ich ihr noch vor. Sie meinte es wäre nöthig, daß man dir Muth machte eine solche Reise auszuführen, deiner Gesundheit wegen u. sie wollte ankam, las ich ihr noch vor. Sie meinte es wäre nöthig, daß man Dir Muth machte eine solche Reise auszuführen, Deiner Gesundheit wegen und sie wollte ihr Theil auch mit beisteuern, aber der Gedanke, daß sie von dieser Reise nichts mehr haben würde, schien ihr doch sehr angreifend zu sein. Sie wollte sich gerne freuen und konnte doch nicht, weil sie zu deutlich ihr nahes Ende fühlte. Dann sagte sie wir sollten ihr Capital doch so theilen, daß Du die Reise ohne große Opfer machen könntest. Nachher bat sie mich ihr zu versprechen, daß wir nach ihrem Tode unserer Cousine Lilla 100 Thaler auszahlen wollten und daß ihr Körper auf keinen Fall geöffnet würde. Seit der Zeit hat sie weder von Deiner Reise noch von ihrem Tode ein Wort weiter gesprochen, ist aber auch überhaupt so schwach geworden, daß sie fast gar nichts spricht, außer einzelnen Worten, wenn sie etwas bedarf. Uebrigens ist sie ruhig und liegt fast fortwährend in einem Zustande zwischen Schlaf und Wachen, aus welchem sie nur durch den Husten erweckt wird, um dann gleich von neuem in den Halbschlaf, oder auch in wirklichen Schlaf zurückzusinken. Ist sie aber wach, so hat sie die vollkommene Klarheit ihres Geistes und wie mirs scheint weder Grauen vor dem Tode, noch sonstige Beängstigung. Natürlich lassen wir sie keinen Augenblick allein. Seit 10 Tagen bringt Julchen sogar die Nächte bei ihr zu und von heute an werde ich die Nächte auch da sein.

*Den 24sten Mai.* Ach mein geliebter Bruder, wie soll ich Dirs nur sagen, was ich zu sagen habe – in unserer geliebten Mutter Spruchbüchlein, das immer neben ihrem Bette lag und in das sie die Gedächtnißtage der Familie zu verzeichnen pflegte, steht auf den 24sten Mai: «Unser Wandel ist im Himmel» und dies Wort, lieber, lieber Gerhard, ist an ihr wahr geworden, noch in anderer Beziehung, als es schon früher wahr gewesen ist. Ihre Seele ist heute früh um 4 Uhr auf dem ersten Strahle der freundlichen Maisonne in ihre ewige Heimath gegangen. Da sie 2 Stunden, dem Anschein nach, mit regelmäßigem Athem tief geschlafen hatte, so blieb plötzlich der Athem aus und keine Bewegung, weder des Kopfes, noch auch nur einer Fingerspitze zeigte einen Kampf an. Der Athem war plötzlich in seinem ruhigen Gange unterbrochen, oder wie durchgeschnitten und als ich ihr nun, den Todeskampf erwartend die eine Hand auf die Stirne, die andere auf ihre linke Hand legte, fand ich beide Theile kalt und sie hat kein Glied wieder gerührt. Jetzt liegt sie auf ihrem Bette schön und lächelnd wie eine Heilige, so lieblich wie ich sie seit Jahren nicht gesehen. Aber dennoch Gerhard es ist ja unsere Mutter die gestorben ist! Wohl ihr daß sie sanft starb, aber wehe uns, daß wir nun keine Mutter mehr haben! Ich weiß nicht ob ich heute weiter schreiben kann. –

*Am 25sten Mai.* Mein lieber alter Junge! ich bin so entsetzlich betrübt, kann immer noch keine Ruhe finden, Dir ausführlich zu schreiben und werde wohl auch diesen Brief so als elendes Fragment müssen abgehen lassen. Ich sollte Dir die letzten Stunden ausführlich beschreiben und werde es auch künftig thun, aber jetzt kann ich nicht. Unsere gute Mutter ist an Entkräftung gestorben, sehr sanft, das kann ich vorläufig sagen. 4 Wochen vor ihrem Tode schrieb sie folgendes der Fräulein Bernstorff ins Stammbuch: «Ist es nicht der Apostel Paulus, welcher sagte ‹Etliche werden sterben, etliche werden entschlafen und wieder etliche werden des Todes sterben?› o theure so leidende Freundin! Möchte der liebe Herr es uns beiden in Gnaden geben, zu seinen Füßen einst sanft zu entschlafen, wie ein Säugling an der Mutterbrust – süß entschläft!» – Dies Gebet ist, glaube ich, auf rührende Weise erfüllt worden. Ach wärst Du doch hier, daß wir zusammen recht weinen könnten. Ich habe während des Todes die größte Stille bei der Sterbenden erhalten. Minchen, die zufällig hereinkam, als Mutter noch redete, ließ ich nicht wieder heraus, um das Knarren der Thüre zu verhindern, da mir der plötzliche Schlaf, in den die Kranke verfiel, bedenklich war. Minchen kniete am Fußende des Betts und betete still. Ich saß dicht neben Mutter, jede Miene beobachtend, und betete auch aus gepreßtem Herzen um ein leichtes Ende. Julchen, die im Nebenzimmer war, konnte ich nicht rufen, um kein Geräusch zu machen, was die Kranke hätte stören können. So blieben wir 2 Stunden, da stockte der Athem. Noch eine Viertelstunde wartete ich, da ging ich zu Julchen. Bei der Todten ward noch 2 Stunden die Stille erhalten. Dann legten wir sie auf das Bett zurück, da sie in vorgebeugter Stellung gestorben war. Unter beständiger Bewachung ließen wir sie nun 28 Stunden in ihrem warmen Bette liegen, bis die eintretende Verwesung eine Translocation nothwendig machte und so trug ich sie selbst, nachdem ich sie 2 Mal vom Arzt hatte besichtigen lassen, mit Minchen auf ein anderes Bett in ein hinteres Zimmer nach Norden. Daselbst wird sie Tag und Nacht bewacht. Uebermorgen am 27sten früh 5 Uhr wird sie beerdigt und ich denke es wird in Deinem Sinne sein und in Adelheids, daß ich die Beerdigung in allen Punkten so angeordnet habe wie sie hier bei Honoratioren üblich ist. Lebe wohl mein Geliebter ich kann nicht weiter – ich glaube ich bin selbst krank, denn ich habe bei nichts auch nur einen Augenblick Ruhe. –

*Am 26sten Mai.* Gott lob, es ist wieder ein Tag vorüber, ein Tag der Angst und der Thränen. Ich empfinde es jetzt doppelt schmerzlich, daß ich keinen Freund hier habe. Doch thut mir die Theilnahme einiger Frauen wohl. Vom Todestage an bis heute hat sich die kranke Fräulein Bernstorff immer schon des Morgens früh 7 Uhr bei uns eingestellt und ist den ganzen Tag bei uns geblieben und zwar fröhlich und getrost in ihrem Glauben. Sie ist in meinem Hause wie eine Lebensessenz und wie ein stärkender würziger Duft und um so wohlthätiger als fast alle andere Freundinnen und ganz besonders die Flügge, das verdammte Leichenbittergesicht nie ablegen. Ach könntest Du doch jetzt mit mir ans Todtenbette gehen und das freundliche verklärte Gesicht unserer ewig geliebten Mutter sehen – wie getrost sie aussieht und wie lieblich. Du kennst mein Entsetzen vor Leichen – hier ist kein Entsetzen, es ist das Gesicht der Mutter wie sie es hatte, wenn sie in der Morgenfrische auf der Loschwitzer Terrasse lustwandelte und wie wir es so lange nicht mehr sahen. Ja ich muß das liebe Gesicht recht oft und lange ansehen, um den traurigen Eindruck zu verwischen, den das Krankengesicht der letzten Wochen mir hinterlassen. Schon fürchte ich mich wieder vor dem Nachmittage. Wenn die Stunden kommen, wo ich zu der geliebten Kranken zu gehen pflegte, ach da umfängt uns Beide, meine Frau und mich eine Leere und Oede, die nicht zu beschreiben ist. Alle Augenblicke täuschen wir uns, wir sehen uns erstaunt an mit der momentanen Frage im Herzen: wie? sollte nicht einer bei Mutter sein? Wie kommt es, daß wir beide hier sind? Und ach die Antwort bleibt dann nicht lange aus, die schreckliche Antwort. O Mutter, Mutter! – Mein lieber Gerhard, es giebt in solchen Fällen nur einen Trost der tröstet, das ist der Glaube! wo aber der Glaube dumm geworden ist, womit soll man trösten? Sobald ich glauben kann, daß sie jetzt die Früchte ihres Glaubens erntet, dann ist der Schmerz hinweg und ich möchte Triumphlieder singen. Lies doch einmal Offenbarung 7, 9 bis Ende des Capitels. Unsere Mutter gehört zu ihnen die gekommen sind aus großer Trübsal und haben ihre Kleider gewaschen im Blute des

Lammes. O Gott gieb doch ein Zeugniß unserem Geiste, daß dies so sei! Bisweilen glaube ich, bisweilen zweifle ich. Unsere Mutter war eigentlich glücklich in aller ihrer Trübsal, denn sie glaubte *immer*. Ich habe keine Lust am Zweifel, sondern ein Grauen davor und doch ist er gerade mein Theil geworden...

*Am 27sten Mai.* Ich muß nun eilen diesen Brief zu schließen, damit Du nicht etwa auf andern Wegen zuerst die traurige Botschaft erhältst. Heute Morgen halb 6 Uhr haben wir die geliebte Mutter begraben bei dem Schein der lieblichen Frühlingssonne. Zwanzig ehrsame Handwerker trugen den schön gearbeiteten eichenen Sarg mit blanken Henkeln den die Liebe der Freunde reich mit Kränzen und Guirlanden behangen hatte. Ich folgte der Bahre mit einigen Freunden, die sich unaufgefordert mir beigesellt hatten. Vor dem Sarge gingen 2 Marschälle mit Fahnen und vor diesen unsere und Mutters Dienstmägde die Blumenkörbe trugen. So zogen wir langsam durch die lange schattige Kastanienallée die in vollen Blüthen stand und balsamischen Duft verbreitete. Wir kamen auf dem Gottesacker an, um den dampfend die hohen Berge herumstanden die gen Himmel weisen und der Hofprediger hielt eine Rede wie ein erweckter Christ. Der Geist Gottes war über ihn gekommen. Als das Grab zugeschaufelt war, da trat aus der Menge ein armes elendes Weib hervor, welche Mutter immer Waldblumen gebracht hatte, wofür sie ein Almosen erhielt. Sie heulte laut und bestreute das Grab mit den schönsten Kränzen von Immortellen und duftenden Maiblumen. – Ich wollte die Mutter gestern selbst einsargen mit meiner Frau, allein Fräulein Bernstorff betrog mich um die Stunde, wo der Sarg kommen sollte. Meine Frau, Agnes Starke und die Dr. Valentiner hatten die Leiche eingesargt und mit Kränzen und Blumen aufs festlichste geschmückt. Aus dem Sterbebette auf das Leichenlager hatte ich die Mutter selbst getragen, aber ich war so angegriffen, daß das Einsargen mir geschadet hätte und Fräulein Bernstorff hat Großes an mir gethan.

Mein kleiner Gerhard ist vor Gemüthsbewegung krank geworden und liegt unten im Bette. Heute ist sein Geburtstag. Ich bin so weich wie ein elendes Wachs. Es kommt mir manchmal vor als wolle mich unser Herr durch der Mutter Tod wie einen Brand aus dem Feuer retten. Lebe wohl mein Gerhard und bete für mich. Lebe wohl meine Elmine und alle liebe Verwandte lebt wohl und haltet mit mir das Andenken an die Verklärte werth und lieb. Jetzt sind sie alle beim Herrn, die Zwillingsbrüder mit ihren Weibern und Großmutter und Tante Sophie und Carlo und Lilly! o welch eine Seligkeit in dem Herrn vereinigt zu sein. –

N° 8 Ballenstedt am 2^t Juli 1842

Mein alter, lieber, einziger Bruder! Gestern langte Dein Brief vom 14^t Juni hier an, in dem Augenblicke als Carl Zöge junior uns mit seinen Schwestern verlassen wollte, um nach Ems zu reisen. Mein alter Junge! Du kannst also nicht kommen – ich hatte mich so sehr auf Dich gefreut und gab dem Briefträger 4 Groschen für Deinen Brief, weil ich dachte er müßte Dich anmelden. Nun wie Gott will! – Ich hatte 1 Pfund Wagstaff für Dich liegen, 1 Rolle Varinas, ein Kästchen überaus schöner Zigarren, aber ich glaube auch, ich wäre zum Narren geworden vor Freude über Dich, da ich mich schon so über den Carl und seine Schwestern und Marie LaTrobe freute. Diese waren auf einmal da, unbegreiflich wo sie herkamen. Sie wußten nichts von unserem, wir nichts von ihrem Verluste. Wir nahmen 2 Wagen und fuhren nach der Roßtrappe, da speisten wir im Freien unter den uralten Buchen bei der herrlichsten Aussicht und tranken Birken-Champagner. Da dachte ich immer: wenn Du es doch lieber wärst. Wie sonderbar diese Kinder erwachsen zu sehen, ja schon über die Jahre der Blüthe hinaus.. Von der Roßtrappe führte ich Clärchen einen bequemen Weg herunter, während die Andern einen 800 Fuß hohen Steinrossel herabkletterten. Unten im Felsenthal, an der schäumenden Bode trafen wir uns wieder und tranken Kaffe, während die Kinder bunte Steinchen am Flusse suchten. Die Steinrosselgesellschaft war wie gekocht, mit dunkelrothen Köpfen und die Damen weinten aus Nervenschwäche noch hinterher über die gehabten Anstrengungen. Wie rührend war es mir Marie LaTrobe zu sehen – Tante Sophiens Enkelin! Wir Alten empfinden beim Anblick der Jungen doch mehr, als diese uns erwidern können.. O Junge! Du schreibst gar nichts, ganz und gar nichts über Deine Ausreise. Wohl könnte ich zu Dir kommen, aber was wäre das! Du würdest noch einmal so viel Freude an einer Reise nach Deutschland haben, als ich nach Rußland. Vielleicht könnten wir auch ein Bad zusammen brauchen. Mir ist für diesen Sommer das Seebad verordnet, wegen Zerrüttung des Nervenwesens, aber wahrhaftig ich werde es nicht brauchen, wenn Du nicht mitgehst. Als ich meinen letzten Brief an Dich hatte abgehen lassen, verfiel ich in einen Zustand, der mich das Nervenfieber befürchten ließ und die gräßlichsten Bilder des Todes verfolgten mich so unabläßig, daß ich mich nicht zu retten wußte. Ich konnte nicht rauchen, nicht schnupfen, fast nichts essen und kaum die Beine schleppen und lag 4 Tage lang auf dem Kanapée, las die Entdekkung von Amerika und Robinson Crusoe, um die Phantasien los zu werden und angenehme Eindrücke und Bilder zu bekommen. Diese Lectüre stellte mich wieder her. Nach 14 Tagen fühlte ich mich wieder frischer, jetzt bin ich ganz gesund. Wärst Du gekommen, so wäre ich gewiß noch einen Kopf gewachsen, aber Du bist ja so eingeschmiedet und Du thust wohl das Herz unter dem Commando der Vernunft zu lassen. – In 14 Tagen kommt Fritz Krummacher mit Frau zu uns, worauf sich Domina Julia sehr freut. Wenn er die Frau zurückließe, so wäre es noch netter…

Mein lieber Alter! ich habe Dir so sehr viel zu sagen, daß ich mir am besten in nichtssagendem Geschwätz gefalle, bis wir zusammenkommen. Kannst Du auch nächstes Jahr nicht gegangen kommen, so komme ich zu Dir. Besser wäre es freilich Du kämst her, so könntest Du Dir zugleich einmal die hiesigen Oeconomien ansehen. Freilich ist jetzt keine Zeit sich hier anzukaufen, aber die Zeiten können sich ändern. Wer jetzt 3 proC. macht von seiner Kaufsumme, hat gut gekauft. Dies Jahr machen wir in hiesiger Gegend eine Mißernte. Es ist fast alles verbrannt. Wir haben seit 3 Monaten keinen Regen gehabt. Die armen Oeconomen, dies stets klagbare Geschlecht sind dies Jahr in einer kleinen Verzweiflung, besonders weil die Trockenheit nur einzelne Districte trifft, und also die Preise wohl schwerlich steigen werden. Nun jeder Stand hat seine Last.

*Am 3$^{t}$ Juli.* Guten Sonntagsmorgen, mein lieber Engelsbraten! Vor meinem Fenster steht ein herrlich blühender Cactus, eine blühende Königin von Golconda und eine Zwergalöe die auch schon einen langen Blütenstengel getrieben hat und zwar alles zu Deiner Ehre, denn Du solltest das alles in Deinem Zimmer haben, wo es Dich anstrahlen und begrüßen sollte. Mir sind noch nie Blumen so wohl gerathen. Eine solche Freude wie jetzt habe ich noch nie an den Gestalten der Natur gehabt, die mir lauter verschiedene Offenbarungen ein und desselben Lebensquells sind, von dem auch ich bin. Ich habe mich darüber ausgesprochen in meinem Büchelchen: «Drei Vorlesungen über Kunst. Bremen bei G. Heyse 1842.» und ich wünschte ich könnte Dir es schicken es würde Dich gewiß interessieren und manche Idee in Dir anregen. An dieses Buch könnten wir unendliche Gespräche und Erörterungen anknüpfen. Wohl haben wir viel miteinander zu sprechen, wenigstens ich mit Dir und es ist mir eine Nothwendigkeit geworden, Dich zu sehen, worüber auch kein Jahr mehr hingehen darf. Einen Menschen auf Gottes Erdboden muß man doch haben, gegen den man sich einmal ganz frei und ohne Rücksichten aussprechen kann. Es ist mir ein lebhaftes Bedürfniß die lange lange Zeit verschlossene Brust einmal zu lüften und ich habe dazu keinen Freund als Dich und Du bist nicht da. Ja lieber Dicker, wenn Du nicht kommst, werde ich wohl kommen und so Gott will, mit Dir und Elminen 4 Wochen lang im Himmel sein. Du liebe gute Elmine. Dein Brief war mir so lieb und tröstlich, Du theures Herzenskind, die Du von Gott gesegnet bist. Möchte Dir Dein Himmelsfrieden bleiben und Dich dermaleinst hinübergeleiten in das Land der Seligen, die beim Herrn sind, dessen Angesicht schon jetzt unsere verklärten lieben Eltern schauen. Meine liebe selige Mutter ging schlafend in die Ewigkeit hinüber, aber ihr Gesicht durch Angst und Todeskampf verzogen und unkenntlich gemacht, nahm schlafend einen immer freundlicheren und ruhigeren Ausdruck an und da sie todt war, lächelte sie so selig wie sie seit langer langer Zeit im Leben nicht gelächelt hatte. Ich saß still neben ihr, als sie starb und es kam mir wohl auf einen Augenblick die Frage in wessen Gesellschaft ich wohl sein möchte, ob nicht Großmutter, Tante Emilie, Tante Sophie und unsere verklärten Väter, ja der Engel des Herrn, der Fürst des Lebens selbst in diesem Augenblicke mit mir am Sterbebette weilten, das ihnen, den Verklärten, als Geburtsstätte erscheinen mußte. Mein Herz war damals so wund und krank, daß ein solcher Gedanke freilich nur wie ein vorüberwallender Lichtstrahl meine Seele begrüßen konnte, jetzt aber wo ich getrösteter bin, muß ich mich doch oft und wiederholt nach der Ursache jenes seligen Lächeln der Sterbenden und der Todten fragen. Sie hatte so lange nicht mehr gelächelt und jetzt – jetzt da Gott ihre Seele von ihr forderte, die jugendliche Freundlichkeit? – Vielleicht wird dermaleinst der Tod alle Fragen lösen, vielleicht auch nicht. Dann schweigen sie auf ewig. Wie Gott will, was ist an uns gelegen! –

Als Jüngling strebt man nach Vollkommenheit und findet als Mann, daß die höchste Vollkommenheit, die wir erreichen können, in der Ueberzeugung ihres Mangels liege und als Mann strebt man nach Befestigung im Glauben und findet am Ende, daß man sich auf diesem Gebiete ebenso bescheiden muß wie mit der Tugend und daß die ganze Ausbeute in dem unbedingten Vertrauen bestehe, daß Gott alles wohl machen werde. Ueber den letzten Athemzug hinaus kennen wir die Geschichte der Seele nicht weiter; wir wünschen sie aber weiter; doch selig der, der auch diesen Wunsch in dem Gehorsam gegen Gott begraben kann. – Ach wie gern bespräche ich mich mit Dir, mein lieber Bruder recht ruhig und mündlich und Antwort um Antwort nehmend. Hier giebt es zwar Frauen, doch man muß so vorsichtig sein mit ihnen, weil sie gleich glauben man sei ganz des Teufels und weinen. Dann habe ich auch den Pastor Rosenthal in Badeborn, ein tüchtiger Mann, der aber – so wie meine Schwäger – keine Gewalt der Gründe anerkennt, sondern frisch drauf los glaubt, was am Ende auch das beste ist, was in unseren Tagen ein Prediger thun kann.

Nun mein lieber, theurer Gerhard kommt das Scheidewort. Nimm den leeren kahlen Brief nicht übel und laß uns fleißig correspondiren, aufgelegt oder nicht, wenig, ja sogar trübseliges ist besser als Nichts. Gestern, den 5ᵗ Juli ward unser Ballenstedt durch ein Naturereigniß gewaltig alarmirt. Nach 3 monatlicher Dürre zog ein starkes Gewitter im Westen auf und nahm seine Direction nach uns hin. Alles jubelte und die Landbesitzer lechzten nach Regen für ihre verdorrten Felder und Gärten. Als die ersten großen Tropfen fielen und der Donner unaufhörlich in den Bergen rollte, lachte ich vor Freude und zündete eine Pfeife Varinas an. In Zeit von 5 Minuten hatte sich eine solche Wassermasse ergossen, daß die Allee vor unseren Fenstern einem Strome glich, der hohe Wellen trieb. Der Regen strömte so dick, daß man nicht 3 Schritt hindurch sehen konnte. Da plötzlich erhob sich ein Orkan und es schlug etwas gegen die Wände wie ein Steinhagel. Klirr, klarr! flog eine Scheibe nach der andern ins Zimmer, die Ziegel zerschlagen von den Dächern, Millionen abgeschlagener Kastanienblätter wirbelten in der Luft und der Boden, ja auch die Dielen in den Häusern überzogen sich schnell mit einer Eismasse. Die Hagelkörner waren wie große Wallnüsse. Es war ein Lärm wie in der Schlacht – die kleinen Kinder weinten. Dies dauerte eine Minute, aber in dieser Minute waren fast alle Fenster in Ballenstedt und zwar auf allen 4 Seiten der Häuser zerschlagen. – Sobald der Regen sich verlaufen hatte nach einer Stunde, gingen wir aus. Die Straßen sahen wie grüne Wiesen aus, so waren sie mit einem Teppig von den abgeschlagenen Blättern bedeckt. Tausende von Vögeln durch den Hagel lahm geschlagen, schlüpften auf dem Boden wie Mäuse herum oder saßen ganz betäubt da, ließen sich greifen und wurden von der Jugend eingesammelt. – Fast alles mußte bei offenen Fenstern schlafen auch Julchen und ich, aber wir nagelten uns ein großes Bild vor. – In der seligen Mutter Quartier sind alle Fenster zerschlagen, ganz rührender Weise aber das Fenster ihres Krankenzimmers, obgleich mit den andern in einer Fronte, ganz unversehrt. Ach lieber Bruder! der Schmerz um sie liegt tief tief im Innern meiner Seele. Durch meine Einladung, zu kommen, laß Dich nicht irre machen, es macht mir Vergnügen Dich herzuwünschen und Dich unabläßig einzuladen, aber es muß Dich nicht unruhig machen und was Gott will, wird geschehen.

## N° 9

Ballenstedt am 15. Aug. 1842

Mein alter geliebter Junge!
Vorgestern erhielt ich Deinen lieben Brief und hätte mich am liebsten auf der Stelle hingesetzt Dir zu antworten, wenn nicht Störungen eingetreten wären. Die Bernstorff kam nämlich vom Bade herein und machte mir die Propositon mit ihr hinauszufahren und den Sonntag dort zuzubringen. Unsere alte Caroline Bardua mit ihrer Schwester Mienchen halten sich jetzt im Bade auf und diese sollte ich genießen. So flitzte ich denn pfeilschnell mit herzoglicher Equipage durch den Wald und gelangte in das kühle Thal der Selke – welche Wohlthat! – aus dem schwühlen Ballenstedt, aus der verbrannten und verhagelten Vegetation, in diese Frische, in diese schöne grüne Bergwelt. In Ballenstedt haben wir seit langer Zeit in der Nacht doch immer noch 19 Grad Wärme, am Tage 24°. In Alexisbad, wo wir Abends 8 Uhr anlangten, fand ich nur 10°. Ich saß bei Bardua's bis 11 Uhr und ging dann in meine Klause. Die Kälte, die hier herrschte, that mir unbeschreiblich wohl, ja es schien mir die angenehmste Ausbeute der ganzen Fahrt, daß ich hier sogar frieren konnte. Ich brauchte mich nur im Hemde mitten ins Zimmer zu stellen, so überkam mich ein süßes Frieren. Schrecklich aber war's im Bette, wegen Kürze der Decke, Magerkeit des Kopfkissens, niederträchtiger Beschaffenheit der Matratze. Ich konnte die ganze Nacht nicht schlafen und dankte Gott als ich früh 4½ Uhr mein Zimmer verlassen konnte. Tiefer violett neblicher Schatten lag auf dem Thale, aber die Spitzen der Berge

glänzten im Golde der Morgensonne. Ich stieg auf gemächlichen Wegen die Berge hinan. Oben trat ich aus dem Walde auf sonnige hügliche Feldflur, eingefaßt von altem Buchenwalde. Darüber hinaus schaute mich der hohe Ramberg ehrwürdig und dampfend an. Feld und Wald erglänzten im Diamantenschmuck der Thautropfen. Rückwärts lagen in dunkelblauem Schleier die entgegengesetzten Berge des Selkethals. O mein Alter! es war eine herrliche feierliche Stunde und Du fehltest mir dazu, Du Genosse der ersten Jugendeindrücke. Da scholl aus dem tiefen Thale herauf ein prächtiger Choral von Blasinstrumenten. Dies erinnerte mich an das verabredete Frühstück mit den Bardua's. Ich stieg hinab und fand unten unter der Antons-Eiche die guten alten Schwestern schon sitzen mit großer dampfender Kaffekanne Semmel und frischer Butter. Wir tranken und horchten den Chorälen, die recht erbaulich waren. Dann ward von alten Zeiten gesprochen, vom Vater, Mutter und von Dir. Später gesellte sich die Bernstorff zu uns mit noch einer anderen Dame und ich las den Damen eine Predigt von Hofacker vor. Am Nachmittage wurde unser Circel immer größer und glänzender bis endlich die gute Herzogin mit ihrer Arbeit sich auch noch ganz einfach und anspruchlos zu uns gesellte und 2 Stunden bei uns sitzen blieb. Ich wäre gerne noch eine Nacht in Alexisbad geblieben, aber da ich heute Morgen einen Termin auf dem Amte hatte, so mußte ich zurück und machte den Weg recht wohlgemuth zu Fuße, indem ich mir meine amtliche Aussage recht schön und ordentlich ausdachte.

*Am 19. Aug.* Also im März 43! Du hast Recht, ein Wiedersehen um sich von neuem zu trennen, ist ebenso bitter als süß. Wenn Du weich geworden bist, so bin ichs vielleicht noch mehr, indessen haben wir auch beide Elasticität des Geistes genug, um etwas Großes auszuführen d.h. um uns, da es sein muß, wenn wir zusammen gekommen, auch wieder zu trennen. Du kommst direct hierher und findest bei mir Adelheid mit Mann und Kindern und wenn sie nicht da sind, so werden sie rasch verschrieben. Hier letzen wir uns so lange als möglich. Indessen ist es Dir bekannt, daß wir Alle keine Heiligen sind, wir werden uns unserer sündlichen Natur gemäß zeigen und betragen, wir werden uns gegenseitig an unsern Ecken und Kanten stoßen, und am Ende für den Augenblick froh sein wieder von einander zu kommen, welches die Trennung ungemein erleichtert. Auch denke ich Dich auf dem Rückwege von hier nach Berlin zu begleiten, so daß Du am Ende Gott danken sollst, wenn Du mich endlich los bist und zu Dir selbst sagen wirst: ich hoffe doch, daß er so balde nicht nach Ehstland kommen soll... –

Wir haben hier einen Besuch gehabt auf 14 Tage. Mein Schwager Friedrich Krummacher mit seiner Frau und jüngeren Tochter Bertha stellten sich ein, um Mathilde abzuholen. Dazu kam noch der junge Harnack aus Berlin, den Du von Dorpat aus gewiß hast nennen hören und der im Oct. nach Dorpat zurückzukehren gedenkt. Dieser Knabe ist sehr interessant und studirt die schauderhafte Wissenschaft der Theologie mit einer wahren Wollust. Er hat eine eminente Gelehrsamkeit und wird sich gewiß als gelehrter Theolog bekannt genug machen. Ich habe ihn so viel ausgenutzt als dies irgend möglich war und ihm alle meine Bedenken vorgetragen. Jedesmal nach Tisch lieferten wir uns eine Schlacht, die ein Paar Stunden dauerte. Doch kann ich nicht sagen, daß er mir genützt hätte, denn meine Gedanken waren ihm fremde Gedanken, er verstand mich nicht und wo er mich verstand, da verrückte er den Standpunkt auf sophistische Weise. Doch glaube ich, daß wir uns lieb gewonnen haben und er hat mir versprochen noch einmal herzukommen, ehe er nach Dorpat zurückgeht. Es ist gar herrlich mit geistig angeregten und anregenden Menschen zusammen zu sein, aber ich hätte doch gewünscht, daß er die Principien, die mein Denken leiten, hätte erschüttern können, oder daß er mir hätte zeigen können, wo ich sie falsch anwende. Er ging aber immer davon aus, daß wir als ein gefallenes verkehrtes Geschlecht durch Abstraction von der verkehrten Natur auch verkehrte Principien hätten und daß also die wahre Philosophie dahin kommen müsse einzusehen, daß gar keine Philosophie möglich sei. Er ging also von einer bloßen Voraussetzung aus, die in seinem christlichen Bewußtsein und sonst nirgends begründet ist, und die mir, der ich dieses Bewußtsein nicht theile, natürlich als eine bloße Seifenblase erscheinen muß. Wenn wir uns das Vorhandensein des Bösen bloß durch den Sündenfall erklären könnten (wir können es uns aber gerade durch den Sündenfall gar nicht erklären) so wäre der Sündenfall eine nothwendige Voraussetzung; aber es wäre damit immer noch nicht gesagt, daß der, dessen sittliches Auge verkehrt worden ist, auch in allen seinen andern Organen verkehrt sein müsse. Zwei Principien sind es, die mein Denken leiten und auf die ich ganz frei durch innere Nothwendigkeit gekommen bin, obgleich sie längst vor mir gefunden und besonders von Hegel gebraucht worden sind d.h. wissenschaftlich angewendet, denn jeder Mensch denkt danach, wo er denkt, wenn er sich der Gesetze seines Denkens auch nicht bewußt ist. 1.) Es ist kein Ding zu denken, daß sich selbst widerspräche. 2.) Es ist kein Ding zu denken, ohne an ein anderes zu denken, das ihm widerspräche oder mit anderen Worten: die Dinge sind erst durch das was sie nicht sind, also durch ihre directen Negationen. Nun merke wohl auf. Kalt und blau sind keine Negationen, denn das blaue kann kalt sein, und ein Kaltes kann blau sein. Ich würde auch das Blaue erkennen können, wenn es gar keine Kälte in der Welt gäbe. Kalt und warm aber sind Gegensätze, denn ein Ding kann nicht beides zugleich sein, und die Wärme kann nicht erkannt werden, oder ist als solche nicht da, ohne die Kälte. So geht es mit allen Gegensätzen, sie bedingen sich gegenseitig. Indem sie sich aber gegenseitig bedingen, gehören sie zu einander, ja sind sie eins in einer höheren Mitte. So ist der Nordpol nicht ohne den Südpol und umgekehrt und beide sind eins in dem Magnet. Ich kann daher ohne Widerspruch sagen, der Magnet ist sowohl Nordpol als Südpol, oder die Farbe ist sowohl roth als grün; ich kann aber nicht sagen: der Nordpol ist Südpol, oder die rothe Farbe ist grün. Dies wird Dir nicht der Mühe werth scheinen zu lesen, geschweige denn zu schreiben, weil Du meinst das verstünde sich von selbst und doch wenn Du es versuchen willst Deine Gedanken recht gehorsam unter die Zucht dieses Denkrechts zu geben, so wirst Du finden wie unvermeidlich die ungeheuersten Consequenzen sind. – Du schreibst Du begriffst mich nicht, weil ich abwechselnd so christlich und so unchristlich rede. Das hat aber einen doppelten Grund, denn einmal bin ich meiner Sache nicht ganz gewiß, weil ich doch die Denkgesetze falsch angewendet haben könnte – sintemal Irren menschlich ist – und falle daher von meinem Gefühl hingerissen auf Augenblicke in das alte wohlbekannte christliche Gebiet zurück; oder aber die Resultate meines Denkens sind von der einen Seite dem Christenthum so ähnlich, als sie ihm von der andern widerstreben; daher auch die Hegelsche Philosophie so lange für die christlichste Philosophie gegolten hat, bis man sie genauer durchblickend jetzt auf einmal für die aller unchristlichste hält. – Ich habe Dir doch gewiß nicht geschrieben, wie Du meinst, die Ausbeute meines Lebens sei ein festes Gottvertrauen, sondern ich werde Dir etwa geschrieben haben, dies, nämlich das Vertrauen, daß Gott alles gut machen werde, könne überhaupt nur die einzige Ausbeute eines ehrlichen

Tugend- und Glaubensstrebens sein; wenigstens habe ich es gewiß nur so gemeint. Ich kann Dir auch nicht geschrieben haben, daß ich dies an sich für eine *geringe* Ausbeute hielte, sondern nur im Verhältniß zu dem, was man erwartet, ist es gering. Denn der mit Werken umgeht, will heilig werden und findet am Ende nach 40 Jahren fruchtloser Bemühungen, daß er noch ganz der Alte ist, und der aufs Glauben ausgeht, sucht zuerst nicht ein allgemeines Vertrauen auf Gott, sondern er will sich gewiß werden über tausenderlei Fragen, die alle das Jenseits anlangen, er will allerlei Einzelnes und Bestimmtes glauben und wissen und wenn er dabei recht redlich zu Werke geht, so kann es ihm geschehen, daß er über all seinem Glauben zuletzt den Glauben an seine eigene Seele verliert. Diese beiden aber sind *eine* Person, denn Glauben und Werke lassen sich nie ganz trennen, sondern sind nur die Pole ein und desselben Ganzen, und wer nun an den Polen zu Schanden geworden ist, der kann doch am Ende die Frucht des Ganzen davontragen, welche im Gottvertrauen besteht, aber in einem Gottvertrauen, welches Gott nichts mehr vorschreibt, weder daß er uns zu Heiligen machen, noch daß er uns das ewige Leben schenken solle. Es wäre möglich, lieber Bruder, daß ich mich dieser Frucht manchmal schon erfreute und mich ihrer getröstete, ohne daß sie deswegen schon durchgängig mein wäre. Mit Dir ist es anders, Du hast frohe und bestimmte Aussichten, die Dich beseligen – Du hoffst dereinst bei Deinem Herrn und Heilande zu sein, vereint mit Vater und Mutter. Ich aber weiß von allen solchen bestimmten Sachen nichts, ich weiß nur, daß ich in Ihm und durch Ihn und mit Ihm bin, alles was ich bin, oder mit anderen Worten, daß ich Nichts bin und Er Alles und daß also an mir auch weiter nichts gelegen ist. Das ist auch ein Trost (?) aber dahin kommt man nur durch große Schmerzen und ich will auch nicht behaupten, daß ich zu allen Stunden so weise bin. – Mein lieber Bruder! Die ganze Natur singt ein ernstes und heiliges Lied: ich bin nicht mein, sondern sein – es sterbe und werde hingenommen was ich lebe und bin – *Er* aber lebe und bleibe. Das ist das Lied der Natur, das sie aber bewußtlos singt, indem sie fortwährend dahinstirbt. Wir Menschen aber können uns in dieser Beziehung zum Bewußtsein kommen, wir können in diesem unseren Hinsterben und Hingeopfertwerden für Gott den Zweck und das innere Gesetz unseres Lebens erkennen und dann lieber Bruder und nur dann, wenn wir unseren Willen mit dieser Nothwendigkeit vereinigt haben, dann sind wir recht frei, auch ohne alle weitere Aussicht. Siehst Du, da ist gleich wieder so eine Aehnlichkeit mit dem Christenthum und doch auch ganz anders. Der christl. Glaube predigt das Sterben und Begrabenwerden mit Christo Jesu. Er ist für uns gestorben, auf daß wir in ihm leben und wir sollen in ihm sterben auf daß er für uns lebe. Und wer sein Leben verliert, der wird es erhalten. Das ist tiefe tiefe Wahrheit, aber das Christenthum hat ein Jenseits – die Philosophie weder Diesseits noch Jenseits, sondern ein continuirliches Werden Gottes in der Wirklichkeit der Creatur, die aber für sich keinen Bestand hat, damit Gott ihn habe, welcher Alles in Allem ist. Sie ist das Gegentheil Gottes und als solches eine bloße Negation, die immer wieder aufgelöst wird. Sie ist gleich der Finsterniß an welcher das Licht offenbar wird, die aber für sich nichts ist. – Doch dieses nur, damit Du einsiehst, daß nicht blos Negatives in mir steckt, sondern daß es auch Dinge giebt, die ich behaupten kann. Uebrigens aber ist meine Ansicht keineswegs abgeschlossen und ich habe oft Stunden, wo es mir möglich erscheint, das Christenthum könne mehr sein als eine bloße Wahrheit *im Bilde*, es könne geschichtliche Wahrheit sein und sich dennoch mit dem wissenschaftlichen Verstande vertragen, wie das in Schuberts Kopfe der Fall ist. Als die Mutter starb, glaubte ich einen Augenblick der Schmerz werde mir klar machen, was mir sonst nicht hatte klar werden wollen, ich versuchte es mich mit Gewalt in das Christenthum zurückzuversetzen aber es ging nicht und ich fand zuletzt Trost in einer stillen Ergebung in den Willen Gottes.

*Am 26sten Aug.* Als mein Schwager Friedr. Krummacher hier war, ließ er sich bereitfinden zu predigen, da die Herzogin wiederholt gegen mich und Julchen den Wunsch ausgesprochen hatte und unser Hofprediger ihm die Kanzel anbot. Bald aber legte sich Salmuth herein und verhinderte es, indem er den Hofprediger zu bewegen wußte durch allerlei falsche Gründe die Sache Fritzen selbst zu verleiden. Erst als es zu spät war wieder einzulenken, entdeckte mir der Hofprediger die Wahrheit. Er hatte es nicht zu irgend einem Eclat kommen lassen wollen. Ich war sehr böse, denn mir wäre ein Eclat sehr wünschenswerth gewesen. Ich halte es zwar für unmöglich, wenn ich auch zum Christenthum umkehren sollte, je die Ansichten meines Schwagers zu theilen, doch ist er einer der bedeutendsten Redner die wir haben und von so bedeutenden Erscheinungen halte ich es sogar für Pflicht Notiz zu nehmen, wenn sich die Gelegenheit dazu giebt. Ueberhaupt läßt sich in unseren Tagen in Deutschland nicht mehr gebieten, wie und was gepredigt werden soll und alles was der Staat allenfalls noch fordern kann, ist objectiver Grund einer bestehenden und vom Staat geduldeten Kirche. Aber die Anhaltiner gehören zum gefallenen Menschengeschlechte und zwar sind sie in die Dummheit gefallen. Bei uns dürfen die Herrn Prediger nichts predigen als den alten, wissenschaftlich längst überwundenen Rationalismus, oder eine Vernunftreligion, welcher nichts mehr fehlt als die Vernunft und auch die Religion. Aber die ganz kleinen Staaten und die ganz großen scheinen sich immer in einigem Rückstand zu befinden.

*Am 27sten Aug.* Noch kann ich mirs gar nicht recht denken, daß Du kommst, und doch ist es so nothwendig, daß wir uns einmal wieder sehen und wieder kennen lernen. Der März hat auch seine Reize, wiewohl geringe. Er ist mein Lieblingsmonat, die Zeit der jungen sich rüstenden Kräfte, aber er ist kein guter Mond um Besuch zu empfangen. Einer im Hause hat dann immer Zahnschmerzen, alle haben nasse Füße und nichts ordentliches zu essen, besonders nach einem Sommer wie der diesjährige. Wie ists doch möglich, daß Ihr Nässe haben könnt, während wir vor Hitze, Dürre und Staub fast ersticken. Ich habe so was noch nie erlebt, ja kein Mensch hat ähnliches gesehen. Weißt Du auch, daß es höchst unwahrscheinlich ist, daß die Birken nächstes Jahr wieder ausschlagen? Sie haben unter allen Bäumen am meisten gelitten. Schon sind sie entblättert, aber die Blätter sind nicht gelb abgefallen, sondern grün zu Pulver verbrannt. Die Futterkräuter sind so miserabel gewachsen, daß es fraglich ist, ob der Viehstand erhalten werden kann. Die Kartoffeln werden kaum zur künftigjährigen Aussaat hinreichen. Wir sehen einem schrecklichen Winter entgegen. Schon jetzt kosten die Lebensmittel fast das Doppelte und was wird es erst noch werden? Wir Menschen sind wie die Fliegen und haben ein faules Ziehen in den Beinen. Nach Tische liege ich 2 Stunden auf der bloßen Diele, weil es da am kühlsten ist. Ich lebe nur Abends von 8 bis 11 und Morgens von 6 bis 11 die übrige Zeit bin ich todt. Ich decke mich nur mit dem Bettuche zu, dennoch erwache ich früh im Schweiß. Nun stehe ich auf und stelle mich in meinen Badeschrank, lasse die Fluth über mich herbrausen von schönem frischen Quellwasser. Dann wird mir unendlich wohlig, ich ziehe mich an und bin bis 11 Uhr zu allem Guten aufgelegt.

Dann aber wirds heiß, ich lasse die Arbeit liegen und lese in Immermanns Münchhausen, denn etwas ernstliches kann man dann nicht treiben. Dann wird gegessen, geschlafen, dann langweilt man sich in Gesellschaft bis man endlich Abends 8 Uhr wieder auf ein Paar Stunden erwacht und vor der Hausthüre ein Paar Zigarren schmaucht mit den Nachbaren die sich zu einem gesellen.

*Am 28sten Aug.* Gestern Nachmittag, nachdem ich obiges geskripset, erhob ich mich, ging in den Schloßgarten und setzte mich in die Christiansruh zu Julchen und der Bernstorff, welche uns mit Selterwasser und Wein regalirte. Der Blick war schön über die weiten Gärten hinüber nach den Gegensteinen. Ich wollte eben anfangen etwas zu lesen, da kam der Herzog Carl Alexander mit seinem kleinen Wachtelhündchen und setzte sich auch zu uns. Der Hund sprang ihm auf den Schoß und der Herzog konnte sich nicht satt sehen an dem neuen silbernen Halsbande und lobte es fortwährend über die Maßen. Endlich fiel sein kurzsichtiger Blick auf das Schild des Halsbandes mit Namenszug und Krone, welches er von allen Seiten befühlte und beschaute. «Es ist doch recht närrsch, sagte er, daß ich immer eine Krone über meinem Namen habe, das ist doch ganz sonderbar, wie, wie, ich finde das auffallend daß ich immer eine Krone habe – es müßte doch eigentlich eine Nachtmütze sein, eine Nachtmütze! ha ha ha ha! und nun lachte er unbändig und wir mit, Julchen besonders, so, daß sie eine dicke Lachader auf der Stirne kriegte.

Falle doch Elminen um den Hals, der herzlich geliebten Schwägerin, grüße und küsse Helene und Nanny, die Kinderchens und alle liebe Verwandte. Von Adelheid haben wir gestern gute Nachricht gehabt, sie findet sich immer mehr in ihr Schicksal nicht glücklich zu sein und scheint in der letzten Zeit wahrhaften Nutzen von den Romanen der Bremer gehabt zu haben. Das sind eigentlich schwache Romane, aber wer der Bremer an Geist nicht überlegen ist, muß durchaus Nutzen daraus ziehen. Ihre Ansicht von der Verschiedenheit der Charactere ist recht großartig. Nun lebe wohl, mein lieber Alter. Nächstens wird die Eisenbahn nach Stettin fertig und dann kann eine Wasserstraße nach Riga kaum ausbleiben.

N° 10 Ballenstedt Septemb. 1842

Mein geliebter Bruder Gerhard!

Gestern empfing ich Deinen lieben Brief vom 4t Sept mit den Wechseln und feierte, wie allemal wenn Briefe von Dir kommen, in meinem Herzen einen Festtag. Elminens glückliche Entbindung von der kleinen Alwina war diesmal die Hauptnachricht. Wenn man nur einmal hinüber sehen könnte wie sich die liebe Wöchnerin befindet, aber ich hoffe gut und bei einem so geübten Mütterchen ist man weniger in Sorge. Ich freue mich, daß Ihr doch vom schönen Sommer noch etwas mitgenossen habt. Es war hier ein Sommer aus dem ff, wenn er auch freilich nicht gar lange anhielt. Jetzt ist das Wetter immer noch recht schön doch kalt, so daß ich gestern und heute habe etwas einheizen müssen.

Neulich hatte ich eine recht große Freude. Ich kam Abends spät nach 10 Uhr mit Julchen aus einer Gesellschaft nach Hause. Da sagte mir Minchen drüben im Gasthofe seien drei Herren aus Dresden angekommen, die mich hätten hinüber bitten lassen. Wenn es nicht Richter, Peschel und Oehme sind, sagte ich, so freue ich mich nicht ein Bischen, und Julchen meinte so hoch würde es wohl nicht hergehen, denn wo sollten nun gerade diese drei zusammen herkommen. Ich ging hinauf in mein Zimmer, von wo ich in einige Fenster des Gasthofs sehen kann. Da ging eine Gestalt im Zimmer auf und nieder, deren Profil, so weit ich durch mein Glas unterscheiden konnte, allerdings dem Freunde Oehme nicht wenig glich, doch war ich sehr ungewiß. Nach einiger Zeit tauchte eine andere Gestalt auf mit einer Pfeife, die dem kleinen Peschel ähnlich sah, da fing mir das Herz an zu pochen, aber ich war immer noch ungewiß. Endlich erhob sich gerade neben dem Lichte Freund Richter wie er leibt und lebt und nun streckte ich meinen Kopf zum Fenster hinaus, hielt 2 Lichter daneben, so daß ich prächtig beleuchtet war, und pfiff einen italienischen Gassenhauer. Zuerst bemerkte mich Richter, dann die Andern mit Jubel, sie rissen ihr Fenster auf und wir begrüßten uns für diesen Abend nur aus der Ferne. Den folgenden Tag blieben sie da und wir gingen beim herrlichsten Wetter zusammen auf den Falkenstein. O wie war ich selig mit den Genossen der Jugend! Wir lachten und rauchten und klagten uns auch unsere Noth. Auf der alten Burg angelangt, frühstückten wir in ritterlicher Halle Butterbrod mit Schlackwurst, fürchterlich lachend, weil Oehme witzig ist. Als wir uns erquickt hatten ging das Zeichnen los. Um 2 waren wir fertig und ließen uns Gänsebraten Salat und BirkenChampagner hinaus ins Freie bringen, welches mit Wonne verschlungen ward. Nach Tische ließen Richter und Peschel sich das Schloß von innen zeigen, Oehme aber setzte sich wieder zum Zeichnen auf sein Feldstühlchen und ich legte mich neben ihn ins Gras ihm zusehend. –

*Am 12. October.* Es müssen beinah 14 Tage verflossen sein, seit ich Dir die obige Seite schrieb und seit der Zeit ist mirs nicht möglich gewesen wieder ans Schreiben zu kommen. Es war viel Trubel, Wesen und Unruhe, viele Arbeit, Kummer und Narrheit. Was den Kummer anbelangt, so hat mir mein Wirth die Miethe gekündigt, weil er in meiner Wohnung seinen Sohn etabliren will und wenn ich kein Haus kaufe, so ist gar keine andere anständige Miethe für mich zu finden. Kaufen mag ich nicht an einem Orte, wo alle Tage durch den Tod des Herzogs alle Häuser außer Werth gesetzt werden können und so bleibt mir, wenn sich bis Ostern nicht noch eine Miethe aufthut, nichts anders übrig als nach Bernburg zu ziehen. Daß mich das unruhig macht und wegen Häuserbesichtigung viel Herumlaufens verursacht, kannst Du Dir denken. – Was nun die Narrheit anbelangt, so überredete mich die Bardua, der ich einige närrische Gedichte von mir vorgelesen, ich müßte durchaus zu dem herannahenden Geburtstage der Herzogin irgend einen Schwank machen, um der Herzogin eine Freude und Ueberraschung zu machen und schlug mir zu dem Ende vor, ein WachsfigurenKabinett aufzustellen und es den Herrschaften zu erklären. Ich ließ mich breitschlagen und nun begannen 8 schwere Tage der äußersten Aufregung und Anstrengung, denn da man sich jedenfalls wundern mußte von *mir* so etwas veranstaltet zu sehen, so mußte es etwas ganz besonders Gutes werden, wenn ich mich dadurch nicht lächerlich machen sollte. Die mitwirkenden Personen ließ ich mir alle durch den Hofmarschall bestimmen, der sehr gern auf die Idee einging und mir mit allen Mitteln eines reichen kleinen Hofes zu Hülfe kam. Er wählte die Mitspielenden aus der engsten Umgebung des Hofes, lauter Leute die den Herrschaften angenehm waren, 20 an der Zahl, und es wurde das strengste Geheimniß bewahrt. Nun ging die Noth an diese, lauter vornehme Leute willig zu machen und für alle Charactere zu wählen, die sie gerne darstellen wollten. Dies war ein fast unübersteiglicher Berg, weil die Eitelkeit mit ins Spiel kam, aber endlich kamen wir doch zu

Rande und alle waren zufrieden hatten aber freilich keine Ahndung von der Art und Weise, wie ich bei der Vorstellung selbst über sie sprechen würde. Den Text zu machen war keine Kleinigkeit, denn ein Stündchen mußte ich doch über die Figuren sprechen und durfte während dieser Zeit meine Zuhörer nicht aus dem Lachen kommen lassen. Viele Aergerlichkeiten gab es auch hin und wieder und die Sache wurde mir auf mannigfache Weise so verleidet, daß ich gern viel Geld bezahlt hätte, hätte ich sie wieder los werden können, was aber unmöglich war. Den Sonnabend, als den Tag vor dem Geburtstage, arbeitete ich noch bis 12 Uhr in der Nacht an meinem Texte und als ich am Sonntage aufwachte, war ich so steif von Kreuzschmerzen, daß ich mich nicht allein aufrichten konnte. Julchen zog mir Strümpfe und Hosen an und mühsam kam ich aus dem Bette. Gegen Mittag wurde es indessen mit mir in soweit besser, daß ich mühsam nach Tafel hinken konnte, wo ich nichts genoß und von Allen über mein elendes Aussehn befragt wurde. Nach Tafel ging ich nach Hause um mir meine Galakleider zusammenzusuchen – aber siehe da, die Strümpfe waren nirgends zu entdecken, ebensowenig als die Hosen und Schuhschnallen. Wir drehten das Haus danach um, Alvensleben schickte und ließ mich bitten doch aufs Schloß zu kommen, weil die Arbeiter warteten, Julchen bekam eleganten Damenbesuch, ich hatte in meinem Rücken Schmerzen wie ein Heide. Endlich fand ich, vor Angst schwitzend, die verdammten Goldschnallen, Strümpfe und alles, legte was ich brauchte auf einen Haufen, bat Julchen es mir nachzuschicken und kröpelte mich aufs Schloß. Hier wurde im Speisesaal eine halbrunde erhöhte Bühne aufgeschlagen, mit Blumen, Lichtern und Gardinen herrlich decorirt, in einem Zimmer wurden die Herrn im andern die Damen angeputzt, von mir und der Bardua, geschminkt und bemalt. Da sah man nun die Gräfin Hahn Hahn, Maria Stuart, Liszt, Carl den Großen, Caspar Hauser, alles durcheinander und die Bardua und ich steifer Krüppel wurden fast zerrissen. Um 7 sollte und mußte es angehen, da der Herzog darum wußte. Jetzt war es halb und ich mußte mich noch anziehen. Ich hatte mir einen Soldaten gemiethet, der mich ankleiden sollte, weil ich mich nicht bücken konnte und ließ mir die Hosen ausziehen. Da fehlten die seidenen Strümpfe in den mir nachgeschickten Sachen, es war fürchterlich – und blieb mir nichts anderes übrig als nach Hause zu laufen und sie zu holen. Dabei strengte ich mich übermäßig an und kam triefend von Schweiß in den größten

Schmerzen zurück. Mein Soldat kleidete mich, der Hofmarschall trieb, die Bardua stellte solange die Figuren ganz falsch und die Hosenschnallen wollten durchaus nicht in die rechten Löcher. Endlich war ich fertig und auch meine Figuren richtig gestellt und vorn auf der kleinen Treppe, die auf die Bühne führte, saß schlafend die Cumäische Sibylle. Der Hofmarschall ging mich bei der Herzogin als Herrn Guilelmo Maccaroni aus Pavia mit Wachsfiguren zu melden und mir lief der Schweiß immerfort den Rücken herunter, aber meine Schmerzen wurden mit jedem Augenblick besser. Da fiel mir ein, daß ich meinen großen dreieckigen Hut und mein weißes Stäbchen in der Garderobe vergessen hatte. Denke wie furchtbar! Bei der Sibylle die die ganze Treppe einnahm und mit ihren künstlich gelegten Gewändern schon eingeschlafen war konnte ich nicht vorbei und sprang daher meine Kreuzschmerzen vergessend über die Lichter von der hohen Bühne herunter und bekam einen solchen Schlag und Schmerz durch mein ganzes Rückgrad, daß ich beinah hingestürzt wäre und laut vor Schmerz aufschreien mußte. Nachdem ich einige Mäntel weggerissen fand ich endlich, o Wonne, meinen Dreimaster und Stab. Endlich stand ich wieder auf der Bühne und da rannte auch schon ein gallonirter Kammerdiener herein und rief: die Herrschaften! Nun ertönte auf mein Kommando, von verborgener Musik, der alte Dessauer Marsch, kräftig mit Pauken und Trompeten und herein trat Herzog und Herzogin, der ganze übrige Hof und alle Großen des Reichs. Alle nahmen Platz und mich hatte der lustige Marsch mit Muth beseelt, meine Schmerzen hatte ich mir ausgeschwitzt und ausgesprungen. Als die Musik schwieg trat ich vor und hielt eine Anrede an die Herrschaften in einem ganz veralteten Kanzeleistyl und mit Marktschreier Declamation, wobei ich zu meiner Ermuthigung schon hier und da etwas Gelächter vernahm und dann erklärte ich die Figuren eine nach der andern und es verbreitete sich eine ungeheure Heiterkeit im ganzen Saal und auch meine Figuren, die von meinem Texte gar keine Ahnung gehabt hatten, fingen vor innerem Lachen an zu zittern. Es war ein ganz ungeheurer Effect, viel mehr als ich für möglich gehalten hätte, und um so mehr als ich selbst so ernsthaft wie eine Kratzbürste blieb. Als ich alle Figuren durch hatte, trat ich an die Sibylle hin, erklärte auch diese und fügte dann hinzu, daß es ein berühmter Automat sei, der in allen großen Residenzen vor Königen und Fürsten die gerechteste Bewunderung erregt hätte und welcher wenn er aufgezogen wäre, sich aufrichten und Töne ausstoßen könnte die der menschlichen Stimme ähnelten. Nun zog ich einen großen Uhrschlüssel aus der Tasche, steckte diesen der Figur in die Schultern, drehte und hatte mir eine Vorrichtung erdacht, daß es ganz akurat so klang, als wenn ein Räderwerk aufgezogen würde. Hierauf richtete sich die Sibylle ganz langsam auf, es ertönte eine sanfte Musik und sie sprach nun melodramatisch zur Musik einige Verse, ernsten Inhalts, die ich der Herzogin zum Geburtstag gedichtet hatte. Die Ueberraschung war sehr groß. Nun schwieg die Musik. Meine Wachspuppen erwachten aus ihrer Versteinerung und bewegten sich nach vorne, die Herrschaften bestiegen die Bühne – da ertönte der Ruf: Feuer! Feuer! und der ungeheure Mantel der Prinzeß Marie flammte hell auf mit ungeheurer Lohe. In diesem schrecklichen Augenblick warfen Alvensleben und ich uns blitzschnell auf die Prinzeß, drückten sie an uns und erdrückten so das Feuer, wobei ich mir tüchtig die Hand verbrannte, samt Hosen und Rock. Aber da es glücklich gelöscht war, erhöhte dieser Umstand nur noch die Freude. Die Herzogin kam zu mir und dankte mir mit großer Freude und Herzlichkeit für den amüsanten Abend, desgleichen alle die Räthe und der Superintendent ich hatte sie plötzlich alle zu Freunden, da ich sie zu lachen gemacht hatte. Meine Puppen, die ich eigentlich zum Besten gehabt, bat ich um Verzeihung, aber sie waren Alle königlich vergnügt gewesen und keiner war gekränkt, selbst Alvensleben nicht, den ich zur allgemeinen Belustigung am meisten gehänselt hatte. Die Herzogin bedankte sich bei Allen einzeln, meine kleine Frau aber, die sich, weil keine andere dran wollte, dazu hergegeben hatte, die weiße Frau von Orlamünde zu machen, küßte sie ganz herzlich, was mir große Freude machte. Jetzt spricht man von nichts Anderem und mein Manuscript, das ich für die Herzogin abschreiben mußte, wandert aus einem Hause ins andere und erregt immer wieder neues Gelächter. Am meisten freue ich mich, daß ich niemanden dabei gekränkt habe, was so leicht hätte vorkommen können und daß auch niemand auf meine Kosten gelacht hat und ich ohne zum Narren zu werden, mich aus dieser schwierigen Geschichte gezogen habe. Es ist eine ordentliche Erfrischung in die Gesellschaft gekommen, ich bin Allen näher getreten und danke es wirklich der Bardua, daß sie aus alter Anhänglichkeit für unser Haus, mich gewissermaßen zwang einmal hervorzutreten und zur allgemeinen Belustigung etwas beizutragen.

*Am 13$^{t}$ Octob.* Gestern Abend befiel unsere kleine Elisabeth am Scharlachfieber ⟨!⟩. Sie ist so roth wie ein Krebs und obgleich sie fast beständig Fieber hat und am ganzen Leibe glüht, ist sie doch rührend artig und belästigt uns nur mit der beständigen Bitte Geschichten zu erzählen, woran sie einen großen Trost findet. Nun sind wir plötzlich vom Schlosse und von allen unseren Bekannten getrennt. Die Bernstorff ist darüber so außer sich, daß sie wie ein Kind geweint hat, aber die Herzogin hat ihr doch wenigstens erlaubt uns auf Spatziergängen zu sehen. Bei solchen Gelegenheiten ist man hier wie ein Geächteter. Ich hoffe die Krankheit bei der armen Kleinen soll gutartig bleiben, wie sie gutartig angefangen hat. Von Adelheid haben wir auch recht gute Nachrichten. Sie ist mit ihren Kindern auf 4 Wochen in Bremen bei den Eltern gewesen und ist vielleicht noch da. Julius, welcher auch mit nach Bremen eingeladen war, ist sonderbarer Weise allein nach dem Rhein gereist, um die dortigen Verwandten unserer Familie kennen zu lernen, wird aber dann Adelheid von Bremen abholen. Vater und Mutter Krummacher hat Adelheid in Bremen recht wohl gefunden, nur daß Vater sich von Jahr zu Jahr mehr mit hypochondrischen Grillen zu plagen scheint und ihm der Gedanke an seinen Tod jetzt große Sorge machen soll. Möchte doch Gott einen jeden vor solcher Furcht bewahren, denn was gilt das Leben wenn man den Tod fürchtet und doch – welcher Beherzte kann sagen, ob er nicht morgen feige sein werde? Merkwürdig ist es aber wie große und berühmte Glaubenshelden so besorgt um ihr Leben sein können. Scheibel traute sich nicht in Hermsdorf allein über den Hof zu gehen, weil da gewöhnlich ein dicker Mops in der Sonne schmorte, der beinah im Fett erstickte und der froh war, wenn man ihn nur ungeschoren ließ. Wenn daher Scheibel hinüber zu Heynitz gehen mußte, nahm er allemal ein altes Weib mit, die Frau des alten Bedienten Haase, die sich noch obendrein mit einem dicken Knittel bewaffnen mußte, welcher zu dem Endzwecke immer unten an der Thür lehnte, um ihn zu schützen; und Fritz Krummacher konnte ich diesen Sommer nicht bewegen mit auf den niedern Thurm des Falkenstein zu steigen, wo wir Alle hinaufgingen, sogar die kleinen Kinder, weil er fürchtete, der Thurm könne doch einstürzen, ebenso ist seine Angst beim Gewitter grenzenlos und er getraut sich nicht allein zu schlafen aus Furcht vor Gespenstern. Es giebt viele Räthsel in dieser argen Welt. –

Neulich gab der alte 88jährige Geheim-Hofrath Reich Bardua's ein Diner auf ihrem eigenen Zimmer und hatte auch mich dazu eingeladen, damit ich die honeurs machen sollte und den Dolmetsch, denn wegen übermäßiger Taubheit können die Damen gar nicht mehr mit ihm sprechen. Meine Frau hatte er ungezogener Weise nicht mit eingeladen, diese kam aber von selbst und da er eben so blind als taub ist, bemerkte er sie ganz zufällig erst beim Nachtisch und frug wer das wäre. Als wir uns gesetzt hatten, bemerkte er, er fühle es ganz deutlich, daß er sich sogleich werde übergeben müssen, erhob sich auch bald und ließ sich während der Tafel 6 Mal von mir an den Holzkorb führen, wo er zu Barduas Entsetzen seine Brechversuche machte, die jedoch nicht recht wohl gelingen wollten. Ich, der ich neben ihm saß, hatte das Amt ihm die Nase zu schnauben und hatte er zu dem Ende 6 Schnupftücher mitgebracht, die ihm aus allen Taschen heraushingen. Uebrigens aß er Fleisch und Gemüse mit den Händen und legte sich aus den Schüsseln auch so lange mit den Händen vor bis die Bardua ihm dies Amt abnahm. Meistens schlief er. Wenn er nicht so lebenslustig wäre alles mitmachen wollte und so geniale JunggesellenDiners gäbe, so würde es blos rührend sein, einen so hülflosen Alten zu sehen; so aber ists doch auch zugleich komisch.

So eben war der Doctor da und erklärt nun die Krankheit unserer Elisabeth für Purpurfriesel und gefahrlos, hat uns auch zugleich angekündigt, daß unsere Quarantaine mit 4 Tagen abgelaufen sein werde. Mein lieber alter Gerhard! Es wird mir immer leichter einen Brief an Dich anzufangen als zu schließen. Erzähle mir doch auch rechte Details, rechte Kleinigkeiten aus Deiner Umgebung, Familie und Leben. Das ist das Beste, was man sich schreiben kann. Grüße die theure Elmine, Kinder Brüder und Schwestern. Gott erhalte Euch Alle! Je älter ich werde, je mehr verwundere ich mich, was doch das Leben für ein sonderbar Ding ist. Vor allem gehört Muth dazu und Gewissenhaftigkeit. Beides fehlt mir.

Dein Bruder

## N° 11 — Ballenstedt am 21. Oct. 1842

Mein geliebter alter Wanna und treues Bruderherz!
So eben im Augenblicke habe ich Deinen Brief gelesen, mit Dank gegen Dich, Du lieber rüstiger Schreiber, mit großer Freude, aber auch mit Anwandlungen von Schwermuth, daß wir nicht einerlei Glaubens sein können und besonders ich nicht Deines, sondern

daß wir vielmehr auf geistigem Gebiete immer weiter aus einander bersten und uns manchmal nicht recht verstehen. Das Verständniß wird sich besser finden, wenn wir erst einmal zusammen kommen und bis dahin sollte man über die streitigen Dinge eigentlich schweigen, indessen kann ich nicht umhin, wenigstens einige Sätze herzuschreiben die mir bei Lesung Deines Briefes einfielen. 1. Wenn das Christenthum den Menschen sittlich nicht verändert und für ihn kein anderes Resultat hat, als daß er sich über die Sünde tröstet und ein freies Herz gegen Gott gewinnt, so ist es durchaus um kein Haar besser, als die moderne Emanzipation des Fleisches. 2. Wenn ich Leute sehe die dem Menschen alle und jede Kraft zum Guten absprechen und also behaupten, daß derselbe sich nothgedrungen in einer continuirlichen Versündigung befinde, so ist es mir befremdlich und ärgerlich, wenn dieselben in allen speciellen Fällen ihre Schuld doch niemals eingestehen wollen, Andere aber auf das schonungsloseste richten. 3. Wo ich Herzlosigkeit, Hoffart, Härte mit dem Glauben renomiren sehe, da empört sich mein ganzes Gemüth. 4. Was mich anbelangt, so glaube ich allerdings, daß ich von meiner Jugend an wohl erfahrener, gewitzigter, umsichtiger und daher duldsamer, aber nichts besser geworden bin, daher ich auch niemand verdamme, dem es ebenso geht, aber ich erschlage die Kröten und Schlangen wo ich sie finde, obgleich sie gerade so sind, wie Gott sie haben will und gemacht hat, und ich pflege und begieße die Rosen, die doch auch nichts besseres sind. So weise ich die Individualitäten ab, die mir mißfallen und pflege die Freundschaft anderer; die mir gefallen, nach einer inneren Nothwendigkeit. 5. Was endlich die Sünde angeht, so halte ich dieselbe für die Regelwidrigkeit, die allen Geschöpfen Gottes anhängt, von der Flechte am Felsen bis auf den Menschen, die auch Krankheit und Mangelhaftigkeit genannt wird und blos in einer bestimmten geistigen Region des Menschenlebens Sünde heißt. Wir erkennen daraus, das Vollkommene und Gute und aus dem Kampfe in welchen nothwendigerweise die Erkenntniß des Besseren und Wünschenswerthen mit dem vorhandenen Bösen geräth, tritt nun erst das geordnete Menschenleben hervor, welches ohne diesen Kampf sich von dem der Thiere nicht unterscheiden würde. So sind denn allerdings Resultate da, aber sie liegen mehr außerhalb als innerhalb des Menschen, es sind Werke, die wohl bisweilen das vorhandene Böse neutralisiren, nicht aber vernichten können. Mit der Sünde ist nun einmal nichts anderes anzufangen, man wird sie nicht los und da niemand den Gedanken ertragen kann, dadurch auf ewig verdammt zu sein, so schieben sie die Christen dem Adam in die Schuhe und lassen sie durch Christus außer Wirksamkeit gesetzt werden, wodurch sie selbst rein ausgehen, und die Philosophen sehen sie als nothwendig an zu dem höheren Entwickelungsprozeß des menschlichen Lebens. Was nun nicht frivole Leute sind, die gehen mit beiden Ansichten ernst und demüthig durchs Leben und haben einen Gewinn an innerer Erstarkung und allerlei Gutem, das sie äußerlich schaffen, die andern aber führen mit beiden Ansichten ein Schandleben, weil sie sie blos nachsprechen und niemals die Sünde als ein wirkliches Uebel, als eine Krankheit ansehen und erkennen.

Es ist möglich, mein lieber Bruder, daß ich wie Du meinst, den Glauben nie gehabt habe, doch aber meine ich Alles an mir selbst erfahren zu haben was ich von Christen darüber gehört und in den schriftlichen Bekenntnißen der Kirche gelesen habe, d.h. was man eben erfahren kann, die inneren Zustände – bis auf Eins, nämlich es ist mir nie dauernd wohl geworden bei der Beruhigung mit Christi vollgültigem Opfer, wenn ich eine herrschende Sünde an mir gewahrte, die ich wirklich als Uebel und Verderben erkannte. Nun aber bin ich durch einen 10jährigen unaussprechlichen Jammer hindurchgegangen, habe gebetet und geforscht und einen Glaubenssatz nach dem andern darüber verloren. Endlich nun halte ich es nicht länger aus, ich habe den ehemaligen Glauben drangegeben und halte mich an das Wenige, was man wissen kann und in Wahrheit erfahren, da ich denn auch nun wieder ruhiger werde, obgleich ich nicht glücklich bin, aber das war ich früher auch nicht und wer ist es überhaupt? – [Was meinen Schwager Fr. anbelangt, so liebe ich freilich weder ihn noch seine Lehre, die mir eine wahre Teufelslehre scheint. Ja ich muß sagen, daß wenn dieses die alleinseligmachende Lehre ist, ich von Herzen der ewigen Seligkeit entsage, denn ich will nicht behaupten, daß nach solcher Lehre Gott liebenswürdiger erscheine als der Teufel und würde ich ebenfalls einem solchen Gotte ewige Feindschaft schwören. Was unter den Aerzten die Scharlatane und Marktschreier sind, das scheint mir unter den Aposteln mein Schwager zu sein und solche Leute sind mir ebenso zuwider wie Ungeziefer, obgleich sie wahrscheinlich eben wie auch das Ungeziefer alles sind was sie sein können und doch wenigstens nur Gott ganz alleine wissen kann, inwiefern sie sich mehr versündigen als fromme Leute. Emil schreibt dies gestern von ihm: «Was thue ich mit all den glänzenden Phrasen vom Christenthum, wenn nicht einmal der ordinairen Bruderpflicht genüge geleistet wird.» Darin irret sich aber mein guter Emil, denn bei Fr. ist Predigt und Wandel ganz in Uebereinstimmung, denn seiner Predigt nach kann ein Christ thun was er will und versündigt sich doch nie ja kann sich garnicht versündigen, weil er gerechtfertigt ist in Christo. Das Inconsequente liegt nur darin, daß er dies blos auf sich bezieht, Andern aber heftige Vorwürfe macht wegen ihrer Vergehen, so wie auch der sanftere Schwager J. der sagt, was geht mich der Mann an, seine Lehre ist gut, ich aber sage Dir seine Lehre ist vom Teufel und hat mit jenem Christenthum nach welchem ich mich sehne, nicht die geringste Aehnlichkeit. Nun lebe für heute wohl, ich habe mich ganz in Harnisch geschrieben und will aufhören.]

*Am 22sten Octob.* Ich bin in ein sonderbares Treiben hineingerathen, das mir schreckliche Beschwerde macht. Die Vorstellung mit den Wachsfiguren, welche hier immer noch Tagesgespräch ist, hat der Herzogin so außerordentlich wohl gefallen, daß sie der Bardua befahl sie möchte doch auf morgen, den Geburtstag ihrer Schwester der Prinzeß Marie wieder so ein Vergnügen ausdenken, während ich wegen des Scharlachfriesels Quarantaine hielt. Die Bardua legte auch, ohne mir ein Wort zu sagen, der Herzogin alsbald den Plan zu einem Zigeuneraufzuge vor, worin auch singende und tanzende Steiermärker, Italiener und eine türkische Gesandschaft vorkommen. Darauf kam sie zu mir und bat mich die nöthigen Texte zu machen. Ich wurde sehr böse über den neuen Trödel und schickte sie fort, indem ich sie an Hoffmann mit den Texten wies und wir überwarfen uns ein Bischen. Die übrigen Cavaliere und Damen, an die sich nun die Bardua wandte, um sie zum Mitspielen aufzufordern, entgegneten ihr ganz höflich, für ihre Herzogin gäben sie sich wohl zu so etwas her, aber was ginge ihnen die Prinzessin Marie an und sie rekrutirten nicht einen Mann zu meiner großen Freude. Nun steckte sich der Racker hinter die Herzogin und plötzlich fuhr die erste Hofdame bei alle denen vor, denen die Bardua eine Rolle zugedacht hatte und lud sie sehr höflich im Namen der Herzogin zum Mitspielen ein, da mußten sichs Alle für eine Ehre rechnen. Was mich anbelangt, so hob die Herzogin plötzlich die Quarantaine auf, ließ mich an einem schönen Morgen aufs Schloß kommen und erzählte mir sie selbst habe sich entschlossen mitzuspielen und zwar die Rolle der Pretiosa zu übernehmen, aber nur unter der Bedingung, daß ich ihr den Text machte, denn Hoffmann sei schwülstig und salzlos und sie könnte und würde von ihm nichts sagen. Ich machte allerlei Einwendungen, aber es half nichts, ich konnte endlich nicht widerstehn und nun da ich *ihr* ein Gedicht versprochen, mußte ich auch noch versprechen die Reden für den türkischen Gesandten und seinen Dragoman nebst noch einem andern Gedicht zu machen und die schwerste Rolle, die des Dragoman, in Person zu übernehmen. Nun fühle ich mich sehr unglücklich und mein altes Uebel, die böse Laune, meldet sich so kräftig, daß ichs nicht mehr beherrschen kann, habe mich deshalb auch schon mit Barduas überworfen und so halb und halb mit der Bernstorff. Die Gedichte mußte ich sehr schnell machen und heute haben wir schon die dritte Probe gehabt, morgen ist die Aufführung. Meine arme Frau ist auch noch genöthigt worden, und zwar ebenfalls von der Herzogin in Person, ein italienisches Bauernmädchen zu machen und die Kinder wollte sie auch haben, die schlug ich aber auf das entschiedenste ab.

*Am 24sten Octob.* Endlich ist der große und odiöse Tag vorüber. Das war wieder eine schöne Hätze. Vormittags hatte ich zu memoriren – Mittags war große Tafel, anstrengendes Essen und Trinken. Nach Tische ging ich nach Hause und sagte meine Rolle noch einigemal her. Nach 5 Uhr wurde ich mit Hofequipage abgeholt. Da versammelten sich alle Comödianten in den glänzendsten Costümen bei der ersten Hofdame, wo Thee gegeben wurde und die sonderbarste Unterhaltung statt fand, indem Alle mit immer steigender Angst fortwährend ganz laut ihre Rollen hersagten. Unterdessen versammelte sich im großen Saale Alles was hoffähig ist und manche Fremde und wurden ebenfalls mit Thee regalirt. Endlich um 7 hörten wir die Prinzessin vorfahren. Sie wurde in den glänzenden Saal geführt und alles nahm dort Platz. Nun zogen auch wir in ein benachbartes Zimmer und unter Abspielung der PretiosaMusik traten wir nach und nach auf und das Spiel begann. Die Scene mit dem Gesandten und seinem Dolmetsch erregte ein fortwährendes bisweilen ganz schallendes Gelächter und auch der Herzog, vor dessen übler Laune wir uns am meisten gefürchtet hatten war ganz seelenvergnügt. Endlich zogen wir unter dem Marsch der Pretiosa die Herzogin auf einem prächtigen Wagen in den Saal. Cramer und ich gingen an der Stange und vor uns zogen der junge Siegsfeld und Prinz Julius von Holstein, der ganze Zug folgte und die Herzogin glänzte von allen ihren Diamanten und sah aus wie eine Fee. So fuhren wir um den ganzen Saal herum und hielten vor der Prinzessin. Jetzt stieg die Herzogin aus und begann nun die Recitation von 15 Versen aus der Seele der Pretiosa. Ich hatte den Versen den Character der Naivität gegeben und nichts weniger als eine Rührung bezweckt, dennoch fingen alle Frauenzimmer an zu weinen und sogar der Herzog vergoß Thränen, was man bis dahin für ganz unmöglich gehalten hatte. Der letzte Vers machte einen Uebergang zu der nun folgenden Symphonie von Haydn, die wir aufführen wollten und mit den Worten: «Mir aber gebt mein Instrument und laßt uns musiciren, und wer der Töne Zauber kennt, wird sich wohl amüsiren» empfing die Herzogin aus den Händen des Hauptmanns ein kleines Kindercimbal und wir alle griffen nach ähnlichen Instrumenten, Guckuck, Schreipuppe, Trommel usw. schlossen einen Kreis und führten nun mit Quartettbegleitung die berühmte Haydnsche Kindersymphonie auf. Hierauf rührte sich die Gesellschaft unter einander und der arme Dragoman empfing große Ehre, sogar alte Kerls drückten mir die Hände und waren von meinem eigentlich ganz faden Gedicht so gerührt und erbaut wie die russischen Damen von einer Predigt von Fritz, was mir sehr eklich war. Es folgte nun eine große Tafel und erst nach 12 kamen Julchen und ich zu Bette und ich hatte nach längerer Zeit die erste ruhige Nacht, nach so vielen Tagen der Spannung und heftigen Zerstreuung.

*Am 30sten Oct.* So lange liegt nun wieder der dumme Brief, ich komme gar nicht mehr zum Schreiben und auch nicht viel aus ⟨der⟩ übeln Laune. Eigentlich weiß ich nicht recht, warum mir alles so ärgerlich ist, selbst das Loben und Preisen meiner Dichter- und Commödianten-Leistungen. Auf einzelne Augenblicke machte es mir Freude, im ganzen aber bin ich dadurch so verärgert, daß ich bisweilen glaubte ich würde und müßte schwer krank werden, und wer weiß was auch noch geschehen kann. Summa summarum ich kann auf keine andere Weise recht froh werden, als wenn die Sonne früh in mein Fenster scheint, durch die goldgelben Blätter der Kastanien, wenn dann mein Vögelchen sein liebliches Morgenlied singt, und ich denke Du wärst bei mir und wir könnten zusammen einen Gang in den Wald thun, oder auch am prasselnden Windöfchen sitzen und von vielen Dingen sprechen. Vielleicht wird das zum März so werden und der Februar bringt schon die Vorfreude. Jetzt habe ich einen sehr großen Kummer mit der Bernstorff. Ich leide nämlich seit 12 Jahren am Husten und das Uebel wird wie bei Mutter immer stärker und incommodirt mich sehr. Ich habe deshalb verschiedene Aerzte consultirt, aber sie konnten nichts ausrichten. Endlich habe ich mich darein ergeben und denke an etwas müsse der Mensch doch einmal sterben und da der Tod für mich seinen Stachel immer mehr verliert, jemehr ich ihn als die ganz natürliche Folge der Geburt ansehe, so war ich auch ganz zufrieden mit dieser Plage des Hustens, mit dieser Sünde meines Leibes, und ließ ihn höchst unbekümmert sein Wesen treiben. Nun hat mich aber die Bernstorff öfter stark husten hören und da sie leider ein ganz übermäßiges Interesse an mir nimmt, so ängstigt sie sich sehr und will mich mit aller Gewalt bewegen, Homöopathie zu brauchen, welche Heilmethode mir eine elende Kinderei scheint. Sie quält mich mit dieser verdammten Heilart bis aufs Blut und da sie mich zu nichts bewegen konnte, so hatte sie es listig im verflossenen Winter so veranstaltet, daß ein homöopathischer berühmter Arzt aus Bernburg mich in ihrem Zimmer finden mußte. Diesem Charlatan stellte sie mich nun vor und sagte ihm ich wäre sehr leidend und wünschte ihn zu consultiren. Ich aber lachte und erklärte dem Marktschreier, dies sei mir nie eingefallen, ich wäre ganz gesund, außer daß ich manchmal hustete, welches mir ganz recht wäre, da jeder Mensch so ein Uebel mit sich herumtragen müsse und so nahm ich meinen Hut und ging. Die Bernstorff weinte darüber und ich war 4 Wochen lang mopsig. Sie fing aber immer wieder davon an und es war ein beständiger Krieg zwischen uns. Endlich vor einigen Tagen sagte sie mir die Herzogin ließe für sich den Dr. Würzler herkommen und nun sollte ich ihr doch den einzigen Gefallen thun und erlauben, daß sie ihn mir schickte, ja sie würde mir ganz ernstlich böse werden, wenn ich es nicht wollte. Ich aber verneinte standhaft. Den andern Tag rückte sie mir aufs Zimmer, bat mich aufs beweglichste, es könne ja doch auf keinen Fall schaden, und ich Esel, der ich gerade sehr fröhlich gestimmt war, weil meine beiden Töchter bei ihrer Gouvernante ein sehr brillantes Examen gemacht hatten, bin so schwach und ergebe mich, um die Freundin zu beruhigen. Ich kann nicht leugnen, daß mir in dem Augenblick so wohl war, als hätte ich mich fürs Vaterland geopfert, wie der s. Curtius, da er sich in den Pfuhl stürzte. Es dauerte aber nicht lange so ward es mir leid und ich lief aufs Schloß und erklärte der Bernstorff, ich könnte doch nicht, es sei mir unmöglich und wenn sie mich lieb hätte, sollte sie mich verschonen. Aber nein, durchaus nicht, sie blieb dabei sie würde mir dies Ungeziefer schicken. Ich zog verdrießlich ab und nun machte sich meine Frau dran und schrieb ihr, sie sollte mich doch zufrieden lassen, denn es wäre mit mir nicht mehr zum Aushalten, so unglücklich fühlte ich mich. Nein. Ich ging den Abend noch einmal zu ihr und bat diesen Kelch bei mir vorübergehen zu lassen. Nein. Nun sagte ich, schicken sie ihn nur ich will ihn schon empfangen. Ich wollte ihm nämlich lauter falsche Symptome angeben und ihn nöthigenfalls beleidigen. Auf einmal kam das Biest in mein Zimmer, so steif als wenn er eine Elle verschluckt hätte und so feierlich wie der pontifex maximus sagte er höchst langsam und pomphaft: Fräulein von Bernstorff hat mir befohlen mich zu Ihnen zu verfügen. Ich mußte lachen, so giftig wie ich war und sagte die hielte mich für krank und wäre besorgt, weil ich hustete, bat ihn Platz zu nehmen. Wie ist ihr Husten? – O ich huste wenig, etwa wie ein Schafbock, aber wollen Sie nicht Platz nehmen – darf ich Ihnen eine Zigarre anbieten. – Zu welchen Tageszeiten husten Sie? – Donnerwetter setzen Sie sich doch nur erst, dann wollen wir weiter sprechen. – Er verzog keine Mine und sagte: werfen sie Schleim aus? Nun nahm ich ihn und drückte ihn aufs Kanapé. Wie ist der Schleim grau? grün? hart? weich? Da er durchaus nichts anderes sprach, als was zur Sache gehörte und sich durch nichts abwenden ließ, auch für keinen Augenblick seine feierliche gottesdienstliche Mine veränderte, so verlor sich meine Verdrießlichkeit gänzlich und ich hatte entsetzlich zu kämpfen, daß ich nicht lachte, ich litt eine horrible Qual. Er setzte sein Examen fort und schrieb dabei einen ganzen Roman von Symptomen auf und ich war nicht im Stande falsche Symptome anzugeben, sondern sagte die Wahrheit. Nun zog er ein Hörrohr aus der Rocktasche, setzte mir das auf die bloße Brust, umarmte mich und drückte sein Ohr an das Rohr, dies war zum Platzen. Endlich sagte er langsam: keine Spur von Tuberkeln, Ihre Brust ist so gesund wie die Brust eines Kindes. Desto besser, sagte ich, und erklärte ihm, nun müßte er sich durch aus auch behorchen lassen, nahm ihm das Rohr weg und setzte es bei ihm an, da verlor sich endlich etwas die Feierlichkeit und er fing an ein klein wenig zu lächeln. Ich umarmte ihn und drückte ihm mit meinem Ohr das Rohr so stark an die Brust, daß wir beide auf dem Kanapé umfielen und in dem Augenblick kam meine Bertha herein, sah zwei Männer mit nackter Brust durch ein Rohr zusammengewachsen in zärtlicher Umarmung auf das Kanapé hingesunken und entwischte behende und sehr erschrocken. Nachher wurde noch allerlei Kurzweil getrieben, so z.B. klopfte er mir mit krummen Finger auf alle Rippen, so daß es ordentlich hohl klang wie ein leeres Weinfaß. Endlich erklärte er meinen Husten für hämorrhoidalisch und vertraute mir, er würde nun zuerst die Hämorrhoiden wegschaffen (denke dir) so mir nichts dir nichts wegschaffen. Zwei Tage darauf bekam ich von Bernburg ein großes Paket mit Pulvern, die ich verzehren sollte. Nun geht aber eine neue Noth an, weil die Bernstorff durchaus darauf besteht, daß ich dies Zeug wirklich essen soll. Drei Tage habe ichs schon, kann mich aber immer noch nicht entschließen, und die Bernstorff weint schon wieder darum, ist entsetzlich aufgeregt und beunruhigt mich so scheußlich, daß ich schon alle Liebe zu ihr verloren habe und oft wünsche die Erde möge sich aufthun und alle unverheiratheten Frauenzimmer verschlingen. Das ist eben die große Schattenseite des Lebens, daß die menschlichen Verhältniße nicht zur Natur des Menschen passen. Hätte die B. einen Mann wie sich das gebührt, so würde sie den pflegen und mich ungeschoren lassen, der ich viel lieber sterben will, als von excentrischen und ängstlichen Frauenzimmern gepflegt und bewacht zu werden. Es ist so schon Elend genug im Leben. –

*Abends.* Heute Mittag traf ich bei Tafel unsern Hausarzt und vertraute diesem ganz ehrlich die ganze Geschichte mit der Homöopathie. Er lachte sehr über den Einfall, daß mir Würzler fürs erste die Hämorrhoiden wegschaffen wollte und sagte mir ich könnte ganz ruhig die Pülverchen verzehren, es würde mir keinerlei Nachtheil bringen und er stünde mir dafür, daß ich meine Hämorrhoiden behalten würde. Nun habe ich also nur den Nachtheil, daß ich diesen elenden Würzler bezahlen muß. Was ich mit der Homöopathie, welche in meinen Augen eine reine Charlatanerie ist, schon für Zeug erlebt habe, das ist nicht zu sagen und aus dem Beispiele dieses Systems kann man erkennen, wie die große Masse der Menschen Alles und Jedes zu glauben im Stande ist, was so recht zuversichtlich behauptet wird. Man überlasse nur die Natur sich selber und verhalte sich vernünftig, so wird man in den meisten Fällen am besten wegkommen, wo es aber unerläßlich ist, die Natur durch ein Mittel zu unterstützen, da wird man mit homöopathischen

Mitteln ins Gras beißen, weil sie gar nichts wirken. Ein ähnliches Unwesen wird jetzt mit den Kaltwasserkuren getrieben. Ich habe das selbst gesehen, daß Patienten, nachdem sie 7 Monate hinter einander unter der Pumpe gestanden, eben so krank aus dem Bade kamen als sie hingegangen waren, aber sie waren voll des Lobens und Preisens über den glücklichen Erfolg ihrer Kur, und wie Oncle Stackelberg sagt, rein außer sich. Es ist ein Jammer! – Ich lese eben wieder einiges in Deinem Briefe und da fällt mir auf, daß Du das $7^{t}$ Capitel an die Römer vom $9^{t}$ Verse an gerade so wie Schwager Fritz für die Beschreibung des Zustandes der Gläubigen hältst. Das ist aber durchaus gegen den simpeln Sinn der Worte und gegen den Sinn der ganzen Bibel. Darüber mußt Du Tersteegens Weg der Wahrheit lesen, welcher dieses Capitel trefflich auslegt. Paulus spricht hier von dem Zustande unter dem Gesetz, aber es ist immer toll genug, daß er im $17^{t}$ Verse die Sünde ganz vom Menschen trennt, als wenn sie ein Thier wäre, das etwa im Menschen nistete. Es wäre gar nicht übel, wenn wir sagen könnten, das bin ich nicht gewesen, sondern das hat die Sünde gethan, die in mir wohnt; damit ist die Sünde, als meine Schuld, sogleich anullirt und geht mich eigentlich nichts weiter an. – Du meinst die Gläubigen wären (doch wohl moralisch) recht jämmerliche Leute, Harnack behauptete sogar sie wären schlimmer als die Ungläubigen, weil diese weiter nichts haben als ihre Tugend. Demnach wären die Ungläubigen die eigentlichen Christen, weil sie das Zeichen haben, die Früchte, – Du willst ich soll mich nicht daran stoßen, wenn ich im Benehmen und Wesen zuweilen keinen Unterschied sehe zwischen Weltkindern und Gläubigen und doch läßt Paulus den schwachen Bruder 1 Cor. 8, 11., obgleich Christus für ihn gestorben ist, doch *verloren* gehen, wegen eines Fehltritts, von dem Paulus selbst zuvor sagt, daß er eigentlich gar keine Sünde sei. Daß Heilige auf dieser Welt nicht zu Stande kommen, das ist leider nur gar zu wahr; aber es fragt sich nur, wo ist die Grenze und wieweit kann ein Christ in Sünden leben, ohne verloren zu gehen. Für eine muthwillige Sünde, schreibt P. an die Hebräer, ist weiter kein Opfer mehr vorhanden. Aber was ist eine *muthwillige* Sünde? Uebrigens ist es ganz unmöglich aus der Schrift zu erfahren, was Sünde sei, geschweige denn muthwillige Sünde. Lieber Gerhard, an dem Tersteegenschen Christenthum habe ich nichts auszusetzen, als daß es nicht mein Glaube, mein Eigenthum ist, das Elberfelder Christenthum aber ist nur eine Neuerung, ist gar kein Christenthum. Die ausgebildete und das ganze Glaubenssystem beherrschende Lehre von der Rechtfertigung ist zuerst durch Luther angedeutet und fest und consequent zuerst von Calvin ausgebildet worden. Die ganze alte Kirche weiß davon nichts, selbst Augustin nicht, wie Du das in Milners Kirchengeschichte lesen kannst und wie es mich Harnack, der genau die Kirchenväter durchforscht hat und halb auswendig weiß, versichert hat; eben so steht auch nichts davon in der Bibel als Andeutungen die auch anders verstanden werden können. Deswegen konnten auch Fritz sowohl als Harnack die oben angeführte Stelle 1 Cor. 8. mir nicht anders erklären, als daß es eine *sehr* schwere Stelle sei, was ich so schon wußte. Aber gerade aus dieser Stelle sieht man wie Paulus das Sterben Christi für uns, anders verstanden hat, als es die Reformatoren verstanden, denn wie könnte sonst einer verloren gehen *für den* Christus gestorben ist. Durch seine Schuld? so wird er ja auch selig durch sein und nicht durch Christi Verdienst – und müßten überhaupt alle Christen verloren gehen. O wenn ich bedenke wie ich in diesem Dickigten und Gestrippen dringesteckt und davon beinah erstickt worden bin, so kann es mir ganz wohl werden, da ich nun die Bibel eben nur noch für ein menschliches Buch halte, wo sich denn alle Wirrsale dadurch von selbst lösen, daß ich Irrungen, Uebertreibungen, falsche Ausdrücke und Bilder sehe. – Du begreifst nicht, mein Alter, wie ich mich damit befriedigen kann, daß Gott Alles und ich nichts bin. O wenn ich diesen Satz nur erst so recht in Saft und Blut verwandelt hätte, wie wollte ich dann still und ruhig werden, aber es ist nur eben blos noch Resultat des Denkens und weniger in stetiges Bewußtsein und Gefühl übergegangen. Doch habe ich schon viel, sehr viel daran und sage es mir oft mit innigem Wohlgefallen vor: Was ist an mir gelegen! Wer das ohne Bitterkeit nur immer herbeten könnte – Gott, der auch das an *mir* ist, was lebt und bleibt, der lebt und bleibt. Wir kommen uns mit unseren Wünschen, Glück und Behagen immer viel zu wichtig vor und daher kommt die entsetzliche Unruhe des Lebens und die viele Verzweiflung. –

Du willst also wirklich im März kommen? – Nov. Dec. Jan. sind nur 3 Monde, dann bricht mit dem Februar das Frühjahr an mit Schneeglöckchen und dann heißt es in 4 Wochen, in 3, in 14 in 8 Tagen kommt der Gerhard. Laß Dich nur nicht durch solche Briefe, wie dieser, abhalten. Ich bin jetzt krank und mißmuthig durch den entsetzlich vielen Verkehr mit den Weibern, da arbeite ich mich wieder heraus und überhaupt merkt man in Briefen immer mehr die Stimmung wie im Leben. Jedenfalls wirst Du mich viel weicher und viel weniger widerhakig finden als Du es Dir denkst, denn so bald ich schreibe werde ich scharf und spitzig, weil das Gekraspel der Feder meine Nerven höchst unangenehm afficirt. – Was die Wollüste des Lebens anbelangt, so scheinen wir ganz gleichen Geschmack zu haben, denn Ruhe Pomade und viel Zigarren wiegt mir alles übrige auf. Wir wollen unbeschreiblich pomadig sein und wenn Du es wünschest, sprechen wir sogar kein Wort über das Christenthum. Mir liegt wahrhaftig nichts daran Dich irre zu machen, sondern ich wünsche Dir nur verständlich zu werden und würde Dir allerdings gern erzählen, welche Wege ich gegangen bin. Du wirst übrigens dieselben Wege wohl auch gehen müssen, weil Du ein denkender und dabei grundehrlicher Mensch und kein Pastor, auch kein Weib bist. Die Pastors können oft nicht anders als wider ihren eigenen Glauben glauben, das ist mir bei manchen klar geworden. –

Wie herrlich werden die Morgen sein, beim Kaffe mit der langen Pfeife Varinas. Nach Tische kommen die Zigarren. Eigentlich holte ich Dich gern von Berlin ab. Sollte es Dir übrigens so gehen wie dem Oncle Carl und Du plötzlich die Freudigkeit zur Reise verlieren, so zwinge Dich ja nicht; in solchen Fällen muß man der Stimmung folgen, wenn man kein Berufsgeschäft, sondern nur ein Vergnügen vorhat. Und kommst Du diesmal nicht, so kommst Du ein andermal oder ich komme zu Dir. Die Freude, die ich jetzt habe, bleibt mir doch, Du magst nun kommen oder nicht. Gottlob für die guten Nachrichten von Frau Elminen. Küsse ihr doch von mir und ihr Kind Alwina. Ich habe eine brennende Liebe zu Euch Allen, drinnen in meinem Herzen. Komm nur Junge, Du sollst Zigarren finden. Ich will Dir auch eine hürnerne Schnupftabacksdose verehren.

Dein William.

## Nº 12 — Ballenstedt am 9. Dec. am Tage Patrocli 1842

Mein innig geliebter Dicker!

Heute Morgen kam er an, nämlich Dein Brief und ich konnte es kaum erwarten meine Arbeit zu beendigen, um ihn zu beantworten und einen Feierabend zu feiern. Nun sind wir so weit, aber nun habe ich auch vergessen, was ich Dir schreiben wollte. Erstens freue ich mich so sehr, daß Du Dich über meine Briefe freust, und ich freue mich auch so über Deine. Deine Briefe sind mir wie Fettaugen, die auf der magern Lebenssauce schwimmen. – Du kannst also jetzt Fettklunker essen und verdauen, das ist gut, ich kanns auch. Ich merke, daß wir ganz die nämlichen Ansichten vom Unterleibe haben, was mich sehr freut. Ich glaube auch, daß der Witz ein Product des kranken Gekröses ist, aber demnach scheint mir Dein Geschlinke noch nicht ganz gesund zu sein, denn zum wenigsten, wenn Du von Deinem kurzen Schafpelz schreibst, muß ich schrecklich lachen. Du scheinst diesen Pelz so zu haben, als hättest Du ihn und daran thust Du recht, denn was hätte man auch sonst an einem solchen Racker. Wenn er offen steht, denke ich mir, mußt Du aussehen wie eine Krautscheuche und zugeknöpft wie eine Wurst. Weiter aber glaube ich, daß nicht allein der Witz, sondern alles Talent und was man Geist nennt aus Stockungen im Gedärm und Blutumlauf herrühren, weil ganz gesunde Menschen etwas viehartiges und phlegmatisches haben und ich stimme Dir bei, daß ein gesünderes Geschlecht weniger Bücher schreiben würde, was auch sehr gut wäre, damit die Romanenleserei an der Schwindsucht krepiren könnte. Als mir heute Mittag meine Frau Bier einschenken wollte, weigerte ich mir – wegen Dir – sie sagte aber, bei Dir wäre das was anders, weil Du ein so übersaftiger und fetter Corpumpus wärst, ich magerer Schrupp aber müsse etwas nahrhaftiges und gutes zu mir nehmen. Da nahm Adam den Apfel und aß. – Du armes Thierchen, Du weißt wohl nicht warum Dein Ältester so vergnügt ist? Darum bin ich's, daß Du mir geschrieben, Du wärest Hypochondriam los. Das ist ein erstaunliches Ding und es soll darum nun auch heute den ganzen Tag, so viel davon übrig ist, Feiertag sein und quäle ich mich Dir zu Ehren mit einer Stahlfeder ab, da ich sonst Gänsekiele brauche. Deine Lebensweise ist vortrefflich – möchte Dich nur Elmine dabei erhalten. Wenn ich dergleichen anfange, so schläft es alsdann und darnachen immer wieder ein. Wenn Du kommst, werde ich Dir erzählen, wie vielfache Versuche ich gemacht habe, mein Leben zu bessern, aber man ist Mensch. Wohnten wir zusammen, so wollten wir uns einander anfeuern nach der Krone der Mäßigkeit in allen Dingen zu streben. Dich nach meinen schwachen Kräften bei Deinem geregelten Leben zu erhalten, werde ich äußerst bemüht sein und diesen Zweck durch häufige Erkundigungen zu erstreben suchen. –

Da haben wirs, eine Einladung zur Bernstorff und sollte doch heute den ganzen Tag Feiertag sein. Seit 8 Tagen sind wir keinen

Abend zu Hause gewesen, das ist schrecklich, und einerlei, ob der Mensch Bier oder Wasser trinkt, so wird er durch solches Heidenleben doch in anhaltende Bosheit versetzt. Bei der Bernstorff aber geht es folgendermaßen zu. Denke Dir das Zimmer, welches ehemals Prinzeß Louise inne hatte. Da stehen zwei Kanapés einander gegenüber und in der Mitte ein runder Tisch. Auf den andern beiden Seiten des Tisches stehen Lehnstühle. Um das ganze Etablissement herum steht ein Gitterwerk, an dem sich Epheu rankt. Auf dem Tische stehen 2 Lichter und auf dem einen Kanapée liegt die Bernstorff und denkt etwa über Zinzendorf nach. Nun klopft es an der Thür und herein schieben Wilhelm und Julchen. Die B. springt auf und klagt entsetzlich wie lange wir uns nicht gesehen hätten. Dann wandeln wir im Zimmer herum bis der Thee servirt ist. Nun nehmen wir in der Laube Platz und schmarotzen schwatzend und schwatzen schmarotzend bis keiner mehr etwas weiß, was oft sehr bald der Fall ist. Hierauf habe ich entweder etwas zu lesen mitgebracht, od. die B. hat einen langweiligen Brief oder sonst etwas schon in Bereitschaft, oder ich ziehe die große ungeheure Bibel von der Etagère und lese daraus bis 8, wo wir dann wieder fortschieben. Da ich das meiste zur Unterhaltung hergeben muß und wie Du weißt ein stummer Fisch und Götze bin, so ist das Lesen noch das Einzige was uns übrig bleibt und da ich fast gar nicht mehr lese, so ist darum immer große Noth. –

Doch wieder auf Deinen Brief zu kommen – bei Deiner Beschreibung Deines winterlichen Rittes von Ottenküll durch den beschneiten Wald, ward mir das Herz ganz wehe. Dein Leben ist einfach und schön, weil naturgemäß. Mein Leben ist zweifach und zerrissen, doch liegt die Ursache davon nicht blos in den äußeren Umständen, sondern gar sehr in mir selbst, indem ich zu schwach bin mein Leben mit Gewalt so zu gestalten, wie ich's haben möchte. Wenn der Hof ganz weltlich wäre, würde es mir vielleicht leichter werden, aber diese Halbheit weist mir keinen ganz bestimmten Platz an und ich weiß häufig nicht, was ich thun soll und wohin ich gehöre. Ebenso wenn ich selbst Christ, oder ein decidirter Feind des Christenthums wäre, so hätte ichs auch leichter, aber so zieht mich mein Herz fortwährend zum Christenthum hin, während mein Kopf es verleugnet. Ich bin nicht glücklich, bis es Gott gefallen wird mich entweder vom Glauben oder vom Unglauben zu erlösen. Oft habe ich gemeint, ich sei den christlichen Glauben los, aber doch empört mich immer wieder jede Aeußerung der Feindschaft gegen das Christenthum, und die Erinnerung an das verlorene Paradies, läßt mir außerhalb des Paradieses keine Ruhe. Ich habe mir schon oft gewünscht ich möchte sterben um diesem Zwiespalt zu entgehen. Ich wüßte nicht welches Opfer mir zu schwer wäre, um damit den christlichen Glauben zurückzukaufen. Ich gäbe Alles was ich habe! Es ist auch keine herrschende Sünde da, die mir ein Bann würde, der mich zurückhielte, sondern ich hasse meine Sünde eben so wie ich sie früher haßte. Es ist auch nicht die Philosophie, denn diese ist eine bis jetzt noch ganz unfertige Wissenschaft und hat an sich keinen Gehalt, sie giebt blos die Formen für das Wissen, das seinen Inhalt immer wo anders her nehmen muß, und so wirds auch wohl in alle Ewigkeit bleiben, sondern es ist die Bibel selbst, die mich aus dem schönen Garten des Christenthums herausgeworfen hat, wie ich Dir schon oft geschrieben, denn wenn ich auch glauben könnte sie sei von Gott eingegeben, so weiß ich doch immer nicht und kann ich trotz alles Studiums nicht erfahren, was Gott eigentlich mit dieser Eingebung offenbaren will, da sich in den Aussprüchen der Bibel alles widerspricht. Ich glaube nicht, daß sich außer Gott und Unsterblichkeit allgemeine Glaubenssätze aus der Schrift abstrahiren lassen, daher es auch keinen Satz giebt, um den die Christen sich auf Grund der Schrift nicht gestritten hätten. Paulus ist mir ordentlich zuwider mit seiner ungeheuern Unklarheit, die immer das Gepräge einer wissenschaftlichen Klarheit anzunehmen sucht. Johannes ist in seinem Briefe ebenso unklar, aber er macht auch keinen Anspruch darauf. Er läßt sich gehen wie ein Kopf, der keine formale Bildung hat, der aber voller Geist und Weisheit ist, so daß man ihn als Menschen sehr lieben muß, wenn man auch der Unklarheit halber seinen Brief nicht für göttliche Eingebung halten kann. Denn was von Gott zur Belehrung der Menschen eingegeben ist, muß nothwendigerweise so klar sein, daß darüber was er eigentlich gemeint habe, kein Streit entstehen kann. – (?) Nun wirst Du mir einwenden, unter den Gläubigen sei auch kein Streit darum, sondern der Unglaube sei des Teufels, daß er Gottes Wort nicht verstehen könne; aber dem ist nicht so, denn unter denjenigen Gläubigen, die mit Verstand lesen, das heißt, die da meinen es müsse alles einen Sinn haben und die nach diesem Sinn suchen, ist von jeher, schon in der apostolischen Zeit, großer Streit gewesen, die anderen Gläubigen freilich, die ohne Verstand lesen, sind einig, ohne jedoch recht klar zu wissen warum. Sie würden so einen apostolischen Brief auch mit Erbauung lesen, wenn er im Sanscrit geschrieben wäre, weil sie die Worte für GottesWort halten. Was aber die Worte bedeuten, ist ihnen oft ganz einerlei, weil sie es doch nicht verstehn. Der Lieblingsspruch eines meiner Bekannten ist: «Gott hat Alles unter die Sünde beschlossen, auf daß er sich Aller erbarme.» Als ich ihn aber um die Erklärung des Spruchs bat, sagte er mir, er verstünde ihn sehr wohl im Glauben, aber er könnte es nicht so sagen. So kann man sich in einem halben, dumpfen, träumenden Bewußtsein die größten Widersprüche zusammen reimen und ganz selig sein in einem Bekenntniß, welches eigentlich gar keinen Sinn hat, aber recht sinnvoll klingt. Ach wie herrlich wäre es wenn man nur erst wüßte, was die Bibel eigentlich meint mit der Sünde mit dem freien Willen, mit dem Gesetz, dem Glauben, den Werken, der Erlösung – dann könnte man das übrige über die Wiederkunft Christi über die Auferstehung über das Gericht und alles, wovon sonst noch die Rede ist, ruhig auf sich beruhen lassen und könnte sich bald entscheiden, ob mans glauben könnte oder nicht. Aber es ist als wenn man sich durch einen verwachsenen und verwucherten Wald durchklemmte, der nirgends weder eine Ansicht noch Aussicht gewährt. So ist mirs zu Muthe, wenn ich in der Bibel lese. – Doch hora rinnt, ich muß zur B. – Julchen ist schon fort. –

*Am 10ten Dec.* Mein lieber Gerhard! Du hast mir einen herrlichen Brief geschrieben und Gott erhalte Dir diesen Sinn. Dein Segen im Couvert hat mich tief gerührt. Dagegen schäme ich mich doppelt meiner beiden letzten Briefe an Dich, die aus einer Rollerschen Stimmung hervorgingen. Ich war äußerst verdrießlich, denn das viele sogenannte Vergnügen, in das meine Stellung mich hineingerissen hatte, hatte sich mit manchem andern am Herzen nagenden Wurm verbunden, mich gründlich zu verstimmen. Auch bin ich noch aus diesem Wesen nicht heraus und bitte nur Gott, daß er mich vor neuem Anlaß zum Verdruß bewahren möge. Ich meine von meiner eigenen Nichtigkeit so gründlich überzeugt zu sein und doch ist mein Hauptfehler der Stolz, der mir einen bösen Streich über den anderen spielt. Ein Umstand, der mich auch oft sehr verstimmt, ist der, daß ich vom ganzen Lande für einen Ausbund von Mysticismus und für einen Verführer der Herzogin gehalten werde. Ich soll heimlicher Katholik und Gott weiß was für ein Monstrum sein. Daß ich nun keinen Ersatz an christlicher Gemeinschaft haben kann, ist bei meinem Unglauben natürlich, und so bin ich eigentlich von aller Welt verlassen und sehr schwer verkannt. Dabei wird mirs bisweilen ganz schaurig einsam zu Muthe und so weit mein Auge reicht, finde ich keine Menschenseele, der ich mein Herz ausschütten könnte. Mit meiner Frau kann ich nicht reden, weil ich ihren Glauben nicht auch erschüttern will und mit der Bernstorff nicht, weil diese dann außer sich ist und Scenen macht, weint, mich beschwört zum Glauben zurückzukehren, so daß ich sie wegen ihres schauderhaften Unverstandes gleich zum Fenster hinauswerfen könnte. So ist mir der Umgang mit der B. auch zur Plage, der so angenehm sein könnte, weil ich ihr nicht sagen darf, was ich denke und wie ichs meine. Männlichen Umgang habe ich gar nicht. Es ist wirklich nicht leicht. Gott weiß wie sehr ich mich gefreut hatte, meine Kinder, wenn ihre Begriffe sich erweitert haben würden, in die Tiefen, in die Strenge und in die Milde des Christenthums hineinzuführen und nun habe ich gar nichts thun können. Bertha ist nun fast erwachsen und wird zu Ostern confirmirt, aber sie hat niemand, der sie anwiese, unterrichtete und erbaute, denn ich kann ihr nichts vorlügen und muß sie so hingehen lassen. Auch habe ich überhaupt als Christ geheirathet, rein auf den Glauben hin und mich dabei in keiner Art auf meine eigene Kraft verlassen, und nun verläßt der Glaube mich. Hätte ich das gewußt, daß der Herr, an den ich so fest glaubte, mich wie ein Hirngespinst verlassen würde, so hätte ich nie einen solchen Schritt gewagt. Du mußt mir aber nicht einwenden, ich habe *ihn*, nicht er *mich* verlassen, denn das ist unwahr und mein Gewissen ist dabei völlig ruhig. Auch ist es völlig falsch den Unglauben Sünde zu nennen, wenn er wirklich Unglaube und nicht nur eine leichtsinnige Uebertäubung des Gewissens ist, um äußerer Vortheile willen, oder wegen der Bequemlichkeit der Sünde. Der Unglaube ist eben sowenig Sünde, als der Glaube Tugend ist. Nur das Anstreben gegen das erkannte Gute, gegen die erkannte Wahrheit ist Sünde. Wollen aber die Christen den Unglauben Sünde, ja die Hauptsünde nennen, so haben sie einen Gott, der die alleinige Ursache aller Sünde ist, denn sie bekennen ja, daß Er allein den Glauben geben könne und das ist auch die Ansicht der Prädestinatianer und sie nennen das schwere Speise, welche die Kindlein nicht vertragen können, predigen es aber den Kindlein frisch drauf los. – Daß Du Dein schweres Geschütz von der endlichen Wiederbringung aller Seelen, schon jetzt, halb gegen Deinen Willen gegen mich aufgeführt hast, war mir ordentlich rührend und ich habe Dich darum nur noch lieber. Wollte nur Gott, es hätte eine rechte Bresche in meine Skepsis gebohrt. Siehst Du, in dieser Ansicht der Dinge sind wir ganz gleich und hierin stimme ich Dir vollkommen bei. Die Sünde kann durchaus zu nichts Anderem dienen, als zu unserer höheren Entwickelung. Sie ist eine Krankheit, die aber zu einer höheren Gesundheit führt und daher ist sie ein Vorzug der Menschen und vielleicht auch noch höherer Wesen. Es ist aber vorauszusetzen, daß Gott seinen Zweck und Rathschluß zuletzt mit allen Wesen hinausführen werde.

Das Capitel von Sympathie und Antipathie besprechen wir mündlich. Du hast mich viel härter verstanden als Du solltest. Ich sagte ja eben dabei, daß ich es für unrecht hielte irgend jemand zu verdammen. Jedermann zu lieben ist aber nur in sofern möglich, als man sich ohne Ausnahme und ohne Berücksichtigung des subjectiven Gefühls gegen jedermann hülfreich beweisen soll, wo man das Vermögen und die Gelegenheit hat. Antipathie ist nicht Haß. Der Haß bestrebt sich dem Feinde zu schaden. Die höhere und wirkliche Liebe ist aber keineswegs ein Bestreben dem Geliebten zu helfen, wenn er in Noth ist, sondern sie ist ein Verlangen nach Vereinigung mit dem geliebten Gegenstande und diese Liebe kann nicht geboten werden und kann kein Mensch gegen alle Menschen empfinden, die ihm vorkommen. Also mündlich – balde – o daß man nun «balde» sagen kann! Der December schwindet schon und wenn Du diese Zeilen liesest, ist er verloschen, dann sind es mit arabischen Ziffern noch 8 Wochen, mit lateinischen aber VIII. Zwar kommst Du auf sehr kurze Zeit, nur auf 4 Wochen und diese 4 Wochen können wir nicht in Ruhe bleiben, das ist das allerschlimmste. Es wird ein rechtes Rechnen werden wie man die Zeit eintheilt. Wenn Du allein reisest, so kommst Du wohlfeiler her. In Preußen kosten die theuersten Diligencen, Trinkgelder und alles eingerechnet, 9 Silbergroschen die Meile, die wohlfeilsten aber nur 6 Silbergroschen. Kann man nun eine solche wohlfeile (welche gewöhnlich Personenposten heißen) benutzen, so erspart man ungeheuer.

*Am 12t Decembr.* Da es Dich zu beruhigen scheint, so kann ich Dir in Wahrheit melden, daß auch ich für mich und mein Haus keinen Arzt brauche, so lange als wir nämlich gesund sind. Werden wir aber krank, so brauchen wir auch keinen Arzt und nur in dem Fall, daß ärztliche Hülfe nöthig ist, bei übermäßigem Unbehagen, wird einer geholt. Ich für meine Person habe ihn Gott sei Dank seit anno 36 nicht gebraucht, wo ich, glaub' ich, das Scharlakenfieber hatte. Unser Arzt hat aber das Gute, daß er keine Arzeneien verschreibt und sich auch überhaupt um seine Patienten nicht im allergeringsten bekümmert, daher er wenig schadet. Was die Homöopathie anbelangt, so kann ich nicht daran glauben, da ich noch keine Erfahrungen dafür, sondern nur dagegen habe, indem ich theils in sehr vielen Fällen die Unwirksamkeit der Mittel gesehen habe und theils einige mir befreundete Aerzte, die sich ehrlich damit abgeplagt haben, mich versicherten, daß sie in acuten Fällen immer im Stich gelassen worden wären von diesen Mittelchen und bei chronischen Uebeln hilft in der Regel nichts, als etwa veränderte Lebensweise, oder Tod. Dennoch glaube ich, obgleich die Unwirksamkeit der Mittel sich a priori einsehen läßt (wenn nämlich homöopathische Dosen gegeben werden) daß Fälle vorkommen können, wo in der That Hülfe gebracht wird und dies erkläre ich mir entweder aus der Diät, also aus veränderter Lebensweise, oder aus starkem Glauben, entweder des Patienten oder des Arztes, also aus denselben Gründen, aus denen die sympathetischen Mittel wirken. Was übrigens den Grundsatz anbelangt similia similibus, so haben diesen die Allöopathen längst vor Hahnemann angewandt, aber nur casuistisch, also nicht als allgemeines Prinzip. Ein allgemeines medicinisches Prinzip wird man aber wohl dann erst aufstellen können, wenn die Erfahrung abgeschlossen sein wird und dies wird nie der Fall sein. Glaube mir, daß es auch eine medicinische Schwärmerei giebt. Die Bernstorff ist ganz entzückt von der Homöopathie und ihrem Arzt so dankbar wie einem Lebensretter und doch ist gar nichts in ihrem Zustand verändert, was unser hiesige Arzt, da er entlassen ward, nicht mit großer Bestimmtheit vorausgesagt hätte. Die Herzogin hat auch unsern Hofarzt verlassen, schon seit 2 Jahren, und homöopathisirt mit Enthusiasmus und großer Freude über die wirksamen Mittel. Nun ist sie aber überhaupt so gesund wie ein Stein und leidet nur ab und zu, wie alle gesunde Leute, die sehr viel essen, an Kopfweh und Zahnweh. Daran leidet sie aber gerade eben noch so viel wie sonst, d.h. sie ist ungefähr 2 Tage in der Woche unsichtbar und es ist mir schlechterdings unbegreiflich, woher nun dieses blinde Zutrauen zur Homöopathie kommt, besonders da sie auch an Andern in unserer Gegend keine sonderlichen Erfolge sieht. Aber das Wunderbare reizt und zieht an. Die Wasserkuren, besonders so wie Du es treibst, haben gewiß sehr ihr Gutes, nur scheint es mir eben auch wahnsinnig, wenn man jetzt *Alles* mit Wasser curiren will und wir haben hier schon von recht vielen Leuten gehört, die in den Wasserheilanstalten ihre Gesundheit gänzlich zerrüttet haben. Das Buch von *Munde* ist hier viel gelesen worden und es haben sich auch einige, wie sie behaupten, mit Erfolg, danach behandelt, mit Ausnahme einer Dame, der es grundschlecht bekam. Die Andern waren eigentlich gesund. Ich selbst habe mir nun seit einem Jahre durch das Mittel des Wassers die Zahnschmerzen abgehalten, habe auch seit Jahren einen Badeschrank, den wir zusammen benutzen wollen. So viel ist sicher und gewiß und von allen Aerzten unbestritten, daß in den meisten Fällen Mäßigkeit der beste Doctor ist, Wasser der beste Trank und kaltes Baden zuträglich und nervenstärkend. Seit 10 Jahren beobachte ich nun diese forcirten Wasserkuren und am meisten Freude erlebte ich an meinem Freunde Blüher, nicht weil er gesund ward, sondern weil er sich mit dem hoffnungsvollsten Gesicht alle Morgen mit dem blanken Steiß (sonst bekleidet) in ein Faß kaltes Wasser setzte und so ein halb Stündchen verharrte.

*Am 14ten Decembr.* Mein Ausgemiethetsein hat mir viel Noth gemacht. Ich hatte die Wahl nach Bernburg oder hier in ein Haus zu ziehen, welches mir wegen Mangel an einem Malzimmer nicht anstand. Doch habe ich das letztere gewählt, weil Julchen einen Abscheu vor Bernburg hat. So ziehe ich nun auf die «neue Straße» in ein kleines Haus, welches uns Allen nicht recht gefällt, weil es zu kleine Zimmer hat und sehr verwohnt ist. Indessen haben wir den Vortheil, daß wir das Haus allein bewohnen und auch Hof und Garten zu unserer alleinigen Benutzung haben. Kämst Du nun im Sommer so könnten wir uns zusammen auf die Kirschbäume in meinem Garten setzen und immer im Freien essen und frühstücken, was hier nicht anging. – Ich habe aus Deinem Briefe der Bernstorff verschiedenes mitgetheilt, welche ganz entzückt davon war, so wie auch Julchen, welche bedauerte, den Brief nicht drucken lassen zu können. Die Bernstorff liebt Dich sehr und bedauert, daß sie gerade in Bernburg sein würde, wenn Du kämst, indessen hofft sie auf der Durchreise nach Dresden besucht zu werden. Ich sagte ihr das würde davon abhängen, ob Du einen Frack hättest, aber sie meinte zu ihr könntest Du auch ohne Frack kommen. Sie ist uns eine unbeschreiblich treue und echte Freundin, doch empöre ich mich sehr oft gegen ihre Schnelligkeit und Leidenschaftlichkeit und verstehe es noch nicht sie so zu tragen wie sie mich trägt. Sie hofft viel von Deinem Besuche für mich, besonders, daß Du mich zur Homöopathie bekehren werdest. Sie läßt Dich sehr herzlich grüßen. Zu meinem Geburtstage hatte ich mir alle Geschenke verbeten und verkündet, ich würde jeden zur Thür hinaus schmeißen, der mir was schenkte. Als ich des Morgens aufstand, war es noch finster und ich zog mich daher bei Licht in meinem Zimmer an, als ich mir in meinem sausenden Windöfchen ein Feuer gemacht hatte. Da sahe ich unter meinem Spiegel ein echtes Köllnisches Kistchen stehen mit 6 Flaschen eau de Cologne. Ich wunderte mich sehr und wurde mir ganz weich zu Muthe. Nachher kramte ich in meinen Malsachen, weil ich den Tag malen mußte, da fand ich hinter dem Malkasten ein Kästchen treffliche Zigarren. Beides hatte mir die Bernstorff heimlich hinstellen lassen. Als ich herunter kam, war die ganze Familie beisammen und Julchen hatte mitten auf den Frühstückstisch einen ungeheuern Thurm von kleinen Kuchen gebaut, die ich sehr gern esse und die etwa Euern Weißbrod-Kuckeln ähneln. Zu beiden Seiten standen große Torten mit Zuckerguß. Keiner schenkte mir was und ich und die Kinder waren seelenvergnügt. Meine Frau und ich über den Geburtstag, die Kinder über die Torten, von denen sie große Stücke bekamen. Endlich kam die Flügge auch noch und schenkte mir ein niedliches Schwammtäschchen, ich konnte sie aber nicht zur Thüre hinaus schmeißen, weil ich keine Gewalt über sie habe. Hierauf lud ich die ganze Familie in mein Malzimmer ein, wo sie sich friedlich mit ihren Stickereien hinsetzten und ich malte. Da kam die Bernstorff angerauscht und verlangte, daß wir eine Predigt von Hofacker lesen sollten, welches meine Lieblingspredigten sind. Und so vollbrachten wir einen angenehmen Vormittag, bis ich zur Tafel mußte, denn es war Sonntag. An der seligen Mutter Geburtstag hatten wir die Bernstorff zum Thee und Abendessen eingeladen und ich las allerlei vor, was die gute Mutter sich aus Büchern excerpirt hatte. Es war ein recht wehmüthiger Tag! –

Ich weiß kaum, ob ich noch nach Münster gehen werde, da ich hier noch so viel zu thun habe. Heute hat die Herzogin ihre beiden Brüder bei mir bestellt. Komm daher nur wie es Dir am allerbequemsten ist. Ich muß jetzt beständig an Deinen Besuch denken und ärgere mich oft, daß ich eine Natur habe, die so sehr dazu geneigt ist, sich auf Dich zu freuen, weil Du wieder fort mußt. Leider geht meine kostbare Rolle Varinas zu Ende und es ist die Frage, ob ich wieder so eine kriege. Nachmittags rauchen wir Zigarren. Julchen macht sich Sorge, was Du essen wirst. Die Kartoffeln sind mißrathen und nicht zu genießen. Anderes Gemüse giebt es dann nicht, auch kein Wild, kein Obst. Kämst Du jetzt, so kaufte ich ein totales wildes Schwein. Ich tröste sie aber, daß Du ein Mann wärst, der sich genügen ließe, wenn er Taback und Wurst hätte. Ich will mich auch Dir zu Liebe krank machen und vielleicht mit Dir kalte Milch frühstücken, wenn Du keinen Kaffe trinkst. –

Was denkst Du denn von mir, daß Du glaubst, Du müßtest mir Späße schreiben? Schreibe doch was Du willst und nach dem Dir die Ohren jucken, ich bat Dich nur um Details, um deutliche Bilder aus Deinem Leben zu bekommen. Dazu braucht man auch nichts sonderliches zu erleben, sondern es sticht einen etwa ein Floh und man fängt denselben und knackt ihn. Dieses deutlich und wahr beschrieben kann höchst interessant sein. Du erlebst reichlich so viel als ich und wenn Du mir erzählst, daß Du durch den Tannenwald geritten bist mit Deiner Pfeife und hast die dunkeln Bäume angestarrt und den hellen Schnee, so ist mir das unerhörter und interessanter, als es Dir sein kann, wenn ich Dir erzähle, daß ich in der Komödie gewesen bin oder bei Hofe Austern gegessen habe. Von Poll hast Du mir bisweilen reizende Details gegeben, auch von Deiner Einsamkeit im Stiftsschlafzimmer und anderes dergleichen. Von Ottenküll weiß ich aber nichts und davon müßten sich doch reizende Bilder geben lassen, Gespräche, Gezänke, Situationen der Eintracht. Theologika und Philosophika interessiren mich freilich am meisten und werden es künftig noch mehr, wenn wir erst zusammengewesen sind, denn jetzt hauen wir freilich oft beieinander vorbei, wobei ich Dich allerdings ganz gut begreife, aber Du mich nicht, denn daß Du den Weg gegangen bist, den ich durchgemacht habe, glaube ich nicht, sonst würde Dir meine ganze Denkart bekannter sein. Gezweifelt und räsonirt magst Du haben, aber das Räsoniren gehört nicht zur Sache und der Zweifel kann sehr verschieden begründet, auch ganz unbegründet sein, so wie die Weiber manchmal zweifeln und wissen gar nicht warum. Sehr schmeichelhaft war es mir, daß Du an mir vorzüglich das liebst, daß ich Dein Bruder bin, weil auf diese Weise Deine Liebe auf einen unerschütterlichen Felsen gebaut ist. – Eben fiel mein Auge auf die Charte von Europa an der Wand und auf den

Punkt, wo Du wohnst mit Deinem Häufchen – das ist doch eine schauderhafte Strecke bis ins Anhaltsche Land! Wie willst Du kleiner Punkt, der Du so klein bist, daß man Dich gar nicht mit anbringen könnte, diese ganze Strecke durchwandern? Fürwahr Du thust ein *ungeheueres*, wenn Du kommst und giebst einen Beweis vom brüderlichen Herzen. Lebe wohl, mein alter, lieber Gerhard mit Weib und Kind und möge Gott Euch Allesamt behüten und beschirmen!

N° 13 Ballenstedt am 1sten April 1843

Mein lieber alter Gerhard!
Nun also ist alles vorüber, die schöne Zeit ist dahin, wir haben uns wiedergesehen waren zusammen in Dresden, und, der Hauptsache nach, ist ja alles wohl gerathen. Ich bin dem lieben Gott, der uns dies Wiedersehen gestattete, recht von Herzen dankbar, aber freilich bin ich auch zugleich betrübt, daß die Umstände es mir nicht gestatteten Deiner zu aller Zeit recht froh zu werden. Daß ich krank sein mußte, das war wohl schwer, recht schwer. Hättest Du mich gesund gefunden, so hättest Du einen andern Bruder an mir gehabt und unser Beisammensein hätte sich ganz anders gestaltet. Ich hatte mich so ungeheuer darauf gefreut, mich gegen Dich einmal recht von Herzensgrunde auszusprechen, Dir alle meine manigfaltigen Erfahrungen und Gedanken im Gebiete des Glaubenslebens mitzutheilen, was ich bis jetzt noch gegen niemanden thun konnte, und was Dich über mein ganzes Wesen aufgeklärt und mir ein leichtes Herz verschafft haben würde. Aber in den ersten Tagen konnte ich nicht, ich war zu schwach und krank und konnte nicht zusammenhängend denken, ja ich erinnere mich kaum je so geistesschwach gewesen zu sein, auch war ich in meinem Inneren zu bewegt. Dadurch kamen wir von vorn herein in ein falsches Gleis. Nachher wollte ich gern reden, doch war, wenn alles gesagt werden sollte, ein zusammenhängender Leitfaden nöthig; diesen hatte ich fertig und recht in Beziehung zur Mittheilung gegen Dich ausgearbeitet. Ich legte es Dir manchmal nahe, dies zusammen durchzugehen, weil sich daran nun die Gespräche und alle erdenkliche Mittheilungen schließen konnten, wir hätten Erfahrung gegen Erfahrung, Gedanken gegen Gedanken getauscht und uns recht ins Herz und in den Kopf geschaut. Du schienst mir aber ganz gleichgültig zu sein gegen das was ich Dir so gern mitgetheilt hätte, for-

dertest mich nie zum Lesen, oder Aussprechen meiner Ansichten auf, und wenn ich nun nicht so matt und elend gewesen wäre, so hätte ich Dich dazu genöthigt; so aber ließ ich mich durch Deine Gleichgültigkeit, die gewiß nur eine äußerliche war, leider Gottes verletzen, und gab unter großem Seelenschmerz meinen seit Jahren genährten Lieblingstraum, gegen Dich einmal mein Herz auszuschütten, gänzlich auf. Morgens, wo ich allein zu einem tieferen Gespräche etwas fähiger war, schienst Du am wenigsten dazu geneigt und schriebst lieber still für Dich, und des Abends, wenn Du von geistlichen Dingen sprachst, griff es mich zu sehr an, oder auch wir waren mit den Frauen zusammen, in deren Gegenwart ich mich eben so wenig jemals offen aussprechen werde als in der Gegenwart von Kindern. Kurz es ging nicht. Damals machte es mir großen Schmerz, ja ich konnte Deiner gar nicht froh werden, denn ich dachte unserer vorausgegangenen Correspondenz nach, wir wären gerade dazu recht zusammengekommen, um uns über die wichtigsten Dinge auszusprechen, jetzt aber bin ich beruhigt darüber, und denke Gott habe es wohl alles so geleitet zu unserem besten, denn wunderbar und unbegreiflich ist und bleibt es doch immer, daß das Einzige was ich mir vorgenommen hatte für unser Beisammensein, die Hauptsache, der Zweck – daß das gerade nicht gelingen konnte und dazu gehörte doch weder gut Wetter, noch sonst eine äußere Bedingung. Es war gewiß alles so recht gut, auch die Kälte, der Nebel, das gräuliche Wetter, die Langeweile, die Du armer Bruder deshalb ausstehen mußtest, denn es konnte Dir dazu dienen, Dich über unser deutsches Land ganz nüchtern zu machen, ja Dich noch unter die Nüchternheit herabzustimmen, was doch in Deinem Fall das Beste ist. Auch daß ich so nervenschwach, reizbar und ungenießbar sein mußte, das alles mochte ganz gut sein, denn der Vortheil dieser Reise sollte für Dich nicht im Genuß bestehen. Ja denke Dir, daß ich 3 Wochen, ehe Du kamst, keinen Strich hatte arbeiten können und nachher, da ichs gekonnt hätte, schob ichs von einem Morgen zum andern auf, immer in der Hoffnung mit Dir ins Gespräch zu kommen, welches durchaus nie gelingen wollte, ja nicht einmal von dem Ende unserer guten Mutter konnte ich Dir erzählen, wonach mein Herz so verlangte, weil ich keinen Eingang bei Dir finden konnte. Welch ein verfluchter Teufel baute denn eine Mauer zwischen uns, daß wir nicht ordentlich zu einander kommen konnten! – Mir solls am Ende gleich sein – genug es ist so geschehen wider unsern Wunsch und Willen und hat deshalb so geschehen müssen. Wir wollten uns eine recht große Freude machen und zu unserer Seele sprechen: «nun iß und trink liebe Seele und sei guter Dinge» aber Gott sprach: ihr Narren, wer hat denn euch gewiesen dem Zorne des Lebens zu entrinnen. – Und so ist es denn auch gut, wir haben immer Freude gehabt, nur nicht die, die wir suchten, ein offnes brüderliches Aufschließen der Herzen, wie wir es brieflich angefangen hatten. Besonders lieb ist mir unser Aufenthalt in Dresden, da genügte mir Deine bloße Gegenwart – ach es war doch herrlich, daß wir miteinander die Vaterstadt wiedersehen konnten und ein Stündchen auf der Prießnitzbrücke saßen und auf Fintlaters. Berlin war schrecklich, aber das gerade war gut, daß man in den letzten Tagen zu keinem Wohlsein und nicht recht zu sich kommen konnte. Einen einzigen Lichtpunkt hatte Berlin, das war die Stunde in der Kirche – da wars mir wie einem Vertriebenen, der sich ins Vaterhaus zurückgestohlen hat auf eine Stunde und das ganze Herz ging mir auf. Den Montag wäre ich noch bei Dir geblieben, wenn Du mich gebeten hättest, aber ich danke Dir, daß Du es nicht thatest – wir kamen dadurch über einen martervollen letzten Tag, den wir nothwendigerweise wieder hätten verludern müssen, denn mir war es wenigstens unmöglich, in dem Schlaf- und Abtrittsgeruch unseres Zimmers zu verbleiben, ich konnte nur außer dem Hause leben und außer dem Hause war nichts. Die Beschreibung von Deiner Einsamkeit, die ich durch Deinen Brief hier in Ballenstädt erhielt, war mir entsetzlich wehmüthig und ich wäre gern wieder zurückgeflogen, um Dich noch einmal ans Herz zu drücken. Ich empfand einen gräulichen Schmerz als ich mich von Dir losgerissen hatte und mußte mich recht herzlich aus und satt weinen ach es ist schwer auf Tod und Leben! Ich kam den Abend um 8 wie ein Träumender in Bernburg an und ging auf der Stelle zu Fräulein Bernstorff, bei der ich speiste und deren herzliche Liebe mir an diesem Abende wirklich wohl that. In der «Kugel» kriegte ich glücklicher Weise nicht das alte geliebte Zimmer, sondern das kleine, in das man uns damals zuerst wies. Ich packte noch alle meine Sachen aus, ordnete das Zimmer und besah dann noch sehr lange Dein Bild. Halb zwei Uhr endlich ward ich schläfrig und legte mich hin. Den andern Morgen um 8 war ich schon beim Kammerjunker Cramer, bei dem ich frühstückte, um 9 bei der Bernstorff. Dann besuchte ich Schelle und Starke, speiste auf dem Schlosse, besuchte Lasperg, rauchte dann ein paar Stunden bei Schelle und war zum Thee und Abendbrod wieder bei der Bernstorff mit dem alten Meister und unserer guten Herzogin, gerade wie damals mit Dir. Es war wieder ein sehr angenehmer Abend. Den Mittwoch Morgen lief ich wieder besuchend umher, ging zur Bernstorff, zu den Hofdamen usw. und um 12 saß ich im Postwagen und eilte bei dem himmlischsten Frühlingswetter Ballenstädt zu. Ich fand Alle Gott sei Dank! frisch und gesund und heiter, und packte nach dem Abendessen von der Familie umringt meinen Koffer aus, wo jeder eine Kleinigkeit kriegte und alle meinen Malkasten bewunderten und ganz besonders Dein Bild. Nur Adelheid fand es nicht ähnlich und nörgelte und mäkelte so daran herum, daß ich mich von Herzen freute, es für mich behalten zu können. Mir hat die Reise unbeschreiblich wohl gethan, ich fühle mich wie neugeboren und genieße des angenehmen Gefühls der wiederkehrenden Kräfte. Daß Du hier warst, daß wir uns lebendig wiedergesehen, daß ich ein frisches Bild von Dir in der Seele habe, das erquickt mein Gebein durch und durch und ganz dankbar und zufrieden werde ich sein, wenn ich erst Kenntniß habe von Deiner glücklichen Ueberkunft und wenn ich wissen werde, daß Du alles nach Wunsche angetroffen hast.

*Am 3t April.* Nun ist alles im Gleise, ich male wieder, gehe an den Hof und Abends behaglich mit den Meinigen spatzieren. So lange ich hier bin, haben wir das schönste Wetter 12 bis 15° Wärme, Sonnenschein und häufige kleine warme Strichregen. Die Knospen schwellen und brechen auf, die Blütenknospen der Kirsch- und Birnbäume sind schon farbig und weiß und die Siringo-Sträuche überziehen sich mit lieblich grünem Flor und der Waldboden bedeckt sich mit Leberblumen, Schneeglöckchen, Waldhähnchen und gelber Vogelmilch. Unser neues Quartier wird recht hübsch und ist ziemlich fertig. Ich werde nun noch einmal so glücklich leben können, wenn ich bei Nordlicht malen und meine Erholung im eigenen Garten finden kann. Wenn ich an der Staffelei sitze, so werde ich blos den Kopf ein wenig links zu wenden haben, so sehe ich unter mir den blühenden Garten und Frau und Kinder, die bei gutem Wetter wohl ganz im Garten leben werden. Wenn Du jetzt hier wärst! – Doch es ist so auch gut, denn Du gehst, so Gott will auch einer lieblichen Zeit entgegen und es ist immer dankenswerth, daß wir auf die herbe Trennung eine Freude haben; besser, als wären wir zusammen im Paradiese gewesen und kämen dann ins Winterelend hinein. Vorgestern kam der Herzog hier allein an, die

Herzogin ist in Bernburg geblieben, um ihre Schwester nicht zu verlassen, die den todtkranken Lasperg pflegt. Er machte mir, als ich ihn besuchte, einen überaus wehmüthigen Eindruck, doch war er ganz gefaßt und heiter, lachte über meine Erzählungen und als ich beim Abschied sagte: ich hoffe Sie kommen bald nach, so antwortete er mir ganz freundlich mit einem Händedruck: «ich werde wohl da hinunter gehen.» Es ist wohlthuend einem so stillen heitern männlichen Sinne zu begegnen, aber man kann ihn sich nicht nach Belieben selbst geben. –

*Am 4t April.* Nächsten Sonntag wird meine Bertha confirmiert. Gott gebe ihr seinen Segen, daß sie ihn fürchten und lieben möge ihr Lebelang. Daß Adelheid noch hier ist, ist mir gar sehr lieb und ich wollte Du wärst auch da und gingst mit uns am Charfreitage durch das Seelenbad. Am Charfreitage wollen wir communiziren, zum ersten Mal mit unserer Bertha. Für mich hat diese Handlung freilich weiter keine Bedeutung als ein Friedemachen mit Gott und Menschen, eine Austilgung der Feindschaft, denn wir essen Alle von einem Brode, und ein Aufopfern meiner selbst an Gott, der meine Missethat bedeckt und mir alle meine Sünde vergiebt. Ja er wolle uns allesamt segnen in dieser heiligen Feier, alle die sich nach ihm sehnen, die Gläubigen sammt den Ungläubigen.

*Am 6ten April.* Gestern Nachmittag machten wir, Julchen, Adelheid, die Flügge, ich und Gerhard eine kleine Fußreise nach dem Mägdesprung. Mir war nämlich gemeldet worden, daß das Kreuz für der sel. Mutter Grab fertig geworden sei und nun wollte ich es gern sehen, bezahlen und die Art und Weise des wohlfeilsten Transports besprechen, welches denn auch alles in Ausführung gebracht worden ist. Adelheid und Julchen strickten unterwegs. Der ganze Wald steckte voll Drosseln die herrlich pfiffen, nur Du alter Pomadikus fehltest uns recht bitter. Auf dem Mägdesprunge mußten wir, da meine Damen nicht zu Zinckens wollten, im Wirthshause in der öffentlichen Wirthsstube unter vielen Bauern, Fuhrleuten und Gensdarmes unsern Kaffe trinken, was uns anfänglich recht sauer ankam, besonders des Tabacksbrodems wegen, nachher aber sehr amüsant wurde, da die naiven Gespräche der Leute ganz unbefangen fortgingen. Der allerseligste war Gerhard, dem nichts in der Welt über einen solchen Marsch geht. Auch mir geht eigentlich nichts darüber und die Dresdner Oper ist dagegen ein Quark.

Jetzt lese ich ein nettes Buch «Briefe von Joh. Hein. Voß.» Ich habe mit dem zweiten Theil angefangen. Hölty, Miller, Campe, Claudius, Basedow, Klopstock sämtliche Weimarsche Gelehrte, Stolberg, Gleim, alle Vossens Freunde, figuriren in diesem Bande. Es ist eine Biographie in Briefen. Voß zeigt sich überaus gemüthlich, kindlich und oft sehr in unserer Art. So hat er eine große Freude bei der köstlichen Entdeckung, daß sein Garten in Wandsbeck, wenn er die Schritte etwas kleiner macht, 25 Schritt lang ist, da er sonst immer nur 24 hatte. Betrüblich sind die immer währenden Mißverständniße mit Stolberg und die Härte seiner Aeußerungen gegen Lavater, der ihm ein wahres Brechmittel gewesen sein muß. Besonders erfreulich aber das schöne und herrliche Verhältniß zu seiner Frau. Diese Ehe muß ein kleiner Himmel gewesen sein. Die Schreibart ist der Zeit voraus und ganz classisch, die Gedanken sind sehr klar, geistvoll aber nicht sonderlich tief, indeß macht dies einen bessern Eindruck und ist genießbarer, als der unklare Ausdruck tieferer Gedanken wie bei Steffens. Den ganz klaren, einfachen Ausdruck für tiefe Gedanken hat Göthe.

*Am 7t April.* Gustchen Götzel soll sehr betrübt sein, daß sie uns nicht gesehen hat. Auch Sigsfeld bedauert es wirklich ehrlich, Dich nicht gesehen zu haben, er hätte als Kind Dich immer so lieb gehabt. Ich bedaure Dich nicht mit Gewalt in unsern Klubb geschleppt zu haben. Doch Larifari, hol der Henker das Bedauern. Was geschehen, ist geschehen und wenn ich ein anderer Kerl war, so warst Du's auch. Wir waren heute im Schloßgarten. Die Hyazinten stehen in voller Flor, lauter schöne, mächtige Exemplare, und die Pfirsiche blühen am Spalier. – Nun Du alter lieber einziger Bruder! möchte bald gute Nachricht von Dir kommen! Habe herzlichen, herzlichen Dank für Dein Kommen und Gott segne Dich tausendfältig mit Deinem ganzen Hause, er erhebe sein Angesicht auf Dich und sei Dir gnädig. Ja mögest Du die reichsten Früchte Deiner Reise in vollem Maße genießen, Gesundheit und Zufriedenheit zur Ausbeute haben und meiner immer in Liebe gedenken, so wie meiner Schwäche mit Nachsicht. Gott segne Dein Weib und Kinder und lasse seine Gnade alle Tage über Euch neu werden, als über ein glückliches seliges und dankbares Geschlecht. Die meinigen grüßen Dich herzlich und haben Dich alle lieb, den fernen lieben Schwager und Oncle. Dein Bild ist mir ein Schatz, alle bewundern es und die Herzogin behielt es einen ganzen Tag in Bernburg und zeigte es allen Schloßbewohnern. Alle finden es sehr ähnlich. Du hast gerade das Aussehen wie in der Oper. Das Ausziehen wird mir jetzt ordentlich schwer, da Du in diesen Zimmern mit mir haustest. –

*Freudenberg d. 11. April.* Ich für meine Person bin heute schon hier eingezogen mit allen Dingen, die ich zu meiner Arbeit brauche. Ich richte mich reizend ein und es ist ein wahres Glück, daß Du jetzt nicht hier bist, denn Du wärst wie verzaubert gewesen und nicht wieder fortzukriegen und doch ists auch wieder so schade, daß Du nun fehlst, denn äußere Umstände und Umgebungen wirken doch mächtig auf uns Brüder ein, vielleicht auf mich noch gewaltiger als auf Dich. Es ist hier über die Maßen traulich und mir geht beständig das Herz auf gegen Dich, der Du nun fürchterlicher Weise nicht mehr da bist. Heute Nachmittag gebe ich Adelheid und Dora und Julchen und der Flügge (es sind der Weiber zu viel gegen mich) einen solennen Kaffe in meinem Zimmer. O Dicker Du hast gar keine Idee, wie ich Dich liebe. Wie ähnlich wir denken und empfinden, ist mir während unseres Zusammenseins aus tausend Kleinigkeiten recht klar geworden. Ich kenne Dich doch nun viel besser als vordem, Du warst in meinen Augen eigentlich nur eine Seele, deren Körper ein Brief ist, was will das sagen! Daß Dir der Varinas nicht schmeckte, war doch unbeschreiblich traurig und ich, der ich so gern Hamburger Wagstaffs rauche, war wieder ganz unvermögend den Deinigen zu genießen; so aßest Du auch gern frisches Brod – dieses waren die wesentlichsten Verschiedenheiten zwischen uns. Ich verlange sehr nach einem Briefe von Dir. Vielleicht schickst Du schon morgen, oder übermorgen einen ab. Thue das! – Denke an den alten Roller, wie er mit grauen Haaren an der Erde saß, als wir in seinen Hof fuhren.

## N° 14 — Ballenstedt am 14t Mai 1843

Mein theurer geliebter Gerhard!
Am 11ten dieses Monats in den Morgenstunden erschien Dein Brief und machte uns Deinen Geburtstag zum rechten Feiertage. Gott sei Dank! der Dich wenn auch durch Koth und Wasserlöcher dennoch glücklich an Deinen Ort wieder zurückführte und der Dich von dieser beschwerlichen Reise die besten Früchte ernten ließ, die zu erwarten waren. Alles stimmte mich froh und zum Dank in

Deinem Briefe und nur Eins machte mich traurig, das sind die Klagen über den schlechten Eindruck, den Du uns gemacht habest und Du hast doch nicht nur uns sondern auch Andern, die Dich gesehen, gerade einen sehr guten Eindruck hinterlassen. Der einzige Umstand, daß wir nicht recht zum gegenseitigen Aufthauen kamen, war wohl vorzüglich meinem damaligen hypochondern und sehr nervösen Zustande zuzuschreiben, wie ich das jetzt immer mehr einsehe, je mehr es Gott gefällt mir meine Gesundheit wiederzuschenken, was ich auch wohl der Gartenarbeit mit verdanke. Du schienst so zugeknöpft und unzugänglich, aber wäre ich selbst anders gewesen, so hätte ich Dich wohl aufgeknöpft oder Du wärst vielmehr dann schon von selbst anders gewesen. Die elende Witterung und unbequeme Wohnung bei Ueberfüllung war äußerst drückend, und alles das sollte so sein und es lag in der Führung der ewigen Liebe, daß wir damals nicht im Paradiese oder of the brullow miteinander sein sollten. Dieses erkannt und fest gehalten, so war immer des Guten so viel, daß kein Dank ausreichen will. Adelheid hat uns 8 Tage nach ihrer Ankunft sehr fröhlich geschrieben. Sie hatte eine höchst angenehme Reise gehabt, war bei ihren Freunden in Osnabrück einige Tage sehr selig gewesen und hatte ganz besondere Freude an dem traulichen Zusammenleben mit Dora Heynitz, die auch noch bei ihr ist.

Viel habe ich in dieser Zeit gezeichnet; ich hatte 2 Portraits ganz fein in Kreide auszuführen, was 8 Tage Zeit nahm. Da mir diese Arbeit odiös, so erbarmte sich Julchen meiner und las mir vor, und zwar die wichtigsten und interessantesten Abschnitte aus Milners Kirchengeschichte. Merkwürdig war es mir, mich diesmal auf Seiten der Ketzer zu finden, die ich bei einer früheren Lesung desselben Werks so lebhaft perhorrescirt hatte. Alle Geschichte ist traurig, weil das, wonach gestrebt wird, entweder nie oder nur momentan erreicht wird, aber ganz besonders traurig ist die Kirchengeschichte, obschon ich aus früherer eigener Erfahrung mir denken kann, wie die freudige Standhaftigkeit vieler Bekenner für Viele etwas Erfreuliches haben muß. Mir ist jetzt diese Standhaftigkeit nicht mehr erfreulich, da sie durchaus kein Beweis einer Umwandlung unserer eigensüchtigen und wilden Natur ist. Das Erfreulichste was die Kirchengeschichte darbietet, scheinen mir die zahlreichen waldensischen Gemeinden zu sein, die vom 11[t] Jahrhundert an bis zur Reformation ganz Europa durchwebten, wenn sie anders von Milner treu und richtig geschildert worden sind.

*Am 28sten Mai* Sonntag. So eben ein Brief von Oncle Carl aus Leipzig. Er schreibt sehr flüchtig nur um uns zu begrüßen und ich bin ihm sehr dankbar für diese freundliche Aufmerksamkeit. Ob er uns wird besuchen können, erscheint ihm sehr zweifelhaft. Da er so wenig Zeit hat – er will gleich wieder fort über Jena nach Ilmenau – so darf ich nichts hoffen, obgleich es mir recht schmerzlich ist, ihn so nahe zu wissen und nicht sehen zu können. Antonie Ungern schrieb kürzlich aus Genf, so sie mit ihrem Manne auf der Durchreise nach Genua war, um dort zu den Schwestern zu stoßen, daß sie alle im Juli bei uns zu sein hoffen. Ich kann mich jedoch auf den Besuch der lieben Pollschen nicht recht freuen, weil ihrer so viele sind, denn so bald es auf längere Zeit Engigkeit giebt, ist es aus mit mir.

Am vergangenen Donnerstage feierte die Anhaltische Kirche Himmelfahrt. Uns hatte für den Nachmittag Pastor Rosenthal eingeladen und schickte auch schon um 12½ Uhr seinen Einspänner für die ganz Kleinen und Schwachen. Wir fanden uns 9 Personen stark in Badeborn ein, wo wir auf die enge Wohnstube beschränkt waren, da es alsbald zu regnen begann. Ungebeten fand sich der Superintendent Walther mit noch 2 Pastoren ein und blieb, da es immer heftiger strömte 5 Stunden lang. Die Engigkeit war unbeschreiblich und nur ein Zimmer, 5 Zigarren fortwährend im Gange, doch langweilte man sich wenig, da Walther fortwährend mit Geist über interessante Gegenstände sprach. Gegen das Abendessen entfernten sich die fremden Geistlichen, die ihren eigenen Wagen hatten, wir mußten bleiben. Da es immer stärker regnete und der Anhaltsche Lehmboden grundlos war, konnten wir an Fußgehen nicht denken und schickten im ganzen Dorfe nach Pferden herum, aber kein Bauer wollte bei solchem Wetter anspannen. Es war nichts zu machen, wir mußten uns endlich entschließen die Nacht da zubleiben. Nun wurde Punsch gemacht und wir saßen bis gegen 1 Uhr beisammen, während die mannigfaltigen Kinder, hinter dem Ofen und in den Winkeln umherlagen und schliefen. Endlich wurden wir alle wohl untergebracht und traten am nächsten Morgen den Rückmarsch bei leidlichem Wetter höchst wohlgemuth an. Die Jungens hatten in Badeborn wie in einer Zwangsjacke gesteckt und waren in der engen Stube bewegungslos und so artig wie die Puppen gewesen, blos still Kuchen murksend. Jetzt erholten sie sich auf dem Rückweg, erfüllten die Luft mit Geschrei, rannten, sprangen und schlugen einen Purzelbaum nach dem andern. In unserm Garten fanden wir große Veränderungen, es war alles mächtig gewachsen und unsere jungen Pflanzungen strotzten von üppiger Gesundheit. Rosenthal hatte mir die Regenwurmjagd gelehrt und noch denselben Abend wurde sie ausgeführt. Um 10 Uhr des Abends ging ich mit Bertha und einer Handlaterne hinunter. Da waren sie alle zu tausenden aus der Erde heraus gekommen und lagen röthlich glänzend, zum Theil wie fürchterliche Schlangen lang ausgestreckt auf den Beeten. Wir sammelten mit Vorsicht, denn sollen sie nicht entwischen, muß man leise auftreten, ganze Töpfe voll. Als ich mich zu Bette legte, war es mir wie Makaroni vor den Augen. Gestern sammelten wir wieder, aber alles Sammeln wird fruchtlos sein, denn ich bin zu der Ueberzeugung gekommen, daß mein Garten großentheils aus lauter Regenwürmern besteht und ich hätte früher nicht geglaubt, daß die Erde in ihrem Schoße ein solches Leben bergen könne. Wer sich nicht des Nachts mit der Laterne leise hinausschleicht, hat keine Idee davon. Wir haben einen sehr nassen und zur Kühlung neigenden Mai und ich habe auf meiner Nordseite bis jetzt noch jeden Morgen in meinem Ofen ein kleines Feuer gebraucht. Sobald die Sonne durchbricht, haben wir gleich 18 bis 20° Wärme und dies erzeugt in einigen Stunden Gewitterregen, die zu Landregen werden und Kälte bringen. Für die Felder ist jedoch das Wetter gut und man sieht einer ganz ungeheuern Ernte entgegen.

*Am 2t Juni.* Das Leben ist hier jetzt bunt genug. Die Herzogin von Holstein-Glücksburg ist hier und hat 3 Söhne und eine Tochter mit, ferner die Frau von Richthofen, drittens Holsteinische Cavalliere und Damen, viertens Herzog und Herzogin von Cöthen nebst Gefolge. Unter diesen Umständen und bei der großen Unordnung, die in Abwesenheit des Herzogs in der Lebensweise herrscht, sind sowohl Herrschaften als Diener auffallend abgehetzt und letztere sehnen sich herzlich nach der Rückkunft ihres Landesvaters, der wenigstens in allen seinen Thaten pünktlich ist.

Ich habe in diesen Tagen das Leben des Königs Friedrich Wilhelm III vom Bischof Eylert gelesen und zwar mit Ergötzen. Man könnte dies Buch vielleicht einen Fürstenspiegel nennen. In der Person des Königs tritt einem ein Bild fürstlicher Vollkommenheit entgegen, ob er gleich durchaus kein Genie war, aber das ist auch nicht nöthig. Ein so billiges vernünftiges Urtheil wie sich in allen Reden des Königs zeigt, hätte ich demselben niemals zugetraut. In einem weniger guten Licht erscheint die Bedientenseele des Verfassers. Besonders haben mich in diesem Buche die aphoristisch abgefaßten Bekenntniße des Königs angezogen. Einmal sagt er: «Ich bin mir auch nicht einer einzigen guten Handlung in meinem Leben bewußt, die ganz rein und ohne unlautere Beimischung gewesen wäre.» Im Munde von hundert andern sogenannten erweckten Christen, wo einer immer den andern kopirt, würde ich einen solchen Ausspruch völlig überhört haben, aber aus einem so treuen und durchaus wahrhaftigen Herzen kommend, frappirte er mich und machte mir eine ungemeine Freude. Einen solchen Character, wie den des Königs, könnte man sich wünschen. Gesunde Vernunft ohne Genius scheint mir das höchste zu sein, nur solche können ruhig und glücklich leben. Die Genies, die Wahnsinnigen und die Dummen sind Mißgeburten. Zweitens lese ich jetzt die Geschichte Peter des Großen von v. Halem, ein älteres Werk, ziemlich stark. Welche wunderbare Zeit, uns so nahe und an den Grenzen von Europa. Welcher Kaiser würde jetzt Petersburg bauen können, mitten im Kriege mit Schweden. So etwas konnte nur da gehen, wo Menschenleben gegen den Vortheil des Staats gar nichts wogen. Es könnte darüber gestritten werden, ob ein solcher Grundsatz nicht der ganz richtige sei. Offenbar denken wir jetzt zu weichlich über den Mord und sind durchaus unfähig die alte Geschichte zu beurtheilen, weil wir den Tod für das größte Uebel ansehen. So sahen ihn die Alten nicht an. Alles Leben ist ein Leiden, und was liegt daran, wann es geendet wird? Niemand ist geneigt sein Leben noch einmal von vorn anzufangen, und doch will man auch nicht sterben, weil man unvernünftigerweise immer noch hofft, der angenehme Lebenstheil sei noch im Anzuge. Statt dessen wird es immer schlechter, aber dennoch will niemand sterben. Der Tod ist gänzlich wider alle unsere Begriffe von Civilisation. In Otahaiti wurde jedes erstgeborene Kind geopfert. Dadurch lebten die Lebenden breiter und besser. Was sagst Du zu der französischen Occupation? Die Katholiken schnappen alle unsere Missionen weg. Was aber haben die Otahaiter gewonnen? Sie werden das Schicksal der bekehrten Ehsten haben, doch sie werden um Land und Gut gebracht von ihren Bekehrern ausgesogen werden, und dafür haben sie nun die Beruhigung, daß sie glauben in den Himmel zu kommen, wenn sie sterben. Man sagt zwar sie wären besser geworden, aber jedenfalls ist ihre Besserung ihrer Kleidung analog d.h. sie tragen jetzt Hosen, aber der Popo bleibt immer

*Die Tochter Anna*

drunter. Doch es wird Zeit, daß ich meiner Weisheit Einhalt thue, sonst rede ich fort wie Salomo die Thoren reden läßt, nachdem er selbst alles gethan hatte, was die Thoren thun. Also basta. Wenn ich Dir nur etwas zu erzählen wüßte. Allerlei ist vorgefallen, aber Du kennst die Leute nicht. Das Unbequemste ist, daß wir heute den Geburtstag der Flügge feiern. Ihre Schwester, ein ganz analoges Subject ist hier mit ihren 4 Eleven oder Seelöwen, dergleichen Valentiners, dergleichen Starkens – der ganze Garten ist voll und viel Lärmens. Unter diesen schrecklichen Weibern zu leben hielt ich für «ewikes Verderben» daher ich meinem ältesten Sohn Gerhard eine Flasche Bier aufbürdete, meinen Malapparat zusammenpackte und in den Wald zog, um endlich meinen neuen Tuschkasten zu probiren. Gerhard war sehr froh, aber in der Nähe des Siebersteinteichs kaum angelangt, stieg ein Donnerwetter auf und wir mußten eiligst zurück. Als wir nach Hause kamen hatte es sich brüllend hinter den Gegensteinen weggeschlichen und die Gesellschaft im Garten hatte sich noch durch verschiedene Weiber vermehrt. Auf unserm Grasplatz haben wir einen herrlichen Heuhaufen, da wälzt sich das Kindervolk, während die Alten die sich Alle untereinander verachten, unsäglich schwatzen, so daß es mir Schreibendem in die Ohren fährt. Die Kinder, von Anna angeführt, liegen jetzt sämtlich wie ein Stern im Heu, die Füße im Centro, in der Peripherie die Köpfe, Alles, außer den Köpfen, ist aber hoch mit Heu bedeckt, so daß man nur diese wie einen rothen Kranz sieht. Dabei singen sie laut ein von Anna gedichtetes Heulied, welches so anfängt: «Brüderchen und Schwesterchen, Schwesterchen und Brüderchen, liegen zusammen im Heuhaufen» In dieser einfachen Weise geht es fort, aber eben weil es die Kleinen so herrlich verstehn können, so ist der Enthusiasmus unbeschreiblich. Bertha, die ihrer Mutter schon ein ganzes Stück über den Kopf gewachsen ist, sitzt mit ihrer Freundin Line schon bei den Großen und von diesen Beiden habe ich mein Herz etwas gewandt, weil sie ganz accurat wie Damen aussehen und ich bin leider überzeugt, daß so eine angezogene Dame mit breiten Falten und Manschetten dem lieben Gott eigentlich ein Gräul ist, wenn er sie auch rührender Weise in seiner Langmuth nicht vertilgt. Ein besonderes Gräul muß ihm unsere gute B.– sein, die obgleich nur aus Haut und Knochen bestehend jetzt einen so stark auslaufenden Faltencül hat, daß sie, ohne anzuprallen, nicht durch meine Thüre kann.

Dagegen machte mir gestern an der herzoglichen Tafel einen unleugbar angenehmen Eindruck die Herzogin von Köthen, eine Schwester von unserem Reuß von Klipphausen, dem sie auch ähnlich sieht, obgleich sie viel stattlicher ist. An ihrer Kleidung war gewiß nichts, woran ein ehrlicher und natürlicher Sinn hätte Anstoß nehmen können. Schlicht, einfach, ohne hohlen Steiß und doch nobel und fürstlich. Sie hatte die Freundlichkeit sich recht lange mit mir zu unterhalten und zauberte mich so etwa in die Dohnasche Zeit zurück, wo ich noch Heilige sah, an denen ich mit unbeschreiblicher Ehrfurcht und Liebe hängen konnte. Sehr liebt sie die Gräfin Dohna und sagte mir jetzt in ihrem Alter müsse man diese sehen, sie sei jetzt noch unbeschreiblich viel lieblicher als in ihrer früheren Zeit und werde mit den Jahren immer freundlicher, immer kindlicher und gelinder, so daß durchaus ein Jeder von ihrer Erscheinung durch und durch erquickt werden müsse. Die Herzogin sprach sich so demüthig und doch so würdevoll und gehalten aus, daß ich ordentlich weich wurde und es mir gar leid war, nicht ohne Zeugen vor ihr stehen zu können. Diese Dame gilt in der Welt für dumm und stolz; es ist doch merkwürdig. Ein Genie ist sie freilich nicht, sonst könnte sie nicht den Eindruck einer so angenehmen Vollendung machen, aber Genies sind auch die nicht, die ihr so Unrecht thun. Er der Herzog machte in so fern einen guten Eindruck auf mich, als ich ihn schlicht fand, auch ist es an und für sich angenehm, einen so alten, stattlich gewachsenen deutschen Fürsten aus uraltem Hause zu sehen. Auch er unterhielt sich ausführlich mit mir, aber von gleichgültigen Dingen, was auch an solchem Ort immer das räthlichste ist. Bei guten Menschen kann es einem immer leid thun, wenn sie so vornehm sind, weil sie dadurch aller Freundschaft unzugänglich werden. – Ach a propos, was schriebst Du denn von meinem Gesichte? Glaubst Du denn, daß Dein Maul nicht auch ironisch sei? Das ist die uns tief inliegende Selbstgefälligkeit; aber freilich müßten wir auch beide etwas dümmer sein, wollten wir nicht ironisch sein – Es ist durchaus nicht anders möglich, es muß so sein und wir werden unsere satyrischen Mäuler auch jedenfalls mit ins Grab nehmen. Das glaube fest und gehab Dich wohl.

*Pfingsten 4t Juni.* Als ich vorgestern schrieb, fühlte ich mich unwohl. Gestern war ich ordentlich krank, ohne daß ich sagen könnte was mir fehlte, aber ich war wie ein todter Mensch. In diesem Elende kam viel Besuch und zuletzt der alte Volkmann. Auf diesen Besuch hatte ich mich lange gefreut, nun kam er aber doch zur Unzeit. Heute ist nun auch recht schlechtes Wetter eingetreten. Im Grunde kann es wenigen Menschen so gleichgültig sein als mir, wie das Wetter ist, nur wenn ich Besuch habe, habe ich nach gutem ein Bedürfniß. Ich habe die Nacht wie ein Bär geschwitzt und befinde mich heute wohler, kann auch wieder etwas rauchen, muß mich erkältet haben.

Noch nie habe ich Dir wohl einen elenderen Brief geschrieben, aber es ist mein Trost, daß Du wenigstens nichts dafür zu bezahlen hast und daß Du ihn vielleicht gar nicht wirst lesen können.

Du hast Fernows Leben gelesen, wahrscheinlich von der Schopenhauer. Dasselbe habe ich mit Interesse in Poll gelesen. Das merkwürdigste war mir damals, daß er sich sterbend an der Schönheit des Apollo aufrichtete und erbaute. Aber jeder macht es nach seiner Art, wie es ihm am besten gelingt. Der General Lefort, Peters Freund, starb unter einer lustigen, rauschenden Musik, die er sich im Nebenzimmer bestellt hatte. Die erste Frau von unserm Heynitz ließ sich ein geistliches Lied vorsingen und ich könnte wünschen Du wärst bei mir, wenn ich stürbe, doch sterbe ich auch gerne allein und habe nur den einen großen Wunsch nicht erstickt zu werden. Warum bist Du zu weiter nichts nütze als auf den Mist geworfen zu werden? Freilich hast Du recht, alle große und alle kleine Männer wurden zuletzt auf den Mist geworfen und sind zum Verfaulen gerade gut genug. Damit zeigt Gott an, daß er es allein ist, der was thut; wir sind nur Hammer und Zange, die gelegentlich hervorgegriffen und wieder weggeworfen werden. Eigentlich sollte Jeder Gott danken, den er nicht in seiner Welt-Geschichte braucht – man kann da leicht, wie Peter, in die Nothwendigkeit versetzt werden, seinen eigenen Sohn aufzuopfern. Zum Glück des Ganzen trägt eigentlich auch niemand etwas bei, denn die Massen werden nur anders, glücklich werden sie nie. Auch hat die feinste Civilisation nicht mehr Befriedigung, als die gröbste Rohheit. Nur der, in dessen Herzen die Liebe Gottes lebt, ist glücklich, aber diese Liebe kann einer dem anderen nicht einbrennen, man kann sie auch selbst nicht in sich schaffen und wo sie durch Gottes Gnade sich von selbst einfindet, da hält sie doch in der Regel nicht lange Stand, und zieht dann Heuchelei nach sich, oder geistliche Verdrossenheit. Summa es ist Gott nicht eingefallen uns glücklich haben zu wollen, weil wir sterben sollen. Sterben ist unser Beruf und schon in der Wiege sind wir alle zum Tode verurtheilt, deshalb wäre auch alles Glück nur wie die Henkersmahlzeit eines Delinquenten. Solon nannte nur den glücklich, der bei einer schönen Handlung eines leichten Todes stürbe, doch war das Afterweisheit, denn wenn die Leute einmal todt sind, so sind sie sich in Beziehung auf Glück wohl alle gleich, ihr Tod mag schön oder erbärmlich gewesen sein. – Volkmann ist in der Kirche, doch hat er mir aufgetragen, Dich zu grüßen, lobte Dich auch sehr und sagte Du hättest ihm einen sehr lieben Eindruck hinterlassen, er gedächte oft und gern jenes Mittags. Ach möchte es mir doch gelingen, dem armen gebeugten Alten seinen Aufenthalt in meiner Hütte angenehm zu machen. In ihm kann ich noch die sel. Eltern lieben, denn er war ihr Freund und Genosse. Lebe wohl mein Alter.

Couvert.

*Am 18t. Juni.* So hat der Brief, ehe er fortkommt, wieder über 14 Tage gelegen. Ich sollte ihn zerreißen und einen neuen schreiben aber ich bin nicht in der Stimmung, daher würde ein neuer Brief doch auch nichts anderes enthalten als Wörter. Gestern früh reiste der alte Volkmann wieder ab. Er traf hier eben so ungünstiges Wetter als Du. Es regnete 14 Tage so stark, daß man eine neue Sündfluth erwartete und dabei war es so kalt, daß fortwährend geheizt werden mußte und Volkmann seinen langen Schafpelz nie ablegte. Wir konnten keine einzige Partie machen. Dennoch gefiel es dem Alten sehr wohl. Er saß den ganzen Tag in meiner Stube und las mir aus Rankes Reformationsgeschichte vor. Da wir zu meinem Verdruß ungeheuer viel Besuch in dieser Zeit hatten, so fehlte es nicht an mannigfachen Zerstreuungen im Hause. Daß die Pollschen nun noch kommen ist mir ernstlich fatal, denn ich bin wie ein todter Hund und wünschte sie begrüben mich und es käme Niemand Vergnügen an mir zu suchen als die Würmer. In der That bin ich auch noch gar nicht wieder gesund geworden, denn mein Herz ist zu betrübt. Ob es einen Teufel giebt, ist eine müßige Frage. Jedenfalls sind wir geliebt von einem bösen Geist, der sich ohne Unterlaß bei uns eindrängt. Wir sind ein Spiel feindseliger Gewalten. Ein Freund bleibt uns in der Noth, ein Freund der sicher kommt, wenn er auch zu verziehen scheint, das ist der liebe Freund Hein. Alle andere Freunde mir vom Leibe zu halten ist mein Wunsch – es sucht ein jeder nur das Seine, seinen Genuß. Von dem Augenblick an, wo der alte V. schied, haben wir nun das herrlichste Wetter, die Kinder spielen und jubeln im Garten, die Frauen gehen mit leichten hellen Kleidern durch die Büsche, die Rosen haben ihre Kronen geöffnet und durchwürzen den ganzen Garten. Wahrscheinlich kommt Louis Bardua, der stark an Hypochondrie leidet und deshalb einige Zeit auf dem Lande leben soll. Ich bin ihm recht gut, weil er weder Freundschaft noch Liebe, weder Glaube noch Unglaube, noch sonst etwas bei mir sucht, außer einer Zigarre, die ich immer für ihn habe.

## N° 15 — Ballenstedt am 3t Sept. 1843

Mein geliebter Bruder Gerhard!
Seit dem Wiedersehen mit Stackelbergs ist auch nach Dir eine lebendige Sehnsucht erwacht und es ist mir ein Bedürfniß endlich Deinen lieben Brief vom 28sten Mai a. St. zu beantworten, oder vielmehr Dir zu schreiben, denn zu beantworten ist eigentlich nichts in Deinem Briefe. Du schriebst mir damals ein kleines Tagebuch von schlechtem Wetter und übeln Aussichten für die Ernte. Möchte doch die Ernte Deine Erwartungen bei weitem übertreffen! Wir sehen hier einer brillanten Ernte entgegen und haben sie auch zum Theil schon in den Scheunen. Die Kartoffeln setzen so stark an, daß überall der Erdboden geborsten ist und sind von trefflicher Qualität. Doch von Kartoffeln wollte ich Dich eigentlich nicht unterhalten; ich wollte Dir sagen, wie sehr ich Dich alten Jungen liebe und wollte Dir verkünden, daß ich durch die Gnade Gottes aus jener unseligen Erstarrung erwacht bin, in welcher ich meinen letzten Brief an Dich schrieb. Das unglaublichste, unerhörteste, was mir je geschehen ist, fast auch das schmerzlichste, war, daß mir ein Riegel vor die Seele geschoben wurde und auch vor meinen Verstand, gerade als Du bei mir warst. Dies versetzte mich in eine ganz unleidliche Spannung, die fast den Sommer durch aushielt. Mit großen Opfern warst Du hergekommen, Du, auf den ich mich ein ganzes Jahr lang gefreut hatte, mit einer Freude, wie ich sie keineswegs meiner Hochzeit entgegen trug und Herz und Kopf waren voll von Gegenständen, die ich in Deinen Schoos ausschütten wollte. Da kamst Du und fandst mich völlig unterminirt von der Krankheit, ich war wie eine Pflanze, deren Mark von Würmern ausgefressen ist. Ich hatte keine Kraft Dich zu handhaben und die Worte wollten mir nicht einfallen, mich gegen

Dich auszusprechen, ja sogar der Stoff und die Gedanken waren verschwunden, ich wurde immer verstimmter, endlich waren wir wie mit Brettern gegen einander vernagelt. Du schienst mir so sehr im Besitz Deiner geistigen Kraft zu sein, ich bewunderte die Reife Deiner Gedanken und die besonders leichte Art sie zu äußern, und da ich selbst so unfähig war, konnte ich nicht begreifen, warum Du nicht Hand anlegtest mich zu wecken, warum Du mich nicht selbst auf die Gegenstände führtest, welche zu besprechen wir zusammengekommen waren, es war niemand, der mir zu Hülfe kam, selbst die äußere Natur nicht, es schien mir ganz umsonst, daß wir bei einander waren, wir hatten nichts von einander und ich entsinne mich nicht, daß ich je in eine solche Verstimmung und in einen so tiefen Unglauben versunken gewesen wäre. Gott hätte uns ja leicht ganz auseinander halten können – da er uns nun aber zusammenführte und äußerlich alles gelingen ließ, kam es mir vor wie ein Streich des Rübezahl, daß wir nun doch nur elende Rüben statt des Goldes in den Händen hielten. Als Du weg warst versank ich in eine tiefe Hypochondrie meine ganze Lage erschien mir unerträglich und da sie allerdings gar sehr viel schweres hat, so sehe ich nur das Schwere und sehnte mich sehr ernstlich nach dem Tode, nicht etwa, um in den Himmel, sondern nur zu Ende zu kommen. So ging beinah der ganze Sommer hin. Endlich wurde ich einmal mit Julchen auf einem Spatziergange bis auf die Haut durchnäßt und darauf folgte in trocknen Kleidern eine sehr gemüthliche Theestunde. Dies machte mir einen so lebhaften Eindruck, daß ich jenen Vorfall in Versen zu besingen mich gemüssigt fand. Ich dichtete beim Malen, ging einsam spatzieren und dichtete. Auf diese Weise wurde mein Geist wieder activ und spann etwas aus sich heraus, anstatt ermattet Verdruß einzusaugen. Meinen Dichtergeist theilte ich der ganzen Familie mit, Julchen und alle Kinder, die Bernstorff, Line und Tille dichteten. Es wurden bestimmte Aufgaben gegeben und Sonntag Nachmittag versammelte die ganze Dichterschaar sich in meiner Stube, auch Gerhard, der nicht fehlen wollte, mit seiner Papierrolle in der Hand. Es war wie ein Wunder, besonders, daß Julchen auch ganz lange Gedichte machte und Bertha und daß letztere auch ohne alle Blödigkeit ihre Producte der Gesellschaft selbst vorlas. Kaum hatte ich etwas komischeres erlebt, wir freuten uns alle die ganze Woche auf den Sonntag und meine Hypochondrie fing an einem inneren Behagen Platz zu machen. Dies dauerte 4 Wochen, da kam Antonie. Sie, die alte Freun-

*Antonie von Stackelberg*

din, an der in der Kurküllschen Urzeit eigentlich zuerst meine jugendlichen Gefühle sich entfalteten und die damals meinen Verstand mächtig weckte, machte jetzt einen sehr tiefen Eindruck auf mich. In ihr erblickte ich die Liebenswürdigkeit eines verlorenen Glaubens und die ganze Schönheit einer alten dahingeschwundenen Zeit. Ueber beides konnte ich ohne Rückhalt mit ihr reden, ihr unbedingt vertrauend – ich konnte ihr manches sagen, was ich andern nicht gesagt hätte und sie erleichterte mein Herz. Jetzt erst löste sich wohlthätig die unselige Spannung, in der mein Gemüth sich befunden hatte, ich wurde sehr weich und das war es eben was mir noth that. Ich fand die Unterwerfung in Gottes Willen wieder und der Glaube, wenn auch nicht der positiv christliche rankte sich daran in die Höhe. Antonie wirkte sehr segensreich auf mich ein und der liebe barmherzige Herr im Himmel machte sie mir zu einem guten, beschwichtigenden Engel. Himmelweit in unseren Ansichten verschieden, durch eine gewaltige Kluft des äußeren Bekenntnißes getrennt, konnte sie mir dennoch so viel sein. Wo war nun das Band, das uns verknüpfte? Reichliche gemeinsame Erlebniße aus der Blütenzeit und ein tiefes gegenseitiges Verständniß des Naturells. Meinungen scheiden nicht, wo das Naturell sympathisirt. Antonie glaubte geschieden zu sein, sie äußerte mehrmals, man könne einen Ungläubigen wohl lieben, aber keine Gemeinschaft mit ihm haben – doch das war ein bloßes Lorro – die Gemeinschaft war factisch da, stärkte und belebte mich. Nun kamen die lieben Schwestern Pia und Guste. Ach in vieler Hinsicht war die Zeit wohl recht schwer. Ich hatte einigen Nothbedürftigen Geld geliehen und sie konnten es nicht zurückzahlen, auch blieben mir die Zahlungen für abgelieferte Bilder aus. Der Umzug ins neue Haus und die Einrichtung hatten sehr viel gekostet, das theure Jahr machte, daß in der Wirthschaft auch mehr aufgegangen war und als nun unsere theuern Freunde kamen, denen man doch gern eine Ehre angethan hätte, waren wir an Gelde völlig abgebrannt und mußten kümmerlich aus den kleinen Sparbüchsen der armen Kinder leben. Ach wir konnten nichts thun so lieben Freunden eine Freude zu machen – und doch trotz alledem, trotz Sorge und Noth wie wir satt werden wollten, hatten wir doch so große Freude und so großen Segen an ihnen. Mit Sophie und Auguste waren mir für meine Person nur ein Paar Tage des Zusammenlebens gestattet, kaum genug, um sich nur in den Gedanken zu finden, daß man bei einander war, aber schon dieser bloße Gedanke war mir eine

Freude und Erquickung. Mit Sophie hatte ich doch auch ein paar kleine Unterredungen, vorläufige Besprechungen über Glaubenssachen, wobei ich Sophie noch lieber gewann, als ich sie vordem schon hatte.

Auguste schrieb mir noch von Berlin mit dem Herzen einer lieben Schwester und wenn ich auch nicht thun kann, was sie in diesem Briefe von mir verlangt, nämlich alle meine Gedanken wegzuwerfen und ganz dumm zu glauben, so werde ich doch immer diesen Brief als ein unschätzbares Andenken an sehr unverdiente Liebe aufheben und ansehen – sie hat mir damit eine Wohlthat erwiesen. Ach wollen wir uns doch alle recht lieb haben – auch über die Schranken der Ansichten hinweg – mich zu hassen oder zu fliehen (dies ist der bessere Ausdruck) wird es in jenem Leben noch Zeit genug sein, wenn Ihr mich dort wirklich als einen Feind Gottes in des Teufels Klauen erblicken solltet. – Nun also weiter. Nach so kurzen vorläufigen Gesprächen mit Sophie befiel ich an den Masern und nun war alles aus. Drei Tage und Nächte als der Ausschlag in Blüthe stand und ich keinen Augenblick Schlaf fand, war ich so krank, daß ich nicht im Stande war das Vaterunser zu beten. So oft ich es auch versuchte, so verwickelte mir das Fieber doch immer die Bitten untereinander und ich kam gleich ganz heraus. Aber doch die erste Bitte gelang wenigstens halb und es war mir erquicklich auch nur diesen Anfang zu beten. Welch einen unermeßlichen Schatz haben wir am Vaterunser – ich habe daran eine ganze Welt – es ist mir geblieben von meinem früheren Christenthum. Nachdem nun die Fiebertage vorüber waren, war ich doch noch zu schwach, um die Pollschen sehen zu können, ja der Gedanke an sie war mir so schmerzlich, daß ich absichtlich nicht an sie denken mochte. Endlich reisten sie ab und Adelheid, Adelheid, die ich nur in der Krankheit sah und die sich selbst deswegen in Beziehung auf mich mit einem Fiebertraum verglich. Ja nun denke Dir, als ich nun wieder anfing im Hause herum zu pötern, gerieth ich auch an meinen Pult, den Toni inne gehabt hatte und fand da eingesiegelt für mich ein Geschenk von 50 Thalern von den drei Schwestern zu einer Reise nach Ilmenau. Lange hatte mich nichts so gerührt und so mit Dank erfüllt, wenn ich auch dadurch gedemüthigt wurde – ich verehrte Gottes wunderbare Wege – ich hatte in der Krankheit recht um Geldmittel gebetet, weil ich so arm war. – Nun mein lieber Bruder, das war der Besuch der Pollschen. Wären sie im Winter gekommen und Du jetzt, so würde ich Dir den

Segen verdanken, den ich nun ihnen danke; die Freude aber, die Du bei mir nicht finden konntest, wirst Du nun im Wiedersehen mit ihnen haben und sie werden Dir auch von mir erzählen. Wir beide sehen uns doch wohl noch wieder und dann wird vielleicht die illusorische Vorfreude geringer und die Nachfreude größer sein. Um eins nur möchte ich Dich bitten und recht herzlich bitten, daß Du mir die üble Laune vergeben wollest, mit der ich Dich hier quälte und die als Kälte Dich auch in meinen Briefen hernach noch verletzt haben mag. Ich war bitter gestimmt, als ich zuletzt schrieb, gewiß nicht gegen Dich, es war mehr ein Trotz gegen die ganze Führung und Gestaltung meines Lebens, dessen ich auch herzlich überdrüssig war. Ach wenn doch das Gebet was helfen wollte, daß Gott einen hinfort von solch einer Höllenplage frei halten wolle! Nun genug. Die Pollschen werden Dir von uns erzählen. Mein theurer alter Gerhard, lebe wohl, Gott sei mit Dir und mit den Deinigen, mit mir und meinem Hause, Er sei unser Schirm und Halt. Bald wirst Du mir schreiben – wie freue ich mich darauf und bald schreibe ich Dir dann wieder so Gott will. Wir haben einen langen Stillstand gemacht.

Couvert.

Vergieb die Leerheit und Nichtigkeit meines Briefes und daß er nur von mir handelt. Dafür räche Dich und schreibe mir einen ganzen Brief blos von Dir. Mit Nordwestwind ist seit gestern plötzlich Kälte eingetreten wir haben Mittags nur 10 Grad – ein wunderbar kaltes Jahr. Ich habe bis Ende Juni heizen müssen und morgen werde ich wieder anfangen. Ich wünschte, Du hättest die Rosenblüthe in meinem Garten ansehen können. Es war ganz bezaubernd und wir waren oft bis 11 Uhr Abends im Garten. Die Kinder sind nicht müde geworden in ihren Gärten zu wirken. Es bleibt ihnen immer neu.

## N° 16 Ballenstedt am 24sten Sept. 1843

Mein geliebter Bruder Gerhard.

Als ich vorgestern von einem Spatziergange heimkehrte, gingen durch die neue Straße, auf einen guten Steinwurf, Leute vor mir her und bogen plötzlich in mein Haus ein. Es waren Fremde, so viel sahe ich; der eine mit einer Reisetasche, und ich dachte an mir empfohlene Christen, etwa aus Elberfeld oder Bremen, oder sonst woher und überlegte ob ich nicht meinen Spatziergang noch eine Weile fortsetzen sollte. Endlich aber siegte die Besorgniß meine arme Frau, von der ich wußte, daß sie gerade ihren Nachmittagsschlaf hielt, möchte über fremden Besuch, allein, zu sehr erschrekken. Ich trat daher mit großartiger Kühnheit und mit dem Gefühl eines Badenden, der abgekühlt sich endlich entschließt kopfüber ins Wasser zu springen, in mein besuchtes Haus ein und da standen in der Hausflur, ganz natürlich Oncle Carl, Tante Dascha und Otto Zöge. Dieser Besuch ist der größte Beweis von Liebe, den mir der Oncle gegeben. Gestern Morgen, da wir im Schloßgarten spatzierten, schob der Briefträger nach der Hofgärtnerwohnung durch, und da er mich sah, zog er auch gleich einen Brief von Dir aus der Tasche, den ich schweigend einsteckte, aber statt der üblichen 3 Pfennige 1 Groschen dafür zahlte. Nachmittag gingen wir Alle nach dem Stufenberge, Tante ganz unerschrocken immer mit. Dort in der kleinen Kajüte ward Kaffe, der deutsche Trank, getrunken und von mir Dein Brief herausgezogen, aus dem der Gesellschaft vieles mitzutheilen war. Alle freuten sich Deiner. Abends nach 10 Uhr aber, als sich alle Gäste verlaufen hatten, ein Jeglicher an seinen Ort, saß ich einsam auf meinem Zimmer und las noch einmal und wurde recht weichherzig und wehmüthig dabei, besonders eine einzelne Stelle schlug sehr verwandte Seiten an. Einst, mein lieber Bruder, wird der Tod kommen und alle Thränen von unsern Angesichtern wischen und alles Lachen wird stille werden. Was dann weiter sein wird, weiß ich freilich nicht, das aber weiß ich, daß ich in Gottes Hand bin und das glaube ich, daß dieser Tod meines Leibes nicht der Endzweck meines Lebens sein wird, sondern ich hoffe durch manche Schmerzen zum Wohlsein und durch vielen Haß zur ewigen Liebe hindurch zugehen. Ich lebe vor vielen Tausenden ein sehr glückliches, recht unverdient glückliches Leben, doch sollte das jenseitige Glück dem diesseitigen gleichen, so möchte ich doch viel lieber völlig vernichtet werden. In der Welt haben wir Angst, das ist wahr, und Angst ist Höllenqual, und wie wir bei der Angst getrost sein sollen, was gerade das Gegentheil davon ist, ist schwer zu begreifen. Oft empfinden die Christen zwar keine Angst, aber das geht mit andern Leuten auch so. Es giebt sanguinische Illusionen und melancholische Illusionen. Erstere werden, wie Du richtig bemerkst, oft für die Folgen des Glaubens und für Wirkungen des Geistes Gottes, letztere für Teufelsspuren, Versuchungen usw. gehalten. Leute, die die

Dinge sehen wie sie sind, ohne gefärbte Gläser auf der Nase, giebt es schwerlich. –

Du Aermster hast diesen Herbst auch recht gesellig leben müssen! Du dauerst mich in diesem Puncte wirklich unendlich, besonders da so mancher Deiner Gäste weder Dich noch Elmine meint. Wenn es wenigstens Männer wären, die da kommen, in ihrem Umgang liegt, wenn sie auch noch so gleichgültig sind, immer mehr Nutzen und es ist uns gut viel unter Männern herumgerieben zu werden. Mir geht es hier eben so. Es fehlt mir durchaus nicht an ausgezeichnetem weiblichen Umgange, im Gegentheil habe ich davon viel zu viel. Jetzt ist nun auch die Uexküll geb. Lück dazugekommen, die wie es scheint, recht lange hierzubleiben gedenkt und die mein Haus ganz besonders auszeichnet, Julchen auch ganz für sich gewonnen hat. Ich für meine Person halte mich sehr fern; sie ist zwar ausgezeichnet liebenswüridg, aber es ist mir unmöglich ihr zu trauen. –

In diesem Augenblick war Homann, der Schuster bei mir, derselbe der für uns die Dreckstiefel machte. Er ist Mitglied der Quedlinburger Mäßigkeitsgesellschaft geworden und läßt es sich sehr angelegen sein, hier eine Menge Schriften wider den Suff zu verbreiten, wie auch andere erbauliche Tractätchen. Ein Soldat, welcher trank und spielte, bekam einige dergleichen Sachen zu lesen und bekehrte sich. Das heißt er hielt sich zur Kirche, las sehr viel in der Bibel, gewöhnte sich Suff und Spiel ab und trat auch dem Leseverein von christlichen Büchern bei, den die Herzogin, die Bernstorff und meine Frau gegründet haben. Hierauf las er im Paulus die Worte: «Bin ich nicht ein Apostel, habe ich nicht unsern Herrn Jesum Christum gesehen?» und nun in der Einbildung, daß er selbst damit gemeint sei, war er auf einmal in seinen Augen ein Apostel und hatte den Herrn gesehen; ging zu dem Hofprediger, der an einem chronischen Halsübel laborirt und verkündete ihm, er habe den Herrn gesehen und dieser sende ihn, dem Herrn Hofprediger die Sünden zu vergeben und ihn gesund zu machen. Der arme Mensch war von Stund an toll und mußte ins Krankenhaus unter ärztliche Behandlung gestellt werden, wo er noch ist. Nun hat der arme Schuster Homann schrecklich viel zu leiden, da man ihn und seine Tractätchen als Veranlassung ansieht und auch unser Leseverein wird tüchtig angegriffen. Das Geschrei gegen den Pietismus wird gar arg und auch der Hofprediger hat zu leiden, da er Bibliothekar des Vereins ist. Natürlich ist der Mensch blos durch seinen eigenen Hochmuth verrückt geworden, aber lieber mißt man der Bibel die Schuld bei und denen die sie zu beherzigen auffordern. Der arme Homann dauert mich recht, er ist so hart angegriffen worden, daß er heute bei mir weinte. Ich gab ihm den Rath auf seinen Herrn zu schauen, den man gekreuzigt habe, sich übrigens aber mit seinen Belehrungen und Predigten weniger vorzudrängen als bis jetzt und sich vor allen Dingen zu prüfen ob sein Bekehrungseifer frei von Eitelkeit und Selbstgefälligkeit sei. Nachher that mir's fast leid, denn nichts ist mehr weggeworfen, als guter Rath und Ermahnungen da doch Jeder bleibt, wie er ist und auch Homann schwerlich aus seiner Haut fahren wird. Ich halte ihn auch für einen von denen, die dem religiösen Wahnsinn ausgesetzt sind – möge Gott ihn behüten. Hätte ich nicht eine so vorwaltende Sinnlichkeit, die mich früher oft abgehalten hat, recht entschieden Ernst zu machen, hätte ich namentlich in einer früheren Periode mehr sittliche Erfolge gehabt, so, glaube ich, hätte ich auch den Verstand verlieren können. Im Christenthum liegen allerdings bedeutende Klippen, für Alle, die Gott nicht recht demüthigt, deshalb mögen auch wir wohl mit David Gott danken, daß er uns gedemüthigt hat, wenn wir auch, besonders ich, noch lange nicht demüthige Leute sind.

*Am 25sten Sept.* Es trifft mich dies Jahr das Geschick des schlechten Wetters bei Besuch. Gestern konnten wir nicht spatzieren, außer im Schloßgarten und heute wird auch nichts werden, das ist übel und dreimal übel. Mein Dicker, mein lieber Dicker, ich sitze da und weiß nicht was ich schreiben soll, man ist zu sehr zerstreut durch den Besuch und überdem Leierkasten mit Jahrmarkt und schulfreie Kinder. Vor einigen Tagen war auch Frech bei mir. Er ist jetzt in Berlin, wo er die Kinder des Finanzministers Bodelschwingh erzieht und befindet sich in dem Hause wohl. Mit seiner Gesundheit geht es leider nicht besser, daher er auch wieder so eine Informatorstelle annehmen mußte, weil er zu nichts anderm taugt. Mit den gelehrten Celebritäten Berlins ist er bekannt und hat mir viel erzählt. Goßners große Einseitigkeit und Verachtung aller Wissenschaft hindert ihn nicht mit ihm zu verkehren und ihn recht lieb zu haben. Er scheint unter den Predigern Berlins der einzige Repräsentant des einfachern und älteren Christenthums, wie wir es in unserer Jugend kannten und wie es Dohna's hatten. Die Gräfin Dohna, die in Berlin bei ihrem Bruder, dem Minister, lebt, hört auch keinen anderen Prediger als Goßner. Dagegen ist Hengstenberg Frechen ungenießbar, seines absprechenden scharfen Wesens wegen und wegen der Bitterkeit, mit der er sich fortwährend über Personen ausspricht. Er ist ein Mann des Krieges und lebt im Kriege. Neanders Haus besucht er auch selten, weil dort die ganze Unterhaltung Jahr aus Jahr ein nur aus Polemik gegen Hegel besteht, was man denn doch endlich satt kriegt. Schelling soll sehr unten durch sein. Unbeschreiblich abentheuerlich klingt die Anwendung seiner Philosophie auf die Religion. Ich erlaube mir darüber kein Urtheil. Mir erscheinen alle philosophischen Systeme ganz richtig, als ebenso viel verschiedene Art und Weisen das Räthsel des Lebens auflösen zu wollen – es sind Methoden, die als solche eine so richtig wie die andere sind, nur daß eben noch keine das große ewige Räthsel löst. Dennoch kenne ich nichts interessanteres als diese Versuche des Geistes und Denkens sein eigenes Wesen zu erkennen und ich meine immer Du müssest Dich auch dafür interessiren – ach könnten wir es doch zusammen treiben. Du würdest durch Hegel Deinen Glauben ebensowenig verlieren, als ich ihn durch Schelling gewinnen kann, aber wenn man blos *das* treiben sollte, wodurch man im Christenthum fester wird, so weiß ich gar nicht was man eigentlich treiben wollte, da sogar das Studium der Theologie abführt. Denn unter den heutigen Theologen sind nur wenige wie Goßner, welche die Vernunft in Glaubenssachen entschieden zurückweisen und diese erweist sich, wenn sie an die Bibel kommt, wie etwa der Sauerstoff an den Metallen. Der Glaube fast aller dieser Gläubigen ist schon angelaufen von einem feinen Rost, es ist eine Halbheit in ihnen und wenn man ihnen mit Consequenz zusetzen wollte, so müßten sie entweder vollständig occidiren, oder desoccidiren. Ich bin auch ein solcher Gläubiger gewesen und die Consequenz hat mir nun den Glauben weggefressen. Meine Einsamkeit d.h. meine einsame Stellung im Puncte des Glaubens ist übrigens beispiellos. Ich habe noch keinen einzigen Menschen gefunden, der so wäre wie ich bin – auch bei LaTrobe ist es doch ganz anders. Ich habe in den reiferen Jahren meines Lebens den Glauben gehabt, nicht nur als angebildete Schulansicht, sondern als in mir lebendig ausgebildete Lebensüberzeugung. Ich kenne und liebe das Christenthum, ich kenne es so genau wie einen Bestandtheil von mir selber und habe es doch nicht. Alle andere Ungläubige kennen es entweder nur äußerlich oder gar nicht, und in keinem Fall lieben sie es. Ich kann mich gegen Niemand aussprechen, der mich verstünde. Wenn ich einen Menschen fände, der wie ich den verlorenen Glauben aufrichtig betrauerte, mit dem würde ich mich wohl sehr befreunden müssen. –

Wenn Du diese Zeilen erhältst durch unsern theuern Oncle Carl, so wirst Du die Pollschen wiedergesehen und von ihnen mancherlei über uns erfahren haben. Wie herrlich fröhlich werdet Ihr miteinander verkehren können. Wenn Du mir nur erst wieder schreiben könntest, daß Du Dein Gleichgewicht vollkommen oder doch so weit wiedergefunden habest, daß Herz und Kopf oben sind. Was sind wir doch für Creaturen. Eigentlich sind wir alle drei, Du, Adelheid und ich Sonderlinge, das ist das Zögesche Erbtheil. Wir sind nicht wie andere Menschen. Vielleicht sind aber auch alle Andern abnorm und wir normal; uns kann es gleich sein. –

Daß Du Dir solche Sorge wegen England machst! Was die Seele eines englischen Ministers anbelangt, so denke ich mir dieselbe zu einem starren Körper comprimirt, etwa wie Diamant comprimirter Kohlenstoff ist, glaube deshalb auch nicht, daß sie unsterblich sein kann. Jean Paul denkt sichs anders – er denkt sich Minister wie große gebratene Fleischklumpen, an denen nichts roh geblieben ist, als die Mitte – das Herz oder die Seele. Ich falle Elminen mit beispielloser Heftigkeit um den Hals – warum fielst Du meiner Frau eigentlich niemals um den Hals? Lebewohl Getreuer und gedenke meiner.

## Nº 17

Ballenstedt am 20. Nov. 1843

Geliebte theure Seele meines Bruders!
Denn daß ich an Deinen Madensack schreiben soll, kannst Du eigentlich nicht verlangen. So eben ist mein Geburtstag und auch läuft heute gerade Dein Brief ein. Wem soll ich dafür danken, Dir oder unserm lieben Vater im Himmel? Die präcise Ankunft habe ich gewiß letzterem zu danken. Ich stehe also heute früh 7 Uhr auf, der Tag dämmerte gerade, und gehe in mein Zimmer, um mich zu waschen usw. Da sehe ich beim grauen Morgenlichte auf meinem Tisch ein weißes Tuch und auf diesem 2 Torten, ein Kästchen Venidos Zigarren, 2 Flaschen Eau de Cologne von meiner Frau, ein Pomadenbüchschen von Anna, eine, sage eine Stahlfeder, aber dafür eine englische, von Bertha. Ich war sehr gerührt und warf meinen Schlafrock ab, um mich anzukleiden. Als ich denselben aber hernach wieder überziehen wollte, bemerkte ich, daß er auf einem

prächtigen großen fauteuil liegt, von der feinsten modernsten Arbeit – ein Prachtstück, gleich dem Stuhle Petri und Niemand konnte Geber sein, außer der Bernstorff. Das war fast erdrückend. Darauf Frühstück mit den Meinigen. Darauf bis 11 Uhr ein Stück Bild untermalt. Um 11 ging ich mit den Kindern auf den Gottes-Acker und besuchte das Grab unserer lieben unvergeßlichen Mutter. Ach Gott wie wehmüthig ist das doch! Aber zur Mutter treibt es doch am Geburtstage recht. Als ich nach Hause kam, siehe da trat der Briefträger ein und hatte richtig einen Brief von Deiner Hand. Das war doch noch eine Freude und die Hauptbescherung am heutigen Tage. Wir aßen so still weg Koteletten mit Krautsallade, Nüsse und Aepfel und dann legte ich mich in den ungeheuern Lehnstuhl und genoß langsam Deinen Brief – o Gerar! – Am Nachmittag kam es zu nichts Sonderlichem Abends aber kam die Bernstorff angefahren und brachte mir ein kleines silberplatirtes Schreibzeug und einen Pantoffel um die Uhr daran zu hängen von der Herzogin. Sie ließ mich dabei grüßen und mir sagen, es wäre nur des Spaßes wegen, wie ein Gruß oder guten Abend, als Geschenk wollte sie es gar nicht angesehen wissen. Doch freute ich mich sehr darüber sie hatte meiner doch freundlich gedacht. Wir tranken nun Thee und ich las dabei vor aus den Reisebriefen der Hahn Hahn, die Dir ja gefielen, wodurch sie für mich auch etwas mehr Reiz erhalten haben. Wir sind bei der Beschreibung von Stockholm. Meistens ist es doch nur wie ein Salon Gewäsche, ich finde weder ein rechtes Herz, noch Gedankentiefe. Es sind da eine Menge Phrasen, die nach etwas klingen und keinen Sinn haben. Der Styl aber ist gut und elegant, bisweilen entsetzlich vornehm, man amüsiert sich und lernt dabei allerlei unbekanntes kennen. Geistessympathie fühle ich gar nicht zur Verfasserin und begreife auch Dich in dem Stück nicht; ihre Eitelkeit ist mir sehr zuwider und ebenso ihre Altklugheit. Wir aßen darauf zusammen und tranken ein Gläschen Punsch, bis gegen 10 Uhr die Bernstorff wieder abkutschirte. Im Ganzen war ich eigentlich nicht vergnügt und bin das auch selten an Geburtstagen, am wenigsten an Meinen. An Geburtstagen und besonders an seinen eigenen, hat man von früher Jugend an ein unersättliches Verlangen nach einer besonderen Freude. Kindern ist diese leicht gemacht durch Arche Noä, Peitsche, Soldaten, Farbenkasten u.s.w. Einem Manne wie mir aber müßte man irgend eine bedeutende Sorge abnehmen, oder eine sehr geliebte entfernte Person zuführen, wenn eine besondere

Freude zu Stande kommen sollte. Ich fühle mich nicht glücklich und ob ich einen Großvaterstuhl habe, oder nicht, ändert nichts in meiner traurigen Lage. Wenn mir der liebe Gott mein Auge aufthun wollte, daß ich die Farben unterscheiden könnte, dann würde ich eine rechte Freude haben. Noch gestern hielt ich ein saftgrünes Sammtkleid für rothbraun. Alle Mühe und Zeit, die ein anderer auf Zeichnung und Helldunkel das Wesentliche des Bildes, verwendet, verbrauche ich auf die Farbe und dann kommt doch ein kleiner Rotzjunge und weißt mir einen Fehler nach, und mit aller Mühe habe ich nur ein schlechtes Colorit. Ich arbeite ganz im Finstern und daher ohne Lust. Das ist ein Theil meiner Last, schon genug um einem Maler alle Freude aus dem Leibe zu treten. Merkwürdigerweise wußte es der sel. Vater und legte kein Gewicht darauf. Hätte er aufmerksam Göthes Farbenlehre gelesen, so hätte er mich nicht Maler werden lassen. Jetzt ists zu spät was anders zu ergreifen und mir bleibt nichts übrig als Resignation, die manchmal gelingt, manchmal wieder schrecklichen Schmerzen Raum macht. Gott weiß, daß ich den guten Menschen, die mir heute Freude machen wollten, herzlich dankbar bin, aber es steht eigentlich nicht in des Menschen Gewalt, sich gegenseitig wahrhaft zu erfreuen. Gute Nacht mein alter Dicker.

*Am 21sten Nov.* Heute wird nur wenig geschrieben werden können, denn ich muß gleich aufs Schloß. Ich bin jetzt eigentlich alle Tage auf dem Schlosse. Drei Mal in der Woche zur Tafel beim Herzoge, etwa einmal zum Thee bei der Herzogin, zwei Mal die Nachmittage von 4–6 bei der Herzogin, wo ich ihr vorlese, und auch ungefähr 2 Mal bei der Bernstorff des Abends. Hoffmann leidet so an chronischer Heiserkeit, daß die Herzogin mich ersucht hat, ihr für diesen Winter vorzulesen. Mir ist das auch sehr angenehm, weil ich auf diese Weise Gelegenheit habe oft mit ihr auf die einfachste natürlichste Art zusammenzusein, ohne allen Hofzwang. Es ist zu den Lesestunden niemand gegenwärtig, außer der Bernstorff und den beiden niedlichen Hofdamen. Wir lesen jetzt die Wiederkehr, einen 3 starke Bände dicken Roman, vom Einsiedler bei St. Johannis (unserm alten Köthe) der Verfasser bespricht in diesem Buche alle die religiösen und confessionellen Fragen der Zeit. Manches ist recht gut, im Ganzen aber ist das Buch zum Sterben langweilig und wir müssen bisweilen lachen über das seltsame Talent des Verfassers, einen an sich ganz leeren Stoff durch die Behandlung so auszutreten, daß man sich am Ende vor lauter Langerweile an seinem eigenen Aerger über den Schriftsteller dennoch ergötzt. Amüsant sind auch oft die kategorischen Bemerkungen und Exclamationen der Herzogin bei Stellen, die sie frappiren. Mir sind diese Lesestunden sehr gemüthlich und ich freue mich stets im voraus darauf, auch wird dabei so manches erlebt und zwischen gesprochen, so daß auch ein langweiliges Buch vortreffliche Unterlage zur Unterhaltung abgiebt. –

Da bin ich wieder zurück. Wir waren bei der Bernstorff zum Thee und zwar fanden wir sie recht unwohl. Sie ist überhaupt jetzt recht leidend und beschäftigt sich sehr viel mit dem Gedanken an ihren Tod. Und manchmal denke ich wohl auch, daß der nicht mehr sehr fern sein könnte. Zum Glück ist ihr Leiden von der Art, daß ihr Geist unbetrübt bleibt, wenn sie auch manchmal recht wehmüthig werden kann, aber es ist immer eine Wehmuth, die ihrer Lage ganz angemessen und natürlich ist, etwas hypochondrisches hat sie niemals und niemals ist sie verdrossen. Kommt man ihr nur etwas zu Hülfe, so giebt sie sich einer unbedingten Heiterkeit hin und kann sehr lustig werden. Neulich ließ sie mir sagen, ich möchte doch gleich nach Tafel zu ihr kommen. Als ich hereintrat, sagte sie mir ihre Freundin, Frau v. Somnitz, von der sie mir schon viel erzählt, wäre bei ihr und wollte gern meine Bekanntschaft machen. Auch sah ich im Lehnstuhl eine Kreatur mit entsetzlich blonden Haaren sitzen, die mich dumm anlächelte und gar nicht einmal aufstand. Ich war ganz frappirt und ging mit dem verbindlichsten Wesen ganz nah auf die übrigens sehr elegante junge Person zu, immer in der Hoffnung, daß sie doch einmal aufstehen sollte. Da sah ich endlich, daß es mein Gerhard war, den die Bernstorff, während wir tafelten, sich zum Privatgenuß mit ihren Unterröcken und Kleidern ausgeputzt hatte. Sie wollte sich todt lachen, daß ihr das Späßchen so gut gelungen und Anna und Tille, die bei ihr waren, freuten sich mit hohen Sprüngen.

*Am 23sten Nov.* Neulich hatten wir hier auf dem Schlosse einen interessanten Besuch. Graf Asseburg, den Du gesehen, hatte sich 3 Könige eingeladen. Denke nur sich 3 Könige einzuladen, den König von Preußen, von Hannover und von Sachsen. Sie kamen wunderbarerweise auch alle drei und soffen in 3 Tagen für 1000 Thaler Champagner aus, die andern Weine ungerechnet. Der König von Preußen nahm auf der Rückreise von unserem Herzoge ein Diner an, wozu auf ausdrückliches, höchst dankenswerthes Verlangen der Herzogin auch ich eingeladen wurde. Als der König vorfuhr, standen wir Alle im Vorzimmer in einem Halbkreise um unsere Herzogin herum, die mit ihren Brillanten bedeckt, zwischen ihren beiden Damen in ganz demüthiger Stellung wie eine Magd den König erwartete. In diesem Augenblicke erschien sie mir so rührend wie noch nie, besonders da ich durch die Bernst. wußte, wie sehr schwer ihr aus mancherlei Rücksichten dieser Besuch ward. Der König trat rasch ein, bot gleich der Herzogin den Arm, sagte ihr einige Schmeicheleien über ihre Toilette und führte sie in den Saal, wo der Herzog war. Nun traten noch der Prinz von Preußen und Prinz Carl mit ihrem Gefolge ein und es erfolgte eine kurze Vorstellung der vornehmsten Personen, worauf wir durch die Gänge in den alten Speisesaal zogen, der herrlich aufgeschmückt war. Das Diner war königlich. Die besten Speisen die es giebt, als Schildkrötensuppe, Austern, Hummer, Gänseleberpasteten, Trüffeln u.s.w. Alles war doppelt und ward jedem doppelt präsentirt, als 2 Suppen zweierlei Pasteten, zweierlei Gemüse, dreierlei Wildbraten usw. 10 verschiedene von den allerfeinsten Weinen wurden unabläßig präsentirt und Champagner war der Tischwein. Der König lobte fortwährend das Essen fraß wie ein Ritter von der Tafelrunde alles was vorkam, trank ohne Ausnahme alles was präsentirt wurde, so daß so ein armer Ritter wie ich nicht aus dem Erstaunen kommen konnte, besonders wenn man wußte, daß er vorher in Meisdorf schon ein tüchtiges Frühstück à la fourchette zu sich genommen hatte. Uebrigens gefiel mir die ganze Erscheinung des Königs. Er war sehr heiter und gesprächig, stellte sich auch ohne Herablassung jedem ganz gleich mit dem er sprach, so daß man immer nur den Menschen und zwar einen wohlwollenden, gescheuten und gebildeten Mann, nie aber den König vor sich sah. Selbst gegen die Laquaien behielt er sein freundliches verbindliches Wesen bei ihren Handreichungen ohne sich etwas zu vergeben. Da er gleich nach dem Essen wegfuhr, konnten ihm nur die wenigsten vorgestellt werden und so ich auch nicht, doch machte es mir besonderes Vergnügen, ihn so ruhig und nahe über 2 Stunden lang sehen zu können. Bei Tische saß er zwischen dem Herzoge und der Herzogin und unterhielt sich auch mit ersterem auf die aimabelste Weise. Der Herzog benahm sich auch recht über Erwartung gut, nur daß er nach der Tafel, als dem Könige noch einige Herren vorgestellt wurden und die Herzogin mitten im Saal mit dem Prinzen Carl sprach, plötzlich mit seinem langen Degen und Ordensbande auf sie zuschoß und sie ganz kindlich fragte, ob er nicht fortgehen könnte, er langweile sich so. Ich stand ganz nah, konnte es hören und war sehr bange er würde was ganz Dummes machen, doch ließ er sich durch einige leise Worte beschwichtigen und ward von den Hofdamen in ein Fenster gezogen wo sie ihm die Aussicht zeigten und so lange allerlei Witze vormachten bis der König abzog. Ich hatte mich so gründlich gesättigt, daß ich am Abend gar nichts mehr essen konnte, der König aber fuhr nach Quedlinburg, wo ihm die Stadt ein glänzendes Souper gab, und hat dort wieder keine einzige Schüssel und kein Glas Wein vorübergehen lassen. Es ist unglaublich aber wahr. – Siehe da, gerade da meine Geschichte aus ist, kommen die Meinigen sehr entzückt aus dem Conzert zurück und nun geht es zu den Kartoffeln. Lebe wohl wanna! –

*Am 25sten Nov.* Wie ich heute wieder schlecht gearbeitet habe, Junge, kannst Du Dir gar nicht vorstellen. Als mir Abends das Licht ausging und ich in höchsten Nöthen war, kam noch Cramer, setzte sich hinter mich und feindete mich mit irreligiösen Satzungen an. So wie ich den Pinsel wegwarf, mußte ich gleich in andere Kleider fahren und aufs Schloß rennen. Hier las ich spottschlecht vor, wahrhaft gräulich. Ich war so zerstreut und so ausschließlich mit Gedanken an meine elende Arbeit erfüllt, daß ich ganze Seiten las, ohne zu wissen wovon die Rede war und ins Blaue hinein antworten mußte wenn die Herzogin mich um den Sinn fragte. Zuletzt hatte ich auf einmal die Hand voll Wagenschmiere und fing an zu wischen und zu reiben indem ich immer las. Da sagte die Herzogin: «Das sind Tintenklexe, ich habe es schon lange gesehen.» Ich: «Ich kann auf meine Ehre versichern, daß es ganz schmierig und weich ist.» Herzogin: «So ists Oelfarbe vom Malen.» Ich: «Ich habe mir die Hände mit Seife gescheuert und kann versichern, daß dieser Unrath mich so eben erst angeflogen hat.» Herzogin: «Nun so waschen sie ihn wieder ab, hier ist mein Riechfläschchen, gießen Sie Eau de Cologne darauf.» Ich: «Wenn auch das nicht, so will ich wenigstens daran riechen, um mich von dem Schreck über meine große Beschämung wieder zu erholen.» Die Herzogin lachte und ich las wieder frisch drauf los, bis auf einmal die Herzogin einen Zank über gemischte Ehen erhob. Ich vergaß alles darüber und es wurde nicht mehr gelesen. Nun bin ich durch die Dunkelheit wieder nach Hause geschindert, denn die Erde war, wie Du sagst, wie ein Froschbauch und ich hatte Gummischuhe an. Hier erwarteten mich meine Zeichnenschüler Bertha, Line und Gerhard. Jedem gab ich ein Blatt mit Baumschlag, setzte sie fest unter der großen Lampe bei meiner Frau, ich aber zog mich in mein kaltes Zimmer zurück und klage Dir meine Leiden.

*Am 1sten Jan. 1844.* Julchen und Bertha sind auf einem großen Balle, welchen Salmuth drei Holsteinschen Prinzen zu Ehren giebt, die jetzt hier anwesend sind. Ich bin aus verschiedenen Gründen nicht mitgegangen und denke noch ein Stündchen hier am Ofen sitzend zu verschreiben. Bertha ist vortrefflich aufgeblüht und ein völlig erwachsenes Jüngferchen. Sie macht heute ihren ersten Tanz und ging mit großem Herzklopfen, aber doch seelenvergnügt hin. Sie ist auch ein EvasKind. Da sie nächstens zum Hofball soll, so ist der heutige Abend eine gute Vorschule. Besser wäre es freilich sie könnte sich in größerer Stille und Einfalt entwickeln, wie Deine Elmine – oder auch Gott weiß am besten was jedem frommt – hier geht es nicht anders.

Wir haben eine sonderbare Zeit durchlebt, eine recht schwere, wo sich Bertha im Ganzen so gut benommen hat, daß ich ihr von Herzen das heutige Vergnügen gönne. Acht Tage vor Weihnachten that ich meine milde Hand auf und schenkte der Flügge, da ich von der Bernst. einige Theaterbillets erhalten, eins davon, sie auffordernd ins Theater zu gehen. Sie hatte die größte Lust, aber wie sie in allen Dingen sonderbar ist, so behauptete sie, ohne meine Frau könnte und wollte sie nicht gehen. Endlich entschloß sich Julchen, wiewohl ungern, mitzutraben und ich blieb mit den Kindern zu Hause. Es war an einem Sonntage und der Aufstand von Barcelona wurde gegeben. Ich war krank und pflegte mich in meinem Lehnstuhle mit Brustthee, während die Kinder um mich spielten bis auf Bertha, die auch im Theater war. Um 8 Uhr hörte ich starkes Klingeln und Geräusch im Hause. Ich schickte Anna hinunter, doch diese brachte die Nachricht, es wäre nichts, das Stubenmädchen sei zu ihrer kranken Mutter gerufen. Doch bald fiel mir Verlegenheit und Flüstern bei den Kindern auf, ich inquirirte sie und erfuhr nun, Julchen sei nach Hause gekommen und habe beide Mägde weggeholt, da die Flügge krank geworden. Nun ließ ich die Kinder Feuer machen im Zimmer der Flügge und das Bett durchwärmen und bald kamen auch Line und Bertha, um nach diesen Dingen zu sehen. Die armen Kinder waren ganz bleich und erschrocken und erzählten, als die Leute im Theater sich verlaufen, hätte die Flügge schauderhafte Krämpfe bekommen, meine Frau war gleich nach Hause gelaufen, Bertha zum Doctor und die arme Line hatte sich nun allein mit der Krampfhaften in Todesangst befunden, bis ein Schornsteinfegermeister, der von Amts wegen immer länger im Theater bleibt sich zu ihr gesellt und ihr beigestanden hatte. Als dies referirt war, hörte man auch schon am entfernten Geschrei auf der Straße, daß man die Kranke bringe. Alle Kinder entwischten und Adolph versteckte sich in der Küchenstube, weinte und rief: die Krämpfe kommen! die Krämpfe kommen! Auf einem scharlachrothen und vergoldeten Lehnstuhl aus der herzoglichen Loge trugen jetzt 4 starke Männer die Kranke ins Haus, welche überdem von 3 Aerzten begleitet war und vom Schornsteinfeger, die sämtlich ihre Röcke ausgezogen und über die Krankhafte gebreitet hatten, welche dem verschleierten Bilde der Isis glich, aber schaudervolle Töne ausstieß. Als sie in ihrem Zimmer niedergesetzt wurde, ward sie rasend, that überlaute Schreie und wurde nun so von uns Allen auf dem Stuhle festgehalten. Dicker Schaum trat ihr vor den Mund, Teufelsdreck ward ihr zwischen die Zähne gegossen, der Angstschweiß lief ihr vom ganzen Leibe herunter, die Füße wurden frottirt, die Schnürbrust aufgeschnitten – es war schrecklich und zwischen durch schlug sie ein höllisches Hohngelächter auf und raste dann wieder. Von den Augen sah man fast nur das Weiße. Bald lernte ich es sie mit Hülfe des Stubenmädchens so zu halten, daß sie sich keinen Schaden thun konnte und so ward ich naß von ihrem Schweiß und stank nach Teufelsdreck wie ein Dämon. Nach 10 Uhr kriegte das arme Stubenmädchen dieselben Krämpfe in geringerem Grade und mußte zu Bett gebracht werden und das Stubenmädchen der Valentiner, welche sie vom Theater mit herbegleitet hatte, lag zu Hause bei ihren Eltern auch an denselben Krämpfen. Ich war darauf gefaßt, daß bald alle meine Weiber mit Händen und Füßen um sich schlagen würden, aber meine Frau und Bertha blieben vortrefflich fest. Um 10½ schlichen sich alle 3 Doctors weg, erklärend sie könnten nichts weiter helfen, es würde schon von selbst vergehen und dergleichen hartnäckiger Krampf sei ihnen befremdlich und unerhört. Nun war ich mit meiner Frau allein, ganz unerfahren in solchen Dingen und die unglückliche Person bäumte sich fortwährend besinnungslos in unsern Armen. Da ging die Thüre auf und die gute Valentiner kam ruhig wie ein Engel des Trostes herein, mit der Erklärung, sie werde uns die Nacht nicht verlassen. Da sie oft dergleichen gesehen, konnte sie uns beruhigen und uns mit gutem Zuspruch an die Hand gehen. Es ging nun alles besser, wir thaten der Kranken weniger Gewalt an, sie wurde ausgezogen, ich sackte sie auf und trug sie ins Bette. Im Bette fing sie wieder an zu rasen und stieg fortwährend wie eine Rakete in die Höhe, dann hielten die Weiber ihr die Füße und ich stemmte ihr den Kopf unter den Rücken und wehrte ihr die Hände ab, daß sie uns nicht die Haare ausriß. Sie war im Hemde, ihre langen Haare hingen ihr wild übers Gesicht und die Valentiner verglich uns mit Paul und Virginie, so auffallend waren die Balgereien mit der Nackten. Endlich gegen 2 Uhr ward sie ruhiger und fand ihre Besinnung wieder, so schlich ich mich auf mein Zimmer und ließ die Weiber bei ihr. Am andern Morgen ging die Teufelei von neuem los, ich ward gerufen, weil sie nicht zu bändigen war und mußte derb zugreifen, am Nachmittag wieder, am Abend auch und so ging das 3 Tage hintereinander. Mir waren die Glieder wie zerschlagen, die Arme schmerzhaft, als wenn ich gerudert hätte, die Kräfte meiner Frau erloschen auch, es war trostlos. Da endlich ließen die Krämpfe nach, sie behielt die Besinnung dabei, so daß man ihr kräftig zureden konnte, einige tüchtige Dosen Moschus mochten das ihrige gewirkt haben und unser ganzes Haus roch wie ein Bisambeutel. Indeß bekam sie doch 2 Mal täglich die Krämpfe bis zum nächsten Sonntage, dem Weihnachts heiligen Abend. Das Stubenmädchen hatten wir aus dem Hause gebracht, die krampfte bei ihren Eltern immer tüchtig drauf los. Es mußte im ganzen Hause eine Stille erhalten werden, wie im Grabe, alle Kinder gingen in Strümpfen und schlüpften wie die Schatten herum. Sobald sie ein Geräusch vernahm, kamen gleich die Zufälle wieder. Am Morgen des h. Abends hatte Julchen alle Geschenke für die Kranke zurecht gelegt. Sie ward dadurch so gerührt, daß sie in ein unauslöschliches Weinen verfiel und damit war die Macht des Krampfes gebrochen, der fortan nur als heftige Beängstigung eintrat. Nun folgte die Woche nach Weihnachten. Sie wurde wie ein rohes Ei behandelt, Bertha saß fortwährend bei ihr und opferte ihr eigentlich die ganze Weihnachtszeit und überhaupt waren die Kinder so still und musterhaft, daß man sich nicht genug verwundern konnte. In den letzten Tagen kam sie auch wieder zu uns herauf. Nun bekam sie den Einfall, Bertha solle bei ihr schlafen (sie hatte bis dahin immer eine Wartefrau) und da wir ihr das vor der Hand verweigern mußten, da Bertha sich ängstigte, so gerieht sie in die scheußlichste

Laune, sprach nicht, war wie eine Todte, schrie erschrocken beim kleinsten Geräusch auf und gestern am Sylvesterabend, da sich nach alter Weise die Valentiner und Bernstorff mit den Kindern in meinem Stübchen versammelt hatten, um die letzte Nacht zu feiern, stürzte Minchen mit der Nachricht herauf, sie schäume wieder, bäume sich und schreie fürchterlich. Wir bestellten nun eine starke Frau, die sie halten mußte, ich redete ihr sehr ernsthaft zu, wir gaben ihr Moschus und entfernten uns erst als sie ruhiger wurde. Sie krampfte fast die ganze Nacht und heute den ganzen Vormittag. Am Nachmittag ging ich zu ihr und wollte sie recht ernstlich ausschelten, aber da war der böse Feind gewichen und sie sah mich ganz freundlich an. Ich gab ihr den Neujahrsspruch, den wir in der Nacht für sie gezogen hatten «Lasset uns wandeln im Licht des Herrn» mit einem freundlichen bunten Bildchen und machte sie aufmerksam auf die Mächte der Finsterniß, die mit ihr spielten und wie sie dem mit Kraft widerstehen, oder untergehen müsse. Sie wurde heiter und frisch, wir lachten zusammen, den Abend war sie ganz gesund und jetzt schläft sie wie ein Dachs, zum ersten Mal recht fest, seit dem ersten Anfalle. Das Mädchen ist auch wieder so ziemlich und verrichtet ihren Dienst. Indessen da die Flügge sich über jeden Dreck ärgert und es an Dreck nicht fehlt, noch fehlen wird, so stehen immer neue Anfälle zu befürchten und ich habe noch gar keine rechte Idee, wie das nun werden soll, besonders da ich sie nicht aus dem Hause thun kann, weil sie noch nicht weiß wohin. So eine nervöse Person im Hause ist aber ein ganz gräuliches Unglück und eine Zerstörung des Lebens. Ich hatte gehofft, die Liebe, die wir ihr erzeigt, würde ihr Herz erweichen und ihren Sinn milder stimmen und wir das letzte halbe Jahr noch recht friedlich miteinander durchwandern, doch zeigt leider die letzte Erfahrung, daß dem nicht so ist. Wenn ich erzählen sollte, was wir alles für Tänze miteinander gehabt haben, so würdest Du erstaunen. Doch davon genug.

*Am 10t Januar.* Gestern war großer Hofball, zu dem wir auch geladen waren. Julchen mit Bertha fuhren hin, ich blieb wieder zu Hause, um unsere arme Krampfhafte nicht zu verlassen, deren Uebel aber durchaus nicht weichen will. Es ist mit diesen Krämpfen wirklich ein großes Uebel und Elend in unserem Hause eingezogen. Alle Abend dasselbe und vor 12 Uhr kommen wir fast nie mehr zu Bette und welch traurige Bilder nehmen wir dann immer mit in den Schlaf hinein. Doch scheint mir auf die arme Kranke selbst das Uebel segensreich einzuwirken. Gestern, als ich ganz allein mit ihr war, legte sie mir unter vielen Thränen ein redlich gemeintes Sündenbekenntniß ab und meinte –, sie hätte ja, wie sie dies nun einsähe, durch ihre Heftigkeit und bösen Launen, viel schlimmeres verdient als dies Uebel. Ich machte den Versuch durch tüchtiges Zureden diesesmal die Krämpfe zu keinem wilden Ausbruch kommen zu lassen und verwies sie fortwährend auf festes Anhalten im Gebet. Sie that dies auf ihren Knien, aber ihre Angst stieg dadurch so, daß ihr der Schweiß vom Gesichte strömte. Endlich erklärte sie mit ganz gelähmter Zunge, sie könne nun nicht mehr, sie würde untergehen, wenn sie nicht austoben dürfe. Ich sagte ihr aber jetzt gälte es eben, wenn sie jetzt unterläge, so könne sie auch zeitlebens einem so gräßlichen Dämon unterthan bleiben, einmal überwunden würde dieser machtloser werden und dann gewiß weichen. Da sank sie in ihrem Stuhl zurück wie ein leerer Sack und blieb 10 Minuten lang ganz regungslos und mäuschenstill. Darauf stand sie auf, erklärte sie wäre gesund, dankte mir, daß ich ihr den Willen nicht gelassen und ging zu Bette. Heute ist sie ungewöhnlich heiter, hat den Kindern einige Stunden gegeben und ich bin nun ganz gespannt auf den Abend. Gott gebe doch das Beste. Alle Freunde dringen in mich ich soll sie aus dem Hause thun, doch ist es mir ganz unmöglich eine so bejammernswerthe Person in solchem Zustande ihrem Schicksal zu überlassen, so lange man noch irgend hoffen darf.

*Am 12ten Jan.* Mein alter theurer lieber Bruder! Heute kam Dein köstlicher Decemberbrief an, da ich immer noch dabei bin, den vorletzten zu beantworten. Das war wieder ein recht schöner lieber Brief, wie aus alter besserer Zeit und hat mich ungemein wehmüthig gemacht, obgleich Du, Gott sei Dank, ja eigentlich lauter Gutes meldest. Ja wohl, ich wäre auch gern bei Euch, freilich nur dann, wenn ich dort so still, so vergraben und verborgen leben könnte, wie Wilhelm Stackelberg. Soll ich aber einmal mit Fremden und Vornehmen im Verkehr bleiben und so ein bischen in der Welt leben, so bleibe ich lieber hier, wo in der Gesellschaft mehr gegenseitige Achtung der Personen und weniger des Standes und der Stellung zu finden ist. – Ja, von Dir hast Du lauter Gutes gemeldet – aber die armen Pollschen, meine lieben Stackelbergschen Schwestern! O warum konnten sie nicht hier bleiben, ihre Besserung wäre wirklich fortgeschritten. Hier in Ballenst. hätten sie bleiben müssen. Ich freilich, für meine Person, lebte mit den Meinigen ganz still und einsam in Poll. Ich werde ewig ein Fremdling in der Welt sein, in welcher ich an Einsamkeit fast sterbe. Ich bin entsetzlich einsam, und ich fühle das so schmerzlich, weil ich unter vielen Menschen lebe. Was man Umgang nennt, habe ich nicht, außer einem mir aufgedrungenen mit Fräulein Bernstorff, der, ich weiß nicht warum, mir nicht nur kein Vergnügen macht, sondern mir auch oft recht beschwerlich wird, und um welchen ich beneidet und welcher der Bernstorff verdacht wird. Kenntest Du meine Lage recht aus dem Grunde, so würdest Du sie wahrhaftig nicht angenehm finden, sondern recht schwer, – obgleich sie auch noch schwerer, viel schwerer, ja so unausstehlich werden könnte, daß ich daran zu Grunde gehen müßte, wie so unzählige Menschen blos an den äußern Verhältnißen sterben, in denen sie leben müssen. Ach Dicker, schreibe mir doch bald, daß Sophie wohler ist. Unser Aller Lebensgang wird immer schattiger, immer dunkler, und darauf kommt es an, daß wir den Kopf oben und frischen Muth behalten. Ich bin seit Deinem Besuche, nicht durch denselben, ordentlich wie gemüthskrank gewesen und nur bisweilen auf Wochen oder auf Tage aus den Fluthen aufgetaucht, die mich umwogten und begruben, aber ich bin doch immer wieder aufgetaucht und wenns Gott gefällt, werde ich endlich doch oben bleiben. Wenn einer, der so wie ich im Christenthum gelebt hat, aus diesem seinem Lebenselemente herausgerissen wird, so ist's kein Wunder, wenn er wie der Fisch auf dem Lande mit dem Schwanze schlägt und sich aufschnellt, geängstet von dem fremden Elemente, das ihn umgiebt. Es ist kein Wunder, wenn Du mich zerrissen fandest. Aber wenn ich auch das Christenthum nie wiederfinde, so werde ich mich doch nimmermehr gewöhnen, ohne einen Schatz zu leben, den ich früher besessen und der mir ganz unentbehrlich schien. Dir ist nur das Gefühl des Glaubens, die Seligkeit, entrissen, mir der Glaube selbst – wir werden uns eben beide begnügen müssen. Wie lange wird es währen, so sind wir todt.

Daß sich Helene so nützlich macht, hat seinen großen Lohn in sich selbst. Solche unverheirathete weibliche Seelen können wie Engel durchs Leben gehen und das Leben kann ihnen ein Himmel werden, wenn sie nicht toll sind. – Meine Maneuvers die B. und die Hofdamen einander näher zu bringen, sind bis jetzt geglückt, es ist alles besser geworden und auch mir scheinen beide Damen zu vertrauen und mir recht gut zu sein, wenn sie mich nicht betrügen, was auch leicht sein kann. Was Du von der Heuchelei schreibst, vergangene Zustände zu affectiren um etwas zu gelten und auf Andere zu wirken, ist nur zu wahr, auch bisweilen mein Fall gewesen, und eine von den Klippen des Christenthums. Nichts erweckt die Herzen so zur Liebe als geistlicher Einfluß – verflucht, wenn sich da heimliche Gefallsucht hineinmischt. Die meisten berühmten Prediger scheitern daran. Mit unserer Kranken geht es noch so schlimm, als je. Es gefällt Gott, daß wir uns in der Liebe üben sollen, gegen eine Person, die uns nicht liebenswürdig scheint. Krampft sie nicht, so beweint sie in der Regel ihren Zustand, und leider meistens in meiner Stube, wohin sie einen krampfhaften Zug hat; ruinirt auch manche Sachen. –

O wie gerne schriebe ich die ersten Blätter meines Briefes um und nützlicheres an deren Stelle – aber keine Zeit. Aergert's Dich, so reiß es aus und verbrenne es. Grüße die liebe Elmine, Helene, Nanny, Deine Kinderlein. O wie traurig zu enden. –

Couvert.

Auch ich beneide nicht diesen Brief um seine weite Winterreise. Und doch, wenn mir Einer Geld und Zeit und Ruhe für mein Haus schenkte, ich wäre im Stande und zöge meine großen Pelzstiefel an und machte mich auf zu Dir. Jetzt ist es ein Jahr, da schlug mir schon das Herz, wenn ich Deines Kommens gedachte und zählte die Wochen. Acht Wochen waren es, die vergingen schnell. Du frägst nach dem neuen Hause. Es ist bedeutend wohnlicher und bequemer als in dem alten Quartiere und würde Dir besser gefallen, auch ist an den Oefen weiter nichts auszusetzen, als daß sie zu viel Holz fressen. Bei Euch wäre allerdings der Winter weniger plagevoll, wenn er nur kürzer und weniger kalt wäre. – Nein es ist nicht möglich weiter zu schreiben, die Kranke ist ganz außer sich, wie noch nie, sie schreit und lacht und tobt als stäke sie am Spieße – auch mir fährt fast die Seele aus dem Leibe – wir haben wieder einen grausenvollen Tanz gehabt und unten dauert er noch fort. Ich habe sie so eben hinunter geschleppt, wobei wir beide fast den Hals gebrochen. Sie hat wieder etwas übel genommen und daher maßlose Raserei – man kann sich so schauderhaftes kaum denken, wenn mans nicht gesehen. Verzeihe nur, daß ich Dir fast von nichts anderem schreibe. Nun lebe wohl, mein lieber alter Junge! Wie sehr freut mich die Herabsetzung des Portos. Meine größte Freude ist ein Brief von Dir, auch schreibe ich Dir sehr gerne. Wenn Du diesen Brief erhältst, wird hier, so Gott will, vieles besser sein.

## N° 18 Ballenstedt am 10t Febr. 1844

Lieber Gerhard!
Gestern erhielt ich von Auguste einen langen ausführlichen Brief über Antoniens Ende, heute von dir, da ich doch so balde von Dir keinen wieder erwartete. Aber Dein Brief und die Freude darüber war ein Trost, ein rechter lieber Trost in meiner tiefen Betrübniß. Doch ist mirs noch immer als sei mir ein Glied ausgerissen und ich werde diesen Schmerz nie vergessen. O meine liebe, liebe Toni! Was sie vor Gott war, weiß ich nicht, wahrscheinlich nichts schlechter nichts besser, als Millionen andere Weiber, – mir aber war sie eine Freundin, die ich kannte, die mich kannte durch und durch – und die mich dennoch liebte. Außer ihrem Mann und ihren Geschwistern und Vater, wird sie wohl auch schwerlich jemand so geliebt haben, als ich sie liebte. Sie war unendlich liebenswürdig gegen ihre Freunde, und weil sie es gegen diese ausschließlich war, war ihre Freundschaft so beglückend. Ich bin wie ein Kind, wenn ich an sie denke. Ach Gerhard! *ein* Herz, das uns kennt und liebt, weniger in dieser kalten Welt, ist ein ganz ungeheurer unersetzlicher Bankerott, von welchem man sich nie wieder ganz erholt. Du schreibst «wohl ihr!» Ja möchte es ihr recht wohl, recht wohl sein – auf Erden war sie eine gar mühselige Kreuzträgerin. Wenn ihr Glaube sie nicht täuschte, so wird sie's freilich jetzt gar gut haben, bei dem Herrn, den ihre Seele liebte. Wohl dem der solchen Glauben hat und der wie sie ohne Resignation sterben kann, weil er weiß, daß er die Nacht vertauscht gegen den Tag. Doch Basta! und nun habe Dank für Deinen Brief, welcher ein Bruderbrief ist. Du machst mir unter anderem die Mittheilung, daß ich sehr stolz oder hochmüthig und selbstgefällig sei. Dies scheinst Du ganz genau zu wissen, und da ich es auch weiß, so freue ich mich, daß wir in diesem Stück ganz einerlei Ansicht haben. Ueberhaupt verspüre ich an mir einen merklichen Mangel an aller Tugend, das heißt an allem Guten, das ich meiner Natur abgerungen und wenn ich daher sage, ich sei stolz, so nehme ich natürlich den Tugendstolz aus, von dem ich nichts weiß. Willst Du mich indessen auch des Tugendstolzes beschuldigen, so würde ich Dir wohl auch darin nicht widersprechen, weil Andere uns leicht bes-

ser kennen, als wir uns selbst. Früher als ich noch gläubig war, war ich bei weitem hochmüthiger, welches ich jetzt aus der Verachtung erkenne, die ich leicht gegen Andersdenkende faßte, wenn sie ihre Ansichten geltend machten. Ja ob ich gleich selbst jetzt ein armer Ungläubiger bin, so wandelt es mich doch noch oft an, wenn ich dumme Einwendungen gegen den Glauben höre und wenn Gläubige in meiner Gegenwart unrecht beurtheilt werden. Nicht immer rufe ich mir dann zu: Du glaubst ja selber nicht! – Es ist ein eigenes Ding um den Stolz. Erinnerst Du Dich vielleicht des Kammerherrn H. dem wir in Bernburg unsere Aufwartung machten, und der uns bei Hofe empfing? Wir gingen sehr nett und freundschaftlich miteinander um, und so ist es auch noch. Wenn ich ihn aber ansehe, was ein gemeines flaches Gesicht er hat, und wenn er sich mit auffallender Süffisance in Gespräche mischt von denen er nichts versteht oder mit unleidlicher Unverschämtheit ihm ganz fremde Dinge beurtheilt, so wandelt mich stets Verachtung an, und zwar ganz besonders stark, wenn er über Kunst und Künstler spricht. Es hilft nichts daß ich mir sage: der arme Kerl kann ja nichts dafür, er ist nun einmal so blitzdumm und unverschämt geschaffen – es hilft alles nichts, ich verachte ihn so sehr, daß ichs nicht einmal für der Mühe werth halte ihn weiter ins Gespräch zu nehmen, um ihn zu belehren und bin nur froh, wenn ich ihm keinen Hieb gegeben habe. Eben so der Hofprediger, wenn er mit vielem Bombast eine christlich sein sollende Predigt abfeuert, so betrübt mich das nicht, sondern ich verachte ihn, ja ich verachte ihn so sehr, daß es mir ganz unmöglich ist über theologische Gegenstände mit ihm zu sprechen. Aus solchen Experimenten und anderen sehe ich, daß ich einen tüchtigen Stolz habe. Da ich dies aber schon in meinem achtzehnten Jahr einsah und nun vierzig bin, so werde ich dies Laster wohl mit ins Grab nehmen, obgleich ich klar einsehe, daß ich viel, viel glückseliger wäre, wäre ich demüthig.

Daß Du mich einen halbverrückten Menschen nennst, ist gut und passend und schmeichelhaft, ich bin nur froh, daß ich nicht ganz verrückt bin, denn halb sind es alle, die keine Fräulein Breling sind, als welche vollständig vernünftig zu sein sich erwies. Daß ich aber Kammerherr werden wollte, war wohl der vernünftigste Wunsch meines Lebens und das Verrückte lag blos darin, daß ich keine Schritte dazu that. Du schreibst: alle Vortheile eines Kammerherrn hätte ich bereits und zwar ohne die Nachtheile, deshalb solle ich zufrieden sein. Entsetzliches Unthier das Du bist, halb wahnsinniger Träumer! Welches sind denn die Nachtheile? Die Nachtheile sind: alle Tage einmal entweder Mittag, oder Abend bei Hofe sein und zur Unterhaltung beitragen zu müssen, mit den Herrschaften spatzieren zu gehen und mit unnützen Herumstreichen Zeit zu verlieren. Nun diese Nachtheile habe ich auch jetzt schon und habe darüber noch meine Arbeit, die mir die Laune verdirbt. Die Vortheile sind ein Gehalt von 1200 Thalern und eine große Menge werthvoller Geschenke, ein ansehnlicher Rang und dadurch eine kinderleichte Stellung in der Gesellschaft, in welcher wir leben müssen. Diese Vortheile habe ich nicht. Was ich jetzt nebenbei, abgespannt von mißlungener Arbeit thun muß, würde dann meine Arbeit sein und ungeheuer viel Zeit würde ich behalten zu meiner Disposition. Uebrigens brauchst Du Dich nicht zu fürchten, denn die Stelle ist bereits vergeben, an einen Major Kutteroff aus Hannover, welcher beim Herzog als Adjutant zugleich den Kammerherrndienst vertritt. Ich habe ihn nur einmal kurz bei einem Besuche gesehen, den er in Ballenstedt machte und er machte mir den Eindruck eines rechtschaffenen Mannes, ohne alle Affectation, so daß ich mir Glück wünsche zu diesem neuen Kameraden. Ich aber bleibe nun bei meiner Malerei, welche mich nach und nach unter die Erde drückt. Ich glaube herzlich gern, daß Du kein großer Landwirth bist. Das ist aber was anders. Hätte ich Farbensinn so wäre ich damit auch noch kein großer Maler, aber ich könnte doch selbstständig arbeiten und würde mit meinen Arbeiten rascher fertig, anstatt daß ich jetzt meine Frau wohl 10 Mal des Tages holen muß, damit sie die Farbe beurtheilt, und dann doch das Bild von den Leuten zurückgeschickt bekomme, weil eine Backe röther als die andere ist, oder ein Auge verweint, oder das Ganze zu grau, zu grün oder weiß der Teufel was sie alles aussetzen. Wenn ich dagegen zeichne, so wird es auch nicht wie von Krüger, aber ich kann es doch allein beurtheilen und weiß was ich abliefere. Dann bin ich auch fleißiger, weil ich der Arbeit gewachsen bin. Nun – ich muß es eben tragen, als unabänderliche Last, aber die Kraft ist nicht immer gleichmäßig frisch. Es sind eine Legion anderer Plagen da, und wenn manchmal alles zusammentrifft, so ist's kein Wunder, wenn man kleinmüthig wird. – Du meinst, wenn ich weniger hochmüthig wäre, so würde ich mich weniger isolirt hier fühlen, aber das verstehst Du nicht. Es ist nichts kleines in Mitten der Gesellschaft leben zu müssen, ohne doch nur von einem einzigen verstanden zu werden. Es lebt kein einziger Mensch hier oder in der Umgegend, mit welchem ich von dem reden könnte, was mich interessirt, nicht weil die Andern zu dumm wären, sondern weil sie sich wieder für ganz andere Dinge interessiren. Ich habe fast mein ganzes früheres Leben dem Studium der Bibel und des Bibelglaubens gewidmet. Ich war zwar Maler und malte, aber mein Interesse war nicht der Kunst, sondern immer dem christlichen Glauben zugewendet. Daher ging ich auch ganz ausschließlich nur mit gläubigen Menschen um und wußte mit Andern nichts anzufangen, und war nichts, gar nichts mit ihnen zu besprechen. Wäre ich nun noch der Alte, so hätte ich hier in der Nähe wenigstens 2 Pastoren, gegen die ich mich aussprechen könnte, ein Paar Weiber nicht zu rechnen. Nun aber ist mir mein Glaube umgekippt und ich habe nun niemand mehr. Die Weiber begreifen nichts von meinen Zweifeln, weil sie eine ganz andere Art zu denken haben. Meine Einwürfe sind ihnen keine, auch mag ich sie nicht irre machen. Die Ungläubigen, mit denen ich de facto einig bin, sind aus Vorurtheil ungläubig, sie haben über die Sache nicht nachgedacht, sie haben keine Liebe zum Christenthum, sie kennen keine Trauer es nicht zu besitzen, sie haben kein Interesse, weder am Glauben noch am Denken, sie sind leichtfertig und gegen sie spreche ich mich am wenigsten aus, ich wollte lieber sie würden Christen, damit sie nur erst einmal zum ernsten Nachdenken kämen. Anders denkt und spricht man über eine verlorene Geliebte, als über ein Mädchen, das man niemals liebte. Nun fehlt mirs ja nicht an Umgang, die Leute gehen gerne mit mir um und wenn ich wollte, könnte ich mich fortwährend in Gesellschaft bewegen, auch außer dem Hofe. Aber was hilft das. Wer so angefüllt ist mit Ideen wie ich, der will sich aussprechen, der muß sich aussprechen und wenn er kein Ohr findet, so fühlt er sich einsam. Ich könnte schreiben, o ja warum nicht, das würde mich auch erleichtern, aber ich fürchte mich Manchem dadurch etwas zu nehmen, ohne ihm dafür meinen Sinn geben zu können, der, wenn es ihm auch schwer wird, den Verlust doch tragen kann. Du bist keineswegs ganz in meiner Lage, Du würdest ungleich mehr Anknüpfungspunkte hier finden als ich, aber trotz dem glaube ich doch würdest Du Dich hier einsamer fühlen als in Deinem einsamen Finn.

*Am 19t Februar.* Schon wieder ein Brief oder Epistolus von Dir – das ist dolle, ganz ganz dolle, dollollorollollo! Du bist aber eine brave Haut und ist kein anderer Fehler an Dir, als daß Du immer so viel Blähungen hast; auch popelst Du schrecklich. Wenn Du den Hegel ein bischen studirt hättest, so würdest Du gelesen haben, daß immer alles in sein Gegentheil umschlägt, obgleich niemand recht verstehen kann wie und warum und woher die Bewegung des Umschlagens kommt. Daher solltest Du eigentlich nun anfangen anstatt zu popeln zu schnupfen und zu singen anstatt des andern. Das wäre netter, verstanden? – Es ist prächtig, daß Du so einen Schreibteufel hast und besonders freut mich dieser Brief, weil ich Dich so gerne erzählen höre. Ich bin mit Dir in Ottenküll gewesen, ich habe mit Dir Wilhelm und Alwina umfangen, mit Dir habe ich dort geraucht, im Geiste Alwinas Söhnchen an mein Herz gedrückt und den herrlichen Beischlaf mit genossen, den Du mit dem alten Guilelmus ausgeführt. Auch in Finn habe ich die Fliegen brüllen, Elminen mit den Schwestern schwatzen hören und wohl gemerkt was Mühe Richard sich mit dem Räuber gab. Solche Schilderungen mache öfter, nur noch ausführlicher, etwas von dem was gesprochen worden ist, damit ich mich im Geiste recht unter Euch hineinschwingen kann. Unsere Briefe enthalten zu viel Raisonnements und sind deshalb eigentlich gar keine Briefe, die vorzugsweise Berichte sein müssen, versteht sich gewürzt mit der Quintessenz dessen, was inwendig im Geiste vorgeht. Dahin gehört auch die üble Laune, das muß alles mit in den Brief hineinfahren, wie die Coloquinten in den Hasenpfeffer. Daß Du Dich über meine üble Laune neulich so gefreut hast, war sehr liebenswürdig von Dir. Ich dachte es mir gleich, daß Du nicht hysterisch davon werden würdest. Aber sage wie geht es zu, daß wir nicht immer mit solcher schwarzen Dinte schreiben? Denn der Mensch, wenn er schreibt, kommt zu sich selbst, und wenn er zu sich selbst kommt sind sie beide in so schlechter Gesellschaft, daß es nicht zu begreifen ist, wie sie jemals zusammen fröhlich oder zufrieden werden können. Dennoch wenn es ihnen gelingt von sich selbst zu abstrahiren und das anzusehen, was sie nicht sind, so ist er wieder allein und kann zufrieden werden.

*Am 20. Febr.* Fastnacht. Da wurde ich wieder gestört. Cramer kam mit seiner Frau und blieben bis 11 Uhr in der Nacht. Wir spielten ein treffliches Schach. Ach daß ich mit Dir nicht spielen konnte, aber mein Kopf war so entsetzlich angegriffen. Jetzt, da die Bernstorff fort ist, bekommen die älteren Bekannten wieder Raum und strömen heran. Wir leben verzweifelt gesellig. Noch haben wir nicht dazu kommen können Deine beiden letzten Briefe zusammen zu genießen. Alle Abend sind wir ausgebeten oder haben Gesellschaft bei uns. Vorgestern waren Seelhorsts und Hoffmanns da, viele Damen. Alle sprachen auf einmal, so laut als sie konnten und keine Pause. Dabei hatte Adolph einen Bräuneanfall. Gestern war es so schlimm mit ihm, daß wir bis 1 Uhr in der Nacht bei ihm aufsaßen, um die Wirkungen eines Brechmittels abzuwarten. Ich hatte mich so geängstigt, daß ich fast nicht schlafen konnte, dazu kam ein toller Sturm, wie sie nur hier sind, dessen Heulen Todte erwecken könnte. Heute Morgen ein Portrait – und da bin ich nun fast wie ein Ohnmächtiger. Julchen war auch heute ausgebeten, hat es aber wieder absagen lassen, weil Adolph immer noch krank ist.

Am 17t Abends 10 ist Krosigk endlich ganz sanft gestorben. Morgen werden wir ihn begraben. Er hatte bis zuletzt Hoffnung zum Leben. Armer, armer Junge! Nun ists auch ein Jahr, daß Du kamst. Als ich Dich früh im Dunkeln wiedersah, das war die erschütterndste Freude meines Lebens. Mein lieber guter, treuer alter Bruder! Man hat nur einen. Gott behüte Dich.

Couvert.

Nun in der Eile noch das Couvert gar gesotten. Das könnte Dich noch interessiren, daß mir die Herzogin eine große prächtige Stutzuhr geschenkt hat, die in meinem Zimmer an der Wand prangt. Zwar geht sie nicht, weil vornehme Leute leicht betrogen werden, aber es ist mir dies auch ganz einerlei, sintemalen ich noch 2 andere Uhren im Zimmer habe, die ganz vortrefflich gehen. Drei Uhren aufzuziehen ist auch zuviel und es ist unerträglich, wenn alle Augenblick eine Uhr schlägt. – Daß Deine Jungens sächsische Soldaten werden wollen, ist ordentlich rührend. Mein Gerhard möchte, von Ottos Patriotismus angesteckt wieder am liebsten ein Russe werden. Ich bin ganz zufrieden, daß ich Anhaltiner bin und beneide weder Türken noch Perser. Elmine, Alwina, Helene, Sonny, Nanny – welch Cousinenkrösus bin ich doch! Alle sind sie meine Lieblinge, nur daß ich immer zweifelhaft bin ob ich vor Elmine oder Alwina, ob vor Sonny, Helene, oder Nanny ich die meiste Ehrfurcht haben soll. Eigentlich doch vor Elmine, weil sie mir im Kurküllschen Garten Kreken oder Queken (wie heißen doch die Pfläumchen?) zu essen gegeben hat, was ich nie vergesse. Oft fresse ich sie Alle im Geiste auf, nicht die Kreken, sondern die Cousinen. Grüße Wilhelm und Conny – es war toll wie letzterer steisüber in den Hermsdorfer Teich stürzte, nie vergesse ich das Bild. Er muß im Zeichen des Wassermanns geboren sein, oder Unkraut, daß er nicht ersoff. Alle Deine lieben Kinder lege über in meinem Namen, der ich wie Luther viel von der Kinderzucht halte. Ich denke mir, daß Helene ihnen das Fell zu wenig gerbt. Ich würde meine Kinder schrecklich hauen, wenn ichs nicht immer vergäße. Auch zu gutmüthig. – Erstaunlich, die goldne Hochzeit in Mödders! So was kann hier nicht sein. –

## N° 19

Ballenstedt am 31sten März 1844

Theuerster Junge!
Heute Morgen erhielt ich Deinen Brief vom 6t März a. St. aus Reval. Leider war ich gerade bei der Arbeit und konnte erst jetzt zum Lesen kommen. Ich bin heute krank an reuhmatischem Fieber. Ich hatte mich nicht wenig auf den heutigen Tag gefreut. Der Hof kommt erst morgen zurück von Bernburg und die Flügge hat uns heute ganz früh, so Gott will, auf immer verlassen, Ursache genug zum Dank. Dazu ist Palmarum, mein LieblingsSonntag und ich dachte mit den Meinigen heute recht in meinem Gott vergnügt zu sein und wo möglich den ganzen Tag im freien zu verleben. Nun bin ich krank, fiebrig, angegriffen und ein ganz dicker undurchdringlicher Nebel bedeckt das Land, da wir vorher das schönste Wetter hatten, Veilchen, Schneeglocken und Vogelgesang. Ich war so wohl wie ein Thier und lerchenhaft heiter – wie kann das so schnell umschlagen? Durch Haarabschneiden mein Lieber, und dazu kommt daß sobald ich mir die Haare abschneiden lasse, Julchen gleich meine Schlafstube und das ganze Haus scheuert. Ich blättere in Deinem lieben Briefe und finde das Gespräch mit Ungern. Welch ungeheuer reicher Stoff ist da umgerührt. Wärst Du doch hier, daß wir das besprechen könnten. Ungern gehört zu denjenigen, die Glaube und Unglaube vom Willen ableiten. Er muthete mir zu nur zu wollen, so würde ich glauben. Er soll nur einmal glauben wollen, daß er träume, wenn er glaubt zu wachen, ob er das kann. Wer so sehnlich *gewünscht* hat zu glauben wie ich, es aber nicht *konnte*, dem kommen solche Aussprüche sonderbar vor. Oncle Carl meint große Noth könne mich zum Glauben zu-

rückführen. O ja, wer aus Mangel an Ernst aus Leichtsinn und Weltlust seinen Glauben ohne ernste Gründe gewissermaßen verzettelt hat, bei dem wird das sicher gelingen. Wenn aber bei mir die Sehnsucht nach dem Glauben bis zum Unerträglichen gesteigert würde, so wäre es doch immer nur die Sehnsucht nach einem festen geoffenbarten Gotteswort über die letzten Dinge, und wo ist dies? Du hast die heil. Schrift. Was in dieser aber steht, weiß ich nicht, außer daß gar Mancherlei darin steht. Ich wüßte doch immer nicht was ich glauben sollte. Mir müßte erst eine mir genügende Ansicht über die h. Schrift gegeben werden, ein großer Gesichtspunkt, der die Widersprüche einigt, dann würde ich auf der Stelle glauben. Sollte durch Alter oder durch Krankheit mein Kopf geschwächt werden, so würde ich allerdings auch glauben. Mache es Gott wie es ihm gefällt.

Du siehst für das Verständniß der Schrift nur zwei Wege, oder mit andern Worten für denkende Christen. Entweder reines Gesetz, oder reine Gnade. Dann haben wir aber eine selbstgemachte Religion und die Schrift, die beides in einander verwebt, ist falsch. Selbst Moses hat die Gnade und sogar in ganz menschlicher Gesetzgebung kann nie die Gnade fehlen, wenn die Gesetzgebung durchzuführen sein soll. Wohl giebt es Christen, die ganz auf der Gnade zu stehen meinen, aber sie betrügen sich selbst, sie wissen nicht was das heißt. Die Forderung des Gesetzes hört *nie* auf, aber der Zwang kann aufhören wo die Erfüllung zur Lust wird. Das sind momentane Zustände und auch der Zwang wird immer wiederkehren. Ohne Gnade kann kein Mensch selig werden, ohne Gesetz kann keiner zur Gnade kommen. Man kommt aber nicht ein für allemal zur Gnade, sondern das Leben eines Christen ist wohl eine tägliche Appellation an diese. Wenn Du übrigens meinst, daß in Verstandesformen die Offenbarung so wenig zu fassen sei, als neuer Wein in alte Schleuche, so kann man auch gar nicht darüber reden. Du fühlst die Widersprüche wohl und suchst Dich deshalb aus dem Gebiet der sich widersprechenden Begriffe in ein freies friedliches Gebiet der Empfindungen zu retten. Auf diese Weise kannst Du von dem Positiven des Christenthums bald abkommen. Wir dürfen nicht das Gefäß zerschlagen, um den Inhalt zu retten. Ohne Form giebt es eben keinen Inhalt, ohne Leib keine Seele und die Dogmen sind der Leib des Christenthums. Lassen sich die Dogmen nach der Schrift nicht bestimmen, so giebt es kein Christenthum. Wir sind nicht blos Herz, wir sind auch Kopf und die Offenbarung muß sich an beide wenden, wenn sie nicht etwa blos Moral enthält, die sich, wenn sie gesund ist, allemal von selbst versteht.

*Nachmittags.* Warum streiten wir doch immer. Brieflich kann man eigentlich nicht streiten, wenn auch bei allem disputiren eine schriftliche Grundlage fast nothwendig ist, um sich nicht zu verirren. Du fängst eigentlich immer an. Ach mir ists auch heute schlecht zu Muthe. Kennst Du das fiebrige Wesen mit Kopfweh und Husten, wenn man so recht erkältet ist? – Wir hatten diesmal ungewöhnlich langen Winter. Im März kam eine rasende Masse Schnee herab; seit einigen Tagen ist er aber ganz verschwunden und die Gartenarbeiten haben begonnen. Sollte ich Dir das vorige Mal gar nichts von der Flügge geschrieben haben? Ich bin mit ihr ein schweres Hauskreuz los geworden. Die 3 Jahre, die sie bei uns war, waren die schwersten meines Lebens, und 700 Thaler mag sie mich alles in allem wohl gekostet haben. Dafür sprechen und lesen die Mädchen ganz fertig englisch und französisch, was sie wahrscheinlich in ihrem Leben niemals brauchen und daher bald wieder vergessen werden. Die Jungens haben gar nichts gelernt. Eine Erzieherin hätte ich brauchen können, aber diese arme krankhaft leidenschaftliche Person konnte keine Erzieherin sein. Nun kamen die Krämpfe von Weihnachten bis Palmarum. Allgemein wurde es mir verdacht, daß ich diese Kranke nicht längst aus dem Hause gab, einerlei wohin, ja wenn ich sie in den Wald gesetzt hätte so hätte man es vernünftig gefunden. Die arme Seele hatte keine Zuflucht und ich wollte sie gerne geheilt entlassen, um nicht ihr ganzes künftiges Glück zu zerstören. Aber so wenig Begriff von Barmherzigkeit haben die meisten Menschen, daß man mich mit ihr in irgend einem sträflichen Einverständniß glaubte, weil man sich meine Geduld nicht anders erklären konnte. Obgleich ich mit niemand über dies häusliche Elend hier sprach, so wurde ich doch mit gutem Rath von allen Seiten fortwährend belästigt, ja Andere machten Pläne z.B. die Kranke auf meine Kosten nach Halle ins Krankenhaus zu geben, was schon ziemlich abgemacht war, wo sie gewiß nicht geheilt worden wäre und von wo sie ja nie wieder in eine Familie gehen konnte. Um die Hausgenossen zu schonen, habe ich sie während 6 Wochen immer in meiner Stube krampfen lassen und gewöhnlich ganz allein diesen namenlosen Jammer bis 1 oder 2 Uhr in der Nacht mit ihr ausgehalten, wodurch der natürliche Abscheu, den ich vor ihr hatte, ins Maßlose gesteigert wurde. Ich habe mir *sehr* große Mühe mit ihr gegeben durch allerlei psychische Einflüsse und besonders durch Drohungen und nun habe ich doch die Freude erlebt, sie ziemlich genesen aus meinen Hause gehen zu sehen, nachdem seit 3 Wochen die Krämpfe sich nur noch als heftiger Krampfhusten gezeigt haben, trotz vielfacher Veranlassung zum Ausbruch. Sie ist nun zu Dora Heynitz gegangen, die sich erboten hat, sie bei sich zu behalten bis sie wieder eine Stelle hat, und die freundlichen Königshainer Einflüsse, denke ich, sollen sie ganz kuriren. Meine Frau wird nun hoffentlich recht aufgehen, da sie eine ihr ganz und gar widerwärtige und ganz unleidliche Genossin losgeworden ist.

*Abends.* So eben verläßt mich Cramer. Er kommt von Bernburg und war unglaublich lange bei mir, still rauchend. Morgen kommt der ganze Hof. O mein schönes stilles Leben – ich fühlte mich so glücklich in dieser Zeit. Könnten wir beide doch zusammen auf dem Schlosse sein, dann wäre es noch etwas, wie einst als Kinder. Nach 4 Wochen reist die Herzogin indeß nach Holstein und Serenissimus nach der Schweiz d.h. nach Düsseldorf, denn weiter läßt man ihn nicht kommen. Nachher gehen die Herrschaften ins Bad, kurz der ganze Sommer wird wohl frei sein. –

Wie gern hätte ich Timmos Bilder gesehen. Er hat in der That einen wunderbaren Genius und ich habe ihn oft genug angestaunt. Nur mit so großem Genie lohnt es sich eigentlich Künstler zu sein. Man muß durchaus zufrieden mit seinen Werken sein können, soll man anders glücklich sein. Es geht mit dem äußeren Beruf, wie mit dem innern – auch hier darf uns unser Herz nicht verdammen, sollen wir uns glücklich fühlen. Wem indessen im letzteren Falle ernstes Wollen gegeben ist, der hat auch das Gelingen, was aber den äußeren Beruf anbelangt, so hilft kein Wollen, kein Fleiß und keine Gewissenhaftigkeit und wer in ein Gleis gerathen ist, auf dem sein Wagen nicht spurt, der wird immer schlecht fahren. Ernstlich muß man es sich da vorhalten, daß wir im äußeren Beruf immer Gottes Wege gehen und mit dem zufrieden sein, was man auf diesem Wege findet. Zum Maler passe ich nicht, fraglich ist es aber, ob ich zu was anderm besser passen würde. Ich habe einen wissenschaftlichen Kopf, aber doch habe ich auch oft Gott gedankt, daß ich nicht Theolog ward, wozu ich früher immer hinneigte. Darin sind wir beide glücklich, daß wir, Du als Landwirth, ich als Maler, wenigstens glauben dürfen, was wir können und das ist ein herrlich Ding.

*Am 1sten April.* Guten Morgen, theurer Aprilnarre! Heute bin ich doch etwas wohler, habe die Nacht, wenn auch wenig geschlafen, doch viel geschwitzt. Wir haben einen himmlischen Frühlingstag mit einer strahlenden Sonne. Ich habe schon ein paar Stunden im Garten bei den Arbeitern gestanden. Mein Georginenbeet ist trefflich geworden. Heute Abend wird auch das Holzwerk zum Schwitzkasten fertig und da freue ich mich denn wie ein Kind die herrlichsten Melonen zu ziehen. Hast Du auch einen Schwitzkasten? In ein paar Tagen hoffe ich so gesund zu sein selbst mit angreifen zu können. Solche Tage wie der heutige müssen eigentlich roth gestrichen werden. Ich bin ganz durchgöttert vom festlichsten Frühlingsgefühle – und die Flügge ist weg. Alle Angesichter im Hause strahlen und es fehlt nur, daß Du heute ankämst, anstatt des Hofes. Ach ja mein Junge, könnten wir doch recht innerlich vereinigt werden im Glauben, wie Du es wünschest, nicht außerhalb des Glaubens. Zwar weiß ich nicht wie ich zum Glauben kommen sollte, aber es ist immer ein Wunder, was an der Seele geschieht, wenn sie sich zu irgend einer belebenden Ueberzeugung hinwendet und Gott könnte mir wohl in einem Augenblick einen erkennenden Blick in die Schrift schenken, daß ich verstünde, *was* zu glauben sei. Dann könnte ich mit guten Gewissen glauben – jetzt müßte ich gegen mein Gewissen glauben und das geht doch nicht an. Käme ich jetzt wieder zum Glauben, so würde ich auch eine so feste Ueberzeugung haben, daß ich sie auf mein ganzes Haus hinstrahlen könnte. Ist freilich der Glaube nicht wahr, so will ich auch keinen haben – blos angenehme Illusionen können immer nur für Augenblicke das Herz stärken und der Zweifel hört nicht auf daran zu nagen. Lebe wohl einstweilen, ich muß wieder zu meinen Arbeitern, die jetzt ein paar Weinstöcke von herrlicher Güte pflanzen sollen, die ich vom Gartenverein geschenkt bekommen habe. Eine Frühsorte, die hier reift. –

*Am 2t April.* Du beklagst Dich über bittere Ausfälle von meiner Seite gegen die h. Schrift. Das ist wohl schlimm wenn mir so etwas geschah, aber es ist auch ein Zeichen, welche Bedeutsamkeit die Bibel für mich hatte. Die Aussprüche anderer Bücher hätten mich nicht so erbittern können, denn es ist uns ziemlich gleich was in

Büchern steht, die wir auf keine Weise versucht sein können für Gottes Wort zu halten. Hier aber wird uns eine süße Nuß geboten, die wir essen *müssen*, um zu leben, aber da die Schale auf keine Weise zu öffnen, oder zu zerschlagen ist, so mögen wir uns endlich darob wohl erbosen. Der erste protestantische Pfarrer auf dem Donaumoose der sein Leben beschrieb, dessen Name mir aber entfallen ist, erhitzte sich gerade während der Zeit seiner Bekehrung ein Paar Mal so über dem Studium der h. Schrift, daß er sie wüthend gegen die Wand warf. Um die Schrift so ganz demütig zu lesen, ohne alle Glossen, muß man schon vorher ganz fest glauben, daß sie Gottes Wort sei. Dieses Vorherglauben und dann lesen ist aber nur für Menschen möglich, die sich durch fremde Autoritäten bestimmen lassen. Es giebt zwei Classen von Menschen, Selbstdenker und Nachdenker. Die letzteren sind leicht zu einer Ueberzeugung zu bringen, so bald sie einen Lehrer finden, dem sie trauen. Die ersteren trauen niemals einem Lehrer, niemals, und was sie nicht selbst finden, stecken sie nicht ein. Haben sie aber etwas gefunden und eingesteckt, so wissen sie auch genau wo und wie und warum. Ich glaube daß die ersteren ein Urtheil über die letzteren haben, nicht aber umgekehrt. Alles Ursprüngliche wird nur von sich selbst verstanden.

Mein Mistbeet ist prächtig und kostet mich nur etwas Arbeitslohn. Das Ding giebt meinem Garten ordentlich ein gelehrtes Ansehen und auch Julchen ist ganz entzückt davon. Das wird Melonen geben! In den Ecken der Rasenplätze habe ich Mistlöcher angelegt für Kürbisse die sich auf dem Rasen hinschlängeln sollen mit ihren breiten Blättern und die Kürbisse werden sich wie Kälber auf dem warmen Rasen sonnen. Du mußt ungeheuer viel Mist haben von Deinen Pferden. Wenn ich wie Du wäre, ich verwandelte mein ganzes Gärtchen in lauter große Mistbeete, in ein kleines Neapel. Oder thust Du das? Sonderbar, daß ich Dich gar nicht über Gärtnerei befragt habe, aber diese Lust keimte damals noch nicht. – Eben verläßt mich eine Dame ganz entzückt – ich habe ihr ihr verstorbenes buckliges Söhnchen gemalt, mit Bilderbuch und Blumenumgebung. Den Buckel ließ ich weg und sie war besonders erfreut, daß ich die Gestalt so getroffen hatte. Einen Christus mit der Dornenkrone habe ich auch gemalt. Gestern sah es ein Herr, der zu den entschiedenen Widersachern des Pietismus gehört. Ich dachte er würde es gar nicht bemerken, besonders da es neben dem Bilde seiner Frau stand – aber er sah nur dies Bild und während ich ihn ganz gleichgültig über Melonenzucht befragte, bemerkte ich auf einmal, daß er weinte. Dies rührte mich selbst, machte mir aber große Freude. – Viel gezeichnet habe ich diesen Winter. Für 70 Thaler Gold Kreidezeichnungen sind nach Düsseldorf an die Prinzeß Friedrich abgegangen und andere habe ich noch in Arbeit. Ich zeichne gern, weil ich das kann.

Gestern und heute haben wir 12° Wärme und eine himmlische Frühlingssonne, aber auf meiner Brust liegt es wie ein dicker Pelz, wodurch mir die schönste Freude, die ich kenne, das Anbrechen des Frühlings zu genießen, verbittert wird. Wenn ich ein Paar Tage im Bett bliebe, käme ich wahrscheinlich schnell durch, aber dazu muß man eine Mutter haben, die einen anhält, man kann sich nicht selbst so pflegen, man schämt sich. Ich bin viel draußen und krabble im Garten. Jetzt einen Freund – d.h. keinen Engel, sondern einen Mann, der uns liebt, etwa wie Heynitz – was wäre das herrlich. Wenn's Gottes Wille ist, kommst Du lieber Bruder doch diesen Mai. Herrlicher als die Früchte sind die Blüthen, wenn die Luft warm ist und das ganze Land sich mit balsamischen weißen und röthlichem Flor überzieht. Aber du müßtest dabei sein.

N° 20 Ballenstedt am 27. Mai 1844
2t Pfingsttage

Lieber theurer Bruder Gerhard!
Gestern Morgen traf Dein Brief ein, zugleich mit meinem Schwager Fritz aus Elberfeld, da gab es viel auf einmal. Vorzüglich ward meine Sorge Deinetwegen beendet, denn Du hattest lange nicht geschrieben. Gott sei gelobt und gepriesen, daß Ihr Alle wohl waret und Er erhalte Euch so. An Deinem Geburtstage haben wir Deiner viel gedacht – wir saßen den Abend im Garten, von Frühlingsblumen umblüht, mit unserer Hausfreundin Bernstorff und tranken mit allen Kindern Ingwerbier auf Dein Wohl, welches eine Art Champagner ist, den ich geschenkt erhalten. Ich wollte Dir an diesem Tage schreiben, doch das wurde nichts – den rechten Schreibetrieb kann man an schönen Frühlingstagen nicht erwarten. Auch unser Frühling war sehr lieblich, doch ist jetzt auf einmal seit gestern solche Kälte eingetreten, daß man nicht mehr draußen sitzen kann, und ordentlich heizen muß, was uns jetzt ungelegen kommt, da wir einen Gast haben, der blos im Zimmer unbequem zu unterhalten ist. Vorgestern, als am letzten schönen Tage, fuhren wir mit

der Bernst. nach Halberstadt zur Ausstellung. Ein reicher und etwas ermüdender Tag. Wir spatzierten zuerst etwas auf dem Domplatze umher, sahen die Cüirassire aufmarschiren, welche in ihren neuen Uniformen mit einfachen hell weißglänzenden Cüirassen und Pickelhauben einen ganz mittelalterlichen angenehmen Eindruck machen. Dann tischte die Bernstorff ein Mittagsmahl auf und wir gingen zur Verdauung eine halbe Stunde vor die Stadt, nach den Spiegelsbergen, wo es gar reizend ist, wo wir Kaffe tranken und ich behaglich rauchte. Hierauf begaben wir uns nach der Ausstellung, die mich wenig befriedigte. Mit dem Glanz der Düsseldorfer Schule scheint es zu Ende zu sein. Das namhafteste Bild war Cardinal Wolsey von Hildebrandt, doch glaube ich nicht, daß es meine Leistungen übertraf. Julchen und Bertha hatten noch keine Eisenbahn gesehen, daher gingen wir nach der Ausstellung auf den prächtigen Bahnhof, den schönsten den ich gesehen habe, setzten uns ein und fuhren 3 Meilen weit bis nach Oschersleben, wo die Bahnen von Magdeburg, von Braunschweig und Halberstadt in einen Knoten zusammenkommen. Die Halberstädter Wagen sind die schönsten, die es jetzt in Deutschland giebt, überaus bequem und elegant. Die Fahrt machte den Meinigen ungemeinen Spaß. In Oschersleben sahen wir die Züge von Braunschweig und Magdeburg (inclus. Berlin) mit mehreren Tausend Reisenden ankommen. Unter den Berliner Reisenden war auch Fritz, der uns besuchen wollte, ohne daß wir es wußten und in dem Gedränge von Menschen bemerkten wir ihn leider nicht und fuhren nun mit ihm in einem Wagen, freilich in einem andern Coupé bis Halberstadt zurück. Hier wurde noch ein Imbiß genommen und darauf brausten wir mit herrschaftlichen Pferden nach Ballenstedt, während Fritz mit der Post langsam nachgekrochen kam. Am andern Morgen stellte er sich dar, so lang und breit er war. Er ist zu seinem Vergnügen 6 Wochen in Berlin gewesen und hat dort Tag und Nacht mit den bedeutendsten Leuten verkehrt. Der König hat ihn sehr ausgezeichnet, ihn öfters zur Tafel gezogen und ihn in Potsdam vor sich predigen lassen. Auch im Dome zu Berlin hat er gepredigt vor einem ungeheuern Publicum und hat die geistigen Notabilitäten, wie Eichhorn und Schelling zu seinen Füßen sitzen sehen. Der berühmte Kirchenhistoriker Neander, mit seiner Schwester, die ihn stets begleitet (er ist so zerstreut, daß er sonst ohne Hosen und Rock ausgeht, sich auch stets verirren würde), fanden keinen Platz mehr. Fritz erfuhr dies in der Sakristei und ließ ihnen Stühle auf die sehr geräumige Kanzel setzen, wo sie Platz nahmen. Zur Predigt erschien nun Fritz zwischen diesen beiden ernsten Eulenköpfen die andächtig dasaßen, und das ganze Publicum erbaute sich an dem Bilde des demüthig zuhorchenden, höchst ehrwürdigen Neander. Es ist unglaublich was Fritz alles erfährt und wie viel Ehre man ihm erzeigt. Daß er einst Bischof in Potsdam wird, ist leicht möglich. Von hier will er nach Bremen, und hat Julchen überredet zum Troste des alten Vaters mit ihm zu reisen. Mir ist es sehr begreiflich, daß Julchen nach dem Tode der Mutter gern beim Vater wäre und daß der Vater sich nach ihr sehnt, doch gestehe ich, daß der Kostenpunkt mir sehr bedenklich ist, und mag ich doch auch nicht nein dazu sagen. Erleichtert ist die Reise sehr durch die Eisenbahn, welche jetzt in einem Zuge von Halberstadt bis Hannover geht.

Unser Herr und Herzog ist in Düsseldorff, die liebe Herzogin in Schleswig, die Bernstorff allein hier und alle Tage bei uns. Den Tag, ehe die Herzogin abreiste, machte sie noch mit uns einen Spatziergang und zwar, wie sie es wünschte, durch Dick und Dünn im Walde, eigentlich eine Entdeckungsreise. Die Abmachung war: Die Herzogin wollte gehen, wo es ihr beliebte und namentlich wo sie noch nicht gewesen war, und ich sollte die Verantwortung übernehmen, daß wir uns nicht verirrten. Auf diesem Gange war die Herzogin sehr liebenswürdig und munter, behielt uns auch den Abend bei sich zum Souper. Ich las ihr nach dem Essen die Bernsteinhexe von Meinhold vor (lies dies köstliche rasende Buch) wir lachten und waren guter Dinge. Die hohe Frau tractirte mich auf Salat, weil sie weiß, daß ich ihn so gerne esse, machte ihn selbst an und erkundigte sich genau wie viel Oel, Salz, Essig usw. ich daran liebte. Viel Spaß gab an jenem Abend auch das Prädicat «Hoheit» welches ich wacker exercirte und welches die sächsischen und anhaltischen Herzogshäuser sich plötzlich aus eigener Machtvollkommenheit beigelegt haben, da sie das «Durchlaucht» nicht mit den gemachten neuen Namensfürsten länger theilen wollten. Uns ist es hier von den benachbarten Fürsten eigentlich aufgedrängt worden, denn der Herzogin war es lächerlich und dem Herzoge ärgerlich, welcher äußerte, sein Vater sei doch ein viel würdigerer Mann gewesen und habe sich mit der Durchlaucht begnügt, daher käme ihm die Hoheit gar nicht zu. Der erste, der ihm im Gespräche den Titel Hoheit gab, war sein Kapellmeister Claus, dem er beinah aus Wuth dafür den Hals umgedreht hätte, so daß ein Einschreiten von Seiten der Cavaliere nöthig ward. – Die weggeworfene Durchlaucht habe ich mir übrigens nun zugeeignet.

Rußland wird jetzt hier das große Gefängniß genannt. Man glaubt hier übrigens wenig einzubüßen, wenn nichts mehr über die Grenze kommt – nur ich bin's der da leidet, wegen Ausbleibens lieber Verwandte.

*Am 30sten Mai.* Heute morgen um 11 Uhr haben mich Fritz, Julchen und Anna verlassen bei dem scandalösesten Wetter, Regen, Koth, Kälte. Nun ist es auf einmal öde in meinem Hause, wird sich aber vielleicht heute Abend durch einen gewissen cantor oder Sänger wieder beleben. Die hiesige Liedertafel hat nämlich alle andern Anhaltschen Liedertafeln zu einem großen Gesangfest eingeladen. Die heranwandernden Sänger werden bei Mitgliedern und Ehren-Mitgliedern der hiesigen Liedertafel einquartiert. Ich bin keins von beiden, habe mich aber aus Patriotismus und Kunstbrunst erboten, einen Sänger zu logieren. Ob dieser ein Engel Mensch, oder bestia sein wird, ist mir unbekannt und wird mir durchs Loos zuerkannt werden. Auf dem Ziegenberge im Freien wird gesungen werden und für die Hörenden soll ein kleines Lager von Zelten aufgeschlagen werden. Uebermorgen ist das große Fest. Nun aber bedenke, Lieber, daß bei so feindseligem Wetter die großentheils zur Hektik geneigten Sänger, kaum geneigt sein können, hier einzuwandern, zumal da jede Rotte von ihnen mit schweren Fahnen, Sinnbildern ihrer Macht und Ehre, beschwert ist. Meine Kinder zittern bei dem Gedanken, daß unser Sänger ausbleiben könnte, da doch nichts wahrscheinlicher ist, als daß dieser junge Mensch das Leben dem Tode vorziehen wird. Ich dagegen würde es für eine sonderbare Gnade Gottes halten, wenn dieser Brüllfrosch ausbliebe, ich würde Zigarren sparen und manchen schlechten Witz, womit ich ihn auflockern müßte, daß er heimisch würde.

Meinem geliebten Garten thut der Regen wohl und ich sehe aus den Fenstern zu, wie der Salat und die Bohnen wachsen. Warum hast Du mir denn das noch nicht gesagt, daß Du Deinen Garten selbst angelegt hast? Aber wenn Du einmal zeichnest, so ist das so als wenn ich im Garten arbeite.

Dies Jahr hebt sich mein Garten, künftiges Jahr wird er schon anschaulich werden. Ich habe ein armes Weib, genannt Madonna, angestellt, mir auf den Viehtriften Kuhfladen zu sammeln. Sie schleppt diese Blinzen herbei wie eine Ameise und daraus mache ich mir prima materia, aus der alles andere wird. Meine Georginen sind zum Theil schon eine halbe Elle hoch, ich habe deren 21 Stück, sehr edle Sorten, auf deren Blüthe ich mich freue. Der Herbst wird gar bunt in meinem Garten schimmern. Mein Obst hat reichlich geblüht und mittelmäßig angesetzt. Abends im Garten zu graben und zu pflanzen, während die Mädchen mit aufgebundenen Röcken durch die Beete mit den Gießkannen schreiten, die Jungens schaukeln und turnen und Julchen mit dem Strickstrumpf streift, ist meine größte Lust. Die Bernstorff hat uns mitten im Garten eine prachtvolle grüne Schaukel erbaut, darin sitzt die junge Brut und fliegt durch die Atmosphäre mit Geschrei.

Mit meinem Schwager habe ich mich diesmal gut vertragen; von Theologicis haben wir gar nicht gesprochen. Er will mich durchaus zum Mitarbeiter an seinen Palmblättern haben, die ein Besprechungssaal für Laien werden sollen. Was soll ich aber dahinein arbeiten, da mir das Beste fehlt. Ich kann nicht. Fritz ist und bleibt übrigens ein Enthusiast. Er war ganz erfüllt davon, wie viel *lebendiges* Christenthum er in Berlin bei den höchsten Ständen gefunden und fast erschrocken, daß die niedern Stände so todt seien. Mein Freund Frech fand das Gegentheil, aber Frech hielt sich herunter zu den Geringen, Fritz strebt allezeit auf zu den Vornehmsten. Es ist doch einzig, daß Deine Mädchen sich questen und Nonnen sind. In solchen Kindern liegt eine moralische Tendenz. Das sind die edelsten Naturen. Es ist ein Stoff, um Heilige daraus zu machen, wenn später mannigfaltige Erfahrungen die Demuth hinzutragen. Ach! ein Kind, das seiner Mutter glaubt, meint, es könne mit einigem Fleiße von Tugend zu Tugend fortschreiten bis zur absoluten Reinheit und bis zum Umgang mit den lieben Engeln. Schrecklich wird man später enttäuscht, aber dann tritt die Gnade vor den Riß. Gut werden wir nie, weil wir etwas anderes sind als Gott und deshalb müssen wir sterben. Weil wir aber andererseits auch Gottes sind und ihm wesentlich angehören, so meine ich, können wir auch nicht verloren gehen. Daß wir in jenem Leben unsere Persönlichkeit bewahren könnten, ohne die Selbstsucht, die allem persönlichen anhaftet und dessen Bedingung scheint, daß wir also in jenem Leben der Sünde nicht ebenso ausgesetzt sein sollten, als in diesem, wenn auch auf andere Weise, kann ich mir nicht klar denken. Aber man hat überhaupt kein Bild von einer jenseitigen Existenz und kann Gott zutrauen, daß er alles wohl machen werde. Der rechte selig machende Glaube scheint mir der zu sein, daß man in solcher Ueberzeugung fest ruht.

Daß Du mich gewissenhaft nennst, ist befremdlich. Wollte Gott, mein Gerhard, ich wäre es und wäre es ganz. In meiner eigentlichen Ueberzeugung bin ich's und da wird es wohl jeder sein müssen, aber in meinen Werken bin ichs selten und muß mich alle Tage vom Geiste Gottes strafen lassen. Was das Bild unserer lieben unvergeßlichen Antonie angeht, so sagt der Oncle nichts von einem Oelbild. Das Bild, welches ich hier von ihr machte, ist sehr schlecht und nur eine Untermalung. Ich muß eine Zeichnung machen und auf der Stelle kann ich das nicht, weil ich barbarisch viel zu thun habe. Antonie hatte einen großen Zauber im Gesicht, den ich nicht malen kann. Ihr Tod ist mir noch recht unverwindlich, aber etwas köstliches hat ihr Sterben durch die gewaltigen Regungen eines tiefen göttlichen Lebens, welches sich dabei offenbarte. Daß sie von Gott war und mit Gott versöhnt zu ihm zurückging, das war gewiß. Ave pia anima! Das Sterben unserer theuern lieben Mutter ist mir wie mit glühenden Eisen tief in die Seele gebrannt. Wenn ich des Nachts daran denke, kann ich nicht wieder einschlafen; auch habe ich mir so viel Vorwürfe zu machen, daß ich nicht eifriger darauf aus war, ihr ihre letzten Lebensjahre zu versüßen. Wie anspruchslos und einsam war sie doch! Etwas zum Trost war ich ihr doch in der letzten Nacht, und das ist das herrlichste Bewußtsein meines Lebens. Manchmal kann mich die Hoffnung recht beseligen Vater und Mutter drüben wiederzufinden – es ist ein Trost und eine Hoffnung menschlicher Kurzsichtigkeit – mag es doch, wir sind ja nichts anderes als kurzsichtige Menschen! Mein geliebter Junge, ich drücke Dich fest an mein Herz, erhalte mir Deine Liebe, bete für mich und schreibe mir oft. Gott segne Dich und Deine Kinder und Deine treffliche Elmine. Ich grüße alles ich der einsame Mann.

Couvert.

*Am 2$^{t}$ Juni.* Ich habe meinen Brief wieder lange liegen lassen nach meiner Gewohnheit. Nun soll er aber fort. Recht einsam fühle ich mich in meinem Hause, ohne Julchen und die mich liebende Anna. Die Jungens haben Ferien und sind deshalb den ganzen Tag auf der Schmetterlingsjagd. Das Sängerfest vorgestern soll sehr brillant abgelaufen sein. Man hörte den ganzen Tag Kanonen, Pauken und Trompeten. Der Ziegenberg war aus meinem Fenster wacker anzusehen, vom Scheitel bis zum Fuße mit bunten Menschen bedeckt. Meine Kinder sah ich den ganzen Tag nicht – ich blieb allein in meinem Hause und trotzte der ganzen Welt.

Als Fritz Dein Bild sah, was bei mir an der Wand hängt, schwoll er dick an und rief mit seiner Donnerstimme: Herr welche ein Praßkopf! Wer ist der Kerl? Ich sagte es wäre mein Bruder. Er lobte Dich sehr, daß Du so einen Kopp hättest. Lebe wohl, mein Dicker. Schreibe balde, am besten tagebuchartig. Schlecht ists zu schreiben – angenehm zu lesen.

## Nº 21 Ballenstedt am 27sten Juli 1844

Mein vielgeliebter theurer Gerhard!
Gestern Morgen bei Zeiten erhielt ich Deinen sehr lieben Brief und der ganze Tag war Feiertag. Es durchzog mich echtes Festtagsgefühl, was auch heute noch nachklingt. Wie köstlich friedlich, freundlich und brüderlich war Dein Brief, ja sogar schmeichelhaft. Ich las ihn im Schatten meines Bosquets und blickte über das Blatt hinweg auf den Sonnenschein der in der Spanischen Kresse glühte und auf den grünen Rasen. Schon sehe ich im Geist das Dampfbot, das Dich herüberbringt und höre den Wagen vor meiner Thür halten, aus dem Du steigst. Sogleich führe ich Dich in den Garten, ich setze Dir frische Milch vor und Venidos oder Kirschen, wenn Du willst, von allen Sorten. Aus der benachbarten Schule über die Baumwipfel tönt der Gesang der unschuldigen Kinder zu uns herüber, sie singen «Jesus meine Zuversicht und mein Heiland ist am Leben, dieses weiß ich, sollt' ich nicht darum mich zufrieden geben» – es sind keine Russen diese Kinder und meine sind darunter. Alles dieses habe ich genossen, Du magst nun kommen oder nicht und Dein Brief hat's bewirkt. Freilich schreibst Du eigentlich am eifrigsten vom Wetter, welches bei Euch noch unter der Grausamkeit rasen muß. Bei uns ist's auch schlecht, aber ein Unterschied muß doch sein, denn trotz des trüben Himmels und unbehaglichen Kälte, sind wir doch viel bei Sonnenschein draußen, essen häufig Abends im Bosquet und müssen zuweilen, wenigstens ich das beschwitzte Hemde wechseln, wenn wir ins Bett steigen. Daß Ihr soviel Regen habt, nimmt mich Wunder, wir haben fast gar keinen und leiden an kalter Dürre, doch sitze ich in meinem kleinen Garten in frischer Vegetation, weil ich fleißig gieße. Dies Jahr sind die Kirschen ganz vorzüglich, groß und zuckersüß, doch mache ich

*Gerhard von Kügelgen*

mir nicht so sonderlich viel daraus und tauschte sie gern gegen Eure Krebse ein. Ihr habt außer Beeren und mittelmäßigen Aepfeln, eigentlich kein Obst, doch entbehrt Ihr im Grunde dabei nichts als eine Revenüe, denn Ihr habt Brei und wie der Herr v. Grünewaldt sagt, dabei völlige Freßbreiheit. Ich bin überzeugt, daß ich in einem ganzen Jahre keinen Brei gefressen habe, es müßte denn Kartoffelbrei mit Bratwürsten gewesen sein. Beim Brei fallen mir natürlich die Weiber ein, welche ihn brauen und da komme ich denn auf Deinen Ausfall gegen das weibliche Geschlecht, bei Gelegenheit des Uexküllschen Ehepaars. Ja wohl haben wir Ursache Gott zu danken für unsere Weiber, wie auch dafür, daß wir keine koketten, verbuhlten, melancholischen, krampfhaften usw. erwischt haben. So sehr gefährlich ist es aber doch nicht eine Wahl zu treffen, wie Du in Deinem augenblicklichen Eifer meintest, denn die Weiber sind im Ganzen eine gute und practische Nation. Am allermeisten zuwider wäre es mir, wenn meine Frau sich auf Theorien steifte, oder vielleicht eine Art Centaur wäre, wie manche Weiber, etwa halb Prophet und halb feminin. Denke Dir wie schrecklich der seligen Krüdener ihr Mann zu sein! Auch würde dieselbe sich mit mir sehr erkältet haben, wir würden uns haben scheiden lassen d.h. damals, denn jetzt wird das Scheiden etwas langweilig. Der König von Pr. druckt schon seit 4 Jahren an einem neuen Ehescheidungsgesetz. Endlich sind jetzt die Präliminarien erschienen, welche nur in einer Erschwerung der Form bestehen. So dürfen z.B. die Sühnversuche des Predigers nicht unter einem halben Jahre beendet sein. Ich glaube, daß in den meisten Fällen Mann und Frau sich gegen den sühnversuchenden Pastor verbinden, ihn zum Hause hinausschmeißen und wieder gut Freund sein werden. Warum man eigentlich die Scheidungen erschweren will, weiß ich nicht; sie sind wegen der Herzenshärtigkeit ein durchaus nothwendiges Arzeneimittel für die Gesellschaft. Bei gläubigen Christen sind sie gar nicht möglich, denn da diese sich nur im Fall des Ehebruchs scheiden dürfen, der Ehebruch ihnen aber noch schärfer untersagt und verpönt ist, so weiß ich nicht wie es bei ihnen jemals zur Scheidung kommen sollte. Wirklich schlechte Ehen aber bei Personen, denen das Gesetz Christi keine Autorität ist, mit Gewalt der Bajonnette zusammen halten zu wollen, scheint ein kleiner Unsinn zu sein. –

*Am 30sten Juni.* So eben fiel ein kleines Kind die ganze Treppe hinunter. Auf das fürchterliche Geschrei eilte ich hinaus; Minchen kam mir von unten zuvor und hob das Balg auf. Es war Cramers kleine Agnes. Nicht genug, daß ich selbst 6 Kinder habe, so steckt mir auch immer das ganze Haus noch voll Fremder und diese sinds, die fortwährend Unglück haben. Es ist eine schauderhafte Indiskretion, daß andere, um sie los zu sein, uns immer ihre kleinen Kinder zuschicken. Bisweilen schreien, heulen und laufen 11 in meinen Gemächern herum. Im gegenwärtigen Fall lag die kleine Agnes fürchterlich kreischend mit dem nackten Steiß nach oben auf der untersten Treppenstufe. Sie hat sich nicht einmal eine Beule gefallen. Vorgestern lief hier die Nachricht ein, daß im Berliner Schloßhof, als König und Königin sich eben in den Wagen gesetzt hatten, ein abgesetzter Burgemeister, Namens Tschech, 2 Kugeln in den königlichen Wagen geschossen. Es ist ein Schandfleck für die Zeit, daß man sogar in Deutschland anfängt auf die Fürsten zu schießen. Auch sieht man deutlich, daß nicht blos die Jesuiten in dieser Beziehung zu fürchten sind, sondern auch die Burgemeister. Bei Euch giebt es wohl eigentlich keine Magistrate? Oder habt Ihr? – Daß mein Schwager Fritz in Bremen wieder gepredigt hat, habe ich Dir wohl nicht geschrieben? Er hat in St. Stephani bei überfüllter Kirche gepredigt und in der ganzen Stadt einen solchen Enthusiasmus erregt, daß man ihn vor Liebe fast zerrissen hat. Die jungen Leute haben ihm Ständchen gebracht und von Briefen und Besuchen ist er fast erdrückt worden. Ja sogar 40 Männer, die sich eng verbunden hatten, zu dem Zweck, ihn niemals wieder auf die Kanzel zu lassen, sind durch diese Predigt zersprengt und gewonnen und haben ihren Frieden mit ihm gemacht.

Das war eine Freude, als meine Frau endlich wiederkam von Bremen. Bertha, Tille und ich empfingen sie am Posthause. Was haben Sie für Gepäck heraufzuschaffen? frug der Wagenmeister. O nichts als einen Koffer, Nachtsack und und ein kleines Fäßchen. Was hast Du denn in dem Fäßlein, meine Gute? Frische Häringe für Dich, mein Lieber, so eben aus dem Eismeer mit Bremer Schiff angelangt. Meine Freude war reell. Verlassen war ich übrigens auch nicht gerade, während der Abwesenheit meiner Frau. Bertha wirthschaftete sehr ordentlich und pflegte mich recht gut. Einen sehr angenehmen Besuch hatte ich zu der Zeit. Clara Volkmann mit ihrem Fechner überraschten uns hier. Fechner war wohl und heiter, stark rund und kräftig. Auf dem Falkenstein hatten wir einen Faustkampf mit einander, wobei er herkulische Kraft entwikkelte. Seine Augen sind jetzt wie Fernröhre, nur darf er sie durch anhaltendes Lesen oder Schreiben noch nicht anstrengen und entbehrt die Arbeit schmerzlich. Es schien ihm hier zu gefallen und er hatte den Wunsch auf längere Zeit wieder zu kommen. Unsere Unterhaltung war interessant. Er hat einen ruhigen nüchternen Verstand, der mir eigentlich mehr zusagt, als Harnacks Verstand, der etwas überschwengliches hat. Von religiösen Dingen sprachen wir nicht, sondern ausschließlich über naturphilosophische Gegenstände und ich hatte den Materialisten in ihm zu bekämpfen. Alles Leben scheint ihm ein bloßer Mechanismus zu sein und er kann daher keinen rechten Unterschied zwischen einer Locomotive und einem Löwen oder Pferde finden, außer dem, daß die letzteren Junge zeugen. Er ist der erste Mensch der Art, der mir vorgekommen ist und daß diese lederne Ansicht etwas sächsisches hat, ist nicht zu leugnen. Der alte Volkmann kann sich natürlich gar nicht mit ihm verständigen und bedauert es ordentlich daß Fechner ein so vortrefflicher Mensch sei, da er ein Heide ist. Am liebsten ist mirs freilich auch, wenn einer ein Christ und gutartig dazu ist, soll er aber einmal nur eins von beiden sein, so ist es doch hundertmal erfreulicher, wenn er gutartig ist, ja so ehrenfest wie Fechner.

*Am 1sten Aug.* Der elende W.M. Dein ehemaliger Präceptor, hat an Louise Bley die er für seine Freundin hält 300 Stück einer Predigt geschickt, die er in Münster gehalten und die er nun zum besten einer Kleinkinderverwahranstalt die er anlegen will, verkauft à 3 Silbergroschen pro Stück. Sie ist in Verzweiflung darüber, denn hier interessirt sich kein Mensch weder für M. noch für seine Verwahrschule. Mit diesen wohlthätigen Anstalten wird jetzt bei uns eine unerlaubte Unverschämtheit getrieben. Reinthaler schickt mir jährlich 6 Loose für seine verwahrloste Anstalt, was mich, da ich sie Andern nicht anbieten mag, in der Regel 2 Thaler kostet. Daß der Ballenstedter Frauenverein mir Loose schickt für ein paar Thaler finde ich ganz in der Ordnung und das gebe ich gern. Aber der Harzgeröder, der Gernröder, der Coswiger Frauenverein drängen einem auch Loose auf. Dazu kommt die verwahrloste Kinderschule in Quedlinburg, die Blindenanstalt daselbst, die Kleinkinderbewahranstalt in Tecklenburg, die verschiedenen Missions- und Bibelvereine, der Norddeutsche Verein, die Vereine für verlassene amerikanische Gemeinden, der Gustav Adolf Verein, der Verein für bedrängte Orientalen. Ich glaube ich könnte mein Tintenfaß ausleeren, ehe ich alle die wohlthätigen Vereine hergezählt hätte, von denen einer den andern an Unverschämtheit überbietet. Die besten von diesen Vereinen sind die Mäßigkeitsvereine, weil sie durchaus nichts kosten und so ganz merkwürdige erstaunliche Resultate haben. Unser Schuster Homann, ist ein ganz besonders thätiges Mitglied der Mäßigkeitssache und hat hier in Ballenstedt schon 12 notorische Erzsäufer, wie es scheint, radical von ihrem Laster befreit. Diesem Homann ist dafür von unserer glorreichen Regierung verboten worden, Mäßigkeitstractate zu verbreiten, weil man fürchtet, die Mäßigkeit komme nicht allein, sondern bringe den Pietismus gleich mit. Böse meint es freilich auch hier kein Mensch, aber der Unverstand regiert mitunter die Regenten und ist der König auf der Welt.

Also Harnack ist auf der Höhe von Finn gesehen worden. Es interessirte mich sehr, einmal etwas von ihm zu hören und es freut mich herzlich, daß er mich noch so wenig vergessen hat. Es wäre mir lieb, wenn er mir schriebe; er wird es aber wohl nicht thun und schwerlich würde ich ihm antworten. Ich bin ganz zufrieden, wenn wir beide uns schreiben. Im Sommer ists freilich ein Stück Arbeit, weil man keine Gedanken hat. Wir wollen abmachen, daß im Sommer fade Correspondenz zu den erlaubten Uebelständen gehören soll. Ich fühle mich im Sommer so dumm, daß ich zu der geistigen Höhe meiner Kinder hinaufstaune, besonders heute und darum bonne nuit. Das dümmste Wort, was die Franzosen haben, ist doch nuit, bedenke es einmal, Du müßtest denn culotte noch abgeschmackter finden, weil man nicht begreift, was die lotte bei dem cu macht.

*Am 10t Aug.* Unnatürlich lange hat dieser Brief gelegen und gleicht nun einem verfaulten Ragout, auch habe ich heute nicht die geringste Lust fortzuschreiben, doch habe ich Zeit. Ich habe so eben ein Portrait des sel. Krosigk abgeliefert, nach einem früheren Bilde von mir selbsten copirt. Ich glaubte sie würden sehr unzufrieden sein, aber siehe da, das Neue gefällt ihnen besser als das Alte. So bin ich denn in so fern ziemlich froh, obgleich im Ganzen nicht in der brillantesten Stimmung, denn es haben sich bei mir angemeldet Max und Otto Zöge, Gustav und Adalbert Natorp nebst Adolf Krummacher, lauter Studentenzeug, überdem der alte Volkmann und mein Schwager Eduard Krummacher. Ueber Otto und den alten Volkmann könnte ich mich in der That freuen, wenn ich sie allein hätte und wenn Otto nicht gar zu lange bliebe. Ich habe den alten Otto wirklich lieb, nur wird es mir zu viel, wenn er 5–6 Wochen geschäftslos im Hause herumbummelt. Volkmann bleibt nie länger als 14 Tage. Die beiden Natorps waren Ostern erst 5 Wochen hier und ich hoffe daher durch eisernes Schweigen auf ihren fröhlichen Anmeldungsbrief sie vielleicht noch glücklich zurückhalten zu können. Wäre ich Krösus, so sollte mir Kreti und Pleti willkommen sein, aber ich würde dann auch freilich vor meinem Tode nicht glücklich werden. So wie Manche in der Zeitung veröffentlichen, daß ihr Haus ein Gasthaus sei, so werde ich bekannt machen, daß mein's kein's sei.

Nun wird auch bald der Hof zurückkommen, der jetzt lange Zeit vom Alexisbade absorbirt war, das macht mich auch schwindlich, wenn ich daran denke. In Alexisbad bin ich einige Mal gewesen und zwar immer sehr unglücklich, wegen der eigenthümlichen Verhältniße, welche dort obwalten. A quatre epingles im Walde zu sein ist an und für sich unangehm. Ueberdem ist die Bernstorff da, die mir Gewalt anthut, um mich nicht von sich zu lassen und meine übrigen Bekannten nehmen mirs übel, wenn ich mich um sie gar nicht kümmere. Die B. aber hat das besondere Genie immerfort zu rennen, durch Regen und Sonnenschein, durch Dick und Dünn, über Berg und Thal, wobei meine wenigen Kleider ruiniren und dann muß ich wieder am Hofe erscheinen, mit zerrissenen Hosen und Stiefeln. Mein Leben im Bade besteht daher in einem lebhaften Kriege mit der B. der mir über alle Begriffe peinlich ist. Bardua's sind auch immer im Bade und stellen unablässig tableaux, was mir verhaßt ist und weshalb ich mit ihnen fast verfeindet bin. Die Herzogin weiß sehr gut, daß ich die tableaux nicht leiden kann. Dessen ungeachtet frug sie mich neulich in Gegenwart von Bardua's, ob ich nicht auch tableaux sehr liebe? Ich antwortete, ich liebe sie nicht allein nicht sehr, sondern ich fände sie sogar unter aller Menschenwürde. Die Herzogin sagte das wäre eine «scheußliche Ehrlichkeit» wodurch man andere Menschen verletzte und dabei zeigte sie auf Barduas. Ich erwiderte etwas piquirt, ich hätte es immer für meine Pflicht gehalten ehrlich zu antworten, wenn Ihre Hoheit mich etwas frügen. Alle Augenblick ist thée dansant im Bade für den Hof und die Badegäste und Jedermann der kommen will. Da ist mirs ziemlich nahe gelegt worden durch die B. meine Bertha dazu hinauszubringen. Ich schlug es rund ab. Ich habe nichts dagegen wenn meine Tochter in Privatgesellschaften tanzt, oder auf dem Hofballe, wenn dort Noth an jungen Damen ist, an öffentlichen Orten halte ich es aber für ganz überflüssig. Die B. thut eigentlich alles, um den weltlichen Sinn bei den Meinigen zu nähren. Eine tanzende, tableauxstellende, sich putzende und hoffärtige Christenheit ist mir in den Tod zuwider. Diese vergnügungssüchtigen vornehmen Christen sind durchaus schlimmer als die Heiden. Am allerstärksten habe ich das moderne Berliner Christenthum in Julie U. ausgeprägt gefunden. Morgens in Bogatzky oder Goßner lesen (welche beide Tanzen, Komödien und alle gesuchten und koketten Weltfreuden verdammen) dann eine Predigt von Krummacher, dann einen Brief schreiben, der von den Engeln dictirt scheint, dann in einem religiösen Gespräche unter Bußthränen gefühlvoll verschwimmen, dann sich stundenlang putzen, lügen, heucheln, schmeicheln, tanzen und sich wie unsinnig im Kreise drehen, daß die Röcke horizontal fliegen oder sich in Tableaux als betende Engel prostituiren, das ist der Lebenslauf der vornehmen Christinnen, deren Christenthum der Teufel holen möge. – Ist vielleicht etwas von einem Sonderling, ist etwas krankhaftes in meinem Geschmack? Göthe würde sagen: Ja. Bogatzky: Nein. Mit Dir aber denke ich ganz und gar zu harmoniren, oder wo nicht, so schreibe es mir.

*Abends.* Heute Morgen war ich fast verdrießlich, als ich schrieb, das mag meinem Berichte eine unangenehme Färbung geben; doch, soll man lange Briefe schreiben so können sie nicht ganz aus einer und derselben Tonart gepfiffen werden. E moll G dur, canonischer, Kammer- und Opernstyl müssen mit einander abwechseln und Du schmeißt dann die ganze Oper in den Ofen, das rath' ich Dir. Wenn ich an Dich für den Druck schriebe, so sollten meine Briefe wie St. Bernhards Briefe sein, so aber schreibe ich an Dich für den Ofen und Heuchelei würde mir überhaupt bei Dir nicht viel helfen, da Du mich kennst und alt genug geworden bist, um zu wissen, daß Menschen wohl ihre Ansichten, nie aber ihr Wesen ändern. Von einer übeln Angewohnheit bekehrt man sich wohl, aber niemals von seinem Naturell. Deswegen kann man aber auch auf ein gutes Naturell Felsen bauen.

Wir machten heute Abend einen Spatziergang mit allen Kindern und mit Tille, welche beiläufig gesagt schon so groß wie ihre Mutter ist. Wir bestiegen eine Höhe im Walde, von der man vortreffliche Aussicht genoß. Anna, Tille und ich hatten unsere Mappen mit, setzten uns in das vertrocknete elastische Berggras und zeichneten die Gegend. Auch Gerhard zog seine Mappe hervor und fing an zu zeichnen, ja sogar Benno kauerte neben mir mit seiner Schiefertafel und zeichnete ganz groß die Gersdorfer Burg, die man in weiter Ferne wie einen Punkt sah. Er führte das Bild mit Spucke und Griffel sehr aus. Adolph raste mit seinem Schmetterlingsnetz umher und man hörte sein Toben in der Ferne. Elle saß überglücklich in einem verfallenen Fuchsbau und spielte sie hätte Theegesellschaft. Julchen lag mit einem Bulwerschen Roman neben uns und las. Es war ein entzückender Abend, die Natur erschloß ihren ganzen Zauber vor unseren Augen und wir waren Alle fröhlich und wohlgemuth, obgleich ich Elisabeth wegen Bauchweh nach Hause tragen mußte.

*25. August.* Unsere Besuche haben kräftig begonnen. Zuerst erschien Eduard Krummacher auf 4 Tage. Wir sind viel zusammen umhergelaufen, uns aber weiter nicht näher getreten. Er ist eine rein practische Natur und ein fester Character. Wir begleiteten ihn bis Halberstadt in einem halbverdeckten Wagen. Ich saß rückwärts, offen im Regen und schneidenden kalten Winde und mag mich da wohl erkältet haben. Nichts schauderhafteres kenne ich als Fahrereien. Unbegreiflich, daß alle Kinder und Weiber so gern fahren. In Quedlinburg besahen wir das alte Schloß, was der König recht hübsch renoviren läßt um es zu erhalten. Ich erzählte von dem Leichnam der Königsmark in der alten Stiftsdamen Gruft und Eduard wollte sie gern sehen. Da sagte Elisabeth, die mit war: «Papa, ich will aber auch mit bei's Geist gehen.» Seitdem nennen wir die Königsmark schlechtweg das Geist. Unbeschreiblich genossen wir den Dom in Halberstadt und bedauerte ich herzlich, daß derselbe protestantisch geworden war. 64 zerstörte Altäre präsentiren sich dem Auge. Es ist wahr, daß es Götzenaltäre sind, aber der ganze Dom ist dafür eingerichtet und was jetzt in diesem herrlichen Tempel eigentlich angebetet wird, weiß man nicht. Die ganze Woche steht das Heiligthum verschlossen und nur am Sonntag Vormittag ertönt eine Stunde lang von der Kanzel eine lederne Predigt und ennuyrt eine anständige Versammlung. Nach Halberstadt begleitete uns, angethan mit einem gewürfelten Schlafrock, behangen mit dickem Tabacksbeutel und Purschenpfeife, auf dem Kutschbock sitzend, der Studio Adolphus Krummacher, Fritzens ältester Sohn, welcher in Berlin studirt und hier bei uns den Eduard ablöste. Er ist ein Genie, wie sein Vater und ein ungewöhnlich gescheuter Junge, jetzt ganz in der Schellingschen Philosophie lebend und webend. Dies würde mir sehr angenehm sein, wenn er nicht noch zu jung für die Philosophie wäre. Diese kommt nicht aus ihm heraus, d.h. er denkt noch nicht selbst, sondern sie ist ihm nur angedacht und angedichtet, daher kann er mir nur Formeln geben, mich aber nicht hineinführen. Doch sprechen wir meistens über solche Gegenstände und es wird mir durch sein Hiersein ein Genuß gewährt, den ich seit langer Zeit entbehren mußte. Er hat die Beweglichkeit des Geistes wie Harnack, weit mehr Genialität, aber nicht die innige Frömmigkeit, die Harnack, wenigstens bei kürzerer Bekanntschaft zu haben schien und die so wohlthätig war. Auf irgend eine Weise durch die Schule der Herrnhuter zu gehen, scheint für jeden Christen nothwendig. Die bloße Rechtgläubigkeit ist unangenehm. Diese aber scheint Adolf mir auch nicht zu haben. Die moderne Orthodoxie ist ein närrisches Ding. Es ist ein unklar gewordener Rationalismus, ein Unsinn. Es ist ein Schein ohne Wesen. Die Formen bleiben, werden aber anders verstanden. Diese modernen Orthodoxen sind mit Hengstenbergs Ausnahme alle Schleiermacherianer und daß sie in dieser Richtung verbleiben und sich damit begnügen lassen zeugt für ihren Verstand und gegen ihre Wahrheitsliebe. Zu dem Geständniß, daß sie an die h. Schrift nicht glauben, kann man sie leicht bringen, aber an Christum zu glauben behaupten sie. Sie wollen nur an Christum glauben. Sie wollen auf dem Altar sitzen, negiren aber die Stufen, auf denen der Altar steht. Wenn wir 80 Jahr alt werden, so werden wir es erleben, daß das Christenthum einem reinen Deismus Platz macht, wie er jetzt schon im Bewußtsein von 49/50 der Gesellschaft lebt, für welche Christus lange noch nicht das ist, was Mahomet für die Türken. Die Anbetung der Person Christi muß man jetzt schon, wenn man sie finden will, bei Separatisten suchen. Dann aber, wenn es so weit gekommen ist, wird ein Horror vacui die protestantische Gesellschaft ergreifen und wir werden des langen Irrens müde in den Schoß der katholischen Kirche zurücksinken. Willst Du dies nicht glauben, so habe ich auch nichts dagegen.

Außerdem beschäftigt sich Adolf damit Bertha die Kur zu machen, welcher er wie ein Schatten folgt. Etwas interessanteres als das Weib scheint es doch überhaupt für den Mann auf Erden nicht zu geben. Auch ist das Weib die lieblichste Kreatur Gottes, wenn es nur wirklich ein Weib ist. Es ist köstlicher als Gold und Edelgestein. Wie köstlich aber Gold und Edelsteine sind, habe ich nun erst aus Snells Betrachtungen der Natur erkannt. Dieser behandelt diese einfachen Stoffe, der anscheinend todten mineralischen Natur, ihrem innern Wesen nach ganz wie lebendige Personen und findet in Gold und Edelsteinen die allerhöchste Vollendung der mineralischen Natur. Du solltest das Büchlein lesen und wenn Du bei Beschreibung der Kohle fürchterlich lachen mußt, so denke an mich.

Nº 22 Ballenstedt am 1sten Novemb. 1844

Was wirst Du nur denken, daß ich Dir so lange nicht geschrieben und Dir nicht einmal die Ankunft Deines lieben Wechselbriefes gemeldet habe. Mein erstes Gefühl war Dir auf der Stelle zu schreiben, dann wollte ich der Herzogin Geburtstag noch abwarten, um Dir in Ermangelung andern Stoffs, davon eine Beschreibung zu geben, dann wars nicht der Mühe werth solchen Geburtstag zu beschreiben und ich befiel an der Krankheit, genannt Schreibschauder. An solcher Seuche leide ich auch noch und doch muß es geschrieben sein, damit Du, lieber Gerhard, Dir durch meine Faulheit nicht etwa Sorge machst. Ich glaube ich endigte meinen vorigen Brief damit, daß ich Dir eine Menge Besuche nannte, die noch in Aussicht standen. Dadurch, daß sie alle eintrafen, war mein Haus mehrere Monate hindurch einem Gasthause gleich. Während Eduard noch hier war, traf Fritzens ältester Sohn, der in Berlin studirt, Adolf Krummacher hier ein. Er ist ein gescheuter junger Mensch und schickte sich wohl in unser Wesen. Mir las er fleißig bei der Arbeit vor, auch in den Mußestunden seine Schellingschen Hefte und wir konnten gut miteinander schwätzen, meiner Frau spielte und sang er vor, oder erzählte Berliner Witze und um Bertha scharmutzierte er herum wie ein ächter Seladon. Merkwürdig ist es wie alle die jungen Leute, die in mein Haus kommen, zuerst Bertha treulich den Hof machen, bis auf einmal Line erscheint, dann fallen sie plötzlich ab und der andern zu, wie durch einen Zauberbann, ohne daß je Bertha im geringsten dadurch verletzt, oder Line geschmeichelt scheint. Adolf war der erste und einzige, der während der ganzen Zeit seines Aufenthalts, d.h. ganzer 5 Wochen lang, Bertha anhing, welches mich ordentlich freute, da ihre Neidlosigkeit wirklich auch einen Anbeter verdient hatte. Noch während Adolfs Hiersein kam auf einmal Otto Zöge von Düsseldorf an und erzählte mir er hätte mit seinen Brüdern ein Rendezvous bei uns verabredet. Nach einigen Tagen traf auch Leo ein, ein wackerer Junge, der mir überaus wohl gefallen hat und der sich namentlich in Beziehung auf die jungen Mädchen, denen er außerordentlich wohl gefiel, ganz untadelhaft benahm, so wie ich wünsche, daß meine Jungens sich einst betragen möchten. Er hatte Interesse für sein Studium zeigte sich nicht so gleichgültig gegen gesellige Ausbildung wie alles andere, was Zöge heißt, hatte eine warme, doch nicht unvernünftige Liebe für das Land, dem zu dienen er sich entschlossen hat und wenn er so fortgeht, wird er gewiß seinen Eltern große Freude machen. Auf ihn folgte Max, über den ich weniger zu sagen weiß, weil ni par force, ni par trahison etwas aus ihm herauszukriegen war. Ihm schien weder in Deutschland noch in Rußland etwas sonderlich zu gefallen. Güte und Freundlichkeit leuchten ihm aus den Augen, aber an Verstande scheint es ihm bedeutend zu fehlen. Nichts destoweniger glaube ich doch wird er ein guter Landwirth werden, welche Art eine practische Schlauheit besser gebrauchen kann als Geist und Verstand. Alle drei sind treffliche Jungen, möge Gott sie führen, daß sie fröhlich leben und gedeihen.

....Ich weiß nicht ob Du das kennst – wenn man nicht gerade übler Laune ist, so kann man, ganz ohne daß das Herz etwas davon weiß, ganz vergnügt und lustig sein, indem man eigentlich nur Komedie spielt. In solcher Komedie reißen wir uns selbst mit fort, wir scheinen nicht nur lustig, sondern eben weil wir gut spielen, sind wirs auch, aber sobald der Vorhang fällt, ist kein Nachklang der Freude mehr da. Wirklich froh werden könnte ich, wie ich meine, nur durch zwei Dinge, durch Glauben an die Schrift und durch Farbensinn, das heißt durch ein helles Auge des Geistes und Leibes. Ohne Glauben und ohne Fähigkeit zu seinem Beruf taugt man nichts. Dennoch wenn ich bedenke wie Gott mich Taugenichts bis diese Stunde mit unendlicher Langmuth getragen und wie er mir so sehr viel Güter des Lebens schenkt, auf die die meisten Menschen verzichten müssen, wie so viele kleine bunte Farben ganz unverdient und unverhofft hineinspielen, große Bitterkeiten und Entsagen zu versüßen, so finde ich in einem lebhaften warmen Gefühl des Dankes doch noch ein Glück. Ach daß ichs mir nur stündlich recht vor Augen malen könnte wie gar nichts ich verdiente und wie viel ich doch habe, dann würden mich Unmuth und

Kleinmuth weniger oft beschleichen. Man ist immer geneigt Gott vorschreiben zu wollen, wie ers mit uns machen soll und das ist so sehr der Weg zum Verderben.

Neulich besuchte mich der Pastor Wallmann aus Quedlinburg, den ich für einen der wenigen ehrlichen und treuen christlichen Pastoren halte, die es überhaupt geben mag. Er will mich so gern bekannt machen mit einem Regierungsrath Krüger in Halberstadt und es wurde ein Rendezvous in Quedlinburg verabredet. Die Bernstorff wollte mich mit Hofequipage hinfahren lassen, aber leider trat an dem Tage ein so gräuliches Schneewetter ein, daß ich von der Fahrt abstand, weil ich nicht wollte, daß meinetwegen herzogliche Kutscher und Pferde maltraitirt werden sollten. Mir that es aber recht leid, daß aus dem hübschen Rendezvous nichts wurde, auf einer Seite, auf der andern war mirs lieb, denn so sehr ich mich immer noch freue, christliche Menschen kennen zu lernen, so schmerzlich ists mir auch mich nicht mehr unter sie rechnen zu dürfen. Ich muß sie entweder über mich täuschen, oder enttäuschen und eines macht mir so viel Noth als das andere. Mit Wallmann habe ich schon längst das letztere gethan und nun merke ich wohl, daß er mich mit Krüger zusammenbringen will, weil er diesem die Kraft zutraut, mich zu bekehren. Ich werde mit ihm streiten müssen, streitet man aber mit wahrhaft frommen und erwärmten Gemüthern, so greift man sie, wenn man auch noch so bescheiden auftritt, in ihrem innersten Heiligthum an – sie werden gekränkt und halten uns für wissentliche und willentliche Feinde Gottes.

Ich muß jetzt der Herzogin und ihren Damen wieder vorlesen. Ein höchst interessantes Buch ist Bettina's Briefwechsel mit ihrem Bruder Clemens Brentano. Die Briefe der Bettina haben mich mitunter hingerissen. Welch ein reiches Gemüth, und wie haltlos auf der andern Seite!.....

Möchten balde von unserer herrlichen Sophie bessere Nachrichten kommen. Ich kann gar nicht aussprechen welch eine unbeschreiblich liebliche Erinnerung mir von Antoniens Hiersein geblieben ist. Sie war wie ein breiter Strom, der sich ins Meer ergießen will und nun zuletzt tief und ruhig dahinfließt. –

*Am 11t Nov.* Wir hatten auf 2 Tage Winter mit viel Schnee. Jetzt ist es wieder warm und trocken. Meinetwegen mag es sein wie es will, so recht wohl wird es einem doch kaum mehr hier unter dem

Monde; oder glaubst Du, daß der Missionar Wolff jetzt in Buchara unter fremderen Köpfen lebt, als unser einer hier? Aber das ist schon recht. Man *muß* fremden, immer mehr fremden, daß das allerfremdeste, der Tod einem zur bekannten und verwandten Sache werde. –

## N° 23 Ballenstedt am 23sten Nov. 1844

Gestern Abend, an Carlo's Todestage, da Frau und Tochter im Theater waren und ich emsig beschäftigt mit Studien der englischen Geschichte einsam in meinem Zimmer saß, kamst Du brieflich zu mir herein mit freundlichen Geburtstagsgrüßen. Habe Dank Du treue Seele, daß Du meiner gedachtest. Aber Du meldest so viel trauriges vom Wetter und damit zusammenhängend von Deiner Wirthschaftsthätigkeit, daß ich recht mit Trauer an Dich dachte und mir Dein Leben, trotz alles Guten das Du hast, öde und unerquicklich erschien, wenigstens auf Augenblicke, denn wenn Du dann wieder von Poll erzählst, dann konnte ich dich neiden, daß Du ein Haus hast, das Du gerne besuchen magst. Das habe ich nicht. Manches Leben ist ein Triumphzug und manches ist ein Durchgang durchs Joch und beide Gestalten des Lebens sind von Gott geordnet. Wenn nur der Triumphator die Demuth und der Unterjochte den Muth nicht verliert, dann ists schon gut. Das Ende Aller ist sich gleich und heißt Tod. Laß uns beide, alter Junge, unserm Herrn stehn und fallen, d.h. niemals das Bewußtsein verlieren, daß Er's ist, dem wir stehen und fallen. –

Nun muß ich Dir doch von meinem Geburtstag erzählen. Ich fand am Morgen in meinem Zimmer eine große Bescherung mit brennenden Lichtern und meine Frau dabei. Von der Bernstorff Schakespeares Werke in zierlichem Einband. Mit Goldlack, Resede und Veilchen aus dem Garten war der ganze Tisch bestreut. Wir frühstückten herrlich zusammen und hierauf erschien die edle Tille und setzte mir einen selbstgewundenen Rosenkranz auf den Kopf. Sie hatte sämtliche Rosen im Schloßgarten zusammengesucht und gestohlen und ich verwunderte mich wie an meinen Geburtstag noch konnten Rosen blühen. Nun warf ich mich in mein Zimmer und fing an den Schakespeare herumzuwerfen und eine Lust mit ihm zu haben. Seit meinem 14ᵗ Jahre sehnte ich mich nach Schakespeare und hatte ihn nie, auch nur wenig davon auf Borg gelesen. Es ist eine große Freude so ein Buch zu *besitzen*. Hierauf kam die ehrliche Line und brachte mir einen schönen Blumenstrauß mit ein paar kleinen Thränen der Rührung dar. Von ihrer vortrefflichen Mutter brachte sie mir eine kleine niedlich gebundene Bibel, die mir als Andenken große Freude machte, wo ich aber wohl niemals drin lesen werde, weil mir der seligen Mutter Bibel so sehr lieb ist. Nun gingen wir Alle zusammen ich mit Julchen voraus, hintennach die Schaar der Unmündigen, nach dem Grabe der guten sel. Mutter. Da stand ich lange unserer treuen Mutter gedenkend. Mich hat noch nie der Besuch an ihrem Grabe so tief ergriffen. Ich kam tief bewegt in mein Zimmer zurück. Hier fand ich alle Bedingungen eines bequemen Lebens, ein angenehm heizender Ofen, Kanapée, Lehnstuhl, Tische, Schränke gefüllt mit tausend Kleinigkeiten, die alle meinetwegen da waren, einen unerhörten Ueberfluß an Reichthum, der sich wie ein weicher Pfuhl unter mir ausbreitete, um darauf zu ruhen, die Stimme der Dienstboten schallten aus der Küche herauf und der Geruch des Schmorbratens durchzog das Haus – und meine Mutter, sonst eben auch an die Bequemlichkeiten des Lebens, an aufmerksame Pflege, an warme Zimmer und Betten gewöhnt, lag nun in ihrem kalten kleinen Grabe, entblößt von Allem, einen Erdhügel auf der Brust. Ich konnte mich von diesem Eindruck, der mich überfiel als ich mein Zimmer betrat, den ganzen Tag nicht wieder erholen. Ist das Leben nicht wie ein Lichtstrahl, der einen kalten dunkeln Stein erleuchtet und erwärmt? und der Strahl wandert weiter, der Stein aber wird wieder kalt und finster. So scheint es uns und der unmittelbare Eindruck ist immer stärker als die schönsten Träume unseres Glaubens. Indessen, wenn es auch so wäre, so wäre Vernichtung kein Unglück, der Strahl, der den Stein erwärmte, der glüht und scheint ja fort und fort und in ihm, das was in uns lebte – hat uns aber Gott was besseres aufgehoben, nun desto besser und es wird uns nicht entgehen, wenn wir auch darüber hinieden im Dunkeln blieben. Ach ich glaube es wird alles besser werden als wirs uns träumen lassen, wie's aber auch werden mag, so nehmen wir es hin und Gottes Wille geschehe, nicht der unsrige. – Nach Tische hörte ich die Valentiner und Bernstorff hätte sich auf den Abend angesagt und so legte ich mich aufs Kanapée und las den Hamlet durch, um durch ein recht treffliches Vorlesen dieses Meisterwerks meine kleine Gesellschaft unterhalten zu können. Die Kinder, denen ichs angesagt, freuten sich unbändig darauf, besonders auf den Geist, ich mich auf Hamlets Witze. Da kam Freund Cramer, er wußte vom Geburtstage nichts und rauchte eine unwissende Zigarre, ging wieder fort. Hierauf kam der Pastor Rosenthal, er hatte den Geburtstag bei der Bernstorff gewittert und gratulirte. Ich dachte: gut wär's Freund, du gingest wieder, und als er gehen wollte, sagte ich: bleiben Sie nicht noch ein Bischen? und siehe er blieb und blieb den ganzen Abend von 4 Uhr bis um 10, obgleich er zu Fuße noch eine kleine Meile durch die Nacht zu gehen hatte. Zu meinem Schreck kam auch noch die Veit mit ihrer ungezogenen kleinen Tochter, ja mehr noch, die Veit verkündigte Prinzeß Marie hätte so gerne mitkommen wollen, hätte es aber ohne Einladung nicht gewagt. Das hieß wir sollten hinschicken und sie holen lassen, wozu meine Frau sich auch gedrungen fühlte. Ich frug: willst du meinen Geburtstag zu meinem Todestag machen durch alle diese Weiber? Denn die Prinzeß hat auch zwei Töchter. So unterblieb es. Gelesen konnte nun nicht werden, denn einen seltenen Gast wie Rosenthal mußte man sprechen und nicht blos hören lassen. Nun war natürlich den ganzen Abend ausschließlich von lauter christlichen Dingen die Rede, was mir immer sehr schmerzlich ist, da ich meine Meinung nicht sagen darf. Die Bernstorff ist das einzige lebende Wesen hier in Ballenstedt, welches mich in der Beziehung etwas kennt und sie hatte Mitleiden mit mir, daß ich gerade am Geburtstage so geübt wurde. Wir aßen junge Hühner und tranken Punsch, alles ging ohne Zank und Unfrieden ab, nur daß die eigentlichen Stammfreunde Hamlets Unterbleiben immerfort bedauerten. Als alle fort waren, dankte ich Gott. Ich war sehr müde, konnte aber nicht einschlafen und ward so noch in der Geduld geübt bis gegen Morgen. Mir trat immer das Sterbensbild der Mutter wieder vor die Augen, einerlei ob ich auf der rechten oder linken Seite lag. – So sind die Geburtstage und doch freut man sich immer wieder drauf weil so unendlich süße Erinnerungen dran hängen.

Wie kannst du so viele Entschuldigungen machen und immerfort jammern Du lieber Schafskopf, als hättest Du einen langweiligen Brief geschrieben? Heute Abend war Zeichenstunde. Ich rief meine ganze Familie zusammen, Alle nahmen Platz und meine herrliche Lampe erleuchtete hinlänglich das Papier der Zeichner und den Canvas der Stickenden. Niemand wußte, daß ich einen Brief von Dir hatte. Nun zog ich ihn heraus und las vor. Das war eine Freude. Du hast eine herrliche Schilderungsgabe. Dein Besuch in Poll, Deine Jagd, der Gang in die Erdbeerberge, kleine Wettergemälde und Kartoffelbilder, das war köstlich und wurde von männiglich genossen. Ja mein alter Junge Dein Brief war trefflich! Du kannst mir hundertmal Deine Besuche in Poll genau beschreiben, doch sind sie mir immer noch nicht genau genug, und werde nie satt werden von Poll zu hören, bis ich im Grabe liege. Wie freue ich mich auf Wilh. Stackelberg im nächsten Jahre. Wenn er nur in seiner alten Gestalt zu mir käme, auf der Herreise, ehe er sich in Albisbrunnen am kalten Wasser ersäuft. Wie kann nur ein ganz gesunder Knepper eine Wasserkur brauchen und sich den Bauch mit Wasser überschwemmen. Im Studentenlied singt Noah: «Das Wasser schmeckt mir gar nicht mehr, seit so viel sündhaft Vieh und Menschenkind, darin ersoffen sind.» Dies weiß W. auch, und doch will er sich die ganze Sündfluth in seinen Leib ziehen. Ich gebe ihm hier sein eigen Zimmer und die herrlichsten Bücher, da kann er rauchen und Dinge lesen, von denen er sich noch nichts hat träumen lassen, die hübschen jungen Mädchen sollen ihn pflegen und ihn umgaukeln wie einen alten irrenden Ritter und wenn wir in die Berge gehen, wird er auch wieder jung werden wie ein Adler, ebenso wie ich alle Sommer wieder jung werde, so daß ich mich nicht allein selbst, sondern auch Andere sich darüber wundern und entsetzen.

*Am 24sten Nov.* Heute ist der sel. Mutter Geburtstag. Ich muß heute viel an Ehstland denken, wo sie jung war und Du wohl an Ballenstedt, wo sie alt war und begraben ist. Wir haben, einen zweitägigen Schnee vor 3 Wochen abgerechnet, bis jetzt ziemlich gutes Wetter gehabt und immer noch Blumen in den Gärten. Heute ist ein ganz dunkler Nebeltag und dichter Schnee senkt sich aus der Trübe nieder und überzieht das Land. Das ist mir heute lieber als Alles. – …

*Am 29sten Nov.* Es war heute ein schauerlich dunkler Nebeltag, zu finster als daß die Außenwelt hätte einige andere als auch nur schwache Eindrücke geben können, zudem befielen die Meinigen mit Kopfweh, saßen still in den Ecken umher. Da ging mirs wie Dir, helle Erinnerungen aus alter früher Zeit tauchten in der Seele auf, während ich an der Staffelei saß, mein eigenes Portrait für die Bernstorff malend. Ich trat in Loschwitz in die Weinbergsthüre. Es war ein warmer flimmernder Abend und die Sonne im Untergehen, das Begerhäuschen lag oben im rothen Glanz des Abendlichts. Die kleine Marie kam mir entgegen, sie hatte ein Korb mit

Kirschen geholt. Ich sah sie deutlich, ihr glänzendschwarzes Haar, ihre milchweiße Haut, vom schnellen Gange die Backen stark geröthet. Ich nahm ihr den Korb ab, sie stellte sich auf die Fußspitzen und gab mir einen Kuß. Himmelblau und reinlich war ihr Kleid – wir gingen langsam den Berg hinan. Oben auf der Terrasse sah ich Mutter wandeln, sie strickte und schien dazu mit geschlossenem Munde vorzüglich in sich hineinzusingen. Da bemerkte mich Adelheid, die ihr Gärtchen begoß. Wilhelm! Wilhelm! sie sprang mir mit ausgebreiteten Armen entgegen, sie umarmte mich und hing sich wie eine Klette an meinen Arm. Wir machten ab, heirathen wäre dumm, wir wollten es alle drei nicht thun, aber wir wollten uns recht hübsch zusammen einrichten und zusammen bleiben. Vorher aber wollte ich noch nach Jerusalem. Adelheid konnte gar nicht begreifen, wo ich so sehr lange gewesen wäre, der Vater hätte so oft gefragt und die Mutter hätte sich geängstigt. Der Gerhard, sagte Marie, war aber ganz ruhig und schnitzelte unter dem Nußbaum neben der Plumpe, der Gerhard sagte Du wärst wahrscheinlich in die Elbe gefallen. Nein gute Marie, sagte ich, ich war in Rom, in Petersburg, in Hermsdorf und Ballenstedt, ich habe ein Weib und 6 Kinder, ich bin ein alter Mann geworden, und mein Herz ist ein Tanzboden, Jahre und Sorgen haben es breit getanzt. Pfui wie eklich sagte Adelheid, und Marie hatte eine Thräne im Auge und sagte: Du mußt nicht so traurig sprechen. – Nachher besann ich mich, daß Marie längst todt war und verfault, ein verdammter Pastor hatte sie zu Tode gequält und Adelheid, auch in den Klauen eines solchen, ein Wunder, daß sie noch lebte. – Jetzt ists nun Abend, ich sitze bei der Lampe und schreibe Dir ein paar Worte, hernach muß ich wieder die englische Geschichte vornehmen, die jetzt meine freie Zeit ausfüllt, weil ich der Herzogin die Geschichte der engl. Revolution von Dahlmann vorlese und auf alle mögliche Querfragen gerüstet sein muß. Ich habe mir zu dem Ende die classische Geschichte von Hume von der Bibliothek geholt und bin mit meiner ganzen Aufmerksamkeit bei der Sache. In der Geschichte ergeht wirklich ein furchtbares Gericht über das Andenken der Großen. Merkwürdig ist die Geschichte Europas bis auf die Reformation. Die Könige sind lauter Räuber und Mörder, die Barone Rebellen, die Beamten Spitzbuben, das Volk ist Vieh, zertreten, gepeitscht, geschunden wie Vieh und eben so roh und bestialisch. Die Reformation ist der Wendepunkt, mit ihr wird der Gedanke in die Welt geboren, der nun aufwächst und erzogen wird und nach und nach das alte Reich der Unwissenheit, des Fanatismus, der Vorurtheile und Aberglaubens einnimmt. Es ist ein rasender Umschwung. Die früheren Staaten gleichen blind wüthenden Auerochsen, die durch dick und dünn gehen, die modernen fein zugerittenen Pferden und denen werden sie immer ähnlicher werden, immer gleich gut geritten von begabten wie von unbegabten Fürsten, denn diese werden selbst geritten von der unüberwindlichen Macht, freigewordener vernünftiger Ideen. Nun aber frägt sichs was ist besser, die alte Unordnung, oder die jetzige Ordnung? Wir sind verwöhnt, es würde uns schwer werden in einem alten Staate zu leben – aber jene Kraftmenschen der alten Zeit würden es auch kaum bei uns aushalten, sie würden geradezu bersten über alle die Kleinigkeiten, denen sie, die Großen, sich unterwerfen müßten, oder ihre Unvernunft würde ebensowenig unsere Vernunft, als diese ihre Tollheit ertragen. Wie unvernünftig *wir* aber noch sind, wird man erst in 200 Jahren wissen.

*Am 1sten Dec.* Seit gestern Abend Winter, Schnee, Frost. Alle Bäume mit ihren Aesten und Zweiglein dick beschneit – herrlich! Meinen Brief muß ich schließen daß er fortkommt und da bleibt mir denn noch besonders zu sagen, daß ich Dich und alle Deine Leidensgenossen wegen der Hungersnoth herzlich bedauere. Ihr habt doch dort mit ganz besonders mißlichen Umständen zu kämpfen. Es scheint keine rechte Gegend zum Bewohnen zu sein. Wir haben hier auch viel Bettler, aber Ihr scheint gar nichts anderes zu haben. Euer Klima ist freilich mehr für Wölfe. – Benno sitzt eben neben mir bei meiner Lampe mit seinen langen weißen Haaren, er hat beide Daumen im Munde und lernt die 10 Gebote. Es ist erstaunlich wie viel die Kinder an der Religion herumlernen müssen. Anna hat seit einem Jahre täglich eine Stunde beim Hofprediger, mit sehr vielen Privataufgaben, daß ihr der Kopf dampft und das Herz wüst wird. Das geht noch 2 Jahre so fort bis zur Confirmation. Lebe wohl Geliebter! Alle die Du grüßest, grüßen sehr geschmeichelt wieder. Ich grüße diesmal niemand, weil es mir Mühe macht, hohl Euch der Jokel, ich bin eisern, ich der eiserne

Wilhelm.

Couvert.

Deine Zigarrendose befindet sich auch noch wohl, item Dein Malkasten, item Dein Contrafactum oder imago, item in meinen Knochen ist noch eben so viel Mark als vor 15 Jahren. Doch sehe ich die Welt mit den Augen eines alten Mannes an, d.h. ich sehe sie an für ein Butterbrod oder vielmehr für eine Schmalzbemme, an der man sich den Magen verdirbt, item für ein Linsengericht, für das man seine Erstgeburt verkauft item für Mist, item für einen Dreck. Jedenfalls ist sie ein Berg oder montagne; sind wir lustig, sitzen wir drauf, sind wir verdrießlich, liegen wir drunter, sind wir fromm, schweben wir drüber. Im letzten Fall ist sie ein Gefängniß, im ersten ein Garten und im zweiten ein Unterträgliches. Brächte man es doch in der Weisheit so weit, daß man sich über Unabänderliches nicht grämte. Man kommt aber mit der Weisheit immer nicht über sein Temperament hinaus. Thomas Morus hatte ein glückliches.

## N° 24

Ballenstedt am 3. Febr. 1845

Edler! Geliebter!
Es ist so lange schon, daß ich Deinen trefflichen, erquicklichen und unterhaltenden Brief bekommen und immer noch nicht geantwortet – o das ist unverantwortlich! aber meine Faulheit ist ja daran schuld. Meine Faulheit ist meine Feindin, ich schlage mich auf Deine Seite und mache mit Dir gemeinschaftliche Sache gegen sie. Dein Brief war gut und Deine Erzählungen, Du hast mich zum ersten Mal nach Nömme geführt. Ich sehe Constantin an seinem Schrank – der gute Constantin, möchte es ihm immer wohl gehen; wir haben manche Schüssel zusammen ausgegabelt und ich bin sein Ehehelfer gewesen. Seine 2te liebe Frau ist ein Säugling – wenigstens habe ich sie so mit meinen eigenen Augen gesehen an ihrer Mutter Brust. Das kannte man. – Liebe gute Tante Anna, Oncle Heinrich! Wenn ich an Rußland denke, so sitze ich auf einem Haufen Todter. Ich kann mich wohl der Zeit erinnern, wo ich darüber nachdachte, wie es sein müßte, einen geliebten Todten zu haben – endlich starb Kraft, dann die Volkmann, aber es waren immer noch nicht die rechten und ich wurde 18 Jahr alt, bis der rechte Blitz einschlug und den Vater traf. Hernach war die Furie einmal losgelassen und verschlang jährlich Opfer. Gott lob, daß Du noch lebst – er segne dich und erhalte Dich, er erleuchte sein Angesicht über Dich und gebe Dir Frieden. –

Nun sollte eigentlich das Erzählen los gehen, aber sage mir, wenn man nichts zu erzählen hat, wo soll man da eigentlich anfangen, beim r oder beim s? – Ich will von hinten beginnen und Dir melden, daß vorgestern der Hof mit ungefähr 200 Personen nach Bernburg abgerauscht ist. Das hat sehr sein Gutes, bringt uns Ruhe, Stille und vor allem Zeit, dem Bruder zu schreiben. Aber die ersten Tage dieser Ruhe und Friedenszeit haben auch etwas ödes und leeres und Ballenstedt kommt einem wie Pompeji vor. Eine Menge Kräfte, die in Gebrauch waren, sinken in Ruhe zurück und andere müssen erwachen. Ich bin diesen Winter alle Tage auf dem Schloß gewesen und durch die Rastlosigkeit der Bernstorff war eigentlich auch alle Tage das Schloß bei uns. Die Vorlesungen bei der Herzogin kosteten auch Privatfleiß, besonders Schakespeare, von dem ich mehreres vorgelesen habe. Es ist ein Riesengenius, vor dem man staunend steht. Wie konnten doch vor 300 Jahren in England solche Sachen entstehen – was haben wir in Deutschland Gleichzeitiges aufzuweisen? Auch lernt man aus Schakespeare, daß die Menschen sich selbst immer gleich gewesen sind. – Als die Herzogin nach Bernburg ging schenkte sie mir zur Belohnung für mein Vorlesen 2 alabasterne Vasen. Es sind antike Formen und auf dem Rande einer jeden sitzen 4 Tauben in allerlei Stellungen. Sie hatte keinen Menschen um Rath gefragt, sondern diese Dinger von Berlin verschrieben, weil sie meinte, für einen Künstler müsse es ein Kunstwerk sein. Ueber dies Geschenk war ich anfänglich sehr unglücklich; gewiß hat es viel Geld gekostet und was hätte man dafür alles Nützliches und wahrhaft Vergnügliches kaufen können; diese Vasen aber passen nirgends in mein Haus, ihrer Eleganz wegen und um sie als Kunstwerk anzustaunen sind die Tauben nicht werthvoll genug. Die Herzogin ist überhaupt nie glücklich in der Wahl ihrer Geschenke und erntet wenig Dank, weil Jedermann, der etwas braucht, sich durch unnütze theure Geschenke gekränkt findet. Da ich mich nun aber an den Besitz gewöhnt habe, fange ich an, mich an der schönen Form der Gefäße zu weiden und wünsche die Tauben zum Teufel.

Ganz brillant war unser Weihnachtsabend. In meinem Zimmer warteten die Kinder, Valentiners, die Bernstorff und Agnes. Julchen und ich putzten alles auf. Als es fertig war, stellte ich die Gesellschaft in meinem Zimmer auf, die kleinsten vorn und so zurück immer größer, die Valentiner machte den Beschluß. Nun bließ ich mit dem Munde trompetenartig den Dessauer Marsch, alle bliesen mit und wir marschirten in Paradeschritt bis zum Weihnachtszimmer. Hier löste sich gleich alle Ordnung auf, die Kinder schrieen und rannten nach ihren Sachen, die Alten überließen sich Rührungen, bis sie im Nebenzimmer den Theetisch umsäumten. Ich war nicht vergnügt, aber ich störte keinen. Weihnachten ist für mich immer schwere Zeit. Von meinem Geburtstag bis Weihnachten bin ich in der Regel melancholisch. Die Zeit da er geboren, ist für keinen Menschen günstig, auch sterben die meisten in der Nähe ihres Geburtstages. Mit Weihnachten verknüpfen sich außerdem so viel Erinnerungen und der Geldbeutel kriegt immer die Auszehrung. Sehr schön feierten wir den Sylvesterabend. Die tiefe Rührung an jenem Abend thaute mir die Melancholie vom Herzen. Wir lasen und sprachen den ganzen Abend vom Tode und beteten, als es 12 schlug die 3 letzten Verse des Liedes «o Haupt voll Blut und Wunden» Eurer ward viel gedacht und Eure Gesundheit ausgebracht und getrunken. Dann zogen wir die Sprüche mit kleinen Bildern die ich in den Zeichenstunden gemacht hatte und lasen das herrliche Paul Gerhardtsche Neujahrslied ins neue Jahr hinein. Am Neujahrstage war der Schloßteich gefroren, Schnee hatten wir nicht, das Eis war wie ein Spiegel, die Luft frühlingsartig und so blieb es 14 Tage. Ich fuhr mit meinen Söhnen Gerhard und Adolph alle Nachmittag Schlittschuh und zwar wegen des warmen Sonnenscheins alle 3 in Sommerröcken. Niemand konnte sich erinnern so etwas erlebt zu haben – Frühlingsluft, Eis und Schweiß. Ich genoß einer wahren Seligkeit und schien mir ein schwebender Adler, den seine Jungen umkreisen. Julchen war immer mit und die Mädchen wurden wacker Stuhlschlitten gefahren. Gerhard läuft hinter dem Schlitten, wie ein Dresdner Fischerjunge, Adolph ist froh, wenn er seine eigene Person fortbringt. So traf uns die Herzogin und bat mich, sie am nächsten Tage auch zu fahren. Es war ein schöner Morgen, sonnig warm, das Eis fest und durchsichtig, die Waldumgebung dick bereift, das alte Schloß leuchtete von seinem Berge herab, die Herzogin war seelenvernügt, sie saß wie ein kleines Sönnchen federleicht, im leichten Schlitten, bedankte sich immerfort für die schöne Lust und mir machte es aufrichtige Freude, sie wacker auf dem Teiche herumzutreiben. Zu meiner Hülfe hatte ich mir einen jungen Offizier, einen Herrn v. Rauschenblatt mitgebracht, der mich ablöste. Nach einer halben Stunde sagte die Herzogin: nun sollen Sie zur Belohnung Pferdefleisch essen. Ich mußte sie an die kleine Schwaneninsel fahren und hier lagerte sie sich mit ihrer Schwester förmlich in den Dreck und servirte Pferdebraten mit geschmorten Kartoffeln. Bertha und Line bedienten uns. Es schmeckte vortrefflich, wie sehr guter Rinderbraten oder etwa zwischen Rind und Hirsch. Oefter rief die Herzogin mir zu ich solle nur immer daran denken, daß es Pferdefleisch sei, das wäre nothwendig, sie dächte bei jedem Bissen daran. Nach diesem Frühstück wurden wir gaulstark; die Herzogin setzte sich wieder ein und Rauschenblatt rauschte mit ihr davon, hengstartig förmlich ausschlagend, ich hinterdrein, um zur Hand zu sein, wenn jener müde würde, da – braz – rannte er gegen einen Stein, die Herzogin schrie laut auf und ich kam gerade an um sie vom Eise, wo sie der Länge lang lag, wieder aufzuheben. Armer Rauschenblatt, du sahest einem Delinquenten oder Galgenschwengel ähnlicher, denn einem Kriegsknecht, der Mensch hatte etwas leichenhaftes, verfaultes und war scheußlich entstellt, aber die Herzogin, welche keine Furcht kennt, setzte sich wieder ein und ließ sich von uns noch ein paar Mal um den Teich fahren. Hierauf fuhr ich die Bernstorff, die es nicht merkte, als ich ermüdet, hinter dem Schlitten abging und mich von Rauschenblatt ablösen ließ. Zu diesem sagte sie nun: wie freue ich mich, daß Sie mich fahren, denn mit dem guten R. würde ich Todesangst ausstehen. Doch der versicherte ihr zu ihrem Schrecken, er würde sein möglichstes thun. – Von nun an wollte die Herzogin viel fahren, wo möglich alle Tage, sie hatte es zum ersten Mal gekostet und gut befunden, aber es kam Schnee und bedeckt bis auf den heutigen Tag fußhoch die Bahn.

*Am 6t Febr.* Heute an unseres sel. Vaters Geburtstage langte Dein lieber Brief vom 11. Jan. an. – So schenkt und raubt die Weisheit Gottes der Menschen Leben, dem einen Hause gebend, dem andern nehmend. Armer, lieber Oncle Carl, daß er noch solche Schmerzen dulden mußte. Ich frage mich aber, wer glücklicher sei, der in seinen Schmerzen vom Glauben getragen wird, oder der ohne Schmerzen seinen Unglauben tragen muß? Die erste Nachricht von der Krankheit und die Todespost in einem Briefe – wie wird das die armen Jungens erschrecken! Für mich war dieser Schlag ebenso unerwartet wie Oncle Kügelgens Tod. Ich werde noch manchen Tag hinter dem Sarge des armen Oncles hergehen, denn obschon wir uns wenig kannten, war er mir doch werth und theuer. Möchte doch sein Glaube, wie es den Anschein hat, ihm die Schrecken des Todes hinweggenommen haben. Wunderbarer als alle Geburten bleibt immer der Tod! Jenseits des Geheimnißes steht nun der Oncle und schaut wahrscheinlich nun von Angesicht

– o daß er seinen Herrn sähe wie er ihn geglaubt hat und auch ich dereinst, wie ich ihn glauben möchte! – Es war doch die Unruhe des Zugvogels, die in den letzten Jahren über ihn gekommen; in dieser Unruhe liegt etwas prophetisches, hindeutend auf ein besseres Land. Sage doch der lieben Tante, daß Julchen und ich mit ihr weinen – o Ihr theuern Geliebten! – Und unter diesem Wehen des Todesengels hat Elmine ein Mägdlein geboren, eine Emma – möchte sie so weich und so sanft werden wie ihr Name. Es ist ja Gottes Wohlgefallen, daß er Dir und mir viel Kinder schenkt und Du nimmst es richtig als seinen Segen. Das heißt Du nimmst es nach dem Glauben und nicht nach der Vernunft. Wir haben beide im Glauben geheiratet und nicht aus Politik oder Vernunft und so müssen wir alle Eheangelegenheiten auch immer nach dem Glauben ansehen und richten. Die liebe theure Wöchnerin aber soll hochgelobt und gepriesen werden, Gott helfe ihr vollends hindurch, daß wir im nächsten Briefe von ihrem Wohlsein hören, ich grüße sie brüderlich und aufs herzlichste so wie auch Julchen. Gute Nacht mein Herzensbruder! Ich habe ein so deutlich Bild von Dir, als stündest Du hier, Dank Deiner Reise; es ist mir unbeschreiblich viel werth, daß ich Dich wiedergesehen habe, und zwar noch ohne Bart. Raufe Dir Deinen Bart aus, denn am Ende wird er grau.

*Am 27sten Febr.* Es ist unglaublich, welche Gährung jetzt in der katholischen Kirche in Preußen vor sich geht. Du wirst in den Zeitungen gelesen haben, wie der Bischoff Arnoldi in Trier vergangenen Sommer und Herbst den Rock Christi zur Anbetung ausgestellt hat. Hunderttausende von abergläubigen Menschen wallfahrteten nach Trier. Die protestantischen Zeitungen ignorirten die Sache gänzlich, aber ein katholischer Expriester in Schlesien, Namens Ronge, veröffentlichte Anfang Winters plötzlich einen Brief an den Bischoff Arnoldi, worin er ihm den gröbsten Götzendienst Schuld giebt. Alle Zeitungen nahmen den Brief auf und überdem ward er durch Buchhandlungen und Colporteurs in wenigstens 200,000 Exemplaren überall verbreitet. Dieser Brief ist eigentlich ein ganz schwaches Machwerk, ohne christliche Motive, nur revolutionär gegen die Kirche. Aber er spricht doch kühn aus, was Hunderttausende in der katholischen Kirche denken und fühlen. So ist er denn auch zum Schneeball geworden, der vom Berge stürzend sich zur mächtigen Lawine bildet. Die Katholiken treten in

Schaaren aus ihrer Kirche aus. In Schneidemühl in Schlesien geschah die erste Separation, dann folgten Berlin, Breslau, Magdeburg, Dresden Leipzig usw. – überall bilden sich zahlreiche freie Gemeinden, dem Papst und der Priesterherrschaft entsagend und eigene Glaubensbekenntniße erfindend, welche im Wesentlichen mit den rationalistischen Bekenntnißen in der evangelischen Kirche übereinstimmen. Diese Gemeinden nennen sich christkatholische Gemeinden. Auf einem allgemeinen Concil, welches alle Gemeinden beschicken wollen, wollen sie die Differenzen ihrer Bekenntniße ausgleichen. Für das Christenthum scheint von diesen Leuten nichts zu hoffen, aber die katholische Kirche im Norden Deutschlands hat ihre Auflösung zu befürchten. In den Zeitungen steht fast von nichts anderem als von diesen mächtigen Bewegungen. Bis jetzt hat die preußische und sächsische Regierung die Leute ganz frei gewähren lassen und die Frage ist sehr interessant, wie die Regierungen sich in Zukunft zu ihnen stellen werden. Wird Preußen eine dritte Kirche anerkennen? Wird sich diese neue Kirche dem Staate unterordnen wollen wie die unsere, oder könnten sie eine freie Kirche werden, ohne daß wir auch frei würden? Die nächste Zukunft muß dies alles lehren. Das muß man aber sagen, daß diese Leute, ihr Glaube mag so geringfügig und unerheblich sein, als er will, doch wenigstens ganz ehrlich offen aus ihrer Kirche herausschreiten, während unsere Rationalisten ganz stille drin bleiben und so die Kirche verderben.

Couvert.

Wir haben einen russischen Winter von außerordentlicher Zähigkeit. Die schönste Schlittenbahn. Vorgestern war eine brillante Schlittenparthie. Die Jungens, wie Pferde mit Schellen und Federn aufgeputzt, zogen die Mädchen. Anna hatte 6 solche Pferde vor ihrem kleinen Schlitten. Es war ein Zug von 8 bis 10 Schlitten und ging eben so schnell wie mit Pferden. Habe ich je was lächerliches gesehen, so war es dies. Sie fuhren durch die ganze Stadt.

## N° 25

Ballenstedt am 7t Mai 1845

Mein geliebter Bruder Gerhard!

Gestern Abend, als ich eben aufstand von meiner Malerei, empfing ich Deinen Brief. Einen so trefflichen und ergötzlichen hast Du mir lange nicht geschrieben. Wir waren zur Bernstorff eingeladen, meine Frau war schon dort und ich machte mich balde mit meinem Briefe nach. Die B. hatte ein Fest bereitet, auf dem Tische stand Thee, eine Bowle Bischoff, überdem allerlei kalte Küche und Kuchen. Als ich eintrat, spielte eine Spieldose, die ich der B. zum Geburtstage geschenkt, einen lustigen Walzer. Die Fenster standen offen und die Nachtigall schlug herein. Mir kam die Wirthin entgegen und schenkte mir ein Kästchen Zigarren von der allervortrefflichsten Qualität. Aber das beste war Dein Brief, von dem Niemand nichts wußte, in meiner Tasche steckende. Im gemüthlichsten Augenblicke zog ich vom Leder und es entstand ein kleines Freudengeschrei, als das russische Couvert erblickt wurde. Alle fanden Du wärst so witzig, daß Du wirklich einen Bart verdient hättest und ich dachte auch, ich könnte mir vielleicht vornehmen Dich Deines Bartes wegen nicht mehr zu ärgern; es wurde mir aber bald wieder leid. – Daß Elmine «die Frau» ist, welche die Simonisten so dumm in Aegypten suchen, daß sie das freie Weib ist, Ideal männlicher Creatur – das hab ich auch schon lange gewußt. Sie soll uns auch zusammengehören, Dir als Frau und mir als Cousine, als welche ich sie schon lange in meinem Herzen immer gut behandelt habe. Auch Helene, meine liebe kleine Hella, hat darin ihr Tempelchen und ihren kleinen Cultus und es ist sehr die Frage, wenn Elmine die Frau ist, ob nicht Helene das Mädchen ist.

Die schreckliche Noth mit Deinen Bauern geht mir rechtschaffen zu Herzen, doch bin ich überzeugt, daß der Fehler nicht in der Raße liegt, sondern einzig in den Verhältnißen, welche in Ehstland für Edelleute und Bauern gleichermaßen unvortheilhaft sind. Hätte man damals bei Aufhebung der Leibeigenschaft den Bauern ihre Güter gegen Frohndienste zu eigen gegeben, so würde jetzt schon eine viel vortheilhaftere Gewöhnung unter ihnen zu merken sein. Der Grundherr hätte nichts eingebüßt, als den Vortheil, der ihm aus der Sprengung der Bauergüter bisweilen erwachsen kann, aber dieser Vortheil wird durch die Almosen, die er jetzt geben muß, mehr als annullirt. Ich weiß, daß Du nicht meiner Ansicht bist, aber doch halte ich sie für die richtige. Daß die Bauern keine längeren Pachtungen eingehen wollen, beweist nichts dagegen. Sie sind wie Kinder, aber sie müssen nicht durch Willkür einzelner Edelleute, sondern durch die Macht der Verhältniße, in denen sie leben, zur Ordnung gezwungen werden. Es geht ihnen vielleicht ähnlich, wie den schlesischen Webern. Sind diese ganz ordentlich, so können sie auch auskommen, aber das Unglück will, daß sie unter Bedingungen leben, die sie zur Unordnung treiben. Die Schuld daran trägt hier und dort das Gouvernement. Ein anderer Uebelstand bei Euch ist der Mangel an Consumenten, so wie bei uns der Ueberfluß daran. Woher es aber kommt, daß die Bevölkerung bei Euch sich gar nicht heben will, ist mir rein unbegreiflich. Der Einfluß des Klimas ist es nicht, denn die wohlhabenden Häuser bestocken sich so gut wie bei uns, die Rekrutirung kann so viel auch nicht austragen, so muß denn der Fehler in den Verhältnißen gesucht werden. Daß die Regierung wenn sie will, einen Bürgerstand schaffen kann, sieht man an dem Beispiel Heinrich des Voglers. Ein aufblühender Bürgerstand aber zieht immer die Freiheit nach sich. Das wäre freilich ein Unverstand, in einem Lande, wo Jedermann leibeigen ist, allein die Bauern frei machen zu wollen. Doch genug hiervon. –

Mit den Jugendreminiszenzen geht mirs wie Dir. Ich lebe viel in der vergangenen Zeit, doch werden unsere Kinder dies auch dereinst, wenigstens die meinigen, die eine unbeschreiblich glückliche Jugend haben. Was die Eltern anbelangt, so ist es eine Frage, ob sie glücklicher waren als wir. Hätte ich Farbensinn, so würde ich wahrscheinlich glücklicher sein als unser Vater; denn man muß bedenken, daß die Mutter jährlich ein paar Mal sterbend war und fortwährende Kriegsnoth die armen Eltern selten aus der Angst kommen ließ. Der Umstand, daß der Vater ein berühmter Mann war, gewährte ihm durch Ueberlaufenwerden mehr Verdruß, als er an öfterem Zusammentreffen mit andern berühmten Leuten Vergnügen finden konnte. Ich habe bis zu dem Augenblick, wo ich nach Ballenstedt kam, den Verkehr mit ausgezeichneten Menschen immer fortsetzen können. Das ist ganz gut, regt an und bildet aus. Aber so viel ist auch gewiß, daß unter diesen sogenannten Genies und ausgezeichneten Menschen, die meisten Comödianten sind, die das alte Sprüchwort ausbeuten: mundus vult decipi etc. Je älter ich werde, desto mehr erkenne ich was für ein seltener Mensch unser lieber unvergeßlicher Vater war. Das edelste, dem man begegnen kann, ist doch ein gutes warmes Herz und ein freier rechtschaffener Muth – wie weit höher steht dies als die Suprematie des Genies! Ich habe eine Zeit gehabt, wo ich mich blos vor dem Genie beugte, dann eine lange Zeit, wo mir blos der Glaube in den Leuten etwas galt, und jetzt sehe ich die Menschen darauf an, ob sie Herz haben und bin gegen solche ganz wehrlos.

*Friedrich Adolf Krummacher*

*Am 11t Mai.* Pfingstsonntag früh 11. Heute bin ich mit meinen Gedanken den ganzen Morgen bei Dir gewesen und werde auch fortan den ganzen Tag fest und unverwandt auf Dich schauen. Gott segne Dich und lasse Dich heut und alle Tage seinen süßen Frieden schmecken, der in dem Bewußtsein liegt, daß er nichts wider uns habe, ja noch mehr, daß wir ihn zum Freunde haben. Gott erhalte Dir volle Freude an Weib und Kindern und den Deinigen erhalte er die volle Freude an Dir! Wir haben einen schönen Frühlings- und Pfingst-Tag, einen warmen sonnigen Geburtstag und Julchen und ich haben schon ein paar Stunden im Bosquet gesessen und mit Rührung eines Geborenen gedacht und eines Verstorbenen. Der erste bist Du, der zweite ist unser lieber seliger Vater in Bremen. Am 4t April früh 1 ¼ entschlief mein theurer Aetti sanft, in den Armen seines Freundes des Pastors Töl, der wie ein Sohn an ihm hing und ihm vorgebetet hatte. Adolf Krummacher Stud. in Berlin, war beim Tode des lieben Vaters zugegen und erzählt uns jetzt, da er sich bei uns einquartirt hat, viel von jenen Leidenstagen. Nun sind alle Eltern begraben und bald werden unsere Kinder anfangen uns zu begraben, um später von den ihrigen auch wieder begraben zu werden.

*Nachmittag.* Julchen und ich sind ganz allein zu Hause. Alle unsere Bekannte hatten heute eine große Partie nach dem Meiseberge vor, doch konnten wir uns nicht anschließen, ich, weil ich selten geneigt bin, etwas auszuführen, worauf ich mich gefreut habe und Julchen, weil sie sich eine große Gesellschaft für ihre Stimmung nicht passend dachte. Adolf und die Kinder haben wir indessen mitgeschickt. Wir beide schlenderten dann ein paar Stündchen im Garten herum und haben uns nun beide ans Briefschreiben gemacht. Später wollen wir einen einsamen Spatziergang ausführen. Du schreibst ich hätte ein Talent Festtage festlich zu begehen. Das habe ich auch, wenn ich in der Stimmung dazu bin, doch diese Stimmung fehlt mir an Festtagen immer, daher ich jetzt nichts in der Welt so sehr verabscheue als die Festtage. Gestern fing das verkehrte Wesen schon an. Ich hatte mich den ganzen Winter darauf gefreut am Pfingst heiligen Abend, das Geläute der Glocken vom Stufenberge zu hören und diese Partie schon lange vorher mit den Kindern und Andern verabredet. Nun traf es sich, daß ich gestern noch zu malen hatte und zwar bis zum letzten Augenblick. Wenn ich gemalt habe, bin ich nie zu einem Vergnügen aufgelegt und nur der Gedanke, daß die Mädchen sich so sehr darauf gefreut hatten und ohne mich gar nicht mitgehen konnten, nöthigte mich den Plan noch auszuführen. Ich hatte aber für meine Person nicht das geringste Vergnügen daran und wer könnte wohl ein herrlicheres Vergnügen erdenken, als an solchem Abende auf dem Stufenberge zu sein. Denke Dir den Berg und die ganze nächste Umgebung ein großes Meer von Blüten, die Luft voll Wohlgeruchs, die wunderbare Ferne in den mannigfaltigsten zauberhaftesten Farben schwimmend und dazu ein schönes, sehr schönes Glockengeläute, welches fast eine Stunde anhält. Der Buchenwald prangt in seinem ersten Grün, die Luft lauwarm, lauter glückliche fröhliche Gesichter ringsum und ein dampfender Theekessel auf dem Tisch, Kuchen, Zigarren, durch Adolf Krummacher jede beliebige gute Unterhaltung, Gesundheit und kein Grund zur Betrübniß – und doch keine Lust sondern dicke Nacht vor der Seele, blos weil das was ich lange gewünscht nun so herrlich sich erfüllt hat; ja kein Traum des Winters erreichte diese Wirklichkeit. Welch unergründliche Tiefe und welch ein schauerliches Räthsel ist doch das Gemüth des Menschen! Ich fand einen ganz fremden Oeconomen, den ich im Leben noch nicht gesehen, mit dem vertiefte ich mich in ein Gespräch über Vertilgung des Ungeziefers und ließ ihn seine Erfahrungen auspacken, während die Glocken so schön läuteten. Dafür schien der Mann mich ordentlich lieb zu gewinnen und nannte mir seinen Namen. Er hieß Herr Lerche, sah aber einem Auerhahn ähnlicher als einer Lerche. Da höre ich so eben die B. zur Treppe herauf kommen. Sie ist jetzt eigentlich immer bei uns, da der Hof in Dresden ist; ich werde aber nun nicht mehr lange schreiben können, denn nun werde ich durch die äußerste Lebhaftigkeit zum Spatziergang fortgerissen.

Zu malen habe ich jetzt sehr viel, unter andern auch 2 Portraits auf der Blechhütte. Es sind alte Leute, die nicht mehr nach Ballenstedt kommen können, deshalb gehe ich zu ihnen. Die Blechhütte ist ein großer Eisenhammer unter der Roßtrappe mit den Wohnungen der Arbeiter, ganz isolirt, dicht an der Bode gelegen. Den reichen Besitzer, Herrn Benninghaus und seine Frau male ich und war schon auf 6 Tage dort, um die Bilder anzulegen. Ich langte am Abend an und ward von den alten trefflichen Leuten überaus wohl empfangen. Ein trauliches Zimmer fand ich zu meinem Empfange bereit, mit allen Bequemlichkeiten, einer Lampe, 2 Wachskerzen und eine vollständige Toilette mit allem was dazu gehört. Neben meinem Zimmer ein reizender, tapezirter kleiner Abtritt, der Sitz von braunpolirtem Holz mit elfenbeinernem Knopf wie ein Nähtisch; da bin ich nicht viel heruntergekommen. Um 7 Uhr hatte ich das Frühstück bestellt und mit dem Schlage 7 erschien am nächsten Morgen ein freundlicher schweigender Diener mit einem ungeheuern Präsentirteller. Darauf befand sich eine Lampe mit porcellainenem Rasirtopf, kochendes Wasser enthaltend, anbei ein frisch angelaufenes Glas eiskalten Quellwassers zum Trinken, eine Kaffelampe mit dem Kaffe darauf, ein schönes Roggenbrödchen, ein Teller mit diversen Kuchen, ein Weckchen ganz frische Butter und ein schöner mit Leder überzogener, reich vergoldeter und gepreßter Pariser Kasten. Ich stellte mich ganz unverwundert bis der Schweigende und Sanfte wieder weg war. Darauf erfaßte ich voll süßer Ahnungen den herrlichen Kasten, schloß ihn auf und fand darin 50 Stück der delicatesten Zigarren von verschiedenen Sorten, eine jede in einem besonderen Behältniß steckend. Ob ich mich nun pflegte, nachdem ich rasirt war, magst Du errathen. Nach dem Kaffe schwankte ich, welche ZigarrenArt zu wählen sei und entschied mich endlich für eine ganze dünne schwarze Raçe, zündete an, roch VeilchenDüfte und trat hinaus in den Garten des Hauses. Das ist einer der schönsten Flecke in der Welt. Von himmelhohen 1000 bis 1200 Fuß hohen steilen Granitnadeln ist der Garten wie von einem weiten Amphitheater umgeben. Die Bode dampft, die Schluchten liegen in tiefem Blau und einzelne Spitzen und Vorsprünge der Felsen erglühen in der rothgelben Morgensonne. Der Garten selbst mit seinen Hyacinthen und Primeln, mit seinem überall geboren werdenden jungen Goldgrün, mit seinem Springbrunnen und seiner niedlichen von Bosquet umgebenen kleinen Kirche, glänzt ebenfalls im Sonnenlicht und setzt sich wie eine Lichtwelt von den dunkelblauen Tiefen der Felsenwände ab. Es war etwas ganz erschütterndes und so oft ich auf der Roßtrappe gewesen war, hatte ich doch nicht geahndet, daß es hier solche Momente geben könnte. Die Bode rauschte wie ein Meer, da sie jetzt noch Winterwasser hatte und erfüllte die wunderbare Landschaft mit einer Seele und aus verschiedenen Entfernungen dröhnten die schweren Schläge der verschiedenen Eisenhämmer an mein Ohr. Ich wäre im Himmel gewesen, wenn ich nicht zu malen gehabt hätte, aber dieser Gedanke machte mich bald nüchtern und ich ging auf mein Zimmer, um die Palette aufzusetzen – – doch da soll es fortgehen – spatzieren!

*Am 25ten Mai.* Endlich komme ich einmal wieder zum Schreiben; es war viel Arbeit Besuch und Zerstreuung. The Ötte war da und blieb mit Adolf zusammen noch 8 Tage. Sie war in meiner Gegenwart immer schweigsam, mit Adolf und den Kindern aber guter Dinge, ja ausgelassen. Du mußt nämlich wissen, daß Otto Zöge noch von seinem Aufenthalt in meinem Hause her von den Kindern zu einem englischen feminino gemacht worden und wenn man von ihm redet, sagt man nicht er, sondern sie. Dies ist so allgemein geworden, daß auch die Valentiner und die Bernstorff immer ganz ernsthaft von ihm wie von einer Frau sprechen, als: «wird the Ötte nicht bald kommen? Sie ist lange nicht dagewesen u.s.w.» Dabei fällt es niemand ein zu lächeln. Diesmal nun hatte Otto viel erlebt. Er kam von Oldenburg, wo er den Großherzog gemalt hatte und verschiedene Male bei Hofe eingeladen worden war, dann war er 4 Wochen lang bei Adelheid in Tecklenburg gewesen, dann 4 Wochen in Wengern bei Marie, endlich 14 Tage oder 3 Wochen in Elberfeld. Er mußte nothwendig ganz erfüllt mit Stoff sein, erzählte uns Neugierigen aber kein Wort. Durch Hunderte von Fragen konnten wir nur das Nothdürftigste aus ihm herausbringen. Was muß das nur sein, wenn ein Mensch und ein so fähiger, einen Pflock in der Kehle hat. Von Adolf Krummacher ist er ganz das Gegentheil. Dieser ist nett gekleidet, zierlich, äußerst gesprächig, dünn und schlank wie ein französischer Abbé. Otto sehr schlecht angezogen, zerissene Stiefel, stumm eckig, ungemein vierschrötig, matrosenhaft. Diese beiden lieben sich sehr und Adolf will sich todt lachen über Ottos derbe lakonische Witze. Sie waren unbeschreiblich vergnügt miteinander und machten in ihrer Stube einen Randal, daß das Haus schütterte. Wir haben trotz des elenden Wetters manche Partieen zusammen gemacht und oft in großer Gesellschaft. z.B. mein ganzes Haus mit meinen Gästen, die Ilgen, Valentiners, Cramers und die Lieutenants Wardenburg und Schweinitz gingen alle von mir eingeladen auf das Kohlenschacht, da wurde Kaffe getrunken und dann weiter gepilgert bis auf die Selkensicht. Auch die Bernstorff war mit. Auf der Selkensicht Uebung im Steinwerfen. Der schwächste von uns, Cramer, konnte am besten. Als wir zurückkamen, ward auf dem Kohlenschacht soupirt. Wir hatten Minchen mit einem Korbe voll Lebensmittel dahin kommen lassen. Hier saßen wir im Freien, einige an Tischen, andere lagen im Grase und ließen es uns schmecken. Unter einem jungen Tannenbaum dampfte eine Bowle Punsch und dabei knieten

Anna und Tille und schenkten fortwährend ein. Ganz besonders vergnügt wurde Schweinitz. Dieser ist ein Urenkel von Zinzendorf und ein posthumus desjenigen Schweinitz, der eine Zeitlang in Grünberg beim Grafen Dohna wohnte. Er hält sich sehr stark zu mir, theils aus Landsmannschaft, theils weil er außerordentlich viel Interesse für Philosophie und alle geistige Regsamkeit hat und theils wegen Bertha und Line, die er hier mit vollen Zügen genießt. Auch fechten wir miteinander in meinem Garten mit Masken. Im Gesicht ähnelt er Friedrich August dem Gerechten und hat eine sächsische Prinzenphisionomie. Er kennt auch Roller, hat aber zu wenig Genialität, um ihn gehörig zu goutiren, was auch niemanden zuzumuthen ist.

*Am 6ten Juni.* Es geht schlecht mit diesem Briefe, ich komme nicht vorwärts. Ich habe mir mein Museum als Sommermalstübchen sehr sauber eingerichtet. Hier sitze ich jetzt mit der Empfindung eines jungen Mädchens, das zum ersten Mal ein Kabinet bekommen und bezogen hat. Die Wände hängen und stehen voll angefangener Bilder, die mich von allen Richtungen her anstarren. An dem Kopfe des alten Greisen Benninghaus habe ich ordentlich meine Freude, es ist der beste Kopf, den ich bis jetzt gemalt habe. Welch ein Reiz kann doch in einem Greisenantlitz liegen, wenn es freundlich, demüthig und würdig aussieht. Das mittlere reife Alter hat in der Regel am wenigsten Reiz, weil da der Verstand dominirt, die Seele am frechsten und das Herz am härtesten ist. Vorgestern bin ich schon wieder auf der Blechhütte gewesen. Ich mußte hin, um meine Bilder einzupacken, die ich hier fertigmachen will. Bertha und Line waren nach Gernrode eingeladen. So gingen wir beim herrlichsten Wetter hier früh um 6 Uhr aus und Gerhard trug in seiner Botanisirtrommel Lebensmittel und allerlei Utensilien. Als wir durch den Schloßgarten gingen, stimmte sich mein Herz zu Psaltern und Lobgesängen und ich lehrte unterwegs den Kindern den herrlichen überaus vortrefflichen Psalm: «Der Herr ist mein Hirte, mir wird nichts mangeln. Er weidet mich auf grüner Aue und führt mich zum frischen Wasser usw.» Du kannst Dir nicht denken was das für eine liebliche Unterhaltung war – immer wieder die selben herrlichen Worte, einer sagte sie nach dem andern und namentlich die Mädchen mit augenscheinlicher Erbauung, bis endlich Alle den prächtigen Psalm kannten. So langten wir auf der Höhe unter der Altenburg an, wo man fast alle Herrlichkeiten der

Schöpfung übersieht. Wir lagerten hier im Schatten und Gerh. zog aus seiner Trommel das Frühstück hervor. Darauf beteten wir zusammen den 104ten Psalm, dessen Herrlichkeit ich noch nie so empfunden habe als in diesem Augenblicke, im Angesicht der hohen dampfenden Berge und so schöner Wunder Gottes. 8 ½ Uhr langten wir in Gernrode an, wo ich die Töchter beim Pastor Hoffmann, mit dessen junger Frau sie befreundet sind, absetzte und mit Gerhard rüstig weiter schritt. Ein prächtiger Eichen und Buchenwald nahm uns in seinen erquicklichen Schatten, die kleinen Musikanten in den Zweigen sangen fröhlich und wir wiederholten noch öfter unseren Psalm. Um 10 ½ waren wir auf der Blechhütte, setzten uns in den Garten und Gerhard saß da in seinen Turnkleidern mit Schmunzeln das leckere Frühstück verzehrend, das man uns vorsetzte, denn es wird ihm selten ein guter Leckerbissen zu Theil. Dann stand er auf, ging auf den Hof und sprang über ein paar Prellsteine, die so hoch wie er selbst waren. Der alte Benninghaus sagte mit zittriger Stimme: «das freut mich doch sehr, daß der so springt.» Später wurde im Garten dinirt und darauf ging ich mit Gerhard ins Bodethal hinein, wir suchten uns eine Zuflucht und machten beim Rauschen der Bode einen guten Schlaf. Als ich erwachte, sah ich Gerhard im Strom von einem großen Granitblock auf den andern setzen und ich bemerkte deutlich wie er sein Leben genoß. Nun raffte ich mich auch auf und setzte mich bequem zurecht eine Zigarre rauchend. Dabei ermunterte ich mich aufs lieblichste. Die Schatten legten sich immer erquicklicher über das heiße Thal und ich zog mein Buch heraus und zeichnete mit Behagen eine Felsenparthie. Siehe da kam mit Jubeln Elisabeth gesprungen und fiel mir um den Hals. Hinter ihr war Benno und nun traten auch Julchen und die Bernstorff aus den Büschen. Diese war mit den Meinigen herausgefahren, mich abzuholen. Wir hatten eine köstliche Stunde hier am Wasser. Dann gingen wir wieder zu Benninghausens, die hatten im Garten eine schöne Musik und den Kindern wurden die Taschen voll rothbackiger Aepfel gesteckt. Spät fuhren wir fort und kamen 8 ½ in Gernrode an. Line und Bertha setzten sich in den Wagen und ich ging mit der Bernst. und Julchen zu Fuß nach Ballenstedt zurück, wo wir 10 ½ anlangten. Wundern wirst Du Dich, daß wir überall um ½ Uhr ankamen, aber es war nicht anders. Wir haben jetzt wirklich himmlisches Wetter. Gestern nach Tafel saßen wir im Schatten meines Gartens und rauchten. Der Oberstleutenant Kutteroff und Schweinitz, Cramer mit seiner Frau, ich mit meiner Frau, Bertha, Line, Tille, Aennchen u. s. w. Das war recht angenehm und ich wünschte Dich immer her, Du hättest mit der Bernstorff, die natürlich auch da war, weil sie immer da ist, ein ernstes Päärchen gemacht. Noch schöner wäre es gewesen, wenn die lieben Gäste nicht bis 11 Uhr geblieben wären. Das ist ein wahrer Dorn im gesellschaftlichen Verkehr, daß die Leute, wenn sie einmal da sind, nie wieder fort machen. Deswegen lade ich auch niemand ein, aber sie kommen von selbsten. Kutteroff fängt auch an sich anzuschließen. Er ist Adjutant des Herzogs und Conferenzrath, daher einer unserer Regenten. Er ist etwas älter als ich, ein sehr gebildeter Mensch und in der Geschichte so bewandert, als wäre er ein Mann vom Fach. Geistreich und witzig ist er nicht, aber er ist ein Genießer fremden Geistes, liebenswürdig und im Leben sehr erfahren. Er sieht wie Mephistopheles aus, eine lange gestreckte Figur, sehr viel länger als Du, ein langes schmales Gesicht, lange schmale gebogene Nase und derber Schnurrbart, auf dem Kopfe ein grauer Tirolerhut. Wenn er in meinen Garten tritt, denke ich immer es kommt ein Verworfener. Sieht man ihn aber von Nahem, so sind seine Augen freundlich und gutmüthig. Seine Hände sind ganz dunkelfeuerroth wie Satansklauen und eiskalt.

*Am 13. Juni.* Die Lichtfreunde machen jetzt mehr von sich reden als jemals. Sie haben im vorigen Monat wieder eine große Versammlung in Köthen gehabt und zählten dort über 200 Prediger und gegen 3000 Laien. Während des Gebetes sollen sie die Hüte auf dem Kopf, die Zigarren im Munde behalten haben. Ein jeder vorbeiziehende Zug auf der Eisenbahn ward mit lautem Hurra empfangen und begrüßt. Von diesem ungeistlichen Verhalten hat die Regierung endlich Veranlassung genommen, die Versammlungen der protestantischen Freunde gänzlich zu verbieten. Wie darüber geurtheilt wird, kannst Du Dir denken. Wenn diese Leute alle dem Uhlich ihrem Anstifter glichen, so könnte einem die ganze Bewegung wohl imponiren. Er für seine Person ist ein gottesfürchtiger Mann und es liegt ihm daran die Leute für den Himmel zu gewinnen, die Andern scheinen aber meistens nur Verneiner zu sein, die am liebsten alle Religion los wären. Ich lese jetzt mit Interesse Uhlichs Bekenntniße, Leipzig 1845. Darin ist viel Gutes und Wahres und viel Verkehrtes, wie mir scheint. Er wird Ende des Monats herkommen und ich freue mich darauf mit ihm über sein

Buch zu sprechen. Ich glaube ihn beim rechten Ende fassen zu können. Er streitet nämlich gegen eine Orthodoxie wie sie zur Zeit der Abfassung der Concordienformel allerdings statt gefunden hat, die aber heut zu Tage wissenschaftlich gar nicht mehr vertreten ist und für einen Rationalismus, der wissenschaftlich überwunden ist. Außerhalb der Wissenschaft aber kann Uhlich nicht stehen wollen, weil er alles auf die Vernunft das Grundelement aller Wissenschaft zurückführt. Ich glaube ihm nachweisen zu können, daß er nicht nach einem bestimmten Vernunftprinzip, sondern willkürlich einiges aus der Bibel annimmt, anderes verwirft. Sein Buch wird hier mit Gierde verschlungen und macht viele Proselyten, freilich nur unter Solchen, die mit Unsicherheit hin und herschwanken und keinerlei klaren Begriff vom Christenthum haben, aber das sind die Meisten. Es ist unglaublich welch ein lebendiges theologisches Interesse unter den Leuten erwacht, überall hört man jetzt vom Christenthum sprechen, so wie es zu den Zeiten der Reformation sein mochte. Das Ende wird ein großer Abfall sein. Die innigen herzlichen Menschen, die in unserer Jugend hin und wieder das Christenthum predigten und damit so vielen Anklang fanden, fehlen jetzt gänzlich. Unsere heutigen Orthodoxen haben größtentheils ganz und gar das Wesen der Weltkinder. Uhlich dagegen hat eine Persönlichkeit, die an Schubert erinnert, sanft, milde, überaus würdig und ganz untadelig in seinem Wandel. Er macht den Eindruck, daß man sich ihm gern vertrauen möchte, man könnte ihm alles sagen, was man auf dem Herzen hat.

## N° 26

Ballenstedt am 3t Juli 1845

Geliebtes theures Bruderherz!
So bald schon wieder ein Brief von Dir, das war eine Freude! Alter ehrlicher Junge, Du thatest wohl daran. Wenn's nur bessere Nachrichten gewesen wären; es ist ja doch entsetzlich was Ihr für Noth ausstehen müßt, ihr armen armen Menschen. Möge sich Gott über das unglückliche Land erbarmen. Ich hätte Deinen Plan, den Du dem Gouverneur eingereicht, schon lesen mögen. So was interessirt mich, weil ich nichts davon verstehe. Eine Regierung kann allerdings viel thun bei Mißernten, das habe ich hier gesehen, sie kann viel thun, aber wenn sie es thut, so ist es doch fast nur wie ein Tropfen ins Meer. Hier schenkte man Pachtgelder, man erließ Grundzins, man kaufte von Seiten der Regierung zur rechten Zeit

Getreide auf und verkaufte es, als die Preise stiegen, an den gemeinen Mann zum Einkaufspreis, man führte große öffentliche Arbeiten aus, besonders Chaussébauten, um den Leuten Arbeit zu geben, die Privatwohlthätigkeit strengte alle Kräfte an und dennoch war die Noth sehr groß, ja wir hörten sogar von einer einsam lebenden Frau, die aus Mangel an hinreichender Nahrung fast unter unseren Augen hier in Ballenstedt gestorben war, ohne daß irgend einer, der helfen konnte, ihre Noth gekannt hätte. Solche Noth wie sie bei Euch ist, kann hier freilich gar nicht eintreten. So traurig der Hauptinhalt Deines Briefes war, so fehlte es doch auch nicht am Lachenswürdigen, an guten Schilderungen höchst komischer Situationen. Die Beschreibung von Elminens Geburtstag war einzig, auch die Schilderung von R's schwachen Seiten und unbehaglichen Eigenschaften. Ich kann Dir das alles nachfühlen. Es sind gewöhnlich die geringfügigsten Eigenschaften, durch welche unsere Freunde uns bequem, oder unbequem werden. – Doch ich kann kaum weiter schreiben, wie haben eine Hitze von 26º jetzt Abends 7 Uhr. Der Kopf ist mir ganz bedrückt, doch liebe ich die Hitze und danke Gott dafür. Mein Garten liegt unter mir im tiefen Schatten und da werde ich mich sogleich zu den Meinigen versammeln. Alle Rosensträuche stehen in der himmlischsten Blüthe und erfüllen den Garten mit balsamischem Duft. Du Armer, daß Dir der Heidenwinter Deine Bäume gefressen. Unbegreiflich, daß der Wachholder erfroren und die Mäuse die Obstbäume abgeschält haben. Desgleichen habe ich von Mäusen nie, wohl aber von Hasen erlebt. Diese haben auch hier in den Gärten durch Abschälen großen Schaden gethan. Sie ließen sich dabei todt schlagen, so lebensüberdrüssig waren die armen Bestien. Krosigk hat gegen 200 Stück Hasen in einer Scheune durchgefüttert, wo sie alle von selbst hineingelaufen waren. Einer lief ihm in die Küche und verhielt sich dort wie wie zahmes Hausthier. Unsere Rehe sind im Schnee beinah alle umgekommen. Dem übrigen Wilde hat es nichts geschadet. Sehr große Noth ist aber in allen Flußgebieten durch die Ueberschwemmungen entstanden und wurde in allen deutschen Gauen für die Nothleidenden gesammelt. In Dresden ging das Wasser bis auf den Neumarkt. Die Brücke ist noch immer nicht zu passiren und an ihrer Statt eine magnifique Schiffbrücke über den Strom geschlagen.

*Am 5ᵗ Juli.* Vor einiger Zeit ließ sich die Herzogin bei uns zum Kaffe anmelden. Wir empfingen sie im Garten. Die Unterhaltung drehte sich um Uhlich, aus dessen Bekenntnißen ich vorlas. Die Herzogin war heiter und gemüthlich, erklärte auch, als sie wegging, es habe ihr so wohl bei uns gefallen, daß sie nächstens wieder kommen wolle. Sie wird aber wohl schwerlich Zeit dazu finden, da sie von Vergnügungen fast zerrissen wird. – Neulich fuhren wir, Julchen, Bertha und ich mit den Herrschaften auf den Stufenberg. Dort wurde Thee getrunken und hierauf spatziert. Der Herzog ging mit der alten Bardua vor mir her. Plötzlich zeigte diese auf einen Busch an der Seite des Weges und rief: «ein Fuchs! ein Fuchs!» Der Herzog sprang sogleich ganz wüthend in den Busch, schlug fürchterlich mit seinem Stocke hinein, daß Zweige und Blätter ringsumstoben, immer schreiend: «ein Fuchs! ein verdammter Fuchs!» – Als er sich etwas beruhigt hatte, frug er mich, ob ich auch den Fuchs gesehen hätte. Ich verneinte es und fand es überhaupt unwahrscheinlich, daß ein Fuchs unmittelbar am Wege eine so große Gesellschaft sollte ruhig bei sich vorüberspatzieren lassen; ich meinte die Bardua habe sich wohl getäuscht. Diese schwur aber er wäre feuerroth gewesen und hätte einen langen Schweif gehabt. Dann, sagte ich, könnte es eben so gut ein Komet gewesen sein. Hierüber wurde mir die Bardua ordentlich feind und der Herzog entschied mit Hofmeisterton, daß Kometen an den Himmel gehörten, aber nicht in die Gebüsche. Nun drehte sich die Unterhaltung mit dem Herzog immer um diesen Fuchs und er frug mich wohl zwanzigmal, ob ich ihn nicht vielleicht doch auch gesehen hätte, bis wir auf die andere Seite des Waldberges kamen, wo ein Junge, ein ganz kleiner, Wasser schöpfte. Der Herzog frug ihn sogleich ob er nicht hätte einen Fuchs den Berg herunterfegen sehen. Der Junge sagte: «ja, vor einem Weilchen, es war aber eine Katze.» Ob sie feuerroth gewesen? «Ja.» Ob sie einen langen Schweif gehabt? «O ja, sie habe einen richtigen Schwanz.» Ob sie einen spitzen Kopf gehabt? «Ja, so einen Katzenkopf.» Wie alt die Katze gewesen sei? «Das wüßte er nicht, es könnte sein, sie wäre 4 Jahr alt.» – Fräulein Löhneisen fand der Junge hätte so gut geantwortet, daß sie ihm 4 Groschen schenkte und so bewegte sich unsere Gesellschaft weiter in den Wald hinein.

*Am 22sten Juli.* Vor ein Paar Tagen bin ich aus Alexisbad zurückgekehrt, wo ich 4 Tage auf herrschaftliche Kosten wohnen mußte, um mein angefangenes Bild der Herzogin zu übermalen. Ich hatte mich außerordentlich auf diese Zeit gefreut, aber durch mein unglückliches Gemüth ward sie mir verbittert. Eines Nachmittags fuhr ich hinaus und nahm Julchen und Bertha mit, welche letztere gern tanzen wollte. Julchen blieb bei der Bernstorff und ich überwand mich, Bertha, Line und Tille selbst auf den Ball zu bringen und dort zu chaponiren. Auch langweilte ich mich nicht, indem ich sehr viele Bekannte fand, unter andern auch Krosigk von Hohen-Erxleben, den ich lange nicht gesehen. Die Kinder waren sehr vergnügt und dankbar, sie machten alle Tänze mit und hielten sich in den Pausen immer eng um mich, den schönen Abend preisend und wie es ihnen so gemüthlich sei, daß sie mich da hätten. Ich glaube in der That, daß ihre Freude eine ganz kindisch unschuldige war. Bertha bekam beim Cotillon einige wunderhübsche Sachen geschenkt, wie das hier gebräuchlich ist auf den Hofbällen und wenn sie was kriegte, so schoß sie mit Freude strahlendem Gesicht aus der Tanzreihe heraus und gab es mir aufzuheben. Line hatte nichts bekommen, wie ich aber hernach erfuhr, war es heimlicher Betrieb, daß Bertha so reichlich beschenkt worden war. Um 12 Uhr war der Tanz vorüber und meine Frau fuhr im schönsten Mondschein mit Bertha nach Hause. Ich stand den andern Morgen um 5 Uhr auf, bereitete mich ganz zum Malen vor und ging dann um 7 hinunter auf den Platz, wo ich beim schönsten Wetter, im Angesicht der dampfenden Berge bei sanfter Hornmusik meinen Kaffe trank und dann mit der Pfeife unter den Linden spatzierte, begleitet von Kutteroff, von der Ilgen und andern Bekannten. Es war eine ganz bunte zahlreiche Gesellschaft, fröhlich und guter Dinge und ich war voll Hoffnung für mein Bild. Um 10 war ich in meiner Stube, die Herzogin erwartend, die bestimmt verheißen hatte pünktlich zu kommen. Sie ließ mich aber eine ganze Stunde warten. Dadurch verfinsterte sich mein Gemüth entsetzlich, weil ich glaubte nicht mehr fertig werden zu können. Endlich als sie um 11 kam, brachte sie fremde Badegäste mit, die das Bild sehen sollten. Ich zeigte es nicht, das war der Herzogin unangenehm, die Fremden zogen wieder ab und die Zurückbleibenden waren verstimmt. Ueberdem hatte die Herzogin ein unangenehmes Weib, die sich sehr eingeschmeichelt hat und mir ganz zuwider ist, mitgebracht zum Vorlesen und da sie nun keinen Augenblick stille saß, so erbitterte ich mich zuletzt völlig, der Vorhang vor meiner Seele fiel nieder und ich war für die ganze Badezeit verdorben. Ich ging 2

Tage lang gar nicht aus meiner Stube, konnte weder essen noch trinken, schlief schlecht, malte schlecht und lernte es so recht gründlich erkennen, welch eine elende schwache Natur ich doch bin. Ich hatte im Anfang, als die Beschattung anfing, nicht kräftig dagegen gebetet und gekämpft, nun war ich ganz ohmächtig und mußte von den äußeren Umständen Hülfe erwarten, mein Bild hielt ich für verloren. Da traf sichs, daß die Ilgen sich mit ihrem seidenen Kleide an einem Gegenstand gestreift hatte, der mit weißer Oelfarbe angestrichen war. Sie kam zu mir herauf, Hülfe im Terpentin suchend, und ich beizte ihr alle Flecken glücklich weg. So war doch ein Mensch bei mir. Ich zeigte ihr mein Bild und sie lobte es sehr. Da entschloß ich mich und ging hinunter. Die guten Kinder Line und Tille schossen auf mich los. Was hat mir doch Gott in diesen lieblichen, einfachen, engelhaften Geschöpfen geschenkt! Wir machten einen Spatziergang und sahen dann das schöne Feuerwerk miteinander an. Die Raketen gehen von den Bergen gegeneinander, sie begegnen sich, durchkreuzen sich und küssen sich in hoher Luft auf schauerliche Weise mit ihren feurigen Schnauzen. Ich sah alles wie im Traume, meine Seele war noch von halbem Wahnsinn umschleiert. Darauf um 10 Uhr ging ich in den Salon, um endlich etwas zu essen und saß dort stumm in ziemlich großer Gesellschaft. Am nächsten Morgen, mein lieber treuer Bruder, Du mein bester Freund, erhielt ich mit ein Paar Zeilen von Julchen Deinen sehr lieben, so reichen Brief. Da zog wieder Wärme in meine Brust und am Nachmittage ging ich zur Bernstorff und las ihr vor. Sie liebt Dich sehr, so daß ich ihr gern Deine Briefe mittheile, und wir besprachen sehr lange die verschiedenen Thematas Deines Briefes und von Dir. Gegen Abend schlug die Bernstorff einen Gang vor und Valentiners schlossen sich an. Wir gingen nach dem Hähnchen, ein einsamer großer Bauerhof in einer Rodung des Waldes auf der Höhe. Es war ein sehr schöner Weg. Der Hof liegt ganz reizend in einer ernsten Natur. Auf der Bank vor der Thür saßen 8 Knechte und verzehrten scherzend ihr Abendbrod. Sie wollten aufstehen um Platz zu machen, aber wir ließen es nicht zu, weil sie die Scene angenehm belebten, mit ihren großen Hunden, die sie aus der Hand fütterten und einigen kleinen Kindern, die auf einem Bullenbeißer Reitversuche machten. Es waren aber da viele frisch geschnittene duftende Bretter aufgeschichtet, auf denen wir Platz nahmen. Wir ließen saure Milch, Butter, Brod und Käse herausbringen. Tille hatte einen kleinen Hund erwischt, mit dem sie kalberte, Line machte aus Feldblumen einen Kranz, die beiden älteren Damen strickten, ich rauchte und erzählte von der Lotzdorfer Schneidemühle, wo wir mit den Eltern auch auf solchen Brettern saßen und Milch aßen. So ward es dunkel, der Mond trat hervor und wir begaben uns auf den Rückweg an einem Weiler vorbei, an dessen Ufer Holzarbeiter um ein großes Feuer lagen. Wir kamen erst um 10 nach Alexisbad. Dies war ein wahrhaft nobles Vergnügen. Ich machte die Kinder aufmerksam, auf den Unterschied solcher Freuden mit den Ballfreuden. Sie sahen ein, daß sie sich heute Abend ihrer Seele bewußt worden wären, wie auf dem Balle nicht und daß sie im Alter noch mit Freude sich dieses Abends würden erinnern können, wie ich eine Herzstärkung daran fand der Lotzdorfer Schneidemühle zu gedenken. Indessen meinten sie doch, es gäbe so verschiedenerlei Arten von Freuden und die eine würde doch dadurch noch nicht trivial, daß die andere edler und besser sei. Sie haben auch Recht, es ist ihnen alles unschuldig, weil sie selbst noch ganz kindlich und unschuldig sind und ich habe wohl immer zu bitter über Vergnügungen gedacht, die diesem Alter natürlich und schicklich sein mögen. Es kann in den sogenannten Weltfreuden manche Versuchung liegen, namentlich zur Eitelkeit, aber sie führen auch manche Demüthigung mit sich und das Absondern führt leicht zum geistlichen Hochmuth und wenn man sich dann abgesondert fühlt, zu verdrießlichen Launen. Die Sünde lauert überall und die Väter in der Wüste fühlten sie ebenso kräftig, als sie uns in der lebenslustigsten Gesellschaft bemerklich wird. Ich glaube wir Menschen brauchen beides, Geselligkeit und Einsamkeit, um innerlich gesund zu bleiben. Eins allein wird uns immer krank machen. Deine theologischen Bekenntniße waren mir sehr interessant. Du glaubst jetzt an die buchstäbliche Inspiration, weil Du eingesehen hast, daß die Gedanken aus Worten, die Worte aber aus Buchstaben bestehen. Ich habe in Hermsdorf dieselbe Periode durchgemacht und habe sie nachher theuer bezahlt. Denn mit dieser Ansicht von der Bibel findet man in ihr am Ende nichts mehr als Widersprüche. Diese kann man nicht ausgleichen, weil man vom Buchstaben nicht abzugehen wagt. Du wirst wohl dieselben Erfahrungen machen. Der Weg zum Unglauben ist strenge consequente Orthodoxie. Diesen Weg ist auch die ganze lutherische Kirche gegangen. Daß Du die Wiederbringung hast fallen lassen, wird weder Dir noch Andern Schaden thun. Du wirst aber dabei kaum verharren, weil Du damit dem Teufel den Sieg zuschreibst über Gott. Die Frage ist blos ob jenseits noch eine Bekehrung möglich sei. Die Bibel bejaht dies, weil Christus im Gefängniß den abgeschiedenen Seelen gepredigt hat, doch wohl um sie zu bekehren. Wir nennen Christum den Heiland der Welt. Wie kann er das sein, wenn er von Millionen vielleicht *einen* heil macht. Nein das Ende der Erlösung (obgleich allhier die meisten auf dem breiten Wege wandeln) wird dennoch sein, daß Er *Alle*, Alles was verloren schien dem Vater wiederbringt und erst dann wird sein Mittleramt enden und Gott wird sein Alles in Allen. – Wider die Constitutionen sprichst Du Dich stark aus. Sie haben aber in Deutschland bisher genutzt und wäre das nicht, so sind sie doch eine Nothwendigkeit für unsere Zeit, die man als Nothwendigkeit nicht beklagen darf. Die Zeit strebt nach strenger Gesetzlichkeit und nur deshalb versucht sie es mit den Constitutionen. Diese sollen die Garantie für Gesetzlichkeit geben. Von der Willkür will man los. Liest man die Geschichte, so muß man staunen über die Redlichkeit und Gesetzlichkeit unserer heutigen öffentlichen Zustände. Doch ist noch nicht alles wie es sein sollte. Aber wenn auch nicht wir, so werden doch unsere Kinder ein allgemeines deutsches Ständehaus (mit Ausschluß von Österreich) erleben. Republiken und Monarchien, beides frommt uns in Deutschland nicht, sondern wir brauchen eine gesetzlich fest geordnete königliche Macht. Dies ist die allgemeine Stimme. In Rußland wäre die Constitution ein Unglück, das sage ich mit Dir, weil die öffentliche Moralität in Rußland ganz darnieder liegt, aber bei uns ist nicht Rußland, sondern Deutschland. Was die Preußische Constitution anbelangt, nach der Du fragst, so sitzt in diesem Augenblick in Berlin eine Commission zusammen, um sie auszuarbeiten. So viel ist gewiß, daß sie erscheinen wird. Wie sie aber bei diesem ersten Versuche ausfallen wird, das ist eine andere Frage. Aber wenn auch mangelhaft, so wird sie sich dann schon aus sich selbst vervollkommnen. Die öffentliche Meinung in Preußen ist jetzt schon eine solche Gewalt, eine solche wirkliche und vom Könige respectierte Macht, daß es Puppenspiel wäre länger noch blos so formaliter die unumschränkte königliche Gewalt halten zu wollen. –

Doch ich muß fortfahren in meiner Alexisbader Relation. Durch den schönen Gang nach dem Hähnchen war ich geheilt von meinem Mißmuth, aber ich blieb in tiefer Traurigkeit, daß ich in so arge Laune hatte versinken können. Ich hatte mich so auf Alexisbad gefreut. Dort waren unter den Badegästen interessante Menschen, die ich kennenlernen wollte. Ich hätte manche für die Zukunft wichtige Bekanntschaft anknüpfen können und hatte es so leicht durch die Badefreiheit und durch den Hof. Nun kam aber der böse Geist über mich, so daß ich alle Einladungen zum Herzog gröblich abschlug und allen Leuten aus dem Wege ging. Ach möchte es doch das letzte Mal sein, daß ich so in Teufels Klauen verfalle! – Doch genug davon. Ich war endlich fertig im Bade und fuhr nach Hause mit der lebhaftesten Sehnsucht nach meiner Familie. Wer kam mir in der Hausthüre entgegen? unser alter Dr. Volkmann, der von Leipzig angelangt war, um lange hier zu weilen. Er ist mir sehr lieb als alter Freund unserer Eltern und obgleich er voller höchst betrüblicher Angewöhnungen steckt, und dadurch leicht widerwärtig wird, so nahm ich mir doch vor, da ich nun keinen Vater mehr habe, dem Alten, so lange er unter meinem Dache weilt, alle Kindestreue und Liebe zu erzeigen, auch scheint er außerordentlich an mir zu hängen und ist mir wahrhaft rührend. Störend an ihm sind besonders 3 Dinge. Er lacht beständig und kikkert, auch wenn es gar nichts zu lachen giebt. Manchmal geht er laut lachend in seine Stube, ohne daß vorher etwas gesprochen worden ist. Zweitens kratzt er sich beständig am Kopf oder am Hals, oder hinter den Ohren und wischt dann allemal die Nägel am Kanape od. bei Tisch stets am Tischtuche ab und erregt dadurch großen Ekel. Drittens rülpst und pumpst er ganz ununterbrochen in einem fort. Daß wir es merken, davon hat er keine Ahnung, geniert sich nicht und spricht auf dem Spatziergang neben meiner Frau eben so viel von hinten als von vorne.

*Am 1. August.* Vor einigen Tagen langte ein lieber Brief von unserer theuren Elmine an meine Frau an, der große Freude machte. Die freundliche Art, mit der sie meiner gedenkt, hat mich sehr gerührt, wie überhaupt mich alle Zeichen von Liebe, die mir wird, von Jahr zu Jahr immer weicher stimmen, je älter ich werde. Die Stellen in Deinem Briefe, aus denen ich Deine brüderliche Liebe herauslese, treiben mir oft die Thränen aus den Augen. Ich glaube fast, mein lieber Gerhard, daß die Verschiedenheit unserer Ansichten uns mehr zusammen, als auseinander getrieben hat. Dennoch wünsche ich, daß uns Gott auch im Glauben dermaleins vereinen möge, im Glauben sage ich, nicht im Unglauben – d. h. in einer recht festen beseligenden Ueberzeugung von den jenseitigen Dingen. Möge die Form dann immer einige Verschiedenheit behalten. Du bist mir so weit, aber dennoch fühle ichs immer, wenn ich Dein gedenke, daß ich Dich habe, daß ich nicht verlassen von Dir bin. Wenn Du stürbest würde ich unbeschreiblich elend sein, denn ich hätte dann keinen rechten und wahren Freund mehr und könnte mir auch keinen wieder erwerben. Am Ende haben wir uns daran gewöhnt, nicht zusammen zu wohnen, ja an ein Zusammenleben würden wir uns bei unseren Schroffheiten vielleicht erst mühsam gewöhnen müssen; – so wollen wir denn fortfahren mit Dank gegen Gott uns an unserer brieflichen Gemeinschaft fortzufreuen, so lange als Gott uns noch miteinander auf dieser Erde leben läßt. Grüße alle Geliebten herzlich von mir, Euch grüßen die Meinigen.

## N° 27

Ballenstedt am 17t Sept. 1845

Ich kann Dir diesmal nicht ausführlich und nicht mit der Gemüthlichkeit wie gewöhnlich schreiben. Seitdem ich aus dem Alexisbad zurückkehrte habe ich eine Zeit durchlebt, die nicht zu den angenehmen gehörte. Dort hatte ich Verdruß und dies gab mir eine Disposition zu immerwährendem Umkippen meiner Stimmung. [Zu gleicher Zeit fühlte sich Julchen sehr niedergedrückt. Sie entdeckte wieder guter Hoffnung zu sein und doch fehlte zu solcher Hoffnung der gute Muth, wie das bei großen Intervallen wohl gehen kann, denn Elisabeth ist schon 6 Jahr alt. Durch solche Aussicht waren auch allerlei Pläne der Einschränkung unmöglich geworden, die doch nothwendig waren, um Gerhard auf die Schule nach Bernburg spediren zu können.] Dazu kam, daß auf dem Schlosse herzogliche Verwandte angekommen waren. Diese sollten durch ein solennes Festspiel geehrt werden und dies mußte ich ausarbeiten und zwar so komisch als möglich. Ich brachte trotz allen Gemüthsdrucks eine gereimte Comödie zu Stande. In den Proben mußte man heiter und frisch sein – das konnte ich nicht immer, ich überwarf mich mit Bardua's und nun war die Sache noch viel eklicher. Da kam Dein Brief mit dem Anerbieten unseres alten Timmo, welches doch nicht ohne weiteres von der Hand zu weisen war und doch konnte ich ½ Jahr vor und ½ Jahr nach der Niederkunft meiner Frau an eine Trennung nicht denken und verzögerte die Antwort, Gott bittend, er möge mich doch richtig leiten in meiner Wahl. Die Sache ist die, daß ich mit meinem gewöhnlichen Verdienst nicht mehr ausreiche und also jedenfalls Verdienstreisen unternehmen muß, die mir jedoch alle nicht so viel einbringen würden als der Aufenthalt bei Timmo. Ganz besonders aber wäre es mir viel werth mich bei Timmo auf eine Zeit recht ordentlich in die Schule zu begeben. Furchtbar ist eine solche Trennung von Hause, aber sie wird doch am Ende zu ertragen sein, wenn man den Seinigen durch Abwesenheit mehr nutzt als durch zu Hause bleiben. Mich beunruhigte die Sache ungeheuer und ich konnte, so alleine und unberathen wie ich hier bin, zu keinem Entschluße kommen. [Nun, denke Dir, traf sichs vorgestern, daß Julchen fausse couche machte und mich durch ihr bedeutendes Unwohlsein dabei wieder in die schrecklichsten Besorgniße stürzte. Ich war bange für ihr Leben, – aber Gott sei Dank, heute früh versicherte mich der Arzt, daß alle Gefahr vorüber und daß durchaus keine nachtheiligen Folgen zu befürchten seien.] Nun erwacht denn auch wieder in mir Frische und Lebensmuth und Lust für die mir erhaltenen 6 Kinder etwas zu thun. Ja Dicker, ich werde doch wohl Timmo's Vorschlag annehmen, wenn anders mir Gott, wie ich bitte, dazu die nöthige Gemüthskraft schenkt, die ich jetzt nur auf Augenblicke habe, denn mein Familienleben hier in B. ist, die Nahrungssorgen abgerechnet, ein sehr süßes und ich bin verwöhnt durch die Behaglichkeit meines Hauses. Freilich müßte ich hier Urlaub kriegen mit Beibehaltung meines Gehaltes und Timmo müßte mir noch etwas bessere Bedingungen machen, was er gewiß thun wird, wenn ihm die Sache Ernst war und er nicht blos aus langer Weile mit Dir geplant hat. Dann soll er mein Raphael und ich will sein Julio Romano sein und ich würde mich auf solches höchst förderndes Zusammenarbeiten wahrhaft kindisch freuen, wäre nicht die Trennung von den Meinigen und wäre es nicht in Petersburg. Dich, mein Gerhard, würde ich in Rußland hoffentlich drei Mal sehen. Einmal auf der Hinreise, einmal auf der Rückreise und einmal auf irgend eine Art in der Zwischenzeit, entweder in Petersburg oder in Finn. Ach daß Timmo in Dresden arbeiten könnte, was wäre das! Ich würde mich keinen Augenblick besinnen dort sein treuer Geselle zu sein.

Alle meine Kinder sind heute in Hoym zum Erntefest. Ich bin ganz allein mit meiner kranken Frau und überhaupt nicht aufgelegt zum Schreiben. Doch muß Timmo Antwort haben und so fahre hin mein Brief in all deiner Schwäche. Meine Frau grüßt sehr desgleichen die Bernstorff. Auf den schönsten Kürbissen in meinem Garten prangen Dein und Elminens Namen.

Einiges muß ich doch noch hinzufügen. Ich weiß nicht ob ich

Dir gemeldet habe, daß Uhlich neulich hier war und mich besuchte. Leider waren wir beide eilig, denn er traf mich ausgehend und wollte selbst abreisen. Dennoch kamen wir sogleich auf das richtige Thema, auf seine Bestrebungen als Lichtfreund. Cramer war noch zugegen und hinderte mich, mich gerade auszusprechen, da ich voraussetzen mußte, daß Uhlich in Gegenwart eines Fremden und noch dazu eines Lichtfreundes mir in keiner Weise nachgeben würde. Sei es nun die Eile, oder daß er vielleicht zerstreut war, aber er kam mir unglaublich schwach vor. Ich sagte ihm, wolle er nur Klares und Begreifliches stehen lassen, so müsse er alle religiöse Sätze streichen, den Glauben an persönliche Fortdauer, an ein sittlich Böses, an ewige Vergeltung, an Gott, an freien Willen. Alle Religion sei Mysticismus und beruhe nur auf subjectiven Gründen. Es handele sich hier darum, wie ein Glaubenssatz auf unser Leben einwirke. Müsse man zugestehen, daß die Einwirkung eine gute sei, so sei der Glaubenssatz vernünftig. Einen andern Maßstab hätten wir noch nicht für Dinge, die hoch über der Sphäre menschlichen Erkennens lägen. Aus diesem raschen Anfall konnte er sich auf keine Weise herausreden. Er sagte z.B. das könnten Katholiken auch für sich anführen. Ich bewies ihm das Gegentheil, in dem ich ihn auf die falsche Beruhigung aufmerksam machte, die die Gnadenmittel und Ablässe der katholischen Kirche gäben. Er erwiderte, dafür habe der altprotestantische Glaube die Lehre von der Rechtfertigung. Ich zeigte ihm den Unterschied. Er behauptete aber doch, die Versöhnungslehre sei Vielen zum falschen Ruhekissen geworden. Ich machte ihn darauf aufmerksam, wie eine jede Sache nützlich zum Gebrauch, auch mißbraucht werden könne, wie z.B. ein Brodmesser, welches doch in keiner Haushaltung fehlen dürfe und bat ihn zu bedenken wie er, wenn er sie auch anders begründete, doch die Lehre von der Sündenvergebung beibehalten müsse. Er verneinte dies, da lacht' ich ihn aus und stellte mehrere Fälle auf. Er sagte aber, man könne darüber nichts wissen, er dürfe den Leuten nur die Pflichten vorhalten und den Reuhigen würde er sagen, sie sollten in Demuth abwarten, was Gott mit ihnen thun würde. Nun kam ich wieder auf die ersten Sätze und sagte ihm, daß wenn man nur predigen wolle, was man wisse, so solle man zu predigen aufhören, denn man wisse eben nichts von übersinnlichen Dingen. So drehte sich die Unterhaltung herum. Wäre er länger geblieben, so hätte ich ihm meinen eigenen Unglauben bekannt und ihm gezeigt, wie ich trotz dem doch nicht auf seiner Seite stehen könne, da er durchaus nichts hat, womit er die Lücken ausfüllen will, die er ins Christenthum reißt. Besser ist ein mangelhaftes Haus als gar keins und können wir selbst für uns kein Haus finden, wer berechtigt uns denn, es Andern über dem Kopfe einzureißen? –

## N° 28

Ballenstedt am 1sten Nov. 1845

Gestern Abend erhielt ich Deinen Brief im Klubb, durch den Briefträger, der gerade die Zeitungen brachte. Ich setzte mich in eine Fensterecke und las, aber der Inhalt ward mir balde zu mächtig, so daß ich nach Hause ging und die Lectüre in meinem Zimmer fortsetzte. Dieser Dein Brief war reichhaltig an trefflichen Gedanken und besonders entzückte mich Deine galvanische Säule von Brudersehnsucht. Merkürdigerweise war meine Zusage an Timmo vor einer Stunde abgegangen, als Dein Brief anlangte, doch würden mich Deine Bedenken nicht irre gemacht haben, auch wenn ich noch was hätte ändern können. Ich werde Timmo immer als Mann gegenüberstehen, ganz unabhängig, denn ich behalte hier in B. meine sichere Stellung und werde gewonnen haben, auch wenn ich nur 4 Wochen mit Timmo gearbeitet habe. Da ich 10 Jahre lang hier ganz isolirt auf dem Lande gesessen habe, so ist der Vortheil mit einem tüchtigen Künstler längere Zeit zusammen zu arbeiten, gar nicht zu berechnen, selbst wenn ich nur Papier aufspannen und Paletten aufsetzen sollte. Das Schlimmste wäre wenn ich Timmo auf keine Weise genügen sollte, aber das kann ich mir nicht denken, da ich zeichnen und nicht malen soll, im Zeichnen aber meine Stärke liegt. Timmo kennt mich ja auch und beurtheilt mich noch dazu nach dem, was ich früher leistete und ich bin auch fortgeschritten. Meine Abmachung mit T. ist nun so, daß ich, anstatt auf 2 Jahre nur auf künftigen Sommer komme und er mir auf diese Zeit Arbeit garantirt. Ich habe den Vortheil, leichter und angenehmer zu verdienen als in Bremen, neue künstlerische Anregungen zu gewinnen, von Timmo jedenfalls zu profitiren, Euch zu sehen und mich auszulüften, was für einen Ballenstedter, soll er nicht verwesen, nothwendig ist. Unser Hof war gerade in Bernburg als Timmos Brief kam. So reiste ich denn gleich dahin und hatte eine Unterredung mit der Herzogin. Sie wußte noch gar nichts von der Sache und ich freute mich zu bemerken, daß sie mich nicht ganz gerne ziehen ließ; demunerachtet rieth sie dazu, weil ihr die Vortheile einleuchteten. Darauf ging ich zu allen Räthen, welche im Namen des Herzogs regiren, um mich im Voraus ihrer Stimme zu meinem Urlaube zu versichern. Alle kamen mir auf das Zuvorkommenste entgegen und der Präsident v. Breme sagte mir sogar, er stünde mir für den Urlaub, auch wenn ich 2 bis 3 Jahre brauchte, da es im Vortheil des Herzogs läge, wenn ich irgend etwas unternähme woduch ich mich als Künstler fördern könnte. Aber meine guten Valentiners empfingen mich alle drei mit Schluchzen und ich brauchte ein Stündchen Zeit, um sie einigermaßen wieder in Ordnung zu bringen. Die guten Kinder hingen sich mir wie Kletten an, begleiteten mich überall und führten mich in der Nähe der Stadt auf die schönsten Punkte, die ich zum Theil gar nicht kannte. Bernburg liegt unbeschreiblich romantisch und es giebt in der Welt kein imposanteres malerischeres Schloß. Es ist etwas Gewaltiges, wie diese großen Gebäude Bastionen, Thürme und Thürmchen zusammen eine ehrwürdige dunkle Masse bildend, auf ihrem Felsen über der Saale thronen, die mit lautem Donner gerade unter dem Schlosse ihren Wasserfall niederbraust. Wenn ich nicht beim Herzoge speiste, brachte ich die Mittage und Abende bei der Bernstorff zu. Diese ist sehr durchdrungen von der Ueberzeugung, daß ich Timmos Rufe folgen müsse, ist aber unglaublich betrübt und weint eigentlich immerfort, was ich von Herzen anders wünschte. Sie will mir einen recht schönen compendiös eingerichteten Reisekoffer machen lassen. Meine Familie verlasse ich auf 9 Monate mit einiger Ruhe. Es ist in Allen ein guter Stoff. Die Jungens kommen immer mehr in einen Zug des Fleißes, ohne daß sie im geringsten getrieben werden. Bertha und Anna sind eigentlich ganz erzogen und die ganze Masse der Familie ist überaus einträglich und friedsam, seitdem die Flügge aus dem Hause ist. Julchen ist sehr beliebt und von allen Seiten gut berathen und bedient, wenn ich nicht da bin und wo irgend eine Noth eintreten sollte, kann ich mich fest auf die Bernstorff verlassen, welche immer die Herzogin im Rücken hat. Zur Obervormünderin will ich die Herzogin ernennen, was dieser Spas machen wird und den Meinigen zu Gute kommen muß. An die Idee einer längeren Trennung hat man sich in meinem Hause nun allgemach gewöhnt und sie erscheint den Meinigen nicht mehr so bitter, namentlich im Sommer. Julchen macht mir nicht die allergeringste Noth in dieser Sache. Wie es nun mit unserem Wiedersehen wird, weiß ich noch nicht. Im Febr. gehe ich, so Gott will, von hier ab und denke Dich auf der Hinreise nicht zu sehen. Alle dies Wiedersehen tritt mir für jetzt noch etwas in den Hintergrund, da ich nur hoffe, aber noch nicht weiß, ob ich mich mit Timmo gut werde einschustern können. Ist aber die Petersburger Arbeit erst ordentlich im Zuge und fühle ich mich einigermaßen wohl dabei, dann werde ich mich ungeheuer auf Dich zu freuen anfangen. Einer dunkeln Zukunft entgegenzusteuern, ist immer ungemüthlich und ich würde daher auf der Hinreise wenig Genuß von Dir haben. Auf der Rückreise denke ich mirs aber köstlich etwas bei Dir zu weilen, denn wer wird froher sein als ich, wenn ich Frau und Kinder und mein frisches freundliches helles Ballenstedt wieder im Auge habe. Ich unternehme die ganze Sache aus keinerlei Genußsucht, ich verleugne mich selbst dabei durchweg, aber ich habe die befriedigende Zusage in meinem Innern, daß ich Recht thue und Gottes Wege gehe, daher ich mich auch eines angenehmen Friedens erfreue. Timmos Individualität kenne ich ganz genau, er kennt aber auch die meinige und weiß gewiß, daß ich mir nichts bieten lasse. Ich denke wir werden recht glücklich zusammen leben d. h. ganz friedsam, mehr verlange und erwarte ich nicht. Zudem wüßte ich nicht was ihn beißen sollte, mich zu verlangen, wenn er mich nicht liebte.

*Am 3t Nov.* Ich bin eigentlich krank, habe mich auf dem Wege nach Bernb. erkältet und kann mich gar nicht wieder erholen, namentlich habe ich einen starken peinigenden Husten. Die Sache ist die, daß ich mich nicht schonen kann. Am 31sten kam der Hof von Bernb. zurück, und die B. war den Abend von 5–10 bei uns. Am 1sten war ich Mittag auf dem Schloß von 1–3 und am Nachmittag von 4–7 mit Julchen bei Prinzeß Louise. Von 7–8 waren Valentiners bei uns. Am 2t Nov. war Mittags große Cour von 1–4, ein angreifendes Essen und Trinken, feldzugartig. Am Nachmittag waren wir von der Veit auf den Ziegenberg eingeladen, wo sie ein Kinderfest gab, den Abend blieb sie bei uns. Heute Mittag bin ich wieder auf dem Schloß und den Abend zum Thee und Souper gleichfalls mit Julchen und Bertha. Auf Morgen Abend sind wir schon zur Bernst. eingeladen, Mittwoch zu Cramer, Donnerstag zu Seelhorst. Es ist eine Schwäche von mir, die ich aber niemals ablegen werde, daß eine Abendeinladung mir den ganzen Tag verdirbt. Schade daß in diesen letzten Monaten, die ich noch zu Hause bin, der Hof nicht in Bernburg ist. Ach was wäre mir das! In Petersburg hoffe ich mich gesellschaftlich auszuruhen. Sollte Timmo viel

Gesellschaft haben, so bleibe ich auf meinem Zimmer. Wie glücklich, wie ruhig verarbeitet man den Tag, wenn man die Aussicht auf einen stillen Abend hat. Du bist, Deinem letzten Briefe nach auch entsetzlich befahren mit Gästen und venetianischen Darmkanälen, schlimm! Aber Du brauchst deswegen doch wenigstens keinen Frack anzuziehen und kannst in Deinem Hause trotzen und mopsen, so viel Du willst. –

Allerdings kann die Consequenz des practischen Christenthums immer nur mehr im Streben und Werden, als im Sein liegen, aber gerade dieses Streben ist es, was ich im modernen Christenthum vermisse. Ich finde ein Streben nach Zerstreuung und Divertissement und wenn man nach dem Werden frägt, so wird eben nichts. In der christlich gelehrten Welt finde ich ein Streben nach allen Seiten zu scheinen, was man nicht ist, nach der einen innig und gläubig, nach der andern kalt und aufgeklärt. Für Vornehme und Gelehrte ist aber überhaupt das Christenthum zu keiner Zeit recht zu erfassen gewesen und unter dem armen verachteten Volke mag es immerhin noch eine Anzahl solcher geben, die ein christliches Streben haben. Ueber Livland lesen wir Ausführliches in der Augsburger allgemeinen Zeitung, in Originalartikeln. Ich sehe dergleichen mit der größten Sorglosigkeit an. Gegen den Zeitgeist kann man mit Erfolg nicht handeln, und wo es scheinbar gelingt, da arbeitet man ihm nur vor. Der Absolutismus des Senats in England hat dieses frei gemacht. Louis XIV hat die Revolution gemacht. Das Verbot des Niemeyerschen Lehrbuchs und einige andere retrograde Schritte haben die Lichtfreunde, der h. Rock in Cöln hat die Neukatholiken gemacht. Der Zeitgeist kann ein guter, er kann aber auch ein verkehrter sein, aber in keinem Fall wird man ihm mit Erfolg die Spitze bieten; er muß immer in sich selbst ausschäumen und noch nie hat ein Schneeball eine Lawine zurückgehalten. Das einzelne Weltkind verliert nichts dabei, ob es griechisch oder römisch oder lutherisch, oder lichtfreundlich sei. Der Staat verliert durch zweierlei, durch Verdummung der Leute und durch jede Religion welche die Gewissen einschläfert. – Was meine Stimmungen anlangt, wegen welcher Du mich bedauerst, so kann ich Dir mit Dank gegen Gott melden, daß ich seit langer Zeit von aller krankhaften Verstimmung frei geblieben bin. Dafür ist die Aussicht der Reise nach Petersburg auch gut und der halbjährige Aufenthalt dort noch besser. Ueberhaupt scheint mir das Ganze ein Ruf von Gott, und ich bitte ihn, daß er's hindern wolle, wenn's mir nicht gut ist. Ich habe ein Verlangen hier zu bleiben und doch einen Gewissenstrieb fortzugehen. Die Herzogin sagte mir gestern «es kommt gewiß noch etwas dazwischen und Sie bleiben hier» ich antwortete, daß mir das ganz recht sein solle, auch habe sie es in ihrer Hand, sie brauche es nur zu gebieten, so bliebe ich. Da lachte sie und meinte, so weit ginge doch ihre Befugniß nicht. Und freilich könnte sie mich nur durch einen Auftrag halten, der mir ein Aequivalent böte. Aber dazu fehlen ihr die Mittel, da sie alles ihren armen Verwandten zuwenden muß und den Herzog dazu zu disponiren, das fällt ihr gar nicht ein. Dieser braucht auch viel Geld zu seiner rasend kostspieligen Hofhaltung, die wieder durch seine Persönlichkeit bedingt ist, weil er nach allen Seiten hin Hülfen und Stellvertreter braucht. Doch hoffe ich soll mir mein russischer Feldzug für die Zukunft hier gute Früchte tragen, denn man wird doch nun aufmerksam auf den Umstand, daß ich es brauche und daraus, daß ich in die Ferne verlangt werde, sieht man, daß ich zu gebrauchen bin. Auch werde ich, solange ich abwesend bin freundlicher beurtheilt werden, weil das Entfernte immer besser und größer erscheint. Kurz ich glaube, wenn die Petersburger Sache gelingt, in allen Beziehungen zu gewinnen. – Du lasest Nacht und Morgen von Bulwer – ich habe es auch verschlungen, schon vor geraumer Zeit. Mir fiel dabei ein der Unterschied guter englischer und guter deutscher Romane. Einen englischen Roman kann man nicht aus der Hand legen, aber man greift nachher nie wieder danach, hat auch keine innere Bereicherung dadurch erfahren. Einen deutschen Roman verschlingt Niemand, man legt ihn zu jeder Zeit ruhig weg, aber er läßt Gedanken zurück, die nicht aufhören in der Seele ihr Werk zu treiben, bildend, erweiternd. Zum $2^{t}$ zum $3^{t}$ Mal liest man einen solchen Roman mit steigendem Vergnügen. Welch eine Fülle von Ideen regt Jean Paul an und lange nachdem man ihn gelesen, wird man durch tausend Zufälligkeiten immer wieder an das Gelesene erinnert. Bestimmte Gedanken giebt Göthe, haftende Gedanken, die bleibend sind und immer gern wieder zu derselben Lektüre zurückführen. Jetzt lese ich Dahlmann's Geschichte der französischen Revolution, ein Prachtwerk, nach deutscher Art geschrieben, voll inneren Lebens und voller Gedanken. Der eigentliche Faden der Geschichte, der Herd der Begebenheiten ist keinen Augenblick verlassen, die Begebenheiten selbst aber fehlen, in sofern sie zufällig und nicht geschichtlich sind. Dies Buch ist für unsere Zeit der constitutionellen Regung äußerst interessant, weil alle Lebensfragen des verfassungsmäßigen Regiments gründlich besprochen sind. Mirabeau's Reden und seine Thätigkeit, bilden den Faden durch den größten Theil des Buchs. Wie viel an einem gescheuten Manne gelegen und wie ganz unersetzlich sein Verlust, lernt man aus diesem Werke kennen. –

Wir haben Ende Octob. hier einige kalte Tage und Nachfröste gehabt. Jetzt aber ist das Wetter frühlingsartig 11º Wärme und helle Sonne. Deshalb wollen wir heute Nachmittag einen großen Spaziergang nach dem Stufenberge machen. In den Gärten giebt's noch viele Blumen und meiner Frau sind die Rosensträuße in ihrer Blumenvase noch nicht ausgegangen. Fürchterlich sind die Entbehrungen, welche die Kartoffelkrankheit in den meisten deutschen Gauen nach sich ziehen. Unsere Kartoffeln sind in diesem Jahr von besonders guter Qualität eingeerntet worden und nun zeigt sich zum allgemeinen Schrecken, daß die Krankheit ihnen in die Keller nachschleicht und sie dort scheußlich verdirbt. Auch die unsrigen faulen schon und müssen sortirt werden.

Daß der Kaiser in Italien ist, scheinst Du gar nicht zu wissen. Unsere Journalisten nennen sogar die Summe, die seine Reise kostet, nämlich 3 Millionen Reichsmark. In den Zeitungen steht überhaupt Alles, nur das nicht, was man wissen möchte. So liest man, die Kaiserin sei mit 6 Ammen ausgereist und habe in Italien noch die 7t dazu genommen, da ihr als Nahrungsmittel ausschließlich Frauenmilch verordnet sei. Dies wurde auf dem Schlosse beim Thee erzählt, worauf Prinz Wilhelm wünschte, es möge ihm auch so gut werden, – er könne sich aus seiner Jugend noch recht wohl erinnern, welch ein Wohlgeschmack in dieser Nahrung liege.

*Am 11t Nov.* Vivat Euch Bruder Gerhard! Wieder ein Brief! Zuerst erschrak ich. Ich glaubte, du seiest erkrankt, etwa an Hämorrhoiden und wollest es mir aus Besorgniß gleich melden, bald aber erkannte ich der Dinge Zusammenhang. Gottlob, daß ich nun Deine väterliche Einwilligung habe und kommen darf, das Herz ist mir davon erleichtert, besonders weil Du Dich ordentlich auf mich freust, Du alter Jubelgreis von 40 Jahren. Als ich 30 Jahr alt wurde, nahm ich mir zum letzten Mal vor, ein ganz ordentlicher Mensch zu werden. Ich weiß es noch wie heute, es war 1832 am Abend vor meinem Geburtstag und ich stand unter einer Grenzeiche zwischen Hermsdorf und Grünberg. Göthe sagt: Erfahrung sei, wenn man erfahre, was man nicht zu erfahren wünscht. Mit 40 Jahren kann man solche Erfahrungen gemacht haben. Wir werden uns als erfahrene Leute wiedersehen. Ach wie lockend malst Du mir das Zimmer das einsame im Stift, wo wir sehr sprechen und rauchen sollen. Du alter lieber Gerhard, Du gehst so weit sogar meine Manuscripte mit einzuladen; aber die Zeiten haben sich geändert und das Religionsinteresse in mir geschwächt. Damals war die Krisis, der Wendepunct, die Zeit einer schrecklich schmerzhaften Enttäuschung; jetzt sind die Wunden fast verharrscht, ich bin ruhiger geworden und habe kein Bedürfniß des Ausschüttens mehr. Die ganze Angelegenheit ist mir fremder geworden, ich bin in jenem Gebiete, das mich sonst ganz beherrschte, nicht mehr zu Hause. Ich will meine alten Scripturen mitbringen und wir werden ruhig darüber sprechen, wobei ich Dich in Deinem Glauben den ich hochachte, auf keine Weise zu kränken hoffe. Ich befestige mich immer mehr in dem Dafürhalten, daß das Christenthum die vollendetste der vielen Formen war, in welchen die göttlichen Dinge den Menschen zum Bewußtsein gekommen sind, wo sichs nämlich um ein Bewußtsein der Massen handelt, aber ich halte es nicht für eine übernatürliche Offenbarung für alle Zeiten. Ich widerstrebe dem Rationalismus, weil er eine Lüge, der Lichtfreundlichkeit, weil sie eine ungeheure Frechheit ist, und der Orthodoxie, weil sie mir, ich mag sie fassen wie ich will, eine Bornirtheit scheint. Dem eigentlichen Christenthum, dem practischen, welches die Herzen beseligt, nicht in scharf begränzten Begriffen, sondern in einem Liebeszug der Seele zu ihrem Heiland besteht, wie man es bei kindlichen Menschen und bei Frauen findet, die sich keine Rechenschaft von ihren Begriffen geben, widerstrebt nichts in mir, ich liebe es, aber ich habe es nicht und fange an mich darüber zu beruhigen. Ich kenne es aus Erfahrung, so wie auch die Orthodoxie und durch letztere bin ich drum gekommen. In einen kindlich gläubigen Zustand kann man sich nicht willkürlich zurückversetzen, eben so wenig als in andere kindliche Zustände, wenn man ihnen entwachsen ist. Es arbeitet aber etwas in mir, was mich vor Maßlosigkeit bewahren möchte. Ich glaube nicht in einen maßlosen Unglauben verfallen zu können und ich achte das Maß, welches ein jeder Andere hält. Ausschweifend pietistische Ideen, Frömmeleien, so wie Freigeisterei und religiöse Frechheit sind mir zuwider.

*Am 12t Nov.* Gestern habe ich das Portrait der Herzogin vollendet. Wenn mich nicht alles täuscht, so ist es ein sehr gutes Bild geworden. Mir und meinen ernsteren Bekannten macht das Ganze den Eindruck großer Würde, aber die eigentlich graziösen Leute finden es etwas steif. Die Herzogin selber würde es lieber sehen, wenn ich sie in einer affectirten Stellung, wie eine Sängerin oder Tänzerin aufgefaßt hätte. Ueberhaupt ist es merkwürdig wie sehr der Geschmack für das Ernste, würdige, einfach Großartige erloschen ist. Raphael, der aus dem strengen Ernst der alten Zeit schon einen Schritt nach moderner Lieblichkeit herüberragt, ist doch heut zu Tage gar nicht mehr verständlich. Die gewaltigen Schöpfungen Michael Angelo's findet man affrös. Dabei fällt mir Timmo wieder ein. Durch Reisende haben sich hier Gerüchte über ihn verbreitet, als wenn er durchaus nicht im Stande sei ein Kirchenbild zu concipiren, obgleich er sehr schön male. Etwas Wahres mag daran sein. Niemand kennt den canonischen Styl besser als Timmo; er weiß ihn zu würdigen und ist entzückt darüber, aber sein Naturell strebt zum Romantischen und vielleicht bringt er auch seine bessere Ueberzeugung dem herrschenden Weltgeschmack zum Opfer. Ich bin sehr neugierig auf seine Bilder. Unser Vater hätte auch nie ein Kirchenbild zu Stande gebracht, obgleich er auch die alten Bilder aus classischer Zeit über alles schätzte, aber ihm fehlte die Einfalt und unter dem Streben nach dem Gefälligen ging die Größe verloren. Auf Dich und Adelheid hat sich des Vaters Geschmack vererbt und noch mehr der der Mutter, welche wunderbarer Weise bei ihrem großen Ernste in der Kunst den englischen Styl am meisten liebte, diese manirirte Lieblichkeit und Weichheit. Und wie kommt das ernste Volk der Engländer zu solchem Auswuchse? Ebenso wunderbar, als daß der leichtfertige liebenswürdige Franzose sein größtes Vergüngen in einem gemachten Ernst, in einer manirirten Großartigkeit, im Pathos findet. Es ist eine sonderbare Welt, lauter Verkehrtheiten. Eine große Neigung zur Frömmelei haben sehr vornehme Personen, die Geistlichen aber zum Vornehmthun und zur Schranzerei. Jeder affectirt zu seiner Erholung gern das was er nicht ist. – Nachdem ich die Arbeit gestern geendet, mußte ich der Herzogin 2 Stunden vorlesen. Ich versammelte mich mit den Hofdamen bei der Bernst. von da wollten wir zur Herzogin. Als wir uns durch die Gänge auf den Weg machten, konnte ich unsere Zuversicht nicht begreifen, denn Keiner zweifelte die Herzogin wirklich in ihrer Kammer zu finden. Ich frug die Damen, woher sie denn das wüßten? Ja das wüßten sie. Wir waren wie Jäger, die das Lager des Wildes kennen. Wir gingen durch viele Zimmer, endlich im letzten, einem ganz kleinen Kabinette, saß wirklich die Herzogin auf rothsamtenen Kanapé wie ein kleiner heller Punkt in der Dämmerung. Ich konnte es durchaus nicht begreifen.

Heute war ein gräßlicher Tag. Ich hatte eine Sitzung von einer entsetzlich unruhigen Dame vom Lande, einem wahren Wildfang. Diese blieb den ganzen Tag und hatte 4 Kinder mitgebracht, danach kam noch ihr Mann und ihre Cousine. Julchen die dies nicht erwartete, hatte Schneidertag und nun stellten sich noch wie vom Satan getrieben, nach und nach alle unsere Bekannten ein, daß das Haus bersten wollte. Ich hatte mir einen hübschen Abend ausgedacht, ich wollte mit den Meinigen zeichnen; aber ich war so menschensatt, daß ich alles abbestellte und nun einsam in meiner Stube sitze. In Petersburg hoffe ich keinen anderen Menschen zu sehen als den unvermeidlichen Timmo. Ich bin es ganz satt. Was schreibst und träumst Du von einem europäischen Kriege. Mit England ist er möglich. Das beste ist, daß es überall an Geld fehlt. – Wenn Du mich doch nicht immer über Dich stellen wolltest; ich blicke zu Dir auf und Du kannst mich für ein Luder halten. Lebe wohl mein alter geliebter Bruder.

Couvert.

Auf der Hinreise nach Petersb. werde ich niemand von Euch sehen. Ich weiß es nicht einzurichten und habe auch keine Lust dazu. Nach Poll zu gehen wird auch später noch sogar unangenehm sein. Ich fürchte nichts in der Welt so sehr als mein Gefühl. Dieser Racker stumpft sich auch nie ab. Um mich des Wiedersehens mit Dir recht zu freuen, käme ich am liebsten mit Dir in Königsberg zusammen. Doch wenn ich von Petersb. rückkehre, werde ich auch ein anderer Nomo sein. Dann denke ich mirs gut im Stift, auch Constantin zu besuchen, daran liegt mir. Jetzt denke ich an nichts, als ans Arbeiten und darauf freue ich mich. Vor der Winterreise habe ich ein Grausen, besonders da ich allein bin. Mein Husten ist noch böse genug und quält mich fortwährend. Wenn das nicht besser wird, reise ich gar nicht. – Du zürnst meinem Hofleben. Es ist fade und schaal, aber das ist alles in der Welt. Eitel ist Alles. – Alter lieber Gerhard! In 8 Tagen werde ich 43 Jahr. Die beste Freude, der Brief von Dir wird diesmal ausbleiben.

Ach daß Geburtstag und Weihnachten erst überstanden wären. Es sind gefühllose Menschen gewesen, die die Feste und Jahrestage erfanden. Grüße die lieben Schwestern Elmine und Helene. Daß ich Eure Kinder sehen soll, will mir noch nicht in den Kopf. Ich denke gar nicht daran. Wir schreiben auch besser gar nichts mehr davon.

## N° 29 — Ballenstedt am 3. Dec. 1845

Große Sehnsucht nach Dir, mein Einziger, treibt mich heute wieder einen Brief an Dich anzufangen, obgleich ich Dir durchaus nichts besonderes zu sagen und zu vertrauen habe, aber Du kennst das wohl, wie es ist, wenn man ohne alle denkbare Veranlassung plötzlich in eine polare Spannung zu einander tritt. Ich gebe gerade Privatstunde. Die beste Lampe der Welt steht auf dem Tisch und strahlt und daran sitzen Anna, Gerhard, Benno und ich. Anna zeichnet ein Weihnachtsgeschenk, Gerhard übersetzt aus dem Lateinischen, Benno lernt einen elenden Gesangbuchvers, von dem er nicht ein Wort versteht. Er ist der Unglücklichste und Unbehaglichste von uns Vieren, wenn es nicht Anna ist. Eine ihrer Lehrerinnen hat ihr ein in Deckfarben gemaltes Zimmer einer Freundin übergeben mit der Bitte es ihr gefälligst mit Bleistift zu kopiren. Es ist ein großes Blatt und enthält außer den langweiligen perspectivischen Linien der Meubles und Wände, hunderttausend elende Kleinigkeiten, Kinkerlitzchen und Bilder, die alle Portraits sind und aufs Genauste nachgemacht sein wollen. Darüber stirbt das arme Kind beinah vor Langweiligkeit und Beschwerlichkeit und doch läßt sich ein solcher Wunsch einer Lehrerin, welche unentgeldlich unterrichtet, auf keine Weise abschlagen. Julchen hat so lange 5 Damen bei sich zum Thee und Bertha befindet sich bei der Bernstorff, mit welcher sie Mittwochs immer ein ödes Kränzchen auf dem Schlosse hat. Das Kränzchen besteht blos aus Bertha und der Bernst. welche sich einander gegenüber sitzen, Thee trinken und dann zu Abend speisen. Zuweilen liest B. etwas französisches oder englisches vor. Freitags hat sie einen großen Klubb mit allen ballenstädter Mädchen aus den besseren Häusern zusammen, welche abwechselnd die Wirthin machen. Manchmal fällt dieser Gräul wie Du Dir denken kannst, auch bei uns vor. Der Zweck ist französisch sprechen und lesen und Abhärtung im Klavierspielen und Singen.

Mir armen Teufel steht heute noch ein schlechtes Ende bevor.

Schweinitz giebt nämlich ein Souper en garçon, wozu er eine Menge junge Leute eingeladen hat und mich, den er besonders verehrt, theils wegen meiner Würde, theils weil ich der Vater von Bertha und der Oncle von Line bin, welche beide Schönen er nur durch meine Vermittelung sehen kann. Der junge Mann wird einen Frischling und Champagner zum Besten geben und ich werde vielleicht die Zügel brauchen müssen, damit die ganze Gesellschaft nicht zum Teufel fährt. Weder trinke ich gern mit jungen noch mit alten Leuten, ich esse auch nicht gern mit ihnen, ich sehe sie nicht an, sondern wäre gern bei Dir in einem öden Zimmer des Stifts, dann wollten wir uns beim Schein einer russischen Talgkerze anblicken, während an den Wänden die Geister ehemaliger Priorinnen und früh verblichener Mädchen flattern. Meine Reise rückt nun immer näher und es wird mir oft recht unheimlich bei dem Gedanken daran. Auch habe ich hier noch so viele angefangene Bilder zu vollenden, daß ich gar nicht weiß, wie ich vor Anfang Februar fertig werden soll. Es wird mir blutsauer werden durch Ehstland zu kommen, ohne Dich noch die Pollschen zu sehen. Wenn der Eilwagen über Wesenberg ginge, so wäre das freilich was anderes, dann würde ich es wohl kaum aushalten im Angesicht von Finn vorbeizufliegen, wo ich durchs Fernrohr Dein Portrait könnte zum Fenster heraus gucken sehen. Vor dieser ganzen Winterreise habe ich Ekel und doch ist es am gescheutesten, diese Jahreszeit zu wählen, um länger in Petersburg arbeiten zu können und in den trauten langen Herbstabenden wieder bei den Meinigen sitzen zu können. – In 8 Wochen muß ich in den Marterkasten steigen, nicht um zu Dir zu gelangen, welches Wurst wäre, sondern an die Newa, wo ich nichts vor Augen sehe als die unangenehmsten widerlichsten Erinnerungen aus einer früheren Zeit.

*Am 7t Dec.* Für Schweinitz habe ich ordentlich eine Gutheit, welches freilich auch mit daher kommt, weil er ein Sachse und Urenkel Zinzendorfs ist und ⟨ich⟩ mit seinem Vater in Hermsdorf und Lausa Taback geraucht habe; aber er zeichnet sich auch sonst vor andern Offizieren vortheilhaft aus, hat einen Abscheu vor allen Gemeinheiten, dabei einen brennenden Durst nach Ausbildung seines Kopfes. Wir studiren jetzt zusammen Hegelsche Philosophie wobei es mir hoffentlich gelingen wird, ordnend auf seinen Kopf einzuwirken, welcher dadurch, daß er alles nur Erdenkliche durcheinander gelesen hat, etwas sehr verwirrt ist. Gestern machte ich ihn auf den ersten faulen Fleck im Hegelschen System aufmerksam, nämlich auf die Obenanstellung eines Abstractums, des Denkens, der Idee – einer Bewegung die nicht das Erste sein kann, weil sie an etwas Anderem, Concretem was das denkt und was sich bewegt, gedacht werden muß. Da aber Hegel hierauf durch ganz richtige Schlüsse geführt wird, so geht schon aus diesem einen Beispiele hervor, wie vorsichtig man beim Nachbeten fremder Philosophie sein muß. Auch zeigte ich ihm wie die Furcht Gottes, die einzige wahre Weisheit sei, und wie ohne Gottesfurcht die Philosophie für unser Leben nur die kläglichsten Resultate haben könne. Das wollte er anfangs nicht zugeben und meinte die Philosophie müsse von selbst zu sittlicher Veredlung führen – ein Satz der nicht zu erweisen, wohl aber aus der Erfahrung sehr leicht zu widerlegen war. So verspreche ich mir von diesen Abenden Genuß und auch Vortheil für uns beide, für mich besonders dadurch, daß ich gezwungen sein werde, mich nun ernsthaft in das Hegelsche System hineinzuarbeiten, welches für Leute, die ohnedies philosophiren, in unsern Tagen nicht zu umgehen ist. –

Vorgestern ist ein preußisches Dorf hier in der Nachbarschaft zum Theil abgebrannt und gestern war die Herzogin hingefahren, um den Schaden zu besehen und ihre Hülfe anzubieten. Am Abend hatte sie so viel zu erzählen, daß nur wenig gelesen werden konnte. Einen alten Mann hatte sie gefragt, ob er denn nun gar kein Geld mehr hätte? worauf er mit seiner Hand tief in seine Lederhosen gefahren war und eine Faust voll Geld herausbrachte, welches er der Herzogin zeigte, mit dem Bemerken, dies sei alles, was er noch besitze. Unter diesem Gelde waren einige zu Kugeln zusammengeschmolzene Münzen und dieser Umstand bewog die Herzogin zum größten Mitleiden, weil sie voraussetzte, daß bei den aufopfernden Bemühungen die Seinigen zu retten, ihm dieses Geld in der Tasche geschmolzen sei. Ich frug sie, ob sie denn, ganz abgesehen von der Haut des Mannes, wirklich glauben könne, daß Silber in Leinwand oder Leder schmelze, – worauf sie erwiderte: «Warum nicht, bei sehr großer Hitze? Durch solche Äußerungen wird Einem die Herzogin immer wieder von Neuem lieb.

*Am 19<u>t</u> Dec.* In dem ich in diesem Briefe hier und da zurücklese, möchte ich fast Anstand nehmen, ihn an Dich abgehen zu lassen, um Dich nicht auf den Gedanken zu bringen, als sei mein Herz ausgefüllt von allerlei nichtigem Tand unserer kleinen Hofwelt und dergleichen. Aber nein, unser Briefwechsel behalte seinen eigenthümlichen Character, den eines zutraulichen Geschwätzes bei einer Pfeife, wo tausend von kleinen Gedanken und Begebenheiten, derentwegen Niemand eine Feder ansetzen würde, ihren Platz finden. Solche Sachen schreiben wir uns, weil wir ein derartiges Geschwätz entbehren müssen und weil ohne dergleichen unsere Correspondenz sehr dürftig ausfallen würde. Daß wir uns gegenseitig mit unbedachten Stellen und Nachlässigkeiten in unseren Briefen nicht compromittiren werden, ich denke dafür sind wir sicher. Du bist aber auch der einzige Correspondent, an den ich ohne Vorsicht und Bemäntelung schreibe und auch der Einzige, an den ich recht gern schreibe. Heute bin ich etwas schweräugig und sehr träge, da ich vorige Nacht erst 3 ½ Uhr zu Bette gegangen, vor 4 nicht eingeschlafen bin. Wir wohnten nämlich gestern (Julchen, Bertha und ich) einem großen Hofballe bei, welcher erst gegen 2 Uhr ein Ende nahm. Ich fürchtete sehr mich zu langweilen, da es im besten Falle doch nur ein sehr mäßiges Vergnügen sein konnte 8 Stunden lang mit dem Hut in der Hand an den Wänden herumzustehen. Aber ich habe mich doch ganz gut amüsirt und bin den ganzen Abend frisch und fröhlich gewesen. Dazu trug gleich zu Anfange eine neue Bekanntschaft etwas bei, die mich sehr in meine eigne Gemüthsstellung früherer Zeiten zurückversetzte. Ein Cürassier trat nämlich zu mir und sagte er habe meinen Namen gehört, der ihm nicht unbekannt sei, er sei der Lieutenant von Vangerow aus Halberstadt. Er stamme aus der AltMark und sein Vater sei Oberpräsident in Magdeburg gewesen. So, sagte ich, da war wohl Ihre Großmutter eine geborene Volkmann aus Leipzig? Nun war er neugierig zu erfahren woher ich das wissen könne, worauf ich ihm denn meine Beziehungen zur Volkmannschen Familie erklärte, welche ihm gänzlich aus den Augen geschwunden war. Er wußte nicht, daß noch ein Bruder seiner Großmutter lebte. Da ich ihm nun von Volkmanns Schicksalen und seiner Glaubensrichtung erzählte, so wandte sich das Gespräch auf das geistige Gebiet und ich sah bald, daß ich einen offenen, einfältigen ganz gläubigen Christen vor mir hatte, nach alter Art. Ich gewann den treuherzigen jungen Mann recht lieb und verkehrte, da er nur wenig tanzte, recht viel mit ihm. Wir führten unsere Damen zusammen zu Tisch und speisten an einem kleinen Tische à quatre unter ganz vergnüglichen Gesprächen. Kürzlich hatte er in Halberstadt mit seinen Cürassieren einhauen müssen, bei einem Volksauflauf, der durch

Ronge's Predigt zwischen den Neu- und Alt-Katholiken entstanden war.

Nach Tische hatte ich eine ganz merkwürdige lange Unterhaltung mit der 2t Hofdame der Herzogin, die ein selten schönes Mädchen ist. Ich hatte eine Weile mit ihr geplaudert und ich weiß nicht, wodurch ich ihr Vertrauen in so hohem Grade erregt hatte, daß sie mit steigender Wärme mir eine lange Rede hielt, deren Gegenstand sie selbst war, und deren Inhalt ich seinen Grundzügen nach, hier zu wiederholen versucht bin. Denke Dir dabei eine rauschende Tanzmusik und den Umstand, daß die Rednerin bisweilen von ihrem Tänzer fortgerissen und so unterbrochen wurde, immer aber richtig wieder anfing, wo sie aufgehört hatte. «Sie loben meine Vernunft; nun ich glaube, daß Sie es ernstlich meinen und meiner nicht spotten und ich kann Ihnen sagen, ich bin allerdings nicht unvernünftig, ich bin überlegt in allem was ich thue und sage und namentlich was das letzte anbelangt, habe ich mir noch nie einen Vorwurf zu machen gehabt. Sie lachen mich aus; man hat mich oft ausgelacht, wegen meiner Offenheit und Unbefangenheit, Sie werden mich aber nie deshalb in Verlegenheit sehen, denn warum soll mich ein Vorzug verlegen machen? Ich sehe nicht ein warum ich meine Vorzüge verhehlen soll, da sie mich nicht eitel machen. Ich spreche davon so unbefangen, wie Andere von den Vorzügen ihrer Schuhe, weil ich weiß, daß ich das Gute, was ich habe, nicht mir selber danke. Ich bin sehr hübsch, Sie müssen das als Maler beurtheilen können, ich bin vielleicht schön und ich war noch viel schöner. O Sie hätten mich in meinem 17t Jahre sehen sollen! Krüger sollte mich damals malen, aber er wollte nicht, weil er glaubte sein Bild würde hinter der Natur zurückbleiben in Form und Farbe. Ist es nun etwas übles, daß ich das weiß, was mir der Spiegel sagt, was mir alle Menschen sagen und was ich beiden glaube? Jedes schöne Mädchen weiß, daß sie schön ist, aber viele stellen sich als wüßten sie es nicht, sie gerathen in Verlegenheit, wenn man es ihnen sagt, weil sie eitel sind, weil sie der Schönheit einen Vorzug beimessen, den sie gar nicht hat und weil sie ein Verdienst damit verbinden, welches ja Niemand meint. Ich bin nicht eitel, ich bin nicht gefallsüchtig, aber spricht man von meiner Schönheit, so stimme ich bei, eben so wie wenn man von meiner Kränklichkeit spricht; und lobt man meinen guten Verstand und die sichere Haltung, die ich im Leben habe, so habe ich nichts dawider, man sagt die Wahrheit und man muß mich deswegen nicht für hochmüthig halten, da ich bei solchem Lobe oft tief gedemüthigt in meinem Herzen bin; aber warum soll ich solche Demuth jedem Gecken zeigen, der mich lobt. Lieber Herr v. K. Sie wissen es von wem alles Gute kommt, ich weiß es auch, wir sind darüber einig. So nehme ich denn mit Freude und Dank das Gute an, das mir von Gott kommt und, ich versichere Sie, auch das Ueble nehme ich dankend hin, ja ich habe oft und viel, Gott viel heißer für meine große Kränklichkeit, für die entsetzlichen Schmerzen, an denen ich oft leide, ja auch für mein Verlassensein, für meine einsame Stellung gedankt, als für mein bischen Schönheit und meinen armen Verstand, den Sie gelobt haben. Ich habe weder Vater noch Mutter gekannt, ich habe keine Verwandte, ich bin blutarm, aber ich habe in dieser meiner Verlassenheit beten gelernt, ich habe gelernt auf eigenen Füßen stehen, ich habe gelernt mit Menschen leben, seien sie wie sie wollen, kurz ich bin ein vernünftiges Mädchen geworden. Und was meinen Sie, wenn ich bei meiner großen Verlassenheit, bei meiner Jugend und Schönheit und meiner Stellung hier am Hofe diese Haltung nicht erworben hätte, was aus mir werden sollte? Oder wie meinen Sie, daß ich so große Körperschmerzen ertragen sollte, wenn ich nicht Gott gefunden hätte? Andere lassen sich von ihre Mutter trösten, wenn sie trostlos sind, sie finden einen Vater, einen Bruder eine Schwester, denen sie sich ans Herz legen können. *Ich* kann nur in meine Knie sinken, aber ich kann das *recht* und deswegen danke ich Gott für das Ueble mehr als für die Schönheit und alles Gute, denn durch das erstere habe ich ihn gefunden.»

So weit die arme Fräulein Bornstedt. Ich glaube, daß diese Rede Dir einen fatalen Eindruck machen wird, wenn Du sie so schwarz auf weiß liesest, aber aus einem so hübschen Munde, mit einer Zierlichkeit des Ausdrucks, wie ich ihn in der Eile nicht wiedergeben konnte, mit einer gewissen Leidenschaftlichkeit und dem Gepräge der Redlichkeit, welches die ganze Person trägt, erschienen mir diese Worte nur als psychologisch merkwürdig und erregten meine ganze Theilnahme für die naive und dabei in den Formen der Welt so feste und geübte Rednerin. Es ist nur die Convention des geistigen und geistlichen Lebens welche ihr gänzlich unbekannt geblieben ist.

*Am 23. Dec.* Immer noch kein Brief von Dir. Meiner ist voll und ich will ihn absenden. Es schneit heute wie in Archangel. Möchten wir doch zum Weihnachtsfest etwas Winter behalten. In diesen dunkelsten Tagen liebe ich den Schnee. Morgen ist der große Freudentag der Kinder; die Meinigen sind voll Erwartung. Schweinitz wieder einzuladen habe ich wenig Lust, aber viel Aufforderung in meinem Inneren, weil er ein einsamer Sachse ist. Möchte ich doch morgen einen Brief von Dir kriegen, das würde die beste Freude sein. Meinen Brief kannst Du an Eurem Feste haben. Gott gesegne es Euch, Dir und Frau Elminen, unserer lieben Schwester Helene allen Euern Kindern, allen lieben Verwandten! O wie es schneit, und ganz still und windlos, das Land überzieht sich hoch mit einer weißen Decke. Mein lieber, lieber Gerhard lebe wohl!

Couvert.

Lies doch Dahlmanns Buch, wenn Du es haben kannst, wo nicht so lies es lieber nicht. Meine Frau liest jetzt den ewigen Juden und theilt mir Abends, wenn wir beisammen sitzen, dies und jenes Capitel mit. Das Buch scheint etwas für den Pöbel geschrieben. Es spannt außerordentlich, enthält aber doch wenig bildende Elemente. Man muß die Erfindungsgabe und Genielosigkeit des Verfassers in gleichem Grade bewundern. Der Reichthum an Stoff ist außerordentlich. Merkwürdig, daß es den Genies immer an äußerem Stoff zu fehlen scheint, und die ihn haben, denen genügt er an und für sich, sie beuten ihn nicht ordentlich aus und haben keinen Geist ihn zu bestrahlen. Die Characterschilderung ist elend, lauter an dem Schreibtische ausgeheckte Figuren. – Heute Abend haben wir unsere regelmäßige Gesellschaft bei der Bernstorff. Wir lesen Göthes Dichtung und Wahrheit – ich jetzt zum 3t Mal. Du hast Recht, manchmal erscheint er wirklich flach. Das liegt in seiner Characterlosigkeit. Er ist nur Künstler und das wirkliche Leben scheint ihn nie lebhaft zu interessiren. Er scheint nie von einer großen Idee recht wahrhaft und lebendig ergriffen worden zu sein. – Es schneit, es schneit, es schneit – alle Aeste und Zweiglein sind weiß gepolstert. Bei Euch mögen wohl Berge von Schnee liegen.

No 30 Ballenstedt am 27sten Dec. 1845

Mein innig geliebter Bruder!

Wie mag es doch kommen, daß Du mir gar nicht mehr schreibst – ich hatte zu Weihnachten mit großer Bestimmtheit einen Brief von Dir erwartet. Dies schöne Fest ist nun wieder vorübergegangen und zwar für mich leichter als gewöhnlich, weil ich, dank meinen vielen Portraits diesmal in keine Geldverlegenheit gerathen bin. Es ist unglaublich wie viel Geld mich immer der Weihnachten kostet. Heda Junge! So wahr ich lebe ein Brief von Dir! Gleich soll er gefressen werden. – Dein Brief ist ganz reizend, auch brach, während ich las, die Sonne durch und verklärte Natur und Geist mit goldgelbem Winterschein, um so wohlthuender, da der Schnee wieder weggethaut ist durch warmen Orkan. Ungeheuer freue ich mich darauf, heute Abend meiner Familie aus Deinem Briefe vorzulesen; Bilder und Raisonnements, alles gleich vortrefflich. Wenn man sich Dich als Celten denkt, so hat man viel gewonnen, es ist ein wahrer Friedensgedanke. Nur mußt Du nicht, um deutsche Romane zu characterisiren die verdammte «Wiederkehr» nennen, ein schauderhaftes Buch. Vor einigen Jahren, als es erschien, empfahl es der Hofprediger der Herzogin und ich mußte es ihr vorlesen. Ich verschlang das Meiste und las nur das weniger Langweilige, doch entsetzten wir uns so sehr dabei, oder kamen in lächerliche Stimmungen, daß die Herzogin nach Beendigung des ersten Bandes diese Lectüre verwarf. Das Buch ist öffentlich nicht nachtheilig beurtheilt worden, weil kein Recensent Zeit und Lust gehabt hat, es zu lesen. – Du frägst, ob ich kein Mittel gegen die Faulheit weiß? Ich weiß keines. – Ach der schöne Weg von Kurküll nach Poll! Diesen Weg liebte auch ich, weil ich ihn immer mit einer gehobenen Stimmung passirt war, zu Fuß, zu Wagen und zu Pferde. Es war eine absolute Einsamkeit, man begegnete da niemals einem Menschen. Ein rechtes Communicationsmittel war jener Weg auch nicht, es war ein Weg mit Hindernißen, aber eben dadurch für junge Leute interessant. Einmal ging ich den Weg in der Nacht, es war eine nordische Sommernacht, herrlich duftete der blühende Faulbaum in der Wildniß, darnach umfing mich auf der Pollschen Grenze der balsamische Harzgeruch des Kiefernwaldes. Unter den alten Espen im Pollschen Garten hielt ich ein Morgenschläfchen und dann stieg ich zum Saalfenster herein, als Sophie den Kaffe machte. Sie reichte mir die Hand und half mir ins Zimmer. Die liebe treffliche, oder vielmehr unübertreffliche Sophie, deren frisches Jugendbild tief in mein Inneres gegraben ist. Ich danke Dir, daß Du mir wieder von Poll geschrieben hast, dahin mein Sinn so häufig steht, woran meine Erinnerung beim Vorübergehen immer wehmütig weilt. Kürzlich schrieb mir auch Auguste, aber gar nicht fröhlich, weil Sophie krank war und schlechter Nebel auf der Stimmung drückte. Man kann auch nicht immer fröhlich sein – dies prätendieren nur müssige Prinzessinnen; auch selig kann man nicht immer sein; aber man kann im Gleichgewicht bleiben. Und so im Gleichgewicht schrieb mir die liebe Auguste und erweckte ein Verlangen in mir, rasch nach Poll zu laufen durch die Wöhhosche Wildniß und meinen geliebten Schwestern die Hand aufs Haupt zu legen. So Gott will zu Pfingsten, mein Alter, dann laufen wir zu Fuß hin, über Thärsfeld – o wie sonderbar wird es sein, wenn wir auf der Höhe stehen bei der Riege und nach und nach taucht das Haus auf. Wenn wir um 5 bei Dir weggehen, können wir zum Frühstück in Poll sein und treffen wohl Auguste schon auf der Halle mit dem Kaffewesen und der unbeholfenen Einrichtung mit glühenden Bolzen. Wie vortrefflich, daß Du so viel zu Fuß läufst, das ist das beste was dicke Menschen für ihre Gesundheit thun können. Vergangenen Sommer habe ich's auch recht geübt, jetzt aber fast ganz vernachlässigt. Ja, müßte ich nicht täglich aufs Schloß, so käme ich gar nicht aus dem Hause.

*Am 28sten Dec.* Gestern Abend haben wir einen vortrefflichen geselligen Genuß an Deinem Brief gehabt. Zu solchen Freuden ist die Bernstorff sehr zu brauchen, weil sie so lebendig und geistig angeregt ist. Ich holte sie ganz appart vom Schloß, um mir ein besseres Auditorium zu bilden. Einige Gedanken entzückten uns besonders, z. B. daß Du eigentlich ganz wie Hölty sein würdest, wenn Du nicht ganz anders wärst. Mit Deiner Celtenschaft ist es doch auch nichts Rechtes. Du bist eben so wie ich Germane, aber mit einer celtischen Sauçe angerichtet. Alles ist gut, wenn man nur kein Mongole ist. Ob die mongolische und die Negerraße ganz menschlich sind, ist mir immer noch fraglich. Mit dieser Frage hängt die andere zusammen, ob die armen Ehsten sich je einer wahren Kultur erfreuen werden. Allerdings liest Du jetzt erstaunlich viel, worüber ich mich wundere und freue, da Du so gute Sachen liesest.

Uns steht jetzt eine wichtige Veränderung bevor. Es ist die Rede davon, an Kutteroffs Stelle den Oberforstmeister v. Weise, welcher jetzt in Harzgerode lebt, wieder hierher an den Hof zu ziehen. Das Haus, welches ich bewohne gehört aber Weise und er würde natürlich hier wieder einziehen, wenn er herkäme. Ich müßte dann heraus und für mich bliebe durchaus keine Wohnung übrig. Kündigt mir Weise, so muß ich ausziehen, kaufen oder miethen. Wüßte ich eine Miethe, so könnte Julchen alles besorgen, aber ich weiß keine und gekauft werden kann doch während meiner Abwesenheit nicht. Zugleich habe ich meinen Urlaub erhalten. Ich weiß durchaus nicht was ich machen soll. Die Sache mit Kutteroff ist so sehr Geheimniß, daß ich Niemand darum fragen kann. Ich habe nur noch ein Paar Tage, um mich zu entscheiden. Dürfte ich es nur wagen mit der Herzogin darüber zu reden. Ich möchte fast verdrießlich werden, wenn ich sehe, wie sehr mir alles was ich unternehme, erschwert wird.

*Am 29. Dec.* Ich konnte gestern Weise nicht fragen, weil er nicht an Tafel war. Jetzt eben aber habe ich ihn auf einem Ball bei Salmuth gesprochen. Sobald er meiner ansichtig wurde, zog er mich in eine Ecke und kündigte mir. Ostern muß ich das Quartier verlassen. Ich war in der That sehr unschlüssig darüber. Bald darauf kam die Herzogin zu mir und sagte, sie wisse was W. mit mir gesprochen, bedaure es sehr, riethe mir aber vor allen Dingen jetzt meinen russischen Plan aufzugeben. Ich sagte ihr, wie schwer mir das werden würde, und daß ich die Reise nur dann aufgeben könne, wenn ich hier kein neues Unterkommen fände und vielleicht genöthigt wäre nach Bernburg zu ziehen. Da nahm das Gesicht der Herzogin eine große Herzlichkeit an und sie bat mich, das doch nicht zu thun, jedenfalls hier zu bleiben, mich rasch zu entschließen und das Haus zu kaufen. Welches Haus? – «Das worin Sie wohnen.» – Aber das will Weise beziehen. «Er hat mir so eben gesagt, wenn Sie es kaufen wollten, so kaufte er sich lieber ein anderes und würde damit sehr zufrieden sein und nun bitte ich Sie, geben Sie ihre russische Reise auf, kaufen Sie ihr Haus und richten Sie sich da recht ruhig ein, das ist das klügste, was Sie thun können – die Reise machen sie contre coeur und das taugt nichts.» Du glaubst nicht mit welcher herzlichen Einfalt sie mir diese Worte sagte, die mir imponirten. Sie fügte noch hinzu, sie hätte mir immer gesagt, es würde was dazwischen kommen, denn sie habe immer ein Gefühl gehabt, als sei der ganze Plan falsch, verkehrt und thöricht – nun wäre das Hinderniß da, welches sie sich freilich nicht von so unangenehmer Art gedacht hätte.» Bald darauf verließ ich den Ball. Was soll ich nun machen? Jeder Kauf macht viel Laufen, Unruhe und Zeitverlust und ich habe hier noch viel zu arbeiten.

Gestern fand ich in einer Auster eine schöne kugelrunde Perle, über die ich mich kindisch freute. Ich habe sie aber schon wieder verloren.

*Am* $8^{t}$ *Jan. 1846.* Wenn Du glaubst, daß ich Dir etwas Neues zu melden hätte, so irrst Du dich recht sehr. Ich weiß immer noch nicht wo ich bleibe. Ich bin überzeugt, Du würdest mir, wenn Du hier wärst ebenfalls nicht zu rathen wissen. Aber alle meine Bekannten hier überschütten mich mit ihrem unnützen Rath, so daß ich schon ein Paar Mal grob geworden bin. Dabei fort zu müssen, das ist ganz schrecklich. Am $12^{t}$ wird das schöne Haus der Frau von Hoym unter dem Hammer verkauft. Dies muß man abwarten, hernach wird sich alles entscheiden. Ad vocem Hoym!: am $11^{ten}$ will die Herzogin mit der Gemeinde communiciren und auch der Herzog wollte sich anschließen wie gewöhnlich. Vor ein Paar Tagen kündigte er aber seiner Gemahlin an, er werde doch nicht mitgehen. Auf die Frage: warum? Erwiederte er: er fände doch, daß man sich seit dem Tode der Frau von Hoym von allen weltlichen und geistlichen Dingen zurückziehen müsse.

*Am 24ten Jan.* Ich habe gestern plötzlich das Weisesche Haus gekauft, welches ich gegenwärtig bewohne für 2500 Thaler. Ich hatte nur die Wahl, entweder dieses oder ein schräg gegenüberliegendes Haus zu kaufen für 2000 Thaler. Dazu neigte ich sehr hin, meine Frau und die Mädchen aber schauderten dafür. Da ich nun dies gekauft habe, so thut es ihnen wieder entsetzlich leid, daß es nicht das andere ist; Alle sind ganz niedergeschlagen und so habe ich auch keine Freude daran. Ich rechne so, daß das Haus, wenn ich es mir recht hübsch ausgebaut habe, mir circa 3000 Thaler kosten wird, ich also für 120 Thaler wohne. Habe ich zuviel gezahlt, so sind es vielleicht ein Paar hundert Thaler, aber ich habe dafür eine sehr angenehme Lage – die Sonnenseite mit freier Aussicht. Auch kann mir Niemand vorbauen, weil gegenüber dicht hinter dem Gartenzaun meines vis à vis ein Wassergraben sich hinzieht, der nicht überbaut werden kann. Ich bin in dem Hause eingelebt, ich kenne genau seine Vorzüge und Mängel und ich liebe es mit seinem kleinen anmuthigen Garten. Das ist doch auch was werth. Ziemlich hoch kann ich den Umstand anschlagen, daß ich nicht umzuziehen brauche und daß, wenn ich nach Rußland gehe, meine Frau ganz in ihrer Ruhe bleibt. Ich habe 14 Zimmer und Räumlichkeiten im Hause und überdem 2 Küchen und Vorhäuser, ein geräumiges Waschhaus mit Holzstall, eine Wagenremise und Stallung für 4 Pferde. Auch muß ich den Brunnen in Anschlag bringen, ein großer Vorzug vor vielen anderen Häusern. Das Haus ist ganz trocken, das Dach sehr gut und die Wände massiv bis unter das Dach. Aber die Etagen sind sehr niedrig und das ist eigentlich der Hauptübelstand des Hauses. Ob ich noch nach Rußland gehe, weiß ich immer noch nicht, da ich noch keine Antwort von Timmo auf meinen letzten Brief habe. Seit ein Paar Tagen haben wir Schlittschuhbahn, die ich sehr genieße, es ist aber jetzt wieder so warm, daß die Freude nicht lange dauern wird. Es ist merkwürdig, daß wir seit langer Zeit weder Winter noch Sommer haben. Ich liebe ein entschiedenes Wetter, wie unser Herzog. Dieser räsonnirte neulich fürchterlich über den flauen Winter und behauptete im Winter müsse durchaus Schnee liegen, das gehöre sich und sei in der Ordnung. Der Hofprediger sagte: wenn es Gott in seiner Weisheit so gefiele, so müßten wir uns doch am Ende darüber zufrieden geben. Darauf der Herzog: «nein gar nicht, gar nicht, was da oben geschieht ist gar nicht weise, denn alle meine alten Freunde sind gestorben und das ist nicht weise, muß ich doch sagen.» Der Herzog sagt in der Regel etwas anderes als er meint, er ärgerte sich über den Pastor und wollte eigentlich nur sagen: mische Du Dich doch nicht gleich unberufen mit Deiner ekelhaften Salbung herein, wenn Einer einen unschuldigen Seufzer über das Wetter thut.

*Am 2t Febr.* Indem ich diesen Brief schließe, sitzen meine Frau und die Bernstorff bei mir. Letztere macht ihren Abschiedsbesuch. In 2 Stunden geht der ganze Hof nach Bernburg für den Rest des Winters. Die B. trägt mir die herzlichsten Grüße an Dich auf und ich soll Dir gratuliren zu meiner Ankunft. Wenn ich nur erst wüßte, ob ich noch reise. Der Tag der Abreise des Hofes nach B. macht immer einen besonderen Eindruck. Gestern den ganzen Tag waren wir überfluthet von Besuchen, sogar die Herzogin kam noch her. Jetzt sitzt nur noch Fräulein Bernstorff bei uns und bald ist alles fort und es tritt ein tiefe todtenartige Ruhe ein. In den ersten Tagen ist dies traurig, dann aber tritt als Ersatz für das Entbehrte ein Behagen ein und ein Gefühl freierer Dispositionsfähigkeit für die Zeit, was auch nicht übel ist. O wie könnte ich mich freuen, in Dein Haus zu treten, Elmine zu sehen, Helene, Deine Kinder, von denen ich keins kenne, insonderheit meinen Pathen Wilhelm. Meine Frau grüßt Dich herzlich, so wie die Deinigen. Lebe wohl, mein lieber, lieber Gerhard! –

N° 31 Tauroggen am 4. März 1846

Bester, allervortrefflichster ungeheuer geliebter Bruder!
Rushimi popowsky nadeschda tartaratango! Ich bin außer mir vor Freude, daher verzeihe gütigst, daß ich mit Zungen rede. Erstens bin ich außer mir bis hierher alles glücklich überstanden zu haben, zweitens, mit Dir in einem Lande zu sein. Ich habe eine überaus gute Reise gehabt, immer gesund und vergnügt, nachdem der Abschied mir auf alle Weise versüßt und erleichtert worden war. Meine Arbeiten in Ballenstedt wollten gar kein Ende nehmen und so lange ich zu malen hatte, dachte ich eigentlich gar nicht ernsthaft an die Reise, obgleich ich mir einen Platz kaufte, einen braunen Sammtrock und Stolpstiefeln machen ließ, auch Abends nach und nach alle meine 8 Kinder zeichnete. Als ich aber plötzlich eines Abends bemerkte – es war der Sonntag Abend vor Fastnacht – daß ich fertig war und alles schön gelungen, ging ich zu Julchen, fiel ihr um den Hals und sagte: übermorgen reise ich und nehme die Kinder bis auf die Post, Dich aber bis Köthen mit. Meine arme gute Frau konnte es gar nicht begreifen, daß nun doch aus der Reise noch etwas werden sollte, für die sie mir hier doch 12 neue Hemde und unzählige Schnupftücher wunderschön genäht hatte. Am Montag kam ich gar nicht zur Besinnung, kramte, besuchte, bestellte, packte, umgeben von den Meinigen bis 11 Uhr und dann in schauerlicher Einsamkeit bis 2 Uhr in der Nacht. Als ich nun zu Bette ging, lag meine Frau in ihrer Nachthaube da und schlief und daneben Ellele – da wallte mir das Herz über. Gegen morgen erhob Ellele ein fürchterliches Gebrüll und sagte: Papa soll nicht fortreisen. Ich fing an ihr zuzureden, aber sie schlief fest. Um 6 Uhr waren wir Alle aus den Betten, um 7 war Frühstück, da ich mir aber mein Butterbrod schmierte, sah Anna mich so sonderbar dabei an, daß ich mich auf einmal nicht mehr halten konnte, auch nicht essen, sondern ging noch einmal durch den Garten, in welchem schon Veilchen und Crocus blühten beim schönsten Wetter. Um 8 umarmte ich alle Kinder noch einmal auf der Post und schwang mich mit Julchen in den Wagen. In Bernburg gab es viel Rennen und laufen und besuchen den Dienstag und Mittwoch Vormittag bis 11, so daß man gar nicht zu sich kam. Außerordentlich gnädig war unsere gute Herzogin gegen mich, reichte mir immer die Hand und weinte ganz viele Thränchens. Sehr rührend war Tille, die Ostern confirmirt wird, sie konnte kein einziges Wört-

chen sprechen. Es ist wunderbar wie diese beiden lieblichen Mädchen an mir hängen, sie lieben mich wie einen leiblichen Vater und ich liebe sie wie meine Kinder. – Nachdem ich in Bernburg viel Liebes und Gutes erfahren, reisten wir, Julchen die Bernstorff, Line und ich in herrschaftlicher Equipage nach Köthen ab, und kamen dort gerade zu rechter Zeit, um einzusteigen. Ich werde nie das weinende Gesicht meiner armen Frau vergessen, als wir uns zuletzt umarmten. Wir hielten uns lange lange umarmt bis der Conducteur mahnte. Da riß ich mich los und sprang in den Wagen. Das war ein sehr schwerer Moment, und doch war er so versüßt durch das Mitgehen meiner Frau nach Köthen, für sie und mich bedeutend erleichtert. Der Zug brauste dampfend und zischend ab und fort und immer weiter, die weite Gegend rast an uns vorüber. Die Gesellschaft im coupé war vollzählig und sehr vergnügt, sehr laut; aber ich war ganz versunken in dem Bilde des Abschieds, das mir fest vor der Seele stand, da steckte mir Line ein Briefchen in die Hand. Es waren noch Abschiedsworte und Segenswünsche der armen guten Bernstorff, mir aber sehr lieb und erquicklich. Nach und nach wurde ich aber doch abgezogen von diesen Abschiedsgedanken durch die Fröhlichkeit der Gesellschaft und die Erzählungen und Faxen eines ganz feinen Witzbolds, den wir im Wagen hatten, der uns beide, Line und mich, auf den letzten Stationen endlich zum ganz lauten Lachen brachte, so daß Linens rothverweintes Näschen wieder ausbleichte. Ein angenehmer Gedanke war es mir, daß Julchen nun auch reiste, in schöner leichter Equipage beim himmlischsten Sommerwetter 16º im Schatten und daß am nächsten Tage die Bernstorff sie nach Ballenstedt bringen würde, um dort einige Tage bei ihr zu bleiben. Gleichfalls konnte ich gerne an die Kinder denken, denn ich hatte ihnen erlaubt, mit meinen zurückgelassenen Oelfarben zu malen, was noch nie gestattet wurde. Anna und Bertha schienen dadurch besonders erquickt. Und für mich, welche unglaubliche Erleichterung, daß ich Line hatte und ihr zum Trost sein mußte, denn sie sollte in Berlin zu Verwandten, die sie wenig kannte und etwas fürchtete. Wir kamen im Stockdunkeln an, ich mußte jedoch auf mein Gepäck warten, weil ich 2000 Thaler im Koffer hatte, die mir die Professorin Ilgen nach Berlin zur Besorgung mitgegeben hatte. Endlich erhielt ich alles und wir fuhren zuerst nach Stadt Rom unter den Linden, wo ich, ich sage Dir, ein wahres Prinzenzimmer erhielt. Dann setzte ich mich mit Line wieder ein und brachte sie nach dem Invalidenhause zu ihren Verwandten. Ihr Oncle, der Major v. Jorri (selbst Invalide) commandirt nämlich eine Abtheilung der Anstalt. Ich blieb nun 1 ½ Tage in Berlin, immer umgeben von Adolf Krummacher, Adalbert Natorp und meiner guten Line. Wir saßen im Thiergarten in leichten Überröcken, tranken Kaffe, rauchten, aßen Kuchen und ließen die schöne Welt an uns vorüberziehen, oder wir machten Einkäufe oder die Jungens mußten packen. Im Handumdrehen war die Zeit vorüber, und ich saß in der Personenpost im Kabriolet, voll Gedanken des Dankes und der Freude, daß so Schweres überstanden war und alles sich so gut anließ. Wahrhafte Freude hat mir die Reise bis hierher gemacht und ich muß oft denken, ob es nicht der Einfluß des Gebetes so theurer zurückgebliebener Seelen ist, was mich so stärkt und mir eine Empfindung giebt, als hätte ich gar keinen Leib, denn obgleich ich bis Tauroggen 4 Nächte hindurch gefahren bin, fühle ich gar nichts davon und bin wie einer, der aus dem Bette kommt. Ich hatte mich so vor der Reise gefürchtet und nun bin ich diese Nacht geradezu vom Dankgefühl mehrere Male aufgeweckt worden, gegen Gott, der mir die schwere Sache so süß und leicht macht und mir herrlich hindurch hilft. Über die Flüsse kam ich immer noch im letzten möglichen Augenblick und ich hoffe die Düna wird auch keinen sonderlichen Aufenthalt machen. Morgen fahre ich mit der leichten Post von hier ab und bin so Gott will in 3 Tagen in Petersburg. Durch Dorpat werde ich die schwerste Passage haben und überhaupt wird mir Ehstland entsetzlich rührend sein. Ach könnte ich zu Dir, was würde ich heute für einen überaus fröhlichen Abend haben. Jetzt ist keine Zeit mehr, aber zu Pfingsten, oder auf der retour – wie es mit der Arbeit am besten passen wird – dann, dann, dann alter lieber Bruder, dann wird gekommen, so Gott will, dann wollen wir uns latzen nach Herzenslust – o wie freue ich mich auf Dich und die Deinen! Nun lebe wohl. Ich nehme diesen Brief bis Dorpat mit – wir bleiben uns nun lange ganz nah; sehen uns vielleicht zwei Mal. Hier ist das Wetter sehr schlecht. Von Elbing an winterlich, wenn auch kein Schnee. Dreck Nebel und Regen. Adio mein Vielgeliebter! –

N° 32 St. Petersburg am 31. März 1846

Mein innig geliebter theurer Gerhard!
Ich danke Dir, daß Du mich hier so bald mit einem Briefe erfreut hast und bitte Dich um Verzeihung, daß ich so spät antworte. Die ersten 14 Tage erwartete ich hier vergebens einen Brief von Hause, ängstigte mich um die Meinigen, war gequält vom Gefühl der Fremdheit und Neuheit und hatte keine Lust und Laune zum Schreiben. Vor 8 Tagen endlich bekam ich Nachricht, mußte ausführlich antworten und nun kommt die Reihe an Dich. Ich kann nur die Hände falten und bekennen, daß Gott es gut mit mir gemacht hat und ich traue ihm, er werde mich auch ferner bewahren und behüten. Wie es mir heimlich graute vor dieser Reise, vor diesem Petersburger Aufenthalte, vor dem untergeordneten Verhältniße, vor einer Arbeit, der ich vielleicht nicht gewachsen war und vor vielen anderen Dingen, kann ich jetzt wohl bekennen. Ich hatte durchaus keine Lust zu dieser Sache, war gewarnt und von vielen Seiten abgerathen, aber es waren auf der andern Seite so viele vernünftige Gründe da, daß ichs für Pflicht hielt und auch konnte ich am Ende einer unsichtbaren Gewalt nicht widerstehen, die mich trieb, wie die Magnetnadel nach Norden getrieben und gezogen wird. Die gefürchtete Reise ging so überaus glücklich, daß ich aus dem Danken gar nicht herauskam; aber die erste Zeit hier in Petersburg wurde mir wohl recht schwer. Ich mußte auf einmal fast allem entsagen, was ich liebte und woran ich gewöhnt war, eine ganz neue Lebensweise, fremde Gefährten, und so wohl und außerordentlich gut ich aufgenommen ward, doch außerordentlich viel Lästiges, Dreck und Ungeziefer. Doch empfand ich keinen Augenblick Reue, weil ich alsbald einsah, wie wohl es mir thun müsse, einmal auf den Kopf gestellt zu werden und aus meiner alten Haut herauszumüssen, wie sehr mich auch als Künstler ein Zusammenarbeiten mit Neff an so sehr instructiven Bildern fördern müsse. Uebermorgen bin ich nun schon 3 Wochen an der Arbeit und Tag für Tag hat der Herr geholfen, daß es gut gegangen ist, daß ich mich mit Timmo brüderlich vertragen habe und frisch geblieben bin. Ja ich fange nun an, mich an das Neue zu gewöhnen, das Unvermeidliche ohne große Anstrengung zu ertragen und manchen Genuß auch an der Arbeit zu finden und namentlich an den stillen Stunden, die ich am späten Abend einsam in meinem Zimmer verschmauche. Ich danke Gott, daß er mich hierher geführt

hat und weiß gewiß, daß ich eine bessere Heimath wiederfinde, als die ist, welche ich verlassen habe. Mein täglicher Lebenslauf ist ungefähr folgender. Um 7 Uhr stehe ich auf, rasire mich und stecke mir die Pfeife an, dann kommt von Neffs herüber der Kaffe, den ich bei offenem Klappfenster weidlich und mit allem Comfort genieße, indem ich dabei einen Psalm lese, oder die mitgebrachten kleinen Portraits der Meinigen studire, ein Paar Worte nach Hause schreibe usw. Dann spatzire ich im Zimmer umher, ordne es, ziehe mich langsam an und nehme dann meinen kleinen Ballenstedter Wandkalender vor, indem ich mit unbeschreiblicher Satisfaction den angebrochenen Tag darin ausstreiche. Um 8 ½ Uhr gehe ich gewöhnlich über die Straße ins Atelier, welches nicht weiter als einen Büchsenschuß entfernt ist. Hier finde ich entweder Timmo oder nicht, und begebe mich gleich an die Arbeit. Diese ist meinem Wunsche gemäß bis jetzt meistens ganz materiell gewesen. Ich habe bis jetzt nach kleinen Zeichnungen von Timmo 4 große Cartons präparirt und nebenbei ein Paar Naturstudien gemacht. Diese Arbeit ist frisch und gesund. Ich hebe und schleppe mit einem dienenden Soldaten die großen Cartons von einer Stelle zur andern, eine tüchtige Motion, ich zeichne immer stehend, meistens auf der Leiter, ich ziehe Quadrate an der Erde, schleppe und rolle die großen Treppen herum. Sobald ich einen Carton im Umriß ganz sauber und genau nach den Skitzzen zusammengezeichnet habe, wirft Timmo sich darüber und führt aus, dann ruft er mich, wir berathen miteinander, ich zeichne meine Meinung hinein, wir wischen wieder aus und sind dann große Veränderungen nöthig, müssen ganze Figuren verrückt werden, so übergiebt er mir wieder den Carton und ich zeichne die Figur um, worauf er dann wieder mit Naturstudien drüber kommt. So zeichne ich die verschiedenartigsten Köpfe, Gestalten, Biegungen, Brechungen und Verkürzungen, wobei ich beständig – ohne daß ich je meine bessere Ueberzeugung zu verleugnen brauche, denn T. nimmt sehr bereitwillig jeden Rath an – aus mir heraus gehen und im Sinne eines Andern arbeiten muß, was mich in aller Art übt und fördert. Ich fühle, daß ich hier lerne, und das ist das, was ich suche und immer ein angenehmes Gefühl. So arbeiten wir höchst brüderlich freundschaftlich und fleißig bis ich in der Mittagszeit um 1 oder 2 eine Pause finde. Dann gehe ich zu Timmos Frau, die so freundlich ist für mich von 12 bis 3 immer den Frühstückstisch stehen zu lassen, und esse etwas. Timmo nicht. Er nimmt höchstens ein Paar Feigen zu sich und arbeitet immerfort. Nach dem Frühstück gehe ich entweder gleich wieder an die Arbeit, oder auch auf ein Viertelstündchen in mein Zimmer, um mich etwas zu erholen und dann wird in der oben angedeuteten Weise fortgewirkt bis 5 Uhr, wo wir zusammen zum Diner gehen. Diese Zeit von 1–5 war mir in den ersten Wochen höchst peinlich und ich hatte förmlich mit meiner Natur zu kämpfen, die sich an solches Fasten nicht gewöhnen wollte. Jetzt geht es schon viel besser und damit bin ich auch um ein groß Theil versöhnt mit meinem Lebenswandel. Wir essen nun ganz tüchtig wie die Löwen und darauf setzen wir uns an den heizenden Ofen, eine treffliche Zigarre rauchend und angenehm conversirend. So vergehen 2 Stunden recht behaglich und unschuldig und darauf gehe ich entweder nach meinem Zimmer, oder ich bleibe zum Thee, wo sich bisweilen auch Freunde des Hauses einfinden, die mir nicht unangenehm sind. Am liebsten aber bringe ich den Abend bei mir allein zu und gedenke der Meinigen, lese auch immer noch an ihren Briefen und genieße einer köstlichen Ruhe, nach einer Arbeit die, wie ich mir eine solche gewünscht habe, körperlich ermüdet. Auch ist es ein großes Ding etwas zu haben, worauf man sich so recht von Herzen freuen kann. So gehe ich nun mit jedem Tage einer überaus süßen Rückreise entgegen. Zuerst komme ich zu Dir, labe mich gründlich mit Dir und den Deinigen nach gethaner Arbeit und dann steure ich mit vollen Segeln der geliebten Heimath wieder zu. Dort wird mir meine Arbeit leichter werden als früher; ich werde sehr viel geübter sein und mit großer Freude mich an die *eigene* Staffelei und das *eigene* Werk setzen. Timmos rasende Begeisterung für die Kunst hat schon jetzt günstig auf mich gewirkt und das wird noch besser werden. Im Frühling, wie ich früher wollte, werde ich nun schwerlich zu Dir kommen, da Timmo sich entschlossen hat, mich im Herbst nach Deutschland zu begleiten und sich daher im Sommer nicht unterbrechen will. Mir ist's auch lieber so, denn es würde mir sauer ankommen, einmal den Meinigen um 40 Meilen näher gerückt, wieder hierher zurückzukehren. Ich werde alle Zeit zusammennehmen müssen, um diesen Sommer mit meiner Arbeit hier fertig zu werden.

Timmo's Frau ist, wie ich dankend erwähnen muß, außerordentlich freundlich, gut und rücksichtsvoll in meiner Pflege und er brüderlich und gegen frühere Zeiten allerdings gereift und zu seinem Vortheil verändert. Möchte doch alles so bleiben wie es ist, so wird es bald für mich viel besser werden, indem ich von Tage zu

Tage mich gewöhne und das Fremde überwinde. Jetzt bin ich allerdings oft wund und wehmüthig, was nichts taugt. Von Haus habe ich die besten Nachrichten. Die Herzogin hat sich gegen meine Frau wie eine Schwester gezeigt, sie umarmt, mit ihr geweint, mit ihr in der Bibel gelesen und sie herzlich eingeladen zu Ostern wieder zu kommen nach Bernburg und längere Zeit bei ihr zu bleiben. Dies hat mich so überwältigt, daß ich ihr fortan ganz ergeben bin. Wenn der Mensch nur ein Herz hat, das ist die Hauptsache, und das liebt man, wo es sich zeigt. Gute Nacht, Theuerster, es ist über 12 – eher bin ich hier noch nie ins Bett gekommen.

*Am 1sten April.* Heute Mittag erhielt ich zu meiner großen Freude Deinen Brief, die sich aber schnell trübte bei der überaus traurigen Nachricht, die er enthielt. Der arme arme Bruder Constantin! Ich kann es mir denken, daß er seiner Frau jetzt nachzufolgen wünscht, so thöricht dergleichen Wünsche sind. Wie auch Dich dieser Todesfall angreifen muß und die arme Elmine ist mir alles begreiflich, dazu so mannigfache andere Noth, trübe Aussichten – ach Gott, ach Gott. – Ganz rührend und lieblich ist übrigens Deine Beschreibung vom Tode der armen Aline, für mich fast das erste, was ich von ihr höre, denn früher hast Du sie nur wenig erwähnt. Wohl ihr, daß Gott ihr die Mittel zu sterben gab in einem so einfältig kindlichem Glauben.

Den heutigen Abend haben wir bei Peter Götze zugebracht, ganz angenehm. Er ist seit langer Zeit krank und Timmo ist besorgt um ihn. Er hat mich sehr freundschaftlich empfangen und ich habe ihn schon ein Paar Mal besucht; aber er ist auch der einzige, bei dem ich gewesen. Daß Timmo meine einzige Wurzel hier in Petersburg ist, kommt mir manchmal ganz sonderbar vor. Lebe wohl herzenslieber Gerhard, schon wieder ist es 1 Uhr geworden und ich muß zu Bette. Grüße sehr die geliebte Elmine und Helene. –

## N^o^ 33 — St. Petersburg am 23. April n. St. 1846

Mein lieber trefflicher Gerhard!
Herzlich danke ich Dir für Deinen Brief den ich am 18^t^ empfing und den ich auf der Stelle beantwortet hätte, wenn nicht auch ein Brief nach Ballenstedt zu beantworten gewesen wäre und mehrere Abende ausfielen, dadurch daß ich bei Timmo blieb. Ich habe überhaupt wenig Lust zum Schreiben, und schreibe nur um wieder

Antwort zu bekommen, denn Briefe sind hier in Petersburg meine Hauptfreude. Ja wohl sind mir hier viele Kanäle vertrocknet, die Basis ist mir unter den Füßen weggeschlagen und ich angele mit den Händen nach Oben, um einen Halt zu finden und finde ihn auch und muß oft von Neuem singen: «barmherzig und gnädig ist der Herr, geduldig und von großer Güte.» Ich lebe jetzt recht eigentlich in den Psalmen und sie sind mir eine Fundgrube des Trostes und der Freude geworden. Die Morgen bis 9 Uhr bringe ich immer, die Abende meistens einsam im meinem Zimmer zu. Zum Zeichnen bin ich zu müde, Bücher habe ich nicht, außer meiner kleinen Bibel, daher ich, wenn ich nicht schreibe, immer wieder den Psalter aufschlage und lerne viele Psalmen auswendig, mit denen ich einschlafe und aufwache. Eine solche Zeit stiller Muße und Einsamkeit werde ich doch wahrscheinlich nie wieder finden und ich kann mir denken, daß diese ungestörten und ungetrübten Stunden der Einkehr in mich selbst, die ich hier verlebe, mir dereinst, wenn ich in das laute Leben zurückgekehrt sein werde, mir als genußvoll erscheinen könnten. Uebrigens habe ich vor ein Paar Tagen entdeckt, daß ein Viertel der Babylonischen Gefangenschaft schon verflossen ist. Ich bin nämlich schon über 8 Wochen von Hause, ja schon 5 Tage drüber und 32 Wochen soll die Trennung dauern. Nun rechne ich aber kürzer, ich rechne daß ich nur 8 Tage von Hause bin, nehme aber prophetische Tage an, jeden Tag zu 4 Wochen. Auf diese Weise wird die Sache viel leichter. Wenn ich an meine Abreise hier denke, fährt mir leicht eine solche Freude und Unruhe in den Bauch, daß ich auf den Abtritt gehen muß. Diese Abreise, bis zu welcher ich überhaupt nur die Trennung rechne, habe ich, wenn es dem lieben Gott so gefällt, auf den 1 Oct. n. St. angesetzt. Dann bin ich Willens stracks zu Dir zu kommen. Wir werden dann immer 14 Tage zusammen sein und haben 8 Tage für Finn und 8 Tage zum Herumschweifen. Sind die Wege sehr schlecht, so bleiben wir ganz ruhig blos in Finn und machen blos einen kleinen Aufenthalt in Poll, wo ich jedenfalls hinwill und sollte ich bis an den Hals durch den Schlamm waten. O Kulla! Kulla! Ich streiche einen Tag nach dem andern aus meinem Ballenstedter Kalender aus, ja ich märze sie förmlich aus mit weißer Farbe, so daß sie spurlos verschwinden. – Von Hause erhalte ich jetzt regelmäßig Nachricht und zwar lauter gute. Meine Frau schreibt von 19° Wärme im Schatten, von Gewitter, von herrlicher Apfelblüthe, Liegen im Grase, abgeblüthen Narzissenbeeten und hier in P. ist zwar endlich am 11[t] die Newa aufgegangen, aber das ist auch alles. Was Dein Kommen hierher betrifft, so thue was Gott Dich heißen wird. Wie ich mich freuen würde, kannst Du Dir denken, aber kaum wie traurig ich sein würde, wenn Du wieder abzögest. Petersburg lohnt sich eigentlich kaum eine Reise dahin zu machen. Zwar ist viel Schönes hier, aber es ist nicht zu genießen. Niemand raucht gern Taback bei 20° Kälte und so ist hier alles Schöne, es ist immer ein Grad dabei, der es ungenießbar macht. Besser wäre einmal eine Blüthenzeit in Ballenstedt und für die Reisekosten hierher hättest Du schon auf der leichten Post einen Platz bis Tauroggen. Lebe wohl mein Geliebtester, ich grüße Dein Haus.

## N° 34

St. Petersburg am 5[t] Mai 1846

Vielgeliebtester!
Das ist brüderlich von Dir, daß Du ordentlich schreibst und bleibt immer eine Hauptfreude für mich, von Dir Briefe zu bekommen. Gottlob, daß der arme Constantin sich doch zu finden scheint in seinen gräßlichen Verlust. Wohl werden noch viele schlimme Trauertage kommen, wenn er nur nicht am Leben verzweifelt. Ich freue mich auch, daß er Nömme behält und wünschte ihm nur es wäre ein größeres Gut welches ihn als Landwirth ordentlich beschäftigte. Wohl ist die Arbeit ein Fluch und doch, so wie nun einmal alles in dieser Welt ist, ein großer Segen. Dein Besuch bei R. hat mir auch große Freude gemacht, obgleich ich es ganz dankbar anerkenne, daß ich nicht mit zu sein brauchte, da mir nichts mehr zuwider ist als Arche-Noahs-Habichte im Zimmer zu haben! – Auf irgendeinen Punkt sind doch alle Menschen toll und jeder sieht die Tollheit des Andern ganz klar ein. Mein lieber einziger Bruder, wie freue ich mich auf Dich und Dein Volk, das Gott segnen wolle. Könnte ich Dich nur dann ein bischen mit nach Ballenstedt nehmen, oder ganz und gar mit Kind und Kegel! – Es scheint mir ganz gut, wenn Du Dich bisweilen in Beziehung auf das Geistliche ganz trocken und todt fühlst. Die Religion muß auch nicht wie eine Verliebtheit an unseren Herzen zehren, sonst magern wir ab. An Gefühlen und geistlichem Aufschwung liegt auch wenig, wenn nur der Zuchtmeister im Herzen wach bleibt und Gewissenhaftigkeit nicht mit Fett verwächst. Geschieht das, dann sorgt der Geist Gottes schon, bei denen, die ihn anrufen, daß sie wieder aufwachen. Summa – ich denke es sei wie es sei, so sind wir beide in Gottes

Hand und gehen mit ihm durch Dick und Dünn, durch Hell und Dunkel, durch Schlafen und Wachen, durch Krieg und Frieden. – Es ist schon verzweifelt spät, drum gute Nacht, mein lieber naher Bruder! –

*Am 7t Mai.* Morgen muß dieser Brief fort, so will ich ihn denn noch zu füllen suchen, so gut es gehen will. Wahrscheinlich kommen diese Zeilen einen Tag nach Deinem Geburtstage in Deine Hand und mögen Dir nachträglich Glück wünschen. Der liebe alte 11t Mai! Nach meinem eigenen Geburtstage war mir immer Deiner der liebste und ich habe noch eine besonders lebendige Erinnerung von einer Feier Deines Geburtstages auf unserem Weinberge. Damals hatte unsere selige Mutter das Zimmer mit jungen Birken geschmückt. Ach das ich doch diesmal zu Dir könnte, daß wir den rührenden Tag zusammen feierten!

Es ist ein Unglück, daß sich meine Natur hier weder in die Lebensweise finden kann, noch das Klima mir zusagt. Daher bin ich seit Ostern immer unwohl und war es in voriger Woche so sehr, daß ich ein Paar Tage das Zimmer hüten mußte. Die erste Zeit ging es gut, weil ich einen tüchtigen Fond von Gesundheit mitbrachte und die Reise mich ganz besonders gestählt hatte und hoffentlich wird auch alles wieder in seine Ordnung kommen, besonders wenn es endlich warm werden wird, so daß man spatzieren gehen kann. Jetzt fühle ich nach jedem Gange durch die Luft Brustbeschwerden und halte mich daher ganz inne. Hier im Hause speist man erst um 6 oft um 6½ zu Mittag, so daß die Verdauung in ganz ungewohnte Stunden fällt, und bei Leuten von meinem Alter scheint die Natur sich nicht mehr so leicht zu gewöhnen. Dazu kommt eine gewisse Freudlosigkeit des Lebens, eine triste Einförmigkeit und gänzliche Umgangslosigkeit. Mein einziger Umgang ist Timmo. Freitag Abends sehe ich zwar in Timmos Hause allerlei Menschen und spreche einige Worte mit ihnen, aber das ist große Gesellschaft und es sind Leute, die ich mir nicht würde ausgesucht haben und denen auch ich ganz gleichgültig bin. Immer klarer wird mir's welch ein ungeheurer Abstand zwischen deutscher und hiesiger Bildung und Lebensart ist. Das ist etwas von den Schattenseiten. Die Lichtseiten habe ich schon gemeldet und sie bestehen, nächst dem, daß ich Euch sehen werde, in Früchten, die erst in Ballenstedt reifen werden. Per aspera ad astra.

Die Nachrichten, die Du von hier herrschenden Krankheiten

hattest, waren ganz gegründet. In den 3 Monaten Jan. Febr. und März sind hier 28,000 Menschen gestorben, da sonst im ganzen Jahre nur 12000 zu sterben pflegen; und noch immer wüthen Nervenfieber und Gripp fort, obgleich Einige behaupten das Nervenfieber ließe nach. Ich kann jedoch nicht begreifen, wovon es nachlassen sollte, da das Wetter immer so niederträchtig als möglich bleibt. – Ich bin nun schon die 10[t] Woche von Hause! Gott befohlen. –

## N[o] 35

St. Petersburg am 7[t] Aug. 1846

Mein geliebtester Bruder und Freund!
Nach langer Zeit treibt mich doch nun gewaltige Sehnsucht Dir einmal wieder zu schreiben, welches längst meine Pflicht gewesen wäre, wäre ich nicht so faul, und der Faule kennt keine Pflichten, nur Ruhe kennt er und liebt er. Gern würde ich Dir nun wegen Reval schreiben und kann doch immer noch nichts bestimmen, weil ich durchaus nicht weiß wie die Dampfer gehen. Anfang Sept. a.St. will ich fort von hier, so viel weiß ich und soviel kann ich melden und nach Reval möchte ich dann gar zu gern wegen Sonny und der Kinder und wegen der Gräber Deiner Schwiegereltern, aber ich kann durchaus keinen Cours-Zettel der Revalschen Dampfbote bekommen. Ich denke es mir wonnig wenn wir von Reval aus die kleine Reise zusammen machen überhaupt Dich wiederzusehen frißt mich die Ungeduld. Alle Stricke halten nur bis auf eine gewisse Spannung und bei mir ist es jetzt gerade am Reißen, da mein Strick was ehrliches hat halten müssen. Noch 5 Wochen! es ist dies kurz oder lang, je nachdem es man ansieht; ich aber sehe es lang an. In nächster Woche hoffe ich über die Revalschen Dampfer etwas Bestimmtes zu erfahren. Die Idee von hier nach Poll zu fahren und dort 8 Tage zu bleiben, solange Du in Reval bist, habe ich aufgegeben. Ich möchte Poll nur mit Dir auf einzelne Tage wiedersehen. Ueberhaupt wird mir der Gedanke an Ehstland immer wehmüthiger, je näher mir das Land rückt und wärst Du nicht, ich setzte mich hier aufs Dampfbot und führe gerade nach Stettin. Vielen Schauder empfinde ich auch vor der Rückreise. Diese Reise durch Rußland, trotz leichter und schwerer Post (es ist eine Canaille so leicht und so schwer als die andere) ist eins der schrecklichsten Ereigniße in der Laufbahn eines Malers. Kämest Du mit, so wäre es freilich alles leicht und ich weiß noch nicht wie ich's

machen soll, Dich nicht mitzunehmen. Hier wird mir mein Leben jetzt ganz einzig langweilig und diese Art von Arbeit habe ich bis zum Halse. Wenn ich Abends das Atelier verlasse, so bin ich ganz überzogen mit Kohlenstaub. Das Vergnügen ein reines Hemd anzuhaben genieße ich nur auf Viertelstunden. Ueberhaupt ist *alles* hier so unreinlich, auch das Haus das ich bewohne; dabei wimmelt es von Ungeziefer, Ameisen, Tarakanen, Flöhe, Wanzen, alles drängt sich in meinem Zimmer. Die afrikanische Hitze, die wir haben, mag auch in diesem Jahr besonders viel Teufelsbrut aushekken. Solche Hitze ist in Petersburg höchst unerträglich, so angenehm sie auf dem Lande und besonders in Ballenstedt ist. Dort haucht die Nacht aus Wäldern und tiefen Schluchten eine Eiseskälte aus, die die Sommermorgen erfrischt. Hier in Petersburg ist Abends, Morgens Mittags immer derselbe Backofen. – Ich kann vor Hitze nicht mehr die Feder halten, obgleich ich im Hemde Nachts um 12 Uhr am offenen Fenster sitze. Im Atelier haben wir beide nichts am Leibe, als Hemd und Unterhosen, so überraschte uns neulich Oberst Kaulbass mit seiner Frau. Gute Nacht lieber Gerhard, gute Nacht liebe Elmine, gute Nacht liebe Helene. Wahrscheinlich schnurgelt ihr schon alle drei im süßen Schlaf, und nur die Petersburger Gespenster sind noch auf dem Zeuge.

*Am 13t August.* So lange haben diese Zeilen gelegen; sie sind nicht werth, daß man sie ansieht, geschweige denn lieset; indessen mußt Du Dir doch die Mühe nehmen, oder hast es vielmehr schon gethan und ich habe nichts besseres zu geben. Die Zeit rückt immer näher, da ich Dich besuchen soll und mir brennen schon die Eingeweide vor Verlangen nach Reval. Eins macht mir Sorge, nämlich daß meine Bewirthung Euch Sorge machen könnte, und doch könnt Ihr Euch gar keinen Begriff machen, wie wenig ich bedarf, um bei geliebten Menschen vergnügt zu sein. Wein habe ich mir zu trinken nie angewöhnt, Bier habe ich mir abgewöhnt und Wasser ist jetzt mein Getränk, noch dazu Newaschlamm. Für meine Unterhaltung braucht auch Niemand besorgt zu sein, ich brauche keine und kann Tagelang herumdämmern ohne mich zu langweilen; übrigens habe ich mein Zeichnenbuch und werde bei Dir Lectüre finden. Ein eigenes Zimmer brauche ich auch nicht, ich kann mich mit Leuten vertragen und wenn der Lärm zu groß wird, geh' ich spatzieren. Du mußt Deinen Geschäften nachgehen und ich werde in meines Bruders Hause an jedem Dreck meine Unterhaltung finden. Zu sprechen liebe ich nicht sehr, zu hören auch nicht, ich bin Maler und lebe mehr durchs Auge. Wenn ich mir ganz ruhig ein Kind besehen kann, so habe ich alles was ich brauche.

Mein alter Junge, ich bringe Dir auch etwas mit, nämlich ein Hemd, das du in Ballenstedt vergessen. Wenn ich doch bei Dir auch eins vergäße, daß Du mirs nachschlepptest. Daß ich hierher kam war *sehr* gut, aber wenn ich gewußt hätte, wie recht Du mit Deiner Warnung hattest, so wäre ich nimmermehr gekommen. Jetzt bin ichs von Herzen überdrüssig. Lebe wohl theuerster Fraterkel. Elmine und Hella, meine innig geliebten Schwestern, grüße ich herzlich. Ich werde bei Euch in Manchesterhosen und Reiterstiefeln so wie in einem gesprenkelten Rock herumwandeln. Dafür hast Du wieder Deinen Bart. Ein jeder habe seine Narrheit. Nur der Narr genießt sein Leben, Vernünftige sind unglücklich. O innigst Verehrtester! Dein Bruder

## № 36

Riga am 29sten Sept. 1846

Mein geliebter Bruder Gerhard!
Heute Morgen 8 Uhr bin ich hier angekommen, nach einer Reise, die wenn sie auch gerade keine Spatzierfahrt war, doch Gott sei Dank ohne Unfall abgelaufen ist. In Nömme lebte ich mit ziemlich sorglosem Leichtsinn dahin bis Du plötzlich verschwunden warst, da fiel mirs aufs Herz und ich war froh, daß ich mit dem guten Bruder Conny auch sogleich abfahren konnte. Ich hatte mit ihm eine sehr angenehme Fahrt und wir wurden in Lustifer freundlich und gastfrei empfangen, ich genoß dort viel Güte, wie überall bei diesem Verwandtenbesuche und mußte hier wie überall bedauern, daß ich so ungeschickt bin, meinen Dank an den Tag zu legen. Die guten Menschen brachten mich am nächsten Tage nach Woiseck über Oberpahlen; das alles war mir sehr interessant. In Woiseck war ich übrigens nicht vergnügt, da ich Oncle Peter recht krank und stumpf fand. Er sagte selbst er sei zum Tode krank. Man fürchtete dort für sein Leben. Tante Betsy's Grab besuchte ich. Am 26sten schickte mich Samson in einer Staats-Kalesche nach Moisama, wo mir der Kutscher noch einen wohlgefüllten Speispudel von der rührenden Emma überreichte. Am Abend in Dorpat angelangt, wischte ich sogleich über die Straße zu Carl und Tante Lidly, mit denen ich den Thee trank. Um 9 machte sich Carl mit mir auf und wir gingen noch nach 3 Postbüraus, fanden aber über-

all schon hinreichende Pränumeration auf etwanige Plätze für alle 4 Wagen, die andern Tags, am Sonntag, durchpassiren sollten. Der nächste Posttag war nun Donnerstag und so lange und noch dazu aufs unbestimmte an dem Ruhrort liegen zu bleiben, wäre unvernünftig gewesen, daher ich mich kurz entschloß schon am 27sten Abends von Dorpat abzureisen, um das letzte von Riga abgehende Dampfboot noch zu erhaschen. Am Sonntag früh 9 ging ich zu Ungern, fand aber alles verschlossen, zu Carl, fand ebenfalls alles verschlossen, so schlenderte ich auf dem Dom herum und ging dann nach Stadt London zurück um zu rauchen und empfing hier einen Besuch von Tante Lidly, die mich in Person zu Mittag einlud, so eine freundliche alte Tante, dann kam auch Carl, mit dem ich nun zum $2^{t}$ Mal wieder vergeblich zu Ungern ging. Dann wurde die Podoroschna besorgt, in einer Kirche Maydells Altarbild besehen und zu Tisch gegangen. Nach Tisch machten Carl und ich ein Schläfchen und darauf schob ich zum $3^{t}$ und letzten Mal zu Ungern, während Carl die Pferde bestellte. Ich hatte mich besonders auf Ungern gefreut, weil er so mittheilend ist und nun mußte er mir so schändlich entgehen. Zwar fand ich ihn, aber ich mußte gleich fort. Indessen erfuhr ich doch in aller Eile noch manches Interessante von ihm, unter andern die eigenthümliche Färbung der heutigen Dorpater Christenheit und insbesondere der Theologie. Eine Richtung, die bei uns als durchaus durchgelebt und überwunden gilt, ist duch einen gewissen Philippi in Dorpat die herrschende. Dies ist die lutherische Orthodoxie, ein schreckliches kaltes Ungeheuer in meinen Augen. Damit ist Krummacher und die Herrnhuter und alles andere nicht allein abgestreift, sondern angefeindet, das lutherische Glaubenssymbol ist der angebetete Götze. Harnack soll in diese Richtung ganz und gar verstrickt sein, trotz dem, daß mein Schwager ihn gewarnt hat und ihn gebeten, er solle sich vor dem Prägstock Philippi in Acht nehmen. Ja so geht es immer. Aus dem einfachen, systemlosen fröhlichen und liebenden Christenthum, entsteht diese kalte hassende, traurige Orthodoxie, die den Unglauben wieder herbeiführt als natürliche Reaction. Ich bin ähnlich gelaufen und mein Prägstock war zu seiner Zeit Roller, dann Stephan und da nun einmal alles nach dem Wort gerichtet werden sollte, so sah ich mir das Wort sehr genau an und ging ganz ab. –

Gegen Abend saß ich hoch auf meinem Koffer, auf Stroh, wie ein König des Wahnsinns und dröhnte über das schlechte Pflaster fort bei Tante Lidly vorbei, die in einem braunen Mäntelchen ganz alt auf der Haustreppe saß und mir zunickte mit Carl. Dieser vortreffliche Junge hat sich fast zerrissen um mir zu dienen. Auch ruhte er nicht bis ich ein sehr gutes graues Paraplüe von ihm annahm, mich gegen den Regen zu schützen. Er hat ein sehr verwandtliches treues Herz und ich wollte wohl ich könnte ihm noch einmal alle die Freundlichkeit vergelten, die er mir erwiesen hat. Als ich so dahinrollte, alle Euch Lieben nun abgethan und im Rükken, da begegnete mir ein langer Leichenzug und hinter dem Sarge gingen Geistliche, unter ihnen Harnack mit gesenktem Haupte, aber ganz ähnlich wie er leibt und lebt. So ein Wiedersehen hat eine besondere Poësie. Ich kateite lustig drauf los 3 Stationen, fror aber auf der letzten so, daß ich um nicht die Ruhr zu kriegen, in Teinitz liegen blieb auf dem Sopha und Kaffe und Tageslicht abwartete. Um 6 Uhr saß ich am andern Morgen schon wieder auf dem Marterthron, deswegen ein Marterthron, weil alle Teleggen zu eng für meinen breiten Koffer waren, der deswegen immer schief schüttelte, so daß ichs recht schlecht und in der Nacht wo ich Steine und Brücken nicht sah, sogar gefährlich hatte. Eine ganze Station durch stellte ich den Racker lang und ritt, das war aber auch nichts. Endlich gestern Abend von Hilchensfahr nach Neuermühlen wars ganz bös. Es war so finster, daß ich meine Knie nicht sah und der Koffer stand so unmäßig schief, trotz aller Mühe die ich auf das Einsetzen verwenden ließ, daß ich mich mit beiden Händen anhalten mußte und dabei regnete es und ich konnte den Schirm nicht aufspannen, weil ich die Hände brauchte, kriegte auch von dem harten Dröhnen auf der Steinchaussée meinen Bruchschmerz und das Rückrad war mir wie zerbrochen. Da kauerte ich mich endlich am Fußende wie ein Häufchen zusammen und schüttelte so ganz fest, so daß ich in Neuermühlen ohne die Hülfe der Leute aus meiner Stellung nicht heraus konnte. Ich war wie eine gebadete Maus bis aufs Hemd naß, scheußlich. So entschloß ich mich denn hier zu bleiben, ließ mir ein Bett machen und schlief ganz himmlisch. Heute früh 8 Uhr war ich hier in Riga, lief aufs Dampfschiffcomtoir und nahm einen Platz erste Kajüte für 30 Thaler preuß. Dann ließ ich meinen Koffer auf der Douane visitiren und brachte ihn auf das allerliebste kleine Dampfschiff Düna. Man sagte mir, ich sei der 3t Passagier und erwarte nicht mehr – das wäre allerliebst. Dann wurde gegessen, geschlafen und nach dem Hafen promenirt, wo ich die schönen Schiffe ganz außerordentlich genossen habe.

Diese Hafenbrücke ist prächtig mit dem gewaltigen Strom. Morgen früh 8 Uhr so Gott will setze ich meinen Fuß aufs Schiff und nehme Abschied von dem geliebten Livland. Es ist mir wunderlich zu Muth, so aus dem geselligsten Freudenrausch, den ich in meinem Leben genossen habe, jetzt in die absoluteste Einsamkeit versetzt zu sein. Auch das kann ich nicht begreifen, daß ich am Sonnabend Abend in Berlin sein soll, am Sonntag in Ballenstedt sein kann. – Nun theurer Bruder lebe wohl – ein letztes Lebewohl von livländischer Erde. Euer Bild ist lebendig und kräftig in meiner Seele, Deine Cigarrenspitze fast immer in meiner Hand. Elminens Geldbeutel, der schönste und beste, den ich habe, wird leider auch oft gezogen und versüßt mir die Ausgaben, Helenens Nadel steckt mir auf der Brust und versöhnt mich mit dem Aus- und Ankleiden. Die große Liebe, die Ihr mir Alle erwiesen habt, hat ein rechtes Feuer in meiner Brust angelegt, was lustig brennt. Ich war unbeschreiblich glücklich bei Euch zu innerlich froh, um recht aufzuthauen, dazu war auch alles zu kurz. Ich glaube es war die lieblichste Zeit, die mir mein Leben geboten hat. Euch Alle grüße ich tausendmal und meine lieben Kinder, die hab' ich zu wenig genossen und doch sehr. Sollte der Timmo noch da sein, so grüße ihn herzlich, den alten Jungen, er hat das Alles bewirkt. Zu seiner weiteren Arbeit wünsche ich ihm allen Segen. – Gerhard! Du alte treue Seele! mein einziger Bruder leb' wohl leb' wohl!

## N° 37

Swinemünde am 3. Oct. 1846

Mein geliebter Gerhard!
So bin ich denn hier, Gott sei Dank, endlich angelangt, heute Morgen 7 Uhr. Wir hatten eine glückliche Ueberfahrt. Mittwoch am 30sten Sept. kamen wir in Riga erst um 12 Uhr fort, nachdem ich das Vergnügen gehabt hatte 4 Stunden auf dem Deck zu warten. Wir waren im ganzen nur 5 Passagiere. In der 2ten Cajüte ein Nationaltürke mit Purpurhosen, Pfeife und Zubehör, ein unbekannter Deutscher und eine Weibsperson. In der 1sten Cajüte ebenfalls ein Weib und ich. Dieses Weib eine Madame Temler ward von zahlreicher weinender Freundschaft und Verwandtschaft an Bord gebracht und von einem jungen Menschen, ihrem Bruder, mir ganz besonders ans Herz gelegt, als einzigem Reisegefährten. Wir wurden auch bald gute Freunde. Ihr Mann war früher Pastor in Oberpahlen gewesen, hatte diese Stelle aber aus russischem Ueber-

druß aufgegeben und privatisirt jetzt in Berlin. Sie, eine rigische Kaufmannstochter hatte ihre Eltern besucht, kehrte nun zurück. Sie kannte die Woiseckschen sehr gut. Unser Capitain, ein angenehmer guter Mann aus Lübeck, die ganze Mannschaft deutsch, höchst liebenswürdig, freundlich, gefällig, prächtige Leute. Ich fühlte mich in Deutschland, so wie ich den Bord betreten. Wir hatten schönes Wetter, freundliche Sonne. Ich fühlte mich sehr glücklich, rannte auf dem Deck herum, rauchte aß und trank. Nach Tische aber, da das Schiff etwas zu tanzen anfing, wurde mit plötzlich übel. Ich legte mich auf eine Bank. Da ging es ein paar Mal «Ulm, Ulm» und auf einmal «Augsburg» mitten aufs Vordeck, ehe ichs hindern konnte. Ich sprang nur rasch an die Brustwehr, umfaßte zwei Taue und mußte mich endlos übergeben – schrecklich! Ein paar Minuten drauf gings wieder los, so daß ich glaubte die Seele müßte fort. Der Capitain rieth mir, mich ruhig in meine Koje zu legen, das sei das allerbeste Mittel. Dies that ich; doch kaum lag ich in diesem Sarge, so ging's wieder los, ganz fürchterlich und um so gewaltsamer, als ich nicht das geringste mehr im Magen hatte. Hierauf streckte ich mich zum tode müde, lang auf dem Rücken aus, faltete die Hände auf der Brust, dankte Gott, daß ich in Dorpat nicht die Ruhr gekriegt hatte, und schlief ein. Balde wachte ich wieder auf, an meinem Ohr, nur durch ein Brett getrennt, polterten die Wogen, die Schiffsbalken knackten, das ganze Gebäude dröhnte, die Höllenmaschine rasselte und ich hatte das Gefühl des niederträchtigsten Schaukelns; da mußte ich noch einmal dran, scheußlich mit lautem Gebrüll! Das war der letzte Zoll. Ich wurde nun ruhiger, schlief und wachte immer abwechselnd und endlich am andern Tage gegen Abend ging das Schiff so ruhig, daß ich ein wenig hervorkroch und aufs Deck ging. Meine Reisegefährtin fand ich ganz wohl, nur schwindlich und außer Stand zu essen. Wie ein Heide fraß der Capitain. Mir wurde aber bald auf dem Deck wieder so wehe «ach so wehe» daß ich wieder in meinen Sarg kroch und mich da bis zum Morgen des 2t Octobers ruhig verhielt. Nun aber plagte mich ein gräßlicher Durst, ich hatte die ganze Zeit nicht gegessen und getrunken. Daher rief ich dem Aufwärter zu, er solle mir Bier geben. Er brachte mir einen unvergleichlichen herrlichen Labetrunk, der mich ins höchste Erstaunen setzte. Auf meine Frage erfuhr ich, daß es Dresdner «Waldschlößchen» war. Dies erquickte mich so, daß ich herauf aufs Verdeck ging und mich in einen Großvaterstuhl warf, wo ich fast den ganzen Tag saß; auch rauchte ich etwas, es schmeckte aber wie die ersten Pfeifen eines Schuljungen. Gegen Abend konnte ich einige Strömlinge essen. Die Nacht war sehr aufgeregt, ich konnte nicht schlafen, da ich am nächsten Morgen in Deutschland sein sollte. Alle Viertelstunde ließ ich die Uhr repetiren. Endlich um 4 Uhr wurde die Ungeduld so groß, daß sie die Uebelkeit und den Schwindel fast gänzlich überwand. Ich sprang aus der Koje und ging aufs Verdeck. Das war heute früh 4 Uhr. Prächtiger Ausblick! Der Mond und alle großen Sternbilder ganz klar, mit blitzenden Mondlichtern in den Wogen. Das Schiff bäumte majestätisch und kohlschwarz dahin. Ich frug den einsamen Matrosen am Steuer, der ganz wie Dein Otto aussah, ob man noch nicht das Licht von Swinemünde sähe? Antw. «Noch nicht, in der Stunde.» Ich stieg auf den Balcon und schaute immer unverwandt nach Süden. Da kam der Steuermann hervor, ein prächtiger Kerl. Er kletterte mit dem Fernrohr auf den Mast, setzte sich auf die oberste Rahe und schaute auch hin. Da saß er wie eine Siluette auf dem Sternengrunde. Der Mond sank. Ich zog eine Zigarre heraus und war voller Ungeduld. Da auf einmal blitzte es auf, fern fern am Horizont, immer wieder verschwindend, wie ein mattes Johanniswürmchen. Das war ein deutsches Licht, das war das erste Wiedersehen der geliebten Heimath, ein kleiner Funke, aber mein ganzes Herz brannte davon auf. Nun ging der Steuermann selbst ans Steuer, der Capitain bestieg den Balcon, das ferne Licht fing an zu glänzen, von Augenblick zu Augenblick leuchtete es klarer auf und der Mond sank dunkelroth in's Meer. Da auf einmal ein Commandowort und das schwarze Schiff wendete mit Brausen um, wir flohen vor dem Lichte. Mir wurde gesagt, das Fahrwasser sei böse, wir müßten den Tag abwarten, um einzulaufen. Da ging ich hinunter und verkroch mich wieder in meine Koje, wo ich eine halbe Stunde aushielt und mich durchwärmte. Dann wieder hinauf. Der Tag graute, wir schossen auf das Licht zu, das nun ganz groß flammte mit dunkelrothem Feuer. Man unterschied schon einige schwache Linien der Küste, da hielt das Schiff still, die Maschine stockte, man erwartete den vollen Tag und die Ankunft des Lootsen. Nun war alles gut, ich wusch und kämmte mich und frühstückte meinen Kaffe, der Capitain, der Steuermann, meine Madame – alle waren fröhlich, dabei wurde es hell, wir lagen in einer weiten Bucht, der Lootse kam heran, die Feuerbake verlosch und bald schossen wir durch viele Schiffe durch in den Hafen von Swinemünde herein. – Wenn man eine

Weile in Rußland gewesen ist, vergißt man immer wieder wie sauber und appetitlich alles in Deutschland ist. Ich war ganz überrascht von dieser Nettigkeit und hätte alle Leute umarmen können, so alt ich bin. Ein glänzend reinliches Gasthaus nahm uns auf, schneeweiße Dielen, niedliche Meubles, emsige Diener, Aussicht auf den Dampfhafen – ganz vortrefflich – o wärst Du mitgewesen!

Da wir heute nicht von hier fortkommen konnten, so proponirte ich Mad. Temler einen Spatziergang durch den Ort, der befriedigend ausfiel. Ein allerliebstes Städtchen und viel ansehnlicher als ich gedacht, lauter neue sehr hübsche Häuser. Am Nachmittag ging ich allein, bei neblichem Regen mit meinem Dörptschen Regenschirm. Ich suchte mir den Strand. O was war das schön! Ich ging weit weit hin an den einsamen Dünen. Das Meer war ganz still, nur die Brandung donnerte mit ihrem breiten Schaumwogen über den Sand hin, den Horizont verbargen Nebelmassen. Das war ein großer sehr gewaltiger Natureindruck und wie ein letzter Abschied von Dir. Dies selbe Wasser bespült auch in Deiner Nähe den ehstländischen Strand. Ich trank davon und fand es vortrefflich wie Selterwasser. Deinen Namen schrieb ich mit dem Regenschirm in den Sand, zum Denkmal, das die nächste Sturmfluth weglecken wird. Ich sammelte wohl ein paar tausend der niedlichsten Muscheln, rosenroth, gelb himmelblau, schneeweiß, für Anna, welche Kästchen damit beklebt. Endlich wurde es dämmerig, schaurig in dieser Einöde, doch schwer sich loszureißen. Euch Allen rief ich noch weit über die See ein letztes Lebewohl zu, welches wohl auch bis zu Euch gedrungen ist, nur unhörbar. – Morgen nach Berlin, da geht der Brief ab; ich bin noch immer schwindlich und das Zimmer schwankt, will ins Bett kriechen. Gute Nacht!

*Berlin 4. Oct.* Es ist schon 10 Uhr und ich habe eine Stunde lang im Fenster gelegen 3 Stock hoch in Brittisch Hotel unter den Linden und den Blick geweidet an der schönen Stadt, die im Schein des Vollmondes unter mir lag. Ich kanns nicht beschreiben wie glücklich ich mich fühle wieder hier zu sein und daß bis Dato alles so wohl gelang. Heute früh 8½ fuhr ich von Swinemünde mit dem Dampfboot Camin ab, bei dünnem Regen und mit vielen Passagieren. Ich hatte eine schlechte Nacht gehabt, Fieber und Uebelkeit, wahrscheinlich gestern am Strande mich erkältet und war sehr elend und zerschlagen. Die Gegend war ganz auffallend hübsch.

Aus dem Wasser hoben sich Berge, fast wie die Loschwitzer. Auf einmal um ein hohes Vorgebirge biegend kamen wir wieder in die offene See hinaus – ich hatte nicht geahnet, daß Swinemünde auf einer Insel läge. Nun gingen die Wogen wieder hoch und ich glaubte nicht anders als daß ich wieder krank werden würde. Ich machte die Augen zu und rührte mich nicht 2 Stunden lang. Da waren wir hinüber und ich nicht kränker als vordem. Die Sonne brach durch, wir fuhren auf der Oder zwischen höchst reizenden Ufern bis wir um 2 Uhr Stettin erreichten. Stettin überraschte mich durch seine Schönheit, seine schöne Lage und ganz besonders durch die enorme Anzahl von Seeschiffen, die hier lagen. Das thut wahrscheinlich schon die Eisenbahn. Wir begaben uns sogleich in den Bahnhof und warteten da bis endlich 4 ¼ der Zug abging, der 8 ½ in Berlin eintraf. Mein Unwohlsein hat sich durch Fasten sehr gemäßigt. Ich habe hier schon bei Gaserleuchtung ein treffliches cotelett mit Kartoffeln verspeist und ¼ Wein getrunken nebst einer Karaffine Wasser, worauf mir ganz wohl ist. Morgen denke ich nun hier zu bleiben und übermorgen um diese Zeit zu Hause zu sein, gerade am 6t wie ich es meiner Frau von Finn aus geschrieben. Ach wie froh bin ich im gesitteten Berlin und nicht auf den rohen Wogen des Meeres zu sein, jetzt in der Nacht. Diese Nacht werde ich wieder vor Freude nicht schlafen können. – Leb wohl mein geliebter Bruder, ich grüße Dich tausend Mal mit Elmine und Helene. Ich habe Euch alle noch viel lieber gewonnen und hänge an Euch und den Kindern mit meinem Herzen. Behaltet mich auch lieb. Große Unruhe habe ich in meinen Gliedern. Von Herzen Dein alter Bruder W.

## Nº 38

Ballenstedt am 20. Nov. 1846

Was wirst Du denken, daß ich Dir so lange nicht geschrieben. Ich habe zu meiner Entschuldigung eigentlich nichts vorzubringen als Unlust, die fast unüberwindlich war. Wieder hierher zurückgekehrt fielen mancherlei Sorgen mein Herz an, ich scheute die stille Einkehr, die sich immer mit dem Briefschreiben an sehr nahe Freunde verbindet, darüber verzögerte sich das Schreiben von Woche zu Woche und das zu rechter Zeit Versäumte wird später immer schwerer nachzuholen. Heute aber weiß ich das neue Lebensjahr nicht besser zu beginnen als mit einem Briefe an meinen lieben Bruder. Ich muß zurückgehen um anzufangen und weit ausholen.

Von Berlin schrieb ich Dir zuletzt und glaubte Dich damit auch zugleich über meine Ankunft in Ballenstedt belehrt zu haben. Ich nahm diesmal von Berlin die Tour auf der neuen Eisenbahn über Potsdam, Magdeburg und Halberstadt und kam am Abend 8 ½ in Quedlinburg an, wo ich, weil die Post dort 3 Stunden liegt, Extrapost nahm um nicht zu spät in B. anzukommen. Als ich bei Alvenslebens in die neue Straße einbog, stieß der Postillon ins Horn und machte damit einen Aufruhr auf der Straße. Viele Fenster flogen auf, auch aus den Hausthüren sah ich Gestalten wischen, aus meinem Hause brach ein großer Lichtschein. Als ich hielt, sah ich eine Menge Gestalten in der hellen Hausthüre und der Wagen war umringt von neugierigen Nachbarkindern und in der Eile zusammengeströmten Pöbelvolk. Aus den Fenstern der benachbarten Häuser hingen reichlich freundliche Köpfe heraus. Meine Frau fiel mir zuerst um den Hals als ich den Fuß vom Wagentritt senkte, dann drängte sich Tille heran, Anna, Frl. Bernstorff, die sehr gewachsene Elisabeth weiß gekleidet in einer langen schwartzsammtenen Polkajacke, die Dienstboten. Aber die Jungens waren so eben mit Line nach der Post gegangen, um mich dort zu erwarten. Ich schickte einen Straßenjungen nach. Aber schon hörte ich in der Ferne Jubelgeschrei. Sie hatten in ihrem Rücken das Posthorn gehört und waren zurückgestürtzt. Zuerst wurde Gerhard sichtbar und flog mir in die Arme, dann brauste außer Athem Adolph heran hernach Benno, endlich langt auch die arme Line sehr ermattet an. Ich wurde nun im ganzen Hause herumgeführt, dessen Zimmer festlich erleuchtet waren. Es ist niedlich geworden, kam mir aber ganz unbeschreiblich klein vor. Die größten Zimmer wie Schiffskajüten. In diese Kleinheit konnte ich mich schwer finden, mir war das Haus ganz fremd. Meine Frau sah aus wie immer, Elisabeth und Benno sind sehr gewachsen, auch Anna, die Bernst. übertraf meine Erwartungen durch gutes Aussehen. Mich fanden alle Kinder gewachsen und Jedermann fand mich dicker geworden. Erstaunt waren die Kinder über meine Baßstimme und wunderten sich, sie hatten das vergessen. Den folgenden Tag war ich am Hof und wurde sehr freundlich bewillkommt sogar vom Herzog. Am 3t Tage war der Geburtstag der Herzogin. Ich hatte ihr durch die B. auf den Geburtstagstisch das kleine Heiligenbild-Medaillon legen lassen, welches ich für sie mitgebracht und war nachher sehr überrascht als ich Mittags bei der Cour dies Bild an ihrem Halse als einzigen Schmuck erblickte. Seitdem hat sie es fast immer getragen wenn ich auf dem Schlosse war und mir dadurch eine größere Freude gemacht als ich ihr mit diesem Geschenke. Mir war das Bewußtsein mich unter lauter Deutschen zu befinden, in den ersten Wochen unbeschreiblich süß, und auch jetzt noch wandelt mich ein Behagen an, wenn ich daran denke. Die ersten 8 Tage schwelgte ich hier herum, bin aber nun längst wieder in meinem gewohnten Gleise. Die Herzogin hat ein Bildchen bei mir bestellt, wodurch sie zu Weihnachten die Bernst. überraschen will, die Auferwekkung von Jairi Töchterlein; außerdem habe ich noch ein Portrait zu kopiren für die Blechhütte. Es ist doch immer wieder ein Anfang. Das Malen macht mir sehr große Freude, da ich einen ganz hübschen Fortschritt, namentlich in Führung des Pinsels und genauerem Verständniß der Formen bemerke. Meine Diners bei Hofe, meine Lesestunden bei der Herzogin, alles ist wieder im gewohnten Gleise. Diese Lesereien machen mir Freude. Wir studiren jetzt die deutschen Höfe von Förster, ein historisches Werk und befinden uns gegenwärtig am Hofe August des Starken in Dresden und Warschau.

Was gegenwärtig in Deutschland die Aufmerksamkeit besonders in Anspruch nimmt, sind die Holstein-Schleswigschen Angelegenheiten. Würde ein Zug nach Holstein gepredigt, so würden 200000 bewaffnete Männer aus der Erde wachsen. Das schöne Lied: «Schleswig-Holstein Meerumschlungen» ist jetzt deutsches Nationallied, man hört es überall singen und spielen und immer mit demselben Vergnügen. Die Einigkeit des Volks mit der Stimmung der Cabinette ist dabei besonders erfreulich und die Bundestags-Erklärung so schwach sie ist, hat doch eine allgemeine Zufriedenheit erregt, hauptsächlich deswegen, weil doch daraus hervorgeht, daß der Deutsche Bund zu seiner Zeit in dieser Sache zu entscheiden sich für competent hält. Neulich auf dem Hofball am Geburtstage der Herzogin war eine Pause eingetreten, Erfrischungen wurden herumgereicht. Da schlug Ida Salmuth die mit andern jungen Mädchen zusammensaß mit ihrem Fächer gedankenlos den Tact jenes Liedes auf ihrem Schoß. Eine Nachbarin erkannte das Lied und um dies zu zeigen, fing sie ganz leise die Melodie an zu singen, eine zweite secundirte ebenso leise, auf einmal fielen hier und dort ein Paar Stimmen mit etwas mehr Kühnheit ein und nun war kein Halten mehr, das Lied brauste durch alle Säle mit seiner feierlichen ernsten Weise, die Capelle fiel ein, die Herzogin, Alle sangen mit und ich hatte eine solche Freude an diesem Vorfall, daß mir das

Herz jauchzte. Denke Dir wie es einem ist, der ein halbes Jahr lang mit seinen vaterländischen Interessen ganz unverstanden unter einem fremden Volke gelebt hat, nun plötzlich die Heimath wieder zu haben und eine Heimath, die sich als solche selbst anerkennt und sich ihrer Freude über sich selbst so deutlich bewußt ist.

Gestern wurde mein armer Geburtstag sehr gefeiert, besonders von Fräulein Bernstorff, die mir für mein Zimmer 4 Stück feine ausgelegte Mahagoni Stühle schenkte, ein Serviettenband und ein Kästchen feinste Zigarren, wie ich sie noch nicht besessen habe. Meine Frau schenkte Papierkorb, Papierschere und Punschextract und Tille erschien wieder mit ihrem rührenden Rosenkranz. Caroline Bardua brachte 4 unreife Pomeranzen. Nachmittags ward ein Spatziergang gemacht und am Abend das beliebte Schimmelspiel gespielt, wobei Adolf Krummacher, der jetzt hier ist und mir beiläufig einen Operngucker schenkte, vor Vergnügen beinah explodirte. Als wir nachher Punsch tranken, plagte Julchen ihn sehr einen Toast auf mich auszubringen, doch weigerte er sich standhaft bis die Bernstorff meine Gesundheit anklingte. Bald darauf stand Adolf auf, klopfte ans Glas und brachte folgende Gesundheit aus: «Den Toast auf den Oncle hab' ich verfehlt, weil mich die Tante so sehr gequält, nun will ich die Tante leben lassen, weil mich der Oncle in Ruhe gelassen.» – .. Es ist schlimm, ich war so froh einmal einen ruhigen Abend zum Schreiben zu haben (da alle Andern ausgegangen sind) und nun führt mir mein böses Geschick den Schweinitz her, den ich von Herzen hinwünsche wo der Pfeffer wächst. Ich habe keinen Sinn heute mich mit Gelbschnäbeln zu amüsiren (so nennt ihn der Herzog) und doch kann ich ihn nicht fortschicken. Da sitzt nun das Unthier hinter mir und ahnt nicht, daß ich von *ihm* schreibe, denkt ich habe wichtige Geschäfte und ist so still wie ein Mäuschen. Gleich werde ich mich mit höchster Falschheit umdrehen und sagen: nun mein bester Schweinitz willkommen und sagen Sie her, wenn Sie was Neues wissen. – Endlich ist zu meinem Glück Adolf heimgekommen und mag nun sehen wie er den S. bestens unterhält, ich fühle mich zu dürr dazu.

Mit Adolf habe ich mich schon viel unterhalten über die heutige Richtung der gläubigen Theologie, die mir höchst ungenügend erscheint und ihm trefflich zusagt; indessen gesteht er selbst, daß die Frage, in wiefern die h. Schrift Glaubensnorm sein könne, noch von keinem einzigen modernen Exegeten beantwortet sei. Von der alten Inspirationstheorie sind sie Alle, sogar Hengstenberg abgegangen und eine neue Grundansicht über die Schrift ist noch nicht da. Mir kommen die Leute alle nicht recht ehrlich vor, sie verstekken künstlich ihre Schwäche, die von der Art ist, daß wenn man sie gewahr würde, ihre ganze Sache über den Haufen fiele. Ich fürchte doch, daß es mit der protestantischen Kirche bald ein scheußliches Ende nehmen wird, und die katholische war gleich von Anfang scheußlich. Sehr viel hatte ich von der Landessynode in Berlin gehofft, ich jubelte darüber und hoffte sie würde vor allen Dingen nach Bunsenschen Grundsätzen die Verfassung ändern, denn die Gelehrten bessern die Kirche nicht, aber gute Formen könnten ihr nützlich sein. Die Gelehrten bewirken, daß die Mehrzahl der jungen Theologen, die jetzt die Hochschulen verlassen eine quasi gläubige Färbung haben, aber diese jungen Theologen bewirken hernach selbst *nichts*. Eine richtige Gemeindeverfassung aber würde zu gleicher Zeit diesen jungen Arbeitern ein Feld der Wirksamkeit eröffnen und sie selbst weiter ausbilden und erziehen. Statt nun aber gleich zuerst das Hauptbedürfniß zu erkennen und neue Schläuche zu bereiten für den neuen Wein, besserte man furchtsam und fruchtlos an den alten herum. – ...

Was Du mir über Professor Philippi schreibst, tröstet mich wenig. Ungern hat ihn mir mit wenig Zügen so characterisirt, daß ich ihn zu kennen glaube, ein getreuer Abdruck der Bekenntnißmänner wie wir sie auch hier gehabt haben. Es giebt keinen größeren Unsinn, als auf die reine Lehre ein so übermäßiges Gewicht zu legen, wenn man keinen andern Grund hat als die unendliche Bestimmungslosigkeit der h. Schrift. An dieser Krankheit starb die lutherische Kirche. Was dieser Mann, der sehr fromm scheinen kann, für eine Engherzigkeit bewirken wird, wirst Du wohl erleben und es empfinden, wenn seine Anhänger Dich selbst als ein räudiges Schaf betrachten werden. – Die Kartoffelernte ist bei uns sehr spärlich ausgefallen und der Scheffel, der sonst 8 Groschen gekostet, gilt jetzt 20 Groschen. Doch sind sie von einer vortrefflichen Qualität, so daß ich nicht weiß, was ich lieber äße als die diesjährigen Kartoffeln. Der Geschmack erinnert an Wallnüsse, an Kastanien und Eidotter. Bei Euch sind sie so schlecht, daß Ihr glauben würdet eine ganz andere Frucht zu essen. Sehr reich war die Weinernte. Der Bernburger weiße Gutedel war diesmal von Farbe rothbraun und süß wie kein Zucker, von unglaublichem Wohlgeschmack. Die Bernst. schenkte uns einen Scheffel solcher Trauben. Ebenso waren die Birnen süßer als Honig gewürzreich, milde und weich, daß sie im Munde schwanden. Die Aepfel ganz herrlich, schmecken als wenn man Most tränke. Ach wärst Du diesen Herbst doch hier gewesen! Dein Wilhelm

## N° 39

Ballenstedt am 13. Dec. 1846

Gestern, mein lieber Gerhard, erhielt ich Deinen Geburtstagsbrief mit den traurigen Nachrichten von Lilla. Ich bin dadurch so beunruhigt und geängstigt, daß ich mir nicht anders zu helfen weiß als gleich wieder zu schreiben, um Euch wenigstens im Geiste unverrückt näher zu sein. Jetzt wird es wohl entschieden sein und unser geliebtes Kind gesund oder – nein, ich denke mir gesund und will mir das denken bis ich zum Gegentheil genöthigt werde. Welch schwere Zeit habt Ihr durchlebt. Ich habe immer Elmine vor Augen auf niederer Bank am Bette hockend und drin das geliebte todtkranke Kind und Dich mit der Sorge im Herzen unstätt umhergetrieben. Seid Ihr jetzt vielleicht voll Dankens und Trostes? O daß doch bald Nachricht käme und mich belehrte ob wir mit Thränen danken müssen oder ob wir es mit Lachen und Frohlocken thun dürfen. Gern möchte sich in solchen Zeiten der Geist in jene Tiefen retten, wo er weiß, daß alle Ereigniße nur Abwandlungen einer ewigen Liebe und unendlichen Erbarmens sind, aber er ist behaftet mit einem Gesellen, der ihm keinen dauernden Frieden läßt, das ist das Princip der Leiblichkeit, mit allem was dran hängt, mit seinem Kleinmuth und seiner Gottflüchtigkeit. Ueberhaupt sind in uns dieselben Kräfte thätig, durch die das Weltgebäude seine Bahnen einhält. Es reißt uns Etwas ab von Gott, damit wir etwas anderes seien, wir selbst – und eine andere Gewalt treibt uns zurück zu Gott, damit wir uns in dem absolut Anderen, in dem Nichts oder in der Materie nicht verlieren. Die Natur unseres leiblichen Lebens reißt uns von Gott ab, und waltete sie allein, so wäre sie der Tod, wir würden Gott und uns verlieren. Die Natur unseres geistigen Lebens, eine Natur des Feuers flammt zu Gott zurück und wäre sie allein, so würden wir uns an Gott verlieren. Aus diesem Conflicte entspringt unsere geistig leibliche Persönlichkeit, aber auch Sünde und Gottseligkeit, Hölle und Himmel, Unruhe und Frieden. In dem Gebiete der Sittlichkeit ist dieses Ab- und Zugezogenwerden deutlich abgemalt, weil es (wenigstens formell) in unsere Hand gelegt ist, hinaufzusteigen und hinunterzusinken und in den Angstzeiten wird es uns klar, wohin wir unsere Segel stellen müssen, da wird die Kraft aus Gott geboren, die uns zu ihm in den Hafen treibt. Ich habe es auch erlebt wie das Herz hineinstürzt in jene stillen Kammern des Gehorsams der Hoffnung und des Glaubens, wenn der Tod wie ein Erdbeben, ihm irgend eine andere Wohnung an welcher es hing, zum Wanken bringt.

Seitdem mein letzter Brief an Dich abging, sind wir hier auch noch in recht ernstlichen Sorgen gewesen um das Leben unserer Herzogin. Sie liegt auch zur Stunde noch krank darnieder, obgleich nun augenscheinlich in der Besserung. Von Anfang an wurde ein Homöopath Dr. Würzler aus Bernburg hierher berufen, der nichts zu thun hat, als die Herzogin zu überwachen. Er scheint überzeugt, daß die Herzogin das Nervenfieber hat und nun unterdrückt er alle einzelnen Symptome desselben durch seine Mittelchen, wodurch die Krankheit auf keine Weise zum Ausbruch kommt und die Patientin in einem sonderbar lethargischen schlafenden Zustande erhalten wird. Unsere allopatischen Aerzte finden alles gefährlich was Würzler macht und erfüllen das ganze Ländchen und auch mich mit der größten Besorgniß. Ach – wenn die Herzogin stürbe, das wäre ein schweres Unglück auch abgesehen davon, daß ich sie persönlich liebe und ich mit ihr nicht nur meine Landesfürstin, an der alle Annehmlichkeiten meiner Stellung hängen, sondern auch ein befreundetes Herz verlieren würde. Sie selbst hat etliche Mal mit der Bernstorff von ihrem Tode gesprochen, ist aber immer heiter und so geduldig wie ein kleines Lamm. Der arme Cramer hat vor 4 Wochen wieder ein Töchterchen verloren. So rasch hintereinander 2 Kinder. Er findet sich in diesen Verlust wie ein Mann, nicht so die Frau, welche trostlos ist und uns heute durch ihre Klagen einen schweren Abend gemacht hat. Es ist unbeschreiblich entmuthigend, einem Unglücklichen gegenüber zu sitzen, der für *allen* Trost völlig unempfänglich ist. Sonst hat für Leidende schon die einfache Theilnahme der Freunde etwas Erquickendes, diese Frau ist aber ganz verschlossen und weder Theilnahme noch Kälte scheint ihr wohl oder weh zu thun. Ich bedauere sie unbeschreiblich und wünschte von Herzen ich könnte ihr helfen.

*Am 22. Decemb.* Noch keine Nachricht von Dir! Das ist ein gutes Zeichen, denke ich mir, denn alle schlimme Post geht rasch – so wollen wir denn hoffen und das Beste! Ach könnte ich doch nur einen einzigen Blick nach Finn thun, ich wollte Euch nichts fragen, ich würde gleich wissen was geschehen ist. Bei uns geht es schlecht. Die Herzogin ist bedeutend krank. Man ist außer sich, daß Würzler allein, den man für einen Schwarzkünstler und Adepten, im besten Fall für einen Charlatan hält, ein so theures Leben anvertraut sei. Von allen Seiten wird die Bernstorff bestürmt, noch einen Arzt zu nehmen, aber abgesehen davon, daß sie ein blindes Vertrauen zu Würzler hat, so sieht sie die Möglichkeit nicht ein wie man, ohne die Herzogin zu erschrecken und ohne Würzler die Laune zu verderben, einen fremden Arzt ans Bett bringen soll. Die Herzogin ist über 14 Tage obstruirt, unsere Aerzte hier erklären das für lebensgefährlich und wollen, daß Mittel dagegen angewendet würden. W. sagt, diese Mittel machten gewöhnlich das Nervenfieber tödtlich und wendet nichts an als Klystire von warmen Wasser, die ganz erfolglos bleiben. Wir sind Alle in der größten Angst. Nun ist heute vom Conferenzrath ein Befehl an W. angekommen, augenblicklich den Dr. Rummel aus Magdeburg kommen zu lassen, welcher ein berühmter Homöopath ist. Wir sind deshalb Alle in Unruh und Erwartung, bis auf S. Hoheit den Herzog, der ganz ruhig in seiner alten Ordnung fortlebt und sich so wenig um seine Gemahlin kümmert, als wenn sie gar nicht in der Welt wäre. Die arme Bernstorff ist mehr todt als lebendig und allerdings ruht auf ihr nicht wenig Verantwortlichkeit, weil sie jetzt gewissermaßen Mutterstelle vertritt und außer den Kammerfrauen die einzige ist, die zur Herzogin kommt. Auch ich trage zu ihrer Qual mit bei, weil ich unabläßig in sie dringe noch einen andern Arzt hinzuzuziehen.

*Am 24 Dec. früh.* Gute Post vom Schloß. Die Herzogin ist viel besser, Würzler äußerst freudig glaubt sie sicher durchzubringen wenn keine Gemüthsbewegungen eintreten. Gerade als Rummel hier eintraf, hatte das bedenklichste Symptom aufgehört. Rummel war mit dem Berichte Würzlers so zufrieden, daß er, nachdem er seine Uebereinstimmung schriftlich aufgesetzt für den Conferenzrath, ohne die Patientin zu sehen, gleich wieder abreiste. Nun werden wir ein frohes Weihnachtsfest haben – o möchte doch von Finn auch gute Nachricht kommen! Was das hier für eine dunkle Zeit war, während die Herzogin uns so ängstigte, kannst Du Dir kaum denken. Das ganze Land war in Aufregung. Würzler wäre wenn sie starb, ein gelieferter Mann gewesen. Nun Gott lob! daß er uns aus dieser Angst erlöste.

*Am 2t Januar 1847.* Gott sei gelobt und gepriesen, daß es ihm gefallen hat, unser geliebtes Lillakind noch zu erhalten und daß er Euch erlöst hat aus jener dunkeln schauderhaften Zeit. Zwar lag sie noch zu Bette als Du schriebst, zwar waren Rückfälle noch möglich, aber ich überlasse mich nun freudiger Hoffnung und glaube daß der Herr nun weiter helfen wird. Ja ich springe herzu als Oncle Wohlgemuth und reiße das liebe Kind in meine Arme, lege es auf die Erde und springe darüber weg, wie Asmus über seinen Neugeborenen, denn sie ist auch mir neugeboren. Ja auch über Dich Fleischberg möchte ich springen, so freue ich mich Deiner und meiner Freude. Das besondere Freuden- und Zufriedenheitsgefühl das Dich belebte, als Du mir schriebst, kann ich wahrhaftig wohl begreifen und gönne es Dir von ganzem brüderlichem Herzen, obgleich ich überzeugt bin, daß Gott es von dem Meinigen nahm um es Dir zu geben, denn ich war in jener Zeit niedergebeugt und traurig, geplagt von Sorgen und allerlei Unbequemlichkeiten wie nie. Mein Leben sieht von außen recht glatt und nett aus, wollte ich aber meine Geschichte erzählen wie sie ist, so würde mir Jedermann gestehen, daß ich einen verdammt schweren Bündel zu schleppen habe, und mein stilles Wesen und meine anscheinende Kälte würde man mir wohl verzeihen. Bei solchen Umständen ist man gleich ganz herunter, wenn einem der Glaube, das Gotteslicht oder die Kraft aus der Höhe nur etwas entzogen wird. Fast möchte ich sagen: ich kann leben und glücklich sein nur in ihm. In mir selbst ist nur Tod und unglückseliges Wesen. Du hast als wir beisammen waren an mir allerlei vermißt. Ja auch ich vermißte, fand mich aber und dachte: hohls der Henker, wenns nicht sein soll, so müssen wirs wohl tragen. Dieses Tragen aber ließ mich nicht recht aufathmen. Woher kommt's denn, daß unsere Mäuler nicht recht gegeneinander aufgehen, wenn wir zusammen sind? Wir haben doch gegenseitig beim brieflichen Verkehr den Schlüssel zu unseren Herzen und in Person sind wir wie die Klötze gegeneinander. Ich möchte wissen ob es mir so geht wie Dir. Ich glaube mich von Dir übersehen, wenn ich mit Dir rede. Ich habe den Eindruck als hörtest Du mit leidlicher Geringschätzung kaum an was ich sage und dächtest dabei an andere Dinge. Deine Art zu widersprechen verletzt mich leicht und um solchen Widerspruch zu vermeiden, schweige ich lieber. Nun möchte ich wohl wissen, ob ich Dir nicht am Ende eben so scheine. Andern Leuten scheine ich nicht so und man disputirt sonst gern mit mir. Ich hatte Dir so viel zu sagen und kam nach Finn recht mit dem Bedürfniß zu Dir zu reden. Vorzüglich hoffte ich auf das ganz ungestörte Beisammensein bei Gelegenheit der Revalschen Reise. Da schienst Du mir aber so verdrießlich, daß ich nichts sagen konnte, Du sagtest auch nichts und so reisten wir zusammen wie ein Paar Gliedermänner. Nachher gab ich alles auf. Deine brüderliche Liebe fühlte ich immer warm und kräftig durch und konnte mich damit trösten über den Umstand, daß wir wie verschlossene Koffer nebeneinander stehen blieben. Wer so viele Wünsche hat begraben müssen wie ich, der scharrt auch den ein, sich einmal vertraulich auszusprechen. Was liegt auch daran, fast Niemand hat ein Faß, in das er sein Inneres schüttet und ich brauche auch keins und hoffe solche Wünsche auf immer los zu sein. Aber nun bitte ich Dich, sieh dies nicht als Vorwurf an, ich wollte Dir nur mein eigenes Wesen erklären, es war Gottes Wille und Niemand hatte hier eine Schuld. Außerdem, daß ich einem Wunsch entsagen mußte war ich auch bei Dir so glücklich, daß jene sonnige Zeit des Beisammenseins mir immer noch wie ein goldener Traum in der Seele liegt; das Bild Deiner Häuslichkeit mit allem drum und dran ist mir zum Lieblingsbilde geworden, an dem ich oft meine Augen ausruhe und erquicke. Da war manches was mir fehlt und ich freue mich, daß es wenigstens einer von uns hat. Auch ist mein Aufenthalt bei Dir Grund der großen Freude geworden, die ich nun über Lillas Genesung habe. Zwar würde ich mich früher wohl auch gefreut haben, aber nur für Dich und Elmine und in Eurer Seele. Nun aber, da ich Lilla kenne, freue ich mich auch für sie und für mich. Du liebes Kind, wie oft bin ich in dieser Zeit im Geiste an Dein Lager getreten und habe Dir die kranke Stirn gestreichelt. Ich malte gerade an einem Bilde und male auch noch daran, das stellt vor, wie unser Herr Christus ans Bette von Jairi Töchterlein tritt und nimmt sie bei der Hand sie aufzurichten. Die andere Hand legt er ihr segnend aufs Haupt. Durch seine Hülfe ist sie schon etwas aufgerichtet und schlägt die Augen wie im Traume halb auf. Gleich wird sie ihn sehen und in ihm das Erbarmen Gottes das ihr hilft. Bei dieser Arbeit dachte ich viel Deiner, liebe Lilla, und dachte es möge gehen wie es wolle, so würde diese Geschichte doch immer wahr an Dir werden. Wärest Du gestorben, so würde auch der Engel des Lebens an Deiner Seite gestanden, würde Deine Hand erfaßt haben und zu Dir gesagt: stehe auf meine Tochter! und Du würdest die Augen aufgeschlagen haben und hättest in das Antlitz der ewigen Liebe geblickt. Diese

Liebe aber meinte es anders mit Dir und erweckte Dich wieder zum Erdenleben und Du blickst nun ins Auge von Vater und Mutter, in denen sich für Dich das Herz Gottes spiegelt. Wie wohl wird es Dir nun sein, Du armes Kindchen, nachdem Du so schrecklich gelitten hast, und hast so große Schmerzen ausstehen müssen und stöhnen und klagen unter der Gewalt der Krankheit. Nun ist Dir die ganze Welt und alles was Du liebst von neuem geschenkt und der Tag, da Du das Bett verläß'st wird ein rechter Geburtstag werden. Alles was Dir während langer Zeit an Behagen abging, werden Dir die Andern an Liebe nun wieder zuzahlen. Auch ich zahle Dir nothgedrungen mein Theil, obgleich Du armes Würmchen wenig davon hast, weil ich so weit bin. Dein Bild konnte ich gar nicht ansehen in jener Angstzeit, weil es mich traurig machte! heute aber haben wir die Mappe aufgemacht, das Bild ward hervorgezogen und wir Alle, Tante Julchen und Vettern und Cousinen haben es mit Freude und Rührung betrachtet, und wir dankten Gott, daß er Dich erhalten, daß wir Dich nun noch haben und können Dich frisch und fröhlich grüßen lassen! – Und Du meine liebe Sally, Du bist ja ins Wasser gefallen! Komm her dafür sollst Du auch gleich ein bischen geliebt werden. Dein Vater war so erfreut über dies kalte Bad, weil er das Vergnügen hatte Dich gerettet zu sehen, so machen immer gute Kinder ihren Eltern Freude. Du mußt recht nett ausgesehen haben, als Du triefend warest, wahrscheinlich mit erschrockener Physionomie. Begreifen kann ichs freilich nicht wie man ohne alle Ursache in Eislöcher fallen kann, weil doch alle Dinge eine Ursache haben. Wahrscheinlich hat eine Nix des Teiches Verlangen getragen Dich zu adoptiren, hat Dich unsichtbar erwischt und hinabgezerrt; dank sei es dem flinken Ehsten, der ihm dies Kind mißgönnte und Dank sei Gott der mein geliebtes Sallymädchen nicht umkommen ließ. Ich bin auch als Kind ins Wasser gefallen und war dem Ertrinken nah und ich freue mich, daß wir dies miteinander gemein haben.

*Am 4ten Jan.* Nun ist schon wieder der 4t unbegreiflich, bald wird wieder der 1ste Januar sein. Adelheid schreibt, das neue Jahr komme so oft, daß sie unmöglich noch feierlich dabei gestimmt sein könne. Beide, Adelheid und Julius schreiben sehr vergnügt über Bertha und Julius meint, sie verbreite Anmuth, Freude und liebliches Wesen um sich her. Bertha hat eine Feundin gewonnen von ihrem Alter, eine Gräfin Adolphine Roland, deren Eltern ein

Gut, dicht bei Tecklenburg besitzen. Es sind Franzosen, die sich kürzlich dort niedergelassen haben und Bertha steckt viel dort. Halbwegs ist ein hohler Baum und ist eine verhindert zur andern zu kommen, so geht sie wenigstens zum Baum, legt ein Briefchen hinein und nimmt in der Regel eins heraus. An Line schreibt Bertha sehr häufig dicke Briefe, doch theilt diese nie ein Wort davon mit, weil es lauter Geheimniße sind. Mir gefällt alles dieses sehr wohl.

*Am 9t Jan.* So eben läuft, wiewohl nicht officiell, durch Jette Grabner (vulgo Cramer) mit welcher meine Frau correspondirt, die Nachricht ein, daß – nun rathe was geschehen ist – daß ein gewisser Greis, ein alter Siebziger mit grauen Haaren, ein alter Felsen, über dessen Scheitel manche Traufe gelaufen ist, daß sage ich – Roller geheirathet hat. Jette schreibt: «Die junge Frau Pastorin, sehr hübsch und sehr reich ist die Schwester des jetzigen Besitzers von Hermsdorf und der Herr Pastor sollen sehr glücklich sein.» – Ich habe mich wirklich sehr gefreut, daß der Alte, der von Jugend auf aufs Heirathen ausging, endlich nun ins Ziel geschossen hat, obgleich ich eine kleine Furcht nicht leugnen kann, daß in Bälde eine böse Laune dies ganze Glück in die Luft sprengen könnte. –

Die Herzogin ist immer noch sehr schwach und bringt nur einzelne Stunden außer dem Bette zu. Weihnachten schickte sie uns aus ihrem Bette Geschenke zu. Julchen ein goldenes Armband mit Türkisen, mir eine Zündmaschine, die ich ebensowenig brauchen kann als alles Uebrige was man mir schenkt. Die Bernst. schenkte mir wunderschön eingebunden Arndts Morgenstunden, ein Sabbelsurium, was ich durchaus nicht lesen kann und eine schwarze Sammtweste, die ich nicht tragen kann, weil sie unterwegs, vom Schloß bis in unser Haus, verloren gegangen war. Außerdem schenkte sie mir 3 Pfund türkischen Taback, um Zigarren daraus zu machen, aber der Taback ist nicht ächt und es geht nicht damit. Alle Andern sind gehorsam gewesen und haben mir nichts geschenkt, außer Julius, welcher mir ein Kästchen sehr angenehmer Zigarren geschickt hat. Deinen Immermann wirst Du nun wohl auch beendigt haben. Ich habe nichts von ihm gelesen als den Münchhausen, der mich anzog und durch die vielen Verzerrungen ebenso wieder abstieß. Unbedingt das Beste darin und unmittelbar aus der Natur geschöpft sind die Schilderungen des westphälischen Bauerlebens. Immermann war ein entsetzlich zerrissener Mensch.

Er lebte anfänglich in Münster und verliebte sich da in die Frau des berühmten Generals Lützow, in dessen Hause er täglich war. Dies unglückliche Verhältniß hat viel zu seiner inneren Zerstörung beigetragen. Endlich ließ sie sich scheiden und lebte in seiner Nähe. Er bekam eine kleine Stelle in Coblenz, wo er balde starb. Durch mein Gesicht wurden seine Freunde in Münster oft an ihn erinnert. Wir haben jetzt zusammen Monte Christo von Dumas gelesen, eigentlich ein recht elendes Buch, welches aber seinen Zweck für mich erfüllt, indem es mich unterhielt. Ich hatte das Bild der sel. Frau v. Hoym für die Herzogin in Sepia auszuführen. Eine Arbeit an der ich oft Abends bis 11 Uhr saß, weil ich am Tage in Oel malte. Dies hätte ich ohne Lectüre gar nicht ausgehalten und meine Frau las mir daher rüstig vor, die ganzen langen Abende. Manchmal schlief sie dabei so, daß ich ihr hernach den Zusammenhang erzählen mußte. Solche Bücher bereichern die Litteratur nicht, machen dem Verfasser keine Ehre, bringen ihm aber Geld und unterhalten, verwirren und verderben zum Theil die Leser. Monte Christo ist ein wahres Monstrum, ein unnatürliches Phantasiegebilde, für das man sich unwillkürlich interessiren *muß*, wegen der elenden Flauheit oder Verderbtheit aller Andern, die ihn umgeben und doch ist er der größte Verbrecher in der ganzen Gesellschaft. In das Herz der Franzosen, für die dieser Roman berechnet ist, blickt man tief hinein und darin liegt vielleicht der Werth des Buchs für uns.

Heute hat mir die Herzogin das Leben Schillers von Carl Hoffmeister geschickt, mit der Bitte es zu lesen. Ich hatte sie fragen lassen, ob sie wohl glaubte, daß ich die 7 Todsünden von E. Sue lesen dürfte; darauf ließ sie mir sagen: sie glaube nicht, daß mir das gut wäre und wüßte noch nicht einmal ob sie es selbst lesen würde, sie schicke mir hier aber eine gesunde Lectüre, an der ich unendliche Freude haben würde. Nun bin ich ganz unglücklich, denn abgesehen davon, daß ich Schiller gar nicht leiden kann, habe ich schon seine Biographie von der Wolzogen gelesen. Wir haben heute Nachmittag angefangen. Aller Anfang ist schwer, aber wenn es nicht anziehender wird, so schicke ichs zurück.

Wir haben einen russischen Winter und schon seit 6 Wochen Schlittenbahn. Die Kälte übersteigt zwar selten 3 Grad, durch ihr Anhalten wird sie aber böse. Elende Jahreszeit der Winter.

*Am 15ᵗ Januar.* Denke Dir, ich habe unsere liebe Herzogin wiedergesehen, vor einem halben Stündchen, und zwar als einer der Allerersten. Eigentlich zeigt sie sich noch gar nicht, weil sie noch sehr elend ist und jedes Wiedersehen sie so angreift, daß sie hernach dafür büßen muß. Nun war ich heute Abend mit Julchen bei der Bernstorff, als die Herzogin herüber schickte und mich zu sich verlangte. Ich eilte sogleich durch die Gänge und der Eintritt in die herzoglichen Zimmer (wo Du und ich auch früher als Kinder gespielt) war mir diesmal recht sehr rührend. Sie war uns ja ganz von neuem geschenkt. Im allerletzten Kabinett saß das kleine Ding auf ihrem Kanapé und häkelte und zwar, wie ich wußte etwas für mich. Sie hatte es mir schon früher sagen lassen, sie arbeite jetzt etwas für mich, würde mir aber noch nicht entdecken was. Als ich eintrat, stand sie auf und ging mir entgegen und reichte mir ihr kleines, krankes abgemagertes Händchen, das ich mit wahrem Herzensvergnügen küßte. Sie sah allerliebst aus, ganz sublimirt, mit klaren hellen reinen Augen, aus denen alles fürstliche und Hohe weg geschwitzt und vielleicht weggebetet war. Sie erzählte mir diese Krankheit sei ihr eine sehr liebe gesegnete Zeit gewesen, für die sie Gott danke, denn es sei in der großen Stille der Einsamkeit und im Angesicht des Todes der Herr ihr so fühlbar nahe gewesen wie früher noch nie und sie hätte recht begriffen, welch ein Heil und welchen Schatz die Seele an dem habe, der alle ihre Sünden getilgt. Ich blieb ungefähr eine halbe Stunde, da sah ich wie ihre Wangen sich dunkelroth färbten und machte daß ich fortkam, nahm aber das Versprechen mit, daß sie mich nächstens wolle rufen lassen, um ihr Abends vorzulesen. – Die Biographie von Schiller ist viel besser, als ich erwarten konnte und ich lese sie gerne. Es ist die erste gute Characterschilderung, die ich von Schiller lese, sehr männlich gezeichnet mit Licht und Schatten und dabei eine genaue genetische Geschichte seiner Werke. Schiller hat einen unangenehmen Character gehabt, ähnlich dem des Tasso in Göthens Tasso, schwach, trotzig, unstät, eifersüchtig, etwas lügnerisch, verliebt und immerfort enthusiastisch, hochmüthig und hochfahrend wo im mindesten der Druck von außen aufhört, unordentlich, unmäßig, scharf und beißig. Einerlei wie ich selbst bin, aber diese Art von Leuten ist mir unbedingt unangenehm. Vor Gott sind wir Alle Sünder, der Hund wie die Katze, das Schwein wie der Bär, die Laus wie das Pferd, der Affe wie das Huhn; aber das abgerechnet, so haben wir untereinander unsere Sympathien, nach denen wir uns angezogen fühlen, wie unsere Antipathien und nur die Laus liebt Alle und hängt sich Allen an. Schiller ist mir zuwider, er ist unächt, unwahr in seinen Gefühlen, ein gemachter Dichter, ein Heuchler und Edelthuer, ein Verstandesmensch. Wenn Verstandesmenschen dabei Enthusiasten sind, so belasten sie die Gesellschaft, ebenso wenn sie einen Beruf fühlen witzig zu sein. Wie anders ist Shakespeare, der ein viel tieferer Denker ist als Schiller und doch kein Verstandesmensch. Er sucht und macht die Gedanken nicht, sondern sie springen von selbst aus der Tiefe seines Innern heraus und wahrscheinlich sieht er sie selbst hernach ganz verwundert an. Mit Göthe ist es auch so. Dennoch ist Schiller ein sehr großer Dichter und Heros in seiner Art, nur daß ich's ihm nicht danke. –

Du frägst von welcher Art die Sorgen seien, die mich gepackt hatten. Ach *Sorgen* sind immer Nahrungssorgen. Ich hoffe noch immer Gott werde mir einträglichere Arbeit schenken und mir dabei einen Weg zeigen, mich mehr einzuschränken und ein festes Herz, kommendem Ungemach in's Auge zu blicken. Er ist ein reicher Gott, er kann wohl helfen und tausend Wege sind sein, die wir nicht kennen. Ach möchte nur das Herz Ihm ganz gehören und nichts mehr suchen als das Seine. Ich fühle es tief wie wenig ich noch von mir sagen kann daß ich mich verloren und Ihn gefunden hätte und doch kenne ich jenen Zustand der reinsten Gottseligkeit und Befriedigung in Ihm aus periodischen Erfahrungen. Ja ich weiß es, daß nichts uns selig macht, als das Bewußtsein, nicht unsern Willen mehr zu thun, sondern Seinen.

Lebe wohl geliebter Bruder und bester Freund. Aus sehr heterogenen Stimmungen ist dieser Brief geflossen. Nimm nichts übel, laß uns frei als Brüder einander schreiben. Von ganzem Herzen grüße ich meine theure Elmine. Gott segne uns Alle in diesem Jahr.

## № 40 — Ballenstedt am 31. Jan. 1847

Daß Du mir schon wieder geschrieben, war wirklich recht unverdient und hat mir vielleicht eben deshalb um so größere Freude gemacht. Gottlob, daß die guten Nachrichten von Lilla sich auch in diesem Briefe fortsetzten. Ein rührendes Familienbild gab mir die Beschreibung Eures Zusammensitzens am Ofen am Weihnachtsabende. Eine solche Erschlaffung tritt nur dann im Familienleben ein, wenn kein fremdes Element als aufreizender Splitter drin steckt, und es war natürlich, daß da, wo du einnicktest, die entkräftete Lilla ohnmächtig werden mußte aus purer Langerweile. Dich, Lilla und Willy kann ich mir auch am besten in solchen lethargischen Zuständen denken, die Andern nicht, besonders Helene nicht. Dein Pinnagel hinter dem Weisheitszahn hat mich herzlich bewegt. Es muß schrecklich sein für einen so dicken Mann, wenn ihm das Zusichnehmen erschwert wird, wenn er nicht essen kann. Höchst überraschend war mir am h. Abende das Auftauchen Trutchens, und auch daß sie eine lange schwarze Gestalt war, denn erstlich glaubte ich, sie sei schon im Sept. durch die Ruhr hingerafft worden, zur Freude aller derer, die es gut mit ihr meinten und dann dachte ich mir ihre Gestalt, mehr wie die einer kleinen Spinne, keinesweges lang. Wie angenehm, daß ich mir jetzt Eure ganze Wohnlichkeit so deutlich denken kann, Eure Gesichter mit allen Hintergründen und dem ganzen Finnschen Wesen bis auf den Stiftsvater R. dessen Antlitz nicht mit andern unschuldigen Dingen zu verwechseln, die Phantasie sich hüten muß. Ich weiß nun wo der Ofen steht, wo Ihr Mittags sitzt und des Abends wenn gelesen wird, ich kenne die Thür, durch welche Dir stets unwillkommener Besuch eintritt u. s. w.

Was uns hier anlangt, so werden die Herrschaften uns morgen verlassen und nach Bernburg abgehen. Zwar ist die Herzogin noch schwach, aber der kleine Dr. Würzler, der Homöopath, behauptet, sie werde die Reise überleben. Ich habe sie in der letzten Zeit recht genossen, indem ich 5 Abende hintereinander bei ihr sein konnte. Gesellschaft kann sie noch nicht vertragen, aber sie hatte sich des Abends von ihren Kammerfrauen vorlesen lassen. Nun waren beide Kammerfrauen krank und bettlägerig und die Herzogin wählte mich zum Vorleser. So konnte ich die letzten Abende sehr ruhig und ohne um die Unterhaltung bekümmert zu sein, mit ihr verleben und bin ihr sehr dankbar für die Freude, die sie mir damit machte. In ihrem rein sanguinischen Wesen war mir sonst viel Unverständliches, Fremdes gewesen, ja durch ihre übergroße Lebendigkeit hatte sie häufig verstimmend auf mich gewirkt. Jetzt aber bin ich ihr dankbar wegen ihres hübschen Benehmens gegen Julchen, während meiner Abwesenheit, finde sie auch durch die Krankheit und manche innere ernste und selige Erfahrung calmirt, rein liebenswürdig. Sie ist gut, weich und heiter wie ein Kind und dankbar für die kleinsten Dienste, die ihr geleistet werden. Gestern lag sie im Schatten ihres Lichtschirms ganz freundlich auf ihrem

Divan. Ich hatte ihrem kleinen Hündchen einen großen blauen Knaul, mit dem er sich auf der Diele herumzerrte, abgejagt, und weil sonst kein Platz in dem übermäßig besetzten Kabinett war, ihn auf die zugedeckten Füße der Herzogin gelegt. Der Hund legte sich nun dazu, die Nase dicht am Knaul und mit seinen klaren Augen keinen Blick von mir verwendend.. wenn er sich dann unbeachtet und mich im Lesen vertieft glaubte, so schnappte er triumphirend nach dem Knaul und stellte sich dann, sogleich seine Beute fallen lassend, schlafend, so bald ich ihn ansah. Dann hielt ich ihm eine Strafpredigt oder gab ihm ein paar Duseln, was er geduldig hinnahm, um das Spiel dann von neuem zu beginnen. Auf diesen Wechselverkehr zwischen mir und Winni achtete die Herzogin mit stillem jovialem Uebermuth und wenn ich die Unart nicht rasch genug bemerkte, so markirte sie mir selbst durch ein Zeichen, ohne jedoch die Aufmerksamkeit auf das Gelesene hintanzusetzen, indem sie mich, oft herzlich lachend über romanhaft gewählte Ausdrücke, mit launigen Bemerkungen unterbrach. Die Bernstorff mit ihrem Ziethengesicht saß als Duanna und Ehrenwache an der andern Seite des Tisches, strickte ernsthaft eine schauderhaft dicke wollene Socke, war treulich bei der Lectüre und konnte immer aushelfen im Verständniß des Zusammenhangs. – Wenn aber somit meine Stellung zur Herzogin eine leichtere zu werden verspricht, [so nimmt das Beschämende, was mein Verkehr mit der Bernstorff hat, immer mehr zu. Darüber hätte ich gern mit Dir gesprochen, schreiben läßt sich das nicht so, es sind zu lange Geschichten und schwarz auf weiß sieht gleich alles so böse aus. Aber ich bin manchmal recht in der Presse und auf Wochen verstimmt, durch Anlässe, die manchen Andern vielleicht mit Dank erfüllen würden. Mich in die Sache zu finden, oder ein Ende zu machen, scheint mir beides gleich unmöglich. Morgen geht sie nun auf Monate mit der Herzogin hinweg, dann werde ich wieder Manches vergessen und ein dankbares Gefühl für so viele von ihr geschaffene Wohlthaten wird dem Mißbehagen Platz machen, wie es in Rußland war. So wollen wir denn die Sache ruhen lassen und uns gute Nacht sagen. –]

*Am 9$^{t}$ Febr.* Parturiunt montes etc. Die langerwartete Constitution in Preußen ist erschienen und liegt vor mir, datiert vom 3$^{t}$ Febr. Dieses neue Geschenk wird als unbefriedigend nicht sonderlich freudig vom Volke begrüßt werden. Es ist zu fürchten, daß die Unruhe und Unzufriedenheit der Zeit durch machtlose berathende Stände gesteigert werde und daß dann später aus solcher Steigerung eine Freiheit sich entwickele, von der es die Frage ist, ob sie gleich anfangs die parlamentarischen Schranken einhalten werde. Wie wenig der König bei seinen guten und glänzenden Eigenschaften geliebt wird, ist wahrhaft betrübend. Viele suchen den Grund in einer gewissen Unordnung, die in den Geschäften eingerissen sein soll und als deren Ursache geradezu das sanguinische Temperament des Königs angegeben wird, das ihn verleite zu viel auf einmal anzufangen und dadurch zu verwirren. Sehr schlimm ist, daß jetzt bei uns ein Proletarierstand sich bildet, der von *furchtbarer Bedeutung* werden und von unruhigen Köpfen leicht zum Aeußersten hingerissen werden kann. Mir ist's manchmal als stünde die ganze Nation an einem schaudervollen Abgrunde. Am Ende wird es Gott leiten wie er will, aber schrecklich ist es wenn eine ganze Gesellschaft wachend und mit offenen Augen an einer jähen Klippe hinfährt und der Kutscher scheint zu schlafen. –

## N° 41 Ballenstedt am 18. Febr. 1847

Herzlich danke ich Dir für Deinen lieben Brief, den ich gestern empfing. Du hattest ihn in der Absicht geschrieben mir wohl zu thun, wie auch Helene den ihrigen. Ihr wolltet mir gewiß eine ExtraLiebe erweisen und habt mir nun schon seit zwei Tagen ein freundliches Licht in die Seele gegossen. Deswegen hebe ich auch schon wieder aus, um zu antworten, wenn's auch lange wird, bis der Brief flott wird, denn ich möchte fast die Beantwortung meines vorigen abwarten, um unsere Correspondenz wieder in ein tactmäßigeres Ein- und Ausathmen zu bringen. Betrübend waren mir übrigens die Gesundheitsberichte, Lilla, Sally, Helene geplagt! An diesen Winter wirst Du lange denken. Endlich haben wir hier seit etlichen Tagen Thauwetter, heute bei 10° Wärme. Meinem Körper thut die warme Luft unendlich wohl und ich hoffe, daß endlich der Frühling im Anzuge sei, wenn auch noch nicht mit seinem Blüthenkranz, so doch mit den beiden Lebensfactoren Licht und Wärme.

*Am 23. Febr.* Da! Schon wieder ein Brief von Dir. Ich war anfänglich erschrocken. Die Eile, mit der dieser Brief folgte, das ungewohnte Format, die Oblata, die die Farbe des Siegels umging und dazu der Umstand daß ich Lilla noch keineswegs genesen wußte, das Alles war eine Aufforderung, mich beim Oeffnen des Briefes recht stark zu machen. Unter solchen Umständen, da ich doch auf einen Todesfall gefaßt sein mußte, war es mir tröstlich, daß der Todte niemand anders als Oncle Peter war, den ich eigentlich bei meiner Trennung in Woiseck von ihm schon aufgegeben und begraben hatte. Damals lag auf seinen Zügen schon der Griff des Todes. Der arme Oncle! Sein Fehler, eine starke Sinnlichkeit, ist mir nicht fremd. Dabei hatte er ein Temperament, welches solchem Feinde am wenigsten gewachsen ist, das sanguinische und obendrein war er von Profession ein Müssiggänger. Rechnet man das alles zusammen, so muß man ihn, wenn auch gerade nicht bewundern, doch sehr entschuldigen. Sein Aufblick nach oben beim Tode ist sehr erfreulich. Ich denke so lange wir ein Auge zum Suchen behalten, werden wir auch finden können. Im Tode sind wir in Gottes Hand wie im Leben. Viele Tugenden fehlten wohl dem armen Oncle, aber gewiß auch viele Laster. Manche Menschen haben in die Augen fallende Tugenden und versteckte Gebrechen, bei andern ist es umgekehrt und einer ist so schlimm wie der andere, obgleich wir Menschen uns nach dem benennen was in die Augen fällt. Ich denke mir, wenn Gott uns nach unserem Verdienst richten wollte, so wären wir Alle verdammt. Richtet er aber aus Gnaden, so wird er das lohnen, was er selbst in die Menschen gelegt hat und wenn es Menschen giebt, in die er nichts gelegt hat, so wird deren Zustand wenigstens keine Strafe sein, wenn man sie auch relativ, im Vergleich mit höher Begnadigten, vielleicht mit Gestraften vergleichen kann. Alles Verdienst, und so auch das des Glaubens und das sittliche ist nur ein Schein, und wir haben durchaus nichts, das uns nicht gegeben wäre. Gott hat Gefäße zur Ehre und zur Unehre bereitet, aber es dient ihm eins wie das andere. Das eine hat Herrlichkeit, das andere keine, einen andern Glanz hat die Sonne, einen andern der Mond, aber deswegen wird Gott den Mond nicht verdammen; sondern dann würde er ihn verdammen, wenn er auf einmal aus eigener Machtvollkommenheit wollte anfangen zu glänzen wie die Sonne. Dies ist meine schwache Meinung, worin ich indessen freilich irren kann und womit ich niemand anders irren möchte. –

Ganz natürlich fallen die Gedanken vom Vater Peter auf den Sohn Carl. Ich schäme mich, daß ich von Dir verlangt haben soll Carl zu lieben und bitte Dich deshalb um Verzeihung, wenn ichs wirklich gethan habe. *Liebe* darf nur Gott *verlangen* für sich und Andere, aber er kann es auch nur verlangen, durchgesetzt ist es damit noch nicht und ich zweifle sehr, ob ihn irgend jemand aus Gehorsam gegen dieses Gebot schon geliebt hat. Auch ist dieses Gebot, wie alle Gebote, eigentlich gar kein Gebot, sondern nur eine Form, in welcher uns der Normalzustand unserer Seele vor die Augen gemalt ist. Wer einen Augenblick Gott geliebt hat, der wird aus Erinnerung wissen, wie er damals durch und durch gesund war. Doch wieder auf Carl zu kommen, so weiß ich recht wohl, daß er öde und langweilig ist. Aber deswegen, weil jemand Witz, Geist und Gelehrsamkeit hat, liebt man ihn auch noch nicht, – ein aufopferndes, hingebendes, gefälliges Wesen liebt man schon eher. Uebrigens sieht man so selten Leute mit günstigem Vorurtheile an. Glücklich der, der recht viel lieben kann; und wenn er ein Schwein liebt, so hat er dasselbe angenehme Gefühl davon, als wenn es ein Engel wäre. –

Daß Du die Nachricht von der Zusammenberufung der allgemeinen Stände in Preußen schon hattest, ist mir unbegreiflich. Man glaubt auch hier, daß wenn der König die Stände hört, die Stände aber sich als Organ der öffentlichen Meinung bewähren, Deutschland sich rasch aufschwingen und den Calamitäten entgehen könne, durch die es jetzt bedroht wird. Widrigenfalls würden wohl binnen kurzem ungeheure Auswanderungen oder noch Schlimmeres geschehen und Deutschland könnte bald fremden Einflüssen wehrlos hingegeben sein und gänzlich erliegen. Jetzt handelt es sich besonders um Schutz unserer Industrie gegen das Ausland, namentlich gegen England. Es ist unglaublich welchen Wirrwar in Deutschland falsche und mächtig gewordene Theorien anrichten können, in Deutschland, wo ein Loth Theorie mehr gilt, als ein Pfund Erfahrung, während bei allen Nachbarvölkern das umgekehrte Verhältniß statt findet, namentlich in England. Wir sind so unendlich gelehrt und philosophisch, daß wir vor lauter Kenntniß kein Ding mehr kennen. In Berlin soll man die gemachten Fehler jetzt einsehen und deshalb die Berathung der Stände wünschen. Ach wenn es doch wahr wäre! Wahrhaft schauerlich ist das tiefe Schweigen, mit welchem das Volk die neue Verfassung hingenommen hat. Dieses totale Schweigen, als wenn gar nichts vorgefallen wäre, ist mir wahrhaft erschrecklich. *Es erinnert an die Stille der Luft vor Gewittern.*

Seit 1830 sind politische Fehler gemacht worden, Fehler, die

z. B. in England gar nicht vorkommen *können*, weil die öffentliche Stimme, die bei germanischen gebildeten Völkern, was ihr materielles Wohl anbelangt, eine richtige ist, dort eine wirkliche Macht ist. Talleyrand hat einmal ein sehr wahres Wort gesprochen, wenn er sagt: Die öffentliche Stimme sei viel klüger als alle Minister in der ganzen Welt. –

Ich habe in meinem Zimmer eine uralte Schmeißfliege, die ich mit Zuckerwasser füttere. Sie ist ein Greis und kriecht nur wenige Schritte des Tages. Wenn es sehr warm wird, schnurrt sie ein wenig herum. Manchmal liegt sie Stundenlang auf dem Rücken und wird für todt gehalten. –

## N° 42

Ballenstedt am 23. März 1847

Wieder einen Brief an Dich zu beginnen, mein lieber Bruder, habe ich meine Feder in die Dinte getaucht. Melde Dir vorab, daß wir seit 8 Tagen den vollkommensten Frühling haben, am Tage 10–14° Wärme, bei glänzender Sonne. Die Vögel singen lustig und hier und da heben bunte Blumen ihre Krönchen aus grauem Gras oder dürren Blättern hervor. Im Garten beginnt die Arbeit und Spaziergänge führen uns des Abends auf die Höhen, und zeigen uns das weite Land in zauberhaftem farbigen Schimmer. Gestern haben meine Söhne in der Rectorschule ein gutes Examen gemacht, Gerhards letztes in Ballenst. da er Ostern nach Bernburg kommt. Der Lehrer bedauerte, an ihm seinen besten Schüler zu verlieren, was mir wohlthat. In der vorigen Woche war ich in Bernburg, um für meinen lieben Jungen ein Unterkommen zu suchen. Gerh. hatte mich gebeten, ihn unterzubringen wo ich wollte, nur weder bei einem Fleischer, noch bei einem Pastor. Und doch waren dies die beiden einzigen Gelegenheiten, die sich fanden. An den Fleischer dachte ich nicht und vom Pastor hatte ich Gutes und Uebles so durcheinander gehört, daß ich nicht wußte was ich denken sollte. Ich ging hin und blieb, ehe ich mit meinem Antrag herausrückte, beinah 2 Stunden. Etwas beschränkt schien mir freilich der Herr Pastor zu sein, den ich übrigens von dieser Seite, da er mich in Ballenst. besucht hatte, schon kannte; sonst gefiel er mir, besonders des einfachen christl. Glaubens wegen, den er bekannte. Er heißt Steffan, ist einer von den wenigen Gläubigen im Lande und ich denke Gerhard wird da recht gut aufgehoben sein, wenn auch beschränkte Leute leicht pedantisch sind und Pedanten leicht zu viel erziehen wollen. Ich schloß in Gottes Namen meinen Handel ab, freilich etwas theuer, 100 Thaler in Gold ohne Bett und Wäsche. Gerhard war anfänglich erschrocken, daß er nun doch gepastort werden würde, tröstete sich aber bald und daß er wenigstens nicht beim Fleischer wohnen würde, erquickte ihn wieder. Auf dem Schlosse in Bernburg fand ich, als ich am Morgen nach meiner Ankunft die Bernstorff besuchen wollte, große Betrübniß. Ein paar Augenblicke vorher hatte eine Estaffette von Königsbrück die Nachricht gebracht, daß Mathilde Lasperg, von deren Krankheit man nicht einmal etwas ahndete, gestorben sei. Diese Mathilde war ein ganz allerliebstes Mädchen von Tillens und Annas Alter, und mit beiden, aber ganz besonders mit Tille aufs innigste befreundet. Da die Herzogin, die so eben diese Trauerbotschaft erfahren, bei der Bernst. erwartet wurde, so wollte ich ihr in solchem Augenblicke nicht gern ganz unerwartet in den Wurf kommen und ging zum Tillenkinde hinauf, die ich sehr in Thränen fand, aber aufleuchtend bei meinem Erscheinen. Doch fast mit mir zugleich trat auch die liebe Herzogin herein, die in ihrem ersten Schmerz um die verlorene Schwestertochter nichts besseres zu thun wußte, als sich zu diesem guten Kinde zu flüchten, um mit ihr zu weinen und sich an ihrem Mitgefühl zu trösten. So sah ich sie denn doch und ward von ihr auf den Abend zum Thee eingeladen. Die gute Tille nahm ich mit mir, den Schloßberg herunter, auf dem Kahn über die Saale weg, ins Grumpholz, wo wir uns auf sonniger Bank am Wasser niederließen. Vor uns strömte mit gewaltigem Brausen das Wehr und gegenüber auf seinem Felsen lag das alte zauberhafte Schloß, mit seinen Giebeln Zinnen und hohen Thürmen. Es war ein herrlicher Frühlingsmorgen, die kleinen Vögel sangen wohlgemuth und unsere Gespräche handelten von einem noch schöneren Frühling und einem ewigen Morgen, von einem trauten Vaterhause, das uns Allen dereinst seine Pforten öffnen wird, die wir uns dahin sehnen. Mathildens Angesicht war wie das eines Engels. Ihr lieblicher Ausdruck verleugnete sich auch nicht in diesem herbsten Schmerze, den sie in ihrem Leben empfunden. In diesem jungen Mädchen, die weder schön noch geistreich ist, lebt etwas, was ich nicht nennen kann, das aber einen Zauber übt, den alle Menschen fühlen. Es erinnert nichts an ihr an diese Erde, vieles aber an das, was man im Himmel erwartet. Woher ein solcher Ausdruck kommt, ist mir total verborgen. Manche mögen viel fehlerfreier sein und haben ihn nicht. Fast möchte ich glauben ein geistreicher Mensch könne ihn gar nicht haben. Es ist der Ausdruck einer Güte, die von sich selbst keine Ahnung hat; aber das reicht nicht aus und jeder individuelle Reiz ist am Ende nur einmal da, nie vorher gewesen und wird nicht wieder sein. Selbst bei ein und derselben Person wird er sich vielleicht wandeln in wenigen Jahren. Ein Schneeglöckchen macht immer einen andern Eindruck als die Rose, aber in seiner höchsten Individualität ist es, wenn es eben aufblüht. Alles Offenbarwerden des Göttlichen in der Natur, welches nur momentan geschieht, hat gar keinen Namen, und nichts läßt sich bezeichnen, was das Herz in Anspruch nimmt. Kommt der Verstand darüber, so ist's nichts, es sind Illusionen, und doch übt es die größte Macht. Am Abend stellte ich mich bei der Herzogin ein, die mit der Bernstorff allein war. Sie weinte viel, weil sie das Kind geliebt hatte und wir sprachen vom Tode und vom Himmel. Später ging ich noch zu Fritz Starke. Wir rauchten zusammen bis 11 Uhr und dann verfügte ich mich müde und schläfrig in die Kugel und schlief wie ein Sack, ein Stein, wie der Nordpol, oder wie ein Kind. Ein herrlicher Schlaf, fast wie der Tod, bis an den Morgen.

Am andern Morgen überraschte mich Tille bei meinem Kaffe. Ich ließ ihr einen Butterzopf bringen und wir frühstückten miteinander. Unsere Unterredung war von Königsbrück. Dahin ruft sie das dringende Verlangen des Grafen und der Gräfin, auch ihr eigenes Herz. Jetzt ist sie schon dort mit ihrer Mutter, die sie selbst hinbrachte und möge sie dort Gott bewahren vor allem Uebel. – Mittags speiste ich beim Herzog. Der Superintendent, den er nicht leiden kann, saß in seiner Nähe. Der Herzog war sehr übel aufgelegt und murmelte viel Böses in den Bart. Endlich fing er an sich gegen die Geistlichkeit auszulassen «Es wäre was ganz *heilloses* mit der Geistlichkeit, das geistliche Zeug müsse ganz ausgerottet werden – und – setzte er nach einer Weile begütigend hinzu – und das weltliche auch.» Neulich hatte ihm Salmuth, der bisweilen kluge Dinge spricht, erzählt, ich wolle nach Amerika auswandern, worauf er sehr erzürnt erwiderte: Das wäre unmöglich, denn er wisse davon gar nichts, man sollte doch keine unmöglichen Dinge sprechen, und so wie die Posaunen in die Kirche, so gehöre ich nach Ballenstedt.

Dem Superintendenten machte ich auch einen Besuch. Wir sprachen von Schulen und er betheuerte mir: ein Drittel unserer Schulmänner wären jetzt vom Geiste Christi durchdrungen. Er wünsche nur ich hätte dem Examen der Bernburger Realschule beiwohnen können, da sei ein so schönes Verhältniß zwischen Lehrer und Schüler hervorgetreten, daß Alles geweint hätte vor Rührung, von den Hofdamen bis auf die Bauerfrauen hinab. Da war der Prüfungsgegenstand wohl Religion? fragte ich. Nein, sollten Sie es denken, sagte er, es war Geographie! – Hol der Henker solche Windbeuteleien! – Der Sup. ist ein geistvoller, unterrichteter Mann, aber ein Franzose, mit dem seiner Prahlereien wegen gar nicht umzugehen ist. Es ist wie der Herzog sagt, was Heilloses mit ihm. Aber doch muß man ihm nachrühmen, daß er allerdings unser Schulwesen sehr gehoben hat. Er ist ein Quirl, der alles aufrührt und solche Leute sind zu Zeiten sehr gut. Allgemein ist man überzeugt, daß nach seinem Tode seine Zunge noch appart todtgeschlagen werden müsse.

Anna hat ihr Confirmationsexamen vortrefflich vor der Gemeinde bestanden. Am 28sten wird sie nun confirmirt. Am Nachmittage des Examens mußte sie nach hiesiger Sitte alle ihre Mit-Confirmandinnen bei uns bewirthen. Ich ging, um der großen Mädchenschaar auszuweichen mit den Jungens und dem Ziegenbock Hippel auf die Gegensteine. Das zottige Ungeheuer lief neben uns her ganz wie ein Hund. Wir spielten dort verschiedene Spiele, die der Hippel alle mitmachte und Benno, der mit ihm anbinden wollte, wurde verschiedene Male in den Sand gestreckt. Die Gegend war unendlich schön und über die prächtig blauen Berge erhob sich der Brocken im Sonnenglanz wie ein weißer Zukkerhut.

*Am 25. März.* Gestern begruben wir unseren guten Rector Fiedler, der am Morgen des Examentages ganz plötzlich und unerwartet vom Schlage gerührt worden war. Er hatte schon mehrere Male Blutstürze gehabt und sein Tod war vorauszusehen, doch befand er sich in der letzten Zeit so wohl, daß man glaubte, er würde wieder aufkommen. Die Beerdigung war mir sehr ergreifend. Vorab zog die Rectorschule mit ihrem jetzigen Lehrer, worunter auch meine beiden Jungens, dann der Leichenwagen, dann die Leidtragenden u.s.w. zuletzt ein stattlicher Zug von vielen Männern. Als der Sarg den Kirchhof betrat, ward er von einem herrlichen Posaunenchor empfangen mit der Melodie: «Jesus, meine Zuversicht.» Die Posaunen klangen so weich und sanft. Als wir das Grab erreicht hatten, schwiegen sie und die Liedertafel fiel laut und kräftig mit demselben Liede ein, unter welchem der Sarg versenkt wurde. Es war ein wunderschöner Abend. Die hohen Berge, von der Abendsonne vergoldet schauten über die Kirchhofsmauer herüber und über Meisdorf stand ein Gewitter, welches kräftige Valet-Donner über das Grab schoß. Die kleinen Jungens weinten bitterlich um das Grab ihres Lehrers; auch wir waren Alle tief erschüttert; aber wir sollten getröstet werden. Der kleine rettigartige Oberprediger Pauli bestieg nun einen Grabhügel und hielt einen ganz infamen Leichensermon, ersäufte im Aerger unsere Wehmuth. Sein Text war: «der Herr hat ihn uns gegeben, sein Name sei gelobt, der Herr hat ihn uns genommen, seine Wege sind dunkel und unerforschlich.» Schon diese verdrehte Sache ließ wenig Trost erwarten. Nun redete er die Kinder an, wie trostlos es sei, daß ihnen dieser unvergleichliche Lehrer entrissen sei, der sie so geliebt habe, daß er sein Leben für sie dahingegeben, denn für sie sei er gestorben, da die Aufgabe, die er sich gemacht, sie in die Tiefen der Erkenntniß zu führen und auf die Höhen der Wissenschaft zu fördern, seine schwachen Kräfte überstiegen habe. usw. Der arme gute Fiedler wollte allerdings die Jungens conjugiren lehren und ärgerte sich dabei oft gräulich, was seiner Gesundheit nachtheilig wurde und nun wurde von ihm wie von dem Weltheiland gesprochen, das war kaum anzuhören. Der Herzog hatte richtig geweissagt von dem heillosen geistlichen Zeuge. In der ganzen Rede war auch nicht eine Spur von der gemeinsten christl. Erkenntniß. Vom ewigen Leben war gar nicht die Rede. Man hatte das Gefühl als beweine der Redner einen Mann, der für immer aus dem Buche des Lebens gestrichen ist. – Der arme Pauli, er that mir ordentlich leid, daß ich so böse auf ihn wurde, denn er ist ein seelenguter Mann und sah unbeschreiblich ehrlich aus, als er redete. Hoffmann würde es ganz anders gemacht haben. Er hätte sich in den Glauben hineinphantasirt und allerlei falsche Raketen steigen lassen. – Da habe ich Dir einmal eine derbe Epistel in einem Zuge geschrieben und wünsche Dir nun gute Nacht. –

*Am 28. März.* Folgenden Brief erhielt ich von Roller als Antwort auf alle meine Fragen nach seiner Frau und begleitet von Anna's Taufzeugniß.

«O Lieber,
Antworten kann ich Dir nicht. Dem Kinde Heil und Frieden! Als es nach der Taufe sein Seelchen ausröcheln wollte, sagte ich zu Dir:

Dein Kind stirbt. – Nein, nach einem Zeichen, das ich habe und das mich nicht täuscht, bleibt es leben. – Gott walte allewege über Dir mit solchem Zeichen!

Seit Jahr und Tag bin ich *sehr* krank und schmerzhaft. Eine Art Steinschmerzen, mein Arzt Dr. Thierfelder in Meißen. Meine Schwestern grüßen, Christiane grüßt, die Frau ist in der Kirche, Wochenpredigt, ich meist im Bette, kann blos die Confirmanden unterrichten, vom Amte getrennt. Anna soll sich das Zeugniß aufheben. Lebe wohl Lieber, wie drücke ich Euch an mein Herz. Wundere Dich nicht, wenn kein Brief mehr kommt, aber tröste meine Schwestern.

Lausa bei Dresden d. 11. März 1847. Dein D. R.

Deo gratias!»

Ich kann nicht sagen, wie mich dieser Brief bewegte, gern wäre ich gleich hingeeilt, [aber ich habe kein Geld. Es müssen Blasenhämorrhoiden sein, wahrscheinlich eine Folge der späten Ehe und er schreibt seit Jahr und Tag, damit ich dies nicht glauben soll.] Der Brief ist mit zitternder Hand, schief und krumm, kaum leserlich geschrieben. Daß er von seiner Frau gar nichts schreibt, als daß sie in der Kirche sei, ist das Bedenklichste und deutet auf kräftige Verstimmung. Unser armer alter Roller! –

*Abends.* Das war eine Ernte! Auf einmal in einem Augenblick ein Brief von Dir, von Bertha, von Julius und von Adelheid, von der Bernstorff, von Tille und von der Valentiner. Ich habe nur Deinen erst gelesen, der mir noch mit eingedrückten Schneedächern, mit sammtnen Bedienten, Bauchweh, Göthe, Schiller den Kopf durchschwirrt. Deine Raisonements über Gelesenes mag ich besonders gern, weil mir Deine Gedanken stets klar, und eigentlich auch die Meinigen sind, abgerechnet die religiöse Differenz, die aber doch keine diagonale Entgegensetzung ist, sondern, wenn ich mich trivial ausdrücken soll, Du hast nur mehr Butter auf dem Brod, und ich äße auch gern fetter. Was Du über Göthe sagst, ist mir alles aus dem Herzen geschrieben, denn mit dem Herzen beurtheilst Du ihn und vermißt es. Ja wohl hat er Manches gesagt, dessen Bedeutung er, wenigstens im Augenblick des Erfindens schwerlich ahnete. Er unterscheidet sich eben dadurch von Schiller, daß seine Ideen ohne sein Zuthun aus ihm herausgeboren werden, so daß er sie wohl selbst manchmal ganz verwundert angestarrt haben mag, während

Schiller mehr selbstbewußt macht und drexelt, d.h. schon Vorhandenes formt und componirt. Göthe reflectirt gar nicht über seine künstlerische Thätigkeit, Schiller aber immer. Schiller aber hat mehr Gesinnung, mehr Haß und Liebe, weshalb er auch bei den Frauen besser angeschrieben steht, die aufs Herz sehen, für originelles selbstständiges Schaffen aber wenig Sinn haben. Göthen ist es überhaupt mehr ums Darstellen zu thun, als um das, was er darstellt; einen Nachttopf und einen Tabernakel behandelt er mit gleicher Liebe. Schiller möchte immer gern etwas recht Erkleckliches darstellen. Das ergötzt an Göthe, daß er das Geringfügigste zu seiner Ehre bringt und das langweilt an Schiller, daß er immer auf Stelzen geht. Den Weltgeist hatte Göthe gefunden, in der Sonne und in jedem Dreck, und von diesem Geiste strotzen seine Worte. Gott aber, als einen heiligen Gott hat er nicht gefunden; daher, weil er kein rechtes Leben aus Gott hatte, welches bleibt, ist er auch mit den Jahren dwatsch geworden. Von Schiller weiß ich nicht, ob er nicht vielleicht beide verfehlte. Doch möchte ich ihm nicht unrecht thun. Gott wird's allein wissen, in wiefern beide ihm angehörten. –

Wenn Du willst, daß wir auch mit dem Verstande auf dem Kopf stehen, so ist mir's auch recht, denn Du meinst damit doch nur, daß wir mit dem Verstande Gott nicht erkennen mögen. Dieser verkehrte Verstand wäre aber dann überhaupt nicht zu retten, weil er nie, unter keiner Bedingung Gott findet. In unserer Vernunft haben wir ein gewisses Erkennen Gottes, *finden* können wir ihn aber nur auf practischem Wege. Aus der Vernunft wird das Wollen geboren, aus dem Wollen aber keineswegs unbedingt das Vollbringen, und nur in sofern wir das Vollbringen haben, welches die Gnade wirkt, nur in sofern und nur in so weit haben wir Gott gefunden. Uebrigens ist es unmöglich unsere eigene Thätigkeit von der Gottes scharf zu scheiden und aus einander zu halten, denn die Vernunft giebt er uns auch und das Wollen auch, wie das Vollbringen und sich Selber. Man kann aber sagen: in moralischer Hinsicht haben wir ein Gesetz in uns, in unserer Natur, in unseren Gliedern, was dem göttlichen Gesetz, das unserer Vernunft einleuchtet, widerstrebt und in so fern stehen wir von Natur in sittlicher Hinsicht auf dem Kopf, in intellectueller aber nicht. Das Wollen habe ich wohl, aber das Vollbringen habe ich nicht, das ist der Standpunkt des natürlichen Menschen, gegenüber dem Gesetz. Der Wiedergeborene soll auch das Vollbringen haben. Schuld und

Glauben sind sich zwar an und für sich nicht entgegengesetzt, in einer gewissen theologischen Ansicht sind sie es aber in sofern, als ich durch Schuld verloren gehe und durch Glauben wiedergewonnen werden soll. Gehe ich also ohne Schuld verloren, so könnte ich mit demselben Recht auch ohne Glauben wiedergewonnen werden, weil alles außer mir vorgeht. Der ganze Witz geht gegen eine verkehrte Ansicht von der Erbsünde. Wenn mir etwas ausgemacht ist, so ist es das, daß ohne Schuld niemand verloren geht und ohne Glauben keiner beseligt wird. Zwischen beiden liegt aber ein indifferenter Zustand, der weder Seligkeit, noch Verdammniß ist. Aus der Schrift kann dieser Satz zwar angefochten, aber auch vertheidigt werden; mir versteht er sich von selbst, so wie sich mir auch das von selbst versteht, daß Schuld nur bei Gläubigen und zwar nur nach dem Grade ihres Glaubens vorkommen kann. Das Gesetz bietet uns Leben und Tod, außer dem Gesetz ist keins von beiden. Denkt man sich einen Menschen gänzlich außer dem Gesetz, gar von diesem nicht berührt, so wäre es ein geistreiches Thier. Ohne Schuld verdammt und ohne Verdienst gerechtfertigt zu sein, wie Du meinst, daß das eine große Wahrheit wäre, wenn Pelagius das gesagt hätte, das schiene mir eine Verirrung des Verstandes, oder ein ganz verfehlter Ausdruck, wobei man übrigens ein wahrhaftiges Kind Gottes sein könnte, denn das Herz auf dem rechten Flecke haben und sich richtig aussprechen, das hat nichts mit einander gemein.

Heute ist mein Aennchen confirmirt, mein liebes Kind! Ach wenn das doch gleich wäre mit: auf ewig geborgen! – Möge der heilige Geist nicht ferne von ihr sein und sich ihr Herz zum Tempel machen! Nichts ist geheimnißvoller als eine Menschenseele und die Arbeit des Geistes Gottes an solcher. Leb heute wohl. –

## N° 43 Ballenstedt am 21. April 1847

Mein geliebter Bruder Gerhard,
Ich habe lange keine Briefe von Dir. Meinen letzten mit Bescheinigung des mir von Dir übersandten Wechsels wirst Du erhalten haben. Heute greife ich wieder zur Feder, um einen neuen Brief zu beginnen, weil ich mich besonders nach Dir sehne und Dich gern hier haben möchte, um die interessanten Materien der Gegenwart mit Dir zu besprechen. Mein Herz ist mir voll Trauer, denn wir leben in einer bösen Zeit. Ich trage mit mir das Gefühl eines Pro-

pheten herum, der in eine schwarze Zukunft blickt. Jetzt haben wir Hungersnoth – thun wir noch eine Mißernte, so handelt es sich nicht mehr *darum*, sondern um eine gewaltsame Umgestaltung aller Verhältniße. Ich fürchte sehr, daß Deutschland am Vorabend seiner Revolution steht, wie England und Frankreich sie schon überstanden haben. Vom Zusammentritt der Stände in Berlin war noch einiges zu hoffen. Jetzt wohl nichts mehr. Die Thronrede des Königs wirst Du gelesen haben. Auf eine nachtheiligere Weise hätte kaum gesprochen werden können und dies beklage ich, weil ich Deutschland liebe wie kein anderes Land und den König liebe wie keinen andern König. Der Erfolg dieser Rede war, daß die ganze Versammlung überkräftig verstimmt und zum großen Theil entschlossen war, sogleich auseinander zu gehen. – Es ist unbegreiflich, wie in dieser Rede ein Ton herrschen konnte, der unter den Gebildeten unseres Volkes höheren und niedern Standes längst veraltet ist; wie man jetzt noch von einer geschichtlichen und ungeschichtlichen Entwickelung des Staatslebens reden kann und sogar auffordern zur geschichtlichen, welche ja nichts anderes ist als Revolution. Wie man eine Constitution für ein Stück Papier halten kann, welches sich (nicht einmal zwischen Fürst und Volk) «zwischen Gott und die Nation» schiebt; wie man von den vielen Herren phantasiren kann, welche die Constitution bringt, im Gegensatz zu dem einen Herrn eines monarchischen Staats. Wahrlich, wenn es in England keinen einigen Gesammtwillen gäbe, so würde es sich unter seinen vielen Herrn wohl nicht zu der mächtigsten Nation der Erde aufgeschwungen haben. Wo steht der Thron wohl sicherer und wo ist das Gesetz gerechter und anerkannter, als gerade in England. Unter Freiheit verstehen die Gebildeten heut zu Tage nichts anderes als garantirte Gesetzlichkeit und diese Gesetzlichkeit hat sich allerdings in England historisch entwickelt, d.h. durch eine hundertjährige Revolution. Wenn man sich durch die Geschichte belehren ließe, so könnten wir dasselbe hier ganz friedlich haben, aber das nennt man denn ungeschichtlich und ein Stück Papier. Wenn ich Revolutionär wäre, so würde ich mich freuen über diese Rede, wie sich Viele freuen, die das einzige Heil für die gesunkene politische Größe Deutschlands in einer Schilderhebung des Volks sehen; – aber ich weiß, daß die böse Zeit mich an der Seite meines kleinen Herzogs, an den mich die Treue bindet, finden und verschlingen wird.

Am 11^t April brachte ich meinen Gerhard nach Bernburg. Mir

ist die Trennung von dem guten Jungen außerordentlich schwer geworden und es ist uns Allen das Herz noch ganz dick davon. Mein Haus schien uns ganz verödet, als ich zurückkam und Alle hatten etwas Niedergeschlagenes. Als Hauskind wird der arme Junge wohl nie zurückkommen. Ach daß man nicht bei seinen Kindern bleiben kann! Ich hoffe, daß uns Gerhard noch rechte Freude machen soll. Er hat es leichter als Andere, weil seine Persönlichkeit ihm leicht die Herzen gewinnt. Die jetzige Trennung wird ihn schnell reifen. Gott walte mit seinem Segen über dem armen Kinde!

*Am 24. April.* Der Hof ist nun schon über 8 Tage zurück. Ich bin von der Herzogin bei ihrer Ankunft sehr reich beschenkt worden mit einem großen modernen Lehnstuhl, den sie mit ihrer eigenen Hand von oben und unten hinten und vorne selbst mit Wolle behäkelt hat. Sie hat den ganzen Herbst und Winter daran gearbeitet. So schmeichelhaft mir nun dieses Geschenk auch ist, so unglücklich bin ich darüber, weil ich in der Welt Gottes nicht weiß, was ich damit anfangen soll. Denke Dir einen mit gestrickter Wolle überzogenen Stuhl, der aussieht wie ein Strumpf, der so groß ist wie eine Wohnung, in dem sich aller Staub festsetzt bis zum jüngsten Tage. Ich hasse die Wolle sehr und liebe feste, glatte Ueberzüge. Dies schiebt sich hin und her und ist mir rauh und widerlich. Um den Stuhl zu brauchen, müßte ich einen Ueberzug machen lassen, der mir Geld kostet, überdies brachen gleich die beiden Vorderbeine ab, als ich mich darauf setzte, weil sie so geschweift und gebogen sind, daß sie nothwendigerweise brechen mußten und geleimt können sie gar nicht wieder werden. So muß dieser Stuhl zeitlebens ein Krüppel bleiben, oder ich muß ihm für vieles Geld neue Beine machen lassen. Wäre ich in Brasilien, so könnte ich wenigstens hoffen, daß sich die Erde aufthäte und ihn verschlänge. Wir haben zwar hier vor 8 Tagen auch ein Erdbeben gehabt, aber es kommt bei uns immer nicht zur rechten Perception, zum Verschlingen der fauteuils, und überdem hat auch Niemand dies Erdbeben bemerkt, als der Herzog, welcher behauptete, es hätte einen Ruck gethan, was aber einen Ruck gethan hat, und warum dies ein Erdbeben gewesen, war aus ihm nicht herauszuforschen. – Wir haben ein Wetter gehabt, gegen welches ein Erdbeben ein unschuldiges Lamm ist. Am 15. April, nachdem schon alle Vögel sangen und wir uns im Heidekraut gewälzt hatten, kam plötzlich ein teuflisches sibirisches Schneewetter, welches 4 Tage dauerte. Der Schnee fiel so hoch, daß alle Gegenstände auf Erden verschwanden, und daß unsere Leute nichts thun konnten als schaufeln, damit wir nur aus der Hausthür gehen konnten. Die Vögel kamen in die Häuser vor Angst und Hunger und die Lerchen wichen einem nicht einmal mehr aus, wenn man auf der Straße ging, so daß man Noth hatte, sie nicht zu zertreten. Heute endlich ist der letzte Schnee wieder weggethaut, und es ist auch gleich ganz trocken, so daß man ohne Ueberschuhe gehen kann, weil theils die Erde alles verschlingt, theils der monströse Orkan, der mir meinen Schornstein entführte, brav getrocknet hat. Die Vegetation ist schaudervoll zurück und wir werden desto länger auf die Ernte warten müssen, nach der Alles schmachtet. Der Roggen kostet jetzt pro Berliner Scheffel 5 Thaler. Kartoffeln 1 Thaler 16 Groschen und dafür sind sie noch nicht einmal zu kriegen. In den umliegenden Orten haben schon unruhige Auftritte stattgefunden. In Preußen soll die Mißstimmung wegen der Thronrede gränzenlos sein und Preußen hat immer zu bedenken, daß seine Soldaten zugleich seine Bürger sind, kein getrennter Stand wie in Rußland. Ueberhaupt ist Preußen ein Ungeheuer, ein rein monarchischer Staat mit rein democratischen Formen; das *kann* gar nicht gehen, und muß beim ersten Anstoß fallen. Das Merkwürdigste ist, daß der redliche, das Beste wollende König sich bis jetzt eingebildet haben soll, er habe seinem Volke durch das Patent vom 3ᵗ Febr. die allergrößte Freude gemacht. Erst als die Deputirten sich in Berlin versammelten, sollen ihm die Augen aufgegangen sein und nun ist *Alles* verstimmt. –

*Am 25. Apr.* In Berlin ist richtig der Teufel losgegangen. Wir wissen hier noch nichts Näheres. Beim Abgange der Nachricht war das Militär handgemein mit dem Pöbel und Kanonen wurden aufgepflanzt. Dem Prinzen von Preußen waren die Fenster eingeworfen. Wenn hier nicht vielleicht blos die großen Scheiben angelockt haben, so möchte dies wohl eine Demonstration heißen, da der Prinz, sonst sehr geliebt, doch allgemein als Haupthinderniß einer freien Verfassung bezeichnet wird. Manchen Verdacht, den ich habe, darf ich hier nicht äußern, doch bin ich fest überzeugt, daß das Ausland diesen Unruhen nicht ganz fremd ist. Hoffentlich werden alle böse Absichten an der festen Haltung der Regierung und an dem sichern Tact des allgemeinen Landtages scheitern. Es sind da bedeutende Männer, die nicht das Ihre suchen, die dasselbe wollen, was der König will, ein starkes Vaterland. Vielleicht ist noch nicht Alles verloren. Dieser König thut ungeheuer viel für die Freiheit des Volks, nur daß er es von seinem persönlichen Willen abhängig bleiben läßt. Wenn er weniger thäte, aber dem Wenigen feste Garantien gäbe, so würde er mehr Dank haben. Kurz vor Eröffnung der Stände sind große Dinge geschehen. Namentlich muß man sich über das Toleranzedict freuen, wonach jetzt in der That, Jedermann seines Glaubens leben kann, wenn die öffentliche Wohlfahrt und Sicherheit nicht gefährdet. Es können sich nun freie Gemeinden bilden wo und wie sie wollen. Der Zwang hat aufgehört. Fast ebenso hat man sich über die nun endlich gewährte Oeffentlichkeit des Gerichtsverfahrens gefreut. – Wir haben heute völliges Sommerwetter und ich bin mit Julchen gleich nach dem Kaffe schon eine Stunde im Garten gewesen. Hier blühen Millionen von Veilchen, der ganze Garten ist blau, die ganze Luft balsamisch. Wenn Du mich doch diesen Sommer besuchen könntest. Mit 4 Wochen wäre die Sache abgemacht. Acht Tage brauchst Du her und zurück, wärst also 14 Tage hier. Du müßtest Ende Juni kommen, wenn die Rosen blühen und die Kirschen reif sind. Ein herrlicher Monat ist auch der September, dann ist die Ferne dreimal schöner als im Juni und das Wetter sicherer, aber die Natur hat nicht mehr den poëtischen Reiz des Blüthenwesens. Die Seereise ist immer im Juni vorzuziehen. Ach es wäre prächtig, wenn Du kämest. Adio! Adio!

*Am 28. April.* Aus freudiger Zerstreuung habe ich eben, wie ich sehe, einen ganz neuen Brief angefangen. Die Freude kommt von Deinem Briefe, der so eben eingelaufen ist, gerade als ich Bußtagmorgen feierte, welches nicht auf die ungewöhnliche Weise mit Bußethun, sondern auf die gewöhnliche mit Nichtsthun geschah, wenn Du anders das für Nichts achten willst, daß ich das Organon von Hahnemann las. Dein Brief, Du alter Junge, ist herrlich und regt mich vom Scheitel bis zur Zehe zu Beifall und Widerspruch auf. Wenn Du hier wärst sollte es recht los gehen, so aber, schreibend, wird nicht viel herauskommen. Gottlob für Alwina! Gott sei Dank, daß sie uns erhalten worden ist! Daß das Kindlein Toni heißen soll, finde ich allerliebst, denn es trägt sich auf diese Weise gleich eine Masse von Liebe auf den unverdienten Neuling über. Gott segne die kleine Toni und erhalte sie in Gnaden dem Vater und der Mutter zur dauernden Freude..–.

Ja wohl ist die Liebe ein ächtes Mysterium, sie ist wie der Wind und der Glaube, von denen man nicht weiß, woher sie kommen, aber ihr Brausen hört man. Da Jeder etwas anderes liebt, und der eine gerade das was der andere haßt, so mag sich allerdings schwer etwas Allgemeines darüber sagen lassen. Der Hund liebt den, der Macht über ihn hat, besonders wenn er ihn prügelt, und der Elephant liebt eine höfliche, anständige Behandlung. Der Starke liebt den Schwachen und umgekehrt. Zwei gleiche Potenzen lieben sich nie, sondern sie suchen sich einander zu vertilgen, wie die homöopathischen Arzeneimittel die Krankheit. Das Genie sucht keineswegs das Genie, sondern fühlt sich wohl bei einem still ordnenden Verstande. Der Witzige liebt den Lacher und umgekehrt. Hauptsächlich lieben sich Männlein und Fräulein. Wenn aber Bulwer sagt: Der Mann liebe im Weibe das Geschlecht, das Weib im Manne das Individuum, so weiß ich nicht, welchen Gedanken er mit diesem Ausdruck verfehlt haben mag. Bin ich verliebt, so liebe ich das Geschlecht nur im einzelnen Individuum, und alle übrigen sind mir gerade des Geschlechts halber zuwider. Liebe ich in einer Frau blos das Individuum, so nenne ich sie Freundin und vergesse das Geschlecht, und ebenso machen es die Weiber auch. Sie verlieben sich in den geistreichen Mann, weil er ein Mann und weil er geistreich ist. So in den Helden, so in den Guten u. s. w. Wer blos das Geschlecht liebt, ist krank und in einem ganz unnatürlichen Zustande, wie diejenigen, die an Satyriasis oder Nymphomanie leiden. Das natürliche ist, daß uns der Reiz des Geschlechts erst durch den subjectiven persönlichen Reiz, den das Individuum für uns hat, aufgedeckt wird. Wo das geschieht, treten wir mehr oder weniger in jenen Zustand wahnsinniger Verzauberung, den man Liebe nennt. Wie man ein Weib lieben kann, ohne *ver*liebt in sie zu sein, ist mir eigentlich ganz unbegreiflich, und doch ist es bei mir der Fall. Wir begreifen überhaupt Vieles nicht. So begreift ein Weib nach Jean Paul niemals, wie ein Mann, den sie hochschätzt, sich verlieben könne, wenn's nicht in sie ist. Sie wird in diesem Falle irre an ihm; das hätte sie nicht gedacht von einem so herrlichen Mann. Auch ist das unbegreiflich, daß die bis über die Ohren verliebte Welt nie die Liebe toleriren lernt und daß ein Jeder diesen Wahnsinn, den er doch selbst hat, stets an Andern verlacht und verdammt, ja nicht müde wird sich daran zu ärgern und zu verwundern. In diesem Stücke wird die schändlichste und offenbarste Heuchelei getrieben, die nie ein Ende nimmt, obgleich sich Niemand durch sie täuschen läßt. Aber indem Jeder nach der Liebe strebt als nach einer Glückseligkeit, schwebt doch Jedem das Ideal eines Zustandes vor, in dem weder freien, noch sich freien lassen mehr statt haben wird. Menschen, die Gott besonders begnadigt, können diese selige Neutralität schon hier genießen, wenigstens zeitweilig, nicht als Frucht der Abstumpfung sondern als Frucht der höchsten Liebe, die in das Herz eingezogen ist, und die sich nicht mehr auf die Creatur bezieht. In dieser Liebe ist alle andere Liebe überwunden, ohne verloren gegangen zu sein. Möchten solche Zeiten recht dauernd bei uns werden. Die gemeinste Liebe ist die geschlechtliche, die viel seltnere und höhere ist die Freundschaft, die allerseltenste und die einzig wirklich beglückende ist die Liebe zu Gott. Könnte man lieben, was man wollte, so würden am Ende alle Menschen Gott lieben; aber dieses Pferd lenkt sich nicht, wohin man es reiten will.

Was schreibst Du denn von Früchten und dergleichen. In den ausgezogenen Stellen liegt mir kein Widerspruch. An den Früchten erkennen wir immer den Baum. Freilich kann man auch Apfelsinen an einen Krekenbusch binden und so geschickt, daß dadurch auf eine Weile getäuscht werden kann, aber dennoch bleibt die Frucht das einzige Erkennungsmittel so wie das Symptom für die Krankheit, obgleich ein durchtriebener Kranker Symptome heucheln und seinen Arzt dadurch hinters Licht führen kann. Das Naturell und den Character erkennen wir nur an seinen äußeren Wirkungen. Auch der Gesichtsausdruck ist eine Frucht des Naturells. Ein Mensch mit gutem Gewissen hat einen ganz andern Habitus als einer mit schlechtem. Andere Menschen zu beurtheilen, bleibt indessen immer eine mißliche Sache. Auch der sich selbst beurtheilt, bleibt der Täuschung unterworfen. Dies zugestanden, so werden wir doch nie aufhören zu urtheilen und zwar nach dem, was zu Tage kommt. Die absolute Wahrheit erfassen wir nie, wir erfassen nur ein Symbol und ob wir in diesem die Wahrheit selbst haben, muß die Frucht ausweisen. Übrigens mußt Du nicht denken, daß ich mit all' solchen Reden belehren will, – ich will blos schreiben.

*Am 5t Mai.* Diesen Brief solltest Du zu Deinem Geburtstage haben, nun habe ich ihn aber so verzögert, daß er doch wieder zu spät kommen wird. Wenn ich nicht an Dich schreibe, habe ich immer den ganzen Kopf voll Ideen, sobald ich mir aber die Feder spitze, ist das meiste fort, sehe ich Dich erst leibhaftig, dann ist gar nichts übrig. Das Wetter ist himmlisch. Es wird nun mit Macht grün, auch brechen die Obstblüthen auf. Ich habe mit einem Arbeitsmann mehrere Tage im Garten gearbeitet und bin davon ganz braun, breit, fest und gesund geworden.

*Am 11. Mai.* Ich gratulire Dir herzlich zu Deinem Geburtstage. O daß Du hier wärst! 21º Wärme im Schatten und rundum in allen Gärten ein Blüthenmeer. Die Kirschzweige werden tief nieder zur Erde gezogen von der Last der Blüthen. Unzählige Nachtigallen schlagen drein, daß es eine Lust ist. Der Wald ist dick belaubt. Es ist ein bezauberndes Wetter, ach daß wirs zusammen genießen könnten! Wir haben heute mit den Herrschaften eine Gondelfahrt auf dem Schloßteiche gemacht. Am Ufer war Musik von Waldhörnern. Ich war Steuermann, die Herzogin gratulirte mir sehr herzlich zu Deinem Geburtstage und wünschte Dir alles Gute. Wir haben nicht einmal einen Kuchen backen mögen wegen der Theuerung, sonst aber Dir zu Ehren fett gelebt. Herzlich grüße ich Elmine und Helenen, die beiden innig geliebten und die theuern Kinder. Das Organon von Hahnemann habe ich nun durchgelesen. Meine Meinung geht dahin, daß jenachdem der Fall ist, bisweilen das homöopathische, bisweilen das antipathische Mittel die Krankheit heilen wird und daß also das «similia similibus» als Prinzip der gesammten Heilkunst ebenso falsch sei, als das «contraria contraribus». Fast möchte ich glauben, daß wo die Krankheit von miasmatischen oder dinamischen Störungen herrührt, homöopathische Mittel, wo aber eine leibliche oder mechanische, eine stoffliche Ursache ist, antipathische Mittel anzuwenden seien. Analog dem geistigen Gebiet, wo auch gegen grundlose Verstimmungen und Launen Prügel helfen, ein Unglück mit wirklichen raisonabeln Ursachen aber durch Glück und Freude geheilt werden muß. Im Geistlichen ebenso; da wird auch geholfen durch Erkenntniß der Sünde und durch Erkenntniß der Kraft. Das Anschauen fremder Tugend wie fremden Lasters kann beides moralisch ersprießlich sein. Es sind nicht alle Fälle in der Welt ganz gleich zu behandeln. Wer blos duch Liebe regieren will, oder blos durch den Stock, die haben beide Unrecht. Hahnemann irrt sich, wenn er glaubt, daß die Heilung eines Menschen wie ein Rechenexempel ist. –

Meine Sehnsucht nach Euch Allen ist größer geworden, seit ich da war. Nun ist die kleine Toni schon getauft und die erste kirchliche Ungerechtigkeit an ihr verübt. Ich habe die Kleine nur um desto lieber. Ach das schöne Ottenküll! Es ist zwar nur ein Garten ein Haus und zwei Menschen, aber desto kräftiger. Es ist wie eine homöopathische Potenzirung der Welt. –

## N^o^ 44

Ballenstedt 10. Juli 1847

Zuerst tausend Dank für Deinen ausführlichen Brief, an dem ich mich sehr gelatzt habe und durchgängig erfreut, da es mir ganz einerlei ist, ob wir im Politischen einerlei Meinung sind oder nicht und da ich überdies auch weiß, daß Du keine feste politische Ansicht hast und wahrscheinlich die verschiedenen Nahrungsmittel, die Du zu Dir nimmst, oder auch zufällige verdrießliche, oder erfreuliche bäuerliche Erlebniße die Guitarre Deiner Seele heute conservativ, morgen liberal stimmen. Ueber Deine Pfingstfreude, da Du es auch einmal unternommen hattest Gäste zu laden, haben wir hart gelacht. Du mußt ganz unausstehlich gewesen sein, welches ich an Deiner Stelle auch gethan haben würde. Wenn ich wieder zu Dir komme bei schlechtem Wetter, so erschaffe doch irgend ein Rauchzimmer, wohin ich mich friedlich zurückziehen kann mit meiner Geliebten, die ich immer mitführe und den ganzen Tag ausmörgele. Am eklichsten denke ich mir Deinen festlichen Spazierritt mit Conny, wo Ihr beide hättet drauf gehen können und müssen, wenn Euch nicht Euer Schöpfer bewahrt hätte, was einen wundern muß, daß er eine so übellaunige Kreatur auch noch bewahrt. Hernach kam aber doch schönes Wetter und Du wurdest wieder froh, wie Du denn eigentlich nicht halb Thier halb Engel, sondern mehr halb Pflanze halb Engel bist und daher vom Wetter abhängst, vom Thiere hast Du nur das Brummen. Nun etwas zu den politicis. Die Halbheit ist in Staatssachen ein schlimmes Ding, halbe Maßregeln sind gefährlich und an diesem Fehler, scheint mir, krankt der preußische Staat mehr als jeder andere. Du meinst der König habe unendlich viel für sein Volk gethan. Ja, an gutem Willen fehlt es ihm nicht, aber die Halbheit, mit der alles geschieht, macht, daß Niemand gut davon hat. Daher kommt auch der colossale Ministerwechsel seit seiner Regierung, wie ihn selbst Frankreichs Geschichte nicht kennt. Du sagst Du könnest meinen Lehrsatz, daß geschichtliche Entwickelung und Revolution gleichbedeutend seien, nicht gelten lassen. Dies ist aber gar nicht mein Lehrsatz. Nur im vorliegenden Fall weiß ich mir nichts anderes darunter zu denken. Der König giebt eine Verfassung, die sich entwickeln soll. Er giebt sie aber nach Prinzipien, die eine constitutionelle Freiheit unmöglich machen und sagt in der Thronrede: keine Gewalt auf Erden solle ihn vermögen, von diesen Prinzipien abzugehen, welche keine anderen sind, als die angestammten Rechte der Krone, trotz aller Stände und Landtage ungeschwächt zu erhalten. Auf diese Weise kann die Sache nicht vorwärts gehen. Was in aller Welt soll sich nun noch entwickeln, und wie soll dies geschehen, wenn nicht durch Revolution, vor der uns Gott bewahre.

Englands Freiheit wird als Beispiel angeführt einer geschichtlichen Entwicklung und es dankt doch diese Freiheit nur seiner Revolution. Ich habe es Dir schon geschrieben, daß ich Alles geschichtlich nenne, was im Staatsleben geschieht. Ich halte die Constitutionen von Bayern und Württemberg für durchaus geschichtlich, obgleich die Könige sie ganz friedlich gaben, aber eine gewisse Schule nennt das blos ein Stück Papier. Ich wünschte sehr von Dir nicht mißverstanden zu werden, welches aber immer der Fall sein wird, solange Du mit der Idee eines constitutionellen Staates Begriffe verbindest, die nicht darin liegen und die von einer modernen Reactionspartei erst hineingelegt worden sind. Meine Idee ist theoretisch etwa folgende: Die glücklichste Verfassung, und die beste ist die rein monarchische, so lange der König der beste ist. Da diese Bedingung aber meistens nicht statt finden kann, so ist eine Ministerregierung die beste, indem gute Minister immer zu haben sind. Um aber unfähige Minister, die auch immer zu haben sind, vom Ruder abzuhalten, ist es nöthig, daß dieselben dem Lande verantwortlich sind. Das Land aber, um Pöbelherrschaft abzuhalten, stellt sich am besten in zwei Kammern dem Throne gegenüber, in seinen geborenen und in seinen gewählten Vertretern. So ist die größtmöglichste Sicherheit gegeben nach allen Seiten und geht es dennoch schief, so ist es nicht Schuld der Institutionen.

Du schreibst, Du könntest Dich nicht überzeugen, daß das Recht immer auf Seiten der Majorität sei, – aber ist es denn auf Seiten eines einzelnen Königs, der in der Regel so lebt und in einer solchen Wolke steckt, daß er das Volk mit seinen wahren Bedürfnißen gar nicht kennen *kann*? Es handelt sich hier wenig um eine Majorität, sondern darum, daß das Recht einen Weg zum Throne finde, daß die Bedürfniße des Volkes ein Organ gewinnen. Das Rechte aber, in Wissenschaft und Staat, steht wenn es geboren wird, oft und fast immer vereinsamt da, hat Alles gegen sich und befindet sich in der äußersten Minorität.

Das Herz thut mir ganz weh, daß ich nun schon wieder Abschied von Dir nehmen soll, besonders mit dem Bewußtsein, daß ich Dir eigentlich nichts geschrieben habe, was Dir Freude machen könnte. Hoffentlich schreibe ich in der Folge wieder bessere Briefe. – Die Kirschen sind in beispielloser Menge vorhanden, recht um den Kindern Freude zu machen. In meinem Garten steht ein Bäumchen mit Glaskirschen. Der ganze Baum ist wie mit Purpur überzogen und übertrifft an Schönheit alle Rosenbüsche. Kirsche bei Kirsche durchsichtig, jede mit ihrem Glanzpunkt, das sieht prächtig aus.

Der Hippel ist endlich verkauft und Anna weinte sich die Augen roth als sein gelber Popo um die Ecke verschwand. Der hiesige Briefträger hat ihn gekauft und er soll künftig die Koffer der Reisenden von der Post nach den Gasthäusern fahren. Er ist also Postpferd oder doch Etwas bei der königlich preuß. Post geworden. Ich bin dadurch wie neugeboren. Die Bestie endete damit, daß er meinen herrlichen Nußbaum, ob er gleich verpallisadirt war, rundherum abschälte. Wenn der Teufel nur auch noch die Hühner holte. – Herzlich grüßt meine gute Frau. Es ist so heiß, daß ich kaum schreiben kann. –

## Nº 45

Ballenstedt am 21. Aug. 1847

Herzlichen Dank für deinen lieben sanftmüthigen und gescheuten Brief. Ich habe mich so an den Gedanken gewöhnt, daß du mein Bruder bist, daß ich's gar zu oft vergesse, Gott dafür zu danken. Wenn aber so ein fetter dankenswerther Brief einläuft, dann thue ichs doch manchmal. Gerade war Fritz Krummacher hier, als der Brief ankam, mit seinen beiden ältesten Töchtern Mathilde und Bertha, auf dem Umzuge nach Berlin. Sie hatten meine Bertha herbegleitet und blieben 10 Tage lang. Dein Brief gewährte uns anhaltende Unterhaltung, wenn wir Abends auf unserem Buchenplätzchen saßen. Theils regte er Fragen an nach Lievländischen Zuständen und Personen, theils brachte er uns beide Papa's in heftigen Streit, wegen der politischen Materien, die er bearbeitet. Der ehemalige Demagoge Fritz ist nämlich jetzt entschiedener Royalist, was ihn mir weder werth noch unwerth macht, da wir nicht Herr unserer Ansichten sind. Er schimpft aber dabei auf so beleidigende

Weise und so unangemessen auf die Andersdenkenden, daß jeder Streit mit ihm sogleich in Zank ausarten und gehässig werden muß. In seinen Augen ist der Liberalismus Feindschaft wider Christus, aus der Hölle geboren und zur Hölle führend, eine boshafte Flachheit und Erbärmlichkeit, der man mit Zorn entgegentreten muß. Und in der That, da ihm geschichtliche und philosophische Gründe fehlten, so blieb ihm nichts anderes übrig als der Zorn. Er suchte mir zu imponiren, gewann aber nichts als Entfremdung. Uebrigens kam es zu keinem Bruche zwischen uns, und wenn wir uns Abends tüchtig gezankt hatten, kamen wir doch am andern Morgen wieder als ganz gute Schwäger zusammen. Wie es ihm in Berlin gehen wird, auf diesem unkirchlichen Boden, das liegt im Schoße der Zukunft. Jedenfalls hat er in Elberfeld eine Gemeine verlassen wie er sie in der Welt nicht wieder finden wird. Meine Bertha ist ganz voll davon, wie er dort verehrt worden sei, namentlich von den Damen, deren einige bei seinem Abzuge krank geworden sind. Er ist in der letzten Zeit unendlich flattirt worden, wie ein verehrter König von seinem Volke, man hat ihm versprochen, im Fall es ihm in B. nicht gefiele, sogleich eine neue Predigerstelle für ihn zu schaffen. Endlich haben ihn seine nächsten Anhänger in einigen 30 Equipagen noch bis auf die nächste Station begleitet und ihm dort ein gewaltiges Festessen gegeben. Er hat immerfort Reden halten und erwidern müssen und ist, eine Predigt im Munde und umringt von Volk in den Reisewagen gestiegen. Eine so anhängliche Gemeine zu verlassen, muß sehr schwer sein. Meine Bertha ist übrigens sehr erfüllt davon, wie liebenswürdig Fritz in seinem Hause sei, und das ist allerdings eine außerordentlich gute Seite an ihm.

Wir haben mehrere hübsche Partien zusammen gemacht, so weit die drückende Hitze es zuließ. Einen prächtigen Tag brachten wir auf der Mühle unter dem Anhalt zu. Ich ging ganz früh um 6 mit den Kindern zu Fuß hin. Da setzten wir uns unter eine Brücke in kalten kellerartigen Schatten. Ich malte das Selkeufer und die Mädchen sangen und wanden Kränze. Der Bach rauschte lieblich und aus diesem frischen Asyl sah die Hitze recht gut aus, wie sie weißlich auf den hohen Waldbergen brütete. Gegen Mittag brachte die Bernstorff Fritz und meine Frau zu Wagen nach. Es wurde die Tafel auf der Wiese gedeckt und saure Milch, Eierkuchen und Heidelbeeren, wie auch herrliche frische Kartoffeln gespeist. Nachher legten wir uns in den Schatten der Erlen und schliefen bis auf Mathilde, welche unter der Brücke blieb und uns mit süßen lieblichen Weisen einsang. Als Alle sich ermuntert hatten und ich zu bequem lag, um auch nur ein Glied zu rühren, kamen meine Frau und Anna und wollten mir aufhelfen, ich riß sie aber Beide über mich hin, so daß man mit einem einzigen Stoß uns Dreien durchs Herz hätte spießen können. Da kam der große Mammuth Fritz heran und sagte: ich will Dir gleich auf die Beine helfen und damit kniff er mich gräulich unter den Arm, in demselben Augenblick lag er aber auch schon von mir am Knie gefaßt, kopf über, kopf unter über uns, die Bernstorff wollte sich todt lachen und es bedurfte der Zeit, ehe dieser Knäul gräulicher Ungethümer sich gehörig wieder entwirren konnte. Beim Kaffe unter einer alten schönen Weide kam ich mit Fritz in einen harten Streit über das Wesen einer constitutionellen Monarchie, weil er, eben so wie Du, zwischen Republik und ersterer gar keinen Unterschied finden wollte, als wenn es zwischen Schritt und Carrière gar keine Mitte gäbe. Zwischen der Verfassung von England und Amerika ist doch wahrhaftig ein Unterschied. In England, trotz der Freiheit, Königthum Kirche, Adel conservirt, nicht als Schattenbilder, sondern als wirkliche wenn auch nicht unumschränkte Gewalten, durch welche das Uebergreifen der Demokratie gehemmt ist. In Amerika ist die öffentliche Meinung, in ihrer ganzen Unmittelbarkeit und Rohheit, Alles, so wie in Rußland der Monarch. Ein constitutioneller Staat ist wie ein Schiff, das auch nicht blos mit dem Winde dahinfliegt wie eine Wolke, sondern durch das Steuer regiert wird und durch den Ballast gerade gehalten. Der Wind ist die öffentliche Meinung, das Steuer der König mit seinen Ministern, der Ballast der Adel. – Nachher hatten wir Alle zu Fuß einen schönen Heimweg durch die Nacht, bei glänzendem Sternhimmel. In mir ist ein Interesse für die Sternwelt erwacht. Abends nach dem Essen wandeln wir immer im Garten. Im Bosquet steht die Lampe und darunter liegt meine kleine Sternkarte. Ich fixire nun einen Stern, oder eine ganze Gruppe, bestimme sie genau nach Linien und Dreiecken von bekannten Sternbildern aus, gehe dann zur Karte, ziehe dasselbe Dreieck und finde so ganz sicher meinen Stern. Dies macht mir außerordentliches Vergnügen. Fritz lacht mich damit aus und meint, das wäre nur ein Stückchen Schale der Natur; – aber Göthe sagt: «Natur ist weder Kern noch Schale, sie ist Alles mit einem Male.» – Früher sah ich nur ein wildes Gewirr von Funken am Himmel. Jetzt ist mirs als blickte ich in meine Stube, Alles bekannt und befreundet. Sehe ich nur meinen Schrank, so weiß ich auch gleich wo der Ofen, das Kanapee u.s.w. stehen, und ich sehe den Schrank in Beziehung zum Ganzen. Das heißt heimisch werden. So kann man auch am Himmel heimisch werden. Solche Freude begünstigt das Wetter aufs Schönste. Wir haben eine Hitze, wie ein Hauch aus dem Gluthofen der Hölle. Tag für Tag 23–25º im Schatten mit reinem klaren Himmel. Wenn aber die Sonne untergegangen ist, dann strömt die Kühlung aus den Waldschlünden zu uns heraus. Dann lebt Alles auf und dann ist mein kleiner Garten ein unschätzbares Paradies. Man blickt nicht mehr zu den kleinen Blumen zu den Füßen, sondern aufwärts nach den ewigen Blumen des Firmaments, die da oben glänzen in unverwelklicher Jugend, an denen schon Hiob sein Auge weidete und sie mit Namen kannte. Da wandeln und sitzen wir bis 11 oder 12 und gehen endlich müde zu Bette. – Daß Du mit Timmo angenehme Tage verlebt, freut mich. Ich würde gern einen Blick in sein Malzimmer thun. So arbeiten zu können wie er, ist hohe Seligkeit. Daß er so viel Herz zu Dir hat, macht ihm Ehre. Ich würde mich gewiß mit Timmo in dem Augenblick befreundet haben, wo sein Mund von seinem eigenen Lobe still gestanden hätte, aber dieser Augenblick blieb aus. Seine liebste Unterhaltung bestand darin, Parallelen zu ziehen zwischen ihm und mir, wobei ich denn immer bedeutend den Kürzeren zog. Ja ich konnte kaum zu Worte kommen, ihm seine Vorzüge einzuräumen. Niemand kann sagen, daß er in diesem oder jenem Puncte mit Timmo gleich dächte. Man kann ihn in einem einzigen Tage das Christenthum preisen, vertheidigen anfallen und höhnen hören, ebenso wie jede Staatsform und Alles, worüber die Meinungen differiren können. Er ist eine von den Naturen, die ganz von Effecten abhängen und wiederum danach streben, nur Effecte hervorzubringen. –

Ueber die Nachrichten von Harnack habe ich mich sehr gefreut und es thut mir immer noch leid, daß ich ihn nicht sehen konnte. Daß er ein so eisenfester Lutheraner geworden ist, kann ich gar nicht begreifen. Die lutherische Ansicht vom h. Abendmahl ist unhaltbar und fällt zuletzt mit der Calvin'schen überschwänglichen ganz in eins zusammen. Dagegen die Zwinglische, wenn sie recht tief aufgefaßt wird, scheint mir die biblische zu sein. Ueber diesen Gegenstand habe ich mit Scheibel viel disputirt und er hat mir nie Stand halten können, obgleich ich nur ein ungelehrter Laie war. Er mußte sich zuletzt immer mit Machtsprüchen helfen. Z.B. ich sagte ihm: die Jünger hätten doch unmöglich glauben können, daß sie den vor ihnen sitzenden Leib Christi wirklich verzehrten unter des Brodes Gestalt, und von einem verklärten Leibe, den sie nicht sahen, sei nicht die Rede gewesen, da Christus ausdrücklich sage: mein Leib, der für Euch *gebrochen* wird, also der wirkliche materielle Leib, da doch der verklärte keineswegs gebrochen würde. Sie hätten also nichts anderes denken können, als daß Christus ihnen für das Opfer, das er Gott mit seinem Leibe bringen wolle und bringe, da sie dies Opfer nicht essen konnten, etwas stellvertretendes gäbe, zum Zeichen und Gewähr, daß Alle, die in diesem Essen sich vereinten, Theil am Opfer haben, da ja überall das Sühnopfer von denen, die es brachten, gegessen wurde. – Darauf sagte Scheibel: das erste Abendmahl sei noch gar kein Abendmahl gewesen, sondern nur die Einsetzung desselben. – In der Deutsch protestantischen Kirche bereitet sich allerdings ein massenhafter Abfall vor, oder ist der Sache nach schon da, hauptsächlich ein Werk der Fürsten, die mit ihrer Menschenkraft, indem sie die Kirche pflegen wollten, sie erstickten. Den ersten Stoß erhielt die Kirche durch die gewaltsame Einführung des Calvinismus, den zweiten durch die Union.

*Am 22. Aug.* Heute hält Fritz seine Antrittspredigt in Berlin. Jedenfalls wird es eine geistvolle Rede sein, von der wir in den Zeitungen werden zu hören kriegen. Daß Du endlich zufrieden mit dem Wetter bist, entlockte meiner ganzen Familie einen Freudenschrei. Es muß auch eine große Freude sein, eine gute Ernte zu machen.

Die Herzogin ist jetzt in Nordernei im Seebade und schreibt ganz rührend an die B. die Leute seien dort alle so gut und höflich gegen sie. Hier war es allerdings nicht ganz so, indem gerade die nächste Umgebung in der letzten Zeit durch Verhetzung gegen die Herzogin aufgebracht war. Du hast keinen Begriff, was an unserem kleinen Hofe für Intrigen gespielt werden. Da kann man recht deutlich sehen, wie auch in ganz guten und edlen Menschen das Ich dominirt. – Die herzogliche Tafel war heute eine wahre Erquickung. Bei dieser großen Hitze, die einen namentlich am Schloßberge fast niederbrennt, erschien der kühle Speisesaal wie eine Paradies. Wir saßen luftig und weit auseinander und tranken herrliche eiskalte Weine, was so erfrischend war, daß ich auf dem Rückwege nichts von der Hitze merkte. Interessant war mir der junge Salmuth, der direct von Algier kam, wo er den letzten Feldzug mitgemacht hat und auch verwundet worden ist. Die Franzosen haben sich überboten in Artigkeiten gegen ihn und ihm das Leben so angenehm als möglich gemacht. Bugeaud hat ihm ein Pferd, einen Kerl, Fourage, ein Zelt zur Verfügung gestellt und ihm einen Paß gegeben, wonach er auf jedem französischen Posten einem französischen Offizier gleich behandelt und verpflegt werden mußte, so daß er ganz nach Belieben Algerien nach jeder Richtung bereisen konnte. Er ist ein netter Junge, sanft, tollkühn und grundehrlich, würde sich gewiß im Felde auszeichnen. Merkwürdig ist es doch, wie wirklich furchtlose Leute in der Regel so weiche sanfte Sitten haben, nicht bramarbasiren und friedliebend sind. Dagegen wie die Feigen so häufig hart und despotisch auftreten und sich mit eiteln Prahlereien blähen. –

Deinen Royalismus kann ich sehr wohl begreifen, weil Du die Sache nur von der poëtischen, nicht von der practischen Seite ansiehst; aber eben weil ich den poëtischen Reiz in der Gesellschaft auch nicht gern entbehren mag, so ist mir ein sehr wesentlicher Unterschied zwischen einer ständisch gegliederten, constitutionell monarchischen Verfassung und einer Alles gleichmachenden Republik. Daß Preußen die ständischen Unterschiede so nivellirt hat, halte ich für ein Unglück. Deine Nachrichten aus Poll haben mich sehr interessirt. Daß es Sophie besser ging, hat mein ganzes Herz erfreut, so wie die Rüstigkeit Aller. Mein Herz ist tief eingewurzelt auf diesem kleinen entfernten Fleck der Erde. Die Erinnerungen von da duchwehen mich wie Ahnungen aus einer seligen Präexistenz. Grüße doch Menschen, Haus und Wiesenflur, wie die alten Linden im Garten, deren Blätter alte Geschichten flüstern. Am liebsten hätte ich dort Alles verwildert und verwachsen wiedergefunden. Der neue schöne Blumengarten war mir nicht angenehm. Grüße die lieben Menschen dort tausend und tausendmal. Alle die Deinigen drücke ich an mein Herz, besonders Elmine mit der doppelten Seele. Der Herr wird Alles wohl machen! Ja und Amen! Du mein alter guter Kerl! Nun ists schon wieder aus, das kleine Gespräch! Leb wohl! –

*Das Herrenhaus in Poll*

Nº 46 Ballenstedt am 27. Sept. 1847

Heute, mein geliebter Gerhard, erhielt ich deinen Brief mit den Wechseln für mich und Adelheid. Danke Dir herzlich für die Besorgung. Schade, daß dieser Brief den Hermann verfehlte, der uns schon vorgestern verlassen hat. Ueber Elminens glückliche Entbindung haben wir uns herzlich gefreut und gerne den armen kleinen Ernst Gottlob begrüßt als ein nahe verwandtes Blut. Sehr würde der liebe Hermann sich gefreut haben, wenn er solche gute Zeitung hier noch mit erlebt hätte. Dieser Junge ist mir ganz ans Herz gewachsen und es thut mir leid, daß ich ihn nicht im Hause behalten konnte. Jetzt bin ich gespannt auf seinen ersten Brief aus Dresden. Zuerst soll er zu Heuer gehen, dem ich ihn sehr empfohlen habe, und der ihn, wenn es irgend möglich ist, bei sich aufnehmen wird, bis er ein Quartier hat. Außerdem habe ich ihm Briefe an Hübel, Peschel und Richter mitgegeben, die ihm gewiß alle mit Rath und Schutz zur Seite bleiben werden. Hermann langte, wie er Dir wohl auch geschrieben haben wird, zugleich mit Edward La Trobe bei uns an, über den ich auch meine Freude hatte, ob er gleich eine ganz andere Art von Kreatur Gottes ist, aufgeweckt, geistig und voll Leben, mit einer Winkelmaß-Phisionomie wie Friedrich der Große. Er brachte mir die Biographie seines Vaters, von Woldemar Bock verfaßt, mit, im Manuscript, das er mir zum durchlesen hier ließ. Mir hat dies Opus eigentlich wenig gefallen. Das Leben von La Trobe hätte wohl nur von ihm selbst verfaßt ein Interesse haben können, da es nur innerlich anzublicken ist, äußerlich nichts gewährt. Was sich an äußeren Begebenheiten etwa vorfindet, mochte Woldemar theils nicht wissen, theils mußte es aus einer Menge von Rücksichten verschwiegen bleiben. So hat das Publicum es denn nur mit einem philosophischen Raisonnement zu thun, das es nicht versteht, über einen Mann, den es nicht kennt und von dem es auch nichts erfährt, so wie über Kunstleistungen, von denen es nie etwas gehört hat. Mehr als La Trobe lernt man eigentlich Woldemar kennen und zwar als ungewöhnlich gebildeten Mann; doch ist es ein Verdienst des Buches, daß man in La Trobe wenigstens eine Genialität ahnden lernt, die erfreulicher ist, als alle kritische Bildung. Schwer mag freilich die Aufgabe sein, die Lebensgeschichte eines Einsiedlers zu schreiben, der ohne Wandel in der Wüste lebte – aber wer zwang den armen Woldemar dazu? – An Sallys Auswanderung nehme ich den lebhaftesten Antheil und muß Euch loben, daß Ihr sie ziehen laßt, denn kaum kann man etwas besseres für seine Kinder thun als daß man sie eine Zeitlang aus dem Hause giebt, besonders wenn es in so gute Hände sein kann. Will Sally sich zur Lehrerin ausbilden, so kann ja auch wohl in Dorpat mehr dafür geschehen als in Finn. Für meine Person wünsche ich wieder, daß Wilhelm Stackelberg mich zu sich nach Ottenküll nähme, um dort die ganze Welt zu vergessen. Ottenküll hat für mich einen tiefen zauberischen Reiz, wie eine stille Kammer, wo man des Tages Jammer vergessen und verschlafen kann. Ich würde dort alle Wände vollmalen und zwar den Grund himmelblau, und darauf aneinandergereiht, aber ohne Absätze lauter Scenen aus Göthes Dramatischen Werken, mit warmen sonnigen Farben, so warm und glühend, daß Wilhelm im Winter gar nicht zu heizen brauchte. Ein anderes Zimmer könnte man dem Schakespeare widmen. In diesem Zimmer würde Wilhelm mit seiner Pfeife behaglich träumend auf und nieder wandeln.

*Am 3. Oct.* So viel Zeit ist nun wieder verflossen und Du wirst Dich am Ende über das lange Ausbleiben meiner Antwort wieder wie gewöhnlich bekümmern. Ich hatte keine Ruhe zum Schreiben. Der Hof kam von Bernburg zurück, ich hatte zu malen, Bardua's bereiten wieder ein Festspiel vor, wozu ich Texte machen muß, kurz es gab so viel Troubel, daß ich meinen Brief auf einige Zeit vergessen und vernachlässigen mußte. – Die Predigten von Fritz, die Du mit so vieler Befriedigung gelesen, kenne ich gar nicht; indeß habe ich selbst von ihm Predigten gelesen, die mir sehr gefallen haben; doch ist es ein ander Ding eine erbauliche Predigt halten, ein anderes Red' und Antwort zu geben von seinem Glauben, und noch ein anderes ein bekehrtes Herz zu haben. Was Du da schreibst von der alten und neuen Kreatur, die nebeneinander hergehen sollen, ist mir wenig befriedigend. Wenn die neue Kreatur die alte nicht verschlingt, so, meine ich, könne wenig damit geholfen sein. Das kommt mir vor wie einer, der immer möchte und nicht kann. Die Wiedergeburt ist ja nicht eine Nebengeburt, sondern eine Umwandlung des alten Menschen. Der schrecklichste Zustand, der sich denken läßt, meine ich, müßte der sein, wenn in Einem die Lust am Gebote Gottes geboren würde, der nichts destoweniger doch immer des Teufels Werke thun müßte. Ich denke mir vielmehr, daß soweit wir durch Gottes Gnade Lust zu seinen Geboten haben, so weit ist in uns auch der Geschmack an der

Sünde ertödtet. Indem wir Gottes Lust schmecken, sündigen wir nicht, wenn es nur wirklich Gottes Lust ist; wir sind aber nicht immer dieselben und es kommen Stunden und Zeiten, in welchen wir verlassen sind von jenem Gnadenzuge. Doch vielleicht meinst Du's auch so; – ob man aber Jemand einen Christen nennen kann, der bisweilen Gott liebt, für gewöhnlich aber die Welt, weiß ich nicht. Wie könntest Du glauben, daß ich mich an Deiner Glaubensfreudigkeit ärgere! Eine solche Stimmung ist herrlich, aber sie würde noch viel herrlicher sein, wenn sie ausdauerte. Ich weiß es aus meiner eigenen Erfahrung, daß diese Zustände und Stimmungen der Seele immer wechselnd waren, wie die Jahreszeiten, nur ein Viertheil der Zeit Frühling. Das Christenthum stellt sich selbst ja nicht als etwas dar, was erst in jenem Leben erscheinen soll, sondern als ein Gut, das schon hier gegeben wird. Mich hat es sehr geirrt, daß mir immer wieder genommen wurde, was mir gegeben war, und ich habe mich fragen müssen, ob mir denn auch wirklich ein göttliches Geschenk zu Theil geworden ist, und ob es nicht vielmehr nur ein natürliches Auf- und Abwogen der Seele war, erzeugt durch eigenthümliche Lehrbegriffe. Wenn man die Sache genauer besieht, so ist es denn doch auch eigentlich so, daß man einen Tag Frieden hat, acht Tage aber Unfrieden; man zieht aber die Erinnerung an den einen Friedenstag in die übrigen acht mit hinüber und schreibt ihnen so allen einen Frieden zu, der eigentlich nur in der Erinnerung, also nur in der Idee besteht. Ist es nicht so? So ging es wenigstens mir und denen, die ich genauer gekannt habe mit Ausnahme solcher, die durch ihr natürliches Temperament besonders glücklich organisirt waren und das sind die Heiligen. Ach es muß Dir ein solches Gerede ganz scheußlich vorkommen, es muß Dir zu Muthe sein wie einem Feuer, in das man Sand und Asche streut und ich wollte auch lieber, ich könnte Deine herzerwärmende Begeisterung theilen, aber freilich nur unter der Bedingung, daß sie mir nicht wieder ausgeblasen würde, sonst bleibe ich lieber in meiner trockenen Nüchternheit, die zwar keinen Enthusiasmus hat, aber auch keine Enttäuschungen. Freilich ist alles Menschliche schwankend, aber wenn Friede und Glaubensfreudigkeit göttliche Geschenke sind, sollten sie denn nicht auch die göttliche Natur der Stätigkeit haben? In einer späteren Stelle Deines Briefes sprichst Du von der Gottseligkeit mir so aus der Seele, daß ich meine eigenen Worte zu lesen glaubte und so werden wir uns practisch immer einigen, wenn wir auch theoretisch auseinander sind. Nicht Dir allein, auch mir, mein lieber Bruder, ist's ein großer Schmerz, daß wir in christlicher Beziehung nicht einig sind, und doch wünsche ich mich nicht mehr, wie ichs wohl früher gethan habe, in meinen ehemaligen Glaubenszustand zurück. Der christliche Glaube hatte für mich etwas so unbestimmtes und formloses, daß mir ein jeder Glaubensgegenstand, auf den ich meinen Blick heftete, augenblicklich durch den Zweifel verunreinigt ward; so wogte ich auf und ab, zwischen Glaube und Zweifel, ward zerrissen und innerlich zerstört. Hatte ich einmal practisch ein Gut erfaßt, so wurde es mir theoretisch wieder entrissen und ebenso auch umgekehrt. Ich wollte so gern Ernst aus der Sache machen, das Christenthum schien mir mein Lebensberuf, aber eben dieser Ernst rieb mich sogar leiblich auf. War ich durch den Gebetsumgang mit meinem Heilande einmal dem sinnlichen Wesen entrückt und hoch gehoben worden, so konnte ich sicher darauf rechnen, daß ich unmittelbar darauf desto tiefer sinken würde, eben so wie auf jeden andern Rausch auch immer eine Nüchternheit folgt, die tief unter dem normalen Zustande der Nüchternheit steht. Alles dieses las ich und hörte ich auch aus den Bekenntnißen anderer ernster Christen, die mit mir von gleichem melancholischen Temperament waren. Aber gerade das melancholische Temperament, als das der innersten Erregbarkeit, ist dasjenige, an dem die Religion am sichersten experimentirt. Ich mußte, um zu bestehen, endlich aufgeben, was ich nicht ohne innere Lüge gegen mich und Andere festhalten konnte, aber ich habe das Christenthum keineswegs so aufgegeben, daß ich öffentlich, oder auch in geheimer Unterredung gegen seine Wahrheit auftreten könnte – wie etwa Wislicenus in Halle – sondern nur für mich, als etwas, was ich subjectiv nicht erfassen, mir nicht aneignen kann, was für mich zur Zeit nicht existirt. Nur wo ich wegen dieses meines Unglaubens angegriffen werde, da rede ich, oder auch wo man mir als gläubigen Christen entgegen kommt, muß ich reden, um nicht zu heucheln. Ich kenne aber zu gut die Mangelhaftigkeit menschlicher Erkenntniß, um mit Bestimmtheit gegen Andere irgend eine Glaubensüberzeugung als objective Wahrheit geltend zu machen. Es ist sehr wohl möglich, daß ich in der Irre bin und ich mag nicht etwas verdammen und verlästern, worin ich vielleicht in der Folge mein Heil werde suchen müssen. Ich bin wie Einer, der seiner Braut nicht mehr schreibt, weil er keine Antwort erhält, und nicht weiß, ob sie lebt, untreu, treu, oder todt ist, der aber dennoch keine andere heirathet, weil er die Hoffnung hat, die erste könne sich einmal wiederfinden. Ein solcher kann anfangs viel geweint haben, so lange er immer noch schrieb, dann aber kann ein Zustand ruhiger Resignation eintreten, bei der er sich wohler fühlt, als bei der früheren zweifelhaften unglücklichen Liebe. –

*Am 4^t Oct.* Gestern war die Präsentation unserer Anna bei der Herzogin, welche uns Alle zum Kaffe eingeladen hatte. Ich ging früher aufs Schloß, um noch vorher Fräulein Löhneisen zu besuchen, die ich seitdem sie ihren Abschied hat, noch nicht wiedergesehen hatte. Das war für mich eine Stunde der tiefsten Erschütterung. Die arme L. weinte, als wenn sie sterben wollte. Sie ist sehr unglücklich über ihren Abzug, und doch wäre es so leicht gewesen, alles auszugleichen, wenn sie nur einen Freund gehabt hätte. Jetzt sieht sie ein, daß der, dem sie vertraut hatte, doch nicht recht ehrlich an ihr gehandelt hat. Das Verhältniß mit der Herzogin ist so verkrampelt, daß sie nun, nachdem sie 10 Jahre als Hofdame hier gelebt hat, eigentlich im Unfrieden auf keine angenehme Weise scheidet, wodurch sie sich ihr Leben auf lange Zeit verbittert. Ich war ordentlich geknickt, als ich zur Herzogin kam. Diese empfing Anna und uns Alle sehr freundlich, schenkte mir einen schönen Kupferstich und unterhielt uns durch Vorzeigen der Münchener fliegenden Blätter, die ganz entsetzlich witzig sind und die Zwergfelle tüchtig erschütterten. Es war ein merkwürdiger Contrast mit meiner früheren Unterhaltung. Endlich beim Weggehen konnte ich nicht unterlassen der Herzogin zu sagen, ich sei eben bei der L. gewesen, deren Zustand mich aufs tiefste gerührt und erschüttert habe. Da führte mich die Herzogin in ein anderes Zimmer und schüttete mir mit einer solchen Lebhaftigkeit ihr Herz aus über diese Zerwürfniße mit ihrer Hofdame, daß ich, der ich für diese gern ein gutes Wort gesprochen hätte, gar nicht zu Worte kommen konnte. Zuletzt holte sie von ihrem Schreibtische ein dickes Couvert, welches die betreffende Correspondenz enthielt, es mir mit der Bitte aufdrängend, die Briefe zu lesen, um mich zu überzeugen, daß von ihrer Seite keine Lieblosigkeit begangen worden sei. Ich konnte nur noch sagen, daß die arme L. dies vollkommen erkenne, als unserer Unterhaltung durch die Meldung neuer Gäste ein Ende gemacht wurde. Zu Hause war ich ganz erstaunt die Tasche voll fremder Briefe zu haben, und zwar lauter Geheimniße der zartesten Art enthaltend; mir kam's wie Verrath an der armen

L. vor, indessen mußte ich doch lesen. Die L. ist ein edler Character, aber voller Intriguen, unterirdischer Gänge und Folterkammern, wie ein Dom, sich und Anderen ebenso unklar als interessant. Die Herzogin dagegen ganz einfach, offen, überschaulich wie ein Herrnhutsches Bethaus. So waren auch die Briefe. Eigentlich ist gar nichts vorgefallen, sie haben sich nicht verstanden, haben sich nach und nach gegen einander verwirrt und von einander abgewendet. Zuletzt ist ein Krebsschaden draus geworden. Mir thut es sehr leid. Ich war der L. wirklich gut und wen wir nun an ihre Stelle kriegen werden, weiß Gott. –

## Nº 47 — Ballenstedt am 18. Nov. 1847

Mein vielgeliebter treuer Bruder,
Ich erhielt gestern schon Deinen Brief und wohne darin als in den Vorhallen meines Geburtstages. Ich habe ihn für mich gelesen und studirt, so wie am Abend mit der Familie. Es sind prächtige kleine Schilderungen, deutliche Bilder aus Eurem Leben, an denen ich mich wieder eine Weile laben kann. Am meisten delectirte mich die kleine Wachskomödie in Poll. Da habe ich wahrhaft unter Euch gesessen und alle Eure Gesichter gesehen, wenn auch nachträglich. Du hast ein wahrhaft plastisches Talent und wirst sehr ernstlich gebeten mir öfter solche Skitzen zuzuschicken. In der Mittheilung solcher Kleinigkeiten liegt der Hauptreiz aller freundschaftlichen Correspondenz.

Doch vor allen Dingen möchte ich zuerst in den diesmal kurzen theologischen Theil Deines Briefes eingehen, denn so kurz er ist, so schwer wiegt doch der Gegenstand, den er berührt. Du mußt nur nicht denken, mein lieber Bruder, daß ich mich über Dich setzen und Dich meistern will, wenn ich Dir immer widerspreche; aber für mich hat nichts in der Welt ein so hohes Interesse als alle Fragen des Geistes, die ich daher auch gern nach allen Seiten betrachte. Ueberdieß huldigst Du da einer Ansicht, die mir von je her die aller unverständlichste gewesen ist und die wie ich glaube in der Kirche große Verwüstungen angerichtet hat. – «Was sprichst Du da von der Wiedergeburt, daß sie eine Umwandlung des alten Menschen sei? Wer hat Dir denn das gesagt und woher weißt Du denn das?» So weit aus Deinem Briefe. Schwerlich habe ich das so geschrieben, oder wenn ichs gethan habe, so habe ich mich nicht richtig ausgedrückt und sagen wollen die Wiedergeburt ist eine

Umwandlung des Menschen. Wer mir das gesagt habe? Ich antworte die Bibel. Es handelt sich gar nicht darum, daß Jemand diesen oder jenen Einfall über die Wiedergeburt habe, sondern darum was die Schrift sagt. – Daß eine solche Umwandlung hier in diesem Leben nicht in der Art zu stande kommt wie etwa eine chemische Verbindung die a mit c eingeht, nachdem es b hat fahren lassen, das mag sein; Niemand scheint dergleichen erlebt zu haben, aber dennoch versteht die Bibel unter der Wiedergeburt etwas ähnliches. Ich möchte blos von einer relativen Wiedergeburt sprechen und sagen, daß ein Mensch, *so weit* er wieder geboren auch innerlich erneut sein müsse. Das Nebeneinandersein des alten und neuen Menschen, wie Du es meinst; eine verschiedene Liebe, die zum Entgegengesetzten zugleich im Menschen bestehen könne, scheint mir ebenso unlogisch als unbiblisch. – Wiedergeburt, regeneratio, kann ja nichts anderes heißen als ein Neuwerden eine Umgestaltung, oder mit einem ganz klaren Worte *Sinnesänderung*. Eine Sinnesänderung verwandelt den ganzen Menschen in Beziehung auf das, worauf sein Sinn gerichtet war. Viele haben die Wiedergeburt blos in die Erkenntniß der Sünde gesetzt, und auch so schon ist sie eine Sinnesänderung, die von bedeutenden Folgen sein muß, so lange diese Erkenntniß anhält. Daß sich Niemand für wiedergeboren halten könne, solange er in Lüsten und Bosheit der Welt wandelt, scheint klar zu sein. Tit. 3,3 «Wir waren *weiland* unweise, ungehorsame, irrige, dienend den Lüsten, wandelten in Bosheit und Neid und hasseten uns untereinander, da aber erschien die Freundlichkeit und Leutseligkeit Gottes, nicht um der Werke willen, sondern nach seiner Barmherzigkeit machte er uns selig durch das Bad der Wiedergeburt und Erneuerung des h. Geistes.» Hier steht es ganz klar, vormals waren wir böse, nun aber sind wir durch Gottes Gnade in der Wiedergeburt erneuert zu anderen Wesen. Wir hassen nun nicht mehr, wir neiden nicht mehr usw. Petr. 1, «Wir sind wiedergeboren zu einer lebendigen Hoffnung, darum (v. 13.) begürtet die Lenden eures Gemüths seid nüchtern usw. und stellt euch nicht gleich wie *vorhin*, da ihr in Unwissenheit nach den Lüsten lebtet; sondern nach dem der euch berufen hat und heilig ist, seid auch ihr heilig in allem eurem Wandel usw. Ihr seid wiedergeboren nicht aus vergänglichem Samen, sondern aus dem lebendigen Worte Gottes das in Ewigkeit bleibt.» Soll das nun nicht heißen: wenn ihr wiedergeboren seid, so bethätigt es, denn vergangen kann die neue Creatur nicht sein, da sie aus unvergänglichem Samen ist. Wie aber nicht alter und neuer Mensch, gleichsam als zwei diametral verschiedene Prinzipien zugleich im Menschen sein können geht aus Eph. 4, 22–24 hervor: «So leget nun von euch ab den alten Menschen und *erneuert* euch im Geist eures Gemüths, und ziehet den neuen Menschen an, der nach Gott geschaffen ist in rechtschaffener Gerechtigkeit und Heiligkeit usw.» und ebenso aus Coloss. 3, 10 «Ziehet aus den alten Menschen mit seinen Werken und ziehet den neuen an, der da *verneuert* wird zur Erkenntniß nach dem Bilde des, der ihn erschaffen hat.»

Es ist also nicht der alte Adam, der erneuert wird, sondern der alte Mensch wird abgethan, der neue wird angethan und der Mensch wird verändert. Du sagst: wenn dem so ist, so ist ja kein Kampf und Streit mehr; und ich antworte: ja allerdings mein lieber Bruder, dann ist kein Kampf und Streit mehr, dann ist Friede, dann ist Seligkeit, dann sind wir Kinder im Vaterhause. Das Gesetz macht den Streit, das Evangelium legt ihn wieder bei. Christus sagt dem Nicodemus: «so jemand nicht von neuem geboren wird, so kann er das Reich Gottes nicht sehen.» Das war etwas Neues. Christus verlangt im Gegensatz zu der damaligen priesterlichen Auffassung des Gesetzes, welche die äußere That verlangte, nicht diese sondern das Herz, die Umwandlung der ganzen Gesinnung, welche ganz und gar von sich und der Welt absieht und willenlos Gott in die Arme sinkt. Dann kommt die That von selbst, sie ist dann eine That der Freiheit, Streit und Kampf, die den äußerlich Gesetzlichen aufreiben, ruhen alsdann, und es ist Friede. Der reiche Jüngling hatte das Gesetz gehalten von Jugend auf, aber sein Herz hing an seinem Gelde. Dies Herz will Christus, er will den ganzen Menschen, nichts soll mehr zurückbleiben, der ganze alte Adam soll ausgezogen werden.

So ungefähr scheint mir die Ansicht der h. Schrift zu sein, aber ob sie wahr ist, das bleibt freilich eine ganz andere Frage. Ich für meine Person halte sie ihren Grundzügen nach für durchaus wahr und durchaus wissenschaftlich. Mich selbst halte ich zwar nicht für wiedergeboren, aber wenn es auch seit 1800 Jahren kein Mensch gewesen wäre, so liegt es wenigstens nicht an diesem richtigen Wege, daß ihn keiner ging. Vielleicht ist uns auch nur ein Ideal hingestellt, das wir nur annähernd erreichen können und vielleicht giebt es für uns in dieser Welt nur eine relative Wiedergeburt, ein mehr oder weniger. Wir werden aber immer finden, daß jemehr unser Herz Gott angehört, desto mehr hört aller Streit auf – je mehr unser Herz der Welt gehört, desto mehr Unfrieden und Unseligkeit. – Indem ich dieses geschrieben habe, fühle ich wie schwer diese Sachen sind und ebenso, daß Du am Ende ganz dasselbe meinst, die Ausdrücke meines letzten Briefes aber ebenso wenig richtig aufgefaßt und gedeutet hast, wie ich die Deinigen.

*Am 21. Nov.* Gestern war mein Geburtstag, ein Tag, der mir immer hinlänglich wehmüthig ist. Ich war aus Bescheidenheit der letzte, der aus dem Bette kroch und fand im Zimmer eine reiche Bescherung. Wir frühstückten schönen Kuchen zum Kaffe und darauf las ich den Meinigen einen vortrefflichen Abschnitt aus Tersteegen vor über die Erkenntniß Gottes. Ich liebe den Tersteegen sehr. Er ist im Genre der Katholischen Mystiker, des Thomas a Kempis, des Tauler und der Deutschen Theologie, aber dabei ist er weniger blos subjectiv und biblischer als die andern. Das sage ich freilich nur in Beziehung auf den Totaleindruck, den mir die Bibel macht, denn wenn ich jeden einzelnen Ausspruch der Bibel beherzigen soll, so finde ich, wie schon oft gesagt, gar kein System darin. Nach dieser Vorlesung setzte ich mich in mein Kabinett und malte den ganzen Tag, wobei mir Gerhard bisweilen Gesellschaft leistete, ohne daß ich davon viel hatte, da der Junge noch gräulich einsilbig ist. Zum Abend kamen die gewöhnlichen Gäste, die Bernstorff und Valentiners. Wir unterhielten uns damit, daß wir zusammen aus dem Friedensboten des norddeutschen Vereins einen vortrefflichen Aufsatz über die Wiedergeburt lasen, der mich sehr rührte. Die Wiedergeburt ist da auch als eine Umwandlung, oder Sinnesänderung bezeichnet, die ihre leisen, oft unmerklichen Anfänge hat und mehr oder weniger in diesem Leben zur Vollendung kommt. Dieser Aufsatz giebt uns Beiden recht, indem er eine Mitte zwischen uns sucht. Aber der Verfasser verlangt doch, daß man in dem Leben eines Christen Züge des göttlichen Bildes erkennen müsse, und schreibt diese immer der Gnade, nie der Natur zu. «Wo uns ächte Liebe und Demuth, wo uns Wahrheit und Treue begegnen, da schlagen wir freudig in die Hand des Bruders. Er ist es wahrhaftig durch den Glauben geworden, der Begriff mag immerhin mangelhaft sein. Es schmerzt, wenn man liebt, so oft wakkere Menschen in den Dingen des Heils unwissend zu sehen; aber Mancher hat unendlich mehr im Leben als im Begriff.» – Eine bestimmte Klarheit giebt indessen dieser Aufsatz nicht, namentlich sind die Stellen der Bibel, die von der Bekehrung handeln, nicht herangezogen. Ich habe wunderliche Erfahrungen gemacht. Ich kenne Menschen, die wirklich mit ihrem Herzen an Christo hangen und die ohne Thränen und tiefe Rührung gar nicht von den Gegenständen des Heils reden können. Wenn solche Menschen dabei häufig in Schwachheiten des Fleisches fallen, so stört mich das weniger an ihnen, denn die Triebe des Fleisches sind an sich nicht böse, sie werden es nur durch Uebermaß und durch Convenienzen. Aber wenn ich in solchen Leuten Mangel an Wahrheit, Neid, Eifersucht und Lieblosigkeit, Härte finde, so kann ich mich nicht entschließen sie für bekehrt zu halten. Sie haben keine Sinnesänderung erfahren, sie treiben eine Art Hurerei mit dem Himmel und leben in einer Selbsttäuschung, die die Welt mit dem Namen Heuchelei brandmarkt. Sie sind ganz wie die Pharisäer, nur daß sie die falschen Werke jener in einen falschen Glauben verkehrt haben. Nun ist die Frage ob ein Neidischer ein Christ sein könne, oder ein Rachsüchtiger? Unter einem Neidischen oder Rachsüchtigen verstehe ich nicht einen solchen, der sich zu solchen Lastern hin und wieder einmal angeregt fühlt, sondern einen der demgemäß handelt. Worin besteht die Sinnesänderung? in einer Aenderung der *Ansicht*, oder in einer Aenderung des *Geschmacks*? Es steht nirgends geschrieben, daß Gott unsern Kopf verlange, wohl aber unser Herz. Die Wiedergeburt scheint mir eine Sinnesänderung in Bezug auf das Herz, in Bezug auf die Liebe. Es verändert sich der Gegenstand der Liebe, übrigens bleibt der Mensch wie er war. Er ist ganz der Alte, aber seine Richtung hat sich verändert. Der sinnliche Mensch wendet sich von der Kreatur ab, der neidische und hassende wendet sich von sich selbst ab, nach Gott hin. Haben wir nun die Richtung nach Gott, so sündigen wir nicht, aber wir verlieren diese Richtung leicht und dann sind wir im besten Fall wieder Gesetzliche, im schlimmeren Gottlose. Paulus im 7t Kapitel an die Römer meint eigentlich dasselbe. Alles dieses bestätigt die Erfahrung. Zugleich aber erfahren wir auch eine Geneigtheit des alten Menschen aus seinem Tode immer wieder zu erwachen. Diese Erfahrung ist überraschend und hat besonders mich schmerzlich enttäuscht, nachdem es mir gelungen war, einmal längere Zeit als Kind im Vaterhause zu leben, frei von den Banden des Gesetzes. Damals in dieser glückseligsten Periode meines Lebens hielt ich mich für wiedergeboren und dankte Gott dafür. Aber das Licht, das in mir brannte, verlor nach und nach seinen Schein und ich sank in die Ohnmacht der Gesetzlichkeit zurück. Ob durch meine Schuld, oder weil mich Gott sinken ließ, das weiß ich wahrhaftig nicht. So weit ich mich beobachten konnte, hatte ich eben so wenig Verdienst als nachher Schuld. Noch dazu fiel jenes Paradies schon in die Zeit meines Zweifels und meines Abfalls von dem Bekenntniß der Kirche, so daß ich also nicht sagen kann, es sei mir entrissen worden durch eine Untreue an meinem früheren Bekenntniß, welches ich damals schon gar nicht mehr hatte. Wie ich es damals machte, weiß ich wohl, aber mir fehlt die Kraft es wieder so zu machen, mir ist der Muth erlahmt. Ich bin fest überzeugt, daß unsere Bekehrung vielmehr von Gott als von uns selbst abhängt. Scheinbar geschieht wohl Alles durch uns, aber der Sache nach eigentlich Alles durch Gott allein. Irren wir vielleicht hierin? Lähmen wir uns durch solche Ansicht? Ich weiß es nicht und kann mir nicht helfen – ich glaube es so wie ich gesagt habe. Ich war zu jenem Frieden wiedergeboren durch einen ungeheuern Kampf, den ich selbst durchkämpfte – aber wer forderte mich auf zu diesem Kampf, wer trieb mich hinein? wer gab mir die Kraft dazu? Das war Gott allein. Nun kommt eine andere Frage. War er's denn wirklich? Schenkte er mir das Alles? Warum nahm er mir's wieder weg? Das ist eine abscheuliche Quetsche aus der ich mir nicht helfen kann. Seitdem sind wir zwei mal zusammengewesen – warum konnten wir solche Dinge nicht besprechen? Ach es ist ein Elend! –

*Am 22. Nov.* Gestern ist mein alter Gerhard, den die Bernstorff zu meinem Geburtstage verschrieben, nun wieder abgefahren. Nach dem Theater, wozu uns die Bernstorff die Billets geschenkt hatte, tranken wir zu Hause noch den Thee und ich spielte dabei mit Gerhard Schach und wurde matt. Es war der erste Sieg, den er erkämpfte und der ihm ungeheure Freude machte. Um 11 wurde er von der Mutter sehr sorgsam eingepackt und warm verhüllt und darauf begleiteten wir ihn bei zauberhaftem Mondschein nach der Post, mit der er 11 ½ abrollte, mit rollenden Thränen. Jetzt sitzt er so Gott will, wieder in seiner Schule. Ach so ein armer Kerl! Wie muß das Herz, das beste was der Mensch hat, erst abgenutzt und abgestumpft werden, ehe ein Mensch das Leben ertragen lernt. Doch das ist wohl auch schon Lästerung. Gott hat es so gemacht und gewollt und wir müssen uns ergeben. Zu Weihnachten kommt Gerhard wieder mit Hermann, der mir sehr vergnügt aus Dresden schreibt. Als Briefsteller ist Hermann ganz unter der Würde, er schreibt viel schlechter und ungenügender als Gerhard, ganz ohne Idee von Styl, mit kindischer Pfote, so daß er sehr verwerflich wäre, wenn er weiter gar nichts könnte als Briefeschreiben. Entweder muß die Revalsche Domschule die Deutsche Sprache aufs schändlichste vernachlässigen, oder Hermann hat Recht, wenn er behauptet zum Prediger gar kein Talent zu haben.

Ueber den sel. Herzog von Köthen hat sich das allgemeine Urtheil dahin berichtigt, daß er ein liebenswürdiger, frommer und rechtschaffener Privatmann gewesen, wenn auch ein durchaus unfähiger Regent. Er soll mit Gottergebenheit gestorben sein, nachdem er komischer Weise noch 2 Tage vor seinem Tode Preußischer General der Infanterie geworden war, womit der König ihn erheitern wollte. Als er die Nachricht bekommen, ist er aufgestanden und zwei Mal durchs Zimmer geschwankt, seine alten Infanteristenbeine zu probiren, mit sichtlicher Freude. Dann aber hat er gesagt: «warum denn das jetzt noch» hat sich wieder hingelegt und fortgefahren zu sterben. Es ist eine rechte Unsitte, daß unsere souverainen Fürsten auswärtige Generale sind. Der alte Kurfürst von Hessen ist nun auch todt und wir trauern hier doppelt 6 Wochen lang um Hessen und Köthen. Dazu mußten übler Weise allerhand Kleidungsstücke angeschafft werden. Daß der jetzige Kurfürst die Verfassung wieder aufheben werde, die er als Mitregent beschworen, das befürchtet man jetzt allen Ernstes. Es liegt entsetzlich viel Zündstoff im Volke. Von oben her täuscht man sich über seine Stimmung, das zeigt auch wieder die Rede, die der König in Magdeburg gehalten. Die Rede ist ganz liebenswürdig und gut, aber geht von einem falschen Gesichtspunkte aus, eben auch wie die Thronrede, auch wie der Brief an Uhlich, ich möchte sagen wie Alles. Der König würde ganz recht haben, wenn die Sachen sich nur wirklich so verhielten wie er meint. Die Folge dieser Rede war der Austritt von 8000 Personen aus der Landeskirche und ehe ein halbes Jahr abläuft, wird die Zahl sich verdoppelt haben. Sehr übel in jener Rede ist das Versprechen einer baldigen Reform der Kirche, ein Versprechen, welches der König kaum erfüllen kann. Wenn man es so forttreibt, so bereitet sich ein ungeheurer Abfall vor.

Mit meinen Privatangelegenheiten steht es nicht gut. Ich muß etwas auswandern und weiß nicht wohin. Ich weiß nichts zu erdenken und mir nicht zu helfen. Gott aber kann mir helfen, das glaube ich und darum bitte ich. Mittlerweile muß ich aushalten wie eine Schildwacht auf bösem Posten. Am meisten freue ich mich auf eine völlige Ablösung aus diesem Leben. Der Tod hat seine Schrecken für mich verloren und ich stürbe ganz gern, selbst an der Cholera. In so fern habe ich gewonnen durch die heißen Sorgen des Lebens, und sollte dieses sich auch wieder angenehmer gestalten, so kann ich mir doch nicht denken, daß ich es wieder sehr lieb gewinne.

Lebe wohl, mein Geliebter und grüße alle die Deinigen

## N° 48 Ballenstedt am 9. Jan. 1848

Mein geliebter Bruder!
Herzlichen Glückwunsch zum neuen Jahr, Dir und Deinem ganzen Hause! Möge es uns allen kräftige Zeugniße des ewigen Erbarmens bringen und uns bei seinem Ende das Bekenntniß entreißen, daß der Herr uns geführt habe über Bitten und Verstehen. Wir saßen Alle zusammen in der Neujahrsnacht unter dem strahlenden Weihnachtsbaum und lasen das herrliche Lied von Paul Gerhardt: «Nun laßt uns gehen und treten mit Singen und mit Beten usw.» und dann freute ich mich, daß ich nebst alle den Meinigen diesmal auch Hermann an meine Brust drücken konnte. Es ward in köstlichem Punsch auf alles Gute und Erwünschte getrunken und auch auf Euer Wohl klangen die Gläser gar hell und lieblich. Als wir die Sprüche zogen, bekam ich: «Ich habe Dein Gebet gehört und Deine Thränen gesehen» und Alle hatten Worte gezogen, die ihnen wohl thaten. – Sehr angenehm waren die vorhergehenden Tage. Wir saßen in einer Stube bei einander und zeichneten Neujahrs Wünsche, Julchen und Bertha hatten ihre Handarbeit, Benno und Adolph spielten eifrig Schach. So verlebten wir die gemüthlichsten Stunden, die sich denken lassen. Abends kam Dieser oder Jener, oder wir waren auch ausgebeten. Waren wir unter uns des Abends, so las ich aus den Nibelungen vor, oder aus dem Don Quixote, welcher besonders für meine Frau, die Bernstorff und mich ein wahres Fressen ist, die wir ohne Ende über ihn lachen können. Es ist doch auch eines der schönsten Bücher, die geschrieben worden sind, und ich freue mich immer auf die Abende, wo wir mit der Bernstorff zusammen sind, um daraus vorzulesen. Ich habe dieses Buch schon so oft gelesen, aber jetzt da es mir gehört, genieße ich es erst recht. Den Hermann haben wir alle recht lieb gewonnen. Es ist ein trefflicher Junge, der auch gewiß einmal sein gutes Fortkommen finden wird. In Dresden scheint er sich sehr glücklich zu fühlen, weil er die Sachen nimmt wie sie eben sein können und nicht

wie sie einer vorgefaßten Meinung nach sein sollten. Am vorletzten Abend von Hermanns Hiersein kamen auch die Finnschen und Nömmeschen Briefe für mich und Hermann, und wir konnten uns nun gegenseitig mit frischen Nachrichten tractiren. Dein lieber Brief war mir wohlthuend und erwärmend. Das Capitel von der Wiedergeburt haben wir weidlich durchgeackert und uns darin immer noch nicht ganz verstanden. Nun wollen wir bei dem einen bleiben «Wer aus Gott geboren ist, der sündigt nicht». Die Wiedergeburt ist kein stetiger Zustand, sondern der neue Mensch schlägt leicht in seinen alten Adam wieder zurück. Dann sündigt er auch wieder bis von Neuem die Wiedergeburt beginnt. Zu gleicher Zeit von Christo und dem Teufel beherrscht zu sein, ist nicht möglich, wohl aber ist es möglich abwechselnd dem einen und dem andern zu folgen, und das geschieht auch. Der Hauptunterschied unserer Ansicht scheint mir darin zu liegen, daß Du Jeden wiedergeboren nennst, der einmal wiedergeboren gewesen ist, und ich nur denjenigen, der es noch ist. Uebrigens muß ich mich auf meinen vorigen Brief berufen, der ausführlich diesen Punkt bearbeitet, und gebe Dir von Herzen darin recht, daß es sich vorzüglich darum handelt, wiedergeboren zu *sein* und weniger darum, von der Wiedergeburt richtig zu *denken*, und Gott möge uns helfen, daß wir seine Kinder werden und bleiben.

*Am 16t Jan.* Unser zweiter Streitpunct betrifft die Schweiz. Du läßt Deine Ansicht bestimmen durch das Volksblatt. Die darin enthaltenen Politica fließen aus der Feder des Prof. Leo, der meiner Ueberzeugung nach, sich durch die vielleicht ihm selbst unbewußte Sucht leiten läßt, den Großen, namentlich den Königen zu gefallen. Seine Artikel haben so sehr das Gepräge der Einseitigkeit, daß ich sie kaum lesen kann. – Ich hatte gefunden, daß beide Theile in der Schweiz in ihrem Rechte wären. Du findest, daß sie beide im Unrecht sind, und darin hätten wir uns also geeinigt. Der Unterschied ist nur der, daß Sympathien dich zum Sonderbund, mich zur Eidgenossenschaft zogen, oder wenigstens, daß das Zünglein der Waage sich bei Dir ein wenig rechts, bei mir ein wenig links zog. Wir haben beide verschiedenes Zeitungsfutter bekommen, daher diese verschiedenen Neigungen. Aber mein Alter, du hältst zu streng am Recht, so daß ich an das «fiat justitia et pereat mundus» erinnert wurde. Die Staaten sind unmoralische Thiere wie der Löwe, der jedes Unrecht begeht, um sein Leben zu fristen. Die

Moral der Staaten ist die Klugheit. Christlich kann die Politik nicht sein, und deshalb kann es auch keine christliche Staaten geben. Nach Deiner Meinung müßten alle großen Staatsmänner Schufte sein, so wie sie auch z.B. Grundtvig in seiner Geschichte alle behandelt. – Ja noch mehr ich halte den jesuitischen Grundsatz sogar für den christlichen Privatmann recht, mit einer ganz kleinen Abwandlung – nämlich: um einen wirklich guten Zweck zu fördern ist ein jedes Mittel recht, was nicht wider die Liebe ist. Solche Mittel können Prügel, Diebstahl, Raub, Zahnausreißen Mord und Todtschlag sein, an sich lauter böse Sachen, die aber gut werden im Dienst einer wirklich guten Meinung. Wegen ihres Prinzips sind die Jesuiten auch gar nicht verhaßt, sondern wegen ihrer verkehrten Anwendung desselben, denn ihr sogenannter guter Zweck kann von der übrigen menschlichen Gesellschaft nicht als ein solcher anerkannt werden. Daß man gegen dies mein Raisonnement mit Grund viel einwenden kann, ist mir bekannt, aber da wir ja Beide nichts Böses wollen und nur Gutes *meinen* so würden wir uns doch wohl einigen können.

Du bist ein kurioser Mensch, wenn Du England lobst und es ein wahrhaft freies Land nennst, und doch uns tadelst, wenn wir für uns ähnliche Zustände herbeiwünschen und herbeiführen möchten. Die englische Verfassung ist das Ideal unserer modernen Freiheitsmänner und wird von ihnen beständig angeführt.

Wir lesen jetzt die Nibelungen. Für die Herzogin ist diese Lectüre nicht. Sie ist eine vortreffliche Frau, aber dem Gebiete des Schönen verschlossen; sollte es nicht besser sein, wenn sie etwas weniger vortrefflich, aber für das Schöne zugänglicher wäre? [Alle Schönheit wird bei ihr durch die ⟨...⟩, an der sie mit einer Art von Schwärmerei hängt, und das ist mir so zuwider, und kommt mir so roh vor, daß ich manchmal glaube, mit einer Wilden zusammen zu sein.] Doch habe ich sie herzlich lieb und lese ihr gerne vor. Ich habe sie lieb, weil ich sie so lange schon kenne und sehe, und weil sie so außerordentlich ehrlich ist, wie sonst kein anderer Mensch auf der Welt. Wenn der ehrlichste Mensch überhaupt schon eine Seltenheit ist, so ist er in so hoher Stellung eine noch viel größere. Diese Ehrlichkeit hat aber den Nachtheil, daß sie alle andern Menschen für eben so ehrlich und daher die lügenhaftesten Schmeichler für ihre größten Freunde, die ehrlichen Leute aber leicht für mißwollende hält. Ihr die Augen darüber zu eröffnen ist unmöglich.

*Am 23. Jan.* Ich wurde vor 8 Tagen gestört und heute die angefangene Ballgeschichte zu beendigen, habe ich keine Lust. Ich habe überhaupt diesmal keinen Stoff, was Du dem ganzen Briefe wohl anmerken wirst. Mein Herz ist zwar voll genug, aber das ist kein Briefstoff, der im Kopfe sitzen muß. Es ist ein so herrlicher Sonntagmorgen, dunkel von Schnee, der wie ein Schleier sich herabläßt und alles Land ist dick überzogen. Bei solchem Wetter sehne ich mich immer am meisten nach Ehstland, und zwar nach Poll, weil ich dort den schönsten Winter erlebte. Es war mir doch ein wunderbares Gefühl als ich vor 2 Jahren über die ehstländische Schneerinde zog, Dir so nahe vorbei. Könnte ich doch jetzt zu Dir kommen, etwa durch ein Wunder, um 8 Tage bei Dir zu sein. Ich glaube aber nicht, daß wir uns jemals wiedersehen, da wir beide zu arm und zu vernünftig für Lustreisen von solcher Bedeutung sind. – So eben erhalte ich einen Brief von Roller mit meines Gerhards Taufzeugniß, das zur Confirmation nöthig war. Roller schreibt nur wenige Worte, aber ganz in seiner Art z.B. «dem Gerhard, welchem das Testimonium gilt, zuvor meine Hand. Er soll versprechen ein Knecht Christi zu werden oder nichts» – Wie starr hierarchisch ist doch dieser Satz, und wie kann eine Kirche, welche dem Menschen das Vermögen zu halten abspricht, ein Versprechen von ihm fordern. Wir sollen nichts *versprechen* bei der Confirmation, sondern nur *bekennen*. Weiter schreibt Roller: «Ob unseres Gottes und Heilandes Hand wird einen gewaltigen Eingriff thun, oder sich die Teufeleien in der Welt selbst aufreiben sollen, ist ungewiß. Die Magdeburger! Denke die Ochsen! – den edeln Vater Gerhard bitte ich monatlich einmal vor Gott zu grüßen.» – Diesen mir hier aufgetragenen Gruß will ich hiermit ein für allemal bestellt haben. Auch Rollers Frau hat heimlich einen Zettel für mich beigelegt mit der Bitte ein paar Oelbilder, die im Museum hängen, zu restauriren, um Roller damit zu überraschen. Du wirst die Bilder wohl kennen. Es ist Rollers Vater als 4jähriges Kind in rother Husarenuniform, und sein Oncle der Arzt, der in Aegypten gestorben ist. Bisweilen habe ich das dringenste Verlangen Roller den alten Freund zu besuchen und wiederzusehen, doch aber sind mir seine völlig verknöcherten Ansichten auch wieder ein Hinderniß mit ihm zu verkehren. Man kann nur noch wie mit einem Wahnsinnigen mit ihm umgehen, dem man alle Thorheiten zugiebt, damit er nur fröhlich bleibt und guter Dinge. Es ist merkwürdig wie grundverschieden unsere Zeit angesehen wird. Roller sieht sie an als eine teuflische, als die schlechteste die dagewesen ist, mit völliger Blindheit gegen alles Gute, das in ihr liegt. Er hat bloß den einzigen Maßstab der alten protestantischen Kirchlichkeit. Diejenigen, die bloß den entgegengesetzten Maßstab kennen, halten sie für einen wahren Sonntag. Ich sehe ein, daß es die humanste Zeit ist, welche Deutschland geschichtlich gehabt hat und bin auch geneigt sie für die bei weitem sittlichste zu halten. Dennoch glaube ich, daß wir an dem Vorabende irgend eines großen Endes stehen, weil alle früheren Zustände und alle früheren leitenden Ideen entweder schon aufgelöst sind, oder sich in der Auflösung befinden. Was darnach kommen wird, weiß ich nicht und habe nicht einmal eine Ahnung davon, glaube aber, daß die Katastrophe eine sehr üble sein wird. In dieser inneren Auflösung und Umgestaltung, in welcher wir uns befinden, empfinde ich eine künstlerische oder poetische Dürre, die mir ganz unerträglich ist. Die Zeit ist gut in vielen Beziehungen, aber sie ist nicht schön. Die brillanteste Zeit, die Deutschland hatte, die der Kreuzzüge, war nicht gut, aber sehr schön. Zu einer schönen Zeit gehört durchaus Einstimmigkeit des ganzen Volks in allen großen Ideen, etwa wie es bei uns war zur Zeit der Freiheitskriege, da hatten wir diese Harmonie und dies Einstimmige mit durchaus positivem Character. Die Katastrophe, die ich herankommen sehe, wird ein langer blutiger Krieg sein, der auf deutscher Erde ausgefochten wird und in der darauf folgenden Periode, wird wenn ich weißsagen darf, Deutschland unter einem Hut stehen und das Volk wird eine Rolle spielen wie in England, oder Deutschland wird wie Polen gestrichen sein aus dem Buche der Lebendigen. –..

*Am 4. März.* Was! was, was ist nicht alles geschehen, seitdem dieser elende Brief todt in der Mappe lag, – Ungeheures! In Sicilien, in Neapel, Sardinien, in ganz Italien, – endlich in Frankreich! Ob für Frankreich diese Umwandlung ein Glück, muß sich zeigen. Für Deutschland ist sie es gewiß. Freilich werden wir Krieg bekommen, und zwar von Italien her, und am Rhein wird er ausgefochten werden, aber das schadet uns nicht, sondern wird uns fördern in unserem einheitlichen Nationalleben. Nun gebe ich meine frühere Meinung auf und glaube, daß es sehr gut werden wird. Alle unsere Zeitungen predigen jetzt Ruhe, Einigkeit und Vernunft, der Bundestag in seiner Proclamation an das Volk auch, und wenn wir nur *jetzt* ruhig bleiben, werden wir friedlich und gesetzlich Alles erringen, was wir vernünftiger Weise wünschen können.

*Am 5t März Abends.* So eben läuft die Nachricht von der Kölnischen Revolution ein und macht alle meine Hoffnungen zu Wasser. Dies Ereigniß ist fürchterlich und unberechenbar in seinen Folgen. Nun wird es wohl so werden wie ich früher immer fürchtete, denn es ist nicht wohl zu denken, daß diese Bewegung sich auf Köln beschränken sollte. Die Rathgeber bei Ertheilung der Constitution mögen nun alle Folgen verantworten. Wie das Volk durch alle diese Nachrichten aufgeregt wird, selbst bei uns hier, ist unglaublich. Es ist als wenn Jeder Zündkraut auf dem Kopfe hätte und nur die Lunte erwarte. Die Zeit wird schwer werden. Adio Du alter lieber Bruder.

## Nº 49

Ballenstedt am 18t März 1848

Mein geliebter Bruder Gerhard,
Anfang dieses M. ließ ich einen Brief an Dich abgehen, den Du vielleicht nicht erhalten hast, weil er Nachrichten enthielt, die man möglicherweise bei Euch noch eine Weile zurückzuhalten suchen konnte. Seit jener Zeit ist ein Sturm der Ereigniße über Deutschland gefahren, daß mir der Kopf schwindelt und meine Seele voll Unruhe ist. Es ist eine dunkle Zeit, und obgleich ich sie vorausgesehen und vorausgesagt habe, so hätte ich doch ihren Einbruch schon jetzt noch keineswegs erwartet. Ich kann Dir nicht sagen, lieber Bruder, wie schwarz ich in die Zukunft blicke. Jetzt werden die Concessionen gemacht, jetzt im ungünstigsten Augenblick und früher, da es Zeit war, hielt man sie zurück. Das Ende wird kein übles sein, ein einiges Deutschland, aber ich schaudere, wenn ich denke was alles geschehen muß, bis es dahin kommt. Alles, Alles konnte vermieden werden, wenn man diesen goldenen 30jährigen Frieden anders nützte, ja noch vor Jahresfrist hatten es unsere Fürsten in der Hand, sich das verlorene Vertrauen zurückzuerwerben. Ob nun noch etwas zu retten ist? Ich weiß es nicht. Das Mißtraun ist so groß daß man keinem Versprechen mehr traut, wenn es nicht augenblicklich erfüllt wird. Daher sind so viele Concessionen gemacht worden, die gar nicht gehalten werden können. Ei so wollte ich doch lieber den Tod gefunden haben an den Stufen meines Thrones, als mir ein Versprechen abnöthigen lassen, das ich nicht

halten kann, ein Versprechen das mich erniedrigt und verächtlich macht. Ein solches Benehmen darf man gar nicht näher beleuchten, es ist zu ehrlos! Doch bleibt nichts anderes übrig, jeder gescheute und brave Mensch muß sich jetzt eng den Regierungen anschließen und die Autoritäten im Lande stützen, so viel als möglich, damit wir keiner Pöbelherrschaft und Barbarei anheimfallen. Ein Glück, daß die Unruhen eher losbrachen als sie reif waren. Wäre die französische Revolution 2 Jahre später erfolgt, so wäre Deutschland wahrscheinlich in wilder Anarchie aufgekocht. Jetzt wird die Sache einigermaßen zu beschwichtigen sein, hoffe ich. Ueberall ist Aufruhr, selbst in Wien sollen ernste Bewegungen vorgekommen und Fürst Metternich geflohen sein; in Berlin schlägt man sich, in Magdeburg, aber es fehlen nähere Nachrichten.

*Am 20. März.* Scheußliche Nachrichten sind heute Morgen hier eingetroffen, durch Briefe und mündliche Ueberlieferungen von allen Seiten. In Berlin soll es fürchterlich hergehen und Gott weiß, ob in diesem Augenblick der König noch auf seinem Throne sitzt. Während großer Aufregung in Berlin, nachdem schon seit mehreren Tagen ernstliche Reibungen zwischen Pöbel und Militär stattgefunden hatten, war der König doch durch nichts zu bewegen gewesen Concessionen zu machen, da endlich rang ihm eine Deputation die Hauptbewilligung, die Constitution ab. Als nun die Deputation so guten Bericht brachte, brach ein ungeheurer Jubel aus und das Volk stürzte nach dem Schlosse um dem König ein Vivat zu bringen. Das am Schlosse aufgestellte Militär aber hielt dies für einen Angriff und feuerte. Da entflammte eine fürchterliche Wuth, die Bürger, bis dahin beflissen die Ruhe zu erhalten, rissen ihre weißen Binden vom Arm und machten gemeinschaftliche Sache mit dem Pöbel, die Dächer wurden abgedeckt und das Militär mit einem Steinhagel von oben begrüßt, kochendes Wasser, Meubles und aller Teufel zu den Fenstern herausgestürzt, die Kasernen angezündet und als der letzte Potsdamer Bahnzug abging, lagen die Leichen wie Häringe über einander. So weit gehen die Gerüchte und ich kann kaum die Zeitung erwarten, die erst um 4 kommt. Bei uns herrscht die größte Aufregung und ich bin schon den ganzen Morgen herumgelaufen und habe mit dem Bürgermeister eine lange Unterhaltung gehabt, damit wir uns so schnell wie möglich als Bürgerwehr bewaffnen, um gegen mögliche Angriffe des Pöbels uns zu schützen. Der Bürgermeister ist aber ein ungeschickter Mensch wie Brei, und gesetzlich können wir nur durch ihn handeln.

*Abends 11 Uhr.* So eben komme ich aus einer Gesellschaft. Während wir sorgenvoll uns von den Berliner Ereignissen unterhielten, langte ein Brief an vom Berliner Bahnhof mit Bleistift geschrieben, datirt von gestern Abend. Alles war dort voll Freude gewesen, die ganze Stadt illuminirt, man umarmte sich auf den Straßen, ein Jubel ohne Gleichen. Diese Stimmung ging augenblicklich auf uns über, es wurde Punsch gemacht, ganz feine Cigarren servirt und es folgte ein sehr fröhlicher Abend auf einen schrecklichen Tag. Zum ersten Male klangen die Gläser in einem deutschen Vaterlande, denn dies hat der König nun proclamirt, nebst Freizügigkeit aller deutschen Stämme, einer allgemeinen deutschen Verfassung, einem allgemeinen Deutschen Heere mit der alten Reichsfahne. Das einzige was mich dabei bekümmert ist das gebrochene Herz des Königs, aber ich hoffe Gott werde es heilen und ihm Freudigkeit geben den Enthusiasmus des Volks zu theilen. Gute Nacht mein alter lieber Bruder! –

*Am 21. März.* Ich habe die Nacht fast kein Auge zugethan, mich im Fieber herumgewälzt und erst gegen Morgen etwas geschlafen. Ich bin in einer merkwürdigen Gemüthsverfassung. Meine heißesten politischen Wünsche könnte ich als erfüllt ansehen. Das Deutsche Vaterland, von dem wir sangen von Kindheit auf, obgleich es ein bloßes Utopien war, erscheint nun, ich freue mich auch darüber, ich freue mich sehr, aber meine Freude ist keine reine, und ich bin fast eben so besorgt und traurig, als ich fröhlich und vergnügt bin. Ich bin wie einer der ein wunderschönes Landgut gekauft, es aber zu hoch bezahlt hat. Wir haben viel gewonnen, aber die Autoritäten haben einen Knacks erhalten, von dem sie sich schwer erholen werden, und das ist die zu theure Zahlung. Ach! hätte der König, was er gegeben hat, aus eigener freier Ueberzeugung gegeben, dann wäre Deutschland politisch wiedergeboren und stünde höher als zur Zeit der Hohenstaufen. Jetzt ist es immer noch ein fragliches Ding, was aus uns werden will und ob wirklich der Sturm im Volke sich legt. Jedenfalls fehlt uns nun der Fürst, der der Mann des Volks wäre und sich kühn an die Spitze der Nation stellen könnte. Erfreulich ist es, daß das Militär sich so über alles Erwarten gut und ehrenhaft gehalten hat. Kein Mann ist zum Volke übergegangen und sie haben sich geschlagen wie die Löwen. In dem Augenblick, wo sie mit ungeheuern Opfern siegten, erließ der König mit gebrochenem Herzen eine rührende Bitte an das Volk, eine Bitte, die man kaum ohne Thränen lesen kann, um aufzuhören und zur Ruhe zurückzukehren, auch um ihrer tiefbekümmerten Königin willen, die schwer erkrankt danieder liege. Da ward es ganz still, die Truppen, die nicht zur Garnison gehörten, verließen alle Berlin, die Bürger bezogen mit der Garde gemeinschaftlich die Wachen und die ganze Stadt verklärte sich in einer großen Illumination. O was könnte dies für ein Frühling werden, wenn der König den neuen Weg mit voller Ueberzeugung und recht getrosten Herzens ginge. – – Ich habe diese Nacht mit geladenem Gewehr geschlafen und erwarte jetzt stündlich die Aufforderung mich in die Reihen der Bürgerwehr zu stellen. In Jedermann regt sich ein kriegerischer Geist, und vielleicht ist dies die Ahnung einer rasch herannahenden kriegerischen Zeit. Jetzt muß bei uns geschehen nicht was berechnet ist, sondern was ein innerer Lebensdrang fordert und in diesem Augenblick angegriffen, glaube ich, würde Deutschland alle Feinde aus dem Felde schlagen.

*Am 22. März.* Die Freude über das bis jetzt erworbene Gute wird mir immer mehr und mehr durch den Gedanken getrübt, daß wir durch Revolution dazu gelangt sind. Ich habe eine tiefe Traurigkeit in der Seele und vor meinen Augen steht ein schauderhaftes Bild, die Leichenhügel Berlins. Vor meinen Ohren tönen die schauderhaften Flüche, die gegen den König ausgestoßen wurden und noch immer werden. Es ist eine so schmerzliche und gewaltige Aufregung in mir, daß ich nicht schlafen kann, daher ich mich gestern recht freute als ich zur Nachtwache commandirt wurde. Wir waren in der Wachtstube auf dem Rathshause ungefähr 16 Mann und patroullirten die ganze Nacht von 10 bis 3 durch die Stadt und um die Stadt herum. Obgleich ich gestern Nachmittag zu Fuß in Meisdorf gewesen war, auch Kopfschmerzen und tüchtige Kreuzschmerzen hatte, so waren mir bei dieser Aufregung die nächtlichen Gänge doch eine wahre Wohlthat, indem ich hernach von 3 Uhr an wenigstens recht gut schlafen konnte. Die ganze Sache war eigentlich mehr zum Lachen als zum Weinen. Z.B. den alten Alvensleben unter dieser nächtlichen Wachtmannschaft zu erblicken war unbezahlbar. Wir waren 4 Edelleute und 12 Bürger, unter denen Kaufleute, Schneider und Schuster, auch ein Jude. In der Wachtstube wurde geraucht, Punsch und Bier getrunken und Alvensleben hatte es übernommen durch Erzählungen aus seinem Kriegsleben die ganze Gesellschaft bestens zu unterhalten. Er war mein Nebenmann und wenn wir die Wachtstube verließen und unsere Runde machten, mußten wir herzlich lachen über das Sonderbare der ganzen Situation. Uebrigens muß ich sagen, daß unsere Bürger, die alle in Uniform und bis an die Zähne bewaffnet waren, sich allerliebst benahmen und gegen uns Vornehmere so rücksichtsvoll und artig, so dienstfertig und bescheiden waren, als wenn Alles noch beim alten wäre. – Heute Nachmittag versammeln wir uns auf dem Rathshause, um eine Communalgarde zu bilden zum Schutze unseres Orts. Ich bin sehr neugierig was da herauskommen wird. Für Jemand, der in einem ruhigen Lande lebt, muß das Alles sehr komisch sein. Ich komme mir ganz wie toll vor, daß ich jetzt immer nach dem Rathshause laufe, öffentlich rede und streite und in der Nacht mit Alvensleben spazieren gehe. Aber in diesem Augenblick muß Jeder zugreifen, wo er nutzen kann, denn eine gesetzlich bestehende Macht liegt nur noch in der Observanz.

*25. März.* Nun, mein theurer Gerhard, will ich noch dies eine Blatt beschreiben um den Brief zu schließen. Ach alter Junge, wenn Du Dir nur denken könntest, wie sonderbar mir zu Muth ist. Meine Träume sind Wahrheit geworden, und mein Wachen ist ein Traum. Wenn ich Morgens aufwache, athme ich frei auf und danke Gott, daß Alles ein Traum gewesen, bis ich mich besinne, daß der Traum Wirklichkeit ist. Deutschland kommt mir vor wie eine Seifenblase, die jeden Augenblick zerplatzen kann. Von jeher habe ich nichts mehr gefürchtet als eine Revolution, die ich im Geiste sicher kommen sah, und die mich nun mit gewaltigem Wellenschlag umfluthet. Alle und jede Autorität ist aufgehoben, und ein Jeder gilt nur, insofern er geliebt oder populär ist. Die mannigfaltig gestörte öffentliche Ordnung besteht nur noch durch alte Gewohnheit und durch den Respect, den die Bürgergarden einflößen. Dieser Respect ist nicht größer als eine Erbse, aber doch besser als gar keiner. Wie ein Wahnsinniger erscheint der König von Preußen, der in Berlin herumzieht mit der alten Reichsfahne und sich als Protector von Deutschland erklärt und doch und doch ist dies eine Komödie, aus der ein Ernst werden kann; es ist der einzige Weg, den der König einschlagen konnte, und wächst die Liebe zu ihm wie seit einigen Tagen, so wird er ein Fürst, so mächtig wie die Hohenstaufen, wenn auch ohne jenen Nimbus, den er früher hatte, und der vom Absolutismus ausstrahlte. Dieser König, der nie geliebt wurde vom Volk, fängt jetzt an ein kleiner Abgott zu werden und auch ich liebe ihn herzlich wegen der Schmach, die er erduldet hat, und ginge durchs Feuer für ihn. Als ich die Scenen seiner Erniedrigung meiner Frau erzählen wollte, konnte ich nicht und mußte bitterlich weinen. Er wird aber wie ein Phönix aus der Asche gehen und hat die entsetzlichen Fehler, die er gemacht, gewiß jetzt schon eingesehen. Lebe wohl, alter geliebter Freund und Bruder.

*Couvert.*

Gerhard schreibt fleißig von Bernburg und steckt bis über die Ohren in seiner Zeit. Meine Kinder sind ganz außerordentlich glückselig und vergnügt, wie Kinder es immer sind in Zeiten, die den Alten das Herz brechen. Alle Jungens wollen nun Soldaten werden, da ist keine Rettung mehr. Gerhard schreibt: die Lehrer am Gymnasium vergäßen jetzt immer Arbeiten aufzugeben, das wäre wohl das sicherste Zeichen einer höchst bedeutungsvollen Zeit. Lebe wohl, mein geliebter Bruder, und schreibe mir recht viel, ich wills auch thun, so lange es noch geht.

## N° 50 — Ballenstedt am 26. März 1848

Mein geliebter Bruder,
So eben erhalte ich Deinen Brief mit den Wechseln, gerade als ich den meinen, den ich schon gestern schloß zur Post geschickt hatte. Es war mir rührend und bewegte mich tief Deine Worte zu lesen, die alle noch von ehemals sind, geschrieben in der alten guten Zeit des Friedens, und ich hätte mich ungeheuer gefreut, Dein Auge nun für die bessere Richtung der Zeit geöffnet zu sehen, und über das Bewußtsein, daß Du einen Standpunkt gewonnen habest, von dem Du ohne Bitterkeit auf die Bewegungen der Jetztwelt blicken kannst – wenn, wenn es nicht jetzt ziemlich einerlei wäre, auf welchem Standpunkt man steht, und ob man überhaupt einen habe. Gesinnungstüchtige Leute können ihre Zeit sehr fördern, so lange sie in den gesetzlichen Schranken bleibt, ist aber die Revolution da, dann hört Alles auf und man kann eben nur mit dem Strom schwimmen, ohne zu wissen, wo man hinkommt.

Bei uns hier sieht es schlimm aus. Es war gestern eine ungeheure

Aufregung unter der Bürgerschaft, weil gerade die Localforderungen nicht bewilligt waren. Ich war den Abend im Klubb und wir Hofsdiener waren in der gedrücktesten Stimmung, besonders ich, wenn ich an den morgenden Abend dachte, wo 650 Bürger in die Reitbahn bestellt sind, um in Companien gebildet zu werden und Officiere zu wählen. Sehr gedrückt ging ich um 8 nach Hause, da begegnete mir ein Mann im Sturmschritt, packte und umfaßte mich mit beiden Armen, küßte mich und rief: victoria! Nun erkannte ich den Juden Sieskind, der hier der Agitator ist, aber mein Freund, weil ich noch vor der Pariser Revolution Gelegenheit hatte ihn mir zu verpflichten und die Juden sind sehr dankbar. Nun riß er mich zurück in den Klubb, wo er allerlei vorlesen wollte, eine eben per Estaffette angelangte Proclamation des Herzogs und einen Brief an das Justizamt mit der Gewährung der speciellen Wünsche hiesiger Bürgerschaft. So lief ich denn mit zurück und der Klubb brachte dem Herzog ein dreimaliges Lebehoch! Als ich fortging begegnete mir der Oberhofprediger, der voll Freude zu mir laufen wollte, weil auch er einen günstigen Brief vom Regierungspräsidenten hatte. In dem Augenblick sah ich, daß einige Häuser illuminirt wurden. In einer halben Stunde war die ganze Stadt illuminirt und die Bürger duchzogen die Straßen mit lauten Lebehochs. Die Jungens hatten sich zusammengerottet, rannten umher und brachten dem Herzog ein Lebehoch nach dem andern. Die ganze Bevölkerung war auf der Straße und bald zog ein Musikchor heran und es wurde bis Mitternacht randalt. Mir war ein Stein vom Herzen, ich sah nun hier vor der Hand Alles für durchgemacht an und blickte nun muthiger der morgenden großen Versammlung entgegen. – Heute ist Alles wieder umgekippt, die Briefe, die gestern hier verlesen wurden, waren von der Regierung ausgegangen und in allgemeinen Ausdrücken abgefaßt. Heute ist nun erst das Schreiben an den Magistrat bekannt geworden, das von der Kammer ausgeht, und vor der Hand die Bitten zurückweisen soll. Heute früh ist nun von hier eine Deputation, Sieskind an der Spitze, an den Herzog nach Bernburg abgegangen und hier herrscht wieder die größte Unzufriedenheit. Es ist ein Elend mit diesen wechselnden Stimmungen, und wir liegen unter Gottes schwerer Zuchtruthe.

*Am 27sten März* Als ich gestern Abend im Klubb war, um Neuigkeiten zu holen, trat ein Bürger herein mit den Worten: «Die Stadt ist in der größten Gährung, wir können diese Nacht Excesse erleben, man will Otto's Haus demoliren, daher müssen wir Alle Wacht halten, unser Versammlungsplatz ist Stadt Bernburg.» Meine Frau war zu Zieglers eingeladen, dahin ging ich auch, sprach heimlich mit Ziegler der auch zu kommen versprach und brachte nun einen unangenehmen Abend dort zu, da ich lieber nach Hause gegangen und mich zur Nacht vorbereitet hätte. Endlich um 8 ging die Gesellschaft auseinander. Um 9 sagte ich meiner Frau, ich sei gebeten worden diese Nacht Wache zu thun, sie möge ganz ruhig sein und mit den Kindern schlafen gehen, vorher wollte ich aber Bertha noch abholen, die bei Salmuths war. Hier fand ich eine große Damengesellschaft in der schrecklichsten Spannung und Angst, da durch Dienstboten die bevorstehende Gefahr schon bekannt geworden war. Da sie mich aber frisch und lustig sahen und ich ihnen sagte, wir würden 60 Mann hoch Wache halten, beruhigten sie sich und faßten wieder Vertrauen. Ich brachte nun Bertha nach Hause, hing meine Flinte über und ging nach Stadt Bernburg. Vereinzeltes Gesindel, welches wir überall antrafen, wich uns scheu aus. Um 3 Uhr ging ich zu Bette, aber um 6 weckten mich die Kanonen vom Ziegenberge. Nun wußte ich, die Deputation sei mit guter Nachricht zurück. Um 7 zog schon mit klingendem Spiel und mit der deutschen Fahne das Schützencorps bei mir vorbei, um dem Bürgermeister eine Ständchen zu bringen. Sieskind trat bei mir ein und erzählte mir sie, die Deputirten, seien vom Conferenzrath äußerst freundlich empfangen worden, und der Wald sei der Stadt zurückgegeben mit Schadenersatz für 100 Jahre. Die ganze Stadt war nun zufriedengestellt. Um 8 kam Piper zu mir und schüttete einen Sack schlimmer politischer Nachrichten in meinen Schoß, nahm mich dann mit zu sich und gab ein Frühstück zum besten. Als wir so beim Wein saßen, fuhr ein Wagen vor und die Gouvernante aus dem gräflich Asseburgschen Hause in Meisdorf erschien und überbrachte Pipern alle Juwelen, Gold und Silberzeug des Asseburgschen Hauses in verschiedenen großen Koffern, die wir gleich unter die Betten versteckten. In der Nacht um 2 waren nämlich 500 Bauern ins Schloß gerückt, hatten alle Zimmer besetzt und mit dem Grafen die ganze Nacht verhandelt, ihm mehrere Bewilligungen abgepreßt, versprochen die nächste Nacht wiederzukommen und sich gegen Morgen wieder verlaufen. Das ist das allerfürchterlichste, wenn erst die Bauern anfangen. Der Graf war nun fort und Niemand wußte wohin (wahrscheinlich will er

Husaren holen). Die Gräfin soll entschlossen sein, die nächste Nacht allein ruhig abzuwarten was geschehen wird. Ihre Kinder hat sie hergeschickt. – Um 2 Uhr mußte ich schon in die Reitbahn, um die Bürgergarde zu organisiren. Dies war sehr angreifend und dauerte bis gegen 8 Uhr. Mir erzeigte die erste, auch die $2^{t}$ Companie die Ehre mich zu ihrem Hauptmann zu wählen. Aber die Wahl in der $2^{t}$ Comp. nahm ich nicht an, weil ich nicht dazu gehörte und in meiner bleiben wollte und in meiner Comp. nahm ichs auch nicht an, weil bei uns lauter gebildete Leute sind und einerlei wer da commandirt, ich überdem so keine Verantwortung habe. Nächst mir hatte der Oberbereiter Brehm die meisten Stimmen und so wurde er Hauptmann und ich Gemeiner. Gefreut habe ich «mir» aber doch sehr über das Vertrauen meiner Comp. und noch mehr über das der $2^{t}$ die aus lauter gemeinen Leuten besteht, die ich gar nicht kenne. Es war eine merkwürdige Versammlung. Welch ein Unterschied mit sonst. Wie wich sonst alles zurück vor unsern vornehmen Hofleuten. Gestern galt nur noch die Persönlichkeit. Meine Nerven waren sehr angegriffen. Als es aus war, eilte ich in den Klubb und erhielt hier noch einige leidlich gute politische Nachrichten. Dahin rechne ich alles was auf Krieg deutet, der allein uns retten kann, vor völliger Zuchtlosigkeit. Hier übergab mir der Hofprediger ein Lied, welches er für die Bürgergarde gedichtet hatte, lauter Versicherungen der Treue und Liebe gegen Herzog und Herzogin enthaltend. Die Frage, die ich mir innerlich that «wie lange wird man dieses Lied noch singen?» wie lange wird noch die Rede sein von Treue und Liebe gegen das höchste Glied, da alle Mittelglieder gefallen sind, diese Frage erschütterte mich so, daß ich in ein Nebenzimmer eilen mußte, wo ich in Thränen ausbrach. O was ist aus meinem schönen Vaterlande geworden! Bei meiner Frau fand ich eine Gesellschaft unserer vornehmsten Frauen, deren Männer nun in Bernburg sind, und die alle auf mich warteten, um Nachrichten zu bekommen und etwas getröstet zu werden. Als sie fort waren, sank ich förmlich zusammen. Auf dem Markt blieb die Bürgerschaft zusammen mit Fackeln und sangen unser neues Herzogslied und andere patriotische Lieder und die Stadt wimmelte von Bauern, welche die Neugierde herbeigelockt hatte. 32 Mann von uns mit weißen Binden patroullirten und erhielten die Ordnung. Ich konnte, trotz meiner Müdigkeit nicht schlafen und war früh wieder auf. Durch die Leute habe ich erfahren, es sei in Meisdorf sehr unruhig gewesen und der Graf sei noch in der Nacht mit 50 Mann Husaren angekommen. Nun will ich aber ausgehen und hören.

*Am 29. März.* In Meisdorf ist nun Alles ruhig und die Husaren sind abgezogen. Wie lange wird diese Ruhe dauern? Bei uns gährt es in den untersten Classen. Die Leute sagen, die Vornehmen müßten doch etwas gekriegt haben, weil sie sich so freuten und illuminirten, sie aber hätten nichts gekriegt und wollten auch etwas haben – etwa Acker. – Das schönste Frühlingswetter begünstigt den Rumor. Nur auf 8 Tage Landregen würde sehr ersprießlich sein. Mir bangt vor dem Landtage in Berlin und doch muß ich wünschen, daß er zu Stande kommt, damit die neue Ordnung der Dinge auf gesetzlichem Wege herbeigeführt werde. Die schönste Frucht, auf revolutionärem Boden gereift, ist Gift und keinen Pfifferling werth. – Das Erwünschteste wäre jetzt Krieg, einerlei mit wem, und vor der Hand einerlei von welchem Erfolg, damit die Staatsmuskeln sich nur etwas wieder anspannten. Eine so plötzliche Erschlaffung aller Staatskräfte hätte ich gar nicht für möglich gehalten. Nein, jetzt da wir einige Tage weiter sind, kann ich Dich nicht mehr herwünschen und möchte mich fast fortwünschen mit meiner Familie, denn die Wetter steigen immer dunkler am Horizonte auf. Nur die Kinder sind glücklich, dieses künftige Geschlecht, weil alles neue sie anzieht; aber sie wissen nicht, welche traurige Erbschaft sie von ihren Eltern antreten können. Ich sehe meine kleine Schaar mit der tiefsten Wehmuth an.

*Am 31. März.* Morgen soll nun der Hof aus Bernburg zurückkommen, ob er aber kommt, darüber schwebt ein Geheimniß. In Bernburg sind die Herrschaften sicherer. Wir exerciren jetzt täglich in der Reitbahn oder auf dem Platze vor derselben und machen in Masse schon allerlei Bewegungen, daß es eine Lust ist. In Quedlinburg stehen 3000 Bürger unter Waffen und haben erklärt, daß sie bereit seien augenblicklich herzukommen, wenn wir ihrer Hülfe bedürfen sollten. Alles bewaffnet sich und alle Ortschaften schließen Schutz und Trutzbündniße unter einander. Jedenfalls werden die Dörfer auch bald anfangen zu waffnen. Das ist die beste Art sie vor Anarchie und Aufruhr zu schützen, denn jeder Gewaffnete steht unter Commando und sieht sich als eine obrigkeitliche Person an. – Dumpfe Gerüchte von Gährungen in Petersburg verbreiten sich hier, ich glaube aber nicht daran. Es wäre für uns ein Unglück, wenn Rußland verhindert würde, sich in unsere Angelegenheiten zu mischen. Gott schütze den Kaiser und die Ordnung der Dinge in Rußland. Dies wünsche ich im Interesse Aller, welche Ordnung und Gesetzlichkeit lieben und anstreben, so sonderbar das auch klingen mag.

Die Hühner machen ein solches Geschrei, daß ich kaum schreiben kann, weil ihnen die warme Sommerluft so wohlthuend um den Hintern weht. Ach die Natur ist gar zu lieblich und in der Menschen Herzen sieht es dabei so böse aus. Lebe wohl mein geliebter Bruder! Schreibe mir doch jetzt öfter, man braucht Freude in der bösen Zeit. Ich drücke Euch Alle ans Herz mit aller Innigkeit. O Ihr Geliebten! daß man sich so weit ist. Lebt wohl.

## N° 51 — Ballenstedt am 28. Apr. 1848

Vor einigen Tagen, mein lieber Gerhard, erhielt ich Deinen Osterbrief, der mir, obwohl er klein war, nach langem Entbehren große Freude macht. Dir, lieber Gerhard, scheint auch wie mir die Unruhe der Zeit in den Händen zu liegen, und ich muß gestehen, hätte ich nichts zu erzählen und sollte meine Briefe wie früher nur aus meinen Gedanken herausspinnen, so würde ich jetzt auch erlahmen. Im Grunde habe ich zu nichts anderem Lust, als meine Flinte auf den Rücken zu nehmen und einen Feldzug zu machen. Nicht mir allein, es geht recht Vielen so und es gießt sich nach und nach in wachsenden Strömen ein kriegerischer Geist über die ganze Bevölkerung aus. Neulich hatten wir hier ein kleines improvisirtes Maneuver, was mir viel Vergnügen machte. Ich hatte bei dieser Gelegenheit ½ Pfund Pulver verschossen und war durch meine lebhafte Phantasie ganz und gar in eine wirkliche Affaire versetzt. Du würdest gewiß schwitzen wie ein Braten, wenn Du diese Spiele mitspielen solltest, und mir geht es auch so, doch sind mir diese Motionen bis jetzt immer ganz gut bekommen.

Gestern hatte ich einen unangenehmen Abend. Unser Commandeur hatte von der Regierung sich eine Instruction erbeten und zur Antwort bekommen: er möchte sich vom Bataillon eine machen lassen und sie dann zur Begutachtung und Genehmigung einschikken. Dazu kamen denn gestern alle Offiziere zusammen und überdem von jeder Compagnie ein gewählter Unteroffizier und ein Gemeiner. Ich war von meiner Compagnie gewählt und da ich wußte, wie es bei solchen Versammlungen herzugehen pflegt, so arbeitete ich zu Hause eine Instruction aus um doch etwas bestimmtes der Versammlung vorlegen zu können. Hätte ich diese Arbeit nicht gehabt, so hätten wir keinen einzigen Paragraphen zu Stande gebracht, denn keiner war vorbereitet. Wenn ich einen Paragraphen vorgelesen hatte, so war in der Regel Alles dagegen, weil sie falsch verstanden und nicht recht gehört hatten. Einige ungebildete Leute schrien und brüllten dann untereinander und ich mußte geduldig oft 10 Minuten warten, bis es mir gelang mit meiner Vertheidigung zu Worte zu kommen. Unterstützt wurde ich glücklicherweise von 3 Advokaten, von denen der eine eine Stimme hat wie ein Auerochse und so brachte ich denn endlich alle meine Paragraphen, mit wenigen, ja nachtheiligen Modificationen, zur Annahme. Von einer solchen Gesellschaft hast Du gar keinen Begriff, das Schreien und Toben, das Ver- und Entwirren dauerte von 6 bis 9 Uhr Abends, und ich habe meine Geduld dabei bewundert. In einer solchen Commission der Gescheuteste zu sein, ohne doch dabei die Eigenschaft einer Autoritätsperson zu haben, ist ein wahres Unglück.

*Am 9. Mai.* Vor einiger Zeit stand in der Magdeburger Zeitung ein frecher Artikel von einem gewissen Dulon, Prediger zu Magdeburg. Derselbe entwirft im Herrscherton für Preußen eine Art Verfassung, in welcher dem Könige so wenig Raum gegönnt ist, daß die Monarchie von selbst in kurzer Zeit zur Republik umschlagen müßte. Da fühlte ich mich denn gedrungen eine gründliche Widerlegung anzufertigen, setzte meinen Namen darunter, weil ich gegen einen Namen schrieb, glaubte aber nicht, daß man den Artikel aufnehmen würde, wegen der Volksgunst, in der Dulon steht. Zwei Tage darauf prangte aber doch ein langer Artikel mit meinem Namen in der Zeitung. Es war dies eine Ueberraschung für die Ballenstedter und ich hörte von allen Seiten viel Schmeichelhaftes. Von dieser Zeit an sind eine Menge Ausfälle gegen Herrn Dulon gekommen. Ein Ungenannter schickt ihm sogar eine goldpapierne Krone für seine Verdienste, und bittet ihn diese bei der Redaction abzuholen. – Uebrigens sind wir noch nicht über den Berg, wie Du zu hoffen scheinst. Die Zeit ist trübe und dumpf und brütet gewiß noch ein Gewitter aus. Die Wühlereien in den unteren Volksclassen von Seiten der Radicalen sind noch im besten Zuge und ihnen zu steuern, haben die Regierungen noch kein Mittel erfunden, da sie ja im ersten Schrecken alle Gewalt aus den Händen gegeben haben. Die etwa noch vorhandenen Mittel kräftig zu benutzen, dazu fehlt die Energie. Deutschland ist in diesem Augenblick so zersplittert wie jemals und wenn nicht irgend ein Gewaltsmensch die Kraft hat durchzugreifen, so wird das Volk auf dem Frankfurther Tage sich schwerlich einigen können. Die Verfassung kann nur Einer geben, und zwar Einer, in welchem physische und moralische Gewalt sich einen. Wenn aber 900 sie machen wollen, so wird ohne Gottes Wunder nichts besonderes herauskommen.

*Am 13. Mai.* In Bernburg ist der Kammerrath Zachariä zum Deputirten für Frankfurt ernannt worden und jedenfalls hat man an ihm keine schlechte Wahl gethan. Ich habe auch einige Stimmen gehabt, welches mir lieber ist, als wenn man mich wirklich hingeschickt hätte, da ich mir von der Frankfurter Versammlung nichts verspreche, im Gegentheil fürchte, daß sie irgend ein klägliches Ende nehmen wird. – In Mainz sieht man was die Gewalt vermag, wenn sie richtig verwendet wird. Sie würde überall dieselben Resultate haben. Bleibt man nur seinen Worten treu und verstößt man nicht gegen das Recht, so kann man auch stark auftreten. Die Volkskraft ist nur eine Kraft gegen das Unrecht. –

*Am 17. Mai.* Vor einigen Tagen waren wir einen Abend oben auf der Altenburg mit 24 Personen. Wir hatten ein großes Feuer, an welchem Thee gekocht wurde und auf dem duftenden Thymian des Waldbodens war ein Tischtuch ausgebreitet, um welches wir lagerten und nach der kalten Küche langten, die Alle mitgebracht hatten. Die jungen Leute sangen und spielten, wir Alten saßen am Abhange und bewunderten die Masse von Maikäfern, welche in ununterbrochener Wolke fortwährend aus dem Walde herüber nach den weit unten liegenden Feldern schnurrten, um daselbst ihre Eier zu legen. Es war ein schöner traulicher Abend. Ueberhaupt ziehen wir jetzt viel in großer Gesellschaft in den Wald. Gewöhnlich bilden wir den Stamm, an den sich einige Frauen und junge Mädchen und Herren hängen, die dann unter unserem Schutz mit einander verkehren können. Bisweilen schließen sich aber auch noch andere Familien an, neulich sogar der Herzog, der sehr vergnügt unter uns war, wie ich ihn fast noch nie gesehen habe. Unser ganzer Gesellschaftskreis zeichnet sich übrigens jetzt durch einen wirklich feinen und natürlichen Ton aus, und besonders ist es eine Lust die jungen Leute beiderlei Geschlechts mit ein-

ander verkehren zu sehen, wie bei aller großen oft ausgelassenen Fröhlichkeit ein richtiger Tact sie nie verläßt, bei den jungen Mädchen keine Spur von Prüderie und Ziererei und bei den Herrn der ritterlichste fröhlichste Frauendienst. Früher war hier ein unangenehmer gezierter Ton, und es ist Niemand anders als die Herzogin, der wir die Besserung zu danken haben. Sie hat Ehrlichkeit in die Umgangsformen gebracht und durch ihr natürliches Wesen die altfränkische Ziererei gebrochen. – Das Getreide steht prächtig. Wir haben 15–20° Wärme und eine Masse von Nachtigallen wie seit langen Jahren nicht. Julchen und ich liegen nach dem Abendessen oft stundenlang im Fenster, blicken in die mondhelle Nacht und lauschen jenen wunderherrlichen Tönen. Ich grüße Euch Alle sehr herzlich, alle meine liebe Verwandten. Gott schütze Euch und uns. Wenn Du kannst, so schreibe solange es noch geht. Diese Freude wird wohl auch unterbrochen werden. – Julius will diesen Sommer mit Martin zu uns kommen. Er ist sehr bestürzt über die kirchlichen Zustände. Ich denke schlechter können sie nicht werden als sie waren; übrigens machen mir diese Dinge keine Sorge mehr. Das ist Gottes Sache. – Es scheint, daß die eine Hälfte Deiner Besucher Dir beschwerlich fällt durch Reden, die andere durch Schweigen. Du Armer! Ich lade Dich hiermit voll Grüße bis an die Mündung wie eine alte Kartaune – und nun gehe los! –

N° 52 Ballenstedt am 1. Juli 1848

Lieber Gerhard,
Vor einiger Zeit empfing ich einen Brief von Dir, ohne russisches Postzeichen. Du brauchst Dich solcher kurzer Briefe nicht zu schämen, dieser war vortrefflich, voller Ingrimm und Liebe. Ich glaube jetzt selbst, daß Du einen doppelten Menschen in Dir trägst, das heißt ich glaube Du hast zwei Seelen, welche wie die beiden berühmten Siamesen mit dem Hintern zusammengewachsen sind. Bei Deinem Tode wird die eine in Form von Kohlensäure entweichen, die andere, die liebende Seele, wird aber in den Himmel kommen. Daß Dir Deutschland vorkommt wie ein fauler Apfel, an dem blos die Kerne noch gelten, oder auch wie eine Woche ohne Sonntag, daran erkenne ich Deinen guten Verstand. Ich habe diese vortrefflichen Bilder in goldene Rahmen gefaßt und im Audienzzimmer meines Gehirns aufgehängt. Unsere politischen Aussichten sind sehr hoffnungslos. Zwar hat der faule Apfel noch viele

gesunde Stellen, aber den Gesetzen der Natur nach fressen nie die gesunden Stellen um sich, sondern immer die faulen. Durch Gottes Gnade kann es freilich auch umgekehrt gehen, und darum wollen wir beten. Du bedauerst, daß wir keinen großen Mann haben. Ich bedaure es auch recht sehr, besonders daß deren keiner auf einem Throne sitzt. Im Volke stecken gewiß ihrer etliche, aber sie können nur durch scheußliche Ereigniße von der Masse entbunden werden, was ich wiederum nicht wünsche. Die Nationalversammlung in Frankfurt kämpft einen fürchterlichen Kampf. Die Bestien, die sie in ihrem Schooße hat, finden bei der dummen Masse am meisten Anklang, weil Bestie sich zur Bestie gezogen fühlt und sie untereinander ihr Gebrüll am schönsten verstehen. Du frägst ob ich glaube, daß Deutschland zur Einheit gelange, und willst damit sagen, daß Du es immermehr glaubest. Ich glaube aber, daß wir die Ruhe nicht eher wiederhaben werden, als bis diese Einheit vollbracht ist. Eine Einheit wie Frankreich und Rußland sie haben, können wir allerdings fürs erste nicht bekommen, aber eine Einheit, die besser ist als die des Deutschen Reichs war, wäre allerdings möglich. Daß das Volk bei uns politisch unreif ist, darin hast du recht, aber eben so unreif haben sich die Fürsten gezeigt, sonst hätten wir die ganze Katastrophe nicht erlebt. Trotz dieser Unreife auf der einen Seite und der Fäulniß aller Verhältniße auf der andern, muß man sich aber doch wundern, daß die Sachen bis jetzt noch so gegangen sind. Unreifer als die Franzosen haben sich die Deutschen aber durchaus nicht gezeigt, sie haben es nur mit viel schwierigeren Verhältnißen zu thun gehabt – die deutsche Aufgabe ist eine bei weitem größere.

In Ermsleben besitzt ein Herr Käferstein eine höchst interessante Papiermühle, die ich mir neulich mit dem Hofrath Piper besehen habe. Der alte Käferstein ist ein gescheuter Mensch, sonst aber wie ein Bauer. Er hat ein Gesicht zwischen Zeiselbär und wilder Katze und haarige Hände, eine Figur wie ein Würfel und eine Schürze um den Leib. Dieser alte Eisenfresser empfing uns französisch und wir bedienten ihn in dieser Sprache ohne eine Mine zu verziehen. Er setzte uns Wein und trockenes Brod vor, weil er keine Butter hatte und bei dieser Kost wurde die Unterhaltung im allersündhaftesten Französisch ganz ernsthaft fortgeführt, bis endlich Piper mit deutschen Flüchen in ein lautes Lachen ausbrach. Die Sache wurde dadurch so lächerlich, daß wir eigentlich beide Käferstein nur von Ansehn kannten, ihn auch gar nicht besuchen wollten, sondern nur gekommen waren, um seine Mühle zu sehen. Diese letztere ist sehr interessant. Es ist eine Maschine durch die ganze Länge eines großen Saales aufgestellt. Am oberen Ende wirft man die Lumpen hinein und am unteren wickelt sich das Papier ohne Ende ganz fertig trocken und geplättet um eine Walze auf. Diese Vorkehrung hat ihm 85000 Thaler gekostet.

*7. Juli.* Hältst Du denn das Volksblatt für Stadt und Land noch? Gleich nach den Berliner Unruhen gab es Tippelskirch ab, weil er die Unhaltbarkeit seiner politischen Ansichten für Deutschland nun wohl erkannte, und jetzt redigirt es Florencourt. Dieser ist ein viel besserer Politiker und hat die durchaus richtige Ansicht, aber leider hat er sich durch die Ausschweifungen unserer Jetztzeit zu sehr erbittern lassen und wird durch diese Bitterkeit im Widerspruche zu weit getrieben. Er sieht sehr schwarz und allerdings wenn sich die Folgen politischer Ereigniße berechnen ließen, wie ein mathematisches Exempel, so hätte er alle Ursache dazu. Sehr vieles aber was auch in der Zeit liegt, sehen wir gar nicht und doch gehört es mit zu den Wurzeln, die den künftigen Baum treiben. Gewöhnlich kommen die Begebenheiten anders, als sie sich den Consequenzenmachern im Horoskop darstellen. Heute können wir Emil erwarten, der von Berlin kommt und eine Tochter von Fritz genannt Maria mitbringt. Zu den Hundstagen kommt auch Julius mit seinem Martin auf einige Zeit zu uns. Auf ihn freue ich mich und habe ihn auch wieder lieb, seitdem er mit Adelheid vernünftiger lebt. – Wenn er auch sonst, wie wir Alle, manch Böses an sich hat, so buhlt er doch bei seinem Christenthum auf keine Weise mit der Welt. Er hat den Trotz edler Gemüther und würde sich für seine Ueberzeugung brennen lassen. Auch sieht er aus wie ein Märtyrer, der an allen seinen Gliedern gefoltert und gerädert worden ist.

*Am 20. Juli.* Der Brief hat lange gelegen und nicht wenig hat sich unterdeß ereignet. Erstens erhielt ich einen überaus lieblichen Brief von Helene, dann kam Emil hier an, darauf ein, wenn auch nicht lieblicher, doch kernhafter Brief von Dir und endlich reiste Emil wieder ab. Eines Abends fanden wir Emil hier vor, als wir vom Alexisbad ziemlich spät heimkehrten, wo wir zur Tafel gewesen waren und köstliche Stunden mit unserer Herzogin verlebt hatten. Emil war unbeschreiblich guter Dinge und hat uns sehr amüsirt. Er hat ein unbegreifliches Talent, abwesende Personen in ihrer ganzen Eigenthümlichkeit redend anzuführen. Er imitirt dabei aufs Genauste alle deutsche Dialecte sowohl, als auch noch überdem die individuelle Sprechweise jeder einzelnen Person. Bisweilen ist dies im höchsten Grade lächerlich, dann aber auch wieder sehr rührend, wenn man längst verstorbene Menschen reden hört, als säßen sie vor einem, wie z.B. meinen seligen Schwiegervater. Ja Leute, die wir vor 30 Jahren zusammen gekannt haben, wie die Lehrer auf der Bernburger Schule, zaubert er herbei, und man kann sich dabei nicht genug wundern über ein so kolossales Gedächtniß. Mein Hauptvergnügen hatte ich mit ihm des Morgens früh und Abends nach dem Essen. Morgens beim Kaffe einen Gast zu haben, ist immer ein besonderer Schmaus für mich. Wir rauchten dann eine aromatisch duftende Pfeife und ich las die ganze Zeitung vor, Wort für Wort 3 ½ Bogen lang. Dazwischen wurde gekannegießert und Julchen das Nöthige erklärt. Abends nach dem Essen aber holte ich aus meinem Schrank ein paar ganz feine echt amerikanische Zigarren und dann führte Emil seine unnachahmlichen Dialoge auf, wobei Julchen und ich Thränen lachten.

*Im August.* Wer behaupten wollte, daß auf diesem Briefe kein Unsegen liege, der würde sich irren. Es ist derselbe durchaus nicht zu Ende zu bringen. Ich war einige Tage in Thale, wo ich das Portrait des alten Oberforstmeisters Lavière gemalt habe. Als ich nach Hause kam, fand ich Alles voll Besuch. Hermann, Julius und sein Martin waren da. Julius ist ganz abscheulich alt, gelb und so mager geworden, nicht wie ein Skelett, sondern wie eine bloße Haut. Er hatte uns schon abgeschrieben, er wolle nicht kommen, nun traf es sich aber, daß die Tecklenburger Bürgerwehr Fahnenweihe halten wollte und er sollte die Weihrede halten. Das war ihm so verhaßt, daß er plötzlich mit Martin durchging, die Feierlichkeit dem zweiten Prediger überlassend. – Hermann ist mir der behaglichste Gast und wäscht jetzt eben meine Pinsel. Einen Bart hat er noch nicht, aber mit Federn schmückt er sich wie ein Wilder. – Wenn Du glaubst, daß ich gar nicht mehr male, so irrst Du doch. Ich habe im Gegentheil gerade seit den Unruhen ziemlich viel zu Stande gebracht und habe gegenwärtig recht viel zu thun – bin nur leider gar zu schlecht bezahlt; aber wenn ich arbeiten will, so muß ichs à tout prix thun. Ich schreibe und spreche aber nicht gern von meinen Malereien, weil mir das langweilig ist, und ich auch nie zufrieden mit meinen Arbeiten bin. In der politischen Welt sieht es im Allgemeinen sehr trübe aus, speciell aber bei uns sehr gut. Die Dessauer Vereinigungsgelüste sind entschieden zurückgeschlagen worden. Wunderlicherweise ist die Mehrheit unserer Deputirten für einen Anschluß an Dessau gewesen, das Volk hat aber auf den Gallerien einen solchen Sturm erhoben und so gräuliche Drohungen gegen die Deputirten sind laut geworden, daß man den Antrag, nachdem schon abgestimmt gewesen, hat zurücknehmen müssen. So wenig ist die wahre Volksmeinung in den Deputirten vertreten. Die Ballenstedter, vereint mit mehreren anderen Bürgerschaften haben neulich, während ich in Thale war, dem Herzoge einen Riesenfakkelzug in Alexisbad gebracht und ihm dabei in einer Rede versichert, daß sie ihm treu ergeben seien und immer zu ihm halten wollten. Sie haben ihm gedankt für die Freiheit, die er ihnen geschenkt habe und Gott angerufen, ihnen ihren theuern Herzog noch recht lange zu erhalten. Der Herzog ist dabei so gerührt gewesen, daß er geweint hat. – Sonst sieht es in Preußen und im übrigen Deutschland gar jämmerlich aus. Dem Adel, der Geistlichkeit, der Wissenschaft, den Genies wird der Krieg erklärt – Dorfschulmeister dominiren und sind das Höchste was man sich denkt. Sie sind jetzt der gefeierte Stand. Zwischen Militär und Civil ist ein gräulicher Spalt entstanden und nicht zu begreifen, wie diese Wunde heilen soll. Es ist ein böser Geist über uns ausgeschüttet, die drei Froschgeister in der Offenbarung, welche Freiheit, Gleichheit und Brüderlichkeit bedeuten. Summa es ist die ganze Welt verdreht und verkehrt, aber fest steht der Himmel und birgt ein ewiges Heil.

*9. Aug.* Vor 8 Tagen ist in Magdeburg ein Student eingerückt, sage 1 Student. Derselbe hatte Lederhosen an, Kanonenstiefel, einen Federhut auf dem Kopf und einen blankgezogenen Säbel auf der Schulter. So rückte er im langsamen Paradeschritt zum Thore ein, durch alle Straßen bis in seine Kneipe, furchtbare Blicke um sich schleudernd. Ueberhaupt sind Studenten jetzt häufig bis an die Zähne bewaffnet. Ich wünschte, es würde bei jeder Universität ein russischer Knutmeister als Rector angestellt und schriebe diesen Milchbärten täglich ihr Compendium auf den Hündern. –

Gestern machte Gerhard auf der Altenburg Feuerwerk. Zuletzt kam ein ungeheuer dicker Sprühteufel, oder Patermännchen, welcher der Reichsverweser oder Reichsverfauler hieß. Großen Effect hatte man sich von ihm versprochen; er war aber zu alt und trokken geworden und zerplatzte mit einem großen Knall. –

## N° 53 Ballenstedt 27. Sept. 1848

Mein geliebter Bruder Gerhard,
Zwei Briefe von Dir liegen vor mir, von denen ich den einen mit den Wechseln heute, den andern etwa vor 3 Tagen bekam. Damals meldetest Du mir den Tod von Oncle Stackelberg. Unser lieber alter Oncle! Ich kann mir denken, wie sehr er denen fehlen mag, die Poll besuchen. Daß er so ergeben gestorben ist und das Christenthum ihm noch zum Stabe geworden, oder vielmehr sich ihm noch als Stab im Tode bewährt habe, ist ganz besonders tröstlich. Uebrigens wohl ihm, daß er überwunden hat. In wiefern seine lieben Töchter ihn mehr oder weniger vermissen mögen, kann ich in keiner Weise beurtheilen, da mir ihr gegenseitiges Verhältniß zu einander nach und nach völlig fremd geworden war. Was mich anbelangt, so möchte ich Poll ohne ihn kaum wiedersehen. – Ich habe Dir lange nicht geschrieben, und bin auch jetzt eben so zerstreut, daß es eine Gewaltthat ist, wenn ich diesen Brief beginne. O mein lieber Bruder, unsere Sachen stehen recht schlecht, und ich kann mir kaum denken, wie unser Vaterland aus den Fesseln dieser Bosheit wieder loskommen soll. Vor einigen Tagen, nach dem Armeebefehl des General Wrangel und seiner Rede an die Bürgerwehr schöpfte ich wieder Muth, jetzt aber nach dem Auftreten des Ministeriums Pfuel ist man kaum zum Muthschöpfen noch berechtigt. Man fängt wieder an zu vermitteln, und wird auch vielleicht noch einmal den Sturm beschwören, zugleich versäumt man aber auch vielleicht den einzig glücklichen Moment, der Schlange den Kopf zu zertreten. Auf dem Wege ruhiger Entwickelung wird sich nichts als Gift entwickeln. Wenn Du wenig Zeitungen liest, und diese Lectüre Dich langweilt, so lese ich weiter gar nichts mehr als die Zeitung, und es ist dies das Einzige, was Interesse für mich hat. – Es hat sich bei uns unendlich viel verschlimmert, seit ich Dir nicht geschrieben habe; die Stimmung des Volks hat sich verschlechtert, und Personen, von denen ich es in meinem Leben nicht gedacht hätte, Leute mit denen ich ihrer unbedingt absolutistischen Ansichten wegen, oft in Streit gerieth, lassen sich jetzt zu Pöbelschmeichlern herab, und treten gegen Adel, Fürsten und Militär in die Schranken. Tiefe Blicke in die Schlechtigkeit und in das Verder-

ben menschlicher Natur habe ich in diesem letzten halben Jahre gethan, wie früher noch nie. Daß Deutschland schon jetzt eine Beute der Demagogie werden sollte, kann ich mir kaum denken, wir werden uns vor der Hand wohl noch einmal erholen, und dann wird hoffentlich mancher Schurke einsehen, wie sehr er sich verrechnet hat. In welcher Blüthe stand Preußen! Noch nie, solange es Geschichte giebt, hat man von einem Staate gehört, der solche Höhe erreichte. Ein durchaus humanes Gouvernement; den intelligentesten Beamtenstand, der je existirt hat; ein großes schlagfertiges Heer, so tapfer und so durch und durch ehrenfest, daß es trotz aller Perfidie der Zeit noch als unverletzt anzusehen ist; die besten Schulen in Deutschland; Handel und Industrie in nie gesehenem Aufschwung; einen Staatscredit ohne gleichen usw. – aber an der Spitze ein schwatzendes, geistreiches, unthatkräftiges Kind! – Jetzt, noch jetzt könnte er retten, wenn er der Mann danach wäre, aber er ist eben kein Mann, und sieht es mit an, wie auswärtige Wühler sein ganzes Volk demoralisiren.

*Am 11. Oct.* Ich kann nicht begreifen, wie es kommt, daß es diesmal gar nicht gelingen will, den Brief zu beendigen. Ich bin aber immer sehr zerrissen gewesen, nie frei an den Abenden, und am Tage die Arbeit, dazu keinen Stoff, weil keine rechte Lust. Ist die letzte da, so fehlt der erste immer. Von Julius, glaube ich, schrieb ich Dir schon, daß ich diesmal sehr zufrieden mit ihm gewesen bin. Er blieb 4 Wochen hier, und dennoch sind wir ganz ohne Streit miteinander fertig geworden. Bei meiner Arbeit, die damals von der Art war, daß ichs leiden konnte, las er mir gewöhnlich des Vormittags vor. Las er mir nicht vor, so saß er bei Julchen, mit dieser alte Briefe lesend, auf welche Lectüre er überhaupt erpicht ist. Sonst war er sehr still und in Gesellschaft einem Todten gleich. Er war in sofern ein bequemer Gast, als er keinerlei Ansprüche machte und nicht wie meine anderen Schwäger noch Divertissements verlangte. Adelheid schreibt er habe mich bei dieser Gelegenheit lieb gewonnen und nenne mich nie anders als seinen lieben Bruder. Mich hat sein diesmaliger Besuch Adelheids wegen von neuem sehr beruhigt, obgleich er immer noch ein sehr sonderbarer Mensch ist, der durch seine enorme Zerstreutheit allein einen schon hinlänglich martern kann. Hermann war mit ihm zugleich hier, ganz der alte herzensgute Junge, nur darin verändert, daß er eine männlichere Erscheinung abgiebt als früher und überhaupt mehr aus sich heraustritt. Er nimmt frisch an jeder Unterhaltung Theil und hat sehr viel gewandtere Manieren bekommen. Ein Dichter steckt freilich nicht in ihm, aber ein Kern, der sich für diese und für jene Welt, wie ich glaube, durchaus trefflich entfalten muß. Aussehen thut er wie ein Freischütz, im schwarzen altdeutschen Rock und Tyroler Hut mit schwarzer Feder, die aus einer riesigen Freiheitskokarde herausstrebt. Sehr neideten meine Jungens diese Tracht. Unter seinen Gesellen scheint Hermann sehr geliebt zu sein, welches auch natürlich ist, da er durchaus das glückliche Naturell seines sel. Vaters ererbt hat. Ich habe den trefflichen treuen Jungen sehr in mein Herz geschlossen. – Ganz weich konnte er werden, wenn wir auf unseren Wanderungen durch Gegenden kamen, die dem Finnschen Gehäge ähnelten. Dieses ist der Maßstab, den er überhaupt für schöne Natur in sich trägt, so wie etwa ich den Typus von Lotzdorf habe.

In Wien steht die Revolution in voller Blüte. Die Stadt soll in Blut schwimmen. Den Kriegsminister haben sie aufgehenkt, Wessenberg soll erschlagen sein, das Militär ist aus der Stadt getrieben, der Kaiser nach Tyrol geflüchtet und der Reichstag permanent. Wird man dieses Aufstandes nicht Meister, so geht der Sturm über ganz Deutschland. Gestern Abend langte ein Gerücht hier an: Wien werde bombardirt und die Vorstädte ständen bereits in Flammen. Ich bin durch diese Nachrichten so aufgeregt, daß ich vor der Hand nichts thun kann. Wir haben diesesmal den Geburtstag unserer Herzogin mit dem Gefühl gefeiert, daß es der letzte sei. Zum ersten Male wurde auch nicht getanzt. Wer von uns kann wissen, ob er nicht übers Jahr, ja über 4 Wochen an irgend einer Laterne hängt. Die Meinigen grüßen sehr herzlich. Es ist mir doch eine Beruhigung, daß Du mit den Deinigen jetzt in Rußland geborgen lebst. Vale et ama!

## Nº 54 Ballenstedt 22. Oct. 1848

Mein lieber Gerhard,
Seit einigen Tagen wird unser Bernburger Landtag von den Demokraten förmlich terrorisirt und wir stehen jetzt alle unter einem Knüttelregiment. Das Ministerium ist in Folge ungesetzlicher Gewaltschritte des von der radicalen Minorität eingeschüchterten Landtags aufgelöst und für den Augenblick giebt es im Lande eigentlich keine gesetzliche Autorität mehr. In solchen Zeiten thut

man einen tiefen Blick in die Herzen der Menschen, – da sondert sich der wahre Adel von Gottes Gnaden vom Plebs. Heute Mittag bin ich wieder auf dem Schlosse und gehe mit bitterem Schmerz hin. Meiner Meinung nach haben wir völlig verspielt und der ganze Hof ist nur noch ein Kartenhaus, das ein Windstoß fällen kann und wird. Bekommen wir nicht bald die Zusicherung der Reichsgewalt, daß sie vermitteln will, so bleibt meiner Meinung nach dem Herzoge nichts anderes übrig als zu abdiciren und ich wünschte es wäre schon geschehen, damit man nur wieder Gewißheit habe. Es ist ein tiefer schneidender Schmerz für mich, dies schöne Land, was ich so geliebt habe, rettungslos von Buben zerstören zu sehen, und ich wünschte, es wäre erst so weit, daß ich mich auf die Trümmer setzen und weinen könnte. Ich bin jetzt während dieser scheußlichen Entwickelung in einer so fieberhaften Aufregung, daß ich gar nicht arbeiten kann, obgleich ich zu thun genug habe. Aber seit 8 Tagen thue ich nichts als herumlaufen und warte von einer Stunde zur andern auf die sich drängenden Begebenheiten. Hier habe ich so recht in die schmälige Schwäche und unverantwortliche Fehler der Regierung geschaut. Wenn es überall so ist, so ist es kein Wunder, wenn in ganz Deutschland die Monarchie verloren geht. Es ist wie ein Kampf der Lämmer gegen die Wölfe. Man giebt das Schwert aus der Hand, um sich damit schlagen zu lassen, – es ist nichts anderes als ein dunkles Gottesgericht.

*Pipers Wohnung am 2t Nov.* Ich schreibe an Pipers Schreibtische, weil ich jeden Augenblick erwarten muß, daß meine Papiere versiegelt werden und ich in Untersuchung komme. Es ist mir unmöglich hier noch alles zu erzählen, was seit dem 22. Oct vorgekommen ist, – nur summarisch. Da keine Hülfe, ja nicht einmal eine Antwort auf verschiedene Briefe nach Frankfurt erfolgte, so beschäftigte man sich hier am Hofe ganz ernstlich mit der Idee der Abdankung. Darauf arbeitete auch ich nach Kräften hin und suchte namentlich dahin zu wirken, daß das Land nicht Dessau abgetreten, sondern der Reichsgewalt zur Disposition gestellt würde. Die Herzogin schwankte hin und her, bald war sie willig, bald schien ihr eine Entsagung der Landeshoheit wieder ein Verbrechen. Indessen mußte es doch geschehen, weil gar keine ordentliche Gewalt im Lande existirte, das alte Ministerium aufgelöst war, und dem neuen wieder die Sanction des Herzogs fehlte. Die Uebergriffe des Landtags häuften sich von Tage zu Tage, und überdies sehen alle gescheuten Männer ein, daß unter den jetzigen Verhältnißen die kleineren deutschen Staaten nicht mehr bestehen können und doch jedenfalls mediatisirt werden müssen. Meine Idee mit der Abtretung an die Reichsgewalt schien endlich bei der Herzogin die Oberhand zu gewinnen, denn ich bekam am 29. Oct. den heimlichen Auftrag für die Herzogin einen Brief an den Reichsverweser aufzusetzen mit der Abdankung. Es war für mich eine schmerzliche Arbeit, und die Hand würde mir versagt haben, wenn ich irgend noch die geringsten Hoffnungen gehabt hätte. Die H. war mit meinem Briefe sehr zufrieden und schrieb ihn ab, um ihn dann als ihre eigene Arbeit einem paar der ehemaligen Minister, von denen sie sich noch berathen läßt, vorzulegen. Diese waren ebenfalls damit einverstanden und der Brief sollte abgehen. Da erzählte mir die Bernstorff, die Herzogin habe wieder Reue empfunden, sei von der Abdication abgestanden und habe einen Herrn nach Frankfurt geschickt, der nochmals um einen Reichscommissär persönlich bitten solle. Dabei war die B. ganz wohlgemuth und forderte mich auf, nun auch wieder guten Muth zu fassen. Ich war aber wüthend, weil ich nun einsah, wie wirklich alle Fürsten von Gott mit Blindheit geschlagen sind und ihrem Verderben unausbleiblich entgegenlaufen müssen. Alles was später erfolgte, sagte ich der B. nun voraus und konnte mich nicht halten, sondern ging fort. – Gestern Morgens 10 Uhr stürzte Cramer bei mir ein, mit der Nachricht, es würde heute Nachmittag eine Deputation des Landtags kommen, um den Herzog zur Unterschrift der Verfassung zu bewegen, die erst vorgestern Abend fertig geworden war, mit einer Civilliste von 65000 Thaler und anderen Ungehörigkeiten und Rasereien. Ich setzte mich gleich hin und schrieb der B. sie solle der Herzogin rathen, augenblicklich einen Brief mit der Abdankung nach Quedlinburg auf die Post zu senden, um den Herren sagen zu können, sie müßten sich nun wegen der Sanction ihrer Verfassung nach Frankfurt wenden. Noch fügte ich mehrere Vorsichtsmaßregeln bei und schickte Bertha mit dem Briefe aufs Schloß. Diese kam bald mit dem Bescheid zurück, die Herzogin wäre mit der B. ausgefahren, man wisse nicht wohin. Ich schöpfte sogleich Verdacht und bald erhielt ich von der B. ein paar Zeilen mit der Anzeige sie hätten sich mit dem Herzoge nach Quedlinburg begeben. Ehe ein paar Stunden um waren durchlief die Nachricht die ganze Stadt. Eine Deputation der Bürgerschaft ging noch vor Abend ab, um den Herzog zurückzuholen, das Militair besetzte das Schloß, die Bürgerwehr durchzog Compagnieweise die Stadt, welches Vergnügen ich bis 11 Uhr Nachts mit meinen Kameraden theilte. Heute hören wir nun, daß der Herzog in Quedlinburg sehr geehrt und gefeiert wurde, die Cüirassire haben ihm ein Hurrah gebracht, die hiesige Deputation ist nicht vorgelassen worden. Wie sich nun hier die Stimmung gestaltet, weiß ich noch nicht. Schierstedt, Führer der Demokraten setzt auf mich, Cramer und Kutteroff als die Anstifter der Flucht; von der andern Seite sollen aber Vielen die Augen aufgehen, da sie nun sehen, wohin Schierstedt sie geführt hat. Vom Landtage ist ein Geschworengericht, welches hier die Untersuchung gegen uns führen soll, doch werde ich mich nicht stellen. Es ist eine heillose Unordnung. Ich befinde mich wie im Fieber. Cramer ist nach Quedlinburg nachbeordert, wo sich auch Kutteroff und Krosigk (Ehrenmänner) befinden. Der Herzog ist jetzt in ausschließlich guten Händen. Nun lebe wohl, lebe wohl! Piper will diesen Brief selbst nach Quedlinburg bringen, da ich über Bernburg nicht mehr sicher schreiben kann. Ich schließe Euch Alle ans Herz! –

## Nº 55

Ballenstedt am 18. Nov. 1848

Mein alter lieber Bruder Gerhard,
Gott Lob es bricht eine bessere Zeit herein über das arme gequälte deutsche Vaterland, und mein Herz füllt sich mit Freude und Dank. Wien ist gefallen und endlich hat sich auch der König von Preußen ermannt. Das weißt Du durch die Zeitungen Alles so gut als ich. Meinen letzten Brief schloß ich, dünkt mich, mit der Nachricht von der Flucht unseres Hofes nach Quedlinburg. Es war ein angstvoller Nachmittag und Abend. Ich füchtete ernstlich ein Attentat des Pöbels auf mein Haus, weil auf mich als Hauptreactionär große Wuth gelenkt war, und Viele mir jene Flucht in die Schuhe schoben. Bis 4 Uhr blieb ich bei Piper und dann begab ich mich nach Hause, rief meine Frau und Töchter auf mein Zimmer und gab ihnen Verhaltungsregeln im Fall eine Rotte vors Haus rücken sollte und ich nicht da sei. Geld und Papiere hatte ich schon zu Piper gerettet und die Meinigen sollten über den Gartenzaun sich ebenfalls zu ihm begeben. Während wir das beriethen, machte ich mir 12 Stück scharfe Patronen und richtete mich gänzlich zu einem nächtlichen Feldzuge ein. Kaum war ich fertig, so wurde ich auch in aller Stille in den großen Gasthof commandirt, wohin der ganze

Flintenzug meiner Compagnie auf diese Weise bestellt worden war. Meine arme Frau war ganz ängstlich, als ich abzog; sie blieb allein mit der Kinderschaar zurück. Im Gasthof begab ich mich in unseren Klub, wo ich den ganzen jüngeren Theil der Gesellschaft schon bis an die Zähne bewaffnet fand. Wir spielten Billard, denn an eine eigentliche Unterhaltung war nicht zu denken, weil wir Beispiele hatten, daß der Volksklub unten in der Stadt immer genau von Allem unterrichtet war, was oben bei uns gesprochen wurde. Mehrere Männer, von denen ich es nicht geglaubt hätte, waren so total einer ganz gemeinen Furcht erlegen, daß auf ihre Ehre nicht mehr zu rechnen war. Endlich erlöste uns der Aufruf zum Abmarsch. In der Allee hatte sich nämlich eine Masse Volks versammelt, die da schrieen und krakelten und sich zu einem Exceß begeisterten. Als ich so mit meiner Muskete in meiner Compagnie stand, und der frische Nachthauch mir um die Backen wehte, wurde mir wieder wohl. Ich stand im vordersten Gliede der ersten Section, und als wir angetreten waren, reichte ich den Andern die Hand und sagte: «Nicht wahr Kameraden wir leiden keine Ungebühr und stehen fest wie die Mauern?» Ja, ja, hieß es von allen Seiten, wir bleiben fest. So marschirten wir denn zu 3 Sectionen eng geschlossen vom Gasthof ab. Es war pechrabenschwarze Nacht, durch die einzelnen Straßenlampen nur noch schwärzer. Als wir in die Allée einmarschirten, warf sich uns aus dem Volke ein einzelner riesiger Kerl entgegen, gerade auf mich, um die erste Section zu durchbrechen. Ich hatte aber den Flintenkolben auch mit der rechten Hand gefaßt und meinen Nebenmännern dasselbe gerathen. So war ich denn im Stande in dem Augenblick als der Kerl auf mich einsprang, ihm mit dem Kolben so vor den Magen zu stoßen, daß er seitwärts flog auf den Flügelmann, der ihm noch einen heillosen Ruck in die Ribben gab, so daß der Grobian unter der Alléebarrière durch auf die Straße stürtzte, unter heillosem Fluchen. Die Uebrigen wichen zurück und als wir die Allée wieder heraufmarschirten, waren nur noch einzelne Leute übrig. Auf dem Schlosse lagen 100 Mann Jäger und in der Stadt auf dem Rathhause ein Schützenzug von 50 Mann. Wir durchzogen dann noch einmal die obere Stadt, die wir aber so ruhig fanden, daß wir nun sorglos nach unseren Häusern gehen konnten. Die Meinigen waren alle noch wach, hatten sich aber sehr geängstigt, da schreiende und lärmende Gesellen auch die neue Straße durchlungert hatten. Am andern Tage kamen die neuen Minister, um dem Herzoge die Verfassung vorzulegen. Anstatt aber nach Quedlinburg zu fahren, wo man sie als Minister vom Herzoge gar nicht abhalten konnte, und wo es ihnen vielleicht gelungen wäre seine Unterschrift zu erlangen, erließen sie blos eine energische Note, in welcher sie erklärten, der Herzog müsse zurück, denn sie würden sich des Landesverrathes schuldig machen, wenn sie in einem fremden Lande mit ihm conferiren wollten. Der Herzog beantwortete diese Note mit der Absetzung des Ministeriums und mit einer Proclamation an das Volk, worin er die Gründe seines Weggehens auseinandersetzte. Die Ankunft eines Reichscommissärs in nächste Aussicht stellte, und den Geheimrath v. Krosigk, der sich bei ihm befand, zum Minister ernannte, mit der Weisung an alle Immediatbehörden, nur von Krosigk contrasignirte Befehle anzunehmen. – Ein paar Tage lang erwarteten wir indessen eine provisorische Regierung und eine Commission vom Landtage, um hier Standrecht über uns Reactionäre zu halten, und dies wäre auch erfolgt, wenn nicht die herzoglichen Behörden so fest und treu zum Herzoge gehalten hätten und wenn nicht die ganze Rechte aus dem Landtage geschieden wäre, wodurch er beschlußunfähig wurde. – Vom Könige von Preußen erhielt die Herzogin in Quedlinburg gleich in den ersten Tagen einen sehr liebenswürdigen eigenhändigen Brief. Der König bot ihr das Quedlinburger Schloß an und bat, sie, sich dort als Aebtissin so behaglich als möglich einzurichten, jedoch möchte sie dagegen ihm den Gefallen thun, wenn sie bei der Krypta vorüberginge (eine uralte unterirdische Kirche auf dem Schloß, in welchem Heinrich der Vogler begraben liegt) allemal ein Stoßgebet zum Herrn zu thun, daß es ihm doch gefallen möge, einen großen Mann zu erwecken, wie König Heinrich war, der das arme bedrängte deutsche Vaterland errette. Unser Hof nahm indessen dies Anerbieten nicht an und lebte still im Gasthof. Sehr schwer war es den Herzog zu halten, der sich nach seinem gewohnten Leben zurücksehnte, und der auf die raffinirteste und künstlichste Weise unterhalten werden mußte, damit er nur aushielte. – Endlich nach 10 Tagen langte in Bernburg der Reichscommissär an, ein Appellationsrath Ammon aus Köln, und verkündete sogleich dem ganzen Lande seine Anwesenheit durch eine kurze sehr ernste Proclamation. Am andern Tage langte der Hof ganz still wieder auf hiesigem Schlosse an. Der Herzog war dem Reichscommissär sogleich mit den Worten entgegengekommen: «Ich muß doch sagen, ich hoffe Sie werden hier wieder Ruhe machen, es ist doch sehr unruhig hier, weil Herr v. Schierstedt den Leuten den Kopf verdreht.» Ammon hat übrigens allen Theilen imponirt, und unsere Angelegenheiten durch den bloßen Respect, den seine Gegenwart einflößt, sogleich wieder auf einen erträglichen Fuß gesetzt.

Gestern Abend war ich zum ersten Mal wieder am Hofe, seit der Quedlinburger Flucht. Als die Herzogin, die ich noch nicht wiedergesehen hatte, hereintrat, kam sie sogleich auf mich zu und reichte mir die Hand vor der ganzen Gesellschaft, indem sie mir weinend einige Worte der Begrüßung sagte. Ich hatte die Herzogin nie weinen sehen und hatte selbst Mühe meine Erschütterung zu verbergen. Seitdem wir uns nicht gesehen hatten, hatte sie factisch die Landeshoheit eingebüßt. Außerdem war die arme Herzogin noch furchtbar geängstigt durch die Ereigniße in Preußen. Der König hatte damals gerade die Verlegung des Landtags nach Brandenburg ausgesprochen, und das verhaßte Ministerium Brandenburg geschaffen, und durch alle Städte ging ein furchtbarer Schrei der offensten Empörung. Sollte dieser Streich mißglücken und sollten die Demokraten wieder ans Ruder kommen, so sind wir natürlich Alle Kinder des Todes. Aber so schrecklich die Dinge auch aussehen, so habe ich doch guten Muth, weil ich den festen geschichtlichen Glauben habe, daß man in gerechter Sache allemal siegen muß, wenn man die Gewalt in Händen hat und sie anwendet. Meine einzige Furcht könnte die sein, daß der König, seiner Individualität nach, auf halbem Wege ermattete und die Arbeit nicht rein durchführte; aber Brandenburg ist ein Teufelskerl, hat den König jetzt in der Gewalt und wird ihn gewiß nicht wieder frei lassen, bis er reine Wirthschaft gemacht hat. In diesem Sinne sprach ich mit der Herzogin und wir hatten hernach noch einen sehr vergnügten Abend. Es ist aber merkwürdig, wie Jedermann hier noch eingeschreckt ist. Die größten Aristokraten und Absolutisten tadeln den König laut, wegen seiner jetzigen sogenannten Gewaltschritte, damit man ihnen nur hernach wenn es schief gehen sollte, von Seiten der Radicalen keinen Vorwurf machen könne. Ich kann nicht beschreiben, wie sehr ich mit Verachtung gegen dieses Volk erfüllt bin. Von der anderen Seite freut man sich aber auch der Ehrenmänner, die jetzt wie Edelsteine aus dem Schlamme herauskrystallisiren.

*Am 20. Nov.* Mein alter lieber Kerl! Ich habe einen herrlichen Geburtstag! Sonnenschein und warmes Zimmer mit reiner Luft. Gestern Morgen malte ich die letzten Striche an meinem Glauben und nun ruht das Bild bis in den December, wo die Lasuren drüber kommen. Nachher räumte ich gestern mein ganzes Zimnmer auf, das bei einem 14 tägigen Malen, wozu hundert Skitzen nöthig waren, die auf der Diele herumlagen, weder gekehrt noch geräumt war. Nun sieht es aus wie ein Tempel des Apollo. Am Nachmittage ging ich zur Belohnung zu Zincken, einem sehr bedeutenden Naturforscher, der mich längst einmal zu seinen mikroskopischen Experimenten eingeladen hatte und ich hatte aus Mangel an Zeit nicht gekonnt. O wie war selig ich! Ich schnitt mir in den Finger und beobachtete mein eigenes Blut, sah deutlich die Blutkugeln, so groß wie kleine Graupen. Dann sahen wir Bergmehl und Kiselerde aus verschiedenen Gegenden, wo sie in Gestalt feinen Puders vorkommt, lauter Schaalenthiere mit Schaalen vom reinsten Bergkrystall. Auch Sumpfwasser untersuchten wir und beobachteten bei einem kleinen Infusionsthierchen überraschende intelectuelle und ausgezeichnete körperliche Fähigkeiten. Der heutige Nachgenuß ist größer als der gestrige primäre. Jetzt sitze ich nun und schreibe im reinlichen Zimmer und freue mich meines Vaterlandes, denn es geht über Erwarten gut. Zwar ist das Zeitungsgeschrei noch grausig und tausende von Adressen laufen gegen das Ministerium ein, aber es kommen doch auch große Massen Adressen *für* den König und ich bin überzeugt, daß die Adressen *gegen* ihn großentheils aus Furcht entstehen. – Die Bauern sind überall ganz offen für den König und die Städte sind es zum größten Theil heimlich, werden aber, jemehr sie sehen, daß der König siegt, auch offen hervortreten. Das Unglück ist nur, daß der König viel zu viel versprochen hat, und auch jetzt wieder geäußert hat, er werde nichts nehmen. Er muß aber einige Freiheiten durchaus modificiren, sonst kriegen wir ganz die alte Schweinerei wieder. Soviel wird jedenfalls erreicht, daß der verfluchte Revolutionsstolz und Schwindel gebeugt werden und daß wieder Respect ins Land kommen wird, der gänzlich geschwunden war. – Daß Windischgrätz es wagte den Robert Blum, trotz seiner Unverletzlichkeit, todt zu schießen, ist mir ein wahrer Labetrunk gewesen. Das Geschrei über diese kühne That ist entsetzlich, aber dennoch war sie durchaus politisch. Hier ist man allgemein bekümmert und meint der König werde nicht durchdringen, ich glaube aber gewiß, er dringt durch, und wenigstens schadet mir an meinem Geburtstage eine so fröhliche Meinung hoffentlich wenig. –

Ein Hase kostet jetzt hier nur 6 Groschen, weil der Herzog, da die Jagd frei wird, alle Hasen todt schießen läßt. Jetzt schon wird die Freiheit und Polizeilosigkeit dahin benutzt, daß Jeder in seinem Garten schießt, und vorgestern, als die Herzogin mit der Bernstorff durch die Allée ging, fuhr letzterer ein Schrootschuß von 10 Körnern durch den Sonnenschirm, und schlug dann noch ein Fenster ein. Der Schütze, der nach einer Krähe geschossen hatte, bekam einen Verweis. – Stürme haben wir jetzt, daß einem die Haut graust, und auch eben poltern alle Schornsteine die Dachbalken krachen und klopfen und an den Hausecken werden Posaunen geblasen. –

*30 Nov.* Ueber unsere politische Zukunft ist noch immer nichts entschieden. Die Verhandlungen mit Dessau, wegen Abdankung des Herzogs schwanken noch und ich fürchte recht sehr, daß dabei nicht mit der nöthigen Klugheit verfahren wird. Es ist schrecklich wenn man in solchen Zeiten schweigen muß. Ich bin voller Ideen, aber da mich Niemand um Rath frägt, kann ich sie nicht an den Mann bringen. Stelle Dir vor, du führst an einem Felsenabgrunde hin und wüßtest, daß der Kutscher das nöthige Fahrtalent nicht besäße, Du selbst aber dürftest nicht aus dem Wagen heraus und hättest auch einen Knebel im Munde. Ich fürchte sehr, daß man bei dieser Abdankung sehr wesentliche Punkte übersehen könnte. Unserer armen Herzogin fehlt es leider durchaus an aller und jeder Menschenkenntniß und mit diesem Fehler wird sie durchs Leben gehen, wenn sie auch 100 Jahr alt werden sollte. Die ganze Sache wird unbeschreiblich heimlich betrieben, doch ahndet das Volk, was ihm bevorsteht und von allen Seiten kommen Deputationen den Herzog zu bitten, er möge bleiben, und die Herzogin sie möge die Mitregentschaft übernehmen. Der Landtag gebehrdet sich unterdeß ganz rasend, setzt alle Welt in Anklagestand und macht einen solchen Gräul und Unruhe in Bernburg, daß der Reichscommissär gestern hierher schrieb, er werde wohl Reichstruppen nach Bernburg ziehen müssen. – Das Revolutionsgeschrei in den Zeitungen ist zwar immer noch fürchterlich, aber die Stimmung im Volk wird von Tage zu Tage besser. Die Landwehr hat sich in Preußen überall einkleiden lassen und marschirt mit Freuden für König und Vaterland.

*Am 4. Dec.* Vorgestern erhielt ich Deinen vortrefflichen, sehr witzigen Brief, den wir mit vollen Zügen genossen haben. Ihr armen Menschen was bedauere ich die entsetzliche Krankheitsnoth, in der Ihr gesteckt habt und wieder hat mein armes Lillakind so viel leiden müssen! Dafür werdet Ihr nun zusehen wie andere Leute Hochzeit machen. Daß Constantin wieder heirathet, freut mich herzlich, in der Voraussetzung daß er glücklich werde und mache. Ich grüße ihn hart und wünsche ihm Gottes Segen. – Hier zu Lande sieht es noch immer traurig aus. Der Reichscommissär scheint nichts zu thun und die Kammer hat den Herzog für regierungsunfähig erklärt. Aus dem ganzen Lande gehen Bitten ein, der Herzog möge nicht abdanken und doch löst man die Kammer nicht auf. Die Reichsgewalt in Frankfurt wird wahrscheinlich nicht mehr lange leben; dann kann uns vielleicht Preußen helfen. Vor ein paar Tagen langte ein Brief des Königs an die Herzogin an, ganz vortrefflich, ermuthigend, und wenn ich einen solchen Brief bekommen hätte, so wüßte ich was ich thäte. Bei uns weiß man es aber nicht. – Hier ist nach einem Todesfall ein Mikroskop für 2 Louisdor zu verkaufen, welches 8 gekostet hat. Daß ichs von der B. zu Weihnachten kriege, ist sehr wahrscheinlich. Ich freue mich so darauf, daß ich fast ersticke.

## N^o^ 56 — Ballenstedt am 25. Jan. 1849

Losung: «Ihr sollt merken, daß ein lebendiger Gott unter euch ist.»

Mein lieber Gerhard,
Vor ein paar Tagen erschien Dein lieber Weihnachtsbrief voll deutlicher Bilder aus Deinem glücklichen Familienleben. Zwar klagst Du sehr über zu vielen Besuch, aber so lange Du nur klagst, daß er Deinem Behagen lästig wird und nicht Deinem Geldbeutel, habe ich wenig Mitleiden mit Dir, oder keines, denn viel Besuch ist gut, – gut ist er und rüttelt uns aus dem Zögeschen Egoismus auf, der uns beiden eigen ist und den wir von unserem Großvater geerbt haben. Elminen verehre ich sehr, nicht weniger Helenen, sehr wenig aber Constantin, da er seine Braut küsset; denn Küssen ist unmoralisch wie alles Natürliche, das wir an uns haben. Es ist aber besser als wenn er sie prügelte, und so mag es hingehen. Besser ist eine Braut, die man sich bewegen findet zu küssen, als eine vor der

man einen horror hat, sollte sie auch so weise Gespräche führen als Salomo mit seinem Narren Marcolf. Du sprichst die Hoffnung aus, daß die Herzogin mich nun vielleicht in ihren näheren Dienst ziehen könnte. Das ist aber nicht zu erwarten und wird ihr nie einfallen, zumal da überflüßig viel Cavaliere vorhanden sind. Einen besondern Zug zu mir hat die Herzogin, obgleich sie mir gut ist, nie gehabt und wird ihn nie haben können, da sie mich vermöge unseres so verschiedenen Temperaments immer nur ganz von außen ansehen kann, so wie ich sie auch. Ihr sanguinisches, [in der Mode ⟨...⟩], für alles Schöne [aber] verschlossenes Wesen, war mir früher oft [so zuwider, daß ich sie manchmal gehaßt habe] und eben so zweifle ich nicht, daß ich ihr ridicül erscheinen würde, wenn ihr nicht unbegreiflicher Weise der liebe Gott vor mir einen kleinen Respect in die Seele gepflanzt hätte. Diesen Respect verdiene ich nicht, aber genug sie hat ihn und ich schreibe ihn meinem ernsthaften Gesichte zu. Mir dagegen hat Gott zu ihr etwas Liebe ins Herz gepflanzt, seitdem sie während meiner russischen Reise sich meiner Frau so niedlich angenommen hat. Ich habe seit der Zeit keinen Haß wieder gegen sie empfunden, und wenn sie modern und geschmacklos ist, wenn sie mich nach wichtigen Dingen frägt und meine Antwort nicht abwartet, oder wenn sie mich beim Vorlesen eines Schakespearschen Stücks, wenn ich im rechten Feuer bin, mit meinem ganzen Wesen in der Handlung stecke und Alles um mich her vergessen habe, wenn sie mich dann unterbricht und mit ihren Damen irgend eine Klatscherei breit tritt, so daß ich eigentlich aufspringen und ihr das Buch vor die Füße werfen sollte, so denke ich: «liebes Kind, Gott hat Dich so gemacht, ich kann Dich nicht umschaffen, und ich wünsche, daß Du trotz dieser Laster in den Himmel kommen mögest.» Endlich denke ich, daß doch am Ende kein Unglück geschehen und Niemand getödtet worden ist, und so bin ich ihr wieder gut, und wenn eine Pause eintritt, frage ich ganz bescheiden, ob wir nicht fleißig sein sollen und lese dann frisch weiter, als wenn nichts geschehen wäre, obschon schlechter. Einen *so zahmen Wurm* hat Gott aus mir gemacht, namentlich durch die Betrachtung, daß Gott die Andern doch nicht ändern wird, wenn ich mich auch ärgere. Wir haben jetzt beim Lesen einen sehr hübschen Kreis. Die Herzogin, ihre niedliche Schwester, die Prinzeß Louise, die Bernstorff und Fräul. Bornstedt. Diese Damen sitzen auf großen grünsammtnen Lehnstühlen um einen Tisch und ich sitze separirt in einer tiefen Fensternische, wo ich mich nach Belieben ausdehnen und zusammenziehen und spreizen kann, und lese Schakespeare vor. Mitten im Monologe Hamlets, oder bei der Todesangst des Clarenon, der im Thurm ermordet wird, fährt dann die Herzogin auf: «Guter Herr von Kügelgen, wenn ich sagen darf, haben sie von der gräßlichen Operation gehört, die man mit der armen Frau von Sonneberg vorgenommen hat?» –

*Am 22. Febr.* Heute sind es 6 Jahre, daß Du mein lieber Bruder bei Nacht und Nebel in mein Haus tratest und das Wetter ist ähnlich. Schon 6 Jahre! – Von Bernburg haben wir immer noch keine Nachricht. Die Wahlen sollen alle links ausgefallen sein, wie das nicht anders sein kann bei unmittelbaren Wahlen, zu denen Jeder active und passive Berechtigung hat. So wird denn unser Wackelstaat nun wohl zum Sturz kommen. Meine Popularität hier ist, glaube ich, sehr gesunken, die Linken hassen mich, weil ich rechts bin und die Rechten verdenken es mir, daß ich mich ihrem Klub nicht anschließe. Ich bin aber so fest überzeugt, daß wir uns nicht halten können, daß ich mich unmöglich einer Gesellschaft anschließen kann, die noch Hoffnung hat und den Herzog halten will. Wollte der Herzog sich halten, so konnte ers, wenn er kein größeres Maß von Freiheit gab als Preußen und selbst dann war es noch problematisch. Da er aber durch seine octroirte unglaubliche Verfassung sich selbst untergraben hat, so kann ihn auch kein Engel vom Himmel mehr retten. Man *muß* zu Grunde gehen bei solcher Verfassung.

Ich beobachtete gestern durch mein Mikroskop ein Räderthierchen, welches mir unter dem Glase so lang wie mein Daumen erschien. Es war ganz durchsichtig, so daß ich alle seine inneren Theile, Mägen und Schläuche deutlich sehen konnte. Das Thier wechselte in verschiedenen Gestalten und um sein Kopfende lief ein Mühlrad um mit gewaltiger Schnelligkeit (scheinbar; es ist ein Kranz von Wimpern mit denen das Thier flimmert, wodurch ein Strudel im Wasser erzeugt wird, welcher fortwährend Fraß herbeizieht). Plötzlich, während das Rad wacker umlief, fing das Thier an sich aufzulösen. Die innern Theile traten, eins nach dem andern, still schleichend aus dem Leibe heraus. Anfangs glaubte ich es lege Eier, überzeugte mich aber bald, daß es sich ausweidete und diese einzelnen Theile schwammen ohne Zusammenhang auf dem Wasser, getrieben durch die Strömung des Wirbels um das Thier herum. Dieses wirbelte tapfer darauf los, verminderte sich aber zusehens und endlich sah ich ungefähr 10 Secunden lang das Rad ganz allein sich noch umdrehen, bis auch dieses stand und in trübem Schleim zerfloß. So kommt mir unser kleiner Staat vor, auch der löst sich so still auf, während der Hof immer noch flimmert.

Durch Wehrhahn, der mich hier besuchte, habe ich erfahren, daß Roller seinen alten Adam ausgezogen hat, ganz sanft und freundlich geworden ist. Dabei soll er ganz mager geworden sein und ein auffallend kleines Kindergesicht bekommen haben. Bedenke sein früheres Antlitz und die Macht seines Zorns! Es ist ewig schade! – Wie seid Ihr jetzt in Ehstland zu beneiden, ich wollte ich wäre auch dort. Unsere Sache hier wird schrecklich unheimlich.

## № 57

Ballenstedt am 20. März 1849

Lieber Bruder Gerhard!
Seit ich Dir nicht geschrieben, hat sich bei uns wieder so viel Interessantes zugetragen, daß es mir schwer fallen wird, eine Uebersicht davon in kurzer Erzählung zusammenzudrängen. Am Geburtstage des Herzogs erhielt ich die Weisung sogleich aufs Schloß zu kommen. Die Herzogin sah verstört und verweint aus. Sie hatte so eben mit den Ministern gesprochen, die zur Gratulation gekommen waren. Diesen hatte sie die Frage der Abdication vorgelegt und war weder auf einen Widerstand gestoßen, noch hatte man ihr bei diesem Geschäft Hülfe geboten. Augenscheinlich waren die Minister von der Nothwendigkeit eines solchen Schrittes überzeugt, fürchteten sich aber die Hand dazu zu bieten, weil sie das Volk fürchten welches rechts und links von einer Abdication nichts wissen will. Ich schlug ihr vor, das Ministerium zu ändern, aber es fehlte ihr der Muth dazu. Darauf rieth ich ihr Kutteroff und Salmuth, welche beide die Nothwendigkeit der Abdication einsähen, nach Berlin zu schicken, um in dieser besonderen Lage den König anzugehen. Aber ich erfuhr bei dieser Gelegenheit, daß genannte Herrn sich durchaus weigerten, ohne Vorwissen des Ministeriums irgend etwas zu thun. Endlich sagte ich «nun so werde ich gehen auf meine eigene Hand, und wenn ich auch nicht den König sprechen kann, so bringe ich Ihnen doch ein Gutachten von einem tüchtigen preuß. Staatsmann, welches Sie in den Stand setzen soll, Ihre ganze Lage klar zu übersehen und mit Sicherheit und Erfolg irgend einen Weg einzuschlagen.» Nun hättest Du sehen sollen mit

welchem Freudenlicht die arme Herzogin aufleuchtete, wie sie es erst gar nicht glauben wollte, daß jemand etwas für sie wagen wollte und wie sie mir hernach dankte mit einer Herzlichkeit, deren nur ein so lebhaftes und demüthiges Gemüth fähig ist, wie unsere Herzogin. Wir saßen nun noch ein paar Stunden beisammen, das Ding gründlich zu überlegen und endlich wurde beschlossen, meine Sendung nach Berlin nur als letzten Trumpf auszuspielen und vorher noch einen energischen Versuch zu machen die Minister zu zähmen und diese zu dem Endzweck herzubitten. Als am andern Tage die Prinzeß Louise, die ich male, zur Sitzung zu mir kam, konnte sie mir ihren Dank gar nicht deutlich und herzlich genug aussprechen und versicherte mich, die Herzogin sei wie umgewandelt und habe prächtig geschlafen. Ich fühlte mich ganz glücklich, daß es mir gelungen war, etwas zu erfinden, wodurch wenigstens für einige Tage die Ruhe und Hoffnung der Herzogin gesichert und belebt war, und so waren wir denn Alle in sonnige Laune versetzt. Am 16t nun waren wir zum Thee auf dem Schlosse, als der Herzogin per Estaffette ein Brief aus Bernburg überbracht wurde. Sie erbrach ihn, wurde roth, erbleichte und las dann folgendes vor: «Durchlauchtigste Herzogin! Der Bürgerkrieg steht in vollen Flammen. Zehne liegen todt auf dem Markte, Feuer! Feuer! Feuer! Nur preußisches Militär kann uns retten. Helfen Sie! Der gegen das herzogliche Haus dankbarlichst gesinnte Schauspieldirector Martini.» Kutteroff und Salmuth wurden nun gleich aufs Schloß berufen. Sie hatten keinerlei officielle Nachricht erhalten und waren geneigt Martini für wahnsinnig zu halten. Die Herzogin war kaum abzuhalten sogleich selbst nach Bernburg zu fahren und die Unterhaltung drehte sich den ganzen Abend, immer in Erwartung einer officiellen Nachricht, um diesen einzigen Gegenstand. Ziemlich beunruhigt legten wir uns endlich um 11 Uhr zu Bette. Um 3 Uhr in der Nacht erwachten wir von einem Klopfen am Fenster und bald darauf klingelte es. Meine Frau meinte es wäre die Waschfrau und das Mädchen würde gleich öffnen. Als es aber zu wiederholten Malen klingelte, sprang Julchen aus dem Bette und öffnete das Fenster, um nachzusehen. Da drang ein wohlbekannter Gruß herein und es war Gerhard. Nun rührte sich das ganze Haus, Alles verließ die Betten und selbst Elisabeth wollte nicht liegen bleiben, es wurde Kaffe gekocht und Gerhard mußte erzählen. Ein infamer Bernburger Jude, Namens Calm, hatte nämlich hier in B. ein Pferd gestohlen und war auf diesem Pferde in den

Dörfern herumgeritten, wo er revolutionäre Reden an die Bauern hielt. Von Dorf zu Dorf hatte sich ihm Gesindel angehangen, so daß er zuletzt mit tausend Mann in Ball. einrückte, wo er auf dem Markte vom gemausten Pferde herunter eine donnernde Freiheitsrede hielt. Hier wollte aber der Besitzer sich seines Pferdes bemächtigen und zerrte den Redner an den Beinen herunter. Daraus entstand eine große Prügelei und während dieser Verwirrung war der Jude entwischt und hatte sich glücklich wieder nach Bernburg gerettet. Auf Requisition des hiesigen Justizamtes war er indessen in Bernb. gefaßt worden und sollte durch Gens d'armes eben hierher transportirt werden, als sich das Volk zusammenrottete, um ihn zu befreien. Keine Vorstellung half. Ein Kerl mit einem eisernen Topf auf dem Kopfe und der unsinnigen Inschrift: «Tod, oder Leben» Namens Pfitzner trug eine deutsche Fahne und stürmte wüthend gegen das Regierungsgebäude auf dem Markte an, wo der Gefangene saß, um die Thüren zu sprengen. In dem Regierungsgebäude befanden sich Gloß, Mey und Consorten, um das Gericht zu erweichen und das Volk aus den Fenstern zu ermuthigen. Da rückte Trützschler mit der 3t Compagnie heran, die aber höchstens aus 60 Mann bestand und forderte das Volk auf auseinander zu gehen, aber je eindringlicher er redete, je mehr ward er verhöhnt und das Militär gesteinigt. Endlich sprang ein Kerl hervor und riß einem Unteroffizier das Gewehr aus der Hand. Der Flügelmann schoß ihn aber gleich über den Haufen und der Unteroffizier holte sich seine Flinte wieder. In diesem Augenblicke wurde aus dem Regierungsgebäude so wie aus dem Volke auf die Compagnie gefeuert und nun ließ Trützschler Feuer geben, und zwar schoß der erste Zug aufs Volk, der zweite in die Fenster der Regierung. Zehn Mann stürtzten mausetodt, zuerst Pfitzner mit seiner Fahne und seinem Topfe, über 15 wurden verwundet und dem Musje Gloß pfiff eine Kugel am Kopf vorbei und verwundete einen hinter ihm stehenden Demokraten in der Schulter. Das Volk riß aus und die Compagnie stürmte die Regierung. Doch fingen sie nichts, weil die Demokraten sich schon durch eine Hinterthür zerstreut hatten. Gerhard war unterdessen beim Pastor Steffan durch wüthende Weiber belagert, die den Thurmschlüssel haben wollten, um Sturm zu leuten. Sie warfen alle Fenster ein und das Haus wurde erst um 5 Uhr durch Militär entsetzt. Nun ging Gerhard auf den Markt und sah noch die Leichen in ihrer eigenen Bluthlache liegen. Der Belagerungszustand wurde proclamirt und als Gerhard Abends

9 Uhr wegfuhr, sah er noch 2 Schwadronen preußische Husaren einrücken. Am $17^{t}$ lief hier das beunruhigende Gerücht um, als sollte am $18^{t}$ ein großer Demokratenverein auf dem Ziegenberge stattfinden. So wurde die hiesige Garnison consignirt und nach Quedlinburg um Hülfe geschrieben. Am $18^{t}$ früh rückten nun 250 Küirassiere hier ein. Ein prächtiger Anblick, in weißen Küirassen und Pickelhauben ganz weiß und alterthümlich uniformirt auf ungeheuern Rappen. Ballenstedt wimmelte nun von Soldaten. Die Demokratenchefs kamen zwar an, rissen aber sogleich aus, als sie die Soldaten sahen und bestellten ihre Leute ab.

*3. April* Am 20sten besuchte uns die Herzogin zum Kaffe und theilte mir mit, wie die Minister fest dabei blieben sie würden ihre Hand nicht zur Abdication bieten. Dabei hatten sie die Herzogin so eingeschüchtert, daß diese es nicht wagen wollte mich nach Berlin zu schicken. So schlug ich ihr denn vor, daß sie mich nach Halberstadt an den Justizrath Krüger schicken möge, damit man nur einmal das Urtheil eines verständigen Mannes hörte. Darauf ging sie ein und am andern Morgen saß ich im Wagen und rollte nach Halberstadt. Krüger wollte aus sich in so delicater Angelegenheit kein Gutachten geben, sagte mir aber der Oberlandgerichts-Präsident v. Gerlach in Magdeburg sei vom Könige beauftragt, im Fall einer Auseinandersetzung mit Dessau nicht allein die preuß. Interessen zu vertreten, sondern auch unserem Herzog unter die Arme zu greifen. Es möchte wohl gerathen sein, diesen zu befragen. So fuhr ich denn nach Ballen. zurück und am 22sten Nachmittags machte ich mich schon nach Magdeburg auf den Weg, unter dem Vorwande von Lavière eingeladen zu sein, ihm seine Frau zu zeichnen. In Magdeburg angelangt schrieb ich sogleich an Gerlach, anfragend, wann ich ihm aufwarten könnte und bekam die Antwort, es sei derselbe Tags zuvor nach Berlin abgereist, um seinen Sitz in der ersten Kammer einzunehmen. Was nun zu thun? Am Abend 5 Uhr saß ich auf dem Dampfer und flog unter Donnergepolter der wüthenden Maschine bei heftigem Schneegestöber nach Berlin, wo ich Abends 10 ankam. Ein Zug Grenadire nahm uns auf dem Bahnhof in Empfang. Ohne weitere Belästigung spazierte ich nach der Droschke und fuhr nach dem Hotel de France, einem prächtigen, strahlenden Gasthof, wo ich ein Zimmer bezog so feenhaft wie aus Tausend und einer Nacht. Am andern Morgen schrieb ich an Gerlach und bekam die Antwort: nächsten Tages am

25sten Mittags erwarte er mich in seiner Wohnung. Nun packte ich meine Sachen zusammen und fuhr zu Fritz. Das war ein Spectakel; Alles lief zusammen den Ueberrascher zu umarmen und nun ging es an ein Rauchen und Erzählen ohne Ende, nur ausgehen konnte man nicht wegen tiefen Schnees, der in solcher Masse Ende März bei uns etwas ganz Unerhörtes ist. Am folgenden Vormittag, als an einem Sonntag ging ich in Fritzens Kirche. Er hielt eine durchaus politische Predigt. Er nahm seinen Text vom Pilatus, der sich die Hände wäscht und sagt: ich habe keinen Theil an dem Blute dieses Gerechten, ihn aber doch hinopfert, weil das Volk dies verlangt. Solche Pilatusse, sonst gute Leute, gäbe es jetzt viele, und in so fern sie gute Leute wären habe der Teufel durchaus keinen Respect vor ihnen weil sie nicht den Muth hätten, ihm entgegenzutreten und ihre Güte durch die That wahr zu machen, u.s.w. Um 12 ging ich denn zu Gerlach. Es war närrisch, daß ich als Hofmaler beauftragt war in einer so schweren politischen Frage mit einem der bedeutendsten Staatsmänner zu unterhandeln. Der Gedanke aber an die Hülflosigkeit meiner armen Herzogin gab mir Muth das Lächerliche in meiner Situation zu verbeißen. Ich fand in Gerlach einen überaus liebenswürdigen, festen, bestimmten, aber doch freundlich warmen Menschen. Wir besprachen unseren Fall gegen 2 Stunden und er ließ sich von mir bis ins Detail au faît setzen. Aber er weigerte sich mir eine Antwort zu geben, er müsse sich erst noch weiter orientiren und bäte mich am nächsten Abend 6 Uhr wieder zu ihm zu kommen. Vorher aber bat er sich die Grundzüge meiner Mittheilungen schriftlich aus und ich ging nun nach Hause und schrieb wie ein Donnerwetter bis tief in die Nacht hinein. Ehe ich aber wieder zu ihm kam, schrieb er mir, mein Bericht sei von so großer politischer Wichtigkeit, daß er sich durchaus erst mit den Personen besprechen müsse, auf die es eigentlich ankäme, und er würde dann selbst zu mir kommen. So mußte ich immer länger in Berlin bleiben, konnte mich aber nicht frei bewegen, weil ich immer Gerlach zu erwarten hatte. Dieser war unterdeß sehr thätig, sprach mit dem Könige und den Ministern, hatte mit mir noch ein paar Conferenzen, kam aber doch während ganzer 8 Tage zu keinem Resultat, weil die Zeit eine so bewegte war, daß namentl. Graf Brandenburg für meine Angelegenheit gar keine Aufmerksamkeit hatte. So entschloß ich mich denn endlich abzureisen. Es war mir doch gelungen, die Aufmerksamkeit des preuß. Hofes auf unsere Angelegenheiten zu lenken, ich hatte die verkehrten Begriffe, die man über dieselben hegte, berichtigt, und Gerlach hatte mir das Versprechen gegeben, jedenfalls gleich nach Ostern zu uns zu kommen und sich an Ort und Stelle noch besser zu orientiren. Er theilte meine Ansicht über den Stand der Dinge durchaus, konnte aber vorläufig den Weg, den unser Hof gegen das Ministerium einzuschlagen habe, noch nicht bezeichnen. Am 31 März Morgens reiste ich von Berlin ab und langte Abends 10 Uhr in Ballenstedt an. Am 1sten April ließ mich die Herzogin rufen. Als ich zu ihr eintrat, empfing mich die Bernstorff an der Thür, die Herzogin stand in einer Fensternische und weinte. Ich war sehr erschrocken, weil ich glaubte sie sei mit dem Resultat meiner Bemühungen, welches ich ihr schriftlich gemeldet, unzufrieden. Es war aber blos Rührung mich wiederzusehen, da sie der Meinung ist, daß ich mich einer großen Gefahr ausgesetzt habe, so wohl von Seiten der Minister als auch aller Parteien im Volke. Ich merkte auch bald woran ich war, denn sie dankte mir aufs allerherzlichste und versicherte mich, daß sie seit meinem ersten Briefe aus Berlin, erst wieder einige Ruhe und Freude in die Seele bekommen habe. Ich mußte ihr nun ausführlich erzählen und rechne diese Stunde zu einer der glücklichsten meines Lebens. Ich hoffe auch ohne Unannehmlichkeit durchzukommen. Bis jetzt ahndet kein Mensch, was ich in Berlin gemacht habe. Selbst meine Freunde und Verwandte in Berlin wissen es nicht. Sollte ich indessen Verdrießlichkeiten bekommen, so frage ich auch nichts danach, da mir mein Weg von meinem Herzen und Gewissen fest vorgezeichnet war und ich von der anderen Seite das unbedingte Vertrauen der Herzogin gewonnen habe, welches Alles andere wieder ausgleicht.

*Am 4t April.* Deinen Brief mit den Wechseln fand ich hier vor und las ihn in Gesellschaft der Meinigen und der Bernstorff. Es war recht ein Brief nach der alten Art und bewies große Kraft Lachen zu erregen. Du hast diesesmal so recht con amore geschrieben und großen Preis geerntet. Wenn ich Dir auch weiter nichts antworte, so muß ich Dir doch sagen, daß ich hinsichtlich der Frauenzimmer Deinen Geschmack theile. Ich bin mit den Herren hier auch eben nicht sonderlich à mon aise, von den Frauen aber sehr befriedigt und verkehre gern mit ihnen. Wir haben aber auch gerade in Ballenstedt einen Kreis von Frauen und Mädchen, wie sie sich gewiß selten an einem kleinen Orte finden. In Berlin dagegen habe ich mit Freuden mit Männern verkehrt. Das Verhältniß scheint dies zu sein, daß man in großen Städten besser mit den Männern, in kleinen und auf dem Lande besser mit den Frauen berathen ist. Meine Frau grüßt Euch Allesamt sehr herzlich, auch die Kinder grüßen und wollen immer zum Oncle Gerhard reisen. Ich kann sie kaum halten. So wiederholt sich Alles. –

## Nº 58

Ballenstedt 21. Sept. 1849

...Für mich begann in Mitte des Sommers eine merkwürdige Zeit. Die Bernstorff schenkte mir nämlich ein wunderschönes Schreibebuch und ich grübelte, was ich hineinschreiben sollte. Da fiel mir ein, daß der Grund meiner eigenthümlichen Stellung zum Christenthum, meine Bemerkungen über die Widersprüche der h. Schrift, in Deinen Händen und für mich verloren sei. Es fehlte mir somit das Document und die Berechtigung meines Unglaubens, welches zu besitzen mir wichtig war, um mich nöthigenfalls darauf beziehen zu können, denn im Kopfe hat man einen solchen Apparat doch nicht immer beisammen. Ich nahm mir also vor, ausführlicher und wissenschaftlich geordneter das ganze Werk noch einmal zu recapituliren und dazu das schöne Bernstorffsche Buch zu nutzen. Zu dem Ende ging ich mit großem Eifer daran, das neue Testament noch einmal durchzustudiren. So kam eine ausführliche ziemlich geordnete Arbeit zu Stande, die mich freilich sehr traurig machte, aber es ließ mir keine Ruhe, denn ich wollte, daß meine Söhne nach meinem Tode einen klaren Blick haben sollten in den Gang meines inneren Lebens und es begreiflich finden sollten, warum ich so gänzlich verstummt war über das positive Christenthum. Da dämmerte mir plötzlich während der Arbeit ein Licht auf. Ich glaubte neuen und zwar haltbaren Principien über die Theologie auf der Spur zu sein. Ich fand ein Mittel sämmtliche Widersprüche zu lösen und kam so zu einem wirklichen Inhalt und Facit des Christenthums. Es machte mich dies so weich, daß ich anfing zu weinen und zu beten.

Da kam Köppen, Evangelist der apostolischen Gemeine (Irvingianer) aus Berlin hierher und schloß sich eng an mich an. Es that mir wohl recht brüderlich mit einem gläubigen Mann der Kirche verkehren zu können wie in meiner Jugend. Er hatte auch gerade die kindliche Färbung des Glaubens wie sie damals üblich war. Seine Irvingsche Sache, für die er eifrig sprach, ließ ich gänzlich dahingestellt. Es schien mir eine Verirrung die mich aber an Köppen wenig stören konnte, da ich selbst in viel ärgerer Verirrung gesteckt hatte, von der ich auch noch nicht los war. Als Köppen weg war, machte ich mich wieder an die Arbeit, von der ich ihm, so wie von dem was in mir vorging, nichts gesagt hatte, wegen seiner kindlichen Glaubensart, die meine Zweifel nicht begriffen hätte. Ich suchte nun meine neue Beweisführung für das Christenthum zu widerlegen; allein ich konnte es nicht. Das Criterium für transcendente Wahrheit, das ich gefunden, bewährte sich für alle andere Wahrheit eben so gut, als für die christliche. Auch fand ich, daß alle Lebenswidersprüche sich eben so lösten als die in der Schrift. Mein kleines Werkchen erhielt nun eine ganz neue Bedeutung. Es sollte meinen Kindern allerdings noch immer den Grund zeigen, der mich so lange zweifeln ließ, aber auch zugleich die sieghafte Kraft des Evangeliums, das endlich alle Zweifel niederstreckt. Ich arbeitete nun eine Definition der Vernunft aus, bei der mir mein philosophisches Wissen herrlich zu statten kam, wie ich überhaupt ohne vorherige practische Kenntnißnahme von der Philosophie gar nicht hätte auf meine jetzigen Resultate kommen könne. Ich zeigte nun wie das Christenthum nicht allein bibelrecht, sondern auch vernunftrecht sei und wie alle Widersprüche sich in der Praxis des Glaubens lösen. Das Einzige was ich fallen ließ war die Inspirationslehre, als eine Zuthat der Theologie. Diese Lehre war es einzig, die mich geirrt hatte und wie Schuppen fiel es mir von den Augen, als ich zuerst versuchte von der wörtlichen Inspiration abzusehen und die Bibel so zu verstehen, wie man sich bemühen würde ein Buch zu verstehen, was Menschen geschrieben haben. Das heißt, man sucht dann zu verstehen, was der Verfasser meinte, wo er sich im Widerspruch mit sich selbst ausdrückt. Man legt dem Ausdruck, der Form kein allzugroßes Gewicht bei. Mit dem Glauben an wörtliche Inspiration ist es rein unmöglich, aus dem neuen Testament einen Glaubensinhalt zu ziehen, selbst dem Glauben ist es nicht möglich. Luther hat in der Praxis seiner Exegese immerwährend die Inspirationslehre verleugnet; er ist sich aber dessen nicht bewußt gewesen. Dabei darf aber nicht eine leere Vernunft mit ihren leeren logischen Formen der Interpret sein, sondern eine mit dem christlichen Glauben schon erfüllte Vernunft. –

Mitten in die Arbeit hinein kam mir mein Schwager Fritz aus Berlin, der 8 Tage blieb. Ich theilte ihm meine Ideen mit und er ermuthigte mich das Werkchen für den Druck zu bearbeiten, er wolle mir einen Verleger schaffen. Und so entschloß ich mich denn für die anonyme Herausgabe. Ich theilte aber Fritzen sonst nichts mit aus der noch zu wüsten Arbeit und wir hatten außerdem wenig theologisches Gespräch, da mich sein Eifer gegen die Irvingianer störte. Jede kleine Abweichung erscheint den Theologen gleich wie Todsünde und dadurch berauben sie sich der Mittel gegen wesentliche Irrungen mit Erfolg zu kämpfen. Es fehlt ihnen bis jetzt noch immer ein Merkmal Wesentliches von Unwesentlichem zu unterscheiden. Dies Merkmal ist nach meiner Ansicht der Einfluß, den eine Theorie auf die Praxis hat, wie ich das in meinem Buche ausführe. Der bis in seine geringfügigsten Theile ausgeprägte und versteinerte Lehrbegriff ist der Götze, über dem Theologen gar leicht den Herrn vergessen, von dem er zeugen soll.

Als ich Fritz zur Post und weggebracht hatte und mich eben wieder an mein Werkchen gesetzt, meldete mir Elisabeth einen Mann. Ein Bettler? Ja ich glaube. Ich ging hinaus, die Hand freigebig in der Tasche – da war es der alte Zezschwitz, den ich seit 10 Jahren nicht gesehen. Entsetzlich verfallen, klein und pumplich. Er war unbeschreiblich herzlich, recht wie ein Papa. Seinen Sohn Gerhard und sein Töchterchen Marie hatte er mit. Da ich die Harzreise nicht mitmachen wollte, so mußte wenigstens mein Gerhard mit. Aber bis Alexisbad schloß ich mich dennoch an und verlebte dort einen interessanten Abend. Z. war ganz der Alte, voll Witz und sentimentalen Ernstes. Durch viel Schweres aber, was er erlebt, vielleicht auch durch den Einfluß seines prächtigen Sohnes Gerhard ist er veredelt und machte mir einen wohlthuenden Eindruck. Mit weicher theilnehmender Stimme erkundigte er sich auch nach Dir, doch plötzlich zuckte es leuchtend durch sein zusamengeklapptes Gesicht und er sagte: «er ist wohl recht feist geworden, der herrliche Gerhard?» und dabei lachte er ganz hoch und stopfte sich seinen Bruch ein. Der andere Morgen war herrlich. Wir frühstückten draußen, wobei Z. wegen der Morgenkühle sehr närrisch angezogen durchaus einem cocon glich, aus dem oben ein kleines Witzgesicht herauszüngelt. – Gerhard Z. kam nach vollendeter Harzreise wieder zu uns und blieb noch 8 Tage. Er ist Theolog und wird bald sein Examen machen. Leider hat er die altlutherische Richtung, aber auch kaum leider denn er hat keinen Schaden, keine Herzlosigkeit, keine Kälte davon. Er ist ein gescheuter, durch die Schule noch mehr als durchs Leben gründlich durchgebildeter Mensch, Character vom Scheitel bis auf die Zehe und doch dabei ganz jugendlich froh und bescheiden. Ich benutzte die Anwesenheit des trefflichen jungen Menschen, ihm mein Buch vorzulesen, um sein Urtheil zu nutzen. Ihm waren aber die Einwürfe, die ich widerlegt, selbst noch nicht nahe getreten, daher er die Nothwendigkeit meines Verfahrens nicht begriff. Er war traurig geworden, und in seinem Glaubensbewußtsein verletzt. Endlich meinte er: wenn Jemand mein Buch läse, der keine Zweifel hätte, so würde er sie unausbleiblich kriegen. Das war eigentlich das Schlimmste von Allem. Daher als Gerhard fort war, überarbeitete ich mein Büchlein noch einmal, mit der Tendenz, Ausdruckformen zu vermeiden, die kindlich gläubigen Menschen verletzend sein konnten und mit der gehörigen Rücksichtnahme der sächlichen Einwürfe die Gerhard mir gemacht hatte. Da kam Fritz zum zweiten Mal angebraust. Er war bei so vielen Cholerasterbenden gewesen, daß er phantasiekrank geworden war und sich eine abermalige Ausspannung verordnet hatte. Fritz blieb 14 Tage, Lotte mit den Kindern 3 Wochen. Es war eine Zeit des äußersten Sauses. Denn da unsere Gäste in allen Häusern hier Visite machten, so wurden wir auch von Allen zu großen Festivitäten eingeladen, die meist in Landpartien bestanden zu 20 bis 23 Personen mit allen erdenklichen Tractamenten. Alle Tage gab es etwas Neues und ich armer Teufel mußte immer mit, doppelt beklagenswerth, weil mir gerade in diesen Tagen der Leib geplatzt war. Denke dir, daß ich entzwei gegangen bin und nun wie der Thurm auf dem Falkensteine einen eisernen Reif um den Bauch trage. Schon in Petersburg fühlte ich Spuren eines Bruchschadens, doch glaubte ich mich getäuscht zu haben und vergaß es wieder. Beim Husten aber, welcher mich manchmal heftig überfällt, stemmte ich instinctmäßig die Hand ein, weil ich immer das Gefühl hatte, als spränge mir etwas im Leibe. Nun auf einmal bei einem heftigen Hustenanfall trat der Bruch heraus und Dr. Piper legte mir ein starkes Bruchband um. Dies genierte mich damals sehr und auch jetzt noch. Besonders lästig war es mir bei Lustpartien, die ich mitmachen mußte, um meinen Verwandten die Freude nicht zu verderben. Uebrigens ist mir dieser Schade ganz lieb. Es ist mir ein beständiges memento! und ist ganz gut, daß der Junker Leib gebrochen sei. –

Lotte ist denn nun auch abgereist und hat die Reinschrift meines Büchleins mitgenommen. Sollte Fritz ein ähnliches Urtheil fällen wie Zezschwitz, so wird er freilich sich mit der Sache nicht weiter befassen und ich fürchte dies fast, denn mein Buch läuft der bisherigen Theologie sehr zuwider. Dem sei wie ihm wolle, mir für meine Person hat diese Arbeit doch großen Nutzen und mich ins Reine gebracht mit mir selber. Zwar, was man eine Erweckung nennt, ist nicht mit mir vorgegangen, bloß eine Zurechtrückung meines Kopfes. Mir scheint das Christenthum jetzt durchaus vernünftig, es fehlt mir aber noch die rechte Aneignung desselben. Obgleich ich mich nun aber nicht sonderlich bekehrt finde, sondern mannigfache Teufeleien in mir stecken, wie immer, so fühle ich mich doch viel wohler als früher, da ich meine Hände wieder nach meinem Erlöser ausstrecken kann und nicht wie sonst aufs Maul geschlagen bin, wenn Christen sich im Lobe der Herrlichkeit ihres Gottes ergehen. Ich gehöre einer Kirche wieder an, die ich niemals aufgehört habe zu lieben, ich habe meine alte Wohnlichkeit wieder bezogen. Es ist angenehm, wenigstens theoretisch ganz aus einem Stück zu sein. Das bin ich jetzt. Auch practisch Eins zu sein, mit dem was man theoretisch ist, das ist freilich noch viel besser und danach muß man streben, aber auch nicht vergessen, daß das Ideal unseres Wesens erst jenseits erscheinen kann, wenn auch unser nichtiger Leib verklärt werden wird gleich seinem verklärten Leibe. Ganz besonders freue ich mich jetzt darüber, mein lieber Bruder, mich mit Dir nun in allen Stücken wieder gleich fühlen zu können. Jetzt glaube ich würden wir uns herrlich verstehen und ertragen und sogar miteinander sprechen können, was früher seine Schwierigkeit hatte. Es sollte aber so sein, daß wir wie Bildsäulen zusammenkamen, Bildsäulen mit warmen Herzen und versteinertem Maul; denn wir würden uns mit dem Maul an einander doch wahrscheinlich versündigt haben, da wir in politischen und in Glaubenssachen so diametral unterschieden waren. Dabei war das Recht auf Deiner Seite und dies Geständniß demüthigt mich nicht, weil ich mich freue, daß wenigstens Einer von uns Brüdern recht hatte. Besonders aber freue ich mich, daß Du Recht behieltest, denn an Deiner Sache war doch etwas gelegen, an meiner gar nichts.

Wenn Du die lieben Pollschen Schwestern siehst, so erzähle ihnen doch, was Gott ihrem alten Zögling für Gnade erwiesen. Ich werde erschrecklich weich und klein, wenn ich denke, daß meine Freunde für mich gebetet haben und Gott hier ein Gebet erhörte, was er so oft nicht erhört. Helenen sage, ich ließe sie grüßen und das Christenthum sei wahr, mit allen seinen Unglaublichkeiten und Widersprüchen, weil es gerade so wie es ist und nicht anders den Zwiespalt im Menschen löst, Friede in ihm macht, seinen Durst und seine wahren Bedürfniße stillt. Wo es diese Wirkung verfehlt, da fühlt Jeder, daß der Fehler nicht am Christenthum, sondern an ihm selbst liegt, weil er es nicht hat. Kein Wasser aber kann den Durst stillen, wenn man es nicht trinkt, sondern etwa nur ansieht und chemisch untersucht.

## Nº 59

Ballenstädt 12. Febr. 1850

Mein lieber Bruder Gerhard!
Daß ich Dir so lange nicht geschrieben – es ist sündlich; ich habe auch keine andere Entschuldigung als daß es mir an Lust fehlte. In Herrnhut, wo ich Deinen Brief empfing, hatte ich wirklich keine Zeit. Ich hätte dort nur des Abends schreiben können, fühlte mich aber dann immer zu abgespannt und mußte meine Augen schonen, die noch so angegriffen sind, daß ich ungern Abends schreibe. Die Zezschwitz bat mich zu einem gewissen Fest, das sie geben wollte, ein Transparent zu malen, bedachte aber dabei nicht, daß ich am Tage keine Zeit hatte und meint überhaupt ich könne das so aus dem Ermel schütteln. Da ich in dem Hause so viel wahre Freundschaft genoß, so ergriff ich diese Gelegenheit mich dankbar zu erweisen mit Freuden. Ich malte 3 Abende bei Licht bis Mitternacht und die vierte Nacht ganz durch bis zum Morgen, wo ich wieder Sitzung hatte. Dieses beständige Hineinschauen in den transparenten Glanz mit schläfrigen Augen griff diese sehr an, so daß ich noch daran laborire. Doch fühle ich, daß die Augen, namentlich da nun der Schnee weg ist, sich wieder bessern. Ich bin durch diese Schwäche am Malen gar nicht gehindert, nur die Abendbeschäftigung ist mir verleidet und ganz besonders das Schreiben, das mehr angreift als Zeichnen. Hätte ich Dir von Herrnhut aus geschrieben, so hätte ich Stoff zum Erzählen im Ueberfluß gehabt. Jetzt liegt diese Zeit nun schon weit hinter mir und es dünkt mich nicht der Mühe werth davon viel zu erzählen, ja es würde mir dies fatal sein, wenn ich es müßte. An der Zezschwitz habe ich eine vortreffliche Frau kennengelernt. Auf den ersten Anblick täuscht man sich zwar in ihr: sie ist groß, breit, derb in ihren Manieren und bäuerisch in der Sprache, zugleich auch wieder winselnd, herrnhutisch süßlich, das wechselt so und macht keinen angenehmen Eindruck, wenn man sie noch nicht kennt. Es ist aber dies Alles nur angewöhnte, anerzogene Manier und berührt den Kern ihres Wesens nicht. Sie

hat ein vortreffliches Herz und ein lauteres ehrliches Christenthum bei gutem scharfen Hausverstande. Ich kann mir denken, daß ihr Christenthum von Vielen nicht recht anerkannt wird, weil es formlos ist und ohne Heuchelei. Wo es ihr fehlt, da läßt sie es fehlen und affectirt nichts. Sie beherrscht Mann und Haus wie eine absolute Regentin; doch eben dabei befindet sich unser lieber alter Freund Zezschwitz recht wohl, weil ihm selbst der liebe Gott nun einmal den Zepter versagt hat. Auch dabei befindet er sich wohl, daß sie seine Zunge etwas im Zaum hält. Sie ersetzt ihm gewissermaßen was andere Männer schon von selbst an natürlicher Würde haben. Ihre beiden sehr verwilderten Stiefsöhne Constantin und Gerhard hat sie auf den Pfad der Tugend geleitet und sie hängen dafür an dieser Mutter wie an einer leiblichen und glauben nächst Gott ihr Alles zu danken. An ihm habe ich besondere Freude gehabt. Er besuchte mich oft bei meiner Arbeit in einem alten Schafspelz mit vielen bunten Halstüchern bis an die Nase verschanzt, in Filzschuhen. Dann rauchte er und erzählte so unerhörte Geschichten, daß ich kaum malen konnte vor Lachen. Er zeigte mir auch aus dem Fenster einen Mann, der bisweilen nach Herrnhut käme «um einige religiöse Sentiments zu poussiren», dann ginge er wieder fort. Sehr gern ging ich mit dem lieben alten Freunde Abends in die Betstunde. Ich führte ihn in die Kirche herein und heraus und wir saßen neben einander. Er war mir wie eine Art von gutem alten Papa. Die rein theokratische Verfassung der Herrnhuter interessirte mich sehr. Sie sind regiert von ihrem Oberältesten im Himmel, d. i. Christus und dieser entscheidet Alles durchs Loos. Bis jetzt sind sie gut damit gefahren. Sie haben einen christlichen Socialismus bei sich realisirt und ihre Gemeindeordnung ist ganz vortrefflich. Ueberaus wohlthuend ist die Heiterkeit, die über die ganze Gemeinde ausgegossen ist. Da sie viel arbeiten müssen und sich zur Erholung nur einfache, geordnete Genüsse erlauben dürfen, bleiben sie immer genußfähig und fern von Blasirtheit. Die Gottesdienste sind durch große Abwechselung der Formen immer neu und erbaulich. Reizend sind die Liebesmahle, wenn man von dem Lächerlichen, was nur in der Seltsamkeit liegt, abstrahiren kann. Während die Gemeinde die schönsten Lieder singt, wird sie mit Thee und Kuchen bedient, und von den Chören werden während des Essens und Trinkens herrliche Psalmen gesungen. In dieser Feier liegt eine besonders erbauliche Simplicität. Sie bedeutet das Abendmahl und etliche Stunden darauf folgt die Communion.

Weiß gekleidete Priester schreiten zwischen den Reihen einher und vertheilen die Hostie. Indem nachher der Bischof die Einsetzungsworte betet, fällt die Gemeinde auf die Knie und genießt zusammen das Sacrament. Die Kelche gehen darauf von Hand zu Hand. Dabei fällt alles weltliche Stolzieren und Repräsentiren weg und gekleidet ist man wie es Jedem beliebt. Wenn ich in der Nähe wohnte, würde ich immer mit meiner ganzen Familie in Herrnhut communiciren. Es sind zwar nur Formsachen, wenn aber eine Form wirklich erbaulich ist und erhebend, erwärmend wirkt, so hat sie Werth und wird zum Gottesdienst. Es wurden auch in der Kirche prächtige Oratorien ausgeführt so wie ebenfalls im Zezschwitz'schen Hause, wo zu diesem Zweck oft an 80 Personen versammelt waren. Wenn die jungen Schwestern mit ihren närrischen Mützen so eifrig sangen, so behauptete Zezschwitz sie sähen aus wie Krammetsvögel; die rothen Schleifen an der Kehle waren dann die Pielbeeren. Er machte mich auf diesen Umstand fortwährend aufmerksam und störte so meine musikalische Andacht. Diese Singereien sind für die Zezschwitz das größte Vergnügen und sie singt selbst mit wie eine alte Löwin. Ein zweites Vergnügen besteht für sie darin, oft ärmere Brüder und Schwestern einzuladen und sie recht tüchtig mit Delicatessen abzufüttern. Wenn dann die Brüder fraßen daß ihnen die Kinnbacken knackten, dann stieß sie mich an und ihre Augen leuchteten. Sie wird aber auch verehrt wie eine Königin und ihr Geburtstag war ein förmliches Volksfest. Merkwürdig ist es mir, wie sehr der Tod in dieser Gemeinde seinen Stachel verloren hat. Auch mich weht diese Todesfreudigkeit mit an. Wenn man sich unter lauter Menschen befindet, die den Tod nicht fürchten, die ihm ganz getrost entgegensehen wie einem Engel Gottes, so wird man mit getrost. Wenn so ein einfaches Brüderlein stirbt, so schläft er ein unter herrlichen Sterbegebeten und sanften Liedern. Nachher zieht beinah die ganze Gemeinde mit zu Grabe, voraus ein tüchtiges Posaunenchor, das Psalmen und Lobgesänge trompetet und der Sarg ist schneeweiß behangen. Aus meinem Fenster übersehe ich eine herrliche Landschaft, im Hintergrunde hohe böhmische Gebirge und über alle heraus ragte das hohe Rad, eine Bergkoppe des Riesengebirges. Ueber diesen Bergen ging die Sonne auf, die ich alle Morgen aus meinem Fenster bei ihrer Geburt begrüßen konnte. In Dresden auf der Durchreise bin ich auch sehr vergnügt gewesen und habe herrliche Stunden mit Richter und Peschel verlebt. Richter war leider nervös krank und angegriffen, konnte gar nicht arbeiten. Bei Hübel's wurde ich sehr herzlich empfangen und sie baten mich ihnen Bertha zu schicken, was wir dann kürzlich auch gethan haben. Prinzeß Louise sollte nämlich von hier auf 14 Tage zu ihrem Bruder nach Dresden gehen und bat ob Bertha sie wohl hingeleiten dürfte. Da diese nun zu Hübels eingeladen war, so paßte die Sache vortrefflich und so sind denn die beiden unter Begleitung eines Kammerherrn und eines Lakaien und einer Jungfer vor 8 Tagen schon abgesegelt. Bertha lebt nun bei Hübel's in Saus und Braus, mitten in den Wogen der großen Welt. Die Hübel scheint ordentlich Staat mir ihr zu treiben, hat ihr auch einen vortrefflichen Ballanzug geschenkt und macht ihr alle möglichen Freuden, Theater, Gesellschaften, Bälle, Landpartien, alles wird ausgebeutet im großartigsten Stil. Bertha's Beschreibungen aller dieser neuen glanzvollen Gegenstände sind wirklich sehr interessant und kindlich. Im Theater hat sie sich müssen die Augen zuhalten, um von aller Pracht nicht überwältigt zu werden. Sie hat dort den Propheten gesehen, ein Stück das in Münster spielt, wo sie bekannt ist. Alles ist echt gewesen, so daß sie immer geglaubt hat in Münster zu sein. Auch das Innere des Doms wird dargestellt mit dem Hochamt als wenn man dort wäre. Dann die Schlittschuhbahn bei Münster, eine überschwemmte meilenlange Waldwiese. Die Bäume haben alle einzeln dagestanden dick mit Reif überzogen zum Schwören als blicke man in eine wirkliche Winterlandschaft. Darunter das spiegelnde Eis und nun geht langsam die Sonne auf und bewirkt das herrlichste Farbenspiel. Dann kommen Bauern und Bäuerinnen auf Schlittschuhen, die zur Stadt eilen, endlich die schöne Welt, Damen auf Stuhlschlitten usw. Bei alledem schreibt sie aber doch sie würde diesen Troubel nicht aushalten, wenn sie nicht die Aussicht hätte bald wieder in das stille Ballenstädt zurückzukommen. Sie scheint dort auf der hohen Schule der Eitelkeit zu sein, und es ist recht gut wenn sie einmal einen Blick in dies schale Treiben thut. Endlich wird Gott sich auch ihrer erbarmen wie er sich meiner erbarmt hat und einen Strahl seiner heiligenden Gnade in ihr Herz senken. In acht Tagen, hoffe ich, werden wir das arme Kind wieder hier haben.

Was mich anbelangt, so schwebe ich fortwährend in einiger Angst es könne mir die Gnade wieder entzogen werden, die mich neuerlich von neuem belebt und erwärmt hat. Ich kenne mich so vortrefflich, daß ich mich vor nichts mehr fürchte als vor mir selbst. Ich habe es jetzt sehr deutlich erkannt, wie wenig das Christenthum in Glaubenssätzen, wie ganz und gar sein Wesen in der Nachfolge Christi liegt oder in der Aneignung und Ausübung des Wenigen, was wir von christlicher Wahrheit erkannt haben. Eilt die Erkenntniß dem Practischen sehr vor, so thut das nicht gut und giebt leicht ein Maul und Afterchristenthum, deswegen fliehe ich jetzt in meinem Innern jene Gefilde des Erkennens, um aus meinem Kopfunglauben nicht in ein Kopfchristenthum zu fallen, womit selten etwas anderes gewonnen wird als Hochmuth. Ob ich nun ganz auf dem rechten Wege bin? ich weiß es nicht; es geht ganz trocken und ohne große Verzückung dabei zu, aber ich habe doch wieder einen Stecken in der Hand, bin getroster und besseren Muthes als vordem. Einen besonderen Blick hat mir Gott geöffnet in den Stolz meines Herzens und da habe ich denn vor der Hand genug zu thun, zu beten und mich zu demüthigen, daß mich dieser Riese nicht allzuhart knechtet. Ausrotten werde ich das Uebel wohl nimmer und mein lebelang zu kämpfen haben, aber dennoch kann Gott Wunder thun an unserem Herzen. Auch gegen alle andere Sünden habe ich zu kämpfen, doch glaube ich, daß Hochmuth und Selbstüberhebung recht eigentlich mein Sündenerbtheil in diesem Leben ist; daher bin ich leicht gekränkt, verachte und hasse andere Menschen leicht, und vielleicht hat mich Gott gerade deswegen so lange in der Finsterniß stecken lassen, um vor allen Dingen zuerst meinen Verstand zu demüthigen. Doch mag dem sein wie ihm wolle, vor allen Dingen preise ich Gott, daß er sich endlich meiner wieder erbarmt hat. Wunderbar ist es immer, daß ich, der ich mich von Jugend auf für Nichts so lebhaft interessirt habe als für das Christenthum, erst jetzt in die ABC-Schule genommen werde. Es muß ein harter Teufel in mir stecken, und wie mich bis dato meine Freunde ertragen haben, kann ich gar nicht begreifen. Doch laß uns von diesen Dingen nicht mehr reden als nöthig ist sich zu verständigen. Man fällt so leicht ins Predigen und Dociren, und um dazu der rechte Mann zu werden, muß man erst so klein werden wie eine Laus; ich aber fühle immer noch große Lust alle Dinge besser zu wissen als andere Leute.

*Am 14^t Febr.* Daß Du nun auch gleich einen Bruch haben willst! Ich hielt es Anfangs für Spaß bis Du des Breiteren von Deinen Bändern und Reifen erzählst. Du armer Kerl, es thut mir doch herzlich leid, daß Dir Dein ungeheurer Bauch geplatzt ist. Ich weiß nun aus Erfahrung, daß man mit einem solchen Schaden, außer im Bette, niemals wieder zu einer ordentlichen Bequemlichkeit kommt. Es ist die Bandage wie eine Art härenen Hemdes, das die katholischen Büßer tragen.

*Am 17t Febr.* Heute Morgen Deinen lieben trefflichen Brief erhalten, der mich nun gewaltig spornt diesen zu vollenden. Ich fühle mich jetzt mit Dir in allen Stücken so einig, daß es ordentlich ein Jammer ist; denn ich finde in Deinen Briefen nirgends Anlaß zum Widerspruch. In kirchlicher wie in politischer Hinsicht bin ich etwas conservativer geworden, Du etwas liberaler und so stehen wir denn in der schönsten Harmonie. Wir sind Beide gleich weit vom Rationalismus wie von der eigentlichen Orthodoxie ohne doch auch eine graue Mitte einzunehmen und obgleich wir in der Politik das juste milieu bedeutend verfluchen, sind wir doch weder Absolutisten noch Democraten, sondern wir wissen vielmehr, daß alle diese Dinge gut sind zu ihrer Zeit und an ihrem Ort. Ich muß Dich sehr loben, daß du alle Principienreiterei abgeschafft hast, diese deutsche Erbsünde. Nichts desto weniger habe ich doch einige feste Grundsätze sowohl in der Religion als Politik. Z.B. Jeder Glaube ist in so weit wahr und richtig als er sich practisch bewährt, d.h. als er Trost und sittliche Veredelung bringt. Wie er dabei aussieht und ob er mathematische Unmöglichkeiten zu behaupten scheint oder nicht, kommt gar nicht in Betracht. Ganz vollständig erfüllt das biblische Christenthum diese Bedingungen, daher glaube ich es vollständig, weil es vernünftig ist das zu glauben, was wahres Heil bringt. Von absoluter Wahrheit ist dabei nicht die Rede, dafür haben wir Menschen kein Organ, nur Gott schaut sie, nur er sieht die Dinge wie sie sind. Wir sehen in allen Dingen nur Bilder und haben auch im Christenthum nur ein Bild ewiger Wahrheit, aber ein Bild uns von Gott gegeben, unserer Fähigkeit und unsern Bedürfnißen conform. Dies als Antwort dessen, was Du von der Wahrheit schreibst. Eine solche Ansicht wirft Einen sogleich aus allen Parteien heraus, ohne daß man mit ihnen zu zerfallen braucht. Für mich ist diese Ansicht ein festes Resultat meiner letzten 10 Lebensjahre, und Du wirst sie sogleich begreifen. In der Politik denke ich ähnlich. Eine Verfassung die den Wohlstand und die politische Bedeutsamkeit eines Volkes hebt, ist die beste, einerlei ob sie despotisch ist oder frei, monokratisch oder demokratisch. Eine solche Verfassung aber muß immer aus den in dem Volke liegenden Elementen hervorgehen. Sind diese Elemente nicht berücksichtigt, soll die Verfassung nur aus einer ganz abstracten Staatsphilosophie hervorgehen, so wird sie nie zur Wahrheit werden, dem Volke keinen Segen bringen. Welcher Unsinn war es z. B. daß alle die vielen französischen Constitutionen von a bis z dem Adel, einer so mächtigen und thatsächlich vorhandenen Corporation gar keinen Platz anwiesen. Auf eine ähnliche doctrinäre Weise hat man die preußische Verfassung gestaltet. Hätte Gerlach mit der äußersten Rechten durch seine Schroffheit die Mitte, die überall entscheidet, nicht noch etwas nach rechts gezogen, so würde gar nichts aus dieser Verfassung geworden sein. So wie sie nun ist, hofft man, daß sie besser werden solle. Wo aber wird je ein Ding aus sich selbst heraus besser, wenn es nicht von außen gestoßen wird. Was helfen z. B. der ehstländischen Ritterschaft alle ihre Landtage. Sie kann ihren Fehler nicht einsehen, weil er in ihr selbst liegt und sie wird sich immer tiefer ins Elend reiten. So erwarte ich auch, wenn der König nicht fortfährt zu octroiren nichts anderes von der preußischen Verfassung als endlosen Hader. Wie kann eine Nation nach Köpfen oder nach Geldbesitz vertreten werden. Die Interessen müßen vertreten sein und richtig gegen einander abgewogen, nicht die einzelnen Köpfe. Es ist dies auch das eigentliche Bedürfniß und nur durch schandbare Revolution ist die Fabrikation der Verfassung, die für Preußen zur Nothwendigkeit geworden war, in die falschen Hände gerathen. Durch Revolutionen wird nichts gewonnen, überall nur verloren. Du frägst ob man bei uns nun zufrieden sei? Kein Mensch ist zufrieden. Es sind durch die Reaction eine Menge Absolutisten hervorgerufen, die früher gar nicht mehr existirten, und diese sind natürlich unzufrieden. Ebenso unzufrieden sind die Demokraten, weil ein regierender König übrig geblieben ist, der immer noch Macht genug behalten hat die ganze Musik wieder über den Haufen zu werfen, wenn er will und sich seiner Macht bewußt ist. Die Doctrinärs oder die große Masse der billig scheinenden Raisonneurs, die eigentlich das Heft in der Hand haben, sind auch nicht zufrieden, erstens, weil aus *Deutschland* nichts geworden, zweitens wegen des Herrnhauses, das gar nicht in ihren doctrinären Professorenkram paßt, endlich weil diesen Leuten nichts recht gemacht werden kann aus dem einfachen Grunde, weil ihre Ideen in der wirklichen Welt gar nicht zu realisiren sind. Die echten Constitutionellen hätten am meisten Ursache unzufrieden zu sein, weil die Verfassung zu doctrinär geworden ist, aber es giebt deren keine; ich bin wenigstens der *ein-*

*zige*, den ich kenne, vielleicht mit Ausnahme Florencourts. Ich schließe mich daher am liebsten den Absolutisten an, oder vielmehr am allerliebsten bleibe ich ganz weg von dem ekelhaften Wirrwar. Die deutschen Staaten haben ihre Höhe überschritten. Wir werden rückwärts gehen und russische Provinzen werden, anstatt daß wir mit den Mitteln, die wir haben, die bedeutendste Continentalmacht werden müßten, wenn wir nicht zufällig wahnsinnig geworden wären. Was man für Erscheinungen erlebt, ist ganz toll. Denke Dir Sachsen – dieses Preußenfresserische Land! Ich bin nun dagewesen. *Preußisch* möchte man gerne werden mit mediadisirtem Königshaus! Vor allem denkt so das Militär, Gutsbesitzer und die besseren Stände. Während dessen buhlt die Regierung mit Oestreich. Obgleich nun das Land verzweifelt demokratisch constituirt ist, geht doch die Regierung einen anderen Weg als die gebildete öffentliche Meinung. Man kann freilich immer nur vom Anschein reden und welcherlei Comödien gespielt werden, wissen nur die Spielenden. Das lächerlichste Land sind wir Anhaltiner. Vielleicht sind wir, uns selbst unbewußt eine Theokratie geworden, denn wer sonst eigentlich regiert, weiß ich nicht. Der Adel ist bei uns völlig wegoctroirt, doch merke ich nicht, daß wir verschwunden wären oder sich das geringste mit uns geändert hätte. Ich bin immer noch qua Edelmann am Hofe. Auch sind alle ausländischen Orden verboten, doch trägt ein jeder die seinigen, russische, hannöversche, Hessische preußische Orden – alles wird hier getragen.

*Am 25. Febr.* Ich lese jetzt «Halbrussisches» von Aurelio Buddeus, Leipzig bei O. Wiegand 1849. Es ist eine kritische Reise durch die Ostseeprovinzen nach Petersburg. Mich interessirt das Buch außerordentlich. Viel geschichtliche Kenntniß verbindet der Verfasser mit meistens richtigen Anschauungen; sein Urtheil ist aber milz- und gallsüchtig indem er Alles von der Nachtseite betrachtet. Mit einem Gefühl als wenn er der Erfinder und Träger europäischer Gesittung wäre, rümpft er die Nase über Alles, was in Rußland anders ist als im übrigen Europa, und das ist eben Alles. Besonders altklug urtheilt er über die baltischen Zustände, die er ziemlich kennt. Da er ein Adelsfeind ist, so ist die Ritterschaft an allen Kalamitäten schuld; die Lage aber, in der diese Ritterschaft sich von jeher befunden, berücksichtigt er dabei gar nicht.

*Am 1sten März.* Nun ist dieser dumme Brief wieder so ewig lange liegen geblieben. Ich hatte ihn ganz vergessen über die sich drängenden Ereigniße auf dem Schloße. Ausführlich erzählen kann und mag ich die Sache nicht. So viel kann ich Dir aber sagen, daß die Herzogin, gehetzt durch Menschen, die vielleicht eigensüchtige Zwecke hatten, sich mit dem Ministerium überworfen hat. ...

Mittlerweile ist auch Bertha von Dresden zurückgekehrt mit ihrer Prinzessin und hat ganz ungeheuer viel erlebt. Leider hat sie aber zu sehr in der großen Welt gelebt als daß die Reise ihr wahrhaft hätte gut thun können. Hübel's haben mich gebeten ihnen Bertha von der sie sehr entzückt sind, zum Sommer auf längere Zeit wieder zu zusenden. Ich weiß aber wahrhaftig nicht ob ich es thun soll.

## N° 60 Ballenstädt 3. April 1850

Lieber theurer alter wanna mees nurkas!
Nurkas wohnst Du, Du Glücklicher, entrissen dem Strudel der Begebenheiten, und kannst aus Deinem Winkel mit ansehen wie die Welt um Dich her zu schanden wird. Doch muß ich Dir ja vor allen Dingen melden, daß Dein Revalscher Brief mit den Wechseln glücklich angelangt ist. Dies ist der eigentliche Inhalt dieses Briefes und weiß ich auch sonst nichts Sonderliches da ich erst kürzlich ausführlich geschrieben. Am liebsten wäre ich für ½ Jahr Adolf Krummacher, der nun bald zu Euch kommen wird, d. h. sobald die große Paßschwierigkeit überwunden ist. Zwar hat der König selbst versprochen den Paß zu besorgen, aber er scheint es wieder vergessen zu haben und mittlerweile hat Adolf sich an die Gesandschaft gewendet. Zu empfehlen brauche ich Dir wohl diesen Gast nicht besonders. Er wird Leben und mannigfaltiges Interesse in Dein Einerlei bringen, da er sehr gesprächig und bester Dinge ist, auch in Berlin die ganze Schauderzeit mit durchgelebt hat. Mannigfaltige Tugenden mag er außerdem haben, aber zwei Laster hat er ganz bestimmt: Tabackrauchen und Kaffetrinken. Er trinkt bisweilen 15 Tassen Kaffe, d. h. wenn man ihm nicht mehr giebt und würde spielend den ganzen Peipus austrinken, wenn's Kaffe wäre. Doch ist er empfindlich auf diesen Punkt und sieht es am liebsten wenn man ihn ohne alle Bemerkungen volltrichtert. Summa summarum er ist einer der ausgezeichnetsten jungen Gelehrten Berlin's und in Politicis conservativ vom Scheitel bis auf die Zehen, so daß

die geheime Polizei eine ordentliche Freude an ihm haben muß. Ihr werdet Euch Alle vortrefflich mit ihm behaben, sogar dem Ottenküller, denk' und hoff' ich zu Gott, dem ja alle Dinge möglich sind, wird er lieb und angenehm werden. Adolf sehnt sich einmal wieder, nach langer Entbehrung absolutistische Luft zu athmen, und es kann einem Menschen jetzt wirklich ein solches Gelüsten bei uns anwandeln, da wir immer noch mitten in der Revolution stecken, wenn es für den Augenblick auch etwas glimpflicher hergeht. Aber die Schwüle, die uns umgiebt, ist dennoch drückend und unerträglich. Es wird und muß aus dieser dicken Luft ein Blitz herabfahren und wie der die Atmosphäre gestalten wird, kann man auch noch nicht wissen. Das ist's was man immer mehr lernt, daß Revolutionen allemal an's Gegentheil ihres Zieles führen. Deutschland ist nun auf einem Punkte angelangt, der gar keine voraussichtliche Zukunft mehr hat. Da ist's denn schwer genug für einen jungen Menschen sich zu bestimmen was er werden will. Kommen stürmische Zeiten, so ist man als Militär am besten aufgehoben. Solche Sturmzeiten sind aber das Wahrscheinlichste, was wir zu erwarten haben, daher das Militär an Geltung gewinnt und die Jungens Soldaten werden wollen. So auch mein Gerhard. Er bestürmt mich mit Bitten ihn Offizier werden zu lassen. Wenn er nun gegenwärtig so weit wäre, sein Offiziers-Examen machen zu können, so wäre der Augenblick einzutreten nicht ungünstig, da gegenwärtig 6 Offiziersstellen bei uns zu besetzen sind. Gerhard muß aber noch 1½ Jahr auf der Schule bleiben ehe er das Fähnrichsexamen machen kann, und dann muß er als Gemeiner und Unteroffizier ½ Jahr dienen ehe er effectiv Fähnrich wird. Ist er dies, so muß er noch ein Jahr auf irgend eine Divisionsschule gehen und dann erst, also erst nach 3 Jahren, kann er zum Offiziersexamen zugelassen werden. Wie es aber nach 3 Jahren aussehen wird, weiß kein Mensch. Möglich daß sich die Zeiten bis dahin wieder beruhigt haben. Dann würden die Armeen reducirt und die jüngeren Offiziere auf halben Sold gesetzt werden und Gerhard über die Begriffe lange warten müssen, um nur eintreten zu können. Ich mag daher von dieser Carrière nichts wissen und kann meine Einwilligung nur unter der Bedingung geben, daß er Ingenieur wird. Er würde dann, im Fall es nicht mehr vortheilhaft wäre einzutreten, in ein bürgerliches Fach übergehen, wozu ihm sogar der Staat behülflich sein würde. Da wir hier aber kein Geniewesen haben, so müßte Gerhard nun vor allen Dingen das preußische Indigenat erhalten, und habe ich deswegen anfragend schon nach Berlin geschrieben und warte der Antwort.

*Am 4ᵗ Mai.* So sind denn 4 ganze Wochen verflossen, seitdem ich diesen Brief begonnen und weiß ich nicht wo sie geblieben sind. Du wirst zürnen, daß Du keine Nachricht kriegst, ich war aber in keiner Schreibeverfassung. Ich hatte den festen Plan gehabt Anfang Mai nach Bremen zu gehen, wohin mich Eduard eingeladen hatte. Dort hoffte ich Arbeit zu finden für längere Zeit, und als ich diesen Brief anfing, war sogar mein Malkasten schon gepackt und meine hiesigen Arbeiten abgeschlossen. Auf dem Schloße war vielfach die Rede von dieser Reise gewesen und die Herzogin hatte mich schon ein paar Mal gefragt, wann ich abreisen würde. Indeß war es doch formell nöthig, daß ich, ehe ich wirklich abging, mir Urlaub erbat. Ehe ich dies schriftlich beim Herzoge thue, gehe ich allemal zur Herzogin und frage ob sie nichts zu erinnern hat. So auch diesmal. Zu meinem Erstaunen aber bat sie mich zu bleiben, indem sie ein historisches Bild von mir wünschte. Da ich in Bremen so ganz fest erwartet wurde, so erlaubte ich mir die Frage, ob ich dies Bild nicht anfangen könnte sobald ich zurückgekehrt, oder ob es damit große Eile habe. Sie behauptete aber es hätte Eile, da sie es sich vom Herzoge zum Geburtstag wolle schenken lassen, und somit blieb mir denn nichts anderes übrig als der Bremer Reise zu entsagen. Wie bitter mir das ankam kann ich nicht sagen. Ich hatte mich schwer zur Reise entschlossen, nun aber war ich es, so daß also die ganze Schwierigkeit der Sache schon überwunden war, und Eduard hatte mich eingeladen. Ich kann nicht anders nach Bremen als wenn der mich einladet. Da er nun aber schon drei Mal getäuscht worden ist, so wird er mich, so wie ich ihn kenne, niemals wieder einladen. Hätte ich es nicht mit dieser schwierigen Persönlichkeit zu thun, so könnte ich, wenn mein Bild fertig ist, zum Winter immer noch nach Bremen. Nun aber ist mir, wahrscheinlich für immer dieser Markt abgeschnitten. Eduard hat meine Absagung auch in der That so übel genommen, daß er mir gar nicht einmal geantwortet hat, wozu ich ihn doch dringend aufgefordert hatte. Ich konnte nicht anders, denn da ich hier in Dienst und Brod stehe, so stand es mir nicht zu der Herzogin zu sagen ich gewinne in Bremen mehr. Sie selbst denkt wahrscheinlich, sie habe mich von einer sehr unangenehmen Trennung von den Meinigen erlöst. So sind die Vornehmen, auch wenn sie von der allerbesten Art sind. Immer zerstreut und halb im Traum bilden sie sich ein gute Werke zu thun, und zerstören. Die Herzogin meint es wirklich gut mit mir, aber es fiel ihr gar nicht ein mich zu fragen, ob es mich genire jetzt die Bremer Reise aufzugeben, und obgleich ich mir eine Einwendung erlaubte, so hat sie wahrscheinlich ganz etwas Anderes dabei gedacht und verstanden. Mir aber ist es noch nicht gelungen, mich von diesem scheußlichen Schlage wieder zu erholen. Gott hat es zwar so gewollt, indessen fällt in den Augen meiner Bekannten immer die Schuld auf mich, denn die, die mein Gemüth nicht haben und nicht in meiner Lage sind, begreifen nicht, warum ich nicht ausführlicher mit der Herzogin redete, und wer die Herzogin nicht genau kennt, hält es nicht für möglich, daß ich auch nur die geringste Einwendung gemacht hätte. Ich habe ihr aber sogar durch die Bernstorff hinterher noch die ganze Sachlage auseinandersetzen lassen, in der Hoffnung sie würde sagen: wenn sich die Sache so verhielte, so könnte ich das Bild ganz nach meiner Bequemlichkeit malen besonders da ich weiß, daß sie gar keine Freude an Bildern hat und mir durch diese Bestellung nur wohlthun will. Sie ließ mir aber damals sagen, wenn ich so fest in Bremen erwartet würde, so möchte ich mich doch nicht stören lassen und immer auf einige Monate hingehen, da sie wie gesagt nichts wünsche als das Bild zum Geburtstage zu haben, der in den October fällt. Außer der Zeit kann sie sich nämlich nichts vom Herzoge schenken lassen. Das ist nun eine zu kurze Zeit für ein Bild, zu dem man noch gar keine Idee hat, und so gab ich denn die Reise auf. Doch mehr als genug von dieser unangenehmen Calamität.

Unsere Herrschaften sind mit 14 Pferden in den Harz gereist und treiben sich da bei dem scheußlichen Wetter und der empfindlichen Kälte seelenvergnügt umher. Gestern ist ihnen aber vom Ministerium eine Estafette nachgegangen, die sie schleunig zurückruft. Preußen hat nämlich sehr plötzlich zum 8t Mai einen Fürsten-Congreß nach Berlin berufen, wahrscheinlich um den Oestreichern noch rechtzeitig das Prävenire zu spielen. Unser Herzog ist nun nicht hier und das Ministerium der Meinung, daß er die Entschuldigung seines Nichterscheinens schicklicherweise aus seiner Residenz datiren müsse, zumal er sich mit Unpäßlichkeit entschuldigen soll. Durch diese Unbeholfenheit wird die Herzogin sicherlich wieder sehr gekränkt werden und hat auch Recht dazu. Wenn der Herzog aus Ilsenburg oder aus Ballenstädt datirt, so kräht in Berlin kein Hahn danach, denn man weiß ja doch, daß er nicht erscheinen kann und jede Entschuldigung wird ganz ohne Untersuchung angenommen. Heute Mittag wird nun der Hof zurückerwartet. Die arme Prinzeß Louise ist schon lange krank auf dem Schlosse und hat an der Harzreise nicht theilnehmen können. Niemand weiß was ihr fehlt, sie ist so matt wie eine Herbstfliege und scheint zu fiebern. Ihr Arzt ist Homöopath und Niemand als die Herrschaft setzt Vertrauen auf ihn. Dabei liegt die ganze Familie fortwährend bei ihr und schwatzt sie förmlich matt, denn diese Holsteinische Familie hat weder eine Idee von Kranksein noch von Pflege. Der Arzt ist zu schwach es zu verhindern, die Kranke zu willenlos. Daher hatte sich die Bernstorff gefreut jetzt eine Zeitlang mit ihr allein zu bleiben, um sie einmal recht auspflegen zu können und weinte gestern bei der Nachricht, daß nun der ganze Brast wieder zurückkommt. Sie ist überzeugt, daß man die arme Kranke todt reden wird. Am gefährlichsten ist die alte Mutter, die nie an eines Menschen Kranksein glaubt, solange er noch reden kann, und auch bis diese Stunde überzeugt ist, daß wenn die Prinzessin nur herausgehen und Alles mitmachen wollte, es sich gleich zeigen würde, daß ihr nichts fehle. Es sind ganz wunderliche Menschen, diese vornehmen Damen, weil sie die Eigenschaft haben Alles zu glauben, was ihnen Vergnügen macht, das Unangenehme aber völlig zu übersehen.

Die Pastorengesellschaft in Jacobi bei der Beerdigung des guten sel. Hoerschelmann muß keine Kleinigkeit gewesen sein. Ich kann mir denken, wie die 8 Predigten hinter einander Dich erquickt haben mögen. In Deinen Betrachtungen über dieses Ereigniß wunderst Du Dich daß Du so wenig fromm seist. Es ist immer besser, als wenn Du Dich über Deine eigene Frömmigkeit verwundern müßtest. Ein Gemisch von Kügelgen und Zöge kann immer nur wenig Frömmigkeit haben, aber eben deswegen, glaube ich, müssen wir armen Weltlinge auch doppelten Fleiß anwenden, am Ende nicht ganz aus dem Buche des Lebens gestrichen zu werden. Man muß übrigens Frömmigkeit nicht mit Theologie verwechseln. Ein alter italienischer Gelehrter sagte: «Die Philosophie *sucht*, die Theologie *findet*, die Religion (Frömmigkeit) *hat* die Wahrheit.» Das Bischen was wir von der Wahrheit wirklich haben, das möge uns Gott erhalten und mehren. Ueber die *Wirklichkeit* denke ich ganz wie Du, wir sind echte Deutsche, die sich am wohlsten in Träumen finden, und Du kannst Dir daher denken wie eklich mir der Gedanke war, *Stadtrath* zu werden, was leicht hätte geschehen können. Daß Väter auf ihre Töchter am besten aus der Ferne wirken, darüber bin ich auch eins mit dir, d. h. wenn die Einwirkung durch Worte und Begriffe geschehen soll. Es giebt aber noch eine andere Einwirkung: die des bloßen, schlichten, duselhaften Lebens, wodurch eine Tochter gerührt wird. Du mußt an Oncle Heinrich denken, wenn er des Morgens ganz zerstreut in den Saal kam und die Uhren aufzog, dabei keine Ahnung hatte wer in China oder Constantinopel regierte, noch wie viel Töchter oder Frauen er hatte, aber es war ein Wohlwollen in seinem Herzen, was Töchter rührt.

Mein Gerhard soll nun, nach in Berlin eingezogenen Erkundigungen, zu Michaelis in eine preußische Pionirabtheilung als Gemeiner eintreten. Ostern macht er dann sein Fähnrichsexamen und dient bis Michaelis als Unteroffizier fort. Dann bezieht er die Ingenieur-Schule in Berlin schon mit Fähnrichsgehalt und wird nach 2 Jahren Offizier. Als solcher muß er noch ein Jahr auf der Schule bleiben und dann sieht er einer Anstellung entgegen. Wird er angestellt, so hat er Garderang und 400 Thaler Gehalt. Das Fach soll nicht überfüllt sein und die Carrière daher gut. Der Junge ist selig. Ich habe ihn vom Gymnasium erlöst und er treibt nun auf der Realschule in Bernburg tüchtig Mathematik. Ich fürchte nur er ist auch zu sehr Ideen-Mensch, um in ein so ganz practisches Fach zu passen.

*Am 11ᵗ Mai.* Herrlicher glänzender Frühlingsmorgen und Freiheit, denn ich bin gestern mit meiner Wochenarbeit fertig geworden und kann heute feiern, Dir und Piper zu Ehren, der mich auf heute Mittag schon seit einem Jahre eingeladen hat, weil er auch ein eilfer Gewächs ist. Dazu kommt noch Dein Brief, eigentlich eine entsetzliche Beschämung für mich, da der meinige so gut in Deinen Händen hätte sein können, wenn ich nur ein Couvert gemacht und ihn expedirt hätte. Ich kann es mir aber nicht geben an Tage und Neumonden zu denken und bin überhaupt ein unregelmäßiger Mensch mit einem Anstrich von Ordnung. Umgekehrt ist es bei Timmo. – Der Anfang Deines Briefes stimmte mich sehr weich und wehmüthig; das Ende aber machte mich wieder wacker. Es schien ein harter Bann auf Dir zu liegen, wie er auch oft auf mir liegt; Untreue oder Unglauben einerlei, man geht geknechtet einher und hat kein fröhliches Aufschauen. Wir mögen wohl selbst schuld daran sein, haben von dieser Schuld aber oft kein Bewußtsein und glauben Gewalt zu leiden von einer unwiderstehlichen Macht. Selig aber sind wir, wenn wir in solcher Abtrünnigkeit keinen Frieden finden und die Seele sich bewußt bleibt, daß sie in der Finsterniß, der sie verfallen, nicht zu Hause ist. Dann werden wir wieder herausgerissen, wie es auch Dir ergangen ist und unser Heil wird von neuem in unsere eigene Hand gelegt. Mit jeder solchen Rettung und Aufrichtung, die wir von der Gnade erfahren, empfangen wir auch ein neues Pfund, mit dem wir wuchern sollen und damit, lieber Bruder, laß uns treu sein. Treues Halten an dem Wege, den man als den Weg der Wahrheit erkannt hat, ist der Kern und das ganze Geheimniß des Christenthums. Die Treue aber giebt Er und will darum gebeten sein. Manchem scheint eine solche Auffassung selbstgerecht zu sein; aber einerlei, wenn sie nur treu sind, so mögen sie dabei denken was sie wollen. Sind wir dagegen untreu, so sind uns auch die schönsten und tiefsinnigsten Theorien, die wir daneben haben mögen ganz überflüssig. Wo uns Gott wirklich hilft, da hilft er uns allemal durch einen *Entschluß*. Was wir außerdem für Hülfe halten mögen, ist nur eine vorübergehende Nervenanregung. Nach solchen bloßen Rührungen fallen wir in der Regel noch tiefer in den Dreck. Nach dem Entschluß fallen wir freilich auch wieder; aber das Leben eines Christen ist eine immerwährende Auferstehung. Bei einer Auferstehung indessen bleibt man nicht liegen, sondern man steht wirklich auf, um sich nie wieder hinzulegen, und das ist das Wesen des Entschlusses. Uebrigens ist hier auf Erden kein Himmel und selig sind wir eigentlich nur in Hoffnung. Drüben erst wird unser Christenthum sich vollenden, und erst dann, wenn wir dies Sterbliche ausgezogen, können wir mit Heiligkeit überkleidet werden. Hier sind wir eben arme Sündenwürmer, aber deswegen wollen wir doch nicht der Sünde Knechte sein und dürfen es nicht dulden, daß wir keinen Willen gegen sie behalten. Es sollte Jeder einen Beichtvater haben und offen bekennen, so würden wir manches Joch leichter abschütteln. Steht man ganz allein, so ist es oft unmöglich.

Ach wärst Du heute hier, mein alter Herzensbruder. Ein Meer von Blüthen überzieht die ganze Gegend und die Nachtigallen flöten ihre reizenden Melodien. Oder wäre ich bei Dir und könnte heute Mittag meine Beine unter Deinen Tisch strecken, statt unter Piper's, der 7 Stunden lang bei Tisch sitzt, Wein trinkt wie ein Silen und dabei schwört er habe nie eine Sünde gethan und deshalb sei er so fröhlich. Er hat aber eben Alles gethan was andere Leute auch thun, die sich für arge Sünder halten, und seine Verblendung ist grenzenlos. Bei Alledem bin ich ihm doch gut, weil seine Güte gegen mich auch keine Grenzen kennt, nur bekehren kann ich ihn nicht wegen seiner Flachheit.

Eine scheußliche Geschichte ist die Trützschlersche. Der Major von Trützschler steht kürzlich mit einem anderen Offizier in einem Parterrezimmer, Abends 10 Uhr, hat seinen Paletot angezogen und will eben fortgehen, als 2 Schüsse durch das nahe Fenster fallen. «Haben Sie eine Kugel?» frägt er den Andern. «Nein». «Ich», sagt er «habe eine in der Brust.» Damit geht er in die Kammer, zieht den Paletot aus, dann die Uniform, dann will er die Weste ablegen, findet diese aber nebst dem Hemde durch die Kugel angenagelt. So faßt er denn das Hemd mit beiden Händen und reißt den ganzen Pfropfen sammt der Kugel aus der Wunde und ein großer Blutstrom schießt hinterher. Die Kugel ist in die Brustmuskel gegangen bis auf die Ribbe und dann 3 Zoll weit auf dieser fortgeglitten, so daß die Wunde sehr bedeutend ist ohne gefährlich zu sein. Wunderlicher Weise hatte die Kugel das Hemd mit sich fortgerissen ohne es zu durchlöchern. Die Thäter sind dermalen noch unbekannt, aber es ist jedenfalls politischer Haß, der sie getrieben, da Trützschler keine Privatfeinde hatte. In Untersuchung steht ein ehemaliger Hauptmann, der seiner demokratischen Sympathien wegen den Dienst verloren hat.

Sieh doch den Jupiter an und denke, daß ich alle Abend hineinschaue. Er ist 1333 mal größer als die Erde. Zum neuen Pferde gratulire ich, aber die Hämorrhoiden werden sich davon nicht bessern. Tausend, Tausend gute Wünsche heute und immer für Dich, mein lieber Bruder. Alles grüßt Euch.

## N° 61

Ballenstädt 19. Aug. 1850

Mein lieber Bruder Gerhard!
Es ist so lange her, daß ich Dir nicht geschrieben habe, so lange, daß ich vergessen habe was dazwischen Alles vorgekommen ist. Indessen langte von Dir ein guter Brief an mit einer Einlage von Helene. Deine Hauptnachricht war die erneute Vaterschaft. Gott segne Kind, Mutter, Vater und das ganze Haus. Es hat gewiß etwas zu bedeuten, daß so viele Kügelgens geboren werden. Wenn auch weiter nichts, so sollen die Kinder uns Alten eben so viel Glau-

bens-Standarten werden. Es taugt nichts aus Geiz wenig Kinder haben. Laß geboren werden was da kann, wir haben einen reichen Gott im Himmel, dem wollen wir fest vertrauen, daß er seine Creatur nicht wird verkümmern lassen. Daß vieler Besuch dich etwas lebensüberdrüßig macht, schadet auch nichts; mir geht es ebenso. Man braucht nicht immer lebensfroh zu sein und muß es nehmen wie es Gott giebt. Ich für meine Person bin so eben von einer Krankheit etwas auferstanden und bin noch Reconvalescent. Die Sache ging so zu. Die Herzogin hatte uns eingeladen nach Alexisbad zu kommen, um von dort aus eine Harzpartie mitzumachen. Wir standen deshalb um 5 Uhr auf und saßen um 7 Uhr im Wagen: Julchen und ich und der Hofprediger Hoffmann, der auch eingeladen war. So kamen wir zeitig nach dem Bade und fuhren von dort mit 10 Pferden, einem Sechs- und einem Vierspänner, mit den Herrschaften nach der Josephshöhe, wo dinirt wurde. Wir hatten 20 Grad Wärme und kein Lüftchen rührte sich. Nach Tisch schlug der Herzog mir vor mit ihm vorauszugehen um etwas Bewegung zu haben. Es sollte nämlich auf dem Eichenforst hinter Stolberg der Thee getrunken werden. Ich hatte gerade noch Zeit an die Herzogin heranzugehen und sie von des Herzogs Plan in Kenntniß zu setzen und dann den Kammerherrn zu bitten bald nachzukommen, ehe die glühende Sonne den Herzog aufgeschmort hätte, dann setzte ich dem Herzoge nach, der schon ein ganz Stück abgetrieben war. Um einen Begriff von der Hitze zu haben, die nun auszustehen war, muß man das Stolberger Land kennen. Dichter Buchenwald über das ganze Land, von breiten harten weißglühenden Chausseen durchschnitten. Zu beiden Seiten sind aber die Wege mit engzusammengepflanzten himmelhohen Fichten eingefaßt, die unter der Scheere gehalten als dichte Heckenwände den Buchwald ganz verstecken und keine Spur von Luft durchlassen. Dergleichen Unsinn giebt es in der Welt nicht weiter. In diese Hohlwege legte sich nun die Sonne mit aller Energie der Mittagszeit, und obgleich wir anfänglich langsam gingen, so dauerte es doch nicht lange bis das Wasser uns von Stirn und Rücken lief. Für dieses Ungemach entschädigte mich indessen die außerordentliche Leutseligkeit des Herzogs. Dieser war wie ausgetauscht und sprach durchaus vernünftig. Er beklagte sich über seine Gesundheit und daß er immer so aufgeregt und unruhig wäre und ergoß sich dann in Klagen über die Zeit, die immer böser würde. Die Menschen, sagte er, wollen immer Alles ändern und darüber würde Alles schlechter; zuletzt würde man es gar nicht mehr ertragen können. Die alten Zeiten, da wir jung gewesen, wären doch viel besser gewesen und ich würde das wohl auch so finden. So kamen wir auf alte Zeiten zu sprechen und bei dieser Gelegenheit erkundigte sich der Herzog ordentlich theilnehmend nach Dir. Wie es Dir ginge, ob Du auch Familie hättest und ob Du denn gar nicht einmal herkämst, er hätte immer gehofft Du würdest doch einmal wiederkommen, und wenn ich Dir schriebe, sollte ich Dich doch recht von ihm grüßen. Der Herzog wurde immer behaglicher, ruhiger und vernünftiger, und es schien ihm ordentlich Freude zu machen mit mir dem Hof entronnen zu sein und wie ein freier Mensch das Gebirge zu durchstreifen; auch machte es ihm Spaß mich zu führen, da ich in der Gegend ganz fremd war. Ja die Idee, daß die Wagen uns einholen könnten, schien ihn wirklich zu ängstigen, so daß er seine Schritte immer mehr beflügelte. Mir aber wurde die Sache unbehaglich; denn abgesehen von der Hitze wußte ich den Weg nicht und dem Herzog war nichts gleichgültiger als wo er hinkäme und ob man sich um ihn ängstigte oder nicht. Endlich sahen wir tief unten im Thale Stolberg liegen und ich fing nun an den Herzog zu bearbeiten, daß wir hier in der Post einkehren und da die Equipagen erwarten möchten, die da umspannen sollten. Aber ich predigte tauben Ohren, und so zogen wir denn an der Post vorüber, wo unsere Pferde schon angeschirrt standen. Alles was ich thun konnte, war daß ich ins Posthaus hineinsprang und mir den Weg nach dem Eichenforst genau beschreiben ließ; auch bat ich den Posthalter die Herzogin zu benachrichtigen, daß der Herzog schon durch sei. Darauf haschte ich meinen allergnädigsten Herrn wieder, der schon weit voran war und der überlaut seine große Zufriedenheit aussprach mit der schönen Ruhe, die in Stolberg herrsche. Ich war froh als wir durch das Nest unangefochten durch waren. Aber nun begann eine Kletterei wie mir kaum noch vorgekommen ist. Der Weg geht stracks hinter Stolberg den Berg hinauf wie an einer Wand ganz ohne Gêne. Ich bat den Herzog er möge sich doch ins Gras legen und hier auf die Wagen warten; wir würden uns erhitzen und wie abgejagtes Wild auf der Höhe im kälteren Luftzuge ankommen, uns erkälten und die Cholera kriegen. Er behauptete aber er schwitze nicht; – so nahm ich ihm denn die Mütze vom Kopf und als ihm nun das Wasser über das gekochte Gesicht schoß, fing er ganz laut an zu lachen. Alles was ich erlangte war, daß wir 5 Minuten stehen blieben und nach Stolberg hinunterblickten, dann ging es weiter diesen Mordberg hinan, immer in der prallen Sonne, bis wir oben in sehr dichten Wald kamen, wo viele Wege sich kreuzten. Hier war es durchaus nothwendig die Wagen abzuwarten, weil wir den Weg nicht wußten. Der Herzog aber behauptete er wisse alle Wege, war nicht zu halten und ging immer weiter, stets glücklich und bei bester Laune. Endlich, nachdem wir im Ganzen 3 Stunden marschirt waren, behauptete er ganz vergnügt wir hätten uns verirrt und er wisse durchaus nicht, wo der Eichenforst läge. Ich wußte auch nichts weiter als daß wir auf den Gipfel eines hohen Berges sollten und so verließen wir denn auf meinen Rath den Weg und gingen grade durch den Wald, immer auf die Höhe hin haltend. So gelangten wir nach einer halben Stunde auf einen grasigen Waldweg und kaum hatten wir uns hier etwas umgesehen, um die Richtung rechts oder links zu wählen, als wir die Wagen herankommen sahen. Dies war aber auch das Signal, daß der Herzog ausriß, entschlossen sich von den Wagen nicht fangen zu lassen. Da hing ich mich an seinen Arm, gab ihm tausend gute Worte und hielt ihn so lange auf bis die Wagen herankamen, wo es denn der Herzogin gelang ihn zum Einsteigen zu bewegen. Auf dem Eichenforste war es pompös. Wir blickten nach der goldenen Aue und tief nach Thüringen hinein, aber für mich war keine rechte Freude dabei weil ich ganz naß war und daher trotz der großen Wärme noch meinen Ueberzieher über den Frack haben mußte. Des Herzogs Attachement dauerte übrigens immer fort, er wich nicht von meiner Seite, und die Herzogin, die gern im Vertrauen über eine gewisse Sache mit mir geredet hätte, mußte davon abstehen, weil es keiner List gelang den Herzog auch nur für ein paar Augenblicke von mir zu trennen. Diese unfruchtbaren Bestrebungen würzten übrigens den Aufenthalt auf dem Eichenforste auf eigenthümlich komische Weise. Um 10 ½ kamen wir erst wieder im Bade an, wo die Herzogin uns noch zum souper engagirte, so daß ich erst sehr spät dazu gelangte meinen Kutscher aufzusuchen, den ich schlafend fand. Da der Kerl mir auch noch beim Einsteigen ganz duselig vorkam und ich befürchten mußte er könne getrunken haben, so setzte ich mich zu ihm auf den Bock, um ihn nöthigenfalls unterstützen zu können; dabei mag ich mich denn wohl etwas erkältet haben, denn wir fuhren wegen der stockfinstern Nacht langsam und kamen erst in tiefer Nacht in unsere Betten. Am nächsten Morgen hatte ich die Ruhr zum ersten Mal im Leben. Es war ein verwünschtes Uebel, indessen bin ich doch nun nach 10 Tagen wieder leidlich wohl, die gewöhnliche Reconvalescentenschwäche abgerechnet. Die Cholera haben wir doch wirklich auch auf unsere Höhen bekommen, sie würgt und wüthet weit und breit in der ganzen Gegend und auch in Ballenstädt sind schon mehrere Opfer gefallen. Wir dürfen deshalb keine Gurken essen, die gerade dieses Jahr vorzüglich gerathen. Viel Sorge macht mir Gerhard. Ich habe auf meinen Brief an den König eine Antwort von der Generalinspection des Artillerie und Geniewesens bekommen. Ich müsse zuerst für Gerhard das preußische Indigenat erwerben (gerade um Ertheilung desselben hatte ich den König gebeten) und dann müsse er in Concurrenz treten mit jungen ausgezeichneten Leuten, die auf preußischen Gymnasien das Abiturientenexamen gemacht und die ersten Censuren hätten. Mit Solchen müsse er das Fähnrichsexamen machen und wenn er hier N° 1 bekäme, so würde er erst denen beigesellt, aus denen sich die Ingenieurschule die Fähigsten aussuche. Da ich nun gar nicht wußte was ich machen sollte, so habe ich ihn endlich, weil ich selbst zu reisen durch Krankheit verhindert wurde, nach Magdeburg geschickt und dort soll er sich von Ingenieur-Offizieren recht ausführlich und gründlich berathen lassen. Ich stehe große Unruhe aus bis ich den Jungen endlich einmal im Fahrwasser haben werde.

Von Besuchen bin ich diesen Sommer geradezu aufgefressen worden und weiß durchaus nicht wie ich von diesem Uebelstand, den meine Casse nicht verträgt, loskommen soll. – Wilhelm Möller war auch diesen Sommer hier. Er wohnte zwar nicht bei mir, war aber doch den ganzen Tag da und hatte noch einen Wahnsinnigen mit, den er beaufsichtigt. Dieser Tolle hat einen stummen Teufel, spricht kein Wort, ißt, trinkt und raucht aber wie eine Furie. Wilhelm ist auch halb toll und macht Spectakel und Pastorengeschrei für zehn Personen. Jetzt haben wir Clara Krummacher (von Emil aus Duisburg) für den ganzen Sommer hier. Diese ist mit Anna ganz zusammengeschlossen, sie singen, zeichnen, schlafen, wirthschaften und spazieren zusammen und amüsiren sich königlich. Hermann ist der einzige Besuch, den ich eingeladen habe und der ein Recht zu kommen hat. Er sitzt den ganzen Tag bei den Mädchen, liest ihnen vor, geht mit ihnen spazieren und wird sich wahrscheinlich bis über die Ohren verlieben. Von seinen Torgauer Angelegenheiten hat er mir nicht das geringste vertraut. Diese Schippang's sind aber eine Demokratenfamilie und mir deshalb unangenehm. Hermann ist selbst ganz ohne politische Ueberzeugung und deshalb ist es ihm auch ganz gleichgültig wie man denkt. Wie er indessen, nach dem was er in Dresden doch selbst erlebt hat, so überzeugungslos sein kann, ist mir unbegreiflich. Mit seinen Studien scheint es übrigens ganz vortrefflich zu gehen. Er hat große Anlage für die technischen Wissenschaften, scheint fleißig und ordentlich, und ihr werdet gewiß noch einmal große Freude an ihm erleben. – Meine Bertha hat den Sommer bis jetzt in Berlin zugebracht, wohin sie von Krummachers eingeladen war. Heute, indem ich dieses schreibe, schwimmt sie indessen mit der Herzogin auf der Ostsee herum. Die Herzogin sollte nämlich ein Seebad brauchen und wählte Putbus auf Rügen. Da ihre Hofdame krank ist, so hat sie Bertha als Begleiterin gewählt zu deren nicht geringem Entzücken. Sie hat dieselbe in Berlin abgeholt und gestern sind sie von dort nach Swinemünde gegangen, von wo es heute weiter nach Rügen gehen sollte. Die Reisegesellschaft besteht aus Prinzeß Louise, Prinz Wilhelm und Friedrich von Holstein, dem Obristlieutenant v. Kutteroff als Cavalier, Bertha als Dame, und außerdem ist noch eine zahlreiche Dienerschaft mit und auch Bertha hat ihre eigene Jungfer. Ein 6 wöchentlicher Aufenthalt auf der Insel Rügen unter den bequemsten und angenehmsten Bedingungen ist kein Hund. Bertha hat nichts zu thun als mit bei Tisch zu sitzen und etwa Anmeldungen von Damen anzunehmen, die der Herzogin aufwarten wollen, sonst bleibt sie unumschränkte Herrin ihrer Zeit. Die Herzogin hat mir versprochen für Bertha zu sorgen wie für ihre eigene Tochter. Ihre Vorsorge geht so weit, daß sie sogar den Prinzen ihren Brüdern verboten hat bei Bertha Visiten zu machen, was diese sonst immer bei den Hofdamen thun, woraus ich sehe, daß sie auch vor unnützen Galanterien geschützt sein wird. Prinzeß Louise und Bertha sind übrigens gegenseitig so entzückt von einander, daß ich mir den Aufenthalt auf Rügen für letztere höchst reizend denken kann. Für ihre Gesundheit wird das Bad so wie auch die dicke Luft an der See ganz besonders ersprießlich sein. Das arme Mädchen hat eine krankhafte Affection des Kehlkopfs, die mich eigentlich sehr ängstigt. Kalte Bäder möchten das beste für sie sein, weil dadurch die Haut gestärkt und die Neigung zu Erkältungen vermindert wird. Timmo habe ich hier eine Zeitlang bestimmt erwartet. Ich las nämlich im Hamburger Correspondenten, daß er dort angekommen sei, und ich erwartete ihn daher so lange bis ich aus Deinem Briefe ersah, daß er die Großfürstin Helene begleite. Daß er diese Reise mitgenommen hat, kann ich wohl begreifen, doch wäre es mir angenehmer gewesen er wäre allein gekommen und hätte mich besucht. Ein Mann hat in Gesellschaft von fürstlichen Personen wenig von einer Reise, obgleich man Manches zu sehen und zu erleben bekommt, was sonst unerreichbar bleibt. Wie schade, daß ich die Petersburger Bilder nicht fertig sehen konnte. Sie versprachen ganz besonders schön zu werden und sollten jetzt wohl fertig sein nebst der ganzen Kirche. Diese Isaakskirche lohnt wohl eine Reise nach Petersburg, wenn man überhaupt dahin reisen könnte. Adolf Krummacher hat doch keinen Paß gekriegt und ist deshalb nach Frankreich, der Schweiz und Lombardei abgegangen. Ich würde an seiner Stelle nach Amerika gegangen sein, wo sich sichtlich die Zukunft der Welt vorbereitet, während wir in Europa sichtlich absterben. Denn obgleich Viele, ja sehr Viele sich hier dem Christentum wieder zuwenden, so glaube ich doch nicht, daß wir je zu einem kräftigen allgemeinen christlichen Bewußtsein zurückkommen werden, ohne welches wir jedenfalls untergehen müssen.

Ein Sohn von Otto Grünewaldt ist jetzt hier auf einer Harzreise und streicht viel mit Hermann herum. Es scheint ein wohlunterrichteter gescheuter Mensch zu sein und Hermann schwärmt für ihn. Ob er in religiöser Beziehung mit seiner Familie übereinstimmt, kann ich nicht merken; es springt nichts aus dem Busch, so oft ich auch darauf klopfe. Vor einem halben Jahre stand hier in den Zeitungen, daß die Schröder-Devrient einen livländischen Gutsbesitzer von Bock geheirathet habe. Ich glaubte gewiß es müsse Oncle George sein, Grünewaldt aber meint es wäre ein Bruder von Woldemar, Heinrich Bock. Mir ist das ganz unglaublich und bitte ich Dich darüber zu schreiben was Du weißt.

Von Gerhard erhalte ich so eben einen Brief aus Magdeburg. Die Sache ist recht schwierig. Glücklicherweise ist der Major Rochow, Inspector des Pionierbataillons gerade in Magdeburg anwesend gewesen, da er sonst in Glogau wohnt und hat ihm die Erlaubniß gegeben übers Jahr in Glogau auf 9 Monat als gemeiner Pionier einzutreten. Besteht er dann sein Fähnrichsexamen, so kommt er unter diejenigen, aus denen sich die Ingenieurschule ihre Eleven wählt, jedenfalls ist er dann Fähnrich bei der Armee. Der arme Junge hat sich in Magdeburg fast die Beine abgelaufen, auch einen gelinden Cholera-Anfall zu überstehen gehabt, welche Krankheit jetzt in Magdeb. so wie auch in unserer Gegend wüthet. Er hat aber doch seine Sache gut gemacht und sich recht gründlich informirt. Möchte es ihm gelingen.

Dir kann ich auf 250 Meilen hin immer Allerlei sagen, worüber ich hier gegen männiglich schweigen muß. So habe ich gestern Nachmittag ein Erlebniß gehabt, welches mich in die größte Verwunderung setzte. Ich hatte auf dem Schloß gespeist und nach Tafel bat mich Prinzeß Marie (die Gräfin Hohenthal zu Königsbrück) ich möchte ihr doch einen Besuch auf ihrem Zimmer machen, sie hätte mir etwas zu sagen. Da ich mich nie viel um diese Prinzeß gekümmert hatte und eigentlich wenig mit ihr bekannt war, so konnte ich nicht recht begreifen was sie wollte, dachte indessen sie würde vielleicht ein Bild besprechen wollen. Als ich in ihr Zimmer trat kam sie mir halb weinend entgegen und klagte mir sie sei die allerunglücklichste Frau auf Gottes Erdboden, Hohenthal, ihr Gemahl, quäle sie, er sei ein Mensch, mit dem man nicht leben könne, schwach, eitel, hypochonder, egoistisch, heuchlerisch. Zum Beweise erzählte sie mir Details, las mir auch einige Briefe vor und forderte mich endlich auf ich sollte ihr rathen wie sie sich zu benehmen hätte, und ob sie sich unter solchen Umständen nicht dürfe scheiden lassen ohne sich zu versündigen. Ich war wie aus den Wolken gefallen und konnte gar nicht begreifen, weder wie die Gräfin auf einmal so unglücklich geworden, noch wie ich plötzlich zu solchem Vertrauen käme. Die Scheidung redete ich ihr aber aus und erzählte ihr zu diesem Zweck etwas aus mir bekannten Erfahrungen Anderer. Ich rieth ihr unterwürfig gegen ihren Mann zu sein und lobte ihr diesen so viel ich konnte, was ihr wohl zu thun schien. Sie versicherte unsere Unterhaltung habe sie beruhigt und erquickt; doch glaube ich nicht, daß die Sache lange halten wird, die Frau fühlt sich zu unglücklich und der Mann mag auch Ursache zur Unzufriedenheit haben. Beide sind nun gläubige Christen, aber das Christenthum muß ihnen in irgend einer falschen Tasche sitzen, so daß sie nicht recht dazu kommen können, ich weiß es nicht. Mir ist eigentlich nie etwas sonderbareres begegnet. Als ich die Prinzessin verlassen hatte, ward ich zur Herzogin Mutter gerufen. Diese sagte mir, ihre Tochter würde mir wohl ihr Herz ausgeschüttet haben, und was ich denn zu diesen Verhältnißen meinte? Ich konnte gar nicht begreifen wie mir auf einmal solches Vertrauen von allen Seiten entgegen kam, freute mich aber doch, daß die Mutter um den Schritt der Tochter wußte. Von da ging ich zur Bernstorff. Diese sagte mir, ich hätte wohl eben von Prinzeß erfahren, in welch besonderer Lage sie sich befände und die Valentiner, die mir später auf der Treppe begegnete, versicherte mir die Unterredung mit mir hätte Prinzeß so wohl gethan. Als ich nach Hause kam, rief mir meine Frau entgegen: «Nun, hast du denn der armen Prinzeß etwas zum Trost sein können?» Wo zum Guckuck, sagte ich, weißt du denn etwas von meinem Besuch bei Prinzeß? Ei, erwiderte meine Frau, die Valentiner war einen Augenblick bei mir und erzählte mir davon. Prinzeß hatte mich gebeten gegen Niemand etwas zu äußern. –

Umarme doch Deine gute Frau und küsse dein kleinstes Kindchen. Grüße herzlich Helene, Sonny und die Ottenküllschen wie auch die Nömmeschen. Vor allen Dingen grüße Sophie und Auguste meine alten Herzensfreundinnen. Möge Gott Euch Alle segnen auf den Wegen die Ihr gehet! Mein lieber Gerhard vergiß nicht

Deinen Bruder Wilhelm

## Nº 62

Ballenstädt 10. Oct. 1850

Mein lieber Gerhard!
Ich weiß nicht wie es kommt, daß ich gerade auf die Geldbriefe immer so unregelmäßig antworte; aber es ist oft so schwer sich zum Schreiben zu bewegen. Genug das Geld ist richtig eingelaufen und danke Dir sehr für die treffliche Besorgung. Ich bin vorige Nacht erst um 3 Uhr ins Bett gekommen, habe schlecht geschlafen und tauge zu nichts als zum Briefsteller an Personen, die die Worte nicht auf die Wage legen.

Wir feierten gestern den Geburtstag unserer Herzogin. Für mich begann derselbe damit, daß ich mich ins Stadtgericht verfügte, um die 500 Thaler auf mein Haus abzuzahlen. Darüber ging der ganze Vormittag hin, denn da mein Creditor zu spät kam, so konnten wir erst spät ankommen. In der langen Zwischenzeit wohnte ich einigen öffentlichen Gerichtssitzungen bei. Ein Holzhacker war angeklagt, einen Fuhrmann, den er in Verdacht hatte ihm seine Axt gestohlen zu haben, im Walde gefaßt und auf höchst lieblose Weise so durchgeprügelt zu haben, daß es nicht sein Verdienst war, wenn der Geprügelte zufällig am Leben blieb. Vereidigte Zeugen und der Arzt machten ihre Aussagen, und der Ueberwiesene ward verurtheilt in 8 Tage Gefängniß, 4 Thaler Gerichtskosten und 2 Thaler Schadenersatz oder Schmerzensgeld für den Gemißhandelten, der mehrere Tage arbeitsunfähig gewesen war. Als der Verurtheilte gefragt wurde ob er noch etwas einzuwenden hätte, sagte er: «Ja! Nämlich daß ich gefehlt habe, mag sein, ich habe nichts dawider, aber bezahlen? und dem Andern geschieht gar nichts? Na meine Herren, dat dau ik nich.» Er wurde indessen bedeutet, das würde sich Alles finden und somit entlassen. Mir schien für diesen Fall die Strafe zu gelinde, und der Richter gab mir auch Recht, meinte aber das Gericht sei durch die Gesetzgebung gebunden gewesen. Hierauf erschien ein anderer armer Sünder. Er war angeklagt auf eine Biermarke, die ihm nicht zu gekommen, aus hiesiger Brauerei 3 Stübchen Bier entnommen zu haben. Die Marke hatte er nachweislich gefunden und da er wußte, daß man auf ein solches Zeichen Bier erhielte, hatte er sich solches geholt. Der Urtheilsspruch lautete 4 Tage Gefängniß 2 Thaler Gerichtskosten und 16 Groschen an die Brauerei als Ersatz für das Bier. Für diesen Fall schien mir die Strafe zu hart, und auch hierin gab mir der Richter recht, doch war es die geringste Strafe, die gesetzlich auf dem sogenannten kleinen Diebstahl steht. Nachdem nun endlich auch mein Geldgeschäft absolvirt war, hatte ich Eile noch zu rechter Zeit auf's Schloß zu kommen. Ich fand eine große Gesellschaft und darunter liebe gute Menschen, die ich selten zu sehen bekomme, z. B. die Krosigk's und unsere Minister die aus Bernburg gekommen waren.

Die Herzogin war so erfreut durch ein kleines Gedicht, welches ich ihr am Morgen zugesendet hatte, daß ich dadurch in ziemlich rosige Laune versetzt wurde, die mir den an sich immer schweren Tag überstehen half. Wir tafelten brillant und gingen erst um 3 ½ auseinander, und zwar die Krosigks und ich zum Forstmeister Siegsfeld, wo wir uns bei guten Cigarren in politischen Gesprächen tüchtig ergingen. Für mich war es eine Herzstärkung mit Gleichgesinnten reden zu können, denn in Ballenstädt bin ich eigentlich der einzige Conservative und ganz unverstanden. Die Krosigk's aber sind prächtige ritterliche Leute, mit denen ich mich jetzt, besonders da ich wieder auf gleichem Glaubensgrunde mit ihnen stehe, vortrefflich verständigen kann. Die hessischen Angelegenheiten boten den Text und wir blickten trübe und hoffnungslos auf unsere deutschen Zustände hin. Der Adel hat bis jetzt in Preußen mit bedeutenden Geldopfern (durch seine Zeitungen, durch den Treubund und durch fortwährendes persönliches Andringen) wie es scheint ganz umsonst die doctrinäre Richtung des Ministeriums bekämpft, und fängt nun an etwas verdrossen zu werden. Die Leute haben recht, aber von der anderen Seite hatte dies Ministerium auch eine Aufgabe, die fast über Menschenkräfte ging und wenn die Minister in ihrer Stellung auch etwas von der Verkehrtheit der Dinge berührt und angefressen werden, so ist das ganz natürlich. Dabei mag in der Persönlichkeit des Königs eine Schwierigkeit liegen, die Niemand überwinden kann. Es ist das einzige, worin ich den Krosigk's entgegen bin, daß sie bei den Handlungen der Menschen die *Zeit* zu wenig in Rechnung bringen und das mag jetzt überhaupt der Fehler unserer ganzen conservativen Aristokratie sein. Von Siegsfeld gingen wir Alle in den Klub und spielten Billard, und von da gegen 7 Uhr wieder aufs Schloß. Die Gesellschaft war nun durch die anwesenden Damen im Ballcostüm noch glänzender und zahlreicher und Bardua's hatten wieder eine große Vorstellung von Tableaux mit Gesang und Orchesterbegleitung veranstaltet, bei der ich diesmal gar nicht betheiligt war, wohl aber figurirten meine Kinder und den Beschluß machte ein von Anna verfaßtes Lied, wobei sie selbst die erste Stimme sang. Endlich ging es zum Souper. In verschiedenen Sälen war an lauter kleinen Tischen zu 6 Personen servirt. Diese Art von Schmäusen sind sehr behaglich und ich werde in der Regel ganz fidel dabei, wenn die Gesellschaft nur irgend erträglich ist. Nachdem wir nun hier heimlich allerlei Albernheiten und Ausgelassenheiten begangen hatten, zogen wir nach beendeter Tafel zum Ballsaal, der von rauschender Musik widerhallte. Für die jungen Leute begann nun eigentlich erst das Fest. Die jungen Mädchen mit ihren Kränzen und duftenden Sträußen, mit ihren bunten Schleifen und Bändern auf den wolkigen Kleidern schwammen in einem Meer von Zufriedenheit und dazwischen blitzten die Uniformen in allen Farben: östreichische, preußische, anhaltische; Husaren, Dragoner, Kürassire und Jäger. Für mich traf es sich ganz anmuthig, daß ich mich mit dem Minister Hempel, den ich sehr lange nicht gesehen, in eine Ecke setzen konnte. In seiner Stellung durchschaut er die deutschen Verhältniße viel klarer als ich es kann, der ich in der Regel nur durch die Zeitungen unterrichtet bin. Dennoch sieht auch er nichts als Confusion, hunderte von Fäden, die wild durcheinanderlaufen und sich dermaßen verfilzt haben, daß Niemand begreifen kann, wie sie wieder entwirrt werden sollen. Alles immer noch Folge der Revolution und des nachherigen theilweisen Eingehens der preußischen Politik in die modernen Ideen. Dennoch muß man noch immer von der Weisheit des preußischen Ministeriums die Entwirrung erwarten. Während wir so sprachen, war für die preußischen

Offiziere Marschordre angelangt. Am andern Morgen sollten ihre verschiedenen Regimenter marschiren. Sie tanzten jedoch alle fort bis nach 12, wo sie sich zum Theil fortstahlen um noch vor Tagesanbruch ihre entfernten Garnisonen zu erreichen. Wie bald kann der östreichische Obrist, der sich mit den preußischen Offizieren hier noch brüderlich im Contretanz bewegte, einen Contretanz anderer Art mit ihnen zu reiten kriegen. Und wenn auch jetzt die Sache noch hinausgeschoben werden sollte, so müssen beide Mächte doch einmal auf einander platzen wenn Preußen bei seiner Politik verharrt und dann wird, so wie die Conjuncturen nun einmal sind, letzteres wahrscheinlich den kürzeren ziehen; ändert es aber sein politisches Prinzip so wird es viel Schmach einernten. Von solchen Befürchtungen ward indessen die Gesellschaft im Ganzen nicht berührt, und auch ich, der ich nun nach gerade an fortwährende Unsicherheit der Zukunft gewöhnt bin, gab mich ihnen keineswegs hin, sondern trank Champagner-Punsch so viel ich kriegen konnte und machte Cour bei den älteren Damen bis ich auf einmal in die Schlingen einer sehr amüsanten Unterhaltung gerieth, mit einer Dame die ich noch gar nicht kannte. Eine Fräulein von Krosigk (von Gröna) die mir bis dahin fremd geblieben, fing nämlich einige flüchtige Worte von mir auf, die sie ganz entzückten. Da es die erste conservative Ansicht war, die sie während des ganzen Abends gehört hatte, so nahm sie mich gleich ins Gebet, und da sie Sympathien fand, so machte sie ihrem Herzen Luft. Sie hatte gedacht unser Hof wäre ganz von Gott verlassen, da sie den ganzen Abend von lauter liberalen Phrasen geohrfeigt worden war. Gegen mich flammte sie nun, da sie sich verstanden glaubte, nach Herzenslust auf, und ich dachte so müsse Johanna von Orleans ausgesehen haben, wenn sie das Kriegsvolk zum Blutvergießen begeisterte. Es ist dies die erste ultraloyale Person, die mir seit 2 Jahren begegnet ist, und sie war mir für den Augenblick so interessant und ich fand sie in ihrer Entrüstung über unsere vaterländischen Narrheiten so hinreißend, daß ich immer mehr Oel ins Feuer goß, um diese Prachtflamme so lange als möglich zu erhalten. Sie ging freilich zu weit, aber es wurde mir klar, wie die eigentliche Thatkraft und die wirkliche Begeisterung immer an den äußersten Grenzen der extremsten Parteien liege, und wie man die linke Seite nicht von der Mitte, sondern nur von der äußersten Rechten aus bekämpfen müsse, um sich die Mitte ganz von selbst gestalten zu lassen. Diese brillante Erscheinung voll Geist und beißendem Witz fesselte mich den Rest des Abends, und ich hatte zuletzt noch den materiellen Vortheil davon, daß sie nicht nachließ bis ich versprach meine Söhne zu veranlassen von Bernburg aus doch ja sonntäglich nach Gröna zu kommen. – Nach 2 Uhr kamen wir endlich nach Hause und fanden da einen Gast vor, einen Studenten Krummacher aus Duisburg, Emil's Sohn, der seine Schwester Clara, die seit ½ Jahr in meinem Hause ist, besuchen wollte. Das gab neue Aufregung, so daß wir erst um 3 Uhr das Bett suchten. Heute Abend ist nun wieder Ball, aber nicht auf dem Schlosse, sondern im «großen Gasthof». Ich kann es nicht vermeiden meine Damen hinzuführen, da unser Klub den Ball giebt und es mir als Verachtung der Gesellschaft auslegen würde, wenn ich wegbliebe.

*Am 11t. October.* Das war also wieder eine nächtliche Schwärmerei, aber der Ball war ganz besonders hübsch und die Kinder entsetzlich vergnügt. Ich war mit 8 Personen da, hatte aber die Vorsicht gebraucht spät zu gehen und sie Alle zu Hause erst satt zu füttern, mit Ausnahme meiner selbst, denn ich war von meinem Hausarzt zu einem Austernschmause geladen. Unterdessen, während wir schmausten und tranken, hatte der gute Kerl meine Damen im Ballsaale mit Champagner regaliren lassen, wofür ich nachher den Dank ernten mußte, da sie glaubten ich wäre so höflich gewesen. Doch da werde ich abgerufen.

*Am 21. Novemb.* Nun hat dieser Brief wieder schändlich lange gelegen, aber es ist auch so entsetzlich viel vorgefallen, daß es mir unmöglich war zum Schreiben zu kommen. Ich weiß gar nicht wie ich Alles erzählen soll, aber ungefähr mußt Du doch einen Begriff bekommen von den Unruhen, die mich bewegt haben. Im Allgemeinen war ich um meinen Gerhard in solchen Sorgen, daß ich Abends kaum einschlafen konnte. Von allen Seiten rieth man mir ab, ihn Ingenieur werden zu lassen usw. kurz ich wußte nicht was ich mit dem Jungen machen sollte, hatte auch kein Geld für ihn. Er selbst hatte mich gebeten ihn als Gemeiner im 19t. Infanterie-Regiment eintreten zu lassen, um den Feldzug mit zumachen, wozu ihn ein Major dieses Regiments, für den Gerhard schwärmt, der mir aber kein Vertrauen einflößt, dringend eingeladen hatte. Nun sollte am 18t. Novemb. der Geburtstag der Prinzeß Louise gefeiert werden und die Bardua's wollten, oder sollten vielmehr eine große Vorstellung veranstalten. Sie wollten die wirklich allerliebste Vogelcantate der Frau Kinkel aufführen, wobei sämmtliche Sänger als Vögel maskirt sind, weil das aber den Abend nicht füllte, so hatte Minchen Bardua noch ein Vorspiel erfunden. Die nichtsingenden Vögel kommen zusammen und beschließen die Singvögel durch etwas ganz Prachtvolles auszustechen und der Auerhahn als Hauptfigur schlägt endlich vor, man solle der Prinzessin ein pompöses Geburtscarmen hersagen mit antiker Chorbegleitung. Darüber ganz entzückt beauftragen die Vögel den Auerhahn den Sprecher zu machen, indem sie sich ihm als Chor von beiden Seiten anschließen. So weit war das Ding nun fertig, aber die Hauptsache fehlte: Jemand, der den Auerhahn spielte und das Gedicht machte, welches nach der langen Einleitung nicht ohne Salz sein durfte. Ich war ohne Ruhmredigkeit der Einzige hier, der beides konnte, und mußte nun, da ich Tag für Tag ohne Ausnahme zu malen hatte, meine Abende der Abfassung des 200 Verse langen Gedichts und dann dem Memoriren und endlosen Proben widmen. Es paßte mir dies Alles nicht, weder in meinen Gemüthszustand noch in die trostlose Zeit; ich wußte aber, daß die Herzogin sich aus verschiedenen Gründen sehr freuen würde, wenn ich mich mitbetheiligte, und so hatte ich mich denn hergegeben. Aber nicht genug an diesen Sorgen und Geschäften, nicht genug an vielen großen Gesellschaften und Bällen, die wie toll in diese so ernste Zeit fielen, in der der Krieg mit seinem Blutgesicht auf der Schwelle lag – bei einer großen Cour und Tafelei auf dem Schlosse flüsterte mir die Herzogin zu, ich sollte gleich nach Tafel zu ihr kommen. Ich meldete mich demnach und ward vorgelassen. Die Herzogin war allein, im Ballanzug, in rothem Sammt mit Brillanten, und sah ganz ungemein gut aus. Ich mußte mich an ihre Seite setzen und sie begann nun mit großer Lebhaftigkeit und bewunderungswürdiger Eleganz des Ausdrucks mir gewisse höchst verdrießliche politische Verwikkelungen, die mir neu waren, zu enthüllen, indem sie endlich damit schloß mir Briefe an sehr bedeutende Personen aufzutragen. Die Herzogin saß in der Sophaecke und ich auf der Kante eines großen Fauteuils, mich mit dem Knie auf den Fußschemel der Herzogin stützend. Dabei kam ich eben von großer Tafel, hatte gegessen und getrunken und war so zerstreut, daß ich viel weniger an das Gespräch als an die Sprecherin dachte, die mir noch nie so bewunderungswürdig erschienen war, die ich eben an Tafel mit größter Unbefangenheit hatte scherzen und lachen sehen und die, wie ich nun erfuhr, in peinlicher Klemme steckte und mir mit wirklicher Staatsklugheit und umsichtigster Erwägung aller Verhältniße die schwierigsten Dinge explicirte wie eine zweite Königin Elisabeth, von der sie wirklich Aehnlichkeit hat, nur mit dem Unterschiede, daß sie von ihrer Jungfräulichkeit kein Wesen macht, dabei aber wirklich und in der That so rein ist wie frisch gefallener Schnee. Zu meinem Schrecken mußte ich armer Tafelmensch nun noch ein Examen bestehen ob ich auch Alles begriffen hätte und meinen Senf dazu geben, und siehe da, es ging über Erwarten leidlich, und so ward ich denn entlassen und lief in die verfluchte Probe, wo ich fürchten mußte über der Narretheidung Alles wieder zu vergessen. Mir saßen noch die Thränen dieses, wie ich das täglich mehr erkenne, trefflichen und wahrhaft nobeln Wesens im Gemüthe und so mußte ich einen Auerhahn spielen. Dann nach Hause und die halbe Nacht geschrieben, während ich die Meinigen allein auf den Ball gehen ließ und außer Julchen Niemand ahnen durfte, was ich machte. Aehnliche Aufträge und Conferenzen wiederholten sich nun öfter und dabei Memoriren, Proben, Gesellschaften, und am Tage unabweisliche Brodarbeit, so wirst Du einsehen, daß ich zum Briefschreiben gar nicht kommen konnte. Endlich am 15$^{\text{t}}$ als ich eben aus der Probe kam, wurde ich zur Bernstorff beschieden. Hier fand ich wieder die Herzogin und zwar gänzlich auseinander. Es waren schlimme Dinge vorgekommen, über die ich schweigen muß; die arme Frau war rathlos und in einem Zustande, daß mir das Herz weh that. Das Schlimme war, daß ich immer nur hinter den Coulissen spielen kann, sonst wäre es mir leicht gewesen Rath zu schaffen, und ein öffentliches Hervortreten der Herzogin selbst hintertreibe ich wo ich kann, weil es sie gemüthlich zu sehr afficirt. Endlich kam mir ein glücklicher Gedanke. In Bernburg konnte ich unter der Hand allerdings etwas thun und dahin wollte ich noch durch die Nacht. Das gab Beruhigung und ich lief nun nach Hause um mich umzukleiden, da ich nothwendigerweise vorher noch mit den Meinigen eine große Gesellschaft zu besuchen hatte. Hier verbreitete ich die Lüge, ein Brief von Gerhard, der unter die Soldaten wolle, veranlasse mich noch diese Nacht nach Bernburg zu fahren, um seinetwegen mit dem Major Winning zu sprechen. Dies fanden Alle sehr natürlich und ich erhielt vom Wirthe die Erlaubniß mich zu entfernen so bald es mir gefiele. Es war ein unerhörtes Geschwirre und Getöse, und ich hatte mich mit einer alten Frau v. Herder, die früher in Petersburg gelebt, in einem Seitenzimmer so festgeschwatzt und so trefflich amüsirt, daß ich darüber alles Zeitmaß verloren hatte. Endlich sah ich einmal nach der Uhr, da ich Wolfshunger fühlte und nicht begreifen konnte warum nicht gegessen wurde – so war es schon über 11 und um 11½ ging die Post. Den weiten Weg kennst Du, und ich hatte noch nichts vorbereitet und gepackt, war noch in meinem Hofanzuge. Ich stürzte nun fort von Julchens besten Wünschen begleitet, hatte gerade noch Zeit zu Hause anzulaufen und den Paletot gegen den Pelz zu vertauschen und dann im Frack, ungegessen, durch Koth und Schneegestöber zur Post, die ich noch zu rechter Zeit erreichte um mit fortzukommen. Mit mir fuhren 20 Landwehrleute aus dem Preußischen um sich in Aschersleben einkleiden zu lassen. Ein Offizier war dabei, der mir mit unerhörter Eloquenz die ganze Nacht die abentheuerlichsten Geschichten erzählte, die mich zwar amüsirten, aber gar nicht zum Nachdenken kommen ließen, was mir bei meiner halsbrechenden Mission so nöthig war. Halb 6 Uhr früh rollten wir an der Post in Bernburg vor und ich ging sogleich nach der Kugel, wo ich dasselbe Zimmer erhielt, das wir zusammen inne gehabt hatten und das jetzt ganz neu und comfortabel eingerichtet ist. Der Hausknecht ward nun zu meinen Söhnen geschickt, um sie herbeizuholen. Wie der Blitz waren die Jungens da und frühstückten mit dem Vater. Aber *das schmeckte* nach einer solchen Nacht und so langem Fasten! Es war prächtig so mit den erfreuten Jungens zusammen und mit dem trostbedürftigen Gerhard, der nun plötzlich auf einem bedeutenden Wendepunkte seines Lebens den Vater zur Seite hatte. Ich sprach sehr ausführlich mit ihm über seine Zukunft und er durfte eine Cigarre mit mir rauchen während draußen sich der Tag vorbereitete. Um 8 mußten die Jungens in die Schule und ich bekam nun Zeit mich etwas vorzubereiten. Ich mußte durchaus einen Mann ins Vertrauen ziehen, der seit einem halben Jahre der Gegner der Herzogin ihr Verlegenheiten bereitet hatte, weil er von Vorurtheilen eingenommen gewesen und manche Verhältniße nicht kannte. Jetzt mußte er sein Urtheil ändern, ehe ich ihm die nöthigen Mittheilungen machen konnte, und die Mittel hierzu waren sehr zu überlegen. Daß ich ihn besuchen würde, hatte ich ihm sagen lassen und war zu Mittag eingeladen. Um 9 ging ich zum Herrn von Winning und hatte mit dem eine lange Berathung wegen Gerhard. Kommt es zum Kriege, so soll Gerhard gleich mit. Winning will väterlich für ihn sorgen. Behalten wir Frieden, so soll er Weihnachten nach Magdeburg, um sich dort zum Fähnrichsexamen vorzubereiten und während dieser Vorbereitung soll er sich entscheiden zu welcher Waffe er treten will. Wird er nicht Ingenieur, so kann er Ostern bei Winnig eintreten und später, wenn er Offizier ist, kann er sich nach Preußen versetzen lassen. So kam mir diese Reise, die mich nichts kostete, auch in meiner Privatangelegenheit zu statten. Den Vormittag verbrachte ich nun mit weiteren Besuchen und den Nachmittag und Abend in geschäftlichen Gesprächen bis 11 Uhr. Am andern Morgen hatte ich mit meinem neuen Freunde noch eine Unterhaltung von 7 bis 9 und um 10 Uhr saß ich wieder auf der Post und war sehr vergnügt, daß ich Alles nach Wunsch beendet hatte. Am Abend stattete ich in Ballenstädt schon meinen Bericht ab, und mußte darauf stracks in die Vogelprobe, wo ich schändlich stecken blieb und Alles in Unordnung brachte. Nun denke Dir, solche ernste gefährliche Sachen, dabei Geschrei im ganzen Lande mit der Aussicht auf verderblichen, vielleicht langwierigen Bruderkrieg und diese Komödie und Hoffratzen – Alles zu gleicher Zeit. In Aschersleben sah man nichts als Himmel und Soldaten prächtiges Volk und begeistert auf den Feind zu gehen. Die Landwehr strömt überall in Scharen zusammen und 400,000 Mann bis an die Zähne gewaffnet, lauter geübte tactfeste Soldaten, sind plötzlich wie aus der Erde gewachsen. Es geht nur ein Schrei durch ganz Preußen – *Krieg*! ganz wie 1813. Damals wußte man freilich warum, jetzt eigentlich nicht, aber wie der Herzog sagt: es liegt in der Zeit. Man kann ja nicht wissen was im himmlischen Cabinet beschlossen ist, aber meiner Ansicht nach könnte Preußen, trotz seiner herrlichen Kriegsbegeisterten und durchaus schlagfertigen Landwehr, bei den jetzigen Conjuncturen durch einen Krieg nur verlieren, wenn es diesen Krieg nicht nach Maßgabe der herrschenden Zeit-Ideen führen will, und das *kann* es nicht wegen der Rechtlichkeit des Königs. Friedrich der Große jetzt auf dem Thron – und ganz Deutschland wäre preußisch, trotz alles Widerspruchs der übrigen Großmächte, aber dennoch ziehe ich meinen Hut vor der Rechtlichkeit des Königs. Geht aber Oestreich die billigen Forderungen dieses Königs nicht ein, und wird er zum Kriege gezwungen, so fürchte ich wie gesagt sehr für den Ausgang. Es ist eine heillose Schweinerei, die die Revolution und die Herren Staatskünstler eingerührt haben.

Unterdessen kam der Geburtstag der Prinzessin heran und unsere Vorstellung ward losgelassen. Mein Gedicht, welches ich mit majestätischer Würde und Pathos vortrug, machte Sensation und das Auditorium lachte entsetzlich. Allemal, wenn eine Stange zu Ende war, wiederholte der Vogel-Chor die letzten Zeilen nach altclassischer Weise ernst und feierlich, und ich extemporirte dazwischen. Einmal war der Chor sehr laut geworden, da drehte ich mich um und sagte: «zu arg, zu arg! wenn ihr so schreien wollt, so wird der Herzog euch Alle hängen lassen!» – Die Herzogin erschrak und fürchtete der Herzog würde böse und laut werden. Ich aber hatte meinen Allergnädigsten besser gekannt; denn anstatt eine Störung zu machen, blickte er sehr geschmeichelt vor sich nieder und wandte sich dann zur Gräfin H. mit den Worten: «Ich bin doch auch mit vorgekommen.» Es war ein ganz brillanter Abend und wurde nach dem Souper noch getanzt bis 2 Uhr im großen Saal. – Gestern nun war auch mein Geburtstag. Da kam die Bernstorff schon um 8 Uhr früh zu mir und brachte mir Glückwünsche von der Herzogin, die mir sagen ließ, ich hätte in der letzten Zeit so viel Güte für sie gehabt, daß sie sich doppelt aufgefordert fühlte, mir zu meinem Geburtstage eine kleine Freude zu machen, aber da sie nicht wisse was ich am liebsten hätte, so meinte sie am besten zu thun, mir selbst die Wahl des Gegenstandes zu überlassen und ich würde es doch ja nicht übel nehmen, wenn sie mir die Mittel dazu einhändigte. Mit diesen Worten steckte mir die Bernstorff eine Rolle mit 20 Louisdor in die Hand. Daß ich mich freute, kannst Du Dir denken. Zu ihr gehen und danken konnte ich nicht, weil sie Kopfweh hatte und im Bette lag, daher schrieb ich ihr und schloß ungefähr so: «Eigentlich sei ich der Meinung gewesen, daß es nun an mir sei, keineswegs noch weiter erfreut zu werden, sondern vielmehr meinerseits zu danken für das schätzenswerthe Vertrauen, das sie mir seit längerer Zeit geschenkt habe, da es ihr aber dennoch gefallen habe mir durch Abnahme einiger kleinen häuslichen Sorgen meinen Geburtstag zu einem so glücklichen Tage zu machen, so bliebe mir nichts anderes übrig, als mich dankbar ihrem Willen zu beugen und hoffte ich zu Gott, daß sie mich allezeit so unverdienter Güte werth finden möge.» Als die Bernstorff ihr diesen Brief einhändigte, hatte sie gesagt: «Es giebt doch immer noch treue Menschen auf der Welt, und eigentlich hat *er* mir doch viel mehr gegeben als *ich* ihm geben konnte.» So war denn diese Sache ganz zu gegenseitiger Zufriedenheit erledigt. Ich hatte nie erwartet auch nur einen Heller von der armen Herzogin zu sehen, und nun war ich durch sie plötzlich allerlei kleine peinliche Sorgen los, und dabei mein Verhältniß zu ihr so außerordentlich gut, wie es noch nie gewesen ist. – Den Abend waren wir Alle zu Piper geladen. Als der Champagner präsentirt ward, stand er auf einmal hinter meinem Stuhl und stülpte mir, indem er einen Toast in Versen ausbrachte, eine neue Wintermütze mit einem Lorbeerkranz drum aufs Haupt, mich zum Hofpoeten krönend. Von der Bernstorff hatte ich 6 Flaschen feinsten Punschextract für meine Gäste bekommen, nebst 2 Flaschen Madeira und Augustens schönen Spazierstock, der zerbrochen war, vollständig reparirt. Von der Valentiner 2 Flaschen alten Malaga. Julchen und die Kinder dürfen mir nichts schenken, weil mich ihre Armuth und Zeit dauert, aber treffliche Sandtorte hatten sie doch besorgt, und zu Mittag gab es zur Erinnerung an alte gute Zeiten einen echten ehstländischen Brei mit kaltem Schmand, ganz wie in Poll, daß mir die Erinnerung Thränen in die Augen trieb. Gleich nach Tisch besuchte uns die Gräfin Hohenthal um mich zu beglückwünschen, welches eine ganz außerordentliche Herablassung war, und da ich sie nach Hause begleitete, nahm sie mich mit aufs Zimmer und es erfolgte, da sie nun wieder ¼ Jahr in K. gewesen, eine abermalige Auseinandersetzung ihres betrübten ehelichen Verhältnißes, so daß das wieder ein ganz neuer Act meines Geburtstages war. Ich wurde ganz betrübt mit der armen Frau, die so schön wie die Sonne und so unglücklich wie ein Leinweber vor mir saß und mir war's als würde ich langsam gebraten, weil mir's so vorkam, als sollte ich alle diese Sachen eigentlich gar nicht hören, und ganz froh war ich, als ich die Luft wieder roch und glücklich zu Hause bei meinen Gästen und meiner Cigarre wieder angekommen war. Das war mein Geburtstag und so ein armer Teufel ich bin, so war er eigentlich reich und über alle Erwartung glücklich, bunt und farbig.

*Am 24. Nov.* Heute hatte ich eine sehr große Freude. Ich wurde von Tafel zur Bernstorff beschieden. Da fand ich die Herzogin, die mir sehr vergnügt entgegenkam und mir sagte, sie hätte mich jetzt immer rufen lassen, wenn's schlimm gewesen wäre und ich hätte treulich recht schwere Sorgen mit ihr getheilt, so sollte ich denn heute auch einmal Zeuge ihrer Freude und Zufriedenheit sein. Sie las mir nun einige Berichte vor und setzte mich au fait. Sie ist nun plötzlich aus allen schlimmen Verlegenheiten ihrer sonderbaren höchst schwierigen Lage heraus, weil Gott ihr geholfen hat. Ich wünschte ich könnte Dir Alles mittheilen, aber ich habe versprochen, vor der Hand gegen Jedermann zu schweigen. Ob die besseren Verhältniße, die nun eingetreten, auf die Dauer halten werden, weiß ich freilich nicht, aber verdient hätte die arme Frau es wirklich, denn sie ist mit einer bewundernswürdigen Ehrlichkeit und Lauterkeit durch die verzweifeltsten Verwicklungen und Dunkelheiten der Zeit gegangen, und gerade jetzt, wo sie aus reiner Rechtschaffenheit einem gewünschten Ziel entsagt hatte, mußte diese Rechtschaffenheit wider alles Erwarten der Weg werden es zu erreichen. Das sind so Freuden, die man in der Seele Anderer hat, sonst aber ist die Zeit recht trübe. Immer noch schwebt das Kriegsschwert an einem Haar über unseren Häuptern. Die Rüstungen sind gewaltig. Statt 100 Kanonen in Friedenszeiten sind jetzt 800 fertig bespannt mit 25000 Pferden. Die Armee, die sonst 100,000 Mann beträgt, ist auf eine halbe Million angewachsen. Alles greift zu den Waffen und sämmtliche junge Leute von 20 bis 30 Jahren, einerlei wes Standes, sind bei der Armee. Die preußische Landwehr ist das schönste Militär was man sehen kann, kräftig und kriegsbegeistert. Wie man aber auf die Dauer einen Krieg damit führen kann, begreife ich gar nicht, weil unterdessen alle Geschäfte stocken. Unser Nachbar Rabe z.B., der ein bedeutendes Landgut bewirthschaftet, hat 3 Söhne stellen müssen, die ihm in seinem riesenhaften Geschäft unentbehrlich waren, desgleichen seinen Schreiber, 10 Pferdeknechte, die meisten Arbeiter aus seiner Zukkerfabrik, seine beiden Siedemeister und den Geschäftsführer an der Fabrik. Was soll er nun anfangen? und so ist es überall. Von den Behörden ziehen alle jungen Kräfte, die sämmtlichen Referendare ab, so daß die übrigbleibenden sich todt arbeiten müssen. Den Communen fallen nächst der Stellung der Pferde auch noch alle zurückbleibenden Weiber und Kinder und erwerbsunfähige Eltern zur Last. Dann die Kriegssteuern für eine so unverhältnißmäßig ungeheuere Armee. Für einen kurzen Feldzug mag das gehen, aber wenn man sich einen solchen Zustand 3 bis 4 Jahre dauernd denkt, so begreift man gar nicht, was aus dem Lande werden soll. Wäre in Preußen nicht eine so allgemeine Blutgierigkeit gegen Oestreich, so glaube ich, ginge es gar nicht. Jetzt aber hilft das Volk ganz freiwillig.

*Am 25 Nov.* Ich habe Dir noch gar nicht geschrieben, daß wir im September einige sehr vergnügte Tage in Hohenerxleben verlebten. Krosigk hatte einen Missions-Verein gestiftet und Fritz Krummacher veranlaßt nach Hohenerxleben zu kommen und von da aus in

Bernburg die erste Missionspredigt zu halten. Für die Tage seiner Anwesenheit hatte Krosigk auch uns eingeladen. Es war ein sehr angenehmes Zusammensein, da es auch außer Fritz nicht an interessanten Gästen fehlte; z. B. war auch Jahn da, der sich im Volksblatt als «Dorfschulze» bekannt gemacht hat. Er war sehr gesprächig und lebendig, gefiel uns aber nicht sonderlich, vielleicht weil wir ihn nicht genug kennen lernten. Mir war er zu orthodox und zu ungeschliffen in seinen Manieren. Ein Prediger Rocholl aus dem Magdeburgischen gefiel mir besser und mit dem verkehrte ich viel. Die Predigt von Fritz war pompös und machte in Bernburg große Sensation. Das ganze Fest fand dort Anklang. In Hohenerx. wurde sehr ritterlich bankettirt. Wir waren nie unter 50 Personen am Tisch. Unsere Rückreise aber war jämmerlich. Stockfinstre Nacht, Feldwege, heftiger Regen und ich meistens zu Fuß mit der Laterne voraus, denn es war so dunkel, daß der Kutscher keine Spur von den Pferden sah, geschweige vom Wege. Wir wurden Alle bis auf die Haut naß und mir kam sogar der unten eingetretene Koth an der Halsbinde wieder heraus – wenn Du's glauben kannst. Endlich kamen wir in Aschersleben, das wir unter den mannigfachsten Fährlichkeiten erreichten, auf die Chaussée und fuhren von da in schlankem Trabe nach Ballenstädt. O wie schmeckte da ein Glas warmer Punsch und dann das Bett! Doch waren wir so vergnügt gewesen, daß die Freude mit dieser Nachtpartie noch wohlfeil bezahlt war. Nun zum Schluß. Helenens Brief hat mir große Freude gemacht. Sie ist ein selten geistreiches Mädchen, und wenn es mir einmal recht wohlig ist, schreibe ich ihr wieder. Bis dahin halte ich sie herzlich lieb so wie Euch Alle und meine lieben theuern Cousinen in Poll. Seid gut untereinander, habt Euch lieb und uns mit. Julchen grüßt sehr, auch die Kindlein. Lebt wohl!
*Am 1. Dec.* Wie schwer es mir auch immer wird einen Brief zu expediren, so hoffe ich doch soll dieser heute fortkommen. Verzeihe nur wenn er langweilig ist, denn er ist von einem Kleinstädter geschrieben. Die Cholera hat endlich aufgehört, es sind aber doch verhältnißmäßig viel Menschen d. h. hier in Ballenstädt ungefähr 30 bis 40 daran gestorben. Die Ersten, die in hiesiger Gegend starben, waren ein preuß. Major nebst Frau und erwachsener Tochter, die sich in Suderode Badehalbens aufhielten. Diese sind jedoch, wie sich das jetzt herausstellt, gar nicht an der Cholera gestorben, sondern von ihrem Dienstmädchen mit Arsenik vergiftet worden. Da die Cholera bereits in den umliegenden Dörfern ausgebrochen

war, so hatte dieser Todesfall damals keinen Verdacht erregt. Das Mädchen hatte stehlen wollen und auch gestohlen und sich jetzt durch die gestohlenen Sachen verrathen. – Mein Buch ist jetzt erschienen, der Titel ist: «Von den Widersprüchen in der heiligen Schrift für Zweifler» Berlin 1850 bei Wohlgemuth. Vielleicht kannst Du es durch Deinen Buchhändler beziehen, wenn es nicht bei Euch verboten wird, was auch möglich wäre wegen eines einzigen Wortes, das ich aus den Probebogen herauscorrigirt hatte, und das doch die Nachläßigkeit der Drucker stehen ließ. So sind mehrere Druckfehler stehen geblieben, obgleich ich sie corrigirt hatte. – Neulich fuhr hier eine Büchsenkugel durch ein Gesellschaftslocal ohne jedoch Jemand zu treffen. Zu den Fenstern hereinzuschießen wird recht Mode. Heraus kommt nichts. Es sind gar zu viel ungesühnte Missethaten im Volk, daher wohl noch ein ernstes Gericht zu erwarten steht. Es ist nicht hübsch und heimlich mehr in Europa, man sehnt sich nach Unalaschka. Dahin! Dahin! laß uns usw. Es verbreiten sich wieder Friedensgerüchte man glaubt Oestreich werde nachgeben. –

## N° 63

Ballenstädt 1. März 1851

Es muß unendlich lange her sein, mein lieber Bruder, daß ich Dir nicht geschrieben habe, denn ich habe gar keine Erinnerung mehr davon, doch scheint es mir, daß bald nach meinem Geburtstage ein Brief an Dich expedirt worden sei, den Du auch längst beantwortet hast. Ich würde also etwa von Anfang Decemb. meine Relationen nachzuholen haben.

Mir ist die ganze Zeit von damals bis jetzt vergangen wie ein Traum. Ich habe viel gemalt, aber außerdem habe ich eigentlich nicht für mich gelebt, sondern bin in den Kreis eines fremden Lebens gebannt gewesen. Unsere Lage, oder richtiger die Lage unserer Frau Herzogin ist immer noch eine ganz besondere. Daß unserem kleinen Staate das Haupt fehlt, ist Dir bekannt, so wie vielleicht auch, daß Diejenigen, die es vorstellen, untereinander uneins sind. Einen solchen Zustand im menschlichen Organismus würde man, wenn es zu keinen Excessen kommt, Wahnsinn, oder vielmehr stillen Wahnsinn nennen, und eben so möchte ganz richtig die innere Beschaffenheit unseres Staatslebens genannt werden können. Der Landtag mißtraut dem Hofe, die Behörden mißtrauen dem Ministerium, das Ministerium mißtraut den Behörden und dem Hofe, der Hof mißtraut dem Ministerium und dem Landtage. Hierbei ist bemerkenswerth, daß wunderbarerweise eine Sympathie zwischen Hof und Behörden, so wie zwischen Landtag und Ministerium obwaltet. Der Hof aber ist mit einem Wort die Herzogin. Die Herzogin ist von Natur die argloseste und kindlichste Person von der Welt und geneigt jedem Menschen mit Vertrauen entgegenzukommen und sie ist so mißtrauisch gemacht, daß meine Wenigkeit vielleicht der einzige Mann im Lande ist, dem sie noch glaubt und vertraut. Dieses Mißtrauen hat einen dreifachen Grund: 1.) die Erfahrungen von anno 1848, wo fast alle officiellen Personen sich mehr oder weniger compromittirten, 2.) der Umstand, daß fortwährend sich alle Beschwerde im ganzen Lande an die Herzogin wendet und sie so jeden Fehler und alle Uebelstände erfährt, ohne helfen oder auch nur die Sache vermitteln zu können, denn flehentlich bitten die Berichterstatter fast ohne Ausnahme, ihren Namen nicht zu nennen, 3.) endlich wird sie vom Auslande her durch eine früher hier einflußreiche Person (unsern früheren Minister Braun) der immer noch ihr volles Vertrauen genießt, auf eine unverantwortliche Weise gegen die jetzigen Inhaber der Gewalt verhetzt und zwar mit Beibringung von tausend Specialitäten die B. sich durch seine Anhänger in den Behörden reichlich zu verschaffen weiß. So glaubt sich die arme Herzogin in einem undurchdringlichen Gewebe von Bosheiten zu erblicken und das Opfer von Complotten zu sein, die eigentlich nirgends existiren als in Brauns Unterleibe, der ein Erzhypochonder ist. Mein Beruf, den ich mir nicht selbst gemacht habe und der mir auch nicht aufgetragen ist, sondern der aus den Umständen von selbst hervorwuchs, ist nun der, die Herzogin zu trösten und zu beruhigen und wo ich sie nicht vom Handeln abhalten kann, sie zu berathen und ihr die Arbeit abzunehmen. Nun denke Dir aber wie schwer das ist; denn alle Klagen sind nicht unbegründet, es sind eine Masse von Uebelständen da, die ich nicht ableugnen kann. Wenn auch keine böswilligen Complotte existiren, so kommt doch wenigstens Aehnliches häufig zum Vorschein oder richtiger der *Anschein* spricht gegen ein Benehmen, zu dem sich die Leute gezwungen sehen, weil sie wissen, daß ihnen mißtraut wird. Verständigungen aber kann ich nie herbeiführen, weil ich keine officielle Stellung habe, die Staatsmänner sich daher ärgern würden, mich mit allen Staatsgeheimnißen betraut zu sehen, und endlich die Herzogin eine vielleicht übertriebene Furcht hat, ihr weiß Gott sehr unschuldiges Verhältniß zu mir bekannt werden zu lassen. Dazu kommt, daß ich von der verderblichen Correspondenz mit Braun nur ganz im Vertrauen von der Bernstorff unterrichtet bin und also mit der Herzogin gar nicht darüber sprechen kann. So wie sie mich kennt, fürchtet die Herzogin von mir ein hartes Urtheil über Braun und will diesen alten Freund nicht gern auf irgend eine Weise exponiren. Du siehst also, daß meine Aufgabe keine leichte ist. Früher ging mein Bestreben dahin, die arme Herzogin durch Abdication aus allen Verlegenheiten herauszubringen. Dies scheiterte an den Umständen und der Gemüthszartheit der Frau Herzogin. Nun aber arbeitet diese seit einem halben Jahr dahin einen tüchtigen Mann aus Preußen als Minister hierher zu kriegen, und gelänge dieses, so würde sie sich von Allem zurückziehen. Für einen einigermaßen gewandten und wohlwollenden Mann an der Spitze der Geschäfte würde es ganz leicht sein, nach allen Seiten Frieden und Vertrauen herzustellen, und da ein solcher Mann hier fehlt, muß er natürlich über der Grenze gesucht werden, und eben so natürlich ist der Widerwille der herzoglichen Räthe vor der Einbringung eines ihnen überlegenen Mannes. Doch müssen gerade diese Räthe ihn fordern und herbeiziehen, so wie der mit ihnen sympathisirende Landtag das Geld dazu hergeben muß, und am Ende würde diese Schwierigkeit zu überwinden sein, wenn man der jetzigen Vertretung des Herzogs die Wahl der Person überlassen könnte, aber damit wäre wieder nichts gewonnen, denn sie würden jedenfalls einen Mann herbeiführen wie er ihnen am bequemsten wäre. Die Aufgabe war schwer und, ich muß mich mitnennen, wir haben getreulich gearbeitet. Oft nahe am Hafen, dann wieder unendlich weit vom Ziele abgeschleudert, haben wir bis jetzt den Muth noch nicht verloren. Große Schwierigkeiten sind schon besiegt. Der Landtag hat das Geld bewilligt, die Räthe des Herzogs lassen es sich gefallen, daß der König von Preußen die Personen vorschlägt und unterhandeln, und die Herzogin ist jetzt darauf beschränkt die Schritte ihres Ministeriums in Berlin zu controlliren und Vorsichtsmaßregeln zu treffen, um auf keine Weise hinter's Licht geführt zu werden. Was ich dabei zu schreiben habe, kannst Du Dir gar nicht denken, und zwar sind es immer Briefe der schwierigsten und delikatesten Art. Die Mittheilungen, die gemacht werden, dürfen nur zwischen den Zeilen zu lesen sein, damit die Herzogin auch durch Indiscretionen niemals compromittirt werden könne, und wo sie Verdacht oder Tadel ausspricht, muß dies auf eine Weise geschehen, daß die Briefe den betheiligten Personen allenfalls vorgelegt werden können. Auch darf ich nie vergessen, daß die Herzogin zu nichts berechtigt ist, und daß es nur ihr hoher Stand ist und ihr reiner Wille, die ihr einigen Anspruch darauf geben gehört zu werden. Nach diesen Maximen habe ich mich gehalten und bis jetzt das Schifflein recht sanft und weich dahingesteuert. – Ungefähr vor 14 Tagen hatten wir nun eine große Freude. Es erschien hier nämlich mit einem prachtvollen Empfehlungsschreiben von Manteuffel ein Herr von Schätzell, Regierungsrath aus Danzig, um sich dem Herzog als Minister-Candidat zu präsentiren, ein durchaus vornehmer, feiner und gebildeter Mann, von den einnehmendsten geselligen Formen. Er conferirte viel mit der Herzogin allein so wie auch mit den Räthen. Mir befahl die Herzogin sogleich Freundschaft mit ihm zu schließen; ich schützte aber das Beispiel von Tasso und Antonio vor und bat sie diesen Kelch an mir vorüber gehn zu lassen, da ich mich lieber suchen als abweisen ließe. «Aber für mich würden Sie es doch thun, es liegt mir daran.» Für Ew. Hoheit, sagte ich, werde ich es nun gerade gar nicht thun, Sie dürfen den Mann auf keine Weise bestürmen oder präoccupiren zu wollen scheinen, warten Sie es ab bis er erst hier ist, und wollen Sie mir dann Gelegenheit geben, dann verspreche ich, obgleich dies ganz gegen meine Natur ist, mich an ihn anzunesteln. Nichts desto weniger lud sie mich zum Abend mit meiner Frau ganz allein auf diesen Fremden ein, und von der Bernstorff, die auch zugegen war, erfuhr ich, daß ich plötzlich mit ihm allein gelassen werden und ihn dann über Personen und Verhältniße ganz au fait setzen sollte. Ich fand aber Gelegenheit mich der Herzogin zu nähern und lehnte dies auf das entschiedenste ab. Es ist wunderbar, daß Frauenzimmer immer Alles so schnell machen wollen und es so selten verstehen, die Zeit zu ihrem Verbündeten zu machen. Die Conversation mit Schätzell blieb mir fast allein überlassen. Wir sprachen über Politik und ich freute mich einen durchaus conservativen Mann zu finden, aber nicht einen von jener bornirten Art wie ich sie durchaus nicht vertragen kann. Seit Jahren war dies das erste Mal daß ich mich über Politik ganz frei aussprechen konnte ohne mißverstanden zu werden und – ein solcher Mann sollte hier Minister werden und die Geschäfte leiten! Das war keine gemeine Freude. Endlich kam ich auf die Idee ein Mann, der so urtheile, könne möglicherweise wohl mit uns auf gleichem Glaubensgrunde stehen. So frug ich ihn denn nach der religiösen Stimmung und den Predigern in Danzig, und erkannte aus seinen Antworten bald, daß ich mich nicht geirrt hatte, er war ein Christ und zwar nach der liebenswürdigeren Art, ohne Parteifärbung. Das Gespräch wurde nun sehr lebhaft, die Bernstorff nahm Antheil daran, und ich sah wie die Herzogin, die eifrig strikkend sich hinter ihrem Lichtschirm ganz still verhielt, sich mehrmals die Augen wischte. Ein Glaubensgenosse, das war unerwartet, darum war nicht gebeten worden, wohl aber gebetet. Es schien, daß sich Gott selbst erbarmt habe und endlich diesem Lande geben wollte was ihm so wahrhaft noth that. Als Schätzell am andern Morgen abreisen wollte, antwortete er der Herzogin auf ihre Frage, ob sie nun bestimmt auf sein Kommen rechnen könne, er sei mit allen Bedingungen einverstanden, und nur der Umstand, daß er vielleicht keine Wohnung fände, wie sie ihm besonders für seine alte Mutter, die bei ihm wohne, convenire, würde ihn noch zum Rücktritt bestimmen können. Die Herzogin bot ihm sogleich eine Wohnung auf dem Schlosse an, die er auch zu besichtigen und sich bald darüber zu erklären versprach. Einige Tage darauf schrieb er von Berlin er würde die Schloßwohnung mit Dank interimistisch annehmen bis er durch Kauf oder Miethe sich anderwärts untergebracht haben würde. Diese Sache war also abgemacht und am 2t April sollte Schätzell in Bernburg sein Amt antreten. Nun schrieb die Herzogin dankend an Manteuffel, trug ihm vorläufigen Dank an den König auf und behielt es sich vor später wenn Sch. erst hier wäre, noch einmal an den König selbst zu schreiben. Hierauf lief vom König selbst ein Brief ein, und für den Fall, daß es Dir interessant wäre, einmal ein eigenhändiges Schreiben des Königs Friedrich Wilhelm IV. zu lesen, schreibe ihn für Dich ab wie folgt:

Potsdam d. 13. Febr. 1851

Gnädigste Herzogin!
Ich fühle mich Ew. Hoheit gegenüber sehr schuldig, wegen der so späten Antwort auf Ihren gnädigen Brief, in welchem Sie den Wunsch äußerten, einen meiner höheren Beamten in den Rath des Herzogsthums zu berufen. Minister v. Manteuffel hat sich der Sache mit Liebe angenommen. Ew. Hoheit wissen selbst wie schwierig und erfolglos manche Unterhandlungen mit Männern gewesen sind, die Sie sowohl als ich, für passend anerkannt haben. Ich war-

tete immer auf irgend eine Lösung der Frage um dann mit etwas soliderem als mit der Protestation von meinem und meiner Räthe gutem Willen antworten zu können. Eine solche Lösung scheint sich jetzt machen zu wollen. Ich sage scheint – denn nach dem was mir davon mitgetheilt worden ist, wohnen dem Herrn von Schätzell noch manche Bedenken bei. Was Ew. Hoheit aber an Minister von Manteuffel kürzlich geschrieben haben, giebt mir Hoffnung auf ein gutes Endresultat. Ich kann übrigens dem Herrn von Schätzell das beste Zeugnis geben und leugne nicht, daß ich ihn ungern aus meinen Diensten scheiden sehe. Ich halte ihn aber ganz würdig der hohen Stellung, die Ew. Hoheit ihm zugedenken, und er hat in seinem Wirkungskreise in Westpreußen einen neuen erfreulichen Beweis geliefert, was vortreffliche Grundsätze und edler Wille wirken, wenn eigene Energie und der Vorgesetzten Beifall und Schutz ihnen gesellt sind. Ich bitte Ew. Hoheit mich dem Herrn Herzoge bestens empfehlen zu wollen. Empfangen sie huldvoll den Ausdruck der Verehrung und Anhänglichkeit, mit welcher ich immer sein werde, gnädigste Herzogin

Ew. Hoheit treuergebener Vetter und
Diener
Friedrich Wilhelm.

*Am 15. März.* Da liegt wieder eine bedeutende Pause. Ich komme gar nicht mehr ordentlich zum Schreiben und habe auch keine Lust. Ich habe wieder für Andere viel zu thun gehabt und die geschäftliche Briefstellerei nimmt die Lust für die vertrauliche weg, auch die Zeit. Es ist bei uns wieder Alles auf den Kopf gestellt. Schätzell verließ uns in der Voraussetzung, daß man ihm hier alle seine Bedingungen des Eintritts in den herzoglichen Staatsdienst bewilligt habe und daß er sie nur schriftlich einzusenden habe, um sie vom Herzoge unterzeichnen zu lassen. Er war aber betrogen worden, und es wurde hier so geschickt gegen ihn manövrirt, daß der Landtag einige höchst wunderbare Erklärungen abgab, die hier zu weitläuftig zu erörtern sind, in denen aber die stärksten Vertrauensvota für Hempel und Mißtrauensvota für Schätzell lagen. Hierdurch wurde nun Hempel sehr gestärkt, und als Schätzells schriftliche Bedingungen einliefen, schlug er die wesentlichste auf Grund der Kammererklärungen ab. Die Herzogin that dagegen was in ihren Kräften stand, brauchte aber dazu auch meine Hülfe. Meine Hülfe aber war gerade für sie niemals so schwer zu erlangen als gerade jetzt. Es besteht nämlich hier eine alte Observanz, die Jeden vom Hofe verbannt, in dessen Hause oder Familie das Scharlachfieber herrscht, weil man nicht weiß ob der Herzog diese Krankheit gehabt hat. Man darf alsdann auf 6 Wochen den Raÿon des Schlosses nicht betreten. Ich bin aber nun gerade in dem Fall, indem Elisabeth wie ein Krebs so roth, jetzt schelvernd am Scharlach liegt. Darf ich nun nicht aufs Schloß, so darf natürlich auch Niemand vom Schlosse zu uns, und meine Gesellschaft war daher nur heimlich und verbrecherisch zu erlangen. So empfing ich in dunkler Nacht nach 10 Uhr Abends Besuche von der Bernstorff mit Papieren, Briefen und Aufträgen und fand mich am Schloßgarten an versteckten Plätzen mit Kammerjungfern zusammen. Endlich erlaubte der Arzt, daß man sich in freier Luft sehen könne. Aber das Wetter ist scheußlich, es regnet und stürmt wie besessen und der Koth geht Einem bis an die Knöchel; man kann draußen kein Wort reden, wenn man nicht will, daß Einem der Sturm die Zähne einbrechen soll. Papiere aber werden gleich zerrissen, oder meilenweit fortgewirbelt. Man sieht sie nie wieder. Wenn also mündliche Auseinandersetzungen nöthig waren, so mußte dies unter Dach und Fach geschehen, und dazu ward ein ChausséeHaus am Zehling gewählt. Dies mußte aber per pedes erst erreicht werden durch Koth und Sturm. Die todtkranke Bernstorff immer mit. Ich führte dann die Bernstorff, weil es auf der Hand lag, daß sie allein auch nicht 3 Schritt machen konnte, und vor uns her durchknetete die Herzogin den Koth wie ein Bäcker seinen Teig und bot bisweilen die überraschendsten Anblicke dar, von denen sie selbst keine Ahnung hatte. Im ChauséeHäuschen saßen wir dann im ungeheizten Zimmer, um allein zu sein, tranken Kaffe und redeten die nöthigsten Sachen durch. Dann ging es auf die selbe Weise wieder zurück wie es hergegangen war.

*Am 20. März.* Schätzell ist uns doch noch gerettet worden. Er hatte schon die Feder in der Hand gehabt um abzuschreiben, als ein Brief von der Herzogin ihn wieder umstimmte. Er gab seine Bedingungen nun auf und kommt recht eigens nur der Herzogin wegen und um dieser beizustehen. Seine Bestallung ist gestern in herzoglicher Kanzelei schon ausgefertigt und unterwegs nach Danzig. Er hat sich gut benommen. Heute wurde deshalb auf dem ChausséeHäuschen ein Fest gefeiert. Das Wetter war prächtig Lerchen und trockner Weg, Gänseblümchen am Graben in Fülle. Die

Herzogin hatte schon am Morgen hingeschickt und heizen lassen. Ihre Mutter (die alte Herzogin von Holstein) und Schwester, die Bernstorff und meine ganze Familie, die Kleinen abgerechnet – das war die Gesellschaft. Das war ein ander Ding als jene Kothpartie, über welche nun nachträglich gelacht wurde. Schätzell kommt nach Ostern und dann wird hoffentlich die Herzogin einen Freund gewinnen, der ihr besser helfen kann als ich. «Ich werde wohl nun antiquirt werden», frug ich sie: Da lachte sie und sagte: «Sie guter Herr von Kügelgen!» Dies ist eine prächtige Antwort, welche die Herzogin sehr an sich hat, und die auf Alles paßt. Sie ist daher auf verfängliche Anreden nie um eine Erwiderung verlegen.

*Am 21. April.* Mittlerweile ist Dein trefflicher Bruderbrief mit den Wechseln eingelaufen. Was Du von dem armen Willy schreibst, ist ganz entsetzlich! Der arme gute Junge! Und Ihr Alle dauert mich schrecklich. Gottlob, daß es doch wieder besser ging. Mein armer lieber Willy, daß er so an seinem Leibe geplagt war. Möchte kein Rest von solcher Lähmung bleiben. Deine andern Kinder scheinen jedoch zu prosperiren. Gott erhalte sie Allesammt und breite sein Gnadenschild über sie. Wie gerne sähe ich sie und drückte sie Alle an mein Herz. Wir haben hier unterdessen gelebt wie immer, nur daß zu meiner unbeschreiblichen Erleichterung meine heimlichen Staatsarbeiten aufgehört haben. Elisabeth machte ihren Scharlach sehr leicht ab und sieht in ihrer neuen Haut wie eine Bohnenblüthe aus. Ich gehe wieder ein und aus am Hofe und opfere diesem Umgang, wie dies nun mein Schicksal ist, viel Zeit. Aber ich bin den Herrschaften von Herzen gut und kann ihnen gerne Opfer bringen. Unsere Herzogin, ihre Mutter und ihre niedliche Schwester Louise sind so einfache, so reine und kindliche Menschen, daß ich oft ganz erstaunt darüber bin, wohl auch sogar darüber weinen muß, weil mich nichts in der Welt so rührt als wirkliche Herzenseinfalt. Am Gründonnerstage erlebte ich etwas der Art, was über alle Begriffe geht. Die Herrschaften wollten am Charfreitag communiciren, und wir auch. Prinzeß Louise hatte lange vorher schon an einen Prediger in Holstein geschrieben, zu dem sie viel Vertrauen hat, und ihn gebeten sie vorzubereiten, namentlich sei sie so bange, daß sie das heilige Mal unwürdiglich genießen könne, sich zum Gericht. Der Prediger antwortete: unwürdig genieße man das heil. Abendmahl, wenn man sich ohne Selbstprüfung dem Gnadentische nahe. Die Selbstprüfung sei aber nicht damit abgemacht, daß man das Böse in sich erkenne, man müsse es auch vollständig Gott opfern. Man dürfe durchaus keinen Bann, keine herrschende Neigung, die uns von Gott trenne, in sich zurückbehalten. Prinzeß habe Neigung zum Leichtsinn und Stolz, und sie möge mit sich zu Rathe gehen, ob dadurch nicht vielleicht Verhältniße entstanden seien, die nicht gut wären und hiergegen angehen usw. Am Gründonnerstag Nachmittags nun hatte ich auf dem Schlosse eine herrliche Vorbereitung zur Communion von Luther vorgelesen, die sehr gegen den Stolz eiferte. Es war aber freilich ein Stolz gemeint, nicht wie ihn die Prinzeß hat, sondern der Hochmuth, der sich Gottes Gnade vom Leibe hält. Als ich fertig war, bemerkte ich, daß Prinzeß sehr ergriffen war und eifrig mit der Herzogin wisperte. Endlich hörte ich wie die Herzogin sagte: «sprich doch mit ihm sag' es ihm doch, Du kennst ihn ja.» Da bat mich die Prinzeß zu einer Unterredung in das Zimmer der Bernstorff, und hier trat mir zum ersten Mal in meinem Leben eine aufrichtige und lebendige Gewissensangst entgegen, und zwar bei der unschuldigsten Person die man sehen kann. Sie gab mir zuerst den oben erwähnten Brief von Pastor Forchhammer zu lesen. Hierauf wurde sie dunkelroth im Gesicht, fing an zu weinen, und frug ob es mir auch nicht zu schrecklich sei ihre Sünden anzuhören. Sie erzählte mir nun sie habe dem Rathe des trefflichen Forchhammer gemäß sich ernstlich geprüft und gefunden – aber ich würde sie gewiß verachten, wenn sie mir Alles sagte. Ich bat sie überzeugt zu sein, daß ich jedenfalls Alles auch gethan hätte und weit mehr als ihr zur Last fallen könne, und daß ich überhaupt bei Niemand und also auch bei ihr keine Heiligkeit voraussetzte. Wer zum h. Abendmahle ginge sei immer ein armer Sünder, sonst wüßte ich nicht wozu er's thäte. Ja, meinte sie, da sei ein Unterschied. Sie befände sich aber in der schrecklichen Lage, daß sie ihre Sünde Gott nicht opfern könne, nein gewiß sie könne nicht. Sie habe versucht sich durch ein Gelübde zu binden, aber sie könne nicht, es sei ihr ganz unmöglich. Um so mehr, sagte ich, müssen Sie zum h. Abendmahl gehen. Vereinigen Sie sich da mit unserem Herrn und Sie werden Kraft gewinnen, das Böse wird sich abstoßen. Nein, sagte sie, sie werde sich im Gegentheil das Gericht essen und trinken, sie sei zu unrein, so sehr, daß sie nicht einmal zu einem Entschluß kommen könne ihrer Sünde abzusterben. Ich erwiderte, daß der Pastor Forchhammer sie irre gemacht habe, indem er die Sache ganz falsch ansehe. Ich zeigte ihr nun die Stelle im Corintherbrief und erklärte sie ihr. Die Corinther hatten aus dem Sacrament Fressen und Saufen gemacht. Sie betranken sich sogar beim Abendmahl und die Reichen schwelgten während die Armen nicht satt wurden. Sie hatten aus dem Abendmahl ein wildes Gelage gemacht. Auf diese Weise unterschieden sie nicht den Leib des Herrn von profaner Speise. Der Apostel will, daß sie ernst werden sollen, sie sollen sich prüfen, sie sollen die Bedeutung des h. Mahles erkennen, sie sollen nicht als hungrige Bäuche und Leiber, sondern als hungrige heilsbedürftige Seelen, als arme Sünder kommen. Dann würden sie ihren Gottesdienst würdiglich begehen. Es stehe nicht «würdig» im Grundtext, sondern «würdiglich» und das beziehe sich nicht auf den Menschen, sondern auf die Art wie etwas gethan werde. Es sehe dem Apostel Paulus gar nicht ähnlich, daß er irgend eine Würdigkeit, wes Art sie sei, im Menschen voraussetzen solle. Forchh. habe unrecht, und wenn ich ihr rathen dürfe, so solle sie von nun an bei jeder Gelegenheit zum h. Abendmahl gehen bis sie ihren Bann loswerde. Soviel im Allgemeinen. Solle ich sie noch im Speciellen berathen, so müsse ich freilich erst wissen, was sie gethan hätte. Meine Rede war durch viele Widersprüche unterbrochen worden, endlich aber schien Prinzeß doch davon erfaßt zu werden und meiner Auffassung recht zu geben. Jetzt kämpfte sie sehr mit sich, aber auf mein freundliches Zureden legte sie mir doch endlich folgende Beichte ab. Sie hatte sich durchforscht und einen Wunsch in ihrer Seele gefunden, vor dem sie aufs äußerste erschrocken war, den sie aber nicht bemeistern konnte.

[Sie war neulich eingeladen auf eine Woche an den Bückeburger Hof zu kommen, da sie mit der einen Tochter des Fürsten sehr befreundet ist. Diese Einladung war am Hannöverschen Hofe bekannt geworden und die Kronprinzessin hatte sie schriftlich ersucht, da sie doch durch Hannover müsse, einige Tage bei ihr zu bleiben. Nun war es nicht anders möglich als daß sie bei dieser Gelegenheit auch den alten König sehen mußte. Prinzeß ist sehr hübsch und gewinnt in der Regel alle Herzen augenblicklich. Sie weiß es aus Erfahrung, daß ihr Jedermann entgegenkommt, daß sie nie einem Widerspruch begegnet und hält dies für eine ihr selbst unbegreifliche Eigenschaft, für die sie nichts kann. Nun hatte sie gedacht, es sei doch möglich, daß der alte König sich in sie verliebte und sie heirathen wolle, und dieser Gedanke, anstatt ihr schrecklich zu sein, war ihr so angenehm geworden, daß sie ihn nicht wieder loswerden konnte. Aber nicht das Heirathen war ihr das Angenehme dabei, sondern die Königskrone. Ist das nun nicht ein entsetzlicher Hochmuth, fuhr sie fort,] aber es ist mir unmöglich, ich kann den Gedanken nicht loswerden. Ich habe gebetet und gerungen, aber ich kann diesen Wunsch nicht opfern. [Und ich bin in doppelter Weise strafbar, denn nicht allein schmeichelt es meiner Seele, Königin zu werden, sondern ich möchte auch den König vor seinem Ende noch ⟨...⟩ bekehren. Er soll so schlecht sein, daß er alle Sünden gethan hat, die es giebt, das ist mir versichert worden, aber das gerade reizt mich ihn zu bekehren. Ich denke immer, daß wenn es noch Jemand giebt, der einen guten Einfluß auf ihn haben könne, so müsse ich es sein. Es ist so eine sonderbare Eigenheit an mir, daß Jedermann immer gut mit mir ist, auch die fehlerhaftesten Menschen. Der König wird auch gut mit mir sein, er würde sich Alles von mir sagen lassen, und ich würde ihn vielleicht noch retten. Ich würde nie aus Liebe heirathen können, nein gewiß nicht, aber aus ehrfürchtigen Gründen und Stolze ja! Und es ist Stolz, wenn ich mir einbilde, einen alten Herrn wie den König noch bekehren zu können, ich fühle wenigstens eine ehrgeizige Regung dabei. Ist dies nicht ganz entsetzlich?] Und kann ich wirklich so zum h. Abendmahl gehen? Während dieser Mittheilung war ich ganz nervös geworden. Von der einen Seite plagte mich das Lachen so, daß ich innerlich ordentlich zusammengezogen wurde, denn so etwas hatte ich doch nicht erwartet. Von der anderen Seite rührte mich diese himmlische Einfalt und diese süße kindliche Gewissenhaftigkeit so heftig, daß ich gar nicht wußte wie ich mich bemeistern sollte. Dieser Engel, ein liebliches reizendes und unschuldiges Mädchen, hatte sich durchforscht nach Sünden und war endlich auf den Wunsch gestoßen, [diesen alten abgelebten achzigjährigen, fast immer bettlägrigen und wenn er aufstand, nur durch Reifen und Fischbeinstangen noch zusammengehaltenen Mann zu heirathen.] Ich wußte gar nicht was ich sagen sollte, konnte auch nicht reden, weil ich fürchten mußte in Thränen und Gelächter zu gleicher Zeit auszubrechen. Ich sprang von meinem Lehnstuhl auf und ging ein paar Mal durch's Zimmer, während mich Prinzeß, sich die Augen trocknend, mit unruhigen und besorgten Blicken verfolgte. [Endlich sagte ich, es wird dem Könige nie einfallen Sie zu heirathen. Das ist einerlei, entgegnete sie, aber ich wünsche doch, daß er es thut, und das ist grenzenlos schlecht und abscheulich von mir.] Wenn ich die Wahrheit sagen soll, nahm ich nun wieder das Wort, so werden Sie da von einem

Gedanken beunruhigt, den Sie sich aus dem Kopf schlagen müssen. O nein, sagte die Prinzeß, das hieße ins Kloster gehen, um die Versuchung zu vermeiden. Ich erwiderte, man könne gegen das Böse nicht anders ankämpfen, als daß man es sich aus dem Kopf schlüge. Wolle man mit dem Teufel Schach spielen um seine Seele, so würde man die Partie allemal verlieren. Man müsse gar nicht mit ihm spielen. Sie möge stolz sein; dagegen wolle ich nichts sagen. [Daß Sie die Königskrone wünsche, wäre Nebensache.] Aus dem Stolze gingen eben hochmüthige Ideen hervor. Sie erkenne aber mit Betrübniß den Hochmuth in sich, deshalb müsse sie zum h. Abendmahl gehen. Wenn sie am Altare knie und das Brod empfinge und den geweihten Kelch, und ihr Herr und Seelenkönig zu ihr träte, dann würde ihr [die Krone des Königs von Hannover wie eine Bettlermütze erscheinen. Sollte indessen der König ernstlich um sie anhalten, so würde ich ihn an ihrer Stelle ruhig heirathen, denn es sei keine Schuld ihn zu heirathen und ihren Stolz würde sie dadurch, daß sie ihm ihre Hand versagte, auch nicht los werden.] Sie würde ihren Stolz wahrscheinlich mit ins Grab nehmen, und da sie ihn nicht lieb hätte, würde er sie nicht verderben. Uebrigens würde ihr jeder aufrichtige Freund sagen, daß die ganze Idee kindisch sei. Sie müsse aufhören darüber zu grübeln und sich die Sache aus dem Kopf schlagen, sonst würde sie Schaden an ihrem Verstande leiden. Es sei eine Versuchung des Teufels nicht auf ihr Herz, sondern auf ihren Verstand. Sie sollte nur selbst urtheilen wie es sich ausnehmen würde, wenn z. B. *ich* über die Möglichkeit nachdenken wollte, daß der schwedische Thron erledigt und von den Ständen mir angeboten würde, und wenn ich dann weinen wollte darüber, daß mir dieser Gedanke nicht unangenehm wäre, oder wenn ich mich ernstlich über die Freude beunruhigen wollte, die es mir machen könnte, wenn der Herzog auf die Idee käme mir einen Orden zu verleihen ... Prinzeß erheiterte sich etwas und ich behauptete, sie müsse nun etwas thun, irgend ein äußeres Zeichen geben, bei dem sie sich erinnern könne, daß sie sich vorgenommen habe, ihren vexirenden Gedanken zu vergessen. Es sei oft von Erfolg wenn man ausspucke, um schlimme Gedanken loszuwerden. Am Ende sei es doch nichts anderes als der Satan, der sie abhalten wolle zum h. Abendmahle zu gehen und sie könne ihn loswerden, wenn sie ihn ausspeie. Sobald dies geschehen sei, würde sie sich wie neu geboren fühlen. So complimentirte ich diesen Engel bis in die Ecke des Zimmers, wo der Spucknapf steht. Aber sie konnte sich nicht entschließen. Die Sache schien ihr zu ernst, zu unpassend, oder Gott weiß was sie dachte, und ich wagte nicht weiter in sie zu dringen. Ich faßte also plötzlich ihre Hand, was ich mir unter anderen Umständen nie erlauben würde, und sagte: Es hängt auch nichts von der Form ab, aber so gewiß ich Ihnen jetzt die Hand schüttele, so gewiß ist ihre unbegreifliche Aengstlichkeit nun erschüttert und auch abgeschüttelt und Sie werden sich erinnern, daß Sie nicht mehr daran denken dürfen. Das wäre noch besser, wenn Sie ganz allein eine Heilige sein wollten. Tragen Sie Ihr Päckchen, ihren Bündel wie wir Andern auch. Uebergeben Sie sich Ihrem Seelenarzt wie Sie sind, sammt Ihrem Schnupfen und sein Sie überzeugt, daß er Sie nie und nimmermehr in Ihrem Stolze werde stecken lassen. Prinzeß war aufgeheitert. Die Unterredung hatte sehr lange gedauert. Sie hatte das Souper darüber vergessen und versäumt. Wir hörten die Herrschaften durch den Gang von Tafel kommen und es war Zeit, daß ich mich empfahl. Meine Kur war übrigens sehr oberflächlich gewesen; denn noch am selben Abend, bald nachdem ich fort war, kehrte die Angst wieder und ich hatte nur das erreicht, daß dieses arme Wesen sich nicht vom Sacramente ausschloß. Aber am Abend des Communiontages ließ sie mir durch die Bernstorff sagen, nun habe ihr Gott geholfen. [Sie wünsche zwar noch immer den alten König zu heirathen, aber es fiele ihr dies nicht so oft mehr ein] und sie sei ganz ruhig. – Ich dankte aufrichtig Gott, denn ich fürchtete dieses liebliche Kind würde verrückt werden, wenn sich solche Gedanken ernstlich an sie anklammerten. Mir ist diese Erfahrung sehr merkwürdig. Prinzeß ist ein kindlich frohes, einfaches und unschuldiges Wesen. Sie gleicht einem reinen klaren Bächlein, das über glatte Kiesel dahin tanzt, die man durchsieht. Große Tiefe haben solche Flüßchen nicht, aber große Reinheit. Sie ist so rein wie ein Krystall. Ihr Stolz beschränkt sich auf einige kindische Ideen, und ist sonst so edel, daß er der christlichen Demuth nicht widerspricht. Ich halte sie für eine der demüthigsten Personen. Wo kommen nun plötzlich solche Sachen her? Dummheit ist es nicht. Sollte es wirklich die Arbeit des göttlichen Geistes an ihrem Herzen sein? Ich habe es so betrachtet und deswegen keinen Versuch gemacht, ihr den Stolz wegzudisputiren.

Ein sonderbarer Brief, wirst Du sagen. Ach ja mein Alter!

Dein Wilhelm.

Ich habe in dieser Osterzeit alle meine Kinder beisammen. Gerhard hat 8 Tage Urlaub. Er hat die civilistischen Manieren schon abgelegt und ist ein completter Soldat in Haltung und Geberden. Er sieht recht gut aus. Dunkelgrüner kurzer Rock mit rothen Aufschlägen und graue Pantalons. Silberne Knöpfe und Pickelhaube mit Silber beschlagen. Hirschfänger um den Leib. Michaelis soll er in Erfurt sein Fähnrichsexamen machen, und wenn er das besteht, so bleibt er gleich in Erfurt auf der Divisionsschule und wird dann nach 9 Monaten Offizier. Adolph ist diesen Ostern confirmirt, leider aber nicht nach secunda versetzt, obgleich seine Mitschüler behaupten, daß er der reifste in tertia gewesen. Die arme Bernstorff ist jetzt immer sehr leidend. Ich fürchte sie lebt nicht lange mehr. Gestern war ihr Geburtstag. Da fuhr die Herzogin mit ihr und uns Allen auf den Meiseberg, wo Ostereier versteckt wurden. Es war da himmlisch und der Wald bunt von Blumen.

Ich soll jetzt den Herzog malen. Er will mir aber nicht sitzen und mir auch keine Bilder leihen, die aus früherer Zeit vorhanden sind. Ich soll ihn so in die vierzig malen, wenn nur das Alter richtig wäre, das Uebrige könne man sich denken. Leider habe ich Deinen letzten Brief verlegt und konnte ihn daher nicht ordentlich beantworten. Lebewohl und grüße.

## Nº 64 — Ballenstädt 31. Aug. 1851

Mein lieber Bruder Gerhard!
Dein Brief war prachtvoll! Wie Du so viel Entschuldigungen d'rum machst, kann ich gar nicht begreifen. Du hast eine Kraft des Ausdrucks und eine Fülle von Witz, daß es schwer sein möchte ähnliche Correspondenten aufzutreiben, und hast namentlich mit diesem letzten Briefe mich und Andere höchlich erquickt. Ich habe Deinen Brief nicht nur für mich, sondern ich habe ihn auch oft vorgelesen, und würde es noch öfter thun, wenn sich Gelegenheit böte. Wenn Du Dich beklagst, daß Dir der Stoff mangele, so ist das auch nicht wahr. Du brauchst nur über das Wetter zu klagen, so hast Du Stoff genug, und Du beutest diesen Stoff auf eine Weise aus, die mir immer von neuem imponirt. Mit diesem Thema allein bist Du unerschöpflich. Leute wie Du können gar nicht langweilig schreiben. An und für sich ist zwar ohne Ausnahme Alles langweilig, was geschieht, es wird aber auch Alles interessant, sobald es

von einem Menschen erzählt wird, der nicht langweilig ist. Uebrigens mußt Du bedenken, daß mir Alles was Euch angeht, interessant ist, wenn auch Alexander Lesedow oder die selige Courtan es erzählen wollte. Was *ich* Dir schreibe, ist mir stets zum Ekel, weil ich es schon erlebt und abgemacht habe; Dich aber labt es als etwas Fremdes und Neues. So ist mir auch Deine Sache allemal neu und anziehend, nicht nur wegen des Stoffs, sondern auch durch Deine Behandlung desselben. Ich wollte Dir schon vor fünf Wochen schreiben, ward aber durch das dumme Ding daran verhindert, welches man üble Laune nennt. Denke Dir dieser alte Erbfeind hat sich wieder bei mir gemeldet, nachdem ich glaubte gänzlich von ihm befreit zu sein. Vier Jahre, oder länger war ich vollständig unangefochten geblieben und nahm schon einigemal einen Anlauf, um es Dir zu melden, aber die Furcht den Leuen zu wecken, hielt mich immer davon ab. Endlich überzeugte mich dieser Sommer, daß menschliche Tugend nach jeder Seite hin ein Dreck sei. Die Sache war die: In der Zeit des Aufenthalts unserer Herrschaften in Alexisbad hatte sich auch der Minister Schätzell auf 4 Wochen daselbst eingefunden, um von diesem Mittelpunkte aus die Forsten des Oberherzogthums kennen zu lernen und zu inspiciren. Nun bat mich die Herzogin ich möchte doch auf diese ganze Zeit auch als ihr Gast herauskommen, um Gelegenheit zu finden über einige Punkte, die ihr selbst zu behandeln unbequem wären, mit dem Minister zu reden. Das war aber nur Vorwand. Sie wollte mir eigentlich eine Freude machen und that es unter dieser Form. Sie dachte es würde mir gut sein, einmal 4 Wochen lang in den schönen Bergen ein recht behagliches Schlaraffenleben zu führen, zumal da es sich so traf, daß mein alter Liebling Line Schiller (geb. Valentiner) auch dahin gekommen war und Bertha mit hinausgenommen hatte, so daß es mir an liebender Pflege in kleinem Familienkreise nicht fehlen konnte. Ich nahm, weil ich meine Arbeit nicht solange verlassen konnte, den Vorschlag auf 14 Tage an. Es war das Lieblichste, was mir geboten werden konnte, aber ich fühlte sogleich eine heimliche Neigung mir und Andern durch Unmuth Alles zu verderben. Die Kinder, Line und Bertha, freuten sich nicht wenig und machten Pläne, wie sie mich pflegen wollten. Zur größeren Erleichterung eines behaglichen Zusammenlebens miethete mir Line ein schönes Zimmer neben ihrer Wohnung. Ich hätte da so vergnügt leben können wie der liebe Gott in Frankreich. Als ich nun in Alexisb. anlangte, wollte es das Unglück, daß Line und

Bertha gerade an Tafel waren. Ein Kellner führte mich auf das für mich bestimmte Zimmer. Es war überaus wohnlich, ja reizend, und mir schoß der Gedanke durch den Kopf, ich könnte allein durch Ablehnung dieses Zimmers, mir die ganze Badezeit verderben. Was soll das Zimmer kosten? 4 Thaler wöchentlich – Kann man es nicht gegen ein billigeres vertauschen? – O ja, wenn Ihnen ein Bedientenzimmer auf dem Boden nicht zu schlecht ist, da ist noch eins offen zu 1 Thaler. – Mir recht, sagte ich, tragen Sie meine Sachen hinauf. Ich bezog nun ein elendes Loch mit einer kleinen Schießscharte von Fenster, einem Bett, Stuhl, Tisch, Kleiderschrank, das war Alles. Ich hätte weinen können, mir so mit einem Male alle Glückseligkeit zerstört zu haben, und doch konnte ich nicht anders. Als die Kinder von Tisch kamen, war ich schon fertig eingekramt. Sie waren ganz außer sich, daß ich das schöne Zimmer, das sie mir durch Bezauberung des Intendanten mit vieler Mühe bis dahin frei gehalten hatten, ausschlug und legten Hand an, um meine Sachen wieder herunterzuschleppen. Ich war ganz wie behext. Ich hielt es für Hoffart und glaubte sie schämten sich, daß der Papa im Bedientenzimmer hause, und blieb nun gerade erst recht, hoffte aber im Stillen sie würden, wenn ich ausgegangen wäre, mich heimlich dennoch delogiren, und wollte dann in diesem Fall unten bleiben. Damit hatte ich mir und ihnen die ganze Zeit unseres Beisammenseins aufs gründlichste verdorben. Die Kinder hatten sich nun hinter die Bernstorff gesteckt und dieser fiel ich bald in die Hände. Sie bestürmte mich auf die heftigste und mich empörendste Weise noch herunterzuziehen; die Herzogin würde es als eine Beleidigung ansehen und es mir nie verzeihen, ich sei ja ihr Gast und es würde ihr nichts so empfindlich sein, als wenn sie aus der Rechnung sähe, daß ich mit ihrem Beutel Oekonomie getrieben hätte. Die Raschheit und Leidenschaftlichkeit, mit der mir hier zugesetzt wurde, verdarb Alles. Ich verschwor mich nun oben zu bleiben, und da sie nicht abließ, riß ich mich fort und ließ die arme, treue Freundin einsam und weinend unter einem Haselstrauch stehen. Da begegnete ich der Herzogin. Sie empfing mich unbeschreiblich gnädig, reichte mir die Hand und bat mich nun diese Zeit recht vergnügt und ganz nach meiner Phantasie zu leben, mir auch ja nichts abgehen zu lassen, weil es ihr sehr kränkend sein würde, wenn ich im geringsten schlechter leben wollte als sie selbst. Ich sollte es nicht vergessen, daß ich ihr lieber Gast wäre! Sie war nämlich früher immer sehr unzufrieden mit meinen

Rechnungen gewesen, wenn ich in ihren Angelegenheiten gereist war, weil ich Dinge, die zum Wohlleben und Luxus gehören, nie mit berechnet hatte. Mir waren diese Worte wie Stiche, denn mein Leben im Bade war schon verdorben. Ich hatte mich mit dem Zimmer übereilt und konnte nicht mehr zurück hatte die arme Bernstorff gekränkt, und der unschuldigen Line, die sich auf mich als ihren ältesten und besten Freund gefreut hatte, gleich im voraus alle ihre Erwartungen auf ein trauliches Zusammensein abgeknickt. Demungeachtet hätte Alles noch einigermaßen gut werden können, wenn dieser teuflische Mißmuth, der nun erst recht kräftig wurde, mir nicht durch die Leber geschossen wäre.

Es waren immer noch Mittel genug übrig zu einem trefflichen und ergötzlichen Leben. Wenn ich auch im Hundeloch blieb, konnte ich durch Freundlichkeit und gute Laune bald Alles wieder vergessen machen. Ich konnte Champagner trinken, und so die Rechnung zur Zufriedenheit der Herzogin anschwellen lassen so dick ich wollte. Line, Bertha, die Bernstorff waren da; Schätzell, dessen nähere Bekanntschaft ich mir immer gewünscht hatte, mit seiner lieben alten Mama; mehrere Freunde, von denen ich wußte, daß sie sich auf mich gefreut hatten; die schöne Natur, himmlisches Wetter, ein Bach voll Forellen und gute Angeln – überdem alle erdenkliche Speisen und Weine zu jeder Zeit zu meiner Disposition. Ich hätte auch Salzbäder nehmen können, die mir sehr nöthig waren, ich hatte Farben und allen Apparat mit, um nach der Natur zu malen, alle Zeitungen waren zu lesen, Billard immer fertig mit ganz guter mir wohlbekannter Gesellschaft, und das Alles kostete keinen Heller, obgleich ich das Vergnügen hatte aus meiner Tasche zu leben und mir Alles einrichten konnte als wenn ich allein in der Welt gewesen wäre. Dies Alles erwog ich bei mir selbst als ich es ausgeschlagen hatte bei Line eine feine hamburger Cigarre zu rauchen, die sie für mich mitgebracht hatte, und einsam am Abend auf meinem Zimmer hockte. Ich suchte auf alle Weise und besonders im Gebet auf meinen Knien Kraft zu gewinnen für den folgenden Tag. Ein halber Tag war freilich fort, aber 14 ganze lagen noch vor mir, an denen viel gut zu machen, und aus denen viel Nutzen zu ziehen war. Endlich ging ich mit dem festen Entschluß zu Bett, am andern Morgen als ein ordentlicher und tüchtiger Mann wieder aufzustehen. Diese Kämpfe und guten Vorsätze wiederholten sich täglich, führten aber zu nichts. Es waren die schönsten Tage; am schimmernden Morgen liebliche Musik, die von den Bergen widerhallte; Frühstücktische unter den Linden; darunter auch der der Kinder, die für mich Kaffe kochten, den ich nicht annahm und dafür ein ekelhaftes Gebräu aus dem Gasthof trank; Promenaden und Lustpartien mit den Herrschaften nach schönen Harzgegenden – Alles umsonst. Ich war wie in der Hölle und wich, nachdem ich mein Geschäft mit Schätzell abgemacht hatte, allen Menschen aus. Ich konnte auch nichts thun. Schreibmaterial hatte ich mitgenommen, um für Dich ein recht interessantes Tagebuch zu führen; aber wie konnte ich schreiben da ich so mißmuthig war. Von den Fremden waren einige so freundlich sich mir vorstellen zu lassen. Ich sagte aber solche sauere Sachen, daß sie mir bald den Rücken wandten. Bertha, die der Liebling der ganzen Badegesellschaft war, hätte gern ein bischen mit ihrem Vater renomirt, und hatte nun den Schmerz, daß man über mich als einen Sonderling lachte. Line hätte mir gern einmal das Herz ausgeschüttet wie in alter Zeit, als sie noch mein Kind war und mir Alles sagte; sie fand aber kein Ankommen. Die Herzogin, die Brunnen trank, wäre gern des Morgens früh mit ihrem Gast gegangen, dann hatte ich aber immer eine lange Pfeife im Munde, so daß sie mir gar nicht nahe kommen konnte. Ein einziges Mal angelte ich, zum ersten Mal seit Hermsdorf und fing vier prächtige Forellen, die ich Line zum Abendessen schenkte. Das war die einzige Freude die ich hatte. Endlich entschloß ich mich auch zu baden. Nach dem zweiten Bade aber sprang mich ein Floh an, worüber ich mich so ärgerte, daß ich die Bäder verschwor. Mittags hatten mir die Kinder einen Platz am table d'hote zwischen sich bestellt. Sie saßen da unter liebenswürdigen Menschen, die sich auf den neuen Tischgenossen gefreut hatten. Was würde das bei der schönsten Tafelmusik und angeregt vom Wein für angenehme Mahlzeiten gegeben haben, wenn ich der Alte gewesen wäre. So aber machte ich keinen Gebrauch davon, speiste in einem anderen Hause nach der Karte, oder frühstückte blos im Keller kalte Wurst mit einem Glase Bier und kroch dann in die Birken um zu schlafen. Es war über alle Begriffe scheußlich und niederträchtig und doch konnte ich nicht fort, weil ich immer noch auf eine Nachricht wartete, die Schätzell einziehen wollte, auch überdem einige kleine Aufträge zu schriftlichen Arbeiten von der Herzogin bekam. Doch genug, ich mag nicht weiter ins Detail gehen. Du siehst, daß ich halb verrückt gewesen bin, und ich beichte es Dir gern. Was ist das nun, daß man so absichtlich und wider seinen Willen gegen sich selbst wüthen kann. Wäre ich einigermaßen erträglich gewesen, so würde mich die Herzogin alle Sommer mit herausgenommen haben, was mir eine Freude und für meine Gesundheit ein Gewinn gewesen wäre. So wird sie es *nie* wieder thun, weil sie meint, daß ich mich dort unglücklich gefühlt habe. Es ist mir aber fast immer so im Leben gegangen, daß mich gerade da das einzige, was ich an Liebenswürdigkeit besitzen mag, verließ, wo es mir hätte nützlich werden können. Ich würde eine ganz andere Stellung in der Welt einnehmen, wenn mir nicht die üble Laune von jeher allen Fortschritt verriegelt hätte. Wie viel klüger ist da meine Bertha. Sie hat 5 Wochen im Bade gelebt, hat sich daselbst jede Stunde zum Fest gemacht, aller Herzen gewonnen und Linen versprechen müssen im künftigen Jahr wieder ihre Gesellschafterin zu sein. Uebrigens machte ich doch eine ganz merkwürdige Bekanntschaft, die freilich mit einer Art, wie ich hoffe, gegenseitiger Verachtung endete. Schätzell trat eines Abends an mich heran und stellte mir einen kleinen Mann vor, der ungefähr wie Herr Senff aussah, mit dem Bemerken das sei der Dr. Quehl, Chef der ministeriellen Presse in Preußen, Alter ego des Herrn von Manteuffel u. s. w. Er, Schätzell habe keine Zeit, da er immer auf Rädern sei und bäte mich, ich möchte mich des Herr Doctors ein wenig annehmen. Ich sagte ich stände ganz zu Befehl, und so gingen wir denn alle Drei zusammen zum Abendessen. Wir aßen Krebse und dann Hühnerbraten und der Dr. Quehl war unerschöpflich in Mittheilung von geheimen politischen Verhältnißen und recht interessant. Am andern Morgen 6 Uhr saß ich unter der Halle vor dem Badehause und las in einem Auszuge aus Jacob Böhme. Da strebte der kleine Quehl über den Platz zu mir her, setzte sich neben mich und erzählte mir er hätte geschlafen wie ein Mops, obgleich er, nachdem wir uns gestern Abend getrennt hätten (es war um 11 Uhr) noch 3 Stunden dictirt habe. «Das heißt mit andern Worten Sie haben noch 3 Stunden geschrieben?» sagte ich. Ja da würde ich was Recht's fördern, erwiderte er, – nein ich bin in der Stube herumgelaufen und habe dictirt. «Da sehe ich keinen Vortheil dabei» sagte ich «ich meinerseits schreibe schneller und besser als ich dictire.» Mein Secretair, antwortete er, ist Stenograph, ich dictire so rasch wie man eben aus einem Buche ablesen kann, und ebenso schnell hat er Alles niedergeschrieben. Er schreibt heute mit Buchstaben den ganzen Tag an dem ab, was ich ihm in der Nacht dictirt habe. Aber bester Doctor, fiel ich ein, wie ist denn das möglich? Der Styl wirft sich doch nicht so aus dem

Aermel, und etwa ein Leitartikel für eine Zeitung will doch bedacht sein? – Für eine Zeitung? sagte er, nein, es war ein promemoria für den Minister, ein Vortrag an den König. O solche Sachen sind keine Gedichte, und wenn man nur die Gedanken hat, so ist der Styl Nebensache. Aber wollen sie es einmal sehen? wollen Sie mich einmal arbeiten sehen? Ich dachte «Nu, was bist Du denn für einer?» sagte aber: «O ja, das würde mich höchlich interessiren.» Wir gingen also auf sein Zimmer und da ich das Stenographiren noch nie gesehen hatte, so gab mir der Secretair erst einen Begriff davon. Man kann kaum so schnell sprechen als geschrieben wird, und auf ein Quartblatt kann man ein ganzes Buch schreiben. Nachdem ich mich nun über diese Dinge etwas unterrichtet hatte, fing Quehl an zu dictiren. Es war ein Vortrag an den König über die Verhältniße der anhaltschen Herzogthümer, nebst einem Raisonnement über unsere innere Politik. Der ganze Vortrag sollte hauptsächlich eine Apologie für die Regierungsfähigkeit unseres Herzogs, und die Nothwendigkeit der Selbstständigkeit unseres diesseitigen Gouvernements sein. Quehl sprach so rasch als wenn er gelesen hätte, und in Zeit von 10 Minuten war ein großer, umfangreicher Aufsatz fertig. Es waren zarte Verhältniße, die da berührt wurden, und die ich durch und durch kannte. Mir schien Alles durchaus wahr aufgefaßt und die Darstellung äußerst delicat und vortrefflich. Ein großes Talent hat für den Augenblick immer etwas imponirendes. Ich bewunderte die Begabung des Mannes und drückte ihm meine Bewunderung in vollem Maße aus. Dafür schien er äußerst dankbar und war nun mit mir so befreundet als wenn wir zusammen aufgewachsen wären. Wein! Wein! müssen wir trinken, schrie er, – kommen Sie, führen Sie mich, ich bin fremd hier. Ich brachte ihn in den Keller; da tranken wir Portwein und aßen Kaviar, vortrefflichen Elbkaviar, und dabei erzählte er mir alles Mögliche, wobei er selbst gerade nicht in Schatten gestellt wurde. Namentlich suchte er darzuthun, daß *er* es wäre, der Schätzell hierher gebracht habe, indem er ihn dem Minister Manteuffel empfohlen habe. In Berlin hätten sich die Minister um Schätzell gestritten, Jeder hätte ihn wollen zum Unter-Staatssecretair haben, es sein ihm von allen Seiten Anerbietungen gemacht worden und Schätzell hätte die Stelle bei uns, nachdem er einmal hier gewesen, rund abgelehnt. Da sei aber ein Brief der Herzogin an den König gekommen, ein ausgezeichnet vortrefflicher Brief, der den König veranlaßt habe Schätzell geradezu hierher zu *befehlen.* Er erzählte mir nun von unseren Angelegenheiten Vieles was ich wußte, weil ich es selbst gemacht hatte, und ging dann auf preußische Verhältniße über, in denen er sich mit Manteuffel bedeutend identificirte, ja selbst vom Bundestage sprach er per *Wir*. Uebrigens war er so interessant, daß ich seine Eitelkeit vergessen konnte. Wir schlenderten Arm in Arm herum, rauchten, und er ruhte nicht eher bis ich ihm versprochen hatte, daß wir uns den Abend zusammen einen Zopf in Champagner trinken wollten. Jetzt kam Schätzell heran und schickte den kleinen Quehl ohne weiteres weg, weil er mit mir zu sprechen hätte. Unsere Sache war bald erledigt und nun erzählte er die Lebensgeschichte von Quehl. Er war ein verdorbener Theolog, heirathete eine Frau mit einigen Tausenden und gründete damit in Danzig eine demokratische Zeitschrift «Das Dampfschiff». Als das Jahr 1848 kam, ging er aus Rand und Band und lieferte so scheußliche Leitartikel, daß ihm Schätzell deshalb zu Dach stieg, ein Wort gab das andere und das Ende vom Liede war, daß er, weil einem Stärkeren in die Hand gefallen, seine Ansicht aufgab und sich bekehrte. Das Dampfschiff wurde nun reactionär und zwar so extrem, daß dem Herrn Redacteur Katzenmusiken gebracht wurden, auch warf man ihm die Fenster ein. Ja der Haß und die Verfolgung wurden so groß, daß Freund Quehl nicht mehr in Danzig bleiben konnte und Schätzell ihn mit einer kleinen Empfehlung an Manteuffel nach Berlin schickte. Manteuffel erkannte bald das eminente Talent, fing an ihn zu brauchen, sein Rath und Hülfe wurden ihm unentbehrlich, und jetzt ist er eigentlich Unter-Staatssecretair, nur daß ihm Rang und Titel fehlen. Durch diese glänzende Sphäre und Thätigkeit, in die er so plötzlich gerathen war, ist er aber auch halb schwindlig geworden und nahe daran vor Eitelkeit zu platzen. Jedermann erfährt sogleich welch einflußreicher Mann er ist, ja in Alexisbad ließ er sich den Arbeitstisch auf die Promenade setzen, empfing und öffnete dort seine Postpackete und unterzeichnete öffentlich die Arbeiten, die ihm sein Secretair, der vor ihm stand, eine nach der andern überreichte. Diese Aufführung thut dem Minister Schaden, er kann ihn aber gar nicht entbehren. Manteuffel sagt ihm z. B. um 11 Uhr: ich muß über den und den Gegenstand heute in der Kammer reden, setzen Sie mir rasch die Rede auf, meine Ansicht kennen Sie. Quehl wirft sich in die Droschke, jagt ans andere Ende von Berlin, dictirt seinem Stenographen die Rede, läßt sie abschreiben, überreicht sie dem Minister vor 1 Uhr, und dieser der ein riesiges Gedächtnis hat, liest sie einmal durch und hält sie Punkt 1 Uhr in der Kammer. Als der Abend herangekommen war, erinnerte mich Qu. an das projectirte Saufen. Wir aßen also erst zusammen und tranken dazu eine Flasche Rothwein. Ich immer sehr übellaunig. Er merkte aber davon nichts weil er genug hatte an seiner eigenen Glückseligkeit und versicherte, ich sei eine so ausgezeichnete Gesellschaft für ihn, daß er blos meinetwegen noch einen Tag in Alex.bad bleiben wolle. Ich bat ihn ganz sauer, sich doch meinetwegen nicht zu bemühen, aber er schwor es würde ihm doch auf seiner Harzreise nichts einen größeren Genuß gewähren können als der geistvolle Umgang mit mir. Schätzell hatte ihm nämlich gesagt, ich sei ein zuverlässiger, gescheuter und vortrefflicher Mann. Dies hatte er auf sanguinische Weise aufgefaßt, und konnte sich von dem Gegentheil nicht überzeugen, weil er mich gar nicht zu Worte kommen ließ. Zwar muß ich zu seiner Ehre bekennen, daß er doch ein paar Mal Versuche machte, mich über dies und jenes auszuforschen. Da er aber verschlossene Thüren fand, war er auch zufrieden. Solche Solosprecher halten Diejenigen für die liebenswürdigsten Leute, die sie nicht unterbrechen. Ich unterbrach ihn nicht und er konnte in seinen Mittheilungen seiner Eitelkeit, die mir fortwährend wie ein Affe ins Gesicht sprang, ungehinderten Lauf lassen. Nachdem wir mit dem Rothwein fertig waren, wurden die Cigarren angezündet und wir pokulirten noch 2 Flaschen Champagner herunter, was mir in so weit angenehm war, als meine Rechnung dadurch ein etwas anständigeres Ansehen kriegte. Wenn mich die obbewegte Laune nicht geplagt hätte, so hätte ich vielleicht die Mängel des sonderbaren Hechts übersehen, ich hätte die wunderbar gute Meinung, die er von mir hatte, benutzt und mir für kommende Fälle einen wichtigen Freund in Berlin gesichert. So aber war ich kalt und abgeschlossen. Er mißfiel mir bis zum Ekel und ich war froh als endlich um 1 ½ Uhr in der Nacht die letzte Flasche Champagner herunter war und ich unter den dunklen Linden hintappen konnte, um mein Haus und meine Kammer zu finden. Am andern Morgen machte ich einen weiten einsamen Spaziergang und verhielt mich den ganzen Tag so, daß es dem unruhigen Quehl nicht möglich war mich weiter zu alteriren. Die Herzogin frug mich später wo ich nur gewesen wäre? Quehl hätte vergeblich überall nach mir geforscht und sei traurig gewesen mich nicht zu finden, weil er blos meinetwegen noch einen Tag geblieben wäre. Ich antwortete er sei ein unerträglicher Kerl und ich sei ihm aus Menschenfreundlichkeit ausgewichen, um mich nicht an ihm zu vergreifen. Die Herzogin stimmte mir bei. Er sei einer der unangenehmsten Sterblichen und sie hätte es kaum aushalten können ihn nur anzusehen. Der arme Kerl dagegen war entzückt von der Herzogin, wie ich nie einen Menschen entzückt gesehen habe. Auf dem ersten Throne Europa's sollte sie sitzen! Ich sagte ihr das. Sie meinte aber das könne Alles nichts helfen und ändere ihn um kein Haar. Sie beklage Jeden, der mit solchen Freunden geplagt sein möchte. Auch meine Bertha war ganz außer sich. Denn als ich fort war, hatte er ein Tänzchen im Salon arrangirt und mit der armen Bertha getanzt. So ein Ekel wie dieser ordinäre Mensch, sagte sie, sei ihr noch gar nicht vorgekommen. –

Du hast recht, das Correspondiren wird immer schwerer, je länger man aus einander ist. Das Wichtigste kann man sich nicht melden, weil dazu zu viel Buchstaben gehören. Ich schreibe Dir daher auch, und schon aus dem Grunde um mich nicht aufzuregen, nur Dinge, die mich eigentlich nicht tief berühren. Das wirst Du aber einsehen, daß mein Badeleben verunglückt war. Ich hielt es auch nicht länger als 10 Tage aus. Ich lief plötzlich, nachdem ich meine Rechnung bezahlt und meinen Koffer auf die Post gegeben hatte, zu Fuß nach Ballenstädt zurück, wo ich Abends 10 Uhr ganz unerwartet meiner Frau über den Hals kam. Von Stund an hatte ich meine Fassung wieder, war der Alte und bin's geblieben. Jetzt male ich den Herzog, er hat sich aber beharrlich geweigert mir eine Sitzung zu geben. Ich sollte ein Phantasiestück malen, sagte er. Doch ist er es selber, der die Bilder bestellt hat, 2 Kniestücke für das Ministerium und die Regierung. Seine Kleider hat er mir auch abgeschlagen, ich lasse ihm aber ein Stück nach dem andern von seinem Kammerdiener wegstehlen. Das Gesicht ist zu allgemeiner Verwunderung doch sehr kenntlich geworden. In diesem Gesicht ist jetzt eine merkliche Veränderung vorgegangen, indem der Schnurrbart auf einer Seite schwarz, auf der andern aber schlohweiß geworden ist. Wir freuen uns Alle sehr darauf, wenn die andere Seite auch erst angehen wird. Mein Gerhard ist jetzt in Magdeburg, um sich dort auf sein Fähnrichsexamen vorzubereiten, welches er um Michaelis in Erfurt zu machen hat. Dies ist ein schwieriges Examen, bei welchem in der Regel 70 % durchfallen. Besteht er es so ist er Fähnrich und bleibt als solcher 9 Monat auf der Divisionsschule in Erfurt, welche er dann nach einem leichteren Examen als Offizier verläßt. Sobald er die Divisionsschule durchgemacht hat, kann er sogleich als Lieutenant in unserem Bataillon eintreten und bezieht 400 Thaler Gage, womit er in einer Garnison wie Bernburg hoffentlich auskommen wird. Besteht er sein Examen nicht, so muß er ein ganzes weiteres Jahr Unteroffizier bleiben ehe er wieder zum Examen zugelassen wird, was eine schreckliche Calamität wäre. Er schreibt indessen, die Lehrer seien der Meinung, daß er sein Examen gut, ja in der Mathematik brillant bestehen würde. Das gebe Gott! Der arme Kerl arbeitet bis 2 Uhr in der Nacht. Denke Dir was das für ein Examen ist: Deutsche Grammatik, deutsche Aufsätze, französische Grammatik, franz. Uebersetzen, lateinisches Uebersetzen aus einem Classiker (ohne Lexicon), mathematische und statistische Geographie in ihrem ganzen Umfange, da darf kein Leuchtthurm, keine Insel, kein Meerbusen fehlen, allgemeine Geschichte, preußische specielle Geschichte und endlich Mathematik in allen ihren Theilen. Alle Fragen, die er ausläßt und alle Worte, die ihm fehlen, werden angestrichen und eine gewisse geringe Anzahl Striche läßt ihn durchfallen. Dabei ist der arme Junge auf einem Gymnasium gebildet, wo blos auf Latein und Griechisch Werth gelegt wird und auf dieser Schule nur bis Secunda gekommen. Dann hat er beinah ein Jahr lang den angestrengtesten Dienst als gemeiner Füselier und Unteroffizier thun müssen, wobei ihm so gut wie keine Zeit zum Studiren blieb und er viel verschwitzt hat.

*Am 29. Sept.* Nun hat der Brief wieder so lange gelegen, daß unterdeß Dein zweiter mit den beiden Wechseln für mich und Adelheid angekommen ist. Habe Dank für die abermalige Besorgung unserer Geschäfte. Du bist ein guter lieber Kerl und Bruder. Wie gräulich, daß Du den Sturz mit dem Pferde thun mußtest und gerade als Du einen Besuch hattest, von welchem ich mir wirklich Freude für Dich versprochen hatte, denn Adolf Krummacher ist ein bequemer Gast so lange er Taback und Nahrungsmittel hat. – Nun haben wir also Jeder zwei Brüche, denn ich habe durch mein gräuliches Husten allerdings auch noch auf der anderen Seite einen Leistenbruch bekommen. Daß Du von Roller's Tode nichts gewußt, ist mir unbegreiflich. Ich hätte schwören mögen es Dir geschrieben zu haben und wahrscheinlich hattest Du es auch nur wieder vergessen. Ich vergesse es auch zuweilen und denke mir den alten Matador noch am gewohnten Leben. Die Briefe von Lilla und Sally haben uns ganz besondere Freude gemacht. Nur waren meine

Töchter etwas erschrocken über den Zug von Melancholie, der durch Lilla's liebliches Briefchen ging. Sie beschlossen daher sogleich, Lilla müsse auf ein paar Jahre zu uns kommen, – sie wollten sie schon aufheitern; es sei nichts für ein junges Mädchen so einsam ohne jugendliche Geselligkeit im Walde zu stecken. Hier würde sie aufleben und einen besseren Gesichtspunkt fürs Leben gewinnen. Ich entgegnete, es gäbe Menschen mit wirklich melancholischen Neigungen, in denen sie auf ihre Art doch ganz glücklich wären, und wenn man solche auf einmal in ein lebhaftes geselliges Treiben versetzte, dann würden sie erst recht unglücklich, und was dann? Wenn nun Lilla mit ihrem zarten Gemüthe sich hier nicht gefiele und sich gerade nach ihrem einsamen Walde und ihrer ungestörten Wehmuth auf krankhafte Weise zurücksehnte? Da lachten sie aber beide und meinten dafür wären ja *sie* da; Lilla könnte ja bei uns leben wie sie wollte, kein Mensch würde sie mit zu viel Gesellschaft plagen, aber sie wollten sie so lieb haben, zusammen arbeiten, zusammen spazieren gehen, schlechtes und gutes Wetter genießen, und wenn es dann Lilla Freude machte, so würden auch andere junge Mädchen dazu gebeten, man ginge einmal ins Theater, in die Concerte, es gäbe ein Tänzchen auf dem Schlosse oder sonst, da würde Lilla viele junge Leute sehen und es gäbe nachher darüber zu sprechen – das würde ihr gewiß gut thun. Wenn ihr aber die Gesellschaft nicht gefiele, so bliebe man unter sich, unser Haus sei so schon gesellig genug, und allen jungen Mädchen, die bei uns gewesen, habe es ja immer so gut gefallen. Kurz die Racker ließen mir keine Ruhe und erinnern mich täglich daran, ich sollte es Dir doch wenigstens schreiben, Du würdest es gewiß thun, sonst würde die arme Lilla am Ende ganz gemüthskrank in der schrecklichen Einsamkeit. Ich stehe auch nicht dafür, daß nächstens ein tüchtiger Einladungsbrief nach Ottenküll abfährt. Was nun mich und meine Frau anlangt, so wünschen wir diesen Besuch allerdings auch recht von Herzen und bitten Dich und Elmine Euch die Sache einmal zu überlegen. Allerdings habe ich die Erfahrung gemacht, daß meine Töchter sehr aufheiternd auf andere Mädchen gewirkt haben. Wir haben noch jetzt eine Schwester unserer Bernstorff im Hause gehabt, und diese gründlich hypochondere und melancholische Person gewissermaßen fürs Leben zurückerobert. Sie war durch die gräulichen Zustände in Schleswig zur Ausreise veranlaßt und hat sich ½ Jahr hier aufgehalten. Sie lebte aber wie ein Bär in ihrer Höhle, ging nur mit ihrer Schwester um und wollte sonst Niemand kennenlernen. Wer zu ihr kam, den schickte sie bald mit Schnödigkeit wieder fort. Für diese 36jährige Person interessirte sich Bertha, die sie einigemal bei der Bernstorff angetroffen, sehr, und als unsere Bernstorff vor 5 Wochen so unwohl wurde, daß sie auf ¼ Jahr nach Bernburg zu ihrem Arzt gehen mußte und die Schwester hier ganz verlassen und allgemein mißliebig zurückblieb, ließ Bertha uns keine Ruhe, wir mußten sie ins Haus nehmen. Berthas herzliche Einladung hatte endlich die Widerstrebende erweicht und sie bezog hier ein freundliches Stübchen. Die Mädchen waren immer um sie und nach 8 Tagen war dieser holsteinsche Wehrwolf ganz verwandelt. Es war wirklich eine Lust und Freude wie sie sich nach und nach mit der Welt versöhnte; sie wurde liebenswürdig und eroberte sich hier viele Herzen, sogar im höchsten Grade das der Frau Herzogin, die entsetzlich gegen sie eingenommen war. Sie machte unsere Spaziergänge mit, half Pilze sammeln und Abends nach dem Essen las sie mit den Kindern Körners Tragödien mit vertheilten Rollen und verstellten Stimmen, was wirklich zum Todtlachen war. Wenn Julchen und ich schon im Bette lagen, hörten wir immer noch wie die drei oben lachten und sich herum kobolzten. Kurz unser Gast war ganz vergnügt und hat uns seit einigen Tagen wieder verlassen, um nach Holstein zurückzukehren, da von dort Nachrichten eintrafen, die ihre Rückkehr nothwendig machten. Sie hat das früher von ihr verwünschte Ballenstädt mit versöhntem Herzen verlassen und allerdings hatte Niemand dies Wunder bewirkt als Bertha und Anna. Anna kann sehr ausgelassen lustig sein, Bertha ist sehr ernst und immer gehalten, hat aber dabei einen trocknen sehr ergötzlichen Witz und eine wirklich unbeschreiblich weibliche Lieblichkeit und Grazie in ihrem ganzen Wesen. Für beide schwärmen hier alle andern jungen Mädchen. Also glaube ich auch es würde kein Fehler sein, wenn Du Lilla diesen beiden liebhabenden Cousinen übergeben wolltest. Kehrt sie dann zurück, so ist sie bereichert durch tausend neue Eindrücke und wird jedenfalls an Kraft und Frische gewonnen haben. Elminens Brief machte besondere Freude und ich denke nächstens wird Julchen mit ihren Töchtern eine große Schreiberei abgehen lassen. Von Auguste hatten wir auch einen reizenden Brief, in welchem uns ganz besonders die Liebe und hohe Anerkennung rührte, mit der sie von Elmine schrieb. – Was Du von meinem Roman gehört hast, beruht wohl auf Irrthum. Ich habe allerdings einmal so einen Anlauf genommen – ob ich es aber fortsetze, steht bei Gott, ich habe keine Lust und Zeit. Eure Bärenerlebniße erregten meinen größten Neid. Es war schändlich diesen Petz zu schießen, anstatt ihn durch Fütterung in das Wäldchen zu gewöhnen, oder ihm einen Zwinger zu erbauen. Sehr gespannt war ich auf Deine Beschreibung der Sonnenfinsterniß, die ja doch bei Euch ganz total gewesen sein muß. Du fertigst sie zu kurz ab. Ich beobachtete sie in Alexisbad von einem Berge aus. Die Gegend sah zuletzt wie eine getuschte Landschaft mit schwachen darüber gezogenen Farben aus. Am interessantesten war das sichelförmige Bild der Sonne, welches sich durch die Laubdächer der Bäume und Büsche kameraobscuraartig millionenfach auf dem Boden wiederholte. Wir haben hier einen scheußlichen Sommer gehabt, nur von Mitte Juli bis Ende August war schönes Wetter.

Will man sich an Geburtstagen einen rechten Leckerbissen verschaffen, so wird eine Sardelle zusammengerollt in eine Olive gesteckt, diese in eine Lerche, die Lerche in eine Schnepfe, die Schnepfe in einen Auerhahn, der Auerhahn in ein wildes Schwein. Dieses wird in den Ofen geschoben und gebraten. Hernach wird allein die Sardelle gegessen, alles Uebrige weggeworfen. – Zum Geburtstag der Herzogin, der auf den 9t October fällt, habe ich wieder viel dichten müssen. Es soll ein Jahrmarkt dargestellt werden mit vielen Buden. Die Herzogin soll mit ihrer Begleitung herumgehen und die Marktleute preisen ihr in Versen ihre Waaren an. Die Begleitung erhandelt in jeder Bude einige hübsche Sachen, die sie dann als Geschenke erhält. Ich werde einen Marktschreier machen und Cramer wird mein Narr sein, Anna ein Blumenmädchen sein, Bertha ein Waffelmädchen, Adolph, weil er so fett ist, einen Fleischerjungen mit Würsten darstellen. Benno, der prächtig singt, wird bei einer Musikbande sein usw. Es wird mir diesmal ungemein sauer, aber die Herzogin findet ein so großes Vergnügen an solchen Späßen, daß man sich doch immer wieder dazu hergeben muß. – Gottlob, daß nun der Winter kommt, wo Du schreiblustig wirst. Möchtest Du armer Kerl nur etwas vergnügter werden. Es fehlt Dir an gewaltsamen und aufgedrungenen Zerstreuungen. Ich bin oft in hohem Grade verdrossen, dann muß ich aufs Schloß, ich *muß* mich herausreißen, essen, trinken usw. und komme in der Regel in besserer Stimmung nach Hause.

Nº 65 Bremen 16. April 1852

Mein lieber Gerhard!

Herzlichen Dank für Brief und übersandten Wechsel. Ich hätte gleich antworten sollen, verschob es aber von Tag zu Tage, weil ich gar zu schreibefaul war. Nun aber denke ich, ein paar Worte sind besser als gar nichts, und Du wirst einen nachlässigen Wisch nicht übel nehmen. Ich bin nämlich seit Mitte Januar hier in Bremen und portraitire, arbeite den ganzen Tag, muß Abends häufig in Gesellschaft und dabei noch alle Welt mit Briefen versorgen. Nimm überdem an, daß ich ganz versessen, verkümmert und verdrossen bin, so wirst Du begreifen warum ich noch nicht schrieb. Daß ich sehr blind bin und mit der Idee schwanger gehe mir 2 Brillen (für jedes Nasloch eine) zu kaufen, um sowohl in der Nähe als in der Ferne besser zu sehen, kann ich hier auch wohl noch schicklich mit einschieben. Es ist dies der Grund warum ich gar nicht mehr lese und nur Nothdürftiges schreibe, um den Rest des Augenlichts für meine schlechten Bilder zu sparen. Wenn indessen Einer so hast *Du* Ansprüche auf Nachrichten, besonders da ich fast glaube schon zwei Deiner Briefe unbeantwortet gelassen zu haben. Zuerst von mir. Ich bin also in Bremen. Ich wollte versuchen ob ich Arbeit fände, und Gott hat mich in soweit damit gesegnet, daß mein Zimmer schon dergestalt voll großer und kleiner Portraits und Fratzenköpfe steht, daß es ein wahrer Greuel ist. Ich habe auch manches Glück gehabt, und unter Anderem das seltene eine Miethe zu finden, die gar nichts kostet. Zwar wohne ich bei meinem Schwager Eduard, dem Homöopathen, der Dich herzlich grüßt, kann aber hier nicht malen, weil das Haus gänzlich im Finstern liegt. Ich gab also einem Commissionär den Auftrag mir ein passendes Malzimmer zu suchen. Mittlerweile glaubte ich nichts besseres thun zu können als Besuche zu machen, und so kam ich auch zu dem Apotheker Kindt, den ich vor Olimszeiten einmal gesehen hatte. Ich sagte ihm ich suche ein Zimmer. Und Sie müssen bei mir bleiben, war die Antwort. Schenkte mir der Mann auf der Stelle 2 große Zimmer, die er nie brauche, die ihm nur zur Last seien und die ich bewohnen könne so lange ich wollte. Kindt hatte mein Buch von den Widersprüchen gelesen und bald darauf fiel ich ihm ins Haus. Das Büchlein hatte mir Quartier gemacht. Ich sollte ganz bei ihm wohnen, allein das gab Eduard nicht zu und so haben sie sich denn in meinen Leichnam getheilt. Kindt und Eduard sind

Feinde wegen der Homöopathie und haben gegeneinander drucken lassen. Ich scheine aber die Brücke zu anständiger Vermittelung zu werden, so Gott will. Aber nun denke Dir das Glück in ein fertiges Etablissement und zu dem liebenswürdigsten Menschen, den Gott geschaffen hat, so hereinzuschneien! Mein sich gleich bleibender Lebenslauf ist nun folgender: Um 7 stehe ich auf, ziehe mich an und frühstücke dabei auf meinem Zimmer. Um 7½ bin ich schon in der Apotheke rauche Kindtschen Mandelkern und mache mich an die Arbeit. Um 9 kommt Kindt und bringt mir meine Pinsel. Er läßt es sich nämlich nicht nehmen sie selbst und zwar in reinem Apothekeräther zu waschen, er bleibt ½ Stündchen und hat gewöhnlich Interessantes zu erzählen. Neulich hatte er so eben einen Weibermagen mit 36 Ellen Kaldaunen zugesandt bekommen. Man glaubte die Frau sei mit Kupferauflösung allmälig vergiftet worden, und er sollte das Kupfer suchen. Ich wollte das Geschlinke gern sehen, aber er hatte es schon im Kübel, wo es zu klarem Gallert aufgelöst wurde. Nach 14 Tagen brachte er mir das Kupfer, welches sich auf einem Platinablättchen niedergeschlagen hatte. Doch behauptete Kindt, jeder Mensch möchte wohl so viel Kupfer im Leibe haben und Vergiftung sei nicht da. Er ist der größte Chemiker hier und hat immer Interessantes. Er ist auch Physiker und Optiker mit herrlichen Apparaten, und nebenbei ein mit vortrefflichen Mikroskopen ausgerüsteter Infusionsmann. Hierin liegt Wonne! Neulich schenkte er mir im Vorbeigehen einen Apparat um Selterswasser, Champagner und dergl. zu machen. In einer Viertelstunde hat man eine Flasche Champagner fertig, von gezukkertem Wein, den man freilich erst haben muß. Die Sache wurde sogleich probirt und das Selterswasser stieß und schäumte mir dergestalt in den Mund, daß es mir fast die Zähne einschlug. Hierin liegt ebenfalls Wonne. Daß mir Kindt meine Firniße macht, versteht sich. Ich gebe ihm nur Proben von irgend welchen Pariser Firnissen, Geheimniße, die theuer sind, und nach ein paar Stunden bringt er mir ganz Dasselbe von ihm selbst nachgeäfft. Neulich sagte ich ihm, ich möchte wohl wissen ob Bleizucker in meinem Asphalt sei, da er so schnell trockne. Er nahm von dieser Farbe ein wenig mit und nach ½ Stunde brachte er mir auf einer Kohle die Bleikügelchen, die aber freilich nur unter dem Mikroskop sichtbar waren. Doch ich fahre im curriculum vitae fort – also aufgepaßt! Ich male nämlich immer zu. Um 12 kommt Frau Kindt, sehr niedlich gekleidet, wünscht mir guten Morgen und bringt mir eine

Tasse Bouillon, nebst Brod und ein paar getrocknete Feigen, oder chinesische Pomeranzen, oder indischen Ingwer, oder deutsche Quitten, oder Baisers oder irgend etwas. Sie besieht sich dann meine Arbeit und geht dann wieder fort. So seelengut und mildthätig ist sie, daß es nicht zu beschreiben. Ich male immer weiter. Von 1 bis 2 kommen oft Besuche und stören mich sehr. Nach 2 laß ich Niemand mehr vor, und male immer weiter. Um 4 kommt wieder die nicht genug zu preisende Kindt und bringt mir eine Tasse delicaten Kaffe, der unter so stark malerischen Umständen wahre Lebensrettung ist. Ich male immer zu. Um 6 kommt wieder Kindt und bleibt oft lange mit interessanten Mittheilungen. Endlich um 6½ oder 7 kann ich nicht mehr sehen und werfe Alles hinter mich. Dann bin ich aber sehr müde und schleiche nach Hause. Hier sage ich der Schwägerin Adelheid guten Morgen und esse irgend eine Kleinigkeit die sie mir warmgestellt, nicht weil ich Appetit hätte, sondern weil sie mir keinen Frieden läßt. In 5 Minuten bin ich fertig, nehme meinen Hut und gehe spazieren, bis 8. Von 8 bis 9 ist nun die einzige Stunde, die ich wenn ich nicht in Gesellschaft muß, für mich habe, und da lauern mir die verdammten Briefschulden auf und verzehren mein Leben. Doch muß bisweilen in den sauern Apfel gebissen werden. Um 9 wird zum Abendessen gerufen und da tafele ich denn ganz ordentlich, nachdem ich dem Schwager Eduard guten Morgen gewünscht, die wir beide jetzt zuerst für einander sichtbar werden und es bis 11 Uhr bleiben. Er hat dann immer treffliche Cigarren, auch einen anständigen Wein, doch sind wir beide so ledern, so abgespannt und müde, daß wir uns freuen, wenn es 11 schlägt und ein Jeglicher in sein Bett kreucht. Eduard läßt Dir sagen Du solltest doch Dein Vieh homöopathisch kuriren, das ginge herrlich, besser als bei Menschen und mache viel Vergnügen. Ich sagte ihm er irre sich gänzlich in Dir, Du liebtest dergleichen Praxis nicht. Er bestand aber darauf und sagte nichts sei leichter. Ich sagte: «nun meinetwegen» Er sagte darauf: «fiat».

*Am 17. April.* (o daß es erst der letzte Mai wäre!) Nun von Dir. Du scheinst in lacu profundo zu stecken, das heißt bis an den Hals, so melancholisch und milzsüchtig schreibst Du. Ich habe neulich ein Requiem für Dich gesungen nämlich das Mozart'sche, so viel mir nämlich auf dem Abtritt davon einfiel, damit Du erlöst würdest de profundo lacu, oder aus der tiefen Mistpfütze. Ich bin viel unglücklicher als Du, daher reiße ich Witze; Du aber, der Du bis auf einige schuldige Opfer, die Jeder seinem Schöpfer abzutragen hat, eigentlich ganz leidlich glücklich bist, Du fängst seit Jahren an höchst elende Misereres und schändliche Adagio's zu singen. Das ist die nöthige Ausgleichung, die der natürliche Mensch sucht, und die dem Eulenspiegel Thränen abnöthigt, wenn er den Berg *hinab*geht. Ich wollte aber wir wären Beide frömmer und Du hättest einen ordentlichen Heiligenschein um den Kopf vor lauter innerem Gleichgewicht und unschuldigem Behagen. Bis dahin kaufe Dir ein Mikroskop und einige homöopathische Handbücher, damit Du die Winterstunden lieblich füllest. Ich wollte ich könnte zu Dir, Du alter langer und dicker Ekel, um Dich in Deinem Jammer zu umfangen und Dich etwas ans brüderliche Herz zu drücken!

Sehr habe ich mich über Sally's Triumph gefreut. Daß diese armen Engel nun auch wie Männer und Candidaten Examina's bestehen müssen! Man sollte glauben es wäre genug, wenn sie still etwas wüßten. Aber die Welt ist ihrem Ende nahe, das spürt man deutlich. – Wilhelms Orgel in Ottenküll genieße ich aus der Ferne. Ich sehe ihn deutlich fingern und treten in seiner ganzen Lust, den alten lieben Kerl. Ich halte Wilhelm für den einzigen glücklichen Menschen in diesen letzten Zeiten, – oder was fehlte ihm denn? Wer hat ein solches Weib, wer Kinder, Gut, Liebhabereien, Zeit, Glück, Gesundheit und Schwestern wie er? Von der Orgel will ich gar nichts sagen. Wenn er das nicht einsieht, so muß er ausgerottet werden.

*Am 19. April.* Nun von Bremen. Hier hatte man in Folge der Revolution, so wie es Doppelbier giebt, eine Doppel-Republik bekommen. Denke wie schrecklich. Im Jahre 1848 als populus den senatum stürmte, frug dieser: «Aber was wollt ihr denn eigentlich?» Antwort: «Republik»! – «Aber die habt ihr ja schon seit 500 Jahren!» So wollen wir noch eine. So war's denn auch geworden. An der Spitze der einen Republik stand der Senat, und an der Spitze der andern die Bürgerschaft, oder wie man bei uns sagen würde, die Kammer. Beide regierten nun gegeneinander an und in der Mitte dieser beiden Republiken hatte sich eine Monarchie gebildet, an deren Spitze der Pastor Dulon stand und deren Körper und Schweif aus dem allergemeinsten Pöbel bestand. Die eigentliche Gewalt war bei dieser Monarchie, sie trieben allerlei Skandal ins Große, und als endlich angeregt durch den Senat die theologische Facultät zu Heidelberg erklärte Dulon sei kein Christ, geschweige denn ein Reformirter und dürfe auf reformirten Kanzeln nicht länger geduldet werden, drangen seine Anhänger während des öffentlichen Gottesdienstes in andere Kirchen, rauchten Taback, schrieen: Herunter mit dem Pastor, wir wollen keine Pietisten, ja pißten gegen die Kirchenpfeiler usw. Dagegen konnte nichts geschehen, weil der Staat so frei war, daß Niemand Gewalt hatte außer den Bösewichtern. Da hatte aber doch endlich der Bundestag ein Einsehen und schickte den General Jacobi als Bundes-Commissär her um hier den Senat zur Anwendung der Verfassung zu nöthigen. Zu gleicher Zeit saßen auch einige Schwadronen hannöversche Husaren auf und legten sich an die Grenze d. h. fast vor die Thore von Bremen. Eduard fürchtete ein schauderhaftes Blutbad und ganz besonders für seine Fenster; aber siehe da, es regte sich kein Blättlein und trat tiefer Friede ein. Jacobi jagte vor allen Dingen die Bürgerschaft zum Teufel, und jetzt eben ist der Senat sehr am Octroyiren. – Uebrigens mißfällt es mir in Bremen, es ist ein steifer, knotiger Ton und unangenehmer Umgang hier, wenn es auch herrliche Ausnahmen giebt, wie z. B. Kindt. Ende Mai bin ich hier fertig oder muß es vielmehr sein, da am 8t Juni mein Urlaub zu Ende läuft und ich noch nach Tecklenburg will, um Adelheid zu sehen, die mich sehr bestürmt. Bertha, die mit mir zusammen ausreiste, ist mittlerweile in Hamburg bei Line und lebt dort in der größten Welt unter Schlemmern und Millionären. Sie soll, wenn ich von Tecklenburg komme, mit mir in Braunschweig zusammentreffen und heim kehren. Es ist ein solches Treiben in Hamburg, daß alle Einladungen auf 4 Wochen später lauten, z. B. am 27. Dec. 1851 wird man zum Thee und Souper eingeladen auf den 27. Jan. 1852. – Lebe wohl mein HerzensGerhard, ich muß schließen. Grüße Dein Weib und Helene beide zehnfach und desgleichen die Pollschen. Gott möge sich unser Aller erbarmen! Mir hängen die Augen aus dem Kopf. Wilhelm.

P. S. Du frägst ob ich Professor geworden bin? Allerdings bin ich das geworden. Der Herzog war so zufrieden mit dem Bilde, zu dem er mir nicht sitzen wollte, daß er mir den Titel «Professor» verlieh.

## № 66 Ballenstädt Sept. 1852

Mein lieber Bruder Gerhard!
Ich erhielt Deinen Brief eröffnet und mit dem Ballenstädter Postsiegel wieder verschlossen. Dabei meldete mir der Postcommissär, der Brief sei offen angelangt und er habe ihn sofort amtlich wieder versiegelt. Ich fand jedoch die beiden Wechsel für mich und Adelheid und einen Context von 2 halben Bogen von Deiner Hand mit Anfang und Schluß, daher ich annehme es sei nichts verloren. Danke für Deine Besorgung und daß Du geschrieben. Mich schlägt das Gewissen mit Fäusten, daß ich Dir seit Bremen nicht geschrieben und so genau mit Dir gerechnet habe. Ich rechnete aber eigentlich nicht mit Dir, sondern schrieb Dir nur so nicht. Gott weiß warum wir uns so selten schreiben, seit das Porto ermäßigt ist. Wir sollten uns warm halten, denn wir haben beide keinen besseren Freund als unseren Bruder. Es ist also ein halbes Jahr vergangen und während der Zeit manches Ungethüm über unser Herz getrampelt. Es giebt Schmerzen und Sorgen, die so bitter sind daß man sie Niemand klagen kann; über andere, die nicht weniger bitter sind, klagt man gern, und dahin gehört der Verlust unserer Lieben. Daß Ihr Euern kleinen Ernst verloren, wußte ich längst und hätte Euch längst ein Zeichen meiner Theilnahme geben sollen. Empfunden habe ich es tief, wie man den Verlust eines Andern empfinden kann, und habe mich viel an Eure Seite gedacht und namentlich die liebe Elmine in meine Arme geschlossen. Möge Euch Gott an den Uebriggebliebenen desto mehr Freude schenken, während der große Kinderfreund im Himmel den Hingeschiedenen aufs beste versorgen wird. Ihr lieben, lieben Geschwister mit allen Euern lieben Kindern, Todten und Lebendigen, wie hab' ich Euch doch so lieb, und wie lieb wird Euch erst der dort oben haben, der unser Aller Bruder geworden ist. Die Nachricht, daß es mit Willy beim Kaufmann Hoffmann gut geht, ist mir sehr erquicklich gewesen. Wer weiß ob sich der arme Junge nicht in dieses Krämergeschäft einarbeitet und durch dasselbe einmal sein Brod findet. Irgend eine kleine Lebensbahn findet sich doch am Ende für Jeden. –

Wir haben hier einen Sommer gehabt, schön, warm und sonnig wie aus der Kinderzeit, nur daß das Kinderherz fehlte ihn kräftig zu genießen. Das ist meine Schuld und beschämend genug. Am wohlsten fühlte ich mich in Tecklenburg, wohin ich Anfang Juni von Bremen aus ging. Adelheid hat wirklich ein Herz und umklammerte mich mit demselbigen. Julius war desgleichen ein vollkommener Schwager und Gastfreund. Die Natur leuchtete und grünte im schönsten Glanz und war voll Blüthen. Auf den Bergen hing Wonne und aus den Tiefen dampfte Behagen. Ich kenne gar keinen schöneren Ort als Tecklenburg. Morgens beim Kaffe saßen wir im Gärtchen, das sich dreieckig wie ein Schiffsschnabel aus dem Hause terrassenartig herauszieht. Da tranken wir im Schatten unseren Kaffe, rauchten, theilten uns Briefe mit und sonst Gutes. Allerliebst waren die Kinder. Martin, ein schöner reichbegabter junger Mensch, hatte Ferien und schwelgte im Gefühl der Heimath und Freiheit. Maria, fast schon Backfisch, allerliebst, zärtlich und geistreich mit braunen blitzenden Augen, weiß gekleidet, zuthunlig herzlich und dienstfertig, und endlich Gottfried, kleiner Straßenjunge, voll unreifer Schmerzen und Geschrei, mit andern kleinen Beestern in eifrigem Spiel und Gezänk, aber ein prächtiger Junge und sehr hübsch. Dann kletterten wir auf die Ruine mit Karten und Fernrohr und Julius ganz dünn und schlank, mit einem Gesicht wie ein Buchzeichen, in Pantoffeln und Schlafrock erklärte Lage und Namen der fernen Bergzüge, die hin und her wie schwache Ahnungen den Horizont schlossen. Da sahen wir Münster mit seinen alten Thürmen und weiter hin die Ruhrgebirge und die Bielefelder Höhe, weit hinein in die alte Grafschaft Oranien usw. Abends lagen wir auf dem Reedsfelsen auf jäher Klippe, tranken Thee und schwelgten in den Entzückungen des Abends und der Scheidesonne, sprachen von alten Erinnerungen, wurden weich und lachten dann wieder über schlechte Anekdoten und noch schlechtere Gedichte von mir, die ich vorlas. Außerdem gastirten wir viel beim Landrath v. Grüter, der mir alle gebrannte Freundschaft erwies und uns tief im Lande herum kutschirte, in den teutoburger Wald zu alten deutschen Heldengräbern die ich zeichnete; dann auf die Königsfelsen, wo man alle Herrlichkeit der Welt sieht und wo wir Wein tranken aus goldenem Becher; hinein in westphälische Bauerhäuser, die seit Tacitus Zeiten keine wesentliche Veränderung erlitten und wohnlicher sind als fürstliche Schlösser. Während man da am großen Herdfeuer sitzt und kocht und speist oder raucht in einem freien großen Raum, blicken überall die Köpfe der Pferde und des Rindviehs hervor wie lebende Bilder oder Viehstücke und machen eine Decoration, die ihres Gleichen nicht hat. Fleißig führte mich Grüter auf seinen Feldern umher, um mir die verschiedene Wirkung des verschiedenartigen Düngers

*Julie von Kügelgen*

zu zeigen, den er versuchsweise bei ein und derselben Frucht verwendet. Tags vorher war der alte Beckedorff aus Berlin bei ihm gewesen, um seine Musterwirthschaft in Augenschein zu nehmen. Leider hatte Grüter nicht gewußt, daß wir bekannt waren, und so sahen wir den Alten nicht und wußten nichts von ihm. Gr. zeigte mir auch eine Rieselwiese. Die Anlage hatte ihn 100 Louisdor gekostet und schon im ersten Jahr hatte er die Kosten wieder heraus. Hat er mir was vorgeflunkert, so kann ich freilich nichts dafür.

Bald nachdem ich nach Ballenst. zurückgekehrt war, feierten wir unsere Silberhochzeit. Ich packte früh am Morgen meine 3 Töchter und Frau in einen Wagen und fuhr mit ihnen nach der Roßtrappe. Ganz oben im Buchenwalde saßen wir unter Riesenbäumen und tafelten und tranken uns zu in edelem Rheinwein, zumeist trank ich. Dann kletterten wir in den Klippen herum den ganzen Tag, ruhten viel und blickten in die Abgründe. Endlich am Abend als tiefe Schatten im Thal lagerten und nur die Spitzen der wunderbaren Granitnadeln noch in der Abendsonne glühten, saßen wir unten an der rauschenden Bode und aßen Krebse zum Abendbrod. Wir kamen erst um Mitternacht nach Hause und fanden eine Bescherung von der Herzogin und der Bernstorff, den einzigen Personen, die hier um unser Geheimniß wußten, weil die Bernstorff immer Alles ausrechnet. Es waren Sachen über die ich mich ärgerte als völlig unbrauchbar, aber die Frauenzimmer hatten doch große Freude daran. Von der Herzogin eine große prächtig gearbeitete Zuckerdose von Silber und eine dergleichen silberne Kaffekanne, und von der Bernstorff 18 paar schwere silberne Messer und Gabeln in einem kostbaren Etui. Aber andern Tages langte mit der Post ein Geschenk von Tecklenburg an, das mich zu Thränen rührte, 6 kleine silberne Dessertmesserchen. Daß auch Du Deine Silberhochzeit gefeiert, habe ich nicht einmal gewußt, – das kommt von dem Nichtschreiben – aber ich gedenke Eurer nachträglich mit aller brüderlichen Liebe. Es ist doch was recht Großes so 25 Jahre mit einander hingepilgert zu sein. Das bindet fest bis in den Tod und bei der silbernen Hochzeit weiß man erst was eine Ehe ist. Nun helfe Gott uns beiden weiter mit unseren Weibleins und der Kinderschaar. Mein ältester Herr Sohn ist gegenwärtig in Berlin und macht seine Offiziersexamen, oder hat es vielmehr schon gemacht, ich weiß aber noch nicht ob und wie er es bestanden und erwarte stündlich einen Brief. Er soll in ein preußisches Regiment treten und sich in Berlin erkundigen wie das anzufangen

ist. Möchte der Schlingel nur bestanden sein, davon hängt freilich Alles ab. Adolph und Benno sind noch auf dem Gymnasio. Adolph will Forstmann werden, besucht fleißig die Krähenhütte und stopft Vögel aus, er zieht auch junge Raubvögel. Er soll auch nach Preußen. Benno ist eigentlich der talentvollste und wird wohl studiren. Die Mädchen sind gut und lieb und Anna zeichnet jetzt bei mir mit unerhörtem Eifer. Sie möchte gern ein leidliches Portrait malen lernen, und hat so viel Talent, daß es ihr wohl gelingen könnte. Elisabeth ist ein angehender Backfisch, sehr lang und aus den Hosen stehen ihre langen mageren Waden heraus; im Kleidchen bis an die Knie, kommt sie sich ganz hübsch vor und ihre Puppe auf dem Arm und ihr Nest voll Katzen in Kopf und Herzen verkehrt sie ganz unbefangen mit Alt und Jung. Wie viel Pflaumen dies Kind verspeist, ist gar nicht zu sagen. Wir haben nämlich einmal ein rechtes Zwetschenjahr, da diese edele Frucht hier gewöhnlich in der Blüthezeit durch kalte Gebirgsnebel zu Grunde geht. Meine Bäume sind in den Kronen dunkelblau voll saftiger Pflaumen, und wenn man sie schüttelt, so prasseln sie herunter. Schon vor 7 Uhr des Morgens schüttelt Elisabeth und um 10 Uhr in der Freiviertelstunde schüttelt sie wieder und Mittags und Nachmittags und Abends, und ißt unerhört viel. Damit soll aber nicht gesagt sein, daß sie allein es thäte. Manchmal steckt Julchen den Kopf in die Thüre: «Komm Pflaumen essen» und ich werfe den Pinsel weg und wir beiden Alten ziehen unter die Bäume und laben uns wie Kinder, auch Bertha und Anna kommen nicht viel weg unter den Bäumen und doch erhält uns Gott gesund. Die Zwetschen sind das gesundeste Obst was Gott geschaffen hat, wenn ihnen auch die Stachelbeeren vielleicht nichts nachgeben. Letztere hast Du in Deinem Garten und ich wundere mich nur, daß die alten Stöcke immer noch so gute Früchte geben. Hier arten sie leicht aus und man muß immer wieder neue anziehen.
*Am 12. Octob.* Es geht mir wie immer mit diesem Brief. Ich konnte ihn nicht mit einem Wurf fertig kriegen (wie neulich unsere Katze 4 niedliche Kätzchens) und lange Zeit ist drüber verflossen. Nun soll aber rasch ein Ende gemacht werden. Ich bekam heute Morgen die Nachricht, daß Gerhard sein Examen bestanden, und ich habe schon an den Commandeur des 39 Infanterieregiments geschrieben (in Mainz) und angefragt, ob Gerh. dort eintreten kann. Der Junge sehnt sich nach dem Rhein und wohl möchte ich ihm eine so schöne Garnison wie in Mainz wünschen. Er würde auch dort mo-

natlich 5 Thaler mehr haben nebst allerlei andern Agrements, die anderen Garnisonen abgehen, der Vortheil eines jährlichen Urlaubs von 6 Wochen und alle 3 Jahre einen Urlaub von 3 Monaten. Diese Vorzüge genießt die Mainzer Garnison, weil die jungen Leute aus den alten Provinzen dort nicht gern eintreten wegen der Oestreicher und der blutrothen Gesinnung der Bürgerschaft, mit welcher nicht zu verkehren ist. Die Rheinländer selbst aber dienen in der Regel gar nicht, weil sie preußenfeindlich sind. So habe ich Hoffnung, daß Gerhard dort noch angenommen werden wird. Viel Angst und Sorge steht man doch aus, ehe so ein Junge glücklich untergebracht ist. So habe ich nun seit 4 Wochen in der peinlichsten Ungewißheit gelebt, ob G. sein Examen bestanden habe oder nicht. Das Geld was so ein Bengel kostet, ist auch nicht aus der Luft zu greifen und während der Herr Sohn glänzend und mit silbernen Litzen herumstolzirt, muß der arme Vater in geflickten Hosen gehen und die Kirche meiden, weil er keinen Ueberzieher hat. Doch will ich den Jungen nicht anklagen. Er verbraucht sehr viel weniger als ich in meiner Jugend und hat doch weit mehr Ausgaben. Wie er's macht, weiß ich nicht. –

Große Freude macht seinen Eltern der Adolf Krummacher, (der Euch ja besucht hat.) Er wurde im vergangenen Frühling vom Oberkirchenrath nach Halberstadt geschickt, um da nach dem Tode des dortigen Hofpredigers zu vicariren. Dies ist eine gute Stelle, auf die er als ein so junger Mensch keinen Anspruch machen konnte; aber die Gemeinde hat ihn sich zum ordentlichen Prediger einstimmig erbeten und er wird ohne Zweifel die Stelle bekommen. Die Gemeinde war durchaus unkirchlich und ungläubig; seine christliche Predigt interessirt aber dergestalt, daß die Kirche sonntäglich gestopft voll ist und der Prediger auch außerdem auf Händen getragen wird. Daß mein Schwager Fritz als Hof- und Garnisonsprediger nächste Ostern an Eylerts Stelle nach Potsdam kommen wird, weißt Du wohl. Es ist vielleicht die beste und angenehmste Stelle in Preußen, wunderschönes Haus und Garten mit einem Ausgange in die königlichen Gärten und wenn ich nicht irre 3000 Thaler fixum. Für Fritz ist diese Stelle wie geschaffen, da er den König so liebt, in dessen unmittelbare Nähe er nun kommt und mit dem er sicher viel verkehren wird. – Hier in Ballenstädt haben wir nun auch endlich einen gläubigen Prediger, wenn auch nicht an der Schloßkirche, so doch in der Stadt, Pastor Scholtz, ein vertriebener Schleswiger, mit dem ich fleißig verkehre und dessen

Umgang mir lieb ist. Auch haben wir eine neue Hofdame an Stelle der Bornstedt, die zu kränklich wurde, eine Fräul. von Massow aus Pommern, ein gutes sanftes und bescheidenes Mädchen, mit einer Gemüthsart wie sie die alte Frau v. Heynitz hatte. Bei einem solchen Wesen kann man die fehlende christliche Erkenntniß allenfalls verschmerzen. Merkwürdig bleibt es immer wie unbequem und häklich manche Christen sind, und wie genügend Ungläubige bisweilen erscheinen können. Gott hat aber einige natürlich fromme Menschen von vorn herein geschaffen, in denen die Erbsünde wenig oder gar nicht tobt. Wenn diese sich dennoch bekehren, was freilich schwer ist, so sind sie Heilige. – Vor einigen Tagen feierten wir wieder einmal den Geburtstag unserer Herzogin. Die Abendgesellschaft war sehr glänzend, über hundert Personen, und es wurde magnifik getafelt. Ich saß zwischen der Massow und einer anderen Dame, die beide keine Austern essen, aber reichlich davon nahmen und ihren Vorrath auf meinen Teller übersiedelten. So hatte ich einen babylonischen Thurm von Austern und schmarotzte sehr. Die Vorstellung war hübsch und auch ich hatte dazu wieder gedichtet. Das beste aber war, daß diesmal der Ball ausblieb, weil der Geburtstag auf einen Sonnabend fiel. So hatten wir die Satisfaction nach einem ganz vergnügten Abend doch gegen 12 Uhr in unsere Betten steigen zu können. Außerdem fällt mir im Augenblick nichts ein, was Dich noch interessiren könnte. Aufträge möchte ich Dir aber freilich viele geben, nämlich die allerherzlichsten Grüße an Elmine. Als junges Mädchen war sie so niedlich und heiter und rief mich in ein Gärtchen am Viehgarten in Kurküll und gab mir Kreken zu essen, die seitdem meine Lieblingsfrucht geworden sind, obgleich ich sie nie und nirgends wieder gesehen, geschweige denn gegessen habe. Es war so zwischen Schlehen und Pflaumen und schmeckte vortrefflich aus Elminens Hand. Dann hat sie mich dreimal in meinem Leben geherbergt und gepflegt wie Einen – es war so zwischen Bruder und König, so daß mir noch die Augen übergehen, wenn ich z. B. nur an die Krebse denke, die forsch gesalzen waren. Und dabei war sie immer als wäre das Alles nichts und sah so freundlich aus und so Gott ergeben wie die drei Männer im Feuerofen, wenn ich Alles aufzehrte. Dafür hoffe ich in jenem Leben einmal ihr Schuhputzer werden zu dürfen. Denke ich nun an Helene und an Alles, so wird mir's immer dicker um die Seele und ich mache es kurz und grüße blos aus vollem Herzen. Auch in Poll sollst Du Liebe und Dank ausströmen. Ich habe Euch Alle miteinander lieber als Ihr's verdient, wenn ich denke wie häßlich Ihr Euch selbst erscheint. Adio!

*Couvert.* Ein Hund ist uns auch zugelaufen. Ein niedlicher ganz possirlicher Affenpintscher. Ich that dem Eigenthümer Meldung, er ließ mir aber sagen ich könnte den Köter behalten wenn ich wollte, ausgekniffene Hunde nähme er nicht wieder. Dies Thier schläft in einem Körbchen neben Elisabeths Bett und leckt ihr Morgens über das ganze Gesicht wenn sie aufwacht. Sie versichert sich seitdem nicht mehr zu fürchten, da er Diebe ohne Zweifel verscheuchen würde und sehr muthig sei. Jetzt häkelt sie ihm ein Perlenhalsband und der Hund sitzt neben ihr und sieht zu. Hoffentlich wird er nicht plötzlich einmal stark wedelnd und mit entzückter Geberde in der Kirche erscheinen wie mein früherer Hund Mira. Dieser heißt wunderbarerweise Poll. Wir können vor lauter Viehzeug kaum noch essen. Jeden Augenblick langt irgend ein ernsthafter Kater plötzlich hinter Elisabeths und Julchens Schulter vor und greift den leckersten Bissen vom Teller, während der Hund mit gespannter Miene am Boden sitzt und bisweilen ein leises Soprantönchen von sich giebt. Wenn sie recht unverschämt sind, will sich Julchen todt lachen, daher sie auch am meisten zu leiden hat. Julchen, alle Kinder, Alles grüßt Euch sehr. Es sind Ferien und das Haus voll Lärmen und Geschrei. Möchte doch einmal der Teufel alle Schulen holen, damit immer Ferien blieben.

## N° 67 — Ballenstädt 29. Nov. 1852

Mein lieber Bruder!
Es schneit faustdicke Flocken. Ich habe dergleichen nie gesehen, aber es ist ein Wetter, das mich einladet Dir zu schreiben. Schnee versetzt mich immer zu Euch nach Rußland. Ich wünschte ich könnte ganz zu Euch ziehen und so wie Hoffmann bei Klein Marien einen einsamen Handel im Walde treiben, oder auch Stiftsvater werden. Bei uns wird es unheimlich und unwohnlich. Wir haben uns noch keineswegs von unserer albernen Revolution erholt, und werden uns auch nicht eher erholen als bis durch andere große Bewegungen Alles radical über den Haufen geworfen wird, worauf man sich auch gerade nicht freuen kann. Ich habe wieder Allerlei erlebt und mit angesehen, und wenn ich Dich einmal hier hätte, so könnte ich Dir viel erzählen; aber mich ekelt es an, alle diese widri-

gen Dinge weitläuftig niederzuschreiben. Auch wird jetzt das Briefgeheimniß weniger heilig gehalten als je, die Post übernimmt nur noch die Garantie für recommandirte Briefe, und in solcher Berücksichtigung habe ich mehrere ausführliche Briefe, die ich Dir im ersten Eifer nach wichtigen Erlebnissen geschrieben, bei kälterer Erwägung in den Ofen geworfen. Ich schreibe wenig, weil ich wenig sagen darf. Gerade Interessantes muß gewöhnlich verschwiegen bleiben. Wenn Du übrigens unseres Landes gedenkst, mußt Du Dir eine zerfahrene Suppe vorstellen, so hast Du ein Bild. Ganz Deutschland ist jetzt solch eine Suppe. Daß Napoleon dies benutzen werde, läßt sich denken und steht zu erwarten. Darüber habe ich aus bester Quelle Allerlei gehört...

Was mich anlangt, so habe ich einmal wieder eine hoffnungslose Hoffnung, oder trügerische Aussicht, die mich aber doch wie eine fata morgana foppt. Man ist nämlich bei einer Scene, die auf dem Schlosse vorfiel, zu der Ueberzeugung gekommen, daß nothwendigerweise noch ein Cavalier beim Herzoge angestellt werden müsse. An mich hatte dabei Niemand gedacht, und ich erfuhr es ganz zufällig. Da habe ich mich denn unter der Hand angeboten, aber unglücklicherweise war schon dem Hofjägermeister von Weise in Coswig der Antrag gemacht worden. Nun glaube ich zwar nicht, daß dieser annehmen wird; aber nichts destoweniger habe ich doch keine Hoffnung, denn wenn ich auch die geeignetste Persönlichkeit im Lande sein möchte, so würde gerade dieser Umstand hinreichen mich auszuschließen. Meine Beschäftigung würde darin bestehen, einen Tag um den andern den Herzog zu begleiten. Ich würde also 3 Tage in der Woche für mich behalten und malen können. Unter tausend Thaler würden sie Niemand kriegen und diesen Gehalt daher auch mir bewilligen müssen. Ich hätte dann ein gesundes herumlaufendes Leben und wäre ein gut Theil Sorgen los. Das sitzende Wesen will mir nicht mehr gefallen, ich werde alt, die Augen werden schwach und ich habe den ganzen Sommer an den Folgen von Bremen laborirt. Deswegen habe ich mich gemeldet und muß den Erfolg nun Gott überlassen. Hätte ich die Sache einen einzigen Tag früher erfahren, so würde ich wahrscheinlich jetzt Kammerherr sein. Gestern wäre Manches möglich gewesen, was es heute, veränderter Umstände wegen, nicht mehr ist. Die Bernstorff wußte es und sagte mir nichts, weil sie die schöne Frauenzimmeridee hatte, ich wäre viel zu gut zum Kammerherrn. Das ist nun schon das zweite Mal, daß sie es mir so macht. Mit dem

Herzog würde ich anfangs freilich schweres Spiel haben, weil er nie begreifen kann, wie Jemand etwas werden kann, was er nicht schon ist. Er ist überhaupt der wunderlichste Heilige, der je existirt hat. Neulich versuchte er sich auch in der Poesie. In einer kleinen vertrauten Gesellschaft auf dem Schlosse sollte ein Gedicht entstehen, indem Jeder einen Vers schrieb, das Papier dann umbog und es weiter gab. Der Herzog wollte anfangen, gab das Papier aber nicht weiter und behauptete er könne so was allein machen. Das Ergebniß theile ich dir hier mit:

1.) Quakerlei und dummes Zeug!
Zeit du bist nun bald dahin.
Nur einen Monat nur
Dann bist Du ja geliefert.
Dann kommt ja eine andere
Zeit, aber keine bessere.

2.) Die jetzige, wenn man sie alle hätte
Befriedigt, so wird sie ja toller,
Aber nicht besser. Man kann
Die ganze tolle Zeit nehmen
Wie sie ist; aber Holla hoh!
Wenn sie abgespielt ist.

3.) Wenn Menschen dabei caput geh'n,
So, Holla hoh! hol sie der Teufel.
Wenn ich der Herzog mit Stock und Stein
Alles caput schlage,
So, Holla hoh! wird sie darüber
Besser? Durchaus nicht,

4.) Wenn Fürsten mit ungesunder
Luft geschwängert werden.
Nun aber kommt ein rascher Schluß,
Wenn Alle sich empfehlen, so ruf' ich
Holla hoh! und triumphire
Als auch der unvollkommene
C. von Anhalt

Ich habe dieses Poëm nach dem Originale abgeschrieben und blos die Interpunctation, welche gänzlich fehlte, hinzugefügt. Vielleicht geht das Ganze auf den Schluß des Jahres, vielleicht aber auch auf den Untergang der Welt, welchen der Verfasser sehr bald erwartet, und auf den er sich außerordentlich freut, wie denn überhaupt alle Ausrottung für ihn den größten Reiz hat. Von seinem baldigen Tode spricht er jetzt täglich und eigentlich immerfort. Wenn dann Neulinge Wunsch und Hoffnung aussprechen, daß Gott ihn noch lange erhalten möge, so geräth er unfehlbar in solchen Zorn, daß er sich selbst nicht mehr kennt. Ich habe gesehen, daß er bei solcher Gelegenheit seinen Hut auf die Erde warf und mit Füßen trat. Der Schreck der wohlmeinenden Wünscher läßt sich dann gar nicht ermessen.

*Am 3. Decemb.* Holla hoh! ein Brief von meinem alten Kährhard! Es ist doch prächtig, daß Du Dich immer noch zwingst, wenn auch wider Neigung und mit bedeutendem Murmelen, bisweilen noch eine Epistolam abzufeuern. Diese gegenwärtige war allerdings eine ganz vorzüglich wohlgerathene, nach alter guter Art, und hat uns unendlich erlabt, bis auf die dumme Geschichte von den unverständigen Pulverjungens in Reval. Möchten wir nur erst Nachricht haben, daß auch der arme Hugo außer Gefahr sei. Die Rolle, die Patkul dabei spielt, ist unbegreiflich und hier ganz unverständlich – wenn Du Dir nicht etwa Zög'sche Zusätze erlaubt hast. Am allermeisten dauert mich die liebe treffliche Sonny dabei. Knaben vollständig zu überwachen, ist eine baare Unmöglichkeit, und doch wird es nicht an unverständigen Zungen fehlen ihr Vorwürfe zu machen. *Die* Beruhigung könnt Ihr wenigstens haben, für die Zukunft das Schießpulver nicht mehr unter die Kinderfeinde zählen zu dürfen. Mehr noch als ich ist Julchen über diese Geschichte entsetzt und spricht davon unaufhörlich. Gieb bald Meldung wie es den Kindern geht. Wenn Du doch überhaupt öfter schriebest! Du kannst wahrhaftig nicht verlangen, daß ich allein schreiben soll, und die Rolle der Bettina, die Du mir zutheilst, zeugt von einiger Arroganz. – Dein Brief war diesmal ungewöhnlich reich an Ideen und schlagenden Gedanken – nur zu viel Wehmuth! Wir sind wohl beide etwas wund im Mittelpunkte unserer Nieren, aber dennoch muß man dem Wehmuthsteufel ein Schnippchen schlagen. Kashi, Kashi Kurrad ha! Wenn weiche Stimmungen Macht gewinnen, so wird man hinfällig wie Verliebte, nur mit dem Unterschiede, daß man nicht einmal Gedichte macht. Könnte ich mich doch mit Dir zu einem frischen Lebenstrutz verbrüdern, aber die Anregung müßte von Dir ausgehen. Am besten gefalle ich mir, wenn ich die Empfindung eines geschlossenen Quarrés im Herzen habe, dann kommt mir alles Uebrige blos wie Husaren vor, die von mir abprallen. Ich bitte Dich, schleuß Dich auch zusammen! Daß die Priorin Fräul. v. Klugen gestorben ist, könnte mir gleichgültig sein, weil ich sie nicht gekannt habe; doch habe ich eine unbewußte stille Hochachtung vor ihr gehabt und die hintergründliche Hoffnung sie noch kennen zu lernen, wenn ich Dich etwa einmal als Kammerherr besuchte. Ich hätte mich dann bei Euch meist von hinten gezeigt, um Euch zu imponiren. Zur neuen Priorin schlage ich Helene vor. Wie danke ich Elminen für ihre herzlichen Zeilen, welche straks das Quarré sprengten und niederritten. Die Nachricht von Agnes ist ja sehr betrübt und Du bist zu kurz darüber. Dein nächster Brief bringt wohl Besseres. – Rekrutirung mag bei Euch nichts Angenehmes sein. Hier ist es gar nichts, weil Alle dienen.

*Am 13. Dec.* Weise hat abgelehnt und die Herzogin, die leider unterdessen nach Holstein gereist ist, schreibt in Beziehung auf mich an die Bernstorff: «Der Himmel gebe nun seinen Segen und lasse uns wirklich unseren Wunsch erreichen. Ich fände es ein großes Glück wenn es dazu käme und wünsche es von Herzen. Grüße den guten Kügelgen von mir und sage ihm wie glücklich es mich machen würde, wenn er wirklich zum Herzoge käme. Doch sehe ich es, aufrichtig gesagt nicht für ein Glück für *ihn* an und fürchte daß er vielen Anfeindungen ausgesetzt sein würde.» Trotz dieser günstigen Aeußerung habe ich aber nicht die geringste Hoffnung. Hätte man zur rechten Zeit an mich gedacht, so hätte es wohl gehen mögen. Jetzt sind die Verhältniße schon wieder sehr verschoben und überdem ist die Herzogin verreist und kommt erst in einigen Tagen wieder. Unterdessen möchte man schwerlich versäumt haben den Herzog für irgend eine andere Person zu stimmen, und herumbringen läßt er sich dann so leicht nicht wieder. Ausländer dürfen nach der Verfassung nicht mehr angestellt werden und von Inländern bin ich wohl der Einzige, der dem Herzog nützlich sein könnte; aber man wird sich fürchten durch mich die Partei der Herzogin und des Ministers Schätzell zu verstärken und alle Kräfte gegen mich setzen. Dies Alles beruht auf falschen Vorstellungen, und gerade die Leute, die mir mißtrauen, möchten mir recht viel zu danken haben und in ihrem eigenen Interesse klug thun mich zu befördern. Wie viel überhaupt in der Welt aus bloßem Mißverstand und aus reiner Dummheit gehindert und gefördert wird, ist nicht zu sagen. – Ich bin in dieser Sache übrigens ganz ruhig und thue nicht das Geringste. Ich habe nur ganz einfach erklärt, daß ich die Stelle annehmen würde, wenn man auf mich reflectiren sollte, und dann hab' ichs Gott übergeben. Ich würde auch wahrhaftig nicht auf Rosen gehen und die Herzogin hat mit ihrem Nachsatz ganz recht, aber ich würde gesunder und sorgloser leben und mich in so fern über das Gelingen freuen. Ehe diese Woche zu Ende geht, wird die Sache jedenfalls entschieden sein, und eben so entschieden werde ich Kammerherr sein, wenn die Herzogin fest bleibt. Die Sache ist nur die, daß ich ihr selbst von dieser Festigkeit abrathen werde, da ich fest entschlossen bin sie meinetwegen in keinerlei Unannehmlichkeiten zu bringen. Bin ich nun aber auf diesen Punkt ruhig und resignirt, so bin ich doch anderer Sachen wegen in der peinlichsten Spannung und das schon seit langer Zeit. Ich fürchte nämlich, daß wir Schätzell wieder verlieren werden. Es scheint als wenn ihm eine Falle gelegt wäre, die im Verlauf des Januar zuklappen möchte. Was dann werden soll, mag Gott wissen. Er ist ein engelsguter reiner Mensch, und er wird fallen, weil er es verschmäht die Waffen der Finsterniß zu gebrauchen. Ein ganz redlicher offener Mensch kann sich gar nicht halten, auch nicht mit der überwiegendsten Suprematie des Geistes gegen die gemeinen Schliche der Schlauheit. Minen verlangen Contreminen. Wer diese aus Gewissenhaftigkeit außer Acht läßt, fliegt ganz positiv in die Luft. Wenn es Gottes Wille ist, wird er freilich dennoch bleiben, aber ich zweifle sehr an diesem Willen. Für mich wird es immer eine Bereicherung sein, diesem durchaus noblen Menschen näher getreten zu sein, und für *mich* wenigstens ist er nicht umsonst hier gewesen. Wenn Du die Lage der Dinge kenntest, würdest Du begreifen, daß die Unruhe mich oft am Einschlafen hindert.

Mein Gerhard soll nun nach Preußen wandern. Nachdem er hier zur Kriegszeit eintrat, mit dem Versprechen sogleich nach abgelegtem Examen eine Offiziersstelle zu bekommen, hat man ihn mit Hängen und Würgen und obgleich das Bataillon 6 Vacanzen hat, doch nur zum aggregirten Offizier gemacht, wobei er versprechen mußte auf sein Patent keinerlei Ansprüche für die Zukunft zu begründen. Dergleichen Gemeinheiten, die häufig vorkommen bringen Alles in Harnisch gegen unser Gouvernement. Das Offizierscorps hat einstimmig für Gerhard gestimmt und der Major sein

Möglichstes gethan, doch konnte ein Mehres nicht erreicht werden. Ich wandte mich nach Potsdam und bat den König um eine Stelle durch den General Gerlach. Der König antwortete sogleich er würde meinen Sohn anstellen, ich müsse aber erst seinen Abschied aus dem hiesigen Kriegsdienst einreichen. Das war sehr unerwartet, da unser Bataillon der preußischen Armee angeschlossen ist, und zeigt wie dieser Anschluß dort angesehen wird. Um diesen Abschied bin ich nun schon vor 3 Wochen eingekommen und habe ihn *noch* nicht. Ist das nicht eclatant in einem Lande von 15 Quadratmeilen? Indessen muß die Sache doch nun endlich werden und dann wird es hoffentlich in Preußen schneller gehen. Gerhard soll nach einer Rheinischen Garnison und wird auf diese Weise wieder in das Land seiner Väter kommen. Neulich präsentirte sich der Junge hier zum ersten Mal als Offizier auf einem Hofballe. Er sah allerliebst aus und die Schwestern hatten ihren Stolz mit ihm. Ach wenn ich meiner armen Jungens denke, so muß ich doch recht sehr wünschen in einen besseren Gehalt zu kommen, ich kann zu wenig für die armen Kerlchens thun. Gerhard muß nun auch wieder neu equipirt werden. Doch war es durchaus nöthig, daß er *hier* Offizier ward, ehe er sich in Preußen meldete, weil sonst ein *dortiges* Offizierscorps erst über ihn hätte abstimmen müssen, was immer precair ist. Der hiesigen Kameraden war er sicher.

Recht große Sorge macht mir auch Bertha. Sie hat seit Jahren einen schlimmen Husten, der keinem Mittel weichen wollte. Solange sie indessen wohl aussah und dick und rund war, machte ich mir wenig Gedanken darüber, da ich ja auch so lange Zeit schon an einem ähnlichen Husten leide. Jetzt auf einmal aber ist sie sehr zusammengefallen, fiebert, bekommt Ausschläge und schmerzende geschwollene Drüsen. Der Arzt erklärt den Zustand als kritisch und verspricht sich Gutes davon in Beziehung auf den Husten. Aber die Aerzte sind das leichtsinnige Geschlecht per excellence und wenn ich das arme Kind ansehe, wie elend sie auf dem Kanape liegt, wird es mir oft schwer die Thränen zu unterdrücken. Sie ist aus eigener Wahl homöopatisch, obgleich wir Andern alle nicht, aber ich glaube bei dergleichen Uebeln mag es am besten sein die Kranken der Natur zu überlassen und ich finde eine Beruhigung darin daß sie wenigstens nicht medicinkrank gemacht wird.

Anna macht auch einige Sorge. Sie ist zwar ganz frisch gesund und rothbackig, hat aber bei alledem seit 6 Wochen die Maulklemme und kann die Zähne nur einen Fingerbreit auseinanderbringen. Kein Mittel hilft und sie bekommt jetzt auch Lust zur Homöopathie überzugehen, was ich aber nicht haben will. Am Ende wird nichts anderes übrig bleiben als der Gebrauch von Töplitz. Doch genug von diesen elenden Sachen. Von dieser Welt ist nichts anderes zu erwarten als Tod und ich wünsche manchmal mit meinem gnädigsten Herrn, daß erst Alles zu Ende wäre, nicht wegen dieses und jenes Uebels, sondern wegen aller zusammen. Vor einigen Tagen gute Nachricht von Adelheid nebst einer freundlichen Einlage von Helene an mich, für die ich herzlich danke. Es ist doch eine große Wohlthat für Adelheid, daß Helene die Correspondenz mit ihr übernommen hat. Die arme Schwester erfuhr durch mich nichts, weil ich meine Briefe nicht aus der Hand gebe, und sie liebt Euch doch fast mehr wie ich. – Wir haben bis jetzt, außer im November auf einige Stunden, noch keinen Schnee gehabt. Immer warmes flaues Wetter, Veilchen in allen Gärten, häufige Meteore und kranke Menschen. Ich leide viel an Brustschmerzen, brauche aber nichts, habe überhaupt alles und jedes Vertrauen zu Aerzten verloren. Es sind durchaus die unnützesten Sterblichen.

Ein Leipziger gab neulich folgende Charade auf: Mein Erstes ist ein Strom in Italien, aus meinem Zweiten backt man Brod, mein Ganzes ist ein Bestandtheil zu Salatsauce. Auflösung: Baumöl. –

## N° 68 Ballenstädt 30. Jan. 1853

Mein lieber Bruder Gerhard!
Seit meinem letzten Briefe an Dich hat die Hand unseres Gottes gar schwer auf mir gelegen, und ich habe so Bitteres erfahren wie nie zuvor in meinem Leben. Du wirst es durch Adelheid wohl bereits wissen, daß der Engel des Todes in mein Haus getreten ist und hat eine Seele gefordert. Mein liebes Kind, meine süße Bertha hat uns verlassen und weilt jetzt drüben in der ewigen Heimath bei ihrem Herrn und Heiland, der die arme Leidende nun auf ewig heil gemacht hat von aller Krankheit. Das ist ja gut! – doch kann ich Dir sagen, daß mir noch nie ein Todesfall so sehr das Herz zusammengeschnürt hat, und daß ich mir noch nie so klein, so elend und so wurmmäßig vorgekommen bin in der Hand meines Herrn. Mein liebes Kind war von meinem Geburtstage an krank, wohl lange früher schon, aber sie hatte Alles verheimlicht und am 18. Nov. zwang sie sich noch zu tanzen auf einem Hofballe. Was ihr

eigentlich fehlte, weiß Niemand recht genau, aber sie hat sehr gelitten, besonders an Luftmangel, Schmerzen in Brust und Rücken, ja der größte Theil des Körpers hatte sich mit einem Ausschlag überzogen, der wie Feuer brannte und die erstorbene Haut in eine Art von Baumrinde verwandelte, die zwar empfindungslos war, aber das Athmen hemmte, der Auswurf beim Husten deutete auf Lungenzerstörung usw. Bei Alledem und bei der sicheren Ahnung des Todes hat das liebe Kind *nie* eine Klage laut werden lassen, auch nicht die allergeringste. Sie war immer mitten unter uns, nahm theil an Allem und sah aus wie eine Heilige, aber wie eine Heilige, die zum Tode geführt wird. Ihr Blick war ernst und forschend, der Ausdruck des Gesichts überaus lieblich und rührend. Die letzten 14 Tage konnte sie ihr Zimmer nicht mehr verlassen, hatte aber immer Jemand von uns bei sich, und Nachts die Mutter, welcher Gott eine ganz wunderbare Kraft verlieh körperlich und geistig auszudauern. Am 25sten Jan. freute sie sich noch über den Oncle Eduard, der von Bremen gekommen war sie zu heilen. Am Abend gab er ihr ein Pulver und sagte: «Nimm das, das wird Dir Luft geben.» «Ach noch einmal Luft!» sagte sie «das wäre himmlisch.» Sie brachte die Nacht auf dem Sopha zu, sehr unruhig und von der Mutter unterstützt. Es schien jedoch in mehrfacher Beziehung Besserung eingetreten, und endlich gegen 8 Uhr, nachdem sie Anna und Elisabeth guten Morgen gesagt hatte, schlief sie so ruhig ein wie seit langer Zeit nicht. Meiner Frau, die neben ihr saß, fiel es aber auf, daß sie nicht athmete; so rief sie uns und wir fanden das süße Kind todt und bereits erkaltet. – – Ach Ihr Lieben – Ihr habt ja auch Kinder verloren! – Die Theilname, die Bertha während der Krankheit erfuhr, war ungewöhnlich, aber durch die Achtung und Liebe gerechtfertigt, die das liebe Kind überall einflößte. Sie bekam täglich Geschenke von allen Seiten, darunter sehr kostbare Sachen, und von Personen, die ihr lieb waren, war sie fast immer umgeben. Sie war umstellt von blühenden Sachen; Camellien, Rosen, Hyazinten, Tulpen, Maiblümchen, Veilchen und Primeln bildeten einen Frühling um sie her, und selten brauchte etwas für sie gekocht zu werden, weil aus allen Häusern täglich eine solche Menge Erquickungen zugesendet wurden, daß wir immer nur abzuwehren hatten, auch genoß das arme Kind fast nichts in den letzten 8 Wochen. Ein Lieutenant von unserem Bataillon, ein Herr von Tschammer-Osten hatte seit Jahren eine tiefe stille Neigung zu Bertha gefaßt. Er hielt sich sehr bescheiden fern, doch glaube ich,

*Die Tochter Bertha*

daß sein Gefühl von Bertha verstanden und wohl auch etwas erwidert wurde. Nach ihrem Tode hatte er sich ins Haus geschlichen, und wenn ich die liebe Todte in ihrem Sterbezimmer besuchte, fand ich ihn gewöhnlich hoch aufgerichtet und wie versteinert bei der Leiche stehen. Es schien als wolle er ihren letzten Schlaf bewachen und ich mochte ihn nicht wegweisen. So fand ich ihn noch den letzten Abend spät gegen 9 Uhr ganz im Dunkeln und allein Wache halten bei dem geliebten Mädchen. Ich riß ihn heraus, schloß ihn in meine Arme und bat ihn recht viel bei uns zu sein. Da endlich sah ich ihn weinen, und er äußerte sich so dankbar als wenn ich ihm die Hand des Kindes geschenkt hätte. Seitdem ist er immer da, hilft überall und scheint sich zu unseren Kindern zu rechnen. Er ist theilnehmend, gesprächig, und zerstreut auf liebenswürdige Weise die Geschwister, die ihn Alle sehr lieben. Gestern haben wir unsere Bertha beerdigt – o Gott wie schwer ist diese Zeit und wie unendlich bitter, und doch wie gnädig ist der Herr und wie gut hat er's gemacht; sein heiliger Name sei gelobt in Ewigkeit! – Meine übrigen Kinder habe ich alle beisammen. Gleichzeitig mit Bertha war auch Gerhard krank, er an einer Unterleibsentzündung, abgetrennt in der unteren Etage. So theilte sich Pflege und Angst. Er hat die Schwester nur als Leiche wiedergesehen.

Uebrigens ist er etatmäßiger Offizier beim 38sten Linienregiment in Mainz geworden, und möchte gern dahin abgehen, was ihn auch beunruhigt. Adolph und Benno ließen wir von Bernburg herkommen. Adolph unterliegt einem so heftigen Schmerz um die Schwester, daß ich rechte Sorge um ihn habe. Bei der Beerdigung hatten Tschammer und ich alle Kraft aufzubieten, um ihn aufrecht zu erhalten. Anna und Elisabeth sind wie die Engel. Tief betrübt, doch freundlich, hülfreich, für die Mutter für mich und für die Geschwister immerfort sorgsam thätig. Welche gute Naturen in meinen Kindern stecken und wie wunderbar auch schon die Gnade an ihren Herzen thätig gewesen ist, habe ich jetzt zum ersten Mal mit voller Klarheit erkannt. Keins denkt an sich, Jedes lebt für die Andern. Ich danke Gott für diese Gnade für diese unermeßliche und so unverdiente Wohlthat. Mit meiner Frau komme ich mir wie von neuem verbunden vor. Unsere Herzen haben sich in dieser Trübsal fester verbunden als je. Die arme Frau ist unendlich betrübt und weint eigentlich immerfort Tag und Nacht. Ich glaube auch, daß wir forttrauern werden bis an unser Ende, wenn auch nicht wie die

Heiden, die keinen Trost haben. So sei denn Frieden mit unserem Engel, ewiger süßer Friede! Mir ist vor ihrer Seligkeit nicht bange, denn sie wußte, daß ihr Erlöser lebt und hatte ihn recht herzlich lieb, trug ihm auch sein Kreuz nach mit so stiller Ergebung, mit so sanftem lieblichen Gehorsam, daß sie gewiß auch seine Herrlichkeit wird mit ihm theilen dürfen. Ja und Amen! –

Etwa 14 Tage vor dem Ende meines Kindes wurde ich dann wirklich Kammerherr. Sie freute sich noch darüber und besah sich lange den goldenen Schlüssel, den ich ihr brachte, mit großem Wohlgefallen an der schönen Arbeit. Sie freute sich besonders, daß ich nun etwas weniger Sorgen hätte und sie war doch damals meine einzige große schwere Sorge, und hätte ich gern 10 solche Schlüssel und Patente für ihr theures Leben hingeworfen. –

Es ging übrigens wunderbar zu mit meiner Standeserhöhung. Ich that nichts dazu, auch sonst eigentlich Niemand, aber Gott that es und ebnete alle Wege. Keine Kabale, keine Feindschaft irgend einer Art trat mir entgegen, vielmehr wurde meine Wahl von *allen* Ständen mit der größten Freude begrüßt und zwar im ganzen Lande. Ich bemerkte zu meiner Ueberraschung daß ich keine Feinde habe, wenigstens verhielten sie sich ganz passiv und fanden es in ihrem Interesse mich zu fördern, da gar kein Grund gegen mich geltend zu machen war. Schätzell war wie aus den Wolken gefallen, als er sah wie sich das Alles machte und zwar gerade durch den, von dem er überzeugt war, daß er sich eher den Hals würde abschneiden lassen als mich zum Herzog bringen, durch Salmuth. Ich reiste meiner Equipirung wegen sogleich nach Leipzig und brachte dort 2 recht schöne Tage bei Fechners mit dem alten Volkmann zu, der für seine hohen Jahre noch recht wohl war. Ich wollte weiter nach Heynitz, um auf ein paar Tage meinen alten Freund Ernst Heynitz zu besuchen, bei dem ich mich angemeldet hatte, doch fand mich sein Absagebrief glücklicherweise noch in Leipzig. Seine jüngste fast erwachsene Tochter war so eben am Scharlach gestorben und Heynitz wollte mit seiner Frau verreisen. Ich war wohl damals schon recht besorgt um Bertha, doch dachte ich nicht, daß mir ein gleiches Schicksal so nahe bevorstehe. Statt nach Heynitz ging ich nun nach Halle und besuchte den alten Alfred Volkmann, den ich auch seit 20 Jahren nicht gesehen hatte. Mit ihm verlebte ich köstliche, ungemein interessante Tage und freute mich ganz besonders ihn innerlich so gefördert zu wissen, dem Christentum sehr nahe. Wir hatten viel zu reden, nicht von

Erlebnissen, das wäre zu viel geworden, aber um uns über unseren inneren Stand und unsere Anschauungsweise der Dinge auszusprechen. Das brachte uns recht nahe. Ich würde Dir viel zu erzählen haben von diesem köstlichen Aufenthalt in Halle, wenn ich jetzt in der Stimmung wäre. Ich kann's jetzt nicht. Von Halle ging ich nach Bernburg und blieb 3 Tage auf dem Schlosse bei unserem lieben Schätzell, mit dem ich mich immer inniger befreunde. Hier wurde den ganzen Tag von unserer inländischen Politik gesprochen, unterrichtend genug für mich. Wir waren wie Brüder und Abends hatte ich die Freude, daß meine Jungens dazu geladen wurden. Als ich endlich nach Ballenstädt zurückkam und mein Kind wiedersah, gerade 8 Tage vor ihrem Tode, da ging mir auf einmal die Gewißheit auf, daß hier an keine Besserung zu denken sei und das Herz wurde mir so zusammengeschnürt, daß ich glaubte es sollte brechen. Ich bat Gott mit heißen Thränen um ein Ende, sei es durch Genesung oder Tod wie er wolle, aber daß er ablassen wolle mit diesen Qualen. Dabei hatte ich alle Tage Hofdienst und dachte manchmal ich sollte da zusammenbrechen. Meinem Schwager Eduard hatte ich schon vor meiner Reise geschrieben er solle kommen. Er konnte lange nicht, endlich kam er früh im Dunkeln am 25sten Jan. Er gab noch Hoffnung und erklärte sich mit dem hiesigen Arzt, Medizinalrath Hoffmann durchaus einverstanden. Am 26sten war mein Kind todt. Gott hatte mein Gebet erhört, denn beide Aerzte waren der Ansicht, daß sie noch ein paar Monate leben würde, wenn sie überhaupt sterben sollte. Doch war Eduards Gegenwart überaus tröstlich und half den ersten gar zu bittern Schmerz überstehen. Wie danke ich auch dafür meinem Herrn im Himmel. Die liebe Todte wurde eingesargt von ihrem Arzt, der es so gut mit ihr meinte und von der Doctorin Valentiner. Auf meine Bitte durchstach ihr der Arzt das Herz und öffnete die Pulsadern. Dieser Tag der Einsargung war ganz entsetzlich schwer, und doch auch wieder so erleichtert, so gnädig erleichtert durch die Freunde, die uns den ganzen Tag umgaben. Die Palmen, Kränze und Guirlanden (die zum Theil von Dresden verschrieben worden und von allen Seiten einliefen) überdeckten gänzlich die geliebte Hülle und das ganze Zimmer. Unendlich ist Bertha geliebt worden von Oben herab bis in die untersten Volksschichten, und sogar der Herzog, der sich sonst immer so freut wenn wieder ein Mensch weniger ist, spricht *immerfort* mit Theilnahme von ihr und sagt sie sei doch immer so still und sanft gewesen, sie hätte es doch so gut gemeint mit allen Menschen, er glaube nicht, daß sie je was unrechtes gethan habe und er müsse fortwährend an sie denken. Mich hat er ganz von allem Dienst befreit so lange ich will. Doch will ich morgen wieder zu ihm gehen, da er sich von mir am allerliebsten begleiten läßt. – Von Dir, lieber Bruder, kam auch kürzlich ein Brief, der mir viel Freude machte. Ich kann ihn aber jetzt nicht beantworten, weil ich ihn in der Hast der Begebenheiten verlegt habe. Schreibe bald wieder!

*Am 1. Febr.* Gestern ging ich zum ersten Mal nach Berthas Tode wieder aufs Schloß, um den Herzog zu begleiten. Als er aus seinem Zimmer trat, ergriff er meine Hand und sagte mir wiederholt mit dem Ausdruck der größten Theilnahme: «Ich habe Sie doch sehr bedauert, ich habe Sie doch *recht sehr* bedauert;» und dann küßte er mir die Hand und sagte «Ihre Tochter war doch immer so ruhig und so freundlich und so gut, sie hat mich auch recht lieb gehabt und ich bedauere Sie doch recht sehr, recht sehr!» Als wir in der Kalesche saßen, nahm er wieder meine Hand und sagte: «Sie haben doch noch zwei Töchter, die sind doch auch recht gut und freundlich, die können Ihnen doch auch noch viel Freude machen.» Später faßte er wieder meine Hand mit seinen beiden, sah mich überaus theilnehmend und freundlich an und sagte: «Es ist doch wenig Gutes mehr, Sie passen doch auch nicht mehr in die Zeit, ich auch nicht, und es wird gut sein, wenn wir auch bald in die Ewigkeit gehen.» Auf dem ganzen Wege war der Herzog ernst, freundlich, ruhig theilnehmend, wie ich ihn noch nie gesehen habe, und ich muß sagen, daß dies sein hübsches Benehmen mich auf das allertiefste rührte und mir tröstlicher war als alle andere Theilnahme, die ich erfahren, was nur der begreifen kann, der den Herzog so genau kennt wie ich.

Nun lebewohl mein Bruder! Julchen und ich schließen Euch Alle an unser wundes Herz, und die Poll'schen und alle unsere lieben Verwandten. Wir sind sehr traurig aber doch nicht ohne Trost. Unsere süße Bertha! Sophie und Auguste werden es recht wissen wie uns zu Muthe ist, da sie auch halbe Mütter waren von Bertha. Ach möchte der Herr aus unseren Herzen nun Tempel bauen, in denen er selbst wohnt und regiert! Daß dieser Schlag uns näher an ihn herangeschlagen hat, das ist wahr.

N° 69 Ballenstädt 28. Febr. 1853

Mein lieber Bruder!
Wenn ich Dir nur beschreiben könnte, wie Eure lieben Briefe uns diesmal erfreut und erquickt haben. Habt Dank für die treuen herzlichen Worte des Trostes und der Liebe, die Ihr uns gesagt habt und Gott sei Dank, daß wir uns noch schreiben können! Es ist doch mancher Segen dabei. Besser freilich möchte es sein man könnte persönlich zu einander kommen. O was wäret Ihr uns gewesen in dieser Zeit, und was die Poll'schen! Aber das ist nun Gottes Ordnung nicht. Uebrigens ist unser Schmerz jetzt doch viel milder und das Herz öffnet sich wieder den Eindrücken des Lebens, dessen mannigfache Zerstreuung wohlthätig wirkt. Julchen war zur alten Frau geworden und fast unkenntlich; jetzt stellen sich von Tag zu Tage ihre Züge wieder her. Ein theures Band an die Erde ist zwar auf immer zerrissen, aber dafür ist eins im Himmel angeknüpft, das sehr hinüberzieht und das Herz an seine wahre Heimath erinnert.

Recht sonderbar war das gleichzeitige Zusammentreffen meiner Standeserhöhung mit meinem häuslichen Verluste. Ich konnte mich über erstere nicht freuen, weil mein Herz von Angst und Schmerz ganz erfüllt war. Erst jetzt fange ich an so nach und nach die Wohlthat zu empfinden, die für mich in der neuen Anstellung liegt. Die Sache ist nun so arrangirt, daß ich einen Tag Hofmann bin und den andern Maler. An den Hoftagen sammle ich Kraft und Lust zum Malen und an den Maltagen erhole ich mich vom Hofleben. Habe ich Dienst, so bringe ich meinen Morgen hin wie mir's beliebt bis 9¾ Uhr. Dann gehe ich in bequemer Kleidung auf's Schloß, wo ich ein geheiztes Zimmer mit allen Bequemlichkeiten, sogar mit Schreibpult, Papier und Feder finde. Dies heißt das blaue Zimmer, zu Deiner Zeit das rothe, und ist in dem bewohnten Flügel unten, gleich links am Eingang. Hier warte ich mit allem Behagen und lasse den Blick über den freien reinlichen Hof hin auf den Thiergarten und weiter auf die schöne Ferne schweifen, oder ich lese auch bis die Bedienung mir den Herzog meldet. Dem gehe ich dann entgegen, begrüße ihn und setze mich mit ihm in die Kalesche. Vier Pferde vor, langgespannt und hintenauf ein Jäger mit der geladenen Büchse im Arm zum Schutz und Trutz. So brausen wir fort nach dem Stufenberge oder irgend einem herzoglichen Forsthause. Dort finden wir die Zimmer warm und ein elegantes

Frühstück auf dem Tisch. Zum Fenster herein schauen die dampfenden Berge, oder vom Stufenberge aus die weiten Fluren und fernen Städte. Das ist oft wunderschön, aber nur für den genießbar, der die Gabe hat sich in den Herzog zu finden und ihn in heitere Laune zu versetzen, oder ihn doch wenigstens ruhig zu erhalten, was mir durch Gottes besondere Gnade bis jetzt noch immer gelungen ist. Nach halbstündiger Rast fahren wir dann meistens auf Umwegen wieder zurück und langen um 12 Uhr auf dem Schlosse an. Dann gehe ich nach Hause striegele mich, ziehe meine Uniform an und bin um 1 Uhr wieder oben zum Diner bis gegen 3 Uhr. Hierauf habe ich wieder freie Zeit bis zum Abend, wo ich denn den Herzog entweder ins Theater begleite oder beim Thee und Souper in den Gemächern der Herzogin die Honeurs zu machen habe. Um 9 Uhr bin ich endlich frei und kann den späten Abend ruhig bei den Meinigen verrauchen. Eben so oft indessen als wir fahren, gehen wir auch, weil der Herzog wechselt, und da wir Zwei sind, die bei ihm den Dienst haben, und regelmäßig Tag um Tag uns ablösen, so trifft es sich, daß ich immer eine Woche fahre, die andere gehe. Bei diesen Spaziergängen im Sturmschritt wird auf das Wetter nicht die entfernteste Rücksicht genommen, und bei strömenden Regen oder auch bis an den Leib im Schnee arbeiten wir unser bestimmtes Pensum ab, bisweilen bis zur Ermattung. Du siehst also, daß es mir an regelmäßiger Bewegung, die ich mir früher nie machte, jetzt nicht mehr fehlt, und darauf baue ich Hoffnungen für meine Gesundheit. Am Hofe bin ich im Grunde genommen nicht sehr viel mehr als früher auch, aber ich verlor sonst meine Zeit dort, und jetzt werde ich dafür bezahlt; überdem habe ich jetzt einen hohen Rang, wodurch mir mein Benehmen unbeschreiblich erleichtert ist, und mache in derselben Gesellschaft, in der ich sonst der Unterste war, gewissermaßen den Hausherrn. Wäre nur unser Herzog nicht so äußerst schwierig zu behandeln, so stände mein Dienst einem Vergnügen gleich und im schlimmsten Fall einer honetten Langenweile; aber in jener Schwierigkeit und der Angst, die man dabei aussteht, liegt – besonders bei mangelnder Erfahrung – die eigentliche Arbeit. Ich bin dafür verantwortlich, daß er kein Unglück nimmt oder anrichtet, was oft recht schwer zu verhüten ist, und namentlich an öffentlichen Orten, wie im Theater oder bei Concerten, kommt man in böse Lagen mit ihm, und muß oft allen Witz aufbieten, ihn zu zerstreuen, damit er sich nicht selbst zum öffentlichen Schauspiel macht. Man hat es bis jetzt für zweckmäßig gehalten seinen fixen Ideen zu widerstehen. Das war grundfalsch. Ich mache es entgegengesetzt und komme daher am allerbesten mit ihm aus. Ich lasse ihm seine Ansichten, ich gebe ihm in Thesi Alles zu was nur irgend ungefährlich ist, und dadurch bilde ich theils feste Grundsätze in ihm, bei denen ich ihn leiten und auf die ich fußen kann, theils kann ich ihm, wo es nöthig ist, kräftig widerstehen ohne daß er es übel nimmt, weil er sich doch im Allgemeinen von mir verstanden glaubt und die Ansicht hat, daß wir aus gleichem Holz geschnitten sind. Am sauersten ist es mir geworden, ihn dahin zu vermögen regelmäßig zwischen mir und Herrn von Hellfeld zu wechseln, indem er sich anfänglich ganz allein nur von mir begleiten lassen wollte. Diesen Kampf mußte ich ganz allein mit ihm durchfechten und hätte sehr leicht bei dieser Gelegenheit seine Gunst auf immer verscherzen können, da er meine Weigerung als Gleichgültigkeit und Mangel an Erwiderung seiner Freundschaft ansehen konnte. Es mußte auch bald geschehen, denn wenn er sich zu sehr mit mir eingewöhnte, so war Hellfeld völlig abgethan, vergessen und antiquirt. Glücklicherweise gelang die Sache und der Herzog wechselt nun seit geraumer Zeit sehr gewissenhaft zwischen mir und Hellfeld. Ich habe diesen zu guter Kameradschaft gewonnen und für mich ein halbes Jahr Zeit. Hellfeld und ich sind nun die alleinigen Dienstthuenden Kammerherrn des Herzogs und an seine Person gebunden, werden ihn auch auf Reisen und im Bade immer zusammen begleiten. Herr von Cramer, nach dem Du Dich erkundigst ist auch schon seit Jahren Kammerherr, aber der Herzog läßt sich schon seit langer Zeit nicht mehr von ihm begleiten, weil er zu nachlässig war und sich um seinen Herrn wenig kümmerte. Bei Spaziergängen sah man den Herzog immer 20 Schritt voraus, laut in die Luft perorirend und hintennach zog Cramer ganz gemächlich und behauptete, es sei ihm physisch unmöglich dem Herzoge zu folgen, so wie moralisch, seine ungereimte Unterhaltung anzuhören. Dem hat es Cramer nun zu danken, daß er die Agrements seiner Stellung, d. h. Badeaufenthalt und Reisen verlieren wird. Er wechselt jedoch mit uns im Dienst auf dem Schlosse, hat das Theater, die Bibliothek und eine Masse Hofmarschallamts-Geschäfte, von denen ich ganz frei bin. Hellfeld hat die Schlösser und die Gärten, Kutteroff den Stall und der Hofmarschall die obere Leitung der ganzen Hofhaltung. Uebrigens mußt nach Obigem nicht denken, daß ich meine Erhebung etwa Cramers Nachlässigkeit zu danken hätte. Es war durchaus gar keine Nothwendigkeit vorhanden noch einen Kammerherrn zu engagiren, oder wenigstens war man weit entfernt diese Nothwendigkeit einzusehen. Das Ganze war das, was die Welt ein blindes Spiel des Zufalls nennt, in meinen Augen aber ein Act der Allmacht Gottes. Gerade Die, in deren Interesse es gelegen hätte, mich fern zu halten, mußten mich heranziehen. Ein einflußreicher Mann, den wir N. N. nennen wollen, hätte gern seinen in Bernburg lebenden Schwiegersohn hier gehabt, und deswegen hatte er die Nothwendigkeit hervorgehoben, noch einen Cavalier beim Herzog anzustellen. Obgleich nun der Intendant der Civilliste betheuerte, es sei kein Geld dazu da und man würde Schulden machen müssen, so drang Jener doch durch und wußte die Sache so zu leiten, daß der Antrag an Personen erging, in deren Interesse es lag abzulehnen, indem er hoffte die Frau Herzogin würde zuletzt selbst auf seinen Clienten als den allein übrigbleibenden verfallen. Statt dessen rückte die Herzogin nun plötzlich mit *mir* hervor. Dies mochte ein ziemlicher Schreckschuß sein, weil an die Möglichkeit meiner Concurrenz kein Mensch gedacht hatte. Es war indeß nichts Namhaftes gegen mich einzuwenden und lag auf der Hand, daß ich die einzige Persönlichkeit im Lande war, durch welche dem Herzog wirklich gedient sein konnte. N. N. äußerte er habe nur das Bedenken dabei, daß einestheils ich selbst, andererntheils der Herzog nicht darauf eingehen würde, worauf die Herzogin erwiderte, mich könne er ja fragen und der Herzog würde seiner bewährten Ueberredung schwerlich widerstehen. So kam denn N. N. zu mir. Ich wußte was er wollte und war ihm etwas behülflich das Gespräch auf den rechten Punkt zu leiten. So waren wir denn auch bald einig und N. N. versprach den Herzog zu meinen Gunsten zu disponiren. Dieser schlug indessen folgenden Tages Alles rund ab; er brauche keinen Kammerherrn, am wenigsten mich, der ich ohnedem nicht viel tauge. Dennoch gelang es später der Herzogin ihn zu überreden, sich auf seiner Ausfahrt anstatt immer von Hellfeld, einmal von mir begleiten zu lassen. Auf dieser Fahrt, die am Weihnachts heiligen Abend statt fand, amüsirte ich ihn so prächtig, daß er fortan bei 3 Wochen lang nur mit mir fuhr oder promenirte, unterdessen aber doch standhaft alle wiederholten Vorstellungen wegen meiner Anstellung ausschlug. Ich sei doch Maler und könnte eben so gut als Maler wie als Kammerherr mit ihm gehen. Mich unterhielt er damit, daß es doch jetzt Leute gäbe, die immer höher hinaus wollten, und wenn sie etwas geworden wären, so machten sie sich nur wichtig, das wäre Alles. Meiner Frage was denn das für Leute wären, wußte er immer auszuweichen, bis er mir endlich auf mein Dringen seinen unschuldigen Kammerdiener nannte, jenen Schmeltzer, den Du auch noch kennst. Indessen wurde der Einfluß, den ich während dieser Zeit auf den Herzog gewann, überall bemerkt und von vielen Seiten der Wunsch ausgesprochen, daß ich doch seiner Person attachirt werden möchte. Die Leute, die uns auf Spaziergängen begegneten, waren voll davon wie ruhig und vergnügt der H. ausgesehen hätte und versprachen sich große Dinge davon, wenn der H. ganz in meine Hände käme. In der Bernburger Zeitung erschien sogar ein höchst schmeichelhafter Artikel: «Dem Vernehmen nach beabsichtige man in Ballenstädt einen allgemein geachteten und liebenswürdigen Mann zum Begleiter einer hohen Person zu machen. Der Name müsse zur Zeit noch verschwiegen bleiben, aber wenn sich die Sache bestätigen sollte, so würde dies jedenfalls die glücklichste Wahl sein, die man treffen könne.» So sprach sich die öffentliche Meinung aus, die zu schonen gerade Diejenigen am meisten Ursache hatten, die mich hätten hindern mögen. Nun traf es sich, daß dem Herzog in einer Gesellschaft das Portrait des Kammerherrn v. Sonneberg vorgezeigt wurde, mit der Anmuthung zu rathen, wer es sei; der Herzog aber konnte es nicht erkennen. Nun sagte man ihm er möge die Züge nur genau betrachten, es sei ein treuer Freund von ihm und sein Kammerherr. Da verklärte sich sein Gesicht und er sagte «vielleicht der Herr v. Kügelgen?» Dies wurde mir sogleich hinterbracht, und da ich nun glaubte, daß der entscheidende Moment gekommen wäre, so erklärte ich, daß meine Zeit es mir nun nicht länger erlaube Se. Hoheit zu begleiten, da ich viele Aufträge hätte. Die Folge davon war meine feste Anstellung, die glücklicherweise im ganzen Lande mit Freude begrüßt wurde. Das ist das Kurze von der Sache, das Lange wäre freilich bei weitem interessanter gewesen, eignet sich aber nicht zu brieflicher Mittheilung.

*Am 2. März.* Heute feierten wir des Herzogs Geburtstag und ich machte am Morgen die erste Schlittenfahrt mit ihm, da er sich bis jetzt, trotz des hohen Schnees, aus bloßem Trotz immer noch der Räderequipagen bedient hatte, was zuletzt ordentlich lebensgefährlich wurde. Als ich mich im blauen Zimmer einfand, traf ich dort mehrere Personen, unter andern auch die Minister, welche von der Gratulation kamen und eine schreckliche Beschreibung von der Aufregung machten, in der sie den Herzog verlassen hatten. Die Nachwehen empfand ich noch, denn als er an den Schlitten trat, befahl er dem Kutscher einen Waldweg zu fahren, wo keine Bahn war und der Schnee stellweise 6–8 Fuß hoch lag. Mit vieler Mühe gelang es mir denn doch ihn davon abzubringen und wir rutschten ab. Gewöhnlich unterhält er mich anfänglich von seiner Lectüre, d. h. ich erfahre nie was er eigentlich liest, sondern er sagt mir nur, die Werke wären sehr aufgeregt gewesen, oder die Werke hätten sich beruhigt, oder die Bücherhelden hätten sich wieder blicken lassen. Er behauptet nämlich die Literatur sei so geistlos und seicht geworden, daß man sich jetzt einiger Worte bediente, die früher in den großartigen Zeiten sehr verachtet gewesen und niemals vorgekommen wären. Schiller hätte sehr erhabene Redensarten gemacht, aber jetzt schriebe man ganz dünnes Zeug, Lappalien – Hemden und sogar Hosen kämen in den Werken vor, ja er habe von Unrath gelesen. Das sollte ich mir einmal vorstellen, und wenn nun Frauenzimmer so ein Buch in die Hände kriegten, was wäre dann? Frauenzimmer könnten gar nicht mehr lesen, weil in den Werken Alles wimmelte von Hemden und Hosen. Diese drei Worte inhaltsschwer nennen wir nun die «Bücherhelden», die Werke selbst, deren man sich nur bedient um die Zeit todtzuschlagen, heißen die «Zeitknüppel». Doch ich kehre zu meiner Erzählung zurück und setze einen Theil der Unterhaltung her. Der Herzog beginnt den Dialog mit folgender Bemerkung: Ich muß Ihnen doch sagen, daß sich die Zeitknüppel heute Morgen wieder etwas beruhigt haben. – Wilh.: Gottlob, Hoheit, daß sich das gerade zum Geburtstag so trifft, aber freilich Häuser kann man nicht darauf bauen, daß das immer so bleiben wird. – Herzog: Nein gar nicht! Das kann man gar nicht. Es ist Alles unvollkommen und die Werke sind unvollkommen, und die Menschen sind unvollkommen, die ganze Welt ist unvollkommen und alles Uebrige auch, – finden Sie nicht? – W. Nichts Vollkommenes unter der Sonne, und wir sind auch unvollkommen. – H. Ach es ist eine elende abgeschmackte und dünne Zeit, und ich bin doch immer so aufgeregt und passe mich gar nicht mehr. – W. Das ist schlimm genug! – H. Ich weiß nicht ob Sie finden daß *Sie* vielleicht noch passen? Ich weiß nicht? – W. Ich? Wie die Faust aufs Auge, ich bin ein total unpassender Mensch. – H. (sehr erfreut) So Einer bin ich doch auch, ich passe mich ganz und gar nicht, nein ganz und gar nicht und wir Beide sind wie Gespenster, wir spuken nur noch so unpassend herum. – W. Sehr wahr! Ich fürchte mich schon ordentlich vor mir selber. – H. Nein gar nicht, ha! ha! ha! Aber was meinen Sie in früheren Jahren? – W. Als Sie noch im andern Flügel wohnten? – H. Ja, das war anders, großartige Zeiten, großartige Menschen, großartige Werke! – W. Da paßten wir so recht hinein. – H. Ja, und damals war doch Ihr Bruder bei mir, der war immer so roth. Da machten wir eine Feuerbrunst und zündeten die Gardinen an, – herrliche Zeiten! Nun ist Ihr Bruder wohl im Ausland, oder ist er nicht? Ich weiß nicht. – W. In Rußland ist er, aber er denkt noch viel an die alte gute Zeit, und wenn sein Geburtstag kommt, so holt er sein silbernes Besteck heraus, was Sie ihm einmal schenkten, und ißt damit. – H. Doch wohl nicht! – W. Nun freilich thut er das und kürzlich hat er mir geschrieben und mir aufgetragen Ew. Hoheit zu Ihrem Geburtstage seinen unterthänigen Respect zu bezeigen. (Dabei nahm ich meine Pelzmütze ab und der Herzog erwiderte dies, gleichfalls seine Mütze rückend mit sehr beifälliger Verbeugung.) – H. Wenn er doch einmal herkäme! Wird er denn gar nicht wiederkommen? – W. Wer weiß, wenn Sie ihn einmal einladen wollen, so ist er es im Stande. – H. Ja das waren herrliche Zeiten als Ihr Bruder bei mir war, herrlich! herrlich! Aber jetzt ist nichts Gutes mehr, man muß machen, daß man wegkommt und das kann man auch. – W. O ja Hoheit, wenn man immer Eins nach dem Andern thut, so kommt man dem Ziel immer näher. – H. Ja dann kommt man weg, und ich hätte doch gar nicht in diese Zeit kommen sollen; oder wissen *Sie* vielleicht warum ich in diese Zeit gekommen bin? – W. Das weiß allein der liebe Gott. – H. Der wird wohl auch finden, daß nichts Gutes mehr an der Zeit ist und an allem Uebrigen auch nicht, und was soll man denn da noch länger machen in dieser schändlichen Zeit? – W. Man thut das Seinige und wartet geduldig auf das Ende. – H. Wir haben aber das Unsrige schon gethan und wir wollen ein Schnellpulver nehmen, daß wir wegkommen. – W. O ja! da möchte uns der liebe Gott schön ansehen, wenn wir uns so ungerufen einstellen. – H. Ja wie wir überhaupt dort oben bestehen werden, das ist die Frage; was glauben Sie? – W. Ich glaube hundsschlecht, wenn wir uneingeladen dort ankommen, denn der liebe Gott läßt nicht mit sich spaßen. – H. Nun früher oder später, wenn wir nur abkommen, ganz einerlei früher oder später, man macht eins nach dem andern ab dann kommt man weg. – W. Jawohl man springt doch nicht die ganze Kellertreppe mit einem Satz hinunter, sondern eine Stufe nach der andern. – H. Nun eben, nun eben! Unter solchen Gesprächen kamen wir auf dem Sternhause an und setzten uns in dem wohlgeheitzten Zimmer an den Frühstückstisch. Der Herzog war seelenvergnügt und zeigte mir an seinen Handschuhen den Beweis, daß der Zahn der Zeit Alles benage, dann zeigte er mir eine räudige Stelle an seinen Pelzaufschlägen und an seiner Mütze, mit dem Bemerken es sei doch gar nichts Gutes mehr an der Zeit. Ich erwiderte er würde wohl noch so viel übrig haben, um sich seine Kleider flicken zu lassen? H. Nein gar nicht, ich werde doch bald abfahren, so zwischen Winter und Frühling und dann kann man mit meiner Pelzmütze und mit den Handschuhen machen was man will. W. Vielleicht hängt man die Handschuh irgendwo zum Andenken auf und schreibt darunter «letzte Handschuh eines deutschen Fürsten.» H. Oder auch: «dies sind die Handschuh eines Unzufriedenen, der nicht mehr in die Zeit paßte.» Mit meinen übrigen Sachen können sie auch machen was sie wollen, mit meiner Stocksammlung, und dann habe ich noch ein kleines Schweizerhäuschen, das hat mir Frau von Hoym geschenkt, damit können sie auch machen was sie wollen. Meine Wagen und Pferde werden sich dann vielleicht die Holsteiner Herrschaften zueignen und das können sie auch. Ich brauche dann nichts mehr als ein Plätzchen in der Bernburger Kirche, und das wird wohl noch übrig sein. Indem kam der Förster Falley herein. Er hatte eine weiße Halsbinde umgethan und seinen Bratenrock angezogen, auch schön gewichste Stiefel, stellte sich vor den Herzog hin, machte eine tiefe Verbeugung und sagte: «Ich wollte doch meinen gnädigen Herrn und Herzoge unterthänigst beglückwünschen zu deren hohem Geburtstage, möge der Allmächtige die glorreiche Regierung Ew. Hoheit segnen und uns Ihnen noch lange, lange Jahre erhalten!» – Der Herzog vertiefte sich bei dieser Rede in seine Tasse Warmbier, dann setzte er die Tasse heftig auf den Tisch, seine Stirnadern schwollen ihm an und er sagte zornig: «Sie sind ein rechter Esel und die Herren vom Ministerio sind Esel und alle Uebrigen auch. Man kann doch wahrhaftig von mir nicht verlangen, daß ich ewig in diesen elenden Zeiten leben soll, in die ich mich gar nicht mehr passe. Hier (und dabei wies er auf seine Stirne) hier rappelt's wohl mit Ihnen. Sie Esel! Esel! Esel!» Der arme Kerl war wie vom Donner gerührt und wußte gar nicht wie er sein Gesicht zurecht zerren sollte. Da sagte ich: «Es ist eine unvollkommene Welt, Hoheit.»

H. Da haben sie recht, eine ganz unvollkommene Eselei! – W. Nun eben, und daher kommt es daß die Leute es besser meinen als sie es machen können. Man muß doch auf die Meinung sehen und Falley meint es prächtig mit Ew. Hoheit. Er selbst hat Lust noch einige Jahre zu leben, und was wir für uns selbst wünschen, das können wir ja ganz schicklich auch Anderen wünschen. Er hat Ihnen was Gutes wünschen wollen und es ist unrecht und macht mich recht traurig, daß Sie ihn darüber so anfahren konnten. Sie haben den guten Falley, so einen alten treuen Diener recht erschreckt. Das ist nicht gut. – H. Er kann aber doch nicht verlangen, daß ich ewig leben soll! – W. Wenn Sie ihn so anfahren, so wird er das auch wahrhaftig nicht wünschen, und vorhin hat er das auch gar nicht *verlangt*, aber weil er selbst noch gar keine Lust hat wegzukommen, so denkt er natürlich daß Sie auch noch leben wollen. – H. Nun wenn er noch leben will, so läßt man ihn. – W. Jeder hat seinen Geschmack Hoheit und Jeder hat seine Art. – H. Ja das ist wahr. – W. Und wenn Falley es weiß, daß Sie ganz lebensüberdrüssig sind, so wird er wahrhaftig nicht verlangen, daß Sie ewig leben sollen wie der ewige Jude, – ist das nicht wahr Falley? «I! sagte dieser, da soll mich doch Gott bewahren, daß ich so was verlangen sollte.» Nun war diese Sache beigelegt, wir setzten uns wieder in den Schlitten und stoben mit unseren 4 großen Rappen lustig durch den Wald, während der Vorreiter mit seiner Hetzpeitsche wie mit Flinten knallte. –

*Am 9. März.* Unseres Hausarztes P. wegen habe ich gestern ein gefährliches Wagniß unternommen. Der Unglückliche ist nämlich seit längerer Zeit wegen Achselträgerei und wegen seines eiteln, großmäuligen Wesens in ziemlich reichlich verdiente Ungnade gefallen. Er ist der Herzogin unleidlich und sie ist leider zu ehrlich, dies verbergen zu können. Das merkt er, trotz seiner Dickhäutigkeit, hinreichend um gründlich verbittert zu sein. Da er nun in Wirthshäusern der Chorführer ist, so war mir seine Stimmung längst bedenklich und ich habe schon öfter deshalb mit der Bernstorff geredet und sie gebeten die Frau Herzogin zu einiger Rücksicht zu bewegen. Die Bernstorff aber hielt dies theils bei der Stimmung der Herzogin für unmöglich, theils war sie selbst so blind gegen P. eingenommen, daß sie es für unrecht hielt seinen Advocaten zu machen; denn sie gehört auch zu den Personen, welche andere entweder schneeweiß oder kohlschwarz sehen, wogegen wenig auszurichten ist. Endlich erfuhr ich, daß die Herzogin die Idee hat einen fremden Arzt herbeizuziehen, um (weil P. gar keinen Einfluß auf den Herzog hat) sich mit ihm wegen zunehmender Schwäche des Herzogs zu berathen, ohne daß P. das Geringste davon ahnet. Dazu kommt, daß sich hier überhaupt allerlei ernste Dinge vorbereiten, über die ich schweigen muß, die sehr glücklich, aber auch sehr unglücklich ausfallen können. Im letzteren Falle wird die Herzogin Alles ausbaden müssen und der Freunde bedürfen, daher es mir wichtig scheint sich im voraus der Schreier zu versichern. Namentlich mußte der declamirende P. gewonnen werden, ehe die Gegenpartei sich seiner vollständig bemächtigte. Die Großen haben es so leicht und wenn sie es richtig anfingen würde ihnen selten Jemand widerstehen. Ein eitler Mensch braucht nur freundlich um seine Meinung befragt zu werden, so ist er jeder Meinung, die man haben will, um sich zu insinuiren. Im andern Fall hat auch der Schwächste, wenn er übergangen und gekränkt wird, mächtige Mittel zu schaden und die heilsamsten Anordnungen zu entkräften. Da nun mit der Bernstorff nichts anzufangen war, so entschloß ich mich kurz, ließ mich bei der Herzogin melden und setzte ihr die Sache freimüthig auseinander. Es war dies eine sehr interessante Unterredung. Die sanguinische Frau bäumte sich mir entgegen und wurde sehr schön in ihrem Zorn. Sie zählte mir P.s ganzes Sündenregister her, tadelte mich meines Umgangs halber mit ihm, nannte ihn einen feigen doppelzüngigen Menschen und betheuerte sie verachte ihn von Grund ihres Herzens, ja er ekele sie dergestalt an, daß sie ihn nicht sehen könne, und sie hoffe recht sehr, daß er sich schlecht genug am Hofe gefiele, um baldmöglichst seinen Abschied zu nehmen und sich aus dem Staube zu machen. So arg hatte ich es mir freilich nicht gedacht, segnete aber nun doppelt meinen Entschluß. Ich blieb ganz ruhig, gab ihr Vieles zu, und endlich als sie sich müde geredet hatte, fing ich ganz leise wieder an und beleuchtete die Sache von verschiedenen Seiten. Schon Hamlet habe gesagt man müsse Schauspieler viel besser behandeln als sie es verdienten und unser P. sei ein Schauspieler, der sich in den Rollen wichtiger Personen und einflußreicher Hofleute gefiele, so müsse man auch ihn schonen. Da lachte die Herzogin, und nun war's gut. Ich führte nun weiter aus wie wir, nach meiner geringen Meinung, überhaupt Jedermann zu schonen hätten zu unserem eigenen Vortheil, und wie sich das auch überall sehr wohl mit unserer Ehre vertrüge, wo wir nicht Richter seien und wo wir keine lügenhafte Demonstration mit dieser Schonung verbänden usw. So viel schiene mir wenigstens außer allem Zweifel, daß die beste Regierungskunst darin bestände die Leute für sich zu gewinnen, wozu die Herzogin mit allen Mitteln ausgerüstet sei, wenn sie es nur nicht verschmähen wollte davon Gebrauch zu machen, und endlich wäre es mir als Christ sehr fraglich, ob wir wirklich andere Menschen so absolut verachten dürften. Es wurde lange hin und hergesprochen, die Herzogin beruhigte sich immer mehr, wurde immer freundlicher und sagte mir ihren herzlichsten Dank für meinen Rath, indem sie Alles zu thun versprach, was ich verlangt hatte. Zuletzt stand sie auf und fragte mich ob ich zufrieden sein würde, wenn sie dem P. folgende Rede hielte. Mit einer seltenen Eloquenz und Naivität redete sie mich nun an und machte es so vortrefflich und war dabei so liebenswürdig, daß ich sie am liebsten auf die Arme gehoben hätte und mit ihr im Zimmer herum gelaufen wäre. Ich lachte aber mit dem ganzen Gesicht und wir schieden sehr zufrieden mit einander. Hernach hat sie mich gegen die Bernstorff sehr gelobt und wird nun hoffentlich auch Alles thun. P. wird ganz glückselig sein, wenn er zu einer Audienz befohlen wird, da er – so ein Fürsten- und Adelsfresser er auch ist – doch nichts höheres kennt als eine Auszeichnung von Oben. Mir aber ist ein schweres Werk gelungen, was mir ganz ungemeine Freude macht. Die Herzogin ist prächtig und würde immer das Rechte thun, wenn sie zur rechten Zeit recht berathen würde. Sie hat aber schlechte Rathgeber und hört namentlich viel auf ihren Leibarzt H. und auf den Prediger Sch., die in der besten Meinung oft ganz kuriose Ansichten haben und die arme Herzogin oft gegen Personen einnehmen, mit denen sie doch umgehen muß. Prediger, auch die besten und gläubigsten sind doch gewöhnlich verkehrt, wenn sie sich in weltliche Dinge mischen und man sollte sie eigentlich nur auf der Kanzel loslassen.

*Am 12. März.* Am 6t ist Gerhard abgereist, zunächst nach Halle um Blasius zu consultiren und dann weiter per Dampf durch Thüringen und Hessen nach seiner Garnison. Gestern wird er, so Gott will, in Mainz angekommen sein. Er hat nach der Entzündung eine Verhärtung in der Seite behalten und sollte deshalb noch mit einem tüchtigen Arzte sprechen. Daß er nicht hierher zurückgekehrt, ist ein Zeichen, daß Blasius kein Bedenken getragen ihn an seinen Beruf gehen zu lassen.

Bertha Krummacher ist schon seit 14 Tagen bei uns. Sie war eine Freundin meiner Bertha und jetzt fließt sie mit Anna, die sie noch nicht kannte, in unbeschreiblicher Innigkeit zusammen. Ich kann aber immer noch nicht ihren Namen ohne Schmerz aussprechen. Wenn ich so des Nachts aufwache und es fällt mir ein, daß mein armes liebes Kind todt und begraben ist – o das ist ganz entsetzlich schmerzlich! Ich muß mir den Gedanken immer wieder aus dem Sinn schlagen. Bertha hat, wie wir aus ihrem Tagebuch ersehen, schon seit einigen Jahren sehr viel an ihren Tod gedacht. «Ich trage ja den Tod in meiner Brust.» Das ist ein Satz, der sich oft wiederholt. Anna hat sie Nächte hindurch weinen hören vor Weihnachten ehe wir ahneten, daß sie krank sei. Damals hat sie ihre Rechnung mit dem Leben abgeschlossen. Hernach war sie sehr gefaßt und beispiellos geduldig; klagte sich aber doch zuweilen an, daß sie nicht geduldig genug sei. Einmal fragte sie mich: «Glaubst Du wohl Papa, daß ich noch einmal wieder gesund werde?» O wie mir das durch die Seele schnitt! Armes süßes Kind, ich glaube daß Du nun recht und auf ewig genesen bist in den Armen der ewigen Liebe. Ach sie hat wohl sehr gelitten und ich fast bis zum Tode mit. Ich hörte ihren Husten des Nachts durch die Wand, und wußte ja, daß sie ihre Seele aushustete. In den beiden letzten Nächten konnte ich es nicht mehr aushalten und bettete mich hinunter, denn ich mußte am Tage frisch auf dem Schlosse sein. Das war eine rechte Marterzeit. Als sie todt war und ich sie nicht mehr gequält wußte, konnte ich Gott recht danken und durfte weinen ohne Julchen und Anna zu ängstigen. Das war Wohltat. – Elmine und Sally haben viel Freude gemacht mit ihren Briefen, und auch betrübt durch die Nachricht von Agnes Tode, auf den wir freilich durch Dich seit längerer Zeit vorbereitet waren. Welch eine schwere Zeit mögen Sophie, selbst krank, und die pflegende Auguste durchlitten haben! Unser Herr muß doch Augustens Schultern recht gestählt haben, daß sie nun dergleichen Lasten trägt. Wir sind seit Ende Januar im Schnee fast erstickt. Toller habe ich's auch in Rußland kaum erlebt. Jetzt schickt es sich zum Frühling an, doch ist noch Alles weiß und die Wege kaum zu passiren, weil die Pferde durchtreten. Auf 1½ Meile braucht die Post oft 4 Stunden. Die Bahn ist so schmal, daß von zwei sich begegnenden Schlitten gewöhnlich einer umschmeißt. Der Frost war gering, des Nachts nicht über 6 Grad. Der Herzog wird alle Tage freundlicher und es ist mir bis jetzt noch immer gelungen ihn zu beschwichtigen, so daß er in meiner Nähe eine Art von Sicherheit gegen seine Aufregungen empfinden mag. Wie lange das dauern werde, weiß ich freilich nicht, da er sich ganz plötzlich von seinen Lieblingen abwenden kann. Ich hoffe aber doch das gute Vernehmen mit ihm durchzusetzen, weil ich ihn wirklich lieb habe und er mich von Herzen dauert. Heute beim Ausfahren mit dem Herzog sagte ich: wo mag nur der Nebel herkommen. Darauf entgegnete der Herzog: «Ich will Ihnen sagen, so wie es nebelhafte Menschen giebt, so giebt es doch auch nebelhafte Zeiten.» – Im Holze liegt noch tiefer Schnee im Lande blicken bereits die Felder durch und die Lerchen schwirren endlich, doch ist die Passage immer noch sehr schwer und an beiden Seiten der Landwege, die schon kothig sind, liegt der aufgeschippte Schnee noch so hoch, daß man kaum darüber wegsehen kann.

## Nº 70

Ballenstädt 1. April 1853

Mein lieber Gerhard!
Ich schrieb Dir neulich von Dingen, die hier im Werke seien und deren Austrag unsere ganze Zukunft umgestalten werde. Da nun binnen Kurzem die Würfel fallen müssen und mir daran liegt, Dich in einigem Zusammenhange mit meiner Lebensgeschichte zu halten, so wird es Zeit sein Dir Näheres darüber mitzutheilen. Es handelt sich nämlich um die Entfernung der letzten Reste unserer Revolution in der Person des ersten Ministers, Geheimrath Hempel. Unsere Zustände mußt Du so ziemlich aus meinen früheren Briefen kennen und es wird hier genügen Dich daran zu erinnern, wie es wegen der Unerträglichkeit derselben nöthig ward, einen fremden Minister ins Land zu ziehen. Dieser traf hier, wo eigentlich Jedermann regieren wollte und regierte, auf die heftigste Opposition von allen Seiten, und wie er namentlich von Hempel, der sich zu diesem Zweck mit dem Landtage verbunden hatte, fortwährend chicanirt wurde, ist gar nicht auszusprechen. Dennoch mußte Schätzell, so wie die Sachen einmal lagen, sich fügen und einen Bruch vermeiden, weil ein solcher die arme Herzogin der Gewalt ihrer erbittertsten Feinde schutzlos über antwortet haben würde. Was er aber ertragen hat ist unglaublich, und es gehört eine Heldenseele dazu unter solchen Umständen auszuhalten, besonders da ihm mehrere Mal von preußischer Seite die glänzendsten

Anerbietungen gemacht wurden, wenn er hätte zurücktreten wollen. Mehreren Fallen, die ihm von Minister und Landtag gelegt wurden, entging er glücklich und wartete ruhig, daß ein eclatant dummer Streich geschehen würde. Nur ein Beispiel welcher gemeinen Mittel man sich gegen ihn bediente. Unsere Finanzen haben leider ein Deficit und es ist daher nöthig die Einkommensteuer zu erhöhen, da andere Steuern sich nicht wohl erhöhen lassen. Bis jetzt zahlten wir von dieser Steuer 12 sogenannte simpla und Schätzell brachte beim Landtage 14 in Vorschlag, nachdem er sich hierüber zuvor mit Hempel geeinigt hatte. Dagegen wurde nun aufs heftigste opponirt und vom Landtage wurden für das laufende Jahr nur 9 simpla in Vorschlag gebracht. Hempel stimmte bei, und man erwartete, daß Schätzell, der Finanzdirector ist, aus dem Amt treten würde, weil mit dieser geringen Summe nicht zu wirthschaften ist. Aber Schätzell erklärte sich zum allgemeinen Erstaunen gleichfalls einverstanden, weil ihm daran gelegen war wenigstens noch so lange im Amt zu bleiben bis er Hempeln den Hals gebrochen hätte, wozu die Mittel sich schon häuften. Das Land segnet nun zwar seinen ökonomischen Landtag, aber dieser wird später eben dieser Geschichte wegen in die scheußlichste Verlegenheit gerathen. Dergleichen Sachen könnte ich viele erzählen, aber sie waren alle noch nicht von der rechten halsbrechenden Art. Es mußte weiter abgewartet und Hempel mußte erst recht sicher werden und sich durch seine Bundesgenossin die Kammer, in deren Knechtschaft er natürlich immer tiefer versank, zu einer wirklichen Rechtsverletzung hinreißen lassen. Das ist denn nun endlich ganz brillant geschehen und zwar bei Gelegenheit der Köthenschen Erbschaft. Dies erledigte Herzogthum nämlich ist zwischen Dessau und Bernburg zu theilen. Weil es bei uns aber an Descendenz fehlt, so ist eine Vereinbarung getroffen, nach welcher Dessau schon jetzt das ganze Köthen in Besitz nehmen, dafür aber unserem Herzog die Hälfte der Civilliste abtreten soll. An diesem Vertrage ist jahrelang, schon seit 1847 gearbeitet worden. Es ist unserseits viel dabei vergeben und versehen worden und Schätzell hat eben nur noch gerettet, was zu retten war. Endlich waren bald nach Weihnachten die Acten geschlossen und der Vertrag sollte nun dem Herzoge zur Ratification vorgelegt werden. Da behauptet Hempel plötzlich, ganz im Widerspruch mit seiner eigenen früheren Auffassung, es müsse dieser Vertrag als ein Staatsvertrag vorerst der Kammer vorgelegt werden, nicht allein, weil ihr eine Beschlußnahme darüber zukomme, sondern auch damit sie ermittele wieviel der Herzog von der ausbedungenen Rente dem Lande abzutreten habe, ob die Hälfte oder mehr. Schätzell ist natürlich der Meinung das Land habe hier weder Ansprüche noch Rechte, der Herzog allein erbe und nicht die gnädigen Unterthanen, und haben diese keineswegs zu fragen, wie er seine Erbschaft verwenden wolle, ja es hieße das Recht des Herzogs mit Füßen treten, wolle man ihn hierzu nöthigen. Darüber ist für und wider das Papier Rießweise verschmiert worden. Hempel hat sich nämlich von Anfang an geweigert (weil er dann immer den Kürzeren zog) mit Schätzell mündlich zu verhandeln. Es wird alles schriftlich zwischen ihnen abgemacht und diesem Umstande verdankt nun Schätzell einen ganzen Karren voll Verdammungsgründe wider Hempel, die er schwarz auf weiß überall vorzeigen kann. Ich habe diese Actenstücke zum Theil eingesehen und deutlich erkannt, daß Freund Hempel zum Hochverrath völlig reif ist. Mit jeder Antwort reißt er sich immer tiefer in sein Verderben und ist nun ganz sicher und gewiß am längsten Minister gewesen. Zwar weiß Niemand besser als er selbst, daß er Unrecht hat, aber er hält den so energischen Schätzell für characterschwach und glaubt mit seinem Unrecht durchzukommen. Das Ganze ist nichts als ein mit der Kammer geschmiedeter Gaunerplan, um in jedem Fall Schätzell loszuwerden, der sobald die Sache vor die Kammer kommt, mit einem eklatanten Mißtrauensvotum weggeblasen werden soll. Des Herzogs glaubt man durch Herrn von Salmuth ganz sicher zu sein und schmeichelt sich mit der Hoffnung, daß die Krone denjenigen Minister fortjagen werde, der für ihr Interesse ficht. So toll die Sache klingt, so ist der Plan doch gut und sicher angelegt, wenn nämlich angenommen wird, daß Schätzell ein Waschlappen ist. Ich habe diesem schon öfter angerathen, nun endlich zuzuschlagen, aber er veranlaßt seinen Gegner, der mit jedem Schriftzuge dümmer wird, zu immer ausführlicheren Antworten, während er selbst sich so zu stellen wußte, als sei ihm der Ausgang des Streites gleichgültig und als ahne er nicht die geringste Gefahr für sich. Dennoch war er im Stillen sehr thätig. Es sind nicht nur unter der Hand die bedeutendsten Rechtsgelehrten zu Rathe gezogen worden, sondern auch einer der mächtigsten Höfe in Deutschland, und da ist denn heute von hoher Hand ein vertrauliches Schreiben eingelaufen an unsere Herzogin, von dessen Inhalt ich weiter nichts sagen will als daß er sehr pikant und ganz genügend ist. Nach Einsicht dieses Schreibens wird Herr

v. Salmuth wahrscheinlich sehr geneigt werden seinen Freund Hempel im entscheidenden Augenblick im Stiche zu lassen. Hat der Herzog sich erst officiell durch einen Erlaß für Schätzell erklärt, so wird dieser dadurch natürlich in die Lage versetzt auf Hempels Abgang bestehen zu können. So sind denn nun in beiden Lagern die Kartaunen sehr geladen und am 13. oder 14. April wird losgefeuert werden müssen, weil am $18^{t}$ der Landtag zusammentritt, um in der Erbschaftssache zu entscheiden und Schätzell fortzujagen. In jedem Fall gewinnen wir bedeutend, denn entweder tritt Schätzell an die Spitze der Geschäfte, oder es wird abdicirt, wozu die Herzogin jetzt die Mittel in Händen hat.

*Am 8. April.* Wie sehr mir diese Dinge im Kopf herumfahren ist gar nicht zu sagen. Keine 8 Tage mehr, so sollen die Minen springen. Der Schrecken wird groß sein, wenn Salm. und Hemp. sich durchschaut sehen. Der arme Salmuth hatte endlich den Zweck seines Lebens erreicht, nämlich hier in seinem Geburtslande heimlich und sehr bornirt zu regieren. Die Herzogin hatte er nach und nach so eingeschüchtert, daß sie es kaum noch wagte ihm in den geringfügigsten Dingen zu widerstehen und Hempel ging vollkommen in seinen Banden. Da trat Schätzell in das Verhältniß und störte fortwährend den schönen Frieden, indem er das fürstliche Bewußtsein der Herzogin stärkte. Das war nicht zu verzeihen und seit 2 Jahren haben beide nicht aufgehört dem armen Schätzell allerlei Fallen und Fußangeln zu legen, in denen er sich zwar nicht fing, unter denen aber das Land unerhört litt. Mit beiden im Bunde stehen der Landtag und eine Menge Subalternbeamte, denen das Gefühl die oberste Macht von sich abhängig zu wissen sehr süß ist. Es gehört fürwahr kein gemeiner Muth dazu, in dieses verfilzte Wespennest die Hand zu stecken, um es auszustören. Aber Schätzell hat diesen Muth und die größte Aussicht zum Gelingen. Seine kleine Partei besteht zwar nur aus der Herzogin, aus ihm selbst und vielleicht aus meiner Wenigkeit, während die Gegenpartei Legio ist. Aber eben deswegen haben wir den Vortheil Alles zu wissen, was die Andern thun wollen, während von unseren Gängen kein Mensch etwas ahndet. So wird im entscheidenden Augenblick der wohl vorbereitete Schlag wie ein Blitz aus blauer Luft kommen. Zeit zu Ueberlegen bleibt ihnen nicht und die Kammer ist zur Hälfte noch nicht beisammen. Alles hängt davon ab, ob die Herzogin die Ueberzeugung gewinnt, für eine solche That qualificirt zu sein, und den Muth faßt die Fesseln abzuschütteln, die sie seit 20 Jahren willig getragen hat. Ihr diesen Muth einzuflößen, daran arbeite ich aus allen Kräften und zweifle fast nicht mehr an ihrer Entschiedenheit und Beständigkeit. Sie ist eine wahre echte und rechte Fürstin und wird gewiß fürstlich handeln. Sie wird das Land von einer ekelhaften Knotenherrschaft befreien und ihrem Gemahl wieder zu Ehren helfen. Sie wird dann auch geliebt sein, und was Schätzell anlangt, so wird man ihm, wenn er nur erst einmal die Zähne gezeigt hat, die Füße lecken und die Kammer wird unisono nach seiner Pfeife tanzen, denn wie niederträchtig die meisten Menschen sind, ist gar nicht auszusprechen noch zu sagen. Sollten wir indessen unterliegen, was ja auch immer möglich bleibt, nun so ist es auch eine Freude in einer guten Sache zu unterliegen, wie Gerlach sagt.

Vortheil hätten die Gegner auch nicht, denn es ist dafür gesorgt, daß der Herzog von Dessau bereits seine Leute kennt und sie würden unter seiner Regierung sämtlich schlechter fahren als mit Schätzell. Widerstehen können sie freilich, da sie durch Salmuth den Herzog in ihrer Hand haben, aber sie würden nichts gewinnen und Schätzell nicht einmal schaden, der sich für den Fall seines Rücktritts sogleich in Preußen wesentlich verbessern würde. So bliebe als Motiv für Salmuth nur noch Trotz, in Verbindung mit der bornirten Idee, daß es in einem constitutionellen Lande unmöglich sei, gerade denjenigen Minister zu entlassen, der die Majorität des Landtags hat. Dieser Gedanke hat scheinbar viel für sich, ist aber in unseren Verhältnißen grundfalsch; denn gegenwärtig ist unser Staat nichts anderes als ein Raubstaat, indem der Minister mit dem Landtage ganz freundschaftlich übereingekommen ist, den Herzog zu bemausen und ihm noch obendrein in der Herzogin seine natürliche Stütze zu entziehen. Wir wissen sogar, daß die Rede davon gewesen ist, nach Schätzells Fall, eine Ehescheidung herbeizuführen, und daß sogar Salmuth diesem Plane nicht fremd war. Dann hätten die Herren in bona pace das ganze Land in ihre Taschen hineinregiert. Es ist schändlich und dreimal schändlich, aber sie werden in ihre eigene Grube fahren.

*Am 14 April.* Die Bombe ist geplatzt. Die Herzogin hat mit Salmuth, der morgen in der Köthenschen Sache Vortrag beim Herzog hat, geredet. Sie hat sich dabei muthvoll und fürstlich betragen und dem alten schlauen Herrn so gewaltig imponirt, daß er mit Pauken und Trompeten aus allen seinen Fuchslöchern herausgeschlagen ist. Nachher hat ihn noch Schätzell in die Scheeren genommen und er ist vollständig eine Leiche. Der Nimbus, der ihn umgab, ist von einem rauhen Sturmwinde weggefegt, und er muß jetzt in der bis dahin unterdrückten Herzogin seine Herrin und Meisterin erkennen. Das Geschäft das ihm nun obliegt, ist seinen Freund Hempel fortzujagen. Diesem ist bis zum 16t eine Frist gestellt, während welcher er um seinen Abschied einkommen kann, wo nicht, so erhält er ihn. Ich bin ganz gespannt wie er sich auslassen wird. Man erwartete eigentlich, daß Salmuth seinen Abschied nehmen würde und hatte mich zum voraus schon für seine Stelle bestimmt. Es scheint aber doch, daß er bleibt, und mir ist das auch lieber, weil ich bis jetzt mit ihm und seiner ganzen Familie auf freundschaftlichem Fuß gestanden habe. Wie er es aber aushalten kann, nach dieser Niederlage zu bleiben und fortan wider seine eigene Ueberzeugung zu handeln, begreife ich nicht recht. Zu seiner Entschuldigung mag dienen, daß er etwas verblendet gewesen sein mag und das Verkehrte seiner bisherigen Handlungsweise kaum recht erkennen mochte. Jetzt bietet er aber die Hand zu Dingen, die er nicht billigt und das ist ein eigenes Ding. Wenn nun Hempel nicht etwa noch einen Ausweg findet, so sind hier alle Verhältniße wie ein Strumpf umgewendet. Zu Sonntag Morgen muß alles Ding beendigt sein und Montag wird Schätzell vor den Landtag treten, der sich versammelt um ihn auszurotten, und ankündigen, daß der Herzog ihn nun erst recht fest gepflanzt habe als einen Giftbaum für die Revolution.

*Am 16. April.* Wir leben noch immer in großer Spannung. Hempel hat noch nicht geantwortet und hier sind allerlei Ränke versucht worden. Die Herzogin ist erkrankt und Schätzell konnte ich heute nicht sprechen, auch er soll unwohl sein. Und doch hängt Alles davon ab, daß die Sache vor Montag beendigt ist, weil sonst der Landtag als kräftige Partei auftreten wird.

*Sonntag am 17t April.* Das ist heute ein wichtiger Tag für uns. Ich ging Morgens mit den Meinigen zur Kirche. Die Herzogin fehlte und in der Herrenwelt fast alle Notablen. Ein neben mir sitzender Offizier flüsterte mir zu, es hätten sich allerlei Gerüchte verbreitet, ob ich nichts wüßte? ich sagte Nein. Darauf einer von der andern Seite: die Krempelei (so wird das Ministerium Hempel genannt) solle ja leck geworden sein, sage man. Ich antwortete: So! – Endlich kam der Leibarzt der Herzogin. Er sah sehr düster aus und antwortete auf meine Frage wie es der Herzogin ginge? Schlecht. Ich konnte kaum das Ende des Gottesdienstes erwarten, um zur Bernstorff zu gehen, fand sie aber nicht in ihrem Zimmer. So ging ich denn um meinen allergnädigsten Herrn zum Spaziergang abzuholen; da fing mich ein Lakai auf, um mich zur Herzogin zu bestellen. Ich befahl ihm auf den Herzog zu warten und mich zu rufen wenn er käme. Darauf verfügte ich mich in die Gemächer der Herzogin. Sie lag verbunden und entstellt auf ihrem Sopha mit einem großen Turm von Eis neben sich, womit sie sich den brennenden Kopf kühlte. Als sie mich gewahr ward, richtete sie sich auf, sank aber sogleich wieder zurück und versicherte sie sei entsetzlich angegriffen. Sie hatte ihre Mutter und Schwester bei sich, die beide sehr besorgt aussahen. Ich sagte ich sei sehr erschreckt sie so krank zu finden, hoffe aber daß nicht etwa ein unglücklicher Ausgang ihrer Angelegenheiten daran schuld sei. Da hörte ich denn, daß der Herzog unmittelbar vor der Kirche die Entlassung Hempels unterzeichnet habe, zu welchem Ende aber die Herzogin trotz ihrer Krankheit noch diesen Morgen die letzten Kräfte habe aufbieten müssen. Gestern Abend war noch ein maliciöser Brief Hempels eingetroffen, der große Unruhe machte, man hatte sich jedoch entschlossen fest zu bleiben, und so war er denn nun abgethan. Ich erhielt nun den Auftrag einen nothwendigen recht schweren Brief zu schreiben und ward entlassen. Dem Herzoge merkte ich auf der Promenade von seiner That nicht das Geringste an. Er war sehr heiter und jocos und rannte wie ein Bürstenbinder, so daß mir der Schweiß vom Rücken lief. Ich wechselte nachher rasch die Wäsche und ging zur Tafel. Salmuth hatte sich entschuldigen lassen, weil er krank sei, und Schätzell war schon abgereist, Jupiters Donnerkeil in der Tasche. Die Uebrigen schienen Alle heiter und ließen sich von ihren Ahnungen nichts merken. Nach Tafel rannte ich nach Hause, hüllte mich in Cigarrendampf (ich spendirte heute eine echte Havana an mich) und concipirte meinen Brief, den ich nach 2 Stunden selbst aufs Schloß trug, wo sich die Herzogin aus ihrer Krankheit riß, um ihn abzuschreiben. Dann wurde ich noch auf ein Stündchen zur Bernstorff hereingerufen, die bis an den Hals voll Erlebniße, ungeheuer viel sprach, obgleich sie so schwach und angegriffen war, daß sie nicht einmal dazu gesticuliren konnte. Endlich kam ich wieder nach Hause und ruhte mich bei den Meinigen aus, bei denen ich Pastor Scholtz in großer Behaglichkeit fand. Nach Tisch führte ich ihn auf mein Zimmer und theilte ihm Alles mit. Möchte das Land die Sache so aufnehmen wie *der*! Erst heute haben wir unsere alberne Revolution beendet. Wenn ich nun denke wie sich meine Lage verändert hat, seitdem ich hier ins Land kam, so falle ich in den Staub und bete meinen Herrn an. Ein unbedeutender kleiner Hofmaler und als Dunkelmann und gefährlicher Pietist von allen Machthabern im Lande perhorrescirt; und jetzt – doch ich will das Bild nicht weiter ausführen, weil es wie Hochmuth klingen könnte. Ein armer Teufel bin ich freilich immer geblieben, und da ich keine errungen, so freue ich mich wenigstens nach Reichthümern nie gestrebt zu haben. Was ich an Ehre gewonnen, habe ich ebenso wenig erstrebt, das ist von selbst gekommen. Ich danke es keinem *Menschen* was ich jetzt bin und habe, nur *Gott* allein. Er hat seine Allmacht an mir bewiesen und gezeigt, daß er aus Nichts etwas machen kann und die Seinigen nicht stekken läßt. Was habe ich mich mit meinem Pinsel abgeplagt, während Gott in aller Stille ganz andere Wege für mich bereitet hatte. Ach ich habe furchtbar dunkle und schwere Zeiten durchwandert, so schwer, daß ich oft glaubte ich könnte es nicht mehr tragen. In solchen Stimmungen schreibt man nicht, aber wenn Du wüßtest, wie mir oft zu Muthe war, Du würdest mich noch hinterher beklagen. So als Du mich hier besuchtest und als ich bei Dir in Finn war, – wie quälte mich da das Bewußtsein eines verlorenen und verfehlten Lebens! Ich denke mir, daß wir jetzt auf ganz andere Weise beisammen sein würden und Freude an einander hätten. O wenn das doch noch einmal würde!

*Am 21. April.* Ich hätte Dir gern, ehe ich schließe, noch mehr von dem Verlaufe unseres Staatsstreiches gemeldet, doch weiß ich selber nichts. Die Herzogin ist noch krank, Salmuth erholt sich. Schätzell schreibt nur kurz, es sei in den Bernburger Bierkneipen große Aufregung und würden die verteufeltsten Verläumdungen verbreitet. Die Rotte Korah dagegen (der Landtag) sei zu Lämmern geworden. Der Hauptfaiseur der Hempelschen Partei, Staatsanwalt Petri naht sich dem neuen Stern bereits auf die speichelleckerischste Weise, versichernd er sei in der Köthenschen Angelegenheit immer seiner Meinung gewesen. Zum Ministerialrath für die Justiz ist Hagemann ernannt, mein Schulfreund, ein trefflicher ganz intacter Mensch und der bedeutendste Jurist im Lande.

Das wird eine allgemeine freudige Sensation machen. Und nun genug von diesen Dingen.

Mit meiner Gesundheit geht es nicht sonderlich. Die Gemüthsbewegung bei Bertha's Tode äußerte sich leiblich bei mir wie ein Brustleiden. Ich konnte den Athem nicht mehr ziehen. Manchmal hat sichs gebessert, dann ist es wieder schlimmer geworden und die hiesigen Aerzte wissen nicht zu helfen. Vorige Nacht war ich recht krank, hatte Krampfhusten und Athemlosigkeit. Mit heißen Tüchern rettete mich Julchen. Nichts desto weniger habe ich heute Morgen doch wieder meinen Dienst gethan und bin im tiefsten Koth mit dem Herzog um das Buttlargrab herum gespukt. Das hat mir wohlgetan. Ein Wetter haben wir übrigens diesen Winter gehabt, höchst schauerlich, Schnee und dreimal Schnee. Ist er weggethaut, so fällt wieder neuer. Heute Morgen war wieder Alles weiß, nun am Nachmittag ist es fort. Man sehnt sich unbeschreiblich nach dem Frühjahr, welches sich übrigens, wenn es da ist, in der Regel auch als ein Racker ausweist. Durch ganz Deutschland in allen Häusern und Ständen beschäftigt man sich jetzt aufs Eifrigste mit dem Tischrücken. Ist ein Schalk in der Gesellschaft, so gelingt es, und die Gelehrten glauben, weil sie gesehen haben. Mich erfüllt dieses Treiben mit der schrecklichsten Verachtung. Wie schlecht die Menschheit ist, sah man schon bei Christi Kreuzigung, wie dumm sie ist, sieht man erst jetzt. – Der Herzog sagte heute, es sei mit der Zeit nichts anderes mehr anzufangen als daß man sie todt schlüge. Ich sagte das empfänden Viele und auch Du; Du machtest es denn so, daß Du Dich aufs Kanape setztest und die Beine auf den Tisch legtest. Der Herzog sagte das könnte man auch, wenn man allein sei, und er thäte es doch auch. –

## N° 71 — Kreuznach 23. Juni 1853

Mein geliebter Bruder Gerhard!
Ich habe zwei prächtige Briefe von Dir empfangen, komme aber erst jetzt dazu eine Antwort anzufangen. Es waren geistreiche Briefe voll Witz und Leben – aber es ging dennoch ein Mißton hindurch, der mich in Deiner Seele tief geschmerzt hat, Du armer lieber Bruder. Du magst wohl recht haben, wenn Du in Deiner äußeren Lage Manches vermißt; aber ich möchte Dich bitten: siehe auf das was Du hast und nicht auf das was Andere haben. Heiße Wünsche, Träume Deiner Jugend sind Dir unerfüllt geblieben, aber nur

sehr wenige Menschen erreichen was sie erstreben und wenn sie es haben, sehen sie ein, daß es Quark gewesen ist. Das Unbefriedigende Deiner äußeren Stellung kann ich vollkommen begreifen, nicht nur weil überhaupt Aeußeres uns nie befriedigen kann, sondern weil ich einsehe, daß in Deiner speciellen Lage noch etwas ganz besonders – ich will nicht sagen Schiefes, aber doch Halbes liegt. Nun – wo wir's ändern können, sind wir große Esel wenn wir in irgend einer Halbheit verbleiben, sie möge Namen haben welche sie wolle; wo wir es aber *nicht* ändern können, sind wir eben solche Esel, wenn wir uns graue Haare darüber wachsen lassen, besonders wenn es Dinge betrifft, die nicht wesentlich sind. Das Wesentliche ist, daß Du trotz Deiner vielen Kinder Dein Capital hast vergrößern können. Das ist was unendlich Großes, wenn man bedenkt, daß dafür Deinem bequemen Leben nichts abgegangen ist.

Ach mein lieber Bruder und theuerster Freund, den ich in dieser Welt besitze – Nahrungssorgen sind das wahrhaft einzige wesentliche Uebel für einen Familienvater und alles Uebrige läßt sich tragen; es läßt sich wirklich tragen. Aber wenn die Frau Geld verlangt, und die Kinder Nahrung und Kleidung und Schulgeld und die Gläubiger drängen und man hat nichts, das ist wirklich böse und zum Todtschießen wie geboren. Mir thut es leid, daß ich durch mein Freudengeschrei über meine Errungenschaften Dir vielleicht Manches vor Augen gestellt habe, was Dir fehlt. Du lieber Gott, wäre ich nicht vorher gar zu elend gewesen, so hätte ich wahrhaftig nicht über eine so zweideutige Veränderung jubilirt. Gieb mir Deine landwirthschaftlichen Kenntniße – und ich tausche den Augenblick mit Dir. Krämer, Weinhändler, Schinder wäre ich geworden, um meine Einkünfte zu verbessern, die nicht mehr ausreichten; da war's denn freilich ein Glück, daß es mit dem Kammerherrn abgethan sein konnte, aber süß ist's dennoch nicht und wärst Du in den letzten 5 Wochen an meiner Stelle gewesen, so hättest Du eingesehen wie sehr man heruntergekommen sein muß, um solche Stellung als einen Vorzug zu betrachten.

Du weißt, daß dem Herzoge eine Badereise verordnet war, um sein stürmisch aufgeregtes Gemüth zu kalmiren, und wir hatten ihn mit großer Kunst und Mühe dahin bewogen seine Einwilligung dazu zu geben. Er wußte es aber nicht anders, als daß die Herzogin ihn begleiten würde und so dachten wir auch. Aber die in meinem letzten Briefe erwähnte Katastrophe hatte sie so heruntergebracht, daß sie krank wurde und zwar so ernstlich, daß auf ihre Genesung nicht gewartet werden konnte, um so weniger als der Herzog überhaupt nicht warten kann und durchaus Alles und zwar zur bestimmten Zeit ausgeführt werden muß was ihm einmal angekündigt ist, weil man sonst allen Einfluß auf ihn verliert. Da indessen der Herzog im Auslande ohne Familienleben auf längere Zeit nicht zu halten gewesen sein würde, so bewog die Herzogin eine Gräfin Richthofen, die gerade zum Besuch bei ihr war und meine arme Frau dazu, sich uns anzuschließen. Sie selbst wollte in 8 Tagen nachfolgen und dann sollte der Cavalier, der sie brächte, Julchen mit zurücknehmen. So war das Arrangement und wir reisten 10 Personen stark in drei Vierspännern am $18^{t}$ Mai von Ballenstädt ab – der Herzog, die Gräfin, Julchen, Hellfeld als Reisemarschall, ich, 2 Kammerdiener, 2 Lakais und 1 Jungfer. Wir fuhren den ersten Tag bis Witzenhausen und kamen am $19^{t}$ Mittags in Kassel auf dem Bahnhofe an. Hellfeld und ich saßen immer abwechselnd mit dem Herzoge im ersten Wagen, weil Einer allein es auf längere Zeit mit ihm nicht aushalten kann. Er war entsetzlich böse, aufgeregt und aufgebracht weil die ganze Reise straks wider seine Grundsätze lief. Es ist natürlich, daß ein Mensch der durchaus keinen andern Gedanken hat als so rasch wie möglich von der Welt zu kommen, nichts von Badereisen und Stärkung der Gesundheit hören mag. Das einzige was ihn bisweilen etwas beruhigte, war der Gedanke, daß man dadurch sein Leben nicht um eine Stunde verlängerte, sondern nur die Zeit todtschlüge und dies sagten wir ihm hundert Mal alle Tage. Die Verlegenheit auf den Stationen war oft grenzenlos, denn überall hatten sich die Bevölkerungen versammelt um ihn zu sehen und umdrängten den Wagen in hellen Haufen, während er darin schrecklich wetterte und tobte. In Heiligenstadt stand ich wahre Seelenangst aus, denn das Volk hatte Spalier gebildet vom Thor bis ans Posthaus und vom Posthause bis zum andern Thor. Alle Fenster waren mit Herren und Damen besetzt, der Postmeister mit Hut und Degen bat sich die Befehle Se. Hoheit aus und die Gensdarmen-Offiziere stellten sich zur Disposition. Aber gerade hier ging es gut. Er sagte nur es wäre doch ganz umsonst, daß er incognito reise, er sei doch durch ganz Deutschland von Hamburg bis Wien so bekannt wie ein bunter Hund, und das Volk wäre in späteren Jahren sehr flegelhaft, so daß man sich kaum durchdrängen könnte. In Kassel war es auch schrecklich. Es fehlte eine Restauration am Bahnhofe, wo man ein Zimmer hätte nehmen können, und doch mußten wir dort 1 ½ Stunde warten, ohne nach Kassel selbst herein zu dürfen, weil der Kurfürst von unserer Anwesenheit nichts erfahren sollte. Wir entdeckten uns also dem Bahnhof-Inspector, der die Güte hatte uns das Hauptpassagierzimmer allein zu überlassen welches wir sogleich von allen Seiten abschlossen, damit der Herzog mit den übrigen Reisenden nicht in Berührung kommen sollte. Dazu hatte er aber die größte Lust, er wollte hinaus und Skandal machen, um sich in seiner ganzen Herrlichkeit zu zeigen und die Damen mußten ihre ganze Liebenswürdigkeit aufbieten, um ihn davon abzubringen. Die Tausende draußen aber, die von dem Arrangement nichts wußten, wollten herein, klapperten an der Glasthür und zeigten sich an den vielen Fenstern. Dann legte der Herzog seinen Stock auf sie an und feuerte laut mit dem Munde, und wenn er dann erstaunte und erschrokkene Gesichter der unschuldigen Damen draußen sah, warf er sich auf seinem Stuhle zurück und brach in ein so fürchterliches Gelächter aus, daß draußen Alles verstob. Wie dankten wir Gott als wir endlich im eigenen Coupé saßen und fortrollten.

Wunderschön ist die Main-Weser-Bahn. Anfänglich an der Fulda hin, dann rechts und links die interessantesten Waldberge, alte Schlösser und köstliche malerische Städte, von denen das alte Marburg die Krone ist. In Gießen fanden wir die bestellten Staatswagen schon am Bahnhof halten, die uns direct ins Hotel an eine fertig gehaltene höchst elegante Tafel brachten. Den andern Tag im herrlichen Frankfurt und gegen Abend in Homburg, unserem nächsten Bestimmungsort, wo wir ein an der Promenade gelegenes für uns in Bereitschaft gehaltenes Haus bezogen. Hier nun begann die eigentliche Passionszeit. Der H. mußte wider Willen Brunnen trinken und wurde dadurch in die scheußlichste Laune versetzt. Besonders beim Essen, Mittags und Abends war er in einem Grade aufgeregt und beleidigend, daß wir, die wir ebenfalls Alle Brunnen tranken, um ihn desto leichter dazu zu kriegen, kaum etwas zu uns nehmen durften, um uns nicht die furchtbarsten Indigestionen zuzuziehen. «Dieser Haufen unnützen Volks, das ich mit mir führe und das sich nur wichtig macht» pflegte er dann zu sagen «nutzt mir nichts, sondern kostet mich nur schweres Geld. Narren sind's die ewig leben wollen in diesen späteren Zeiten und sie haben die ganze Geschichte abgekartet, um selbst Brunnen zu trinken, der mir doch gar nicht zuträglich ist. Auch sind sie ungezogen und flegelhaft und grunzen wie die Schweine (ich hatte mich nämlich geräuspert) hol' der Henker den ganzen schändlichen Hof, ich will ihn erwürgen und zertreten wie Geschmeiß!» Dann sprang er auf tobte und raste fürchterlich im Zimmer herum. Unter solchen Umständen würden wir in Ballenstädt gleich die Tafel aufgehoben und ihn allein gelassen haben. Wir durften ihn aber hier nicht erbittern und mußten ihn immer in Gutem zu beschwichtigen suchen, damit er nur seine Kur ordentlich fortsetzte und nicht plötzlich wieder abreiste. Ich will aber Zeit meines Lebens an diese verteufelten Mahlzeiten denken und Julchen fand auch ein Häärchen drin, obgleich sie der entschiedene Liebling war. Um 5 Uhr Morgens ging ich mit Hellfeld an die Quelle. Da tranken wir unsere 4 Becher bis 7. Von 7–8 wurde gefrühstückt, geraucht und die nächste Brunnenwirkung abgethan. Um 8 Uhr gingen wir Beide und die beiden Damen mit dem Herzoge, der dann seine 5 Becher trinken mußte. Wir waren immer alle nöthig, ihn dazu zu bewegen. Glücklicherweise hatten sich um diese Stunde die meisten Trinkenden schon verlaufen, so daß er sich bei seinen Zornausbrüchen nicht allzusehr prostituirte. Er war aber doch der Löwe des Tages und es war ein Glück, daß sich in Homburg gerade die vornehmste Gesellschaft versammelt, bei welcher man einige Rücksicht voraussetzen darf. Man merkte bald, daß wir allein sein wollten und ging uns etwas aus dem Wege. Die Gräfin entfaltete Wundergaben der Ueberredung und Unterhaltung, konnte aber doch nicht verhindern, daß er bisweilen losging, seinen Stock schwang in die Bäume hieb und fürchterliche Drohungen ausstieß. Neulich machte er es so arg und öffentlich, daß ich es für nöthig hielt einmal das Rauhe herauszukehren. Ich sagte ihm sein Benehmen sei nicht allein unfürstlich, sondern sogar sehr ungezogen und ich müßte darauf bestehen, daß die Damen ihn verließen. Diese gingen auch sogleich fort, aber nun kannte seine Wuth keine Grenzen mehr. Er schäumte, schwang mir seinen Stock um die Ohren und schrie, daß der Taunus widerhallte: Gott der Allmächtige würde es ihm vergeben, wenn er hier Einen umbrächte. Dann forderte er mich auf Säbel, Degen und Pistolen und vollführte entsetzlichen Gräuel. Vor seinem Geschrei konnten wir nicht mehr zu Worte kommen; daher faßte mich Hellfeld unter den Arm und zog mich fort, so daß er mit seinem Geschrei und in seinen heroischen Stellungen ganz allein blieb. Dies brachte ihn zu sich, und nun kehrten wir zurück führten ihn nach Hause und erklärten ihm, unter diesen Umständen könne nicht fortgetrunken werden; kein Mensch würde ihn wieder zum Brunnen begleiten und es bliebe nichts anderes übrig als unverrichteter Sache und freilich sehr beschämt nach Ballenstädt zur Frau Herzogin zurückzukehren. Das wollte er auch nicht, was man angefangen habe, müsse man auch durchführen und die Kur dürfe nicht unterbrochen werden. Nun wußten wir woran wir waren und er gab uns das rührende Versprechen, wenn es ihm möglich wäre, dergleichen öffentliche Scenen in Zukunft zu unterlassen. Er hat sein Wort auch gehalten so gut er konnte, aber freilich im Hause ging es dafür desto ärger und da mußten wir denn schon durch die Finger sehen. Von der Ankunft der Frau Herzogin als einer Autoritätsperson erwarteten wir Alles. Sie kündigte auch ihre Ankunft an, das Haus wurde bekränzt, der Herzog selbst pflückte ein Sträußchen von vorigjährigem Haidekraut und stellte es auf ihr Zimmer, und wir fuhren bis nach Frankfurt entgegen. Sie kam aber nicht. Statt dessen ein Brief, der ihre Ankunft verschob. So ging es öfter und der wiederholt getäuschte Herzog gerieth endlich in eine solche Verfassung, daß wir Gott dankten als der letzte Becher herunter war und wir nach Kreuznach abfahren konnten, wo ebenfalls wider Willen gebadet werden sollte. Ich hatte einige flüchtige Bekanntschaften gemacht, kam im Ganzen aber wenig unter die Leute, da wir unseren Herzog so viel als nur irgend möglich verstecken mußten, und immer Alle um ihn waren. Nachmittags wurden große Partien zu Wagen gemacht, die einzige Art wie wir den gnädigsten Herrn ruhig kriegen konnten. Wir wählten aber keineswegs interessante Punkte, sondern nur solche, wo wir allein und ungesehen bleiben konnten. Mit Nutzen bin ich also nicht gereist. Von Julchen hatte ich fast nichts. Die Gräfin ließ sie nicht aus den Händen und wir sahen uns eigentlich nur auf den Fahrten und bei Tische. Es war mir aber doch tröstlich sie in der Nähe zu haben und trug sich gemeinsam Alles leichter. Uebrigens verlangte sie gar sehr nach der Ankunft der Herzogin um zu ihren Kindern zurück zu können, da sie mit Anna, die sich nach Berthas Tode nicht wieder ordentlich hat erholen können, nach dem vom Arzt verordneten Obersalzbrunn ziehen sollte. Unterdessen schrieb die Gräfin Brief auf Brief, wenn die Herzogin nicht käme, wüßten wir nicht wie es uns gelingen würde den Dux hier zu halten. So geschah es denn wirklich, daß die Herzogin am 18t Juni angefahren kam mit Leibarzt, Hofdame, Kammerfrau, Kammerzofe, 2 Lakais und tausend Millionen Koffern. Sie war aber nicht in der angenehmsten Stimmung, da sie sich als ein Opfer betrachtete, das wir Andern für den Herzog schlachteten. Diese Stimmung gab kleine Reibungen, Thränen und unbehagliches Wesen unter den Damen. Da Julchen aber von aller Welt für unschuldig gehalten wird, so war sie ganz geeignet zur Vermittelung, die sie auch noch glücklich anbahnte, ehe sie am 20sten in Begleitung eines überflüssigen Lakais ihren Rückweg antrat. Ich begleitete sie bis Mainz, wo wir sogleich Gerhard holen ließen mit ihm dinirten und uns von ihm die Stadt und Umgegend zeigen ließen. Julchen wollte sich todt lachen über die militairischen Ehren, die ihrem Jungen von Schildwachen und vorübergehenden Soldaten jeden Augenblick erwiesen wurden, während sich um die würdigen Eltern kein Mensch bekümmerte. Mainz ist wie ein Kriegslager und starrt von östreichischen und preußischen Truppen. Gerhard fühlt sich sehr glücklich dort und man ist zufrieden mit ihm. Ich besuchte seinen Regiments-Commandeur den Grafen Monts und überzeugte mich, daß Alles gut sei. Uebrigens hatten wir unseren Jungen schon auf einige Tage nach Homburg kommen lassen und ihn ordentlich genossen. Der Abschied von Julchen wurde mir sehr schwer. Ich sah sie als ich auf dem Dampfer davonschäumte, mit Gerhard winkend am Strande stehen bis die rasch zunehmende Entfernung mir Alles verhüllte. Die schöne Rheinfahrt zerstreute mich nicht, sondern machte mich nur noch wehmüthiger, besonders als ich bei Geisenheim und Rüdesheim vorbei, unter dem Johannisberg weg nach Bingen in's tiefere Rheinthal kam, wo die Verwandten wohnen, alle dicht bei einander am Strom in einer Entfernung von 2 bis 5 Meilen von Bingen, und ich konnte sie nicht sehen, da ich dazu 2 Tage gebraucht hätte, die nicht zu meiner Verfügung standen.

Heute schreiben wir den 24sten und gestern Abend als ich mit dem Herzoge von Laubenheim zurückkam, wo er schnöderweise Thee getrunken hatte, fand ich schon einen Brief von Julchen vor, der am 21. Abends in Halle geschrieben war. Wir Kreuznacher werden am 3t Juli nach Frankfurt abgehen, von wo die Herzogin sich abtrennt um nach Kissingen und Ischel zu gehen auf circa 7 Wochen, während der Herzog, Hellfeld und ich nach Hause reisen. Am 5t sollen wir in Alexisbad eintreffen und dort 6 Wochen bleiben, und ich freue mich jetzt vor allen Dingen nur von Kreuznach wegzukommen, da ich in Alexisbad in jeder Hinsicht besser situirt sein und mich heimischer fühlen werde. Wir haben übrigens von hier aus einige interessante Partien gemacht. Am merkwürdigsten war mir Franz von Sickingen's altes Schloß, die Ebernburg, die wie eine Krone auf der Stirne eines freistehenden Bergkegels sitzt. Leider wird man oben etwas enttäuscht, da ein verdammter Gastwirth sich aus dem Schutt ein Hotel gebaut und die Trümmer mit kleinen Lauben Bänken und Kaffetischen überzogen hat. Er erzählte uns diese Anlage, von der unsere Herzogin ganz entzückt war, habe ihm so gut wie nichts gekostet, da er beim Aufräumen des Schuttes so viele eiserne Kanonenkugeln gefunden, daß ihm durch deren Verkauf seine Auslagen bezahlt worden seien. Hunderte von diesen Kugeln, durch welche das Schloß einst in Trümmer gelegt worden, sind noch auf dem Schloßhofe aufgehäuft. Auch hat der Wirth eine Sammlung von altem Hausgeräthe angelegt, das er unter dem Schutt gefunden, namentlich alle denkbaren eisernen Utensilien und Waffen aller Art in großer Menge, sogar einen vollständigen Harnisch. Gegenüber liegt auf schroffem röthlichen Sandsteinfelsen der vom Teufel erbaute Rheingrafenstein, spätere Residenz der Rheingrafen, und in einiger Entfernung 800 Fuß über der Thalsohle thront die alte Baumburg von ungeheurem Umfange wie eine Stadt. Leider hat derselbe Gastwirth sie gekauft und räumt jetzt auch da auf, ebenfalls durch Tausende von Kanonenkugeln reichlich bezahlt. Viele interessante Schlösser sind noch in der Nähe, z. B. der alte Dahlberg, die Stromburg u. a., ich zweifele aber, daß wir sie zu sehen kriegen werden, da die Herrschaften nicht das geringste Interesse für Alterthümer haben und eben so wenig für romantische Natur. Ein moderner Kaffegarten oder ein Park mit glatten Promenaden geht ihnen über Alles.

*Am 25. Juni.* Ich muß immer wieder an Deine Gemüthsstimmung denken, mein alter lieber Gerhard. Ich sehe das Unbefriedigende Deiner Lage vollkommen ein und habe viel daran gedacht, ob es nicht möglich wäre Dich auch herauszuziehen. Wenn Du einmal herkommen könntest, daß Du der Herzogin und Schätzell persönlich bekannt würdest, so würde sich, wenn Du gefielest und Vertrauen gewönnest, doch vielleicht irgend ein Weg für Dich öffnen, vielleicht als Verwaltungsbeamter. Ich denke viel und seit lange daran, muß aber dabei bemerken, daß Du gegenwärtig weit besser situirt bist als ich, den äußern Flitter abgerechnet. Ich weiß immer noch nicht wie ich auskommen soll, da mein Leben mir jetzt viel mehr kostet als früher. Was die Heimathlosigkeit Deiner Kinder anlangt, so würden sie es hier mehr sein als dort. Sie würden zeitlebens für Russen gelten, für ihr späteres Leben keine Jugendbekanntschaften haben, die durch nichts zu ersetzen sind und mehrere Jahre brauchen, ehe sie überhaupt unsere Art und Weise begriffen. Mit Hermann geht es zwar gut, weil er so ganz besonders anstellig ist. Wenn er nicht die Narrheit gehabt hätte sich mit einem armen Mädchen zu verloben, so würde ich für ihn ganz ohne Sorgen sein. Ich hatte ihn mündlich und brieflich so ernstlich verwarnt. Nun wird auch er wahrscheinlich sein Lebelang nicht aus den Brodsorgen kommen.

*Am 26. Juni.* Gestern ward die Partie nach Bingen ausgeführt. Hellfeld blieb zu Hause und ich war Reisemarschall. Ich saß hinten auf dem Bedientensitz, der zu kurz war und da die Herzogin die Phantasie hatte den Wagen ganz zurückschlagen zu lassen, so lag mir das halbe Wagenverdeck mit seiner Schmiere auf dem Schoße und verdarb mir die Hosen. Glücklicherweise riß der Sturm dem Herzoge in der ersten halben Stunde den Hut vom Kopfe, worauf die Imperiale wieder aufgezogen und ich frei wurde. In Bingen wo wir dinirten, fiel es der Herzogin ein zu Esel auf den Rheinstein zu reiten. Ich machte also die Bestellung, und da es in Bingen keine Esel giebt, schickte ich ein Bot durchs Bingerloch nach Asmannshausen, um einen Langohr von dort nach dem Fuß des Rheinsteins überzufahren. Außerdem hatte ich noch viele Bestellungen und die Guldenrechnung im Hotel kostete mir einiges Kopfbrechen, da ich nur in Thalern bezahlen konnte. Endlich stiegen wir wieder in den Wagen und als der Herzog schon saß, frug mich die Herzogin ob ich auch für Thee gesorgt hätte? Auf dem Rheinstein ist nämlich nichts zu haben. Dies hatte ich radikal vergessen. Da wir noch im Gasthof waren, wäre der Schaden leicht ersetzt gewesen, wenn man nur 5 Minuten hätte warten wollen. Das geht aber mit den Herrschaften nicht, und der Wirth hatte nur eben noch Zeit mir, als der Wagen schon in Bewegung war, eine Düte mit Thee und Zucker zuzustellen, aber freilich nichts dazu. Diese verfluchte Vergeßlichkeit bei der ersten größeren Partie, die ich als Cavalier zu führen hatte, verdarb mir den ganzen Nachmittag. Ueber der Eselnoth hatte ich den Thee vergessen – ein schreckliches Verbrechen! Am Fuße des Rheinsteins gab es wieder Noth. Ich mußte die Bootsleute, die den Esel gebracht hatten, bezahlen und war umringt von einer Schaar von Bettlern und Kindern mit Blumen und Erdbeeren. Die Herrschaften warteten aber keinen Augenblick und die Herzogin rief schon ungeduldig nach mir, daß ich neben ihrem Esel gehen sollte, um sie zu schützen. Ich zahlte Alles doppelt und dreifach um nur loszukommen und keuchte den heißen Berg hinauf, den Andern nach so gut ich konnte. Oben war meine erste Sorge, Futter für die Herrschaften. Der Kastellan konnte aber nichts schaffen als Butterbrod, Erdbeeren, Wein und Pfannkuchen, die seine Frau selbst gebacken. Die Herzogin schien mir sichtlich verstimmt, daß die gewohnten Biscuits und Confitüren zum Thee fehlten. Der unschuldige Herzog verschlang aber seine Butterbemmen wie ein Drescher. Die Burg wurde 2 Stunden lang durchkrochen – O welche himmlische Aussicht auf den alten gewaltigen vaterländischen Strom mit seinen himmelhohen Bergen, alten Burgen und Dampfschiffen, die ohne Aufhören hin und herschossen! Ich sage Dir nichts von den Sammlungen alter Waffen, von den merkwürdigen mittelalterlichen Meubles und Bildern, die Prinz Friedrich hier zusammengebracht hat. Ich konnte nichts genießen, weil ich den Thee vergessen hatte. Wir hatten zwar so eben erst für 10 Thaler dinirt und ich war so satt, daß ich mich kaum rühren konnte, und in Kreuznach erwartete uns um 8 Uhr wieder ein tüchtiges Souper, aber die Herrschaften sind nie ganz satt und brauchen nur an Essen zu denken, so können sie auch jedes beliebige Quantum wieder unterbringen. Der Rückweg war das beste. Wir hatten den Wind entgegen und ich konnte also auf meinem Throne hinten rauchen.

*Am 27. Juni.* Ach Gerhard! Wie schmerzlich mir die Erinnerung an die selige Bertha ist, ist gar nicht auszusprechen. Sobald ich in die Einsamkeit komme, tritt mir ihr Leidensbild vor die Seele, und wenn ich mir nicht Gewalt anthäte, könnte ich eigentlich immer weinen. Ordentlichen Trost bei Todesfällen giebt es eigentlich nicht; mag auch so sein sollen weil uns Gott dadurch wehe thun will. So erinnert mich auch mein Badeleben mit den Herrschaften oft an das liebe Kind. Sie hat es früher als ich kennen gelernt auf Rügen, und es mir so prächtig geschildert, daß jetzt alle Begebenheiten mir ihre Erzählungen und ihr stilles Bild zurückrufen. Ach daß man wüßte, wie es ihr jetzt ginge! Dieser dichte undurchdringliche Schleier hat was fürchterliches. Nur der Glaube schaut auf Momente hindurch, der arme schwache Glaube, der uns meistens fehlt.

*Am 28. Juni.* Ich fühle wie unbefriedigend diese Epistel ist, doch muß ich sie wegschicken wie sie ist, weil Du doch wieder Nachricht haben willst. Am 3. Juli reisen wir ab. Gestern habe ich wieder eine große Partie geführt, und diesmal fehlerlos. Wir waren nach der Altenbaumburg gefahren, dem Stammschloß der Rau- und Wildgrafen von Boimeburg. Es passierte so viel Komisches, daß ich damit einen dicken Brief füllen könnte, doch ist's mir weder komisch noch schreiberlich zu Muthe, und ich habe nur den einen Wunsch, daß wir erst glücklich wieder in Alexisbad sein möchten. Diese Art des Reisens ist sehr um des Teufels zu werden. Die Gegend hier ist zauberisch, doch habe ich keinen anderen Gedanken als zu sorgen, daß die Herzogin nicht vom Esel fällt, daß der Herzog keine Eruption vor den Leuten macht, und daß nichts vergessen wird. Heute Nachmittag bin ich frei und will auf meine eigene Hand in die Berge gehen. Es ist aber mancher Haken dabei; an den freien Nachmittagen bin ich zu einsam. Ich umarme Dich im Geist und Dein ganzes Haus, das Gott segnen wolle! –

N° 72 Ballenstädt 17. Oct. 1853

Mein lieber Gerhard!
Obgleich zwei liebe Briefe von Dir vorliegen, die wohl zum Schreiben hätten anregen können, bin ich doch so lange schreibfaul gewesen, weil mir der animus fehlte. Ich bin in meinem neuen Beruf noch zu wenig ruhig und heimisch geworden um Lust für gemüthliche Mittheilung zu fühlen; aber freilich entschuldigt mich das nicht und Du hast ganz recht, wenn Du unzufrieden bist. Ich schrieb Dir zuletzt von Kreuznach und werde von da an fortfahren Dir einige Bruchstücke aus meinem Leben zu geben. Meine Abreise von Kreuznach war freilich eigenthümlicher Art, indem mein Transportmittel sich einzig und allein auf meine Stiefel beschränkte. Die Stunde der Abreise hatte geschlagen, unsere Wagen standen angespannt vor der Thür und der Packwagen war schon abgefahren, aber da die Herzogin eben erst ihr Frühstück verlangte, spazierte ich, weil ich mich vor der Hausthür langweilte, nach der nahe gelegenen Brücke, die mir interessant war, weil sie ganz wie eine Straße mit Häusern besetzt ist, die unten schmal auf den Pfeilern aufgesetzt, sich in den oberen Etagen wie Fächer ausbreiten. Als ich zurückkehrte, begegnete mir der Herzog sehr aufgeregt in der Luft fechtend und von einem Lakai begleitet. Der H.

schoß an mir vorbei und der Lakai berichtete Se. Hoheit sei ungeduldig geworden und habe sich plötzlich zu Fuß auf den Weg gemacht. So schickte ich den Diener zurück mit dem Auftrage die Herzogin davon in Kenntniß zu setzen, damit sie sich beeile und schloß mich selbst dem Herzoge an. Ich bemerkte ihm, daß wir beide keine Ahnung vom Wege hätten; aber das half nichts. Jetzt frug ich alle Menschen die uns begegneten und als wir endlich zum Thor hinaus waren, fuhr ich damit fort, indem die vielen zur Kirche pilgernden Bauern mir reichlich Gelegenheit zu Nachfrage boten. Alle bestätigten zwar, daß wir uns auf dem richtigen Wege nach Mainz befänden, aber es fiel mir doch auf, daß Keiner dem Packwagen begegnet war, daher ich dem Herzog wiederholt vorschlug umzukehren, da möglicherweise doch eine Irrung statt finden könne; aber vergebens. Endlich nachdem wir eine halbe Stunde gepilgert waren, entdeckte ich ohngefähr tausend Schritt seitab ein paar Wagen, die den unsrigen ähnelten und auf Feldwegen dahinrollten. Ich machte den Herzog darauf aufmerksam, aber er behauptete recht gegangen zu sein. Nun band ich ein Schnupftuch an meinen Stock und schwenkte diesen im Vorwärtsgehen fortwährend hoch in der Luft, aber man sah uns nicht und die Equipagen verschwanden in einer Vertiefung. Nun denke Dir meine Verlegenheit. Mainz war 4 Meilen entfernt. Im nächsten Dorf hätte ich zwar ein Fuhrwerk miethen können, aber das war noch weit und wir hätten unser Reiseprogramm, wonach wir in allen Hotels und auf allen Poststationen bis Alexisbad schon zur bestimmten Stunde angemeldet waren, nicht einhalten können, auch war der Herzog ohne Mantel und würde nie und nimmer einen fremden Mantel angenommen haben. Endlich tauchte der Reisewagen in großer Ferne wieder auf, und nachdem ich wieder eine Zeitlang geflaggt hatte, hielt wirklich der letzte Wagen an. Glücklicherweise begegnete uns in diesem Augenblicke ein Bauerbursche, den ich sogleich aufgriff und ihn mit meiner Fahne, was er nur laufen konnte, über die Aecker weg nach dem Wagen abfertigte, während ich mit dem Herzoge gemächlich auf Feldrainen folgte. So gelangte unsere Gesellschaft wieder zusammen und ich weiß diese Stunde noch nicht, ob Absicht oder Zufall uns so aus einander gebracht hatte. – In Frankfurt trennten wir uns von der Herzogin und ihrem Gefolge, und setzten (d. h. der Herzog, Hellfeld und ich) unsere Reise per Dampf bis Gießen fort. Das war ein schreckliches Reisevergnügen. Der Herzog, der sich in Gesellschaft der Herzogin so lange Gewalt angethan hatte, entfesselte nun seine Leidenschaft und tobte wie ein Rasender zwischen uns herum, schreiend und um sich hauend, so daß wir die Roulleaux niederlassen mußten und Gott dankten als wir endlich in Gießen ankamen. Wir gingen um die Stadt, anfänglich in ruhiger Unterhaltung; doch dauerte es nicht lange, so fing er an sich zu verwildern und auf die Bäume an der Promenade einzuhauen: «da liegt Einer!, da wieder Einer, den hab ich auch abgethan!» Die Leute blieben stehen und ich besorgte schon, daß uns ein Studentenhaufe begegnen könnte, was Gott indessen in Gnaden verhütete, denn was dann für eine Bataille entstanden wäre, das hätte ich nicht erleben mögen. Auf uns, die wir ihn zu beschwichtigen suchten, schimpfte er wacker los und beleidigte mich endlich dergestalt, daß ich ihm den Dienst aufsagte und meiner Wege ging. Jetzt hatte ihn der arme Hellfeld allein und erzählte mir später er sei vor Angst und Beschämung fast umgekommen, so furchtbare Wuth sei ausgebrochen und er wisse selbst nicht wie er das Gasthaus wieder erreicht habe. Ich nahm nun keinen Theil am Souper, sondern ließ dem H. sagen, ich würde allein nach Ballenstädt reisen und meinen Abschied nehmen. Diesem Auftrage fügte Hellfeld hinzu, daß wenn er mich gehen ließe, er ihn auch verlassen würde und dann könne er zusehen, wo er neue Kammerherren herkriegte. So ließ er mich denn noch am selben Abend um Verzeihung bitten und am andern Morgen vor der Abreise ging ich selbst zu ihm herein und stellte meinen Frieden mit ihm wieder her. Kaum saßen wir indessen im Coupé, so ging auch der Teufel wieder los, ärger als je, und wir hatten bis Kassel eine wahre Höllenfahrt mit unserm allergnädigsten Herrn. Als wir ihn hier im Gasthof hatten, kündigten wir ihm mit Entschiedenheit an, es sei unmöglich daß er weiter reise; wüthende Personen könnten nicht reisen und wir würden hier bleiben bis er sich vollkommen beruhigt hätte, und sollten wir auch ein Jahr lang hier sitzen. Die Pferde sollten sogleich auf allen Stationen abbestellt werden. So verließen wir ihn. Als wir eine Viertelstunde darauf zu Tische kamen, war er ganz freundlich, versicherte er hätte sich durchaus beruhigt und blieb vergnügt und spaßhaft während der ganzen Mahlzeit. So reisten wir denn am Nachmittag noch bis Heiligenstadt, und den nächsten Tag bis Alexisbad. Es war aber eine böse Reise. Der H. war mürrisch und befand sich in einem Zustande verbissener Wuth bis er auf einmal in Nordhausen, wo wir Mittag machten, noch einmal ordentlich losging und zwar wieder gegen mich. Ich war allein mit ihm an Tafel, da Hellfeld hinausgegangen war unsere Rechnung zu berichtigen. Er fing damit an auf die schlechten Zeiten zu schimpfen, dann auf seine Begleiter die ihn toll machten und umbrächten, und endlich sprang er auf, ergriff seinen Stuhl und schleuderte ihn gegen die Wand; dem ersten folgte ein zweiter, und da ich ihm entgegentrat, ergriff er mit Blitzesschnelle ein Messer vom Tische und ließ es mir bei den Ohren vorbei sausen. Ei Herr, sagte ich, da soll doch das Donnerwetter hereinschlagen. Wenn Sie toben und morden wollen, so bin ich auch noch da und wir wollen doch einmal sehen (dabei ergriff ich auch ein Messer) wer wüthender werden kann: ich oder Sie. – Ja, schrie er, wenn ich Sie getroffen hätte, so wären Sie jetzt mausetodt! – Und Sie wären ein elender Mörder, sagte ich ganz kalt und ruhig, weiter würden Sie nichts gewonnen haben; aber lassen wir das, Sie wissen nicht was Sie thun, heben Sie sich Ihren Stuhl wieder auf und essen Sie Kirschen, das ist besser als solche Aufregungen, die keinen Eindruck machen und bei denen nichts herauskommt. – Nun eben, erwiderte er, holte sich wirklich seinen Stuhl und verspeiste einen ganzen Teller mit Kirschen und Kuchen als wenn gar nichts vorgefallen wäre. Nach Tisch traf mich die Reihe mit ihm bis Alexisbad zu fahren. Anfangs war er guter Dinge, aber bald verfiel er wieder in seine Verbissenheit und wurde stumm, oder murmelte unverständliches Zeug in sich hinein, wobei er sich fortwährend mit dem Zeigefinger einen Tremulanten auf die Brust klopfte. Auf meine Anrede antwortete er nicht und ich schwieg daher auch und stellte mich als wenn ich schliefe. Endlich sah ich von weitem die Anhaltsche Grenze. Ein paar berittene Gensdarmes standen zu beiden Seiten des Weges mit gezogenem Pallasch und eine Gruppe Herren mit etlichen Equipagen schienen den Herzog zu erwarten. Sehen Sie einmal da! sagte ich, das ist prächtig, das ist ein Empfang wie sichs gehört. – Das ist für mich, antwortete der H. indem er sich auf die Brust schlug, für mich allein, und nicht für Euch verdammten Höfe. – Für mich ist's freilich nicht, sagte ich, und im Grunde kann's mir auch einerlei sein, ob Sie sich darüber freuen wollen oder nicht. – Wir kamen nun unter den bekränzten Schlagbaum und der Wagen hielt. Schätzell, der Landrath des Kreises und mehrere Herren traten an den Schlag, aber der Herzog erwartete ihre Anrede nicht. Er zog seinen Hut, beugte sich hinaus und sagte mit lauter Stimme ohne anzustoßen: «Ich danke Ihnen, meine Herren, für diesen Empfang auf der vaterländischen Grenze. Sie machen mir große Freude und ich freue mich sehr Sie Alle auf vaterländischem Boden wohl wieder anzutreffen.» Der Landrath hielt nun eine kleine Anrede und endete mit dem Wunsche, daß die Kur dem Herzoge so wohl bekommen sein möge als es den Anschein habe. Hierauf antwortete der Herzog: «Ich befinde mich ganz wohl und ich danke Ihnen nochmals, meine Herren, für Ihren Empfang auf vaterländischem Boden. Leben Sie wohl!» So fuhren wir weiter. Auf mich aber machte es einen ganz wunderlichen Eindruck, den Herrn, den ich nun seit längerer Zeit als einen armen unglücklichen Kranken überwacht hatte, plötzlich als Landesfürsten geehrt zu sehen und ihn so fürstlich und vernünftig sprechen zu hören. Wir saßen stumm neben einander bis Alexisbad, wo uns Ehrenpforten, Blumengewinde und Guirlanden von bunten Lampen an den Bäumen überraschten. Viele Menschen umdrängten den Weg, die Musik spielte von den Felsen herab und vor dem Schweizerhause, welches der Herzog bewohnt, standen sämmtliche zum Hofe gehörige Herren um ihren Gebieter zu empfangen. Er reichte Jedem ohne Ausnahme die Hand, und sprach seine große Freude aus Alle wiederzusehen, so daß Einigen vor Freude die Thränen in die Augen traten, weil sie glaubten er sei ganz umgewandelt und wiedergeboren. Nun gab es eine Teufelshetze für mich, um die Koffer zu kriegen, auszupacken und mich in anständige Kleider zu werfen. Dabei fühlte ich mich recht unwohl wegen der ausgestandenen Gemüthsanstrengungen und mochte wohl auch erkältet sein. Es war ein unangenehmer Abend. Ermüdet von der Reise wurde man plötzlich in einen Wirbel von Begebenheiten versetzt. Wir tranken Thee, spazierten und soupirten und als es finster geworden war, sahen wir die Berg- und Hüttenleute 800 an der Zahl mit Fackeln in einem langen Zuge durch den Wald die Berge herabsteigen. Der Herzog trat auf den Balcon, die Fackeln umringten das Haus, es wurden Reden gehalten und Lieder gesungen. Der Herzog war so ergriffen von Freude wie ich ihn noch nie gesehen hatte und rief mehrmals aus: «Herrlich, herrlich! Hier ist Alles großartig, im Auslande ist's kleinartig!» – Nun stiegen Raketen von den Bergen auf und kreuzten sich über dem Thal, indem sie Leuchtkugeln und Schwärmer ausschütteten, und die bunten Lampen in den Bäumen, so wie der Louisentempel, der ganz in Feuer gekleidet war, strahlte dazwischen. Der Herzog spazierte nun von Schätzell, der Alles veranstaltet hatte, geführt, noch ein paar Stunden ganz glückselig unter den Lampen und vielen Menschen herum, wovon meine Erkältung, da ich im bloßen Frack war, sich allerdings nicht bessern wollte. Am andern Morgen stand ich sehr trübselig auf. Hellfeld war ganz früh auf 2 Tage zu Frau und Kindern nach Ballenstädt gefahren, und ich war nun auf einmal Hofchef ohne alle Routine, und gerade für die ersten Tage, wo Alles empfangen und bewirthet werden mußte, was nur irgend von Badegästen empfangen werden konnte. Ich hatte zwar Hellfeld um Vieles gefragt, aber wem fällt wohl im voraus Alles ein was vorkommen könnte. Dabei war es mir klar, daß ich die Liebe und das Vertrauen des Herzogs gänzlich verloren hatte, und daß ich also auch als sein Gesellschafter nichts mehr nütze war. Ich überlebte indessen diese beiden Tage, ich machte keinen Fehler, der Herzog ließ mich ungeschoren und fuhr mit Andern aus, und als endlich mein College zurückkehrte, setzte ich mich in seinen Wagen und fuhr nun meinerseits auf 2 Tage nach Ballenstädt. Mir schlug hier kein Herz entgegen, denn die Meinigen waren in Salzbrunn in Schlesien, aber dennoch hielt ich mit großer freudiger Bewegung vor meinem Hause. Ich klingelte lange umsonst, weil das Mädchen im Waschhause war; der Hund Poll aber stand innen an der Thür, er mochte mich am Geruch erkannt haben und winselte, heulte, kratzte, bellte und spectakelte dergestalt, daß das Mädchen endlich aufmerksam wurde und herankam. Poll und das Mädchen war Alles was ich von den Meinigen begrüßen konnte. Ich trat nun in den Garten, der im herrlichsten Flor stand, Tausende von Centifolien glühten in der Abendsonne, während die größere Hälfte des Gartens im Schatten des Bosket's lag. Ich steckte mir eine Pfeife an und seit 7 Wochen kam die erste Ruhe, der erste heimische Frieden über mich. Ich ging wie verzaubert von Busch zu Busch, von Beet zu Beet, um zu sehen was der Garten leistete. Da wischte etwas ganz leise an meinem Schienbein hin, ich blickte nieder, es war unser weißes Hauskätzchen, die mit einem ungeheuern Buckel fortwährend ganz still und ohne ein Wörtchen zu sagen an meinem Stiefel hin und herstrich. Ich nahm sie auf den Arm und setzte meine Promenade mit ihr fort, während der Hund mir folgte, ging wenn ich ging, und stand wenn ich stand. – Was ich essen wollte? Ich gab dem Mädchen Geld und ließ sie eine tüchtige Bierkaltschale machen, auch Eier kochen und Salat aus dem Garten raufen. Um 8 war Alles fertig. Ich setzte mich in Hemdärmeln an den Tisch und legte recht aus Uebermuth die Ellenbogen auf. O was war das ein Vergnügen! Nach 7 wöchentlichen Diners und Soupers im Frack, jeder Bissen mit Gemüthsbewegung verschluckt, nun wieder einmal ohne Gene am eigenen Tisch zu sitzen und vernünftige, wohlschmeckende Kost zu genießen! Und dabei noch 2 freie Tage vor mir, wo ich, einige Besuche abgerechnet, nichts thun wollte als räkeln, mich ausruhen und Bierkaltschale essen. Dennoch war ich auch so wehmüthig, daß ich mich frühzeitig ins Bett legte um am andern Morgen zeitig auf zu sein. Als ich nach Alexisbad zurückkam, fuhr Hellfeld wieder weg, der sich mit den Seinigen noch nicht genugsam geletzt hatte, und die ganze Schwere und Verantwortlichkeit des Dienstes fiel wieder auf mich allein. Der Hofmarschall war krank und später im Bade, Cramer mit der Herzogin, und so kam es, daß wir beide Alles machen mußten, oder richtiger, da fast immer Einer von uns in Ballenstädt war, entweder Hellfeld oder ich ganz allein am Hofe übrig blieben, was H. wohl leisten konnte, ich aber als Neuling durchaus nicht. Ich befand mich in einer Lage wie ein gemeiner Soldat, der plötzlich ein Bataillon führen soll. So war es kein Wunder wenn ich mich gemüthskrank fühlte, obgleich ich mit aller Kraft dagegen anging und meine Schuldigkeit that; aber wenn mir Gott nicht aus dieser Lage geholfen hätte, würde ich gewiß schwer erkrankt sein. Ich war am Morgen früh nach Alexisbad zurückgekommen und am Nachmittag hatte ich die ganze Hofgesellschaft auf den Stufenberg zu fahren. Ich ließ eine Art Linie anspannen mit 6 Pferden, 2 Kutschern und einem Vorreiter und so fuhren wir ab. Als wir uns auf dem Stufenberge um den Theetisch niedergelassen hatten, fing der Herzog an über Schmerzen im Rücken zu klagen, dann über Mattigkeit und endlich über Schweiß. Die Gesellschaft tröstete ihn und der alte Oberbaurath Bunge, den er sich als seinen besten Freund auf einige Zeit von Bernburg zu seiner Unterhaltung requirirt hatte, rieb ihm den Rücken. Mit der kläglichsten Stimme sagte der Herzog er habe die Rückenmarkschwindsucht und es sei der Todesschweiß, denn seine Hände würden kalt. Ich ließ warmes Wasser bringen, worein er die Hände hielt, war aber nicht im geringsten besorgt, weil er dabei immer aß und trank. Endlich verlangte er ein Zimmer um sich ins Bett zu legen und zu sterben. Dies konnten wir nicht zugeben; aber auf der offenen Linie konnte er auch nicht zurückfahren. Ich schickte also unsern Kutscher mit 2 Pferden nach Gernrode und borgte von einem Oekonomen einen guten geschlossenen Wagen, da wurden Kissen hineingepackt und der gnädigste Herr trotz alles Protestes mit seinem Freunde Bunge dazu. Wir Andern fuhren mit 4 Pferden nach. Indessen hatte ich vorher ein paar Zeilen an Piper geschrieben und ihn gebeten sich spätestens am nächsten Morgen in Ballenstädt einzustellen. Als wir aber nach Alexisbad kamen und fanden, daß der Herzog anstatt zum Souper zu kommen, sich gleich zu Bett gelegt hatte, und von Essen nichts wissen wollte, wurde ich ernstlich besorgt und schickte noch einen Reitknecht nach Ballenstädt mit dem Befehle an Piper *sogleich* herauszukommen. Der kam denn auch in der Nacht um 1, meldete sich an meinem Bett und ging dann zum Herzog, den er allerdings erkältet fand, aber doch der Meinung war, er würde am folgenden Morgen wieder wohl sein. Und so war es auch. Auf den Gebrauch eines schweißtreibenden Mittels waren Puls und alle andern Functionen des hohen Patienten wieder in Ordnung und Piper rieth ihm aufzustehen. Der war aber mittlerweile phantasiekrank geworden, behauptete immer noch sterbend zu sein und blieb 14 Tage lang auf seinem Kanape liegen, aß und trank wie ein Knabe, hatte aber eine klägliche Stimme und nahm unsere Besuche höchstens auf 2 Minuten an. Dies war für mich, besonders da ich den armen Herzog ganz außer Gefahr wußte, nach so langem angestrengten Dienst eine köstliche Erquickung, denn nun fanden natürlich keine Einladungen, keine Partien und kein Garnichts statt, wir lebten still und friedlich und hatten bei Tisch die beste Unterhaltung. Piper wohnte bei mir und ich konnte ihn wegen meines eklichen Zustandes ausführlich befragen. Er verordnete mir warme Bäder und es wurde mir besser danach, obgleich ich dennoch während meines ganzen Alexisbader Aufenthalts nicht recht gesund werden konnte. Vergnügen machte mir nichts und ich verbrachte meine freie Zeit lesend auf dem Sopha. Endlich kamen meine Söhne um ihre Hundstagsferien bei mir zuzubringen. Sie mischten sich, anfänglich unwillig aber hernach sehr gern unter die übrigen jungen Leute, spielten und tobten bisweilen bis 11 Uhr Nachts unter meinen Fenstern. Als sie nach 3 Wochen abzogen, kam Julchen aus Schlesien zurück. Ich empfing sie in Ballenstädt mit bekränztem Hause, ließ die Töchter zurück und nahm Julchen noch auf die letzten 8 Tage mit mir nach Alexisbad, bis der Hof von dort aufbrach und nach Ballenstädt zurückkehrte. Jetzt erst, da ich meine ganze Häuslichkeit wieder hatte, fing auch meine Gesundheit sich wesentlich zu bessern an und es wurde mir wieder etwas behaglicher in dieser schnöden Welt. Indessen ist mir doch bis auf diese Stunde der Hofdienst unheimlich geblieben und ich werde noch viel Zeit brauchen bis ich mich finden lerne. Die ersten Monate war es leicht, weil der Herzog so glückselig mit mir war und ich glaubte wirklich, daß das so bleiben würde, weil er mich immer ausgezeichnet hatte, aber die Laune ist ganz umgeschlagen und er betrachtet mich mit feindlichem mißtrauischem Auge. Weil ich auf der Reise bisweilen genöthigt war fest und bestimmt gegen ihn aufzutreten, mag er wohl gedacht haben: «Also auch Du mein Sohn Brutus» und so hat er mir Manches übler genommen als Andern, von denen er von vorn herein nur Widerspruch erwartet. Da ich aber doch täglich um ihn sein muß, so ist das schwer und nur eine lange Gewohnheit wird mich dahin bringen können, solche veränderte Laune mit Gleichmuth zu ertragen. Er ist ein armer Kranker und ich bin sein Wärter; das sage ich mir immer vor, aber es will nicht immer helfen, auch schon deswegen nicht, weil das Verhältniß doch etwas anders ist, indem ich keineswegs die Macht über meinen Kranken habe, die einem Wärter zusteht. Die großen Sonntagstafeln sind jetzt wegen Aufregungen des Herzogs ganz abgeschafft, die leider in bedauerlichem Maße überhand nehmen und Einen in die größte Verlegenheit setzen können. So erlebte ich neulich eine fatale Scene. Sonntags geht er regelmäßig nach der Kirche die Allée herunter und um die ganze Stadt herum. Da er unmittelbar nach der Kirche weggeht, so müssen wir immer alle Kirchgänger passiren und befinden uns vom Schloß an bis ans Ende der Allée wo wir dann Alle überholt haben, in großer Gesellschaft. Als wir nun den Schloßberg heruntertrabten, brüllte er mich beim Schauspielhause plötzlich an: er sei doch sehr aufgeregt und dabei rannte er mich mit solcher Gewalt an, daß ich mich kaum auf den Füßen erhalten konnte; er selbst aber kriegte einen solchen Praller, daß ihm die Mütze vom Kopf und sein schöner Sonntagsstock, auf den er große Stücke hält, aus der Hand flog. Hätte ich ihm seine Sachen aufgehoben, so wäre er noch viel ungezogener gegen mich geworden, ich zeigte also darauf und sagte «da liegt's, ich hab's nicht hingeworfen.» Der H. zeigte auch darauf und schrie «da, da, da!» und winkte mir ihn zu bedienen. Ich wiederholte ich hätte nichts verloren, wer was verloren hätte, möchte es selbst wiederfinden. Da bückte er sich endlich, suchte sich seinen Kram zusammen und nun ging's fort im Sturmschritt mit erhobenem Knittel, durch alle frommen Kirchgänger durch, unter lauten Verwünschungen der Zeit und der Menschen und unter fürchterlichen Drohungen von Mord, Brand und Untergang. Ich hielt mich immerfort hart an ihn und redete ihm zu, aber erst bei der Apotheke ließen seine Kräfte nach, und nun wandelten wir unter ganz freundlichen weisen Betrachtungen wie man am besten thäte die Zeit zu nehmen wie sie ist, sich nicht aufzuregen, sondern die paar Tage, die man noch zu leben hätte, ruhig und still zu verbringen, um die Stadt und nach Hause. Wie aber solche Sachen angreifen, kann man sich nicht denken, wenn man's nicht erlebt hat. Der Herzogin verheimlichen wir jetzt alle solche Scenen, weil sie dadurch zu sehr betrübt wird und sehen zu wie wir allein mit ihm fertig werden. Die arme Frau hat hinlänglich genug an dem, was sie selbst mit ihm erlebt. – Dir schreibe ich dergleichen, damit Du Dir keine übertriebene Vorstellung von meinem Glück machst und Einsicht in meine Lage gewinnst, aber hier suchen wir zu bemänteln so gut wir können, bis denn einmal eine Bombe auf offener Straße platzt, was sich denn freilich nicht vertuschen läßt. Das sind jedoch immer seltene Fälle, das Tagtägliche wird nicht kund und selbst Leute, die viel am Hofe sind, ahnen nicht wie der Herr eigentlich ist.

*Am 21. Oct.* Von Adelheid, die diesen Sommer hier war und in Dresden, habe ich gute Nachrichten. Julius besuchte uns auf dem Wege zum Kirchentage, so auch Emil. Letzterer verdient sich sein Reisegeld durch Copulationen in verbotenem Grade, die er an Engländern vollzieht. Diese dürfen nämlich ihre Schwägerinnen nicht heirathen, oder vielmehr die Hochkirche segnet solche Ehen nicht ein. Sind sie aber im Auslande getraut, so kräht kein Hahn danach. So haben sie sich denn gewöhnt zu Emil zu reisen und diesem ihre Pfunde Sterling zuzutragen. Sie haben dort reichlich abgeschmackte Gesetze.

*Am 25. Oct.* Wir haben die schönsten Herbsttage, ein wahres Lichtglühen in den gelben und braunen Bäumen, dabei die Schatten so tief wie bei Mondschein. Ich sitze viel draußen im Walde und zeichne. Das ist mein größtes Vergnügen. Es ist so still im Walde wie im Grabe. Man hört nur das leise Fallen der herbstlichen Blätter von den Bäumen und das Durchhuschen einzelner Mäuse durch das welke Laub, das den Boden bedeckt. Die Herzogin hat mir von ihrer Reise einen herrlichen Farbenkasten mitgebracht. Den stecke ich nebst Feldstuhl und Wasserflasche in eine Jagdtasche und etablire mich im Freien so bequem wie zu Hause. Wenn

ich dann so dasitze und es entsteht auf dem Papier ein hübscher Farbeneffect, dem gleichend den ich vor mir sehe, so bin ich fast in das Paradies der Kindheit zurückversetzt. Zu Hause in Oel malen, kann ich jetzt sehr wenig weil meine Zeit zu sehr zerstückelt ist. Es wird sich aber auch das wieder finden und ich werde immer mehr lernen auch einzelne Stunden für das Oelmalen zu verwenden.

Coswig am 4. Nov. 1853

Da sitze ich in dem uralten Schlosse Wolfgangs von Anhalt und die vaterländische Elbe wälzt ihre gelben Fluthen unter meinem Fenster durch Wald und Wiesen. Von dem Allen aber sehe ich nichts, denn es ist stockdunkle Nacht, deren Grausen mir als einzigem lebendigen Wesen im Schlosse an die Seele haucht. Das ging so zu: Der Hauptmann v. Schweinitz in Bernburg hatte mich zu Gevatter gebeten, und da ich einmal nach Bernburg mußte, beauftragte mich der Herzog zugleich auch das Coswiger Schloß behufs einer dort vorzunehmenden Bilderrevision zu besuchen. Es war nämlich der Dessausche Hofmaler Becker in Coswig gewesen und hatte unter den alten Bildern des Schlosses herumgestöbert, auch seiner Meinung nach bedeutende Schätze gefunden von Tizian, Potter, Wouwermann, Dürer, van Eyck und Anderen. Er hatte dem Kastellan gesagt, es verfaule da ein Schatz von vielen tausend Thalern und dieser hatte darüber ans Hofmarschall-Amt berichtet. So machte ich mich denn heute Morgen 6 Uhr, nachdem gestern die Taufe absolvirt war, von Bernburg zu Eisenbahn auf den Weg und langte 8 ½ Uhr auf hiesigem Schlosse an. Ich ließ mir sogleich durch den Kastellan, der in einem Nebenhofe wohnt, ein Zimmer heizen, alle Gemächer und Böden im Schlosse aufschließen und fuhr nun wie eine Ratte unter dem alten Gewölbe herum, indem ich ungefähr 300 alte Bilder die Revue passiren ließ, bewaffnet mit einem Schwamm, um überall zu waschen, wo mir's nöthig schien. Unter den Familienbildern war sehr viel Schönes und Interessantes, aber ich hatte meine Augen vorzugsweise auf die Galleriestücke zu richten. Die gepriesenen großen Meisterwerke verschrumpften da zu elenden Nachahmungen und Kopien und ich mußte glauben, daß Becker besoffen gewesen sei. Nur *ein* wirklich gutes Bild (welches aber Beckern entgangen war) fand ich auf und reinigte es nothdürftig, so daß der Kastellan vor Wonne ganz geblendet anfing zu lallen. Es war eine lebensgroße schlafende Nymphe, die von einem Faun aufgedeckt wird. Das Bild leuchtete mich förmlich an und Hell-Dunkel, Zeichnung, Komposition usw. das Alles war so schön, daß ich mich nicht erinnere je eine reizendere weibliche Figur gesehen zu haben. Wegen der Nacktheit konnte ich indessen das Bild nicht nach Ballenstädt nehmen und es bleibt nun ruhig auf dem Boden der weiteren Zerstörung preisgegeben.

Ich würde mir dieses Bild ohne weiteres ausbitten, um es recht schön zu restauriren, wenn ich nicht fürchten müßte, daß die absolute Kleiderlosigkeit auch in meinem Hause Anstoß erregen würde. – Um 1 Uhr war ich fertig und nachdem ich mein Mittagsmahl eingenommen hatte, fuhr ich mit dem Rector Hoffmann (Sohn unseres Oberhofpredigers) über die Elbe nach Wörlitz, wo ich weiter nichts betrachtete als das sogenannte gothische Haus mit seinen vortrefflichen Bilderschätzen. Im Stockfinstern kamen wir zurück und ich trank bei Hoffmanns noch den Thee und habe mich nun in mein stilles schauerliches Schloß zurückgezogen. Neben mir wölbt sich der hohe Rittersaal und an der anderen Seite ziehen sich ganze Reihen von alten Zimmern mit Gobelins, sonderbaren Schränken und hohen Bildern von geharnischten Männern und vermummten Frauen hin. Die Thüren stehen alle offen, ich habe sie selbst aufgemacht und bin zu spät nach Hause gekommen um sie wieder zu schließen und doch ist in einem dieser Zimmer einmal ein scheußlicher Mord an einer Fürstin von Zerbst verübt worden. Vielleicht gerade in dem, das ich bewohne, aber ich habe wohlweislich nicht gefragt. Uebrigens heizt mein Ofen trefflich und so lange ich schreibe und wach bin, geht es; aber ins Nebenzimmer zu kommen und da in das alte Bett zu kriechen (vielleicht dasselbe, in welchem die Fürstin erdrosselt wurde) das wird noch eine böse Arbeit geben. Ich habe aber eine eiserne Stange gefunden, die jetzt neben mir steht und die ich auch mit zu Bett nehmen will, das ist mein Trost. Ich habe eine Beruhigung an dieser Stange und denke damit auf jedes Spectrum einzudreschen. Wie thöricht ist man doch. Aber ich denke meinen Platz zu behaupten und diese Nacht das Schloß zu halten. Morgen früh um 5 Uhr wird aufgebrochen und per Dampf abgerast. Nun gute Nacht! – nun kommt das Schlimmste, sich auszuziehen und sich halb nackt den Anfechtungen der Hölle bloszustellen. Ich hätte das vor 20 Jahren nicht gekonnt, aber man wird immer lederner und zuletzt wie ein Balg, der überall übernachten kann.

Ballenstädt 7. Nov. 1853

In jener Nacht ging Alles gut. Ich schlief wie eine Ratte und als ich erwachte repetirte meine Uhr 4. Weg war Furcht und Grauen. Ich zog mich an, ging mit dem Licht durch die grausigen Räume nach einer Polterkammer und besah mir noch einmal die schöne Nymphe. Um 5 Uhr holte mich der Kastellan ab, um mich zum Bahnhof zu bringen. Erst in Dessau bekam ich Kaffe und wandelte dann in meinem Coupé das ich allein innehatte, mit meiner Cigarre bis Köthen sehr wohlgemuth auf und ab. Das war sehr schön. – Hier liegt dicker Nebel, wird wohl Schnee werden, worauf ich mich freue, weil das gehört zu den kurzen Tagen. Bei uns ist eine Madame Veit eingezogen, eine Wittwe, die schon früher ein paar Jahre in Ballenstädt lebte, und dann in der Schweiz war, um die Erziehung ihrer Tochter zu vollenden. Ich war dagegen, daß sie bei uns wohnte, weil man durch zu nahes Beieinandersein am leichtesten entzweit wird, aber Julchen fühlt sich seit Berthas Tode so einsam und wünschte es sehr, so mochte es denn geschehen. Die Veit ist Irvingianerin, sonst eine liebe gute Frau und echt christliche Seele. – In diesen Tagen haben wir auch neue Landtagswahlen gehabt, die brillant ausgefallen sind. Schätzell selbst ist in 3 Wahlbezirken gewählt worden. Wieder ein Beispiel, daß die öffentliche Meinung denen gehört, welche die Gewalt, die sie haben, auch gebrauchen. – Gestern besuchte mich von Quedlinburg aus der Rittmeister Vangerow, ein prächtiger, christlicher Mann. Es ist ihm schwer geworden sein Christenthum im Regiment zu behaupten, er hat schwere Anfechtungen von Seiten der Kameraden zu bestehen gehabt, so daß er sogar ein paar Mal auf das Duell hat recurriren müssen, aber endlich hat er sich doch durchgebissen und kann jetzt unangefochten thun was er will, es wird Alles gut geheißen. Er sitzt groß und breit bei allen Missionsfesten, ist selbst Missionsvorstand, hält Betstunden mit seinen Leuten und ist dabei so geachtet, daß die Kameraden ihn in alle ihre Ehrengerichte wählen. Viel Geist hat er nicht, aber er ist ein Mensch so recht aus einem Guß und ich freue mich sehr, daß er nun öfter zu mir herüberreiten will, da mir gerade ein solcher Freund recht fehlte. In seinem altdeutschen silbernen Helm sieht er aus wie Götz von Berlichingen, so treuherzig und redlich. Rechte Sehnsucht habe ich nach einem recht ehrlichen, treuen christlichen Sinn, da ich immer noch auf beiden Seiten hinke. Ich wünschte ich könnte mich mit Dir verbrüdern einmal redlich und von Herzen abzuthun was der Welt angehört und ganz meinem Gott zu leben. Wir können freilich nur satteln und aufsitzen, aber Gott kann uns auch halten, daß wir nicht von der anderen Seite wieder herunterfallen, wenn's gegen den Feind geht.

Nun Ade mein lieber Bruder, möge es Dir wohlgehen und Gott Dich allerwege segnen! –

## N° 73

Ballenstädt 5. Dec. 1853

Mein lieber Bruder!
Heute erhielt ich Deinen Brief und so berauscht bin ich von Lob und Liebe, daß ich mich schon heute hinsetze die Antwort zu beginnen. Fürs Erste freue ich mich, daß Du die Verwaltung von Piera noch ein Jahr behalten willst. Uebrigens billige ich durchaus Deinen Entschluß das Verhältniß zu lösen, denn Unerträgliches muß man aufgeben wenn man nicht daran zu Grunde gehen will. Timmo ist allerdings kein Mensch zu dem man in einem subordinirten Verhältniß stehen kann. Er ist in so fern ganz Russe, als er stets ein vortrefflicher Untergebener und unerträglicher Vorgesetzter sein wird, insofern aber Franzose als ihm das Eigenlob ellenlang aus dem Halse hängt, und in so fern Ebräer als er Götzendienst treibt, nämlich dem Mamon dient. Bei Alledem hat er seltene und große Eigenschaften der alte Junge, von dem doch das Herz nie lassen wird, und daß Du ihn als Freund werth hältst, kann ich sehr begreifen. Schon das Eine, daß er in seinem Fach einer der größten Männer unserer Zeit ist, macht seine Freundschaft wünschenswerth und überdem ist er seiner natürlichen Richtung und Neigung nach ein guter Mensch, für Freundschaft gar nicht unempfänglich. Summa wenn er wollte, könnte er von mir viel Schlimmeres sagen, z. B. daß ich mich zwar selbst nicht lobe, dafür aber Andere sehr tadle; daß zwar meine Hosen sehr in Ordnung seien, dafür aber mein Geldbeutel en débandage und dergleichen Angenehmes mehr. Wir sind eben Alle arme Schächerleins und hinken auf allen Seiten, aber so viel ist gewiß, daß Einem das Messer schon an der Kehle sitzen muß wenn man sich entschließen soll Timmo's Beamter zu werden, deshalb Du wohlthust lieber sein Freund bleiben zu wollen, denn beides zusammen geht nun einmal nicht. Grüße ihn herzlich wenn er noch in Piera ist, so wie seine liebenswürdige Frau.

*Am 8. Dec.* Wie freue ich mich der Nachricht, daß Tante Dascha herauskommt, obgleich nicht der Veranlassung, und es ist mir ganz neu, daß Edline kränkelt. Was fehlt dem armen Kinde? Am glücklichsten, glaube ich, würde Tante Dascha hier in Ballenstädt wohnen, welches jetzt der angenehmste Ort in Deutschland sein mag. Zu Erfurt, wo Tante Norchen wohnt, möchte ich nicht rathen. Tante Norchen ist Alt-Lutheranerin und ist somit der beklemmendsten confessionellen Richtung ergeben, die man haben kann. Alle Alt-Lutheraner leiden an einem geistigen Asthma und wenn zu Viele von ihnen zusammensitzen, so verkehren sie ausschließlich mit einander und verkommen. Hier in Ballenstädt leben wir dagegen in der Welt, durchaus der gesundeste Aufenthalt für einen Christen. Nichts schmilzt uns unsere Teufelsschlacken so aus dem Leibe wie gerade der Verkehr mit der Welt, die uns weder schont noch schmeichelt und uns täglich kreuzigt. Ich rede aus tiefster Ueberzeugung. – Daß Deine Kinder gleich als Greise geboren würden, voller Ueberdruß und lebenssatt, ist eine freche haarsträubende Verleumdung, über die wir jedoch sehr lachen mußten, nämlich vor Aerger wie über Rollersche Räthsel. Das könnten sie nur von Dir haben, sagte meine Frau, wenn's wahr wäre. Es ist aber nicht wahr und das was ich von Deinen Kindern gesehen habe, hat durchaus mein Herz gewonnen. Was Du mir von Willy schreibst, ist eigentlich nur rührend. Der arme Kerl! Ich kann mir denken was Du empfinden magst, wenn Dein Auge dem seinigen begegnet. Am besten kenne ich Deine beiden ältesten Mädchen, die mir beide schnell lieb wurden, jede in ihrer Art. Ich denke mir, daß es für Lilla und namentlich für Lilla Gift ist in Ottenküll zu stecken. Das ist doch wahrhaftig kein Ort für ein junges Mädchen das sich entwickeln soll, so vortheilhaft auch in vieler Beziehung Alwina's tägliche Gesellschaft sein mag. Man braucht wahrlich nicht als Greis geboren zu werden, um in Ottenküll mit 20 Jahren einer zu sein. (Da fällt mir eben ein, daß ja eigentlich alle Menschen als Greise geboren werden und als Kinder endigen; ich verzeihe Dir daher Deinen schlechten Witz.) Wenn Otto an seiner Studentengesellschaft mäkelt so mag das einigermaßen gerechtfertigt sein. Es mögen da in Dorpat arge Rangen zusammenkommen, aber mit der Zeit wird Otto sich schon seine Perlen herausfischen. Als Regel für einen jungen Menschen der in die Welt tritt, kann übrigens gelten, sich nicht an den Lastern der Andern zu stoßen, aber desto mehr an den eigenen. Das Zögesche Erbtheil ist leider gerade umgekehrt. Summa Summarum lassen unsere sämmtlichen Kinder viel zu wünschen übrig, wie wir Alten auch, und ob sie nicht mehr Kummer über uns als wir über sie haben, bleibt eine große und ewig ungelöste Frage. Ich hoffe aber dennoch, daß wir Alle, Alte wie Junge, auf gutem Grunde stehen und daß uns Gott endlich sämmtlich zu Gnaden annehmen wird.

*Am 10. Dec.* Ach ja, der Krieg fängt an mich sehr ernstlich zu beunruhigen. Man kann sich ja täuschen, doch muß ich gestehen, daß mir nichts wahrscheinlicher ist als ein allgemeiner Brand zum Frühjahr und Deutschland wird wohl wieder das allgemeine Schlachtfeld werden! O pfui! ich mag gar nicht daran denken. Mein Gerhard, der so nahe der französischen Grenze steht, wird mit seinem Regiment im Frühling nach Frankfurt versetzt, worauf er sich sehr freut, weil er dort Gelegenheit haben wird in Familien zu kommen und sich gesellschaftlich auszubilden. In Mainz sind die Offiziere aus der Gesellschaft ausgeschlossen, weil die Mainzer französisch und durch die Bank roth republikanisch sind. ... Wenn es wahr wäre, daß des Volkes Stimme Gottes Stimme wäre, so wollte ich mich doch noch heute dem Teufel übergeben. Wenn der Staat zwischen 2 Uebeln zu wählen hat, so ist es immer besser die Regierung macht die öffentliche Meinung als daß umgekehrt die öffentliche Meinung die Regierung macht. –

*Am 12t Dec.* Ich habe recht viel Interessantes in der letzten Zeit erlebt und mannigfaltig in das Schicksal Anderer eingreifen müssen, muß aber von dem Allen schweigen, weil ich sonst zu weit ausholen müßte. So lange der Herzog Carl von Holstein mit seiner Gemahlin hier war, haben wir viel Festivitäten und Unruhe am Hofe gehabt und ich bin dabei tüchtig in Athem gesetzt worden. Statt daß sonst nur Einer ist, waren wir unserer oft vier Cavaliere auf einmal in Function und ich muß Gott aufs demüthigste danken, daß ich in jener Zeit keine Dummheit gemacht habe. Daß die dänische Hofdame die die fremden Herrschaften mitbrachten, mich für die Perle unter dem hiesigen Hofgesindel erklärte, war zwar ein sehr ungerechtes Urtheil, ermuthigte mich aber in so fern als es doch kein Tadel war. Seitdem die Gäste fort sind, ist endlich Ruhe eingetreten und ich werde meines Lebens so froh als es sich eben thun läßt. Das Talent glücklich zu sein, besitzen wir Beide nun einmal nicht in dem Grade wie unser guter sel. Oncle Kügelgen, der darin ordentlich nobel war wie in allen Stücken; wir halten es nur eben aus so gut sich's thun läßt, nämlich Du noch etwas schlechter, indem Du eine gewisse Scham hast Dein Glückseligkeitstalent nach den geringen Kräften, die Dir gegeben sind, ganz zu entfalten. Wenn ich mich jetzt aber glücklicher fühle als früher, so kommt das daher, weil meine Arbeit immer regelmäßig mit dem Glockenschlage beginnt und endigt. In der Zwischenzeit nun bin ich ganz frei, was ich früher *nie* war und habe wieder ganz die Empfindung eines Schulknaben, der seinen Sonnabend Nachmittag antritt. Die Malerei betreibe ich eben auch wie ein Schulknabe als Spielerei. Ich nehme nur kleine Stückchen zur Zeit, und wenn es nicht gelingt, bin ich nicht mehr so unglücklich als früher, weil es nicht mehr mein eigentlicher Beruf ist. Ich habe in diesem Jahre circa 200 Thaler für Portraits eingenommen, ob es mir aber bei diesem Leben voll Zerstreuung noch gelingen wird historische Bilder zu erfinden und auszuführen, weiß ich nicht. Jetzt haben wir das Theater hier und mein Dienst führt mich drei Mal wöchentlich hinein, entweder in des Herzogs kleine Bühnen-Loge, oder in die große Loge, in der auch Du als Knabe mit rothem Kragen gesessen hast, und die nun in so fern verändert ist als man sie neu decorirt und noch ein Vorzimmer daran gebaut hat, wohin sich Diejenigen zurückziehen können, die nichts sehen und hören wollen. In dieser großen Loge ist es sehr hübsch, man hat die Bühne frei vor sich, trinkt Thee, ißt Kuchen, läßt sich was vorspielen und urtheilt vornehm darüber.

*Am 19. Dec.* Schnee haben wir hier schon seit meinem Geburtstage, doch Schlittenbahn ist nur im Walde und der Herzog fährt noch mit Rädern. Mein Verkehr mit dem Herzoge hat sich wieder sehr gebessert, was mir heute ganz besonders zu statten kam. Beim Ausfahren aus Gernrode brachen wir nämlich den Wagen. Ich hörte auf dem Boden ein pochendes Geräusch und frug den Herzog, ob er etwa die Zeit austrommle? Er bejahte dies zwar, aber da er in einem 3 Ellen langen Fußsacke steckte, konnte er unmöglich ein solches Gepolter verursachen und ich befahl dem Kutscher zu halten. Der Herzog protestirte und wollte zufahren, aber die Pferde standen, der Jäger sprang ab und rapportirte die Achse sei gebrochen und der Wagen würde sich sogleich auf den Steiß setzen. Der Herzog wollte dennoch zufahren und ich mußte ihn fast mit Gewalt aus dem Wagen nöthigen. Glücklicherweise hielten wir gerade an dem Hause eines Sattlers, der uns zum Weiterfahren einen ganz neuen Wagen anbot. Während die Pferde umgespannt wurden, traten wir in die Wohnstube aus welcher, dem Geruche nach zu urtheilen, die Kinder so eben entfernt worden waren, und wurden von der Frau Sattlermeisterin bewillkommt. Der Herzog sagte ihr gleich beim Eintreten er passe sich gar nicht mehr, er nähme die Zeit nur noch so mit wie sie wäre, daß er daran wegkäme. Es hätte sich Alles verändert, aber nicht verbessert, vielmehr müsse er sagen, daß die Wagen sich verbösert hätten, das würde sie wohl auch finden. Die Frau verstand kein Wort von allen diesen Dingen, sie machte aber einen Knix nach dem andern und war ganz enchantirt.

Was den Krieg betrifft, so halte ich ihn für eine schauderhafte Kalamität und glaube, daß es allein der Gnade Gottes zu danken ist, wenn Deutschland nicht sein Herzblut dafür hingeben muß. Daß Palmerston, dieser Hauptsünder aus dem Ministerium geschieden ist, erweckt wieder Hoffnungen. Möchten doch die Russen sich einmal versehen und statt eines türkischen ein englisches Schiff in den Grund schießen. Sie könnten sich ja hernach entschuldigen, etwa mit Zerstreutheit des Kapitains oder anders. Doch das ist Alles Geschwätz, oben im Himmel sitzt der Lenker der Schlachten und wird nach seiner Weisheit und nicht nach der der Kabinette Alles zum Ende führen, daß wir es können ertragen. Amen.

*Am 23. Dec.* Ich habe eine herrliche Fahrt mit dem Herzog durchs Holz gemacht. Auf einen starken Rauhreif war ein tiefer Schnee gefallen und zwar bei stiller Luft, und die Bäume davon dichter bedeckt als im Sommer mit Laub. Besonders schön sahen die Birken aus mit ihren vielen zarten Zweigen, die alle in prächtige Federbüsche verwandelt und so schwer waren, daß sie den Bäumen das Ansehen von Trauerweiden gaben. Der Herzog war gut und es wurde mir leicht ihn von einigen gefährlichen Wegen abzubringen, die wir nun, da er sie einmal ausgelassen, den ganzen Winter nicht weiter zu fürchten haben.

*Am 25. Dec.* So eben geht die Sonne auf und vergoldet die weißgeschneiten Wege, Fluren, Dächer und Bäume. Adolph hat uns vor 2 Stunden verlassen. Der Mond stand noch klar am Himmel, da brachte ich ihn über den pfeifenden Schnee zu meinem Nachbar dem Medizinalrath Ziegler, mit dessen Sohne er seine Reise nach Berlin antrat. Der gestrige Abend war für mich unbeschreiblich wehmüthig und gewiß nicht weniger für Julchen; wir haben es aber vermieden uns gegenseitig auszusprechen. Wir hatten diesmal nach stiller Uebereinkunft zum ersten Mal keinen Baum, hatten auch unsere Bescherung nicht wie sonst oben, sondern in einer Unterstube ausgekramt. Wir hatten das Zimmer stattlich mit Lampen erleuchtet und Jeder fand sein Tischchen – nur für Bertha war keins da, zum ersten Mal seit 25 Jahren. Sie selbst, die sonst immer für Alle gearbeitet hatte und von Allen empfing, lag in ihrem kalten dunkeln Grabe. Mich übermannte der Schmerz bisweilen so sehr, daß ich hinausgehen mußte und uns Allen hing ein Schleier über der Freude, obschon der Name nicht genannt wurde. Vor einem Jahr war das liebe Kind noch unter uns, zwar sehr schwach, aber sie ging doch herum und Niemand dachte an Sterben. Sie wunderte sich, daß sie so besonders viel erhalten hatte und war so dankbar. Diesmal kam am 23sten, dem Tag vorher, das letzte Geschenk das sie von ihren Eltern erhält, ein Kreuz von weißem Marmor, das wir in Schlesien arbeiten ließen. Darauf die von Julchen ausgesuchten Worte: «Die Liebe höret nimmer auf» und der Vorname. Zu Ostern werden wir es wohl auf dem Grabe aufrichten können. Sol che Feste reißen Alles wieder auf und überhaupt ist der Trost nur ein dünnes Häutchen, das sich über die Wunde zieht, wenigstens der Trost, den Zeit und Wechsel des Lebens gewähren. Heute habe ich einen schweren Tag – Kirche, Promenade, Tafel, Thee, Souper. Ich muß den ganzen Tag auf dem Schloß verleben.

## Nº 74

Ballenstädt 24. Febr. 1854

Mein lieber Bruder!
Am 22sten Morgens erhielt ich Deinen Brief, – an diesem selben Tage vor 10 Jahren tratest Du selber in mein Haus. Nun bitte ich Dich, daß Du es nicht für Anmaßung haltest, wenn ich Dich vorab etwas lobe, denn seit lange haben mir Deine Briefe nicht einen so angenehmen Eindruck hinterlassen. Gott sei Dank daß der Aerger wie ein böses Gewölk und Pestdunst von Deiner Seele abzieht und dem Lachen wieder Raum giebt, was wenigstens gesunder ist. Ja wohl ist die Welt sehr toll und Jeder ist es in seiner Art; es erkennt es aber immer nur Einer am Andern, und das ist auch gut, damit man sich gegenseitig in Zucht halten kann. Ich habe Deinen Brief

den Meinigen vorgelesen und zwar jetzt eben beim Kaffe und der Morgenpfeife. Sie waren tüchtig entzückt und Anna war ein paar Mal hart am Lachkrampf, so kitzelten sie die Witze des alten Oncles. Nanny's Verlobung war uns durch Adelheid schon bekannt. Wir freuen uns sehr darüber, da der Mann verständig zu sein scheint und auch Dir gefällt. Gott segne die Zukunft der lieben Nanny und schenke ihr in ihrem Ehestande alles Gute. Der viele Besuch, den Du hattest und den Elmine ohne Murmeln zu placiren und zu sättigen wußte, hat meinen Neid erregt, d. h. insofern als ich nicht dabei sein konnte, denn selbst verlange ich nichts dergleichen in meinem Hause zu haben, weil ich zu eng wohne und die Tabackswolken sogleich fürstlichen Besuch herbeihexen, worauf Alles auseinanderstiebt und lediglich Gestank und Fürsten übrig bleiben. Interessant war mir die Nachricht daß eine Fräul. Sengbusch im Stift ist.

Grüße sie unbekannter Weise sehr von mir und sage ihr, ich dächte noch oft an ihren Vater, der einer meiner allerliebsten und theuersten Jugendfreunde ist. Was den heftigen Musik-Enthusiasmus im Stift anbelangt, so wohnst Du ja in einem anderen Hause, magst aber freilich an dem bloßen Gedanken schon zu tragen haben, der mich bis hierher beunruhigt. – Daß Du auf einmal den Wein liebst, war mir wie ein Blitz aus heiterem Himmel. Es mag ein Zeichen sein, daß Du gesunder wirst, wie ich armer Koridon eigentlich immer schwächer. Bertha's Tod schnürte mir die Brust so zusammen, daß mir seit jener Zeit ein Leiden zurückgeblieben ist. Ich fühle einen beständigen Druck und vorlesen kann ich gar nicht mehr. Uebrigens geht mir's wie Dir, ich halte mein Leben für geschlossen und habe gar kein Streben mehr als mir meiner Kindschaft in Gott immer bewußter zu werden. Ich freue mich auch wenn ich Ruhe habe und nicht mit dem Herzog herumzurasen brauche, was mich jetzt angreift. Vor 14 Tagen machte er mit Hellfeld eine so gräuliche Scene in der Allee, daß wir Beide beschlossen nicht mehr durch die Stadt mit ihm zu gehen, es möge daraus folgen was da wolle. Hellfeld ließ einen Weg durchs Holz über die Hubertushöhe und das Buttlargrab kehren, und die Herzogin ließ ihm durch Salmuth ankündigen, daß er jetzt immer dort promeniren werde. Hellfeld hatte den ersten Gang. Der Herzog schlug aber nicht den Weg über die Terrasse ein, sondern ging polternd und fechtend den Schloßberg hinunter. Ich stand am Eingang der Allee, um ihn, wenn Hellf. ihn vorließe, dort wie zufällig zu treffen. Zu meinem Schrecken sah ich die Beiden den Schloßberg herunterrasen, an der Schloßgartenpforte aber standen sie, man sah heftige Gesticulationen und endlich bogen sie in den Schloßgarten ein und machten den Holzweg. Es war auf dieser Promenade hart hergegangen, aber endlich war der H. doch so ruhig geworden, daß ihm Hellf. Alles gründlich auseinandersetzen konnte, so daß er einzusehen schien, wie die Einsamkeit doch für ihn am besten sei. So ging er einige Tage mit Hellfeld. Endlich traf mich die Reihe an einem Sonntage, wo der Herzog seit seiner Kinderzeit nach der Kirche regelmäßig durch die Allee gegangen ist. Durch den Gottesdienst war er so aufgeregt, daß er aus seinem Zimmer mit großen Sätzen und fürchterlicher Geberde herauswischte, seinen Knittel schwang und mir zurief: «Wenn Sie hinter der Kirche (da geht nämlich der neue Weg) todt geschlagen werden, so müssen Sie's hinnehmen!» Wenn ich todt bin, antwortete ich, so bin ich weg. Da er nun sah, daß er mich nicht einschüchtern konnte, sagte er ganz sanft: «Man könnte doch heute unter Menschen gehen» und damit trat er zur Hausthür hinaus und wendete sich gleich bergab. Ich folgte ihm und sagte ihm in die Allee könne er nicht gehen, er sei viel zu angegriffen und wisse selber, daß er, wenn er unter Menschen käme, aufgeregt würde und lauter Mordgedanken kriegte. «Ja eben» schrie er «Mord und Gift!» Nun sehen Sie wohl, sagte ich, und Sie sind viel zu gut, um Ihren Unterthanen zum Schauspiel zu werden, auch kann ich Sie nicht schützen wenn es einen Auflauf giebt. Im Holze können Sie aber machen was Sie wollen, da schadet es gar nichts wenn Sie einmal rappelig werden, was doch auch sein muß, weil es in der Zeit liegt. «Ich bin aber Herzog und kann gehen wo ich will.» Natürlich können Sie gehen wo Sie wollen, wer bestreitet das, aber ich erkläre Ihnen hiermit auf's allerbestimmteste, daß ich Sie in die Allee nicht begleite; wollen Sie da gehen, so gehen Sie allein und sehen Sie zu was wird. Wir waren an der Schloßgartenthür, ich blieb stehen und öffnete sie. Der H. zeigte mit dem Stock und sagte: «Aber man könnte doch dort beim Krankenhause vorbei um die Stadt gehen.» Da ist keine Bahn, sagte ich, im Holze aber habe ich schippen lassen und nun haben Sie die Gnade und kommen Sie hier durch, thun Sie mir's zu Liebe! Da schwenkte er ein und ich hatte gesiegt durch die treue Hülfe meines Gottes. Er ging nun den vorgeschriebenen Weg, ich aber hatte alle erdenklichen Grobheiten zu ertragen, denn er sprach von nichts als von Hofschurken und Hofekeln und wen er

Alles todtschlagen werde und mich zuerst, wenn er nur ins Holz käme. Als wir den steilen Weg am Sibersteinsteiche in die Höhe stürmten, blieb er plötzlich stehen, riß sich einen großen Ast mit Zacken und Knorren von einer Eiche mit fabelhafter Kraft, schwang ihn um den Kopf wie der wüthende Roland und schrie mich an: nun schlüge er mich todt. So ist's recht, sagte ich, der Mensch muß sich ausbrausen, das liegt in der Zeit, hier können Sie machen was Sie wollen, ich will mir Ihren Besen schon vom Leibe halten. Da warf er den Ast weg, der wohl auch sehr kalt sein mochte, und setzte murmelnd seinen Weg fort. Plötzlich sagte er: «Hier ist doch ein Reh gelaufen», und hier, sagte ich auf menschliche Fußtapfen zeigend, ein Eingeborener! «Oder – oder, erwiderte der Herzog, es könnte auch ein Zweigeborener gewesen sein.» Ich lachte laut und lobte den guten Witz; da sagte er huldvoll und bescheiden: «Wir leben in sehr witzigen Zeiten.» Nun waren wir die besten Freunde, gingen den steilen Berg beim Buttlargrabe Arm in Arm hinunter, weil es glatt war und unterhielten uns herrlich von vergangenen Zeiten. Er war so gut, daß er zugab diese früheren Zeiten hätten auch ihre Schattenseiten gehabt und führte selbst unter anderem an, er hätte doch Geometriestunden gehabt und Schillersche Verse lernen müssen. In der besten Stimmung kamen wir auf dem Schlosse an. – Am Abend war Theater, Fräul. v. Massow und ich hatten den Dienst beim Herzoge, in der kleinen Loge, in der nur 3 Personen Platz haben. Als das Stück im besten Gange war und die Spielenden fast unmittelbar vor der Loge perorirten, wurde der Herzog plötzlich unruhig und fing an ganz laut zu raisonniren weil der Vorhang nicht schnell genug aufgegangen wäre und man keine Ursache hätte sich in diesen späteren Zeiten aufzuhalten. Die Schauspieler wurden gestört, das Publicum machte lange Hälse, – da trat ich näher an den Stuhl des Herzogs und sagte ihm er müsse sich beruhigen, oder wenn es ihm nicht gefiele, so wollte ich ihn nach Hause begleiten. Da fuhr er wüthend mit geballten Fäusten vom Stuhl auf und mit lautem Geschrei und Schimpfen über mich her, als wenn er mich prügeln wollte. Ich trat einen Schritt zurück und rief der Hofdame zu, sie möchte die Vorhänge herabziehen. Glücklicherweise machte diese auch keine Umstände und im Augenblick war der Herzog von Bühne und Publikum abgesperrt. Gleichzeitig öffnete ich die Logenthür und sagte: nun kommen Sie Hoheit, wir wollen das Weitere auf Ihrem Zimmer besprechen. Da sanken ihm die Fäuste am

Leibe nieder und mit dem freundlichsten Gesichte von der Welt und ganz ruhiger Stimme frug er: «Warum denn?» Mir war der Auftritt so unvermuthet gekommen, daß mir der Schreck in die Knie gefahren war. Ich konnte mich nicht aufrecht halten, setzte mich nieder während der Herzog noch stand und sagte ihm nur, wenn er sich beruhigt hätte, könne er ja auch bleiben. Das ganze mochte eine halbe Minute gedauert haben, hatte mich aber so erschüttert, daß ich keinen Augenblick länger hätte Widerstand leisten können, während doch am Morgen die ganze lange Wuth mir keinen Eindruck gemacht hatte. Ich konnte auch am Abend nicht essen. So verschieden kann man disponirt sein. Das Schauspiel dauerte 3 Stunden und der Herzog saß da, so ruhig und freundlich wie ein Lamm. Wie er so rasch von Ruhe zur Wuth und von Wuth, von schäumender Wuth in einem Augenblick zur freundlichsten sanftesten Gelassenheit übergehen kann, ist mir psychologisch eben so unbegreiflich wie der ganze Mann. – Alle diese Plagen haben wir, damit die Komödie einer selbstständigen Regierung noch länger durchgeführt werden kann, und Hellfeld und ich sind eigentlich die Träger der ganzen Fabel; sobald wir erklären, daß wir's nicht mehr aushalten können, kommt die Moral d'ran und der Herzog muß in ärztliche Zucht gegeben werden. Daß dieser Moment nicht mehr weit ist, glauben wir.

*Am 26. März.* Vor 4 Wochen ist dieser Brief angefangen und bin ich seither nicht dazu gekommen ihn fortzusetzen. Nun aber, da vor 3 Tagen Dein Brief mit dem Wechsel angelangt ist, soll er denn auch fort, wenn ich auch kaum zu schreiben vermögend bin, da mich ein extremes Schnupfenübel plagt und mir die Hand zittert. Dein Brief war sehr interessant, wenn schon so aufregend, daß ich, da ich ihn bei Tisch empfing, keinen Braten essen konnte. Wohl kann ich mir denken, wie es Euch zu Muthe sein mag, theile auch Deine Ansichten von Herzen, wenigstens in Beziehung auf die elende Politik der Westmächte. Ich zweifle nicht daran, daß sie gerade das Gegentheil von dem effectuiren werden, was sie in Beziehung auf Rußland wollen. Sie werden zwar Rußland möglicherweise viel Schaden thun, diesen Schaden aber im Orient selbst bezahlen müssen. Eine unklare Politik wird sich immer selbst strafen, und im Grunde wissen sie nicht was sie wollen. Die Zeitungen sind es, die das Feuer in England angeblasen haben, das Ministerium ist zerfahren, characterlos und läßt sich willenlos treiben. Louis Napoleon weiß seinerseits wohl was er will, aber er sagt es nicht und wenn Deutschland wirklich fest neutral bleibt, so ist er auch geprellt und wird seine Politik wohl ändern müssen. Ob Deutschland übrigens wirklich fest aushält, ist sehr fraglich. Für Preußen ist mir nicht bange, wohl aber für Oestreich, welches allerdings bei der orientalischen Frage interessirt ist. Zwar ist es erst kürzlich von Rußland wieder auf die Füße gestellt worden, aber Politik hat kein Herz und kein Gewissen. Der eigentliche Feind der böse Feind und Versucher und der klügste von Allen ist Louis Napoleon. England hat er geradezu düpirt – möchte es ihm in Wien nicht auch gelingen. Daß vielleicht um Reval wegen des Hafens hart gestritten werden möchte, ist wohl möglich. Auf dem Lande aber möchtet Ihr ruhig wohnen und nur Geldverluste haben. Nun aber, mein lieber Bruder thue mir die Liebe und schreibe recht oft und möglichst viel Politisches. Dein guter Verstand wird Dir ja sagen, was Du verschweigen mußt und was Du mittheilen darfst. Unsere Zeitungen sind mit Ausnahme der Kreuzzeitung alle verrückt; ich erfahre daher reichlich Alles, was Rußland zum Nachtheil gereicht und oft übertrieben und erlogen, und möchte von Dir daher das Gute und Erfreuliche vernehmen. Das wirst Du ja schreiben dürfen. Denke wie fleißig ich Dir anno 48 und 49 geschrieben habe und nun thue du ein Gleiches anno 54. Ich habe Dir übrigens diesen Krieg lange genug vorhergesagt. –

Vor 8 Tagen kam ganz unerwartet Alfred Volkmann bei mir angesegelt. Er war so hypochonder und unausstehlich geworden, daß seine Frau ihn aus dem Hause getrieben hatte. Auf einen Tag kam er und acht blieb er. Gestern ist er wieder abgefahren. Wir hatten herrliche Zeit miteinander. Morgens beim Kaffe physiologische Vorlesungen und philosophische Gespräche, die mich aus meinem vegetabilischen Hofleben wieder einmal etwas herausflügelten; dann rannten wir herum, freilich beim schrecklichsten Wetter und Abends lagen wir auf den Billards, waren bei Hofe oder hatten im Hause etwas Gesellschaft. Dies Lotterleben erquickte den armen abstudirten Gelehrten, der auffallend alt aussieht, nicht wenig. Er zog ganz gesund wieder ab und hat die Idee sich mit Familie für die Sommerferien hier oder in Gernrode einzumiethen, was mir freilich große Freude machen würde. Sehr interessant war es mir zu erkennen wie die Resultate einer wirklich aufmerksamen und gewissenhaften Naturforschung dem Christenthum so gar nicht feindlich sind.

Mit meinem gnädigsten Herrn geht es jetzt recht gut. Wir haben ihn lange nicht so freundlich und liebenswürdig gesehen. Es sind die Folgen der Allee-Disciplin, – aber da er nun so gut ist, gehen wir wieder mit ihm wo er will. – Ich habe den armen Vangerow neulich wieder besucht. Er hat sein Bein zum zweitenmal gebrochen, dicht unter dem ersten Bruch und liegt nun schon über 12 Wochen, aber heiter und getrost. Wenn ich nach Quedlinburg komme sind immer die Kürassiere eine Erquickung für meine Seele. Diese Menschenclasse ist in der allgemeinen Verwirrung vernünftig geblieben. Ich speiste neulich mit 20 Offizieren im Deutschen Hause und fand überall die ehrenwertheste herrlichste Gesinnung. Sie theilen Deine Sympathien. – Wenn Du nur nicht als Geisel von Seeräubern entführt wirst. Du wohnst doch nahe an der Küste. Am sichersten wohnt Wilhelm Stackelberg der Hinterwäldler, so gut wie im Innern von Africa. Grüße ihn mit seiner liebenswürdigen Frau und dem Lillakinde. – Militair und Civilisten stehen sich bei uns in Norddeutschland wie 2 ganz verschiedene Nationen gegenüber, wie fremde Racen, wie Revalenser und Zulukeffern.

## Nº 75

Ballenstädt 19. April 1854

Lieber Gerhard!
Gestern lief zu meiner unbeschreiblichen Freude Dein April-Brief ein. Wie danke ich Dir, daß Du schon wieder geschrieben. Laß uns das fortsetzen, so wird es sein als wenn wir uns näher gezogen wären. Wer weiß auch wie lange wir uns überhaupt noch schreiben werden, da die Ungewitter am Horizont sich immer dunkler und drohender zusammenziehen. Meine schlechten Ahnungen, meine Besorgniße wegen der Wiener Entschlüsse scheinen in Erfüllung zu gehen und auch in Berlin wird man am Ende klein zugeben müssen. Ebenso wenig ist der schwedischen Neutralität zu trauen. Rußland wird diesen schweren Kampf wohl allein aushalten müssen.

Wir haben allerdings herrliches Frühlingswetter, obgleich die Waldbäume noch kein Leben zeigen. Der Boden ist mit bunten Blumen überzogen, die Kirschen sind am Aufbrechen, die Gesträuche grün und die Weiden fangen schon an zu flüstern. Unser Haus ist dabei tüchtig überfüllt. Adolph und Benno sind zu den Ferien da, Mathilde und Bertha Krummacher als Gäste, und Hermann Krummacher so wie Oskar Natorp haben uns erst vor ein paar Tagen verlassen. Dazu kommt die lange Veit mit ihrer langen Tochter, unsere Miethsleute, die sich sehr freuen wenn's bei uns (wie man in Dresden sagt) recht «gedrange» zugeht, um sich auch noch dazwischen zu drängen. Zum 1sten April hatte ich den Kindern ein Diner auf dem Stufenberge versprochen, wenn sie mich anführen könnten. Als ich vom Schlosse kam, fand ich meine Frau, was öfter geschieht, ihr Nachmittagsschläfchen auf meinem Sopha haltend. In der anderen Ecke lag Relle (Elisabeth) und winkte mir zu, daß Mutter schliefe. Ich zog mich daher auf den Zehen aus, machte mir's bequem und schlich dann heran, um in das Buch zu blicken, das Julchen beim Einschlafen entsunken war. Darin lag ein großer Zettel mit der Aufschrift: «Herrliches Diner auf dem Stufenberge gegeben vom Aprilnarren» darunter war die ganze Gesellschaft gezeichnet auf der Wanderschaft, die Veit wie ein Mastbaum in der Mitte. Ich sah nun meiner Frau ins Gesicht und fand, daß es meine große Gliederpuppe war. Relle wollte sterben vor Lachen. Zwei Tage darauf zog ich denn mit dem ganzen Volke nach dem Stufenberge ab und nahm auch noch Agnes Salmuth wegen ihrer herrlichen Stimme mit. Mathilde singt ebenfalls bezaubernd, Bertha und meine Anna sehr gut. So sangen diese vier Mädchen die schönsten Quartette, die sie sich zuvor eingeübt hatten. Ich tractirte wie ein Graf. Weinsuppe, Forellen, frische Bohnen mit Schinken, Schmorbraten, Pudding, Rinderbraten mit jungem Salat, Käse, Rosinen und Mandeln, und Apfelsinen. Dazu Wein mit Zucker. Es war Alles vortrefflich und mein junger Pöbel äußerst vergnügt und zufrieden. – Außerdem habe ich wenig Partien mitgemacht. Julchen auch nicht, sondern wir haben dem Völkchen etwas Geld in die Hand gesteckt und es allein laufen lassen. Dann kommen sie mit dem Zehntel aus, weil sie sehr zu wirthschaften verstehen. –

Deine Geschichte vom Wasserloch hat uns Alle weidlich amüsirt. Ich bedauere nur Elminen, die nicht ins Wasser fiel und doch nicht zur Taufe nach Jacobi kam. Uebrigens theile ich freilich Deine Meinung, daß es unpassend ist anitzo Kinder zu zeugen. Alles zu seiner Zeit! Pastoren sind aber zu Allem fähig. Ihr Wandel ist im Himmel und auf Erden machen sie Mißgriffe. Diese Lutheraner vollends, die wegen ihrer Bornirtheit unwiderleglich sind.

Schändlich! Ganz schändlich! Ganz überaus schändlich, Dich zu Gevatter zu bitten! Die Kindertaufe ist überhaupt der despotischste Act, den es in der Welt giebt; da sie aber nun einmal unvermeidlich ist, sollte man's zu Johanni thun. Man merkt's einem Menschen bald an ob er im Winter oder im Sommer getauft ist. Erstere sind immer Misanthropen weil der Grimm der Pathen in sie fährt (wie ich ein wandelndes Beispiel bin) da hingegen Du als Maikätzchen ein viel gelungeneres Temperament hast. Nun – endlich verwächst sich's auch.

Finn denke ich mir jetzt recht lebhaft durch alle Exulanten, sogar Fräul. Knorring eingerückt. In Petersburg sah ich sie. Sie hatte einen großen Waffelkuchen von Wolle gestrickt, den sie in der Küche kochte und wir standen Alle darum herum. Was daran merkwürdig war, weiß ich nicht mehr. Seitdem sie aber einmal für einen Bären gehalten worden, oder ein Bär für sie oder vielmehr für «ihr», wie die alten Patrioten in Ehstland sagten, denke ich sie mir immer aufrecht auf 2 Füßen herumstelzen. Geschrieben hast Du, glaube ich nie was von ihr, als daß sie Stiefel anzöge wenn sie spazieren ginge. Nun wohl den Frauen, denen man nichts schlimmeres nachsagen kann. Die Meinigen ziehen auch Stiefel an und sind damit, meine Frau an der Spitze, alle Gelbschnäbel hintennach auf den Stufenberg gestiefelt, so daß ich ganz allein mit meiner Pfeife zu Hause bin. Auch nicht übel. Die beiden Krummachers sind übrigens sehr angenehme Hausgenossen. Bertha innig, sinnig sehr gescheut und still. Mathilde überaus lebendig, naiv, geistreich und geschwätzig. Sie macht tausenderlei Spuk und Spectakel und ist immer am Todtlachen. Ein allerliebstes Talent hat sie auszuschneiden und hat z. B. gestern Elisabeth mit dem Hunde Poll so prächtig und genial geschnitten, daß ich mich nicht satt daran sehen kann. Selbst hat sie gar keine Ahnung wie geistreich sie ist. Die Herrschaften sind ganz vernarrt in sie, während wir eigentlich die im Grunde edlere Bertha vorziehen möchten. Anna schwärmt in dieser Freundschaft. Beide Mädchen sind immer verschlungen und schlafen sogar Hand in Hand ein. Meinen Adolph sehe ich nur Mittags bei Tische, außerdem treibt er sich mit seiner Flinte im finstern Harz herum. Morgens um 5 läuft er schon fort auf die Krähenhütte und am Abend steht er am Anhalt, oder Meiseberg oder Gott mag wissen wo auf dem Schnepfenstrich. Schießen thut er freilich keine, weil keine da sind. Benno dagegen, der beiläufig auch schon Baß singt, bleibt zu Hause und macht den jungen Damen den Hof. Es geht dabei freilich noch etwas holprig her, aber es geht doch. Wir feierten gestern Benno's Geburtstag, heute den von

Auguste Veit, morgen kommt der der Bernstorff daran. Es reißt gar nicht ab. Einen rührenden Geburtstag feierten wir am Charfreitag – den unserer seligen Bertha. Schon am Gründonnerstag hatte ich das weiße Marmorkreuz auf ihrem Grabe aufrichten lassen. Als wir am Charfreitag zum Grabe kamen, fanden wir schon Alles bekränzt. Ich machte aber, daß ich bald wieder fortkam, ich kann's noch gar nicht aushalten. Es zieht mich immer hin und wenn ich da bin, schnürt mir's die Brust ein. Auch Julchen kann noch nicht drüber hin und verweint heimlich manches Stündchen. Anna ist auch seit jener Zeit wie umgewandelt, die alte Frische ist weg. Von Außen angeregt kann sie auf Augenblicke sehr lustig werden, versinkt aber immer wieder in eine Art von Indolenz, die ich bei ihr früher nicht für möglich gehalten hätte. – Reizend ist mein Gärtchen jetzt, d. h. in meinen Augen. Das Wetter ist wie im Paradiese und trotz eines heftigen Gewitters am Ostertage nicht verdorben. Mir fehlt aber ein Freund um es zu genießen. Die Herren hier haben alle einen fremdartigen Sinn, sind obendrein sämtlich Kümmeltürken. Der liebste ist mir immer noch der Herzog, weil ich ihn cum granu salis genieße. Gestern bestellte er mich zur ungewohnten Stunde und machte mir die Ueberraschung mit mir nach Quedlinburg zu fahren in den Brühl (ein Lustwäldchen). Ueber diesen glücklichen Einfall war er so vergnügt, daß wir wenig aus dem Lachen kamen. Er sprach zwar nicht viel Anderes als sein Gewöhnliches von Wegkommen, Ausrotten und Niedermachen, aber wir gewannen diesen Dingen die komische Seite ab und kollerten sehr. Einmal schnaubte er sich und sagte: «Ich habe doch großen Schnuppen! Das ist witzig, finden Sie nicht?» Ich lachte sehr und sagte das wäre wie große Opera und verteufelt witzig. «Ja verteufelt witzig» schrie er und wir lachten hart und lange, ich über ihn und er über seinen Witz. Dann sagte er sich erholend: «Es sind witzige Zeiten!» Ich gab ihm das zu, meinte aber so wie die Zeiten so wäre der Witz auch, nämlich schwach. «Das war wieder ein Witz» schrie er und lachte fürchterlich. Ich sagte man könnte in diesen Zeiten gar nichts mehr reden was nicht ein Witz wäre. «Ja» sagte er sich die Augen wischend «es ist ungeheuer!» So ging es fort, und ich hoffe Du siehst ein, daß man solche Unterhaltungen wirklich goutiren kann. Der arme Herzog ist jetzt wieder so freundlich mit mir wie in der Zeit der ersten Liebe, er mag sich wahrscheinlich recht wohl in seiner Haut fühlen, obgleich er immer so spricht als würde er den morgenden Tag nicht erleben.

Heute lobte er beim Promeniren einen Weg. Ich erwiderte der Weg hätte seine Meriten, ausgenommen bei Glatteis. «Bei Glatteis» sagte der H. «werden wir ihn nicht wieder gehen» und fügte dann recht vertraulich hinzu: «Wir beide werden doch wohl zwischen Frühling und Sommer wegkommen, finden Sie nicht auch?» Ja, sagte ich, wenn wir wegkommen, dann kommen wir weg, wie's kommt so wird's. «Ja eben, sagte der H., man kann nicht ewig leben.» Ich: Nein. Er: Nein gar nicht.

*Am 20. April.* Für die herrliche Auskunft über die türkischen Kosacken bin ich Dir großen Dank schuldig. Ich habe mir längst den Kopf zerbrochen, was das für Leute sein möchten. Nun weiß ich's und kümmert es mich gar nicht ob es wahr ist oder nicht, ich lache öffentlich darüber. Ich mache gar kein Geheimniß daraus und sage es Jedermann, besonders denen, die es nicht wissen wollen. Schade daß Du nicht solche Opponenten hast, die Du mit Nachrichten ärgern kannst. Wo übrigens das Geld zu diesem Kriege herkommt, mag Gott wissen. Hunderte von Millionen sind jetzt schon blos durch den Schrecken an Staatspapieren und im Handel verloren gegangen. Dafür, meinte neulich Jemand, hätte man sämmtliche Griechen bestechen können sich beschneiden zu lassen und zum Islam überzugehen, wodurch das Protectorat Rußlands von selbst erledigt und der Krieg unterblieben wäre.

Heute ist der Geburtstag der Bernstorff, und wir werden sogleich einen großen Spaziergang mit ihr machen. Wir haben ihr einen großen ledernen Reisesack geschenkt, weil die arme Seele nach Teplitz soll, ihrer leidenden Hand wegen. Sie hat sich nämlich zu Weihnachten die Hand verstaucht und da ist die Gicht dermaßen hineingefahren, daß sie die Hand nicht rühren kann und große Schmerzen leidet. Die Aerzte können nicht helfen. Schreibe mir doch ein paar theilnehmende Worte darüber, das wird ihr wohlthun. Sie läßt sich so gern aus Deinen Briefen vorlesen. Allerdings ist sie sehr zu beklagen, denn nicht allein wird sie durch dieses Leiden an der Hand zu völliger Unthätigkeit verdammt, sondern sie ist auch so augenschwach, daß sie nicht lesen darf und hat dabei ein schmerzhaftes Gewächs im Leibe, was sie am Sitzen und Stehen hindert. Sie kann blos liegen oder laufen. Wenn man sich nun dabei ihr loderndes rastloses Temperament denkt, so kann man begreifen, was die arme Seele leidet. – Was Du von Tante Gustchen schreibst, ist ja sehr betrübt. Die arme liebe Tante, daß sie so zu leiden hat! – Adelheid hat durch Helene erfahren, daß Annette Lesedow sie mit aufopfernder Treue pflegt. Danke ihr doch auch in meinem Namen recht herzlich, sie erweist uns damit ja Allen die größte Wohlthat. –

*Am 23. April.* Der Herzog ist plötzlich ganz fromm und etwas stark Visionär geworden. Auch citirt er Geister. Wir waren gestern bei der Herzogin von Holstein-Glücksburg. Der Herzog war sehr unruhig und sah sich immer um. Auf die Frage was er habe, sagte er die Geister sprächen zu ihm, streuten ihm auch Staub auf den Kopf. Ich: Es giebt keine Geister, die sind jenseits, wir diesseits. Herz.: Nein hinter der Tapete sind sie, da zwisteln sie. Prinzeß: Nicht doch, in unserem Hause sind keine Geister. Herz.: doch, ich habe sie mitgebracht, sie folgen mir überall. Wir wollten es ihm nun ausreden, da sprang er auf einmal auf, stellte sich mitten ins Zimmer und sagte feierlich: Wenn die Gesellschaft einen Augenblick still sein will, so will ich gleich einen citiren, denn es ist einer hier hinter der Tapete und zwar der alte Kalitsch (verstorbener Schornsteinfegermeister). Die Damen wurden ganz bange und zogen sich in die Ecken, und ich trat nahe an den Herzog heran und sagte ihm er möchte es doch lassen, er würde sich nur aufregen und es würde doch nichts erfolgen. Er war aber ganz begeistert, hörte nicht auf mich, streckte den Arm nach der Wand aus und schrie mit fürchterlicher Stimme: Kalitsch der Vater! (der Sohn ist auch hier, aber den meine ich nicht) Kalitsch der Vater! Was machst Du hier? Rede, der Herzog befielt es Dir! – Darauf legte er die Hand an's Ohr und horchte, dann schrie er wieder: Lauter, Kalitsch, die Damen können es nicht verstehen – noch lauter! – Ich kann bei Gott versichern Hoheit, sagte ich, daß wir Alle nichts gehört haben. Er ist etwas belegt auf der Brust, sagte der Herzog, und redet leise, auch ist er befangen in dieser Gesellschaft. Ich: Er ist vielmehr gar nicht da, sondern im Himmel, und wir sind ja noch auf der Erde, Hoheit, wir können keine Geister rufen. Herzog: Er redet leise weil er befangen ist, wie ich Ihnen schon sagte, aber wenn Sie mir die Ehre erweisen wollen mich heute Abend auf mein Zimmer zu begleiten und die Geisterstunde mit mir abzuwarten, so will ich Ihnen alle die verstorbenen Herrn und Damen vorführen, die früher hier gelebt haben. Ich: Ich werde es mir zur höchsten Ehre schätzen Ew. Hoheit zu begleiten, aber wen werden wir denn da z. B. zu sehen kriegen? Herz.: Ich will Ihnen Alles erzählen wie es mit der Geisterstunde ist. – Die Damen kamen nun wieder heran und schlossen einen Kreis um den armen Herzog. Einige weinten, Andere kämpften mit krampfhaftem Lachen und der Herzog fuhr fort: «Wenn die Schloßuhr schlägt, dann springen meine Thüren auf und dann kommt der Leichenzug von meinem hochseligen Vater, dem Herzog Friedr. Christian Alexius, ganz langsam durchs Zimmer. Dann kommen alle die Herren, die früher am Hofe waren in Gala. Dann kommen die Damen alle in weiß, wie das früher immer bei kirchlichen Festen war; dann kommen die geistlichen Herren im Ornat, erst der verstorbene Pastor Pax mit seiner Stutzperücke, ein sehr würdiger Mann, dann der Oberhofprediger Starke, dann der Pastor Hottelmann, der Pastor Milling und alle die übrigen. Darauf verwandelt sich mein Zimmer in eine gothische Kapelle mit Säulen und der ehemalige Chor tritt ein und fängt an zu singen. Hernach kommen alle die kleinen verstorbenen Kinder in weiß und rosa und schließen sich um das Ganze wie ein Rosenkranz. Dann aber fallen alle die geistlichen Herren auf die Knie und beten für mich.» – Ich: Das ist unbeschreiblich rührend und ich kann mir denken, daß Ihnen das gar nicht unangenehm ist. Herz. »Nein, ja – nein ich will Ihnen sagen, wie nun Alles so war, da rief ich doch Buchmann (Kammerdiener) denn ich war doch etwas aufgeregt, und da nahmen wir Stöcke, Buchmann einen und ich einen, und da jagten wir doch die ganze Gesellschaft zum Zimmer hinaus und immer weiter durch die Galerie und Buchmann schloß die Thür zu, und ich weiß nicht wie das war, da war Alles wieder wie sonst, und als ich in mein Zimmer kam, da sprang mir Winni (ein Hündchen) entgegen und meine Meubles waren da und meine Bilder, Alles wie sonst, da legte ich mich zu Bett.» – Die Gesellschaft war von dieser ungewohnten Art des Herzogs ganz erschüttert. Er war wie umgeschaffen, sprach geläufig und drückte sich gegen uns Alle so höflich aus wie nie vordem. Ich sagte ihm nun, ich würde ihn auf jeden Fall begleiten und schickte einen Lakai an Julchen mit der Meldung ich würde wahrscheinlich erst nach 1 Uhr nach Hause kommen. Darauf wurden wir zum Souper gerufen, wo von andern Dingen die Rede war. Doch rief mich der Herzog ein paar Mal mit Namen (was er sonst nie thut) über den Tisch und sagte es bliebe doch dabei, daß ich mit ihm ginge. Endlich um 10 Uhr wurde aufgebrochen und ich schloß mich dem Herzoge an. Aber in der Hausthüre blieb er stehen und sagte: Ich muß Ihnen doch sagen, daß die Geisterstunde schon vorüber ist. – Schon vorüber Hoheit? Es ist eben erst 10. – Ja ich muß Ihnen doch sagen, daß bei mir die Geisterstunde etwas früher ist – so von 9 bis 10, dann ists vorüber. – So befehlen Sie also nicht, daß ich Ihnen folge? – «Nein, aber morgen zur Promenade.» Damit stürzte er fort mit seinem Lakaien und ich war recht herzlich froh über diese Lösung.

*Am 25. April.* Gestern Abend hat mich der Herzog wirklich zu seiner Geisterstunde befohlen. Ich fand ihn um 9 Uhr bei seinem Solitair-Spiel. Als er mich sah, stand er auf, empfing mich sehr freundlich und sagte: Sie kommen etwas spät, es hat schon angefangen. Nun wurden die Lichter zurecht gesetzt, denn es geht nicht bei jeder Beleuchtung. Darauf führte er wie ein Bänkelsänger eine lange Geisterkommödie auf. Als das beendigt war, wurde wieder Kalitsch citirt, der sich durch Zwisteln hinter der Tapete verrathen hatte. «Warum bin ich in diese späteren Zeiten gekommen? Rede deutlich, Kalitsch!» «Er sagt: zur Besserung.» – Das haben *Sie* gesagt, Hohheit, so einen schönen Gedanken hat der alte Kalitsch in seinem Leben nicht gehabt. – «Nein, nein, er steckt hinter der Tapete, ich *schwöre* es Ihnen zu.» Aber wie zum Teufel muß er denn dahin gekommen sein? – «Kalitsch! wie bist du hinter die Tapete gekommen? – Er sagt es käme von den Veränderungen in meinem Zimmer, weil doch die Tapete bunt geworden ist.» – Wenn ich an Ihrer Stelle wäre, Hoheit, ich litte das nicht. Wir wollen die Tapete herunterreißen und den herausnehmen, der hat da nichts zu suchen. – «Kalitsch! warum geht das nicht? … er sagt weil es doch Staub geben würde» usw. usw. Ich fing endlich an zu lachen und sagte so was Komisches wäre mir noch gar nicht vorgekommen. Wenn man sich dächte, daß der alte Kalitsch mit seinem dicken Bauch hinter der Tapete eingekleistert sei, das wäre doch zum Todtlachen. Da fing der Herzog auch an zu lachen und wir lachten Beide so, daß wir uns die Seiten hielten. Ich bemerkte endlich, daß es 10 Uhr sei und daß mithin keine Geister mehr gesehen werden könnten. Er reichte mir die Hand zum ersten Mal in seinem Leben und verabschiedete mich sehr gnädig. Ich konnte vor innerem Lachen kaum einschlafen; – es ist dies das Närrischste was ich erlebt habe. – Heute habe ich einen sehr unruhigen Tag gehabt. Die Herzogin ist durch diese Geschichte äußerst aufgeregt und wollte durchaus nach Romberg in Berlin schicken. Ich bin 4 Mal auf's Schloß gelaufen und habe mit Mühe einen Aufschub erlangt, damit man nur erst sieht wo es hinaus will. – Unser Frühling sproßte herrlich empor. Die Birken sind schon grün. Leider haben wir 2 Nachtfröste gehabt, die den Blüthen sehr geschadet haben. In Berlin haben sie schon 23º im Schatten gehabt, wir nur 18. Von 18 Grad Wärme fiel es in 12 Stunden auf 2 Grad Kälte und mehr. Jetzt haben wir doch wieder 8º und die Wärme kehrt wieder. Der Herzog hat gerade als es kalt wurde seinen Pelz abgelegt und nennt sich nun, im Mantel und einem großen Fußsack bis an den Bauch, den «Sommervogel». Er sagte mir heute: «Wir beide passen uns doch gar nicht mehr, für uns ist Musik und Tanz verloren.» Sonntag war die Vermählung des Erbprinzen von Dessau. Da ließ der Herzog dem hohen Paar zu Ehren nur Tafelmusik von Anhaltschen Componisten spielen, nämlich von Schneider und von ihm selbst. –

Ich trinke für meine Brust ungeheuer viel Selterswasser, was ich mir selbst mit der Maschine bereite. Das thut mir wirklich wohl. Auch reibe ich mir die Brust mit Terpentinöl ein. Ich kann doch wieder ungenirter sprechen und frisch mit dem Herzog laufen. Vielleicht wird es besser. –

## Nº 76

Ballenstädt 29. Mai 1854

Mein lieber Gerhard!

Dein Brief ist lange gegangen. Du hast am 12. Mai geschlossen und erst am 26sten habe ich ihn erhalten. Das ist geringfügig, aber daß Du armer Kerl so mit Zahnschmerzen geplagt bist und dieselben nicht einmal an Deinem Geburtstag aussetzten, das ist bitter. Bei Dir haben möglicherweise Musik und kräftige Instrumente das ihrige beigetragen Deine Nerven zu ermorden. Es ist ein verfluchtes Gepolter in der Welt, und wenn man auf die Factoren sieht, diese kleinen zarten Damenfinger, so hat man einen neuen Beleg für die alte Wahrheit, daß die kleinsten Ursachen oft die gewaltigsten Wirkungen hervorbringen. Stopfe Dir Wolle in die Ohren und schmiere Baumwachs drüber, wenn Du welches hast, das ist Alles was ich rathen kann; oder noch besser, mach' es wie der Herzog und nimm die Sachen wie sie sind, so wirst Du wie er, unter Aerger und Aufregung Dein Leben doch noch zuletzt zu Ende bringen. Der Herzog fing übrigens neulich den alten Kalitsch glücklich im Wagen und preßte ihn heftig gegen die Wand, – es solle ihn gar nicht kümmern, schrie er, ob er Junge habe oder nicht. Gestern war Romberg aus Berlin hier. Er mußte wie von ohngefähr kommen, als wenn er auf einer Harzreise begriffen wäre, da der Herzog von keinem Arzte wissen will. Dennoch nahm er diesen ganz unaufgefordert nach Tafel mit auf sein Zimmer und gab ihm sogleich eine Gratisvorstellung, die über 2 Stunden dauerte. Ich sprach Romberg nachher ausführlich, weil er über verschiedene Punkte noch Aufklärung verlangte. Er war sehr bedenklich und der Meinung, daß diese Geisterseherei, vielleicht recht bald, völliger Raserei Platz machen würde. Es sei ein förmliches Gehirnleiden und Mittel nicht anwendbar, namentlich in den Verhältnißen, in denen der Patient lebt. Er wolle uns aber von Berlin ein Regime schicken, nach welchem der H. zu behandeln sei. Ich hätte sogern mehr mit ihm geredet und ihm wegen dieses Regimes meine Ansicht mitgetheilt, er wurde aber zur Herzogin abgerufen. – Ich werde den Herzog immer behandeln wie ich ihn bisher behandelt habe. Ich darf weder sein Vertrauen verlieren, noch ihn Oberwasser gewinnen lassen. Die Realität seiner Visionen gebe ich ihm nie zu, lasse ihn aber davon reden so viel er will. Sollte er das Alles in sich allein verarbeiten, so würde er am schnellsten toll werden. Er wird immer ruhig wenn wir ein Weilchen darüber gekohlt haben. Ich kann auch die Sache gar nicht so schlimm finden und sehe gar nicht ein, warum Geisterseher nothwendig rasend werden müßten. Swedenborg hat so lange Geister gesehen und ist bis an sein Ende mild geblieben und der Buchhändler Nicolai in Berlin wurde von seinen Geistern durch Blutegel befreit, die man ihm an den After setzte. Romberg erhält aber für solch einen Besuch 80 Louisdor und dafür mag er denn seinen Patienten auch recht erklecklich krank finden wollen. Es ist ein Leiden mit diesen Aerzten, wissen thun sie nichts, helfen können sie nicht, einerlei welcherlei -pathen sie sind, und so sollten sie denn wenigstens das Maul halten, denn die Herzogin ist durch diesen Besuch in eine gräuliche Aufregung versetzt.

*Am 1. Juni.* Ich komme eben vom Schloß, wo ich mich früh 7 Uhr schon einfinden mußte, um bei der Abreise des Herzogs Carl von Holstein mit Gemahlin zugegen zu sein. Dieser ceremonielle Theil meines Dienstes ist mir ziemlich bedenklich. Kommen fremde Herrschaften an, so muß ich auf dem Schloß sein, sie am Wagen empfangen und in ihre Gemächer führen. Reisen sie ab, so stehe ich im Vorzimmer und wenn sie heraustreten, so gehe ich vor ihnen her, die Treppe hinunter bis an die Schwelle der Hausthür.

Sollen sie speisen, so hole ich sie ebenfalls aus dem Innern ihrer Gemächer heraus und gehe dann die langen Gänge durch vor ihnen her, wie die Wolkensäule vor den Israeliten, bis in den Speisesaal. Auch hier stehen sie noch unter meiner Vormundschaft, indem sie nicht eher Platz nehmen können als bis ich ihnen eine Verbeugung gemacht habe. Vergäße ich dies einmal, so kriegte Niemand was zu essen, oder wenn mich der Schlag rührte, so daß ich sie nicht abholen könnte, würden sie bis zum jüngsten Tage in ihren Zimmern verbleiben müssen. Heute bei der Abreise mußten wir so gar 4 Cavaliere sein, der Hofmarschalk an unserer Spitze. Wozu das nöthig ist, kann ich nie begreifen. – ... Wie groß übrigens bei uns, fast in allen Kreisen die Russenfeindschaft ist, kannst Du Dir kaum vorstellen. Ausnahme in Preußen macht nur die Kreuzzeitungspartei mit dem Militair, welches sich ungern gegen Rußland schlagen würde. Dieser Haß ist theils künstlich erzeugt, theils liegt wirklich etwas in dem russischen Wesen, was den Deutschen lächerlich und widerlich zu gleicher Zeit ist. Das Tolle ist nur, daß man durch diesen abgeschmackten Krieg Rußland nöthigt, alle seine Kräfte daran zu setzen die Türkei zu erobern. Eigentlich weiß doch Keiner, wofür er sich schlägt, ausgenommen den Herrn Louis, der von seinem Standpunkt aus ganz richtige Politik macht und die Welt düpirt. Ich wünsche deshalb von ganzem Herzen den russischen Waffen den Sieg. Dort oben aber im Himmel sitzt der Lenker der Schlachten, und wie er's macht, so werden wir's hinzunehmen haben.

*Am 3. Juni.* Mein armer Herzog ist von Tag zu Tag durch seine Geister mehr gequält. Er leidet unsäglich und ist bisweilen so geängstigt wie ein forcirter Hirsch. Er giebt sich Mühe Alles für Krankheit und Einbildung zu halten, aber vergeblich, die Geister sind nun einmal da und stürmen auf ihn ein. Gestern im Wagen hatte ich eine Unterhaltung mit ihm, die mich sehr rührte. Er hatte viel geklagt und ich hatte ihn getröstet so gut ich konnte, als er mir auf einmal die Hand reichte, sie mir herzlich drückte und mir sagte: «Sie haben doch immer recht gut an mir gehandelt.» Dabei sah er mich mit großen offenen Augen so unbeschreiblich freundlich an, daß mir das Herz schmolz. Ich sagte ihm er könne wenigstens glauben, daß ich ihn recht herzlich lieb hätte, doch könnte ich freilich nicht viel anderes für ihn thun als daß ich für ihn betete, ich hoffte aber Gott werde meine Bitten für ihn erhören. Da sagte der Herzog: «Gott der Herr ist ein guter Geist und wir beten erlöse uns vom Uebel.» Ich erwiderte das wäre ein sehr gutes Gebet und wir wollten es recht treulich zusammen für ihn beten. «Und auch das» fiel der Herzog ein «vergieb uns unsere Schuld». Darauf reichte er mir wieder die Hand und sagte: «Es ist doch gut, wenn man in diesen späteren Zeiten *recht fest* zusammen hält.» Ich versprach ihm treulich bei ihm auszuhalten, es komme was da wolle, was ihn sichtlich beruhigte, so sehr, daß die arme abgejagte Seele einschlief und er ganz behaglich eine volle Stunde neben mir schlummerte bis wir den Ballenstädter Schloßhof erreicht hatten. Was geht doch Gott mit dem für einen wunderbaren Gang. Er war vollkommener Freigeist, und jetzt treiben ihn Gespenster in die Demuth des Glaubens. Er war herzlos, kalt und stolz, und spukende Schornsteinfeger erwecken ihm das Herz, daß er Dankbarkeit und Freundschaft fühlt. Ich hoffe doch, daß Gott ihn vor Raserei und eigentlicher Tollheit bewahren werde. Die Herzogin erwartet dies und giebt einer leichteren Auffassung durchaus nicht Raum, ja sie nimmt es fast übel, wenn man ihm Hoffnung geben will. Doch ist sie sehr theilnehmend und gut gegen den Herzog und er zeigt ihr Liebe und Vertrauen in einem Maße wie vordem niemals. Wenn er irgend einen anderen Wahnsinn hätte als Geisterseherei, so würde die arme Herzogin wohl auf Besserung hoffen können, dies aber ist ihrer ganzen Eigenthümlichkeit etwas so ganz Entsetzliches und überaus Schreckliches, daß sie keinen Trost gelten läßt, und dabei ist es so schauerlich, daß sie fast ebensoviel leidet als der Herzog selbst. Es ist ein wahres Unglück, daß bei uns Aufregung und Gemüthshetzen niemals aufhören. Sie lassen in einer Form nach, nur um in einer andern wieder anzufangen. Man ist auf dem Schlosse in ewiger Agitation, bald so bald anders. Durch Schätzells Herrschaft sind Arrangements möglich geworden, von deren Möglichkeit man sich früher nicht träumen ließ, und die Herzogin hat sich ihr Leben so gemüthlich und bequem gestalten können, als es in ihrem Verhältniß nur denkbar ist, aber an Gemüthsruhe hat sie dadurch nicht im allergeringsten gewonnen. Wenn sie vor 4 Jahren gewußt hätte, wie sich die Verhältniße heute zu ihren Gunsten gestaltet haben würden, so würde sie sich nach dem heute gesehnt haben wie nach einem Paradiese, denn *alle* ihre damaligen Wünsche sind überreichlich und über alles Erwarten erfüllt. Sie ist aber gerade eben so unglücklich wie damals, weil jetzt Kleinigkeiten, die sie sonst kaum bemerkte, mit riesenhafter

Wucht in den Vordergrund treten. Ich fürchte, daß ihr noch recht Schlimmes vorbehalten sein könne.

*Am 4. Juni.* Vorgestern hatten wir 20° im Schatten, gestern 10, heute 5. Es regnet seit beinah 48 Stunden, der Boden ist aufgelöst und ich soll nach der Kirche mit dem Herzog spazieren gehen. Die Saaten haben sich übrigens trotz aller Hypochondrie der Landwirthe wieder erholt und stehen trefflich. Am Obst freilich nicht, aber an den Feldfrüchten hat sich der Frostschaden reparirt. Wenn uns jetzt nicht gar zu arge Nässe oder Hagelschlag trifft, so können wir einer ziemlich guten Ernte entgegen sehen, die uns sehr noth thut. Die Preise sind enorm. Alle Lebensmittel kosten das Doppelte ja Dreifache. Der gemeine Mann kann sich nicht satt essen. Noch eine Mißernte wäre ärger als jeder Krieg.

*Am 6. Juni.* Der Hund Poll hat diese Nacht gejungt. Ob er mehr als Eins hat kann man noch nicht wissen. Mein Haus ist übrigens schon voll genug. Außer den Pfingstferien-Söhnen aus Bernburg sind auch Mathilde und Bertha Krummacher da. Mathilde neu eingelaufen, Bertha noch gar nicht weggewesen. Auf unserem gestrigen Spaziergang öffnete sich unerwartet der Wald und über tieferliegende sonnige Wipfel hinweg sah man die blaubeschattete Ferne, die ganz der See glich. Mathilde spreizte die Arme auseinander und schrie: «Erbarmt Euch – das Mähr!» Der Accent war so echt ehstländisch, daß Alle in Lachen ausbrachen und den Ruf vielfach wiederholten. So wie Oncle Peter im sächsischen Dialect Anecdoten erzählte und damit eine große Wirkung hervorbrachte, so thut sie es im ehstländischen, den sie mit vielem Talent karikirt. Es ist ein merkwürdiges Imitationstalent in diesem Mädchen. Sie spricht, wenn sie will, mit Jedermanns Eigenthümlichkeit. Bertha Krummacher haben wir uns von den Eltern erbeten bis zum ersten August, da Julchen für den Julimonat mit nach Alexisbad muß, um dem Herzog Gesellschaft zu leisten. Die Herzogin geht nämlich nach Kissingen. Am 1sten Aug. wird dann Julchen von der Herzogin von Holstein und Prinzeß Louise, die jetzt in Schleswig sind, wieder abgelöst. Uebrigens ist es möglich daß der Herzog in diesem Jahre gar nicht nach Alexisbad geht, wenigstens will er bis jetzt nichts davon wissen. Der arme Herzog ist von seinen Geistern schändlich geplagt. Er ruft fast jede Nacht den Kammerdiener zu Hülfe, damit der sie zu Paaren treibe und bringt oft 3–4 Stunden in der Nacht wach und in großer Aufregung zu. Jetzt hat er noch den Kummer, daß die beiden Kalitsche, Vater und Sohn, ihn «Herr Baron» nennen. Er sagte mir heute ganz sanft, das ginge recht wohl auf der Reise, wo man incognito wäre, aber hier in Ballenstädt passe es ihm durchaus nicht und fände er es sehr unhöflich. Es thäte ihm leid, daß er die beiden Kalitsche nicht todtgeschlagen hätte, so lange sie noch lebten, so würde er jetzt Ruhe haben. Es seien ganz schlechte Wesen, die sich auch unter einander nicht vertrügen, Barbaren und Teufel. Gestern hätte der Sohn den Vater geprügelt, daß ihm die Knochen gekracht hätten, wie ich das fände? – Sehr abgeschmackt, sagte ich, es wäre dummes Zeug, er solle doch nicht darauf achten und sich's aus dem Kopfe schlagen. «Ja eben», erwiederte der Herzog «Dummheiten sind's, schlechte Kommödien, die man aufführt.» So wollen wir darüber lachen, sagte ich, und nun wurde gewiehert. So weiß man nie recht was an der Sache ist. So viel indessen ist gewiß, daß der arme Kranke oft fürchterliche Angst aussteht.

*Am 9. Juni.* Gestern Nachmittag machte ich mit meinen Kindern (Anna ausgenommen, die ich nicht anstrengen wollte) ein Tour zu Fuß nach dem 1 ½ Meilen entfernten Quedlinburg. Dort gingen die jungen Leute in den Brühl und ich in die Stadt hinein zum Uhrmacher und dann zu Vangerow, der zwar außer Bett war, aber doch den Gebrauch seines Fußes noch nicht wieder hatte. Wir tranken Kaffe, rauchten und politisirten. Er hat von der östreichischen Politik günstigere Ansichten als ich. Möchte er Recht haben! – Freilich glaubt man gern was man wünscht. Hypochondristen wie ich glauben leicht das Gegentheil. – Ich holte dann meine junge Schaar wohlbehalten aus dem Brühl ab. Sie hatten dort Kaffe getrunken und sich dann die Stadt besehen, wo sie für Schauspieler gehalten und von Gassenjungen verhöhnt worden waren. Es regnete als wir uns auf den Rückweg machten, aber bald platzten die Wolken und die Sonne brach durch, warf herrliche Lichter auf die Berge und machte ein Gefunkel in den saftgrünen Saatfeldern. Der Roggen blühte bereits und stand überall prächtig. Wir gingen ununterbrochen durch Felder bis auf unsere Grenze, wo sich der malerische Feldweg in Chaussée, die Felder in eine waldartige Obstplantage verwandeln und wir im Chausséehäuschen Julchen und Anna vorfanden, die uns hier mit einem delicaten Souper von köstlichem goldgelben Salat und weichen Eiern empfingen. Wir waren müde und hungrig und nachdem wir uns gehörig erquickt, machten wir uns wohlgemuth wieder auf, um noch die letzte halbe Stunde bis Ballenstädt zurückzulegen. Vor uns stand rund und schön der Mond und die Kinder sangen gar herrlich das alte Mondlied von Claudius, das einzige Lied aus alter Zeit, das sich auf unserem Hausrepertoir erhalten hat.

*Am 11. Juni.* Heute vor 4 Wochen besuchte uns Adolf K. mit seiner Braut und dem Director Schmid nebst Frau, seinen künftigen Schwiegereltern. Die Braut ist recht hübsch, außerdem kann ich nichts über sie sagen. [Der arme K. ⟨...⟩ und vereitelt immer mehr. Mit vornehmen und berühmten Leuten umgehen ist sein bester Genuß. Dabei ist er doppelt. In der Familie albern, in der Gesellschaft die geistliche Würde selbst.] Wir hatten uns seit anderthalb Jahren nicht gesehen und Berthas Tod lag dazwischen, nun kam er auf einen halben Tag, machte aber doch Besuche beim Hofmarschall, bei den Hofdamen und sogar bei der Herzogin, womit alle Zeit hinging, so daß wir nicht einmal miteinander geraucht haben. [Ich glaube unter den Geistlichen ⟨...⟩ die meisten Pfaue, die Eitelkeit der Hofleute ist nichts dagegen. Es ist die Natur, die sich an der Würde rächt ⟨?⟩, die sie bisweilen annehmen, oder ⟨...⟩ gewöhnlich annehmen. Gegen die Eitelkeit der Geistlichen bin ich unbarmherzig, ich kann nicht anders.] – Es ist nun doch bestimmt, daß wir zum 1sten Juli nach Alexisbad gehen. Julchen geht mit. Hier bleiben nur Anna, Elisabeth und Bertha Kr. die von beiden Töchtern sehr geliebt wird und auch wirklich im besten Sinne des Worts ein liebenswürdiges Mädchen ist. Nach Alexisbad gehe ich sehr ungern. Es ist dort schrecklich und muß ich alle Mittag und Abende im Frack sein, kann dort auch nicht malen. – Poll hat diesmal wirklich nur *ein* Junges und brütet den ganzen Tag darauf. Die Ente brütet ebenfalls mit unerhörter Ausdauer. –

## N° 77

Ballenstädt 17. Juni 1854

Mein lieber Gerhard!
Gestern lief hier Dein kurzes Brieflein ein. Ich bin durchaus Deiner Ansicht wegen des russischen Geldes. Ich habe indessen mit Sachverständigen noch nicht reden können und werde es auch wohl damit anstehen lassen bis Schiller in Hamburg, der in 14 Tagen erwartet wird, hier eintrifft. Für Uebersendung des Zeitungs-

blattes danke ich Dir. Zwar theilt der Magdeburger Correspondent (meine Zeitung) die wichtigeren Erklärungen der russischen Blätter unverkürzt mit, doch war mir dieser Artikel neu, wenn auch nicht überraschend, da er mit allen russischen Nachrichten, so wie mit sämmtlichen Privatbriefen übereinstimmt. –

Vorgestern besuchte mich Nathusius aus Neinstedt, zwei Wegstunden von hier. Er ist ein reicher Mann und lebt nur Humanitätszwecken. Vor etwa 5 Jahren kaufte er das Herrenhaus mit Garten von Neinstedt von dem Besitzer einem von Windheim, der das Gut parcellirt und nur Haus und Garten übrig behalten hatte. Nathusius legte hier mit seiner sehr intelligenten und thätigen Frau eine Rettungsanstalt für verwahrloste Kinder an, zu welchem Zweck er die Nebengebäude einrichtete. Nebenbei redigirt er das Hallesche Volksblatt, welches früher Tippelskirch, dann Florencourt hatten, welches aber unter Nathusius zwar an Popularität verloren, dafür aber an Interesse sehr gewonnen hat. In politischer Beziehung ist Nathusius Kreuzzeitungsmann und in der orientalischen Frage steht er auf Seiten Rußlands. Kurz er ist ein Ehrenmann in jeder Beziehung, und ich hätte längst gern seine Bekanntschaft gemacht. Ich ließ ihm daher neulich durch einen Freund sagen, er möge doch einen Nachmittag bestimmen, wo wir uns halbwegs auf dem Stufenberge treffen könnten. Darauf antwortete er, er strebe nicht nach neuen Bekanntschaften, hielte sie sich im Gegentheil gern vom Halse, besonders maitres de plaisirs vom Hofe. Darauf wurde ihm von meinem Sachwalter das Nöthige erwidert und der Humor von der Sache war, daß er vorgestern zu Fuße und unangemeldet angestiefelt kam um meine Bekanntschaft zu machen. Wäre ich dem Manne, ohne ihn zu kennen, auf der Landstraße begegnet, so würde ich ihm weit ausgewichen sein. Ein braunrothes Lockenhaupt wie Jupiter Tonans, ein Bart wie Neptun, wie polnische Juden oder Demokraten, ein ebenso erloschenes und blasses Aussehen wie letztere, bei sehr schönen Zügen. Dabei abgetragene Kleider, schmutzige Hände, weißen Strohhut und einen faustdicken Harzknüppel als Spazierstöckchen. Die Rede matt und nörgelich. Ich überzeugte mich indessen bald, daß ich es mit einem ausgezeichneten Manne zu thun hatte. Alles, was er sprach, war geistvoll und seine Auffassung leicht. Ich mußte an Timmo denken, der an dem Grade des Hosenschlotterns den Genius mißt, und es fiel mir ein, daß wenn alle drei am Galgen hingen, nämlich Nathusius, Timmo und der sel. Radingh Niemand etwas Arges dabei denken könnte. Nathusius hat mich sehr dringend eingeladen ihn in Neinstedt zu besuchen, namentlich um mir seine Kupferstichsammlung zu zeigen, für die ich mich so wenig interessire, daß ich schon deshalb wegbleiben könnte. [Wie kann aber ein Christ so ⟨...⟩ sein! Ich kann es nicht begreifen, und ich glaube, daß irgend etwas Schiefes in dem Menschen stecken muß.] Bei näherer Bekanntschaft würde sich dies wohl bald offenbaren. Er genießt übrigens ein solches Ansehen, daß ihm der preußische Adel vor 3 Jahren, als Wagner zurücktreten wollte, die Redaction der Kreuzzeitung angeboten hat. Dies erzählte mir Gerlach selbst. Er schlug es aber aus, weil er dann Neinstedt und seine Anstalt hätte verlassen müssen. Daß ich erst jetzt mit ihm bekannt geworden bin, und namentlich von ihm gar nicht gekannt war, da wir doch mehrere gemeinschaftliche Freunde haben, ist mir unerklärlich. Jetzt bin ich zwar recht betrübt einen solchen Rüpel in ihm gefunden zu haben, von der andern Seite freue ich mich aber doch wenigstens *einen* geistig ausgezeichneten Bekannten in der Nähe zu haben. –

Wie herrlich, daß Du auch Shakespeare liest und liebst. Seine Stücke sind wie canonische Bücher, ich lese sie immer wieder, namentlich die Lustspiele. Das beste ist wohl Heinrich IV. Doch ist man etwas davon ermüdet, weil alle Vorleser sich daran üben. Mein Liebling, besonderer Liebling und Schatz ist: «Viel Lärmen um nichts». Die beiden Figuren Benedict und Beatrice ziehen mich so an. Das Stück ist zwar eigentlich nur eine ziemlich ungeschlachte, oft sehr geschmacklos behandelte Skitze. Die Mängel sind aber vom Genie überstrahlt und bessere Ausführung denkt man hinzu. Zwei prächtige Menschen, aber mit scharfer höhnischer Außenseite, sich einander nahen zu sehen, ist von größtem Interesse. Köstliche Perlen finden sich reichlich. Es ist von der schlagendsten Wirkung als Benedict, nachdem alle Andern die Kirche verlassen haben, sagt: «Fräul. Beatrice, habt Ihr die ganze Zeit geweint?» O ich kann nicht sagen wie allerliebst ich das finde; es wiegt ein ganzes Schillersches Stück auf. Herrlich ist auch das: «Du und ich sind zu vernünftig, um uns friedlich um einander zu bewerben.» Und wie überraschend das: «Ich will in Deinem Herzen leben, in Deinem Schooß sterben und in Deinen Augen begraben werden.» – Ein wundervolles Lustspiel, wenn auch nicht jener liebliche Frühlingshauch drin weht, ist «Maß für Maß». Von der einen Seite ist es edler gehalten als das vorige, von der andern Seite, dem verfänglichen Gegenstande nach, derber und ruchloser. Die Fabel ist sehr komisch, die Ausführung geistreich und fleißig. Lies es und denke an mich. Welche Idee, einen Mann, der so tugendhaft ist, daß man meint zwei Stockfische hätten ihn gezeugt, so schändlich und über alles Maß fallen zu lassen! – Solche Sachen können heute nicht mehr geschrieben werden. Sie gehören in den Frühling der Poesie, man wird jung dabei. Jetzt läßt die ausgebildete Kritik nichts Ordentliches mehr zu Stande kommen. Wo auch ein Genius ist, da ist er so eingeschreckt und furchtsam, daß er unfruchtbar wird. Es ist eine scheußliche Zeit, in der wir leben. Elendes, altkluges, afterweises, unvergnügliches ja kümmeltürkisches Volk! Ich danke Gott für meinen Herzog, der so weise ist wie Salomo, ohne doch im geringsten seine Mängel zu bemänteln. Heute auf der Promenade, nachdem wir über gleichgültige Dinge gesprochen hatten, blickte der Herzog plötzlich aufwärts, lächelte und rief dann als wenn er einen freundlichen Eindruck festhalten wollte, ein paar Mal durch die Fistel: «Kiwitt. kiwitt!» in einem Tone wie man etwa spielende Kinder nachmacht. Ich sagte das klänge ja recht lieblich wie Kibitze und junge Vögel. «Hm» erwiderte der Herzog, «da oben geht es doch recht heiter und zufrieden zu, hm! – und das ist doch auch recht gut, wenn Alles so ruhig ist. Hören Sie, Herr von Kügelgen, ich denke es mir doch zu schön so als Geist in der Luft herumzuschweben und ich werde bald auch einer werden.» Und ich auch, sagte ich, und dann wollen wir recht zufrieden bei unserem himmlischen Vater leben. – «Gott der Herr ist unser Vater» fiel der Herzog ein, «und wenn man sich immer mit dem Himmel beschäftigt, wie ich, Alles hinter einander wegnimmt und sich nicht aufhält, so kommt man weg und wird auch zu Geistern.» Darauf rief er wieder «kiwitt! kiwitt!» horchte dann auf, lachte ein paar Mal und sagte wiederholt «ja eben» als wenn er Gehörtes sehr billige. Darauf stellten wir eine sehr angenehme Jagd nach einer Wasserratte an, die wir wiederholt mit unseren Stöcken aus dem hohlen Ufer eines Wassertümpels heraus ängstigten. Der H. war ganz Feuer und Leben dabei und behauptete die Wasserratten sähen noch ganz so aus wie früher, seien aber auch sehr unvollkommen wie alles Uebrige. Auf dem Weitergange war er sehr heiter bis er auf einmal anfing zu spucken und mit dem Stock um sich zu hauen. Auf meine Frage was denn wieder los sei? sagte er: «und ich brauche doch keinen Schutzgeist!» – Ich auch nicht Hoheit, aber wenn alle Leute, die keinen Schutzgeist brauchen, so spucken und hauen wollten, so könnte man ja gar nicht mehr mit Menschen zusammen sein. – «Ja eben! und mein seliger Vater hat doch auch keinen Schutzgeist gehabt, und ich kann doch keinen Schornsteinfeger zum Schutzgeist haben.» Will er denn das? – «Ja eben, es ist Unverschämtheit weil er dumm ist, Kinderei! Was soll das heißen, ein Schutzgeist!» – Gott ist unser Schutzgeist, Hoheit, den wollen wir lieben und fürchten, die andern hole der Guckuck. – «Ja eben, der Guckuck – ein Esel ist er, ein abgeschrumpftes, kleines unbedeutendes Wesen, das sich wichtig machen will!» Ja eben Hoheit! – «Ja eben.» Gerade darum. – «Ja eben.» Es ist eine unbezahlbare Idee, daß dieser Kalitsch sich dem Herzoge als Schutzgeist *aufdrängen* will, und dieser ihn dafür anspuckt. Wo fände ich Unterhaltungen mit Professoren, die so viel Salz hätten.

*Am 18. Juni.* Mit jeder Zeitung wird eine Betheiligung Oestreichs gegen Rußland wahrscheinlicher, wenn man auch vielleicht erst im nächsten Jahr handgemein wird. Dann kommt Preußen auch mit in die Tinte. Preußen hat eine unvergleichliche Armee wie vielleicht kein anderer Staat, aber weil es lauter Landwehr ist, so ist sie eigentlich nur zur Vertheidigung der eigenen Grenzen geschickt, nicht aber um für weitaussehende politische Pläne verwandt zu werden. Mit Landwehr Krieg führen heißt vom Capital zehren. – Der ungeheure monströse Jubel über die Silberhochzeit des Prinzen von Preußen ist nichts als eine Demonstration gegen den König. Der anno 1848 als Reactionär so verschrieene Prinz, so gehaßt, daß er nach England flüchten mußte, ist jetzt auf einmal in Pöbels Augen der Repräsentant des Liberalismus, weil er Freimaurer und Rationalist ist, auch westmächtliche Sympathien haben soll. Der König hat aber sehr witzig öffentlich erklärt, er freue sich sehr über die Ehrenbezeugungen, die seinem Bruder zu theil würden, und er nähme Alles an als sei es ihm selbst geschehen. In der That soll auch das beste Verhältniß zwischen beiden Brüdern sein. – …

*Am 27. Juni.* Gestern war Nathusius wieder bei uns mit seiner geistreichen Frau. Sie wollte eigentlich die Herzogin kennen lernen; die war aber fort auf Josephshöhe. So kamen sie zu uns [und dies hatte den Vortheil, beide gewaschen, gekämmt und sauber gekleidet zu sehen. (Sie soll nämlich eine noch ärgere Vogelscheuche als ihr Mann sein.)] Wir verlebten ein paar herrliche Stunden mit diesen liebenswürdigen Menschen und bedauern keine Equipage zu besitzen, denn zu Fuß ist Neinstedt doch etwas schwer zu erreichen. – Dieser Brief hat durch Fahrlässigkeit so lange gelegen. Es war auch immer was los. Der Hof machte Landparthien, ich hatte Besuch, malte usw. Bei hohem Barometerstand alle Tage Regen und Gewitter. Dabei 16-19º R. Trotz der Hitze läßt doch der Herzog alle seine Zimmer noch heizen. Man zerfließt bei ihm. Auch die Lustorte, die er besucht, als Meiseberg, Sternhaus, Stufenberg usw. werden noch geheizt. Die Geister tituliren ihn jetzt kurz weg: – «Barönchen» worüber er oft in Wuth geräth und um sich haut. Wir werden nun in 4 Tagen nach Alexisbad gehen; die Herzogin reist schon am 30sten nach Kissingen, von da noch in ein Seebad. Morgen ist große Tafel, der commandirende General von Magdeburg hat sich angesagt. Ich werde aber mit meinem Herzog allein speisen. Ich mußte es ihm heute ankündigen. Er schwang den Stock und sagte: «Verflucht – ‹Barönchen› – wie finden sie das?» – Ist das nicht herrlich? Er wird mir immer werther. Lebe wohl mein lieber Gerhard und grüße alle die Deinigen, so wie unsere geliebten Cousinen in Poll. Es denkt Eurer fortwährend

Wilhelm.

## Nº 78

Alexisbad 12. Aug. 1854

Mein alter lieber Bruder!
Zwei treffliche Briefe habe ich hier schon von Deiner Hand empfangen in meiner Waldeinsamkeit, ohne zu antworten. Das kommt von der Hast und Unruhe, in welcher ich lebe, von Mangel an Gemüthlichkeit und vielen anderen Gründen. Dennoch, wenn ich auch gerade nicht schreibselig bin, will ich nicht klagen. Es geht mir gut, und mein diesjähriger Aufenthalt hier ist mit dem vorigjährigen gar nicht zu vergleichen. Ich bin eingewöhnter in die Verhältniße und kein Fremdling mehr im Hause. Ich weiß mir in jeder Beziehung besser zu helfen und schaue nun schon getroster drein. Sehr angenehm ist es, daß ich auch Julchen bei mir habe. Wir wohnen im «Schweizerhaus» ganz allerliebst, ja höchst reizend, so schön wie wir noch nie gewohnt haben. In meinem Zimmer sehe und höre ich nichts von der ganzen sündigen Welt und freue mich der romantischen Einsamkeit. Mein Zimmer ist hoch und von unten auf mit einem einzigen Bogen überwölbt wie eine Brücke. Drei hohe Fenster erleuchten es, von denen das mittelste zugleich als Thüre zum Balkon dient, der überdacht ist und sich in der ganzen

Breite des Zimmers hinzieht: Von da blicke ich hinab, etwa 80 Fuß tief, nach der Selke, welche am Fuß des Schweizerhauses in ihrem Felsenbett dahinbraust. Unmittelbar am andern Ufer steigen die Felsen, reich mit Laubwald bewachsen, steilrecht nach dem Schlotheimsplatz und darüber hinauf, so daß ich, wenn ich nicht unmittelbar am Fenster stehe, nichts vom Himmel gewahre, blos die grüne Baumwand sehe mit einzelnen vorspringenden Klippen, in denen allerlei Eulen horsten die Abends ihre Stimmen mit dem Brausen der Selke mischen. Es ist eine absolute Einsamkeit, die mir sehr zusagt und mich ganz zum Träumer machen könnte, wenn meine Aufmerksamkeit nicht anderweit doppelt in Anspruch genommen würde. An mein Zimmer stößt eine trauliche Schlafkammer mit allen Bequemlichkeiten. Passiere ich nun ein kleines Vorhaus, so gelange ich an Julchens Wohnung, einen schönen Salon mit geraden Wänden, nur oben überwölbt. Alles geräumig, elegant möblirt mit verschiedenen Etablissements. Ebenfalls drei Fenster mit Balkon wie bei mir, aber die Aussicht anders. Julchen übersieht den ganzen Badeort mit sämmtlichen Gebäuden und den besuchtesten Promenaden, umgeben von hohen Waldbergen, die Morgens dampfen und in den zauberhaftesten Beleuchtungen immer neu sind.

Julchen sieht immer zahlreiche Spaziergänger, hört die Musik, von der ich nichts vernehme und sieht die zahlreichen Equipagen ankommen und abfahren. Es ist die schönste Wohnung im ganzen Badeort und sehr nach Julchens Geschmack, so daß sie recht zufrieden ist. Unsern Kaffe nehmen wir zusammen auf dem Balkon ein zwischen 7 und 8 während die Musik spielt. Auf unserer Flur wohnt ebenso situirt noch eine Hofdame, Frl. v. Massow und eine Jungfer, welche die Damen bedient. Unter uns ist der große Speisesaal nebst den Gemächern der Herrschaften und im Erdgeschoß haust die Dienerschaft. Das ganze Haus liegt völlig isolirt auf grünem Rasenplatz mit Bosquets. – Nun von meinem Leben. Um 6 ½ stehe ich auf, mache mich zurecht und von 7 ½ an bin ich den ganzen Tag auf dem qui vive, denn obgleich ich eigentlich mit Hellfeld dejourire, so trifft mich weil ich im Hause wohne, doch aller extraordinärer Dienst, so daß ich, wenn ich einmal ausgehen will, förmliche Vorkehrungen treffen muß. Die «Weserei» des Herzogs (so nennt er seinen Verkehr mit Geistern oder überirdischen Wesen) nimmt immer mehr überhand. Kaum ist der arme Herr aus dem Bett, so fallen auch schon die verruchten Kalitsche über ihn her und quälen ihn. Er nimmt das aber nicht mehr so gemüthlich hin wie früher, sondern wird bitterböse, wirft ihnen Alles an den Kopf was er erwischen kann, wirft Tische um, zerbricht Stühle, poltert und schreit wie am Spieße. Dann überredet ihn der dienstthuende Kammerdiener, wenn ers nicht länger aushalten kann, auszugehen. Der Herzog ergreift dann plötzlich Hut und Stock und fort ist er. Ich werde davon benachrichtigt und schieße gleich nach, damit er nicht allein läuft. Nun geht es stundenlang durch die Berge bis wir ermüdet nach Hause kommen. Nach einer halben Stunde fährt der Wagen vor und es wird ausgefahren. Um 12 Uhr kommen wir zurück. Es ist noch eine Stunde bis zum Diner. Aber die Wesen plagen. Der Herzog schiebt wieder fort, ich hintendrein. Um 1 wird gespeist. Wir überreden den Herzog nach Tafel ein Schläfchen zu machen und er findet dies auch zuträglich und freut sich darauf. Kaum aber bin ich in meinem Zimmer und habe mich behaglich ausgestreckt, so höre ich auch schon unter mir einige Knalle, dumpfes Geschrei und Gepolter, ein Lakai stürzt herein und meldet der Herzog sei fort. So muß ich nach, weil keine Zeit ist nach Hellfeld zu schicken und wir kehren erst um 5 wieder zurück. Dann steht der Gondelwagen (eine Art Linie) mit 6 Pferden schon vor der Thür und die geladene Gesellschaft wartet. Wir fahren nach Ballenstädt, nach dem Stufenberg, dem Falkenstein oder sonst wohin und verbringen und verfressen dort den Rest des Tages. Das geht zwar nicht alle Tage so, es treten wieder Zeiten größerer Ruhe ein, aber ich habe hier Tage erlebt wo ich auch keinen Augenblick fand nur die Wäsche zu wechseln und oft habe ich dies auf dem Falkenstein, Josephshöhe oder sonst wo thun müssen, da Julchen mir gewöhnlich etwas mitnimmt. Wenn das in Ballenstädt so bleiben sollte, so müssen Hellfeld und ich abwechselnd auf dem Schlosse wohnen. Gestern war um 5 Uhr eine Fahrt nach dem Meiseberg befohlen und dazu Gäste geladen. Um 3 Uhr wurde ich aus der Ruhe gerissen: der Herzog brenne durch. Ich stürzte gleich hinunter und fand ihn sehr freundlich in der Hausthür warten; «Man könne doch eine kleine Promenade machen.» Er schlug den Weg nach dem Mägdesprung ein. Unterwegs klagte er mir ganz rührend, wie er es nun balde nicht mehr aushalten könne, er magere ab, er verdorre ganz, die Weserei ließe ihm keine Ruhe auf seinem Zimmer, er könne weder lesen noch spielen, die Oberwelt mische sich in Alles. Ich tröstete ihn nach besten Kräften und bewies ihm, daß Alles nur Einbildung sei. Er wurde ruhig, fing an zu lachen, nannte diese Sachen dumme Kindereien, Märchen für Schulkinder, aber abgeschmackt für Erwachsene wie er einer sei. Plötzlich aber warf er sich über einen Steinhaufen, raffte Steine auf und bombardirte unter gräulichem Geschrei in die Büsche; dann prahlte er mit seiner Furchtlosigkeit, nahm eine heroische Stellung an, bei der er hinten übergefallen wäre wenn ich ihn nicht gehalten hätte und hielt mit Pathos eine Rede in die Felsen über die Unerforschlichkeit der Wege Gottes. Als ich ihn endlich ruhig hatte, spazierten wir weiter, sprachen von gleichgültigen Dingen und lachten wie die Kobolde über den Namen Pipmeier, den einer der Badegäste führt. So gelangten wir zu einem Gartenknecht, der die Hecken an der Straße beschnitt. Der Herzog trat an ihn heran und unterhielt sich ein Weilchen ganz vernünftig mit dem Manne über sein Geschäft, lobte ihn auch sehr, daß er die Hecken nicht verkommen ließe und auf Ordnung hielte. Dann aber fragte er ihn plötzlich, was er von der Weserei hielte. Der Kerl glotzte den Herzog an, dieser wiederholte seine Frage schon etwas ungeduldig und ich sagte nun rasch dieser Mann bekümmere sich um solche Sachen nicht, er thäte seine Arbeit und übrigens ließe er fünf gerade sein usw. Da bemerkte ich zum Glück eine Gesellschaft von Reisenden, die uns entgegen zogen. Ich machte den Herzog darauf aufmerksam, um ihn von dem elenden Gespräch mit dem Arbeiter abzuziehen und er ging auch sogleich mit raschen Schritten auf die Gesellschaft los. Es waren zwei saubere Damen auf Maulthieren, ein paar Treiber, die Gepäck trugen und drei feine Herren in leichter Reisekleidung, eine allerliebste Staffage der Landschaft. Als sie uns nahe kamen, machte mir der Herzog neue Sorge. Er faßte seinen Stock kurz, verdoppelte seine Schritte, bekam einen wilden Ausdruck und wollte augenscheinlich etwas unternehmen. Ich hielt mich hart an seiner Seite und raunte ihm zu: «nehmen Sie sich in Acht! Das sind französische Herren, die keinen Spaß verstehen und wenn die Maulthiere scheu werden, so fliegen Ihnen die Damen gerade auf den Hals.» So kamen wir glücklich durch, aber der Herzog war sehr unzufrieden und sagte er hätte doch dazwischen fahren sollen des Beispiels wegen; es wäre doch abgeschmackt auf Maulthieren zu reiten, – was das heißen sollte – dumme Menschen – das wäre früher nicht gewesen, aber es würde Alles anders und nichts besser usw. usw. Plötzlich blieb er wieder stehen, seine Augen rollten, er schwang seinen Stock und sprang auf einen würfelförmigen Meilenstein. Ich faßte ihn und fragte barsch: was das nun wieder werden sollte. Er riß sich los und schrie mich an: er müsse jetzt der Oberwelt verkündigen, was der Mann mit der Gartenschere von ihr hielte. Ich faßte ihn wieder und sagte ihm, das könne er ja thun, ich würde ihn aber halten, daß er nicht vom Steine herabflöge. Jetzt nahm er eine Stellung an wie der Prometheus, bog sich so zurück, daß ich ihn kaum halten konnte und brüllte mit einem Pathos wie ein tragischer Held vom theatre français folgende Rede in die Wolken: «Wesen! Geister! Nichtswürdige, vertrocknete, abgeschrumpfte, abgenutzte und verhunzte Wesen! Ich will Euch sagen, was der Mann von Euch denkt, der die Hecken beschneidet, *Hecken beschneidet*, sage ich Euch! – Er, er, er bekümmert sich nicht um Euch, es ist ein einfacher rechtschaffener schlichter Mann, er thut seine Arbeit – sage ich Euch nichtswürdiges, oberweltliches Gesindel und läßt fünf gerade sein.» Amen, sagte ich, nun wissen sie's. – «Ja eben, amen», sagte der H. plötzlich ganz freundlich in seiner ordinären Weise «nun wissen sie's.» – So kam er von seinem Stein herunter und ich konnte nicht begreifen, wie ein Mensch aus der äußersten Extase plötzlich in so gemüthliches Behagen übergehen konnte. Ich sagte ihm er hätte nun tüchtig in die Wolken geschaut und würde wohl bemerkt haben, daß ein Gewitter heranzöge; es würde gleich losregnen und wir würden wohlthun umzukehren. Er fand aber die Luft sehr angenehm, obgleich mir der Schweiß in die Stiefel floß und wollte durchaus weiter pilgern. Am Mägdesprung bekamen wir die ersten Tropfen, und ich wollte ihn zu Schätzell hinein nöthigen, der hier seine Villegiatur macht. Alles umsonst, wir gingen weiter immer im Selkethal hinunter. Jetzt fing es tüchtig an zu regnen und endlich gelang es mir den sonderbaren Heiligen in einem einsam gelegenen Eisenhammer unterzubringen. Kaum waren wir eingetreten so erfolgte auch ein gräulicher Wolkenbruch. In der Hütte sprühte das Schmiedefeuer und der ungeheure durch ein Wasserrad bewegte Hammer fiel mit seinen gleichmäßigen Schlägen auf die glühenden Kloben, welche rüstige Schmiedeknechte mit ihren großen Zangen unterschoben, wandten und kehrten, daß sie sich in lange Stangen verwandelten. Diese Schmiede, deren sechs beschäftigt waren hatten nichts am Leibe als ein langes Hemd, in der Mitte durch einen Gürtel zusammengehalten. Um den Herzog bekümmerten sie sich nicht und thaten unverdrossen ihre Arbeit fort. Der Herzog stand und sah ihnen zu. Die Sache mochte ihm unheimlich sein, er wurde so freundlich wie ein Ohrwürmchen und versicherte mich wiederholt, das wären sehr gute Leute, die thäten Niemanden was und bekümmerten sich um keine große Sachen. Um ihn zutraulicher zu machen, winkte ich den Meister heran und that ihm einige Fragen über sein Geschäft. Er stellte sich dar in seinem Hemde wie ein Parse oder Feueranbeter und gab freundlich und unbefangen Auskunft über Alles, – was dem Herzoge sehr zu gefallen schien. Endlich da der Regen nachließ, beglückte ich die kleine Schmiedegesellschaft mit ein paar Thalern Biergeld, worauf wir aus dieser Hölle wieder erstanden. Ich glaubte der Herzog würde nun zurückgehen; er schlug aber durch Wasserpfützen und tiefen Koth den Weg nach dem noch sehr entfernten Meiseberge ein. Nun begann für mich eine schwierige Unterhaltung. Ich mußte wissen wo er hin wollte, so wie auch ob er im Schweizerhaus etwas darüber verlassen hatte, weil sonst die Zurückbleibenden in die schlimmste Verlegenheit kommen konnten. Der Herzog läßt sich aber eben so wenig wie andere große Herren ausfragen, gab lauter ausweichende Antworten und hielt mich lange mit der raffinirtesten Schlauheit hin. Glücklicherweise begegnete uns ein Bauerweib. Diese hielt ich an und gab ihr den Auftrag so schnell als möglich nach dem Schweizerhause zu laufen und dort anzusagen der Herzog sei auf dem Meiseberge, es solle sogleich ein Wagen folgen. Da der Herzog dies ruhig geschehen ließ, so wußte ich nun endlich woran ich war. Wir pilgerten weiter. Es war ein scheußlicher Weg. Ich hatte noch vom Mittag gute Kleider an und bejammerte meine Inexpressibles. Der Herzog trat in alle Pfützen und sah zuletzt aus wie von Thon geknetet. Er schwang seinen Harzknüttel, hieb um sich und schrie mit fürchterlicher Stimme in eine Felsschlucht hinein: «Ich habe ja einen Boten geschickt – was will man denn!» – (die Geister mußten ihm wohl Vorwürfe gemacht haben, daß er das Schweizerhaus ohne Nachricht gelassen.) – bald aber wurde er wieder ganz vergnügt und wir unterhielten uns von der außerordentlichen Vortrefflichkeit der Schmiedeknechte. Er war innerlich doch froh und dankbar, daß sie ihn nicht in ihr höllisches Schmiedefeuer geschoben hatten. Jetzt begegnete uns ein reisender Handwerksbursche, der sprach uns an und sagte er käme aus Constantinopel. Ich gab ihm eine Kleinigkeit und der Herzog frug ihn, ob dort Alles ruhig wäre. Ganz ruhig, sagte der Mann. «Ganz ruhig?» fragte der Herzog – Ganz ruhig, wiederholte der Knote, dem ich einen Wink gab abzuziehen, den er auch bereitwillig befolgte, um dem weiteren

Examen zu entgehen. Müde und matt erreichten wir endlich um 5 ¼ den Meiseberg. Der Himmel hatte sich aufgehellt und aus den Thalwiesen und Waldschluchten stiegen in allerlei Metamorphosen weiße Nebelsäulen auf. Dies war mein Glück. Ich mußte, bis die Gesellschaft nachkommen konnte, den Herzog noch 1 ½ Stunden ganz allein unterhalten und unser Stoff war verbraucht. Da erschienen die Nebel wie gute Geister. Wir traten ans Fenster und führten die Unterhaltung Hamlets mit Polonius auf. Der Herzog war unerschöpflich, Aehnlichkeiten zu finden und ich sagte immer: «Ja» und «allerdings» oder «ja eben» – 1 ½ Stunden lang. Es war eine Lust. Endlich – o Wonne! o Trost! sah ich unten im Thal einen herrschaftlichen Vorreiter mit verhängtem Zügel aus dem Dickicht hervorjagen. Er schien so klein wie eine Ameise, aber sein Erscheinen war Rettung. Ich wußte nun, daß mein Bote angelangt war. Bald ward auch der Gondelwagen mit 6 Pferden und unsere ganze Gesellschaft sichtbar und nach einer guten Viertelstunde waren wir Alle oben beisammen um den Theetisch. Sie hatten sich, da der Herzog um 5 nicht da war, schrecklich geängstigt und Hellfeld hatte auf verschiedenen Wegen Reitknechte ausgeschickt, den verlorenen Sohn zu suchen. Einer von diesen war auf meine Botin gestoßen und so war man schnell wieder aus der Angst erlöst worden.

*Am 14. Aug.* Hier schmeichelt sich jetzt Alles mit baldigem Frieden. Ich nicht. Zwar werden die Deutschen Mächte nun wohl nicht gegen Rußland marschiren, wozu es die Tage vorher schon den Anschein hatte, aber wir könnten, wenn wir in der edeln Vermittlerrolle fortfahren vielleicht genöthigt werden mit Rußland gegen Frankreich zu gehen. Ich freue mich, daß Du durch Timmo Gelegenheit hast die Kreuzzeitung zu lesen. Zwar ist sie ein enragirtes Parteiblatt, aber die Adelspartei ist bei uns durchaus die politisch reifste.

*Am 18. Aug.* Gestern Abend sind wir von einer kleinen dreitägigen Reise zurückgekommen. Am 14$^{\underline{t}}$ befahl mir der Herzog plötzlich Anstalten zu treffen, daß wir am 15$^{\underline{t}}$ früh in den Harz abreisen könnten. Es war eine fatale Sache so kurz vorher von diesem Plan benachrichtigt zu werden; aber der Herzog behauptete er könne es im Geisterhause nicht länger mehr aushalten und es müsse 3 Tage lang in seinem Zimmer gelüftet werden. Hellfeld war in Ballenstädt. Den mußte ich schnell holen lassen. Am 15$^{t}$ früh 9 Uhr reisten wir wirklich 16 Personen stark ab bei schwülem Wetter im Gondelwagen, hatten von Blankenburg an so starken Regen und später Bergnebel, daß wir nichts sahen. In Wernigerode wurde der Schloßgarten besehen. Dem Grafen Botho Stolberg, der jetzt dort residirt und die Vormundschaft für Hermanns 17 jährigen Sohn führt, ließ ich meine Karte nebst Gruß zurück. Schloß Wernigerode ist mein Ideal, dunkel majestätisch, umgürtet von mittelalterlicher Befestigung tront es auf hohem Waldberge in der herrlichsten Gebirgsgegend. Wir erstiegen diesmal das Schloß nicht und sahen es nur von unten, aus dem sogenannten Lustgarten, zuweilen düster aus den zerrissenen Regenwolken hervortreten. Im Lustgarten besichtigten wir noch die Bibliothek (60,000 Bände stark). Hier sah ich auch den großen weißgrauen Luchs, den der vorige Graf 1816 geschossen, ausgestopft. Der Herzog war seelenvergnügt. Zur Nacht konnten wir bei strömenden Regen noch Ilsenburg erreichen und stiegen in der «Forelle» bei Horn ab, wo wir durch einen Vorreiter angemeldet Alles in Bereitschaft fanden. Horn ist früher Kammerdiener in Stolberg gewesen und freute sich sehr mich wiederzusehen weil er mich für Dich hielt. Du bist nämlich als Knabe einmal mit dem damaligen Erbprinzen und Beckedorff in Stolberg gewesen. – Am andern Morgen das schönste Wetter. Ich war mit Julchen schon um 5 Uhr auf. Wir frühstückten und trieben uns bis 9 Uhr in der nächsten schönen Umgebung herum. Das waren für Naturgenuß die besten Stunden auf der ganzen Reise. Um 9 Uhr machten wir Alle zusammen mit dem Herzog eine Partie ins Ilsethal hinein, waren aber schon um 11 zurück. Ich erinnerte mich, daß der Maler Crola, der mich einmal in Ballenstädt aufgesucht hatte, ohne mich zu treffen, hier in Ilsenburg wohne. Ich ging daher zu ihm um seinen Besuch zu erwidern. Er bewohnt eine reizende Villa in den Bergen. Leider war er auf einer Studienreise abwesend und seine Frau krank. Dennoch empfing sie mich sogleich, nachdem ich meine Karte hereingeschickt. Ich fand eine schöne und geistvolle Frau. Sie empfing mich herzlich wie einen alten Freund, da mein Name ihr durch gemeinschaftliche Freunde schon lieb war und ich bemerkte nach den ersten Begrüßungen bald, daß ich mich in einem ganz entschieden christlichen Hause befand, wo mich Alles anheimelte. Es giebt doch nichts lieblicheres als christliche Gemeinschaft; man findet und versteht sich augenblicklich in jeder Beziehung. Ich hatte von dieser Frau gar nichts gewußt und war sehr angenehm überrascht hier plötzlich eine Dame zu finden, die zu den ausgezeichnetsten ihres Geschlechts gehört. Zufällig fand ich von ihren Zeichnungen aus der biblischen Geschichte Compositionen, deren sich unsere besten Maler nicht zu schämen hätten. Auch setzten mich plastische Arbeiten von ihrer Hand in das größte Erstaunen. Dabei hatte sie gar nicht die verfluchte ästhetische Richtung, die solche Damen für Künstler oft ganz ungenießbar macht; eine einfache christliche Hausfrau umgeben von 5 Kindern, die aber in Winterabenden, wenn die Familie beisammensitzt, anstatt zu stricken, zeichnet. Leider war sie sehr krank, sie lag abgezehrt und elend auf einem Ruhebette, welches auf schattigem Balkon stand und pries Gott für die große Gnade, daß sie ein so schönes Krankenbett habe. Aus ihren Reden ging hervor, daß sie glaubte mit ihrem Leben am Ende zu sein. Mit der ausgesprochenen Hoffnung sie wiederzusehen schieden wir und sie versprach mir ihren Mann recht bald nach Ballenstädt zu schicken und wenn er seiner Frau entspricht, so glaube ich eine werthvolle Freundschaft angeknüpft zu haben. Diese kleine Episode war das einzige Interessante, was mir diese Reise bot. Leider war es zu spät, um auch Julchen noch hinzubringen. Hätte ich von dieser Frau etwas geahnet, so hätte ich sie mitgenommen. Nach Tafel reisten wir wieder ab und nächtigten in Elbingerode, nachdem wir uns von dort aus noch zu Fuß das Rübeland und die Baumannshöhle angesehen hatten. Den Herzog in dieser Höhle zu sehen war merkwürdig genug. Er hatte einen Bergmannskittel an und war auf's tiefste ergriffen, ja erschüttert von den unterirdischen Eindrücken. Als wir in der Tiefe waren, erhob sich aus dunkler Schlucht ein ernster vierstimmiger Gesang von Bergleuten ausgeführt. Der Herzog stand in gebeugter Stellung die Hand aufs Herz gelegt und war ganz hingerissen. Nachher brach er in ein lautes Bravo aus und hatte kein Ende des Lobes. Uebrigens war er so ungeschickt und unbeholfen, daß wir Gott dankten als wir ihn glücklich wieder ans Tageslicht gefördert hatten. – Am 17t speisten wir auf der Roßtrappe, tranken den Thee auf dem Stufenberg und waren Abends wieder hier. Die Reise war nicht angenehm, weil der Herzog mit seiner Aufregung und seiner Weserei viel Sorge machte und wir daher weniger daran denken konnten viel Schönes zu sehen, als vielmehr unseren Herrn zu verstecken und den Leuten aus dem Wege zu gehen. Letzteres ist aber sehr schwer, da er große Neigung hat sich überall zu zeigen und hervorzuthun. Auch kamen wir Alle recht aufgerieben hierher zurück. Morgen geht es nach Ballenstädt zurück.

*Am 22. Aug.* Seit ein paar Tagen sind wir nun wieder in Ballenstädt, doch bin ich noch lange nicht in Ordnung, weil allerlei Nothwendiges nachzuholen ist, wovor mir graust. Der arme Herzog macht mir ernstliche Sorge. Das Geisterwesen nimmt immer mehr überhand und läßt ihm keine Ruhe. Schon zeigen sich Spuren des letzten Stadiums. Die Herzogin macht einen unsäglich langen Aufenthalt im Auslande. Sie reiste am letzten Juni und wird wohl erst den 27sten Sept. zurückkehren. Wenn er uns unterdessen ganz verrückt wird, so ist hier nichts vorbereitet und ohne sie kann kein Arrangement getroffen werden. Es ist doch Alles sonderbar in diesen fürstlichen Verhältnißen. Unsere Frauen reisten wohl schwerlich unter solchen Umständen. Der Herzog beugte sich gestern im Wagen zu meiner Frau und sagte halbleise und vertraulich: «Es ist Alles unvollkommen und wer das nicht zugeben will, ist ein sogenanntes Luder.» Beim Souper sagte er zu Frau v. S. die Geister wären ganz unvernünftige Wesen, sie könnten kaum sprechen, sie machten immer hrrr! hrrr! Huren wären es, Geisterhuren, das sei die Wahrheit und das würde sie auch zugeben müssen. – Solche Sachen erlebt man. – In Harzgerode hörte ich neulich den Pastor Richter predigen. Das Thema war ungefähr das: Man müsse zuerst an seine eigene Tugend glauben, dann würde man auch an die Anderer glauben können. –... Mein Benno plagt mich nun auch Soldat zu werden. Es ist abscheulich. Ich weiß mir mit meinen Kindern manchmal nicht zu rathen.

*Am 23. Aug.* Als ich gestern dies Geschreibe endigen wollte, wurde ich abgerufen und mußte von 3 bis 9 Uhr Abends beim Herzog bleiben. Er that und sprach wieder Ausgezeichnetes.

## N° 79 Ballenstädt 24. Sept. 1854

Mein lieber Bruder!
Herzlichen Dank für Deinen Brief mit dem Wechsel. Es ist immer viel, daß man aus dem Kriegsgetümmel noch Geld ziehen kann, wenn auch wenig, da man nur 4 % kriegt. Deine Soldatenschilderungen haben mich diesmal besonders interessirt. Es sind lebhafte

Bilder aus einem bewegten Kriegs-Friedensleben, d.h. es ist mehr als Frieden und weniger als Krieg, so lange man noch keine Feinde sieht und nur die eigenen Streiter herbergt. Die englische horsegarde und die russische Garde zu Pferde sind anerkannter maßen die schönsten Truppen in der Welt. Wer sie gesehen hat, kann sterben, – wenn er nämlich für weiter nichts Sinn hat. Auch Elmine schreibt davon an Hermann. Dieser gute ehrliche Kerl war vor einigen Tagen hier und präsentirte uns sein frisch geheirathetes Weiblein Emma, die sich ziemlich leidenschaftlich an Anna attachirte und gegen Alle sehr herzlich und verwandschaftlich war. Von fremder Art und Kunst ist sie freilich und man würde sich gewöhnen müssen, besonders an ihre Aussprache. Hermann ging sehr nett und vernünftig mit ihr um, wie er sich denn überhaupt immer mehr herausreift. Er wird gewiß seinem Namen einmal Ehre machen, wenn ihn nicht die zu frühe Ehe knickt, was Gott in Gnaden verhüten wolle. – Auf dem südlichen Kriegstheater werden wir balde Begebenheiten haben. Es sollen bei Eupatoria bereits 58000 Mann ausgeschifft sein. Wenn das wahr ist, so wird man hoffentlich balde hören, daß sie Alle ins Wasser gejagt sind. Eine Flasche Champagner sollte mir dann bei aller meiner Armuth nicht zu theuer sein. Seit die Fürstenthümer geräumt sind, bin ich so entschieden auf russischer Seite wie auf Seiten des Christenthums und muß nur bedauern, daß der arme Kaiser Nicolaus so wenig Nutzen hat von dieser Allianz. Preußen ist jetzt endlich, dank der Adelspartei, ganz entschieden neutral und nur seiner Haltung ist es zu danken, wenn sich Oestreich weiterer feindlicher Schritte enthält. – Du frägst nach meinen jetzigen Beziehungen zur Herzogin. Ich denke es ist Alles gut, wenn auch anders als sonst. Die Herzogin war mir früher sehr gleichgültig, da unsere Naturen nichts Sympathisches haben. Sie ist sanguinisch, modern, elegant, rasch, verbindlich und sehr prosaisch. Die Gegensätze von schön und häßlich existiren nicht für sie, sie kennt nur modern und altmodisch. Mit solchen Naturen kann ich in der Regel nichts anfangen und Roller hätte keinen Anstand genommen sein anathema über sie auszusprechen. Als sie aber unglücklich und rathlos es nicht verschmähte Rath und Hülfe bei mir zu suchen, widmete ich mich ihrem Dienst mit allen meinen Kräften und gewann sie wegen ihrer Redlichkeit und persönlichen Liebenswürdigkeit sehr lieb. Sie erschien mir damals wie ausgetauscht, denn Angst und Sorge, die als ganz neue Elemente an ihr Leben herantraten, modificirten ihr Naturell auf's wohlthätigste. So bin ich einige Jahre lang bemüht gewesen mit allen mir zu Gebot stehenden, freilich sehr beschränkten Mitteln zu stützen zu trösten und zu helfen. So etwas kann sehr attachiren. Es war in Wahrheit eine Art romantischen Verhältnißes. Sie war die verzauberte Prinzessin und ich der Ritter, der das Werk der Entzauberung that und die Riesen und Ungeheuer lähmte, die sie bewachten. Ich sah sie damals fast täglich und zwar ohne alle Etikette in vertraulicher Unterredung, und wer sie näher kennt wird begreifen, daß man unter solchen Umständen für sie schwärmen konnte. Dies mußte sich indessen natürlich Alles ändern, wieder zurechtschieben und einrenken, sobald der Zweck erreicht und der armen damals so hülfsbedürftigen Frau wirklich geholfen war. Wenn aber jene Beziehungen zwischen uns aufhörten, so hörten damit auch alle auf, die überhaupt stattfinden *konnten*, und bei der Verschiedenheit unserer Geschmacksrichtung hätte es nicht fehlen können, daß die alte breitbackige Gleichgültigkeit wieder eingetreten wäre, wäre nicht Dankbarkeit und die Erinnerung an das gemeinsam Durchlebte gewesen. Wenn ich je so glücklich war etwas zu ihrer Erleichterung beitragen zu können, so hat sie ihrerseits mir dies bis heute nicht vergessen und hat mir auch geholfen durch dies und das. Ich sehe sie jetzt aber fast nur noch im größeren Kreise und nur selten veranlaßt sie mich noch zu vertraulicher Besprechung, entweder in Angelegenheiten des Herzogs, oder auch nur um mir zu zeigen, daß die alte Freundschaft noch besteht. Sie behandelt mich immer mit der Achtung, die wir Beide in jener Zeit um einander so wohl verdient haben und hat mir auch von ihrer jetzigen Reise schon zwei Mal sehr freundschaftlich geschrieben, so daß ich Ursache habe zu glauben, daß wir gegenseitig noch immer ganz gut und gerade so zu einander stehen, wie sich's den Umständen nach ziemt. – Ich denke aber dennoch oft mit großer Sorge an sie, da sie noch in Folge von jener Zeit, gewissermaßen in die Gewohnheit des Unglücklichseins und der Agitationen gerathen ist. Trotz der ungeheuern Erfolge, die sie gehabt hat – sie ist aus einer aufgeputzten Staatspuppe wirkliche Regentin dieses Landes geworden – hat sie doch ihre alte harmlose Fröhlichkeit nicht wiederfinden können, sieht in den unbedeutendsten Dingen große Begebenheiten und kommt aus Gemüthsbewegungen der aufregendsten Art nicht viel heraus. Ich mußte leider wegen Brustschwäche mein Vorleseramt bei ihr niederlegen, welches mir Gelegenheit bot, ihr zu rechter Zeit ein gutes Wort zu sagen, und mein Nachfolger erweist sich leider als Ohrenbläser, hetzt und schürt, wo er calmiren sollte und richtet Unheil an. Er hat sich so ins Vertrauen gedrängt, daß selbst Schätzell bis jetzt noch nicht erlangen kann und man muß vor der Hand die Dinge gehen lassen wie sie gehen. Für den Staat erwächst kein Nachtheil daraus, wohl aber für Personen und namentlich für die Herzogin selbst. Uebermorgen soll diese von ihrer Reise zurückkehren und es wird wahrlich Zeit, daß sie kommt, da der Herzog sichtlich einer Katastrophe entgegen geht. Es kann jeden Augenblick etwas vorkommen, wodurch er sich als nicht mehr dispositionsfähig ausweist, und wegen der Regentschaft ist noch nichts geordnet. Diese kommt rechtlich dem Herzoge von Dessau zu, wenn unser Herzog nicht selbst eine desfallsige Verfügung erläßt, und zwar muß er seine Gemahlin (die factisch schon Regentin ist) durch eine Kabinetsordre zur Mitregentin erheben. Ist sie erst rechtlich Mitregentin, so wird sie später auch rechtlich Regentin sein, wenn der Herzog durch Krankheit verhindert wäre. Sollte aber jetzt während ihrer Abwesenheit, ehe diese Dinge geordnet sind, dem Herzoge etwas zustoßen, so könnten nachher seine Verfügungen angegriffen werden. Doch kann ohne sie hier nichts vorgenommen werden und ich sehe daher bei dem gegenwärtigen Zustande des Herzogs sehnlichst ihrer Rückkehr entgegen. Der Plan ist von *mir*, ich gebe aber die Ehre Andern, denen es zukommt solche Einfälle zu haben. Ich habe es immer so gemacht und entgehe dadurch mancher Feindschaft. Doch wieder zur Sache. Ueber den jetzigen Zustand des Herzogs, wie er sich während der Abwesenheit seiner Gemahlin entwickelt hat, ist diese noch im Unklaren. Niemand wagt es ihr eine unangenehme Nachricht mitzutheilen. Ich glaubte aber sie könnte es mir später doch zum Vorwurf machen, wenn sie nicht unterrichtet wurde, meinte auch unter den bewandten Umständen sei es Pflicht die Reise abzukürzen ehe hier ein Unglück geschah, und schrieb also an den Kammerherrn Cramer, setzte ihm Alles auseinander und bat ihn mit dem Leibarzt zu berathen, ob mein Brief der Herzogin mitzutheilen sei. Sie steckten lange die Köpfe zusammen und schrieben mir endlich, die Herzogin sei jetzt durchaus nicht in der Verfassung beängstigende Nachrichten zu ertragen und sie würden daher nichts thun. Diese entsetzliche immer mehr überhand nehmende Verweichlichung macht, daß ich recht trübe in die Zukunft sehe. Was soll daraus werden wenn, wie dies wohl bald der Fall sein wird, eine amtliche Stellung sie nöthigen wird so viele Personen mit ihren Beschwerden und Vorschlägen anzuhören! –

*Am 29. Sept.* Am 26sten Nachmittags kam die Herzogin zurück, wurde sehr festlich empfangen. Bauern und kleine Gutsbesitzer mit grünen Schärpen ritten vor. Vierhundert Schulkinder umstanden mit Guirlanden den ganzen Schloßhof und sangen. Wir standen Alle im Portal und empfingen sie da. Ich konnte kaum die Thränen unterdrücken als der Wagen langsam vorfuhr. Der Herzog, der aus eigenem Antriebe bis Bernburg entgegen gejagt war, saß neben seiner Gemahlin. Es waren 4 Vierspänner und ein Zweispänner, außer dem Packwagen, der später nachkam. Blumen und Bekränzung überall auf dem Schloß und durch die ganze Stadt. Gottlob, daß unser Krönchen nun wieder da ist. Am 27sten gab sie mir eine lange Audienz und ich fand sie hinreichend auf Alles vorbereitet, was ihrer hier wartet. Cramer hatte ihr nämlich aus Duselei einen Gruß von mir ausgerichtet. Sie war sehr erschrocken gewesen, daß er einen Brief von mir habe, da ich sonst immer direct an sie schrieb und mit ihm nicht correspondire, und bestand nun darauf, den Brief zu sehen. Es half ihm nichts, daß er sagte er hätte ihn verloren, er mußte ihn schaffen, und da mein Brief sehr schonend abgefaßt war, beruhigte er sie nur und sie fand es nicht einmal nöthig ihre Reise deshalb abzukürzen. Wir sprachen auch von der Regentschaft, da sie meine Meinung darüber hören wollte. Ich sagte ihr, für das Land würde es ein Glück, für sie selbst ein Unglück sein, wenn sie nicht regierte als regierte sie nicht. Ich setzte ihr das auseinander und sie wollte es auch so machen, wird es aber nicht durchführen können. Endlich schenkte sie mir noch eine kleine Miniatur-Stutzuhr in einem Etui. Die Uhr ist sehr niedlich, und daß sie weder durch Gewalt noch List weder zum Gehen noch zum Schlagen zu bewegen ist, das mag die Schuld des Fabrikanten sein. Der Herzog war selig seine Gemahlin wiederzuhaben, überaus freundlich und traitable und er wurde daher sehr über Erwarten gefunden, bis er endlich gestern Abend auf eine solche Weise losging, daß die arme Herzogin heute wieder unwohl ist und nicht erscheinen kann.

Zur Feier eines hohen Geburtstags war gestern große soirée bei Hofe. Der Oberhofmarschall Siegsfeld, Hellfeld und ich waren wegen des Empfanges im Vorzimmer, bei uns noch der Medicinalrath Ziegler, den Se. Hoheit sonst gern leiden mag, als plötzlich der Herzog sans façon ohne abgeholt worden zu sein viel zu früh eintrat, aber auch sogleich unter heftigem Schelten mit geballten Fäusten auf Ziegler eindrang. Dieser hatte nämlich zur Feier des Geburtstages der Herzogin von Holstein zwei holsteinsche Fahnen auf dem Giebel seines Hauses, der in den Garten des Herzogs hineinlugt, aufgesteckt. Dies wurde ihm nun zur Sünde gemacht; er hätte sich nur wichtig machen wollen (was freilich seine Richtigkeit haben mochte) und fremde Fahnen könne man nicht in Anhalt dulden und der Teufel solle ihn holen. Die Sache wurde laut und ernsthaft. Wir drei Cavaliere warfen uns dazwischen und Ziegler entwich in den Saal, der Unhold nach, wir beschwichtigend um ihn herum, brachten ihn glücklich durch den Saal in ein Nebenzimmer, wo er der Gesellschaft aus den Augen kam. Dies grenzte aber an das Zimmer der Herzogin und sie hörte unglücklicherweise das Getobe. Meine Frau wurde schnell geholt, weil der Herzog sie gern mag und sich vor Damen gewöhnlich genirt, und ich bewunderte die Gelassenheit, mit der sie ihm entgegentrat. Er sagte ihr unter großem Toben «er wolle sich in Blut baden, er wolle Alles niedersäbeln und Keiner solle übrig bleiben, dann wolle er, er der Herzog, mit der Friedensfahne allein über Leichen schreiten.» Sobald der Thee kam, wurde er ruhig und meine Frau, die bei ihm blieb, sagte er hätte wenigstens 50 Stückchen Kuchen verschlungen. – Denke Dir was ich neulich erleben mußte. Wir promenirten am Riederschen Bach und die Geister wurden verhöhnt und verlacht als nichtswürdige schwache Wesen, die nichts zu bedeuten hätten, als er sich plötzlich auf beide Knie niederwarf wie der h. Hubertus vor dem Hirsch oder Rehbock, den Hut zog, gen Himmel blickte und folgende Rede hielt: «Ihr Geister, Ihr mächtigen Wesen dort oben, ich verehre euch im Staube. Der Herzog kniet vor euch und wird alle eure Befehle vollziehen.» Ich rief ihm zu, wenn er nicht gleich aufstände, würde ich fortlaufen, ich könnte das nicht mit ansehen. Da stand er auf und wir gingen weiter. Ich sagte: Sehen Sie einmal Ihre Hosen an, Hoheit – nun begreife ich, daß die Sie «Bauer» nennen (worüber er jetzt oft klagt) denn die können sich ja nicht denken, daß das ein Herzog ist, der bei solchem Wetter an Bächen auf den Knien liegt in Dreck und Schlamm. Darauf erwiderte er mir, der Kaiser Heinrich hätte doch auch vor einem geistlichen Wesen gekniet. Ich lachte und sagte, das wäre auch etwas anderes gewesen, der Papst ein wirklicher Mensch und großer Herr, viel mächtiger als der Kaiser, er aber kniee vor eingebildeten unwirklichen Rüpels. Das möchte er mir nicht übel nehmen, das sei nicht passend. Er sah mich nun mit großen Augen an. Ich sagte: ja, ja, so ist's. Darauf sagte er: «Es war auch nur ein Spottgebet.» Alle solche Sachen, die ohne Zeugen oder im geschlossenen Hofcircel vorkommen, haben nicht so viel zu bedeuten, aber am vergangenen Sonntag, ehe die Herzogin zurück war, hat er sich zum ersten Mal in der Kirche vor der ganzen Gemeinde prostituirt. Er hing sich nämlich plötzlich das Schnupftuch vor das Gesicht, setzte das Gesangbuch oben drauf, drohte mit der Faust gegen den predigenden Oberhofprediger und rief: «Schlagt ihn todt! schlagt ihn todt!» – Auf so etwas könnte man in Dessau eigentlich schon rechtliche Ansprüche begründen und unsere Regierungshandlungen angreifen. Die Herzogin weiß diese bittere Geschichte noch gar nicht. Ich muß Dich aber inständigst bitten solche Mittheilungen geheim zu halten. Ich sollte davon eigentlich gar nichts melden, aber dann könnte ich überhaupt nicht mehr schreiben und Du würdest gar keinen Begriff von der Eigenthümlichkeit meines Lebens bekommen.

*Am 1. Oct.* Da sitz ich denn auf meinem Steiß und weiß recht gut das was ich weiß. Und Du wirst's auch gleich wissen. Ich habe nämlich Arrest! Denke Dir. Die Herzogin hat gestern befohlen, daß Hellfeld und ich abwechselnd auf dem Schlosse dejouriren und auf den Herzog achten sollen. Mich trifft es heute zuförderst. Nur Offiziere können ermessen was es heißt, einen Tag um den andern Wachdienst haben. Wir kommen früh um 7 und gehen Abends 9 Uhr wieder weg, dürfen uns während des ganzen Tages ohne den Herzog nicht von der Stelle rühren.

*Am 5t Oct.* So weit kam ich neulich und war dann fortwährend in der Unmöglichkeit zu schreiben. Das Wichtigste was ich zu melden habe, ist also der neu eingerichtete Wachdienst auf dem Schlosse, durch den ich zwar an Arbeit, aber dennoch an Zeit gewinne und deshalb ganz zufrieden damit bin. Wir machen nämlich an den Tagen wo wir beim Herzog de jour sind unsern ganzen Hofdienst ab und haben dafür den andern frei. Ich habe auf diese Weise in der Woche 3 bis 4 Tage, die ich für mich verwerthen kann, da ich früher manchmal nur 2 hatte. Das Zimmer welches wir uns ausgesucht haben, ist ganz nach meinem Geschmack. Es ist hoch und geräumig, enthält ein Billard, einen Toilettetisch, ein Sopha, einen Zeichnentisch für mich, 2 Schreibpulte, einen für Hellfeld, einen für mich, worin wir Kleider Wäsche und alle Utensilien lassen können. Die Aussicht geht auf die Lindenterasse, die Gegensteine usw. und ist sehr schön. Ueberdem ist für uns ein Soldat engagirt, der seinerseits im Nebenzimmer, welches keine Thürverbindung wohl aber Klingelzusammenhang hat, eben so auf uns lauern und passen muß, wie wir auf den Herzog. Die Wände bilden fortlaufende Bücherschränke, in deren Zwischenräumen die Meubles stehen. Das Zimmer gehörte früher zur Bibliothek, doch enthält es lauter ausrangirte Bücher, die nie gebraucht werden, und kommt Niemand herein als wir und unser Bursche. Es ist eine prächtige romantische solitude und geschaffen für einen Dichter, der freilich nicht dejouriren müßte, weil damit zu arge Spannung verbunden ist. Heute Nachmittag habe ich mir meine Töchter eingeladen und wird mir's überhaupt an Besuch nicht fehlen. Uebrigens ist die Herzogin so unbeschreiblich gerührt, daß wir wirklich *thun* was sie befohlen hat, daß sie der Worte und des Dankes kein Ende findet, und so hoffe ich denn daß die vermehrte Arbeit auch noch andere gute Folgen haben könnte. Angestrengteren Hofdienst als ich jetzt habe, giebt es wohl kaum an irgend einem andern Hofe; und dennoch, wenn man Portraitmaler gewesen ist, so ist dies rein gar nichts. Gegen Portraitmalen und die damit verbundene Gêne ist die Hofgêne gar nicht zu rechnen. Es sind Erholungstage für mich, an denen ich tüchtige Bewegung habe und tüchtig und gut esse und trinke. Kommt dann der Maltag, so ist das wieder eine Erholung, eine Freude und ein Daheimsein. Es giebt auch so viele angenehme Wiedersehen mit den Meinigen, denen ich sonst den ganzen Tag auf dem Halse lag. Wenn sie mich jetzt hier besuchen oder wenn ich Abends nach Hause komme, so ist es ein wahres Plaisir. Ich bin also mit meinem Berufe ganz und gar zufrieden und finde, daß der liebe Gott auf's gnädigste und lieblichste für mich gesorgt hat, recht über Denken und Erwarten. Da werde ich abgerufen …

Derbe Promenade gemacht, ich habe mich von Kopf bis zu Fuß umziehen müssen und bin keinen Augenblick sicher, daß er nicht wieder fortläuft. Irgend etwas ruhig vornehmen kann man nicht wenn man so immer au quivive sitzt. Mir ist's als hätte ich Dir lauter Gleichgültiges und nichts Wichtiges geschrieben. Ueber das, was Sorge macht und quält, schreibe ich auch nicht gern, um nicht doppelt gequält zu sein. Du kannst aber annehmen, daß ich auch meine Noth recht ordentlich und bitter täglich auszulöffeln habe. Was soll ich Dir sonst noch sagen. Die Nachrichten vom Kriegsschauplatz taugen nichts. Es scheinen die Würfel gefallen und ich werde meine Flasche Champagner wohl niemals trinken. Ich sehe sehr schwarz in die Zukunft, Gott aber sitzt im Regimente und leitet Alles wohl, wenn es uns auch nicht sonderlich gefällt. Grüße die Deinigen und Helene doppelt und Elmine dreifach und Helene vierfach und so fort. Grüße die lieben Schwestern in Poll und behalte lieb Deinen alten Schwachen.

## N° 80

Ballenstädt 12. Nov. 1854

Mein alter lieber Gerd!

Dein Brief vom vorigen Monat hat mir Herz und Nieren erquickt. Daß Deine Witze genossen wurden, kann ich Dich versichern. Du hast eine prächtige Ader und ist nichts von Deiner guten Saat an den Weg gefallen. Vergangene Nacht ist Alles weiß geschneit. Es ist der erste Schnee und ich habe daher heute, besonders da es gerade Sonntag ist, einen Feiertag. Zwar habe ich Dienst, aber einige Stunden bleiben mir doch mein Herz dieser allgemeinen Reinlichkeit zu öffnen. Der erste Schnee versetzt mich immer allsogleich nach Ehstland und der Morgen meiner Jugendjahre umdämmert mich zauberhaft. Ich rieche sogar in diesem Augenblick den scharfen Geruch von Leder, Mist und Pferdeschweiß an den Krügen und sehe die halbwilde Wirthschaft der dunkeln geräucherten Gestalten mit weißen verwühlten Haaren. Ach wie tief steht doch die Vollendung der Civilisation unter ihren Anfängen. Ueberhaupt liegt nur im Werden ein Reiz, das Gewordene ist nie was anderes als der Tod. Deutschland mußt Du Dir nicht mehr denken wie es in unserer Jugend war, wo man z. B. in den Mittelgasthöfen noch weiße Wände fand und Kalbsbraten mit Pflaumen zu essen kriegte, und wo die anständigsten Leute mit sogenannten Gelegenheiten zwei volle Tage auf dem Wege zwischen Dresden und Leipzig verbrauchten. Jetzt braust man nach allen Seiten hin mit den verdammten Eisenbahnen in Gesellschaft von Tausenden und tritt in Pallästen ab mit vergoldeten Wänden, seidnen Gardinen, umschwärmt von verhungerten Kellnern, und wenn man sich zu Tische setzt, ist es selten unter 8 Schüsseln. Der Reichthum geht in die Hände der Wirthe und Fabrikanten, Staatsdiener und Handwerker hungern und die Arbeiter verhungern oder wandern aus, hunderttausend in diesem Jahr allein über Bremen und Hamburg. Vielleicht eben so viel über holländische und niederländische Häfen. Dabei bittere Feindschaft der Armen gegen die Reichen, der Niederen gegen die Vornehmen, allgemeine Unzufriedenheit Aller mit Allen und Allem. Leere Kirchen, übervolle Bier- und Weinhäuser – wie sollte da der Krieg ausbleiben. Meine Liebe greift nach dem zurück, was vergangen ist, die Gegenwart ist blutarm und die Zukunft schwarz und finster wie der Tod. – Doch von was Anderem. Wir waren also in Halberstadt, eine Geschichte die mich 10 Thaler kostete so arm wie ich bin. Aber die Verwandten hätten es übel genommen, wenn gerade wir, die Nächstwohnenden ausgeblieben wären. Von den Krummachers war nur Fritz mit seiner ganzen Familie da und Hermann mit seiner Schwester Clara aus Duisburg. Wir kamen gerade zum Polterabend hin und feierten diesen mit 120 Personen, lauter Freunden und Verwandten von Schmid's. [Das Wiedersehen mit Fritz machte mich fast traurig. Er hat sich einen Pathos angeeignet, der unaussprechlich ist und spricht nur von dem König und vom Hof wie ein Lakai. Ob er sich freute uns wiederzusehen, weiß ich nicht. Wir hatten wenig von ihm. Desto herzlicher war seine Lotte (die sonst in der Familie wenig beliebt ist) gegen uns und unsere Kinder. Im Ganzen hat die Familie mit Ausnahme von Bertha einen Anstrich von Mattigkeit, wie man ihn bei wenig Weltleuten findet.] Mit Julchen hatte ich im Hotel eine böse Nacht. Wir konnten beide nicht schlafen und ich, der ich sehr erkältet war, hustete mich ganz zu schanden. Wir hatten goldene Tapeten, Kronleuchter und Broncefiguren im Zimmer, aber die Betten waren vorne nix und hinten fix und die zu knappen Bettücher lagen mir am andern Morgen wie kleine Schneebälle unter den Füßen, während die Kopfkissen gar nicht wieder gefunden werden konnten. Glücklich als erst der Tag graute. Wir feierten nun ein prächtiges Kaffestündchen mit guten Cigarren, echten Havanna's die mir Schmid mitgegeben hatte, so weich und milde wie Milch und duftend wie alle Gärten der Königin Semiramis. Das ist der Vorzug der Reichen, daß sie edle Cigarren rauchen können. Nach beendetem Frühstück holte uns der liebe Steinberg in Begleitung der besten Kinder (nämlich Anna, Bertha, Hermann und Clara) zur Promenade ab und zeigte uns die herrlichen Kirchen Halberstadts, wie auch die wundervolle Bildergalerie des Domherrn Spiegel. Nachher wurde Adolf besucht und sein ganzes neues Haus revidirt. Er ist köstlich eingerichtet und hat viel Platz.

So reich ist er beschenkt worden zum Polterabend, daß er die Sachen kaum zu lassen weiß. Ich habe für ihn das Bild des alten Krummacher gemalt, was gut gelungen fast die meiste Freude machte. Um 1 Uhr fuhren wir Alle zur Kirche und Fritz traute das junge Paar. Das ganze Schiff der großen, schönen, vom Könige kürzlich renovirten Byzantinischen Kirche war gepfropft voll Menschen. [Fritz hat seine Stimme fast gänzlich verloren und war noch dazu erkältet. Dennoch praßte er, wenn auch keine ⟨...⟩, doch furchtbar Windströme und Knall ⟨...⟩ so daß ich jeden Augenblick wartete, das vor ihm stehende jugendliche und vor Kälte zitternde Paar würde unter diesem Kartätschenfeuer zusammenbrechen. Die Rede war äußerst ⟨...⟩, hart, pathetisch und doch spießig. Er schenkte ihnen einen goldenen Schlüssel, von dem er außerordentlich viel Wesen machte. Man war äußerst gespannt, wie sich das Räthsel lösen würde und ich glaubte, Adolf sollte zum Kammerherrn der höchsten Majestät im Himmel ernannt werden. Endlich war es dann der Spruch: «So ihr etwas bitten werdet in meinem Namen, so will ich's thun.» Auch lobte er, daß sie durch so edle Medien zusammengeführt wären, nämlich durch ein gemeinschaftliches Interesse für das Höchste und Heiligste, den Christenglauben, was mir sehr neu war. Dann führte er eine lange Perlenschnur von gottseligen Ehen aus dem alten und neuen Testament als Vorbild an, an die er als letzte Perle mit großer Bescheidenheit auch seine eigene Ehe mit Lotte anhing. Ich glaube solch alte gefeierte Prediger verlieren zuletzt allen Tact. Bei Fritz ist mir das sehr auffallend. So schickte er mir neulich eine Predigt zu: «Adelsspiegel, an meine Freunde unter der Ritterschaft der russischen Ostseeprovinzen.» Darin wird diese Ritterschaft, die er gar nicht kennt, so herausgehoben und gelobhudelt, daß ich mich nur freue, daß der ehrlich sel. Oncle Carl es nicht noch zu lesen gekriegt hat. Diese Predigt wird bei Euch einen schlechten Effect machen. Als ich tadelte, sagte er mir, der preußische Adel sei so bodenlos verderbt, daß die Aufstellung eines solchen Gemäldes zur Bespiegelung äußerst noth thäte und der König hatte ihn dazu aufgemuntert. Vom preußischen Adel aber kennt er eigentlich nur diese ausgelassenen jungen Gardeoffiziere, deren Prediger er ist und wenn er diese Classe in Petersburg kennenlernte, so würde er wohl keinen großen Unterschied finden. Die Ehstländer haben sich allerdings Gutes erhalten, aber wenn man sie loben will, sollte man die Predigt nicht an sie selbst, sondern lieber gleich an den preußischen Adel richten. Daß Fritz bei Euch so verehrt wird, mag der Hauptgrund seiner guten Stimmung sein, doch ich fahre in meiner Erzählung fort.] Nach der Trauung sang der Sängerchor der Seminaristen, heimlich von Steinberg dazu angestiftet den herrlichen Mendelssohnschen Psalm «der Herr ist mein Hirt» und darauf fuhren wir sehr erkältet in Schmid's schönes Haus und setzten uns zu Tafel, über 40 Mann stark, lauter Schmidsche Verwandte die zum Theil von Hamburg hergekommen waren. Ich wurde veranlaßt den Toast auf das junge Paar auszubringen, auf welchen Fall ich glücklicherweise vorbereitet war, da ich wenn ich aus dem Stegreif sprechen soll, nie einen Gedanken habe. Viele Toaste folgten, salzige und fade, und obgleich unsäglich viel getrunken wurde, blieb doch die Gesellschaft in den Schranken der Wohlanständigkeit, worum Fritz in einem ganz vortrefflichen Tischgebet Gott besonders angefleht hatte. Wir saßen nämlich 5, sage fünf Stunden lang bei Tisch, während welcher Zeit immerfort getrunken wurde; da sind denn solche Gebete um die Gabe der Wohlanständigkeit ganz wohl am Ort, namentlich wenn's Hochzeit heißt. Hätten wir 1 Stunde gegessen, so hätte ich Zeit gehabt mit Fritz bei der Cigarre noch ein paar Stündchen zu verplaudern – vorher war es nicht möglich, weil er seine Traurede im Kopf hatte – so aber mußte ich eilenden Fußes aufbrechen und in mein Gasthaus eilen, da wir noch nach Ballenstädt zurück mußten. Ich lasse mich sonst zu Diners gar nicht mehr bitten, weil ich das lange Tischsitzen und Saufen nicht aushalten kann. Da lobe ich mir doch den Hof. Wir sitzen eine Stunde, höchstens 1 ½, bekommen während dieser Zeit dreimal so viel und dreimal besseres Essen als bei diesen verwünschten Tafeleien in Privathäusern, wo der Wirth seine Ehre in unmenschlich langen Pausen sucht, um seine Gäste zum Saufen zu zwingen. Es ist dies der wohlhabende Bürgerton, zudem eigentlich noch Nachttöpfe unter den Tisch gehören sollten.

*Am 13. Nov.* Gestern Abend beim Thee trug ich der Herzogin aus Deinem Briefe einige politische Auslassungen, Nachrichten und Raisonnements vor, die ihr sehr interessant waren. Die alte Bardua wollte gar nicht glauben daß der kleine Dicke schon so einsichtsvoll mitreden könnte. Wir kamen in ein weiteres politisches Gespräch, bei welchem der arme Oberhofprediger, der verdeckter Türke ist, sehr ins Gedränge kam. Der Schwiegervater seines Sohnes, Gutzkowsky, ist nämlich türkischer Pascha (denke Dir wie scheußlich) und ich weiß nicht wie es kam, die Herzogin nannte diesen den ganzen Abend den «Sonnenfürsten» und behauptete er habe dem guten Hoffmann den Kopf verdreht. Dieser hat ihr einmal erzählt sein Mitvater sei als Pascha türkischer Fürst, habe auch bei den Türken den Beinamen «Fürst der Gerechtigkeit». Dies hat glaube ich die hohe Frau etwas verschnupft, die ihren Rang nicht gern mit einem Aventürier theilen mag, und so vergißt sie absichtlich immer seinen Namen und Titel, und giebt ihm gelegentlich im Gespräch die abentheuerlichsten Bezeichnungen. Ich fragte aus Bosheit wer denn eigentlich der Sonnenfürst sei. «Da müssen Sie den guten Oberhofprediger fragen», sagte die Herzogin sehr erquickt, – «Bitte, Sie guter Oberhofprediger, wie ist es doch mit Ihrem Schwieger*vater*, habe ich den Titel verfehlt?» Der Arme mußte ihr nun zum hundertsten Male Alles weitläuftig auseinandersetzen, wobei sie ihn durch ihre Zwischenfragen zwang, auch nicht das Geringste zu übergehen. Als das mit dem «Fürsten der Gerechtigkeit» kam, traf mich hinter dem Lichtschirm hervor ein ausgelassen muthwilliger Blick, und die Herzogin versprach, nun gewiß Alles gut zu behalten. Dennoch wird sie gelegentlich wieder ganz ernsthaft vom Mondfürsten sprechen und ihn für Hoffmanns Schwieger*sohn* halten. Endlich mußte ich eine ausführliche geschichtliche Auseinandersetzung der ganzen orientalischen Kriegsfrage geben und that dies mit möglichster Schonung der Andersdenkenden, wodurch ich für den Augenblick die ganze Gesellschaft auf russische Seite zog, sogar der Oberhofprediger sagte, von meinem Standpunkte aus betrachtet, seien allerdings die Westmächte im Unrecht. Ich bat ihn die Sache nun auch einmal von *seinem* Standpunkte aus zu beleuchten. Er begann auch, gerieth aber bald in die Brüche und behauptete schließlich Gott allein wisse den wahren Zusammenhang und würde die Sache schon zu einem guten und gerechten Ende bringen. Auf diesen Satz schlossen wir denn Alle Frieden und gingen zum Souper.

*Am 16. Nov.* Immer noch scheint der russische Adler seine Flügel schützend über Sewastopol zu breiten. Jeder Tag ist von unendlichem Gewinn. In Paris weichen die fonds. Wenn man nur verläßliche Nachrichten hätte. Deine Einquartierung denke ich mir ziemlich lausig und freue mich nur, daß sie im Dorf liegt und nicht bei Dir. Napier soll in Altona damit sich amüsirt haben, daß er dem König von Dänemark mit Kreide den ganzen Plan auf den Tisch gezeichnet, nach welchem er im Frühjahr Kronstadt nehmen will. Der König reist mit seiner Rasmussen tapfer in den Herzogthümern herum. In ihrer Jugend war sie Tänzerin, wurde aber ihres anstößigen Wandels wegen vom Theater entfernt, was schon was sagen will, darauf wurde sie Putzmacherin und setzte ihren Wandel fort. Als Gemahlin des Königs soll sie ihn auch fortsetzen. Ihrem jetzigen Galan gab der König in einem lichten Augenblick eine Ohrfeige, sie wußte aber Se. M. so ins Gewissen zu reden, daß er zur Sühne den armen Geohrfeigten zum Kammerherrn machte und ihn auch noch decorirte. In Dänemark geht es überhaupt im Allgemeinen wie im Einzelnen ziemlich flegelhaft zu. Die Art aber wie die Kirche in den Herzogthümern behandelt wird, ist schon mehr als flegelhaft. Denen, die die holsteinsche Revolution in einen Topf mit unseren demokratischen Revolutionen warfen, möge Gott verzeihen. Wer für die Legitimität eine Lanze brechen wollte, mußte damals auf holsteinscher Seite stehen. In Dänemark hat der ungerechteste Radicalismus gesiegt, unterstützt von der Weisheit der Kabinette. Die deutsche Kirche hat übrigens dabei gewonnen, da sie die ausgewiesene Geistlichkeit überkommen hat, die uns großen Segen bringt. Uebrigens ist die Sache noch gar nicht aus und die Mächte, die damals Frieden geboten, liegen sich jetzt wegen gar nichts in den Haaren.

*Am 20. Nov.* Ich habe heute wahrscheinlich nur ½ Stündchen Zeit für Dich und das soll benutzt werden Dir für die brüderliche Theilnahme zu danken, mit welcher Du heute meiner gedenkst, wahrscheinlich nämlich. Nachdem ich mit den Meinigen ein herzliches Frühstück eingenommen habe, erwarte ich hier im Brummstall den Herzog, mit dem ich gleich ausfahren werde – (Schlitten und tiefer Schnee) dann habe ich die Tafel, dann am Nachmittag die Meinigen zum geselligen Billardspiel und endlich am Abend wieder Dienst, und zwar heute bis nach 10 Uhr. Das ist das Programm zu meinem Geburtstage. Das schönste war, und wird wohl bleiben, ein zufälliges Erwachen in der Nacht, worauf ich wieder einschlief. Da fiel mir aber ein, was Du schreibst, daß man nicht besser würde; was auch dienlich sein mag. Der alleinige Gott ist gut und wir können es ihm nicht gleich thun. Eins wünsche ich aber und darum bitte ich: daß mein Herz wärmer zu meinem Gott und Erlöser stehen möchte als es steht.

*Am 24. Nov.* Wir werden eine große Schlittenfahrt nach dem Sternhause machen, wo dinirt werden soll. Es thaut zwar stark und nebelt, aber das schadet nichts, denn bei den hohen Herrschaften nehmen die Vergnügungen die Stelle der Leiden ein. Sie werden dadurch gezüchtigt. Unterdessen sitze ich hier und feiere den Geburtstag unserer s. Mutter dadurch, daß ich an ihren Sohn schreibe. Wenn sie vom Himmel sehen könnte und bemerkte daß wir nicht besser geworden wären? Gott weiß, was sie bei der Erleuchtung die sie jetzt hat, dazu sagen würde. Wir können freilich nicht vollkommen werden, aber so viel ist gewiß, daß wir uns wehren sollen, wenn der Teufel uns belagert, sonst wird er uns verschlingen. Die Arbeit ist schwer, doch wollen wir nicht müde und faul werden. In meiner Jugend wollte ich ein Heiliger werden und faßte große Entschlüsse. Jetzt will ich froh sein wenn mich mein Herr bei der Arbeit antrifft.

*Am 25. Nov.* Das war gestern ein schwerer Tag. Der Herzog rannte mit mir im tiefen Schnee herum bis zu dem Moment, wo wir in den Schlitten stiegen. Ich setzte mich auf Tod und Leben ein, ganz naß von Schweiß und half mir auf dem Sternhause durch starkes Trinken. Dies Gepränge der Schlittenfahrten ist mir überhaupt zuwider. Man weiß gar nicht warum und wozu. Für die Reitknechte wird angenommen, daß der Winter die wärmste Jahreszeit ist; denn während sie im Sommer stets in Ueberröcken reiten und durch tüchtige Ueberknöpfhosen gesichert sind, haben sie jetzt knapp anliegende weiße Beinkleider und dünne rothe Jäckchen, sehen ganz wie nackt aus.

*Am 29. Nov.* Ich bin die Zeit über so gestört gewesen, daß mein Brief, den ich gern hier oben im Brummstall fertig machen wollte, nicht von der Stelle rückte. Entweder Dienst oder Besuch, das wechselt. Auch hat der Hof sehr unruhig gelebt. Außer der Schlittenfahrt hatten wir in diesen Tagen großes Hofconcert, großen Hofball und ein paar große Tafeln – auch eine große junge Mädchengesellschaft. Prinzeß Louise hatte nämlich sämmtliche junge Mädchen eingeladen, und der Herzog, der davon hörte, fand es angemessen wenn er auch dabei wäre. Ich mußte zu seiner Begleitung mit und dachte er würde sich recht angenehm machen und schäkern. Er bekümmerte sich aber gar nicht um die jungen Schönen, sondern spielte in einem Nebenzimmer für sich allein das Solitärspiel, worin er es zu einer ungeheuern Fertigkeit gebracht hat. – Anna hat seit Bertha's Tode alle Lust zum Tanzen verloren und zog es vor den Abend mit Julchen beim Herzoge zuzubringen, beim letzten Hofball. Es sind schreckliche Zustände solche Hofbälle. Unter den Aschersleber Husaren waren 3 Prinzen Wittgenstein und Löwenstein, einen Holsteinschen Prinzen hatten wir im Schlosse außerdem mehrere Grafen und Gräfinnen und viele Personen aus den vornehmsten Familien. Da zerbricht sich denn das Hofmarschallamt vorher den Kopf wegen der Rangordnung. Mir wird es doch immer schwer von jedem Menschen aus dem Kopf zu wissen, welchen Rang er hat, doch bin ich bis jetzt so glücklich gewesen keinen Fehler zu machen, was auch schon darum schwer ist weil die Herzogin manchmal ganz querfeldein Bestimmungen trifft, so daß man sich vorher keinen Plan machen kann.

An Sewastopol denke ich mit Seufzen. Wie soll das werden!

Nº 81 Ballenstädt am 5. März 1855

Mein geliebter Bruder Gerhard!
Ich habe lange in eichenfesten Banden der Faulheit dagelegen, unvermögend zu schreiben; heute aber, und sollte es nur ein Lallen sein wie Schlafende es hören lassen, mußt Du einige Nachricht haben. Zwei Briefe von Dir liegen da und sehen mich an – ich habe beide nicht beantwortet. Im letzten meldest Du den Tod der armen lieben Tante Gustchen. Gottlob daß sie erlöst ist; denn wenn Jemand unter Umständen leben soll, wie es die ihrigen waren, so ist der Tod in jeder Beziehung Erlösung. Doch war mir der Gedanke, daß nun auch das letzte dieser ausgezeichneten und von mir so geliebten Geschwister von der Erde abgefordert, sehr rührend, so wie auch die Güte, mit der sie in ihrem Testamente noch meiner sel. Bertha gedacht hatte. Die werden sich drüben nun auch begrüßt haben und seligem Vereine leben. Dahin stehen auch unsere Segel und wie lange wird es dauern, so wird auch unser Anker fallen. – – Eine Nachricht, die mich, obgleich in anderer Weise, doch ebenso erschütterte, war die von dem plötzlichen Dahinsterben Eures großen Kaisers. Vorgestern am Morgen 10½ trat ein Bekannter zu mir in den Brummstall, wo ich auf den Herzog wartete und legte mir die Kreuzzeitung mit der Trauerpost schweigend auf den Tisch. Er zeigte mit dem Finger auf die telegraphische Depesche und ich glaubte anfänglich Sewastopol sei gefallen; da war es

aber etwas noch weit schlimmeres, wenigstens menschlichem Ermessen nach. Seit 1848 hat Kaiser Nicolai wie ein fester Pfeiler in Europa dagestanden, als fast alleiniger Träger des historischen Rechts. Seinem Einfluß ist unendlich viel zu danken und er nimmt sogar die Achtung seiner Feinde mit ins Grab. Uebrigens könnte Solon ihn den Glücklichen beizählen, denn er ist auf dem höchsten Gipfel seiner Erfolge gestorben, unbesiegt und ungebeugt, von Gott allein geschlagen. – Wir haben heute für den verewigten Kaiser auf 15 Tage tiefe Trauer angelegt, dann werden noch 10 Tage leichte Trauer folgen. Die Aufregung unter den Leuten ist dieses Todesfalls wegen eine ganz außerordentliche. Ich habe so was bei einem auswärtigen Fürsten noch nicht erlebt. Viele hoffen nun auf Frieden, Andere sehen jetzt den Krieg erst recht für unheilbar an. Daß Sewastopol fallen wird, ist mir freilich wahrscheinlich, aber der Fall dieser Festung wäre eben gerade recht der Krieg, wenn Rußland seine Politik nicht ändern sollte. Indessen steht mein Champagner immer noch bereit, und sollten wider Erwarten die Alliirten aus der Krim geschlagen werden, so trinke ich drauf los und habe dazu den einzigen russisch gesinnten Menschen hier, einen Lieutenant Wardenburg bereits eingeladen. – Das Ernst Heynitz seine Frau verloren, wirst Du wohl wissen. Er schreibt mir sehr gebeugt, doch aber auch erbaut von dem gläubig schönen Ende einer Christin. –

Mein Gerhard war Weihnachten auf 6 Wochen Urlaub hier. Er hatte sich sehr zu seinem Vortheil verändert und erntete den größten Beifall bei allen Altern und Classen unserer Gesellschaft. Er hatte alle Blödigkeit abgelegt, war lebhaft und gesprächig und doch dabei so bescheiden und anspruchslos, daß ihm die Herzen zufielen. Ich habe in der That große Freude an ihm gehabt, besonders an dem Gange seines inneren Menschen. Er klagte mir seine Zweifel am Christenthum, und da haben wir zusammen Philosophie getrieben, gerade so weit, daß er einsehen lernte, welche Zwerge unsere größten Denker gegen die Aussprüche der Offenbarung sind. Wenn Einer zweifelt und so willkürlich und roh mit seinen Gedanken herumfaselt, ist es wirklich am besten, ihn vor allen Dingen etwas in logische Zucht zu nehmen, damit er nur erst denken lernt und bescheiden wird. Ein richtiges Denken kommt immer an eine Grenze, an der man sich entschließen muß entweder allen höheren Lebensinhalt aufzugeben und in Skepticismus zu ersaufen oder – zu glauben. Gerhard zeigte ein solches Interesse an diesen Dingen, daß ich, obgleich sein Herz wohl schwerlich bekehrt sein mag, dennoch für ihn außer Sorgen bin. Wie süß ist es aber für einen Vater mit seinem Kinde so freundschaftlich verkehren und es sich ebenbürtig achten zu können.

Mein Adolph macht jetzt sein Abiturientenexamen. Mit dem schriftlichen ist er endlich fertig und glänzend durch, und nun beginnt das mündliche Examen, vor dem er sich jedoch nicht in dem Grade ängstigt. Was dann aus ihm werden soll, weiß ich noch nicht. Wahrscheinlich wird er auf's Revier gehen und Forstmann werden, was freilich die theuerste Carrière wäre, die er ergreifen könnte. Studiren will er nicht. – Grüße die Deinigen und Gott segne Dich mit Deinem Häuflein und auch mich mit den Meinigen. «An Seinem Segen ist Alles gelegen» das stand über unserer Wiege!

Wir haben einen russischen Winter gehabt, feste Schlittenbahn und ziemlich hohen Kältegrad, bei uns zwar nicht über 15°, an Saale und Elbe aber bis 25. Nun scheint es plötzlich Frühling zu werden, die Gewässer rauschen von den Bergen ab, die Luft ist weich, der Schnee größtenteils vertilgt und die Vögel lassen ihre Stimmen hören. Mir wird es gar sehnsüchtig zu Muth und doch – wonach sehnt man sich? und was wird der Frühling bringen? «Die Welt ist so verderbt» klagt Richard III, «Zaunkönige nisten, wo sonst Adler horsteten usw.» Nun man wird ja sehen. Ich schrieb diesmal wenig. Nimm's nicht übel, viel kann ich nicht. Das muß ich noch sagen, daß auch Martin Krummacher, Adelheids Sohn, der mit 18 Jahren in Halle studirt, die Weihnachtsferien bei uns zubrachte. Er hat sich auf der Schule so ausgezeichnet, daß er ausnahmsweise ohne Examen entlassen wurde, was sehr selten vorkommt, und ist uns Allen sehr lieb geworden.

## N° 82 Brummstall 29. Mai 1855

Mein geliebter Ge Ka!
Ich bin noch ziemlich warm von Deinem Brief, den ich gestern erhielt und wenn ich auch keine Worte finden sollte es Dir auszudrücken, so nimm schlechtweg an, daß ich Dich herzlich lieb habe. Dein Brief war diesmal ziemlich reich an Nachrichten, so daß ich nun zu wissen anfange, wo Dieser und Jener ist, mit Ausnahme von Otto Zöge, für den ich mich väterlich interessire. Daß Constantin für Nömme ordentlich Pacht kriegt, ist erstaunlich. Jeden-

falls mag er wohl thun nach Dorpat zu ziehen, der Kinder wegen. Daß Du an Timmo eine so anregende und interessante Nachbarschaft hast, ist prächtig. Ich habe dergleichen nichts und Du kannst mich als einen Menschen ansehen, der sich in die Wüste verloren und verlaufen hat. An gegenseitigem Wohlwollen zwar fehlt es nicht, aber man langweilt sich aneinander. Mit Propst Scholtz bin ich fast befreundet, wir halten große Stücke von einander, aber wir sitzen uns wie die stummen Oelgötzen gegenüber. Ad vocem Propst, so haben wir deren jetzt vier, welche Lehre und Wandel der Herren Pastoren und Schulmeister überwachen sollen; – eine neue Einrichtung von Schätzell. Ob das viel helfen wird, weiß ich nicht. Bis jetzt hat es böses Blut gemacht, da alle Diejenigen, die nicht Pröpste geworden sind, sich degradirt fühlen. Es hatte indessen ein Prediger im Coswigschen bei 4 Jahre lang in seiner Gemeinde sehr offenbare Unzucht getrieben ohne daß das Bernburger Consistorium davon Notiz genommen. Aus dieser Unzucht nun sind die Pröpste entsprungen. Auch sind jetzt sämmtliche Prediger auf die Augsburger Confession verpflichtet worden. Sie werden deshalb nicht christlicher predigen als zuvor; das erwartet auch Schätzell nicht, und er hat diese Verpflichtung nur beliebt weil sie theoretisch richtig ist und um Diesen und Jenen einmal gelegentlich beim Kragen kriegen zu können. Schätzell regiert wirklich mit großer Festigkeit und hat sich in gewaltigen Respect gesetzt. Mir hat er, ohne daß ich darum angesucht, für meinen Adolph eine Studienunterstützung von 50 Thaler zugewiesen und mich dadurch sehr überrascht. Es ist wenig, aber größere Stipendien werden überhaupt nicht gegeben und es wird immer gut thun. Wenn Schätzell mit der Civilliste etwas zu thun hätte, würde er mich überhaupt besser stellen, da ich viel zu gering besoldet bin. Es ist immer befremdlich, daß man meine und Hellfelds Arbeit geradezu verdoppelt hat durch das Dejouriren, ohne uns im geringsten zu verbessern. Mein Dienst ist jetzt so angreifend, daß ich um mich einigermaßen zu erhalten, die zwischenliegenden freien Tage ganz für körperliche und geistige Ruhe verwenden, oder verloren gehen lassen muß. Der Herzog rennt und fährt den ganzen Tag herum, nicht wie ein vernünftiger Mensch, der sich divertiren will, sondern wie ein Rasender, der darauf ausgeht sich und seine Umgebung umzubringen. Dabei folgen jetzt die unglaublichsten Aufregungen rasch hintereinander und mit ihnen die mannigfaltigsten Verlegenheiten für die Umgebung. Zwischendurch wird dann auf dem Schloß in zahlreicher Gesellschaft mit der Herzogin getafelt getheet und soupirt, wobei wir in feiner Kleidung die Honneurs machen und zugleich den Herzog im Auge behalten und beruhigen müssen. Das geht oft fast über die Kräfte und folgt darauf ein Tag der Erschlaffung.

*Am 30. Mai.* Neulich machten wir zu des Herzogs Zerstreuung eine kleine Harzreise. Die Gesellschaft bestand blos aus dem Herzog, Piper, Hellfeld und mir. Wir reisten hier Morgens am 18$^{t}$ Mai ab, beim herrlichsten Wetter und der Herzog hatte sich vorgenommen 4 Tage im Harze herumzubummeln, am 21sten noch die gewöhnliche Abendgesellschaft hier mitzunehmen und dann in der Nacht auf den 22sten zu sterben. Als ich zu ihm in den Wagen stieg (die andern beiden Herren fuhren für sich) sagte er mir, wenn wir zurückkämen würde sich was ereignen. Auf meine Frage kam denn Obiges heraus, und die Idee saß so fest, daß er uns auch bei Tische immer von seinem nahen Tode unterhielt und es sehr übel nahm, wenn es Einer von uns wagte über den 21sten hinaus zu planen, etwa von Alexisbad zu reden oder dergl. Sein Beisammensein mit uns glich den letzten Tagen des Socrates unter seinen Freunden, nur mit dem Unterschiede, daß jener diese zu trösten suchte, unser Herr und Meister aber uns mit der Idee seines Abscheidens ängstigen wollte. Als wir in Ilsenburg mit einander tafelten, sagte ich ihm: «Also das steht ganz fest, Hoheit, daß Sie am 21sten unmittelbar nach jener Gesellschaft die Reise in die Ewigkeit antreten wollen?» «Das heißt (antwortete der H.) dann könnt Ihr Höfe sehen wie Ihr mit dem Herzog von Dessau fertig werdet.» «Mit dem, sagte ich, werden wir nichts zu schaffen haben.» – «Doch wohl! Der kriegt dann Alles was ich habe.» – «Nur *uns* nicht Hoheit, denn wir werden keine Narren sein, nach Ihrem Tode wieder von vorn anzufangen. Uebrigens glaube ich gar nicht, daß Sie auf den Dienstag schon abgehen werden, denn Sie sind viel kräftiger als wir. Wir sind Alle erschöpft von den Anstrengungen der Reise, haben Schüttelfrost und sehnen uns nach Ruhe; Sie aber grünen und blühen, essen und trinken wie ein Riese.» Darauf sagte der Herzog: «Ich bin *sehr zähe* und könnte wohl noch *zwei* Jahre leben.» «*Zwanzig* Jahre, sagte Hellfeld, wenn nur der Dienstag erst vorüber wäre!» «Der Dienstag? Warum?» – «Sie sagten doch, daß es da so schlimm werden würde, gleich nach der Abendgesellschaft. Hierauf der Herzog: «Das heißt, ich will Ihnen sagen, es kann nicht verlangt werden, daß ich ewig leben soll, weil mir diese Zeiten nicht gefallen und ich immer den Schnupfen habe usw.» – In dieser Art waren unsere Unterhaltungen, und wer nicht dabeigewesen, kann sich keine Vorstellung davon machen wie lächerlich diese Mahlzeiten waren. Plötzlich erfolgte dann mit wüthendem Geschrei ein Messer- oder Gabelwurf durch den ganzen Saal hin nach irgend einem für uns unsichtbaren frechen Geiste, oder Seine Hoheit geruhten aufzuspringen und rasch ein paar Stühle umzuschmeißen. Dann wurde wieder ruhig und friedlich weitergespeist. Wir blieben 3 Tage in Ilsenburg und spazierten im strömenden Regen gemächlich unter den alten Granitblöcken herum, die den Brocken bedecken, stiegen jedoch wegen des tiefen Schnee's nicht auf den Gipfel. Am schönsten präsentirten sich die meilenweiten Schneefelder des Brockens bei heiterem Wetter von der Harzburg, jenem berühmten Schloß, wo die sächsischen Fürsten den Kaiser Heinrich IV. gefangen hielten. Auf der Harzburg traf ich auch den Maler Crola, nach dessen Bekanntschaft ich seit 20 Jahren vergeblich angelte, wie er nach der meinen. Vor'm Jahre hatte ich, wie ich Dir schrieb, seine Frau besucht, die jetzt in Berlin war. In Ilsenburg ging ich zu ihm und besah seine Bilder, die mir nicht gefielen, während seine Skitzen mich entzückten. Durch Ausführung macht er die schönsten Motive todt. Uebrigens lebt und webt er in theologischen Theorien und ist Chiliast. Ich fühlte mich in allem Wesentlichen mit ihm einverstanden, doch was das tausendjährige Reich anbelangt, sagte ich ihm, ich sei selbstisch genug kein Interesse dafür zu haben, da ich es weder erleben würde, noch auf irgend eine Weise fördern könne, und wenn ich in die Zukunft blickte, so getröstete ich mich mehr einer jenseitigen Seligkeit, ohne bestreiten zu wollen, daß einst vielleicht auch eine diesseitige erfolgen könne. Er war sanft genug dies gelten zu lassen und wir vertrugen uns wohl miteinander. Er erzählte mir von einer Gesellschaft christlicher Männer, die Regensteiner Freunde genannt, die sich jährlich einmal an irgend einem schönen Punkte des Harzes zu versammeln pflegten, nannte mehrere ausgezeichnete Namen und forderte mich auf dabei zu sein. Wie gern würde ich da hinzutreten, um an einer solchen Gesammtheit mehr Halt zu gewinnen; allein ich bin zu arm, um auf eigene Kosten eine dreitägige Reise zu machen und würde mich hier auch schwer auf 3 Tage frei machen können, zu bloßen Vergnügungszwecken. Ich werde auch alt und schwach, und es mag mir ziemen mich ruhig zu verhalten. Meine asthmatischen Beschwerden (oder was mir sonst die Brust bedrängt) werden immer drückender und ich beschäftige mich viel mit dem Gedanken, daß es mit mir weit schneller als mit meinem Herzog zu Ende gehen könnte. Husten habe ich immer gehabt, aber seit Berthas Tode fühle ich ein Brustübel im Wachsen und der Husten hat sich fast verloren. Das könnte mich ängstlich machen, wenn es mir etwa sehr wohl auf dieser Welt gefiele. Ich theile aber den Geschmack meines Herzogs und glaube nicht, daß ich's sehr übel nehmen würde, wenn es morgen mit der Herrlichkeit zu Ende ginge. Ich habe viele gute Tage gesehen, bin auch seitdem ich nicht mehr viel male, immer heiter, ohne Laune und hypochondrische Selbstquälerei, bei gutem Appetit und von denen, mit welchen ich verkehren muß, hinlänglich geliebt ja überschätzt; dennoch gedenke ich oft des letzten Wortes, das Oncle Stackelberg mir beim Abschied sagte, nämlich, daß das Leben ein Scheiß sei. Paulus hat eben auch Alles für Dreck geachtet und damit kann man sich endlich beruhigen. Wie gedenke ich Eurer jetzunder, Ihr Geliebten! Ob die christlichen Engländer nicht gerade das Pfingstfest gewählt haben sollten, um Reval zu bombardiren? Blos so herumschwimmen wird die große Flotte doch gewiß nicht. Gott behüte und beschirme doch das arme unschuldige Reval! Wer hätte gedacht, daß Ehstland noch jemals den Drangsalen eines Krieges ausgesetzt werden könnte. Sewastopol wird doch wohl noch fallen, aber das östreichische Kabinet scheint sich jetzt doch hinter den Ohren zu kratzen. Diese klugen Leute sind ins Dickicht gerathen und hängen in den Dornen. Es scheint, daß sie nur noch zwischen Krieg und Krieg zu wählen haben. Was ist das doch für ein Unglück wenn ein Kind regiert! In Preußen ist man Gott sei Dank vernünftig. Die kleine Adelspartei hat die Massen überstimmt, und da man nun einmal den rechten Weg gefunden, denke ich, wird man ihn auch halten. Preußen ist übrigens nur eine halbe Großmacht und die übrige Welt ist verrückt.

*Am 30. Mai.* Ich habe mich endlich heute Morgen entschlossen einen Arzt zu consultiren. Die Wahl war in so fern schwer, als mir Einer so unwissend scheint wie der Andere, und aus eben dem Grunde war sie auch leicht. Meine Familie ist homöopathisch und braucht den Leibarzt der Herzogin und ich bin denn auch ein Aehnlichleidender oder Homöopath geworden, ohne den geringsten Glauben an die Wirksamkeit der Mittel. Mir lag auch vorzüglich daran zu wissen, ob ich wassersüchtig oder tuberkulos sei. Nach Medizinalrath Hoffmann's Ausspruch bin ich aber keins von beiden, sondern asthmatisch. Ich war in den letzten Tagen so bedrängt, daß ich kaum meinen Dienst thun konnte, namentlich wurde mir das Sprechen schwer. Er hat mir nun alle reizenden Speisen, Salz, Bier usw. verboten, so daß ich ziemlich wie ein Hund nur von schlabbrigen Dingen werde leben müssen. Dann soll ich Pulver nehmen und später Brunnen trinken und weiß gewiß, daß wenn ich alles das gethan habe, ich mich ganz auf dem alten Fleck befinden oder mich verschlimmert haben werde; denn es ist ein Erfahrungssatz, daß die Philosophen Narren sind, die Theologen den Glauben, die Juristen das Recht verdrehen und verfälschen und die Aerzte die Gesundheiten verderben. So ist es. Nun setze hinzu, daß die Hofleute die Sitten verderben, die Künstler den Geschmack die Gelehrten den Unterleib und die Agronomen schlechte Ernten machen, so hast Du die volle Wahrheit. – Gestern hatten wir für nichts und wieder nichts eine Barduasche Aufführung. Es wurde eine Schlittenfahrt vorgestellt oder vielmehr nur angenommen. Die Scene war in der Küche des Sternhauses und die handelnden Personen Jäger, Lakaien und gemeines Volk. Durch ein Fenster sah man in den Schneewald und hörte aus der Ferne die Schlitten mit Musik herankommen, dann jeden einzelnen Schlitten vorfahren. Der bei solchen Gelegenheiten stattfindende Lärm, das Geläute der Schellen und das Knallen der Hetzpeitschen brachte eine so täuschende Wirkung hervor, daß ich als das Küchenfenster geöffnet wurde, ganz deutlich die kalte Schneeluft roch. Nachher folgte bei guter heiterer Geselligkeit ein sehr angenehmes Souper. Es war ein lieblich harmloser Abend. Fremde waren nicht da, und ich hatte das wohlthuende Gefühl unter lauter alten Bekannten und Menschen zu sein, die mir Alle mehr oder weniger sehr unverdientermaßen wohlgeneigt sind. Wenigstens glaube ich es so, und fuhr mit meiner Frau ganz vergnügt nach Hause. Das sind so kleine Lichtpunkte im Hofleben. Vorher hatte ich freilich mit dem Herzog einen scheußlichen Spaziergang. Er war vor allem Volk, mitten in der Allée, über alle Begriffe aufgeregt und raste wie ein wildes Thier. Als ich ihn endlich ruhig hatte, sagte er: man könne doch nicht von ihm verlangen, daß er den Himmel und die Geisterwelt erforsche, das sei mehr etwas für die Astronomen. Denen sollte er das überlassen, rieth ich, von ihm verlange es Niemand und wenn er so unverständig umherwüthe, würde man bald von ihm in der Zeitung lesen. Da sagte er, das wäre auch nichts Neues und schon dagewesen. Er hätte in den 40er Jahren in Alexisbad einmal Thorheiten gemacht; da hätte er den Stuhl auf den Kopf genommen und sei damit auf dem Balcon herumgetanzt – das hätte dann in der Zeitung gestanden und er hätte es selbst gelesen. Wenn die Zeitungsschreiber nichts anderes hätten, so beuteten sie Badegeschichten aus und auf diese Art könne man berühmt werden. Darüber wollte er sich todt lachen und ich brachte ihn in der besten Laune zurück. Jetzt prostituirt er sich fast alle Tage öffentlich, und wie lange man das noch ansehen will, ehe man zu einer Regentschaft schreitet, weiß ich nicht. Jetzt gilt er immer noch als dispositionsfähiger regierender Herr, und ist als solcher natürlich um so schwerer zu behandeln. Wenn er erst wissen wird, daß er sein Regiment verscherzt hat, wird er viel zahmer werden. Dann wird man ihn auch gelegentlich einmal abfassen und mit Gewalt bändigen können, was jetzt ganz unmöglich ist. So aber ist es eine heillose Lügenwirthschaft. Rührend ist es, mit welcher Theilnahme ihn der gemeine Mann betrachtet wenn er so rast. Nie sieht man ein Lächeln. Er ist ja der Letzte aus einem uralten Stamm und mit seinem Tode erlischt die Selbstständigkeit des Landes. Mir für meine Person ist an dieser Selbstständigkeit nichts gelegen, aber im Volke ist eine solche Stimme doch hübsch. Mit Dessau werden wir freilich einst auch keine Seide spinnen, denn der Erbprinz ist durchaus nichts besser, nur klüger und somit bei weitem schwieriger und schlimmer. Wenn man unsere Fürstenhäuser so durchgeht, ist's allerdings ein Jammer zu sehen, wie diese alten Geschlechter moralisch heruntergekommen sind, wahrscheinlich nur durch ihre engen Heirathen. Mein Herzog hat im 14t Jahrhundert nur 120 gleichzeitige Ahnen, während ich vielleicht 56,000 zähle. Es mag ein wichtiger Unterschied sein, ob man von Vielen oder von Wenigen abstammt. – Ich lese jetzt mit größtem Interesse Schubert's «Symbolik des Traums». Seine Ansicht von dem Falle des Menschengeschlechts und einer dadurch veränderten Natur theile ich zwar nicht, ebensowenig die von der Wiedergewinnung ursprünglicher Herrlichkeit durch Heiligkeit. Diese beiden Punkte ausgenommen, ist mir aber alles Uebrige sehr anregend und wirklich erhebend gewesen. Es ist ein etwas unklares Buch wie alle Schubertschen Werke, nichts desto weniger aber ein sublimes, wie ebenfalls alle seine Bücher. Sehr lebhaft bin ich an diesen lieben, alten Freund durch seine im vorigen Jahre erschienene Biographie erinnert worden. Unser elterliches Haus wird im zweiten Theil ausführlich besprochen. Schuberts Jugend fällt in die Zeit des mächtigsten wissenschaftlichen Aufschwungs, den Deutschland je gehabt hat. Es waren damals vielleicht die letzten und gewaltigsten Regungen des Genies unserer Nation, sie glichen aber damals dem Erwachen eines schönen Frühlings. Nun ist es freilich aus und das deutsche Volk scheint wie Engländer und Franzosen im Materialismus zu ersaufen. Die Morgenstunde der Illusionen ist vorüber und es ist schwühler Mittag, wenn's nicht etwa Nacht ist; wer kann das wissen. Auch ist mir in Schubert das liebenswürdige Christenthum unserer Jugendzeit wieder entgegengetreten, wo nach der Confession nicht gefragt wurde und wo es sich weniger um Theorien als um Herzensänderung handelte. Die namhaften Männer der jetzigen christlichen Welt haben das Erwärmende nicht mehr, weil ihnen das Heil aus dem Herzen in den Kopf getreten ist. Die Theologen sind kalt geworden und die Laien von Weltkindern nicht zu unterscheiden. Diese Erscheinung mag freilich auch darin zum Theil ihren Grund haben, daß sich die Masse der Bekenner von Jetzt zu der damaligen wie hundert zu eins verhält, wo denn viel Schund mit darunter gekommen ist, wie z.B. ich selbst; aber ich will doch lieber Schund im Hause meines Gottes sein, als eine Perle in des Teufels Hause. Wir Beide frickeln uns, denke ich, so mit durch. Es muß gar lieblich sein ein Heiliger zu sein, ich habe auch in der Jugend sehr danach gestrebt einer zu werden, aber Göthe's Motto: «Was man in der Jugend wünscht, hat man im Alter die Fülle» hat sich an mir nicht bewährt, und ich bin gerade das Gegentheil, ein armer Sünder geworden, der den Strick verdient hat. Daß mir dabei ganz wohl wäre, kann ich freilich nicht behaupten und immer hoffe ich von einem Tage zum andern ob die alte Liebe nicht wieder erwachen sollte, die mein Herz in der Jugend bisweilen so gewaltig durchströmte. Es muß aber in der Stadt Gottes vielleicht auch Proletarier geben, und wenn denn nichts weiter aus mir werden soll, muß ich mir's eben auch gefallen lassen. – … Meine Herren Söhne kosten mich jetzt 700 Thaler ohne die Geschenke und das, was sie in den Ferien verzehren. Ich werde immerhin noch Capital angreifen müssen, um sie durchzubringen bis sie im Stande sind ihr eigenes Brod zu essen. Die Hauptsache ist, daß sie tüchtige Menschen werden und bis jetzt schlagen sie gut an. Adolph studirt nun die Rechte in Halle. Er ist Corpsbursche in der Saxonia und wird sich viel pauken müssen. Ganz begeistert schreibt er von der Ritterlichkeit seiner Verbindung. Der Saal, in welchem sie commerschieren ist mit Fahnen, Schwertern und Schilden von alter Zeit her herrlich decorirt, und es wird rasend auf Ehre gehalten. Er ist nur Lehrjunge oder Fuchs und darf sich nur mit Füchsen schlagen, die mit ihm in gleichem Semester stehen, was sehr zu meiner Beruhigung dient. Schätzell freut sich darüber, daß er eingesprungen ist und meint, wenn auch das erste halbe Jahr darüber verloren ginge, so bedürfe er nach der harten Schulzeit einer Erholung und lernte sich unter seines Gleichen behaben. Auf der Schule ist der arme Kerl wirklich gräulich überarbeit worden, so mag er sich denn nun auf dem Fechtboden einmal leiblich etwas auslegen. Studieren thut er doch auch dabei und hört täglich 3 Collegia. Die Saxonia feierte im vorigen Herbst ihr (wenn ich nicht irre 100jähriges) Jubiläum, und da der Minister Manteuffel dieser Verbindung angehört hatte, so luden sie ihn zu ihrem Fest mit ein. Er schrieb aber zurück, er habe keine Zeit, schickte ihnen ein paar silberne Schläger und 500 Thaler als seinen Beitrag zum Vergnügen. Daraus sehe ich wenigstens, daß diese Landsmannschaft vom Staate wohl angesehen wird. Uebrigens hat Alfred Volkmann auch ein Auge auf den wilden Jungen. Adolph ist bei einer sehr sanften milden Außenseite entsetzlich wild, und ich könnte bange für ihn sein, wenn er mir nicht bewiesen hätte, daß er einen guten und soliden Grund hat. Er ist hoch aufgeschossen und etwas brustleidend, daher ich es ganz gern sehe, wenn er für's erste nicht allzuviel ochset. In diesen Pfingstferien ist nun der Benno allein hier und wird mit Macht verzogen. Er sitzt nun auch in prima, will aber nicht studieren, obgleich er der fähigste meiner Söhne ist, sondern Soldat werden; fast fürchte ich aber, daß sein schwächlicher Körper ihn daran hindern könnte. Er ist klein geblieben und wächst nur unmerklich.

*Am 1. Juni.* Ich weiß selbst nicht, warum ich noch ein Blättchen anfange, da ich eigentlich nichts zu melden habe. Es mag blos das Vergnügen sein mit einem Freunde zu schwatzen, was mich dazu bewegt. Wir hatten gestern einen sehr verrückten Abend auf dem Schlosse. Der Herzog frug mich leise, was ich davon hielte wenn regierende Herren sich mit Geistern gemein machten? Dann schob er fort und sagte im vierten Zimmer einem aufdringlichen Geist die Wahrheit so vernehmlich, daß die Herzogin mich ihm nachschickte, weil sie glaubte der Teufel wäre los. Es war weiter nichts gewesen als daß ihm einer unaufhörlich sagte er wäre ein dummer Herzog und könne nicht regieren. Ich sollte den Frechen nun auch heruntermachen. Ihre Geister, sagte ich, sind Ochsen. «Da haben Sie's!» rief der Herzog in eine Ecke, denn er nennt die Geister immer «Sie». Um ihn zu zerstreuen erzählte ich ihm nun was mir gerade einfiel, z. B. daß ich die Herzogin am Nachmittag mit einem Buche auf ihrem neuen Plätzchen angetroffen hätte, und sie möchte wohl ein gutes Werk gelesen haben, denn sie hätte mich kaum gegrüßt. (Sie hat sich nämlich unter dem Eiskeller ein allerliebstes schattiges Plätzchen anlegen lassen für heiße Tage, und wir hatten 21 Grad.) «Die Werke, erwiderte der Herzog, sind sehr schwach und taugen nichts, und sie wird sich da wohl blos das Hintertheil erkältet haben.» Ich lachte und sagte: Sie machen doch immer noch gute Witze in späteren Zeiten. «Ja! schrie er, *das* ist wahr» und lachte fürchterlich. So brachte ich ihn in der brillantesten Laune zur Gesellschaft zurück bis ihn das beginnende Quartett wieder weglockte. Die Herzogin kam mir eben auch nicht viel gescheuter vor. Sie war in der heftigsten Aufregung, weil sie Nachricht hatte, daß Frau v. Schätzell (die Mutter des Ministers) erkrankt sei. Wenn sie nun krank bliebe, so würde er nicht ins Bad gehen können, und wenn er nicht ins Bad ginge, so würde er den Winter über kränkeln, vielleicht sterben – und was *dann* werden sollte usw. Es war sehr schlimm und ich mußte ihr endlich sagen sie sei hypochonder. Die Bernstorff weinte während dem einsam auf ihrem Zimmer, weil ihr Bruder, der Zollbeamter ist, ihr geschrieben hatte, sie sollte einmal an seiner Stelle sein und Tag und Nacht mit diesen rohen Packknechten verkehren, dann würde sie wohl einsehen, was er litte. «Wenn man, sagte sie meiner Frau, sich 30 Jahre lang für seine Herrschaften aufgerieben hätte und dann noch Packknecht werden solle, – das sei zu hart.» Dabei vergoß sie viele Thränen und lachte zwischen durch, so daß sie auch nicht viel gescheuter schien. Die gegenwärtigen Bardua's waren es auch nicht. Wenn sie abkommen konnten, weinten sie etwas in Winkeln, und waren pikirt, weil sie fanden, daß ihre neuliche Vorstellung, von der ich geschrieben, nicht genug gelobt worden wäre. Der Oberhofprediger gab beinah den Geist auf vor Würde und Selbstüberhebung; und dann war noch eine Dänin da, eine Fräulein Schander, eine geistreiche aber äußerst confuse Person. Diese besitzt nun eine schöne Sammlung von Ridingers Kupferstichen, und ein hiesiger Jagdfreund und zeichnender Gerichts-Assessor hat sie durch mich schon vor Monaten ersuchen lassen, ihm einige von diesen Blättern zu leihen, um sie zu copiren. Darüber ist sie nun in fortwährender Verlegenheit und Aufregung, weil sie durchaus nicht weiß, was sie thun soll. Ein Jurist, meint sie, habe allerlei Mittel und Wege sie um ihr Eigenthum zu bringen wenn er's einmal in Händen habe, und von der anderen Seite sei es auch gefährlich sich solche mit allen Schlichen vertraute Personen zu Feinden zu machen. Wenn ich mit ihr zusammenkomme, betrachten wir stets diesen Handel von allen Seiten, wobei ich mich königlich amüsire. Gestern sagte ich ihr, da der Assessor durch mich keinen Bescheid erhielte, so hätte er sich vorgenommen, ihr in diesen Tagen seine Aufwartung zu machen, um ihr seine Bitte persönlich vorzutragen. Darüber kam sie in die entsetzlichste Aufregung; sie bat mich händeringend um Abhülfe; ein solcher Mensch könne ihr, wenn sie mit ihm allein sei, die verfänglichsten Fragen vorlegen, und sie könne dadurch in Schaden und Nachtheil gerathen usw. Ich rieth ihr sie solle ihn und mich zum Thee einladen und dann ihre Bilder vorlegen, nachdem sie vorher die werthvollsten zurückgelegt hätte, ihm auch die Bedingung machen, daß er jedes Blatt einzeln unter Glas und Rahmen lege, wenn er es kopire und darüber quittiren. Sie fürchtete aber diese Quittungen könnten von ihm so künstlich abgefaßt und gedeutet werden, daß Schenkungen daraus würden, das kenne sie wohl. Wenn Sie sich einen mächtigen Feind machen wollen, sagte ich, so schlagen Sie es ihm rund ab, aber eine Antwort muß er haben. Da bat sie mich denn sehr de- und wehmüthig, ob sie mir nicht die ganze Sammlung zuschicken dürfe, so daß ich mit ihm verhandelte und für jeden Schaden haftete. Ich versprach ihr diese Sache mit meinen Geschäftsfreunden in Erwägung zu ziehen, was sie sehr beruhigte. Als die Gesellschaft auseinanderging und meine Frau noch zur Bernstorff geschlüpft war, um sie wegen der Packknechte zu trösten, fand ich mich in der Entrée mit Frl. Schander allein. Wir hatten noch 19° Wärme und sie war im Zweifel, ob sie ihren dicken Mantel umnehmen sollte oder nicht. Darüber verhandelten wir lange, bis ich ihr endlich den Mantel wegnahm und ihr versprach ich wollte ihn durch meinen Jäger in ihre Wohnung schicken. Aber nun ging sie doch nicht, sondern rieb sich mit der Frage auf, ob sie die Valentiner noch besuchen sollte oder nicht. Bisweilen bog sie nach der Treppe ein, bisweilen nach der Schloßthüre. Endlich sagte ich ihr die Valentiner schliefe positiv schon, sie solle lieber mit zu mir kommen und Billard spielen. Das wolle sie thun, sagte sie zu meinem Erstaunen und folgte mir in mein Zimmer. Kaum aber war sie in den großen dunkeln Raum eingetreten und die Thür hinter ihr ins Schloß gefallen, so rief sie: Gott, o Gott, wo bin ich hingerathen, – das ist ein Herrnzimmer und riecht nach Taback! Ich bat sie sich ruhig zu verhalten bis ich Licht hätte, und als nun das Zündhölzchen brannte, ging meine eigene Verlegenheit an. Ich hatte mich am Tage wenigstens 4 Mal von Kopf bis zu den Füßen umgekleidet, Kleider und Wäsche lagen noch herum, Hüte und Mützen auf dem Billard. Mit ein paar Griffen räumte ich Alles weg, gab ihr ein Queue und forderte sie zum Spiel auf, aber sie war ganz außer sich, rannte in die Schränke, konnte die Thür nicht finden und behauptete ich hätte sie betrogen. Ich schlug ihr vor, wenn es ihr unbehaglich wäre, sich doch wieder zurückzuziehen, aber sie meinte, es könne sie Jemand aus meinem Zimmer gehen sehen, und zu dieser Stunde, das sei ganz entsetzlich! Das sei wahr, sagte ich und proponirte ihr sie am Handtuch aus meinem Fenster in den Garten zu lassen. Wir gingen nun ans Fenster, um zu sehen ob es nicht zu hoch wäre, da erblickte sie den Wachtposten auf der Schloßterrasse 5 Schritt von uns, und taumelte halb vernichtet zurück. Ich suchte sie nun zu trösten und sagte ihr, *mich* zu besuchen bedeute gar nichts und Niemand würde ihr das übel deuten, die Hofdamen gingen zu jeder Stunde bei mir aus und ein, und sie könnte ganz ruhig zur Thür hinausgehen. Da kam endlich meine Frau, war sehr erstaunt eine junge Dame bei mir zu finden und ging mit ihr davon. Jetzt ging mein Genuß erst an. Die schwere Tagesarbeit war überstanden, und ich fühlte mich so frei wie ein Vogel. Ich steckte eine Cigarre an, zog mich um und ging dann hinaus auf die Terrasse. Hier war es todtenstill, man hörte nichts als die Schritte der Schildwache und das Summen einzelner Maikäfer in den alten Linden. Um den ganzen weiten Horizont aber leuchteten nach allen Richtungen unaufhörliche Blitze und ferner Donner grollte ununterbrochen. Die reichsten Blüthendüfte stiegen von allen Seiten auf, es war eine Jean Paulsche Frühlingsnacht und ich wurde so weich, daß ich hätte weinen können. Endlich ging ich nach Hause um die Meinigen zu holen, damit auch sie das majestätische Schauspiel mit ansehen sollten. Sie hatten aber keine Lust, und so setzten wir uns denn in unser Gärtchen und blieben hier fast bis nach Mitternacht. Wir hatten noch 17º Wärme, der ganze Boden um uns her war mit Blüthenschnee bedeckt und der Himmel stand in Flammen und beleuchtete die überaus reich blühenden Apfelbäume. Ich erinnere mich kaum je eine so zauberisch schöne Nacht erlebt zu haben. Wir waren auch ganz still und friedlich miteinander und versunken im Naturgenuß. Heute haben wir einen Brief von Anna aus Potsdam. Sie hat ihrer kranken Augen wegen den jungen Gräfe in Berlin consultirt, der jetzt der renomirteste Augenarzt ist. Dieser hat ihr Muth gemacht und ihr eine blaue Brille verordnet, wie auch Einspritzungen, wozu sie sich einen theuern Spritzapparat hat anschaffen müssen. Als sie schrieb, hatte sie diese Mittel bereits 2 Tage lang gebraucht und eine bedeutende Verschlimmerung verspürt. Sie ist geblendet unter der Brille und schielt, und wenn sie spritzt, kann sie nicht wohl vermeiden sich und das ganze Zimmer zu überschwemmen. Wenn die Verschlimmerung nicht etwa der Vorbote nachfolgender Besserung ist, so muß ich auf Mittel denken, mich an dem Esel zu rächen. Anna ist wirklich ein ganz unbeschreiblich gutes Kind, aufopfernd und ohne alle Selbstsucht, dabei ehrlich bis auf den Grund. Es wäre trostlos wenn die arme Seele Schaden an ihren Augen nehmen sollte. Was mich anlangt so war ich gestern recht elend und konnte nur mit Mühe, oft mit Anstrengung athmen. Erst das Gewitter am Abend machte mir die Brust freier und auch heute ist mir besser. Ob die Pülverchen wirken, oder die durch das Gewitter gereinigte Luft, weiß ich nicht, der weitere Erfolg muß es ausweisen. Mein Arzt hat mir alle reizenden Speisen, Salz, Bier und den nachmittägigen Kaffe verboten. Nach allen diesen Dingen sehe ich mich nicht um und bin nur froh, daß ihm die Pfeife nicht eingefallen ist, von der ich mich nur widerwillig getrennt haben würde.

Die Nachrichten vom Kriegsschauplatze lauten schlecht. Ich muß aber gestehen, daß ich Sewastopol gleich von Anfang an für verloren gehalten habe. Doch würde der Fall dieser Festung immer noch keine Entscheidung bringen, so wenig als der Verlust der ganzen Krim. Oestreich wird wohl bis zum jüngsten Tage nicht recht wissen was gut oder böse sei und was es thun soll. Es ist in einer ähnlichen Gemüthsverfassung wie Fräulein Schander. Wir Anhaltiner sind in der politisch so glücklichen Lage, das unterlassen zu müssen, was wir ohnehin nicht thun können, und das thun zu dürfen, was wir nicht lassen können. Wir sind daher vor der Hand neutral. Wären wir frei, so würde der Herzog mit seinen 1200 Mann in Frankreich einfallen, darauf kannst Du Dich verlassen. Wie sehr Dich die Zeitläufe aufreiben, kann ich mir denken. Halte nur die Ohren steif, daß Du nicht krank wirst. Man muß immer denken, daß Gott im Regimente sitzt, und daß es doch am Ende geht wie er will. Er mästet sich zuweilen die Ungerechten und Bösen, wie wir unsere Schweine, um sie dann desto gewisser zu schlachten. Die Gallier spielen ein hirnloses Spiel und werden den Schaden davon haben. Ihre inneren Zustände sind gar zu jämmerlich. – Mein Hausnachbar Köhler, ein Fleischer, saß neulich auf seinem Dach, ich weiß nicht zu welchem Zweck, stürzte und blieb unten mit dem Hintern an einem an der Mauer angebrachten Fleischhaken hängen. Er hat sich das ganze Hintertheil zerrissen und liegt schwer krank darnieder. So kann der Mensch malheur haben. – Frau und Kinder grüßen. Gott segne Dich und Dein Haus. Grüße Alle aufs herzlichste. Wärst Du doch hier und sähest die ungemeine Blüthenpracht! finis.

## N° 83

Ballenstädt 11. Aug. 1855

Mein alter Bruder!

Dein lieber Brief vom 26. Juni hat viel Freude und große Erschütterungen verursacht, namentlich des Zwergfells. Kein Körnlein Deines Witzes fiel an den Weg, es wurde Alles aufgekostet. Dein Zorn über die Fülle geselliger Freuden, die Dir im Sommer zu werden pflegt, ist schrecklich und gerecht; scheint aber wenig respectirt zu werden, was mich recht dauert, besonders da Du gerade in andern Umständen warst, nämlich mit Pinnägeln, die bei gehäuftem Aerger auf die Drüsen fallen können, wo dann der Teufel los ist. Natalie Berg, der ich Vieles aus Deinem Briefe vorlas, erkannte mit Wonne ihren alten Freund, und fand daß Du Dir durchaus treu geblieben. Natalie und ihre Schwester Norchen Ziegesar haben uns durch ihren lieben Besuch gar sehr erfreut. Zwar habe auch ich immer noch mehr Gäste als mir lieb ist, aber wenn so alte treue Gestalten aus der Vorzeit auftauchen, werde ich wieder jung wie ein Adler, wenigstens zuweilen. Mit Berg's ging Alles glatt und eben ab wie unter guten Menschen. Natalie ist wirklich ganz prächtig geworden, und auch Norchen war so herzlich, so frisch und wakker, daß dieser Besuch mich wahrhaft erquickt hat. Vom Altlutherthum war wenig die Rede. Wäre Natalie allein gewesen, so hätte in diesem Artikel mehr gemacht werden mögen; Norchen aber schien mir von jener Seite etwas wund und ich nahm Anstand daran zu greifen. Im Grunde fühlen sich beide Schwestern in den engen

Schranken des Luthertums so geborgen, daß man sich ihres Glükkes ja nur freuen kann. Es mag so Jeder seine aparten Bedürfniße haben. Ich für meine Person könnte mich nie einer Gesellschaft anschließen, deren Glaubensbekenntniß bis in die geringsten Details fertig und unveränderlich ist. Zudem theile ich die lutherische Ansicht gerade in den Hauptunterscheidungspunkten nicht, indem sowohl die Lehre von den Sacramenten als von der Kirche mir widersteht. Die Art wie sie das Amt der Schlüssel verstehen, ist in meinen Augen Unsinn. Wenn Christus dem Petrus die Schlüssel des Himmelreichs giebt, so folgt daraus nicht, daß er sie auch dem Pastor Kiekelhahn gegeben hat, und wenn ein Mensch sich im Glauben durch das Werk und die Gnade seines Heilandes erlöst und beseligt fühlt, so scheint es mir unwesentlich, ob ihm nebenbei noch etwa der Pastor Schurzfleisch seine Sünde vergeben hat oder nicht. Einen Verkehr mit Gott aber, der nicht durch die Kirche (d. h. die beschlüsselten Pastoren) vermittelt ist, nennen die Lutheraner ein subjectives Christenthum, das in ihren Augen nur ein geistliches Vagabundiren ist, und nichts als Täuschungen zur Folge hat. Die Kirche aber, welche die Lutheraner immer im Munde führen, ist nichts als ein Lichtenbergisches Messer ohne Heft, dem die Klinge fehlt, ein Wort ohne Begriff. Die wahre christliche Kirche ist die Gemeinschaft oder Gesammtheit der Gläubigen aus allen Confessionen, mit dem Haupte Christo. Von den äußerlichen im Staat berechtigten kirchl. Instituten kann man wenigstens nicht sagen, daß der heilige Geist sie in alle Wahrheit leite.

*Am 15. Aug.* Vor etwa 10 Tagen hat uns die Herzogin verlassen und ist nach Trouville bei Havre in Frankreich gegangen, um zu baden und sich zu erholen. Wozu es nöthig war so weit zu gehen, weiß ich nicht, besonders da der Herzog in einem Zustande war, der jeden Augenblick das Schlimmste erwarten ließ. Dieser geht uns denn auch unterdessen gänzlich aus dem Leim. Ich habe jetzt einen Tag um den andern, wenn der Dienst mich zu ihm führt, Scenen durchzumachen, die so alterirend sind, daß ich sie kaum länger ertragen kann. Es *muß* jetzt eine Aenderung eintreten. Er kommt gar nicht mehr aus dem Schreien und Spectakeln heraus, und da er seinen Aufregungen die größtmöglichste Oeffentlichkeit zu geben beliebt, so geräth man täglich mit ihm in die scheußlichsten Verlegenheiten. Vom Leibe halte ich ihn mir noch glücklich durch kekkes Entgegentreten, während er angefangen hat seinen Leibarzt zu stoßen und zu walken, daß es eine Lust ist; aber ich kann es auch nicht mehr ertragen, ihm jeden Augenblick auf der Straße mit geballten Fäusten entgegenspringen zu müssen. Neulich, da ich ihn auf der Promenade abhielt einen unschuldigen jungen Mann anzufallen, der uns begegnete, schwang er seinen Knittel und schrie mich an: «Herr von Kügelgen! Herzog oder Kammerherr! Jetzt geht es Mann gegen Mann!» Ich hielt ihm die Fäuste unter die Augen und sagte: «Wenn's so ist, wollen wir doch sehen wer von uns zuerst in den Graben fliegt.» Glücklicherweise erschrak er trotz seiner Wuth und besänftigte sich vollkommen; es hätte aber auch anders kommen können, und wenn wirklich einer von uns in den Graben geflogen wäre, so wäre es mir unmöglich gewesen sein Kammerherr zu bleiben. Dieser Fall ist nicht der einzige und Aehnliches trägt sich häufig zu. Ueberhaupt ist er jetzt vollständig verrückt. Vor einiger Zeit stürzte er mit lautem unarticulirten Geschrei ganz unerwartet in mein Zimmer, wo ich gerade meinem Burschen einige Aufträge gab. Er hatte (denke Dir doch wie affrös) einen großen Fußsack auf dem Kopfe und in beiden Fäusten, wie ein Bündel fasces, wenigstens 24 Reitpeitschen, seine ganze Sammlung, mit denen er so gleich auf den Burschen losschoß und ihm ein paar tüchtige Risse überzog. Ich habe noch nie einen Menschen so leichtfüßig ausreißen sehen wie meinen guten Engelmann. Er war wie weggeblasen. Der Herzog aber richtete sich hoch auf, blickte stolz um sich und rief emphatisch: «Der Herzog hat das Militär in die Flucht geschlagen!» Seit dieser Zeit hat er jeden Augenblick den Fußsack auf dem Kopf, zeigt sich plötzlich so am offnen Fenster und macht mit lauter Stimme bekannt, daß der Herzog den Verstand verloren habe. Von der Schloßterrasse herab schreit und tobt er bisweilen dermaßen, daß Einheimische und Fremde auf dem Schloßplatze und in der Allee versteinern und ich mich nur wundern muß, daß nicht mehr Fehlgeburten vorkommen. Und bei solchen Zuständen soll er immer noch wie ein Vernünftiger behandelt werden und alle Gewaltmittel fern bleiben. Salmuth und der Leibarzt läugnen nämlich beharrlich, daß eine Verschlimmerung eingetreten sei. Der Herzog sei blos zornig wie viele Andere auch. Die beiden gehören zu einer Partei, welche seit Hempels Sturz unter der Hand anzudeuten pflegte, man suche den Herzog als verrückt darzustellen, um seine Gemahlin an's Regiment zu bringen. Nun traf es sich gestern wieder, daß die ganze Tischgesellschaft zum Teufel gejagt wurde. Darauf conferirte ich mit meinem Collegen Hellfeld und wir kamen überein, dem Arzte zu befehlen, fortan den Herzog nicht mehr zu verlassen, seine Wohnung auf dem Schlosse zu nehmen und für jeden Schaden zu haften, da unsere Autorität nicht mehr ausreiche. Piper wurde so bleich wie ein Käse und weigerte sich. Psychischer Einfluß so wie alle gewöhnlichen ärztlichen Mittel, sagte er, seien erschöpft, und zu Gewaltmaßregeln, wie sie indicirt seien, sei er nicht ermächtigt. Die Wuthausbrüche aber unthätig blos anzusehen, bedanke er sich. Wenn das Ihre Meinung ist, sagte Hellfeld, so verlangen wir im Interesse unseres Herrn, daß Sie davon auf der Stelle, geeigneten Ortes Anzeige machen. Nun kam er in die größte Klemme, aber er hatte sich einmal verschnappt und mußte versprechen, selbst die Anzeige zu thun von einer Sache, die er bis dahin hartnäckig geläugnet hatte. Zugleich schrieb ich an Schätzell meldete ihm Pipers Aeußerungen, und forderte ihn auf zu kommen und dem Arzt die Alternative zu stellen, entweder zu helfen oder zu weichen. Es ist damit unendlich viel gewonnen und ich hoffe, daß man nun Maßregeln ergreifen wird, die unseren unerträglichen Zuständen ein Ende machen.

*Am 18. Aug.* Vorgestern war Schätzell hier und wir hatten eine lange Conferenz. In Folge davon wohnt Piper jetzt auf dem Schlosse, wo er schon 2 Nächte zugebracht und weidliche Hiebe gekriegt hat. Der einzige Nutzen, seines Dortseins besteht darin, daß der Patient sich nun alle Mühe giebt, seinen Zustand dem Arzt begreiflich zu machen; denn sonst fehlt diesem Muth und Entschlossenheit so wie jede Einsicht um wirklich zu helfen. Es ist indessen ein berühmter psychischer Arzt, der Geheimrath Flemming aus Strelitz verschrieben, der interimistisch hier bleiben wird bis sich ein anderer geeigneter Leibarzt findet, und für den Fall, daß es nöthig werden sollte den Kranken zu isoliren, wird zu diesem Behuf das Schloß Hoym eiligst in Stand gesetzt. Dort werden denn freilich Hellfeld und ich abwechselnd leben müssen, aber ich wollte mich lieber ganz dort einmauern lassen als die jetzige Last länger ertragen.

*Am 19. Aug.* Etwa um die Johannizeit dieses Jahres ereignete sich hier eine Art von Uebereilung, die für uns sämmtliche Hofdiener vom Oberhofmarschal an bis auf den geringsten Reitknecht herab recht segensreich geworden ist. Der Leibarzt der Herzogin nämlich, Medicinalrath Hoffmann, zeigte dieser plötzlich an, daß er durch den Dr. Wolff in Dresden einen Ruf nach Rom erhalten habe mit 1600 Scudi Fixum und einer Praxis, die leicht das vierfache betragen könne. Da er sich indessen der Person der Frau Herzogin wahrhaft attachirt fühle, so würde er es vorziehen, hier zu bleiben, wenn man ihm sein Gehalt verdoppeln wolle. Sein Gehalt betrug 800 Thaler und er forderte somit 1600. Hoffmann ist ein rechter Damenarzt. Er hilft zwar nicht, aber er macht seine Patienten hypochonder und so abhängig von sich, daß sie nur durch ihn zu leben glauben. Dies ist wenigstens meine und auch die allgemeine Ansicht. Obgleich nun seit längerer Zeit die Gesuche anderer Personen um Verbesserung immer dahin beschieden worden waren, es sei unmöglich, da die Civilliste bereits in Schulden sei, so schien es sich in diesem Fall doch um Leben und Tod zu handeln, und ohne Rücksprache mit den betreffenden Beamten wurden dem unentbehrlichen Leibarzte die gewünschten Zusicherungen gemacht. Hoffmann aber hat keinen Freund im Lande, an seinem Rufe nach Rom zweifelt männiglich, die Sache machte die unangenehmste Sensation und der Intendant der Civilliste erklärte kein Geld zu haben. Da kam gerade zu rechter Zeit der wackere Schätzell hier an. Er fand, daß das Wort der Herzogin wahr gemacht werden müsse, und sollte man das Geld vom Monde holen. Er fand aber auch, daß zugleich der ganze Hofstaat verbessert werden müsse, um der Lästerung den Weg zu versperren. Da indessen kein Geld da sein sollte, so ließ er sich von der Herzogin ermächtigen, Einsicht in die Buchführung der Civilliste zu nehmen, warf diese gänzlich um und rechnete die nöthigen Gelder richtig heraus. Dies machte er auf eine so liebenswürdige Weise, daß er die Rechnungsbeamten, namentlich Herrn v. Kutteroff der eigentlich herzogl. Kämmerier ist, für sich gewann und sie es gern sahen, daß er fortan die oberste Leitung der Civilliste in seiner Hand behielt und also auch Hausminister ward. Auf diese Weise haben wir uns *Alle* verbessert, was ohne Schätzell ein Ding der Unmöglichkeit gewesen sein würde, und meine Wenigkeit allein hat eine Zulage von 200 Thalern erhalten, so daß ich nun wenigstens Abgaben und Holz frei habe, denn meine directen Steuern betragen circa hundert Thaler und eben so viel die Feuerung. Es ist ein Unsinn wenn ein Mann wie ich, der seine Kinder nur mit Aufopferung von Capital nothdürftig erhalten kann, an hundert Thaler Abgaben zu zahlen hat. Man kann den Grund und Boden, man kann Industrie und jeden freien Erwerb belasten, eben so allen Luxus wie man will, aber feste Gehalte und baares Vermögen kann man nicht ohne den größten Schaden der Interessenten belasten. Ohne diese Zulage würde ich zu Grunde gegangen sein, denn nicht allein haben alle Bilderbestellungen aufgehört, weil das Publikum sich nicht mehr an mich wagt, sondern es fehlt mir überhaupt jetzt die Kraft zur Arbeit, da der Hofdienst mich so abmattet, daß es mir ganz unmöglich ist an den freien Tagen was Ernstliches vorzunehmen. Ich kann mich in diesen ungeheuern Wechsel vom Hofcavalier zum Maler nicht mehr finden, besonders da dieser Wechsel täglich eintritt und ich mich noch obendrein krank fühle, so daß ich mit der mir bleibenden Kraft ordentlich haushalten muß. Ich habe 6 Wochen lang ganz entsetzlich an Zahnweh gelitten, welches mir bei meinem Hofdienst das Leben dergestalt verleidete, daß ich mir manchmal den Tod wünschte. Ich war ganz abgemagert davon und so heruntergekommen, daß ich mich nur mit Mühe dahinschleppte. Salzbäder und Zahnkitt haben endlich geholfen. Sollte es dazu kommen, daß der Herzog, wie Schätzell das eigentlich annimmt, für immer in Hoym cernirt würde, so würde ich mich damit wieder sehr verbessern; denn für diesen Fall würde ich für mich und meine Familie dort ein herrschaftliches freies Logis erhalten und mein Haus in Ballenstädt für hundert Thaler vermiethen können. Ueberdem würde die Haushaltung und das ganze Leben in Hoym weniger kostspielig sein als hier. Bisweilen kann es mir ganz schwarz vor Augen werden, wenn ich an meine Finanzen denke; dann aber getröste ich mich wieder meines Gottes, der mich bis dahin doch noch nie verlassen und mir im rechten Augenblick immer die nöthige Hülfe gewährt hat. Eitle Sprünge darf ich mir freilich nicht erlauben. – ......

Seitdem ich nun eine namhafte feste Einnahme habe, bin ich viel ordentlicher mit meinem Gelde geworden und fange an zu wissen, was mich die einzelnen größeren Lebensbedürfniße durchschnittlich kosten. Meine Söhne sind bereits fest abgetheilt und müssen wohl oder übel mit 700 Thaler auskommen. Von Michaelis an denke ich nun auch die Töchter für ihre Garderobebedürfniße und Vergnügungen abzutheilen, eben so meine Frau, die dann einen klareren Ueberblick bekommen wird über die Summen, mit denen sie auskommen *muß*. Wenn wir indessen so theure Zeiten behalten, so fürchte ich fast wird alles Rechnen nicht viel helfen. Wie aber die Preise wieder sinken sollen, weiß ich nicht, da wir eine schlechte Ernte nach der andern machen. So hat man nicht allein für seine nothwendigsten Bedürfnisse beinah das Doppelte zu zahlen, sondern das arme Volk, das nichts zu beißen hat, will überdem auch noch erhalten sein. Die Bettler fressen uns rein auf. – – Mein Adolph ist jetzt zum ersten Male als Student und wohlbestallter Corpsfuchs mit seiner bunten Mütze bei uns eingerückt. Seine Erzählungen vom Studentenleben sind interessant und zum Todtlachen, weil er Alles so ernst und wichtig nimmt. Auf dem berühmten eisernen Löwen am Marktbrunnen zu Halle ist er in die Saxonia aufgenommen worden mit 5 anderen Füchsen zugleich. Alle fünf haben zu gleicher Zeit eng aneinander gepreßt auf dem Löwen geritten, der Fuchsmajor des Corps voran auf dem Kopf des Löwen mit einem ungeheuern Hut und einer Hahnenfeder. Dieser Ritt dauert eine Stunde, während die Füchse mit dem Munde JanitscharenMusik machen. Bei den Comerschen reiten die Füchse auf Stühlen durch den Saal, der Fuchsmajor mit seiner Hahnenfeder wieder voran, und singen «Was kommt dort von der Höh'.» Der Fuchsmajor ist ein alter Bursche und der nächste Vorgesetzte der Füchse. Er sieht darauf, daß sie das Colleg ordentlich besuchen und hält sie überhaupt in Zucht. Ueberdem hat jeder Fuchs noch einen Leibburschen, den er sich selbst wählt und der ihn bei jeder vorkommenden Gelegenheit vertritt, sich auch in allen Fällen, wo der Fuchs gefordert oder beleidigt wird, für ihn zu schlagen hat. Die Füchse dürfen sich nur mit anderen Füchsen schlagen, die mit ihnen im gleichen Semester stehen. Adolphs Leibbursche hat sich schon zweimal für ihn gepaukt. Ueberhaupt wird entsetzlich viel Blut vergossen, da zu den vielen natürlichen Veranlassungen zu Händeln durch den Comment und anderen Unsinn noch eine Menge künstlicher hinzukommen. So leiden z. B. die Corps in der Mittagsstunde von 12 bis 1 keinen Studenten aus andern Verbindungen und ebenfalls kein Kameel auf dem Marktplatz, so daß diese die unbequemsten Umwege einschlagen müssen, um auf die andere Seite zu gelangen. Dies ist natürlich eine ewige unversiegbare Quelle des Haders, da jeder Corpsbursche die Verpflichtung hat, jeden fremden Studenten, der sich blicken läßt, zwar erst höflich zu verwarnen, ihn aber, wenn er nicht hören will, zu stürzen. Die stets zahlreich versammelten Füchse eilen dann herbei und holzen das fremde Subject vom Markte weg. Bisweilen kommen ganze Verbindungen auf einmal heran und suchen Gewalt mit Gewalt zu vertreiben; die Corps haben aber, wie Adolph behauptet, bis jetzt ihr altes Vorrecht noch immer siegreich behauptet, weil sie die besten Schläger unter sich haben. Neulich ist die Saxonia zu ihrem Stiftungsfeste nach Freiburg bei Naumburg ausgerückt. Ein großer mit 6 Pferden bespannter und mit Wappenschildern und Fahnen reich und herrlich decorirter Leiterwagen hat 21 Mann gefaßt. Nebenher einige Füchse in Gala mit weißen Lederhosen und Kanonenstiefeln zu Pferde, 2 andere voraus als Vorreiter und 2 hinterher. Der Empfang von Seiten der Bürgerschaft ist sehr festlich gewesen. Auf offenem Markt ist gespeist und commerschirt worden und die Stadt hat ihnen Abends einen prachtvollen Ball gegeben. In der Zwischenzeit haben sie sich in die Häuser vertheilt, höflich behufs der Nachmittagsruhe um Obdach bittend. Adolph ist zu einem Arzt gerathen, der ihm ganz bereitwillig ein einsames Zimmer mit bequemen Sopha aufschloß, ihn auch hernach aus besonderer Güte zur Nacht beherbergt hat. Auch die Uebrigen waren vom Balle aus mit in die gastlichen Häuser der Bürger geschlendert. Am andern Morgen schied man gegenseitig sehr befriedigt. Eine Menge lächerlicher Episoden, die noch an diesem Ausflug haften, herzusetzen, fehlt mir der Raum. Wie hübsch ist doch dies Jugendleben auf den Universitäten! – Neulich war Julchen auf 2 Tage in Halle. Die 18jährige Tochter ihrer Schwester Marie nämlich, Hedwig Natorp war in Berlin bei Verwandten zum Besuch gewesen und dort anscheinend ganz gesund eines schönen Abends plötzlich todt hingefallen. Die erschrockenen Eltern waren aus Westfalen schleunigst nach Berlin geeilt, um ihr todtes Kind noch einmal zu sehen, und hatten Julchen gebeten auf der Reise mit ihnen in Halle zusammenzutreffen. Das konnte nicht abgeschlagen werden. Julchen kam per Eisenbahn sehr früh in Halle an und ging sogleich zu Adolph. Diesen fand sie in Kleidern auf dem Kanape noch schlafend, während ein anderer Student in seinem Bette lag. Der Fremde war nämlich ebenfalls von seiner Mutter besucht worden, hatte ihr sein Bett eingeräumt und war so lange zu Adolph gezogen. Adolph bot zwar der Mutter sehr gastfreundlich sogleich ebenfalls Quartier an – sie sollte das Bett haben, der Freund das Sopha und er wollte auf der Diele liegen, sie zog es aber doch vor bei Berghauptmanns Brassert zu wohnen, Verwandte von Natorps, die sie eingeladen hatten. Dort lernte sie einen Schwiegersohn von Brasserts kennen, den Dr. Vorster Arzt am Irrenhause, der ihr so wohl gefiel, daß sie der Herzogin später von ihm erzählte und ihn als Leibarzt für den

Herzog empfahl. Seitdem sind nun die genausten Erkundigungen über ihn eingezogen worden, die so brillant ausfielen, daß er jedenfalls in nächster Zeit zur Probe hier erscheinen wird, um unter Flemmings Leitung beim Herzoge eingeführt zu werden. Seit Jahren wußten wir nicht, wo wir einen passenden Leibarzt herkriegen sollten, da die ermittelten immer entweder zu alt oder zu jung oder katholisch oder wer weiß was waren. Sollte nun Vorster genügen, so hätte Julchen dem Staate wirklich einen namhaften Dienst erwiesen. Vorster soll überdem ein christlicher Mann sein, was mir um so werthvoller sein würde, da ich höchstwahrscheinlich auf lange Perioden mit ihm eingesperrt und auf ihn angewiesen sein werde. Anna ist mit ebenso schlimmen Augen zurückgekehrt wie sie hinging. Gräfe hat nicht geholfen. Sie hat einen großen Augenspritzapparat mitgebracht, mit dem sie täglich fruchtlos solkert. Die Reise hat ihr aber gemüthlich wohlgethan, sie ist heiter und vergnügt und trägt ihr Elend mit großer Geduld. Gräfe meint es würde sich endlich selbst geben.

*Nachmittag.* Ich habe so eben mit meinem Adolph und Martin Krummacher, Adelheids Sohn, der auch hier ist, im Garten eine treffliche Kanonade gemacht. Wir richteten eine alte große Bilderkiste von zolligen Brettern auf und warfen danach auf 10 Schritt mit achtpfündigen eisernen Kanonenkugeln (mit denen ich jeden Morgen nach dem Waschen meinen Arm zu üben pflege, um gewissen tobsüchtigen Ausbrüchen gewachsen zu bleiben.) Es war eine Lust wie aus der Knabenzeit. Die dicken Bretter zerbrachen wie Schachteldeckel; jeder Wurf riß, nachdem wir erst treffen lernten, ein Brett heraus mit lautem Krachen. Zu meinem Erstaunen war Adolph viel Stärker als ich, danach Martin, ich der Alte war der allerschwächste. Nun mein geliebter Bruder! grüße Helene und alle Andern, besonders die Pollschen, nach denen Natalie Berg mir das Herz wieder recht warm gemacht hat durch ihre lebendigen Erzählungen von Poll, behüte Dich Gott mit den Deinigen in diesen bösen Kriegszeiten, und gedenke mit gewohnter Liebe und Treue Deines Bruders.

Nº 84 Brummstall 18. Sept. 1855

Mein lieber Bruder Gerhard!
Was habt Ihr armen Menschen doch für schreckliche Zeiten zu durchleben! Krieg und Pest sind schauderhafte Anthropophagen. Gott sei Dank, daß Deine Kinder die Ruhr glücklich überstanden haben. Ich kann mir denken welche Angst Ihr ausgestanden, besonders um die ferne Lilla. Die Nachrichten von Sewastopol hattest Du noch nicht als Dein Brief abging. Ich habe die Sache so erwartet, aber dennoch erschreckte mich die erste Depesche. Inzwischen ist nichts verloren, da die Flotte doch keine Wirksamkeit haben konnte, und die Wälle blos der Flotte wegen da waren. Beruhigend ist mir, daß bis jetzt noch nichts gegen Reval unternommen worden ist. Ich denke mir, daß man sich englischerseits einer nutzlosen Mordbrennerei gegen diese Stadt schämt. – So eben war Piper bei mir, voll Verdruß und übler Laune, ganze zwei Stunden. Er ist geärgert, daß er als Arzt bei Seite geschoben wird, und sieht nicht ein, daß er ganz allein Schuld daran ist. Nun hat er mir fast den ganzen schönen Vormittag geraubt den ich benutzen wollte Dir zu schreiben, da der Herzog zufällig einmal mit einem Andern ausgegangen ist.

*Am 19. Sept.* Ich wollte Dir vom vorgestrigen Tage erzählen, wo mein Dienst mir einmal Freude machte; wo ich einmal Kammerherr war und nicht Krankenwärter wie gewöhnlich. Der König von Preußen nämlich sollte auf seiner Tour zu den Nordhäuser Manoeuvers und nach dem Rhein, Alexisbad passiren und der Herzog hatte ihm dort ein Frühstück anbieten lassen. Ob er es angenommen, konnten wir bei der Kürze der Zeit nicht mehr erfahren, doch wurde natürlich Alles vorbereitet und der alte Oberhofmarschall Siegsfeld und ich mußten hinaus, Seine Majestät zu empfangen. Schätzell sollte den Empfang auf der Grenze machen. So fuhr ich denn früh 7 Uhr in einem Hofwagen, ganz allein meine Cigarre dampfend durch den herrlichen Wald. Das Wetter war überaus lieblich, die Luft ganz still, der Himmel matt bedeckt, aber dennoch einen heitern Tag verheißend. Ich hatte den Wagen zurückschlagen lassen und erfreute mich eines himmlischen Gefühls von Ruhe und Freiheit. Am Mägdesprunge fuhr ich durch eine prachtvolle Ehrenpforte mit wehenden Fahnen, aller Häuser flaggten und der Rauch stieg aus den Schornsteinen kerzengrade in die stille Luft. Noch schöner und reicher war Alexisbad decorirt. Ueberall Laubgewinde, Blumen, Fahnen und Triumpfbogen. Ich fand in dieser frühen Morgenstunde noch Niemand dort als den alten Siegsfeld und einige Herren aus Ballenstädt, die auf ihre eigene Hand hinausgefahren waren, um den König ankommen zu sehen. Der Obristlieutenant Winning, der den König mit dem Musikcorps unseres Bataillons empfangen wollte, hatte dieses auf dem Platze aufgestellt und ließ es Probe blasen, während wir mit unseren Cigarren behaglich auf und nieder wandelten. Alexisbad war reizend, so ohne Badegäste und Kellner, da die saison mit dem vorigen Monat schon aufgehört hatte. Ich hatte es noch nie so lieblich gesehen, so still und friedlich in Mitte der hohen Waldberge, von denen die Hornmusik wiederhallte. Dazu brach die Sonne durch die zarten Wolkenschleier und vergoldete das Ganze. Wir waren Alle so besonders festlich gestimmt, und ich glaube es würde Dir auch gefallen haben wenn Du dabei gewesen wärst. Wann der König kommen würde, wußte Niemand, nur das er 6½ von Potsdam hatte ausfahren wollen. Gegen 12 Uhr machte ich indessen meine Toilette und begab mich dann in vollem Glanze, in der gestickten Uniform mit Degen und Federhut auf den Balkon des Schweizerhauses, wo sich Diejenigen versammelten, die entweder zum Empfange befohlen waren, oder die ihre Stellung berechtigte freiwillig daran Theil zu nehmen, wie z.B. Graf Asseburg und der alte 85jährige Seelhorst. Unter uns stand das Musikcorps in Paradeuniform, an 300 Bergleute bildeten Spalier und nach und nach füllte sich der ganze Platz mit dem buntesten Publicum an. Da entdeckte ich weit im Hintergrunde meine Kinder Adolph, Elisabeth und Mia (Adelheids Tochter) denen sich eine unvermuthete Gelegenheit geboten hatte auch herauszufahren. Ich ging zu ihnen hinunter um sie besser zu placiren und machte, als ich den Platz durchschritt die Erfahrung, daß Kleider Leute machen, denn die Volksgruppen wichen ehrerbietig auseinander und die Leute grüßten als wenn ich der Herzog selbst gewesen wäre. Die Kinder und einige mir bekannte Damen brachte ich glücklich noch im Schweizerhause unter, wo sie bequem Alles sehen konnten, und zwar nach Außen hin den Platz und nach Innen von einer Galerie aus das Zimmer wo der König speisen sollte. Dann mußten wir freilich sämmtlich noch lange warten, bis gegen 2 Uhr, amüsirten uns aber leidlich, tranken Portwein, schnupften und unterhielten uns so gut es ging. Ich sagte dem alten Seelhorst (der mir den Degen geschenkt) der alte Degen mache mir viel mehr Freude als ein neuer, weil er so lange von einem Ehrenmanne getragen worden sei. Da reichte mir der Alte seine beiden Hände und fing vor Rührung an zu weinen. Er sollte aber heute noch mehr Thränen vergießen. Gegen 2 Uhr kam der Oberpräsident der Provinz Sachsen von Witzleben an, die sofortige Ankunft des Königs verkündend. Durch ihn erfuhren wir, daß der König unser Frühstück annehmen würde und es deshalb in Halberstadt ausgeschlagen habe. Wir stellten uns nun Alle erwartungsvoll unten vor der Hausthür auf, den hohen Gast zu empfangen. Da jagte einer von unseren Gensdarmes heran auf weiß beschäumtem Pferde. Er hatte den königlichen Wagen am Mägdesprung verlassen. So steigerte sich die Spannung immer mehr bis wir das Hurraherufen aus der Ferne hörten. Ein herzoglicher Vorreiter jagte heran, hinter ihm eine herzogl. Staatsequipage mit 4 Rappen und Schätzell drin. Darauf der Harzgeröder Postmeister zu Pferde und dann des Königs Sechsspänner; endlich noch ein Vierspänner mit dem Generalstabsarzt Grimm. Der König war im Uniformsüberrock und Feldmütze während seine Umgebung in voller Gala war. Beim Aussteigen complimentirte Siegsfeld den König und entschuldigte das Ausbleiben unseres Herzogs mit Unwohlsein. Ich trat dann als Kammerherr vor und führte den ganzen Zug die Treppe hinauf in den Speisesaal. Den König fand ich sehr gealtert und etwas angegriffen, vielleicht noch vom kalten Fieber, doch machte sein Gesicht einen durchaus guten Eindruck; er sah freundlich, würdig und wie ein geistvoller Mann aus. Er dankte sehr verbindlich für die Aufmerksamkeit, die ihm der Herzog erweise zwar sei er sehr eilig, da er sich in Stolberg zum Diner angesagt habe, auch heute noch 10 Meilen weiter müsse, bis Wulfingerode, doch habe er sich die Freude nicht versagen mögen wenigstens auf einige Minuten hier einzutreten um sich persönlich nach dem Befinden des Herzogs zu erkundigen usw. Plötzlich entdeckte er unter den Umstehenden den alten Seelhorst. Auf den schoß er ordentlich los, reichte ihm beide Hände und schrie ihn an: «Ei! ei! Mein lieber alter Freund, siehe da! Das hätte ich nicht erwartet, ich freue mich unbeschreiblich Sie zu sehen, wie geht es Ihnen usw. Das Geschrei war nöthig weil Seelhorst taub ist, machte aber hier noch besonders guten Eindruck weil es den Ausdruck freudigster Ueberraschung verstärkte. Der Alte zerschmolz fast vor Entzücken und vergoß reichliche Freudenthränen, denn mit dem Alter wird der Mensch gar weich. Darauf stellte Siegsfeld mich als diensthuenden Kammerherrn vor, wusselte aber nach seiner albernen Art meinen Namen so undeutlich, daß nicht einmal ich ihn verstand, geschweige denn der König, so daß dieser sich begnügte mich nur sehr freundlich zu grüßen und dann zur Tafel schritt. Schätzell meinte, Siegsfeld habe mich mit Fleiß auf diese Art präsentirt, weil er wohl angenommen hätte, daß der König, wenn er meinen Namen gehört, sich vorzugsweise mit mir, statt mit Siegsfeld unterhalten haben würde. Jedenfalls würde der König, der unseren Vater liebte, desgleichen auch meinem Schwager Krummacher sehr gewogen ist, mich einer Anrede gewürdigt haben, und ich würde Gelegenheit gefunden haben ihm für die Anstellung meines Sohnes zu danken, was ich sehr wünschte. Ich war indessen auch so ganz vergnügt den König wenigstens einmal recht ruhig und aus nächster Nähe betrachten und ihn reden hören zu können. Beim ersten Glase stand der König auf und sagte: «Vor allen Dingen, meine Herren, auf die baldige Genesung des Herzogs und die glückliche Wiederkehr der Herzogin, von ganzem Herzen!» Schätzell erwiderte den Toast im Namen unserer Herrschaften. Darauf winkte der König seinem Flügeladjutanten Loën, machte die Bewegung des Schnupfes und sagte «vergessen». Loën eilte hinaus und kam bald mit einem Paar alten hölzernen Dosen zurück, die er vor den König hinsetzte. Der sagte: «Ei! gleich *zweie*!» und setzte dann im Berliner Dialect hinzu: «Nu schene!» Se. Majestät trank eine Tasse Bouillon, darauf kamen kleine Pasteten. Der König sah Grimm an, doch dieser schüttelte mit dem Kopf und die Schüssel ging vorüber. Nun wurden reizende blaue Bachforellen präsentirt. Der König warf einen langen Kummerblick über die leckern Fischchen, sah wieder Grimm an mit einem komisch flehenden Blick, und da dieser abermal schüttelte, besah der König die Schüssel noch einmal, wandte sich dann ab und stieß einen lauten Seufzer aus. Hierin lag so viel Anerkennendes für die Tafel, daß dem Hofmarschall nichts Schmeichelhafteres wiederfahren konnte, und dem König konnte mit verbotenen Gerichten auch nur gedient sein, da er eine Stunde darauf in Stolberg diniren sollte. Eine herrliche kalte Pastete wurde abermals von Grimm abgeschüttelt und endlich kam Kartoffelbrei, wovon der König etwas genoß. Darauf stand er auf, entschuldigte sich, daß er unterbrechen müsse, sah sich noch etwas im Zimmer um, betrachtete die Aussicht aus dem Fenster, lobte unsere Bataillons-Musik ganz über die Maßen und verließ dann mit seinem Gefolge, wieder unter meinem Vortritt, den Saal. Unten empfing ihn ein lautes Hurrah des zusammengedrängten Volkes, das noch eine Weile nach der Abfahrt fortdonnerte. Wir aber gingen zurück an die Tafel und setzten nun erst recht vergnügt unser Mahl fort, Alles besprechend, was wir erlebt hatten. Der König war sehr freundlich gewesen. Er hatte sich insonderheit sehr anerkennend über Alles ausgesprochen, was er heute von unserem Ländchen gesehen, hatte sich sehr theilnehmend und herzlich über unsere Herrschaften geäußert, aber doch schien er sichtlich angegriffen und ermüdet. Er war früh ausgefahren, hatte überall in allen Städten, die er passiren mußte, festlichen Empfang zu überstehen und endlich in Quedlinburg noch einen Vorfall gehabt, der ihm den unangenehmsten Eindruck machen mußte. Dort war nämlich ein ruppiger Kerl an den Wagen getreten und hatte ohne den Hut nur zu lüften den König angeschrien: «Ich muß mir den Kerl doch auch einmal ankieken.» In demselben Augenblick wurde der Flegel auch verhaftet und der König sagte lachend zu Loën: «Das war auch noch einer von 48.» Verstimmen mußte so etwas aber dennoch wohl. Ich saß bei Tafel dem König gerade gegenüber und hatte meine Freude an seinem landesväterlichen Gesicht und seiner Mäßigkeit. Er trank Alles in Allem nur ein halbes Glas Champagner. Neben mir saß Witzleben, der sich viel mit mir unterhielt. Ein gescheuter witziger Herr. Es war sehr unterhaltend mit ihm von Bagatelles zu sprechen. Sein größtes Leiden in dieser Welt, sagte er mir, sei Essen und Trinken, eine Beschwerde die sich ohne Unterlaß täglich wiederhole und vom Morgen bis Abend kein Ende nähme. Auch aß und trank er gar nichts und behauptete, dies sei die einzige mögliche Art sich zu erhalten. Um 6 Uhr ließ ich anspannen und fuhr mit meinen Kindern nach Hause. Es war ein hübscher Tag, der angenehmste in meinem bisherigen Hofleben. Auch hatte sich der König beim Abschied zweimal mit sehr gnädigem Lächeln vor mir verbeugt. Ich kann sagen, daß ein König sich vor mir gebeugt hat und dafür denke ich konnte man schon einmal essen. Gott erhalte den armen König noch lange. Mit seinem Tode könnte sich in Preußen viel ändern. –

*Am 29. Sept.* Gestern, mein lieber Gerhard, langte Dein Brief mit den Wechseln hier an. Was Du über die Kunst des Auskommens schreibst, ist sehr beherzigenswerth, doch glaube ich nicht, daß ich werde Gebrauch davon machen können, weil ich kein Talent zur Wirthschaft habe und meine Frau noch viel weniger. Hätte ich immer eine so schöne feste Einnahme gehabt als jetzt, so hätte vielleicht was werden können, aber mein früherer Verdienst war so schwankend, daß an Berechnung dabei nicht zu denken war, was Du begreifen wirst, wenn ich Dir sage, daß ich bisweilen nur 120 Thaler im Jahr, dann aber auch wohl einmal 1300 Thaler verdient habe. Mit der größeren Einnahme mußte ich dann die Löcher, die mir schlechte Jahre gerissen, wieder zustopfen. Da ich nie wußte was ich einnehmen würde, mochte ich auch nicht wissen was ich ausgäbe und lebte wie ein Proletarier von der Hand in den Mund. Jetzt kann ich meine Einnahme übersehen und weiß genau was ich ausgeben darf, doch hilft mir's wenig, da ich durch die erwachsenen Kinder unverhältnismäßig starke Ausgaben habe, die nothwendigerweise beschafft werden müssen.

Ich schrieb Dir bereits vom Dr. Vorster. Die Erkundigungen, die man eingezogen hatte, fielen so brillant aus, daß es wohl der Mühe werth schien sich den Mann anzusehen. Er erhielt also während der Abwesenheit der Herzogin eine Einladung von Schätzell, der jetzt auf dem Mägdesprung wohnt, ihn dort zu besuchen, und Schätzell schickte ihn dann noch zu mir nach Ballenstädt. Er wohnte zwar im Gasthof, war aber den ganzen Tag von früh 6 Uhr bis Abends 12 bei mir. Wir fuhren am Morgen nach Hoym, dem Schauplatz seiner künftigen Thätigkeit und am Nachmittag machten wir eine Harzpartie zusammen und hatten Gelegenheit genug uns über alles Wesentliche ausführlich zu besprechen. Nun ist allerdings Irren nicht unmenschlich, doch schien es mir an Vorster das gesuchte Wesen gefunden zu haben. Ich bin nicht sehr geneigt mich an fremde Menschen anzuschließen, dieser aber machte mir große Lust zu näherer Bekanntschaft. Vorster ist ein einfach christlicher Mann ohne Schwärmerei und ohne Härten, der mit einem lebhaften künstlerischen und wissenschaftlichen Interesse sehr schöne allgemeine Bildung verbindet, und in seinem ganzen Wesen ohne Affectation durchaus wahr zu sein scheint. Auch waren wir kaum 2 Stunden zusammen, so schwand jeder Rückhalt und wir verkehrten so vertrauensvoll miteinander wie alte Jugendfreunde. Ich bin durch meinen hiesigen langjährigen Umgang nach und nach so kalt und zurückhaltend wie ein Frosch geworden, daher kannst Du Dir denken wie wohl es mir ward endlich einmal wieder einem Menschen zu begegnen, dem ich das Herz öffnen konnte.

Da ich nun, wenn der Hoymer Plan zur Ausführung kommen sollte, mit dem Leibarzt des Herzogs sehr eng zusammengekoppelt sein würde, so wäre es für mich eine unbeschreibliche Wohlthat, wenn dieser Vorster die Stelle bekäme. Ich habe auch sogleich ausführlich über ihn an die Herzogin geschrieben, und Schätzell, der denselben Eindruck empfangen, desgleichen, so daß wir eigentlich an ihrer Einwilligung nicht mehr zweifeln können. Dann würde auch ich einen Arzt haben, dem ich mich und die Meinigen gern anvertrauen würde, und ich habe jetzt ärztliche Hülfe gar zu nöthig, da ich mehr Leiden habe als ein Thaler Groschen hat. Der Leibarzt der Herzogin (der Römer) erschien mir nach mehrfacher Consultation als ein solches Rindvieh, daß ich mich wieder von ihm abgelöst habe und nun ohne allen Beistand bin, denn P. ist ein noch eclatanteres Rind. Außerdem sind noch 3 inferiore Aerzte hier und 2 Chirurgen, die ich mir alle miteinander nicht an den Leib kommen lassen möchte. – Hoym ist nun so ziemlich fertig und würde ein charmanter Aufenthalt sein. Ich für meine Person bin überreichlich mit Platz bedacht. Sollte ich später mit der Familie hinziehen, so bekomme ich ein eigenes herrschaftl. Häuschen neben dem Schloß und in diesem nur ein Dienstzimmer. Eine Hofequipage ist mir und Hellfeld gleichfalls zugesagt, so daß wir von der Welt nicht abgeschnitten wären. Ob indessen der Plan zur Ausführung kommen wird und wann, ist noch nicht bestimmt, und kann sich dieses auch erst nach der Rückkehr der Herzogin entscheiden. Eine böswillige feindliche Partei, die sich bis an den Hof verzweigt, hat den ganz vernünftigen Plan schon reichlich zum Nachtheil Schätzells und der Herzogin ausgebeutet. Man wolle den Herzog, der nicht anders sei als er immer gewesen, für wahnsinnig erklären und mit Gewalt einsperren, nur um zur Regierung zu gelangen und hernach ein fideles Leben zu führen. Die Regentschaftsfrage ist noch keineswegs im Klaren, am Dessauer Hofe ist man bereits aufmerksam und würde vielleicht wesentliche Schwierigkeiten machen – kurz man kann durchaus nicht wissen wie die Sache ablaufen wird. Mein Rath ist das zu thun, was die Vernunft gebietet und Gott zu überlassen, was hernach daraus entsteht. So wie es ist, geht's doch nicht weiter. Indessen ist es immer möglich, daß wir uns noch durch den Winter auf die alte Weise durchbalanciren müssen, was aber nur dann möglich sein würde, wenn die eintretende Kälte beruhigend wirken sollte. Das Wahrscheinliche ist, daß ich Dir schon Mitte October von Hoym aus schreibe. Mein Gerhard ist jetzt hier, auch Adolph und Benno. Es ist eine Freude die drei Jungens zusammen zu sehen und zu haben. Gerhard hat 300 Mann ausgedienter Leute von seinem Regiment, das ein schlesisches ist, von Frankfurt nach Breslau geführt und bei dieser Gelegenheit Urlaub bekommen seine Eltern auf 14 Tage zu besuchen.

*Am 1. Oct.* Ich bin immer verhindert gewesen diesen Brief zu expediren, heute aber hoffe ich ihn zur Post zu kriegen. Mein Haus ist zum Springen voll. Drei erwachsene Söhne füllen unglaublich; sie sind aber sonst mein Stolz, nicht in so fern, als sie sich etwa sehr ausgezeichnet hätten, sondern weil sie alle drei das zeigen, was man Herz nennt, daher ich sie auch sehr liebe. Gestern gingen wir Vier nach Brunfthirschen aus. Es war stockfinster im Walde. Rechts und links starrten die Fichten wie schwarze Wände. Eben so schwarz war der mit Heidekraut bedeckte Weg. Man sah gar nichts von ihm. Wir waren von Finsterniß umfangen. Nur oben in der Höhe war ein schmaler Streifen Himmel mit dem herrlich glänzenden Jupiter. Aus der Ferne aber und manchmal auch aus nächster Nähe erschallte das weiche, wunderbar sonore Schreien der wilden Hirsche in langgehaltenen Zügen und untermischt mit dem Bellen der alten Thiere. Diese Naturscene hat mich ganz bezaubert. Wir schlichen Schritt vor Schritt immer weiter, beinah bis auf Asseburgsches Gebiet. Endlich traten wir auf eine Waldwiese heraus, auf der weiße Dämpfe lagen und der Mond ging auf, uns das Auffinden eines Rückweges erleichternd.

Maria Krummacher (Adelheids Tochter) ist auch noch da, ein kleines frisches braunes Mädchen, sieht ackurat wie Adelheid in ihrer Jugend aus, nur hübscher und viel kleiner. Sie hat etwas ungeheuer herzliches und zuthuliches im Wesen. Wenn ich Abends vom Schlosse komme, macht sie mir gewöhnlich die Thüre auf und fliegt mir um den Hals vor Freude. Heute kommt noch Gog und Magog dazu, nämlich Mathilde und Bertha Krummacher, wodurch die Engigkeit ganz unerträglich werden könnte, wenn nicht Bertha dabei wäre, die Jedermanns Liebling ist und Alles leicht macht. – Wir haben das himmlischste Wetter gehabt, doch heute ist eine nachtheilige Veränderung eingetreten. Die Zwetschen fangen an zu reifen, doch werde ich nicht viel davon haben, denn Gerhard beschäftigt sich den ganzen Tag damit, Benno Privatstunden in der Naturgeschichte zu geben und da nimmt er immer die Pflaumen mit ihm durch, während der arglose Adolph mit seiner Flinte in Feldern und Wäldern liegt. Gott befohlen! –

N° 85 Ballenstädt 20. Nov. 1855

Mein geliebter Bruder Gerhard!
So eben ist mein Geburtstag und obgleich ich recht schwach und elend bin, will ich doch wenigstens diesen Brief beginnen, um Dir vom heutigen Datum für Deinen lieben Geburtstagsbrief zu danken, den ich vor ungefähr 8 Tagen erhielt und der mir eine nachhaltige Vorfreude gemacht hat. Durch heftiges Zahnreißen bin ich so herunter gekommen, daß ich, wenn auch die Schmerzen heute nachgelassen haben, mich dennoch so angegriffen fühle wie ein Fieberpatient. Mein Dienst gestattete mir bis jetzt keine Ruhe und machte alle Pflege und Schonung unmöglich, daher jenes verdammte Uebel so einreißen konnte, und meine größte Geburtstagsfreude ist das Bewußtsein 8 freie Tage vor mir zu haben, in denen ich mich nach Herzenslust ausruhen und verwöhnen kann. Der Herzog ist nämlich vor 2 Stunden nach Hoym übergesiedelt und da ihn die Herzogin auf 8 Tage begleitet hat, so wird hier eine Ruhe eintreten wie ich sie seit Jahren nicht erlebt habe. Für den Herzog war es die höchste Zeit, daß er nur fort und in ordentliche ärztliche Behandlung kam, da seine Gesellschaft in der letzten Zeit entschieden lebensgefährlich wurde. Unter dem Vorwande einer Spazierfahrt ist er nach Hoym gebracht worden und dort sollte Vorster ihn empfangen, ihm den Zweck seines Erscheinens in Hoym erklären und ihn dann augenblicklich mit Güte oder Gewalt ins Bad stecken, ihn ordentlich abseifen und rasieren, um ihm gleich von vorn herein energisch den Willen zu brechen und ihm begreiflich zu machen, daß der Arzt sein Herr sei. Diese Procedur muß nun, nach meiner Uhr bereits vorüber sein, und ich bin unendlich gespannt zu erfahren wie es abgelaufen ist. Nach 8 Tagen werde ich denn auf 8 Tage hinaus, dort aber mit meinem armen Herrn keineswegs das hiesige regellose Leben fortführen, sondern in eine durch den Arzt zu bestimmende Ordnung eintreten, die mir ebenso heilsam sein wird als dem Herzog. –

*Abends.* Ich habe schon Nachricht aus Hoym. Alles ist über Erwarten gut abgelaufen. Der Herzog von seiner Umgebung verlassen und allein mit dem Arzt, hat ganz gutwillig Alles mit sich vornehmen lassen, was dieser verlangte, ist rasiert und gebadet worden und hat sich danach außerordentlich wohl befunden. Gott sei Lob und Dank dafür! Für mich sind diese Nachrichten die größte Freude, die mir heute werden konnte. Es ist ein reicher Geburtstag für mich. Meine Zahnpein hat mich fast gänzlich verlassen, mein Freund Schreck hat mich am Nachmittage auf mehrere Stunden besucht und die Bernstorff hat mir eine Sache geschenkt, die mir viel Vergnügen macht: ein Reiseschreibzeug in Leder von der saubersten Arbeit, enthaltend Dintenfaß, Feuerzeug, Licht und Leuchter, Messer Lineal, Stahlfedern, Scheere, Falzbein, Siegellack, Bleistift, Oblaten und Pettschaft. Wenn ich's Dir nur gleich schenken könnte, so würde es mich noch mehr beglücken; so muß ich mich darauf beschränken Dir daraus zu schreiben, was recht gut geht. – Zu den Vorfreuden meines Geburtstages gehörte ein achttägiger Besuch unseres alten treuen Carl Zöge aus Dorpat. Er ist so dick und massig geworden, daß ich ihn kaum erkannte als ich ihn eines Abends ganz unerwartet im Brummstall sitzen fand. Kaum war er da, so langte auch ein Brief von meinem Adolph aus Halle an, der sehr beunruhigende Zeitung brachte. Adolph geht aus der Kneipe kommend des Abends spät durch die Straßen; da trifft er auf einen Haufen Studenten, die einen Betrunkenen, (wie er schreibt) aufs herzloseste hudeln. Da er nun in dem Betrunkenen einen Corpsstudenten, nicht von seinem Corps, den Sachsen, sondern von den Preußen erkennt, mit denen man in gutem Vernehmen stand, in den Uebrigen aber sogenannte Bummelblasen (so heißt eine Verbindung die keinen Comment hat), so erwacht der Corpsgeist in ihm, er tritt hinzu, reicht dem Besoffenen seinen Arm und erklärt die Andern für Hundsfötter, wo sie nicht sogleich von ihm ließen. Wunderbarerweise gehen diese auch ruhig ihrer Wege, der Besoffene aber erklärt er habe schwer geladen, das Bier drücke ihn und er müsse sich erleichtern. Da er aber dabei nicht sicher auf den Beinen ist, so hält ihn Adolph, und ein paar Bürger, die des Weges kommen und denen die seltsame Gruppe auffällt, treten näher um zu sehen, was es da gebe. Da dreht sich Jener herum und feuchtet sie an. Nun werden die Bürger wüthend, heben ihre Stöcke und fangen mörderlich zu schimpfen an, und Adolph statt den Andern mit seinem unzurechnungsfähigen Zustande zu entschuldigen, hebt gleichfalls seinen Stock und schreit sie an sie sollten sich zum Teufel scheren, wenn sie nicht Holze haben wollten. Indem tritt der Nachtwächter hinzu und arretirt die ganze Gesellschaft. So ge-

*Der Sohn Adolph*

hen denn alle fünf nach der Polizei; da kriegt der Trunkene auf einmal seine Besinnung wieder und entspringt. Da der Nachtwächter ihm nachsetzte, so hätte Adolph ebenfalls entspringen können, doch, schreibt er, wäre ihm dies ehrlos vorgekommen, und da er sich nichts Böses bewußt gewesen, hätte er ruhig mit den Bürgern die Rückkehr des Nachtwächters erwartet. Der kam denn auch bald ohne den Missethäter zurück und nun begaben sich Alle auf die Polizei. Hier wurde zuerst die Aussage der Bürger protokollirt, während Adolph sich auf dem Sopha einem angenehmen Halbschlummer hingab. Darauf wurde auch ihm das Protokoll vorgelesen. Er hörte es mit halbem Ohr an und unterzeichnete es als der Wahrheit gemäß, wobei von Polizei wegen noch bemerkt wurde, daß alle drei vollkommen nüchtern gewesen. Am andern Morgen wird Adolph zum Universitätsrichter gerufen, das Protokoll wird ihm nochmals vorgelesen und er sieht nun zu seinem Schrecken, daß er sich ebenfalls zu der Gemeinheit bekannt hatte, die doch nur der Andere gethan. Er remonstrirt nun aufs heftigste aber die Bürger, die ebenfalls zugegen sind, erbieten sich ihre Aussage eidlich zu erhärten. Nun ist die Verlegenheit groß und der Richter redet ihm zu, den entsprungenen Studenten zu nennen, widrigenfalls würde er, da er 2 Zeugen gegen sich und keinen für sich hätte, jedenfalls für schuldig erkannt und relegirt werden. Adolph erklärt nun, den Andern nennen würde er nie und es bleibe ihm nichts übrig als abzuwarten was der akademische Senat über ihn verfügen würde. Damit war er entlassen, ging nun zu dem Entsprungenen und erzählte diesem, in welcher Verlegenheit er sei. Dieser bat ihn um Gotteswillen zu schweigen, denn er studire aus wohlthätigen Beiträgen und würde augenblicklich die Unterstützung seiner Gönner verlieren, wenn sie die Sache erführen. So ließ sich der dumme Junge aus Mitleid breit schlagen, und schrieb mir, ich möchte nicht erschrecken wenn er relegirt würde, er sei ganz unschuldig und ich würde gewiß an seiner Stelle auch so gehandelt haben. Am andern Tage sollte die Senatssitzung sein und das Urtheil gesprochen werden. Als der wackere Carl dies hörte, erklärte er sich sogleich bereit nach Halle zu reisen und die Sache in Ordnung zu bringen, namentlich wolle er die beiden beleidigten Bürger versöhnen und hoffte hiervon Alles. Da ich es indessen für besser hielt, selbst hinzugehen, so schloß er sich mir an und erleichterte mir durch seine brüderliche Theilnahme die Sache wesentlich. Wir nahmen Extrapost, erreichten in Bernburg die Eisenbahn und holten Adolph am andern Morgen aus dem Bette. Dieser war in des Todes bouteille. Sein Corps, sagte er, verlange, daß er den Andern nenne, das könne er aber nicht, denn er habe ihm versprochen seinen Namen zu verschweigen. Ich sagte ihm, daß ich das auch nicht verlange, und ließ mir sein Ehrenwort geben, daß er unschuldig sei. Zu den Bürgern zu gehen war zu spät, denn sie waren Tages vorher vereidigt worden und hatten als es zum Schwur kam, zwar der Wahrheit gemäß ausgesagt «es habe nur Einer seinen *Hosenstall* geöffnet und sie *angeschifft*, sie glaubten aber, daß es Adolph gewesen sei», so daß die Sache nur verschlimmert war. Ich ging nun zum Universitätsrichter Schede, ließ ihn Adolphs Brief lesen und frug ihn, ob er nicht moralisch von der Unschuld des Jungen überzeugt sei? Das, sagte er, sei er von Anfang an gewesen und der Brief bestärke ihn in seiner Meinung noch mehr. Bei einem juridischen Verfahren würde man ihm auch nicht viel anhaben können, auf dem Disciplinarwege aber würde er jedenfalls relegirt werden, denn es sei in letzter Zeit so viel Unfug vorgekommen, daß der Senat entschlossen sei ein Exempel zu statuiren. Die einzige Rettung sei, daß Adolph den Andern nenne und durch dessen Zeugniß entlastet werde. Diesem Andern würde das zu Gute kommen, daß er betrunken gewesen, Adolph aber würde seiner Nüchternheit wegen weit schwerer bestraft werden, wenn er die Schuld allein tragen müsse. Ich ging nun zu Adolph und zwang ihn, mir den Pisser aufs Zimmer zu holen. Dies gelang auch und es erschien ein frischer, glatter junger Kerl, von dem man sich solche Gemeinheit gar nicht denken konnte. Dem redete ich nun scharf ins Gewissen und stellte es ihm frei, ob er als ehrenhafter junger Mann sich auf der Stelle *selbst* anzeigen, oder *mir* dies überlassen wolle; denn ich sei fest entschlossen meinen Sohn eines solchen Verdacht's wegen nicht für einen Andern einstehen zu lassen. Da entschloß er sich denn auch rasch, ging mit Adolph zusammen zum Richter, gab sich an und wurde einige Stunden darauf, nicht relegirt, weil er in unzurechnungsfähigem Zustande gewesen, aber doch von der Universität gewiesen. Adolph bekam, weil er Partei für ihn genommen und grob gewesen, 8 Tage Carcer, was ihm auch recht gesund ist. Bei Volkmanns hatten wir noch einen sehr angenehmen Abend. Da flüsterte mir Adolph die Frage zu, ob der Oncle Carl sehr reich sei? Er habe ihn bei Seite gezogen und ihm gesagt, wenn er Schulden habe, solle er sie ihm nennen, er werde sie auf der Stelle bezahlen. Andern Tages fuhren wir beiden Vettern nach Ballenstädt zurück, ich hatte aber nun einen so angestrengten Dienst, daß ich Carl fast gar nicht mehr sah, obgleich er noch 4 Tage blieb. Der arme Carl hat mir übrigens einen sehr wehmüthigen Eindruck hinterlassen. Er ist unzufrieden, hat was Zerfallenes und Zerfahrenes und ich weiß ihm nicht zu helfen. Sein Zustand hat mich wieder recht kräftig auf die großen Wahrheiten und Wohlthaten des Christenthums hingewiesen; hätte ich das dem armen Vetter schenken können, so würde ihm allerdings geholfen sein. So blind in der Welt umherzufahren, ohne alle und jede entschiedene Direction ist das größte Unglück, das Einem wiederfahren kann. Ich habe den armen Jungen recht mit Schmerzen abreisen sehen. Er hat ein gutes Herz und wäre eines besseren Looses werth gewesen.

*Am 21. Nov.* Was Deinen Brief anbelangt, mein alter lieber Bruder, so spricht sich darin auch ein so tiefes Mißbehagen an der realen Seite des Lebens aus, wie Langeweile an der idealen, daß ich über Dich weinen könnte, wenn ich nicht dächte, daß es nur momentane Stimmungen sind, die Dich während des Schreibens beschleichen. Unter Anderem sagst Du: «Wenn man das Leben in seinem Zusammenhange betrachtet, entfällt Einem der Muth, den man sich nur bewahren kann, wenn man mit einem gewissen Leichtsinn alles Schlimme zu vergessen sucht und seine Hoffnung auf den Himmel stellt, wo alle Noth ein Ende haben wird.» Das, mein Geliebtester, ist eine scheußliche Stelle! In seinem Zusammenhange kannst Du Dein Leben gar nicht betrachten, das kann nur Gott. Thue Du nur Deine verfluchte Schuldigkeit und überlasse ihm den Zusammenhang, – und seine Hoffnung auf den Himmel stellen und Leichtsinn mußt Du nicht zusammenrühren. Es giebt freilich unglückliche Menschen, aber zu denen gehörst Du nicht. Bei Dir sind es Hämorrhoiden oder Untreue in diesem oder jenem Stück, dem denke nach. Mein einziger Bruder! Du bist so gesegnet vor vielen Tausenden, hast ein reiches poetisches Gemüth und darin Genuß an allen Dingen, an den Tropfen der Dachtraufe, wie an der Herrlichkeit der Morgensonne, hast eine Fülle von Witz, und Gedanken, die Dich bei Allem was Du siehst, fortwährend unterhalten und Dir der Menschen Herzen zuführen, wenn Du sie nur nicht von Dir stoßen willst; hast eine ganz herrliche Frau und gute Kinder, und wenn darunter auch ein Kranker ist, nun so bete für ihn und liebe ihn desto mehr. Du leidest keinen Hunger und hast die Mittel so lange Du lebst Dich und die Deinen in annehmlichen Verhältnißen zu erhalten. Bist Du aber todt, so wird ein Anderer sorgen. Vieles hast Du nicht, was ich habe und vieles habe ich nicht was Du hast. Es kann nicht Jeder Alles haben, taugt uns auch nichts. Wer sich durch Illusionen des Leichtsinns, wo es möglich ist, aus dem Drangsal des Lebens hinausschwingt der wird freilich immer tiefer hineingerathen. Wer aber seine Hoffnung auf Gott stellt, der wird keiner Täuschung unterliegen. Da in der idealen Welt des Glaubens müssen wir Anker werfen, da ist der einzige wahre und feste Grund. Die sinnliche Welt, die wir gewöhnlich die reale nennen, ist Schein und Trug, eine Fata morgana, die in Nebeln schwindet. Ich schreibe Dir als ein Thor, aber was ich schreibe ist nicht Thorheit. Ich bin nichts anders als Du, aber ich erkenne meine Krankheit und die Wahrheit fährt mir durch die Feder. Es geht uns zu wohl, so werden wir üppig, aber das Gebot der seligen Mutter hält uns am Strick und läßt uns nicht frei im Leichtsinn. Das ist ein Gezerre, bei dem uns nicht wohl ist und eines oder das andere müssen wir *ganz* sein. O Herr! stelle selbst mein Segel, daß mein elendes Schifflein den Cours halte zu Deinem Friedenshafen. Ich wollte ich könnte mit Dir als mit meinem besten Freunde einen Bund fürs ewige Leben schließen, in das wir beide ja wohl bald eintreten werden. Aber wenn Du auch willig wärst, so halten solche Menschenbündlein eben nicht. Wir wissen aber, daß wir einen Hohenpriester haben der unsere Beichte hört, wenn wir nur beichten wollen, und der uns auch absolviren kann, wenn wir nur wirklich nach seiner Gerechtigkeit verlangen. Dahin wollen wir beide treten und aus dem Schatze unendlichen göttlichen Reichthums den Frieden nehmen, den die Welt nun einmal nicht geben kann und nie gegeben hat. –

Elmine frägt nach Julchen und Anna. Julchen ist, Gott sei Dank, immer noch kerngesund, wenn sie auch ab und zu einmal auf einen Tag unsichtbar wird und in der Stille einen Anfall von Nervenkopfweh abmacht, wie das immer so gewesen. Berthas Tod haben wir beide noch nicht verschmerzt und kröpeln uns mit einander durchs Leben hin so gut es gehen will. Ich weiß nicht, ist es Unglaube, oder *soll* es so sein, daß man den Verlust eines geliebten Kindes so nachhaltig empfindet. Es mag aber wohl der Fehler sein, daß wir keinen Blick in ihr seliges Leben thun können. Nun sitzt Julchen mit den beiden übrigen Töchtern Anna und Elisabeth den größten Theil des Tages zusammen, jede in einem Fenster des

Wohnzimmers, und da arbeiten sie und lesen sich auch gegenseitig vor, oft unterbrochen durch dieses oder jenes Weiblein oder Mägdlein, das sie besucht. Anna ist ein besonders liebes Kind, freilich nicht recht für dieses Leben geschaffen, denn sie ist zerstreut und vergeßlich, wodurch sie in ewigen kleinen Nöthen schwebt. Sie hat aber eine ernste Frage nach dem Himmel und ist da viel mit ihren Gedanken, ohne daß die gewöhnlichen Eitelkeiten der Welt den geringsten Reiz für sie hätten. Zeichnen, was sie so gern that, und feine Arbeiten machen kann sie seit Jahresfrist nicht mehr, da sie sehr an den Augen leidet. Ich hatte sie deshalb nach Berlin zu Gräfe geschickt, er hat ihr aber nicht geholfen und sie erwartet nun Besserung von Zeit und Schonung. Fast scheint es auch als ginge es mit ihr vorwärts seit einigen Wochen. Unter den hiesigen jungen Mädchen hat sie ein Kränzchen zu Stande gebracht, wo nach ihrem Wunsche für arme Kinder gearbeitet und etwas Geistliches gelesen werden sollte. Zu ersterem waren Alle willig und thun es freudig, aber lesen wollen sie dabei nur Romane, worein denn Anna auch gewilligt, inzwischen aber einen Roman eingeschmuggelt hat, der eine ernste Tendenz hat. Ihre Busenfreundin ist Bertha Krummacher, ein herrliches Mädchen. Beide schwärmen aber fast unvernünftig für einander und schreiben sich ellenlange Briefe. Die Freundschaft ist gewiß die edelste Schwärmerei, die man auch unbedenklich kann gehen lassen. Ihr Augenleiden trägt das arme Kindchen mit himmlischer Geduld, so daß ich sie oft deshalb bewundere. Tille (Mathilde Valentiner) ist ein selten liebliches Wesen, von dem sich ohne Ausnahme Jedermann angezogen fühlt, und die dafür auch wieder mit Allen gleich gut ist, was ihrem Einverständniß mit der sehr scharf unterscheidenden Anna einigermaßen Abbruch thut. Tille hat sehr viel practischen Verstand, viel Persönliches, wenig Schriftliches und wenig Geist. Bei Anna ist Alles umgekehrt. Tille ist die glücklichere, Anna die reichere Natur und letztere wird von ersterer wohl geliebt aber nicht verstanden, daher beide alte Freundinnen, ohne sich zu vermissen, auch ohne einander leben können. Tille ist uns fast ganz entrückt, da sie bei ihrer verheiratheten Schwester Line in Hamburg lebt. Diese, meine alte Specialin, lebt dort sehr glücklich mit ihrem alten Schiller, der trotz vieler Wunderlichkeiten doch ein von Grund aus redlicher Mann zu sein scheint. Line hat noch mehr Verstand und noch weniger Geist als Tille, daher konnte sie auch die schwere Aufgabe einen alten Mann zu heirathen und recht glücklich mit ihm zu leben, obgleich sie ihn nicht liebte, doch so prächtig lösen. Diesen Sommer war sie auf 6 Wochen in Alexisbad und hat uns von da aus viel besucht. Sie ist nun eine reiche Frau, die zu den ersten in Hamburg zählt, doch hat sie ihr Betragen gegen uns nicht im geringsten geändert, ist demüthig, bescheiden und kindlich anhänglich geblieben. Diese beiden Kinder sind aus einem guten Holz geschnitten und von einer Art, die in der Welt gut fortkommt. Meinen Kindern wird es schwerer werden und sie werden sich enger an ihren Heiland klammern müssen, um über Wasser zu bleiben. Nun Gott segne sie Allesammt und helfe ihnen ehrlich hindurch durch alles Wirrsal. Was meine Gesundheit anbelangt, so nimmt sie ab. Ich leide an der Brust, wobei man allerdings nie wissen kann, ob das Uebel nicht im Magen, oder in der Leber oder andern Eingeweiden sitzt. Der Geheimrath Flemming aus Schwerin, der des Herzogs wegen hier war, und den ich consultirte, meine der Fehler läge am Herzen und gab mir Mittel, um Hämorrhoiden hervorzurufen. Seine Pillen machten mich aber unterleibskrank und ich legte sie deshalb bald wieder weg. Nun will ich warten bis ich nach Hoym komme, und hören was Vorster sagt. Kann man, so wird man doch gern ein Uebel los. Heute sind von Hoym wieder sehr befriedigende Nachrichten gekommen. Es geht über Erwarten gut. Der Herzog sieht bis dahin Niemand als den Arzt und zwei Krankenwärter. Vorster ist immer um ihn, geht und fährt mit ihm aus, speist mit ihm, unterhält ihn und liest ihm sogar des Morgens eine kleine Andacht vor. Der Herzog soll sich Alles von ihm gefallen lassen und wie ein Lamm sein. Ich hätte das nie geglaubt, und erwartete eigentlich, daß man würde Gewalt brauchen müssen. Der schwere Dienst wird also beim Herzog für mich aufhören. In Hoym werde ich nur einen Ehrendienst haben, und hier bei der Herzogin den gewöhnlichen Cavalierdienst thun, den ich so auch hatte, der mir zwar langweilig und unangenehm ist, der aber, wenn nicht gerade Landpartien gemacht werden, wenigstens die Gesundheit nicht aufreibt. Du hast übrigens ganz richtig gerathen, wenn Du die Regentschaft für den ersten Schritt nach Hoym ansahst. Es fehlte uns, wenn wir nicht Dessauisch werden wollten, eine Macht, die über unseren Herzog verfügen durfte. Schätzell hat das Ganze mit großer Genialität und rasender Kühnheit durchgeführt. Meine Meinung war allerdings auch die, Dessauisch zu werden. Die klügsten Männer im Lande warnten und hielten das Ding für ganz unmöglich. Auf einmal aber flog die Regentschaft wie aus der Kanone, und die Agnaten mußten entweder die Thatsache anerkennen, oder einen höchst unwürdigen Skandal machen, während man unsererseits Zeit genug und die Mittel gehabt hätte, ihnen sehr große finanzielle Verlegenheiten und andere Unannehmlichkeiten zu bereiten. Das schlimmste war, daß eine Schätzellfeindliche Partei hier im Lande und in Dessau gegen uns agitirte, indessen ist Alles niedergeschlagen, die Anerkennung ist erfolgt, der Erbprinz von Dessau hat mit seiner Gemahlin an unserem Hofe seinen Besuch gemacht, auch Preußen durch einen Gesandten, den Grafen Redern, die Herzogin persönlich becomplimentiren lassen. Nun bleibt noch der letzte Kampf zu bestehen. Schätzell will nämlich für das ganze Anhalt eine ständische Verfassung schaffen, die aus der alten Landständischen hervorgehen soll, unter einer Garantie, die nach dem Tode unseres Herzogs nicht so leicht wieder umgestoßen werden könne. Dessau nämlich hat gegenwärtig gar keine Verfassung und in diese türkische Regierungsform würden wir später mit hineingezogen werden, wenn seine Pläne scheitern sollten. Aus diesen und ähnlichen Gründen die das Wohl des Landes bezwecken, ist ihm auch so viel daran gelegen gewesen die Selbstständigkeit unseres Landes so lange als möglich zu erhalten. Es soll allerlei andauernd Gutes geschaffen werden, was uns nicht verloren gehen kann wenn wir einmal an Dessau fallen. Schätzell ist ein gewaltig thatkräftiger Mensch und hat bisher bei Allem was er gethan, fast übermenschliche Schwierigkeiten zu überwinden gehabt. Er hat alle Behörden gegen sich und fast die ganze öffentliche Meinung, muß Alles wider Alle allein durchsetzen, und diese elende Feindschaft nimmt kein Ende, obgleich der Erfolg ihn überall auf das glänzendste rechtfertigt. Was überhaupt öffentliche Meinung ist, habe ich in den letzten Jahren recht kennen gelernt und bin von der modernen Staatsphilosophie gründlichst geheilt. Dich aber liebe ich sehr und drücke Dich an mein Bruderherz. Grüße Elmine, Helene und die Kindlein und alle Verwandten.

*Abends.* Ich habe in großer Eile geschrieben, und wenn ich daher unpassende oder widerwärtige Sachen gesagt haben sollte, so nimm's nicht übel, denn es ist nicht bös gemeint. – Die arme Sonny mit ihrem Hermann! Möge Gott der vielgeprüften Seele doch diesen einzigen Sohn erhalten! Sie geht doch auch recht schwere Wege. Wie herrlich, daß die Poll'schen Schwestern sie bei sich aufgenommen haben. Daß ich bei Dir in Finn gewesen bin, ist mir unbeschreiblich lieb. Der Gedanke an Dich ist mir dadurch erleichtert, da Du mir früher immer wie in der Luft schwebtest. – So eben ein prächtiger Brief von Adelheid, die so unbeschreiblich dankbar von allem Guten schreibt, das ihr geworden. Die arme Seele! Viel ist es nicht, aber sie hat die Weisheit beim rechten Zipfel erfaßt, wenn sie nicht auf das sieht was ihr fehlt, sondern auf das was sie hat. An ihren Kindern hat sie wirklich Freude. Martin wird gewiß einmal ein sehr ausgezeichneter Mann werden. Er hat eminente Gaben, ein gutes Herz und zärtliche Liebe zu seiner Mutter. – Mein Leben tritt nun, da ich den Herzog los bin, in ein ganz neues Stadium, von dem sich noch nichts sagen läßt, da ich es noch gar nicht kenne. Ich glaube aber, daß ich's doch auf diese Weise vielleicht noch ein Weilchen werde aushalten können. Es ist mir so wehmüthig den Brief zu schließen als verlöre ich Dich damit, nachdem ich mich eine Weile gemüthlich mit Dir unterhalten. Schreibe bald wieder, mein alter Gert, es ist ja Winterszeit, die Dir Muße dazu giebt. –

## N° 86 Hoym 1. Dec. 1855

Mein lieber Bruder Gerhard!
Am meisten wundere ich mich selbst, daß ich Dir schon wieder schreibe. Es mag dies aber seinen Grund in meiner veränderten Lage haben, von welcher ich Dir etwa einiges mittheilen möchte. Seit dem 26. Nov. bin ich hier in Hoym und werde bis zum 3. Dec. bleiben, wo mich Hellfeld wieder ablösen soll. Meine Wohnung hier ist prächtig, zwar schmucklos wie ich es liebe, aber solide und von fürstlichen Dimensionen. Denke Dir ein sehr hohes dreifenstriges Zimmer mit reichem Plafond, fast 3 Ellen dicken Mauern (so daß Fenster und Thüren tiefe Nieschen bilden) ziemlich im Quadrat, 16 Schritt lang, mit der angenehmsten Aussicht auf den Garten. An diesen Salon stoßen 2 geräumige Schlafzimmer, eines für mich, das andere für Hellfeld. Auf der anderen Seite komme ich in ein sehr elegantes Vorzimmer und von da in die Gemächer des Herzogs. Dieses Vorzimmer ist übrigens blos für mich und Diejenigen, die zu mir wollen; der Herzog hat einen anderen Ausgang. In den ersten Tagen war ich so eingenommen von der Schönheit meiner Wohnung, daß ich mich gänzlich darauf beschränkte sie auf und niedergehend zu genießen. Auch blieb mir

kaum was anderes übrig, da Vorster sich auf mich warf wie ein Mistkäfer auf den Pferdedreck. Er verzehrt mich ordentlich. Ich denke aber, daß das besser werden soll, da ich ihm bereits einige Andeutungen gemacht habe. Vor der Hand ist der arme Mensch durch die Neuheit seiner Lage noch so aufgeregt, daß er für sich nichts vornehmen mag und immer conversieren will. Was mich aber anbelangt, so habe ich die Empfindung als sei ich mit meinem Herzog gestorben, und führe nun mit ihm, etwa im Innern eines Zauberberges, ein bloßes Scheinleben. Der arme regellose Herzog ist jetzt in ein durchweg geregeltes Leben eingenietet und sieht glänzend reinlich aus. Als ich ihn nach der Veränderung, die sich mit ihm zugetragen, zuerst wieder sah, fürchtete ich fast, er möchte stumpf geworden sein; er sah mich gar nicht an, sprach nicht und war ganz theilnahmlos. Dies mochte indessen nur die Folge eines Gefühls von Beschämung sein, mich unter so veränderten Umständen wiederzusehen; denn nachdem ich ihn nur erst einmal zum Sprechen gebracht hatte, ist er ganz wieder der Alte gegen mich geworden, nur freundlicher und zutraulicher als je vordem. Ich benutze nun das Vertrauen das er mir zeigt, ihm ein ähnliches zu Vorster einzuflößen, den er mir anfänglich wiederholt auf die Wache zu setzen empfahl. Mein Tag theilt sich nun so ein: Um 5 ½ werden alle Zimmer geheizt, um 6 stehe ich auf oder 6 ½, wasche mich am warmen Ofen mit kaltem Wasser (oft über den ganzen Leib.) Dann wandele ich im Zimmer auf und nieder und sehe den jungen Tag über die prächtigen Fichten des Gartens heraufdämmern. Um 7 bekomme ich meinen Kaffe mit Zuthat, ungeheuer reichlich. Dann zünde ich mir eine Pfeife an und empfange die Subalternbeamten, die mich etwa zu sprechen haben. Der übrige Vormittag gehört, soweit Vorster ihn mir läßt, mir wieder allein bis 11 Uhr, wo ich mit dem Herzog eine Stunde spazieren fahre. Von 1 bis 2 Uhr ist Tafel. Von 2 bis 3 rauche ich mit Vorster beim Kaffe auf meinem Zimmer und habe die Freude, daß sich auch seine junge Frau zu dieser Stunde zuweilen bei uns einstellt. Sie scheint recht gescheut, ist ganz einfach und schlicht, weiblich und zutraulich, und hat eine prachtvolle auch kunstgerecht ausgebildete Stimme. Von 3 bis 4 promenire ich mit dem Herzog, dann ist er immer besonders parlant und bringt oft auf sehr komische Weise seine kleinen Klagen gegen Vorster an. «Mit dem was mir die früheren Aerzte verordnet haben» sagte er mir heute «bin ich immer durchgekommen, aber die neueren Aerzte – das ist Quark, das werden Sie auch finden.» Ich antwortete ihm, ich achtete Alles für Dreck, aber das würde er doch selbst gestehen müssen, daß Vorster ihm in diesen 14 Tagen mehr genützt habe, als alle die Andern zusammen in vielen Jahren. In der That ist es merkwürdig, der Herzog schläft jetzt jede Nacht wie ein Murmelthier, sonst keine, ist nicht mehr obstruirt und was das Wichtigste ist, seine Aufregungen haben fast ganz aufgehört. Das ist das Resultat einer vernünftigen Lebensweise, denn sonst wird nichts gegen sein Uebel angewendet. Die Geister freilich sind geblieben, doch werden sie nicht mehr mit Reitpeitschen, sondern nur noch mit Redensarten bekämpft.

*Am 26. Dec.* Zwei lange liebe ausführliche Briefe von Dir bald nacheinander. Habe tausend Dank dafür, Du alte ehrliche Bruderseele, und auch daß Du meine Altklugheit nicht übel genommen. Ich sehe Du trägst manches reelle Kreuz auf Deinem breiten Bukkel und Gott erhalte Dir dazu die nöthige Kraft und Frische. Mit mir geht es auch oft durch Dick und Dünn, recht durchs Gestrüppe, aber ich denke Alles, was wir dabei thun können, ist daß wir nicht verdrießlich werden. Dies hängt freilich auch theilweise von der Beschaffenheit unserer Eingeweide ab, aber doch ist das der Unterschied zwischen einem Christen und einem Unthier, daß ersterer kein Sclave seines Darmcanals werden darf. Uebrigens, das was Einen eigentlich niederdrückt, das sagt man nicht, ich wenigstens thue es nie, und Du wirst wohl auch den dicksten Bissen für Dich behalten haben. Ueber das unausgesprochene Leiden schwingt man sich dann in guter Stunde leichter weg. Mir fällt so oft mein Confirmationsvers ein «Soll's mir hart ergehen, laß mich feste stehen, und selbst in den schwersten Tagen niemals über Lasten klagen, denn durch Dornen hier geht der Weg zu Dir.» Zu Ihm gehen wir, zu unserem Heiland und Erlöser, Du und ich, und anderswo wollen wir doch gewiß nicht hin. Wir finden aber den Weg leichter wenn wir Fremdlinge sind in dem Lande da wir wohnen. Du bist so ein rechter Fremdling, da oben unter den Ehsten, wie man sich nur einen malen könnte, das muß wahr sein, und Du magst's wohl manchmal fühlen. So kralle Dich denn recht fest an Deinen Wanderstab und freue Dich des Bewußtseins, daß Du heim gehst. Ich passe mit meiner Landsmannschaft auch nirgends hin. Für einen Anhaltiner läßt man mich hier allenfalls gelten wie die Fledermaus für einen Vogel, sonst gelte ich auch für einen Russen,

Sachsen oder auch Rheinländer. Ob es die Juden, die doch wenigstens einem geschlossenen Gemeindewesen angehören, in dieser Hinsicht leichter haben, weiß ich nicht. Wenn wir Nahrung und Kleidung haben, sollen wir uns genügen lassen; wenn wir aber beides nicht ganz genügend haben, wie z. B. ich mit meinem Familienkörper, so müssen wir uns auch genügen lassen, und zwar aus dem Grunde, weil der Verdruß nichts bessert. Der Mensch ist ein närrisches Ding. Ich z. B. tauschte, die Hand auf's Herz, den Augenblick mit Dir, Du vielleicht mit mir. Nachher würden wir aber wahrscheinlich beide finden, daß wir einen Quark gegen den andern eingetauscht hätten. Nun mein lieber Freund und Bruder, hoffe ich Dir über diese Sachen so schlecht geschrieben zu haben, daß Du mich in Deinem nächsten Briefe nicht wieder so loben und ungebührlich erheben wirst. Ich habe wegen dieser Deiner Lobpreisungen Deinen letzten Brief den Meinigen gar nicht mittheilen können, was doch sonst mein bestes Vergnügen ist.

*Hoym 27. Dec.* Weihnachten ist nun wieder abgelaufen. Den h. Abend verbrachte ich noch bei den Meinigen; aber am ersten Feiertage mußte ich heraus, um die ganze Festwoche bis Neujahr hier zu sein. Ich hätte zwar am h. Abend auch hier sein müssen der Reihenfolge nach; Hellfeld machte mir indessen den Vorschlag, statt seiner herauszukommen, da ich mich gewiß nicht gern von meiner Familie trennen würde und er den Sylvesterabend vorzöge. Da nun derjenige Kammerherr, der bei der Bescherung der Herrschaften den Dienst hat, allemal mit einem außerordentlichen Geschenk bedacht wird, so erkannte ich Hellfelds freundliche Gesinnung auf der Stelle und ging sehr gerührt darauf ein. Ich hatte wunderlicherweise diesmal gar kein Festgefühl, wie ich denn überhaupt immer stumpfer werde. Weihnachten ist mir namentlich schon seit Jahren durch die damit verbundenen ungeheuern Ausgaben vergällt, die allemal meine Kräfte übersteigen. Wenn dann der Baum brennt, vermisse ich die selige Bertha so schmerzlich, daß ich mich nicht freuen kann. Auch Gerhard fehlte diesesmal recht sehr. Vier Kinder aber waren da und sehr vergnügt und zufriedengestellt. Nach dem Abendessen saßen wir noch bei einem Gläschen Punsch und lasen Fritz Krummachers Bericht über seinen Pariser Aufenthalt, eine treffliche Broschüre.

Jetzt lese ich «Zeichen der Zeit, von Bunsen.» Dieses Buch ist selbst ein Zeichen der Zeit und trägt deren Signatur am Leibe, nämlich die tollste Confusion. Wenn sogar Christen heut zu Tage so verrückt werden, so darf man's Unchristen nicht übel nehmen. Fast Alles was Bunsen sagt, muß man billigen und könnte man unterschreiben, das wenige was übrig bleibt, ist aber ein so gediegener Unsinn, daß man den Verfasser dafür ins Tollhaus sperren möchte. So z. B. sagt er Gewissensfreiheit könne in der menschlichen Gesellschaft ohne bürgerliche Freiheit nicht bestehen. Daß in der ersten Christenheit volle Gewissensfreiheit ohne jede bürgerliche Freiheit volle 300 Jahre bestanden hat, das fällt ihm dabei gar nicht ein. Aber solche Phrasen von einer Autorität vorgesagt werden tausendfach nachgesprochen und erlangen Gesetzeskraft beim Pöbel. – Doch muß ich endlich fortfahren in meinem Bericht über meine Zeiteintheilung. Um 4 Uhr ist die Promenade mit dem Herzog, die sich übrigens ganz auf den Schloßgarten beschränkt, abgethan und ich bleibe bis 5 auf meinem Zimmer. Dies ist mein Schreibstündchen wie z. B. jetzt eben. Um 5 kommt Vorster und holt mich in den Salon des Herzogs zum Billard ab. Da spielen wir beide bis 6 und Se. Hoheit sieht zu und amüsirt sich an den dabei vorkommenden Witzen. Um 6 wird Thee getrunken und darauf folgt das Quartett bis 8. Der Herzog setzt sich hinter die Violinen und ich gehe mit Vorster im anstoßenden Saale auf und nieder oder wir setzen uns zuhorchend auf's Kanape. Auf diese Stunde freue ich mich immer, da die Musik sehr schön ist. Von 8 bis 9 wird soupirt, dann verlassen wir den Herzog und Vorster kommt noch bis 10 mit auf mein Zimmer, oder wir trennen uns wohl auch gleich nach dem Souper. Vorster ist seiner Aufgabe mit dem Herzoge durchaus gewachsen. Er giebt ihm kein hartes Wort und imponirt ihm doch vollständig. Mir ist er recht, verwandt und verständlich in sofern er Christ ist und ein großes Interesse für alles Schöne hat, unverständlich aber wegen seines sanguinischen Temperaments und auch wegen absoluter Unfähigkeit selbst etwas Schönes zu produciren. Er ist wie der Wagner im Faust, der wohl die Liebhaberei hat aber nicht das Verständniß. Mir ordnet er sich als der Jüngere auf liebenswürdige Weise unter und nimmt es stets freundlich und dankend auf, wenn ich es für nöthig halte, ihn in weltlichen oder geistlichen Dingen zurechtzuweisen. Als Arzt hat er mich gründlich quästionirt und untersucht, worin unsere jüngeren Aerzte große Virtuosität haben. Er fand Lunge, Leber, Herz und überhaupt die Eingeweide ganz gesund und normal, behauptete aber meine Nerven wären krank und mein Asthma sei nichts als mangelnde Nerventhätigkeit. Er meint mir helfen zu können, freilich müßte ich im Sommer auf mehrere Monate ausspannen und an den Strand. Homöopathie verwirft er gänzlich als reinen Wahnsinn und meint wo Heilungen vorkämen, da habe sie die Psyche des Kranken selbst verrichtet. Von den Wundern die in dieser Art geschehen, erzählt er merkwürdige Beispiele aus seiner eigenen Praxis.

*Am 3. Jan. 1856.* Gottes Segen zum neuen Jahr! – Seit ein paar Tagen bin ich wieder hier in Ballenstädt, doch bin ich so herumgerissen gewesen, daß ich bis jetzt zu nichts kommen konnte; entweder war ich eingeladen auf dem Schloß zum Behuf verdammter Magenüberladung, oder geängstete Menschen bestürmten mich, Hülfe suchend auf meinem Zimmer, oder ich lief herum und bestürmte für sie alle unsere Machthaber. Neun zur Bedienung des Herzogs gehörige Familien haben nämlich Befehl erhalten mit Kind und Kegel nach Hoym zu ziehen. Der Umzug soll ihnen erstattet werden, sonst nichts. Nun denke Dir Leute, die hier Haus und Hof, zum Theil auch Aecker haben, plötzlich da hinüber geschleudert, wo sie nicht einmal Miethen finden können, denn Diejenigen, die herrschaftliche Quartiere bekommen, habe ich gar nicht mitgerechnet. Bei mir, und nur bei mir, suchen sie Alle Hülfe, die Weiber heulen mir ihre trostlose Lage vor, alte Hausväter können zum Theil vor Schmerz kaum reden und pflanzen sich nur stumm vor mir auf; ich bin aber nicht im Hofmarschallamte, habe keine Stimme bei der Sache, und muß mich mit meiner Einmischung überall lästig machen. Einige erleichternde Arrangements, Tausche usw. habe ich erreicht, viel Verderbliches aber muß bleiben. Hellfeld und ich sind sehr bevorzugt, denn Jeder von uns bekommt 100 Thaler Zulage, während die Subalternen gar nichts kriegen, nur ihre hiesigen Subsistenzmittel verlassen müssen. Wenn man den Hoymer Etat um 500 Thaler erhöhen wollte, so könnte man alle Wunden heilen, und *hier* nicht in Hoym sollte gespart werden; aber ich kann mit meiner schwachen Stimme nicht durchdringen und möglicherweise hat das Hofmarschallamt auch recht. Das Buch von Bunsen habe ich ausgelesen. Es ist wesentlich eine Schmähung gegen Stahl. Bunsen ist auf Betrieb der Kreuzzeitungs-Partei als Gesandter in London entlassen, weil er sich nicht allein mit Briefen des Königs allerlei Indiscretionen hatte zu schulden kommen lassen sondern auch weil die lästerlichen Artikel, welche die Times eine Zeitlang gegen Preußen und den König enthielt, aus seiner Feder geflossen sein sollen. Stahl ist aber das Haupt jener Partei, und daher der Zorn, der sich unter solcher Marke versteckt. Das Buch ist ein Zeichen der Zeit. Ich umarme Dich, mein theurer Bruder mit Neujahrsempfindung. Gott helfe Dir und mir, und gebe uns endlich ein festes und gewisses Herz. Amen!

*Am 5t Jan.* Wenn ich Dir nicht an unseres s. Vaters Schreib-Schatulle schreibe und mit derselben Tinte, mit welcher er noch geschrieben hat, so will ich ein schändlicher Lügner sein. Die Schatulle habe ich ererbt, ob mit Recht oder Unrecht weiß ich nicht mehr, aber beati possidentes. In der Schatulle saß durch Millionen Klexe eingeleimt ein altes Tintenfaß voller Kunks. Reinigen konnte ich es nicht, weil es fest saß, und auffüllen konnte ich's auch nicht, weil es schon bis oben verschlämmt war. So ließ ichs alle die Jahre hindurch. Gestern aber dachte ich aut aut, wandte alle Klugheit an und brachte es mit einem lauten Freudengrunz heraus. Mit einer alten Scheere zerstückelte ich nun die versteinerte Tinte und krümmelte sie heraus, aber nur bis zur Hälfte, weiter ging es nicht. Dann goß ich Wasser auf und ließ die Sache auf dem Ofen stehen die ganze Nacht. Heute früh hatte ich die schönste Tinte. – Es ist sonderbar, daß ich immer die Hauptsachen vergesse wenn ich an Dich schreibe. Sobald ich die Stahlfeder ergreife sind die Gedanken und Erinnerungen weg. Daß es mit diesem Briefe wieder so gegangen, ist klar, doch weiß ich in diesem Augenblicke nicht was ich vergessen habe. Viel jedenfalls. Seit dem 1sten Januar bin ich wieder hier in Hoym und bleibe bis zum 8t. Hoym ist meine Einsiedelei, die ich ganz gern beziehe und es ist eine wunderbare Gnade Gottes, daß er mir so eine Einsiedelei beschert hat, wo ich noch dazu einen christlichen Freund habe, der mich sehr unverdient liebt und achtet und mich Vater Kügelgen nennt. Ist dann die Zeit herum so freue ich mich wie ein Schiffscapitain wieder auf die Meinigen. Ich würde es noch mehr thun, wenn der Hof nicht wäre, der mich immer beklommener macht, je mehr ich mir bewußt werde ihm anzugehören.

Nº 87 Hoym 1. April 1856

Mein lieber Bruder!
Ich ergreife die Feder heute ziemlich beschämt wegen meines langen Schweigens. Dein vorletzter Brief electrisirte mich dermaßen durch seine Fülle von Geist, Witz und Leben, daß ich auch aufsprudelte und gleich antworten wollte, aber ich wurde damals gehindert und hernachmals war der Sprudel versiegt. Nun kommt der zweite mit den Zeichen und *muß* beantwortet werden, einerlei wie er ausfällt. Stoff habe ich freilich keinen als den herzlichsten Dank für Deine treuen Bemühungen. Deine Hauptnachricht war vom Sohne Otto. Ich habe mich seines Gelingens herzlich gefreut, und wollte Gott ich wäre mit meinem Adolph auch erst so weit. Daß er so fleißig ist wie Otto glaube ich kaum; er ist zu «forsch» ein sogenannter ganz herrlicher Kerl, welche Art in der Regel nicht viel lernt. Halle verläßt er nun, hauptsächlich um aus dem Corpsleben zu kommen und geht nach Marburg oder Heidelberg. Ich erwarte noch einen Brief ehe ich mich entscheide. Seine Sporen hat er verdient, er hat einen tiefen Hieb durch die Kopfschwarte und sein Gegner übers Gesicht. Damit kann er denn zufrieden sein und nun ordentlich studiren. Benno hat uns gestern nach beendigten Ferien wieder verlassen. Er bleibt noch ein Jahr in Prima und will nach überstandenem Examen auch Soldat werden. Er ist klein, schmalschultrig und hat einen großen Kopf, daher er als Offizier keine sonderliche Figur machen wird; das sieht er aber nicht ein. Indessen ist er sehr kräftig, schmeißt große Kerls um und wird die Strapazen wohl ertragen können. Was Du über das liegende Denken sagst, erregte Benno's größte Zufriedenheit; der Professor Franke habe ihnen neulich in der Schule ganz dasselbe vorgetragen und an sich selbst habe er es auch schon erfahren. Meine Meinung ist, daß der liegende Denker, weil sehr im Dusel, schon vom schwächsten Gedanken befriedigt wird. Ich denke am leichtesten gesund, und gesund denke ich mir jetzt meine Lebensgeschichte aus, mit der ich mich seit etwa einem Jahre herum plage. Es ist so lange her mit den alten Geschichten, sie müssen alle von neuem erfunden werden, und wenn ich gewußt hätte wie schwer das ist, so würde ich mich gar nicht damit befaßt haben. Nun aber habe ich einmal angefangen, und wenn Gott mich leben läßt, will ich auch vollenden, d. h. wenigstens die erste Jugendgeschichte. Später müßte ich zu sehr in mein inneres Leben steigen, wozu Männer keine Lust haben, und

von meinen äußeren Erlebnißen das Beste verschweigen. Wir sind also beide gleichzeitig mit Rückblicken beschäftigt gewesen. Solche Genickblicke sind eben so süß als bitter und besonders beschwerlich in Beziehung auf schriftliche Darstellung. In meiner Erinnerung ist ein Brei, Alles schwimmt noch chaotisch durcheinander und muß vorerst gesondert und geordnet werden, wobei mir ein geistiges Tastvermögen hilft. Ich wundere mich selbst wie ich mich so zurecht finden kann. Auch der Styl macht mir weit mehr Noth als bei den beiden kleinen Schriften abstracten Inhalts, die ich bereits verfaßt habe; vielleicht weil meinen unbedeutenden Erinnerungen Alles auf die Darstellung ankommt. Nicht das Was, sondern das Wie ist hier die Hauptsache. Ganz nichtige Begebenheiten können durch die Art der Relation interessant werden. Meine Aufgabe ist aus Nichts Etwas zu machen ohne der Wahrheit zu nahe zu treten. Könnte ich's Dir doch vorlesen. Es geht langsam und im besten Fall schreibe ich in 14 Tagen einen Bogen. Was Du über die Nothwendigkeit schreibst, nicht allein auszukommen, sondern auch zurückzulegen, ist nur zu wahr, es ist mir aus der Seele gesprochen, beklemmt mich aber fürchterlich, weil ich's doch nicht fertig bringen kann. Ich habe ein gutes jährliches Einkommen, jetzt 1700, und wenn der Herzog in Hoym bleibt, mit der Zulage werden es im nächsten Jahr 1800 Thaler sein. Dennoch aber werde ich niemals auskommen, weil wir beide, weder meine Frau noch ich selbst einen Begriff vom Werth des Geldes haben. Bei meiner Frau ist es ein Familienerbtheil, ihre Eltern waren eben so, besonders die Mutter. Dieser fehlerhafte Familiengrundsatz ist der, daß angeschafft werden müsse was man brauche, anstatt zu denken, daß nichts gebraucht werden dürfe, was man nicht anschaffen kann. Ich kriege hernach die Rechnungen und weiß von Himmel und Erde nichts. So heute Morgen eine ganze Partie von circa 200 Thalern so daß ich beinah vom Stuhle fiel. Schwer ist es freilich, daß meine armen Töchter sich für den Hof putzen müssen und daß Elisabeth nun auch plötzlich erwachsen ist. Die Herrschaften sehen zuerst auf Kleider und erst mittelst dieser auf Herzen. Ich wünschte es ginge Alles nackend mit Feigenlaub, wenigstens im Sommer, im Winter würden Felle genügen. Gott möge es bessern, aber wir leben in einer schlechten Welt. –

Was Du neulich von Vorster ahnetest, bestätigt sich. Die Schattenseiten machen sich geltend. Er ist nämlich ganz entsetzlich sanguinisch, ja heillos! Daß er als Arzt meinen Zustand richtig beurtheilt, glaube ich auch nicht. Wenigstens bleibt sein Thun erfolglos. Nun will er mich gar in ein Seebad schicken. Um Bäder zu verordnen braucht man gar kein Arzt zu sein, das kann der blödeste einsehen, und Medizin verschreiben, die nichts hilft, kann auch Jeder. Die Nerventhätigkeit des Herzens wäre fehlerhaft bei mir, behauptet er nun, was auch Jeder sagen kann. Ich weiß nur, daß ich in der Kirche nicht mehr singen, daß ich nicht mehr vorlesen kann, und daß mir das Athmen zuweilen sehr schwer wird. Daß aber Einer je von Athembeschwerden befreit worden wäre, habe ich noch nie erlebt. Vielleicht hilft der Frühling, vielleicht auch nicht. Anna ist auch mit ihren Augen immer noch nicht weiter obgleich sie schon drei Aerzte abgenutzt hat. In der That sind die Aerzte ein ebenso lächerliches Geschlecht als die Theologen, sie leisten nichts, – wenn nicht etwa Dein Otto diese Meinung noch einmal zu Schanden macht, was ich von Herzen wünsche. Ad vocem Theologen fällt mir der Circularbrief ein, den wir mit den Krummachers haben und den ich gestern ohne Beitrag abgehen ließ, weil ich überhaupt jetzt an Schreibehorror leide, für diese Correspondenz aber gar keinen Stoff hatte. Im vorletzten Circularbrief fand sich folgende Apostrophe an mich, die ich der Merkwürdigkeit wegen hersetze, (Nämlich Fritz ist der Schreiber): «Bruder Wilhelm! Warum hast Du nicht mit dem Könige in Alexisbad angeknüpft? Ich sehe Du bist noch kein rechter Hofmann und verstehst Dich noch nicht auf die Kniffe, die an den Höfen die Stelle der zehn Gebote vertreten. Ein einziges: ‹Mein s. Vater hatte die Ehre von Ew. Majestät persönlich gekannt zu sein und mich drängt mein Herz Ew. Maj. zu sagen, daß ich der Erbe seiner Liebe zu Allerhöchst denselben bin› hätte Dich zur Hauptperson an der Tafelrunde gemacht. Gerade durch geht die beste Kanone. Wer wird sich doch von einem Hofmarschall eclipsiren lassen! Es giebt kein Uebermaß in den Tugenden, nur in Einer giebt es eins: in der Bescheidenheit. Hüte Dich! Sei nicht allzufromm. Auch in einer gewissen andern Beziehung (mir ganz unverständlich) rathe ich Dir das. Du bereust's sonst später.»

Kannst Du Dir was alberneres denken als diese gouvernantenhafte Hoftheologen-Weisheit. Die Prediger machen es in der That oft so wie Fritz es mir vorschlägt, und man verzeiht es ihnen, weil man sie von vornherein nicht für ganz zurechnungsfähig hält. Ich habe übrigens dem Herrn Schwager tüchtig darauf gedient, und nun erklärt er Alles für «Plaisanterie» und die Andern fahren auch über mich her mich des gröbsten Mißverstehens beschuldigend. Zwischen mir und meinen Schwägern wird immer eine Wand sein, die wir nicht durchdringen können. Julius ist noch der echteste, der aber schwärmt jetzt, seitdem er bei Blumhardt gewesen ist, leidenschaftlich für Hexerei und schreibt darüber ellenlange Briefe. Er hat auch unsere einzige Schwester Adelheid mit angesteckt und beide sind – horribile dictu – dem schwärzesten Aberglauben verfallen.

Wir hatten gestern die telegraphische Nachricht vom Abschluß des Friedens. *Wie* er ausgefallen, werden wir erst im Mai erfahren. – Unser Ländchen ist kürzlich von vielen Calamitäten betroffen worden. Große Waldbrände, Deichbrüche an der Elbe, Brand einer Eisengießerei und endlich ist vor 8 Tagen halb Günthersberge abgebrannt. Der Staat hat dadurch große Verluste und die Privaten auch, da wir Alle recht tüchtig den Beutel ziehen müssen, um den Beschädigten zu Hülfe zu kommen. – Der Hund Poll ist so klug wie ein Mensch. Beispiele sind überflüssig. Nun mein geliebter Bruder lebewohl mit Deinem Häuflein. Mehr kann ich diesmal nicht von mir geben, möchte es Dich nicht ärgern.

Dein Wilhelm

## N° 88 — Hoym 25. Juni 1856

Lieber Gerhard!
Ich habe trotz Deines herrlichen Briefes vom 9t Mai so lange geschwiegen, weil ich den ersten günstigen Moment der brüderlichen Erwärmung versäumt hatte. Nun muß ich schon sehen was sich nachholen läßt. Du beginnst mit biographischen Reflexionen die interessant und richtig sind. Aber wie schade, daß Du Deine Arbeit verbrannt hast. Das ist die gewöhnliche Folge des Zuschnellschreibens. Ich wenigstens muß sehr langsam arbeiten wenn ich etwas zu Stande bringen soll, und das ganze Gemälde gleich möglichst fertig wie Mosaik zusammensetzen. Am meisten Arbeit machen mir die Uebergänge und Verbindungen. Jetzt stecke ich in der Hummelshayner Periode. Davon sind mir allerlei zerstreute Eindrücke von Personen, Sachen und kleinen nichtswürdigen Begebenheiten geblieben, die unter sich in gar keinem Zusammenhange stehen. Diesen Zusammenhang muß ich erfinden, muß von einem Dinge aufs andere überleiten und das ist unendlich schwer. Dann giebt es immer wieder einzuschalten, wegzustreichen und ein Bo-

gen muß oft zehnmal umgearbeitet werden bis ich ihn nach einer wohldurchschlafenen Nacht ohne Ekel lesen kann. Genügt es endlich, so ist es doch nur eine elende Kindergeschichte, und oft frage ich mich, ob diese der vielen Tinte werth sei. Uebrigens will ich gar nicht, wie Du vorauszusetzen scheinst, mein ganzes Leben beschreiben; es sollen nur Jugenderinnerungen werden, und ich bin noch ungewiß wo ich aufhören soll, ob bei der Verheirathung, oder mit der ersten ehstländischen Reise, oder mit des Vaters Tode. Für Alles habe ich Gründe und ebenso gegen Alles. Deine Idee einer Chronik von Finn ist ganz vortrefflich, nur daß diese gute Sache den bedeutenden Fehler haben wird, nicht für mich geschrieben zu sein, da ich doch bis 25 Jahr nach Deinem Tode nicht warten kann. Du solltest wenigstens nebenbei Deinen reichen Geist und Witz an eine Arbeit setzen, die Du den Leuten ordentlich schwarz auf weiß vorzeigen könntest. Was Du von dem wachsenden Werth des Grund und Bodens bei Euch schreibst, wird durch unsere Zustände fast noch überboten. Die Güter bringen gegen früher fast den doppelten Ertrag und bei manchen ist das Verhältniß noch günstiger. Z. B. die Domaine Groß-Mühlingen bei Bernburg, die vor 20 Jahren noch für 6000 Thaler verpachtet war, zahlt jetzt 16,000. Hier in Hoym erlebte ich's, daß ein ganz unbemittelter Oekonom in wenig Jahren zum reichen Manne wird. Ein gewisser Behm pachtete vor 8 Jahren Hoym und bezahlte das Inventar mit einem Capitale, das ihm sein Schwiegervater lieh. Seine Wirthschaft begann er damit, daß er, wieder mit fremden Gelde, eine Zuckerfabrik baute. Jetzt hat er seinem Schwiegervater das Darlehn erstattet, die Fabrik bezahlt und schon ein bedeutendes Capital erübrigt, das er immer wieder in die Wirthschaft steckt. Dieser Behm ist übrigens ein vortrefflicher Mensch, den ich sehr hoch schätze. – Was Du über des s. Rossillon's Asthma schreibst, könnte tröstlich sein, wenn er nicht doch zuletzt gestorben wäre. Mein's wird auch vielleicht wieder vergehen, aber schwerlich durch Bäder und Latwergen, weil ich in erstere nicht gehe und letztere nicht in mich. Du hast mich nun vollends wild gemacht gegen Aerzte und ihres gleichen. Ich nehme gar nichts mehr und halte mir den Versucher fern. Meine Anna dagegen medicinirt tapfer darauf los, ihrer Augen wegen und befindet sich heidenmäßig wohl dabei, mit Ausnahme der Augen. – Du hast übrigens etwas von einem pudelnärrischen Kerl an Dir. Als ich Dir Fröhlichkeit anrieth, behauptetest Du, es säße im Unterleibe und sprachst ganz gut darüber. Jetzt da Adelheid Dir Taraxacum für den kranken Unterleib anräth, sagst Du es säße in der Seele und führst Schriftsteller dafür an. Jedenfalls hast Du recht, wenn Du Dir Adelheid mit ihrem Kräutersaft vom Leibe hältst. Das Zeug bekommt Einem nicht einmal vom Arzt, geschweige denn vom Laien. Ich gerieth einmal bei einer Kräuterkur unter Carus in einen solchen Grad von übler Laune, daß es an Wahnsinn gränzte. Ich kann überhaupt keine Kur brauchen, bei der man spazieren gehen muß. Jetzt ist mir Obersalzbrunn verordnet. Julchen hat ihn mir selbst aufs Zimmer gebracht und warme Milch dazu, was mich ordentlich rührte, aber lieber will ich viele Uebel ertragen als in üble Laune verfallen. Wir haben neulich einen bösen Todesfall gehabt. Der alte General Krohn, Cavalier der Herzogin von Holstein, ein rüstiger jovialer Greis von 75 Jahren, der in seinem ganzen Leben niemals krank gewesen, wurde plötzlich vom Schlage getroffen, Zunge und rechte Seite des Körpers waren gelähmt. So lag er 8 Tage lang ohne sich rühren und verständlich machen zu können wie ein Verzauberter. Gern hätte er sich noch über Manches mitgetheilt, das konnte man ihm ansehen, manche Frage hatte er noch und vielleicht manche Bitte, aber er war isolirt. Zuletzt starb er stumm unter unsäglichen Qualen. Mir hat dieser Vorfall einen fürchterlichen Eindruck gemacht. Die Frau war verreist und in Holstein gleichzeitig schwer erkrankt. – Als ich Dir das letzte Mal schrieb, erwartete ich Alfred Volkmann. Er kam auch mit seiner ältesten Tochter und blieb etwa 5 Tage. Das war ganz prächtig. Alfred hat mich in meiner medicinischen Skepsis sehr bestärkt. Die Diagnose, sagte er, habe zwar in neuerer Zeit Riesenfortschritte gemacht, aber die Mittel hülfen nichts, bei Uebeln meiner Art tappe man ganz im Dunkeln und ich sollte mich vor den Aerzten hüten. Nachdem Alfred 20 Jahre lang den Blutumlauf studirt hat, beobachtet er jetzt seit 5 Jahren die Contractionen eines durch Galvanismus gereizten Froschmuskels. Hierbei entdeckte er endlich ein gesuchtes Proportionalgesetz, dessen Formel etwa lautete: $x = p$. Das Gesetz war aber falsch und Alfred kratzte sich am Kopf. So ein eigentlicher Gelehrter führt ein absurdes Leben, etwa wie ein Fabrikarbeiter, der nichts thut als Knöpfchen auf Stecknadeln aufsetzen, und dabei bleibt er fremd im wirklichen Leben. So z. B. ist Alfred von seiner Jugend her noch immer Rationalist und schwärmender Liberaler. Die großen Erfahrungen der Zeit sind an ihm vorübergegangen. Doch kann ich mich gut mit ihm vertragen und lerne immer etwas von ihm. Diesmal habe ich gelernt, daß die Leibniz'sche Monadentheorie jetzt von der Naturwissenschaft durchgängig adoptirt sei. Demnach besteht eine Eisenstange aus lauter kleinen letzten und selbstständigen Theilen, Molekülen, deren Cohäsionszustand durch Temperaturwechsel verändert wird. Ein Eisenstab ist etwa eine Milchstraße im Kleinen. Bei dieser Annahme sind nun die Gelehrten wesentlich beruhigt.

Ich habe jetzt ein ungeheuer interessantes Werk gelesen: «Friedrich Perthes Leben» Gotha 1855, was ich Dir sehr empfehle. Wesentlich ist es die Correspondenz, die Perthes führte mit Weglassung alles Unwesentlichen. Durch diese Lectüre bin ich einmal wieder tief eingetaucht worden in die wilden Strudel der verrückten Zeit, die ich selbst mit durchschifft habe. Perthes correspondirt vertraulich mit den ausgezeichnetsten Männern über alle kirchlichen und politischen Ereigniße. Lernen thut man daraus freilich nichts, als daß man eine Periode allgemeinen Wahnsinns durchlebt hat und noch durchlebt. Alle räsonnieren und Keiner weiß eigentlich was er will. Perthes urtheilt am vernünftigsten, aber was er will weiß er auch nicht. Claudius, Stolberg, Jacobi, Görres, die Schlegels, Gentz, Stein, Bernstorff, Neander, Niebuhr – lauter solche Leute und viele Andere expectoriren sich da ganz offen. Den Perthes gewinnt man zwar nicht lieb, wegen seiner grauen Mitte, aber man bewundert die Kenntniß und den Scharfsinn des ungeschulten und unstudirten Naturalisten. Er scheint Allen überlegen. – Neulich zeigte sich hier im Hoymer Schloßgarten eine seltene Naturerscheinung, nämlich der Heerwurm. Eine anderthalb Ellen lange Schlange, mit dickem Kopf und spitzen Schwanz, ist aus unzähligen kleinen ¼ Zollangen wasserhellen Maden mit schwarzen Köpfen, die über-, auf- und aneinander hinkriechen, zusammengesetzt und bewegt sich in der halben Stunde etwa eine Elle weit. Ich wußte gar nicht was ich sah, bis ich mir vom Hofgärtner Okens Naturgeschichte holte. Ist dieser Heerwurm eine Weile herumgelaufen, so gehen die einzelnen Würmchen plötzlich in die Erde, verpuppen sich und kommen als kleine, flohgroße schwarze Fliegen wieder zum Vorschein. Der Heerwurm bedeutet allemal Krieg, mit Ausnahme der Fälle, wo er Hungersnoth oder was Anderes bedeutet. Bisweilen soll er eine Länge von 12 Ellen haben.

*Ballenstädt 4. Juli.* Es hat wieder lange gelegen weil in Hoym keine zuverlässige Post ist. Der Posthalter ist nämlich zugleich Stadtschreiber, Salzinspector, Director der Sandgruben – und wer kann wissen welche hohe Aemter er sonst noch hat – so daß man ihn nie trifft, in welchem Falle sein Dienstmädchen die Briefe annimmt, mit der ich's nicht wagen wollte. – Ob ich Dir geschrieben habe, daß die Schwester unserer lieben Gräfin Dohna, die Frau v. Schönberg am 8t April d. J. in ihrem 84sten Jahre gestorben ist, weiß ich nicht. Ihre Tochter Auguste, jetzige Gräfin Schlieffen, hat eine kleine Biografie von ihr verfaßt, welche mir die Gräfin Dohna neulich durch Comtesse Richthofen zusandte mit der dringenden Einladung sie in Gnadenberg zu besuchen. Wie gern suchte ich diese theure alte Freundin unserer Kindheit einmal auf, wenn mir nicht die Mittel zu solchen Reisen fehlten. Ich habe ihr aber geschrieben. Sie muß nun auch schon in die Achtzig sein und hat vor einigen Jahren schon einen Schlaganfall gehabt. Seit jener Zeit soll sie etwas stumpfer geworden sein, jedoch ohne Abschwächung der wohlthuenden Wirkung, die ihre Erscheinung immer auf Andere machte. – Das Wetter, von dem wir noch immer geplagt werden, würde ich tadeln wenn Du oder Constantin oder sonst Jemand es gemacht hätte, dem ich mich ebenbürtig fühle. Geregnet hat es zwar nun endlich seit 2 Tagen nicht, weil es zu kalt dazu ist, aber diese Kälte ist so penetrant, daß man nur in Pelzen leben kann und dennoch krank wird. Meine Athembeschwerden haben daher auch wieder sehr zugenommen und das Gehirn ist mir dermaßen erstarrt, daß ich gar keine Gedanken mehr habe, nicht einmal fade. Nichts destoweniger haben die Herrschaften ihre Sommerreise angetreten. Die Herzogin von Holstein ist nach Holstein, und unsere Herzogin nach Alexisbad gegangen, wo sie nothwendigerweise erfrieren muß. Alexisbad ist an einen Wasserheilkünstler verpachtet und wimmelt von einfältigen Patienten, welche die Kaltwasserkur brauchen – denke Dir bei solcher Kälte! Nichts lockt die Menschen mehr an als Charlatanerie und es frägt sich, ob ich nicht wohlthun würde auch dieses Gewerbe zu ergreifen. Der preußische Post-Secretair Lutze, der sich plötzlich in Köthen, dem Sammelplatze der mauvais sujets aller Art, etablirt hat, hat schon Tausende von Patienten und ist ein steinreicher Mann, baut Paläste und giebt eigenes Papiergeld aus, was zum vollen Werth coursirt. Er trägt einen seidenen Kaftan und einen langen Bart. Die Apotheke erspart man bei seiner Behandlung. Er haucht ein Glas Wasser an, oder einen

Zwieback, läßt jenes trinken und diesen essen und die Kranken werden gesund. Zugleich ist er auch Seelenarzt, versammelt seine kranken Damen (denn es sind meist Damen) in einem eigens dazu mystisch verzierten Saal und predigt sie mit seinem langen Barte an. Dann magnetisiert er sie wieder und soll sich auch sonst mit ihnen vermischen …

Man denkt doch viel an den Tod, wenn man in das Dickicht der Jahre kommt. Auch der alte Volkmann ist in diesem Frühling gestorben. In seinem hohen Alter ist er jämmerlich am Schleim erstickt, den er nicht weghusten konnte. Alfred hat die ganze letzte Nacht an seinem Bett gesessen und rühmt die Geduld und Ergebung des Vaters bei so schwerem Tode. Der Tod ist ein schrecklicher und böser Feind, und wir mögen wohl beten: «ich bitte Dich durch Christi Blut mach's nur mit meinem Ende gut.» Volkmann hatte beides: ein schweres Leben und einen schweren Tod. Ein sehr erbauliches Ende hat Krosigk von Hohenerxleben gleichfalls in diesem Frühjahr gehabt. Gefaßt und voller Zuversicht versammelte er seine Familie und sein ganzes Hausgesinde um sich und nahm von jedem Einzelnen Abschied, Alle segnend. Er war ein sehr einfacher, aber prächtiger, reiner und ritterlicher Mensch. Ich habe ein Herz an ihm verloren, das mir wohlwollte. –

## Nº 89 — Ballenstädt 28. Aug. 1856

Mein lieber Bruder Gerhard!
Von Dir liegen mir 2 überaus erfreuliche Briefe vor: der mit der Meldung von dem Brautstande unserer geliebten Sally, und der vergnügte Ferienbrief. Welchen Antheil ich und wir Alle an Sally's Glück nehmen, brauche ich Dir nicht zu sagen. Krause ist mir in so fern kein Fremder mehr, als sein Name schon durch eine Reihe von Briefen lobend erklungen war. Gott segne das liebe gute Sallytöchterchen! – Im zweiten Briefe scheinst Du Dich vollständig zum zufriedenen Manne umgewandelt zu haben, als welchen Dich Gott erhalten möge, Dich meinen alten zärtlich geliebten Dicken! – Du schreibst wie mein Bild durch Deine Jugend geht. So geht das Deinige durch meine. Wer kann sich näher stehen als Geschwister! Daher ich auch nicht wüßte, was mein Herz mehr erfreute als gute Nachrichten von Dir und Adelheid. Auch die Letztere schreibt immer zufriedener, oft sogar recht glückselig. Gott hat sie sehr gesegnet in ihren herrlichen, überaus begabten und durchaus gutarti-

gen Kindern. Auch wird Julius immer vernünftiger. Es entwickelt sich immer mehr in ihm ein ernster, tiefer und demüthig christlicher Sinn. Gott sei Dank für Alles.

Ich sitze hier mit etwas Zahnweh (es wäre lästig wenn dieser böse Teufel mich wieder packen sollte) beim strömenden Ernteregen, der unser herrliches Getreide zerstört, um Dir von einer halsbrechenden Fahrt zu erzählen, die mich gänzlich ruiniren konnte wenn mein treuer Gott nicht ein Einsehen gehabt hätte, und will Dir Bekenntniße machen, die ich hier vor Jedermann, selbst vor den Meinigen zurückhalte. Während ich in vergangener Woche in Hoym saß, ward dem Erbprinzen von Dessau ein zweiter Prinz geboren. Der erste war erst 13 Monate alt. Dies freudige Ereigniß hatte der Herzog von Dessau unserer Herzogin erst durch ein Telegramm und dann noch durch feierliche Sendung eines Kammerherrn in aller Form gemeldet und die Herzogin hatte sogleich verfügt, daß mein College Hellfeld die Artigkeit in Dessau erwidern sollte und an diesen von Alexisbad aus bereits die nöthigen Befehle erlassen. Indem kam Schätzell von Bernburg nach Alexisbad, erfuhr was geschehen sei und bestimmte die Herzogin, mich anstatt Hellf. zu schicken, indem er es übernahm, diesen auf freundschaftlichem Wege zum Rücktritt zu bewegen. Die Sache war nämlich die, daß bei dieser Sendung möglicherweise ein Orden von Dessau gegeben werden konnte, Hellf. schon decorirt war und ich nicht. Hellf. hätte freilich, wenn wirklich ein Orden verabfolgt wurde, eine höhere Classe erhalten, doch stellte ihm Schätzell das Commandeurkreuz so wie so in Aussicht. Von alle dem hatte ich keine Ahnung und war am 22sten Aug. Abends 10 Uhr in Hoym schon völlig ausgekleidet und im Begriff ins Bett zu steigen, als der Kammerherr Cramer eintrat, mit dem Befehl mich abzulösen, und mir die Depeschen nach Dessau übergab. Nun war ich bis dahin in eigentlichen Hofgeschäften kaum gebraucht worden, ich war immer Gesellschafter meines kranken Herrn gewesen, und wenn bei uns hohe Besuche, Gesandtschaften oder dergleichen instructive Gelegenheiten vorfielen, hatte ich immer den Auftrag gehabt, mich mit dem Herzog zu entfernen. Ich habe daher so gut wie gar keine Routine für solche Fälle und sollte nun plötzlich als Ambassadeur in einer reinen Etikettensache an einen fremden Hof gehen, an welchem ich keinen einzigen Menschen kannte, und der noch dazu mit unserem Hofe in einem etwas gespannten Verhältniß steht. Jeder Formfehler würde mir, dem Fremden, aufgestochen worden sein und man würde nicht unterlassen haben, mich lächerlich zu machen. Wenn ich nur weiß, was Sitte ist, so bin ich gar nicht blöde; hier aber konnte ich in allerlei unvorhergesehene Lagen kommen, über die mich im Voraus zu informiren, mir unmöglich war. Es war ein Wagstück mich zu senden, und von mir ein Wagstück die Sendung anzunehmen. Meine erste Idee war daher, durch die Nacht nach Alexisbad zu fahren und die Herzogin zu bitten eine passendere Wahl zu treffen; doch bald besann ich mich, daß dies ein testimonium paupertatis sein würde, das mir für alle Folge schaden müßte. Um 2 Uhr in der Nacht kam ich in Ballenst. an und konnte an Schlafen nicht viel denken, weil ich meine Uniformstücke nachsehen und tausend Kleinigkeiten zusammensuchen mußte. Früh 7 Uhr fand ich mich schon beim Oberhofmarschall ein, um mich durch ihn zustutzen zu lassen; fand ihn aber etwas verschnupft, weil die Sache nicht durch ihn, sondern durch die herzogl. Canzellei gegangen war, so daß mir die Lust verging ihn um Unterweisung zu bitten. Ich lief darauf zu Hellfeld, der wegen des mir gegebenen Vorzugs etwas pikirt war und die wenige Zeit, die mir noch blieb, mit Klagen über Zurücksetzung füllte, so daß für meine Fragen kein Raum blieb. Ich erfuhr kaum das Gerippe von dem was ich zu thun hatte, und hatte keinen weiteren Vortheil als daß ich meinen guten Freund völlig versöhnt verließ. Unterdeß war meine Postkalesche schon vorgefahren. Es mußte über Hals und Kopf gepackt werden, wobei mir der mir zugeordnete Hoflakai Schellow überdienstfertig zur Hand ging, was mich vollends toll machte. Meine Depeschen schlug ich in sauberes Papier und nahm dazu eine verschlossene Ledertasche mit, in welche ich zugleich mein Geld und Toilettegegenstände steckte und die ich der größeren Sicherheit wegen selbst umhing. So ging's fort. – Unterwegs plagte mich fortwährende Angst etwas vergessen zu haben. Ich zählte alles Nöthige nochmals an den Fingern ab. Da fiel mir plötzlich mein goldener Kammerherrnschlüssel ein. Ich hatte die grüne Schachtel nicht gesehen, in welcher ich ihn zu verwahren pflege, aber er konnte zufällig von der letzten Gala her auch noch an der Uniform hängen. Ich ließ halten, sah meine Sachen durch und fand ihn glücklich bei den Epauletten. Nun hätte ich ruhig sein können, war's aber doch nicht und quälte mich immer noch mit der Idee, daß mir noch etwas fehlte. Ich sann hin und her und konnte keinen Fehler aber auch keine Ruhe finden. Da durchfuhr mich ein scheußlicher Gedanke. Ich riß meine Ledertasche auf –

und richtig es fehlten die Depeschen, wegen deren ich doch ganz allein die Tasche mitgenommen hatte. Ich war über Ermsleben hinaus und bereits eine starke Meile gefahren – was nun beginnen! Im Traum hatte ich freilich dergleichen Pech schon erlebt, im Leben nie. Ich rieb mir die Augen – aber meine Depeschen waren fort. Es war entsetzlich! Eine Situation zum Todtschießen! Ich sah nach der Uhr – noch war es möglich und so ließ ich wenden und nach Ermsleben zurückjagen. Dem Lakaien sagte ich, ich hätte meinen Kofferschlüssel vergessen. Er rieth zum Schlosser; aber ich schützte feine Schlösser vor, auch daß ich die Tasche unterwegs brauche. In Ermsleben ließ ich den Lakaien bei der Postequipage und meinen Sachen zurück, miethete ein anderes Fuhrwerk, das glücklicherweise auch gleich bereit stand und jagte nach Ballenst. zurück. Ich umfuhr den Ort, ließ in der Nähe meines Hauses unweit des Pulverthurms halten und lief zu Fuß ein. Meine Hausthür stand offen, Niemand sah mich, ich eilte auf mein Zimmer, ergriff meine Briefschaften und saß bald wieder im Wagen. Unterdessen hatte Schellow von Ermsleben aus einen Laufzettel nach Aschersleben geschickt, so daß wir die Postpferde dort schon angeschirrt fanden. Ich gab starke Trinkgelder, fuhr wie der Teufel und erreichte noch glücklich den Bahnzug, der mich von Bernburg nach Köthen führen sollte. Nun erst athmete ich frei auf. So war ich denn noch mit einem blauen Auge, nämlich mit einem Verlust von etwa 5 Thalern an Fuhr- und Trinkgeldern davon gekommen. Hätte ich die Papiere später, etwa erst in Bernburg oder gar in Dessau vermißt, so weiß ich nicht was aus mir geworden wäre. In solche Lagen kann man beim besten Willen durch bloße Zerstreutheit gerathen, an der doch Niemand unschuldiger ist als der Zerstreute. O wie dankte ich Gott als ich im Coupé saß und Alles gut war. – Abends 6 ½ kam ich nach Dessau und stieg im «goldenen Beutel» ab. Ich schickte Schellow mit meiner Karte zum Hausmarschall v. Trotha, ließ diesem sagen, ich hätte ein Schreiben an den Herzog und fragen, wann ich ihn (Trotha) zu Hause fände. Er war aber abwesend und ich wartete den ganzen Abend und den ganzen andern Morgen ohne mich rühren zu können auf Bescheid. Endlich um 10 Uhr schickte mir Trotha seine Karte und ließ mir sagen, der Herzog ließe mich zur Tafel bitten, wolle mich aber kurz vor Tafel in seinem Zimmer sprechen und stellte mir für die Zeit meines Aufenthalts in Dessau eine Hofequipage zur Verfügung. Letzteres lehnte ich ab. Daß aber Trotha nicht selbst zu mir gekommen, war ungezogen und in so fern sehr verdrießlich, als ich mich nothwendiger Weise bei ihm nach den in Dessau üblichen Hofformen zu erkundigen hatte. Ich ließ also den Gasthauswagen anspannen und fuhr zu ihm, fand aber ihn so wenig zu Hause als irgend einen andern Cavalier, auch die Hofdamen nahmen mich nicht an. Somit blieb ich rathlos und schaute traurig wie ein Lohgerber zum Fenster hinaus. Da sah ich den Kammerherrn v. Lattorff auf Klieken vorbeifahren, welcher Bernburger Vasall ist und den ich daher an unserem Hofe öfter gesehen, und der jetzt vom Lande hereinkam um ebenfalls zur Geburt des Prinzen zu gratuliren, ein alter ritterlicher Herr, der mir immer sehr freundlich gewesen war. Ich machte ihm auf der Stelle meinen Besuch, den er schon nach 2 Minuten auf meinem Zimmer erwiderte, und wurde durch ihn doch einigermaßen orientirt. Hierauf ging ich zum Erbprinzen, der mich freundlich empfing, mich sitzen ließ, und mit dem ich mich auf das gemüthlichste so verschwatzte, daß die Zeit meiner Audienz beim Herzoge heranrückte und ich aufbrechen mußte ohne entlassen zu sein. Der Prinz ist ein ausgesucht schöner Mensch, groß und schlank, sehr wohlgebildet, überaus einfach und natürlich in seinem Wesen. Geistreich schien er mir nicht, ja in dieser Beziehung fast unter dem Niveau des Gewöhnlichen. –

Als ich aus dem prinzlichen Palais trat, fehlten noch 5 Minuten an 2 ½ und 2 ½ sollte gespeist werden, und ich vorher noch zum Herzoge. Die Uhr im Zimmer des Prinzen hatte mich irre geführt. Ich ging daher direct ins Schloß ohne erst meinen Lakai im Gasthause abzuholen. Wenn bei uns ein Fremder eingeladen ist, so wird immer ein Kammerdiener auf dem Schloßhof aufgestellt, der ihn empfängt und zurechtweist. Ich setzte voraus, daß es hier auch so sein würde, fand aber den Schloßhof wie gekehrt. Es war Niemand zu sehen und ich hatte keine Ahnung in welche Thür ich gehen sollte. Ich frug die Schildwache nach der Bedienung des Herzogs und wurde in eine Thür gewiesen, rannte hinein die Treppe hinauf durch offene Säle und fand Niemand. O wie bereute ich es nun die Equipage nicht angenommen zu haben. Ich stieg eine Treppe höher – wieder leere Zimmer und kein Mensch zu sehen. Der Angstschweiß brach mir aus. Endlich hörte ich Menschenstimmen unter mir, rannte hinab und fand einen Cavalier mit ein paar Lakaien auf der Treppe. Es war Trotha, der mich tausendmal um Verzeihung bat wegen der Unachtsamkeit der Leute, und mich zum Herzoge führte. Der Herzog ist ein alter schöner ritterlicher Herr von einigen 60 Jahren, der mir sehr freundlich entgegenkam. Ich überreichte ihm meine Briefschaften und er sprach seine große Freude über die Geburt des Prinzen aus, da es ihm schiene, daß sein Haus fester auf zwei als auf einem Fuße stände. Darauf erkundigte er sich sehr theilnehmend nach der Herzogin und nach dem Herzoge, und meinte ich hätte wohl recht schwere Tage mit meinem alten kranken Herrn durchzumachen gehabt. Was er darüber gehört habe, sei entsetzlich. Ich antwortete Frau Fama übertriebe Manches und übrigens hätte ich meinen gnädigsten Herrn so lieb, daß ich wohl Manches gar nicht bemerkt hätte, was Andern vielleicht aufgefallen wäre. Wir kamen darauf auf Hoym zu sprechen und der Herzog erkundigte sich ausführlich nach Allem, auch nach der Beschaffenheit des Schlosses, und ob der schöne Garten erhalten sei? Dabei dämmerten alte Erinnerungen in ihm auf. Er sei als Kind dagewesen, sagte er, und habe gern mit der Prinzeß Hermine von Schaumburg, nachmaliger Erzherzogin Palatin gespielt. Und wenn er jetzt hinkäme, erwiderte ich, würde er das wohl erhaltene Plätzchen der Prinzeß mit der Aufschrift «Herminenslust» noch finden. Da wurde der alte Herr ganz vergnügt. O diese Laube! sagte er, da staken wir immer zusammen und spielten da, und da erinnere ich mich, daß wir uns einmal veruneinigt hatten. Wir kamen uns sogar ein bischen in die Haare. Da kam die alte Fürstin von Schaumburg dazu und – schwabb, hatte ich meine Ohrfeige weg. Das habe ich nie vergessen können.» In dieser Art unterhielt sich der Herzog auf's allerliebenswürdigste und gemüthlichste mit mir, wohl bei einer halben Stunde. Dann entließ er mich, und Trotha der mich draußen erwartet hatte, führte mich zur Gesellschaft, die 15 Personen stark war. Hier wurde ich dem Prinzen Friedrich, Bruder des Herzogs, vorgestellt und der wunderschönen Prinzeß Friedrich Carl von Preußen, einer Tochter des Herzogs, die zum Besuch anwesend war. Etwas Lieblicheres und Engelhafteres als diese Prinzessin habe ich nie gesehen. Bei Tafel saß ich ihr und ihrem Bruder, dem Erbprinzen gegenüber und wurde von beiden sehr ausgezeichnet. Die Unterhaltung war frei und ungeniert, die Weine vortrefflich, die Küche aber schlechter als bei uns. Nach Tafel trat der Herzog wieder an mich heran, sprach von unserem s. Vater, freute sich sehr ein Bild von ihm zu besitzen und frug mich, ob ich sein herrliches Talent geerbt hätte. Es schien ihn sehr zu amüsiren als ich erwiderte, ich hätte nur die Profession geerbt. Darauf frug er mich ob ich das Schloß kennte, und da ich es verneinte, erbot er sich mir selbst Einiges zu zeigen, verließ die Gesellschaft mit mir und führte mich durch einige Prachtzimmer in einen magnifiken Saal. Indem ich die Verhältniße und Ornamente bewunderte, äußerte ich, daß die Kunst einen Saal zu decoriren heut zu Tage verloren schiene, weil es keinen herrschenden Geschmack gäbe und Alles durcheinander ginge. Ja! sagte der Herzog ganz vergnügt, den hat auch noch mein Großvater gebaut, ich hätte ihn auch nicht fertig gebracht. Darauf zog er selbst die Gardinen auseinander und zeigte mir die schöne Aussicht auf die Mulde, auf weite Wiesen und Eichenwälder. Es ist nicht möglich, daß man freundlicher und liebenswürdiger sein kann als der alte Herr war. Ehe er die Gesellschaft verließ, kam er nochmals zu mir und unterhielt sich noch ein Weilchen mit mir, trug mir auch so viel Freundliches nicht allein für die Herzogin, sondern auch für den Herzog auf, daß ich ganz gerührt war. – Ich hatte erwartet, daß man mir nach Tafel eine Partie nach Wörlitz arrangiren würde, und wahrscheinlich war auch Trotha damit beauftragt, er fing die Sache aber so hölzern und abgeschmackt an, daß ich gleich abreiste. Er frug mich nämlich, als ich mich empfahl, ob ich heute noch in Dessau bleiben werde, so erklärte ich ihm, daß ich im Augenblick abreisen würde. Wie ich das anfangen sollte, wußte ich freilich nicht, da kein Bahnzug mehr abging, aber Lattorff half mir aus der Noth. Er hatte das ziemlich grobe Gespräch mit Trotha angehört und frug mich, ob ich ihm einen Gefallen thun wolle. Ich sagte natürlich Ja! So fahren Sie mit mir nach Klieken und bleiben die Nacht bei mir. Ich sagte wieder ja, und 10 Minuten später saßen wir beide in einem eleganten offenen Wagen mit 2 Prachtpferden bespannt und jagten fort. Schellow mit den Sachen ließ ich zurück, er sollte mich am andern Morgen auf dem Bahnhofe erwarten. Es war eine herrliche Fahrt und da L. meine Freude an der Gegend sah, lenkte er ab und fuhr Umwege, damit ich möglichst viel zu sehen kriegte. Denke Dir weite Wiesenflächen mit schönen Eichengruppen bestanden, und von Eichenwaldung eingefaßt. Bisweilen führt der glatte Grandweg durch die Wälder, dann öffnen sich immer neue Wiesen. Hier und da trifft man ein Rudel Edelhirsche oder Rehe. So geht es Meilenweit, dazu der schönste Sonnenschein und die Unterhaltung mit einem politisch Gleichgesinnten, eine Freude, die mir so selten zu theil wird. Lattorff fuhr selbst und die feurigen Pferde liefen als hätten sie den Teufel im Leibe, ohne Peitsche und ohne alle Aufmunterung. Sie mußten im Gegentheil fest im Zügel gehalten werden. So kamen wir an die liebe vaterländische Elbe, setzten auf der Fähre über und waren nach einer Fahrt von 2 Stunden, nachdem wir wenigstens 3 Meilen zurückgelegt hatten, in Klieken. Hier wurde ich durch's Haus geführt und trat aus dem Gartensaal auf eine herrliche Terrasse. Zu meinen Füßen dehnte sich ein reizender Garten aus und darüber hinaus blickte man weithin auf grüne Wiesen und Eichenwälder, zwischen denen Wasserspiegel blitzten. Ich glaubte in Livland zu sein, es war eine Natur wie die Eurige. Frau von Lattorff, eine Schwester des Dichters Houwald gesellte sich zu uns und ich, durch die Aehnlichkeit der Gegend angeregt, erzählte viel von Livland, wahrscheinlich Dichtung und Wahrheit untereinander, aber meine Wirte schienen sehr zufrieden mit der Unterhaltung. Wir blieben draußen bis es dunkel wurde, gingen dann zum Souper und rauchten sehr behaglich echte Havanna's bis 12 Uhr. Dann wurde ich auf mein Zimmer geleitet und dort mir selbst überlassen. Ich zog mich aus, aber – o Schrekken aller Schrecken – ein leichter Flügel streifte meine Schläfe, ich blickte auf und sah den Geist eines Adlers in Gestalt einer ungeheuern Fledermaus an den Simsen schweben. Es war entsetzlich! Ich riß die Fenster auf, stellte die Lichter hinein, entleerte meinen Nachtsack und feuerte damit nach dem Geist. Umsonst. Wohl umflog das Gespenst die Lichter, kehrte aber immer ins Fenster zurück. Nach vielen fruchtlosen Bemühungen öffnete ich die Thür zum benachbarten Saale und stellte die Lichter mit hinein. Da schoß die Maus heraus. Ich klappte nun die Thür zu und holte vorsichtig meine Lichter wieder herein. Zu Bette konnte ich aber nicht gehen, da ich voraussetzte, daß hinter dem Bett, den alten Bildern und anderen Geräthen noch ganze Trauben von Mäusen hängen würden, die nach und nach zum Vorschein kommen könnten. Auch mußte abgewartet werden, ob sich nicht auch die ordinäre Maus (mus domestica) zeigen würde. Endlich um halb 2 Uhr in der Nacht übermannte mich die Müdigkeit, ich wagte das Bett und schlief ein. Um 5 war ich wieder auf und hatte mit dem alten Lattorf noch ein prächtiges Frühstückstündchen. Um 6 saß ich im Coupé der Eisenbahn, die ein paar hundert Schritt vom Hause vorüberführt und fuhr nach Dessau wo ich Schellow fand, mit dem ich direct weiter nach Köthen und Bernburg fuhr. – Ob ich nun Fehler gemacht habe, weiß ich nicht, hoffe aber daß Alles leidlich abgelaufen ist. Den Orden werde ich wahrscheinlich erhalten, werde aber auch sehr zufrieden bleiben wenn ich ihn nicht bekomme. Ich habe nie erlebt, daß ein Decorirter um seiner Decoration willen von seinen Freunden und ebenso wenig vom Publicum höher geachtet worden wäre. Für mich würde der Orden in so fern einen pecuniären Nachtheil haben, als ich noch einmal, und zwar auf meine Kosten, nach Dessau reisen und mich bedanken müßte.

Aus meinen regelmäßigen alle 14 Tage stattfindenden Zusammenkünften mit meinem Freunde, dem Pastor Schreck hat sich nach und nach ein ganz niedlicher Conventikel gebildet, indem sich uns mehrere Gleichgesinnte angeschlossen haben. Hinzugetreten sind der Propst Scholtz von hier mit seiner Frau, Vorster mit Frau (in Hoym) Kreisrichter Stolzmann aus Ermsleben mit Frau, und Referendarius Bosse aus Quedlinburg. Da ich nun eine Frau und zwei Töchter habe, Schreck eine Pflegetochter und außerdem sich noch ein und der andere Gast einfindet, so ist die Gesellschaft recht zahlreich. Im Sommer kamen wir alle 14 Tage im Selkethal zusammen, jetzt aber haben wir's in die Häuser verlegt. Gestern waren Alle bei uns und machten uns einen prächtigen Nachmittag und Abend. Es wird erst Kaffe gegeben und dann ein kleines Souper mit einem Glase Wein oder Punsch. Die Damen erlauben, daß wir rauchen. Die Unterhaltung war gestern äußerst lebhaft. Es zeigte sich, daß die neuen Freunde Stolzmann und Bosse fest und tief begründete Lutheraner sind. Schreck neigt auch dahin. Scholtz ist auch Lutheraner aber nicht ausschließend. Vorster ist unreif und springt fortwährend von einer Seite zur andern über. Ich selbst bin principiell (und wie ich glaube auch wohl begründet) in confessioneller Hinsicht indifferent. So kamen wir scharf aneinander und Scholtz trat auf meine Seite. Aber es war eine Freude wie gestritten wurde, kein liebloses, kein ungeschlachtes, und kein hartes Wort. Es wurde Niemand gekränkt. Zwar konnten wir uns nicht einigen, es blieb Jeder bei seinen Sätzen, aber es waren Christen, die ihre Ideen gegeneinander austauschten. Die Damen mischten sich auch hinein, besonders Bertha Krummacher, die jetzt bei uns ist, ein geistvolles Mädchen, die ganz auf meiner indifferenten Seite stand. Manchmal sprachen auch Alle auf einmal, was mir als Wirth besonders erquicklich war, weil sich dann Keiner langweilte. Spät Abends fuhren Alle auseinander, voll Lobes über das angenehme Zusammensein. Wenn ich solche Gesellschaften mit denen vergleiche, in denen ich mich gewöhnlich bewege und tödtlich langweile, so wird mir der Unterschied von Welt und Christenthum ganz sonnenklar, – und wie lange habe ich in Ballenstädt gelebt ohne dergleichen bessere Gesellschaft zu haben. Mit einzelnen Christen konnte ich wohl verkehren, aber in der Gesellschaft waren dann immer andere Elemente, die alles Verständniß unmöglich machten. Ueber 14 Tage am 12. Sept. werden wir nun, so Gott will und wir leben, in Ermsleben bei Stolzmann's zusammenkommen. Das sind ganz junge Leute, erst seit einem Jahr verheirathet, mit aller Frische und Bescheidenheit der Jugend. Bosse ist ein Jüngling, aber sehr hervorragend durch treffliche Ordnung seiner Gedanken und gutes Sprechen. Scholtz ist etwas unklar in seinen Gedanken, er ist formell unvollkommen, als lebendiger treuer Christ aber, wie ich glaube, der vorzüglichste von uns Allen. Die Unklarheit wird bei ihm aber nur im persönlichen Verkehr bemerkbar, auf der Kanzel ist er unübertrefflich. Ich habe nie einen Prediger gehört, der mich mehr erbaut hätte. Auch Schreck ist würdig und geistlich, dabei unbeschreiblich bequem im Umgang, pomadig und humoristisch. –

Wir bekommen jetzt eine neue Verfassung. Der Herzog von Dessau hat seine 48er Constitution nämlich längst über Bord geworfen ohne dafür was anderes zu geben. Er regiert so frei wie der Großtürke. Stirbt unser Herzog, so verfallen wir derselben Despotie. Schätzells Bestreben ist also vom Anfang an dahin gerichtet gewesen die Zeit unserer Selbständigkeit noch zu benutzen, um mit Dessau eine Gesammtverfassung zu vereinbaren, die uns nachher bliebe. Unsere uralte ständische Verfassung ist nämlich sonderbarer Weise niemals, weder hier noch in Dessau aufgehoben worden, und durch Schätzell angeregt verlangen nun die alten Stände (Ritterschaft) ihr Recht. Unser moderner Landtag ist gewonnen. Er sieht ein, daß er nur bis zum Tode des Herzogs leben und dann verschwinden würde. Um also keiner Despotie zu verfallen, stimmt er in diesem Augenblicke selbst für seine sofortige Auflösung. Die Ritter werden an seine Stelle treten, zu diesen aber nicht blos wie früher der Adel, sondern alle Rittergutsbesitzer gerechnet werden. Auch sollen die Städte nach alter Weise durch die Burgemeister und die Bauern durch Abgeordnete vertreten werden. Damit hat Schätzell dem Lande eine der größten Wohltaten erwiesen. –

Was hat nur die arme Sophie Stackelberg immer zu leiden! Ich beklage ihr Unwohlsein schmerzlich. Gott helfe dieser theuern und geliebten Schwester und unserer prächtigen Auguste, die ich

Beide herzlich grüße und uns Allen wolle Gott helfen, daß unsere Schultern erstarken und wir freudig tragen, was der Herr uns auferlegt.

Wilhelm

*Am 31. Aug.* Möchte dieser nachläßige Brief Euch nicht ärgern. Ich war zu eilig und zerstreut, aber immer giebt er doch Nachricht. Gern hätte ich mehr vom Dessau'schen Hofe erzählt, aber ich fürchte, daß meine kleine Reisebeschreibung auch so schon zu lang war. Elisabeth ist schon seit 14 Tagen in Halberstadt bei Adolf Krummacher und wird noch 8 Tage bleiben. Es gefällt ihr da ganz himmlisch und sie schreibt witzige Briefe. Sie hat etwas von dem feinen Geiste der sel. Bertha. Fritz Krummacher ist gegenwärtig in Glasgow in Schottland bei einer Conferenz der evangelischen Alliance. Der König von Preußen hat diese Alliance nämlich auf dem September 1857 nach Berlin eingeladen zum großen Schrecken der Lutherisch-Confessionellen. Es wird tüchtige Reibungen geben. Ich hoffe aber, daß diese großartige und freie Union den starren Fanatismus etwas brechen soll, der unter unsere deutschen Christen gefahren ist. Freilich ist es komisch wenn der König zu Fritz gesagt hat. «Der Formalismus droht mir meine Kirche todt zu machen,» denn er selbst hat diesen Formalismus durch Kabinetsordre wesentlich wach gerufen, und *seine* Kirche kennt Niemand. Die Engländer schwärmen wie rasend für Fritz Kr. Sie vergöttern ihn und wenn er den Mund aufthut, hört er sein eigenes Wort kaum vor Beifallklopfen.

## Nº 90

Ballenstädt 10. Octob. 1856

Mein lieber Bruder Gerhard!
Ich habe durchaus keine Entschuldigung, Dir den Empfang des Wechsels so lange verschwiegen zu haben und muß daher sehr um Verzeihung bitten. Meine schwache Seele war aber durch einen starken Wechsel von Zerstreuungen aus den Fugen gerissen. Seit 14 Tagen umschwirrten mich sechs erwachsene Kinder im engen Hause (das sechste war Bertha Krummacher). Sie umrauchten mich, verdrängten und beeinträchtigten mich, verführten mich zu Laufereien, hingen sich an mich und begleiteten mich selbst nach Hoym, die Nächte dort auf Tischen und Stühlen campirend. Vergangene Nacht ist nun der wackere Gerhard wieder abgefahren. Er

hatte die Manöuvers bei Coblenz mitgemacht und war dort während eines Zeitraums von 6 Wochen wenig aus Gottes freier Natur herausgekommen, selten in Betten. Er sah wie Sohlleder aus. Jetzt ist er auf ein Jahr nach Kosel commandirt und hatte bei dieser Gelegenheit 14 Tage Urlaub. Der Abschied von diesem Jungen wird mir immer besonders schwer. Wir hatten gestern den Geburtstag der Herzogin noch zusammen genossen, kamen erst um 1 Uhr in der Nacht vom Schloß und verlebten dann noch 2 fürchterliche Stunden bis 3 Uhr wo Gerhard abfuhr. An Schlafen war für mich nachher nicht sehr zu denken und heute Morgen ist mir daher etwas katzenjammerlich zu Muth. Gerhard erinnert mich sehr oft an Dich seinen NamensOncle. Er hat Deinen kurzen trocknen Witz. Seine Geschwister hängen sehr an ihm und es ist für mich eine besondere Lust die drei Brüder zusammenzusehen. Sie veruneinigen sich wunderbarer Weise *nie*, sind aber in beständiger Balgerei und Neckerei begriffen, alle Drei ziemlich gleich stark, doch Gerhard durch Autorität und Gewandheit überlegen. Anna ist glückselig wenn sie ihren Bruder Gerhard hat, der sie unter den Geschwistern am besten versteht. Die armen Kinder! Möge Gott seine Hand über sie halten! Der Unfall Deines Otto war gräulich. Was mögt Ihr für Sorge gehabt haben, und auch welche Freude an seiner Wiedergenesung. Anna ist ganz eingenommen von Eurer Lilla, deren innig herzlicher Brief sie ungemein erfreut hat. Die Reise nach Petersburg freut mich recht für Lilla. Solche Aushäusigkeiten stärken immer, wenn sie auch für den Augenblick wenig gefallen. Daß Du so viel Centnergewicht auf die Rechtschreibung des Namens Deines Schwiegersohns legst, ist mir recht schrecklich, denn ich muß nun jedesmal Deinen Brief nachschlagen, ob er mit oder ohne «e» geschrieben wird, weil etwas darauf ankommen soll. Er muß übrigens ein trefflicher Juvenil sein, da sogar Constantin für ihn schwärmt. Daß Du nicht besser geerntet, thut mir um so mehr leid als ich gehofft hatte, Du solltest von dem fetten Jahre Dein besonderes Schmalz abschöpfen. Es ist übrigens eine närrische Zeit. Die Getreidepreise fallen und die Lebensmittel werden doch nicht wohlfeiler; das Geld hat seinen Werth verloren und doch fehlt es daran. Vor 48 bekam ich mein Gehalt nicht anders als in Gold und Silber ausgezahlt; dann mischte sich Papier mit darunter und jetzt ist es lediglich Papier geworden und noch obendrein Anhaltsches, das in Preußen außer Cours gesetzt ist. – Vor etwa 8 Tagen ward auf meiner Treppe der Dessauer Marsch trompetet, die Thür flog

*Der Sohn Gerhard*

auf und die 6 Kinder marschirten in feierlicher Prozession, immer laut trompetend bei mir ein, Gerhard voran ein Kissen tragend, auf welchem ein Brief und ein Päckchen lagen. Ich war gerade beim Ankleiden und noch ohne Rock, aber ich schloß mich dem Zuge an und marschirte mit trompetend durch alle Zimmer, ohne jedoch den Grund zu errathen. Es war nämlich Dämmerung und ich hielt das Kissen für Elisabeths neuen Mantel, der von Halberstadt erwartet wurde, den Brief für die Rechnung und das Päckchen für Näh- oder Drehseide, oder Schnüre. Endlich frug Gerhard ob ich nichts merken wollte, der Marsch sei sehr bezüglich. Da ging mir der Seifensieder auf. Es war der Orden von Dessau angelangt. Ich muß gestehen, daß ich diese Sache eigentlich aufgegeben und vergessen hatte, auch garkeine Sehnsucht nach dieser Spielart von Orden empfand. Nun aber da ich ihn besaß, freute ich mich doch darüber. Es ist eine große Narrheit um diese Dinge, aber wer ist so weise, daß die Krankheit der Gesellschaft, in der er lebt, ihn nicht anstecken sollte. Ich trug meinen Orden zuerst auf großer Uniform bei Gelegenheit der Verheirathung unserer ersten Hofdame, der Fräulein von Bornstedt, mit einem hannöverschen Majoratsherrn, einem Herrn von Marenholtz. Die Herzogin richtete die Hochzeit fürstlich aus. Die Schloßkirche war mit Blumen und Guirlanden decorirt und ausschließlich von der Hofgesellschaft in Gala besetzt. Dahin bewegte sich die Prozession der Braut aus den Empfangsälen durch die Gänge des Schlosses. Vorauf ging der Hausmarschall Kutteroff mit dem goldenen Marschallsstabe. Dann folgten wir 4 Kammerherrn paarweise, dann die Herzogin mit der Braut, der Bräutigam mit seinem Bruder, die 4 Brautjungfern, die Hofdamen und Verwandten der Brautleute. Es ward kein Wort gesprochen. Der Zug glitt lautlos über Teppiche und mir war es als begrüben wir die Braut. Sie ist sehr schwindsüchtig und sah in ihrem weißen Schleier blaß wie eine Leiche aus. Aus der Kirche drang uns Orgelton entgegen. Der Landes-Superintendent verrichtete die Trauung. Nach der Ceremonie folgte die Tafel, an welcher der größte Theil der in der Kirche Anwesenden theil nahm. Ich schielte manchmal nach meinem Orden, ob er noch da wäre. Ich bin der zweite Ritter Kügelgen, von dem man weiß, und der erste von dem man *gewiß* weiß. Der erste etwas mythische war der geköpfte in unserem Wappen, von dem Hermann in Cöln ein Bild sah mit der Unterschrift «der Ritter Kügelgen». Stelle Dir vor, daß mein Adolph, der in diesen Ferien Baiern, Salzburg und Tyrol bis

Meran (mit 29 Thalern Reisegeld) 6 Wochen lang durchreiste (wobei schmählige Abentheuer vorkamen) in einer alten Kirche zu Landshut auf einem Leichenstein am Fußboden unser veritables Wappen gefunden hat. Der Schild hatte 4 Felder, 2 waren leer und in den beiden andern, wie auch zwischen den Helmflügen sah man unseren brustlosen Kopf. Den Namen, wie wir ihn schreiben, mit zwei «g» glaubte Adolph noch zu lesen. – Vor ein paar Tagen habe ich auch einen recht alten Bekannten, nämlich den Grafen Botho Stolberg wiedergesehen und zwar zum ersten Mal seit den Dresdner Zeiten. Botho verwaltet die Grafschaft für seinen Neffen, den jungen Erbgrafen, der noch studiert und wohnt mit seiner jungen Gemahlin, einer Gräfin Erbach auf dem Schlosse Wernigerode. Stolbergs haben leider mit unserem Hofe gar keine Berührung gehabt, bis sich plötzlich diese beiden einmal melden ließen. An der Tafel nahm ich keinen Antheil, da ich in Hoym war, aber zum Thee hatte mich die Herzogin hereinkommen lassen und außer mir nur noch Julchen eingeladen, damit es recht gemüthlich sein sollte. Ich holte die Fremden aus ihrem Zimmer ins Theezimmer ab. Als Botho aus seinem Kabinet trat, erschrak ich fast. Ich kannte gar nichts an ihm. Ein durchaus fremder Greis in gebeugter Haltung mit großem Bart. Ein steiles unbeschreiblich kleines Gesicht mit zurückfallender Pergamentstirn, glatt und ausdruckslos. Er war ganz schwarz gekleidet mit dem Stern des rothen Adler und sah zwar außerordentlich vornehm aus, doch hätte ich ihn ebensowohl für jeden Andern als für Botho St. gehalten. Als ich ihm meinen Namen nannte, reichte er mir die Hand, schien sich zu freuen und frug auch nach Dir, aber alles ohne sonderliche Theilnahme und Herzlichkeit. Darauf kam auch die Gräfin, frisch, blendend hübsch und treuherzig freundlich. Sie sei auch schon eine alte Bekannte, ihr Mann habe ihr viel von uns erzählt. Beim Thee wurde ich zum Grafen gesetzt, ihn zu unterhalten, auch mit dem Auftrage ihn von der Herzogin etwas abzuziehen, der er unheimlich war, und die sich mit seiner liebenswürdigen Frau, zu welcher sie eine schwärmerische Liebe gefaßt, recht ungestört verplaudern wollte. Diese Vorsorge war indeß überflüssig, denn wenn unser alter Freund nicht angeredet wurde, schien er zu schlafen und mischte sich in kein Gespräch. Hätte ich nicht speciell den Auftrag gehabt, so würde ich ihn gänzlich unangefochten gelassen haben aus Furcht ihn zu wecken. Ich brachte ihn aber doch bisweilen zum Lachen, besonders durch Erinnerungen an Roller, gegen den er übrigens Dankbarkeit aussprach. Er war überhaupt au fond nicht so übel und das Wenige was er sprach war immer sehr gut. Nachher hat er der Herzogin gesagt, er hätte sich ausgezeichnet mit mir unterhalten, worüber sie sehr erstaunt war, da sie ihn den ganzen Abend schlafend geglaubt hatte. Der arme Botho! Er ist wie ein ausgebranntes Haus, von dem nur noch die 4 Wände stehen, eine bloße Ruine; doch soll er jetzt fromm sein und sprach sich auch gegen mich so aus. Die ganz junge Frau aber ist reizend, sehr lebhaft mit treuherzigem süddeutschen Dialect. Von ihrer trefflichen Gesinnung war die Herzogin sehr erbaut und hat sie eingeladen längeren Aufenthalt bei uns zu machen wenn der Graf verreise.

*Am 11. Oct.* Vorgestern haben wir nun wieder einmal den Geburtstag der Herzogin aufs glänzendste gefeiert. Die Gratulation dauerte von Morgens 9 bis 12. Dann fuhr die Herzogin zur Tafel nach Hoym. Zurückgekehrt ward sie wieder durch Gratulation Herangereister angefallen und Abends war große Soirée von netto hundert Gästen. Bardua's hatten eine pompöse Aufführung veranstaltet, die 2 Stunden dauerte. Ein großer Hofball ging vorher, kleinerer Sachen nicht zu gedenken. Dabei wollten die Kinder immer Partien machen, zogen auch viel andere Jugend ins Haus. Kurz es war eine turbulente Zeit, und auch in Hoym nicht anders, wo die Jungens mich umlagerten. Man konnte nicht schreiben und auch jetzt bin ich zu aufgeregt, um dies in gewohnter Weise zu thun. Daß bei Euch nicht einmal Pilze gewachsen sind, ist kläglich. Morgen stehe ich Gevatter mit der Bernstorff und Prinzeß Louise bei Propst Scholtz, mit dem ich immer mehr in Freundschaft komme. Vorige Woche stand ich Gevatter in Hoym bei einem herzogl. Hofmusicus mit Hellfeld und Vorster. Meine neuen Freunde sind sehr entschiedene Lutheraner, so entschieden wie es deren vor der Erfindung der Union gar keine gab. Wir streiten jetzt heftig über ein neues Buch von Vilmar «Die Theologie der Thatsachen gegen die Theologie der Rethorik», für welches sie ebenso schwärmen als ich es absurd finde. Alles Christenthum strebt jetzt bei uns nach äußerer Kirchlichkeit und ich stehe in dieser Beziehung recht allein, da ich überzeugt bin, daß eine äußere Kirche entweder sektenhaft oder katholisch sein muß. Die Kirche Christi ist nicht von dieser Welt. Heynitz, der sich wieder mit einer Frl. Zezschwitz verlobt hat, lud uns beide ein diesen Sommer mit ihm in Häringsdorf zusammenzutreffen, was ich Dir gar nicht geschrieben habe, da ich doch nicht kommen konnte. Uebrigens ist es mir recht lieb, daß ich mir die Badereise erspart habe, da ich von selbst viel wohler geworden bin. Sollte ich den Winter wohl vertragen, so hoffe ich mich im nächsten Sommer gänzlich zu erholen und noch einmal zu Kräften zu kommen. Gott gebe seinen Segen!

## Nº 91 — Ballenstädt 20. Dec. 1856

Mein geliebter Bruder!
Nach langen Pausen eine Correspondenz fortzusetzen, ist schwer. Man ist um den Anfang verlegen. Ich habe Dir aber lange nicht geschrieben, theils weil ich lange unwohl war – bin es auch noch – theils weil ich anderweitig, mit Adelheid und meinen Kindern correspondiren mußte, endlich auch sonst auf mancherlei Weise beansprucht und nicht in der besten Stimmung war. Doch hätte Dein letzter Brief mir eigentlich Lust machen sollen, denn er war so recht nach der alten und besten Art und hat mich und die Meinigen und unsere alte geistvolle Bernstorff, die höchlich Deine Briefe genießt, ganz ungemein erquickt. Wie danke ich Gott für Dich! – Ach ja, das Briefschreiben ist nicht leicht. In meiner Jugend, wo eigentlich Niemand nach Briefen von mir verlangte, schüttelte ich sie aus dem Ermel um ihrer selbst willen, und jetzt, einerlei an wen ich schreibe, ist es mir immer als müßte ich um jeden Buchstaben gekreuzigt werden den ich hinmale, besonders wenn es mir wie heute gar nicht wohl in meiner Haut ist; denn ich bin im Maul geschwollen vom Zahnweh und in der Brust so müde wie ein alter Greis, habe auch das ganze Jahr hindurch in meiner amtlichen Stellung mehr Aerger gehabt als mir gesund war. Solche Dinge sollte man eigentlich gar nicht vermelden, außer freilich unter Brüdern. – Was das Zahnweh anlangt, so befiel ich daran am Abend vor meinem Geburtstage. Ich rannte die ganze Nacht in meinem Zimmer herum bis der Tag graute und dann weiter noch zwei Tage und zwei Nächte bis ich wie eine Pauke aufgeschwollen war. Dazu kam Fieber, Durchfall, Säure, kurz ich war ganz erbärmlich. Als die Schmerzen sich legten und ich wieder Menschen um mich dulden konnte, folgte indessen eine liebliche Zeit der Reconvaleszenz. Die Meinigen setzten sich zu mir und lasen mir den Alterthümler von W. Scott vor, eine Lectüre, die mich dreißig Jahre zurückwarf in die Blüthengefilde der Jugend. Das waren Hochgenüsse. Aber seit

jener Zeit kehren die dummen Schmerzen bei jeder kleinen Veranlassung wieder. Zuletzt hatte ich sie mir zugezogen bei Festlichkeiten, mit denen unser Hof die Anwesenheit der Prinzeß Friedrich von Dessau beging. Zwei Mal große Galatafel, Theater und ein vermaledeiter Ball. Ich kann dergleichen Debauchen gar nicht mehr vertragen, besonders wenn sich jener Teufel damit verbindet, der Aerger heißt und dem man oft mit dem reinsten Willen nicht auszuweisen vermag.

Doch ist durch Vermittelung meines guten Freundes Vorster dieser Artikel seit einem Jahr nicht viel ausgegangen. Mit Vorster habe ich merkwürdige Erfahrungen gemacht; wie nämlich ein Mensch in seinem Betragen durchgängig alle die Maximen Lügen strafen kann, die er fortwährend im Munde führt. Im Anfange unsere Bekanntschaft freute ich mich seiner sehr, weil in meinem hiesigen Anhalt'schen Gesichtskreis Niemand lebte, der so treffliche Ansicht und Gesinnung ausgesprochen hätte. Allerdings war mir gleich am ersten Tage unserer Bekanntschaft ein Zug seines Gesichts aufgefallen, der mich anwiderte, weil er auf Härte und Rohheit deutete, aber ich hielt es für Unrecht ohne anderweitige Veranlassung hieraus auf das Innere zu schließen. Dennoch war mir durch die Augen Wahreres zugegangen als durch die Ohren. Kaum war ich mit V. in continuirlichen Verkehr gekommen, als ich einen fremden, mir täglich fremder werdenden Menschen in ihm fand. Verworren, absprechend und unbescheiden wurde er mir lästig; durch sein eifersüchtiges, herrschsüchtiges und völlig rücksichtsloses amtliches Verhalten aber unerträglich, indem er sich gerade so gerirte wie etwa ein Director seiner eigenen von ihm selbst gegründeten Privatanstalt. Diese Anmaßungen waren gleich im Anfang namentlich gegen Hellfeld hervorgetreten, der seiner Natur nach unter andern Umständen kurzen Prozeß gemacht haben würde, die delicate Lage aber, in der wir uns befanden, schonen zu müssen glaubte und sich um Rath an mich wandte. Mir war V. im Anfang mit so offenem Vertrauen entgegengekommen, hatte mich sogar gebeten ihm seine Fehler nicht vorzuenthalten, daß ich allerdings hoffte es würde mir gelingen ihn durch freundschaftliche und vernünftige Vorstellungen über das Verhältniß aufzuklären in das er mit uns getreten war. Da aber alle meine Bemühungen zu einer Verständigung dennoch an der unglaublichen Confusion des Andern scheiterten, so machte ich mich endlich d'ran und setzte eine Punktation über unsere gegenseitige Befugniße auf, die ich V. mit der Alternative vorlegte, sie entweder als privatives Uebereinkommen mit uns zu unterzeichnen oder zu gewärtigen, daß wir eine Instruction von Oben nachsuchten, bei welcher er jedenfalls schlechter wegkommen würde. In diesem Contracte hatte ich V. alle Freiheit zugestanden, die ein Arzt in seiner Stellung nur irgend beanspruchen konnte, nur sollte er nie anders als in dringlichen Fällen über Küche, Keller, Dienerschaft und Hausordnung ganz unmittelbar verfügen, und namentlich nicht eigenmächtig Anordnungen treffen, die in keiner Beziehung zur Gesundheit des Herzogs ständen. In jedem anderen Verhältniße hätte es sich von selbst verstanden, daß wir beide vom Hofmarschallamt delegirte Kammerherrn die unmittelbaren Vorgesetzten des Leibarztes gewesen wären und hätten diese Stellung auch hier beanspruchen, oder verlangen können statt unserer einen Haushofmeister herzusetzen. Weil wir indessen einen freundschaftlichen Privatvertrag der Natur der Sache angemessener fanden als eine Octroyirung von Oben, so hatten wir von jeder Unterordnung Vorsters unter uns so weit abgesehen, daß wir es sogar von seiner Güte abhängig machten, uns bei kleinen in unserem Privatinteresse liegenden Abwesenheiten beim Herzoge auf einige Stunden zu vertreten. Auf diese Weise waren wir genöthigt bei jeder anderen Veranlassung, sogar bei Todesfällen in unserer Familie, bei gerichtlichen Terminen usw. uns erst den Urlaub des Arztes einzuholen, während *er* sich ganz nach Belieben bewegen konnte wohin er wollte. Nur bei unwillkürlicher Abhaltung, als z. B. dienstlicher Verhinderung, oder plötzlicher Erkrankung hatte ich verlangt, daß Vorster uns auch ungebeten vertreten *müsse* und es ist kaum glaublich, daß er in diesen letzten Punkt am allerschwersten willigte, weil er für sich eine Erniedrigung darin fand. Inzwischen unterzeichnete er endlich doch, und wir hätten nun, Jeder seinen Weg kennend, den schönsten Frieden haben mögen, wenn der gute V. sich durch seine Unterschrift nur im geringsten gebunden gefühlt hätte. Er setzte aber den alten Wirrwar fort, herrschte lustig über die herzogl. Dienerschaft, sogar in seinem eigenen Privatinteresse, machte die Honneurs im Schlosse und jedesmal große Umstände wenn er uns vertreten sollte. Hierauf hätten wir allerdings wohl klagbar werden können, aber die Umstände waren, namentlich anfänglich und sind auch wohl noch der Art, daß das ganze Hoymsche Arrangement nur dann prosperiren kann wenn Arzt und Cavaliere sich freundschaftlich in die Hände arbeiten. Da wir, Hellfeld und ich, weder V.

ganz entschieden kränken, noch die Herzogin betrüben, und überhaupt nicht gern Hülfe bei der Macht suchen wollten, so blieb uns nichts anderes übrig als durch die Finger zu sehen, bisweilen zu ermahnen und uns hinzuschleppen, so gut oder übel es eben gehen wollte. Aber die Länge trägt die Last. Die sich immer wiederholenden Uebergriffe und Prätentionen machten auch immer wieder neue Auseinandersetzungen mit V. nöthig, die endlich so über die Maßen ärgerlich wurden, daß wir beide, Hellfeld und ich, zu wiederholten Malen erkrankten. Es ist was Eigenes wie verletzend eine Sache werden kann, wenn sie immer wiederkehrt. Anfänglich faßte ich V. bei solchen Gelegenheiten unter den Arm, ging mit ihm durchs Zimmer und sagte ihm ganz freundlich. «Alter Freund besinnen Sie sich, Sie sind im Unrecht.» Jetzt aber kann ich das nicht mehr und bin oft so erregt, daß ich kaum die Stimme in der Gewalt habe. Indessen hätte ich, besonders aus Schonung für die Herzogin, die Sache noch länger so fort ertragen, wenn V. das Eis nicht selbst gebrochen hätte. Die Veranlassung war folgende. Als ich in vergangener Woche den Dienst in Hoym hatte, ward ich während der Anwesenheit der Dessauer Herrschaften zum Diner nach Ballenstedt befohlen weil es hier an Cavalieren fehlte und es verstand sich von selbst, daß V. den Mittag beim Herzog bleiben mußte, was er übrigens jeden Mittag ohnehin schon thut. Als ich ihm nun sagte, daß ich fehlen würde und er sich nicht wo anders möchte einladen lassen, nahm er dies zu meinem Erstaunen ganz entschieden übel, und behauptete er habe weder von mir Befehle anzunehmen noch die geringste Verpflichtung für mich beim Herzoge zu vicariren. Ich hielt noch an mich und sagte ihm meinetwegen könnte er machen was er wollte, aber die Herzogin erwarte, daß er bleibe. Da antwortete er mir ganz naiv, daß wenn die Herzogin den Kammerherrn von Hoym abberufe, so habe sie denselben entweder durch einen andern abzulösen, oder ihn, V., höflich zu ersuchen, seine Stelle zu vertreten, sonst würde ihm durch dergl. Zumuthungen sein Posten so verleidet werden, daß er sich genöthigt finden könnte ihn aufzugeben. – Dies nun empörte mich. Ich fuhr dem armen Leibarzt ganz gottesjämmerlich auf den Leib, setzte ihm sein anmaßendes Wesen auf's derbste auseinander, hielt ihm alle seine Sünden vor und rieth ihm, sich mit Drohungen in Acht zunehmen, da man ihn leicht beim Wort fassen könnte. Wie gewöhnlich wurde er nun ganz kleinlaut und verließ mich mit der Versicherung, daß persönlich nichts zwischen uns sei. Ich hatte mich indessen so geärgert, daß ich die Nacht nicht schlafen konnte. Da stürmt, als ich am andern Morgen beim Kaffe sitze, das Seekalb von neuem ganz aufgebracht zu mir herein, lauter Unsinn redend. Weder stehe er unter dem Befehl des Kammerherrn, noch könne ihm zugemuthet werden den Kammerherrn zu spielen, er sei kein Hofmann, sei Staatsdiener und werde noch selbigen Tages an Herrn v. Schätzell schreiben, der so einsichtsvoll sei, daß er gewiß die Würde der ärztlichen Stellung zu wahren wissen werde. Darauf sagte ich, er sollte machen was er wolle, und mich in Ruhe lassen, ich würde übrigens meinen Mund jetzt auch aufthun und die Folge möge er erwarten. Aber, fragte er erschrocken, ich würde doch der Herzogin nichts sagen? Das war so rührend als wenn's ein Schulknabe gesagt hätte, so daß ich lachen mußte. Ich gab ihm die Hand und sagte wir wollten beide nur an Schätzell schreiben. – Bald darauf saß ich im Wagen und fuhr nach Ballenstedt. So wie ich V. kannte, glaubte ich nicht, daß er schreiben würde, und ich wollte es auch nicht thun, weil ich den größten Widerwillen hatte, eine Entscheidung von oben herbeizuführen, die V. kränken und unser Verhältniß persönlich verfeinden mußte. Da mir aber Hellfeld, der mich nach dem Diner abgelöst hatte, schrieb, daß der ungezogene Junge mit ihm noch einmal die ganze Scene durchgespielt und wirklich über Bedrückung klagend an Sch. geschrieben habe, so schrieb ich auch. Dieser Brief machte mir ungeheure Mühe und flocht sich durch zwei Tage zwischen Zahnweh und Hoffesten hin, alten Aerger von neuem aufregend. Ich legte die von mir verfaßte Punktation bei mit der Bemerkung, daß sich V. nicht danach kehre, und bat um eine Instruction für ihn, die, einerlei ob sie uns oder ihn begünstige, doch nothwendigerweise Klarheit in ein ganz lächerlich verworrenes Verhältniß bringen müsse. Mir ist aber dabei ganz schlecht zu Muth. Statt daß wir uns wie vernünftige Menschen hätten vertragen können, wird nun ein Gesetz zwischen uns treten, das nothwendigerweise Zorn anrichten muß. Und dieser V. ist ein eifriger Christ, der meilenweit nach einer gläubigen Predigt läuft.

*Hoym. 23 Dec.* Da bin ich denn wieder hier und habe schon eine Promenade mit meinem guten Herzog gemacht. Er freut sich immer sichtlich wenn er mich sieht und ist auf einen so freundschaftlichen Fuß mit mir gekommen, daß er mich täglich, sogar zwei Mal, auf meinem Zimmer besucht. Die Unterhaltung ist dann freilich gar einfach. Ich zeige ihm alle meine Sachen, und wenn das nicht mehr vorhält, setzt er sich in die Kaminecke und schläft ein, während ich ein Buch zur Hand nehme und auf sein Erwachen warte. Der arme Herr empfindet jetzt bisweilen den Druck seiner beschränkten Lage und haßt seinen Leibarzt, den er an Allem schuld glaubt, ganz energisch. Indeß ist so viel gewiß, daß wenn heute diese Autorität des Arztes aufhören sollte, auch heute schon die alten Rasereien wieder beginnen würden. – Gestern Abend erhielt ich noch in Ballenstädt einen sehr freundschaftlichen Brief von Schätzell. Er giebt mir in allen Punkten Recht, hat V. bereits schriftlich den Kopf gewaschen und wird Neujahr selbst kommen, das Nähere mit uns zu besprechen. Ich war daher bei meiner Ankunft hier sehr gespannt auf V.s Benehmen und muß ihm das Zeugniß geben, daß er meine besten Erwartungen übertraf. Von unserer Correspondenz mit dem Minister war gar nicht die Rede, und er war so freundschaftlich und zuvorkommend wie ich ihn noch kaum gekannt hatte. Der liebe Gott hat doch wunderliche Kostgänger. Ich z. B. würde, wenn ich auf so bestimmte Forderungen, wie er sie gemacht hat, abschläglich beschieden würde, entweder laut mein Unrecht eingestanden, oder meinen Abschied genommen haben. Er aber schweigt, bleibt, ist doppelt freundlich und scheint einen ganz neuen Wandel belieben zu wollen. – Doch von was Anderem. Die Herzogin hatte neulich einen sehr interessanten Besuch an der Gräfin Stolberg-Stolberg. Diese ist eine höchst merkwürdige Frau, eine von denen die nicht mit der gewöhnlichen Elle gemessen sein wollen. Ich bin ihr früher nicht besonders gewogen gewesen wegen ihrer männlichen Studien, ihrem Tabackrauchen und der etwas freien Geschichten, die sie zu erzählen beliebt. Ihre hohe Begabung zwang mich jedoch sie zu beachten und jetzt bin ich ihr wirklich von Herzen gut, weil ich finde, daß ihre Liebenswürdigkeit bei weitem jene Regelwidrigkeiten überwiegt. Gegenwärtig macht sie orientalische Studien und unterhielt die Gesellschaft in sehr anziehender Weise von allerlei Fündleins, die ihr dabei in die Hand gefallen sind. So hat sie unter Anderem entdeckt, daß das Paradies tief im Grunde des kaspischen Meeres liege, wofür sie einen großen Reichthum von gelehrten Gründen anführte. Leider habe ich das Meiste wieder vergessen, doch entsinne ich mich, daß der Name Kaspi oder Kaschpi nach dem Hebräischen etwa «Sündensold» oder doch etwas dem Aehnliches bedeuten sollte, was auf Gericht Gottes hinzudeuten scheint. Auch versank nach einer arabischen Sage das Paradies in Folge eines ungeheuern Ausbruchs des Ararat. Seine Feuersäule wird in der h. Schrift dem Flammenschwert des Cherub verglichen. Die vier Ströme, die es sonst wässerten, ergießen sich jetzt in seine Tiefe. Der freundliche Eifer, mit dem die alte Gräfin uns diese Hypothese auseinandersetzte, war sehr liebenswürdig, und die Fülle der dabei entfalteten Kenntniße erstaunlich. Nachher erzählte sie eine arabische Legende, die ich Dir nicht vorenthalten zu dürfen glaube, weil Du damit die ganze ehstländische Damenwelt gelegentlich über die Grenze jagen und allein sein kannst sobald es Dir beliebt. Die Königin von Saba kam zum Salomo. Sie war superb. Ein liebliches Gesicht, ein zarter Hals, reizende Schultern und Arme, ein feiner Wuchs, die eleganteste Toilette und ein ganz bezauberndes Benehmen. Aber – sie hatte Ziegenbeine. So wenigstens war Salomo berichtet und dieser Umstand genirte seine Phantasie. Ein so süßes Wesen! und – Ziegenbeine! Der große Weise dachte fortwährend an die Beine der Königin von Saba. Diese Beine ließen ihm keine Ruhe weder im Schlaf noch im Wachen, er mußte Gewißheit haben. Aber wie! wie sollte er es anfangen die Beine der Königin von Saba zu sehen? Seine große Weisheit half. Er ließ den Fußboden eines Saales mit Krystallplatten täfeln und führte die Königin hinein. Diese dachte es wäre Wasser. Sie nahm das Kleid auf und siehe da – sie hatte *keine* Ziegenbeine. Von entgegengesetzter Art war der andere von mir schon erwähnte Besuch. Die Prinzeß Friedrich von Dessau soll zu den Galanten ihres Geschlechts gehören, so sagt man wenigstens und raunt sich Allerlei in die Ohren. Wenn diese Munkeleien nicht wären, würde man sie für eine kleine Taube halten, für ein Lämmchen, das eben erst confirmirt ist, trotz ihrer 48 Jahre. Sie hat etwas verschämtes und durchaus weibliches in ihrem Wesen. Sie macht weder orientalische Studien, noch raucht sie, noch erzählt sie Geschichten von Jemandes Beinen. Sie rührt aber die ihrigen. Ich habe sie von Abends 7 bis zum andern Morgen 2 Uhr rüstig tanzen sehen, obgleich sie schon Großmutter von zwei Nassauschen Prinzen ist. Der Ball, der diesen hohen Damen zu Ehren gegeben wurde, fiel mir recht schwer. Brust und Rücken thaten mir weh, ich war sehr müde und durfte mir's doch nicht merken lassen. Es wurde mir recht klar, welch eine geknickte Lilie ich bin. Aber meine Elisabeth war selig, sie war à la folle frisirt und ließ keinen Tanz aus. Ich kann's nicht hindern, daß meine Kinder solche Tollheiten mitmachen. Anna freilich hindert sich nun selbst. Seit Bertha's Tode kann sie sich nicht mehr zum Tanz entschließen und spielt eine mir sehr rührende, Andern vielleicht ärgerliche Rolle auf den Bällen, indem sie still zwischen den Müttern sitzen bleibt. Auf diese Weise fällt sie natürlich auf und lieber wäre es mir sie tanzte auch ohne Lust; aber ich mag sie nicht dazu nöthigen. Sie ist ein reichbegabtes tief poetisches und frommes Wesen, würde sich gewiß Helenen recht anschließen, der sie auch ähnlich sieht.

Auffallend war es mir, daß Du Dich wider die Idee des christlichen Staats erklärst, ganz wie die äußerste Linke unserer Liberalen, die gern Juden ans Ruder brächten. Sonst unterschied man christliche, heidnische, muhamedanische Staaten u.s.w. und ich kann gar nicht begreifen, warum der Staat sich jetzt zu keiner Religion mehr bekennen soll. Wie Du indessen die Sache ansiehst, magst Du Recht haben, nur darin nicht, daß Du sie so verstehst. Ich würde eine Trennung des Staats von der Kirche für den sichern Untergang des Staats halten. Bis jetzt bestanden die Reiche nur so lange als sie die Religion in Ehren hielten, aus welcher oder mit welcher sie gewachsen waren. Wir gehen indessen schweren Zeiten entgegen. Auf jene Trennung arbeitet, wenigstens im protestantischen Deutschland Alles hin. Die Kirche wird sich herausziehen aus der wunderbaren Vermischung mit der weltlichen Gewalt, in die sie Gott geführt zum Heile Vieler. Das Bekenntniß wird frei gegeben werden, die großen Massen werden übrig bleiben ohne sittlichen Halt. Die Staaten aber werden sich dann auflösen. Der christliche Staat, wie wir ihn hatten und noch haben, ist freilich nicht das Reich Gottes, er ist nicht die Kirche Christi und als Ganzes in christlicher Beziehung eben so unvollkommen als alle die einzelnen Individuen, aus denen er zusammengesetzt ist; doch aber ist er von christlichen Ideen durchwachsen, die ihn tragen und ihm die einzige Würde geben, die ihm noch bleibt. Die eigentliche innere Kirche, deren Hoherpriester Christus ist und mit der wir als Christen im engeren Verstande zu thun haben, ist jetzt in der äußeren Scheinkirche des Staats eingeschachtelt, ihr Lebenskräfte zuführend wie das Herz dem Leibe. Nun ist freilich das Herz nicht der Leib, wollte es aber für sich sein, so würde der Leib sterben.

*Am 25. Dec.* Weihnachtsmorgen. Noch ist es finster und blinken Sterne, aber der Tag dämmert über die alten Tannen des Gartens herauf. Wärst Du doch hier, daß wir die Cigarren anbrechen könnten, die der Herzog mir gestern schenkte, und könnten damit am Fenster stehen zusammen das große Verschlingen anzusehen, nämlich des Tages der Nacht. Wir haben etwas wenig Schnee, aber 3 Grad Wärme, daher die schönste Luft, die überhaupt im Winter vorkommt. Der gestrige Abend war mir sehr fatal. Ich hatte das Weihnachtszimmer zurecht, den Baum aufputzen lassen und erwartete die Herzogin, mit Vorster Billard spielend. Um 6 Uhr kam sie mit ihrer Mutter und dem Prinzen Wilhelm (General in östreich. Diensten). Sie kramte ihre Geschenke auf, während ich im Nebenzimmer für sie ein Tischchen mit des Herzogs Gaben aufputzte. Als sie die Thür öffnete, trug ich mein Tischchen herein und setzte es unter den Baum. Der Herzog war einzig. Er hatte mich den ganzen Tag gequält ihm zu sagen was er kriegen würde und auch kurz vor der Bescherung drang er noch mit Fragen in mich. Ich sagte ich dürfe nichts verrathen, aber es wären Sachen, die ihm sehr gefallen würden. Früher war er immer ganz gleichgültig aber diesmal zeigte er die Ungeduld eines Kindes. Auch war er außerordentlich zufrieden und lobte Alles sehr zur großen Freude der Herzogin. Das Hauptgeschenk bestand in einem Vogelbauer sehr schön von Messing mit einem Stieglitz. Obendrauf steht eine sehr große Glaskugel mit Goldfischen. Diese Glaskugel hat aber in der Mitte noch einen hohlen Raum, in welchem der Stieglitz hineingeht, so daß er bisweilen mitten unter den Goldfischen erscheint. Ich bekam vom Herzoge wie gewöhnlich Cigarren und ein Cigarrentäschchen und von der Herzogin eine prächtige Stell-Lampe von Porzellan mit schönem Broncefuß, deren sich kein Kaiser zu schämen hätte, freute mich aber gar nicht darüber, weil mir Alles zuwider ist was Pracht heißt und weil ich überdem schon Lampen habe. So armen Rittern sollte man Geld schenken. Auf die Bescherung folgte ein anstrengender Abend, wegen der Unterhaltung. Ich war brustmüde, hatte Herzklopfen und freute mich recht als Alles fort war. Da rief mich noch der Herzog in sein Zimmer, um sich ein Zusammensetzspiel erklären zu lassen, das er bekommen hatte. Ich numerirte ihm mit Tinte alle einzelnen Stücke, er konnte es aber doch nicht recht begreifen und behielt mich bis in die Nacht bei sich. Heute Morgen werden wir nun eine Hausandacht haben, was immer sehr feierlich ist, dann Ausfahrt, dann Tafel, zu der auch Schweinitz geladen ist.

*Abends.* Daß wir beide im Begriff von der Kirche so trefflich übereinstimmen, ist eine gute und brüderliche Sache. Den Lutheranern die bei uns unter den Gläubigen immer mehr Terrain gewinnen, wird wie ich hoffe, die große evangelische Alliance etwas entgegenwirken, die sich auf des Königs Einladung im nächsten Jahre in Berlin versammelt. Eine so massenhafte Darstellung der verschiedenen Confessionen zu einer einzigen allgemeinen christlichen Kirche muß doch wenigstens auf die noch Unbefangenen einen mächtigen Eindruck machen. Wenn wir beide mit unserer Ansicht von der Kirche ganz allein wären, so könnte ich doch vielleicht bedenklich werden und zweifeln, ob wir weiser als alle Andern wären, aber ich denke an diese Tausende der ernstesten Christen können wir uns schon anschließen, sie denken Alle wie wir. Ja mit Ausnahme der Katholiken und strengen Lutheraner denken alle Christen gleich mit uns, vor Allen Luther selbst, nach dem sich jene fälschlich benennen. Wir haben den Katechismus und die Augsburgische Confession für uns, die Bibel und freilich auch die gesunde Vernunft (was uns übrigens auch nicht blöde zu machen braucht.)

*Am 28. Dec.* Wenn dieser Brief so lange liegen geblieben ist, so liegt der Grund darin, daß man in Hoym nur unfrankirte Briefe zur Post geben kann und ich heute erst Gelegenheit habe, ihn nach Ballenstädt zu schicken. Du wirst diesen Brief, den Du eigentlich zu Weihnachten haben solltest, wohl erst zu Neujahr erhalten. Dein Neujahr kommt später als das unsrige, aber vielleicht desto besser. Möge Gott es Dir gesegnen und den Deinigen! Wir haben dünne holprige Schlittenbahn, über deren Mangelhaftigkeit der Herzog sich todt lachen will. Doch fahren wir alle Tage mit großem Geklingel und lassen uns zerschmettern. Vor 14 Tagen hatten wir noch bis 12 Grad Wärme. Uebermorgen am 30sten gehe ich nach Ballenstädt zurück. Am Sylvesterabend soll die Bescherung sein. Ich wollte es wäre schon vorüber. Nun lebe wohl, mein lieber Gerhard und in Deinen glücklichen Tagen gedenke des entfernten schwachen Bruders. Grüße mir Alles was ich liebe und schreibe bald wieder

Deinem Bruder Wilhelm

Nº 92 Ballenstädt 14. Febr. 1857

Mein geliebter einziger Bruder!

Deinen Brief, das treffliche Amphybion, das ich etwa vor drei Wochen empfing, konnte ich gerade in die Tasche stecken da er in dem Augenblicke anlangte wo ich abfuhr, nämlich spazieren mit dem Herzog. Indessen schlief mein gnädigster Herr bald ein und ich konnte Deine Buchstaben vor meinen Augen tanzen lassen – ein Hauptvergnügen in einer Stunde die sonst der Langenweile gewidmet ist. Als ich an die Stelle im Couvert kam: «Wenn Du den Gegenstein siehst, so denke an mich» lag er gerade vor mir, aber weil ich von Hoym kam, mit der Kehrseite. Ich mußte also von hinten an Dich denken, wobei mir natürlich Deine Kehrseite einfiel, nämlich Deine unchristliche Staatsidee. Nein wahrlich, Du mußt nicht denken, daß mich Deine Abhandlung gelangweilt hat. Ich finde sie ganz vortrefflich, unterschreibe sie fast in allen Sätzen, und gehe nur in einer Kleinigkeit mit Dir auseinander – *im Standpunkt.* Du siehst die Sache a priori an, wie's etwa Rousseau gethan haben würde, ich a posteriori. Von Deinem Standpunkt aus hast Du ziemlich recht, nur daß der aprioritische Standpunkt der Wirklichkeit gegenüber ein ziemlich unrechter sein möchte. Versuche einmal den Gegenstein oder Gegenstand von der andern Seite anzuglotzen. Ich sehe von aller Schmeichelei ab wenn ich sage, daß Deine Definition vom Staat zwar ihre Meriten hat und etwas zutrifft, mehr aber auf eine Privatgesellschaft, eine Räuberbande, einen Hansebund oder dergl. paßt, als auf den wirklichen geschichtlichen Staat. So rationell wie Du meinst hat sich wohl nie ein Staat gebildet, und so unpartheiisch wie Du willst, wird nie einer sein, bis es gelungen sein wird die Behörden etwa in Dampfmaschinen zu verwandeln. Ich darf mich wohl so hart darüber äußern, da ich selbst in einer früheren Periode meines Lebens ganz Deiner Ansicht und Deines Standpunktes war, mein Tadel mich also selbst in die Ribben stößt. Ich möchte die Dinge gern so sehen wie sie in concreto sind; nicht wie ich etwa denke, daß sie sein müßten. Ich finde aber, daß die ältesten Staaten Theokratien waren d. h. Staaten, die sich aus der Religion heraus gebildet haben. So Indien mit China, Aegypten, Palästina, in neuerer Zeit die Türkei. In anderen Staaten, die durch Könige oder Aristokratien beherrscht waren, war dennoch weder Rechtsidee noch Säbel, sondern Religion das eigentliche Ferment. Alle Civilisation vom Süden bis in den höchsten Norden ging immer von den Tempeln aus, oder doch von Opferstätten oder Hainen. Griechenland wurde durch Orakel beherrscht, Rom wesentlich auch. Der weltlichste Staat, der je existirt hat, war Rom; vielleicht weil es keinen anderen Zweck hatte als die verderbten Staaten der alten Welt aufzureiben, um Raum für das Christenthum oder warum soll man nicht sagen, für christliche Staaten zu schaffen. Dennoch aber war auch Rom weit religiöser als Dein indifferenter Staat. Seine Gesetze waren dem Numa von der Gottheit gegeben so gut als die Mosaischen. Es hatte seinen Jupiter, der um jede Staatshandlung befragt wurde und dem man Opfer brachte beim Anfang und Ausgang jedes Krieges. Mit der Indifferenz gegen die Religion verfiel der römische Staat in Verwesung, Jahrhunderte lang ein Bild des Entsetzens gewährend. Das Christenthum, die intoleranteste aller Religionen wuchs als freie Gemeinde in diesem Mistbeet auf und vollendete die Zerstörung. Der römische Staat ging unter mit seinen Göttern und ihrem Kultus, aber es war unterdessen eine christliche Kirche entstanden, welche von kräftigen germanischen Fürsten adoptirt, neue Reiche bildete. Die Staaten des Mittelalters fußen sämmtlich auf der Kirche, und die moderne Civilisation war sehr wesentlich dadurch bedingt, daß wenn man will, Europa lange Zeit ein einziger von der römischen Kurie geleiteter Kirchenstaat war. Wir sind nun an den Punkt gelangt, um den es sich handelt. Die allgemeine christliche Kirche, auf die wir uns im dritten Artikel bekennen, ist keine andere als die Unsichtbare. Darin sind wir einig. Wir finden sie in allen Confessionen und opponiren gegen den Formalismus, der sie in spanische Stiefel schnüren möchte. Du wirst aber zugeben, daß diese unsichtbare Kirche sich auch veräußerlichen mußte und wirst vielleicht geneigt sein das Ideal dieser Veräußerlichung in den apostolischen Gemeinden, keineswegs aber in unseren staatlichen Kirchen zu finden, zu denen Jeder hinzuzutreten gezwungen ist, während die alte Kirche aus freien Gemeinden bestand. Diese freien Gemeinden selbst die primitiven apostolischen scheinen indeß auch nicht besser gewesen zu sein als die unsrigen, ja Roller brauchte nicht zu erröthen wenn er behauptete, daß seine Gemeinde besser sei als die Corinther. In der Folge arteten sie noch vielmehr aus, verwirrten Lehre und Wandel wie sie nur heute verwirrt sein können, verfolgten sich, tödteten sich sogar wo sie zu weltlicher Macht gelangen konnten. Wo war denn damals die wahre Kirche Christi? Da wo sie auch jetzt noch ist. Sie war in diesen unreinen Gemeinden involvirt als die göttliche Seele eines schwachen Leibes. Uebrigens mochten jene freien Gemeinden sein wie sie wollten, so haben sie in aller ihrer Dürftigkeit doch das Heidenthum in ihren Kreisen rein aufgezehrt, und von dem Augenblicke an, wo die Staatsgewalt sich zu ihnen bekannte, entstanden die christlichen Staaten. Der christliche Staat ist ja nicht vom Professor Stahl durch falsche Theorien und Syllogismen erfunden, sondern er ist geworden und gewachsen wie ein Palmbaum wächst oder eine Eiche. Er ist ein Staat von Christen wie der jüdische ein Staat von Juden war, obgleich auch nicht alle Juden rechte Israeliter waren. Man kann gar nicht umhin im Gegensatz von heidnischen auch von christlichen Staaten zu sprechen. Die Bildung der alten Welt, namentlich die römischen Rechtsbegriffe sind in den christlichen Staat mit aufgenommen, aber doch nur in so weit als sie richtig d.h. christlich waren; Eherecht, Haus- und väterliches Recht, Eidesformeln usw. sind sehr verändert und der christlichen Anschauungsweise conform geworden, und selbst die Politik ist da, wo christliche Regenten sind, z.B. jetzt in Preußen, eine durchaus andere geworden. Wo sie es nicht ist, der Staat sich aber doch als ein christlicher bekennt, da bleibt – wie bei jedem einzelnen Bekenner – doch wenigstens die Möglichkeit der Umkehr, und das Recht der Kirche zu ermahnen und zu strafen. Der Glaube macht den Christen, die Principien den christlichen Staat. Nach seinen Principien muß er sich entwickeln oder gerichtet werden wie der Einzelne. Staaten wie unsere modernen (so mangelhaft sie sind) konnte das Heidenthum nicht zu Stande bringen, sie sind christliche Resultate. Wenn jetzt ein Parlamentsmitglied in England zur Regierung sagt: Du handelst unchristlich, Deine Politik ist unchristlich und daher wird Gott Dich strafen, so läßt die Regierung das gelten ebensogut als wäre ihr gesagt worden Du hast ein Staatsgesetz übertreten. Sie hat es noch nie ausgesprochen, daß sie nach christlichen Grundsätzen nicht bemessen sein will, und thäte sie es, so würde sie unpopulär werden. Auch Gerlach konnte einem deutschen Fürsten sagen: Du darfst Deine Hand als christlicher Fürst nicht nach ungerechtem Gut ausstrecken, und ein andermal: besser Unrecht leiden als Unrecht thun. Es ist schwer sich verständlich zu machen, aber Du wirst doch nun eine Ahnung haben was die conservative Partei unter einem christlichen Staat versteht und warum sie ihn erhalten möchte. Ich mache Dich noch auf Einiges aufmerksam, was mir in Deiner Ansicht widersprechend erscheint. Du läßt den Staat nur materielle Zwecke haben, wirst aber zugeben, daß er dieselben nicht nur durch materielle Mittel fördern solle; ja Du räumst ihm selbst einen höheren Zweck ein, wenn Du ihn verpflichtest auch das moralische Eigenthum zu schützen. Das kann er doch eigentlich nur indem er die Volksbildung in seine Hand nimmt. Wie das Haus seine Kinder, so hat der Staat seine Unterthanen zu *erziehen.* Abstracte Moral existirt aber nur in abstrusen Köpfen. Bildend und erziehend ist nur die Religion. Der Staat muß sich also, wenn er nicht ganz principlos und nur durch den Knittel regieren will, zu einer Religion bekennen. Diese Religion kann aber heut zu Tage nur die christliche sein. Daß aber das Bekenntniß des Staats nicht allein ein christliches bleibe, sondern immer entschiedener christlich werde, das scheint doch wenigstens wünschenswerth. Der Staat wird dann dem Volke sein heiligstes Eigenthum, durch das es ist, was es ist – das Christenthum bewahren. Wenn Du sagst die Kirche verhalte sich zum Staate wie der Geist zum Fleisch, so finde ich, daß Du wider Willen geweissagt hast. Ganz consequent behauptest Du an einer andern Stelle, daß es nur um so besser mit dem Staat stehen werde, je größer die Zahl seiner freiwilligen (d.h. wahren) Christen sei. Wie aber wenn nun der Staat zu derselben Einsicht käme; sollte er dennoch nicht (weil er ja indifferent sein soll) das Christenthum aus allen Kräften fördern – nicht durch den Scheiterhaufen, wohl aber durch Berufung apostolischer Lehrer, durch gute Polizei, offenes Bekenntniß usw.? Das Christenthum bedarf allerdings des Staates nicht, wohl aber der Staat des Christenthums. Eine ganz indifferente Regierung scheint mir nicht möglich, weil sie nirgends existirt. Der alte Fritz wollte sie zwar, belehrt durch Rousseau und die Encyklopädisten, aber es gelang ihm nicht, weil er unwillkürlich sein Gewicht in die Wagschale des Unglaubens warf. Anno 1848 waren in Preußen diese Grundsätze sogar schon von der Regierung adoptirt. Trennung des Staats von der Kirche war dekretirt und an der Realisirung dieser Scheidung arbeiteten alle Behörden (auch bei uns in Anhalt) mit Angstschweiß, weil sich die nöthigen organischen Gesetzbestimmungen nicht finden ließen. Die Ausführung scheiterte vollständig an der gegenseitigen wesentlichen Durchdringung von Leib und Seele oder Staat und Kirche. Unser damaliger Minister Hempel, seufzte sehr und sagte: «Es ginge wohl, aber es geht nicht.» Und Anhalt wie Preußen blieben christliche Länder und wo man hinblickt, strecken Städte und Dörfer ihre Zeigefinger oder Kirchthürme nach oben. – Was Du freilich von Judenministern schreibst, ist richtig. Auch mir ist ein Jude, der rechnen kann als Finanzminister lieber als ein Christ, der es nicht kann. So lange es aber noch rechnende Christen giebt, ziehe ich den Christen vor. – Wenn wir zusammen wären, würden wir die schwierige Frage ausführlicher besprechen, aber helfen würde es auch nichts, weil Jeder auf seiner Stelle stehen bleiben würde. Indessen habe ich immer so viel gesagt, daß Du die Berechtigung meines Standpunktes anerkennen wirst, wie ich die Berechtigung des Deinen anerkenne. Du hast das Ideal des Christenthums im Auge, wonach kein Mensch ein Christ ist; ich die allgemeine Bedeutung, wonach es ein jeder Getaufte ist, der gegen das Bekenntniß seiner Taufe nicht protestirt. Blicken wir nun aber in die Zukunft, so glaube ich allerdings, daß es so werden wird wie Du es wünschest. Es bereitet sich eine Sichtung vor, die unsere Mutter schon bemerkte, die jetzt aber handgreiflich ist. Der Staat konnte die Kirche nicht ausstoßen, aber diese wird allein herausgehen und einen faulen Sumpf zurücklassen. Irwingianer und Lutheraner machen das Vorspiel. Die ganze gläubige Christenheit zieht sich, wie nie vordem, in compacte Massen zusammen und wird sich über kurz oder lang der Bevormundung des Staats entziehen. Von dieser Bewegung werden natürlich auch die Könige, wird die ganze Beamtenwelt ergriffen werden. Für die Massen wird es dann keine christliche Kirche und Schule mehr geben, sie wird durch religiöse Motive nicht mehr bewegt werden, sondern wie Hunde mit der Peitsche regiert werden müssen, so lange es eben geht. Der Staat mit seiner Rechtsidee, mit der man keinen Hund hinter dem Ofen hervorlockt, wird zur Idee werden, die nirgends existirt; aber ich hoffe, daß ich das kommende Gericht nicht sehen werde. –

Daß ich mich über Vorster so hart gegen Dich ausgelassen habe, thut mir nun hinterher recht leid. Ein Maulchrist ist er nicht, sondern nur wie ich selbst ein Stümper und Dilettant. Er erkennt doch das Gesetz Christi als Norm seines Lebens an. Seitdem er von Schätzell jenen heilsamen Rüffel gekriegt hat, kommen wir auch ganz gut miteinander aus. Seine Eigenthümlichkeit suche ich so viel wie möglich zu tragen und auch er schont die meinige mehr. Ich hoffe auch, daß es noch immer besser werden soll. – Was Du vom versiegenden Teiche schreibst, empfinde ich Dir allerdings mehr als nach. Ich blicke oft mit Thränen in dieses Minderungsloch und reiße meine Augen wieder heraus auf Gott, als auf den

Felsen, auf welchem ja auch mein Hausstand steht. Habe ich doch die vierte Bitte, das große Capital der Armen. Außerdem weiß ich freilich keinen Rath, denn mit Rechnen kann ich's nicht zwingen. Denke Dir, daß ich wieder ein Deficit von 400 Thalern habe, das ich nothwendigerweise mit Capital decken muß. Wie das anders werden soll weiß ich nicht. Ich weiß nur, daß mein Gott mir helfen kann, ja daß er mir helfen wird, da er mir doch das Vaterunser gelehrt hat. «Weg hat er allerwegen, an Mitteln fehlts ihm nicht. Sein Thun ist lauter Segen, sein Gang ist lauter Licht. Sein Werk kann Niemand hindern, sein Arbeit darf nicht ruh'n, wenn er an uns was Kindern ersprießlich ist, will thun.» Was ich einzig im Vertrauen auf ihn begonnen habe, meinen Ehestand, wird er nicht mit Schanden enden lassen. Nein, wahr und wahrhaftig, das wird er nicht!

Deine kleine Geschichte vom «Gentlemann» ⟨!⟩ hat mich sehr gerührt und Andere auch, besonders unsere gute Herzogin. Ach ja, das Sagen können macht es nicht. Wir sagen Alle viele Worte, deren Sinn uns fremd bleibt und Gott behüte uns nur, besonders mich, daß nicht mein ganzes Christenthum zur Phrase werde. Seitdem ich das vom «Gentleman» weiß, genieße ich die ersten zwei Worte des Vaterunsers sehr viel mehr, was ich Dir meinem lieben Bruder zu danken habe. Auch meine gläubigen Freunde erquickten sich an der wunderhübschen Geschichte. Wir kommen noch immer alle Freitag Nachmittag zusammen, und zwar jetzt im Winter ohne die Frauen. Das Dorf Radisleben liegt uns Allen gleich weit, nämlich eine Stunde. Dort haben wir bei einem Krämer ein Zimmer gefunden, das für uns geheizt wird. Wir sind jetzt unserer sechs närrische Kerls, drei Pastoren, ein Jurist, ein Arzt und ein Kammerherr, und haben alle so große Freude an unserem Conventikel, daß wir uns nur durch Krankheit oder Berufsgeschäfte hindern lassen. Es ist ordentlich lächerlich wie sich bei den bodenlosesten Wegen, bei Sturm, Schneegestöber oder Regen doch immer Alle zusammen finden. Seit meiner Jugendzeit habe ich mich keines so angenehmen Verkehrs erfreut. Wir sind wie Studenten miteinander ohne deren Unarten. Um die Unterhaltung fruchtbarer zu machen, wird immer ein Thema zur Besprechung für's nächste Mal gegeben und dazu werden Gegenstände gewählt, über die wir differiren. Wir haben auf diese Weise bereits besprochen: das Werk von Vilmar «Die Theologie der Thatsachen gegen die Theologie der Rhetorik»; die Ehescheidung, die Frage woran Christen sich gegenseitig erkennen, endlich die Bedeutung des geistlichen Amts. Das letzte Capitel haben wir schon durch mehrere Sitzungen diskutirt, auf Grundlage von 14 Thesen, die ich als ebensoviele Erisäpfel unter uns geworfen. Ich bestreite nämlich die Priesterschaft und jegliche Art von Magie im geistlichen Amt. In der Regel bleibt Jeder bei seinem Satze, aber doch ist diese Unterhaltung förderlich für Geist und Herz und namentlich lernt man sich gegenseitig verstehen. Wir kommen Nachmittags um 2 Uhr zusammen und trennen uns um 6 Uhr. Dann wildert Jeder durch Nacht und Schnee oder Koth nach Hause. Ich bin der Einzige, der einen Begleiter hat, nämlich am Propst Scholtz, was mir bei meinen Jahren vielleicht zu gönnen ist. Ach wärst Du doch auch dabei! – Daß Dein Otto herauskommt, wird ja ein Haupt- und Extravergnügen für uns sein. Die Ferien wird er hoffentlich immer bei uns zubringen und unser Haus als seine ausländische Heimath ansehen. Warum Du diesen ziemlich ausstudierten Menschen aber nach Halle schikken willst, begreife ich nicht recht. Die großen Kliniken sind es, die das Studium vollenden. Da müßte er nach Berlin oder Wien. Es ist unglaublich welche Fortschritte die medicinischen Wissenschaften in den letzten zehn Jahren gemacht haben. Gesund machen können Einen die Leute freilich noch nicht, aber sie machen Einen doch wenigstens nicht mehr todt. Wohin Dein Otto übrigens auch gehe, und am besten überläßt Du's ihm allein, so wird er doch jedenfalls während der Ferien eintreffen und kommt also anfänglich zu mir. Adolph kann ihm nützlich werden, namentlich für den Studentenverkehr und Vorster für sein Studium.

*Am 15. Febr.* Ich habe mich gestern zu weit hinreißen lassen wenn ich behauptete, daß die Aerzte Einen nicht mehr tödteten. Die Wahrheit ist, daß ich's nicht weiß. Das weiß ich aber, daß sie wenigstens einige Mordinstrumente weggeworfen haben, wie z.B. Aderlaß und Quecksilber. In der Folge werden sie gewiß Alles weglassen und wie Elmine mit Zwieback und Griffelstaub kuriren, wodurch das Studium sehr vereinfacht würde. – Ein gutes Loos hat Deine Sally gezogen. Gläubige Theologen verderben niemals, kaum ungläubige. Sie können auch die ärmsten Frauen heirathen, weil sie einfach leben dürfen. In der That sind sie auch die Einzigen, die jetzt noch aus Liebe heirathen. Daß ich nicht Theolog geworden bin, könnte ich recht bereuen, wenn ich überhaupt etwas bereute außer der Sünde. Wenn es wahr ist, daß Adam die Sünde in die Welt gebracht hat, so sollte man ihn noch heute sonntäglich in effigie hängen. Ich hasse ihn gründlich; weniger die Eva, die ja Adams erstgeborene Tochter war und ihre übeln Neigungen von ihm haben mochte. Wenn man bedenkt, daß mit der Sünde unter Anderem auch Krankheit, Tod und Armuth in die Welt gespien wurden, so kennt der Haß gegen jenen alten Adam gar keine Grenzen mehr. Ich bitte Dich, schlag Deinen todt, ehe Gott Dich todtschlägt und ersuche mich um dasselbe. Gott segne Deine Sally und ihren Kraus (ist es richtig so?) und schenke es ihnen, daß sie aus unsinnig Verliebten, sinnige Freunde für's Leben werden. Der Wahnsinn jagt uns in die Ehe, die uns weise macht. Ach ja! es sind rührende Kinder und es wird ihnen ja recht wohl gehen in dieser und vollends in der anderen Welt. O Du barmherziger Gott! Erbarme, erbarme, erbarme Dich unser Aller! Amen. – Um 400 Thaler mußt Du mich ärmer machen. Schicke sie mir zu Ostern. Das Einzige was ich noch lassen könnte, wäre das Rauchen. Was meine Gesundheit anlangt, so ging es damit von Weihnachten bis jetzt sehr eklich. Ich dachte manchmal wieder, daß es (wie Adolph einmal in einer Kinderkrankheit sagte) «alle mit mich wäre». Der Blasebalg ging nicht. Seit 8 Tagen geht es indessen um sehr vieles besser ohne daß ich was gebraucht hätte und am Ende werde ich mich wieder aufrappeln an der Hand meines Gottes wie der Jüngling von Nain. Sollte ich wieder werden, so hat es der Herr allein gethan. Ich habe drei Aerzte, nämlich Vorster, Hoffmann und Ziegler, die mir alle durch meine Frau auf den Hals gehetzt sind, nehme aber von keinem was. Ich lasse mich durch sie behorchen, beklopfen, prüfen und beurtheilen. Nun wollen sie mich alle drei durchaus ins Seebad jagen. Ich habe aber Gott gebeten, daß er zeigen möge, wie er einen armen Menschen auch ohne Bad gesund machen könne, und fast glaube ich, daß ich erhört bin. Der alte Seelhorst ist vor 4 Wochen im 86sten Jahre an Altersschwäche sanft gestorben. Er lag die letzten Tage ruhig mit gefalteten Händen und den Blick nach Oben, den Tod erwartend. Gott wird ihn ja zu Gnaden angenommen haben. Lebe wohl, mein Einzigster und gedenke mein in Deinen guten Stunden, der ich mit inniger Liebe verbleibe

*Dein Bruder.*

Nº 93 Hoym 1. April 1857

Mein geliebter Bruder Gerhard!
Daß der Wechsel angekommen, wird hiermit dankend angezeigt; wenn ich aber noch weiter etwas zu melden habe, so kannst Du mich (mit Falstaff zu fluchen) bei einem Bein aufhängen wie ein Karnikel beim Fleischhändler. Vielleicht interessiren Dich aber Nebendinge z. B. daß ich mir in diesen Tagen meinen Jahresvorrath Cigarren angekauft habe, nämlich tausend Stück und zwar 500 zu 5 ½ Thalern und 500 zu 6 ½ Thalern. So wohlfeil bin ich im Verhältniß zur Güte noch nie dazu gekommen. Die feineren herzogl. Cigarren, die viermal so theuer sind und sogar sehr schön duften, werden nur Kennern vorgesetzt und reichen, da sie mir selbst nicht schmecken, immer wieder bis Weihnachten. Für gewöhnlich rauche ich blos Pfeifen und verbrauche etwa 36 Pfund im Jahr, die mich andere 12 Thaler kosten. Im ganzen also für Taback 24 Thaler. Findest Du das viel? Ich könnte allerdings eine Reise dafür machen, aber ich reise ungern und rauche gern, – und nun urtheile. Daß Du gern mit mir in die Voigtländerei kämst, glaube ich wohl, und wie würde ich mich freuen Dich dort zu sehen! Unser Wirth in Radisleben heißt nämlich Voigtländer, doch ist er nur ein gedachter Engel. Er existirt nicht, sondern seine Wittwe hält die Bierstube. Vortheil hat sie wenig von uns, da nach den Worten Pauli «so betäube ich nun meinen Leib und zähme ihn» keiner von uns mehr als ein einziges Glas Bier trinkt, was einen Silbergroschen kostet. Inzwischen sind unsere Gespräche desto unmäßiger, oft 4 Stunden hintereinander über ein und denselben Gegenstand, weil manche Leute immer gar nichts begreifen können. Das vorige Mal wurde «die Berechtigung der Lutheraner in der Union zu verbleiben» besprochen. Schreck hatte den Vortrag. Dieser ist der liebenswürdigste unter uns, geistvoll, witzig, bescheiden, und ich habe großes Wohlgefallen an ihm seit 20 Jahren. Zwar ist er kaum lutherischer Christ, sondern mehr christlicher Lutheraner, etwa wie Roller, weshalb ich ihm gerathen hatte Altlutheraner zu werden, damit wir ihn als ein faules Glied in der Union loswürden. Er wollte aber davon nichts wissen. Der arme Mensch hat den Jammer, daß in seiner Gemeinde selten Einer erweckt wird, und geschieht es, so tritt er gleich zu den Altlutheranern über, so daß diese eigentlich der Himmel sind, für den Schreck arbeitet. Allerdings hat die Union,

die jetzt in gar nichts Anderem mehr besteht als in der Abendmahlsgemeinschaft, sich so modificirt und verändert, daß man gar nicht begreift, warum noch Leute austreten. – Das vorletzte Mal hatte ich den Vortrag. Mein Thema war Zauberei. Ich bewies höchst bündig und ziemlich unvergleichlich, sowohl philosophisch als aus der Schrift, daß es gar keine Zauberei gäbe. Alle opponirten, sie widerlegten keinen einzigen meiner Sätze und blieben dennoch sämmtlich beim Zauberglauben. Ich stehe überhaupt in formaler Hinsicht recht einsam in der Voigtländerei da, was mir in so fern angenehm ist als kein Bundesgenosse mir den Kram verdirbt, wie die Franzosen den Engländern, und dann ganz besonders auch, weil das Spruchwort nicht gebrochen werden darf «beatus qui solus». Ich verbleibe nämlich immer noch auf der Anschauung der h. Schrift, wie ich sie in meinen «Widersprüchen» angedeutet habe, und werde darin immer gewisser, während die Andern Buchstabengläubige sind und die Widersprüche, in die sie fallen, gar nicht merken, auch wenn man sie ihnen zeigt. Unsere Ansicht von den Dingen hängt immer von dem Grade unserer formalen Bildung ab. Steht nun die meinige höher als die der andern? Ich glaube Ja! und zwar weil ich durch ihre Ansicht selbst hindurchgegangen bin und sie mit denselben Gründen stützte. Ist aber die Rede davon, welche Ansicht die practischere und für die Massen zugänglichste ist, so muß ich mich für die ihrige entscheiden, und deshalb fühle ich mich durch unsere Divergenz von ihnen nicht getrennt. Der veritabelste Christ unter uns möchte wohl mein lieber Freund, der Propst Scholtz sein. Gegen ihn fühle ich mich zwerghaft, obgleich ich ihn an Kopfbildung zu überragen glaube. Er ist ein treuer Jünger, treu bis ins Kleinste, soweit er mir sichtbar ist, und ein treuer Pastor. Kreisrichter Stolzmann, ein noch sehr junger Mann, scheint ebenfalls ein sehr treuer ernster Christ und ein klarer wohlgeordneter Jurist, bei weitem besserer Denker als Scholtz und die Uebrigen. Vorster ist sehr unklar und verschroben, einer von denen, die sich mit einer Masse angelernter oft falsch verstandener Sachen schreiend und begeistert in jedes Gespräch verwirrend einmischen. Der alte Pastor Weise, ein Jubilar und von Herzen frommer gläubiger Mann, zu seiner Zeit ein treuer Zeuge in schwerer Zeit, begreift fast nie den Gegenstand unseres Gesprächs, weil man damals in der Periode der wieder zum Leben erwachenden Theologie ganz andere Streitpunkte hatte. Damals stand Weise auf der äußersten Rechten des Bekenntnißes, jetzt steht er auf der Linken mit mir, doch sind wir deshalb auch nicht einig weil wir auf verschiedenen Wegen zu unserem Standpunkte gelangt sind. Dabei hat er einen ungeheuern Polypen in der Nase, um den ihn jedes Naturalienkabinet beneiden könnte, und spricht so undeutlich, daß Keiner hinhört, wenn ich mich nicht bisweilen ihm opfere und vom allgemeinen Gespräch absehend ihm ein Viertelstündchen lang beipflichte, was unendlich ungesund, d.h. nervenangreifend ist. Endlich – was soll ich von mir selbst sagen? Ich denke manchmal plötzlich, ich sei ein eingebildeter Narr, voll Anmaßung und Hochmuth, und dieser Gedanke trifft mich wie die Wahrheit. Dann bewundere ich die Andern, daß sie mich so hübsch tragen und trage sie gern wieder, wo sie mir zu simpel erscheinen. – Was unsern Streit über den christlichen Staat anlangt, so verstehen wir uns nicht; nicht etwa weil einer von uns zu dumm wäre, sondern weil Jeder eigentlich von etwas anderem zu reden scheint. So z.B. ist es mir ganz unbegreiflich, daß Du dem Staate das Recht der Erziehung bestreitest, das Du allein der Kirche vindicirst. Ich gebe Dir zwar darin Recht, so lange nämlich der Staat ein christlicher ist, d.h. sich zur Kirche bekennt. Wie nun aber wenn beide getrennt und die Consequenzen dieser Trennung eingetreten sind? Der Staat darf es nicht und die Kirche soll es nicht. Sobald der Staat in Wahrheit und factisch und in Verbindung mit der öffentlichen Meinung die Kirche frei giebt, so wird sich letztere auf sehr kleine Gemeinden echter Bekenner zurückziehen und die große Masse ohne Religion und Erziehung auf's scheußlichste verwildern. Tritt aber der Staat nur in so fern in ein anderes Verhältniß zur Kirche als er ihr etwa eine Selbstständigkeit einräumt wie sie dem Staate gegenüber die katholische Kirche schon hat, so hört er damit nicht auf ein christlicher Staat zu sein, wie ja dies die katholischen Staaten sind. Auf diesem Wege würden aber die protestantischen Staaten entweder katholisch werden, oder die Kirche würde sich zersplittern wie in Nord-Amerika, denn es giebt keine andere festbestehende und consolidirte allgemeine äußere Kirche als die katholische. Alle anderen sind und werden, sich selbst überlassen, Secten. Landeskirchen können sie nur werden wenn der Landesfürst Summus Episcopus ist. Unter uns ist aber doch die Rede von einer vollständigen Trennung, nach welcher die bürgerlichen Rechte von einem christlichen Bekenntniß, und sei es ein noch so schwaches, nicht mehr abhängen sollen. Die Dänen machen jetzt den Versuch. Sie haben die Kirche wenigstens de jure freigegeben, jedenfalls auf Antrag des alten Querkopfs und Schwärmers Grundtvig, dessen Schriften auch mich vor 25 Jahren ganz verkehrt hatten; de facto aber werden dennoch gewiß für lange Zeit noch alle Kinder getauft werden, und erst wenn die frei gewordene Kirche sich besönne und mehr als die Taufe forderte, wenn sie glauben und Werke fordernd etwa strenge Kirchenzucht an den Getauften üben sollte, wird der Abfall erfolgen, oder vielmehr erst das Auseinanderfallen der freieren und der strengeren Secten. Der eigentliche Abfall kann erst eintreten wenn ein Teufelsprophet kommt, zu dem die Abgefallenen sich bekennen mögen. Vor der Hand werden auch die Ungläubigsten, wie unsere Freigemeindler, sich immer noch Christen nennen; denn Juden wollen sie erst recht nicht werden, und sonst ist nichts da. Jetzt wird wohl von allen Kanzeln und in allen Schulen mehr oder weniger Christenthum gelehrt, wenn auch nicht überall die *ganze* Wahrheit, so doch Bruchtheile, einzelne Lichtstrahlen, die wenigstens die Frage wecken und dann ist die Bibel in Jedermanns Händen. Wenn aber in den meisten dieser Schulen und von den meisten dieser Kanzeln die Lehrer ganz frei reden werden, nachdem ihnen die Ohren jucken, so wird die echte christliche Gemeinde allerdings desto reiner sein, aber der Staat mag sehen wo er bleibt. Das furchtbarste Geschenk, das man einem Volke machen kann, ist freie Rede. Die beste Rede ist die christliche, und hat der Staat nur einige Einsicht (die dem modern dänischen bekanntlich abgeht) so wird er die christliche Rede pflegen, fördern und schützen mit allen erlaubten Mitteln.

Ueber Dein Urtheil, betreffend «Die Familie» von Riehl habe ich hart gelacht, besonders darüber, daß Dir nun beide Geschlechter gleich verhaßt sind. Du hast aber Sorge getragen, daß Du immer von einem Häuflein Kryptogamen, oder Geschlechtsloser umgeben bist, nämlich von Kindern, an die Du Dich halten kannst. Ich finde übrigens Dein Urtheil ganz gerechtfertigt und theile es auch. Es hat Dir beliebt die Schattenseiten hervorzuheben. Gestehen muß ich, daß ich auch nur *ein* Buch von Riehl habe lesen können, nämlich das von den vier Ständen. Zur «Familie» habe ich mich nie entschlossen, erstens weil alle Damen so sehr des Teufels damit sind und zweitens weil ich selbst Familie genug habe. Die Wahrheit der Riehlschen Schriften scheint mir die zu sein, daß zu einem gesunden Staatsleben vornehmlich ein Volksorganismus gehöre, den wir verloren haben oder zu verlieren im Begriff sind.

Hätte Riehl freilich gesagt, wie er zu erhalten oder neu zu gestalten, so wäre er fast groß. Unser Adel ist kein Adel mehr, unsere Bauern sind keine Bauern mehr und von Bürgern ist vollends gar nicht mehr die Rede. Es löst sich eben Alles auf und der Brei läuft einem Ziele zu, das wir nicht kennen, wahrscheinlich dem Imperialismus wie er in Rom war oder in Frankreich ist, in dem wir noch eine Art von Rettung sehen. Die Despotie scheint das naturgeschichtliche Ende der Civilisation und Geistesfreiheit, und der Natur setzt man schwerlich Dämme entgegen. Trotzdem ist mir Gerlach sehr ehrwürdig. Er ist ein kolossaler Mensch. Mag daraus werden was Gott gefällt, aber er thut seine Pflicht. Für eine gute Sache unterzugehen, sagte er mir einmal, sei viel hübscher, als mit einer schlechten zu prosperiren. Er arbeitet eigentlich ohne Hoffnung für Aristokratie und ständisches Wesen, aber immerhin hat er *aufgehalten*, und schon das ist etwas Großes. Was hast Du denn zu der constitutionellen Kommödie mit dem Ehescheidungsgesetz gesagt? Alle einzelnen Artikel angenommen und das Ganze verworfen! Die Nothwendigkeit des Gesetzes von den Koryphäen aller Parteien anerkannt und doch verworfen. So etwas ist noch nicht dagewesen. Dennoch ist mir die Verwerfung des Gesetzes nicht ganz unlieb gewesen, weil ich denke, daß es viel practischer hätte sein können und hoffe, daß man übers Jahr ein besseres einbringen wird. Denn so aufrichtig ich überzeugt bin, daß Preußen, wenn es irgend eine Religion hat, weder ein lamaitischer noch muhamedanischer, sondern ein christlicher Staat ist, so bin ich doch ebenso überzeugt, daß ein solcher die Bergpredigt nicht zum Staatsgesetz machen kann. Der Staat muß, meiner Meinung nach, jede unerträgliche Ehe scheiden, die Kirche aber darf Geschiedene nicht wieder trauen. Ich glaube, daß dies mit wenigen Ausnahmen, die jedes Gesetz zuläßt, und die nicht schwer zu formuliren wären, das Richtigste sein würde. Bis zur letzten Consequenz ist die Idee des christlichen Staats eben so wenig durchzuführen, als die eines abstracten Staates wie etwa Rousseau ihn wollte. Uebrigens ist es den Geistlichen schon nachgelassen die Wiedertrauung Geschiedener nicht zu vollziehen, wenn ihr Gewissen dagegen ist, und es wird sich wahrscheinlich ganz von selbst ein usus finden, der der katholischen Praxis gleicht. Man sagt zwar aus strengen Ehegesetzen resultirten wilde Ehen, was aber auch nur ein doctrinäres Gerede ist, und wäre es wahr, so wären wilde Ehen besser als wenn die Kirche etwas sanctionirte was auch nicht besser ist. Uebrigens brandmarkt die öffentliche Meinung heut zu Tage das Concubinat dermaßen, daß es fast unmöglich wird.

*Am 3. April.* Ein himmlischer Morgen. Die sanften Strahlen der Frühsonne liegen auf dem grünen Rasen vor meinem Fenster, den hohe dunkle Tannen einfassen. Die Vögel jubeln, aber es fehlen Kinder, junge Frauen, Sonntagskleider und ein Kaffetisch im Freien. Meine Promenade habe ich schon weg. Seit einigen Monaten nämlich geschieht es häufig, daß ich des Morgens zwischen 6 und 7 mit einem Glase Wasser im Leibe spazieren gehe. Freilich haben diese Gänge sehr an Reiz verloren seit die Sonne früher aufgeht. Im Febr. und März war es herrlich. Wenn ich ausging standen noch einzelne Sterne am Himmel oder der blasse Mond. Dann ging ich nach dem Götheschen Wort: «Auf Schüler bade unverdrossen die freie Brust im Morgenroth» gerade in dieses hinein – eine der größten Freuden, die unsterbliche Seelen sich machen können. Immer herrlicher flammte das Licht im Osten auf und spiegelte in den zahlreichen Verzweigungen der Selke an meinem Wege. So gelangte ich in der Regel bis an die hochgelegene Kirche von Reinstedt und sah dort den ersten Funken des Feuerballs am Horizont aufblitzen, nach und nach, mit gezogener Mütze, die ganze Kugel aufsteigen. Die Lichtkönigin im Rücken wandelte ich dann nach Hoym zurück, sah anfänglich den weißbeschneiten Brocken rosenroth erglühen wie eine ferne Alpenkuppe und dann die zahlreichen Fenster des Schlosses köstlich funkeln. Mehr habe ich weder in Italien noch in Ehstland (meinen beiden Hauptorten) die Natur genossen. Jetzt sind die Morgen characterlos, werden aber bald wieder schön werden, wenn die Bäume sich bekleiden. – Was Du von Reaction schreibst, ist *sehr wahr*, wenn man sie nämlich auf Formen bezieht, die sich in Wahrheit abgenutzt und überlebt haben, wie z. B. das eigentliche alte Innungswesen und die Adelsherrschaft. Doch sollte man die Reste solcher Formen des socialen Lebens nicht eher gewaltsam zerstören bis sie sich durch neue ersetzen. Aber grundfalsch wäre es wenn man aus Reactionsscheu sich sträuben wollte auch solche Institutionen wiederherzustellen, die sich noch keineswegs überlebt hatten, sondern nur durch unverständige Gesetzgebung und Revolution gefallen sind. Dahin gehören z. B. bei uns die Untheilbarkeit der Bauergüter, Majorate, das Jagdrecht der großen Grundbesitzer, die Provinzial-Stände in Preußen usw. In Preußen würde es sogar nicht schädlich, kaum unpopulär sein, die ganze Repräsentativ-Verfassung wieder aufzuheben wenn dies ohne Eidbruch geschehen könnte. Ueberhaupt ist in Preußen nur auf gesetzlichem Wege reagirt worden und nicht so gewissenlos wie in Dessau, Hessen und Hannover.

*Am 4. April.* Ich komme gar nicht zu Stande mit meinem Briefe weil ich eigentlich ganz elend bin, nämlich ein kolossaler Schnupfen (etwas auf die Brust gefallen) mit Kopfweh und Hitze, dabei die Anstrengung sich Vorster vom Leibe zu halten, der Einen immer gleich kuriren will – es ist ein Jammer! Ich bin heute viel wohler als gestern, aber ich kann sonderbarer Weise die Feder nicht recht halten (Du kennst wohl den Schnupfentaumel) und muß es daher aufgeben weiter zu schreiben. Grüße die liebe Elmine, sei gut und gedenke in Liebe Deines Bruders.

## № 94 Ballenstädt 21. Mai 1857

Mein geliebter Bruder!
Am vergangenen Sonntag empfing ich in Hoym ein großes Couvert mit drei Siegeln von Deiner Hand addressirt und glaubte nicht anders als daß es etwa Werthpapiere für Otto wären. Ich fand aber ein Staatspapier von 1000 Rubeln für mich von den Pollschen. Ein liebes kleines Briefchen von Auguste lag bei. «Sie seien so reich, sie und Sophie», schrieb sie. Mich rührte diese Schenkung so, daß ichs gar nicht aussprechen kann; aber wie ist es mit dem Reichthum? Ich kann's nicht glauben. Gewiß rühmt Auguste ihre glänzende Lage nur aus Güte, damit ich's leichter annehme. Zwar erwähnt sie auch Sophie als Geberin, aber diese schreibt kein Wort mit. Könnte nicht was Unüberlegtes in momentaner Aufregung geschehen sein? und wußtest Du als Du couvertirtest um den Inhalt des Couverts? Ich bitte Dich mir bald Auskunft darüber zu geben und mir Deine Meinung zu sagen, ob ich dieses Geschenk mit gutem Gewissen annehmen darf; bis dahin liegt es bei mir als Depositum. Ich hätte Dir gleich am ersten Tage geschrieben, aber ich bin in Hofsangelegenheiten so herumgekollert worden, daß ich zu nichts kam. Auch heute werde ich diesen Brief eben nur beginnen können. Nun kam gestern ein sehr lieber Brief von Helene, der mir *große* Freude machte, aber mit der traurigen Nachricht endete, daß Sophie an einem Lungenübel schwer erkrankt sei und man sich für ihr Wiederaufkommen sorge. Wie konnte sie aus solchem Elend an

mich denken? Oder ist es etwa eine Art letztwilliger Verfügung, die sie selbst noch ausführen wollte? und schrieb sie vielleicht nur deshalb nicht mit, weil sie zu schwach war? Das Alles *schneidet mir durchs Herz*, und Auskunft kann ich nur von *Dir* erwarten. O daß Du mir doch gute Nachricht geben könntest! Es ist ganz wunderbar mit diesem Gelde. Gott weiß, daß ich's wohl brauchen kann, aber es ist etwas dabei, was mich ängstigt und beklemmt. Dann wieder möchte ich mich freuen und Gott für seine Wunder preisen. Augustens Briefchen ist sehr kurz, aber so lieb und rührend, daß ich es ohne Thränen nicht lesen kann. Was sind das für unverwüstliche Herzen die über Jahrzehnte hinaus reichen. Ich habe Augusten heute geantwortet und schmerzlich gefühlt was für ein elendes Ding es um die Sprache ist. –

Vor mir liegt Dein am 21. April beendeter Brief. Du giebst eine Verständigung mit mir über Staat und Kirche auf, was kein Unglück ist, da wir beide nichts daran ändern können; doch scheinst Du mir darin Unrecht zu haben, daß unsere Ansichten verschieden sein sollen. In so fern freilich sind sie's, als unsere Standpunkte andere sind, sonst aber haben wir dieselben Augen und gewiß dasselbe Urtheil. Du stehst auf idealem, ich auf geschichtlichem Boden. Stelle ich mich nun zu Dir, d. h. abstrahire ich von allem Gegebenen, so sehe ich ganz so wie Du, aber es ist mir unmöglich bei Dir stehen zu bleiben, weil ich den Gegenstand von dort aus nicht überschaue. Die Kirche, wie wir sie haben, verwachsen und verschwistert mit dem Staate, ist nicht bei einer Cigarre auf dem Lehnstuhl nach Principien ausgebrütet worden, sondern sie ist ein nothwendig geschichtliches Ergebniß, und kann nicht durch Wünsche Einzelner oder Vieler, sondern nur durch mächtige Thaten aus jenem Verhältniß wieder herausgeschält werden. Nun setze ich den Fall Du befändest Dich in der bösen Lage solche Thaten thun zu können und frage Dich, (nicht etwa, daß Du mir antworten sollst, sondern daß Du es bei Dir selbst überlegst): 1.) Würdest Du Hand anlegen um Staat und Kirche auseinander zu reißen? 2.) Warum würdest Du das eigentlich thun? Vielleicht damit mehr Christen würden? 3.) Wie würdest Du die freie Kirche organisiren, um die Gefahren zu vermeiden, die sie früher dem Staat in die Arme trieben? Und welche Garantien sollen sein, daß die Hierarchie ihr altes Spiel nicht wieder treibt. 4.) Wie wolltest Du den Staat schützen, daß er nicht wieder kirchlich würde, und durch welche höhere Idee wolltest Du ihm die ausgeschiedene Kirche ersetzen? Die Sittlichkeit, deren Pfleger der Staat von Gottes und Rechtswegen sein soll, müßte denn doch ein Fundament haben. 5.) Wie soll es mit den Schulen werden? Woher die Polizeibeamten, die zu deren Inspection erforderlich wären, alle nehmen und besolden? und was tritt an die Stelle des Katechismus? 6.) Was wird endlich mit dem vorhandenen von den Jahrhunderten geschaffenen Kirchengut? Gehört es der Gemeinde, oder der Kirche, und wenn das letztere, welcher? denn eine freie Kirche spaltet sich natürlich in Secten. Amerika ist nicht als Beispiel anzuführen, denn einmal sind dort Zustände und Verhältniße, die man bei uns ja doch nicht machen kann, und dann steht dort die Trennung von Staat und Kirche auch nur auf dem Papiere. Amerika ist wesentlich ein christlicher Staat, ganz in dem Sinne, den ich damit verbinde, nicht wie unsere protestantischen, wohl aber wie unsere katholischen Staaten es sind. Das heißt der Staat hat den Bischofsstab niedergelegt und die Kirche sich selbst überlassen. Aber die Folge ist keine Freiheit, weil der Papst fehlt, sondern endlose Zersplitterung mit Ausheckung jedes möglichen Unsinns. Sonst taufen die Eltern ihre Kinder wie wir, wodurch Jedermann Christ wird. Selbst bei den Anabaptisten bleiben die Kinder in der Regel bei ihrer Genossenschaft, und bei den strengeren Secten, bei Quäkern und Methodisten geht eine Heuchelei im Schwange, von der wir hier zu Lande gar keinen Begriff haben. Im Gegentheil trauert Tholuck, daß das Geschlecht der Heuchler bei uns ausgestorben sei.

Neulich kam Abends bei der Herzogin die Rede auf ähnliche Dinge zwischen Schätzell, zwei Predigern und mir. Die beiden geistlichen Herren verwarfen den Cäsaropapismus, doch so daß der Eine eine bischofliche Verfassung, der Andere einen protestantischen Papst wollte. Schätzell vertheidigte das fürstliche Kirchenregiment. Jene zählten die Sünden der Fürsten, dieser die der Bischöfe auf. Es entstand ein lebhafter Streit und unser anwesender summus episcopus (die Herzogin) erklärte die beiden Geistlichen für Rebellen. Ich suchte dahin zu vermitteln, man müsse das einzige jetzt mögliche Kirchenregiment, so schlecht es sei, nehmen wie es wäre, ja es stützen, damit nicht Alles auseinander flöge. Episcopat sei nicht möglich, denn wer sollte die Bischöfe ernennen? und wo sollten sie die Autorität herleiten? und Papstthum eben so wenig wenn man nicht katholisch werden wolle. Ueberhaupt gäbe es gar keine Garantien für ein festes Bestehen in Staat und Kirche, sondern Alles hinge von Personen ab, die Gott in beiden Gebieten etwa erwecke. Die beste Garantie Bestehendes zu erhalten, sei noch die, daß man es an den Eigennutz bevorrechteter Stände knüpfe. Daher hielten im Staate Aristokratien am längsten, in der Kirche eine reiche Klerisei, die mit der Kirche steht und fällt. Solcher Klerisei sei aber am Reiche Gottes nichts gelegen, sondern nur an der Pfründe. Die Priesterkirche verweltliche, veräußerliche daher das Christenthum und sei gleich Heidenthum. Selbst in der protestantischen Kirche sei der Schaden Jacobs nicht von den Fürsten ausgegangen, sondern von den Theologen. Ein frivoler Fürst könne die Landeskirche zwar beeinträchtigen, ein frommer sei aber ein wesentlicher Segen, weil er fromme Geistliche beriefe und die Gemeinde solle um fromme Fürsten und Lehrer beten, das sei die beste Garantie. Schätzell verstand mich gleich und schlug sich zu mir. Die Geistlichen widersprachen, weil sie mich nicht verstanden. Endlich aber vereinigten wir uns doch vollständig auf meine Sätze. Ich setzte das her, weil Dir die Eigenthümlichkeit der Ansicht, die sich über solche Dinge in mir ausgebildet hat, vielleicht verständlicher wird und füge noch eine Formel hinzu, die gleichfalls Licht geben kann: Ein christlicher *Staat* ist Unsinn; ein *christlicher* Staat ist kein Unsinn. Einigen werden wir uns brieflich schwerlich; durch mündliches Besprechen könnte es eher sein. Wir setzen eben nur Satz gegen Satz, gewinnen aber jedenfalls dadurch freiere weitere Aussicht. In der Voigtländerei einigen wir uns auch nur selten, doch gerade was den christlichen Staat anlangt, sind wirklich die beiden Opponenten Scholtz und Vorster gewonnen worden nicht während der Discussion, aber hinterher mögen sie sich's überlegt haben. Uebrigens erscheinst Du mir gar nicht querköpfig mit Deinen Ansichten über kirchl. Staat und Ehescheidung, da Du darin ganz dem natürlichen Denken folgst und sehr viele Denkgenossen hast mit reinem guten Willen. In der Ehesache sind wir, glaube ich, auch nicht zu weit auseinander. Was Christen geboten ist und in wie fern es ihnen geboten ist, wissen wir wohl beide. Es handelt sich nur darum ob Staat und Kirche ein Recht haben in Ehesachen etwas zu dekretiren, was Du geradezu läugnest. Ich sage die Kirche hat nach verschiedenen Aussprüchen des Evangeliums die Ehe als etwas so heiliges anzusehen, daß sie allerdings nicht scheiden darf, was sie (selbst die protestantische) auch nie gethan hat. Wohl aber hat sie Geschiedene wieder getraut. Der Staat seinerseits, auch der vorchristliche, hat die Ehe nie als Beischläferei angesehen. Er hat erkannt, daß in der Ehe und der daraus resultirenden Familie die Fundamente des Staats liegen. Es haben daher alle Staaten mancherlei gesetzliche Bestimmungen über die Ehe, welche gewissermaßen einen Maßstab für die Sittlichkeit des Staats abgeben. Die Ehe ist ein Vertrag, den nicht nur die Kirche segnet, sondern den auch der Staat garantirt. Den Männern, Frauen und Kindern gewährleistet er Rechte. Auch das Erbrecht steht auf den Schultern des Eherechts. Wenn Leute heirathen, sollen sie wissen was sie thun, es ist eine ernste Sache für's Leben. Nun sind die Bestimmungen des preuß. Landrechts die laxesten in der ganzen Welt. In keinem einzigen Staate, auch in Amerika nicht, ist die Scheidung so leicht gemacht als in Preußen. Die sämmtlichen Redner des Landtags, von der Linken wie von der Rechten, sprachen sich daher für eine Verschärfung des Ehegesetzes aus, weil offenbar unter dem gegenwärtigen die Sittlichkeit leidet. Auch gingen alle einzelnen Paragraphen des Regierungsvorschlages mit erklecklicher Majorität durch. Dennoch fiel das ganze Gesetz. Warum? Weil die Katholiken ihre Einwilligung verkaufen wollten. Sie wollten für das Gesetz stimmen, wenn die Bischöfe den ihnen in der Revolution genommenen Richterstuhl in Ehesachen zurückerhielten. Die Billigkeit der katholischen Forderung erkannte Gerlach, bat aber die Kammer und das Ministerium sich auf dergleichen Bedingungen nicht einzulassen. Die Katholiken könnten ja deshalb einen besonderen Antrag stellen. So fiel das Gesetz, eigentlich durch Perfidie der Katholiken, die doch seine lebhaftesten Vertheidiger gewesen waren. Damit ist die Sache indessen nicht zu Ende. Das Gesetz wird natürlich in veränderter Fassung immer wieder vorgebracht werden, da der gegenwärtige Zustand unerträglich ist. Der Staat nämlich scheidet leichtsinnig auch auf das bloße Vorgeben, daß man sich nicht lieben könne (gemeinhin weil man sich anderwärts verliebt hat). Die Geistlichen aber trauen leichtsinnig Geschiedene nicht mehr, weil ihnen der König schon seit Jahren erlaubt hat Trauungen wider ihr Gewissen nicht zu vollziehen. Das Oberhaupt des Staats erlaubt somit etwas, was das Oberhaupt der Kirche verbietet und nur ein neues Gesetz kann helfen. Zudem wird das Familienleben gestört und vielerlei Aergerniß durch die große Leichtigkeit der Scheidung gegeben. Die Erfahrung aber lehrt, daß Eheleute, die sich ganz *schlecht* vertragen, sich *wohl* vertragen würden, wenn sie wüßten, daß sie einen unlöslichen Vertrag eingegangen sind. Meine Meinung ist nun die: Die Kirche soll das ernsteste Gesicht zur Sache machen, weder scheiden noch wieder trauen, außer in wenigen verzweifelten Fällen, die entschiedenem Ehebruch gleich stehen, über welche ohne besonders detailirtes Gesetz der Oberkirchenrath nach Pflicht und Gewissen entscheidet. Der Staat aber soll unter festen gesetzlichen Bestimmungen, etwa den Unterhalt der Frau und der Kinder betreffend, überall scheiden wo es verlangt wird, ohne jedoch die so Geschiedenen durch Civilehe wieder zu verbinden. Uebrigens gestehe ich, daß ich noch keinen Menschen gefunden habe, der in dieser Sache ganz klar sieht, und auch ich habe keine vollständige Ueberzeugung von der Richtigkeit meiner Sätze. Die Ehegesetzgebung ist die allerschwierigste von allen, und daß das preuß. Gesetz nicht durchging, ist mir recht lieb, weil es mir auch nur wie was halbes vorkam. Du hast für Deine freiere Ansicht von der Ehe übrigens den Altvater Luther anzuführen, der aber als aus der katholischen Welt hervorgegangen, die Erfahrungen, die wir seitdem mit der freien Praxis gemacht, nicht haben konnte. In Anhalt haben wir die überstrengen Bestimmungen des allgemeinen deutschen Rechts, wonach fast gar nicht geschieden werden kann. Das ist auch verkehrt und trägt sehr üble Früchte, namentlich für arme geknechtete Weiber.

In unserer Voigtländerei würdest Du Dich keineswegs geknechtet fühlen. Wir haben keine Statuten. Wer will der kommt, aber Keiner bleibt weg. Gehen kann man nach Belieben und gestritten wird entsetzlich, das könntest Du recht anbringen und hättest doch andere Opponenten als die armen sanften Damen, die Dir wahrscheinlich immer Recht geben und Dich dadurch verhärten. Daß Einer dem Andern Recht giebt, kommt eigentlich bei uns gar nicht vor. Nur hinterher (etwa 4 Wochen darauf) merkt man, daß die Ansicht sich modificirt hat. Du hast ungeheuere Vortheile vor mir, und nur den Nachtheil, daß Dir Männer fehlen. Besser ist es freilich als wenn Dir Weiber fehlten, und die hast Du ausgezeichneter als ich. So gleicht sich's wieder aus. Mit Nathusius rücke ich langsam näher. Sehr langsam, weil er so weit von mir wohnt. Vor Ostern hatte er im Volksblatt einige äußerst dumme Artikel vom Gebet, vom Schulzen Gottlieb (Jahn) und andere. Darauf sandte ich eine Erwiderung ein, die ihn höchlich ergötzte, so daß er sie gleich aufnahm. Mein Aufsatz ist überschrieben «Ueber die Competenz des Verstandes in Glaubenssachen» und unterzeichnet «ein Bettelmann vom Unterharze». Durch diesen Aufsatz haben wir uns weit mehr befreundet. N. hat mich besucht, wir haben uns Rendezvous auf dem Stufenberge gegeben, auch hat er versprochen bisweilen in die Voigtländerei zu kommen, welche von nun an, da man im Freien sitzen kann, ganz andere Gestalt annimmt. Wir gehen nicht mehr nach Radisleben, sondern ins herrliche Selkethal, bringen die Frauen mit und sprechen wenig oder gar nicht von Theologie. Man sitzt im Schatten auf Bänken, blickt auf Wiesen und Wald und kost blos, mit oder ohne Witz wie jeder kann. Sentimentale sind unter uns nicht. Danke doch Helenen für ihren herrlichen lebensfrischen Brief. Ich könnte mir denken, daß es Helene bei uns gefallen würde d. h. für kurze Zeit. Noch viel mehr aber würde es mir bei Euch gefallen, wenn mein einsamer Herzog nämlich statt in Hoym in Finn säße, was eben so gut ginge; da theilte ich Euer Familienleben und Ihr das meine, und ich würde weder Preßfreiheit noch verantwortliche Minister, nicht einmal die Voigtländerei vermissen, da ich mit Dir, mein Bruder, zanken könnte. Lebewohl mein lieber Bruder, grüße Dein Engelsweib und die unvergeßlichen Pollschen.

*Am 22. Mai.* Als ich diesen Brief zur Hälfte fertig hatte, geschah etwas was sonst nur in Märchen vorzukommen pflegt. Ich ergriff nämlich statt des Sandfasses das Tintenfaß und schüttete es darüber. Es ergoß sich über das ganze Papier, über meinen Rock und die Diele. Fast war das Unglück zu groß, um es zu fassen. Das Schlimmste war, den Brief, den ich con amore angefangen hatte, von neuem zu schreiben. Ich machte daß ich fertig wurde, was Du dem unreifen Gesellen wohl anfühlen wirst. So widerwillig war ich, daß ich gar nicht geschrieben hätte wenn ich nicht des kolossalen Pollschen Geschenks wegen hätte schreiben *müssen.* An dieses Geschenk kann ich immer noch gar nicht glauben, und denke jeden Augenblick, daß ich's geträumt habe. Es ist ganz wunderbar und über alle Begriffe rührend, so daß ich jeden Augenblick weinen könnte, ich brauchte mich nur gehen zu lassen. «Vor den Pollschen Wiesen und Wäldern da wir zusammen jung gewesen, sei es ein geistig Theil» sagt Auguste. Wie lieblich war jene Jugendzeit, eigentlich meine einzige. Ich glaube auch nicht, daß es eine taube Blüthe war. Drüben werden wir alles wissen. Lebt wohl Ihr Geliebten und gedenkt meiner in Frieden.

## Nº 95 Hoym 9. Juli 1857

Geliebtester Gerhard!

Es drängt mich Dir zu schreiben, und doch weiß ich nicht wo anfangen; aber das Natürlichste ist mit Danken, nämlich für Deinen ausführlichen Brief vom 31. Mai, der des Guten so viel enthält. Daß Du so reichlich über Kirche und Staat geschrieben, ist mir besonders lieb. Durch solche Erörterungen bleibt man bekannter mit einander als durch bloße Relationen äußerer Begebenheiten. Auch scheint mir unser etwas unklarer Streit nun völlig ausgetragen zu sein, da Du bekennst als Machthaber doch nicht trennen zu wollen was Gott zusammengefügt. Ich werde übrigens in diesem Briefe über nichts streiten da ich Allerlei zu erzählen habe. Am 14t Juni kündigte mir die Herzogin nämlich (hier in Hoym) an, daß sie am 19t auf 14 Tage nach Gnadenberg in Schlesien reisen und mich als Reisemarschall mitnehmen werde. Da ich noch keine Reise geführt und keinen Begriff hatte, was dazu gehöre und was dabei vorkommen könne, so hätte ich die Sache gern abgelehnt wenn ich gekonnt hätte. Ich dachte mich nun in alle möglichen Situationen und schrieb einige Fragen zusammen, die ich mir vom Oberhofmarschallamt beantworten lassen wollte wenn ich nach Ballenstädt käme. So durchwanderte ich am 15t Abends den Schloßgarten mit meiner Schreibtafel, als ich hereingerufen wurde, weil ein Fremder mich zu sprechen wünsche. Denke Dir meine Ueberraschung als ich Wilhelm Stackelberg fand. Es war eine prächtige Freude. In Ballenstädt angelangt, hatte er auf der Post erfahren, daß ich in Hoym wäre und war stante pede zu Fuß heraus gelaufen ohne Julchen zu sehen. Wir verschwatzten den Abend und fuhren am andern Morgen, am 16t, mit einander nach Ballenstädt, da meine Hoymer Zeit zu Ende war. So sehr ich mich über Wilhelm freute, so betrübt war ich doch, daß er gerade jetzt kam, wo ich alle Hände voll zu thun hatte, um Alles zur Reise vorzubereiten; denn mich Hypochondristen greift nichts mehr an als der Eintritt in ein neues, mir gänzlich fremdes Verhältniß. Auch kann man mit Wilhelm nicht so obenhin umgehen, da er nur über theosophische Gegenstände spricht. Als wir nun Abends bei der Bierkaltschaale saßen, läßt sich abermals ein namenloser Fremder melden und mein alter Sengbusch, den ich in 30 Jahren nicht gesehen und von dem ich gar nicht wußte, ob und wo er existirte, liegt in meinen Armen. Er wollte 8 bis 14 Tage recht behaglich bei mir bleiben, und ich mußte fort und hatte noch so unendlich viel zu besorgen. Ich war wie Einer der von vorn mit Marzipan gefüttert und von hinten mit Tinte klystirt wird. Dazu störten die Beiden einander, da Jeder gerade das mit mir besprechen wollte, was den Andern gelangweilt hätte. Indessen gingen wir am 17ᵗ Nachmittags miteinander auf den Meiseberg, legten uns wie Seehunde auf die Klippen, blickten in den tiefen Grund und feierten mit einander die ersten und letzten ruhigen Stunden unter reichlichen Erinnerungen an alte Zeiten. Am andern Morgen reiste Sengbusch ab, weil keine Ruhe mehr war, versprach aber in Bad Kösen bei Naumburg, wo die Herzogin 1½ Tage verweilen wollte, auf mich zu warten. Dort hofften wir auf einige Stunden ganz ungestörten Beisammenseins. Als Sengbusch fort war, ging ich zur Herzogin um mir ihre specielleren Befehle zur Reise zu erbitten, fand sie ganz frisch und ging von ihr in den Marstall, um die Relais abzufertigen und alle nöthigen Bestellungen zu machen. Kaum bin ich damit fertig, so stürmt ein Lakai vom Schloß: die Herzogin hat Kopfweh bekommen und reist erst am 20sten. Ich auf die Post – aber Sengbusch ist fort. Ein Brief, den ich ihm nachjagte, hat ihn nicht erreicht. So hat der Arme nutzlos in Kösen auf mich gewartet! Inzwischen war die Krankheit der Herzogin mir sehr nützlich, weil ich nun Zeit gewann alles mit Ruhe zu besorgen, freilich mit gänzlicher Vernachlässigung meines lieben Vetters Wilhelm, der sich solange schmähligst langweilte. Am 20sten fuhren wir eine ganze Stunde zu spät ab, weil durch ein Mißverständniß die frische Butter zum Kaffe nicht rechtzeitig zur Hand war, und doch mußten wir zur bestimmten Stunde in Bernburg auf dem Bahnhof sein, und doch wollte die Herzogin vorher in Bernburg noch auf's Schloß, um dort einiges Dringliche mit dem Ministerio zu entscheiden. Ich ließ zufahren, daß die Rappen schäumten und wir fuhren die 5½ Meilen in kaum 3 Stunden. In Bernburg schickte ich den Landrath, der die Herzogin empfing, auf den Bahnhof und ließ den Zug um eine halbe Stunde aufhalten. So ging denn Alles. Die Locomotive flog nach Köthen in fast gar nichts und wir erreichten noch dort den Anschluß. Nun weiter nach Halle. Es war eine Hitze zum Sterben und zu trinken wagte ich nicht wegen der Folgen, da ich mit Damen reiste und mich nicht entfernen konnte; denke Dir die Verlechzung. Draußen 26º im Schatten, in den Coupés gewiß 40. Kaum hatte ich meine Damen in Halle in einem Coupé der Thüringischen Bahn untergebracht, so sehe ich dicht neben mir Tante Dascha mit Töchtern und Norchen Ziegesar. Großes Freudengeschrei, Geklingel, eilige Trennung, Pfeifen, fort. Wo die Tanten hinwollten, mag der Kuckuck wissen. Sie befanden sich mit in unserem Zuge, aber ich habe sie nicht wiedergesehen. So jagte eine Gemüthsbewegung die andere. Dazu kam, daß ich fortwährend in Ungewißheit über meine Functionen als Reisemarschall war. Instructionen werden nicht gegeben, und Fragen reichen nicht aus, da man in gänzlich unbekannten Verhältnißen gar nicht weiß, was man fragen soll. Den ganzen Tag in Spannung, ohne Cigarren, die Zeit in Kösen schon von 6 Uhr Morgens an in höchster Gesellschaft – da war's kein Wunder, daß ich mich nicht recht wohl fühlte und meine Brustbeschwerden sich wieder fühlbar machten. Es ist doch traurig wenn der alte Adam nicht mehr so fortwill wie früher, nun gerade da man ihn so braucht. Indessen half Gott durch. Am 22sten Juni Abends 9 Uhr kamen wir nach unserem alten lieben Dresden und fanden das große hôtel royal, dem Bahnhof gegenüber aufs glänzendste erleuchtet. Die Herzogin dachte es wäre zu ihrem Empfange und ich dachte es auch und seufzte in der Seele meiner Gebieterin über die vielen Wachslichter, die sie zu bezahlen haben würde. Als wir aber herankamen, verschwand der Glanz; es war eine Spiegelung des verlöschenden Abendroths gewesen, aber von so wunderbarem Effect wie ich im Leben nichts gesehen, und nur in den Fenstern dieses einen Hauses. Die Sache war nun augenscheinlich *mir* zu Ehren gewesen, zum Empfange eines alten Dresdner Kindes. Wir fanden das Souper bereit und erst 10 ½ kam ich auf mein Zimmer.

Nun die Fenster aufgerissen und unter süßen wehmüthigen Träumen im bloßen Hemde auf- und abgewandelt bis gegen 1 Uhr, nämlich rauchend. Ob Du das nachempfindest? Am andern Morgen um 7 hatte ich meinen Kaffe bereits getrunken, die Rechnung bezahlt, die Trinkgelder vertheilt. Dann machte ich mich auf und lief in der Neustadt herum. Ich ging ins Brelingsche Haus, lief die Treppe hinauf und faßte unsern alten Thürgriff in die Hand, der noch ebenso unbeweglich eingelöthet war wie ehemals. Ich durchschritt auch den kleinen Gang mit der Steindiele und streichelte die Hinterthüre. Mir war's als wohnten wir noch da und als sollte Minchen mir öffnen oder Du. Um 10 Uhr sollten wir fahren. Ich ging also um 8 ½ ins Hotel zurück um mich nach den Befehlen der Herzogin zu erkundigen. Sie wollte mit mir spazieren gehen. Wir gingen in den Palaisgarten, lustwandelten im Schatten der alten viereckig beschnittenen Linden, auf die Elbe, die Brücke und die katholische Kirche blickend. Noch lebten mir doch so manche liebe Freunde in Dresden und ich sollte sie nicht sehen. Um 10 pfiff der Zug ab, durch die Radeberger Haide, durch Langebrück. In der Ferne sah ich den Lausaer Kirchthurm, den Keulenberg – es war unbeschreiblich wehmüthig. Um 3 Uhr waren wir in Gnadenberg und dinirten bei einer alten Tante der Herzogin einer Frau von Richthofen geb. Prinzessin v. Holstein, welche Herrnhuterin geworden ist und sich dahin zurückgezogen hatte. Die Herzogin wohnte bei der Tante, Gefolge und Bedienung im Gemeindelogis (Gasthaus) was mir sehr angenehm war. Nach 6 kam ich von Tafel und gedachte nun etwas zu thun, was mich die ganze Reise über in Spannung versetzt hatte, nämlich die alte Gräfin Dohna zu besuchen, welche 80 Jahr alt dort im Wittwenhause wohnt. Ich fand sie nicht zu Hause, sie sei schon in der Kirche. So ging ich auch in die Kirche und setzte mich zu den Herrnhutern an die Wand, doch so daß ich die Damen im Gesicht hatte. Ich suchte mit den Augen herum und kehrte immer wieder auf eine Gestalt zurück, ähnlich unserer Großmutter Zöge. Das mußte unsere geliebte Gräfin sein. Mein Nachbar bestätigte es, und ich verwandte nun kein Auge mehr von dieser theuern Frau, der unser ganzes Haus, Eltern wie Kinder, vornehmlich das Christenthum verdanken. Der Prediger aber las der Gemeinde einen aus Ehstland eingegangenen Missionsbericht vor mit den Namen vieler bekannten Orte und Menschen. Nach der Kirche war es Zeit zum Thee wieder zu Richthofens zu gehen. Da fand ich die liebe Gräfin Dohna meiner schon wartend. Sie empfing mich wie eine Mutter. Ich mußte mich zu ihre setzen und sie unterhielt sich (meine Herzogin, die an ihrer anderen Seite saß, fast ganz übersehend) den ganzen Abend ausschließlich nur mit mir. O wie warf mich diese Stimme, dieses eigenthümlich herzliche Lachen, dabei die wunderbare Salbung im ganzen Wesen, zurück in jene alten Zeiten der Kindheit und Confirmation. Wie viel und herzlich frug sie nach Dir, nach Deiner Frau und Kindern, nach Adelheid und den ihrigen. Am andern Morgen ging ich zu ihr in ihr einfaches Wittwenstübchen, wo sie umringt von tausend Andenken aus der Vorzeit das einfachste Leben lebt. Für ihren Tisch zahlt sie wöchentlich 20 Silbergroschen. Alles Uebrige nach Proportion. Ich setzte mich zu ihr aufs Kanapé, da sie etwas schwerhörig ist, und erzählte ihr eine Schnurre nach der andern von Roller, weil ich mich an ihrem herzlichen Lachen nicht satthören konnte. Da ging die Thür auf; eine Dame trat ein. «Eine alte Bekannte», sagte die Gräfin. Denke Dir, so war's Augustchen Schönberg, und ich erkannte sie wieder, ich erkannte das junge eben confirmirte Mädchen in der Großmutter wieder, denn diese Würde hat sie bereits erreicht. Sie ist eine Gräfin Schlieffen und ihr gehört das Gut Krausche ¼ Stunde von Gnadenberg. Ihre Mutter, die alte Frau von Schönberg starb vor'm Jahre und sie verfaßte eine kleine Biographie, die mir die Gräfin Dohna damals schickte und von der sie mir nun auch ein Exemplar für Dich gab, das Helene Dir mitbringen kann. Am Nachmittag ging ich nach Krausche. Hier saß mit einer großschirmigen Gartenmütze im Lindenschatten, der alte 86jährige Oberpräsident Schönberg, Augustens Vater, mich ganz nach alter Art lachend und mit Witzen empfangend. Doch fand ich ihn geistig sehr schwach geworden, fast ungenießbar. Umgeben war er von blühenden Enkelinnen, den jungen Gräfinnen Schlieffen. Abends fand sich Augustchen bei Richthofens ein. Sie setzte sich zu mir und wir kamen in ein interessantes Gespräch über die protestantische Kirche in Deutschland. Ich merkte bald, daß ich's mit einem sehr überlegenen Wesen zu thun hatte, mit einer merkwürdig klugen, kenntnißreichen und ganz gediegenen Frau, die mich unbeschreiblich anzog; doch wohl nicht bloß wegen obbenannter köstlicher Eigenschaften, sondern weil ihr ab und zu das Kind noch aus den Augen lachte, für das ich mich wie Du weißt einst so interessirt hatte. Am folgenden Tage machten wir eine Partie nach dem Gröditzberge, von wo man das ganze Riesengebirge und das gelobte Land von Schlesien bis an den Zobten überschaut. Ein paradiesischer, unvergeßlicher Blick. Den Abend wieder mit der theuern Dohna, die mir Roller's Bild und das Portrait des sel. Hermann Stolberg schenkte, Dich tausendmal grüßen ließ und die Pollschen Schwestern, die sie aus Mutters Erzählung kannte und liebte segnete für das, was sie an mir gethan. Von allen ehstländischen Verwandten mußte ich erzählen, besonders aber von Deinem und dem Poll'schen Hause. Beim Gute Nacht-sagen bot mir die gute Herzogin eine kleine Reise an, ins Riesengebirge oder nach Kosel zu meinem Sohn Gerhard. Ich that keins von beiden, sondern ging am nächsten Morgen nach Dresden ab (natürlich auf herzogl. Kosten) wo ich Mittag 2 Uhr in Stadt London (früher blauem Stern) anlangte und ganz verlechzt eine Bierkaltschale (mit Eis darin) verzehrte. O wie wohl war mir, aus der vornehmen Umgebung entwischt zu sein. Im Richthofenschen Hause waren 2 Prinzessinnen und 3 Gräfinnen und alle Gäste waren ebenfalls Gräfinnen oder doch wenigstens Excellenzen. Männer gab es gar nicht. Ich war immer der einzige Herr in einem Gewimmel von vornehmen Damen. Zwar interessirten und rührten mich zwei von ihnen sehr: die Dohna und Augustchen und alle andern waren extragut, aber die Länge trägt die Last, und immer im Frack und Orden und weißer Weste und auf Bescheidenheiten bedacht, ganz ohne Taback und Bequemlichkeit – das ist in meinem Alter nichts mehr. In Dresden machte ich mich nun auf und durchforschte die ganze Stadt nach Richter, Peschel und Gustchen Götzel, meist fahrend wegen schauderhafter Hitze. Ich fand aber Keinen. Da ging ich ins kleine Rauchhaus und frug ob nicht ein Baron Stackelberg hier wohne. Ja, auf № 13. Ich eilte hin und fand in einem dunkeln kleinen Zimmer, das nach dem stinkenden Hofe hinaus lag, den ehrlichen Wilhelm, seine Abendcigarre rauchend und auf und nieder wandelnd, in seligem Nachgenusse eines Briefes von Alwina, den er so eben gelesen und zerküßt hatte. Mit ihm ging ich in den Zwinger, wo wir des Königs Denkmal und das Aeußere des neuen Museums besahen bis 7 Uhr. Leb wohl mein alter treuer Wilhelm! Ob wir uns jemals wiedersehen werden? Zwar blieben wir den ganzen folgenden Tag noch in Dresden, aber er hatte keine Lust zu meinen Freunden, wollte jedoch zusehen, daß er Vormittags in's Museum käme. Wir schieden vor Kaskels Hausthür. Ich trat in's alte Comptoir. Stürmische Freude. Julius Kaskel, der mittlerweile sardinischer Consul und dekorirt worden ist, lief mit mir fort und half mir einige Besorgungen für die Herzogin ausrichten. Dann aßen wir auf der Brühlschen Terrasse. Ein himmlischer Abend. Die Loschwitzer Berge, jetzt mit lauter neuen Palästen überdeckt, funkelten in der Abendsonne, große Dampfschiffe durchschnauften den Strom und die schöne Welt drängte in dichten Massen ununterbrochen an uns vorüber. Julius erzählte mir viel Romantisches, da er unglückliche Liebe in allen Gestalten gekostet. Nach dem Essen fuhren wir aufs Waldschlößchen um Bier zu trinken. Dann zurück und noch lange bis in die Nacht auf der Brücke promenirt. Am andern Morgen 5 Uhr war ich schon auf dem Zeuge ⟨!⟩ und riß die Fenster auf. Halb 6 hatte ich den Kaffe und saß rauchend, den Strom zu meinen Füßen und die herrliche Stadt im Morgenglanz betrachtend. Alle Prinzessinnen, alle Reisemarschallsangst lagen 20 Meilen von mir und ich sollte meine alten Freunde wiedersehen. Halb 8 war ich schon wieder am Suchen und fand nichts. Doch erfuhr ich, daß Gustchen Götzel verreist, Peschel und Richter in Loschwitz, Oehme todt sei. Hübel umarmte ich, doch mußte er in Geschäften sogleich auf den ganzen Tag nach Meißen. Nun war es Zeit ins Museum zu gehen, das den Zwinger schließt und um 10 Uhr geöffnet wird. Es ist dies nämlich die Bildergalerie, der man ein neues sehr elegantes Haus gebaut hat. Dort sollte Wilhelm sein. Ich blieb von 10 bis 1, aber wer nicht kam war der sonderbare Wilhelm. Ich dachte auch er wollte wohl lieber ungestört für sich sein, sonst wäre ich doch zum Essen in das schmierige Rauchhaus gegangen. So aß ich in meinem Hotel, schlief etwas und suchte Heuer am Judenteich auf. Todt – und Pröll nicht zu Hause. Nun nahm ich einen Wagen und fuhr nach Loschwitz, wo ich nach endlosem Steigen und schrecklichem Schwitzen Richter *wo* fand? Auf Sperlings Weinberge über dem Begerhäuschen, nahe an den Wolken. Aber lohnend war es doch mit diesem trefflichen alten Freunde der schon Graukopf ist, Kirschen zu essen und in die geliebte Gegend zu blicken. Wir suchten Peschel auf, der am Spittelberge in dem Hause wohnt, das ehemals die Courtan inne hatte. Beim Begerhaus und Poncets gingen wir vorbei. Die alten Nußbäume stehen noch da, die Häuser sind neu. Es war gut, daß ich den alten Freund zur Seite hatte, der ganz andere Dinge sprach als ich dachte. Peschel verändert sich nie. In seiner Jugend sah er ganz alt, jetzt sieht er jung aus. Wir gingen nun hinunter an die Elbe, setzten uns in den noch unveränderten Fährgarten, aßen Butterbrod mit Ziegenkäse wie sonst in den frugalsten Jugendzeiten, und schwatzten bis 10. Da kam das Pirna'sche Dampfbot. Ich umarmte die Freunde und ging an Bord. Herrliche Fahrt. Nächtliche Kühle auf dem Strom. Ich ging rauchend auf und nieder und war in einer halben Stunde an der Appareille in Dresden. Am andern Morgen früh 7 war ich schon bei Hübels, die mich zum Kaffe eingeladen hatten und machte nach dem Frühstück mit dem alten Freunde noch einen Spaziergang bis er mich um 10 zum Bahnhofe brachte. Um 3 Uhr war ich wieder in Gnadenberg. Nun trat das Reisemarschallsfieber wieder ein. Ich machte die Anmeldungen in die Gasthäuser und nach Bernburg und Ballenstädt und am 30sten fuhren wir ab, kamen nach allerlei kleinen Erlebnißen um 6 Uhr Abends nach Dresden. Hier gab es tausenderlei Besorgungen für die Herzogin und ich hatte das schlechteste Gewissen von der Welt, da ich fürchtete, meiner Zerstreutheit und Unaufmerksamkeit wegen, nicht genug für ihre Bequemlichkeit gesorgt zu haben. Um 8 Uhr wollte sie noch mit mir spazieren fahren, und nun denke Dir meine freudige Ueberraschung als sie mir, da ich sie zum Wagen führte, sagte «sie sei noch nie so bequem und angenehm gereist als mit mir; ich hätte trefflich gesorgt, nirgends sei Aufenthalt gewesen, es hätte sich Alles so glatt in einander gefügt und sie danke mir recht sehr für meine Aufmerksamkeit.» Das war nun die reine Gnade Gottes, der der hohen Frau die Augen gehalten hatte, daß sie die Fehler nicht gewahr ward. Aber nun war's gut. Ich fürchtete mich nicht weiter vor der Rückreise und genoß von jetzt an mein Marschallsamt, das ja auch viel Annehmliches hatte, mit vollen Zügen. Am andern Morgen fuhren wir schon um 6 weg, und waren zu Mittag in Bernburg auf dem Schlosse. Hier blieben wir bis zum folgenden Nachmittage, weil die Herzogin Geschäfte und zwar sehr trauriger Art hatte. Einem hohen Staatsbeamten mußte der Vorsitz in seinem Collegio genommen werden, und ein Todesurtheil war zu unterzeichnen. Mich machten meine Bekannten Angst, weil ich krank aussähe, und allerdings litt meine Brust. Alle riethen ich solle mich an Würzler wenden, einen berühmten Homöopathen. Aber ich lachte ihrer. Endlich kam ich zum Geh. Oberbaurath Bunge, der nun im 85sten Jahre noch rüstiger ist als ich. Dieser griff mich ohne weiteres unter den Arm und führte mich mit Gewalt zu Würzler. W. gab mir Pulver und so bin ich denn, ich weiß selbst nicht wie, zur größten Satisfaction meiner Frau, Homöopath geworden. Bis jetzt merke ich wohl gar nichts von Besserung, doch soll ich wenigstens ganz wohl aussehen. Ach wie freute ich mich als wir endlich in Ball. vor dem Schloßportale vorfuhren und ich gleich meine Frau in die Arme schloß und Annchen. Es ist doch nichts mit dem Reisen, wenigstens nicht in so vornehmer Gesellschaft. Gott sei Dank, der Alles so gut hat ablaufen lassen. Am meisten wundere ich mich, daß meine Rechnung bei Heller und Pfennig auskam, denn ich hatte fortwährend die Hand in der Tasche gehabt. In Goldstücken allein habe ich 85 Thaler Trinkgelder bezahlt und fast ebensoviel kleinere in Silber. Das war aber auch die Hauptausgabe, da die ganze Reise sonst nur etwas über 500 Thaler gekostet hat. – Schrecklich angreifend ist doch der Dampfwagen, namentlich bei großer Hitze. Das überaus schnelle Vorbeireißen der Gegenden thut meinem Auge so weh, daß ich sie immer schließen möchte und doch durfte ich dies in meiner Gesellschaft nicht, die Unterhaltung wollte. Das Sprechen aber ist nur möglich durch lautes Schreien, was die Brust angreift.

Es ist eine reine Teufelserfindung. Auch die Hetze, trödelnde Damen rechtzeitig auf den Bahnhof zu bringen, ist schrecklich bitter, doch ging es diesesmal mit wenig Ausnahmen noch recht glücklich. In Kösen kamen wir durch unverantwortliches Zögern zwar 30 Minuten zu spät, aber glücklicherweise hatte sich auch der Bahnzug gerade um 30 Minuten verspätet, sonst hätten wir freilich ohne unser Gepäck auf dem Trocknen gesessen.

*Am 10. Juli.* Durch die Dohna habe ich erfahren, daß Roller wirklich noch um die Eule angehalten, sie ihn aber ausgeschlagen habe. Er muß um eine halbe Legion angehalten haben, bis sich ihm endlich ein junges schönes, liebenswürdiges, wohlhabendes und vornehmes Wesen von selbst antrug und seine letzten Lebensjahre ganz wunderbar vergoldete. Von Rollers Geschwistern überlebte ihn nur seine älteste Schwester die Faber. Nach seinem Tode brachte die Wittwe Roller sie und die alte Magd Rhode in einem Dresdner Spitale anständig unter, wo beide noch eine Zeitlang zufrieden gelebt haben. Rollers Wittwe heirathete bald wieder und ging mit ihrem Manne, einem englischen Arzte nach Ostindien, wo sie in gesegneter Missionsthätigkeit stehen soll. – Daß ich von Wilh. Stackelberg nicht mehr gehabt, thut mir sehr leid. Er ist ein wunderlicher Mensch, menschenscheu todt und ärmlich – doch innerlich wie äußerlich sehr reich. Wenn er nicht die verkehrteste Jugend durchlebt hätte und ohne Erziehung geblieben wäre, so würde er ein ausgezeichneter Mann sein. Als Theosoph ist er ein wahrer Schatzgräber wie Jacob Böhme und ganz ungewöhnlich bewandert in der heiligen Schrift. Streiten kann man zwar nicht mit ihm, weil er die Sachen nur von einer Seite ansehen und denken kann; aber es ist durchaus sehr interessant, sich seine Entdeckungen vorreiten zu lassen. Er sollte seine Fündlein aufzeichnen. Außer Homöopathie und Theosophie scheint er besonders Abhärtung zu schätzen. Schon in Ballenstädt befühlte er gern seine Schenkel und Waden und fand, daß man im Auslande wie Eisen würde. Er wird übrigens da er keine Bekanntschaften machen will, mit eben so geringen Nutzen reisen als ich einst in Italien. – Wo Helene, die unsern Styls am 26. Juni abgereist und also bereits 14 Tage unterwegs sein muß, eigentlich hängen geblieben ist, begreift sich schwer. Ich freue mich sehr auf sie. Auch höre ich zu meiner Freude, daß Timmo zu mir kommen will. Es ist ein Sommer des Wiedersehens. In Dresden waren so viel Russen, daß die Stadt ungelogen stellweise nach Juchten roch. Von Auguste Stackelberg hatten wir einen sehr lieblichen Brief, leider aber ohne ein Wort von einer reellen Besserung Sophiens. Das Zusammenleben von Otto und Adolph in Berlin scheint ja gut zu gehen. In 6 Wochen werde ich die Jungens wohl hier haben und freue mich auf sie.

*Hoym am 11. Juli.* Ich kann erst heute schließen weil ich inzwischen einen Brief von Adelheid hatte und beantworten mußte. Sie schreibt sehr aufgeregt über Helenens Kommen, plant auch, daß wir alle, ich, Julchen und die Töchter mit Helene zu ihr kommen sollen, obgleich sie schon zwei Indier im Hause hat und jetzt noch eine Ostfriesin dazu erwartet. So bringt immer Einer den Andern in Bewegung, und aus dem einzelnen Schneeflöckchen Helle kann eine Lawine werden, die Adelheiden begräbt. Wir haben hier einen schrecklichen Sommer. Ich glaube es hat sei Anfang Mai nicht geregnet. Heu und Futter giebt es gar nicht. Der Hafer fällt so ziemlich ganz aus, die Gerste sehr schlecht. Die Preise steigen bedeutend und die Theuerung drückt Einem das Herz ab. Mein kleines Hausgärtchen sonst das Bild der üppigsten Fruchtbarkeit ist ganz vertrocknet. Es wächst nicht einmal Unkraut. – Gestern ist die Herzogin auf 3 Monat nach der Schweiz und Italien abgereist. Nichts und Niemand zwingt dazu. Ich bin von der schlesischen Reise noch nicht einmal genesen – aber die Weiber sind so thatkräftig.

## N° 96

Ballenstädt am 8. Oct. 1857

Mein geliebter Bruder!
Daß ich Dir so spät danke für den überschickten Wechsel, geschieht nur um nicht gar zu oft zu schreiben, denn es geht mir gerade wie Dir, es will wenig mehr aus der Feder heraus und am Ende wird auch die Quelle *ganz* versiegen. Doch muß man sich zwingen immer neue Saat zu streuen um ernten zu können. Glaube mir, mein alter Gerhard, ich erkenne es ganz und gar mit größter Dankbarkeit, daß Du mir immer noch schreibst, da Du doch fast so alt bist wie ich, und eben so lebenssatt. Die Verzögerung dieses Briefes hat übrigens den Vortheil, daß ich Dir nicht nur die glückliche Ueberkunft meines Wechsels, sondern auch des andern an Adelheid melden kann, da diese mir seitdem schon geschrieben hat. Bei Adelheid sind noch unsere Söhne Otto und Benno und

werden sie wohl ratzenkahl fressen. Es scheint ihnen dort wacker zu gefallen und Otto zeichnet viel in der interessanten Gegend. Nun ist auch Martin dazugekommen, so daß die Söhne von uns 3 Geschwistern sich mitsammen erlustiren. Adelheids Kinder sind sehr ausgezeichnet und besonders wird Martin gewiß einmal einen Namen haben. Diese Kinder sind der armen Schwester auch Ersatz für sehr Vieles, was sie im Leben entbehren muß. Ich hatte Adelheid seit 8 Jahren nicht gesehen und freute mich daher sehr, daß Sonny sie einmal flott gemacht hatte. Sie ist ein rührendes Wesen. Sorgen und Leid und harte Arbeit haben tiefe Spuren in ihrem Gesicht und ihrer Gestalt hinterlassen, doch ist sie so freudefähig, daß sie gleich aufjubelt wenn ihr etwas Luft gelassen wird. Sie ist keineswegs blasirt wie wir Brüder, die wir doch unstreitig ein viel glatteres Leben gehabt haben, hat ein offenes Herz für Alles und zehntausendmal mehr Liebe als ich. Wo sie kann, opfert sie sich mit Freuden für Andere auf und hat für ihre Brüder die wärmste Anhänglichkeit. Du solltest ihr doch auch manchmal brüderlich schreiben. Sie war, als sie hier bei mir Deine Briefe las, ganz erstaunt, daß Du so poëtisch, so geistreich und gebildet seist. Sie hatte davon keine Ahnung gehabt weil Du ihr immer nur trockne Geschäftsbriefe geschrieben. Sie kannte Dich gar nicht mehr. Ach es war eine schöne Zeit, die wir hier mit Adelheid und den Cousinen Sonny und Helene verlebten, nur daß ich etwas stumm und hölzern war, wie immer wenn ich sehr lieben Besuch habe. Von uns drei Geschwistern kann eigentlich nur Adelheid sich der Geselligkeit recht hingeben und die Gegenwart gebührend aussaugen. An Trennungsweh habe ich übrigens laborirt so lange das Wetter gut war, d. h. bis zum 5t October. Die trüben kalten Tage jetzt, die ein Zimmerleben bedingen, sind nun anders. Mein Oefchen heizt und das erinnert nicht mehr an meine lieben Gäste. Helene, Sonny und Adelheid zu Gästen zu haben, ist übrigens was ganz besonderes, weil sie so stark und aufrichtig genießen können bei der vollkommensten Anspruchlosigkeit. [Wenn z. B. der Potsdamer Fritz hier ist, so macht er Besuche in allen Häusern, wird besucht, will außerhäusige Geselligkeit und Amüsement haben, den Hof frequentiren usw.] Unsere Verwandte hingegen schienen ganz befriedigt wenn sie die warme Sommerluft athmen konnten und etwas blaue Farbe in den Schattirungen der Ferne sahen. Es war dies ein Gottesglück, denn viel Geselligkeit konnten wir ihnen nicht schaffen. Sie haben auch alle miteinander so viel des Guten in sich, daß jede für sich allein schon hinreicht sich hinlänglich zu amüsiren. An Männern mag Dir's freilich fehlen, mein armer Bruder, aber dafür hast Du diesen Reichthum an ausgezeichneten Frauen, von denen Helene sogar einen männlichen Verstand von abstracten Dingen hat. Ja es ist hier in Ballenstädt kein einziger Mann, der diesen Verstand hätte. Du bist reicher als ich, denn die Männer mit denen ich hier verkehre, stehen wahrscheinlich noch unter dem Niveau Deiner Freunde, und was ich in Radisleben finde, gehört auch nicht gerade ins Geniewesen. Nathusius zwar ist ausgezeichnet, aber sehr selten und schwierig zu erreichen und dann meist ungenießbar, dabei so engbrüstig lutherisch, daß man doch einen Bann zwischen sich fühlt. Es ist sehr bemerkenswerth, daß sämmtliche christliche Männer der ganzen Umgegend entweder an dieser Engbrüstigkeit leiden, oder nur ein anstudirtes Christenthum haben. Daraus schließen Viele, daß das Lutherthum einen Beruf habe die Kirche zu regeneriren. Bei Einseitigkeit ist allerdings in der Regel der größte Eifer und am Ende muß man sich doch mit Paulo freuen, wenn nur Christus gepredigt wird. Für mich weiß ich genau, daß mein Heil nur in der Nachfolge Christi liegt, und daß mir auch nur diejenige Erkenntniß etwas hilft, die mir auf diesem Wege kommt. Was ich bis jetzt von der evangelischen Allianz gelesen, hat meinem Sinn auch nicht sonderlich entsprochen, mit Ausnahme der Rede von Merle d'Aubigné aus Genf, die mir fast apostolisch scheint. Die Eröffnungsrede von Fritz macht den Eindruck eines prahlerischen Feuerwerks und außerdem scheint nichts Sonderliches gesprochen worden zu sein. Da sind mir fast die Lutheraner lieber. –

*Am 10. Oct.* So eben sind die beiden fahrenden Schüler Otto und Benno fröhlich und gebräunt wieder eingelaufen von Tecklenburg, wo sie ihrer eigenen Aussage nach unmenschlich gefressen haben. Mein Gerhard ist auch hier und bleibt bis Weihnachten. Vorgestern kehrte die Herzogin von ihrer dreimonatlichen Reise in der Schweiz und Italien zurück. Sie wurde feierlich empfangen, viele Häuser waren illuminirt, die Liedertafel sang auf dem Schloßhof während die Schützengesellschaft auf dem Ziegenberge 12 Kanonenschüsse abfeuerte und alle Schulkinder durchzogen den Schloßhof singend mit bunten Lampen. Gestern war der Geburtstag der Herzogin. Von früh 8 bis 1 Uhr nahm sie Gratulationen und Geschenke an. Dann fuhr sie zum Diner nach Hoym zum Herzog, der ihr das Großkreuz des Bärenordens in Brillanten schenkte. Den Abend verbrachte sie still in ihrer Familie, indem die große Tafel und die Barduasche Vorstellung auf morgen verschoben wurde. Ich war daher den Nachmittag frei und wanderte nach Radisleben, wohin Gerhard mich begleitete. Da saßen wir fest bei einem Glase Bier und besprachen unsere gewöhnlichen Themata von Lutherthum, Union und evangelischer Allianz. Wir bilden in Radisleben eigentlich die wahre Allianz, indem wir aus den verschiedensten Elementen bestehend uns doch gegenseitig als Christen anerkennen und dies auch nie vergessen wenn wir mit einander streiten. Wir haben unter uns einen entschiedenen Reformirten, mehrere entschiedene Lutheraner einen gemäßigten Lutheraner und einen Unirten, welcher letztere ich bin. Ich sehe nämlich die Differenz als unwesentlich an. Nicht jede Differenz, sondern nur die zwischen den beiden Schwesterkirchen. Am Bekenntniß kann man überhaupt keinen Christen erkennen und nur die äußere Kirche hat als solche das Bekenntniß nöthig. Das was den Christen macht, ist Buße und Vergebung. Wer wirklich und in Wahrheit, ohne Nachsprecherei und Heuchelei, seine Sünde als eine feindliche, todtfeindliche Macht in sich erkennt, darüber leid trägt, und seine Hülfe nicht in sich selbst, sondern in seinem Herrn und Heilande Christo sucht, der ist ein Christ. Dabei kann er allerlei Ketzereien nebenbei haben, aber sie werden unwesentlich sein. Wesentliche Ketzereien vertragen sich gar nicht mit dem lebendigen Glauben. Ich lese jetzt zu meiner großen Stärkung und Erbauung einmal wieder die alte Kirchengeschichte von Milner. Ich wünschte Du könntest dies treffliche Buch auch einmal durchakkern; es erwärmt von Grund aus, während die meiste Lectüre und das Weltgetümmel Einen von allen Seiten ankältet. Es ist nicht genug daß wir einmal erweckt waren. Wir bedürfen neuer Bekehrung täglich. Ein probates Mittel sich täglich aufzurichten giebt auch Luther an. Man soll nämlich das Vaterunser und den apostolischen Glauben beten. Man muß freilich mit der Absicht beten, sich zu erbauen, sonst kann man ebenso gut ein Capitel aus Eulenspiegel hersagen. Wer der Schablone nicht bedarf, wer den Drang hat frei zu beten, ist freilich am allerbesten dran. In so glücklicher Situation ist man aber selten, und der Erbauung und erneuten Vereinigung mit dem Haupt der Kirche bedarf man immer.

*Hoym 14. Oct.* Da sein ich wieder (wie man am Rhein sagt). Draußen dicker Nebel, dünner im Zimmer, nämlich Tabacksnebel bewirkt durch Benno, den ich mit herausgebracht und auch ein klein wenig durch mich. Das Allerunangenehmste an Söhnen ist wenn sie auch rauchen, und doch – mit welcher Stirne wollte man es den armen Schluckern wehren. – Am 11$^{t}$ d. war eine Nachfeier des herzogl. Geburtstages: Mittags Gala-Diner, Abends große Barduasche Vorstellung. Zweihundert Menschen waren dazu eingeladen, aber es war ein widerwärtiges Stückchen, das Jedermann mißfiel. In diesem Mißfallen aber lag der Reiz des Abends und ich habe die Erfahrung gemacht, daß die Zuschauer am allervergnügtesten sind, wenn sie den Autor und die Acteurs auslachen können. Ich wünschte wir verlören endlich den Geschmack für diese Art der Unterhaltung. Die Herzogin hat 50 Ansichten von Venedig mitgebracht nebst einem Stereoskop. Wenn man da hineinsieht, so erblickt man kein Bild mehr, sondern wirkliche Körper und Gegenstände. Es ist die mächtigste Täuschung die es giebt. Vermittelst dieses Instruments bin nun auch ich wieder in Venedig gewesen und zwar mit großer Rührung da ich dort einst so glückliche 8 Tage verlebte.

Mit dem guten Wetter scheint es nun wirklich zu Ende. Es ist kalt und nebelig und der heizende Ofen thut wohl. Uebrigens bewahre Einen der liebe Gott in Zukunft vor so schönen Sommern, in denen gar kein Regen fällt. Die Brunnen sind versiegt und alle Teiche trocken, bis auf den Schloßteich in Ball. der noch halb voll, aber ganz ohne Zufluß ist. Auf halbes Futter ist das arme Vieh schon längst gestellt, wenn aber auch das Wasser fehlt, dann wird es böse. Milch und Butter sind fast gar nicht mehr zu erschwingen und gegen Frühjahr werden wir erst recht in die Noth kommen. Die meisten Wiesen haben gar nicht gemäht werden können und der Klee auf dem Felde ist verbrannt. Stroh fehlt auch, so daß man von der Schlempe kaum Gebrauch machen kann, und zu kaufen ist nichts. Die Landwirthschaft ist doch ein schreckliches Fach. Merkwürdig ist es, daß wir seit 1845 gar keine recht reichlichen Ernten mehr gehabt haben. Die vorjährige war zwar gut, aber doch nicht so brillant, daß sie auf 2 Jahre ausreichen sollte, besonders da sie lauter leere Scheunen antraf. – Von Auguste hatte ich einen sehr lieben Brief mit Nachrichten von Sophie, die ja erfreulich waren. Gott helfe doch weiter nach seiner großen Barmherzigkeit. Aber daß die arme Auguste sich nun den Fuß verstauchen mußte! Die armen Schwestern kommen gar nicht aus der Noth. Auguste mit Krücken! ... das kann man sich gar nicht vorstellen. Ich hinke manchmal ganz unwillkürlich durch's Zimmer und bilde mir ein ich habe etwas verrenkt, wenn ich daran denke. Die arme Adelheid ist auch schlimm d'ran. Sie hat sich nämlich die Hand verrenkt und wahrscheinlich ein Muskelband verletzt, und ist sehr leidend. Dazu eine neue ungeheure Pflegetochter, ein kolossales Mensch aus Ostfriesland und zwei wilde Indier. Maria muß das meiste besorgen und soll sich sehr auszeichnen. – Mein lieber, lieber Gerhard! Noch sind wir drei Geschwister am Leben und noch heißt es «heute so ihr Seine Stimme höret, so verstocket eure Herzen nicht!» Ach daß wir doch alle drei den schmalen Weg des Lebens gingen, unserem Heiland nachzufolgen. Das gebe der, dem alle Dinge möglich sind und der auch mich noch erretten kann als einen Brand aus dem Feuer. Grüße unsere süße Elmine und die Schwestern Helene, Sonny und Alwina und ganz besonders meine ewig geliebten Pollschen. Gott helfe ihnen und uns Allen über die Tage, die uns nicht gefallen! Es wird draußen immer dunkler und kälter. Möge es im Herzen lichter und wärmer werden.

Dein Wilhelm

## Nº 97

Hoym 25. Nov. 1857

Mein alter lieber Gerhard!
Herzlichen Dank für Deinen trefflichen Brief vom 3. Nov., der mich hier in Hoym schon 8 Tage vor meinem Geburtstage erreichte. Mit ihm begann die Festfreude und mit einem Brief von Adelheid, der 2 Tage später kam, schloß sie ab. Ich habe Dir lange nicht geschrieben und weiß nicht wo ich beginnen soll. Von Geburtstagen schreiben nur Kinder und etwa Prinzessinnen, weil sie die Sache so ernst nehmen. Ich denke jedoch auch an den meinigen mit Rührung, denn obgleich ich mir alle Umstände verbeten hatte, so erschien doch Prinzeß Louise schon am 19t persönlich um mir zu gratuliren weil sie dachte ich wäre am 19t geboren. Auf meine Gebote achtet Niemand. Julchen schenkte mir eine feuerrothe Tischdecke, die Töchter und Gerhard dessen sehr wohlgelungene Photographie, die Bernstorff einen halben Anker Rothwein. Ich rannte vor allen Dingen zu Prinzeß um sie zu verhindern ihr gestriges Versehen wieder gut zu machen und holte mir ihren Segen. Dann zur Bernstorff. Dies hatte mich so angegriffen, daß ich bis

Nachmittag nichts weiter thun konnte. Am Nachmittag ging ich mit der ganzen Familie nach Radisleben, zum ersten Mal die Damen mit. Abends bei der Bernstorff Thee, und nach dem Souper Punsch mit den Meinigen auf meiner Stube mit Vorlesung Deines Briefes und Helenens Reise an den Peipus. Das war der große Tag. Kurz vorher waren Dinge erledigt, die mir in meinen kleinen Verhältnißen wichtig sind. Freund Vorster war nämlich seit längerer Zeit wieder sehr prätentiös geworden. Sein alter Wahnsinn sich als den Chef des Hoymer Arrangements anzusehen und die sämtliche Dienerschaft sammt Officianten und Cavalieren als seine Untergebenen, war wieder sehr lebhaft geworden. Seiner Meinung nach durfte Keiner sich entfernen ohne Urlaub von ihm zu nehmen, er maßregelte die Dienerschaft direct und wollte sogar der Herzogin das Recht nicht zugestehen, die Cavaliere von hier weg nach Ballenstädt einzuladen. Gegen solche principielle Uebergriffe setzten Hellfeld und ich uns natürlich auf die Hinterbeine und lebten mit Vorster in einem continuirlichen Kriege, der oft äußerst lästig wurde. Endlich drohte er die Sache vor die Herzogin zu bringen. Wir riethen ihm ernstlich ab und versicherten ihm, die Herzogin würde ihm weit weniger zugestehen als wir ihm privatim schon um des Friedens willen eingeräumt hätten; er aber mochte glauben wir fürchteten das Gegentheil und kriegte richtig die Herzogin an; nur leitete er die Sache so dumm als möglich ein. Er sagte nämlich der Herzogin das Hoymer Publicum nähme es übel wenn sie in ihrem eigenen Interesse Personen aus der Umgebung oder Dienerschaft des Herzogs hinwegzöge, er müsse daher bitten, daß dies nicht mehr geschähe. Die H. antwortete augenblicklich, sie würde sich dann vor allen Dingen das Vergnügen versagen müssen, ihn selbst je wieder bei sich in Ballen. zu sehen, da er in Hoym die unentbehrlichste Person sei, wandte sich ab und sprach den ganzen Abend kein Wort weiter mit ihm. Andern Tags fuhr sie zu Schätzell auf den Mägdesprung um den dummdreisten Doctor anzuklagen und jener erhielt gleichzeitig einen Brief von Vorster, worin dieser sich in all' seiner thörichten Anmaßung blosstellte, so vollständig, daß wir Cavaliere kein Wort der Klage hinzuzufügen hatten. Schätzell kam nun heraus und möbelte V. bei 3 Stunden unter vier Augen ab, bis dieser ihm endlich kleinlaut eingestand, er habe sich durch unchristlichen Hochmuth verleiten lassen, seine Stellung ganz falsch aufzufassen. Alles was wir ihm privatim zugestanden hatten, sprach Sch. ihm ab und stellte ihm eine Instruction in

Aussicht, die ihn fürs künftige ganz ins Klare setzen sollte. Von diesem Zwiegespräch hat mir V. zwar nichts verrathen, aber er ist seit der Zeit wie um den Finger zu wickeln, bescheiden, anspruchslos und das Leben mit ihm leicht. Das ist mein bestes Geburtstagsgeschenk. Zufällige Uebergriffe will ich Jedem, sogar der Magd die mein Bett macht, gern hingehen lassen, aber principielle machen böses Blut und ein Zusammengehen unmöglich. Wenn ich ins Detail gehen wollte, würdest Du Dich wundern welch ein sonderliches Früchtchen dieser Vorster ist. Ein zelotischer Christ, aber ohne alle Erkenntniß der eigenen Sünde. Etwas von solcher Unart haben wir zwar Alle. Es ist viel leichter die Sünde Anderer zu erkennen als die eigene, nur in solchem Unmaß ist mir der Widerspruch noch nicht vorgekommen. Ich würde nicht so viel darüber geschrieben haben, wenn es nicht bis dahin zu meinen schwersten Aufgaben gehört hätte, mit einer so eckigen Figur in gutem Frieden zu bleiben, der trotz aller Zänkereien doch wenigstens äußerlich immer erhalten blieb. Zwei Tage vor meinem Geburtstage fällt der von Prinzeß Louise. Die Herzogin ließ Anna den Wunsch andeuten, die jungen Mädchen möchten etwas aufführen, und Anna machte sich sogleich daran und schüttelte eine lange Dichtung aus dem Aermel. Die Sternbilder kommen und gratuliren der Prinzeß. Anna sprach den Prolog. Gerhard und der Hauptmann Schweinitz erschienen Arm in Arm als Castor und Pollux, Elisabeth und Schweinitzens kleines Töchterchen als großer und kleiner Bär, Bertha Hoffmann als Sternschnuppe, reizend war die Leier die ihre Verse singend vortrug usw. Es waren auch sehr hübsche Chorgesänge aller Sternbilder eingelegt, das Ganze zart, elegant und launig, machte den heitersten und besten Eindruck. Darauf folgte ein Puppenkommödie von Gerhard und einer Frl. Volkwart aufgeführt mit Bardua'schem Text, der hinter der Scene gesprochen wurde. Dabei entwickelte Gerhard als steife Puppe ein so komisches Talent, daß die Gesellschaft nicht aus dem Lachen kam. Man glaubte die Fäden zu sehen, die seine Bewegungen leiteten. Wenn der Strick zu fest angezogen wurde, drehte er sich halb oder ganz um, kam auch manchmal nach heftiger Bewegung etwas schief zu stehen wie ein Scheit Holz das gegen die Wand gelegt ist. Er erntete großen Beifall, mehr aber noch Anna als Dichterin, von deren Talent selbst der tadelsüchtige Vorster (welcher Otto noch übertrifft) ganz hingerissen war. Ad vocem Otto! Zu diesem durchaus edlen Jungen gratulire ich sehr Dir und Elminen. Er sieht allerdings sehr durch die schwarze Brille (worin er Dich kopiren mag) und auf eine Weise, die *jungen* Männern nicht wohl ansteht; aber es ist dies nur eine Ungezogenheit, in der er sich noch zu viel den Zügel schießen läßt, und von der er sich noch frei machen wird wenn er reifer wird, da er den besten Willen dazu hat; aber er hat eine von Grund aus noble Natur. Man kann ihm volles Vertrauen schenken. Alle Strafbriefe, die er von Eltern und Geschwistern seines Lästerns wegen erhalten, las er uns an einem der letzten Abende von a bis z vor, womit er sich selbst eine hinlängliche Buße auferlegt hatte. Wie lieb ist mir Lilla durch ihren Brief geworden und wie lieb wäre mir das süße Mütterchen Elmine geworden, wenn ich sie nicht vorher schon über alle Bäume geliebt hätte. Als die Nachricht von Hermann Krause's Erkrankung kam, benahm sich Otto ganz musterhaft. Die Sache mußte ihm in jeder Art und Weise störend sein und schrecklich unbequem; aber ohne einen Laut des Unmuths ohne eine mürrische Mine, reiste er sogleich durch die Nacht zum kranken Vetter nach Jena, bei dem er treulich ausgehalten hat bis Sonny kam. Was er dabei an seinem Studium verloren, wird er als Mensch reichlich wieder gewonnen haben. Er hat sich vortrefflich gezeigt. Aber wie unbeschreiblich traurig ist doch diese ganze Sache! So eine arme Sonny! Sie schreibt uns ganz freundlich und ergeben am Krankenbette des Sohnes. Wir sind so fern und können ihr nicht beistehen. Hermann scheint alles Blut verloren zu haben, man begreift nicht wie er noch lebt. Es sei wahrscheinlich ein Geschwür im Magen, durch das sich das Blut ergieße, meint Vorster; er will aber mehrere Fälle erlebt haben, wo solcher Schaden sich ausheilt. Gott gebe auch hier das Beste. Erst nächsten Sommer oder Herbst, meint Sonny, werde Hermann transportabel sein. Dann will sie ihn zu uns bringen. Sonny hat Recht gethan, daß sie wieder herauskam, sie konnte nicht anders. Nur uns trifft ein Vorwurf, daß wir sie überhaupt nach Rußland zurückgehen ließen; aber Hermann schien baumstark und rüstig; daß er rückfällig werden könne, fiel uns im Ernst gar nicht ein. – Für Helenens Gruß, den Dein Brief gleich an der Stirne trug, danke ich Dir sehr. Es ist sehr unbegreiflich, daß es ihr bei uns so gut gefallen hat, da sie durch Dein Haus eigentlich verwöhnt ist. Wie es Dir übrigens schriftlich mit Adelheid ergeht, so scheint es Helenen, nach vorhergegangener großer brieflicher Intimität, persönlich ergangen zu sein. Die Beiden fanden sich nicht, zu Adelheids andauerndem Schmerz. Auf persönliche Vertrautheit mag wohl briefliche folgen, aber umgekehrt scheint die Sache selten zu gelingen. Daß Adelheid Dich nicht aufschließen kann, ist schade; mich kann sie's eigentlich auch nur in so fern sie meine Schwester ist. Daß Du *mir* schreiben willst bis zur Todesstarrheit, das ist brüderlich und rechtschaffen und ich will es auch so machen. Daß Du Dich durch Ofengrütze ins Wohlwollen gefressen hast, ist prächtig. An Elminens Stelle wollte ich Dir gleich Morgens beim Erwachen das Maul voll Grütze kellen. Ja wohl hat Nahrung Einfluß auf Tugend. Seitdem ich dienstbar bin, bin ich zwar nicht mehr verdrießlich und bissig, aber der Wein und das gute Essen macht mich zu sinnlicher Verworfenheit geneigt. Es ist mir fast unmöglich mit dem Herzoge ganz allein stundenlang bei Tisch zu sitzen und nicht zu essen von den niedlichen Gerichten, nicht zu trinken vom duftenden Wein. Darnach aber bin ich dann sinnlich. Das Essen ist der größte Fluch der Hofleute, wenn sie wie ich einen berühmten Magen haben. Ich bin in fortwährender Balgerei mit dem Essen. Könnte ich wie Adam blos Gemüse essen, oder wie Du Ofengrütze, so würde ich vielleicht noch gut werden. Wenn aber der Herzog zum Nachtisch eine halbe Stunde lang (die Stutzuhr steht vor mir) fortwährend kauend, mit Geistern murmelnd und sich verschluckend, an einem einzigen Apfel ißt, so weiß ich mir oft nicht anders zu helfen, als daß ich unterdessen Wein trinke und Brod dazu schlinge, was etwas ganz abscheuliches ist. Manchmal lerne ich Sprüche oder Lieder auswendig, aber das schmeckt auch nicht bei Tafel. Vorster konnte es nicht mehr aushalten, er fühlte daß er verthierte, indem er viermal so viel verschlang als ich, und nun bleibt er ganz weg, und bin ich schon seit 12 Wochen mit meinem gnädigsten Herrn allein. Ich Aermster darf nicht wegbleiben. Das und die Thees bei der Herzogin sind mein Schlimmstes. Dort sitzt man jetzt drei volle Stunden von 7 bis 10 Uhr Abends auf einem Stühlchen ohne Lehne, dessen Sitz nicht größer ist als ein Pollscher Pfannkuchen. Gegessen wird nur aus der Faust und dabei soll immer Conversation sein. Schläft man nun ein bischen ein, so stürzt man mit Donnergepolter unter den Tisch, den Teppich mit den Armleuchtern nachreißend. Wacht man, so vertreibt man die Bitterkeit der Situation theils mit Schnupfen und Schnäuzen, was gar nicht gern gesehen wird, oder mit den erbärmlichsten Witzen. Bisweilen wird auch ein Missionsbericht oder ein Bericht aus irgend einer Verwahrschule oder Besserungsanstalt vorgelesen, und dann fühlt man ordentlich wie sich Einem die Gelenke lockern.

Daß Du in diesem Herbst gegen die Hypochondrie kämpfen willst, ist herrlich, nur daß das Mittel, welches Du erwählt hast, Zimmergymnastik, so fürchterlich langweilig ist. Ich will es auch immer thun, weil es meine Brust merklich erleichtert, aber ich kann's nicht durchsetzen weil ich immer was Anderes vorhabe. – Ja Wassermangel, und abermals Wassermangel! Es geht uns auch nicht besser. Es fließt bei uns schon lange nichts mehr und fast alle Brunnen sind versiegt. Die Mühlen stehen und die Mäuse fressen die Aussaat auf den Feldern weg. Sie werden zu Milliarden vergiftet und die Vergifteten von den Krähen gefressen, oder wurden gefressen, denn man sieht jetzt keine Krähen mehr, sie liegen todt in den Furchen. Endlich gestern Mittag stellte sich der erste Landregen, etwa seit April dieses Jahres ein, doch ist er noch so fein und dunstartig, daß er wenig fruchtet. Unsere Landwirthe sind in heller Verzweiflung, sie haben kein Futter und daher haben auch Milch und Butter aufgehört. In Hoym wird die Schlempe der Zukkerfabrik verfüttert und etwas bittere Butter erzeugt, die ich nicht essen kann. Deine beste Nachricht ist die von Sophiens endlicher Besserung. Gott wolle es doch in Gnaden so fortgehen lassen. Könnt' ich mich doch einmal ohne Reise nach Poll versetzen, um diesen treuen alten Freundinnen die Hand zu küssen. Aber Du hast Recht, der Abschied ist immer bitterer als die Freude des Wiedersehens groß ist, weil man den Abschied unter Jahr und Tag nicht wieder los wird. Ich fürchte mich schon jetzt vor dem Abschied von meinem Gerhard, obgleich dieser noch 4 Wochen bleibt. – Der arme König von Preußen ist noch lange nicht über den Berg. Es ist sehr wehmüthig diesen Herrn noch bei Lebzeiten durch Gottes Finger so bei Seite geschoben zu sehen. Die Krankheit-Bülletins waren alle unterzeichnet: Schönlein. Weiß. Nix., was die Berliner zusammenzogen.

*Am 28. Nov.* Ein Festmorgen! Alles weiß vom ersten Schnee, die Bäume überzuckert, die Sonne drängt durch abziehende Schneewolken. O wie sich das Herz sehnt unter Dein Fach und nach Poll. Sollen wir uns denn nie mehr das Herz durchleuchten und kühlen lassen vom ersten Schnee? Es ist wie eine Wäsche auf allen Staub, den der Sommer auf der Seele ablagerte. – Nachträglich nach Folgendes zu Otto Pipers Geschichte. Er bewohnte mit seiner Mutter ein kleines Haus in Bernburg. Da erhält ein Freund in Coswig Brief und Packet. Im Briefe steht: «Komm eilig und beerdige mich und die Mutter, wir hatten keine Mittel mehr zum Leben, scheiden in Frieden mit Gott und der Welt.» Im Packet war der Hausschlüssel. Der Freund macht sich auf und öffnet in Begleitung des Landrath Bunge das Haus. Das ganze Haus, Treppe und Alles ist spiegelblank gescheuert, das Wohnzimmer mit Blumen aufgeputzt. Auf dem Tische steht KaffeService mit allem Zubehör, damit der Freund sich nach der Reise stärken soll; an der Thür zum Schlafzimmer aber, über welchem sich ein Fensterchen befindet hängen neben einander an zwei Stricken Mutter und Sohn in Sonntagskleidern. Da die Thür zu niedrig war, haben beide sich die Beine in die Knie gebunden. Der Sohn hat den Strick um den bloßen Hals, die Mutter sich ein seidenes Tuch darunter gebunden. Der Schreibtisch ist voll von religiösen Gedichten aus neuster Zeit. O Gott, ich kann nicht sagen wie unendlich wehmüthig mir die Geschichte ist. – Grüße Elmine, Helene, alle Deine Kinder und Schwiegerkinder. Mein theurer einziger Bruder! Dein Wilhelm

## Nº 98 Ballenstädt 21. Dec. 1857

Mein theuerster Gerhard!
Da ist Dein Brief! Keine 9 Tage in schlimmster Jahreszeit gegangen. Da ich Zeit und Gemüthlichkeit habe, will ichs machen wie Du und auf der Stelle die Antwortsfeder eintauchen, nämlich in eine neue Tinte, die Lust macht, mit der es sich wie mit Spiritus schreibt – heißt CanzeleiTinte. Hättest Du doch diesen Saft für Deine Birkenrinde! – Nun also: Mein erst Gefühl gilt heute Sally, welche die Güte hatte mich zum Großonkel zu machen. Gott sei Dank, daß es so weit ist, nicht mit mir, sondern mit der armen Sally. Wie oft (so lange mich die Hebammen noch grüßten) habe ich gewünscht es möchte anders sein, die Kinder auf irgend eine andere Weise ins Leben treten. Die Geburtstage meiner Kinder und was darum und daran hing, waren etwa Todestage für mich und die Geburtstage der Enkel mögen auch kein Kirschenessen sein. Ach Gott! wie hängt der Himmel doch immer voll Schwerter über der geprüften Menschheit. Keine Civilisation, keine Constitution, kein Fortschritt bewahrt vor Niederkünften, die schlimmer sind als Leibeigenschaft und Frohnen. Dies führt mich ganz natürlich auf die Politik und auf Deine Aeußerung, daß den Alten Manches gut war, was doch für uns nicht mehr taugt. Hierin harmoniren wir reichlich; wenn Du aber zu meinen scheinst, daß jetzt

Manches besser geworden, so habe ich hinzuzufügen, daß Anderes schlechter geworden. Die durchschnittliche Temperatur der Welt bleibt sich gleich und das durchschnittliche Elend auch. Formen die zu Uebelständen geworden, lösen sich in Formlosigkeiten, die auch keine Wohlstände sind, und umgekehrt. Die Welt ist des Teufels und wird es bleiben. Die Kinder Gottes schauen gen Himmel. Hesekiel ist auch mir ein sehr lieber Mann. Er trägt die Politik der Kreuzzeitungspartei, der einzigen gesund conservativen die wir in Deutschland haben, in den Roman über. Der Conservativismus jener Partei besteht aber nicht darin, Altes und Abgestorbenes wieder zu beleben, sondern vielmehr darin: es möglichst zu verhüten, daß die Continuität des Rechts durch die allerdings nöthigen Reformen verletzt werde. Sie will daher, daß wohlverbriefte Rechte, die etwa heut zu Tage geniren, nicht durch Machtsprüche, sondern durch Ablösungen beseitigt werden, und daneben will sie den geschichtlich gewordenen Organismus im Volke, oder was davon noch lebenskräftig ist stützen so lange es irgend geht, damit nicht Alles in einen allgemeinen Brei zerfließe und nichts anderes übrig bleibe als doctrinäre Formen, d. h. gemachte Verfassungen, die in nichts wurzeln als in Principien. Jene Partei möchte es uns ersparen Frankreichs Weg zu gehen und am Ende in den Abgrund der Lüge hineingerettet zu werden, in den die Franzosen durch ihren modernen Cäsar gerettet sind, ein allgemeiner Brei und ein Despot, der in seinen Manifesten mit den Ködern der Republik, der Demokratie und Freiheit um sich lügt. Aber darin hast Du Recht, für Frankreich war dieser Louis eine Nothwendigkeit wie Caesar für Rom. Sobald die Aristokratie sich löst, tritt irgend ein lügenhafter Räuberhauptmann an die Spitze. Deswegen möchten wir von unserem Adel halten was wir noch haben, wie jede naturwüchsige (d. h. nicht durch Gewalt gemachte) Autorität stützen, so lange sich noch Reste davon finden. Es ist das Beste was wir thun können, und gelingt es nicht, nun so rollt die Welt ihren Weg. Armuth, Krankheit, Sünde und Niederkünfte bleiben doch, das kann man allen Parteien zum Trost sagen. Die liberale Weisheit besteht eigentlich darin, ganz willkürlich durch Raubbeschlüsse dem Einen was zu nehmen und es dem Andern zu geben. Es sind die Theilungsgelüste, die jede Revolution kennzeichnen. Die theuern (weil steuerfreien) Rittergüter werden z. B. plötzlich durch die Steuer so tief im Werthe heruntergedrückt, daß die Besitzer sämmtlich mit einem Federstreich verarmt sind. Das ist den Bauern geschenkt, die sich auf ihren wohlfeil bezahlten (weil besteuerten) Gütern ganz wohl befinden. Oder auch die Jagdgerechtigkeit, die der Edelmann mit schwerem Gelde bezahlt hat, wird ihm genommen und der Gemeinde für nichts und wieder nichts geschenkt. Von der Gemeinde nun muß der Edelmann sie um der Ordnung willen wieder pachten, wenn er nicht auf seiner eigenen Scholle todt geschossen, oder seine Fluren geschädigt sehen will. Nun ist es zwar nöthig und gerecht, daß auch die Rittergüter besteuert werden, desgleichen nützlich die Jagdmonopole zu beschränken und gegen Beides hat die conservative Partei nichts einzuwenden, aber Beides will sie auf eine Art durchgeführt wissen, die weder den Einen beschädigt noch den Andern bereichert. Doch wer weiß wo man hingeräth, wenn man einmal anfängt in diese flüssige Canzeleitinte einzutauchen, die nicht schimmelt und nie gelb wird. – Dein Brief ist ein Schlauch voll des trefflichsten Witzes. Wir, besonders Anna, mehr noch Gerhard, am allermeisten ich selbst haben aufs härteste gelacht, besonders über dies und das. Es war uns Alles äußerst verständlich, und Du bist der Daus. Daß ich Deine «Musikalische Briefe» nicht lesen kann, ist mir leid und lieb. Fast könnte ich Dich um Dein musikalisches Talent beneiden, und weiß eigentlich nicht wo Du es her, oder vielmehr wie Du es ausgebildet hast; denn als Junge, dächte ich, wärst Du der Klavierstunde radikal entronnen gewesen.

Ich kann so gut wie gar nicht spielen, aber Eins habe ich: wenn ich nämlich mit Herrn Carl Alexander spazieren fahre und dieser schläft, so bewirkt das Rasseln der Räder, daß ich ein vierstimmiges Tonwesen, etwa wie von Orgelpfeifen ziemlich deutlich höre, oder hören kann wenn ich will. Diese 4 Stimmen bewegen sich in den reinsten Intervallen. Ich kann sie leiten wie ich will und nicht nur jede bekannte Melodie, sondern auch meine eigenen Ideen mit ihnen blasen. Da kommen denn bisweilen so hinreißend schöne Harmonien vor, daß ich Musiker sein möchte, um sie zum besten der Welt zu fixiren. Rasselt der Wagen sehr stark, wie zum B. Postwagen mit viel Gepäck auf harten Wegen, so höre ich die Töne mit größter Deutlichkeit wie von einer wirklichen Orgel, nur reiner noch, schöner und zarter. Dasselbe hatte Wilh. Stackelberg bei nächtlicher Fahrt auf der Eisenbahn bemerkt und überraschte mich durch die Mittheilung. Jedenfalls gehört dieses Phänomen in das Reich der Hallucinationen oder des Wahnsinns, und ist ein Beweis für die schöpferische Kraft der Seele. – So wollen wir uns denn also nicht wiedersehen! Ist auch am Ende das Gescheuteste, wenn man das nicht will was man nicht kann. Man kann auch fast kaum auf schriftliche Freundschaft persönliche setzen, da Niemand persönlich so bequem ist wie in seinen Briefen. Umgekehrt ist es leichter. Drüben in jener Welt – ja davon hat man gar keinen Begriff, wie man sich dort finden wird (wir z. B. viel älter als unser Vater); aber finden werden sich leibliche Brüder gewiß wenn sie überhaupt einer seligen Auferstehung gewürdigt werden, weil sonst die Sache einen bedenklichen Haken hätte. Das Evangelium ist wahr, weil es den Bedürfnissen des edleren Theils unseres Selbst entspricht, und Alles ist wahr was dem entspricht, und was ihm widerspricht, ist Blendwerk der Hölle. Wie wird das doch sein wenn Freunde und Geschwister, Eltern und Kinder hindurchgewürgt durch die enge Pforte des Todes und frei von Sünde, Krankheit und Armuth sich auf ewig wiederfinden am Throne des Lammes. Ein Wiederhaben ohne Trennung. Was man nicht findet, zieht man nach oder man wird selbst nachgezogen, denn man kann ja in die ewigen Hütten aufnehmen wen man will. Das Erbarmen der Erlösten wird den Richterspruch des Erlösers lähmen. Das ist nicht Schwärmerei, sondern Evangelium. Zur übrigen Lehre paßt es freilich nicht, aber es paßt ja überhaupt nichts zu einander, es ist Alles Widerspruch im Evangelium und doch Alles Ja und Amen für allen Nothschrei unserer armen Seele. –

*Hoym 22. Dec.* Da bin ich wieder, so eben angelangt. Ich bleibe heute hier und morgen, übermorgen löst mich Hellfeld ab weil wir überein gekommen sind mit dem Weihnachts-Abend regelmäßig zu wechseln. Am ersten Feiertag Nachmittag komme ich wieder auf meinen Posten. Wunderbar still ist es hier und einsam, nur daß der Wind draußen durch die Tannen rauscht und im Ofen das Feuer knallt. In Ballenstädt war so viel Unruhe, Theater, Concerte, Tafeln, Thees, Landpartien, anlaufende Bekannte, volles Haus; hier aber könnte man vollen Frieden haben, wenn in den Zimmern nebenan kein kranker Herr, sondern die eigene Familie haust. Dies aber ist mehr Tod als Friede. Die Trennung von Ballenstädt wird mir immer so leicht des Hofes wegen, so schwer von den Meinigen; aber so ist es im Leben, was uns vorn abgenommen wird, wird hinten wieder angehängt und ich bleibe dabei, daß kein Fortschritt der Gesetzgebung das Uebel aus der Welt bringt – wird es doch durch das vollkommenste, durch das göttliche Gesetz, nicht einmal aus unserem Herzen weggeschafft. Bisweilen nistet die Weltgeschichte freilich den großen Staatsstall etwas aus und unser Herz wird gereinigt durch Geschicke.

*Am 23. Dec.* Daß es Dir leicht wird mir zu schreiben; daß Du auch Adelheid geschrieben; und daß die üble Laune Dich verläßt, welche nichts anderes ist als ein Besessensein vom leibhaftigen Teufel, und Mörderin der Menschenseele, das Alles sind Nachrichten dankens- und Freude werth. Wie mögen wir beiden armen Schächer nur eigentlich zu dem jämmerlichen Leiden der Launen gekommen sein, da doch unsere Eltern ganz frei davon waren. Es muß doch diese Eigenschaft, die man entweder hat oder nicht hat, vom Großvater Zöge auf uns übergesprungen sein. Gott bewahre doch unsere Kinder vor solcher Pest. – Im Geiste sehe ich Dich immer in freundlich wohlwollender Stimmung einsam turnen. Du Aermster! – Ich sollte es auch thun, um Stockungen vorzubeugen, aber ich kann mich so schwer dazu entschließen. Dann sehe ich Dich wieder vor euerm neuen Bauergesetzbuch sitzen. Wie ist es aber möglich 1315 Paragraphen über bäuerliche Verhältniße auszuhekken! Anstatt auf Principien muß man sich auf alle möglichen Vorkommenheiten vereint haben. Wenn man das zur Zeit im Posseß der Bauern befindliche Land nicht zum geschlossenen, unveränderlichen Bauereigenthum macht, was wie ich meine, ohne Nachtheil der Herren zu ermöglichen wäre, so möchte es doch wohl sehr schwer sein, die armen Kerls zu einigem menschlichen Wohlsein zu nöthigen. Freilich können wir von hier aus kein Urtheil über so entlegene Zustände haben. Die Ostseeprovinzen sind nur ein Winkel, doch was im ganzen weiten Reiche sich vorbereitet, zieht schon die Aufmerksamkeit gewaltig auf sich. Möchte ruhige Weisheit den besten Willen leiten! In Frankreich sind die bäuerlichen Verhältniße wie es scheint unrettbar zerstört, in Preußen durch die doctrinäre Stein-Hardenberg'sche Gesetzgebung arg angefressen. Bei uns ist es in so fern noch ziemlich gut als die Bauergüter zum größten Theil noch bestehen, womit sich aber wieder nicht das Aufhören aller und jeder Hörigkeit verträgt. Es ist nicht gut wenn diese kleinen, mehr oder weniger immer rohen Besitzer die freisten Leute im Lande sind. – Ich lese jetzt Louis XVII. von A. de Beauchesne. Dieses Buch ist sehr interessant. Welch ein merkwürdiges Gericht ist doch über die Unschuld ergangen! Man frägt sich unwillkürlich ob denn ein Gott im Himmel sei? Aber wir sehen das

Ende nicht, das im Himmel ist. Wollte man von den Resultaten in *diesem* Leben auf Gott schließen, so wäre er der ungerechteste Richter. – Daß die alten Zustände nicht gut waren, bekenn ich mit Dir, aber die neuen sind es auch nicht. Die Leibeigenschaft ist aufgehoben und damit mag der Bauerstand etwas gewonnen haben, der Arbeiterstand aber hat verloren. Doch kommen auf dem Lande 20 und mehr Arbeiter auf einen Bauer. Der Drescher des Bauern hatte früher am Gutsherrn einen Schutz, während er jetzt der Willkür seines Brodherrn gänzlich verfallen ist. Auf dem Lande giebt es keine Autoritäten mehr. Weder der Gutsherr noch der Pastor ist es mehr; die Beamten aber werden vom Bauer verachtet weil sie eine nur übertragene Gewalt haben, daher Diener sind, während der Bauer ein freier Herr ist, und weil sie an den Hungerpfoten saugen während jener ein reicher Mann ist. Mit den geborenen Obrigkeiten ist auch überhaupt der Respect verloren gegangen und damit eine Hauptbedingung des Zusammenlebens vieler Menschen. Die öffentliche Meinung ist auf Umsturz aller und jeder Autorität gerichtet, und damit gehen auch wir wohl dem Imperialismus entgegen, den sie in Frankreich haben. –

*Hoym 25. Dec. Abends.* So eben bin ich armes Thier hier wieder angelangt und finde einen Trost darin die Feder zu ergreifen und Dir zu schreiben. Gott sei Dank, daß Weihnachten überstanden ist. Einerseits ist das Fest zu kostspielig, andererseits wenn man todte und abwesende Kinder hat, zu wehmüthig. Ich bin einmal für Feste nicht geboren und habe es am liebsten wenn Alles ganz schlicht und werkeltagsmäßig hergeht. Die Feste machen sich von selbst wenn Gott Einem jezuweilen mit dem Stabe «Wohl das Herz berührt.» Dieses Fest war uns noch obendrein durch einen Todesfall getrübt, der namentlich der armen Anna nahe ging. Ich war nämlich am h. Abend von hier kaum angekommen als auch die Nachricht einlief, daß Frau Nathusius an einem gastrisch-nervösen Fieber gestorben sei. Diese ausgezeichnete Frau hatte Anna in den letzten Jahren sehr angezogen und sie durch ihre Freundschaft beglückt. Wie gern hätte ich dem armen Kinde die schlimme Nachricht zum Feste noch verborgen, aber sie erfuhr es auf der Straße durch eine Bekannte und weinte so sehr, daß sie in der Kirche bei einem Gesange der dort aufgeführt wurde, nicht mitwirken konnte. Natürlich war sie den ganzen Abend traurig und auch uns schwebte das Bild der Todten immer vor. Adolph hatte es leider vorgezogen in Berlin zu bleiben. Der arme Junge schreibt ganz wehmüthig. Er fühlt sich matt und kraftlos und schreibt er lerne nichts trotz allen Fleißes. Wenn ich nur irgend sonst eine Vorliebe in meinen Söhnen entdeckt hätte, so hätte ich sie gewiß nicht studiren lassen. Studiren sollten nur Leute wie Martin, denen Alles von selbst anfliegt. Warum sich unsere Jungens sämmtlich nicht mit Martin vertragen, ist mir ganz unbegreiflich; denn er ist ein lebenskräftiger, frischer höchst ausgezeichneter Mensch. Ich glaube, daß ich in meinen Jünglingsjahren sehr nach ihm gegriffen haben würde. [Was aus meinem Benno werden soll, davon habe ich auch noch keinen klaren Begriff, da er für Nichts rechten Eifer und Interesse ⟨...⟩. Er studirt nun seit Ostern und Tholuck nimmt sich seiner an, doch weiß er gar nichts von seinem Studium zu berichten, ich finde keine Berührungspuncte mit ihm. Statt dessen hat er 2 Hiebe in der Stirn und einen über die Nase mitgebracht, sieht aus wie Don Quichotte nach seiner Nacht da ihm die Kater einen Besuch gemacht haben.] Huh! wie der Sturm braust. Er drückt mir fast das Schlafzimmerfenster ein und orgelt auf den Klingeldrähten, die auswendig am Schloß hinlaufen. Roller pflegte zu sagen: das widrigste in der Natur wäre ihm Wind wie alle Unruhe.

*Am 26. Dec.* Der zweite Feiertag, immer noch rührend genug von alter Zeit her. War doch die Kreuzschule geschlossen und auch die Akademie und wir kramten in unseren Sachen. Aus dem Schönbergschen Hause stieg der Rauch gerade auf, verklärt von den ersten Strahlen der noch unsichtbaren Morgensonne. Glockengeläut und Kirchgänger auf den Gassen mit neuen Pelzen und Hüten. Wir wollen am Nachmittage etwa durch die Haide nach Lausa laufen und denken daran mit gemischter Empfindung. Die Jugend, die Vorbereitung zum Leben, erscheint doch immer wie der Kern des Kometen, das eigentliche Leben wie der Schweif, der sich in nichts auflöst. Das ist es was den Tod auch für Nichtchristen erleichtert. Richtige Christen kann man auch beim grünen Holz abbrechen, weil für sie der Tod verschlungen ist in den Sieg.

*Am 27. Dec.* Dieser Brief will gar nicht fort weil er immer nicht fertig wird. Wie freue ich mich, daß ich Dir so ungenirt schreiben kann, Rohes und Gahres, Grobes und Feines – wie's kommt. Auf diese Art allein ist es noch möglich. Mit dem Schnee, von dem ich Dir neulich schrieb, war's nichts. Er schmolz gleich dahin und brachte nicht einmal Wasser. Hast Du je einen vertrockneten December erlebt? Quellen, Teiche, Flüsse sind leer. Als Helene hier war rieselte es doch hier und da noch ein wenig. Jetzt ist Alles stumm in den Flußbetten. Mein lieber Bruder, da wir beide arm sind, so ist es ein Glück, daß wir den Grundsatz haben uns nie zu besuchen. Sonst könnte man doch schwankend werden. Von Adelheid gute Nachricht. Ich habe gegen diese Schwester immer ein schlecht Gewissen, daß ich ihr nicht oft und ausführlich genug schreibe. Dein W.

## Nº 99 Ballenstädt 27. Jan. 1858

Mein geliebter Bruder!
So eben empfange ich Deinen lieben Brief vom 19t d., dessen politischer Theil mich anregt die Antwort auf der Stelle zu beginnen. Zuförderst denke nicht, daß Dein Widerspruch mich kränken könne und nimm auch Du mein Gezänk nicht übel. Wir schreiben uns ja um uns ehrlich zur expectoriren und bekannt miteinander zu bleiben. Dies vorausgeschickt muß ich bekennen, daß Deine politischen Ansichten mir eigentlich nicht ganz verständlich sind. Daß Du nicht meiner Meinung bist, ist mir freilich klar; aber was Du sonst meinst, verstehe ich nicht. Du sagst Du gehörest keiner Partei an, und das ist in so fern auch mein Fall als ich mich keineswegs zu Allem bekennen möchte, was die Partei, die mir am meisten zusagt, etwa belieben sollte. In sofern aber bin ich ein Parteimann, als ich mich allerdings zu den politischen (nicht kirchlichen) Grundprincipien der Kreuzzeitung bekenne. Der erste Grundsatz dieser Partei ist aber: *vorwärts zu gehen* ohne mit der Vergangenheit zu brechen, also *ohne Rechtsverletzung*, während der Grundsatz aller Schattirungen unserer heutigen Liberalen der ist: durch Rechtsverletzung fortzuschreiten. Hiermit sind glaube ich beide Richtungen aufs treffendste characterisirt. Daß Du, mein alter Dicker, wenn Du wirklich conservativ bist, wie Du Dich nennst, dies Princip der conservativen Partei Preußens im Ernst angreifen solltest, kann ich mir gar nicht vorstellen. Wenn Du aber dennoch die Kreuzzeitung schmähst, so kann ich nur annehmen, daß Du Dir ein unrichtiges Bild von ihr machst, was wiederum dadurch erklärlich wird, daß Du sie nur ab und zu gelesen hast. Vorster ging es eben so. Er war so von Hörensagen der entschiedenste Feind der Kreuzzeitung bis wir sie fürs Schloß in Hoym anschafften. Seit dieser Zeit mag er

eine andere nicht mehr lesen. Am besten erkennt man übrigens den Baum an den Früchten. Auf die Frage aber was denn die Kreuzzeitungspartei eigentlich bis jetzt gethan? glaube ich getrost antworten zu können: Alles politisch Gute, was in Preußen seit 1848 geschehen ist. Mit einem wirklich fabelhaften Muthe stellten diese Männer die gänzlich gesunkene königliche Autorität wieder her, indem sie, die wenigen noch übrigen königlichen Rechte benutzend, die Constituante auseinanderjagten. Darauf folgte die ohne Rechtsverletzung zu Stande gebrachte Revision der Verfassung. Andere deutsche Mächte, große und kleine, als Oestreich, Hessen, Dessau u. s. w. nahmen ihre der Revolution gemachten Bewilligungen einfach zurück, alles Recht und Vertrauen dadurch für lange Zeit in Frage stellend; sie machten Contrerevolution, während in Preußen eine neue Ordnung mit dem Volke *vereinbart* wurde.

Wenn man bedenkt wie die preuß. Verfassung aus sich selbst heraus durch den Sauerteig jener verhaßten aber kernfesten Adelspartei sich regenerirt hat, und nicht nur zu ihrer jetzigen Unschädlichkeit, sondern sogar zu einem (wenigstens dem Anschein nach) nützlichen Institut geworden ist, so steht Einem das Maul offen. Wir finden nicht nur den Bürgerstand, sondern im Herrnhause auch die höchsten Stände vertreten, welche zugleich wieder die wärmsten Vertreter der Bauern und kleinen Leute sind. Preußen hat seinen König von Gottes Gnaden behalten, kennt keine verantwortlichen Minister, das Heer schwört nicht auf die Verfassung, die Häuser dürfen die laufenden Steuern nicht verweigern und haben mit der auswärtigen Politik nichts zu schaffen. Dagegen haben sie neue Steuern, Anleihen und Gesetze zu bewilligen und das Land hat volle Preßfreiheit behalten. Das Alles hat man der Junkerpartei zu danken, die sowohl gegen Oben wie gegen Unten Front macht. Ferner, daß die Rittergüter nicht ohne Ablösung besteuert worden, daß die Gutsbesitzer die Polizei zurückerhalten und nicht mehr unter den Dorfschulzen stehen, und Anderes mehr ist ebenfalls ihr Werk. Du siehst also, daß ich dennoch Fortschritte zum Besseren anerkenne, ohne jedoch zurückzunehmen, was ich etwa in meinem vorigen Brief geschrieben habe. Im Allgemeinen nämlich scheint mir allerdings die Welt im Argen zu liegen, aber die Formen des Bösen wechseln immerdar und während an einem Ende die Wolken reißen und die Sonne durchlassen, ziehen sie sich am andern wieder zusammen. Wenn die Völker sich wie Individuen entwickeln, so frägt es sich wer besser dran ist: Kind, Mann, oder Greis? Dies ist eine zu beherzigende Frage. Eine solche Betrachtung schließt aber nicht aus, daß man die Uebelstände, die sich zeigen, durch Veränderung der Gesetzgebung und durch wakkere politische Anstrengungen fortwährend zu bessern suche, so wie ja auch der Einzelne, wenn er auch einsieht, daß er die Sünde nicht los wird, im Kampfe nicht ermatten darf, um seine sittliche Existenz zu retten. Anno 1849 im Februar, als es noch sehr böse aussah, frug ich Gerlach, warum er sich denn anstrenge, da doch der Leck so groß sei, daß kein Pumpen helfen könne. Wenn die Macht, sagte ich, sich selber weggeworfen hat, was wollen *wir* da thun? Da antwortete er: es mache ihm Freude, sich zur Wahrheit bekennend aufzureiben, und was hernach daraus würde, sei Gottes Sache. Das war die Frage eines kleinen, und die Antwort eines großen Mannes. Ganz ohne Hoffnung und in der Meinung unterzugehen, faßte er dennoch sein Werk kräftig an und Gott hat es gesegnet. So geht es auf und ab im Staaten- wie im Menschenleben zwischen Krankheit und Besserung, und der Arzt soll nie zu arbeiten aufhören, obgleich er weiß, daß sein Patient doch ganz gewiß einmal sterben werde. Ein anderer Standpunkt und zugleich ein höherer ist der, von dem aus nichts zu leisten ist; da blickt man nach den Sternen und sieht die Welt als Teufelsküche an, was sie auch ist. Allerlei sind wir los geworden und Anderes haben wir dafür bekommen; Folter, Sclaverei und manche Inhumanitäten des Mittelalters sind verschwunden, aber dafür haben wir die Revolution im Leibe und wenn sie erst ordentlich herausgeboren ist, so werden alle jene Teufel wiederkommen, wie uns das kleine Vorspiel 1848 lehrte. Du schreibst in Deutschland habe man freilich ungeheure Fehler begangen, die Riehl aufzähle, aber es stehe doch zu hoffen, daß der schiefe Karren wieder aufgerichtet werde. Da sind wir plötzlich *einer* Meinung! Doch alle diese ungeheuern Riehlschen Fehler sind von den Liberalen gemacht und was daran bis jetzt in Preußen gebessert ist, ist nur durch die Junkerpartei geschehen. Diese ganz allein arbeitet daran den Karren einigermaßen wieder aus dem Dreck zu fahren und das ist eben der Aerger aller Liberalen, nicht weil sie etwa böse wären, sondern weil sie Insulaner sind, nämlich von der Insel Borneo. Du meinst der Adel sei nicht wieder herzurichten bei der Uebermacht der Städte, und in seiner alten Bedeutung sich wieder herzustellen, daran denkt er auch selber nicht. Doch hat er sich wohl selbst nicht hingerichtet, wie Du meinst, sondern die Fürsten haben es gethan durch Einziehung seiner Gerechtsame und seines corporativen Vermögens, wie auch durch Aufstellung der stehenden Heere. Dennoch ist er in Heer und Civil die Stütze des Thrones geblieben. Es liegt eben in seinen Erinnerungen etwas, was nicht zu vernichten ist und eine Macht wird er noch lange bleiben. Was er gewesen, der vorzugsweise berechtigte Stand, kann er nicht wieder werden, aber daß er sich als Corporation fester zusammenschließe und der conservative Ballast bleibe, der er ist, das ist es was erstrebt wird. Daß im Volke, wie Du schreibst, die aristokratischen Sympathien ausgerottet seien, ist doch auch nicht ganz richtig. Die moderne allgemeine Gleichmacherei haßt freilich den Adel, weil er immer noch was hat, das nicht in den Dreck zu treten ist; dennoch haben die Bauern immer noch am liebsten adelige Grundherren, die Beamten vornehme Vorgesetzte und der reiche Gewerbtreibende, oder auch der Gelehrte setzt immer noch recht gern ein «von» vor seinen Namen, wie denn auch der König dem Ritter Bunsen mit seiner Erhebung in den Adelstand noch eine Ehre anthun konnte. – Was Du vom historischen Recht sagst, daß es dem natürlichen nur gar zu oft ins Gesicht schlage, verstehe ich auch nicht ganz. Ein natürliches Recht, von dem die Liberalen immer sprechen, kenne ich eigentlich nicht. Menschenrechte giebt es gar nicht und hat es nie gegeben. Ich kenne nur das historische Recht auf Schutz und Besitz, das erworben oder angeerbt wird, und das göttliche der Liebe. Letzteres ist freilich mehr ein Gesetz und begründet noch kein Recht, und es soll das erstere verklären aber nicht brechen. Paulus verlangt von Philemon nicht, daß er den Onesimus freigeben soll, er bittet ihn aber ihm zu verzeihen. Das Christenthum hebt weder Herrschaft noch Knechtschaft auf, es ermahnt aber die Herren zur Milde und die Knechte (welche damals Alle Leibeigene waren) zum Gehorsam. Der Geist des Christenthums kann mehr oder weniger das historische Recht durchdringen und verklären, daß neue Rechtsformen daraus werden, aber verläugnen wird er es niemals. – Im Grunde tappen wir Alle im Finstern. Glückt etwas, so ist es auch selten das Verdienst derer, die es gethan haben. Sie haben es mit guten oder bösen Willen in großer Blindheit gethan und Gott hat es gesegnet. Nathusius sagt in der letzten Nummer des Volksblattes: «Wir wissen, daß wir einen lebendigen Gott haben, der auch durch alle menschliche Sünde hindurch die Geschicke der Völker regiert; der einen Sünder durch den andern züchtigt und seine Pläne auch an die Erfolge ungerechter Waffen knüpft; der verdorrte Bäume, wenn sie lange keine Frucht mehr gebracht, abhaut und neue Legitimitäten reicht aus dem ewigen Quell der Buße.»

Wenn das historische Recht mit dem göttlichen Schindluder spielt, so schlägt ihm Gott bisweilen durch schlechte Leute ins Gesicht und schafft neue Legitimitäten, damit die Welt nicht vor der Zeit untergeht, das verkennt ein Ultra-Kreuzzeitungsmann wie Nathusius nicht und ich noch weniger und Stahl gesteht sogar in einer öffentlichen Rede auf dem Kirchentage, daß es Fälle gäbe, in denen die Revolution gerechtfertigt sei. Solche Aeußerungen darf man nicht übersehen wenn man die Richtung einer Partei beurtheilen will. Die äußersten Consequenzen jeder Richtung oder vielmehr jedes Systems führen zu Absurditäten, und daß sie diese Absurditäten nicht will, hat die Partei zur Genüge dargethan. Unsere Conservativen wollen nur das Mögliche, unsere Liberalen ein Utopien. Wenn Dir übrigens der Ton der Kreuzzeitung bisweilen mißfallen hat, so geht mir das nicht besser. Es ist der preußische Erbfehler, die Prahlerei, der Einen mitunter so anwidert, und ist dieser Fehler jener Zeitung besonders eigen, weil sie sich's zur Aufgabe gestellt hat, das preußische Bewußtsein in Preußen recht wach zu rufen, da in ihren Augen immer nur das Besondere und Individuelle zu irgend einer Geltung kommen kann, von einem allgemeinen Deutschland aber, ehe es da ist, nicht die Rede sein kann.

*Am 29. Jan.* Mein Gerhard ist nun wieder in Frankfurt, wo er Festessen, Bälle und feierliche Gottesdienste (z.B. wegen der preußischen Vermählung, wegen Napoleons Errettung von den Handgranaten usw.) mitzumachen hat. Von der Breite der Frankfurter Damen schreibt er ganz empört. Was sie unten zu viel hätten, das hätten sie freilich oben zu wenig, wo sie wie die Wilden, nämlich blos nackt seien. Gegen ein Mädchen von 16 Jahren sei er ein unansehnlicher Zahnstocher. Da er kein Quartier gefunden, so wohnt er einstweilen bei einem Freunde und merkwürdigerweise im Göthehause. Große Sorge macht mir mein Adolph, der durchaus nach Preußen emigriren will, wo es eine Ueberfülle von Juristen giebt und die wahnsinnigsten Examina zu überleben sind, während er hier schneller in's Brod käme und Connexionen hat. Doch mag ich ihn auch nicht mit Gewalt bestimmen hier zu bleiben, weil ich nicht in die Zukunft schauen und nicht wissen kann, ob nicht vielleicht die Stimme die ihn treibt, die Stimme Gottes ist. So viel ist

*Der Sohn Benno*

wahr, daß er, wenn er einmal in Preußen fertig wird, dort eine Carriere machen kann wie sie hier nicht möglich wäre, da die kleineren Staaten gewiß fortfahren werden ihre obersten Beamten aus Preußen zu beziehen. Ich mochte gar nichts in der Sache thun und sagte ihm er möge selbst zusehen wie er sich hinüberspiele. Doch fing mich die Sache an zu beunruhigen als ich hörte, daß überhaupt nur Preußen zum Examen zugelassen würden. Nun habe ich selbst einige Schritte gethan, um seine Uebersiedelung noch vor dem Examen zu bewerkstelligen, fürchte aber, daß ich bei der entsetzlichen Langsamkeit der Behörden in Beantwortung von dergleichen Eingaben doch zu spät kommen werde. Der erste Schritt ist zwar gethan, da der Magistrat von der benachbarten kleinen preuß. Stadt Ermsleben mir das Heimathsrecht unter gewissen Bedingungen zugesagt hat. Doch kann ich die nöthigen Zeugniße so schnell nicht beschaffen. Dergleichen Dinge sind unerträglich. [Benno macht mir in anderer Hinsicht Sorge. Er studirt und wählte Theologie doch scheint er zu phlegmatisch um ein ordentliches Interesse daran zu finden. Er spricht immer nur über seine Burschenangelegenheiten, nie über sein Studium und wahrscheinlich werde ich ihn Ostern von Halle wegnehmen müssen, um ihn nach Tübingen oder Erlangen zu schicken. Schade daß der Junge, als er das rechte Alter hatte körperlich zu unterentwickelt war um auch Soldat zu werden wozu er die meiste Lust hatte.] –

Was unser Land angeht, so prosperirt es unter Schätzells Leitung in jeder Weise. Die schärfste Controle macht Faulheit, Trug und Uebergriffe der Beamten ganz unmöglich, und durch Flüssigmachung der Steuerkraft des Landes, wie durch genau'ste Ordnung sind die Finanzen so brillant, daß wir jedes Jahr Ueberschüsse haben, in diesem Jahre 20,000 Thaler. Sie sollen dazu verwendet werden in Bernburg ein Irrenhaus zu bauen. Es ist dies eigentlich das schreiendste Bedürfniß, da die Geisteskrankheiten entweder in erschreckendem Maße zugenommen oder sich die Augen dafür mehr aufgethan haben. Wenn es so fort geht, wird bald der größte Theil der Menschen verrückt sein, oder wir werden es doch bemerken, daß er es schon ist. Es ist überall dieselbe Wahrnehmung.

*Am 30. Jan.* So eben komme ich von Ermsleben zurück. Mit dem dortigen Magistrat bin ich Adolphs wegen nun ins reine und alles Uebrige mit der Regierung zu besorgen hat mir der Burgemeister versprochen. Nach seiner Meinung kann ich in höchstens 14 Tagen die Naturalisationsurkunde haben. Ich glaube aber noch nicht daran. Zu Mittag ging ich zu meinem Freunde Stolzmann, hatte ein fröhliches Diner mit ihm und seiner jungen Frau, und fuhr dann wieder nach Hause. Mit St. sprachen wir davon wie selten sich Jemand in seinem Berufe glücklich fühlt, und jener stellte den Satz auf, sich in seinem Berufe nicht nur glücklich sondern ganz außerordentlich glücklich zu fühlen, sei die Schuldigkeit eines jeden Christen. Jeder diene in seinem Berufe Gott und ein Christ müsse Gott gern und mit Freuden dienen, auch, wenn's nicht anders ginge, in seinem Berufe mit Freuden untergehen. Ich gab zu, daß dies ohne Zweifel die rechte gesunde Herzensstellung sei, die man aber Niemanden aufoctroyiren könne und am wenigsten dürfe man den Rückschluß machen, daß Einer kein Christ sei wenn er sich unglücklich fühle. Wir kamen überein, daß Vieles nicht christlich sei, was dennoch wahre Christen an sich haben könnten. Stolzmann ist ein klarer, in jeder Beziehung geordneter Mensch; ich glaube aber auch, daß dies Geschäftsmännern leichter wird als Künstlern oder gar Müssiggängern. – Eben da ich meinen Brief wieder durchgelesen, war ich der niederschmetternden Ansicht, ich müsse ihn wegen Unklarheit und schlechten Styls zerreißen und von neuem schreiben; dann aber dachte ich: ei was! wozu hat man denn einen Bruder, wenn man ihm nicht nachlässig schreiben darf? Das Schlimmste ist der altkluge Ton in dieser Schreiberei, Du kannst ihn aber für jungdumm erklären, so kommt es wieder ins Gleiche. Wegen Deiner Handschrift entschuldige Dich nur ja nicht, Du schreibst die reinlichste und deutlichste Hand von allen meinen Correspondenten und ich lese Deine Briefe wie Gedrucktes. In meinem Hause ist viel Pestilenz gewesen und auch noch. Julchen nämlich lag an der Grippe, recht schwer, ist indessen wieder aus dem Bett, und Elisabeth hatte Nesselfieber und liegt nun auch an der Grippe, doch scheint die Krankheit bei ihr nicht so bösartig wie bei meiner Frau. Anna war prächtig in dieser Zeit als Pflegerin und Wirthschafterin. In Anna sehe ich, wenn ich mich nicht täusche, seit 2 Jahren die Wirkungen des Christenthums recht deutlich. Sie ist nun in dem Alter, wo sich bei unverheiratheten Mädchen das Mißvergnügen anzumelden pflegt, doch wird sie so recht von innen heraus immer zufriedener und heiterer und erträgt namentlich die kleinen Neckereien des häuslichen Lebens mit Gleichmuth und vieler Liebe. Zu Gottes Wort hat sie solche Lust, daß sie keine Predigt und keine Bibelstunde bei Scholtz versäumt, und solche Lust macht auch Lust zu Gottes Wegen. Was mir das für Freude macht, kannst Du Dir denken, besonders da ich bei den andern Kindern nur erst schwache Spuren eines Eingehens zu christlicher Erkenntniß finde. Ich habe sie freilich nie damit geplagt, theils weil's mir selber fehlte, theils weil ich dachte man dürfe an das Heiligthum des Innern nicht zu viel rühren, doch habe ich die Freude, daß Keins Opposition macht, wenn sich auch hier und da ein Widerwille gegen den öffentlichen Gottesdienst zeigt und dazu darf ich gar nichts sagen weil es mir selbst, außer in Herrnhut, immer ebenso gegangen ist. Unsere Eltern waren nicht kirchlich und bei Roller dauerte die Sache 3 volle Stunden, daher kommt das. – Ach, daß ich so viel Politisches geschrieben habe! Ich wußte aber nichts anderes.

*Hoym 3. Febr.* Es fällt mir hier eine alte N° der Kreuzzeitung vom 9t Jan. in die Hände mit einem interessanten Leitartikel, aus dem ich Dir folgende Sätze abschreibe:

«Preußen, welches die materielle Einigung Deutschlands angebahnt und so gefördert, daß es seine heutige Aufgabe sein möchte, die Ueberstürzung jener Einigung besonders Oestreich gegenüber zu hindern – hat heute den tieferen und höheren Beruf in gleicher Weise die sociale und politische Einigung Deutschlands ins Werk zu setzen: zunächst und vor allem natürlich dadurch, daß es für die socialen und politischen Fragen der Gegenwart daheim *bei sich selbst* die rechte Lösung findet.» ferner: «Freilich gilt überall der Satz, daß eine Regierung im Grunde nichts ist als die adäquate Zuspitzung der herrschenden Kräfte und der entsprechende Ausdruck des jedesmaligen Volksgeistes, und Niemand und keine Partei darf daher vergessen, daß indem sie die Regierung anklagt, sie sich gleichzeitig selbst beschuldigt. Umsonst wird deshalb auch die conservative Partei auf eine ihren Principien entsprechende energische Action der Regierung warten, so lange sie ihrerseits die Hände in den Schooß legt und sich nicht dazu entschließen kann mit der Praxis ihrer Theorien Ernst zu machen. Die Regierungen können nur mit *bestimmt characterisirten* Personen und Volksgruppen rechnen und arbeiten, und Aufgabe eines freien Volkes ist es, seiner Regierung in der rechten Richtung *Anstoß* und *Rückhalt* zu gewähren.» Aus dieser Zusammenstellung kannst Du die Ansicht der merkwürdigen Partei herauslesen, welche in der That die einzige ist, die mit ihrem Könige von Gottes Gnaden, mit ihrer kräftigen Obrigkeit, ihrer Aristokratie und ihrem ständischen Wesen eine wirkliche und echte Freiheit bauen will – während die Gleichmacher nichts zu Wege bringen als Despotien.

*Am 4. Febr.* Ich habe mich nie unfähiger zum Briefschreiben gefunden als jetzt in dieser Zeit, daher ich *Dir* Politisches schreibe und Helenen gar nicht. Der einfache Grund ist der, daß ich nichts weiß und daß ich Ungewußtes wie Dir, Andern nicht schreiben mag. Auch arbeite ich jetzt wieder an meiner Biographie, was Einen schrecklich aussaugt. Dein Tintenrecept möchte ich wohl kennen, da ich mich (weil Du nicht mit meiner Tinte schreiben willst und sagst, daß Deine auch flüssig wäre) vielleicht entschließen könnte es mit der Deinigen zu versuchen. Also wenn es nicht über drei Bogen lang ist, so laß doch hören. Ich unterhalte mich eigentlich am liebsten über Apothekergegenstände, da alles Uebrige so unsicher als verfänglich ist. Da Du selbst Tinte machst, magst Du vielleicht ähnliche Inclinationen haben. Wir haben immer noch kein Wasser und keinen Schnee, wohl aber Frost, der den nackten Akker zerreißt. Freund Behm sagt, es wäre zwar falsch, schadete aber vielleicht doch nichts; auf die verkehrteste Witterung wie auf die beste folgten überraschende Ernten und der Landmann wisse wenig voraus. Wenn das wahr ist, so geht's dem Landmann wie andern Leuten auch, namentlich den Politikern, die sich mitunter glücklicherweise auch über die Zukunft täuschen. So wünsche ich herzlich mich über Frankreich zu täuschen, welches mir an einem grauenhafte Abgrunde zu schweben scheint. Der Ackerbau vernachläßigt weil Alles den Städten zuströmt um dort schnelles Glück zu machen; in Paris 200,000 Zwischenhändler, die alle Waare namentlich Lebensmittel verfälschen; im ganzen Lande wird nach Verhältniß der Einwohnerzahl nur noch halb so viel Fleisch per Kopf verzehrt als vor hundert Jahren, also zu den Zeiten der ärgsten Königsdespotie. In Paris stellt sich das Verhältniß noch viel ungünstiger, obgleich die Katzen und Ratten, die dort zum Verkauf aushängen, wie auch das Schinderfleisch mit gezählt sind. Dabei die unglückliche Maxime den Arbeitern von Staats wegen nicht nur Arbeit sondern auch wohlfeiles Brod zu geben, bei einem ungeheuern, sich jährlich steigernden Deficit. Ueberall Mißtrauen Unzufriedenheit und das Streben durch Staatsumwälzung zu bessern. Dagegen sich wir in Deuschland noch golden daran weil wir doch nie so radikal mit unserer Geschichte gebrochen haben. Was sagst Du zu dem ungeheuern Jubel Englands über die preußische Heirath. Das halbe England, das noch vor wenig Jahren während des russischen Krieges Preußen als die erbärmlichste und verächtlichste Winkelmonarchie darstellte. Ich freue mich über diesen Umschwung der Meinung eben so wenig als mich das frühere Urtheil betrübte, denn die öffentliche Meinung ist und bleibt ein Narr. In Preußen findet übrigens derzeit ein merkwürdiges Interregnum statt, das alle größeren Fragen unberücksichtigt lassen muß. Schönlein soll übrigens versichern, der König werde bald im Stande sein wieder an die Spitze der Geschäfte zu treten. Gott gebe es! ich wollte mich herzlich darüber freuen. Interessantes habe ich in letzter Zeit nichts gelesen außer etwa die Memoiren der Fürstin Daschkow der Vertrauten der Kaiserin Catherina. Das Buch ist in England erschienen und keine ganz unwichtige Quelle. Diese Daschkow war ein dreimal gesottenes Genie und ein Wunder von Character. – Das Drängen so vieler russischer Adelskörper auf Freigebung der Bauern ist mir mirakulös. – Vor 8 Tagen fiel die alte Frau v. Siegsfeld, die Du als schöne junge Frau noch gekannt hast (und welche jetzt am schwarzen Staar gänzlich erblindet ist) die ganze Kellertreppe hinunter und beschädigte sich so, daß man an ihrem Wiederaufkommen zweifelte, doch kann sie jetzt schon auf Stunden das Bett verlassen. Die alte Frau v. Seelhorst, hoch in den achtzigen lebt auch noch, halb taub, halb blind. Ihre Tochter Ernestine erzeigt uns viel Freundschaft und unterrichtet Elisabeth im Englischen. Die zweite Tochter, die schöne Adèle, ist auch eine alte Frau. Eine Tochter hat sie verheirathet, die andere ist krampfhaft und elend und der Sohn, ein Junge von 16 Jahren, ist ein verrückter Hering, der nichts lernen und begreifen kann. Alvensleben schleicht als alter Greis immer noch voll Eitelkeit herum. Alles zieht sich von ihm zurück seitdem er verarmt ist und kein Haus mehr machen kann. Er hat einen erwachsenen Sohn bei sich, aus dem nichts geworden ist als ein herzogl. Anhaltscher Musje. Die schöne Ida ist verrückt, zwei Töchter sind gestorben. – Lebewohl alter Kulla! Die Thränen treten mir ins Auge, da ichs schreibe. Gott segne Deinen Enkel Eberhard! Dein Wilhelm

Nº 100 Hoym 4. März 1858

Mein lieber Bruder Gerhard!

Ich war heute sehr überrascht und hoch erfreut als mir der Bote Deinen Brief vom 24. Febr. überbrachte und will, Deinem Rathe folgend, die Antwort sogleich beginnen. Durch die Nachricht von der Herabsetzung des Zinsfußes bin ich allerdings sehr unangenehm berührt worden. Ich werde daher jedenfalls mein Capital herausnehmen, obgleich auch dies nicht ohne Verluste abgehen kann, da die Uebersendung kostet und das Capital möglicherweise ¼ Jahr unverzinst bleibt. Ich habe übrigens schon früher wegen des Eintrocknens des Silberrubels daran gedacht mein Geld herauszunehmen, da man nicht wissen kann ob besagter Silberrubel nicht in Jahresfrist auf einen Gulden herabschmelzen wird. Das kommt von dem Zwangscours des Papiergeldes. – Wir haben hier vorgestern den Geburtstag unseres Landesvaters begangen. Ich kam gegen Mittag heraus, aber indem ich mich noch anzog um zur Gratulation zu gehen, überraschte mich das ungeduldige Geburtstagskind auf meinem Zimmer, um sich meine besten Wünsche, daß Kalitsch ihn endlich verlassen möge, selbst zu holen. Vor Tafel begann der Minister, der auch herausgekommen war, die eingelaufenen Gratulationsschreiben der Behörden vorzulesen, wurde aber mit der herrlichen Bemerkung unterbrochen: er könne die Schreibereien für sich behalten. Der Herzogin wurden höflichst alle Geschenke, die sie gebracht hatte, zurückverehrt bis auf einen wunderschönen zahmen Hirsch, der nun den Schloßgarten ziert und oft besucht wird. Sonst war er den ganzen Tag über gar heiter und lachte immer in sich hinein, weil auch die Geister so liebenswürdig als witzig waren. Heute aber war der Herzog ungehalten als er bemerkte, daß Holz im Schloßgarten geschlagen wurde. So ein Garten, sagte er, müsse fein behandelt werden und das wäre Roheit. Ich bitte Sie, fuhr er fort, wie soll eine so zarte Knospe, ich will sagen vom Hollunder oder eine andere, sich entfalten, wenn der ganze Busch ausgerodet wird! Ich sagte es wäre weder Hollunder noch anders dergleichen, sondern Rüstern und ähnliche ungeschlachte Bäume, die weggeschlagen würden, um Platz für blühende Sträucher zu machen; worauf er blos «Papperlapap» zu antworten geruhte. Dann frug er, ob der Hirsch auch einmal vergehen würde? Ich sagte: ja ganz gewiß. Das ist mir sehr lieb, erwiderte er, daß Sie so bestimmt sind, die Herzogin war ungewiß darüber. Dabei sah er überlegen klug aus. Du hast mir schnell geantwortet und es erhellt aus Deinem Briefe die Wahrheit des Sprüchworts: «Wie es in den Wald schreit, so schreit es wieder heraus.» Ich hatte Dir viel Politisches geschrieben und Du antwortest mir viel dergleichen. Wie aber sollen wir die babylonische Verwirrung entwirren, in die wir gerathen sind? Der Stoff ist zu gewaltig und dehnt sich immer breiter aus. Ich bitte Dich, wie sollen wir den dicken Brei, den wir uns eingerührt haben, aufessen ohne daran zu ersticken? Ich weiß es nicht, wenigstens heute nicht, da ich kaum noch Zeit habe Dir meine Bedauern wegen Deiner Schulter auszusprechen. Was treibst Du denn für Maneuvres in der Verborgenheit Deines Zimmers, oder auf welche Weise turnst Du? Schreibe mir's doch, damit ich diese Diät vermeiden lerne. Aber ernstlich: Gott helfe Dir, mein armer Bruder von dieser vermaledeiten Sache, daß sich keine Gicht hineinsetzt!

*Am 7. März* (Sonntag Oculi) «Oculi da kommen sie, Lätare ist das wahre, Indica sind sie auch noch da, Palmarum Trallarum.» Das ist der uralte Waldschnepfenvers unserer Jäger, der aber heuer nicht zutrifft, weil alles Land und Wasser seit 4 Wochen fest gefroren ist und bei der Kälte kaum Kohlmeisen pipen, während wir sonst um diese Zeit schon Drosselgesang und volles Vogelconcert haben. Ich muß aber doch nun auf Deine politischen Auslassungen kommen. Daß Du in Vielem Recht hast gegen mich, weil ich leichtlich Alles auf die Spitze stelle, gebe ich Dir gleich im Voraus zu, nichts destoweniger gehen in anderen Dingen unsere Ansichten auseinander und werden wir daher vielleicht noch einige Zeit zu correspondiren haben, nicht wie erhitzte Parteimänner, sondern wie irrende Brüder.

Ein Vorwärtsgehen ohne Rechtsverletzung scheint Dir unmöglich; doch schreibst Du weiter: «Sollte nicht das Recht der Völker, drückende historische Rechte Einzelner auf *legalem* Wege aufzuheben, ein natürliches Recht sein?» Was heißt denn aber *legal* anders als *rechtlich* das ist ohne Rechtsverletzung. Wenn z.B. der Kaiser die Privat-Bauern im Reiche freigäbe, so wäre das ein Eingriff in wohlerworbene und von der Krone garantirte Rechte der Edelleute. Erheben sich die Bauern und machen sich selbst frei, so ist das ein Verbrechen. Wenn aber die Krone den Betheiligten ein Recht, das den Staat genirt, abkauft, oder wenn sie dieselben dahin zu stimmen weiß, daß sie ihrem Rechte unter irgend einem billigen

Modus selbst entsagen, so ist das ein *legaler* Fortschritt, ein Fortschritt *ohne* Rechtsverletzung. Anders mag es mit moralischen Rechten sein, die das Eigenthum nicht berühren, als z. B. die Patrimonialgerichtsbarkeit und das Patronat der Gutsherren. Dergleichen mag nach Zweckmäßigkeitsgründen verliehen oder genommen werden und es kann von jedem Stande verlangt werden, daß er das pretium affectionis, das etwa daran hängt, dem Staate opfere. Uebrigens hat die Adelspartei in Preußen jenen von Dir verfolgten Satz keineswegs zu ihrer Devise gemacht. Ihr Motto (das auch über der Zeitung steht) heißt vielmehr «Vorwärts mit Gott für König und Vaterland.» und dieses *Vorwärts* bezieht sich vor allen Dingen auf ein Vorgehen gegen die *Revolution*, deren *thörichte* Errungenschaften man beseitigen wollte. Es ist also dieses Vorwärts blos in den Augen der Liberalen ein «Rückwärts». Ich habe Dir hiermit nur das characteristische Merkmal der conservativen Politik im Allgemeinen bezeichnen wollen. Ueber «Rückwärts» und «Vorwärts» kann man freilich sehr verschiedener Meinung sein, aber Alles was zum Wohl des Staats ausschlägt, kann man doch einen Fortschritt nennen, und Alles was die Conservativen nicht allein in Preußen, sondern in ganz Deutschland seit 1848 durchgesetzt haben, ist doch zum Vortheil ausgeschlagen, während die maßlosen Maßnahmen der Liberalen, freilich ohne daß sie es wollten, in die schrankenloseste Desordre ausliefen. Die Liberalen aller Länder haben überhaupt immer das Schicksal gehabt, daß sie das Staatsschiff in eine Strömung brachten, in dem es nicht mehr zu regieren war. Die doctrinären Männer, die 1789 in Frankreich tagten, wollten freilich nicht die Gräuel der neunziger Jahre, die doch die natürliche Consequenz ihrer Handlungen waren und der Demokrat Jahn, der alte Turnmeister, mußte sich in Frankfurt durchs Fenster retten, um nicht von seinen geistigen Kindern als Reactionär todtgeschlagen zu werden. – Wenn man von den Revolutionen absieht, die durch Rechtsverletzung der Monarchen herbeigeführt wurden (und in denen immer viel Unrecht geschieht) so ist kein Volk in der Welt so zäh im Festhalten des historischen Rechts als die Engländer. Die sind die conservativste Nation, daher England auch noch die einzige mittelalterliche Aristokratie auf Erden ist, und doch ist es fortgeschritten d. h. gereinigt von dem Sauerteig der Barbarei und Selbsthülfe, die den alten Adelsherrschaften anhängt. – ... «Ueberall» schreibst du «wird der Wille der Majorität eines Landes über die Minorität den Sieg davon tragen.» Ich weiß es nicht, ob dem so ist, doch habe ich nichts dagegen. Aber sollte es nicht demohnerachtet falsch sein, in dem Willen der jedesmaligen Majorität das *Heil des Landes* zu suchen? Wenn wir nach Wahrheit forschen, so pflegen wir uns doch nicht nach der Meinung der Mehrzahl zu erkundigen. Ein tüchtiger Staatsmann macht nicht die Meinung der Majorität zu der seinigen, sondern zwingt vielmehr der Majorität die seinige auf. Große Männer haben allezeit die Meinung zu beherrschen gewußt. Uebrigens, wenn ich nicht irre, so liegt die massenhafteste Majorität gewöhnlich in der gesinnungslosen Mitte und mit dieser wird geherrscht. Die Mitte aber verrückt sich, je nachdem die Endpunkte auseinander rücken. Die Mitte zwischen Paris und Berlin ist eine andere als die zwischen Paris und Moskau. Eine kleine energische Minorität treibt die Massen rechts oder links. Ueber Frankreich wollen wir uns nicht streiten, ob es glückselig oder miserabel sei, da wir es beide zu wenig kennen. So viel scheint gewiß, daß es so weit wir sehen können, gerade den Mann bekommen hat, den es braucht, was ja auch die Kreuzzeitung in den ausführlichsten Artikeln anerkennt. Napoleon ist für Frankreich was Caesar für Rom war in der überraschendsten Aehnlichkeit, er ist eine Nothwendigkeit. Ob das aber glückliche Zustände sind, die einen Caesar möglich machen und erheischen, das steht wieder auf einem anderen Blatt. Ich möchte mein liebes Deutschland gern bewahren, daß es nicht Frankreichs Weg ginge, und soll es dies nicht, so muß es bei seinen vaterländischen Institutionen bleiben, die es so human als möglich ohne jeden Rechtsbruch ausbilden kann. – Du möchtest gern erkennen was die Zeit eigentlich will. Soll das heißen was sie bedarf? Was sie will, scheint mir Nivellirung, Auflösung des gesellschaftlichen Organismus zu sein. Was sie bedarf, möchte gerade das Gegentheil, Stärkung dieses Organismus durch zeitgemäße Wandlung seiner Formen sein. – ...Mit meiner unverbesserlichen Welt will ich Dir gern weichen in *Deinem* Sinn. Wenn wir nicht untergehen sollen, muß ja wohl ein Uebel nach dem andern beseitigt werden, da immer neue hinzukommen. Es ist heute Vieles besser als gestern und morgen wird sehr vieles besser sein als heute, aber jeder Tag bringt seine eigene Plage. Die Franzosen haben es gewiß um gar nichts besser als die Araber. Jedes Stadium der Entwickelung bringt seine eigenthümlichen Krankheiten und Gebrechen, gegen die im heißen Kampfe anzugehen ist; wenn Du aber behauptest, daß sich nicht alle Stadien an Uebelständen gleichen, so gebe ich

Dir vollkommen Recht. Die kritischen Perioden des Keimens und Absterbens mögen die schlimmsten sein und wir sprechen mit Recht von guten und schlimmen Zeiten. Daß Du übrigens den christlichen Staaten, in Hinsicht ihres endlichen Ausganges, ein anderes Prognosticon stellst als den heidnischen, das wundert mich. Wenn selbst einzelne christliche Personen, ja Heilige, jung sind und reifen und sterben, wie sollen es nicht die christlichen Staaten, die als solche doch immer nur Namenchristen sein können. Kleinasien, Syrien, Afrika und nicht minder die europäische Türkei waren früher christliche Staaten, sie hatten ihre Kultur und sind in Barbarei versunken. Ob es mit uns anders werden wird, können wir nicht wissen.

*Am 8. März.* Furchtbares Schneegestöber mit Sturm von allen Seiten. Es ist der erste ordentliche Schnee in diesem Winter und Gott gebe daß er anhält, damit wir Wasser kriegen. Das Mehl beziehen unsere Bäcker schon lange aus den Berliner Dampfmühlen. Doch ich vergesse, daß wir uns derzeit von gelehrten und weniger von andern Dingen zu unterhalten haben und kehre zu den gleichfalls dürren Haiden der Theorie zurück. Was Natur- oder Menschenrechte anlangt, so magst Du ja tausendmal Recht haben so wie *Du* es meinst, aber die Geschichte ist damit noch nicht zu Ende, und ich glaube auch etwas Recht zu haben so wie *ich* es meine. Ich bin darin ganz mit Dir einverstanden, daß die positive Gesetzgebung dem in der menschlichen Vernunft geoffenbarten göttlichen Recht nicht ins Gesicht schlagen darf. Dieses Recht nennst Du Naturrecht und möchtest wohl mit Mephistopheles klagen: «Doch von dem Rechte das mit uns geboren, ist leider nie die Frage.» Man muß aber bedenken, daß bei Kulturvölkern die angeborenen Rechte nur durch die positive Gesetzgebung formulirt werden. Ich will sagen, daß wenn Naturrecht nichts anderes heißt als das, was sich von selbst versteht, so ist Naturrecht gleich *keinem* Recht. Berechtigt kann ich nur zu etwas sein, das sich *nicht* von selbst versteht. Soll es aber mehr bedeuten, so hat auch Niemand gut davon, so lange es nicht als ein Recht vom Staate anerkannt wird. Daß allerdings in unserer Vernunft gewisse Rechtsprincipien liegen, die das positive Recht nicht verletzten darf, wenn es sittlich sein soll, das leugne ich durchaus nicht. Es scheinen mir dies jedoch nicht Gesetze, sondern nur Verhältnißbegriffe zu sein, wie z.B. der berühmte Rechtsgrundsatz: «Suum cuique» (was Jemand übersetzte:

Das Gequieke der Schweine). Aber welches nun das suum, das meum oder das tuum ist, das bestimmt eben bei civilisirten Völkern einzig das positive Recht und zwar nach Zweckmäßigkeitsgründen und sehr verschieden, z.B. ob ein gefundener Groschen dem Finder oder Verlierer gehört, ob eine entdeckte Salzquelle dem Staate, dem Grundherrn oder dem zufälligen Entdecker gehört; ob Kinder zu gleichen Theilen erben oder nicht; wem geborgenes Schiffsgut gehört; ob man heirathen dürfe wen man wolle; ob eine, zwei oder mehrere Frauen eheliches Eigenthum sein können; wie weit Nothwehr erlaubt sei, und wie weit die Gewalt der Eltern über die Kinder sich erstrecke usw. Die Beispiele, die Du als naturrechtliche anführst, wollen mir daher nicht ganz einleuchten, da es mir so vorkommt als verwechseltest Du natürliches Bedürfniß mit natürlichem Recht. Inzwischen müssen natürliche Bedürfniße in der Gesellschaft zuweilen zum allgemeinen Besten unterdrückt werden, und nicht anders kann die Gesammtheit frei sein, als wenn die Einzelnen einen großen Theil ihrer persönlichen Freiheit opfern. Das natürliche Bedürfniß der Kinder ist von ihren Eltern gepflegt und erzogen zu werden; das der Eltern von ihren Kindern geehrt zu werden. Die Eltern haben ein Recht auf jene Ehre durch das vierte Gebot, die Kinder haben gar kein Recht, wenn es ihnen der Staat nicht giebt. Man muß bedenken, daß gerade das Volk, welches den Beruf gehabt zu haben scheint die Rechtsbegriffe auf Erden auszubilden, die Römer, den Vätern das Recht zuerkannte ihre Kinder nach Belieben zu verkaufen oder todt zu schlagen; die Amerikaner aber, die mit den Franzosen die sogenannten Menschenrechte erfanden, jeden Vater in Strafe nehmen, wenn sein kleiner Junge ihn wegen Ohrfeigen oder anderer Injurien verklagt. Ein zehnjähriger Knabe kann sich allerdings ebensogut als ein achtzigjähriger auf sein Menschenrecht berufen und dieses finden worin er will. Wir sind alle gleich vor dem Gesetz, kann er sagen, und wenn der Sohn den Vater nicht schlagen darf, so darf der Vater den Sohn auch nicht schlagen. Daß Glaubensfreiheit ein Naturrecht ist, versteht sich aus dem Grunde von selbst, weil es sich eben von selbst versteht. Niemand kann die Meinung hindern. Redefreiheit dagegen ist nur ein Bedürfniß, das aus Zweckmäßigkeitsgründen zu aller Zeit mehr oder weniger unterdrückt wird. Napoleon III, der nach den Naturrechten von 89 regiert, welche volle Redefreiheit gestatten, geniert sich doch um diesen Artikel am aller wenigsten. Kaum ist in irgend einem anderen Staate die Redefreiheit so radikal unterdrückt als in Frankreich, während Deutschland, das nach französischer Anschauung von lauter Tyrannen regirt wird, sich ihrer in hohem Maße erfreut. –

So eben kommt Helenens Brief, für den ich mich hiermit vorläufig schön bedanke. Du armer, armer Kerl! Daß Du an Deiner Schulter so viel Schmerzen auszustehen hast. Es ist ja doch ein Gräuel, daß Du drei Nächte vor Schmerzen herumgepilgert bist und nachher noch gar im Bett liegen und schwitzen mußtest, was das Allerschwerste ist. Es ist mir aber doch eine große Beruhigung, daß Du einen Arzt hast. Nun gute Nacht in Hoym, morgen fahre ich nach meinem lieben Ballenstädt.

*Ballenstädt 13. März.* Wegen meines Capitals bin ich entschlossen es so schnell als möglich herauszuziehen und erbitte mir dazu Deinen geneigten Rath. Mein armer Gerhard, Du wirst jedenfalls in dieser Sache noch hart geplagt werden, vielleicht deshalb nach Reval reisen müssen, aber dafür bist Du dann auch die Verantwortung und den ganzen Kram auf immer los. Solltest Du nach Reval müssen, so wirst Du mir die Liebe thun und Deine Baarauslagen liquidiren wie unter Fremden. Es wird doch immer etwas weniger kosten als wenn ich selbst hinmüßte. Daß auch Adelheid ihr Geld wegnehmen muß, versteht sich von selber. Das Fallen der Rubel ist schrecklich und überdem befürchten meine politischen Freunde Krieg. Ihrer Meinung nach stehen die Sachen in Frankreich so, daß Napoleon sich nicht halten kann, wenn er die Armee nicht gegen den Feind führt, und dazu könnten die Dänisch-Deutschen Verwickelungen leicht den Vorwand geben. Daß der Deutsche Bund Holstein besetzen müsse, darüber sind alle Parteien, Liberale und Conservative einig. Ist aber Holstein einmal genommen so kann man es nicht wieder herausgeben. Auch ist die dänische Zähigkeit nicht anders zu erkären, als daß sie jetzt schon der Hülfe einer Großmacht gewiß sind, und diese könnte nur Frankreich sein. Mit der Rheingrenze würde Napoleon alle Popularität gewinnen, die er braucht. Neulich war ein Reisender hier, der aus Frankreich kam. Er hatte die Ueberzeugung gewonnen, daß mit Ausnahme der Reichen und des Militairs in Frankreich Alles für die Republik schwärme. Das Pariser Attentat scheint wohl mehr gewesen zu sein als das wahnsinnige Verbrechen einiger weniger hirnverbrannter Köpfe. Die Repressalien, die doch nöthig waren, haben fürchterlich erbittert und ein allgemeines Mißtrauen erregt.

*Hoym. 20. März.* Dir heute wenigstens ein paar Worte zu schreiben regt mich zweierlei an: erstlich der Frühlingsanfang mit Sonnenschein, Windstille, 5 Grad Wärme und Vogelgesang, zweitens und ganz besonders ein Brief der trefflichen Hella, die mich über Dein Befinden beruhigen wollte. Immer mehr erkenne ich nun wie ernstlich krank Du gewesen bist. Möchte ich doch bald erfahren, daß Du wieder um Dich geschlagen hättest. Auch über die gedrohte Herabsetzung des Zinsfußes der Credit-Casse giebt Helene Trost. Ich meine aber doch immer noch am besten zu thun, wenn ich mein Capital herausnehme wegen des scheußlichen Fallens der Rubel, und weil überhaupt die weite Trennung vom Capital immer unbequemer wird. Helenens Brief hat mich ungemein lebhaft in Eure Mitte versetzt und mir eine Anzahl Besucher Deines Hauses so lebhaft vor die Augen geführt als sähe ich sie. – ... Ich erwarte nun Deinen Rath wie die Sache mit meinem Gelde am günstigsten zu machen, indem ich Dich laut beklage wegen der Schererei, die Deiner jedenfalls wartet, und mich wegen unausbleiblichen Verlustes.

## N° 101 — Ballenstädt 12. Aug. 1858

Mein geliebter Bruder!
Ich habe Dir so lange nicht geschrieben, daß ich es kaum wage, wieder vor Dein Angesicht zu treten. Erlaß mir die Entschuldigungen und nimm vor allen Dingen heute mit diesem Wisch vorlieb. Ich bin in großer Hetze und muß Dir doch vor meiner Abreise ins Seebad noch schreiben. Du weißt, daß ich nicht ganz wohl bin und ich konnte deshalb dem Zureden der Meinigen und namentlich der Herzogin in diesem Jahr nicht widerstehen und habe mich zu einer Kur entschlossen. Mein Arzt bestand auf Molkenkur und darauf folgendem Seebad. Da mich aber alle meine Freunde vor der Molkenkur warnten, so benutzte ich eine kleine Reise nach Dresden (die ich mit Adolph zum Lohn für sein Examen machte) um Carus zu consultiren. Dieser rieth ebenfalls für Molken. Die Herzogin entband mich nun von allen Geschäften während der Kur, in Hoym trat ein Anderer für mich ein, ich blieb zu Hause und habe endlich meine Molken getrunken gegen 5 Wochen lang. Die Kur ist mir indessen herzlich schlecht bekommen, entweder weil sie überhaupt nicht angemessen war, oder weil der Hof mich dennoch auf verschiedene Weise in fortwährender Aufregung erhielt; denn

nicht nur wurde ich öfter nach Alexisbad eingeladen, sondern sogar versandt, und obendrein kündigte mir die Herzogin an, daß ich sie Ende August nach Döbernitz, von da nach Hermannsburg zu Pastor Harms und von da nach Itzehoë begleiten solle. Dann erst konnte ich frei ins Seebad gehen. Diese Dienstreise, die ungefähr 10 Tage gedauert hätte, erfüllte mich mit der größten Besorgniß, mit der ich aufstand und mich zu Bette legte, weil sie so unpassend war, daß ich mir gar kein Bild davon machen konnte; besonders nicht vom Hermannsburger Aufenthalt, der zwei Nächte und einen Tag dauern sollte, ohne daß dort ein passendes Unterkommen ist; auch geht gar kein Weg nach Hermannsburg. Im Voraus sehen die Herrschaften keine Schwierigkeiten an, wenn sie Lust zu etwas haben; sitzen sie aber in der Tinte, so sollen dann die Umgebungen helfen. Kurzum die Sache plagte mich; aber ich dachte: bin ich nur erst im Seebade, so bin ich frei, liege im Wasser und im Sande und ahne nichts von Hofluft. Für diesen Gedanken nun bin ich rücksichtslos bestraft worden. Denke Dir meine Gefühle als mir die Herzogin gestern sagen ließ, sie ginge selbst ins Seebad und ich solle mich fertig halten sie dahin zu begleiten. Dadurch komme ich in eine Sklaverei und Arbeit, die meinen gewöhnlichen Dienst hundertfach überbieten und werde ich selbst nun wahrscheinlich gar nicht baden. Pecuniaren Nutzen habe ich auch nicht; denn obschon mich nun das Bad nichts kostet, so muß ich, wenn ich mit meiner Herzogin an solch einem Orte öffentlich auftreten soll, mich mit ganz neuen Civilkleidern versehen, und nicht nur mich, sondern auch Anna ganz neu kleiden welche eine Freundin (Fräul. Schander) in dasselbe Bad begleitet und von der Herzogin voraussichtlich sehr in Anspruch genommen werden wird. Zwar könnte ich sagen meine Kur verlange Ausspannung, aber man würde das weder begreifen noch verzeihen, wollte ich so meinen Dienst als ein Joch bezeichnen. Ich muß daher so klug sein die Sache für ein Glück zu erkennen, was sie, wenn ich davon absehe, daß ich kurirt werden soll, ja auch ist; einmal weil es mir Gelegenheit giebt in meinem Berufe etwas zu lernen und darin sicherer zu werden, und dann weil die auf mich gefallene Wahl mir beweist, daß ich immer noch nicht unangenehm geworden. Wir gehen nach der Insel Föhr bei Husum am Weststrande von Süd-Jütland und von hier werden wir etwa am 17$^{\text{t}}$ abreisen, aber wahrscheinlich erst am 6$^{\text{t}}$ oder 7$^{\text{t}}$ Octob. zurückkehren. – Neulich starb hier in dem benachbarten Badeort Suderode die Präsidentin von Gerlach, die Gemahlin des alten Prachtmannes Gerlach, des Führers der Kreuzzeitungspartei. Ich erhielt sogleich den Auftrag mich im Namen der Herzogin hin zu begeben und dem Leichenzuge in voller Gala zu folgen. Es hat etwas unbeschreiblich widerwärtiges unter tief gebeugten Leidtragenden wie ein aufgeputzter Pfau einherzuschreiten, doch war es auch wieder recht erbaulich den Mann Gerlach dabei zu sehen. Als fürstlicher Gesandter schritt ich neben ihm, dicht hinter dem Sarge her. Als sich der Zug in Bewegung setzte, stimmte die vorangehende Schule das Lied: «Jesus meine Zuversicht» an. Da sah ich, daß Gerlach mit zitternden Lippen doch seinen Mund aufthat und laut mit sang und ich ließ mich auch nicht lumpen, that den meinigen auch auf und sang auch drei Verse mit lauter Stimme mit. Dann wußte ich's nicht weiter und der Athem war auch alle, aber Gerlach, der alle 12 Verse auswendig wußte, schnarrte den Sarg allein an, außer daß man ganz im Hintergrunde noch Nathusius mit seiner penetranten Stimme einfallen hörte. Am Grabe standen wir so lange, daß ich fast auch mit hinein gefallen wäre. Endlich war's aus, ich ging ins Gasthaus, aß da und fuhr nach Hause. Nun sind es etwa 8 Tage her, aber ich sehe den Mann noch immer wie er hinter dem Sarge des Liebsten was er auf Erden besessen (Kinder hat er nie gehabt) so tapfer hersang. – Nun zu der Geldangelegenheit. Hältst Du es für nothwendig, so schicke mir das Geld in Wechseln oder Staatspapieren her, meinst Du aber, daß durch meine Abwesenheit irgend ein Nachtheil geschehen könne, und das Geld kann noch bleiben, so lassen wir es am Ende noch bis Ostern oder September übers Jahr. Es würde diese Sendung mich während meiner Abwesenheit von hier und hülflosen Anwesenheit im Bade auch wesentlich beängstigen. Seit ich die Molken unter beständiger Unruhe getrunken, bin ich im Leibe, nach meines Schneiders Maß, gerade um 3 Zoll dünner geworden, eben so auch im Geiste; ich bin gegenwärtig nur ein halber und schier gemüthskranker Mensch voll Hypochondrie und allerlei Befürchtungen. Ich wünschte manchmal ich wäre Gerlach, hätte so einen dicken Bauch und so ein spöttisches Felsenantlitz und so ein glaubensstarkes Gemüth. Doch geht es nicht nach unseren Wünschen und es muß auch schwache Käuze geben. – Auf meiner Dresdner Reise besuchte ich auch die liebe Tante Dascha, die ich mit ihren Töchtern in Köthen in den Händen des schlechten Menschen Lutze fand. Warnungen waren nicht anzubringen. Ich sagte Natalie einiges, aber sie schien es nicht zu beachten. Lutze hatte sich in das Vertrauen dieser guten

Menschen eingelogen. Fast ist es unbegreiflich wie anständige Mädchen sich seinen Kuren unterwerfen können. Wenn ich ein junges Mädchen wäre, wollt' ich doch lieber sterben. Was ist es denn für eine Herrlichkeit um dies elende Leben. Allerdings machen Charlatans eklatantere Kuren als ordentliche Aerzte und würde ich sie als Gesetzgeber frei gewähren lassen. Ihre Heilungen sind psychischer Natur und daher die allerunschuldigsten. Wenn sie aber auf unsittliche Weise das Vertrauen mißbrauchen, das die Patienten ihnen entgegentragen, so würde ich sie ganz einfach zum Lande hinausjagen, was meines Bedünkens mit Lutze schon längst hätte geschehen sollen. Ueberall habe ich mich hier *schämen* müssen einzugestehen, daß meine Tante und Cousinen diesen Kerl brauchen. Geholfen hat er ihnen auch nicht. – Mein Adolph ist nun wohlbestallter Auscultator beim Kreisgericht in Quedlinburg und gar sehr glücklich in seinem Beruf. Gerhard hat wider Erwarten sein schweres Kriegsschulen-Examen bestanden und ist damit wahrscheinlich zeitlebens vom Frontdienst befreit. Zu Michaelis tritt er auf drei Jahre in die Kriegsschule in Berlin, wo er mit den fähigsten jungen Offiziren der Armee zusammengestellt ist. Während dem schönsten Sommermonate thut er Dienste bei irgend einem Cavallerie-, Artillerie- oder Pioniercorps und hat für den nächsten Sommer die Kürassire in Quedlinburg gewählt, um uns nahe zu sein. Die Kriegsschüler werden nämlich zu Generalstabs-Offizieren gebildet und müssen praktisch alle Waffen kennen und brauchen lernen. Benno geht nun von Halle ab, wo er in seinem Corps Fuchsmajor ist, d.h. die Füchse stehen unter ihm und hat er sie zu Burschen auszubilden. Michaelis soll er fort nach Erlangen, damit er ordentlich an die Theologie kommt. Ich schreibe unter tausend Unterbrechungen und die Buchstaben flimmern mir vor den Augen. Es will nicht recht gehen. Was wird Helene denken, daß ich ihr gar nicht schreibe. Möchte sie denken, daß ich sie lieb habe und mich immer noch ihres Besuches freue. Ernst Heynitz habe ich in Dresden gesehen. Er ist ein dicker Mann geworden etwas breitbeinig mit Hahnentritt, kaum wiederzuerkennen. Seine Frau (geborene Grünewaldt) ist wieder ein Riese und gefiel mir gut. Er ist ein lieber, höchst achtungswerther Mensch. Dein Otto ließ sich neulich sehen mit Peter Zöge und einem Lilienfeld. Sie durchstreifen jetzt den Harz. Leb' wohl mein lieber alter Dicker. Gott segne dich und mich und uns Alle und bleibe bei uns mit seiner Gnade in Ewigkeit! Amen. Dein Bruder.

Nº 102 Koswig 7. Oct 1858

Mein lieber Bruder Zyzychä! (συζυγος)
Dies liebe griechische Wort bedeutet Einen, der mit einem Andern an einem Joch zieht, etwa des Berufs, des Lebens usw. Nun ziehen wir zwar eigentlich nicht an *einem* Joche, aber das schadet nichts, da Jeder doch an dem seinigen wund gerieben ist. Wie du siehst bin ich in Koswig und zugleich entnimmst Du daraus, daß kein Ort in der Welt zu entlegen ist, um Deiner zu gedenken. Doch vor Allem Dank für den übersandten Wechsel, und auch mit Zurückhaltung des Kapitals hast Du's gut gemacht, ich war nicht rechtzeitig da und lebe auch noch in einer verwünschten Hetze. Meine Badereise lief auf's Abgeschmackteste ab, wie ich vorhergesehen hatte, und mein Arzt ist ein beinerner Esel, daß er's nicht hinderte, was er herrlich gekonnt hätte, da die Herzogin ihm zuerst davon sagte. Zwar ist die Herzogin nicht unzufrieden mit mir gewesen, aber ich habe doch den Schaden davon gehabt; denn obgleich ich während beinah 5 Wochen nicht dazu kam mehr als 15 Bäder zu nehmen, so waren doch auch diese schon, bei der steten Unruhe, zu viel und wirkten nachtheilig. Die Anstrengung des Dienstes war zu groß, und wer dergleichen nicht erlebt, hat keinen Begriff davon. Mit der Sorge, daß nichts vergessen und verfehlt wird, geht man zu Bett und steht man wieder auf, ist den ganzen Tag auf den Beinen, knausert, judelt, zankt mit Wirthen, Kutschern, Schiffern, Handwerkern, da alles Erdenkliche genossen und dabei doch gespart werden soll, Jedermann aber darauf ausgeht die Herrschaften zu prellen; man empfängt Besuche, erwidert sie, hat täglich neue Fratzen vorzustellen usw. Das Allerschlimmste aber sind die Partien, bei denen Regen, Sturm, Kälte, Hitze und alle Teufel täglich auszuhalten sind, ohne daß man dort den Niagara, den Himalaya, Constantinopel oder den Koloß von Rhodos zu sehen kriegte; man sieht Himmel und Erde, Wasser und einige Häuser und dafür setzt man täglich sein Leben aufs Spiel. In der That erweckte meine Erscheinung Mitleiden. Ein ältlicher Herr trat mich auf der Promenade an. Meinem Bande nach müsse ich wohl der Kammerherr der Herzogin von B. sein; er hätte mir schon längst seinen Besuch machen wollen usw. usw. und (indem er meine Hand nahm) er müsse es mir sagen, daß wenn er mich so gehen sähe, so thäte ich ihm immer von Herzen leid. Ich frug ob ich denn so erbärmlich aussähe? Nein, das wolle er nicht sagen, durchaus nicht, aber 30 Jahre

lang habe er seinen unvergeßlichen Großherzog in die Bäder und sonst auf Reisen begleitet und wahrhaftig er wisse, was das heiße und schaudere, und wenn er mich so herum gehen sähe, so fiele ihm immer alles wieder ein. Ich frug, wer er denn eigentlich wäre? Da war's ein ziemlich vornehmer Weimarscher Edelmann, der Oberhofjägermeister von Hopffgarten Excellenz. Es käme alles auf die Persönlichkeiten an, sagte ich, und meine Herzogin wäre die Güte selbst. Nun ja, erwiderte er, vollends mit Damen! Ich sagte: Hohl' der Henker Ew. Excellenz, Sie wollen mich versuchen. Da umarmte er mich und versicherte er sei mir herzlich gut, gleiches Schicksal verbände, und er wolle mir gern in etwas dienen, bäte mich daher herzlich, ich möge wenigstens nicht baden, da man nicht zweien Herren dienen könne. Andern Tags besuchte er mich und war von nun an unzertrennlich. Er hatte einen Bruder Zyzychä in mir erkannt; wenn er mich gehen sah «fiel ihm Alles wieder ein» und seine Herzlichkeit that mir so wohl, daß ich ganz traurig war als er abreiste. Außerdem machte ich noch eine Bekanntschaft, die mir höchst werthvoll war, nämlich die des Oberhofpredigers Liebner aus Dresden, ein lieber trefflicher, geistvoller, gelehrter frommer, milder usw. Mann. Leider hatte er meist Bauchkneipen und spazierte, mit in den Unterleib gestemmten Fäusten, am Strande umher, reiste auch bald wieder ab, weil ihm die kalten Bäder unter diesen Umständen immer schauerlicher wurden. Er war aber der einzige Theologe, den ich seit lange gesehen, der nichts Verdammliches gegen Andere hatte, dessen geistvolle Conversation daher sehr anziehend war. Noch ein Anderer, Consistorialrath Carus aus Posen, schloß sich mir an, der etwas schärfer lutherisch, sonst wenigstens ein ganz trefflicher Gesellschafter war. Viele Andere lernte ich noch kennen, obgleich ich niemand suchte; aber Alles, was sich der Herzogin vorstellen lassen wollte, mußte natürlich zu mir kommen. Alles was von Edelleuten da war, that dies auch, mit Ausnahme des Grafen Schönburg-Glauchau, der sich zu vornehm dünkte mir den ersten Besuch zu machen und darüber in eine so schiefe Lage kam, daß er bald abreiste. Bei dieser Gelegenheit habe ich recht in die misère des vornehmen Wesens blicken können, das von einem Schüler Senff's nie recht begriffen wird. Die interessanteste Erscheinung war eine Gräfin Bernstorff aus Mecklenburg, in die sich Anna verliebte und mit der sie sich gewiß aufs innigste befreundet haben würde wenn sie sich nicht durch die Eifersucht ihrer Begleiterin, der verrückten Schander gehemmt gefühlt hätte. Da wäre viel Tolles zu erzählen, wenn die Einleitungen nicht zu lang würden. Ach Zyzychä, wie viel erlebst Du doch, wovon ich gar nichts ahne, und umgekehrt. Selbst im Himmel werden wir's uns nicht erzählen können, weil wir da vor Adam und unseren anderen Voreltern nicht zu Worte kommen werden. Was nun die nordfriesische Inselwelt anlangt, in der ich lebte, (die alten meist schon von der See verschlungenen Utlande) so wäre ich von dieser beispiellosen Oedigkeit jedenfalls entzückt gewesen, wenn ich da hätte allein sein können. Auf dem Kriegskutter des Kapitain Hammer, der die dortige Seestation kommandirt, segelten wir nach verschiedenen Inseln und Halligen. Am interessantesten war das wüste Sylt mit seinem herrlichen Leuchtthurm, seinen großartigen fürchterlichen Dünen, welche den prachtvollsten Blick auf die majestätische Nordsee gewähren, die hier mit einer Wuth anbrandet wie vielleicht nirgends sonst. Diesen Blick vergesse ich nie, es war das schönste und merkwürdigste was die Reise bot. Sehr interessant war mir auch die Hallig Oland, wo die Natur nichts thut als etwas Gras zur Schafweide wachsen lassen, wo die Menschen in steter Todesgefahr leben, weil die Fluth zuweilen über die ganze Pastete hinbraust, und wo sie sich doch so glücklich fühlen, daß sie nicht wegzubringen sind, und die durch Schiffahrt wohlhabend gewordenen ihr Leben stets dort beschließen. Ueberhaupt haben mir die Nordfriesen besser gefallen als jeder andere deutsche Stamm. Ruhige, stille, besonnene und schöne Menschen. Ungefähr neun Zehntel des Landes hat die See gefressen, nur einige Inseln sind übrig und von diesen geht sammt der Bevölkerung nach und nach Alles unter was Hallig heißt. Diese Hallige sind flache Inseln, die überfluthet und gelegentlich weggespült werden. Solche dem sicheren Untergange geweihte Land und Leute zu sehen, hat einen elegischen Reiz. Interessant sind aber auch die Zustände am Lande, wo Alles noch so ist wie vor 500 Jahren, keine Industrie, keine Wege oder gar Eisenbahnen, keine Spur von rationellem Ackerbau, Ueberfluß an Grund und Boden, kein *Armer*, kein Luxus und keine Noth außer Trennung, Krankheit, Tod und Sünde. Der Kapitain Hammer, der die ganze Welt gesehen, versicherte mich zu wiederholten Malen, in Föhr gefiele es ihm am besten; und doch wächst dort kein Baum, der salzigen Stürme wegen, und hat die Insel nichts von Allem aufzuweisen was man sonst schön nennt, nur flache Weiden, Moor und Haideland und etwas spärlichen Ackerbau. Eben so sprach der Besitzer des

Bades, ein Hamburger; der Landvogt, ein Kopenhagener; und die vier Prediger der Insel. Weiter sind keine Honoratioren da, und im Winter sei es am schönsten, dann hätten sie untereinander mit ihren Familien die angenehmste Geselligkeit. Unter den Badegästen lernte ich auch einen Professor Christiani aus Dorpat kennen; auch war ein Pastor Carl Blom da, der aber, als ich ihn aufsuchte, schon abgereist war. – Schließlich wurde ich krank. Ich hatte mich auf einer Landpartie sehr exponiren müssen und befiel in der Nacht mit Fieber und heftigem Durchfall. Zwei Tage lag ich, dann war ich ein paar Tage Zimmerpatient. Anna pflegte mich, und für uns Beide war dies die schönste Zeit auf Föhr, indem auch Anna sich während dieser Zeit von ihrer Schander ausruhen konnte und wir das lieblichste Stilleben zusammen führten. Der Arzt wollte mich nicht reisen lassen, ich konnte aber meine Herzogin nicht allein über's Weltmeer lassen, hatte deshalb schon vom Bett aus alle Rechnungen berichtigt, riß mich heraus und ging mit der Herzogin und fast mit dem Rest der ganzen Badegesellschaft zu Schiff. Außer Anna und der Schander blieben nur noch Wenige zurück. Die arme Anna so mit der Sorge um mich am Ufer stehen zu sehen, als wir abdampften, war mir unbeschreiblich rührend. Sie wäre so gern mit mir gereist und ohne mich zu bleiben war ihr äußerst unheimlich, aber die Schander, die sie zu ihrem Troste mitgenommen, konnte erst in 14 Tagen fort, und so mußte sie pflichtgetreu ausharren. Ich brachte die Herzogin bis Schleswig, wo ihr Bruder sie in Empfang nahm, den sie auf längere Zeit besuchte; dann reiste ich allein weiter und zwar ganz langsam, um meiner Frau kein Leichengesicht nach Hause zu bringen. In Hamburg besuchte ich auf ein Stündchen meine alte Pflegetochter Line auf ihrem fast fürstlichen Landsitz. Da war's gar herrlich. Hoch auf dem Berge liegt das Schlößchen, eine kleine Burg, mit phantastischen Erkern Treppen und Zinnen, umgeben von den geschmackvollsten Gartenanlagen, hart über der Elbe, mit einem zauberhaft schönen Blick auf den herrlichen Strom und das ferne majestästische Hamburg. Große Seeschiffe segelten fortwährend vorüber. Zwölf dergleichen gehören Schiller und ein ihm gehöriges Dampfschiff salutirte mit 3 Kanonenschüssen. Schiller führte mich in seine Treibhäuser, in denen er die herrlichsten Orchideen zieht, von denen ihm seine Kapitaine immer wieder neue Arten aus den tropischen Urwäldern mitbringen. Diese Schmarotzer brauchen keine Erde. Sie wurzeln an einem Stückchen Baumrinde und durchranken das ganze Haus in den herrlichsten Guirlanden, blühen wunderbar, klein und zierlich auch überaus groß und prächtig und erfüllen die Häuser mit den süßesten Wohlgerüchen. Line hat drei reizende Kinder, die sehr zutraulich waren. Sie ist noch ganz das liebe sanfte Wesen, das sie immer war, sich weislich schickend in eine Lage, die wegen Wunderlichkeiten des Mannes nicht leicht ist, leider aber ist sie augenkrank so daß sie sich gar nicht beschäftigen kann. Schiller wollte mich gar nicht weglassen, ich sollte einige Tage bleiben und mich recht auskuriren, und er wollte den Burgemeister und alle Celebritäten zu mir einladen, doch fürchtete ich mich vor Geselligkeit und machte, daß ich auf's Dampfschiff kam. Hamburg ist seit dem Brande die majestätischste Stadt in Deutschland und gern wäre ich einen Tag für mich dageblieben, aber die Freunde schreckten mich weg. Nun werde ich wohl nie wieder hinkommen. In Ballenstädt war ich Tagelang damit beschäftigt, meine Rechnungen in Ordnung zu bringen, eine fürchterliche Arbeit, da die Ausgabe in Gold, preuß. Courant, Conventionsgeld, Hamburger Courant und in Dänischer Reichsbankmünze geschehen war. Endlich war ich fertig und mußte nun gleich nach Koswig um die hier befindlichen alten Familienbilder, deren ich über 300 gefunden und die wie Kraut und Rüben in Rumpelkammern über einander liegen, zu censiren, zu sortiren zu katalogisiren und darüber zu berichten. Meine Frau hat mich zu meinem Troste begleitet. Sie sitzt mir gegenüber mit ihrem Strickstrumpf und blickt zuweilen in die Ecken, weil sie sich fürchtet in dem alten Schloß, dessen einzige Bewohner wir beide sind. Wie schön ist diese alte ehrwürdige Burg und Residenz Wolfgangs, an der Elbe gelegen, die sich durch saftige Wiesen und majestätische Eichenwaldungen in weitem Bogen durchzieht, – aber sie ist gänzlich vernachläßigt, alle Meubles ausgeraubt, verkauft oder nach andern Schlössern gebracht, kann keine Herrschaften mehr aufnehmen und soll jetzt an den Staat abgegeben werden.

*Hoym 15. Oct.* So lange hat dieser Brief gelegen, aber ich kam zu nichts. Hier finde ich die erste Ruhe seit langer Zeit, doch mußte ich sie verwenden, um für die Herzogin eine Zeichnung zu machen, damit ich ihr etwas zum Geburtstag zu schenken habe, der diesmal, weil sie abwesend war, nachgefeiert werden soll. Morgen kommt sie und mit ihr unendliche Unruhe nach Ballenstädt, auch hierher einiger Trödel, denn sie wird gewiß gleich herauskommen.

Es ist mir ziemlich schlecht zu Muth, doch muß ich Dir eine Anekdote erzählen, die der Generalsuperintendent Hoffmann aus Berlin, als die Rede von zweckmäßiger Armenpflege war, zum Besten gegeben hat. Er erzählte sein Freund N.N. habe den Grundsatz Bettlern nie etwas zu geben, sondern was er erübrigen könne, zahle er an die Armenkassen. Nun sei ihm neulich ein schrecklicher Kerl aufs Zimmer gerückt, reisender Vagabond, der sehr dringend um Wegzehrung gebeten habe. N.N. hielt ihm seinen Grundsatz unter die Nase. Da sagte der Vagabond mit verzerrter Miene: «Mein Herr! es kommt mir nicht drauf an was ich thue, ich bin in der aller himmelschreiendsten Noth, und wenn Sie mir nichts geben, so zwingen Sie mich zu einer That, vor welcher ich bis jetzt noch zurückgeschaudert bin!» N.N. fürchtete sich und gab einen Thaler. Dann frug er Jenen, was er denn gethan hätte, wenn er nichts bekommen? «Dann (erwiderte die Canaille) dann, mein Herr, dann hätte ich *gearbeitet*!» –

*Am 17. Oct.* Der Herzog empfing mich hier sehr freundlich. Da ich ein Vierteljahr lang gefehlt, hatte er sich eingebildet, die Geister hätten mich vertrieben. Er redete mir daher sehr tröstlich zu, ich soll mich vor ihnen nicht fürchten, sie dürften mir gar nichts thun, er hätte sie jetzt so ziemlich auf der Flucht, und sollten sie sich dennoch zeigen (denn etwas frech wären sie freilich noch) so gäbe er sie mir vollständig preis, dann sollte ich nur getrost drunter fegen, mit Stöcken, Stiefeln, Tischen Stühlen, Kommoden und was mir sonst in die Hand fiele, und sollte Alles zerwettern und zerschmettern, daß der Saft Eimerweise herausliefe. Ich frug ob er den Geistersaft meine? Da sagte er: «ja eben!» Er kommt nun täglich des Morgens zu mir und sucht mich zu beruhigen. Die Herzogin war auch schon hier. Ich glaube sie lebt von meiner Gesundheit. Sie ist ganz entsetzlich kräftig und lebendig. Meine kleine Zeichnung, die Aussicht aus ihrem Fenster in Föhr, nahm sie mit großer Liebenswürdigkeit entgegen und war überhaupt sehr gut und freundlich. Uebermorgen wird zu Ehren ihrer Rückkehr im Ballenstädter Theater die Glocke aufgeführt. Zu Anfang und in den Pausen werden Tableaux gestellt. Ich werde leider auch mit in der herzoglichen Loge stehen müssen. Am liebsten bliebe ich noch 8 Tage in Hoym, um mich erst gründlich auszuruhen ehe ich wieder ins Weltgetümmel muß. Hätte ich das Seebad allein und mit bequemer Ruhe brauchen können, so würde ich mich aller Wahrscheinlichkeit nach jetzt ganz wohl befinden, denn die Bäder an sich bekamen mir herrlich, nur daß ich immer gleich wieder ins Geschirr gehen mußte wenn ich auch noch so müde war, und täglichen Erkältungen ausgesetzt war. Doch es war so Gottes Wille. – Ich werde wohl nicht viel mehr schreiben als diese beiden Blätter.

*Am 18. Oct.* Ungemein viel hätte ich noch zu erzählen von der Föhr'schen Reise, von meinem Freunde Ryno Quehl, den ich dort wiedergesehen, von der Flaggengeschichte, die in allen Zeitungen stand und die ich miterlebte, von meinem Besuch beim Vogt in Sylt, u. s. w. aber erzählen würde ich's Dir auch nicht wenn Du hier wärst, weil mir das Sprechen schwer wird, und schreiben kann ich's nicht weil mir das Schreiben schwer wird. Ich bin ein altes todtes Wrack dergleichen ich zerscheitert mehrere am Strande gefunden, doch bin ich dabei ganz zufrieden und habe auch noch ein Herz, das seiner Freunde mit warmer Liebe gedenkt und bei solchem Denken vom Danke überfließt. Gott segne Dich und mich und helfe uns weiter durchs Leben bis an ein seliges Ende. Amen!
Dein getreuer Bruder und Freund W.

## N° 103

Ballenstadt 3. Dec. 1858

Mein alter lieber Gerhard!
Dein überaus reicher herrlicher Geburtstagsbrief hat mich dermaßen erquickt, daß ich auf dem Fleck geantwortet hätte, wenn nicht gerade in dieser Zeit noch dringende Briefschulden abzutragen gewesen wären. Das ist nun größtentheils gethan und ich bin wieder freier. Was spendest Du doch für Lob! Das könnte die Eitelkeit anschwellen wie einen Frosch oder Mönch, thut's aber doch nicht, sondern es zeigt mir Deine Liebe und Dein brüderliches Herz, die mir so wohl thun. Vielleicht, daß wir deswegen so weit auseinander wohnen um die Schatten nicht zu sehen, die auf uns liegen, daß wir unserer so recht von Herzen froh würden. Es ist ein Unterschied bei Andern die Sünde blos anzunehmen, oder sie mit leibhaftigen Augen hervortreten zu sehen. Mein Geburtstag war diesmal gut. Briefe von Dir, von Adelheid, von meinen Söhnen und Anderen. Auch übersandte mir die Gräfin Schlieffen (Augustchen Schönberg) zum Andenken an die sel. Gräfin Dohna ein prächtiges Buch aus deren Nachlaß mit vielen angestrichenen Stellen: «Ordinarii fratrum öffentliche Reden bei der evangelisch lutherischen

Gemeinde zu Philadelphia in Pensilvanien. 1742.» so heißt's. Ich vertiefte mich gleich in die erste Rede so daß ich nicht ablassen konnte bis sie aus war und überzeugte mich bald, daß diese Reden von Niemand anders als von Zinzendorf sein konnten, denn wer hätte damals sonst noch aus einer solchen Geistesfülle reden können. Predigten und Symphonien sind ihrer Construction nach langweilig, weil sie einen einfachen Gedanken, der an sich selbst genug ist, langsam zu Tode quälen. Doch hat Beethoven gezeigt, daß auch Symphonien erwärmen und entzücken können, und so weiß auch Zinzendorf durch seine Predigt das volle Interesse zu fesseln. Ich hatte früher noch nichts von ihm gelesen und begreife nun wie unsere sel. Mutter sich so sehr in seine Predigten vertiefen konnte. Regulaire Predigten sind es kaum, sondern wie ein Hausvater bei Tisch den Braten zerlegt und einem Jeden sein Theil giebt, so daß ihm in diesem Theil der ganze Braten begreiflich wird und aufhört ein Schaugericht zu sein, so legt jener ein Schriftwort auseinander. Er füttert die Gemeinde mit Gottes Wort und zwar ex tempore in unstudirter Rede aus seinem reichen inneren Glaubensschatz heraus. Seine Auffassung des Evangeliums ist zwar etwas einseitig, aber man lernt es denn doch wenigstens von dieser und zwar gerade von der beseligendsten Seite ordentlich kennen und verstehen. In diesen Predigten ist ein Talent, eine Einfalt, Gedankenfülle, Schriftkenntniß und Glaubenskraft, daß ich ähnliches nicht kenne. Daß dieser Mann eine so blühende Kirche baute, ist mir nun ganz begreiflich. – Deine freundlichen Geburtstagswünsche: «weniger Geschenke und mehr Gesundheit» sind eingetroffen. Ich bekam eigentlich nichts als ein halbes Ankerchen Wein von der Bernstorff, das wohl sauer werden wird, weil ich's immer vergesse abzuzapfen. Meinetwegen brauchte gar kein Wein in der Welt zu sein. Mit meiner Gesundheit geht es auch wirklich besser, so daß ich doch z.B. wieder eine Predigt vorlesen kann. Der böse Einfluß der «Kuren» ist so ziemlich verschwunden. Die Hauptfreude an meinem Geburtstage war ein Gefühl der Dankbarkeit für Alles. Benno schrieb zum ersten Mal mit einigem Interesse von seinen Studien. Er ist sehr befriedigt von seinen Lehrern, und mag er denn lutherisch werden so viel er will, wenn er nur ein Christ wird, so bleibt die theologische Ansicht sehr gleichgültig. Gerhard hat mir auch eine rechte Freude gemacht. Am 11ᵗ Nov. nachmittags 5 ist er ohne sich zu besinnen in die eiskalte Spree gesprungen und hat mit eigener großer Lebensgefahr ein ertrinkendes Mädchen herausgeholt. Er selbst schreibt kein Wort davon, aber sein Stubenkamerad der Lieutenant v. Rettberg hat es uns mit großer begeisterter Freundschaft unter dem Siegel der Verschwiegenheit verrathen. An Otto scheint Gerhard viel Vergnügen zu finden, er geht fast ausschließlich mit ihm um und wird ihn Weihnachten mitbringen, den langen Pessimisten, der Alles schwarz sieht und dabei die beste aufopferndste Seele von der Welt ist. Sehr gestört in seinen Studien soll der Arme durch seine massenhaften nichtsnutzigen Landsleute sein, die eigentlich nur studiren um Andere daran zu hindern und dazu noch gewöhnlich den gedankenlosesten Liberalismus zur Schau tragen. Es ist unter diesem Volk eine grenzenlose Plattitüde.

*Am 6. Dec.* Es will immer etwas sagen ehe ich einen Brief fortkriege; aber ich habe diese Woche so viel essen müssen, daß alle Gedanken verdampft sind. Es ist doch eine Versündigung mit den Fressereien, wo so viele Menschen hungern müssen. Selbst wenn ich wenig esse, werde ich vom Zusehen und Sitzen, von der Gêne und meiner eigenen Ungeduld duselig für den ganzen Tag. Gelesen habe ich die Confessions von J. J. Rousseau, eins der merkwürdigsten Bücher, die geschrieben sind. Es ist eine Sauerei von der man sich gar keinen Begriff machen kann, ein Character den man immerfort prügeln möchte, ja alle Personen die vorkommen, möchte man prügeln; doch dauert Einen der arme Held auch wieder und man fragt sich wie er anders hätte sein können bei seiner Natur und Lebensführung. Mit mir selber hat Rousseau die schlagendste Aehnlichkeit, ja ich bin es ganz und gar, nur daß das Erbarmen meines Gottes mir andere Eltern, andere Geschwister andere Lehrer und Freunde gegeben hat. Ich habe deshalb von dieser Lectüre nicht ablassen können bis ich sie zu Ende hatte, und obgleich ich der Meinung bin, daß sie für junge Leute gefährlich sein müsse, so habe ich doch Segen davon gehabt. – … Was ist's doch, daß die liebe Elmine jetzt manchmal ordentlich krank wird! Gott halte seine Hand über sie und segne sie, Er erhalte ihr das Bischen Gesundheit noch recht lange. Zum Sterben braucht man ja auch eigentlich nicht krank zu sein. –

*Hoym 9. Dec.* Zu schreiben ist so ein Brief allenfalls, aber ihn zu expediren, wenn man kein Geschäftsmann ist, recht bitter. Da sitze ich nun wieder im öden Hoym, wo ich Zeit genug habe Dich armen einsamen Bruder um Deine reiche Geselligkeit zu beneiden. Das Wetter ist unangenehm, naßkalt, nebelig, lichtlos. Jetzt ist es 8 Uhr Morgens und die Lampe steht vor mir; draußen graut es und die Sperlinge räuspern sich. In meinem Gedenkbuch steht: «Graf Dohna gestorben Abends 7 Uhr in Herrnhut. 1833.» Ich wollte Du wärst hier, nur einen einzigen Tag, nämlich heute. Am Weihnachtsabend kannst Du auch herdenken, ich stecke dann wieder in Hoym. – Lebewohl, mein alter lieber und getreuer Bruder! Gott sei mit Euch Allen! Mit alter und junger Liebe Dein Wilhelm

## Nº 104

Ballenstädt 17. Jan. 1859

Mein alter theurer Bruder!
Habe Dank für Deinen lieben Brief vom 8/20 Dec., der mir keine geringe Lust gemacht hat vorerst mit Dir hundert Cigarren zu rauchen, ob es uns etwa gelänge während dieser ungeheuern Hekatombe uns wieder einigermaßen zu verstehen. Nach Deinem Schreiben vom 30. März v.J. waren wir schon einmal einig, aber nun ist es wieder anders. Ob dieser Rückfall vom Kometenschwanz verursacht worden oder von was Anderem, weiß ich nicht. Was Bestimmtes greifst Du eigentlich nicht an, daher mir die Vertheidigung schwer wird; doch soll geschehen, was untodtgeschlagener Weise geschehen kann. Zunächst gestehe ich Dir etwas zu, was Du gar nicht behauptest hast, daß es nämlich viele Liberale, wie z.B. H. Gagern, M. Arndt und Andere *sehr gut* meinen, und daß es unter den Conservativen Viele giebt, die nur ihren eigenen persönlichen Vortheil im Auge haben; aber es handelt sich hier gar nicht um Personen, sondern um Grundsätze, und es frägt sich auf welcher Seite die größere politische Weisheit sei. In Religionssachen ist es eben so; der Pastor Stephan in Dresden war ein unsittlicher, der Pastor Schmaltz ein sittlicher Mann; doch hatte dieser in seiner Lehre Unrecht, Jener Recht. – Ad rem! Du sagst, es sei Dir jetzt klar geworden, daß die große Mehrzahl aller gebildeten Preußen der liberalen Gesinnung huldige und es wäre daher etwas viel verlangt, wenn diese große Mehrheit sich auf die Dauer der kleinen Adelspartei unterwerfen sollte. Darüber könnte schon riesig gestritten werden, denn erstlich ist von solcher Unterwerfung nie die Rede gewesen, dann herrscht in Preußen de jure Niemand als der König, und endlich: was heißt denn «gebildet?» Die große Mehrzahl derjenigen, die den sogenannten gebildeten Ständen angehö-

ren, ist allerdings theils liberal, theils demokratisch, jenachdem sie Brod haben oder hungern, oder mit andern Worten: Roller würde gesagt haben «die Esel sind links». Versteht man aber unter «gebildet» ein Verständniß von der Sache, um die es sich handelt, so ist eigentlich kein gebildeter Mann links, so lange er ehrlich ist. Sogar Louis Philippe war durchaus conservativ und heuchelte nur den Liberalismus, um sich auf den Thron zu schwingen und sich auf dem Thron zu erhalten. Vortrefflich sagt Nathusius: «Ein feiner Beobachter hat gesagt: ‹In dem was er versteht, ist Jeder rechts, in dem was er nicht versteht links.› Cum grano salis ist das wahr und es wäre daraus zu schließen, daß die meisten Menschen in den großen kirchlichen, socialen und politischen Fragen links sein werden, denn die wenigsten verstehen etwas davon. Das sicherste Mittel zu schiefen Resultaten zu kommen, ist daher, die große Menge an allgemeinen Fragen zu betheiligen, während dieselben Menschen in ihren kleineren Kreisen, indem was sie wirklich angeht, conservativ sein würden.» – Daß die Wahrheit in der Minorität ist, macht sie nicht minder wahr, und der Wahrheit ist allerdings immer die Macht zu wünschen. – ...Du irrst Dich übrigens wenn Du annimmst, daß ich mich in die Kreuzzeitung zu sehr verlesen habe. Seit einem Jahre erst wird sie in Hoym gehalten und da zwinge ich mich höchstens alle 14 Tage zu 4 Nummern, weil ich überhaupt nicht gern Zeitungen lese und am wenigsten diese, die das Format eines Tischtuches und kleinen Druck hat. Ich tadele sogar den oft höhnischen und prahlerischen Ton dieses Blattes, bin auch in kirchlicher Hinsicht nichts weniger als einverstanden weil ich nicht orthodox bin; die politischen Principien aber theile ich vollkommen, ich halte sie für die einzigen, die jetzt vernünftigerweise möglich sind, für die einzigen, die zur politischen Freiheit führen können. Du, mein alter Gerhard, kennst weder unsere Zustände noch kennst Du die Principien der Kreuzzeitungspartei; kenntest Du sie, so würdest Du Dich sicherlich auch zu ihnen bekennen. Dein Axiom, daß kein Volk anders regiert werden könne als es regiert werden wolle, möchte ich auf Treu und Glauben doch nicht so nachsprechen. Wie Du es eigentlich verstehst weiß ich nicht; das aber weiß ich, daß wir verloren wären, wenn es immer nach unserem Willen ginge, und daß man Kindern den Willen brechen muß wenn sie sich wohlbefinden sollen. – Doch genug. Ad vocem Zinzendorf schreibst Du über Dein eigenes Glaubensleben, nämlich daß es sich noch sehr in den Zuständen des bloßen Keimens befinde. Da falle ich Dir um den Hals und bekenne Dir mit Thränen, daß das Alles bei mir eben so hergeht, trotzdem daß ich allerdings Momente hatte und noch habe, wo ich mit Louise Henriette von Brandenburg singe: «Ich bin durch der Hoffnung Band zu genau mit Ihm verbunden, meine starke Glaubenshand wird in ihn gelegt befunden, daß mich auch kein Todesbann ewig von ihm reißen kann.» Außerdem bete ich mit Thomas «Herr hilf meinem Unglauben.» Sollte Er nicht endlich gründlich helfen Dir und mir? O ja! So lange noch der Athem aus- und eingeht, gebe ich diese Hoffnung nicht auf. Daß in keinem Andern Heil ist, in ihm aber ein *vollkommenes* Heil, das wissen und glauben wir doch beide, und das danken wir dem Umstande, daß Gott uns gewürdigt hat, sehr geförderte Christen von nahe zu besehen. Sie haben doch etwas was allen anderen Menschen fehlt. Wir haben aber auch die Kraft des heiligen Geistes schon am eigenen Herzen erfahren, und daß wir nur vom Hörensagen wissen, das ist nicht ganz so. Möchte es doch Dir und mir einmal recht schwer aufs Herz fallen, daß wir trotz alledem doch noch so dumm sind, möchte die Sünde in uns so mächtig werden, oder vielmehr das böse Gewissen, daß wir recht aufrichtig nach der Gnade griffen. In letzter Zeit ist viel und auf mancherlei Weise an mein Herz geschlagen worden, am kräftigsten durch einen Brief von Auguste, die ich um Aufschluß über ihren eigenen Glauben bat, und ich danke Gott, daß wenigstens *sie* es *weiß*, daß sie ein Kind Gottes ist. Das zu werden steht freilich nicht in unserer Macht, aber ich denke, daß auch schon die Sehnsucht danach vom h. Geist gewirkt ist, und dann heißt es auch «den Aufrichtigen läßt es Gott gelingen.» Ich möchte mir gern alle andere Weisheit aus dem Kopf schlagen, wenn ich sie eintauschen könnte gegen die Weisheit des Wortes vom Kreuz. Die wenigen Predigten von Zinzendorf, die ich nun besitze, liebe ich deswegen weil ich ihnen die Wahrhaftigkeit des Zeugnißes abfühle; der Prediger hat das selber was er giebt. Gott helfe uns beiden Brüdern weiter!

*Am 19. Jan.* Hoym. So eben habe ich eine entsetzliche Nachricht erhalten, die mir durch Mark und Bein geschlagen ist. Auf dem Ballenstädter Bauamt arbeitete ein junger Architekt von etwa 30 Jahren Namens Blum, ein Bruder des herzoglichen Mundkochs. Ich hatte von seinem Dasein gar keine Kenntniß, ihn nie gesehen, bis endlich vor einem Jahre Elisabeth sich beklagte, daß sie diesen

Menschen überall auf ihren Wegen finde, daß er sie im Theater und in der Kirche fortwährend anstarre, sie neulich sogar, da sie allein im Dunkeln über die Straße ging, mit den Worten angeredet habe: «Sind Sie mir böse, gnädiges Fräulein?» Wir ließen nun Elis. nicht mehr allein gehen und ich sprach mit dem Bruder, der hier in Hoym des Herzogs Mundkoch ist. Da trat einige Ruhe ein. Bald darauf ging Elis. auf längere Zeit nach Halberstadt zu Adolf Krummacher, und dort empfing sie einen bogenlangen wahnsinnig verliebten Brief, worin B. ihr sagte, er sei ihr nachgereist um sie endlich zu sprechen. In Ballenstädt sähen zu viele Augen auf sie, hier aber würde sie ihm wohl ein Stündchen schenken können. Ihrer Liebe sei er ja gewiß da er ihre Blicke wohl verstanden habe, und er zweifle nicht, daß sie ihm ein Rendezvous bestimmen werde. Seine Adresse war beigefügt. Elis. gab den Brief an Adolf, der eine derbe Abfertigung darunter setzte und ihn zurückschickte. Darauf trat wieder einige Ruhe ein, nur daß Elis. nie ausgehen konnte ohne diesem Menschen, der ihr in der Seele verhaßt war, zu begegnen. Plötzlich bekam ich einen Brief von ihm mit einer Ansprache um Elisabeth in bester Form. Ich antwortete sogleich sehr derb und deutlich und bat ihn mich nicht zu nöthigen Maßregeln gegen ihn ergreifen zu müssen, die ihm nicht lieb sein würden. Darauf eine sehr vernünftige Antwort mit den besten Versprechungen. Wieder eine längere Pause. Dann aber klagte unser Dienstmädchen, daß B. Versuche mache, sie zu bestechen; sie auch fast auf allen ihren Ausgängen begleite und ihr von seiner Liebe zu Elis. vorerzähle. Bald darauf kam wieder ein Brief an mich, er müsse sterben wenn er nicht erhört würde. Nun schickte ich ihm den Oberhofprediger, seinen Beichtvater, auf den Hals, der sich gegen 2 Stunden mit ihm unterhielt und mir dann sagte, ich könne nun ganz ruhig sein. Dennoch flogen Blumensträuschen mit Liebesbriefen an Elis. durchs Fenster. Da sprach ich mit dem Minister Schätzell; der ließ ihn rufen, meubelte ihn ab und sagte ihm, bei der geringsten Klage, die wieder vorkäme, würde er versetzt. Mittlerweile wirkte ich ihm die Erlaubniß aus zum Staatsexamen zugelassen zu werden, was ihm aus verschiedenen Gründen verweigert worden war, und dachte so auf die beste Art durch eine Wohlthat mit ihm auseinandergekommen zu sein; denn der arme Mensch that mir entsetzlich leid, da er offenbar von einer Macht außer ihm beherrscht d.h. besessen war. Er und die ganze Familie waren mir sehr dankbar und er versprach meiner Empfehlung Ehre zu machen. Indem ich nun Gott dankte, daß er endlich beruhigt sei, erhält meine Frau einen lamentabeln Brief, worin er um Gotteswillen um die Erlaubniß bat, unser Haus besuchen zu dürfen, da es ihm ganz unmöglich sei, getrennt von Elis. zu leben. Diesen Brief schickten wir gleich nach Bernburg an Schätzell, und umgehend erhielt B. den Befehl, sich sofort nach Coswig zu begeben, wo er beim Bauamt in gleicher Weise wie in Ballenstädt beschäftigt werden sollte. Seine Verzweiflung war grenzenlos, er schrieb mir, er bat bei Allem was mir heilig sei, ihm nur eine einzige Unterredung mit Elis. zu gestatten, sonst stürbe er. Er würde auf unserer Thürschwelle seinen Geist aushauchen, sagte er unserem Mädchen. Doch brachten ihn die Seinigen glücklich fort, die eben so wie wir in einer Ortsveränderung das einzige Heilungsmittel sahen. Mir blutete das Herz dabei, aber es *mußte* sein. Plötzlich war er wieder da und erklärte seiner Mutter, er müsse Elis. wenigstens noch einmal sehen. Die arme alte Frau, eine Predigerwittwe setzt sich nun selbst mit ihm in einen Lohnwagen und bringt ihn nach Bernburg zurück. Er verspricht seiner Mutter heilig, er wolle nun vernünftig sein, arbeiten, und Elis. vergessen. Er trennt sich von ihr Abends 10 Uhr, da sie nach Ballenstädt zurückfährt, er aber die Weiterreise nach Koswig per Eisenbahn antreten soll. Statt dessen läuft er zu Fuß weit hinaus in die Nacht, schneidet sich die Pulsadern durch und springt in die Fuhne (Seitenflüßchen der Saale) wo er ertrinkt. – O Gott! o Gott! was haben wir denn vor solchen armen Menschen voraus, daß wir nicht gleiche Wege gehen. Ich bin ganz krank von dieser Geschichte.

*Am 20. Jan.* Du bist neugierig auf die Haltung der ersten Kammer. Ich auch. Man sieht harten Kämpfen entgegen. Es wird die Aufgabe des Herrnhauses sein, gegen den Wind zu lawiren. «Wo der Geist des Herrn ist, da ist Freiheit» sagt die Schrift. Das ist wahr. Wahre Christen sind immer moralisch frei, doch wird sie das nicht hindern dürfen, auf rechten Wegen auch bürgerliche Freiheit anzustreben, d.h. gegen den Teufel in der Politik zu streiten... Doch vergieb, daß ich so viel von Politik schreibe. Es bewegt Einen dies Capitel eben jetzt. Glaube auch nicht, daß ich sehr trostlos bin, das ist nur auf der Oberfläche; denn ich kenne ja den Fürsten dieser Welt, der nie leidet, daß ein Himmelreich daraus werde. Die wesentliche Freiheit suche ich bei Christo, ohne sie freilich schon errungen zu haben. – Der Herzog hat hier einen kleinen Thiergarten mit einem Hirsch und drei Ziegen; da gehen wir alle Tage hinein uns lage darin aufhaltende. Die Thiere haben aber den weichen Boden so durchgebuttert und mit frischem Dünger veredelt, daß man gleich bis über die Fesseln einsinkt, woraus sich allerdings mein gnädigster Herr nicht das Geringste macht. Er wechselt nicht einmal die Stiefel, sondern läßt sie sich, wenn wir nach Hause kommen, am Fuße mit einer holzernen Spachtel abschaufeln. Dieses Thiergartens wegen muß ich allerdings Frostwetter wünschen. Es ist doch wunderbar, daß wir gar keinen Winter mehr haben. Ach Gott! man schreibt wohl so Allerlei durch einander, aber immer steht mir der arme nächtliche Blum vor Augen mit seinen durchgeschnittenen Adern. Wohl giebt es manche Freuden in der Welt, meist Täuschung, aber ein rechtes Jammerthal bleibt sie doch. Glücklich sind nur die Esel, die davon nichts merken, und die gläubigen Christen, die einen Aufblick haben über dem sie den Einblick vergessen können. Mein lieber alter Bruder! Sei ans Herz geschlossen mit allen den Deinigen von Deinem Bruder.

## N° 105 Hoym 2. April 1859

Mein lieber Bruder! Deinen Brief vom 16t mit dem Wechsel erhielt ich am 27. v. M. Ich danke Dir sehr herzlich, lieber Gerhard, für diese letzte Sendung wie für die lange, treue 30jährige Besorgung meiner Geldgeschäfte. Gott lohne es Dir, mein alter Dicker! Daß ich das Geld von Rußland wegnahm, dafür schien die Vernunft zu sprechen; wie es mir aber hier mit seiner Verwerthung gelingen wird, das weiß ich freilich nicht. Ich habe mich zur Zeit zu Staatspapieren entschlossen, die mir auch in so fern bequem sind, als ich sie leicht versilbern kann, denn voraussichtlich werde ich in den nächsten 5 Jahren immer noch Kapital angreifen müssen um meine Jungens durchzubringen. Läßt Gott mich dann noch leben, so kann vielleicht wieder Einiges zurückerspart werden. Wenn ich denke, daß unser Geldverkehr nun zu Ende ist, so wird mir's ganz wehmüthig zu Sinn, da es mir vorkommt als wäre ein Band zwischen uns durchschnitten. Es war mir so lieb Dir immer etwas zu danken zu haben, und ich fühlte mich unter Deiner Sorge wohlgeborgen. Jetzt habe ich das erkältende Gefühl eines Jünglings, der majorenn und dispositionsfähig geworden ist und fürchte mich vor mir selber mit meinem Bischen Gelde. Ich werde die Documente wahrscheinlich immer mit mir herumschleppen müssen von Ballenst. nach Hoym und von Hoym nach Ballenst. Für Dich ist's mir freilich sehr lieb, daß Du die Sorge los wirst, da fremdes Geld noch weit fataler zu überwachen ist als eigenes. Nimm nochmals meinen herzlichsten Dank für Deine Mühe. Von Otto weiß ich nichts als daß er bis über die Ohren im Doctor-Examen steckt. Wenn er graduirt ist, will er herkommen und wir freuen uns sehr auf ihn. – Mit Deinen vortrefflichen Expectorationen über die Weltzustände bin ich sehr einverstanden. Wenn ich Theosoph wäre würde ich tiefsinnig behaupten, daß diese Welt die Hölle sei und wir alle verdammte Geister. Auf den Frieden setze ich trotz augenblicklicher Besserung der Geldverhältniße eigentlich noch gar keine Hoffnung. Was der Congreß helfen soll, wenn er überhaupt zu Stande kommt, sehe ich nicht ein; denn da gar keine Gründe zum Kriege vorliegen, so können sie auch unmöglich weggeräumt werden. Derjenige, der den Krieg machen will, ist entweder wahnsinnig oder er bedarf seiner aus einem Grunde, den man nicht kennt, und in beiden Fällen wird er ihn riskiren trotz aller Congresse. Ein Zurückgehen würde jetzt eine ganz wesentliche politische Niederlage sein für ihn, und würde er dazu genöthigt, so möchte er verloren sein. Vor einigen Tagen besuchte mich ein Herr, der aus Paris kam und mir eine herzbrechende Schilderung der dortigen Zustände machte. Das gegenwärtige Gouvernement soll entsetzlich verhaßt sein. Angebetet hingegen soll der Graf von Paris sein und bei einer Umwälzung, die nicht lange ausbleiben könne, versichert jener Herr würde derselbe als König anerkannt werden. Sollte das wahr sein, so könnte man allerdings begreifen, daß Napoleon III. jetzt va banque spielt, indem er sich nur durch neue Triumphe halten kann. Im Kriege hat er noch eine chance, im Frieden keine. – Unter diesen kriegerischen Aussichten haben wir neulich ein sehr friedliches Fest gefeiert, nämlich das 25jährige RegierungsJubiläum unseres Herzogs. Das Land schenkte ihm 4 schöne Trakehner Kutschpferde mit silbernen Geschirren, die Beamten dazu einen kostbaren Wagen. In allen Kirchen war Gottesdienst, Abends Illuminationen in allen Städten, Bälle, Zweckessen und dergleichen. Läugnen kann ich nicht, daß diese Festlichkeiten das Volk den Herrschaften, und umgekehrt, näher gebracht haben. Es war wie eine alte Schuld, die das Land von anno 48 her abgetragen hat und ist eine Versöhnung zu Stande gekommen, die sich wenigstens in Phrasen kundgegeben hat. Der Herzog schenkte dem Lande eine Summe von 6000 Thalern als Fond für Unterstützung hülfsbedürftiger Blinder und schlug die alten Prozesse von 48 mit den rückständigen Strafgeldern nieder; auch wurden allerlei sonstige Gnaden ausgestrahlt – ich z. B. wurde Ritter des Bärenordens $1^{\text{ter}}$ Classe, Vorster $2^{\text{ter}}$ Classe, Hellfeld Commandeur. Vorster benimmt sich dabei höchst komisch. Er hat früher so maßlos gegen die Orden räsonnirt weil er keinen hatte, daß er nun gar nicht weiß wie er seine Freude verbergen soll. Die Illumination in Ballenst. war für einen so kleinen Ort großartig genug, doch fehlte es auch nicht an kleinen liebenswürdigen Nippes. Einer hatte z. B. mit Tinte auf einen Bogen Papier geschrieben: «Der Handschuhmacher Fuchs wünscht Heil und Segen dem vielgeliebten Dux.» Dahinter war ein Licht gestellt. Dies Transparent war um so lächerlicher, da er, als vor Jahren die Herzogin einzog, schon ganz dieselbe Illumination gemacht hatte, nur damals statt «Heil und Segen» hatte er «reichen Ehesegen» gesetzt. Ein anderer hatte sich selbst in Person illuminirt. Er stand an einer Straßenecke und hatte auf der Brust ein großes Transparent mit den Worten: «Ich habe mich hier aufgestellt, daß Niemand in die Gosse fällt.» Eine alte arme Wittwe hatte an ihrem kleinen Fenster die Worte transparirt: «Ich heiße Gille und lebe in der Stille. Ich bin so alleine, der Herzog ist in Haime.» Meine Frau und Töchter, die noch keine größere Illumination gesehen hatten, amüsirten sich ungemein, so daß ich mit ihnen zwei Stunden lang im größten Drang und Dreck herumbuttern mußte, bis uns die Schienbeine weh thaten. Julchen äußerte, als sie sich zum Schlafen gehen erhob, eine Illumination sei doch eine angreifende Sache. Der Herzog war in seinem «Haime» außerordentlich zufrieden und vergnügt gewesen, bei Ständchen, Gratulationen, große Tafel, Stadt- und Gartenillumination, Feuerwerk und dergl. Er sagte hernach das Wetter wäre freilich sehr schlecht gewesen, aber *innerlich* gut. Dann als er mir die neuen Pferde zeigte, sagte er das wäre zu viel, das Land verdiene auf den Kopf gestellt zu werden, – woraus doch eine Würdigung des Geschenks hervorgeht. Mich kostet allerdings der ganze Spaß: Ehrengeschenk, Illumination und Zweckessen 25 Thaler 15 Silbergroschen. Man kann sich bei solchen Gelegenheiten nicht zurückziehen, und wünsche ich keine weiteren Jubiläen mehr zu erleben. Der Frühling zeigt sich heuer unliebsam. Auf frühzeitige Wärme folgten Frost und Schneestürme die die Vegetation zurückgesetzt haben was uns in sofern schmerzlich berührt als Sonny mit ihrem filio bei uns ist und wir mit diesen lieben Gästen winterlich ins

Haus gesperrt sind. Hermann sieht doch sehr, sehr elend aus, hat immerfort Zahnschmerzen und muß sich mit Essen und Trinken so in Acht nehmen, daß er sich beim geringsten Diätfehler gleich vor Schmerzen krümmt. Er ist somit ein wahrer Angstgast. Die Absicht des armen Jungen war die große Ballenstädter Brauerei kennen zu lernen. Statt dessen sitzt er nun da mit gräulichem Zahnweh und kann das Haus nicht verlassen. Zahnweh soll er übrigens nur ausnahmsweise nicht haben. Es ist doch ein Kreuz für einen jungen Mann so exorbitant elend zu sein, namentlich für einen, dessen ganzes Kapital nur in seiner Gesundheit liegen konnte. Sonny ist dabei sehr rührend, so sanft und gottergeben, auch heiter, daß es eine Freude ist mit ihr unter einem Dach zu sein. Manchmal kommt sie mir vor wie eine jener kleinen Ameisen, die ein ungeheures Ei, drei mal so groß als sie selbst, ganz munter mit sich herumtragen. Es giebt keine dümmere Frage als «Warum?» (schon Herr Senff pflegte sie uns zu verbieten) Sonst möchte man fragen, warum die Vorsehung diese Einrichtung getroffen habe. Mit Sonny von Ehstland zu sprechen ist mir ein Genuß; sie kennt noch die alten Zeiten und Begebenheiten und hat große Liebe für die alten Menschen. Vor Krauses hatten wir einen andern lieben Gast, eine junge Wittwe, die vielleicht in ähnlicher Weise wie Sonny durch die Welt gehen wird, wenn sie anders leben bleibt. Seiner Zeit schrieb ich Dir von einem jungen Offizier Namens v. Tschammer-Osten, der so treulich bei Berthas Leiche Wache hielt. Dieser lernte später die Tochter eines reichen Arztes kennen, der sich in Bernburg zur Ruhe gesetzt hatte. Tschammer hatte ihr viel von Bertha erzählt, sie weinte mit ihm und endlich wurde ein Päärchen draus. Nach einem Jahre glücklichen Zusammenlebens bekamen beide gleichzeitig das Nervenfieber und unter den tragischsten Umständen starb der arme Tschammer, seiner Frau ein Söhnchen hinterlassend. Die Wittwe lernten wir in Föhr kennen, und da sie durch ihren verstorbenen Mann mit den geringsten Kleinigkeiten unseres Hauses bekannt war, besonders aber eine schwärmerische Liebe für die selige Bertha hatte, so befreundete sie sich mit Anna schnell auf Tod und Leben. Sie correspondirten seitdem fleißig und die neue Freundin ließ sich jüngst bewegen einen kleinen Aufenthalt bei uns zu nehmen. Das war ein rührender Besuch, dem Andenken Tschammers und der sel. Bertha geweiht, als deren Lückenbüßerin die junge Frau sich nur betrachtet hatte, obgleich sie ihr durchaus ebenbürtig ist. Ich habe selten ein so liebliches Wesen gesehen. Erst

20 Jahr alt, aber weit gefördert im Christenthum, sieht sie aus wie ein schönes katholisches Heiligenbild. Sie ist durch die Trauer um ihren Mann, der etwa vor 14 Monaten starb, so gebrochen und zerbrochen, daß sie wohl nicht mehr lange zu leben haben wird; dennoch leuchtet aus ihrer Trauer eine so ursprüngliche Heiterkeit heraus, sie hat ein so schnelles Verständniß für Witz und kann so herzlich lachen, daß unser Zusammensein sehr erfrischend war, selbst für mich alten Kerl. Wohl nur bei Christen kommt es vor, daß Jemand sich zu Tode trägt, an dem Kreuz, das Gott über ihn verhängt, und doch dabei innerlich ganz wesentlich in Frieden und guten Muthes ist. So ist dies rührende Wesen jetzt die Stütze ihrer ganzen Familie. Ihr reicher Vater ist nämlich durch eine verfehlte Speculation gänzlich verarmt. Die zahlreiche Familie ist wie vom Donner gerührt und nur die arme Frau v. Tschammer hat weder Kopf noch Muth verloren. Wie ein tröstender Engel waltet sie um die alten Eltern, schreibt die Geschäftsbriefe für den Vater, spielt Schach mit ihm und schwatzt ihm die langen Abende weg. Es ist ganz wunderbar wie aus einer zahlreichen ganz weltlichen Familie so ein einzelnes Töchterchen erweckt werden und dann Allen zur Stütze werden kann. Auch den sel. Tschammer, dessen hervorspringendste Eigenschaft es war ein ausbündiger Witzbold zu sein, hatte sie auf Gottes Weg geleitet, so daß er in Frieden gestorben ist. Leb wohl, mein theurer Gerhard. In Gedanken besuche ich Euch täglich oft, wie ich auch immer in Poll bin, und grüße Euch viel tausend Mal.

Dein Wilhelm.

P.S. Welch ein Jammerbild bietet doch das preuß. Abgeordnetenhaus! Die Capacitäten fehlen so, daß selbst die liberalen Blätter ein Grausen anwandelt. Mit «wenig Witz und viel Behagen» macht man sich dran die Organismen des Staats aufzulösen, und die Regierung geht am Gängelbande der blindesten Majoritäten, rühmt sich wie wohl sie sich dabei befinde. Was es mit solchen Majoritäten auf sich hat, magst Du aus folgendem ermessen. Vor 6 Wochen gingen von Köln und Elberfeld aus jeder Stadt zwei Petitionen ein, die eine gegen die bisherigen Sonntagsmandate, die andere für Beibehaltung derselben. Die Kammer befand sich noch in ihrer Völkerfrühlingslaune und da Jemand bemerkte, die Petitionen höben sich einander auf, und man habe sich doch bis dahin bei der Sonntagsfeier ganz wohl befunden, so ging man nach einer kurzen Debatte zur Tagesordnung über. Vor einigen Tagen geht wieder eine Petition um Aufhebung des Sonntags ein, die Kammer fängt Feuer, es werden große Reden gehalten und die Kammer ist eben daran den Feiertag zu streichen, als eine einzelne Stimme darauf aufmerksam macht, sie würden zu Spott und Gelächter werden, wenn sie heute anders entschieden als vor 6 Wochen. Das zieht, und der Sonntag ist noch einmal gerettet. Natürlich werden die Sonntagsfeinde dieses Schwanken verstehen, sie werden immer wiederkommen und vielleicht schon binnen Jahresfrist einen schwachen unbedachten Augenblick erspähen, der ihnen zum Siege verhilft. Destructive Anträge haben jetzt immer Aussicht, constructive nie. Den Tempel der Diana einzuäschern ist eine lustigere Aufgabe als ihn aufzubauen. Wenn ich bei Dir in Finn am Ofen säße, könnte ich Dir wahre Wunderdinge erzählen, die sich dem Briefe nicht anvertrauen lassen. Wenn ein gewichtiges Ding auf eine geneigte Ebene zu stehen kommt, so geht es rasch bergab damit. Sehr bald wird nun das neue Gesetz über Grundsteuer-Ausgleich und das neue Ehegesetz zur Berathung kommen. Wenn meine Ahnung richtig ist, so sind beide Gesetze von Tertianern verfaßt. Es wird nämlich nicht das Geringste dadurch gebessert, sondern nur Confusion angerichtet. Das Schönste dabei ist, daß beide Vorlagen von Leuten ausgehen, die in ihrem Gewissen dagegen stimmen. Gewisse Dinge, welche die Geschichte alle Tage bringt, würde man in Romanen als zu unnatürlich gar nicht gelten lassen. Du mußt übrigens nicht denken, daß ich Gift und Galle bin und mich in Zuständen unnatürlicher Aufregung befinde. Ich bedauere zwar herzlich die bornirten Eigenschaften des geistlosen Zeitgeistes, aber ich sehe doch auch ein, daß sehr alte Dinge endlich wegfaulen müssen. Die Geschichte wandelt mit ihren großen Füßen anscheinend planlos wie ein Trunkenbold durch die Welt, viel Herrliches und Schönes niedertretend, aber dennoch geht sie am Zügel einer höheren Weisheit, in deren Planen es nicht zu liegen scheint, daß es dem Menschengewürme zu wohl werde. Was mich am meisten schmerzt, ist die Sprachverwirrung, die es ganz unmöglich macht sich gegenseitig zu verständigen. Mit Rationalisten kann man nicht vom Christenthum, mit Liberalen nicht von Politik reden; merkwürdigerweise verstehen sich die absoluten Gegensätze noch viel besser. Mit Demokraten und Atheisten komme ich viel leichter fort. Es sind wenigstens keine Mißverständniße zwischen uns. Hast Du Cromwells Leben von Bungener gelesen? Danach war

Cromwell ein Heiliger und Gottes Kind. Die Geschichte gehört doch zu den unsichersten Disciplinen. –

## N° 106 Hoym 26. Mai 1859

Mein liebster Gerhard!

Anstatt einen Brief von *mir* zu empfangen, wie sich's gehört hätte, schreibst *Du* mir an Deinem Geburtstage. Dafür sollst Du dreidoppelten Dank haben. Ich saß an jenem rührenden Maitage hier in Hoym und gedachte Deiner unablässig. Es traf sich, daß wir gerade etwas Sonnenschein hatten, viel Nachtigallen und sehr viel Blüthen, auch ein treffliches Diner bei geheizten Oefen. Unter all dies Liebliche und Leidliche mischte sich indessen auch der Klang einer gewissen Zeitsaite. Schätzell meldete mir nämlich brieflich allerlei auf die politische Lage Bezügliches, was in den Zeitungen nicht steht, und schloß seinen Brief folgendermaßen: «Für uns gilt es beten und fest stehen auf dem Punkte wo Gott uns hingestellt hat. Am liebsten möchte ich mir einen Helm aufsetzen, um einen ehrlichen Reitertod zu sterben. So gut soll es uns Alten aber wohl nicht werden; wir sollen an die Laterne und ich habe mir die meinige auf dem Schloßplatz bereits ausgesucht.» Eine ähnliche Ahnung hast auch Du, wenn Du schreibst: «Ich denke mir, daß das Resultat dieses Kampfes das Thier, oder die Revolution, zur Herrschaft bringen wird.» Es sind jetzt nicht die Völker, sondern der Liberalismus von Oben ist es, der diese Herrschaft vorbereitet. Dagegen ist gar nichts zu machen, und wenn Gott nicht Wunder wirkt, so wird es kommen wie Du und Schätzell weissagt. Warum man nun solche Wege einschlägt, die durch nichts geboten noch gerechtfertigt sind, diejenigen, die sie einschlagen, aber zum Abgrund führen, das scheint mir sei nur durch eine Verblendung zu erklären, die vom höchsten Herrn im Himmel ausgeht. Es ist ein Gericht Gottes, der seine Geißel schwingt weil wir zu üppig geworden sind. Doch nun zu Deinem Brief. Ohne Dich auf die mannigfaltigen von mir bezeichneten concreten Fälle einzulassen, hältst Du Dich in Deiner Polemik gegen mich so allgemein, daß ich Dir gern in Allem Recht geben kann. Allgemein Gesagtes ist fast immer ebenso wahr als falsch. Das Verkehrte treibt seine Blüthen erst in den speciellen Fällen. Ein sehr Närrisches sagst Du freilich, wenn Du meine Unzufriedenheit mit Vielem aus dem Unterleibe ableitest. Doch dächte ich, wenn man wie Du «das Thier» zur

Herrschaft gelangen sieht, ja von *den* Händen auf den Thron gehoben, die es berufsmäßig niederhalten sollten, so wäre die Unzufriedenheit auf bessere Weise abzuleiten als von Infarcten. Also schlage ich Dich alter Sünder. Leute wie ich können zwar den Gang der Geschichte durch Unzufriedenheit mit ihr nicht abändern, aber die Augen auszustechen um die Dummheit nicht zu sehen, geht auch nicht. Ist's denn aber auch Dummheit, was man sieht, liegt diese nicht vielmehr im eigenen Auge und hängt die Klarheit des Auges nicht großentheils von der Thätigkeit der Eingeweide ab? Ich gebe zu, daß ich mich irren kann, und deswegen verschließe ich mich keiner Belehrung. Durch das liberale Lager bin ich hindurchgegangen. Vor 1848 war ich durchaus liberal wie meine Briefe bezeugen. Ich kenne daher alle diese Phrasen, die mich ja selbst früher beherrschten. Seitdem reibe ich mir die Augen fast täglich mit Rottecks Weltgeschichte, ein ganz liberal tendenziöses Werk. Aber es geht mir wie einem Rationalisten, der zum Glauben gekommen ist; die alten Salbadereien berühren ihn gar nicht mehr. Daß der Rationalismus auch sein Recht habe, und daß der Liberalismus seine Stelle finden müsse im Staatsleben, von wo aus er segensreich wirken könne, wird übrigens damit gar nicht in Abrede gestellt. Das stellt selbst Gerlach nicht in Abrede, der im guten Sinne und im Interesse wahrer und consolidirter Volksfreiheit unendlich viel liberaler ist als Rotteck. Doch genug der Phrasen. Auf diesem Gebiet einigt man sich nie. Nur am concreten Fall kann sich das Urtheil schärfen, und dafür ist Briefesraum zu beschränkt. Gerhard schrieb mir neulich aus Berlin: «Das Gerücht von Mobilisirung ist eben nur Gerücht. Wir sitzen ruhig, üben uns in der Geduld und denken darüber nach, wozu wir eigentlich da sind. Die Erörterung dieser Frage ist für preuß. Offiziere nicht ungefährlich, weil man leicht darüber verrückt werden kann. Die Meisten sehen indessen weniger trübe in die Zukunft als ich; sie hoffen vielmehr, daß nun bald der weise gewählte Augenblick kommen werde, da die Regierung thatkräftig einzugreifen gedenkt, ohne zu bedenken, daß dieser Moment bereits vorüber ist, und daß wir am Kriege nur noch theilnehmen können, wenn wir dazu gezwungen werden, oder die Regierung sich zur Inconsequenz entschließt. Der Geist im preuß. Volk ist gut und jedenfalls gesunder als der in Mitteldeutschland. Wunderbar, daß die Regierung, die doch ein Offensiv- und Defensivbündniß mit der sogenannten öffentlichen Meinung geschlossen hat, in dieser wirklich guten Sache ihren Verbündeten im Stich läßt.» – Wenn ich etwas viel von Politik schreibe so magst Du Dir das damit erklären, daß alle meine Gedanken sich darum drehen; befindet sich doch Europa auf dem Wendepunkte einer großen politischen Schwenkung. Es wäre mir unmöglich mich dermalen mit Winckelmann in die Schönheit des Apollo zu vertiefen, oder mit Storch die Staubfäden der Gräser zu zählen, jetzt, wo gerade wie im Zeitalter der Reformation alle Grundlagen des Staats und der Kirche in Frage stehen. Die Situation ist ganz außerordentlich interessant. Der größte Despot des Erdtheils predigt laut die Revolution. Ohne alle Veranlassung streckt er die Hand aus nach dem wohlverbrieften, von ihm selbst garantirten Besitz einer fremden Macht, die meine Sympathien schon deshalb hat weil sie eine deutsche ist. Durch rechtzeitige Erklärung der Großmächte wäre er davon abgehalten worden. Und warum blieben solche Erklärungen aus? Indirect ist zwar Manches geredet worden; die Königin von England versicherte bei Eröffnung des Parlaments, sie werde die Tractate aufrecht erhalten. Der Prinz von Preußen sagte drohend bei Uebernahme der Regierung die stolzen Worte: «Die Welt soll wissen, daß Preußen überall das Recht beschützen wird!» Die Welt hat beides gehört und Louis Napoleon hat's auch gehört, aber (wie man in Dresden sagt) er schiert sich nichts darum. Ein Bauernanführer im Bauernkriege sagte zu Weinsberg bei einer ähnlichen Gelegenheit: «Ich sch... dem Rat auf's Maul.» Der Flegel kannte seine Leute und Napoleon kennt sie auch, deshalb genirt ihn dergleichen gar nicht. Wer böse ist, sagt die Schrift, sei immerhin böse. Napoleon ist immerhin böse. Warum sollte er auch nicht nehmen was er kriegen kann, es ist ja doch sein Metier so. Die Andern aber sollten sich was schämen. Unter den Andern verstehe ich nicht die auswärtigen Mächte. Wenn es ihnen Vergnügen macht, sich immer mehr zu demüthigen, sich verblenden und an der Nase herumführen zu lassen, so ist das ihre Sache. Aber *Deutschland* sollte sich so ohne weiteres wie ein guter Mensch gefangen geben? Auch will es das nicht, es ist wirklich einmal ganz einig – nur Preußen, Preußen ganz allein widerstrebt und scheint seine Politik von 1796–1813 wiederholen zu wollen. Diese Weisheit wird von Frankreich und den anderen Großmächten ausgezeichent anerkannt und dadurch immer hartnäckiger; im übrigen Deutschland aber erzeugt sie so böses Blut, daß wenn Oestreich siegen sollte, Preußen seine moralischen Erwerbungen (die der Prinz verheißen) im voraus verloren haben würde. Es mag freilich schwer fallen, dieselben Interessen, die die Regierung zu Hause nährt, in Italien zu bekämpfen. Hierin mag der Schlüssel des ganzen Verhaltens liegen. – Um historisches Recht kümmert sich Napoleon nichts; er predigt das nagelneue Recht der Nationalitäten und hält dem lieben vernünftigen Preußen Schleswig vor, für das es sich auch echauffirt habe, ohne zu bedenken, daß es sich in Schleswig um die Vertheidigung eines wohlverbrieften historischen Rechts galt ⟨!⟩, ganz wie in Italien. Napoleon denkt aber anders als er spricht. Das was er denkt und will, ist einfach: die populärste Idee in Frankreich, die Rheingrenze, zu realisiren. Dazu ist erst Rußland gedemüthigt worden und England mit in die Sünde gezogen. Nun soll Oestreich dran kommen, und dann endlich kommt die Belohnung. Ohne Oestreichs Hülfe kann Deutschland sein jenseitiges Ufer nicht halten. –

*Am 27. Mai.* Heute ist meines Gerhards Geburtstag. Daß er die Rettungsmedaille erhalten, wirst Du durch Otto wohl schon wissen, zugleich mit 14 Tagen Arrest, weil er die Rettung in Civil vollbracht hatte. Ich habe mich über diese Auszeichnung sehr gefreut, weil sie in Preußen nur denen zu theil wird, die ihr Leben daran gesetzt haben. Otto erwarten wir täglich und freuen uns sehr auf den alten Jungen, die sogenannte «lange Knospe». Für Gerhard wird er leider etwas unerreichbar, weil er immer mit Landsleuten zusammenwohnt, die meinen Söhnen ebenso wenig anziehend sind als sie uns zu unserer Zeit angenehm waren. «Gott mag wissen (schreibt Gerhard) warum diese Livländer alle so liberal und gottlos sind!» Allerdings sind solche liberale Salbadereien kaum anzuhören von Leuten, die in ihrem eigenen Lande noch nie eine liberale Maßregel durchgelassen haben. Sie sind die einzige mittelalterliche Aristokratie, die auf Gottes Erdboden noch besteht, und sprechen hier bei uns ganz wie die Nordamerikaner. Das Christenthum, das sie gar nicht kennen, beklacken sie wie Fliegen. Aehnlich war die französische Aristokratie kurz vor ihrem Untergang. Sie werden sich aber wundern, wenn auch einmal nur die gerechtfertigtsten und zeitgemäßesten Principien des Liberalismus bei ihnen durchdringen. – Wir leben hier in einer Schwüle wie vor Ausbruch eines teuflischen Gewitters. Alles ist in Aufregung. Alles ist in Aufregung und die Geldpapiere gehen schauderhaft herunter.

*Am 28. Mai.* Seit 3 Tagen haben wir 17 bis 19 Grad Wärme und täglich ein paar Gewitter. Gestern rollte es den ganzen Tag. Es ist ein bezaubernd herrliches Wetter. Die Vegetation gedeiht über alle Maße und Begriffe. Die Felder stehen so üppig wie ich mich nicht erinnere es je gesehen zu haben. Der Roggen mannshoch schon in vollen Aehren. Du, jetzt ein paar Tage bei mir in Hoym, und ich wollte mich vor Freude wälzen, trotz meiner Jahre und aller Kriegsaussicht. – Ich wohne jetzt in der oberen Etage des Schlosses in den Zimmern, die einst Eugen Beauharnais vor der Schlacht von Lützen 4 Wochen lang bewohnt hat. Damals lagen 40,000 Mann Franzosen hier und in Ballenstädt. Es ist prächtig hier oben. Die vielen alten Bilder, die ich einst restaurirte und aufhing, sind meine liebe Gesellschaft. Herrliche dürre Männer mit gespreizten rothen Beinen, auch Biergestalten mit Pluderhosen und Falstaffsgesichtern, gespenstische vermummte Weiber mit dem Ausdruck des Sodbrennens. Ich liebe sie Alle. Lebe wohl! Grüße Alles!

Dein alter Bruder W.

## Nº 107 Hoym 5. Sept. 1859

Bist untreu Gerhard oder todt?
Wie lange willst Du schweigen?
Ich kann mich gar nicht mehr besinnen, von welchem Monat mein letzter Brief war, und vollends Deiner; es war lange vor dem Kriege. Was ist seitdem nicht alles geschehen! Otto fort, und die Lombardei fort, und vieles Andere. Otto's Abschied war uns schmerzlich, denn er gehörte recht eigentlich zu uns und wurzelte in unsern Herzen mit Pfahl- und andern Wurzeln. Möchte es dem lieben aufrichtigen Jungen, der mir wie ein Sohn ist, wohl gehen in seinem Vaterlande. Von seiner Ankunft in Finn schreiben die Schwestern und erwähnen seiner Einlage, doch fehlt diese. Was den Frieden anlangt, so scheint es, daß er bei Euch befriedigt hat; bei uns hat er es auch zum Theil, wenigstens sind Liberale und Demokraten zufrieden, daß wieder ein gut Theil historischen Rechtes gebrochen ist. Doch giebt es noch andere Standpunkte, z. B. den des Erstaunens, daß die Mächte so gutwillig einen Schritt weiter unter das französische Joch gethan, denn etwas anderes ist doch der Friede von Villa franca nicht. Eine einzelne Macht untersteht sich, ohne sich auch nur Höflichkeitshalber die Mühe zu nehmen, irgend einen Grund anzugeben, einer andern, die im tiefsten Frie-

den mit ihr lebt, nicht allein ins Gesicht zu schlagen, sondern ihr auch ein gut Stück Fleisch aus dem Leibe zu reißen, um dies einer dritten, ganz unberechtigten ins Maul zu stecken; die Uebrigen aber verbeugen sich ganz gehorsamst, und finden daß ihnen obschon sie Garanten des gebrochenen Rechts waren, die Sache gar nichts angeht. Sie gönnen Oestreich den Schaden von Herzen und denken nicht daran, daß wenn die Reihe an sie kommt, Oestreich es eben so machen wird. Am schlechtesten fahren immer Diejenigen, denen Napoleon zu Hülfe kommt. Die Italiener sind jetzt schlimmer dran als sie es zur Zeit der Guelfen und Guibellinen waren. Ein Volk, in dessen Herzen die liberale Phrase erst einmal zur Macht geworden, das ist verloren, es ist ihm wenigstens nicht durch Freiheit, sondern nur durch Knechtschaft zu helfen. So geht es den Franzosen selbst, die so wie jetzt noch nie geknechtet wurden. Das lächerlichste Ding bei der ganzen Geschichte ist England mit seiner gepriesenen Erbweisheit. Diese Todesangst vor dem was kommen könnte, und dies stete Vorbeischießen bei dem Rettungsmittel, war wahrhaft komisch. Die Engländer wissen es (wahrscheinlich durch Offenbarung) daß es schließlich auf sie gemünzt ist; anstatt sich aber zu rühren so lange es noch Zeit ist, halten sie sogar Deutschland davon ab. Sie wollen den Feind erst ganz erstarken lassen, um dann mit weniger Anstrengung sich todt schlagen zu lassen. Fürs Erste wird nun das wohlgezogene Preußen abgefaßt werden, und dann mag England sich umsehen. – Meine freie Woche in Ballenstädt war diesmal sehr reichhaltig. Ich hatte Gelegenheit mehreren bedeutenden Männern nahe zu treten, und der Verkehr mit ihnen hat es mir wieder einmal recht anschaulich gemacht, in welcher geistigen Oede ich gewöhnlich lebe. Ich lernte den mir sehr lieb gewordenen Appuhn aus Magdeburg kennen, denselben, der vor etwa 25 Jahren das viel gelesene «Leben Möwes» schrieb. Dann besuchte mich der Consistorialrath Carus aus Posen, den ich schon in Föhr kennen lernte, und endlich kam der Pastor Ahrendts aus Brumby bei Barby auf längere Zeit. Ahrendts, ein noch junger Mann, ist die Seele der lutherischen Bewegung in der Provinz Sachsen, ein wahrer Leviathan an Geist, Witz und Kenntnißen. Gegenfüßler, in vieler Hinsicht, fühlen wir uns doch wieder so nah verwandt und verstehen uns auch in unserem Widerspruch so gut, daß wir uns sehr nahe getreten sind. Sein drastischer Witz weckte auch mein Bischen; denn er hat die Aehnlichkeit mit Falstaff, daß er nicht allein selbst witzig ist, sondern auch macht, daß Andere witzig werden. Wenn wir zu scharf an einander geriethen, versöhnte uns immer wieder das Lachen. Es ist was herrliches um einen Menschen, den man auch in der ernstesten Affaire zum Lachen bringen kann. Ich muß indeß gestehen, daß es doch mehr mein alter Mensch war, als der noch in Windeln liegende neue, der ein so großes Wohlgefallen an Ahrendts hatte. Der neue hatte wieder mehr an einem gewissen Pastor Bastian, der von Boppart kam. Dieser, auch noch ein junger Mann, machte mir einen Eindruck wie festes Eisen und linde Daunfedern, beides zugleich. Bastian war gekommen sich die Gelegenheit bei uns anzusehen, da Schätzell ihm eine erledigte Stelle im Consistorio angeboten hatte. Ob er bleiben wird, weiß ich nicht. Es ist hier Alles gegen ihn, weil er Ausländer, Lutheraner und Christ ist, und namentlich schäumt die Klerisei, die durchaus keines Succurses zu bedürfen glaubt. Er ist freilich durch das Consistorium selbst berufen, aber dieses erleuchtete Consistorium hat die Eigenschaft Alles was Schätzell vorschlägt bestens zu acceptiren nachher aber über Gewalt zu schreien und die ganze Klerisei in Harnisch zu jagen. Wenn man älter wird und tiefer in die Dinge schaut, so kann man mit rechtem Ekel an allen Verhältnißen erfüllt werden. Schätzell war vor einigen Tagen hier. Er kam gegen Abend von Bernburg und blieb bis 12 ½ auf meinem Zimmer. Es wurde geschrien und gestritten, daß ich die Nacht nicht schlafen konnte. Den andern Tag setzte der Lärm sich fort. Wir besprachen die kirchlichen Zustände unseres Landes, welche aus verkommenen Calvinismus, aus Nihilismus und luderlicher Zerfahrenheit, durch Schätzell in lutherische Formen zurückgegossen werden. Auf die Augsburgische Confession werden bereits alle Geistliche verpflichtet, der lutherische Katechismus ist in allen Schulen eingeführt, ein neues Gesangbuch ist ausgearbeitet und soll Weihnachten in Gebrauch kommen, und dem wird endlich eine Agende folgen, welche in Uebereinstimmung mit allem Uebrigen ebenfalls lutherisch sein wird. Lutherische Altäre mit Kruzifix und Lichtern sind schon durch die Union in einige Kirchen gekommen; jetzt werden sie für Alle anbefohlen. Alle diese Neuerungen sind nicht durch Machtanspruch des Herzogs, sondern durch rechtskräftige und sogar einstimmige Consistorialbeschlüsse ins Leben gerufen. Auch hat in allen Stücken die Landesgeistlichkeit ihr Votum und zwar bis dahin immer beipflichtend abgegeben. Consistorium, Geistlichkeit und Gemeinden waren gänzlich indifferent. Auch würde man so friedlich fortgeschlummert haben und im Traum lutherisch geworden sein, wäre nicht im benachbarten Preußen der Umschlag erfolgt. Seitdem der Prinz von Preußen vom Throne herab von *Heuchlern* gesprochen und die conservative Partei so sehr verdächtigt hat, sind den Schläfern die Augen aufgesprungen. Consistorium, Pastoren und Gemeinden sehen sich plötzlich verrathen und verkauft. «Durch Kabinetsbefehl», schreien sie «will man ein reformirtes Land jetzt lutherisch machen». Das Consistorium konnte Alles hindern und hat zu Allem ja gesagt. Jetzt wiegelt es geradezu das Volk auf, schreit Verrath nach unten und hört nach Oben nicht auf die unterthänigsten Kratzfüße zu machen und sich ganz einverstanden zu erklären. Unsere lächerlichen Freimaurer drohen ganz offen sich an den Prinzen von Preußen, ihren Obergroßmeister zu wenden damit er durch seinen Einfluß auf die Herzogin den unliebsamen Minister entsattele. Schätzell macht sich gar nichts aus Alledem, weil er nicht allein in seinem Recht zu sein, sondern auch den richtigen Weg zum besten des Landes eingeschlagen zu haben glaubt. Das Erste ist vollkommen richtig, aber an Letzterem zweifle ich. Das kirchliche Institut bei uns ist formlos und vielfach aus dem Leime; dadurch aber, daß man es formt und einrenkt, werden die Gemeinden noch nicht gläubig. Der Schaden Jacobs wird durch Aeußerlichkeiten nicht gebessert, ja wenn diese Trotz und Bosheit erregen, so wird er nur verschlimmert. In einem großen Lande kann durch Anstellung tüchtiger Lehrer an den Hochschulen für die Kirche viel geschehen, in einem kleinen Lande hat der Fürst sich zu begnügen. Ich konnte aber den vortrefflichen Freund nicht überzeugen, schon deswegen nicht, weil seine eminente Suade mir alle Gedanken aus dem Gehirn wandte. Es giebt Menschen, die sich in der Discussion dadurch siegreich erhalten, daß sie Niemand zu Worte kommen lassen.

*Ballenstädt 6. Sept.* So hat sich unser gegenseitiges Andenken begegnet. Ich fand hier Deinen Brief vor; nach sehr langer Zeit einmal wieder ein Lebens- und Liebeszeichen von meinen alten Bruder Gerhard, ein werthvolles Document dafür, daß die Liebe in Deinem Herzen noch feststeht, woran ich freilich auch nicht gezweifelt habe. Aber das muß wahr sein: einen bewegten Sommer hast Du gehabt, reich an häuslicher Freude. Wenns denn nur Menschen sind, an denen man Freude hat und nicht ein paar Gelbschnäbel, mit denen nichts aufzustellen ist, wie gegenwärtig bei mir ein Paar einliegen, ein Krummacher aus Duisburg und ein Möller aus Elberfeld. Letzterer spricht gar nicht, Ersterer nur druck- und ruckweise. Ueber Eure Witterungsverhältnisse wundere ich mich. Wir haben hier eine wahre Prachternte gehabt, so daß überall die Felder voll Dimen stehen, weil die Scheunen den Segen nicht fassen. Auch Heu giebt es die Fülle. Vom Mai an bis vorgestern hatten wir eine Wärme, daß ich die ganze Zeit nur unter einem Betttuch geschlafen habe. Erst seit vorgestern geht es wieder unter der Decke. Nun ist es aber auch gleich wieder so kalt geworden, daß man heizen möchte. – Unsere Herzogin wollte vor einiger Zeit ihren Pantoffel anziehen, so mußte auch gleich eine Hornisse darin stecken, und ihr den giftigen Steißdolch in den kleinen Zeh stoßen. Der weise Homöopath verordnet Klapperschlangengift innerlich, aber dem ohnerachtet schwoll der ganze Fuß zu einem glänzenden Pustkuchen an und die arme Herzogin konnte ihn bei 10 Tagen nicht gebrauchen und litt ihrer Versicherung nach Höllenschmerzen. Ueberhaupt hat sie jetzt mancherlei Pech. So hat sie sich lebensgroß malen lassen von August Richter aus Berlin und 2500 Thaler dafür gezahlt. Das Bild ist, wenn auch gerade nicht sehr ähnlich, doch sonst sehr ausgezeichnet gelungen; aber kaum stand es da und war der Maler fort, so fand sich auch ein Loch darin, so groß daß man den Kopf durchstecken kann. Gewesen ist's natürlich Niemand. – Daß wir über Napoleon übereinstimmen, ist angenehm. Ich dachte Timmo könnte Dich auf die gutmüthige Großmuth aufmerksam gemacht haben, mit welcher dieser Heros allerlei Gesindel zu Hülfe eilt, erst den Moslems, dann den Langobarden. Timmo ist dort gewesen und hat den Wald vor Bäumen nicht gesehen. Das Unglück, welches Napoleon dem armen Volke durch Pietri und mittelst mehrerer Millionen französischen und sardinischen Geldes erst eingeredet hatte, hat mancher Reisende für baare Münze gehalten. Daß es in Italien zu bessern gab, ist richtig, es ist dies auch der Fall in Rußland, England und Anhalt-Bernburg; aber Oestreich dort schwächer und Sardinien stärker zu machen, das war wahrhaftig keine Besserung. Napoleon stiehlt allerdings den Reichen das Leder, aber die Armen bekommen keine Schuhe davon. Nichts desto weniger bewundert man jede Eminenz an einem Manne, und wenn auch Mazzini behauptet, daß nur die eminente Dummheit der Andern den Einzelnen so klug erscheinen lasse, so ist dies zum wenigsten sehr grob geredet. Auch können die Andern so schlecht nicht von sich denken, und werden daher Alle gerupft werden. Rühmte sich doch eine Großmacht, daß der köstliche Friede von Villa franca ihrer klugen Politik zu danken sei. Napoleon mag auch schön erschrocken sein als der Prinz von Preußen die inhaltschweren Worte sprach: «Die Welt soll wissen, daß Preußen überall das Recht schützen wird» und «Preußen ist entschlossen die Grundlagen des Europäischen Rechtszustandes, das Gleichgewicht Europas zu wahren.» Unter dem Gewicht dieser Worte ward ein Friede geschlossen, der jedes internationale Recht in Europa in Frage stellt usw. usw.

*Am 8t Sept.* In unserem Schloßgarten werden jetzt lauter neue Anlagen gemacht. Die Terrasse ist längs der Schloßwand mit Pavillons verziert, die durch einen bedeckten Gang miteinander verbunden sind. Mitten auf der Terrasse ist ein schön geformtes Bassin entstanden, von etlichen 20 Fuß Tiefe. Aus der Fluth taucht eine Hebe von Zink, welche das Wasser aus einem Kruge in die Trinkschale gießt, aus der es dann ins Bassin strömt. Um letzteres herum liegen zierliche Rasenstücke. Etwa 100 Fuß tiefer speit ein gigantisches vorweltliches Ungeheuer einen starken Wasserstrahl aus, der bis 80 Fuß Höhe aufsteigt und wieder in ein weites Bassin fällt. Endlich stürzt von hier aus ein schöner Wasserfall in die Tiefe und führt das Wasser in ein drittes Bassin, das jetzt mitten im Gemüsegarten liegt. Der letztere wird im nächsten Jahr verschwinden und freien englischen Anlagen Platz machen. In 3 Jahren soll der ganze Garten beträchtlich erweitert und gänzlich umgelegt sein. Die Sache kostet ein Heidengeld, geschieht aber theils zum Nutzen der arbeitenden Classe, theils um den Werth Ballenstädts für den Fall zu heben, daß der Herzog stirbt. Die Herzogin könnte das Geld auch in die Tasche stecken, aber das Bestreben geht überall dahin, dauernde Denkmale an den letzten Herzog zu hinterlassen. Das Land überzieht sich mit den herrlichsten Chausseen, Krankenhäuser und wohlthätige Anstalten der verschiedensten Art werden gegründet, der Organismus der Staatsbehörden und die Controle sind wesentlich verbessert, die Geldeinnahme etwa aufs dreifache erhöht, und jetzt von Staats wegen eine Steinsalzgrube eröffnet, die so ergiebig ist, daß Schätzell die directen Steuern ganz streichen zu können hofft. Dazu ist eine Verfassung gegeben und von Dessau anerkannt, welche unser günstiges Finanzwesen für alle Zukunft, d.h. auf so lange als Napoleon uns nicht zu Hülfe kommt, sicher stellt. Es ist in diesen letzten Jahren, und zwar immer durch

*Schätzell* unendlich viel für das Land und namentlich für seine gefährdete Zukunft geschehen und *dennoch* – ist wohl nie ein Minister verhaßter gewesen. Sollte Timmo jetzt eine Harzreise machen, und mit gebildeten Bernburgern verkehren, so würde er den Eindruck erhalten, daß hier die schmäligste Tyrannei mit eisernem Zepter herrsche. – Nun möchte ich Dir noch recht viel Liebes und Herzliches sagen; aber daß Du mein einziger Bruder und bester Freund auf dieser kahlen Erde bist, das weißt Du ja schon auswendig, und mehr ist nichts zu sagen. Nun kommt der Winter, der Deine Schreibelust wecken wird. Benno ist jetzt hier zu den Ferien; sein Mund ist aber mit sieben Siegeln verschlossen. Er spricht *gar nicht*. Er ist das entschiedenste Gegentheil von Otto.

Dein Wilhelm

## Nº 108

Hoym 28. Oct. 1859

Mein lieber Bruder Gerhard!
Vorab die Grundwahrheit, daß Du mit der liebste von allen Brüdern bist, die ich etwa habe. Habe Dank für Deinen vortrefflichen, ausführlichen und sehr befriedigenden Brief. Ich sehe, daß wir uns sehr ähnlich sind, und wo wir's nicht sind, sind wir wenigstens nicht Antipoden oder Gegenpfoten, sondern laufen blos neben einander her. So in der Frage nach dem Recht. Du bist «ein warmer Freund des historischen Rechts, so lange es kein historisches Unrecht wird.» Damit könnte man schon einverstanden sein; aber wer soll denn darüber entscheiden, ob ein Recht zum Unrecht geworden ist? Ist es nicht so, daß wir anderer Leute Recht sehr gern für ein Unrecht halten, so bald es anfängt uns unbequem zu werden? und waren unsere Demokraten anno 1848 nicht schon dahin gelangt, daß sie sogar alles Eigenthum für ein Unrecht, nämlich ganz einfach für Diebstahl erklärten. Nach dem Naturrecht haben Alle gleiches Recht auf Alles, und ein besonderes Recht, ein Monopol hat keiner auf irgend etwas. – Daß Oestreich für manche Perfidie und namentlich für seinen höchst undankbaren und feigen Rechtsbruch gegen Rußland einen tüchtigen Puff verdient hatte, das bezweifelt am wenigsten die conservative Partei in Oestreich selbst, eben so wenig als ich es bezweifele, daß Napoleon, das Kind der Revolution, nicht an die Verträge von anno 1815 gebunden war. Dies aber rechtfertigt nicht im allergeringsten das Benehmen der Uebrigen. Ein so freier und fester Rechtsboden wie ihn

der Westfälische Friede und nachher der Wiener Congreß geschaffen hatten, konnte nur durch Ströme von Blut erkauft werden und Ströme von Blut müssen folgen wenn er gebrochen wird. An der Aufrechterhaltung eines einmal *anerkannten* internationalen Rechtszustandes hängt der Friede der Welt, und diesen zu erhalten war diesmal (ganz abgesehen von den anderen Mächten) Deutschland allein im Stande. Daß es seine Pflicht nicht that, daran war wieder das plötzlich so liberale Preußen schuld. Was zum Guckuck geht es uns an ob es den stets aufgeregten Italienern einfällt ganz ohne materiellen Grund einmal etwas mehr oder weniger unzufrieden zu sein? Sollen wir aus sentimentalen Sympathien für dieses fremde Volk unsere eigene Machtstellung aufopfern? – Die Zerflossenheit über die Du klagst, das ist eben jener alberne Liberalismus mit seinem Constitutions- und Nivellirungsfieber, was alle Staaten schwach macht und an den Bankrott bringt. Mit Deiner Ansicht von den Zuständen kann man nichts weniger als liberal sein. Die Liberalen jauchzen und triumphiren, sie finden daß alles ganz vortrefflich geht und begrüßen den anbrechenden Völkerfrühling mit Rührung; Du aber hast einen Ekel an dem Gange der Dinge. Wärst Du nur mehr in medias res, so stünden wir sicherlich in einem Lager. Du würdest zwar gleich mir erkennen, daß die conservative Position eine verlorene sei, würdest aber gewiß lieber mit mir in dieser Festung untergehen als mit den Männern des Brei's und Umsturzes jubiliren. Das *könntest* Du gar nicht wenn Du diese Gesellschaft kenntest. Beim Brei fällt mir natürlich mein alter Freund Uhlich ein, der jetzt überall umher missionirt, in Schenken und in Schützengräben Versammlungen hält und sein neues Evangelium verkündigt. Da man den sogenannten freien Gemeinden vorgeworfen hat, daß sie nichts Positives hätten, so hat er in Königswinter folgende sechs Dogmen als das positive Bekenntniß der Seinigen aufgestellt:

1.) Ich bin ein Mensch und mein Bestreben geht dahin immer mehr Mensch zu werden. 2.) Ich glaube – bitte um Enschuldigung, mit Glauben geben wir uns nicht ab – ich *erkenne* also, daß es außer mir auch noch Menschen giebt, die ich demnach als solche zu achten habe. 3.) Ich bekenne und leugne nicht, daß es vor mir auch schon Menschen gegeben hat, denen ich Mancherlei zu verdanken habe, vor Allen Jesus. 4.) Die Welt ist meine liebe Heimath und mein ganzes Streben ist dahin gerichtet, meines Lebens auf derselben recht froh zu werden. 5.) Wir Menschen sind Alle Brüder und sollen eine große Familie bilden (ob mit oder ohne Familienvater bleibt ungesagt). 6.) Daß es dahin komme, das eben ist das Kommen des Reiches Gottes, das schon Jesus verkündigt hat. (Nach einer früheren Rede gehört der Gottesbegriff gar nicht in die Religion, es ist daher die Bezeichnung «Reich Gottes» hier nur Phrase.) Das ist nun der neue Glaube, den der Cultusminister Bethmann Hollweg in Preußen pflegt, – kein Deismus mehr, sondern Humanismus, keine Gottes-, sondern Menschenverehrung. Erst wurden sie den Teufel los, dann Christum, nun auch Gott, – und nun betet Euch einander an Ihr Meisterstücke der Schöpfung! Aber das fällt ihnen eigentlich gar nicht ein, es ist Alles miteinander nur Phrase und Einer haßt und neidet den Andern ganz gründlich. «Majestät, geben Sie Gedankenfreiheit!» deklamirt der Posa. O ja dazu brauche ich die Majestät gar nicht. Daß die Ketzer geschunden und gebraten werden, will ich auch nicht, daß aber ein jeder Hans Affe im Lande herumreisen und dergleichen Unsinn predigen darf das arme gedankenlose Volk zu verführen, das ist doch allzu unvernünftig.

*Am 29. Oct.* Deine Kaukasusideen erinnern mich lebhaft an die Projecte Deines lieben sel. Schwiegervaters, nur daß bei Dir kein Ernst dahinter steckt. Auch bist Du zu sehr Deutscher als daß Du ohne Deutsche leben könntest. Das ist etwas was selbst Timmo nicht fertig kriegen würde. Sonst kann ich's wohl begreifen, daß Du in einem Tollhause zu leben glaubst; denn unser liebes Ehstland ist ein eben so trefflicher Verschlag in einem solchen als Dänemark, und gehe man wohin man wolle, so findet man überall denselben bedenklichen Character. Du kannst es gleich daran merken, daß ein Toller von hergebrachten und angeerbten Rechten nie was wissen will, er erkennt sie gar nicht an, sondern will, daß Alles nach seinem Kopfe gehen soll. In Frankreich sitzen sie bereits in der Zwangsjacke, die ihnen (wie das bei Tollhäuslern gewöhnlich) mit Lug und Trug angeschmeichelt ist. – Wenn die Ehstländer den Verkauf der Rittergüter frei geben, wenn sie ihrer eigenen Verwaltung entsagend sich einer Kaiserl. Bürokratie unterwerfen, wenn sie sich ihrer alleinigen Standesherrlichkeit entäußern und auf ihren Landtagen von Bürgern und Bauern frei gewählte Literaten, Advokaten und Juden zulassen, wenn sie den Kaiser bitten ihre Güter mit Grundsteuer zu belasten, wenn sie ihren eximirten Gerichtsstand aufgeben usw. so will ich glauben, daß es ihnen in Deutschland besser gefällt als bei sich zu Hause. Bis dahin möge es unser Einem gestattet sein die zur Schau getragene Vorliebe für Deutschland für eine bloße Redensart zu halten. – Von mir ist zu melden, daß Se. Dunkelheit der Teufel mir wieder eine Klaue eingehauen hat, und zwar in die Nase. Ich habe und besitze nun, wahrscheinlich als unveräußerliches Eigenthum, die folgenden Grundübel: 1.) eine falsche Inervation des Herzens, 2.) Herzklopfen, 3.) zwei Leistenbrüche, 4.) chronische Brustverschleimung mit Husten, 5.) Hühneraugen 6.) Asthma, 7.) chronischen Stockschnupfen 8.) Rheumatismus in der rechten Schulter, der viele Armbewegungen hemmt 9.) und das ist die neueste Klaue: Nasenpolyp. Das letztere Uebel macht mich recht traurig weil es mich am Athmen, Sprechen, Schlafen hindert und sehr wahr schreibt mein Sohn Gerhard darüber an Elisabeth: «Der arme Vater, zu seinen vielen Sorgen und Kindern hat er nun auch einen Polypen!» Die Kur welche von meinem Arzt gegen besagten Schmarotzer angewendet wird, besteht darin, daß ich jeden Morgen tief in die Nase mit Höllenstein gebrannt werde. Eine solche Priese gehört auch gerade nicht zu den Agrements, aber wenn es gelingt mir die Operation damit zu ersparen, so werde ich Gott und meinem Doctor dafür sehr dankbar sein. Namentlich incommodirt mich dies Uebel, das nicht allein am Sprechen hindert, sondern dasselbe auch noch für Andere unangenehm macht, in der jetzigen Zeit, weil ich nicht wie sonst allein hier bin, sondern mit mir auch meine gnädigste Gebieterin nebst einigen Damen herausgekommen ist, um 8 Tage lang bei ihrem Gemahl zu bleiben und höchst-Ihre silberne Hochzeit mit diesem zu feiern. Da giebt es denn mancherlei Trubel und Besorgungen und darf nichts vergessen werden, wozu ich immer Neigung habe. Besonders interessant sind die Abende. Unter den wüthendsten Allegro's und Fortissimo's festlich aufgeregter Quartette von Rubinstein und anderen ungezügelten neueren Componisten, gegen welche Beethoven die blanke Schlafmütze ist, findet die Conversation statt, und unter dem angelegentlichsten Durcheinander lauter Rede und Widerrede spielt die Herzogin mit mir Armen noch obendrein ein paar Partien Schach. Da ist es denn freilich vorgekommen, daß ich eine Zeitlang ohne König spielte, weil meine Erlauchte Feindin, die ihn für einen Läufer gehalten, mir Allerhöchst denselben weggeschlagen hatte. Nach dem Souper, wenn der Herzog sich zurückgezogen, muß ich dann noch hinauf in die Gemächer der Herzogin, um mit meiner verstopfen Nase noch ein anderthalb Stündchen Conversation zu machen. Das stille Hoym ist nicht wiederzukennen; Pferde, Dienerschaft, Damen, Herrschaften, täglich Besuch aus Ballenstädt; es ist ein heilloses Gedrissel. Wenn ich nicht meine Herbstschwäche hätte, so daß es mir Mühe macht mich aufrecht zu erhalten, so wäre es auch ganz hübsch, denn die arme kleine Herzogin ist so vergnügt wie ein Ohrwürmchen und in der Allerbesten Laune. Sie gefällt sich hier ganz ungemein und ich sehe voraus, daß sich von nun an ähnliche Besuche häufig wiederholen werden. –

Was Du von unseren Fehlern sagst: daß sie immer dieselben bleiben, hat wenig tröstliches. Göthe ist sogar der Meinung, daß sie mit unseren Tugenden *wachsen*. Im Allgemeinen mag das auch richtig sein, d.h. überall da, wo wir uns selbst überlassen und ohne Gottesfurcht sind. Ein und dasselbe Gesicht kann sehr verschieden aussehen, jenachdem es dem Lichte zu- oder abgewendet ist. Die angeborene Tugend ist zwar im Handel und Wandel die verläßlichste, und eine selbstständig erworbene im eigentlichen Sinne des Worts giebt es nicht; es giebt aber ein neues Herz und einen neuen gewissen Geist, welches beides Gott manchen Leuten aus freier Gnade ohne ihr Zuthun schenkt, oder auch in Solchen schafft, die ihn nicht etwa gelegentlich einmal, sondern ernstlich und beharrlich aus tiefer Noth darum angehen. Wenn das nicht wäre so wüßte ich gar nicht was mich davon abhalten sollte auch ein Uhlichianer zu werden und nichts mehr zu verehren als den Menschen d.h. mich selbst, denn was die Andern anlangt, so ist jeder Mensch von Natur geneigt, sie zu lassen, keineswegs sie zu verehren. Doch das ist jedenfalls auch Deine Meinung und unmöglich kannst Du der Ansicht sein, daß Alles ganz einerlei sei. Wenn ich also nun auch glaube, daß allerdings durch das Christenthum eine Veränderung in uns vorgeht, so stimme ich doch darin mit Dir überein, daß so lange wir in diesem Leibe des Todes einhergehen, Engel des Lichts nicht aus uns werden. Dagegen wirst auch Du mir zugeben, daß Menschen, die in ungesühnter Schuld verharren, nicht Christen genannt werden können, wenn sie auch noch so reichlich getauft sind, daß aber nach Maßgabe der angeeigneten Sühne sich auch der ganze Mensch verklärt. Das ist keine hinter dem Ofen erfundene Doctrin, sondern Erfahrungssache.

*Am 31. Oct.* Gestern war der langerwartete, fast gefürchtete Jubeltag einer Ehe, die doch keine ist, so wie Jemand seinen Geburtstag feiert, der gar nicht geboren ist. Alle Kundgebungen der Theilnahme von Seiten des Landes und der Freunde waren verbeten, wodurch ein wahres Anstürmen der Gemeinden mit allerlei Anerbietungen entstand. Sie waren ja sicher. Die Herzogin hatte sich nach Hoym geflüchtet wie in eine feste Burg; aber auch hier gab es genugsam abzuwehren, was mir Mühe genug machte. Der böse Tag ging außerordentlich gut vorüber, obschon ich für meine Person etwa die Hefen davon zu verschmausen hatte. Um 6 Uhr stand ich auf und halb 8 Uhr war ich schon in weißer Halsbinde und meinem ganzen Staat, überlaufen von allerlei Menschen. Um 8 Uhr ließ ich das Streichquartett vor dem Schlafzimmer der Herzogin die Melodie des Liedes: «Ach bleib mit Deiner Gnade» spielen. Beim ersten Vers versammelten sich die Lakaien, Kammerfrauen und Jungfern, auch die Damen kamen aus ihren Höhlen, es wurden rasch Gesangbücher vertheilt und nun fielen sie Alle in vollem Chor mit ein. Nach Beendigung des Liedes schrie die Herzogin laut aus ihrem Bett: *«Ich danke! Ich danke!»*. Darauf wurde beim Herzog gespielt, zu welchem ich dann hineinging und ihm gratulirte, indem ich ihm mehrere Musikstücke überreichte, die verschiedene seiner Capellisten für ihn componirt hatten. Das ist fast die beste Freude, die man ihm machen kann. (So eben fällt der erste Schnee mit Regen vermischt). Darauf machte ich den Damen meine Morgenvisite, denen ich Blumensträuschen schenkte und ging dann mit einem ungeheuern Bouquet zur Herzogin. Alle Gratulation war streng verboten, aber ich kannte das Herz der Gebieterin. Ich sagte ihr ich wolle den Vorzug, den ich heute vor meinen Collegen genösse, nicht mißbrauchen, ich wolle ganz still sein, aber in's Sträuschen wären die besten Wünsche gebunden. Die Herzogin war überaus weich und herzlich und bat mich an ihrer Morgenandacht Theil zu nehmen. Es wurde nun die ganze Dienerschaft hereingerufen. Die Herzogin betete stehend und laut das Vaterunser. Bei den Worten «Dein Wille geschehe» brach ihr die Stimme und sie konnte kaum zu Ende kommen. Dann setzte man sich, es wurde noch ein Lied gebetet, eine Andacht gelesen und mit einem Psalm geschlossen. Kaum war ich wieder in meinem Zimmer, so ging das Leutekommen erst recht an. Deputationen von verschiedenen Magisträten mit Gratulationsschreiben und viele Geschenke liefen ein; letztere freilich nur von Personen, die dafür etwa den zehnfachen Werth als Gegenerkenntlichkeit erwarteten. Auch Pathchens der Herzogin kamen aus verschiedenen Ecken des

Landes, mit Kränzen und Sträußen. Dergleichen Gratulanten mochte ich nicht abweisen. Ich brachte Alles vor die Herzogin, und damit ging der Vormittag bis 10 Uhr hin. Um 10 erschien der Oberhofprediger von Ballenstädt und hielt einen Gottesdienst vor den Herrschaften und der ganzen Hausgemeinde. Dann fuhr zu meiner großen Freude die Herzogin mit dem Herzoge spazieren, während Vorster und der Oberhofprediger mir auf dem Halse blieben und mich mit meinem Skorpion in der Nase immerfort zum Sprechen nöthigten bis wir um 1 Uhr zur Tafel gingen. Der Oberhofprediger war der einzige Gast, doch hatten wir 13 Gänge zu vernichten, was 2 ½ Stunde währte. Ich aß fast nichts um möglichst frisch zu bleiben, und die Herzogin, die an Magenverderbniß laborirt, aß gar nichts. Nach Tafel große Promenade mit dem Herzog, und darauf ein Wagen nach dem andern mit Gratulanten. Einige behielt man hier, so daß wir zum Thee und Souper 10 Personen waren. Endlich um 9 Uhr war Alles aus, und nun dachte ich kommt Ausspann, Schlafrock und die Pfeife. Aber mit nichten. Die Herzogin nahm uns Alle noch mit hinauf in ihre Gemächer und kam hier auf den Einfall, daß Choräle gesungen werden sollten. Mein Schreck war kolossal. Man muß mit der Musik keine Allotria treiben und es kann Gott kein Dienst damit geschehen wenn man ihn anheult. Keiner der Anwesenden war im Stande auch nur einen einzigen reinen Ton zu singen. Die Herzogin selbst, so wie ihre Mutter und Schwester singen alle Melodien nur mit einem einzigen Ton, ich glaube mit fis. Dabei machte sich die H. noch ein Vergnügen daraus zu accompagniren und zwar ohne allen Tact und Verstand, so daß das fis und die Begleitung meilenweit auseinander lagen. Es ist doch merkwürdig was unmusikalische Naturen bisweilen für eine Wuth auf's Singen haben. Ich sollte durchaus mitsingen. Ich sagte ich sei 58 Jahr alt. «Und ich bin 48» erwiderte die H. «und singe doch; singen Sie nur mit!» Ich sagte der Schluß wäre mir nicht ganz verständlich, überdem hätte ich eine Schwarzotter im Halse. So sollte ich die Lakaien hereinrufen, die hätten keine Ottern und würden wohl singen. Ich rief die armen Kerls herein, was der Gesellschaft ein schiefes Ansehen gab, und stellte mich hinter den Ofen. Himmel welche Musik! Die H. spielte mit Emphase und Begeisterung und Vorster sang sein dreigestrichenes fis mit wahrem Hochgenuß. Da trat Madame Veit zu mir hinter den Ofen. Auf sie macht alle und jede Musik den Eindruck eines ungeschmierten Wagenrades und sie macht daraus durchaus kein Hehl.

Nun hatte sie den ganzen Tag von früh 8 Uhr an Musik hören müssen und versicherte, sie könnte kaum noch leben. Ich rieth ihr sie solle sich auf einen Stuhl setzen und an die Schweiz denken oder an Pommern. Das that sie. Endlich um 10 entließ uns die Herzogin; aber indem Alles zur Thür hinaus drängte, rief sie noch der Veit zu: «Sie, gute Veit, bleiben wohl bei mir!» Da hielt diese beide Hände vor, schluchzte unter hervorbrechenden Thränen: «Die Musik! die viele Musik!» und stürzte aus der Thür. Die Herzogin gebot mir zu bleiben, und als wir allein waren, frug sie mich: «Was um Gottes Willen war das mit der Veit!» Ich sagte: Ohrfeigen wären ihr Torte gegen Musik, sie sei daher den ganzen Tag geohrfeigt worden und nun so nervös, daß sie zu Bett müßte. Die arme Herzogin, die wie ein Kind so vergnügt gewesen war, war davon sehr betroffen und beschloß die Veit künftig immer zu entlassen wenn musicirt würde. Dies war für die H. der einzige Tropfen Wermuth im gestrigen Freudenbecher, sonst ging alles nach Wunsch und besser (auch mit dem Herzoge) als ich erwartet hatte. Ich ging nun auf mein Zimmer und rauchte noch bis 12 Uhr. Am andern Tage sprach ich mit der Herzogin über solche Musiken und ich glaube es wird in dieser Weise nie mehr musicirt werden.

Daß Du den Timmo vermissest, glaube ich gern. Abgesehen davon, daß er ein Jugendfreund ist, so ist die Unterhaltung mit ihm sehr angenehm, wenigstens so lange als sie nicht theoretisch wird. Ueber religiöse, politische und philosophische Materien habe ich mich nie mit ihm verständigen können. So geistvolle Menschen sind mit ihrem Urtheil leicht viel früher fertig, als sie wissen wovon die Rede ist. Exacte Kenntniße ersetzen sie durch Eingebungen des Genies. Die Franzosen schreiben sogar auf diese Weise Geschichte. Ein Pendant zu Timmo ist unser Generalsuperintendent W. nur daß dieser mit seinem eminenten Geist und Witz, mit seiner Unzuverlässigkeit, Unwahrheit und Rechthaberei allerdings ein sehr umfassendes Wissen in allen Fächern verbindet. Ich bin sehr gern mit ihm zusammen, er ist entschieden der geistvollste Mensch in Anhalt – anzufangen ist aber nichts mit ihm, denn er ist Alles und nichts. –

*Ballenstädt am 1sten Nov.* Jetzt geht plötzlich eine Begeisterung für Schiller durch alle deutsche Gauen, wie ich etwas ähnliches noch nie erlebt habe. Aller Orten soll sein 100jähriger Geburtstag mit einer Pracht gefeiert werden, gegen welche das Fest der heiligen Rosalie in Palermo nur ein Werkeltag ist. Ist das etwa Verständniß und wahre Liebe des großen Dichters? Durchaus nicht; sondern weil Schiller der Vater der liberalen Phrase ist, weil er den Marquis Posa sagen läßt: «Majestät geben Sie Gedankenfreiheit.» Daher der ganze Jubel. Das ganze Fest hat einen rein politischen Character. Und sind denn wirklich die Gedanken so unterdrückt? Gedankenfreiheit hat stattgefunden so lange die Welt steht, und heut zu Tage kann sogar der völlig Gedankenlose wie z. B. Uhlich, seine gemühtlichen Einfälle so laut ins Volk posaunen wie er will und wo er will. Der Liberalismus hat das Heft in Händen, aber das Volk zittert vor etwa 20 Edelleuten, die in der preuß. Kammer sitzen und gar keinen Einfluß haben. Und wer ist denn das Volk? Bauern und Edelleute schwärmen gar nicht für Schiller. Es sind die Städter allein, von denen hier wie in Italien alle Unruhe kommt. –

Leb wohl mein liebster Bruder mit Deinem ganzen Hause. Bei uns steht's gut. Anna ist noch in Potsdam. Adolph bereitet sich hier zum zweiten Examen. Die Herzogin reist übermorgen auf 4 Wochen nach Holstein. Hier sind zur Schillerfeier alle Hände beschäftigt. Die Blindschleiche in meiner Nase scheint sich zu arten, sagte mir heute der Doctor. Er hat mir Hoffnung gemacht, daß sie durch den Gebrauch des Höllensteins verkümmern werde, worüber ich mich herzlich freue, obgleich mir das arme Ding eigentlich leid thut. Denke doch: *«verkümmern!»* Wie wohl ist mir wieder in meinem Hause; ich hatte es dort zwar höchst prinzlich, aber nichts in der Welt kann Einem doch das Gefühl der Freiheit ersetzen. Ruhen zu können wenn man will, das allein ist schon Geldes werth. – Deine Vorliebe für Waldbäume und alles was von selbst wächst, theile ich so wie auch Deine Freude an dem, was nicht von selbst wächst, wenn ich's nicht zu pflegen brauche. Mit Eurer Lilla sympathisire ich sehr, und alle Eure Kinder lieb' ich. Wie dankbar bin ich Euch, daß Ihr keine odiösen Kinder habt. Von Herzen

Dein Wilhelm

## N° 109 — Hoym am Sonntage Estomihi 1860

Mein alter lieber Bruder!

Ich bin noch ganz erfüllt von Deinem Briefe vom 3t d., den ich vorgestern erhielt und mittlerweile nach Ballenstädt zu Julchens Einsicht gesendet habe, weil sie sich so um Emma ängstigte. Bei der Rücksendung hat sie mit ihren kranken Augen nur in's Couvert geschrieben: «Wie traurig die Nachrichten! In Finn noch Alles krank, mit gebrochenen Ribben und Bändern! Alwina Z. todt! Sophie elend! Gott erbarme sich!» Ja wohl möge sich Gott Eurer erbarmen Ihr armen hartgeplagten Leute. Dein voriger Brief mit dem Secunda-Wechsel an Adelheid ängstigte uns schrecklich wegen Emma. Gott lob, daß diese wenigstens aus der größten Gefahr zu sein scheint. Aber dennoch ist sie noch krank, Dein ganzes Haus krank an vermaledeiten Uebeln, Du Armer an der Spitze und hinab bis auf die Mägde! Das ist ein harter Winter. Wie tröstlich mag Lilla's Erscheinen gewesen sein. Daß Gott sie nur bewahre vor Krankwerden. Der colossale Verlust des armen Leo übersteigt alle Begriffe. Wenn ich denke wie der Tod meiner Bertha mich zerquetschte, so habe ich keine Ahnung wie ich drei Kinder nebst der Frau verlieren und leben sollte. Aus den mir mitgetheilten Worten Leo's geht doch hervor, daß er das Jenseits eigentlich nicht läugnen will, sondern nur davon keine Erkenntniß hat. Das ist die ächte Naturforscherstellung, die nur einerlei Erkennen kennt, nämlich das wissenschaftliche, und Alles bei Seite schiebt, was nicht sinnlich wahrzunehmen ist. Im Felde der Naturwissenschaft ist das richtig, aber immer bleibt diese das niedrigste Gebiet für unser Erkennen. Die Natur ist nur ein Schein, von den uralten klugen indischen Philosophen «Maÿa» genannt, d.i. Trugbild. Wir haben eigentlich keine Realität davon. Die Realitäten verstecken sich hinter jenem Schein und sind im Glauben zu erfassen. Aber die Glaubenswahrheiten haben auch ihre sicheren Kriterien und ebenso wenig steht die Glaubenserkenntniß im Belieben als die wissenschaftliche. Auf sinnliche Weise können wir hier freilich nicht an das Object heran. Aber die Wahrheit unseres Glaubens zeigt sich dennoch in seiner practischen Anwendbarkeit. Der Weg der zum Ziele führt ist der richtige. Der nächste Zweck, ja der alleinige aller Religion ist ein moralischer. Was mich geistig aufbaut, stärkt, reinigt und beglückt, ist immer wahr, es mag aussehen wie es will; ja es ist wahr, auch wenn es objective Wahrheit gar nicht hätte, ebenso wie die Natur wahr ist, obgleich sie auch keine objective Wahrheit hat. Wir kommen aber zum Wasser nur durch Durst und zur Speise nur durch Hunger. Der Satte weiß mit der Speise nichts zu beginnen, auch der Kranke nicht. Daß Manche daher mit ihrem Christenthum nichts effectuiren, irrt mich wenig. Dasselbe ist nicht immer dasselbe. Dasselbe Messer, mit dem MichelAngelo ein Meisterwerk gestaltet, ist einem Andern unnütz, weil er's nicht richtig anfaßt. Es kommt darauf an, auf welche Weise wir die christl. Dogmen anfassen: heilsbedürftig, vorwitzig, zur Erleuchtung des Kopfes oder des Herzens, zur Verurtheilung Anderer oder unserer selbst usw. Man muß eine Sache dazu gebrauchen wozu sie da ist, und wenn einer aus seinem Brod ein Männchen knetet, anstatt es zu essen, so ist es kein Wunder wenn sein Hunger nicht gestillt wird. – Ich stehe jetzt in einer sehr ausführlichen Correspondenz mit unserem lieben Neffen Martin, Adelheids Sohn. Dieser überaus begabte und gelehrte Mensch ist auch vollständiger Neolog und Materialist, woraus er übrigens nur seinen Eltern und vertrautesten Freunden kein Geheimniß macht. Er ist jedoch so ehrlich gewesen, daß er nach glänzend bestandenem theologischen Examen noch umgesattelt, und nachträglich im Schatten seiner Hauslehrerstelle Philologie studirt hat. Auch hat er in diesem Fach schon sein Examen absolvirt. Desgleichen bringt nur ein brillanter Kopf zu Stande, aber auch seinem Herzen macht es Ehre, daß er nicht Lehrer einer Lehre werden konnte, die ihm falsch erscheint. Inzwischen scheinen mir die Gründe, die er gegen das Christenthum in's Feld führt, bis dahin sehr unerheblich und alteriren mich so wenig als ihn meine Gegengründe. Was dem Einen Grund ist, ist dem Andern Triebsand oder gar nichts. Der wahre Grund zum Trinken ist aber nicht die Analyse des Wassers, sondern der Durst, und dieser Durst fehlt dem armen sich selbt genugsamen Martin. Ich habe ihm versprochen aus seinen Briefen nichts mitzutheilen, sonst wollte ich Dir einige ganz merkwürdige Stellen ausschreiben aus denen hervorgeht, daß ihm die Sprache des Christenthums ein unverständliches Rothwälsch ist. Das kann man erleben an einem Jüngling, der drei Jahre Theologie studirt hat, 2 Jahr sogar bei Tholuck und Julius Müller hörte und dann ein glänzendes Examen machte. Die arme Adelheid leidet unsäglich unter dieser Verirrung eines Sohnes, auf den sie sonst so stolz ist. Vielleicht, daß die etwas bornirte Orthodoxie des Vaters und dessen sonderbares Wesen nicht ohne Einfluß auf die Richtung des Sohnes blieben. Meine Hoffnung ist, daß seiner trefflichen Mutter Gebet ihn erretten werde zu rechter Stunde. Uebrigens ist es sein Wunsch, daß von ihm so wenig als möglich die Rede sei. –

Du Allerärmster, daß Dir das bischen Essen so verleidet wird! Der Keuchhusten muß eine scheußliche Krankheit sein, besonders wenn ihn *Alle* haben. Wie kann denn aber Helene eine Ribbe gebrochen habe, davon daß andere husten? Das ist doch etwas ganz

*Entsetzliches* und Du schreibst davon mit eben der Tinte wie alles Uebrige! Die Hülfleistungen müssen auf Tod und Leben gegangen sein. Aber Deine Kürze in diesem Punkt ist affrös. Wenn Du wenigstens sagtest ob alles wieder heil geworden! Was mögen die prächtigen Frauen ausgestanden haben und Ihr alle miteinander in dieser dunkeln Winterzeit! –

Aber auch der armen Alwina Stackelberg muß ich immer gedenken; vielleicht hat sie es noch schwerer gehabt. Kraus kann ich nicht begreifen, was das für eine Gattung ist. Du zwar scheinst sein Verfahren zu billigen. Ich denke aber er hätte doppelt bleiben sollen, wenn er sah, daß im Hause nicht Alles recht war, wegen der Kinder und zu Alwina's Trost. Wir sollen thun was unseres Amtes ist ohne uns durch das stören zu lassen was nicht zu ändern ist. Wenn ein Garten nur da cultivirt werden sollte, wo es weder Unkraut noch Frost noch Dürre noch Diebstahl giebt, dann wäre der Gärtner überhaupt recht unnütz. Ich urtheile freilich nur so in den Tag hinein ohne die näheren Umstände zu kennen. Daß Wilhelm nach Dorpat gezogen, scheint mir freilich eine erfreuliche Folge von Kraus Weggehen zu sein. Ich denke unter Menschen muß sich Manches ändern. Ja, ja, Du hast Recht, es ist viel Schmerz in der Welt; aber die heutige Aufklärung und der kluge Martin nehmen es gar übel wenn man sie ein Jammerthal nennt. Schon ohne die Leiden, die man in die Zeitung setzt, giebt es genug des Uebels. Der sel. Friedrich in Dresden pflegte sogar zu sagen: «Glücklich die Menschen, die ein Bein brechen, Frau und Kind verlieren; sie dürfen wenigstens traurig sein und finden Theilnahme, während wir Andern unseren Jammer verbergen müssen.» Es ist freilich paradox aber darum nicht weniger wahr. Heimlicher und offenbarer Jammer, untermischt mit einigen Lichtblicken der Freude, das ist das natürliche Menschenleben.

Mein gespaltenes Leben magst Du mit Recht sonderbar finden. Ich bin dadurch gewissermaßen entzwei gegangen oder Zwei geworden. Fast gleiche ich jenem Sonderling, der in München einsam und ohne Wandel in seinem Dachstübchen lebte. Dort that er weiter nichts als rauchen und sich auf die Nacht freuen. Er träumte nämlich seit Jahren ein und denselben schmeichelhaften Traum und zwar ganz folgerecht immer weiter, nämlich daß er irgendwo im indischen Archipel mit einer wunderschönen und engelsguten malayischen Prinzessin vermählt sei. Der Schwiegervater hatte ihn zum Thronerben angenommen, tafelte mit ihm von goldenen Geschirren und machte ihn zum Theilnehmer und Helden glorreicher Kriegszüge. Die geliebte Prinzessin aber, mit der er Abends unter Palmen ruhte, kriegte alle Jahr ein Kind, eins immer niedlicher als das Andere. Schlief er endlich des Abends an ihrer Seite ein, so träumte er, daß er zu München im Dachstübchen hockte und sich aufs Einschlafen freute. Das war sein eigentliches Wachen. Plötzlich siechte er zum Schrecken seiner alten Haushälterin hin und starb am gebrochenen Herzen. Sein Schwiegervater war nämlich von einem feindlichen Könige überrumpelt, die Prinzessin entehrt und ermordet worden. Eben so wenig als Jener weiß ich recht was der Traum und was das Wachen sei, mein Ballenstädter Familienleben oder meine hiesige Staatsgefangenschaft. Ist letzteres der Fall, so werde ich allerdings nicht am gebrochenen Herzen sterben wenn er mir einmal zerrinnen sollte. Doch ganz ohne Agrements ist auch dieser Traum nicht. Die großen hohen Räumlichkeiten thun mir wohl, dasselbe thut die Stille, die mich umgiebt, und sehr angenehm sind mir die ersten Morgenstunden. Etwa um 6 Uhr erhebe ich mich und richte mich etwas für den Tag ein. Gegen 7 kommt mein Frühstück, dessen Trank ich mir selbst auf der Lampe bereite, gewöhnlich aber nur genieße um mich zu entnüchtern und rauchen zu können. Dann beschäftige ich mich ein paar Stunden wie ein Junge mit Schularbeiten, theile diese ruhige Zeit gegenwärtig zwischen Geschichte und Französisch. Letzteres habe ich wieder einmal hervorgelangt, weil ich so ziemlich überzeugt bin, daß wir aus lauter Liebe und Theilnahme für die Italiener, über kurz oder lang selbst die Ehre eines französischen Besuchs erleben werden. Die preußische Armee ist zwar vortrefflich, was Körperkraft, Bewaffnung und Dressur anlangt, und jetzt verlangt das Ministerium blos 10 Millionen jährlich mehr, um sie noch viel vortrefflicher zu machen (es sollen nämlich statt der bisherigen 26% künftig 40% der Dienstpflichtigen eingestellt werden und mehr andere Veränderungen noch) aber was helfen die besten Schachsteine, wenn man kein Spieler ist. Ein paar falsche Züge und man ist todt, auch mit den knöchernsten Figuren. Erst den Feind groß hätscheln um ihn dann zu schlagen, das ist doch zu ritterlich. Wäre Preußen ehrlich mit Deutschland gegangen, so hätte es sich die furchtbare Mehrausgabe von 10 Millionen ersparen können, denn die Rüstungen gelten blos Frankreich, wie auch in England trotz der entente cordiale. Inzwischen hilft jetzt alles Raisonniren nicht; man muß vielmehr Französisch lernen, was ich auch thue.

Fürs Erste wird es zum Frühjahr wieder in Italien losgehen. Venedig wird piemontesisch, Savoyen französisch werden. Dann wird man weiter sehen.

Daß Du unseren politischen Streit abgebrochen hast, mag gut sein; am grünen Holze ist's nicht geschehen, er war reif. Demohnerachtet bitte ich Dich aber mir auch künftig Deine Meinung in politicis nicht vorzuenthalten, so wie ich meinerseits fortfahren werde mich gegen Dich zu expectoriren. So mag ich Dir denn auch an dieser Stelle nicht meine Verwunderung bergen, daß die Mächte, statt mit vereinter Kraft den unglücklichen Napoleon in seine Grenzen zu weisen, vielmehr Schulden machen um ihm einzeln widerstehen zu können, was nie gelingen wird, weil er nie einzeln sein wird. Ich will hierbei nur das Geld bedenken. Wo soll es denn hinaus wenn man jetzt schon nicht allein das Vermögen der Kinder und Enkel, sondern selbst das der Enkelkinder verausgabt. Thäte man es um einen Rechtszustand zu erhalten, so gut oder schlecht als er nun einmal da ist, nun so möchten die Enkelkinder dafür wenigstens in gesicherten Zuständen leben. So aber ist gar kein Princip dabei und jene werden eben so gut Kriege haben als wir. Napoleon thut nur was er muß, er ist politisch nicht zu tadeln; er hat eine traurige Erbschaft angetreten: die des bankerotten Liberalismus und geht gewiesene Wege. Ueber dieses glänzende Wunder aber, daß Einer wirklich einmal das Natürlichste thut, scheint die Welt den Verstand verloren zu haben. Wie rührend ist nicht diese allgemeine Schwärmerei für die moderne Constitution, nachdem Frankreich zweimal den experimentalen Beweis geführt, daß sie die Mutter der Anarchie und der Napoleone ist.

*Am 20. Febr.* Mein Adolph hat endlich Termin zum Examen bekommen und wird es in etwa 8 Tagen zu bestehen haben. Er zweifelt nicht daran ganz gut durchzukommen. Etwas Anderes ist es mit dem letzten, dem großen Staatsexamen, was er erst wird machen können wenn er zwei Jahr Referendar gewesen ist. Sie haben in Preußen einen solchen Ueberfluß an Candidaten (etwa zwei tausend über den Bedarf) daß sie Alles durchfallen lassen was die schwere Prüfung, bei der es eben so sehr auf Urtheilskraft als auf Kenntniße ankommt, nicht auf sehr befriedigende Weise besteht. Der preußische Staat befindet sich in der glücklichen Lage nur juristische Genies anstellen zu können. Glücklicherweise aber täuschen sich die Examinatoren bisweilen selbst in der Beurtheilung und auf diesem Grunde liegt mein schwacher Hoffnungsanker für Adolph, der zwar ein ganz besonderer höchst origineller Kauz ist, mir aber nichts weniger als ein Genie zu sein scheint. Von Benno weiß ich gar nichts Specielles. Zwar schreibt er ab und an, aber gar nichts über seine Studien und seine Denkweise. Ich weiß nicht ob Du Dich des alten Freundes unserer Eltern, Carl von Raumer, erinnerst; er war in ganz alten Zeiten viel mit Schubert in unserem Hause, besuchte uns auch einmal nach der Schlacht bei Leipzig, die er als Freiwilliger mitgemacht, in Ballenstädt. Dieser hat eine Professur in Erlangen, und sobald ich das erfahren, habe ich Benno einen Brief an ihn geschickt, und Benno ist auf's herzlichste von ihm und seiner alten Frau, (einer Tochter des Kapellmeisters Reichhardt und Schwester der bekannten Louise Reichhardt) aufgenommen und ein für allemal eingeladen worden. Daß er gern dorthin geht, gefällt mir. Der alte Raumer soll noch so lebhaft wie ein Jüngling sein und in einem fort erzählen. – In Ballenstädt wird ziemlich viel getanzt. Es sind einige Privatbälle gewesen und außerdem scheuen die tanzlustigen Husaren und Küirassiere in Aschersleben und Halberstadt kein Opfer um im Ballenstädter großen Gasthofe Bälle zu arrangiren. Mir ist dies reichlich zuwider. Beide Offizierscorps, besonders die Husaren sind sehr vornehme, etwas lockere, aber brillant liebenswürdige und amüsante junge Leute, aus den besten preußischen Familien und ganz wie geboren jungen Mädchen den Kopf zu verdrehen. Meine Tochter Elisabeth, eine beliebte Tänzerin, ist sehr hingerissen von ihnen, aber glücklicherweise ist sie nicht eine weiche hochpoëtische Natur wie Anna, welche vielleicht in dem Bewußtsein, daß es ihr nichts taugt, den Tanz längst an den Nagel gehängt hat; sondern sie ist hart, stolz, witzig und gelaunt sich an Personen und Dingen höchlich zu amüsiren, die sie doch gleichzeitig recht tapfer verachten kann. Verbieten kann ich Elisabeths Theilnahme an diesen Tanzereien nicht, weil ich sie damit aus ihrer ganzen Freundschaft reißen müßte. Merkwürdig wie die Kinder sich gestalten. So sehr ich mich in Anna selbst erkenne, so scheint mir Elisabeth manchmal wie aus einer anderen Familie. Sie hat eine Sicherheit des Benehmens mit der Welt wie ich sie nie erlangen werde. Sie wird nirgends einen Anstoß geben oder eine bévue machen, nie in die geringste Verlegenheit gerathen oder zu bringen sein. Mit der Herzogin geht sie natürlich und vertraulich um, ganz unbefangen wie mit einer Tante, ohne doch je den Respect zu vergessen den sie ihr schuldet, daher sie sich auch ihrer ganz besonderen Gunst erfreut. Alles was sie angreift wird gut und schicklich, nie versäumt oder verträumt sie etwas und sprudelt immerdar von Witz über. Von der andern Seite ist sie aber auch nicht ohne Launen und Neigung verdrießlich zu werden, durchaus nicht geneigt irgend ein Unrecht zu ertragen und bisweilen wohl auch für Unrecht haltend was doch Recht ist. Indessen macht sie nie Excesse oder Scenen und weiß sich immer bald zu finden. In ihrem jungen Kreise ist sie sehr geliebt, weil man sich herrlich mit ihr amüsirt und liebt auch wieder. Ob sie fromm ist, weiß ich nicht; die Bernstorff, der sie abwechselnd mit Anna oft Gesellschaft leistet, behauptet es zwar, ich aber merke zwar keinen Widerspruch aber auch kein Bedürfniß. Sollte sie das Christenthum ernstlich erfassen, so könnte recht was tüchtiges werden. Verzeihe daß ich plötzlich so viel von meiner Jüngsten geplaudert habe, aber das Papier war ja da. Ich lese jetzt etwas was mich außerordentlich interessirt, nämlich eine von Varnhagen veranstaltete Sammlung von Aufsätzen über seine verstorbene Frau, aus sehr verschiedenen Federn. Es sind Erzählungen der Freunde vom ersten Bekanntwerden mit ihr, Beschreibungen ihres Cirkels, ihrer Person, ihres Wesens. Auszüge aus ihren Briefen über bestimmte Gegenstände. Ich schäme mich fast, daß ich erst jetzt die Bekanntschaft dieser berühmten Rahel mache. Bis jetzt hatte mich eine Art pharisäischen Hochmuths davon abgehalten; ich dachte es wäre ein verdrehter jüdischer Blaustrumpf gewesen. Die Autorität ihrer Verehrer war keine für mich. Aber welch einen Schatz von einem Menschenkinde habe ich da gefunden, eine wunderbar herrlich ausgestattete Menschenseele vom reinsten Adel. Was wir eine Christin nennen war sie zwar nicht, sie kannte das Christenthum nicht; aber sie scheint eine Frömmigkeit gehabt zu haben, die viele Christen beschämen könnte, ein wunderbares Bewußtsein von der Gegenwart Gottes und der Zusammengehörigkeit mit ihm, ein Gefühl der Abhängigkeit und des bewußten einwilligendsten Gehorsams, aus dem sie immerfort Trost, Hoffnung und Stärke schöpfte. Von ihrer Bedeutung kann man sich einen Begriff machen wenn man denkt, daß ein kurzhalsiges, kleines, mageres, nichts weniger als hübsches Judenfratzchen die Macht hatte, allabendlich die bedeutendsten Personen aller Stände, die Berlin aufzuweisen hatte, um sich zu versammeln. Ich nenne nur einige der bekannteren wie Schleiermacher, Gentz, Gans, v. Brinckmann, Prinz Louis, Fürst Pückler, Bettina, Fr. v. Schlegel, die Hum-

*Die Tochter Elisabeth*

boldts, Prinz und Prinzessin Radziwill, die Staël, Graf Custine usw. Alle diese Personen so wie Alle die sich zu ihr fanden, waren ihre warmen Freunde, ja ihre Schüler, lauschend den wunderbaren Offenbarungen und Weissagungen, die von ihren Lippen strömten, sich Trost und Belehrung von ihr erbittend. Göthe und Jean Paul sind voll von Bewunderung und Verehrung gegen sie. Als Varnhagen v. Ense sie heirathete, war sie schon 42 Jahr alt und er erst 30. Es ist etwas ganz besonderes gewesen und viel lerne ich aus dieser Lectüre, die mich erbaut. Wie kam es doch, daß das Christenthum an diese Person nicht herandrang, sie stand ihm so nahe, Lavater und St. Martin waren ihre Lieblinge. Der Schwall der geistvollsten Unchristen, der sie umgab, muß sie zu sehr zerstreut haben.

Mit den Hirschen hat sich das Blatt vollständig gewendet. Der unterdrückte Hans hat zuletzt seine Kraft versucht und gefunden daß er der stärkere sei. Er hat jetzt die Ziegen und Alles für sich allein in Beschlag genommen und beißt Peter in die Winkel zurück. Dieser Aermste hat schon fast gar kein Fell mehr auf dem Rücken. Das blanke Leder. Hans faßt ihn wo er kann und reißt ihm alle Haare aus. Ich bekümmere mich nun weiter nicht darum und muß der gefallenen Kreatur ihren Lauf lassen.

Polypa, nach dem Du die Güte hast Dich zu erkundigen, ist noch vorhanden, doch ist er kleiner geworden. Der Arzt verspricht, wenn er nicht balde weicht, ihn plötzlich zu «verschrumpfen», daß ich nichts mehr davon merken solle. – Nun mein allertheuerster Bruder muß ich scheiden. Ich thue es nicht ohne Sorge wenn ich an Dein Haus denke. Daß doch dieser Brief Euch alle wohl und genesen antreffen möchte. Ich grüße von ganzem Herzen Elmine und Helene und Deine lieben Kinder, vor Allen die theuern Schwestern in Poll, die Gott segnen wolle, so wie Euch Alle

Dein Wilhelm.

## Nº 110 — Hoym 2. April 1860

Liebster alter Herzensbruder!
Tausend Dank für Deinen lieben Brief vom Anfang März, an dem ich viel zu loben und zu preisen hätte, hielte mich nicht die Bescheidenheit zurück. Worüber ich mich am meisten freue ist wenn ich sehe, daß Du mir ein brüderlich Herz bewahrt hast, was ich aus allen Deinen Briefen erkenne. Mag Leibniz bewiesen haben, daß

wir die beste Welt bewohnen, weil sich kein Grund denken läßt, warum Gott, wenn er einmal schuf, nicht das beste geschaffen haben sollte was er vermochte, so bleibt die «beste» doch ein factisches Jammerthal und Sorgenloch und des Teufels Nachtstuhl (wie Doppelmayer ungerechterweise blos Narva nannte). Gäbe es nicht Freundesherzen, so könnte Einem die übrige Vortrefflichkeit gestohlen werden. Dein Brief traf mit dem Helenens zusammen ein; das wichtigste in beiden war die Meldung von Emma's Genesung und vom Abzuge der Krankheit aus Eurem Hause. Ihr Aermsten habt lange gelitten! Möchtet Ihr Euch dafür nun desto länger des höchsten Genusses erfreuen, den Epikur, der Kenner, kannte, und den auch ich dafür halte, nämlich der Schmerzlosigkeit, in's besondere jedes Einzelnen von Euch. Dein Haus, mein lieber Gerhard, mag in seinen Gesundheitszuständen die Bezeichnung des höchsten studentischen Lobes verdienen, d.h. kein Hund sein; wie sollte die ehrliche und freie Helene sonst so daran hängen, und wenn's nicht weibisch wäre, wollte ich «Ach!» schreien, daß ich's nicht selbst mit ansehen kann wie neu- und wohlgeboren Ihr jetzt seid.

Mein lieber dicker, jüngerer aber vernünftigerer Bruder! Da wir bisweilen nicht ganz stricte harmoniren, so freue ich mich doppelt über jedes Gefühl und jede Ansicht, in denen wir einander begegnen, z.B. Deiner Liebe zur Brüdergemeine. Ihre Auffassung des Christenthums scheint mir so liebenswürdig als ihre Gemeindeverfassung bewunderungswürdig. Du lobst sogar, daß sie Staat und Kirche weise auseinander hielten, dem Kaiser das seinige und Gott das seinige geben. Das letzte Lob trifft freilich alle fromme evangelische Christen, das erste verstehe ich nicht. Lobst Du, daß sie vom Staate kirchlich unabhängig sind? Aber das sind bei weitem mehr die Katholiken. Oder daß sie sich nicht um Politik bekümmern? Aber die Brüdergemeine hat sogar ihre eigene Politik, die sie sehr energisch verfolgt soweit sie damit nicht in Conflict mit stärkeren Mächten kommt. Sieht man von der Diaspora ab, so bilden die Herrnhuter unter sich allerdings einen kleinen politischen Staatskörper, wie die Mormonen, was gar nicht hindert, daß diese unter amerikanischer, jene unter sächsischer Landeshoheit stehen. Es ist das Verhältniß des jüdischen Staats zu den Römern. Die Herrnhuter sind nicht nur eine kirchliche, sondern auch eine bürgerliche Gemeinde, mit einer ganz besonderen bürgerlichen Verfassung. Und so eng ist der politische Gemeindeverband mit dem kirchlichen zusammengeschlossen, daß man (außer in dem unberechtigten diasporischen Verhältniß) weder zur kirchlichen Gemeinde treten kann, ohne an einem Gemeindeort zu wohnen, noch mit Genuß des Bürgerrechts an einem Gemeindeort wohnen oder in die kirchliche Gemeinschaft einzutreten. So ist die kirchliche Berechtigung von der bürgerlichen, die bürgerliche von der kirchlichen abhängig. Als herrnhutsches Kind taufen, confirmiren und erziehen sie Dich in ihren Anstalten ganz ohne Dich zu fragen, und bist Du mündig und erklärst Dich gegen den Glauben, schließt Dich vom Gottesdienst aus, oder bequemst Dich nicht der sehr strengen Sittenpolizei, so verbrennen sie Dich zwar nicht, auch zerreißen sie Dich nicht, wohl aber Deinen Bürgerbrief und fort mußt Du ohne Gnade. An das Königreich Sachsen werden Steuern gezahlt und Soldaten gestellt; außerdem aber ist die Commune so selbstständig, daß sogar die Justizbeamten (welche freilich die Befähigung sächsischer Richter haben müssen) von der Gemeinde angestellt werden und Herrnhuter sind. Denkt man sich nun den Fall, daß ein solches Gemeindewesen sich über ganz Sachsen verbreitete, so würde der König eine bloße Figur werden, die den Besitztitel trägt, wie jetzt die Gräfin Einsiedel (die von Seiten des Staats als Besitzerin aller herrnhutschen Grundliegenschaften angesehen wird, von Seiten der Gemeinde aber nur Vertrauensperson ist) an des Königs Stelle würde der Ober-Aelteste der Gemeinde (Christus) treten, alle letzten Entscheidungen durch's Loos geben, von einer Scheidung zwischen Kirche und Staat wäre keine Rede mehr, da der letztere complett in der Kirche aufginge, und optima forma wäre eine Theokratie entstanden wie der ursprüngliche Judenstaat. Die jetzige Scheidung zwischen Kirche und Staat bezieht sich also keineswegs auf die inneren Verhältniße der Commune, sondern nur auf den Schutzstaat. Der König von Sachsen bekümmert sich nicht um die herrnhutsche Kirche und Schule; beide sind in der Hand der herrnhutschen Gemeinde. Interessant ist es zu bemerken, daß die herrnhutschen Verhältniße gerade die umgekehrten der lutherischen sind, welche die Kirche, indem diese wie das Postwesen ein Verwaltungszweig des Staates ist, gänzlich im Staate aufgehen läßt. Die dritte Form des christlichen Staates ist die katholischer Staaten, da beides ganz selbstverständig neben einander besteht, der Idee nach das beste. Du bist für alles dieses nicht, sondern für den amerikanischen Indifferentismus, wo beide Potenzen sich gar nicht umeinander bekümmern, und Du bist in so fern gut d'ran mit Deinem Geschmack, als wir augenscheinlich in Europa diesen Zuständen entgegen gehen, welche das Reich des Antichrists vorbereiten, endlich aber das Reich Gottes zu einem siegreichen Ende führen werden.

In Beurtheilung der Ereigniße nimmst Du lieber Gerhard, einen Standpunkt ein, der wissenschaftlich nicht zu alteriren und der practisch vortheilhaft ist, weil er Einem über den Aerger hilft; auch ich flüchte mich oft in diese Festung und freue mich daß die Wahrheit zwei Seiten hat – wird mir die eine ungemüthlich, so besehe ich mir die andere. Die Geschichte gleicht einem Naturprozeß, sie entwickelt sich wie ein Baum, der an sich selbst nichts ändern kann. Obgleich er sich frei aus sich gestaltet, so liegt doch sein Wachsthum, Gedeihen und Faulwerden nicht in seiner Willkür. In dieser Beziehung, meinst Du, die Menschen wollen nicht sondern werden gewollt; Weisheit oder Dummheit der Regierungen kann weder helfen noch schaden, und das Recht ist nur ein Traum, den die Thatsachen, das wache Leben schnell zerstören. Auf ganz verschiedenen Wegen kommen Philosophie und Theologie zu dieser nämlichen Ansicht. Die erste durch die allgemeine Ursachlichkeit, die zweite durch die Alleinursachlichkeit Gottes. Der Prädestinatianer sagt daher: Gott giebt das Gebot nicht das wir's halten sollen, was unmöglich ist, sondern nur daß wir daran unser Unvermögen es zu halten erkennen; Spinoza findet keinen sittlichen Unterschied zwischen Gerechten und Ungerechten oder Galgenschwengeln, obgleich er dafür ist, daß diese erlegt werden wie tolle Hunde, aus gemeinnützigen Gründen und der Grieche Demonax behauptet, alle Gesetze seien unnütz, denn die Guten brauchten sie nicht und die Bösen hielten sie nicht. Ich theile alle diese Ansichten, es ist Wahrheit darin, aber einseitige. Bin ich Leib oder Seele? Ja! ich bin beides ganz. Bin ich frei oder bestimmt? Ja! ich bin beides, und zwar nicht je nachdem, sondern ich bin beides ganz und immerdar. Ob diese Ansicht schon irgendwo ausgesprochen worden ist, weiß ich nicht; ich habe sie vor langen Jahren bei einsamen Spaziergängen auf dem Wege nach Alexisbad gefunden und mich seit der Zeit damit beruhigt. Dunkel und schwebend ist sie freilich, nur eine Ahnung der Wahrheit; aber dunkel ist der ganze interessante Gegenstand der weit über unsere Fassungskraft geht. Transcendent, also über das Gebiet des wissenschaftlichen Denkens hinaus, nennt ihn Kant. Man könnte das Ding vielleicht so formuliren: Eins setzt Zwei voraus und die Identität beider ist

Drei. Drei setzt nämlich wieder die beiden Gegensätze Zwei und Eins voraus, in welchen es besteht. Das Ich ist die Drei, Eins und Zwei sind alle die correlativen Vorstellungen, in denen wir befangen sind und aus denen wir nicht hinauskönnen. Ob schulgerechte Philosophie das würde gelten lassen, weiß ich nicht. Für mich habe ich so lange einen Schatz daran als mir ihn Niemand raubt. Die Drei ist die interessanteste Zahl. Ich glaube daß in ihr das Geheimniß des lebendigen Wesens wie in einer Formel ausgesprochen ist. Aber der Ausspruch ist ebenfalls räthselhaft. Um ein Beispiel von einseitiger Wahrheit zu geben, die doch zugleich falsch ist, führe ich einige Sprüchwörter an: «Jeder ist seines Glückes Schmied» «Wie mans treibt so geht es» «Niemand kann vor Gott» «Jeder muß sein Geschick erfüllen.» Desgleichen eine biblische Zusammenstellung der beiden unvermittelten Gegensätze: «Schafft eure Seligkeit mit Furcht und Zittern; denn Gott ist es der beides giebt das Wollen und Vollbringen.» Ich rede thörlich weiter. Gott verstockte einst den Pharao um seine Macht an ihm zu beweisen. Deswegen wird man aber doch nicht anders sagen können, als daß Pharao unweise handelte und daß deshalb die Plagen kamen. Seine Weisheit hätte dem Unglück vorbeugen können, doch er hatte eben keine, denn er war verblendet. Hatte er nun Schuld an dieser Verblendung oder nicht? Das wird sich schwer entscheiden lassen, aber jedenfalls wurde er geplagt und ersäuft. Der verblendete tolle Hund wird todtgeschlagen obgleich er so unschuldig ist wie ein Lamm. Adam und Eva waren auch verblendet als sie den Unglücksapfel anbissen, nämlich durch die Schlange; doch hatten sie den Verlust des Paradieses sich selbst zuzuschreiben, wie Pharao und der tolle Hund den Verlust ihres Lebens. So meine ich auch daß allerdings die Weisheit gewisser Kabinette das Unheil, das ihnen jetzt droht, verhindert hätte; man brauchte nur die Eidexe nicht zum Drachen heranzumästen. Aber die Weisheit fehlte eben, wie sie immer fehlen wird, wenn Einem das Rechtsgefühl entschwindet. Ob sie nun durch Gott verblendet waren, der etwa seine Macht an ihnen erweisen will, oder durch die Schlange die sie verderben will, was fast auf eins herauskommt, oder ob sie von Natur so kurzsichtig waren, das ist eine Frage um die ich mich nie bekümmern werde. Jetzt freilich da die Idee, für welche das hochherzige Frankreich Krieg führt, diese sublime Idee welcher allein noch Frankreich fähig ist, sich als *Savoyen* ausweist, jetzt gehen ihnen die Augen etwas auf und sie schreien «Ha!» und dann werden sie wohl wieder einschlafen. Dieses «Ha!» geht durch alle englischen Zeitungen, sie radotiren etwas von Verträgen und von 1815, wobei sie ihre eigene Rolle in Italien ganz vergessen. Aber wie gesagt sie werden wohl bald wieder einschlafen und wo nicht, so möchte es zu spät zum Handeln sein, oder wenigstens würde ein nachdrückliches Handeln jetzt zehnfaches Blut kosten. Du sagst es werde Alles gehen und kommen wie es kömme. Das sage ich mit, aber ich sage auch Gott wird uns dafür strafen, daß uns der Teufel so verblendet hat; an Weckstimmen hat es nicht gefehlt. – Wenn ich Dir zu viel von politicis vorschwatze, so entschuldige es damit, daß ich «gewollt» werde. Wenn Du Dich entschieden dagegen erklärst, so wird mir das vielleicht ein Motiv zu schweigen.

Neulich habe ich eine Schlittenpartie mitgemacht. Die Husaren wollten eine veranstalten und ich hatte Elisabeth die Theilnahme verboten. Sie hatte nur ein Bedenken was sie sagen sollte, wenn einer käme. Ich gab daher Befehl, daß Offiziersbesuch zu *mir* gewiesen würde. Statt dessen kam ein Brief durch expressen Boten. Darin entschuldigt sich der Briefsteller, daß er durch Dienst verhindert selbst zu erscheinen und: «So muß ich denn Ew. Hochwohlgeboren unterthänig ersuchen die Gewogenheit zu haben Dero gnädiges Fräul. Tochter gefälligst bewegen zu wollen, sich von mir fahren zu lassen» – Um aus der Haut zu fahren – nun sollte ich sie noch *selbst bewegen*! Schlug ich's ab, so konnte der arme Kerl die Partie nicht mitmachen, da er nicht hier war um ein anderes gnädiges Fräulein zu bewegen. Zudem war er vielleicht ein Verwandter, ein Herr von Heister, so hieß auch einer unserer Urahnen. Die ganze Familie, Frau und beide Töchter hatte ich auf dem Halse. Und Elisabeth versicherte gerade Heister sei der achtungswertheste, man dürfe ihn nicht kränken. Da entschloß ich mich denn, so weh das meiner Casse that, selbst mitzufahren, engagirte eine Mutter und bewog einen Bekannten, daß er meine Frau fuhr. Wir waren auf diese Weise zwei volle Elternpaare unter all dem jungen Volk. Als ich nun andern Tages mit gemietheten Bauerpferden abzottelte (in Ballenstädt waren keine zu kriegen) begegnete mir Heister, der pleine carrière mit einem wüthenden durchgegangenen Pferde die Straße herunterfegte. Als einzige Rettung riß er das Thier gegen eine Hauswand, wobei er einen Fensterladen abrannte. Ich dachte das schwere Brett würde ihn todtschlagen, womit alle Noth zu Ende gewesen wäre; es traf aber nur das Pferd, das dadurch zur Besinnung kam und zerbrach die Gabel. Man konnte nichts schöneres sehen, um so mehr da der junge schlanke Mann, der auf der Kufe stand, nicht mit den Augen zuckte und nicht von den Füßen kam. Die Offiziere hatten es sich sauer werden lassen, indem sie ihre Schlitten von Aschersleben aus Bahnmangel 2 ½ Meilen weit auf Leiterwagen herbeigeführt hatten, und nun mußte der arme Heister den seinigen zerbrechen. Da er nicht todt war, konnte er Einem leid thun. Als der Schlitten reparirt, und Elisabeth, die nicht wissend was vorgegangen, die Partie schon aufgegeben hatte, endlich mit ihrem Cavalier auf dem Sammelplatze erschien, ging es fort durch den Wald nach Alexisbad, 21 Schlitten hinter einander mit lautem Schellen- und Peitschenklang; aber es zeigte sich nun auch wie schlimm ich mit meinen Bauerpferden dran war, die nicht auf den Zügel sondern auf die Zuppleine eingefahren waren. Nahm ich Fühlung, so standen sie, ließ ich den Zügel hängen, so gingen sie zwar, aber theils hatte ich sie nicht in der Gewalt, theils hundetrabten sie aufs ärgerlichste, oder gingen Schritt, so daß mir ein Schlitten nach dem andern unter Entschuldigung vorbei flog. Die Peitsche verwirrte die jungen Thiere nur, sie hielten sich für bestraft, bäumten, feuerten aus und wußten nicht was sie sollten. Wahrscheinlich dachten sie, daß sie pflügten, Gott weiß es. Zu dem war der Schlitten zu eng und meine Dame zu dick, so daß ich höllisch unbequem und schneidend auf der Lehne saß. Hätte sie nur einen einzigen Witz gemacht, oder auf meinen Scherz geachtet, aber sie sah Alles schwarz und malte sich die niederträchtigsten Unbequemlichkeiten aus, während sie auf meine Unkosten recht bequem situirt war. Schon waren die anderen Schlitten unserem Blick entschwunden, da entdeckte ich durch Zufall, daß dasselbe Mittel wodurch man durchgehende Pferde zum Stehen bringt, die meinigen zur Eile trieb. Man mußte fortwährend sägen und zuppen so liefen sie wie der Teufel. Ich sägte und zuppte also schonungslos und meine Pferde trabten so scharf aus, daß ich noch vor dem Mägdesprung den Zug erreichte. In Alexisbad war Kaffe und große Heiterkeit, als auf einmal unter den jungen Leuten der stürmische Wunsch entstand, bei der Zurückkunft im großen Gasthof noch zu tanzen. Wir Eltern wurden förmlich um die Erlaubniß berannt, die wir soweit wir eine Stimme dabei hatten, auch gaben, unter der Bedingung, daß nur bis 10 Uhr getanzt würde. Sogleich ging ein gemietheter Schlitten ab mit dem Befehl an den Wirth zu heizen, zu erleuchten, Musik zu beschaffen und ein Souper bereit zu halten. Dies war der vergnügteste Ball, den ich gesehen habe, obgleich sehr wenig Damen waren, weil mehrere der jungen Mädchen bei der Nachhausekunft die erhoffte Erlaubniß nicht erhalten hatten. Die Husaren waren so vergnügt, daß sie wie Böcke über einander wegsprangen. Namentlich war ein Herr von Kleist, der die Honneurs machte und deshalb viel zu laufen hatte, ein fabelhafter Springer. Mit der graciösesten Leichtigkeit flog er wie ein Federball ohne Anlauf und ohne Aufstützen der Hände über seine Kameraden weg, die so daran gewöhnt schienen, daß sie sich weder nach ihm umsahen, noch sich im geringsten in der Unterhaltung mit ihren Damen stören ließen. Es ist dies eine schöne gedrungene Husarengestalt und ein Kerl wie aus Eisen. Im Nebenzimmer ließ er sich ganz gerade mit angelegten Armen wie ein Scheit Holz aufs Gesicht fallen. Punkt 10 Uhr zogen die Musikanten ab, die Bedingung war mit militärischer Genauigkeit eingehalten, die Tafel wurde aufgeschlagen und um 12 war alles zu Ende. Als ich mich beim Weggehen noch einmal in der Thüre umdrehte, bemerkte ich daß Kleist über Alles, über Kameraden und Notenpulte und kreuzweis über die Tafel wegsprang. – Es war dies der 8t Ball in diesem Winter und 2 stehen nach Ostern noch in Aussicht. Die andern dauerten freilich bis 4, 5, ja einer bis 7 Uhr Morgens. In solche kostspielige Sachen kann man verwickelt werden wenn man eine tanzbare Tochter hat. Anna ist wohlfeiler. Von ihr ist bei dergleichen Vergnügungen gar nicht mehr die Rede. Sie ist der Aschenbrödel, putzt die Schwester an und ist die vergnügteste von allen. An dem tollen Treiben dieses Winters sind die Husaren schuld, die sich immer mehr andrängen. Hoffentlich werden sie bei der bevorstehenden Reorganisation nach Stendal verlegt. Es steckt eine Munterkeit, Artigkeit und Feinheit des Benehmens in diesen jungen Leuten, die für Mädchen sehr kopfverdrehend sein muß; doch hat glücklicherweise Elisabeth nichts Dichterisches und Verliebtes, sie ist eine stolze, herbe, witzig abweisende Natur, die sich in vollkommenem Respect erhält.

*Ballenstädt am 3. April.* Ich habe diesen Brief mit nach Ballenstädt genommen, um von hier aus noch aus dem Hause zu berichten. Gerhard und Benno sind während meiner Abwesenheit eingetroffen, sind wohl, und besonders Gerhard recht frisch und kriegerisch. Er hat in Berlin einem Schießen mit den neuen Gußstahlkanonen beigewohnt. Man schoß mit Sechspfündern auf 4 tausend

Schritt und jedes Geschoß ging durch die Scheibe, die einem mäßigen Schiffskörper glich, so weit er über Wasser steht. Darauf schoß man auf 2 tausend Schritt. Gerhard stand mit einigen Artillerie-Offizieren ganz gefahrlos nur 2 Schritt von der Scheibe entfernt, (nämlich ganz ungedeckt) und kein Schuß fehlte das Schwarze, welches einen Durchmesser von 4 Fuß hatte. Die Kanone wird von hinten geladen und ist auf 2000 Schritt, auf dunkelm Hintergrund, nebst Bespannung und Mannschaft unsichtbar, was durch Anstrich und Farbe der Pferde und Uniformen bewirkt wird. Gerhard, der neben der Scheibe stand, versichert wenigstens, daß er von der Batterie nicht das Geringste gesehen hätte und auf diesen Umstand von den Kameraden aufmerksam gemacht worden sei. Der preuß. Fabrikant des Gußstahls hat alle französischen Bestellungen zu seinem enormen Schaden aus Patriotismus abgewiesen und es ist ein kleiner Vortheil, daß dieses Material weder in Frankreich noch in England preiswürdig dargestellt werden kann. Relata refero.

Mein Adolph steckt jetzt im schriftlichem Examen, hat einen grauenhaft schwierigen Proceß zu behandeln bekommen und einen tischhohen Stoß von Acten durchzuackern um sich nur au fait zu setzen. Da er noch obendrein nur wenig Zeit hat, wird er Ostern nicht bei uns sein. Ich fürchte daß der arme Kerl durchfällt. Was man lernen kann, hat er zwar ehrlich gelernt, aber das ist im juristischen Fach das wenigste. Die Hauptsache ist ein rasches Judicium, ein schnelles Auffassen und augenblicklich treffendes Urtheil, und das ist etwas was ihm und mir abgeht. Wir sind beide erst hinterher klug. Er muß seine Arbeit nämlich vor dem Gerichtshof mündlich vertheidigen und seine Opponenten sind alte schlaue Räthe.

*Am 4. April.* So eben erhalte ich einen Brief von Hermann der aus Marburg schreibt, wo er sich ein ganzes Nest von Warzen mit ungeheuern Schmerzen hat aus der Fußsohle schneiden lassen. Er schreibt am 6ten Tage nach der Operation, noch sehr leidend, hoffte aber in einigen Tagen entlassen zu werden. – Uebermorgen gehen wir Alle zum h. Abendmahl. Unser neues Gesangbuch, welches in der Schloßkirche bereits eingeführt ist, sucht seines Gleichen und macht mir den Gottesdienst lieb, der Prediger mag nun sein wie er kann. Der Wald steht voll Schneeglöckchen, die Kälte macht sie aber ungenießbar. – Graf Hohenthal sitzt auf seinem Gute Döbernitz als moribundus. Der Arme hat die Brustwassersucht und die

Seinigen haben wenig Hoffnung. Lebe wohl geliebter Gerhard. Grüße Alle und bleibe gut Deinem W.

## N^o^ 111 Hoym 11^t^ Mai 1860

Mein alter lieber Bruder!
Deine Geburtstagssonne ist prächtig aufgestiegen, 21 Grad Wärme, die Bäume im schönsten Blüthenschmuck, über den grünen Saatfeldern steht das Gebirge dunkelblau, der Brocken mit weißer Haube, die Nachtigallen schlagen in den Büschen und die Menschen, die bei mir ab- und zugehen haben rothe erhitzte Köpfe – Alles nämlich Dir zu Ehren; denn gestern heizte mein Ofen noch den ganzen Tag und man ging mit Ueberziehern aus. Der Winter hat diesmal ungewöhnlich angehalten, und nun brechen heute plötzlich beide herein: Frühling und Sommer. Ich stand sehr früh auf, pfiff Dir meinen Lieblingschoral «Aus tiefer Noth» und wünschte Dich ungemein herbei mein fürstliches Frühstück und den großen Augenblick mit mir zu theilen, da der Mensch sich die erste Pfeife anzündet. Dann las ich Deinen Brief, den ich schon vorgestern empfing, zum zweiten Mal, freute mich der guten Nachrichten und Deiner Liebe. Gott segne Dich mein alter Bruder, laß Dich noch viele wackere Tage sehen und wenn Du endlich in Dein letztes Haus von 5 Brettern eingehst, so möge der heilige Geist über Dich bezeugen, wie einst über den Zöllner: «er ging gerechtfertigt in sein Haus.» Ja so geschehe Dir und mir und allen den Unsrigen.

Vorgestern war Adolphs Geburtstag. Die Hofdame Fräul. von Massow brachte ihn mir mit Mutter und Schwestern heraus, sogar das Hündchen Poll war nicht vergessen und gab vor Freuden fast den Geist auf, mich ganz unerwartet hier in der Fremde vorzufinden. Dazu flatterte noch ein niedliches Kanarienvögelchen zum Fenster herein, ließ sich von Elisabeth greifen und in ein schnell entlehntes Bäuerchen stecken, in welchem er mit nach Ballenstädt zurückgewandert ist. Adolph war, ganz ohne eine Ahnung von seinem Geburtstag, nach Ballenstädt gekommen um mir zu verkündigen, daß er nun endlich durch's Examen sei. Obgleich seine Arbeiten noch an das Justizministerium gesandt werden, das ihn immer noch durchfallen lassen kann, so hat das Appellationsgericht in Halberstadt ihm doch versichert, daß er ganz ohne Zweifel angenommen werde. Da war denn über diese (wie Du es nennst) abermalige glückliche Niederkunft sehr große Freude und der mitgebrachte Kuchen ging leichtlich ein. Fräulein v. Massow, früher als Novellendichterin in Wiener Almanachs als «Martha von der Höhe» etwas bekannt, werden wir nun auch verlieren. Sie ist ein unbeschreiblich gutes und sanftes Wesen, ganz in der Art der sel. Mutter Heynitz, auch eine winselnde Natur wie diese, und weil sie Niemand etwas zu leide thut, von der ganzen Ballenstädter Gesellschaft auf Händen getragen; der Herzogin aber genügt sie nicht weil sie zu wenig auftritt, nicht genug dame de prétension ist. Demnach ist sie mit Beibehaltung ihres Gehalts und aller Emolumente ihres Dienstes entlassen und vicarirt jetzt nur noch bis eine andere Dame gefunden ist. Dieser Schritt wird eben nicht zum liebevollsten beurtheilt, doch kann ich der Herzogin nicht Unrecht geben, obgleich ich der Meinung bin, daß sie nie eine Hofdame haben wird die ihr genügt. Ich glaube daß es in der ganzen Welt keine abhängigere und schwierigere Stellung giebt als die einer einzelnen Hofdame, die folglich immer de jour ist. Wir werden die arme Massow als eine treue, unbeschreiblich anhängliche Seele sehr vermissen, und wer weiß durch welch einen Drachen sie abgelöst werden wird, da jetzt eine gesucht wird die *auftritt*... So eben tritt Adolph bei mir auf; er hat eine Excursion nach Halberstadt gemacht und ist mit Staub und Schweiß bedeckt, doch hat er noch die Kraft mir zu Deinem Geburtstage zu gratuliren und sich Dir empfehlen zu lassen, da er hörte daß ich Dir schriebe. Vale Gerharde, heute zum $11^{t}$, und mögest Du vergnügt sein! –

*Am $12^{t}$ Mai.* Adolph hat vorgestern in Halberstadt einer merkwürdigen Gerichtssitzung beigwohnt. Eine Arbeitersfrau von circa 60 Jahren stand vor den Schranken. Sie hatte früh geheirathet und die meiste Zeit mit ihrem Manne in leidlichem Frieden gelebt; nur in den letzten Jahren waren Störungen vorgekommen bis der Mann sie einmal durchgeprügelt hatte und sie sogleich beschloß ihn dafür zu ermorden. Glücklicherweise hatte sie bereits die altersschwache Eigenschaft laut zu denken, so daß der Mann ihren ganzen Plan mit anhörte. Im Nebenzimmer hörte er die Frau sagen: «Solche Behandlung laß ich mich nicht gefallen und nun soll er unter die Erde. Ich mache hin zum Apteker, lasse mich Rattengift geben und das kriegt er morgen früh in seinen Schnaps. Ist's Luder todt, dann ufgehangen so merkt's kein Mensch nicht.» Kaum hat der Mann dies gehört, so steigt er zum Kammerfenster hinaus, läuft nach der

Apotheke, erzählt hier die Absicht seiner theuern Ehehälfte und bittet den Apotheker, seiner Frau ein unschuldiges Pulver zu geben, was aber doch für den Augenblick krank mache, damit eine Wirkung ersichtlich sei. Bald darauf erscheint denn auch die Frau, ist so freundlich wie ein Wiesel, erzählt daß die Ratten ihr all ihr bischen Verdienst auffräßen und bittet den Herrn Nachbar um ein Giftpülverchen dagegen. Dieser, sehr bereit zu helfen, giebt ihr ein Brechmittel. Am andern Morgen sagt der Arbeiter: «Nun Mariechen ich habe Appetit, gieb mir mein Frühstück» und die Frau stellt ihm seinen Schnaps mit eingerührtem Brechmittel hin, den er auch verschlingt ohne eine Miene zu verziehen. Bald darauf wird ihm so eigen, er klagt sich, der Schweiß steht ihm auf der Stirne, er übergiebt sich und die sorgsame Frau bringt ihn zu Bett und kocht ihm Fliederthee. Doch wird das Uebel immer ärger, der Kranke stöhnt, er krümmt sich, er schreit, streckt sich aus und stirbt. Darauf verläßt die Frau das Zimmer, geht auf den Boden und läßt von dort durch ein Astloch in der Diele einen Strick herunter; dann geht sie wieder in's Sterbezimmer, legt das Ende der Leine als Schlinge ihrem Manne um den Hals und verläßt abermals das Zimmer. Der Todte aber rafft sich nun auf, streift sich die Schlinge ab und legt sie um den Sägebock. Kaum ist er damit fertig, so wird von oben angezogen und der Sägebock schwebt an der Decke. Jetzt stürzt die Frau aus dem Hause und alarmiert die Nachbarn Zeter schreiend: ihr Mann habe sich erhenkt. Die Nachbarn dringen ein und – da hängt der Sägebock und der Manne steht wohlbehalten drunter. – Die Geschworenen sprachen das «schuldig» aus an prämeditirtem Mord, und das Gericht erkannte auf das Beil des Henkers. –

Du mußt nicht fürchten, lieber alter Bruder, daß ich Deine politische Ansicht nicht verstünde; ich glaube sie gerade so weit zu verstehen als Du Dir selbst klar bist. Es stecken zwei Geister in Dir. Eigentlich bist Du ganz einfach liberal und daß gerade so wie meine hiesigen liberalen Freunde und unsere besser gesinnten liberalen Blätter. Durch diesen Deinen Liberalismus aber schlingt sich ein eigenthümlicher Widerspruch, zwar nur momentan, doch immer wiederkehrend und dies unterscheidet Dich von unseren Liberalen, mit denen Du Dich keinen Augenblick vertragen würdest. Es scheint nämlich mitunter als wenn Du in den liberalen Forderungen – (deren wesentlichste die Volkssouverainität oder mit anderen Worten die Herrschaft der gezählten, nicht der gewogenen

Majorität, daher Verachtung des historischen Rechts ist) durchaus kein Heil, sondern Schaden sähest; aber dennoch schlägst Du Dich nicht auf die conservative Seite, die jenen Schaden klar erkennt und ihn mit rechtlichen Mitteln bekämpft, – vielmehr meinst Du, man müsse das Ding laufen lassen wie es läuft, da es Knabenwerk sei sich einer Zeitströmung entgegen zu stemmen. Bei solchem Raisonnement übersiehst Du die geschichtlichen Data. Du übersiehst z. B. daß allerdings in Preußen der Conservatismus anno 48 die Revolution niedergeschlagen hat, und zwar ohne die wirklichen Bedürfniße der Neuzeit, den wahren Fortschritt der Civilisation damit im geringsten zu kränken; auch daß das Manteuffelsche Ministerium durch ganze 10 Jahre das populärste gewesen ist, daß Preußen je gehabt hat, bis nach Verlauf dieser Zeit die Regierung sich ganz ohne irgend welche Nöthigung, plötzlich selbst herumwarf um die sardinische Politik in Deutschland nachzuahmen. Wenn aber die Regierung selbst, auf alle Weise den Conservatismus verdächtigend, das liberale Banner entfaltet, dann ist es kein Wunder wenn die Wasser, die zu jeder Zeit nach unten streben, wieder frisch dahin strömen, nämlich zur Tiefe. In solchen Zeiten hat der Conservatismus freilich keine andere Bedeutung als Zeugniß gegen Unrecht und Unsinn abzulegen, um mindestens zu heftige Ueberstürzung zu vermeiden, die allemal den Pöbel aufregt; und dieser Pflicht unterzieht er sich mit hohen Ehren und hat nun schon durch sein Organ, die erste Kammer, obgleich von hoher Ungnade getroffen und ein wahres Martyrium bestehend, zwei Jahre lang das Zustandekommen von Gesetzen abgewendet, die keinen andern Zweck haben als dem Pöbel zu schmeicheln und die Revolution wieder in Fluß zu bringen. Man muß die alte Lehre nicht vergessen, daß das schlimmste Unglück das einen Staat treffen kann, die Revolution, niemals die Folge einer conservativen Regierung gewesen ist, sondern immer aus liberalen Concessionen oder offenbaren Rechtsbrüchen hervorgegangen ist. (Die Worte «liberal» und «conservativ» gebrauche ich natürlich im neusten Sinn). Sobald der Liberalismus übrigens einmal irgendwo seine Versprechungen wird wahr gemacht haben, will ich ihn mir noch einmal drauf ansehen.

*Am 13. Mai.* So weit war ich gestern gekommen, als die Bernstorff mit meiner Frau und beiden Töchtern ankutschiert kam, während Adolph schon bei mir wohnte. Es sollte dies, da sie vorgestern durch Hofeinladung abgehalten waren, eine nachträgliche Feier Deines Geburtstages sein und war es auch. Dazu löste der Himmel sein grobes Geschütz. Die ungeheure Wärme hatte ein prachtvoll feierliches Gewitter herangelockt, das bis 9 Uhr andauerte, meine Gäste also zu meiner Freude ungewöhnlich lange bei mir aufhielt. Es war etwas ganz besonderes. Wir durchwanderten Arm in Arm die großen Säle der obern Etage (die ich jetzt bewohne) die nur durch die ununterbrochenen Blitze erleuchtet waren, in deren Licht die alten Bilder ganz wunderbar aufflammten. Unterdessen tränkte ein reicher Regen das verdurstete, durch anhaltenden Ostwind ausgetrocknete Land. Bei sternklarem Himmel fuhren dann die Meinigen durch die würzige Nachtluft nach Hause. – Du mein theurer Gerhard wurdest durch diesen Besuch vor feindlichem Anfall bewahrt; denn ich war gerade im besten Zuge die politischen Gedanken, die Du mir herschreibst, alle einzeln anzugreifen und einen Krieg zu führen wie Du ihn doch nicht lieben kannst. Etwas muß übrigens doch noch sine ira et studio heraus. Fast in jedem Briefe und auch in diesem schreibst Du geringschätzig vom positiven Recht. Du hältst es nicht der Mühe werth noch heut zu Tage für eine Sache einzutreten, die ja doch zu keiner Zeit einen inneren Halt gehabt hat, für ein Recht, das immer gebrochen worden ist. Man könnte dasselbe auch von jedem Gebote Gottes sagen. Aber das findest Du nicht passend, denn die Rechtsidee der Legitimität besteht durchaus nicht darin jedes einzelne Dictat was einmal rechtskräftig gewesen, für immer festzuhalten; dennoch paßt es auch wieder als jene Rechtsidee auf göttlicher Offenbarung, oder wenn Du lieber willst, auf einer allgemeinen Denknothwendigkeit beruht, welche Treu und Glauben als nothwendige Basen für alle Verhältniße unter Menschen erscheinen läßt. Treu und Glauben aber immer mehr zu befestigen, ist meiner Meinung nach das Ziel aller wahren Civilisation, das zwar nie erreicht wird, das aber zu erstreben, Gesundheit des Staatslebens ist. Vielleicht giebst Du dieses für *innere* Politik zu, denn Du wirst den Staat für keinen gesunden Staat mehr erkennen der principialiter zusieht, daß Diebe und Räuber sich Dein von ihm selbst gewährleistetes Eigenthum anectiren. In einem Staatencomplex nun, wie der Europäische, der durch ein auf freien Verträgen ruhendes internationales Recht zu rechtlicher Gesammtheit verbunden ist, sind die Individuen durch individuelle Staaten dargestellt, und was für den einzelnen Staat zu erstreben ist, muß auch als Ziel der Gesammtheit gelten. Es gehört wahrlich kein großes Genie sondern nur ganz einfaches Rechtsgefühl dazu, das einzelne rechtsbrüchige Glied in seine Schranken zurückzuweisen, und nie wird der Gesammtheit die materielle Kraft dazu fehlen. Wird von dieser Kraft kein Gebrauch gemacht, so ist nichts natürlicher als daß der einzelne gewissenlose Räuber die ganze übrige Gesellschaft nach Herzenslust malträtirt. Ganz dasselbe was wir heut zu Tage erleben, ist in den neunziger Jahren bis anno 6 erlebt worden. Unsere Literatur ist reich an wissenschaftlichen und populären Werken, welche die Machthaber jener Zeit brandmarken und öffentlich anprangern; fast Jedermann hat diese Werke gelesen und viele Personen haben jene Zeit aus eigener Anschauung noch im Gedächtniß, auch ein ganz richtiges Urtheil darüber, doch fast Aller Augen sind gehalten, daß sie nicht einsehen wie gleiche Ursachen immer gleiche Folgen haben werden. Die Annectirung von Savoyen habe ich schon vor Ausbruch des italienischen Krieges bestimmt vorhergesagt (vid. p. 19 ⟨hier Seite 764⟩) und bin nur durch den lügenhaften Frieden von Villa franca auf einige Zeit irre geworden. Ich halte übrigens den Gewinn von Savoyen und Nizza für einen durchaus rechtmäßigen, nur den Rechtstitel, die Volksabstimmung für erlogen. Wenn ein Fürst sein Hoheitsrecht freiwillig und noch dazu gegen «Werth empfangen» an einen andern Fürsten abtritt, so könnte ich darin unter Umständen wohl einen Mangel an Herz und Ehre, nicht aber ein Unrecht weder auf Seiten des Gebers noch des Empfängers erblicken. Dieser schlichte Handel nun hat alle Welt empört, während man schmunzelnd zusah als Napoleon sich den Kaufpreis dazu erst stahl. Nach den Vorgängen in Italien giebt es jetzt kein internationales Recht mehr in Europa, es ist Jeder auf seinen eigenen Schutz angewiesen und das Faustrecht proclamirt. Wenn der Papst, den ich mit Freudigkeit für den Antichrist, die babylonische Hure und Alles miteinander halte, zum Teufel fährt, so kann ich dagegen nichts einzuwenden haben; doch davon ist gar keine Rede, sondern nur von der rechtswidrigen Beraubung desjenigen Landesfürsten, der den ältesten und bestgarantirtesten Rechtstitel in Europa hat. Damit ist Treu und Glauben im Rathe der Nationen extirpirt, und da ohne anerkanntes Recht die Völker nicht friedlich neben einander wohnen können, so ist mir nichts wahrscheinlicher als daß wir durch eine abermalige Bluttaufe gehen werden bis wir zu neuen allgemein anerkannten Verträgen gelangen. So war es vor dem westphälischen Frieden, und so auch vor den Wiener Verträgen. Dein Hauptraisonnement gegen mich würde sich etwa in der Phrase ausprägen: «Wenn Manches anders wäre, so wäre natürlich Manches anders, aber wir werden die Welt nicht ändern.» Gut, ich habe nichts einzuwenden gegen einen tollen Hund; sehr viel aber gegen die, die ihn nicht todtschlagen. Wenn wir die Ursachen geschichtlicher Niederlagen nicht aufsuchen, so ist die Geschichte das nutzloseste Studium von der Welt. Ob es die Kreuzzeitungsleute besser machen würden, weißt Du nicht und ich weiß es auch nicht. Man kann nie wissen was Einer thäte wenn er wirklich activ würde. Wenn sie aber ihren Grundsätzen gemäß verführen, so würden sie es allerdings besser machen. Es ist ein großer Unterschied ob England von Pitt oder Fox regiert wird. Die Kreuzzeitungsmänner und der alte berühmte Minister Freiherr v. Stein gleichen sich in ihren Grundsätzen durchweg, und es ist eine Lust wie sich die Liberalen zu Stein bekennen und seine Nachtreter verdammen, ganz so wie der protestantische Unglaube für Luther schwärmt und Diejenigen verfolgt, die seinen Glauben theilen – nicht weil verschiedene Zeiten verschiedener Wahrheit bedürften, sondern weil die guten Leute weder Luther noch Stein, weder die Lutheraner noch die Conservativen kennen.

Das Papier ist geduldig. Hättest Du mich dazwischen persönlich angefahren, so hätte ich längst aufgehört, denn es ist sicher, daß ich nur ein paar Worte sagen wollte.

Gott sei Dank, daß Krauses in Neuguth glücklich angekommen sind. Für Sally wird es ein schwerer Anfang werden, wieder im fremden Hause, aber Gott wird ihr schon hindurchhelfen. Sally trage ich förmlich auf dem Herzen wie Lilla und alle Deine Kinder, Dich selber mit Elmine und Helene.

Von der Lewes'schen Göthegeschichte habe ich nur einen Theil gelesen und hatte dabei die Empfindung als läse ich in irgend einer Mythologie die Galanterien des Jupiter. Ich weiß nicht warum es interessant sein soll alle diese abwechselnden Liebschaften mit Dienstmädchen und Gräfinnen, die bis ins höchste Alter dauern so detailiert zu besehen. Es muß scheußlich sein, sich in allen thierischen Regungen genau von aller Welt beschauen zu lassen. Aus solchem Leben resultiren dann Romane, die man der Jugend wegreißen muß, damit sie sich nicht daran vergifte, wie der englische Dichter Wordsworth sagte: «voll Unzucht durch und durch, wie Fliegen, die sich in der Luft begatten.» Von der anderen Seite ist Göthe der erste Dichter der Welt, ich setze ihn sogar noch über

Shakespeare, wenigstens unbedingt in lyrischer Beziehung. Ueber den *Dichter* aber schien mir das Urtheil des Engländers zu flach, wie es denn wohl auch nicht möglich ist, daß ein Ausländer die deutsche Sprache, die Göthe nach Luther gewissermaßen neu geschaffen, in ihrer wunderbaren Tiefe ganz verstehen könne. Mit großer Klarheit behandelt Lewes allerdings seinen Gegenstand, aber die klare Darstellung der Oberfläche einer Sache ist keine Hexerei wenn man von den mystischen Tiefen keine Ahnung hat. Vielleicht thue ich Lewes unrecht. Ich habe wie gesagt, nur wenig von dem Buch gelesen, aber trotz dem daß ich auf unrichtige Auffassung nicht stieß, drängte sich mir der Gedanke auf, daß ein einigermaßen verstehender Sinn unseren großen Dichter weit genauer aus seinem «Wahrheit und Dichtung» kennen lernt als aus dieser englischen Darstellung. Durch Dein Urtheil bin ich indessen so aufmerksam geworden, daß ich das betreffende Buch nun ordentlich lesen werde, sobald es mir wieder unter die Hände kommt. – Ueber die Nothwendigkeit der Judenemancipation und ihre Grenzen ließe sich noch sehr viel sagen, aber um zu verstehen, muß man eigentlich in Ländern leben, wo dergleichen beabsichtigt wird, sonst kann leichtlich als Vorurtheil verstanden werden, was doch tief begründet ist.

Entzückendes Wetter, die üppigste Blüthenpracht, Frösche und Nachtigallen die Fülle. Was meinst Du wenn dies Schloß sammt dem Gute etwa an uns Beide fiele. Du zögest oben hin, ich unten, oder umgekehrt. Jede Etage hat 12 Zimmer, 4 Säle und einen Riesensaal. Ich glaube wir würden uns verjüngen wie die Adler, besonders wenn wir meinen gnädigsten Herrn noch bei uns behielten, der ohne sich um etwas zu bekümmern für Alles sorgte. Daß Du meine politischen Excursionen Deinen Damen verschweigst, gefällt mir. Ich mache es mit den Deinigen auch so. Als Theoretiker sind Frauen immer unerträglich; erträglich auch nur sehr wenige Männer. Die Frauen können straffe Patrioten sein, als Politiker sind sie nicht aufzuklären.

Die Herzogin und Schätzell siechen unablässig. Vorster ist überzeugt, daß sie an ihren homöopathischen Aerzten krank sind. Was mich anbelangt, so sehne ich mich recht nach ärztlicher Hülfe, habe aber zu keinem einzigen Vertrauen. Ich habe diesen Brief leider in halber Geistesabwesenheit geschrieben. Mit alter herzlicher Bruderliebe

Dein Wilhelm.

Mein lieber Dicker!
Ich habe Dir und Helenen so lange nicht geschrieben, daß ich gar nicht mehr weiß wie man's macht, auch nicht mit wem von Euch beiden ich anfangen soll. Da indeß, was ich zu erzählen habe, Dich mehr als sie interessiren wird, Du auch älter und schwächer bist, so sollst Du es sein. Ich bin nämlich allwieder einmal in Sachsen gewesen, habe gelbe Briefträger gesehen und «Ach Herr Chemersch» und «Ich bitte Ihnen mei Gutester» und dergleichen heimische Musik gehört.

Still bescheiden blüthe ich zu Hoym im Verborgenen wie ein Veilchen, köstlichen Duft ausstreuend, als die Herzogin es sich plötzlich einfallen ließ mich abzupflücken und wieder einmal als Reisemarschall vorzustecken. Die Reise sollte nach Döbernitz bei Delitzsch gehen, Roller's erste Pfarre, von welcher er fast täglich erzählte, oder wenn er's unterließ, so thaten es die Schwestern. Aber nicht deswegen sollte hingereist werden, sondern um Graf Hohenthal's zu besuchen, die dort hausen seit Königsbrück verkauft ist. Da ich mir seit Jahren bewußt bin unter dem wechselnden Mond nicht mehr sonderlich in Gnaden zu stehen, so war ich sehr überrascht, zugleich auch erschrocken. Ich ging nämlich wie in den Krieg wo Einer bleiben kann, denn von andern Uebeln abgesehen, so hindert mich Morgens bis 10 meine Brustschwäche am sprechen, meine Blasenschwäche aber zu jeder Zeit am anhaltenden Fahren mit Damen. Außerdem macht mich mein Naturell an sich zum Reisemarschall unfähig, indem es mir fast unmöglich ist in jedem Augenblick an alle Bedürfniße zu denken, die meine Erlauchte Gebieterin nebst ihrem Schweif von 11 Personen nicht allein für diesen Moment, sondern auch für alle Momente des morgenden und übermorgenden Tages etwa haben könnte. Frage Deinen Freund Otto Grünewaldt, der ein practischer Mensch, ein schneller Kopf, ein guter Gesellschafter und Alles zusammen ist, was es heißt, auch trotz so glänzender Anlagen, eine fürstliche Reise zu führen, und dann versuche es meine Lage zu begreifen, dem alle jene Elemente fehlen und der noch obendrein körperlich so gelähmt ist. Ich wünschte ich könnte Dich in alle Details und ihre Schrecken führen, aber das geht nur mündlich mit der Pfeife und auch da wird es nicht begreiflich, man muß es erlebt haben. Inzwischen mag man sich auch nicht gern als Krüppel darstellen.

Ich verließ mich also auf Gott, der sich denn auch an mir mit solchen Wundern und Zeichen bezeugte, daß ich es nie vergessen werde. Natürlich ist es nicht zu erklären, daß von dem Augenblick der Abreise an meine Uebel wegwaren und obgleich ich immer zerstreut, mir doch das Nothwendige immer noch rechtzeitig einfiel, oder auch mir eingefallen wurde. Als wir z.B. am letzten Abend in Döbernitz im Garten saßen, erwähnte die Herzogin zufällig gegen ihre Schwester Hohenthal, daß sie andern Tages in Bernburg beim Diner an etwas denken werde. Von diesem Diner hatte sie mir gar nichts gesagt und ich hatte daher auch nichts bestellt. Pferde, Wagen und Leute hatte ich an den Bernburger Bahnhof bestellt, aber daß die arme Herzogin auch essen mußte, war mir gar nicht eingefallen; denn ein Cavalier ist immer satt, während die Herrschaften immer hungrig sind. Jene Bemerkung traf mich daher wie ein Blitz. Unter dem Vorwande eines Spazierganges eilte ich nach dem Bahnhofe des etwa eine Viertelstunde entlegenen Städtchens Delitzsch und da es sich so glücklich traf, daß eben der letzte Zug abging, vermochte ich einen Bahnhofsbeamten nach Leipzig zu fahren und dort eine telegraphische Depesche für Bernburg abzugeben. Wenn ich eine Viertelstunde später kam, war der Zug weg und eine rechtzeitige Nachricht nach Bernburg unmöglich; beim Diner hätte die gnädigste Frau wohl an etwas denken, keineswegs aber etwas essen können.

Der arme Hohenthal war krank an der Herzbeutel-Wassersucht, konnte nicht mehr gehen und wurde in einem Rollstuhl herumgefahren; doch war er gesellig, zeigte Freude mich zu sehen, und hatte mich um sich so viel die Umstände es erlaubten. Gewöhnlich ließ er mich schon Morgens halb 8 Uhr zu sich bitten. Dann saßen wir in dem herrlichen Park im duftigen Schatten einer uralten Linde und rauchten echt holländischen Mandelkern aus schön geschnittenen Meerschaumpfeifen. Um 9 Uhr kam dann auch die alte Gräfin, seine Mutter, eine wunderschöne Dame von über 80 Jahren, die mit der Würde ihres Alters und Standes die liebenswürdigste Herzensfreundlichkeit verbindet. Sie hatte unsere Eltern sehr gut gekannt, auch fiel mir ein, daß unsere Mutter in ganz alten Zeiten gelegentlich klagte, daß diese Frau sich ihr zu nahen trachte. Sie mochte der guten Mutter zu reich und vornehm sein. Mir hätte ihre Bekanntschaft allein ein Aequivalent für alle Drangsale der Reise sein können. Es war lieblich unter der Linde mit diesem todtwunden Ritter, der ganz in Gott ergeben schien, und seiner alten Mutter, die den einzigen Sohn über Alles liebt und ihn nun hinsterben sieht. Es wehte mich etwas an von den Kräften der zukünftigen Welt. Wir saßen da bis sich gegen 11 Uhr die Herzogin mit ihrer Schwester und den übrigen Damen einstellte, dann drückte ich mich ab und ging meine eigenen Wege durch Wiesen und Erlen, Wege die einst der junge Roller ging, voll kleiner Bauerkinder an seinen Rockschößen, mit denen er sich auch gelegentlich im Grase wälzte ihnen zeigend wie viel Beine die Käfer haben und wie sie unter ihren Flügeldecken die durchsichtigen, zusammengefalteten Flügel bergen. Dies erzählte mir eine alte Bauerfrau, die aufleuchtete als ich sie nach Roller fragte, und die als Kind dergleichen Genüsse getheilt hatte. Sie sprach viel und mit vollem Herzen von unserem alten Lehrer, so daß es mir wohlthat. Es war damals auch Rollers glänzendste Periode. Einen kolossalen Wallnußbaum zeigte mir der Pastor im Pfarrgarten, den Roller noch gepflanzt hatte, auch waren Ueberreste eines kleinen Fischteiches da, den er sich angelegt, und die Stelle wo er einen Springbrunnen verursacht.

Prinzeß Louise, die mit mir war, ging bald zurück und ich brachte sie bis Leipzig. Hier besuchte ich Gerhard Zezschwitz, der da Professor und UniversitätsPrediger ist. Der liebe Gerhard empfing mich wie einen leiblichen Onkel, machte sich frei und fuhr mich ins Rosenthal, in den Himmel der Leipziger, allerdings ein herrlicher ausgedehnter Wald mit reizenden Kaffegärten. Hier fanden wir auch den Professor Fechner (Clara Volkmann's Mann) setzten uns zusammen und wurden jung, Gerhard vielmehr alt unter uns gewiegten Männern. Zezschwitz ist ein überaus herzlicher Mensch, ein gläubiger und gelehrter lutherischer Theolog, Fechner, berühmter Physiker und Schriftsteller, ebenfalls ein herzensguter Mensch, aber ein frommer Ungläubiger und über alle Begriffe witzig. Erfüllt waren beide von einem Vorfall, der an demselben Tage statt gefunden hatte. Der Sohn des alten Lindner, ebenfalls Professor der Theologie, war nämlich am Morgen auf 6 Jahre nach dem Zwickauer Zuchthause abgeführt worden, zur größten Satisfaction der ungläubigen und zum größten Schmerz der gläubigen Welt, zu der er sich gehalten. Er hatte sich nämlich seit Jahren, das Vertrauen der Inspectoren täuschend, heimlich aus alten werthvollen Handschriften der Universitätsbibliothek mit der Schere sehr reichliche Auszüge gemacht, Initialen und Miniaturen ausschneidend, während er gleichzeitig als Professor der Moral über Eigenthumsrecht las. Mit den annectirten Bildern konnte er nichts anfangen, er durfe weder wagen sie zu zeigen noch zu verkaufen, er konnte sich nur allein für sich in stiller Nacht daran erquicken. Zezschwitz, der ihm befreundet war, nannte dies Laster Ikonomanie, Fechner Spitzbüberei. Merkwürdig ist es, daß der höchst verblendete Ikonomane oder Spitzbube, der sonst für einen Ehrenmann gegolten, seinem Beichtvater Antefeld gestand, daß er während seines langjährigen langfingrigen Gebahrens nie die geringste Gewissensbisse gehabt. Der alte würdige Vater, eine treffliche Frau und liebe Kinder weinen ihm nun nach. Gott bewahre doch einen jeden Christenmenschen vor Ikono- und anderen Manien. Das Christenthum hat das Uebele, daß es die zehn Gebote Gottes im Leibe hat, daher ein stehlender Christ zehnmal schlimmer ist als jeder andere Dieb, und solche Leute thun der Kirche mehr Schaden als die langweiligsten Prediger.

Zezschwitz brachte mich noch zu Professor Jäger, einem bekannten Maler, der mich mit offenen Armen wie einen alten Freund empfing, weil er mich für Constantin hielt, den er in München gekannt. Ich sah da herrliche Bilder wie sie nur aus einer Christenseele kommen können und wurde wehmüthig in der Terpentin- und Firniß-Atmosphäre. Auch den Professor Kahnis lernte ich flüchtig kennen und kehrte mit dessen trefflichem Buche: «Der innere Gang des deutschen Protestantismus. Leipzig 1854» beschenkt, nach Döbernitz zu den vornehmen Leuten zurück. Ein paar Tage darauf fuhr ich noch einmal nach dem nur 4 Meilen entfernten Leipzig zu meinem Vergnügen, vorbei dem alten Volkmannschen Gute Zschortau, dessen Anblick eine Menge Kindererinnerungen wach rief. In Leipzig brachte ich 3 Stunden in dem neuen Museum zu, welches die Stadt, veranlaßt durch Erbschaft einer Privatgalerie, mit Geschmack und Luxus erbaut hat. Man sieht hier wundervolle Bilder neuerer Meister, meist Franzosen, deren Staffelei-Malerei die unsrige allerdings übertrifft. De la Roche, Biard, Gudin und Calame sind die Könige der Sammlung. Die beiden letzten sind Marine- und Landschaftsmaler und ihre Bilder die blanke Zauberei. Es ist eine Perle von einer kleinen Galerie, auch hinsichtlich der architectonischen Anlage. Danach hatte ich Fechners ins Rosenthal veranlaßt und sah hier auch Clärchen wieder, ein kleines altes Mütterchen mit eisgrauen Haaren und einem Kleiderschnitt wie er etwa vor 30 Jahren getragen ward. Sie war aber ganz unbefangen das liebe Clärchen, erzählte ungeheuer viel von ihrer Familie und brach fast den Hals vor Lachen über meine schlechten Witze.

Hohenthal, der sich an Freigebigkeit selbst übertreffen würde wenn das möglich wäre, schenkte mir beim Abschiede eine Brillantnadel, nämlich eine goldene Fliege mit brillantenen Flügeln, und einen unerhört geschmackvollen Spazierstock mit hohem gebogenen Elfenbeingriff. Mehr noch, als wir nach Ballenstädt zurückwaren, überbrachte mir einer der mitgewesenen Lakaien noch ein Pfund Mandelkern in einer Blechkapsel, das ihm der Graf für mich zugesteckt hatte, es mir erst zu Hause zu übergeben. Roller hätte gesagt: «Dergleichen! Dergleichen!» – In Bernburg blieben wir auf der Rückreise 24 Stunden. Ich besah mir hier das Johannis-Hospital, ein neues Krankenhaus, welches nach Art des Berliner Bethanien trotz großer Hinderniße durch Schätzells eiserne Beharrlichkeit zu Stande gekommen ist. Die Oberin, eine Diakonisse, die aus Bethanien abgelassen, ist von einer wunderbaren Schönheit, welche durch die einfache Ordenstracht (ein schwarzes Kleid mit einer weißen Schürze, die bis zum Halse reicht und oben an den Schultern angeheftet ist) noch beträchtlich gehoben wird. Ich glaube Gott hat den Frauen die Putzsucht anerschaffen, damit sie uns weniger gefährlich werden sollen. Wie reizend sah diese Schwester Luise aus unter alle den aufgedonnerten und aufgepusteten Damen in deren Gesellschaft ich das Krankenhaus besuchte. Die Oberin machte die Honneurs mit der Anmuth und Würde einer Fürstin und der freundlichen Unbefangenheit eines Kindes. Sie führte uns durch Garten, Küche und Keller und durch alle Zimmer. Alles war zum Ablecken; die reinlichste Privatwohnung ist ein Stall dagegen und jedes dieser Krankenzimmer blos durch Reinlichkeit viel anziehender als das köstlichste Gemach eines Kaiserschlosses. Und so ist's zu jeder Stunde bei Tage und bei Nacht. Wir trafen da 30 Kranke, alle in reiner Wäsche, reinen Betten, reiner Luft, und alle genießen sie Pflege und Zuspruch eines so engelhaften Wesens wie die Schwester Luise ist. Aber diese tröstet nicht nur ihre Patienten, sie betet nicht nur mit ihnen und überwacht ihre Pflege, sondern sie greift auch zu, hebt und trägt sie, macht ihre Betten, scheuert, kehrt, kocht, regiert das ganze Haus wie ein Adler und führt die künstlichste Rechnung wie ein Steuerbeamter. Ich habe grenzenlosen Respect vor dieser Person, wie auch vor der andern unter ihr stehenden Schwester Marianne. Zu ihrer Hülfe haben beide nur eine Magd und einen Hausknecht, und dieses kleine Personal reicht aus für Haus und Garten, der ebenfalls in bester Ordnung war. Die Bernburger *schwärmen* jetzt für diese Anstalt, die sie Anfangs zu hindern suchten, weil sie dieselbe für einen Herd des um sich greifenden Pietismus hielten, was sie denn ja auch ist; denn was in dieser Stellung ein paar christliche Mädchen wirken können, ist nicht zu glauben. Schätzell zu danken ist man freilich weit entfernt da er als Kreuzzeitungsmann ja doch nur selbstsüchtige Zwecke verfolgen kann. Was er gewesen wird man erst erkennen wenn er todt ist. Ich will nur die Finanzen nennen. Früher machten wir Schulden auf Schulden und zu nichts war Geld da. Jetzt sind die Schulden fast alle bezahlt, dabei ist der Hof viel glänzender geworden, die Gehalte sind erhöht, das ganze Land durchzieht sich mit Chaussee, die Elbniederungen werden durch solide Deiche geschützt, wohlthätige Anstalten entstehen, prächtige Gebäude, von denen wir früher keine Ahnung hatten, wachsen aus der Erde (so in Bernburg eine Festungsartige Kaserne im Anschlag zu 170,000 Reichsthalern) alte schöne Kirchen werden restaurirt, (die Gernroder Stiftskirche zu 80,000 Reichsthalern) und der ganze Ballenstädter Schloßgarten wird ausgerauft und neu angelegt. So geht das Geld, das vom Volke kommt, rasch wieder in die Hände des Volks zurück, Alles ist beschäftigt und es zeigen sich herrliche Talente. Und wenn Du wüßtest welche Schwierigkeiten sich dem Allen von unten und oben entgegenbäumen! – Elisabeth war kürzlich auf 14 Tage in Köthen bei der Prinzeß Karolath, mit deren Gesellschaftsdame Auguste Veit sie sehr befreundet ist. Sie erzählt seitdem ihre Erlebniße höchst dramatisch so daß wir Zurückgebliebenen vollständig entschädigt sind. Die Prinzeß hat sie nach Dessau, Acken, Biendorf und in der ganzen Gegend herumgefahren und ihre geographischen Kenntniße dadurch vervollständigt. Auch der große Charlatan Lutze ist besucht worden und hat seine Raritätensammlungen (wobei sich auch sein eigenes Taufhemd befindet) vorgezeigt. Lutze hat erzählt, daß er von der Dessauschen Regierung ausgewiesen noch nicht wisse ob er nach Amerika, Mecklenburg oder Berlin gehen solle. Mir soll's gleich sein, wenn er sich nur packt. Gestern fiel hier ein Schuß und die Schroten flogen dem Herzoge und mir um die Köpfe. Es war ein Lausekerl, der nach Sperlingen schoß. Ich habe ihm durch den Burgemeister die Flinte abnehmen lassen.

Wie bedauere ich Dich, daß all Dein Besuch immer auf einmal kommt. Mir geht's auch so; entweder Oedigkeit im Hause oder

Ueberfülle, da ich denn erstere vorziehe. Ich habe die Nacht auf dem Kanapee zugebracht wegen einer Maus. –

Schubert ist gestorben am 2t Juli, 81 Jahr alt, der letzte Freund aus dem elterlichen Hause. Heynitz ist vom Schlage gerührt und unfähig zu Allem. – Adolph arbeitet beim Gericht in Erfurt, Benno ist in Berlin und Gerhard ist auf einige Monate Kürassier, was mich viel kostet. Nun Gerhard, nun ist's aus. Lebe wohl mein Theurer. Gott segne Otto. Ich grüße Dein ganzes Haus, besonders Helene. Dein Wilhelm.

## No 113 Hoym 22. Dec. 1860

Liebster Bruder mein!

Das war doch wieder einmal nach langer Zeit ein echter lieber Gerhards-Brief, wenn er auch nicht gerade am Dato einlief, doch als höchst brillante Nachfeier meines Geburtstages. Habe Dank Du Alter, daß Du nicht mit mir gerechnet hast; Du hast dadurch einen feurigen Funken auf mein Haupt geblasen, den ich durch diese Schreiberei zu löschen suche. Viel Briefe habe ich erhalten, und fürwahr, wenn ich nicht wüßte, daß meine Lieben an diesem Tage meiner gedächten, so würde ich meinen Geburtstag für die blanke Narrensposse halten und wünschen am Schalttage geboren zu sein, wie der alte Kriegel. Der *alte* Kriegel! o tempora! als wir ihn so nannten, war er wahrscheinlich jünger als wir jetzt. Dies Geschlecht ward rasch ausgerottet von der Erde, und fahre es dahin! – bis auf Marie. Wenn ich an *die* denke, kommen mir leicht die Thränen. Ob Du alter Dicker auch immer weicher wirst, weiß ich nicht. Dein Brief ist sehr brüderlich und gut und freundlich, aber er bringt keine sonderlichen Nachrichten. Leo Zöge sich in Deutschland ankaufen? Ich verstehe es nicht, aber ich glaube nicht, daß ein Ehstländer hier wirthschaften kann, er müßte denn viel Lehrgeld zahlen. Auch sind die Güter jetzt sehr theuer. Wo man sonst 3 Reichsthaler Pacht zahlte für den Morgen, werden jetzt 8, 12, 16 gezahlt, in der Magdeburger Gegend sogar 30. Nur in Polen soll man noch kaufen können, hat aber dort die Nationalität gegen sich. Und Bullo mit den Seinigen in Berlin beim Bienengift? Die arme Alwina wahrscheinlich in der Clausur ohne allen Umgang. Schriebe sie uns doch wenigstens, so fände sie an meiner Frau ein Schwesterherz. Ich hoffe aber, daß Gerhard sie nach Weihnachten durch die Polizei ausmitteln wird. Bienengift! Klapperschlangengift! Das sind jetzt die Lockvögel der Homöopathen. Man kann das Zeug ohne Schaden Eßlöffelweise verschlingen, aber in den «Hochpotenzen» entwickelt sich eine Furie daraus. Das Traurigste ist indessen Sally's augenblickliche Lage. Ich kann es begreifen Du armer Bruder, daß Dir's das Herz zusammenschnürt, und ich kenne sehr wohl diese leibliche Empfindung der Sorge um ein geliebtes Kind. Aber gewiß wird Gott unsere theure Sally in diesem dunkeln Thale nicht stecken lassen. Wohl führt er sie schwere Wege, aber er wird ihren Fuß behüten und sie nachmals desto herrlicher machen. Per aspera ad astra, das ist ein alter wohlbewährter Spruch und keine leere Phrase. Ein Weiblein kann auch viel erdulden, wenn es nur seines Mannes sicher ist.

«Vor 50 Jahren» habe ich nicht gelesen, doch haben wir eine reiche Literatur in Biographien, Memoiren, Romanen und Schauspielen, die jene Zeit behandeln. Neuerlich geht ein starkes Stück der Art, zwar ohne artistischen Werth, aber voll glühenden Franzosenhasses über alle Bühnen unter dem Titel «Was macht der König?» Blücher, Gneisenau und Hardenberg treten da auf, und diese Gestalten mit ihren patriotischen Declamationen erregen einen Sturm der Begeisterung. In Berlin wird das Stück wiederholt mit gleichem Erfolg gegeben. Aber bei der Unterthänigkeit und Hast, mit der man alle französischen Ideen ins Werk setzt, und der Bereitwilligkeit, mit der man sich bis heute von Louis Napoleon an der Nase herumführen läßt, ist dieser Franzosenhaß fast komisch. Wir stehen wirklich wieder an der Schwelle ähnlicher Demüthigungen wie damals, es sei denn daß eine Nachricht sich bewahrheitet, die zwar noch nicht in den Zeitungen steht, die man sich aber von unterrichteter Seite ins Ohr sagt, daß nämlich Deutschlands sämmtliche Mächte, Preußen an der Spitze, bereits in Paris die Erklärung abgegeben hätten, sie würde eine bewaffnete Einmischung Frankreichs in Italien als casus belli ansehen. Vor 2 Jahren hätte eine solche Erklärung Oestreich gerettet und ganz Deutschland sicher gestellt; heute wird sie kaum den Krieg aufhalten, aber doch wäre sie richtig, und thut man das Richtige, so kann man Gott die Folgen überlassen. Vor zwei Jahren hätte Frankreich auch mit den besten Generalen der preußischen Bewaffnung schwerlich widerstanden, jetzt steht die französische ihr gleich, die Oestreicher sind heruntergebracht, die Lombardei ist weg, Venetien, Ungarn, Polen sind Vulkane. Oestreich kann Preußen nicht zu Hülfe kommen wenn es am Rheine angegriffen wird. Von der anderen Seite hat Preußen die 2 Jahre zur Stärkung seiner Armee sehr wohl verwandt. Aber es ist die Frage ob wir Generale haben, und daß es daran in Frankreich nicht fehlt, wissen wir. Auch ist es die Frage auf welcher Seite Gott der Herr stehen würde. Napoleon I. pflegte zwar zu sagen er habe bemerkt, daß die Vorsehung immer auf Seiten des stärkeren Bataillons sei; aber eben dieses stärkere Bataillon im rechten Augenblick bei der Hand zu haben, das kann man auch nicht ohne Gottes Willen, und wie er es dann fügen wird, so muß man's tragen und kann es auch tragen wenn man sich nur einer richtigen und rechtlichen Politik bewußt ist. Ueber dieses «rechtlich» lachen unsere Liberalen, aber Napoleon I. Geschichte hat die Resultate einer unrechtlichen Politik gezeigt und Louis Napoleon und Victor Emanuel sind auch noch nicht Matthäi am letzten. Der König Victor Emanuel mag wollen oder nicht, so wird er durch die Revolution gedrängt Venetien anzugreifen, und dem Kaiser von Oestreich steht es auch nicht frei den Rath des liberalen Philisters zu befolgen und Venetien zu verschachern. Er *muß* es vertheidigen, und bei dieser Gelegenheit möchte das junge Italien in die Pfanne gehauen werden wenn Frankreich nicht vor den Riß steht. Frankreich kann aber auch nicht wie es vielleicht möchte, denn seine Nichtintervention würde seine vollständige Lähmung sein. Diese unselige Situation hat man hervorgerufen indem man in feiger Verblendung die Kraft mästete, die Alles verschlingt. Ich habe das vom russischen Kriege an Alles richtig beurtheilt, wie meine Briefe an Dich ausweisen, und damals waren wir gleicher Ansicht. Wir werden also nun wahrscheinlich Krieg haben und zwar mit FrühlingsAnfang, das größte Uebel das ein Land treffen kann außer der Revolution. *Außer der Revolution,* und darin liegt ein Trost, denn der Krieg erstickt dieses vielköpfige Thier, das seit der neuen Aera in Preußen wieder sehr in unseren Eingeweiden wühlt.

Du wirfst dem König Ferd. von Neapel den Constitutionsbruch vor und meinst dieser habe seinem Sohne den Thron gekostet? Ach lieber Bruder, und hätte er wie ein Engel regiert so wäre er doch gefallen. Was hatte denn Florenz verbrochen und Modena? Ich kenne die Geschichte Neapels nicht und habe namentlich über den König Ferdinand sehr Widersprechendes gehört und gelesen. Es mag an diesem Hofe, namentlich zur Zeit von Ferdinands Vater und seiner sehr übeln Mutter, der Königin Caroline, viel Ungebühr getrieben sein – und welcher Hof machte hier eine Ausnahme außer den beiden Höfen von Berlin und Wien? Aber es wird in Neapel gegangen sein wie überall wohin mein Auge reicht. Durch Revolution wird eine unpractische Verfassung erzwungen, die von keiner Seite ehrlich gemeint ist, weil beide Seiten zu wenig empfingen. Diese Wahrnehmung regt erst recht auf; das Volk strebt danach seine Freiheit zu erweitern und den König auf Null zu reduciren um den Himmel auf Erden zu haben, die Revolution erhebt sich von neuem, und dem Fürsten, wenn er nicht wie Carl X. und Louis Philippe durch die Lappen gehen will, bleibt nichts übrig als die Constitution zurückzuziehen. Eine solche Constitution ist aber in der Regel schon gebrochen durch das Volk selbst. So und ähnlich ging es in allen deutschen Landen, und so wird es immer gehen, wo man 2 Mächte gegen einander abwiegen will, die sich dann natürlich gegenseitig verzehren. Deswegen sagte Kaiser Nicolaus zum Grafen Custine: «Republiken könne er begreifen und verstehen, constitutionelle Monarchien aber seien ein Unsinn.» – Der arme jetzige König von Neapel hatte kaum, von England und Frankreich gedrängt, die Constitution gegeben, als ihn auch schon alle seine Minister verriehten. Ein Kosmopolit mag sich über alle diese Eid' und Treubrüche in Italien und alle Schlappen Deutschlands freuen, vorausgesetzt daß er sich einbildet es werde doch zuletzt für unseren Planeten etwas Gutes dabei herauskommen; ein Deutscher aber *kann* es nicht, eben so wenig als ein Engländer sich über irische, ein Russe sich über eine polnische Erhebung freuen könnte. Und doch machen unsere Liberalen dieses Kunststück möglich. Man braucht nur zu vernehmen, daß ausländische Freiheit deutscher Ordnung irgendwo einen Tritt gegeben hat, so jubelt der deutsche Jahn Hagel in allen seinen Zeitungen, die wenigen conservativen Blätter ausgenommen. Was sich nur die Devise «Freiheit» ansteckt, und wär's ein reudiger Hund, das wird zum goldenen Kalb. Diese fast unbedingte Preßfreiheit, die eigentlich nur dem Geiste dient, der verneint, ist die albernste Narrenposse, die je erfunden ward.

Mit meiner Gesundheit geht es eigentlich nicht besonders. Meine Brustbeschwerden hatten im Laufe des Herbstes so zugenommen, daß ich manchmal dachte «es wäre alle mit mich» wie Adolph als Kind einmal von sich behauptete als ich ihm Kuchen weigerte. Die Aerzte wissen nichts für mich als Seebäder, für die ich zu arm bin, und Schwitzbäder gegen die ich einen Widerwillen habe. Es wird nämlich in einem Nachtstuhl Heu angezündet und man setzt sich in den Schmauch um Hämorrhoiden zu erzeugen. Da hätte ich wirklich noch mehr Vertrauen zu Bienengift. Nun aber hat sich Julchen mein erbarmt und mich selbst in die Kur genommen. Sie hat nämlich einen medizinischen Instinkt, vermöge dessen sie mich (wenn ich in Ballenstädt bin) jeden Morgen mit Speck einreibt, was mir wirklich gut zu thun scheint. Ich fühle mich wenigstens seit der Zeit etwas erleichtert. Es ist rührend mit welcher Treue und Freundlichkeit sie sich stets mit ihrer Schwarte einstellt ihren Samariterdienst zu versehen. Außerdem hat sie mir auch noch Obersalzbrunn verordnet, von welchem wohlschmekkenden Wasser ich Morgens und Abends ein Gläschen trinke, doch scheint mir dieses Mittel blos die Verdauung zu stören wie denn meine Natur von jeher Mineralwassern widerstanden hat. Du hast recht, so wie damals vor dem schwarzen Thore wird es nicht wieder, aber das wünschte ich doch, daß ich, wenn ich einmal leben bleiben soll, so weit käme meinen Dienst wieder verrichten zu können. Hier in Hoym geht es zwar, aber der Reisedienst geht nicht, und wenn ich in Ballenstädt auf's Schloß oder in's Theater oder gar zum Ball befohlen werde, so habe ich Hinrichtungsgefühle. Die Herzogin hat wiederholt geäußert sie habe auf der Reise Niemand lieber als Deinen Bruder, daher es mir ein drückendes Gefühl ist, zu diesem einzigen Geschäft, zu dem ich etwa taugen möchte, untauglich zu sein weil ich die Strapaze nicht vertrage. Nach der Schweiz konnte ich nicht mit, nun wieder zwei Mal nicht nach Döbernitz. Ich weiß nicht ob ich Dir geschrieben, daß der arme Hohenthal todt ist. Er ist endlich seinem Asthma und seinen Herzkrämpfen erlegen. Aber er ist als frommer Christ gestorben, sein Sterbebett ist der ganzen Hausgenossenschaft zur nachhaltigsten Erbauung geworden. Merkwürdig – er und Sophie Stackelberg! Aber der h. Chrysostomus dankte Gott täglich für Alles wie es war; und das sollten wir auch recht lernen. Aber es ist schwer das Herz dahin zu stimmen, ja unmöglich wenn Gott der Herr nicht selbst den Stimmhammer ansetzt. Du kannst Dich für nichts mehr begeistern – schreibst Du; ich wüßte auch nichts von Begeisterung zu sagen; auch ärgere ich mich gerade nicht über den Unsinn und die mannigfaltige Verkehrtheit die ich sehe; aber diese Dinge können mich doch betrüben und ängstigen. Gott zu danken für die Verblendung, mit der er mein Volk schlägt, das kann ich nicht; obgleich wenn man ans Ende der Dinge schauen könnte, so würde man vielleicht sehen, daß sich aus allen diesen Gottlosigkeiten ein neuer Himmel und eine neue Erde auferbaut. Es gehört viel Mist zum Gedeihen der Zuckerrüben. –

Sehr angenehme Abende habe ich diesen Herbst mit den Meinigen verlebt. Ich habe eine Manier in Deckfarben erfunden, in welcher ich kleine Köpfe malte z. B. wiederholt den Herzog zum Verschenken, auch niedliche Frauengesichter nach eigener Phantasie und diese Malerei macht einen allerliebsten Effect. Während ich pinselte, lasen die Töchter vor und Julchen strickte. Wir lasen den höchst albernen Roman von Hackländer «Der neue Donquixote» kein Meisterwerk, aber unter so behaglichen Verhältnißen ganz unterhaltend und dann «Meine Novelle» von Bulwer, bei großen Mängeln doch ein Meisterwerk. Es war so heimisch dies Lesen und Zeichnen, zurückversetzend in alte strebsame Zeiten. Daß ich's aber werde fortsetzen können glaube ich kaum, da ich nur durch Brillen und Brenngläser arbeiten kann, was namentlich bei Licht das Auge kränkt. So eben wird im Zimmer neben mir der Weihnachtsbaum für übermorgen aufgerichtet. Ich werde den h. Abend hier ohne die Meinigen feiern, allein mit dem Herzoge und Vorster. Die Herzogin, die hier sonst beschert, wird nicht kommen können, da sie seit ihrer großen Schweizer Stärkungsreise immer kränkelt, die letzten Tage auch bettlägerig war. Es ist indessen möglich, daß Gerhard kommt und eine «feine» mit mir raucht. Am ersten Feiertage wird bei uns beschert, ich bin dann hier fertig. Ach es ist ein schönes Fest, die Geburt des Lichts, in dieser Bedeutung schon von unseren heidnischen Vorfahren gefeiert. Möchte ein Lichtstrahl von oben in unser Aller Herzen dringen, Gott uns gnädig bleiben im neuen Jahr dem wir entgegengehen. Mein theurer Bruder, behalte lieb Du und die Deinigen Euern alten Bruder Wilhelm.

*Am 23. Dec.* Ich wurde gestern zum Abgang der Post nicht fertig, was den Brief 24 Stunden aufhält. Wenn ich nicht so matt und geistlos wäre, würfe ich ihn in den Ofen und schriebe einen neuen. Es ist merkwürdig wie mir das Herz versteinert wenn ich es mündlich oder schriftlich möchte reden lassen. Seit 8 Tagen ist unser Feld weiß und täglich fahre ich mit meinem gnädigsten Herrn Schlitten, zwar noch so ziemlich auf dem Knorpel, aber es rutscht doch. Eben schneit es wieder. Vielleicht muß ich im Sommer auf 4 Wochen nach Sylt ins Seebad, wenn der Speck nicht durchgreift. Aber zum Pläne machen ist es noch zu früh. Gott mag wissen was der

Sommer bringt. Mir ist das Herz wie ausgeweidet, denk ich an Poll. Wenn der Schnee fällt und Alles so weiß ist, wirft die Erinnerung mich zurück in jene romantische Zeit. Die rüstigste von uns Geschwistern ist Adelheid. Sie hat eine wunderbare Gefühlsfrische und ein goldenes vortreffliches Herz, voll Liebe und Aufopferung. Gott hat es auch noch gut mit ihr gemacht. Ihre Kinder sind höchst ausgezeichnet. Martin ein Wunder von Gelehrtem bei so jungen Jahren. Bisweilen wechseln wir ein Briefchen und die seinigen sind Meisterwerke. – Bekannte von mir, Oberamtmann Rabe mit seiner Frau, sehr reiche Leute, fuhren neulich Abends im Dunkeln, rannten mit einem andern Wagen zusammen, stürzten und die Frau war augenblicklich todt. – Der Herzog sagte mir gestern, noch vor Weihnachten würde er den Doctor niederstrecken. Somit erwarte ich heute oder morgen ein Verbrechen.

## Nº 114 — Ballenstädt 28. Jan. 1861

Mein liebster Bruder!
Dein Brief vom 29. Dec. v. J. machte mir eine ungeheure Freude. Ei, daß Du mir so schnell geantwortet, da ich doch 3 Briefe unbeantwortet gelassen! aber das war nur scheinbar – es war eigentlich nur einer, und ich wollte es ließe sich noch weiter aufklären bis auf gar keinen. Gute Nachricht giebst Du von unserem Otto und mit Freuden gratulire ich zu seinen drei rühmlichen Patenten. Ich wünschte er könnte zur Abwechselung wieder einmal 4 Wochen bei uns faullenzen, der alte ehrliche Doctor. Er wird es aber in Finn viel besser haben. Du meldest aber auch Schlimmes: Besuch, Zahnausreißen und Feuerbrunst – ein schauerliches Kleeblatt. Am meisten bedauere ich Dich wegen des Zahnwehs, des widerwärtigsten Pa's ⟨!⟩ in der Welt. Für Deine Freuden bin ich auch: Mahlzeiten, Sonnenblicke, gemeinschaftliche Lectüre usw. Gesunde Leibesöffnung hast Du ganz vergessen. Ja mein alter Dicker, wir verstehen uns in Schmerzen wie in Freuden; nur in einem Punkt bleibst Du mir dunkel, nämlich in der Politik, was mir in dieser politisch tief erregten Zeit ein *Schmerz* ist. Ich wollte doch mit Niemand lieber übereinstimmen als mit meinem Bruder, oder möchte doch wenigstens ebenso wenig von Dir mißverstanden werden als Dich mißverstehen. Verstünden wir uns, so möchte der Streit an sich noch irgend einen Reiz haben, aber wir hauen mit allgemeinen Sätzen meist in die Luft. Hauptsächlich mag der Feh-

ler an meiner eigenen unvollständigen Ausdrucksweise liegen, und Du gestattest mir daher immer wieder einen neuen Anlauf. In allgemeinen Wahrheiten sind wir einig, wie z.B. daß Gott die Welt regiert und am Ende Alles zu irgend einem Resultat hinausführen wird das seinem Willen gemäß ist; oder daß wir was Gott über uns verfügt ohne Murren im Gehorsam hinzunehmen haben u.d.m. Jetzt aber ist die Frage welche Stellung wir als Männer, die sich nicht von vorn herein alles Urtheils begeben, im Streite unserer Tage einzunehmen haben. Von einer thätlichen Parteinahme kann für uns Beide für den Augenblick nicht die Rede sein (in dieser Hinsicht gehöre ich keiner Partei an, denn ich bin durch keine gebunden) wohl aber wird doch unser Urtheil für oder wider sein, und wenn es mit keiner Partei geht, so wird es wissen warum und irgend eine selbstständige Gestalt annehmen. Letzteres, wenn ich nicht irre, ist Dein Fall, nur daß mir Deine Urtheilsgestalt durchaus nicht klar vorliegt. Was mich anbelangt, so bin ich principiell Kreuzzeitungsmann, obgleich es mir scheint als ob die Partei in einzelnen Fällen über sich selbst hinausginge und so weit Fehler mache. Das mag aber nicht anders gehen im Gedränge des Widerspruchs und das echte wahrhaft staatsmännische Princip wird dadurch nicht alterirt. So wie ich Dich in Deiner Sonderstellung nun nicht verstehe, so verstehst Du mich nicht in meiner Parteistellung, weil wir beide diese unsere gegenseitige Stellung nicht kennen. Leider kannst Du mich auf keine Lectüre verweisen, weil Du allein stehst, ich aber könnte Dir zur Aufklärung über die Stellung der Conservativen das Wagenersche Conversationslexicon empfehlen, das ich zwar nie gesehen habe, das aber von jener Seite sehr gerühmt wird. Die Partei bekennt sich dazu. Etwas kann man übrigens auch brieflich thun und ich beginne mit der Bitte, daß Du mich nicht zwischen den Zeilen mißverstehen sondern die Zeilen selbst wollest reden lassen. Falsch muß ich mich ausgedrückt haben wenn Du verstandest, daß ich die Revolution *an sich* verdamme. Ich lobe sie nicht, aber ich tadele sie auch nicht, eben so wenig ich kochendes Wasser oder die Sturmfluthen der Nordsee lobe oder tadele. Ich nehme aber einen Unterschied an zwischen den Motiven der Revolution, die keineswegs immer durch Fehler der Regierung herbeigeführt wird. Bei uns war das entschieden nicht der Fall, so viel Mängel auch dawaren und noch weniger in Preußen, wenn man nicht etwa das den Fehler nennen will, daß man in beiden Ländern auf liberale Weise den Brand mit Oel zu löschen versuchte. Es ist ein Unterschied ob ein in sich selbst, d.h. ein in allen seinen Schichten einiges Volk sein gutes Recht gegen Usurpation vertheidigt, wie dies in den Niederlanden unter Philipp II., in England unter Jacob II. und in neuester Zeit in Schleswig-Holstein geschah, oder ob umgekehrt einzelne Schichten des Volkes die Rechte der andern gewaltsam zu berupfen ein Gelüste tragen, was freilich immer nur unter sehr schwachen Regierungen und unter deren Mitschuld vorkommen kann. Aber solche Rechte können unmoralisch und empörend sein? – dergleichen gab es weder bei uns noch in Preußen; – oder sie können nicht mehr zeitgemäß sein? – dann fallen sie von selbst. Unsere moderne Revolution, soweit sie social und nicht national ist, ist von der letzteren Art. Sie wendet sich von vorn herein gegen alle und jede Autorität in Staat und Kirche, sie möge Namen haben welche sie wolle, um eine neue nie dagewesene, sich in sich selbst widersprechende Autorität zu schaffen, die Autorität der Revolution oder mit anderen Worten die Volkssouverainität. Das ist der Geist der radicalsten Ungebundenheit, der in der Luft herrscht, und der eben weil er radical ist, erfahrungsmäßig durch keine Concessionen zufriedengestellt, sondern nur gefräßiger wird bis er endlich Alles abgewürgt hat und dann mit der Despotie niederkommt. Diesem Radicalismus gegenüber stehen in Preußen zwei Parteien, die liberale und die Conservative. Die Liberalen wollen was *Du* willst, nämlich die empörten Kräfte mit Weisheit zum besten des Ganzen leiten. Dies geschieht durch Concessionen. Thatsache ist, daß das Meer empört ist, daher die Schleusen öffnen, damit nicht die Deiche eingerissen werden. Man gebe dem Affen einen Finger, damit er nicht die ganze Hand ergreift. Es ist dies die Geschichte der Mutter, die von Wölfen verfolgt, ein Kind nach dem andern aus dem Schlitten wirft, um die übrigen zu retten. Dies Experiment ist, so lange es Liberale giebt (nämlich im modernen Sinne) von den achtziger Jahren an überall wiederholt worden und hat überall fiasco gemacht, auch hier in Anhalt wie in Preußen. Ich lebte in derselben Täuschung und es erschien mir weise als anno 48 im Frühjahr, da rund um uns die Revolution tobte, der Herzog ein Manifest erließ, worin er seinem Volke dankte, daß es sich bis dahin ruhig verhalten und zur Belohnung es aufforderte seine etwaigen Beschwerden auf ordnungsmäßigem Wege einzubringen, da Anhalt seinen Nachbarn in keiner vernünftigen Freiheit nachstehen sollte, nebenbei aber sich zu bewaffnen um etwanige Ruhestörungen einzelner Verblendeter zurückzuweisen. Der Herzog lieferte selbst die Waffen. Die Folge war der brutalste Aufstand, der Herzog mußte flüchten und sehr zweideutigen Schutz annehmen von der revolutionären Reichsgewalt. Schließlich wurden wir gerettet, in Preußen wie in Anhalt nicht durch liberales sondern durch conservatives Regiment. Daß dieses, welches in Preußen mit nie dagewesener Popularität (fast alle Städte ertheilten Manteuffel das Bürgerrecht) regierte, unterlag, war nicht seine Schuld, sondern der Krone, die Gespenster sah und eine Schwenkung machte, und damit ist ein Unglück geschehen, das nur die Allmacht Gottes aber keine Menschenweisheit wieder gut machen kann. Du meinst aber es sei dennoch trotz aller Fehler lieberaler Staatskunst seit den achtziger Jahren immer besser geworden? O ja! Vieles ist besser geworden und ich läugne nicht, daß auch die Revolution dazu beigetragen hat, obgleich dieser Beitrag gewöhnlich sehr überschätzt wird. Ein solcher blinder Besen fegt nicht nur die Kinder, sondern auch allerlei Unflath aus dem Hause. Ist aber Manches besser geworden, wie z.B. die Sitten der Höfe, so ist Anderes auch schlechter geworden, wie z.B. die Sitten des Volks. Der Glaube an Gott, die Ehrerbietung vor der Kirche, der Respect vor der Obrigkeit, so wie die frühere Ehrbarkeit bürgerlichen und bäuerlichen Lebens, deren Reste noch in unserer Jugend zu spüren waren, sind größtentheils verschwunden, und die Zusammengehörigkeit der Stände oder mit anderen Worten die Einheit des Volksorganismus und damit die Festigkeit des Staats ist aus dem Leim gegangen. Jetzt fangen bereits die Resultate der seit der neuen Aera in Preußen von neuem beliebten Concessionspolitik an wieder zu Tage zu treten. Die Aufregung ist sehr viel größer als zu Manteuffels Zeiten und noch im Wachsen. Nach einem zweijährigen Regiment ist der Liberalismus abermals drumm und drann fiasco zu machen. Er hat wieder Oel ins Feuer gegossen und wird nun ängstlich vor den Folgen. Die gehofften Hülfen blieben aus, die nöthige Reorganisation des Heeres konnte nur mit Hülfe der Conservativen ins Werk gesetzt werden und es ist sehr möglich, daß bald nichts anderes übrig bleiben wird als ein conservatives Ministerium. Ob aber die Conservativen jetzt noch (wie vor 12 Jahren) einen Effect hervorbringen würden, ist eine andere Frage. Zwar fehlt es nicht an treuen Elementen im Volke, sie finden sich im Adel, in der Armee, dem Handwerker und eigentlichen Bauernstande, sind aber nicht so leicht zum klaren Selbstbewußtsein zu bringen, weil auch sie vernebelt sind; und gegen sie steht selbstbewußt das ganze Heer verhungerter Literaten mit einer mächtig influirenden Tagespresse, geängstigte Industrielle und Geldmänner und ein unzähliger Pöbel. Durch Ueberzeugung ist nichts auszurichten, nur durch wiederhergestellten Respect, doch wird auch der erste Weg fleißig versucht und die conservativen Blätter sind immer noch in der Vermehrung. Nun aber, was wollen denn diese Conservativen, diese neue Sorte von Staatsmännern, die erst von 1848 datiren? Wollen sie die alte fürstliche Allgewalt mit Censur und Allem was daran hängt? Sie wollen Freiheit, sogar für die Presse, aber nicht ohne gesetzliche Beschränkung, und sie wollen diese Freiheit garantirt wissen durch eine kräftige Volksvertretung. Frauenzimmer können daher nie begreifen worin sie sich von den Liberalen unterscheiden. Man könnte diesen Unterschied vielleicht erklären wenn man sagte: sie wollen sogar einen freien König; daher betonen sie das «von Gottes Gnaden». Sie wollen königliche, adelige, bürgerliche, bäuerliche Freiheit und möglichstes Selbstregiment, nicht durch blinde Majoritäten, sondern durch sehende Genossen. Nicht Majorität, sondern Autorität, und ebenfalls nicht Bürokratie, sondern Autokratie, und in letzterem ist wieder eine Aehnlichkeit mit dem Verlangen der Demokratie, nur mit dem Unterschiede, daß die Demokratie keine Gliederung, keinen Organismus des Volkes anerkennt und nach absoluter Gleichheit Aller verlangt, so daß z.B. auf Deinem Gute Dein Nachtwächter Dein politisch Vorgesetzter werden und dabei Nachtwächter bleiben könnte. Aber der Stoff ist zu gewaltig um ihn brieflich auszuführen und obendrein fehlt mir dazu die nöthige Bildung; ich deute daher nur an um Deinem Urtheil Material zuzuführen mit dem Beifügen, daß ich norddeutsche Zustände im Auge habe, nicht russische oder andere.

...Sollte freilich die Sache in Preußen bald wieder umschlagen, so wird man bei uns den jetzt so vielfach verläumdeten Mann segnen, der das Land vor einer gleichen unseligen Schwenkung bewahrte. Schätzell ist ein Ehrenmann und von der höchsten staatsmännischen Begabung, was Du unterschreiben würdest, wenn Du zugesehen hättest wie er seine Aufgabe bis jetzt gelöst hat; aber er ist vielleicht zu heftig und hat eine preußische höchst maliciöse und sarkastische Ader, wodurch er persönlich Vielen vor den Kopf stößt und sie sich dadurch zu Feinden macht. Zu mir hat er eine rührende brüderliche Liebe, die schwer zu begreifen, da wir uns gegenseitig eigentlich nur so weit verstehen als das Christenthum maßgebend ist. D.h. es begreift Einer des Andern Glauben. Im übrigen ist er sanguinisch cholerisch – ich bin pflegmatisch melancholisch. Auf den Grund sehen wir uns daher nicht. Ich kann nicht umhin Dir den Anfang eines Briefes mitzutheilen, den ich von ihm nach Weihnachten empfing. Ich hatte ihm eine kleine nichtsnutzige Sepiazeichnung, darstellend den Herzog, zugeschickt. Darauf schreibt er: «Ihr prächtiges Weihnachtsangebinde hat mir eine unbeschreibliche Freude bereitet und ich danke Ihnen aus vollem bewegten Herzen. Das so treue Bild meines lieben Herrn ist mir an sich schon ein sehr theurer Besitz; dadurch daß es ein Werk ihrer lieben Hand ist, wird es mir unbezahlbar. Nicht in meine Mappe, sondern auf meinen Tisch soll es kommen, damit ich mich täglich an den lieben Zügen weiden kann, die meinem Herzen wahrhaft theuer sind. Mein persönliches Verhältniß zu unserem unglücklichen Herrn ist ein überaus eigenthümliches. Während mein Herz ihm so ergeben ist, daß ich jeden Augenblick mit Freuden mein Leben für ihn lassen würde, fällt es mir doch ungemein schwer ihm gegenüber irgend einen passenden Ausdruck für mein Gefühl zu finden. Meine Befangenheit ist so groß, daß ich ihm gewiß stets das Ungenügendste sage. Gleichwohl fühle ich, daß wir Beide durch ein wunderbares inneres Band miteinander verbunden sind, und daß wenn dereinst meine Thaten an Gottes Thron gewogen werden, er dabei stehen und mich fragen wird: Was hast Du mit meinem Lande gemacht? Unter der Herrschaft dieses Gefühls stehe ich ununterbrochen und des Herzogs bloßer Anblick ist mir eine Mahnung von dem tiefen Ernst und der schweren Verantwortlichkeit meiner Pflichten. Darum soll mir aber auch das Bild so lieb sein und ein Blick dahin soll mich stärken feste Tritte zu thun, wenn die müden Knie auf dem steinigen und dornenreichen Kreuzespfade, den ich wandle, erlahmen wollen.» –

*Hoym 31. Jan.* So eben finde ich in älteren Kreuzzeitungen, die sich hier angehäuft, einen ganz vortrefflichen Artikel vom alten Gerlach, dem Vater der Kreuzzeitungspartei. Du mußt ihn lesen (№ 22 und 23 d.J.) um doch wenigstens die Ansichten kennen zu lernen, von denen der Liberalismus behauptet sie seien eine Rückkehr zur Folter und Hexenprozessen. Könnte ich dazu auch das Programm von 1859 schicken, so hättest Du vollständige Einsicht und würdest Dich wahrscheinlich wundern den Dunkelmann Gerlach, der eigentlich ganz mit Stein übereinstimmt, so *wahrhaft* liberal zu finden, nämlich in der ursprünglichen Bedeutung des Worts.

Was wirst Du, mein lieber Bruder, von diesem närrischen Briefe denken? Aber erwäge: Weß das Herz voll ist, deß geht der Mund über. Ich lebe mitten in den Wehen einer kreisenden Zeit. Ob ein Kind oder ein Mondkalb herauskommen wird, weiß kein Mensch. Daß es immer besser werden müsse in Deutschland, steht nirgends geschrieben. Die Griechen wurden Wilde, die Römer Knechte. Man muß immer dem Schlimmsten ins Auge blicken und nie den Muth verlieren das beste anzustreben, wie es der alte eisenfeste Gerlach thut. – Wie danke ich Helene für ihr liebes Neujahrsbriefchen. Vielleicht kommt bald Stoff der großmüthigen Correspondentin zu antworten. Daß es jetzt daran mangelt, beweisen diese Blätter. Möchtest Du vorerst wegen Sally beruhigt werden, der liebe Gott sie wohlbehalten in Eure Arme führen. Ich muß immer an sie denken. Gott stärke Dich und mein theures Schwesterchen Elmine. Ernst Heynitz ist hoffnungslos gelähmt, sitzt da, grunzt und klatscht sich fortwährend mit der Hand aufs Knie. Zum Frühjahr geht Gustchen Götzel hin zu seiner Pflege. Es wird immer öder und einsamer. Wenn ich an diesen herrlichen Menschen denke, dem ich befreundet war wie Wenige, blutet mir auch das Herz.

Mein lieber lieber Gerhard – Dein Wilhelm

## Nº 115 Ballenstädt 1. März 1861

Geliebtester!

...In der Politik herrscht ja eine heillose Verwirrung auch zwischen uns! Ich muß Dich nothwendigerweise einmal bei den Haaren kriegen, was unsere Correspondenz sehr würgen wird, und kannst Du mir dafür einen Tritt geben, der mir das Unterste zu oberst kehrt. Vielleicht, daß ich Dich besser begreife wenn ich auf dem Kopfe stehe. Kannst Du aber keinen Widerspruch ertragen, so wirf diesen Brief ins Feuer. Du willst frei sein, ich auch. Zwar bekenne ich mich heute zu den Principien einer gewissen Partei, aber frei aus eigener Ueberzeugung, und nur so lange bis ich eines besseren belehrt bin. Auch Du wirst gewißlich die Wahrheit nicht von Dir stoßen wollen, blos weil eine Gruppe anderer Leute – Partei genannt – dieselbe Wahrheit hat. Auch bin ich ganz wie Du «in dieser Sache für den Fortschritt, in jener für den Stillstand» und das thut auch die Kreuzzeitung. Conservativ! Ja das kann man auf die verrückteste Weise sein. Aber ich habe es schon oft geschrieben, daß dieser Ausdruck sich wesentlich auf Rechtscontinuität bezieht, auf eine Behandlung des Rechts, wie sie England in seiner inneren Politik gewissermaßen instinctiv übt. «Nur weil England seit vielen Jahrhunderten die Summe der vorhandenen Rechtszustände stets uralt gewesen ist, nur deshalb ist es stets neuer und kräftiger Entfaltung der Freiheit fähig. England ist nur frei, weil es gerecht ist, weil es vor Allem Besitz und Herkommen achtet, und selbst Mißbräuche lieber erträgt als daß es in diesen Grundton seines Rechtszustandes einen Mißklang bringt...» so schreibt Gerlach. Eines ähnlichen Raisonnements erinnere ich mich aus Dahlmann, und auch Macaulay hebt wenn ich nicht irre, diesen Umstand hervor. England hat daher auch nie eine sociale Revolution gehabt, sondern nach Deiner Definition nur Insurectionen, welche den Rechtsbegriff im Volke nicht alterirten, im Gegentheil befestigten. So hat es sich auch nie eine erfundene Verfassung gegeben, ein Grundgesetz welches mit seinen Traditionen in Widerspruch gewesen wäre. Ja England besitzt überhaupt kein geschriebenes Grundgesetz. Die englische Charte liegt lediglich im Herkommen und im Bewußtsein aller Gesellschaftsclassen. Das Alles wirst Du als Geschichtskenner zugeben, vielleicht aber einwenden: England sei nicht Deutschland und umgekehrt; man müsse die Sachen nehmen wie sie sind. O ja! wenn gar nichts mehr zu machen ist, nicht aber so lange man am Gestalten und Schaffen bleibt. Zwar wird man die Erde nicht zum Himmelreich machen, wohl aber kann man sie mehr oder weniger zur Hölle machen und Jeder wird die faiseurs nach dem Grade seiner Einsicht beurtheilen. Das, lieber Bruder thust Du so gut wie ich; aber Du bist «mehr für Macaulay als für die Kreuzzeitung» obgleich Macaulay meines Bedenkens reichlich so conservativ als Gerlach, dieser so liberal als jener ist, doch in anderen Ländern, unter verschiedenen Verhältnißen und Formen. Aber warum bist Du denn mehr für Macaulay? Du kannst Dich «für Abgestorbenes nicht interessieren» und «ob das die Kreuzzeitung thut, weißt Du nicht». Du kennst also die eine der verglichenen Größen nicht. Doch «hast Du genug von Gerlach, Wagener, Stahl und Hesekiel» (der als dummer Mensch gar nicht hergehört) «gelesen, um die Kreuzzeitungsmänner zu erkennen.» Auch hast Du deren «Standpunkt nie principiell angefochten weil er auf sittlichem Grunde ruht.» Was aber hast Du denn gegen sie? Zweierlei sprichst Du aus: Es gilt Dir als Irrthum «nach Auflösung des Feudalstaats mit ständischer Verfassung zu regieren.» Und die Idee des christlichen Staates nennst Du gleichfalls «Irrthum und Phantom». Da haben wir denn etwas Concretes über das sich sprechen ließe. Zwar über die Idee des christl. Staates und was wir uns hier im gegenwärtigen Fall darunter denken, habe ich Dir ausführlich geschrieben und nichts hinzuzufügen. Wenn ich Dich nicht widerlegt habe, so kann das allerdings daher kommen, daß ich unrecht habe, was Du aber nicht nachgewiesen hast, da Du weniger meine *Behauptung* angriffst als das was ich *nicht* behauptete. Wir verstehen ja unter christlichem Staat nicht die Gemeinde der Heiligen auf Erden, in die man etwa schon durch seine Eigenschaft als Staatsbürger gehören solle, oder das Himmelreich, von dem Christus sagt, sein Reich sei nicht von dieser Welt. Ebenso wenig verstehen wir darunter Gewissenszwang oder etwas, was Gerlach erst zu schaffen gedachte, sondern etwas, was er schon vorfand, was *da* war und eigentlich noch ist, obgleich von Seiten, nicht etwa gläubiger Christen, sondern der Spötter und Reformjuden daran gerüttelt wird, mit denen ich nicht an einem Strang ziehen möchte. Der christliche Staat ist ein Phantom das seit 1500 Jahren besteht und Fleisch und Bein hat; ein Irrthum der trotz äußerster Knechtsgestalt und allem Unrecht, das unter dem Panier des Kreuzes begangen ward, sich dennoch nicht nur als staatenbildend erwies, sondern auch die europäischen Völker zu einem Grade der Gesittung geführt hat, der früher unbekannt war. Aber auch die alten Civilisationsstaaten, vor Allem der römische, ruhten auf religiösem Grunde. Du aber willst einen religionslosen Staat, von dem die Welt noch kein Beispiel hat, außer etwa Nordamerika, das übrigens kaum ein Staat und kaum religionslos genannt werden kann, indem eine sehr kirchliche Gesinnung der Einzelnen dort immer noch als Ferment auf das Ganze wirkt. Dies ist indeß ein Punkt, über den wir fertig sind; denn Du wirst immer dabei bleiben, es könne keine Politik bestehen, die sich mit der Bergpredigt reimt, und es sei verkehrt zu glauben als könnten Millionen zufällig durch Geburt zusammenwohnender Menschen lauter wirkliche Christen sein. Ich gebe Dir in diesen beiden Punkten vollkommen recht. Nun aber der andere Vorwurf, nämlich daß es ein Irrthum sei «nach Auflösung des Feudalstaates noch mit ständischer Verfassung zu regieren». Verstehst Du unter «ständisch» feudal, so liegt es ja auf der Hand, daß Du recht hast. Da nun aber einmal Freiheit sein soll, so wirst Du vielleicht meinen, daß die moderne Repräsentativverfassung die einzige Möglichkeit sei. Aber nein, das meinst Du nicht, da Du sie nur ein vorübergehendes Mittel nennst, die Anarchie zu verhüten. Ich meine sogar, sie sei das rechte Mittel die Anarchie zu *bringen*. In Frankreich zu wiederholten Malen, in Preußen, Sachsen, Baden, Hessen, Oestreich, Neapel, Rom und unserem kleinen Anhalt ist durch nichts Anderes Anarchie entstanden als durch diese modernen Constitutionen, die mit einem Federstreich allen hergebrachten Rechtsstand, alle politischen Traditionen und alle bisherigen Autoritäten über den Haufen schmeißen, statt dessen einen willkürlich erfundenen Codex oder Podex geben, der sich seine Rechtstitel gewissermaßen aus der Nase zieht, der daher aller Autorität entbehrend, eben so gut auch anders sein könnte, sich auch immer ändert, und dessen ganze Competenz nicht auf reelle Macht, sondern auf Eide gestellt ist, die gebrochen werden, weil sie weder von oben noch von unten zu halten sind. Die alte Feudalverfassung war nicht *gemacht*, sondern *geworden*, ist auch nicht *abgeschafft* sondern *gestorben* und Todtes kann kein Mensch erwecken. So würde auch, wenn Fried. Wilhelm IV. in Kraft und Leben geblieben wäre, die ständische Verfassung, die er erstrebte, nicht eigentlich gemacht worden, sondern aus wirklichen altberechtigten Mächten und Kräften des Volkes, denen man nur den bürokratischen Kappzaum abzunehmen brauchte, hervorgewachsen sein. Der Feudalstaat war abgestorben und hatte sich bei veränderten Verhältnißen sehr allmälig in den Beamtenstaat umgesetzt, welcher indessen sobald er vollendet war, von Seiten der Regierten die Controle vermissen ließ. Dies Bedürfniß (wirklich oder eingebildet, in Preußen war das letztere der Fall) weckte (nächst der Bosheit des Fürsten, der in der Luft herrscht) die Revolution, die übrigens ihrerseits in ihren sogenannten Constitutionen nichts als Emeuten schaffte. Denn wenn jene Controle nicht wie in England auf altehrwürdiges Recht und auf effective Macht begründet ist, so lähmt und stört sie nur durch ewige Aufregung den Beamtenstand, der dennoch bleibt. Um also das Heranwachsen einer conservativen Constitution zu ermöglichen, wird der Staat (ohne gerade Todtes zu erwecken) sich auf die noch vorhandenen organischen Kräfte (Stände) im Volke besinnen und sie beleben müssen. Dies kann dadurch geschehen, daß er nicht allein den Gemeinden, Kreisen und Provinzen unter bürokratischer Oberaufsicht (selbst auf Gefahr anfänglichen Mißbrauchs) die möglichste Selbstregierung gewährt, sondern auch den einzelnen Ständen oder richtiger Classen des Volkes in ihren eigenen Angelegenheiten, weit größere Competenzen einräumt als sie jetzt besitzen. Aus solcher Organisation (die schon da ist und nur zu beleben wäre) würde dann ein Unterhaus zu beschicken sein, das, weil aus wirklichen Mächten hervorgehend, auch eine Macht sein würde die auf sich selbst beruht und nicht auf dem gebrechlichen Gestell der Eide. Der Adel ist natürlich zu seiner alten Glorie nicht zurückzuführen; was er aber davon noch besitzt, wäre ihm zu erhalten, d.h. nicht ungesetzlich und willkürlich zu nehmen. Er begnügt sich gern mit der Stelle, die seinen Häuptern im preußischen Herrenhause bereits angewiesen ist, in welchem die alten reichsunmittelbaren und andere durch festen Besitz und Tradition noch einflußreichen Geschlechter erbliche Sitze und Virilstimmen haben. Aber für die Classen der Gutsbesitzer, der Kaufleute und Industriellen, der Bauern, Handwerker und Arbeiter usw. wäre corporative Zusammengehörigkeit und größere Autonomie zu erstreben. Auf diese Weise wäre eine besser fundirte Freiheit geschaffen als durch eine französische Charte, die das ganze Volk in einen Brei werfend nur dem Geldbeutel einige Vorzüge gewährt und die Armuth ganz ohne Vertretung läßt. Das wäre so ungefähr das, was heut zu Tage unter ständischer Verfassung verstanden werden muß, und was auch wenigstens für Preußen in größter Ruhe und Frieden gekommen wäre ohne jeden gewaltsamen Eingriff, wenn nicht die neue liberale Aera von oben her dazwischen gefahren wäre, die alle revolutionären Elemente wieder aufgerührt hat. – Noch Einzelnes: Was Concessionspolitik anbelangt, so belehrt mich sowohl mein geschichtliches Studium als meine persönliche Erfahrung anders als Dich. Die Beispiele, die Du von England anführst, sind durchaus keine der Revolution gemachten Zugeständniße, ebensowenig als die nichtssagenden minutiösen Erleichterungen, die L. Napoleon der Presse und dem gesetzgebenden Körper gewährt. Einem Hunde, von dem nichts zu fürchten, giebt man Freiheit, den bissigen legt man an die Kette, den tollen schlägt man todt. Freilich kann ein Hausvater die Seinigen durch Mißhandlung zur Wuth reizen; sie werden sich dann seiner Macht entziehen, ja sie werden möglicherweise zu Vatermördern werden, aber den Vaterstand abzuschaffen wird ihnen schwerlich einfallen. Ersteres wäre Insurection, letzteres Revolution nach der gewöhnlichen Unterscheidung. Wenn aber ein strenger Vater seinen Kindern, nachdem sie herangewachsen sind, je mehr und mehr Freiheiten einräumt, so sind das keine Concessionen in unserem Sinn. Macht er solche den Widerspenstigen, so wird er nichts erreichen als den Verlust seiner Autorität. Das sind ganz alte Sachen, die jeder Schulmeister weiß und nur der Liberalismus weiß es nicht.

«Was nicht zeitgemäß ist, fällt von selbst.» Ich hätte sagen sollen «das Abgestorbene», so würden wir wohl einig sein. Die Summe des Abgestorbenen ist in Deutschland ohne Revolution gewöhnlich schon weggewesen noch ehe das Gesetz seinen Strich durch machte. Ich erinnere an den Heerbann Karls des Großen, die Heerfolge der Feudalen, das Verbot ungleicher Ehen (das Friedrich der Gr. noch aufrecht erhielt), die Leibeigenschaft der Bauern, die wenigstens in Sachsen nie als solche abgeschafft worden, sondern der nur nach und nach durch die Macht neuer Verhältniße die Adern unterbunden wurden; ich erinnere an die Folter und viele grausame Strafen, an die empörenden Kirchenbußen des Mittelalters und dergl. Dinge, die lange außer Gebrauch waren, ehe sie gesetzlich aufgehoben wurden. Ja selbst das heilige römische Reich war in diesem Falle. Daß es immer besser geworden, sagst Du, und behauptest doch zugleich, daß der kranke Mann Europia wieder auf gesunden Füßen stände, würden wir beide wohl nicht erleben. Allerdings werden die Leute in Ballenstädt nicht mehr gesäckt und wie Katzen ersäuft, sondern sie ersäufen sich jetzt selber aus Verzweifelung. Auch geht der Fürst nicht mehr mit der Hetzpeitsche herum und haut den Bürgern über die Köpfe wenn er Unordnungen bemerkt, sondern sie vielmehr ihm. Die Vornehmen spucken den geringeren Leuten nicht mehr ins Gesicht, sondern die Geringen den Vornehmen. Man wird nicht mehr de jure geprügelt, aber man prügelt sich unter einander auf's fürchterlichste. Kurz es geht human und menschlich her, und diese allgemeine Humanität kostet ein so rasendes Geld, daß alle Staaten bankerott sind. Das Mittelalter tappte in gräulicher Finsterniß, wir aber sind blind von übermäßigem Licht, und mit dieser Blindheit werden wir noch in die französischen Gräuel der neunziger Jahre oder in die italienischen der sechziger fallen. Gestehe, daß Wahrheit in dieser Raserei ist!

Von hier ist nichts Neues zu berichten, als daß noch ein dritter Kammerherr für Hoym angestellt ist, nämlich mein College v. Cramer. Ich bin also von jetzt an nicht mehr die halbe, sondern nur noch ein Drittel Lebenszeit von den Meinigen verbannt, welches die blanke Wonne wäre, wenn es mir nicht 63 Thaler 10 Silbergroschen kostete. Ich verliere nämlich in Hoym 33 Thaler 10 Silbergroschen Diäten baar, verzehre, verheize und verschleiße aber in Ballenstädt wenigstens 30 Thaler mehr als sonst, in Summa 63 Thaler 10 Silbergroschen. Indessen freue ich mich, daß ich diesen Verlust nicht selbst verursacht habe, und denke der ewig reiche Gott kann mir denselben anderweitig ersetzen, z. B. dadurch, daß er meinem Adolph in 2 Jahren durch's Staatsexamen hilft. Das war auch ein Vortheil der alten schlechten Wirthschaft, daß die Fürsten ihren Hofleuten gelegentlich unter die Arme griffen. Jetzt müssen sie Alles verwenden, um die Ueberzahl der Arbeiter zu beschäftigen, von der die alte Zeit nichts wußte. Durch die gottlose Separation der Gemeinde-Aenger, habe ich nun auch ein Stück Feld erhalten, welches ich selbst zu düngen für keinen Raub halte. Im vorigen Jahre habe ich darauf meinen ganzen Kartoffelvorrath erzeugt und nach Abzug der Bearbeitungskosten doch einen kleinen Vortheil von einigen Thalern gehabt. Gern würde ich's verpachten, aber das geht nur an arme Leute, die den Pacht bis zum jüngsten Tage schuldig bleiben. Ich werde daher in diesem Jahr Kohl bauen müssen, ein Gedanke der mich unbeschreiblich ängstigt. Denke Dir alle den Kohl!

*Am 2t März.* (Geburtstag Serenissimi) Amseln, Drosseln und Finken pfeifen, Leucojum, Galantus nivalis, Crocus usw. blühen und vom Ziegenberg kracht die überladene Kanone der Schützenbrüder, anzuzeigen, daß der Herzog noch am Leben. Die Liedertafel ist schon hinausgefahren nach Hoym um Seiner Hoheit ein Ständchen zu bringen, und bald wird eine Deputation des Magistrats und der Stadtverordneten mit einer Loyalitätsadresse folgen. Die Adresse (vornehmlich an die Herzogin gerichtet) Dank, Vertrauen und unverbrüchlichen Gehorsam aussprechend, ist sehr hübsch von meinem Nachbar Trobitius abgefaßt und wurde mir gestern im Concept gezeigt; kommt aber etwas spät. Angesichts der so höchst böswilligen Verläumdungen gegen die Regierung hatte Trobitius schon vor 4 Wochen versucht, jene ganz selbstständigen, aus freier Wahl der Bürger hervorgehenden Corporationen zu einer ähnlichen Adresse zu vermögen. Er hatte anfänglich auch Eingang gefunden, namentlich beim Magistrat, bis ein paar Juden unter den Stadtverordneten Alles wieder umstimmten. Diese Juden sind in die Versammlung gewählt weil alle Welt ihnen schuldig ist. Die Sache unterblieb. Da reichte der Magistrat von Gernrode eine solche Adresse ein und die Herzogin dankte dafür im öffentlichen Anzeiger. Nun kann die Residenz nicht wohl zurückstehen und ergreift die Geburtstagsgelegenheit. Wahrscheinlich werden die anderen Städte folgen, und mögen diese Erklärungen nun ehrlich gemeint sein oder nicht, immer werden sie in den Zeitungen als beste Widerlegung jener Schandartikel figuriren. Möglicherweise geht Schätzell aus diesen Geschichten stärker als je hervor.

Die Aufhebung der Leibeigenschaft scheint mir wie alle russischen Reformen vom grünen Holz gebrochen, ungeschichtlich und revolutionär zu sein. Es wird eben dort Alles *gemacht*; doch muß man das Gesetz abwarten ehe man darüber urtheilen kann. Werden die Bauern sich auch für die Gutsarbeit willig finden lassen wenn sie frei sind? Da sie keine Bedürfniße haben, so bleibt das fraglich, wenn das Gesetz nicht etwa Zwangsmittel vorgesehen hat. Wenn in Rußland weniger Korn erzeugt wird, so wäre es bei seiner sonstigen höchst unglücklichen Handelsbilanz wohl sicherlich bankerott. Nachdem ich Deinen Brief noch einmal durchgelesen, erkenne ich, daß er nur halb beantwortet ist, indem ich viel zu wenig auf Dasjenige eingegangen bin, worin wir harmoniren. Das thun wir in unseren Sympathien für Alles was gut und recht und treu ist, das thun wir in unserer Anhänglichkeit für alles Alte, welches letztere indessen in den besprochenen Angelegenheiten nicht mitzusprechen hat. Lieb ist mir's, daß auch Du die moderene Revolution vom Teufel verursacht glaubst. Gewißlich haben wir ein und dasselbe Ziel; wir sind nur nicht ganz einig in den Wegen, die dahin führen. Daß ich übrigens nicht durch die gewöhnlich unter Brüdern herrschende Rechthaberei getrieben bin, glaube ich versichern zu können, denn wie gegen Dich so spreche ich mich gegen Jedermann aus. Historiker bin ich nicht, doch beschäftige ich mich seit 48 ziemlich fleißig mit geschichtlichen Studien. Ich kenne daher einigermaßen die Gräuel vergangener Jahrhunderte, aber so viel ist mir klar geworden, daß Deutschland nie eine blühendere Periode gehabt hat als die von 1815 bis 48. Und diese Periode hat unsere Revolution geboren. Es wechselt eben Tag und Nacht bis einmal die Sonne nicht mehr aufgehen wird. Merkwürdig daß wir erst in unserer Zeit wirkliche Geschichte bekamen. Wie ganz anders z.B. gestaltet sich jetzt Cromwell als früher, desgl. Gustav Adolf, der 30jährige Krieg, besonders die Reformationsbewegung, so auch die früheren Zeiten der Ottonen und Hohenstaufen. Man ist sehr viel gerechter geworden, weil quellenreicher.

Der Speck thut mir fortwährend gut. –

## N° 116 Hoym 3. Mai 1861

Mein alter lieber Bruder!

«Vor allen Dingen» meldest Du mir die neue Großvaterschaft, und vor allen Dingen gratulire ich herzlich. Gott lob, daß denn Alles so gut abgegangen, vielleicht besser als es der Fall nach überstandener Winterreise gewesen wäre. Ich denke auch die sonstigen Verhältniße in Neuguth bessern sich.

Sehr freute ich mich, daß Du meinen letzten Brief nicht übel genommen hattest, wovor mir manchmal bange war, da fortgesetzter Widerspruch nicht sehr nach Deinem Geschmack ist. Ueber Deinen Witz «daß jedenfalls die Zahl der Leidenden kleiner geworden, wenn anstatt von oben herab von unten herauf gespuckt würde» habe ich noch im Bett gelacht, trotz meines Asthma's und meiner beiden Polypen. Ich habe nämlich jetzt auch einen im anderen Nasloch, und zwar einen von der äußersten Monstrosität. Ich wollte mich daher schon zur Operation entschließen, als mir die Bernstorff von Bernburg aus ein homöopathisches Mittel schickte, mich beschwörend es wenigstens zu versuchen. Sie hatte meinetwegen mit ihrem Arzt, dem «Zauberzwerg» gesprochen. Das Mittel wird innerlich und äußerlich gebraucht. Die eine Nullität wird Morgens nüchtern verschluckt, die andere Abends vor Schlafengehen in Wasser aufgelöst und in die Nase gespritzt. Die Keckheit des Arztes ein solches dem Anschein nach nur aus Milchzucker bestehendes Mittel gegen ein äußeres Uebel, ein Fleischgewächs von Importanz, anzuempfehlen, reizte meine Neugier und ich sistirte die mit meinem Arzt schon besprochene Operation. Seit 10 Tagen spritze ich nun den Drachen in seiner Höhle an, und ich muß gestehen, daß das Uebel bedeutend vermindert erscheint. Ob dies Einbildung ist oder ein zufälliges Abnehmen des Schmarotzers, oder wirkliche Besserung, muß sich binnen jetzt und 50 Tagen zeigen, denn auf 60 Tage ist die Kur berechnet. – Ich schreibe was mir in die Feder kommt. Da fällt mein Blick auf folgenden Passus Deines Briefes: «Ich glaube mein natürlicher Instinct für practisch Ausführbares ist auch keine Seifenblase.» Um so mehr mußt Du doch aber das gänzlich unpractische und chimärische des modernen Constitutionalismus einsehen, der bis jetzt überall fiasco gemacht hat. Das 30jährige Belgien, das Du anführst, will nichts sagen. Dort sind sehr eigenthümliche in Lage und Einwohnerschaft bedingte Verhältniße. Ueberdem ist die Kammermajorität schon vor 2 Jahren der Straßenemeute erlegen und der König war gezwungen nicht mit der Kammer, sondern mit dem Pöbel zu gehen, also die Verfassung zu brechen. Im Jahre 1848 erhielt er die Ruhe nur dadurch, daß er abzudanken drohte wie ein Schuldirector, oder ein Hauslehrer, wenn die Bengels wissen, daß nachher ein schärferer kommt. Was theoretisch wirklich falsch ist, ist auch practisch falsch, und umgekehrt. Seit 70 Jahren nun sprechen Theorie und Praxis *gegen* die Constitutionen. Aber Du findest das practische Moment vielleicht in dem durch Literaten und Publicisten aufgesetzten Andrang der öffentlichen Meinung, die allerdings eine reelle Macht geworden ist. Dann würde die Doctrin etwa so lauten: die öffentliche Meinung, d.h. die Meinung derer, die nichts zu verlieren haben, die Meinung der verkannten Genies, das Geschrei der losgebundenen Zeitungen und der Schuljugend sind die maßgebende Macht im Lande und auch dem Unvernünftigsten dieser Meinung muß nachgegeben werden. Dann muß man aber auch nicht mehr von einem König, von einer Macht der Krone, überhaupt nicht von Staat, Civilisation, Ordnung und Freiheit reden. Daß Preußen in den 3 letzten Jahren nicht gänzlich aus dem Leim gegangen, das dankt es wahrhaftig nur dem Widerstande des Herrnhauses. Glaube mir, mein lieber Gerhard, die rechten hohlen und unpractischen Theoretiker sind unsere heutigen Liberalen, die einzig von der Phrase beherrscht werden; und wenn es, eben wegen dieser Macht der Phrase, den Conservativen wirklich unmöglich sein sollte ihnen auf die Länge die Stange zu halten, so liegt der Grund nicht in der Unausführbarkeit der conservativen Ideen an sich, sondern in dem abnormen Zustande, daß die Regierung gemeinschaftliche Sache macht mit der Revolution, oder dem Reformjudenthum, wodurch die Conservativen aus ihrer natürlichen Stellung gedrängt werden. Diese Verblendung der Regierung zugegeben, könnte man sagen, so ist sie Thatsache, und folglich werden die Conservativen nichts ausrichten. Kann sein; aber solche Wahrscheinlichkeit wird Ehrenmänner nicht abhalten so lange vor der Bresche zu stehen als sie Fuß fassen können. Auch *nach* uns werden Leute kommen, die uns fragen könnten: «Warum habt Ihr nicht ausgehalten?» Die, welche berufen sind zu sprechen, die *sollen* sprechen, unbekümmert ob sie durchdringen oder nicht. Das ist dann Gottes Sache. Die aber keinen officiellen Beruf haben, wie ich, die sollen wenigstens versuchen ihren Nächsten die Ohren aufzureißen, damit sie hören und verstehen was gesprochen wird. Dazu bekam ich noch neulich eine schriftliche Aufforderung, unterzeichnet von 24 Herren der Provinz Sachsen (12 adeligen und 12 bürgerlichen) lauter hochgeachtete und beste Leute, an ihrer Spitze der reg. Graf von Wernigerode (Hermann Stolbergs Sohn). Und es thut wahrlich Noth, daß Jeder sich nach Kräften rührt. Ich wünschte Du läsest die so geschmähten Verhandlungen des preuß. Herrnhauses. Alle Welt schimpft darauf; fragt man aber Einen, so kennt er die Meinung nur aus den entstellenden Resümés der Judenblätter. Es ist herrschende Phrase geworden das Herrnhaus sei reactionär (ein ganz begriffloses Wort) aber es reicht gerade aus. Es ist zu beachten, daß in früheren Zeiten die einsichtsvollsten und besten Leute liberal waren (weil der Liberalismus zu seiner Zeit einerseits vollkommen gerechtfertigt war, andererseits in seinen Consequenzen noch keine Erfahrung hatte), dieselben Leute aber jetzt conservativ sind. Auch das Christenthum hat Partei ergriffen. Alle Christen, von denen ich weiß, mit Ausnahme der reformirten Districte am Rhein, sind conservativ und gehen mit dem preuß. Herrenhause. Daß es am Rhein anders ist, ist merkwürdig genug, und habe ich dazu keinen Schlüssel, wenn es nicht der ist, daß jene Provinzen zu weit entfernt vom politischen Mittelpunkt sind und an den Brüsten der Kölnischen Zeitung liegen, von welchem Judenblatt sie sich belügen und belämmern lassen. Der Plan, daß ich vortragender Rath bei der Herzogin werden sollte, hat sich zerschlagen; dafür bin ich etwas Anderes geworden, worüber ich mich sehr ärgere. Man hat mich nämlich ganz ohne mein Wissen in den Verwaltungsrath einer Anstalt für Blödsinnige in der Provinz Sachsen gewählt. Anhalt hat Theil an dieser Anstalt und ich soll als Vertreter des Herzogthums fungiren. Ich erfuhr davon zuerst als mir Sachen zur Unterschrift geschickt wurden. Um keinen Aufenthalt zu machen, unterzeichnete ich, bemerkte aber dabei ich würde mich bei erster Gelegenheit wieder losmachen, da ich viel zu unbeweglich sei um den entfernten Ort zu besuchen und an den Conferenzen theilzunehmen. Diese wohlthätigen Anstalten wachsen wie Pilze aus der Erde und leben alle von der Hand in den Mund, rein durch Bettel. In alter katholischer Zeit wurden sie von den Stiftern gleich ausreichend dotirt; jetzt kann Jeder stiften, auch wenn er keinen Heller in der Tasche hat, blos durch Geschrei.

Mein lieber Bruder! wir haben heute den 3t und ob Du diesen Brief zum 11t haben wirst, ist mir fast zweifelhaft. Sollte es nicht so sein, so nimm wenigstens nachträglich meinen herzlichsten Glückwunsch. Du bist nun auch ein alter dicker Mann! Gott helfe Dir weiter und lichte Dein Auge für seine Güte. Möchte ich Dir nicht zu viel Politik geschrieben haben – aber es war gerade nichts anderes da, wenn ich Dir nicht etwa meine Sorgen klagen wollte, die Jeder doch am besten für sich allein herunterwürgt. Lebe wohl mein alter rusticus, grüße Alle die Deinigen und behalte lieb Deinen alten allerdings etwas eigenthümlichen frater.

## No 117 — Ballenstädt 1. Juni 1861

Mein lieber Bruder!
So schnell hast Du mir noch nie geantwortet; es war wie ein Wirbelwind. Die wichtigste Nachricht ist die vom Tode des alten Kraus. Ich sehe nicht ein warum der Sohn ihm nicht im Amte folgen sollte. Was konnte der Vater thun dies zu verhindern, namentlich ein Vater, dessen Eigenthümlichkeit doch wohl allbekannt sein mußte. Vielleicht hat er nur gegen den Sohn solche Reden geführt, damit dieser seinen Tod nicht herbeiwünsche. Helene schreibt der Sterbende habe auf einen Zettel geschrieben «Heilige Dryas! begleite mich auf meinem letzten Wege!» Sollte er mit einem so kolossalen Schnitzer aus der Welt gegangen sein und Trias gemeint haben? Aber dann hätte er wohl Drynidas geschnitzert. Das ist Alles nicht zu denken, und ebensowenig, daß er wirklich Dryas (die Baumnymphe) gemeint. Ach mein lieber Bruder, wie sehr habe ich Dich bedauert dieses Mitvaters wegen: es ist eine wahre Glaubensprüfung zu denken, daß so kranke Männer Amtsträger der evangelischen Kirche sein können. Gott sei seiner Seele gnädig! Wilhelm St. mag Dich wohl weidlich gelangweilt haben mit seinem Mannweibe Adam. Möchte er seine Hypothesen doch drucken lassen, er könnte gar nicht widerlegt werden und würde gewiß hinreichenden Anhang finden, vielleicht sogar eine Secte bilden. Was so recht abgeschmackt ist, findet immer noch den meisten Beifall, das sehen wir an dem liberalen Unsinn unserer Tage, das sehen wir auch an dem Homöopathen Dr. Wolf in Berlin, von welchem Würzler sagt, daß er ganz einfach wahnsinnig sei. Von Würzler

selbst glaube ich weniger, daß er wahnsinnig sei, als daß er das eigentliche homöopathische Princip habe, nämlich nicht similia similibus, sondern mundus vult decipi. Ich schäme mich, daß ich in seine Falle gegangen bin; aber ich bin verführt worden durch die Eva Bernstorff, oder vielmehr durch meine eigene Gutmüthigkeit die die treue Freundin nicht kränken wollte. Nun sind meine Polypen so angewachsen, daß ich mich schäme mich meinem früheren Arzt zu zeigen. – Wie gern hätte ich mit Euch am Nymphensee gekauert und das Schiffchen schwimmen lassen. Dergleichen ist so recht nach meinem Geschmack. O Ihr Lieben!! – Am 10$^{\underline{ten}}$ Mai heizten bei uns noch alle Oefen; am 11$^{\underline{ten}}$ (merke!) hatten wir 22° Wärme, welche alle drei Weintödter hindurch anhielt. Dann traten wieder 7° ein und wir mußten weiter heizen bis ungefähr vor 10 Tagen festeres Sommerwetter kam. An Deinem Geburtstag hatte ich das Bedürfniß einen Streich zu machen. Ich besuchte daher mit Anna meinen Freund, den Pastor Schreck in Meisdorf, bei dem sich ganz zufällig eine ansehnliche Gesellschaft zusammenfand, nämlich die Gräfin Asseburg mit Tochter, der Kreisrichter Stolzmann nebst Frau, ein Pastor Schmidt mit Frau, ich und Anna. Ich frug die Pastorin Schreck (eine Dresdnerin) wo ihr Mann geblieben sei, der plötzlich verschwunden war. Sie sagte «der *Pater* hat ihn in der Mache». Ich dachte irgend ein vielleicht mir unbekannter katholischer Pater sei daran, den schon seit längerer Zeit etwas katholisirenden Freund vollends umzufirmeln und zu transfiguriren. Stolzmann aber, dem ich meine Befürchtung mittheilte, sagte mir die Frau meine den *Bader* oder Barbier. Mein theurer Freund ließ sich in aller Gemüthlichkeit rasiren während ich mich um ihn sorgte. – Seitdem bin ich übrigens so krank an der Grippe gewesen, daß ich nicht zu genesen, sondern zu sterben wünschte um von aller Plage loszukommen. 14 Nächte hintereinander kam ich in kein Bett, sondern stand, wanderte, oder saß auf dem Sopha, weil der heftige Husten bei Asthma, Brüchen und vollständig verstopfter Nase, mir die horizontale Lage unmöglich machte. Ich bin auch noch nicht wieder ganz wohl, habe aber doch die letzten Nächte im Bett aushalten können. Julchen, die nicht von mir weichen wollte, habe ich gewaltsam mit Elisabeth nach Potsdam geschickt, wohin wir Alle dringend eingeladen waren. Das arme Frauchen mußte durchaus einmal ausgewettert werden, da sie so lange nicht aus Ballenstädt herausgekommen. Auch genießt sie ihre kleine Reise wie ein Kind. Elisabeth schreibt von Ihr: «Die Mumu ist *zu* nett, indem sie über Alles ins höchste Erstaunen geräth, und über jedes Wetterfähnchen auf den Dächern, über jedes Gericht bei Tisch und über Alles im Hause ihre unverholene Freude ausdrückt, was besonders Oncle Fritz sehr zu genießen scheint usw.» Julchen selbst schreibt ganz entzückt von allen Herrlichkeiten. Was wird sie erst sagen wenn sie Berlin sieht, wo Gerhard sie einführen wird. – Uebrigens, mein lieber Bruder Streithengst, muß ich allerdings dabei bleiben, daß was theoretisch richtig ist, auch practisch richtig ist und umgekehrt. Theorien, die sich practisch nicht bewähren sind niemals richtig. Wenn Du freilich für richtig «ausführbar» setzest, wie Du es thust, so gestehe wenigstens, daß unrichtig und unausführbar sehr verschiedene Begriffe sind. Wenn der Bäcker kein Mehl hat, so hilft ihm freilich die schönste Backtheorie nichts; dennoch wird er sie nicht als falsch erkennen. Die Theorien des preuß. Herrenhauses sind keine Gedankenwebereien, sie gründen sich auf Erfahrung und tiefe Kenntniß des Volksbedürfnißes und wären sehr wohl ausführbar, wenn die Regierung darauf eingehen wollte. Wenn Du hier wohntest, Volk und Zustände kenntest, würdest Du daran nicht zweifeln. Wenn sich die Regierung mit der Majorität der *Schreier* verbündet, so ist das allerdings eine Macht, gegen die für den Augenblick wenig auszurichten ist; aber wenn auch *gar nichts* auszurichten wäre, so dürfte die Opposition dennoch nicht schweigen. Schwieg etwa Socrates in seinem Kampf gegen die Demokratie, weil er alle Gewalten gegen sich hatte? Von Christus will ich gar nichts sagen. Indessen hat die conservative Partei seit den 3 Jahren daß sie sich in der Minorität befindet, doch wenigstens den Erfolg gehabt, daß die ganze Pastete weniger rasch bergab rutscht, und daß überhaupt die Regierung noch besteht, welche sonst an ihrem eigenen Liberalismus längst zu Grunde gegangen wäre. Der practische Sinn derselben Männer, die heute im Herrenhause tagen, hat im November 1848 den preuß. Staat gerettet, als dieselben liberalen Minister ihn in den Dreck gefahren hatten. Daß sie ihn auch jetzt wieder in den Dreck fahren werden ist nur zu gewiß, ja sie hätten es bereits gethan, wenn das Herrenhaus mit seiner zähen Opposition nicht widerstanden hätte. Ein unter Manteuffels wahrhaft populärem Regiment zu Stande gebrachtes Schutzgesetz der Krone nach dem andern fällt jetzt wieder, und was noch übrig ist, wird das Herrenhaus nicht mehr lange halten, da man es durch liberalen Einschub demoralisirt und widergesetzlich die conservativen Neuwahlen nicht bestätigt. Daher erhebt sich jetzt schon die demokratische Opposition im Unterhause wieder mit cynischer Frechheit und selbst der liebe Straßenpöbel erfreut sich wieder an herrlichen Krawallen, ganz wie 48. Der Liberalismus hat nie zu etwas anderem gedient als der Demokratie die Wege zu bahnen und dieselben Ursachen werden immer dieselben Wirkungen haben. Es wäre dem so leicht zu steuern aber ich glaube es geht eine Verstockung des Verstandes vom Herrn aus. Dementat deus quem perdere vult. Desto lauter sollen daher die schreien, die noch nicht dementirt oder verrückt sind, so retten sie wenigstens die eigene Seele. Aber Du meinst man habe mit dem Liberalismus noch zu wenig Erfahrung gemacht!! Daß kann man eigentlich nur in Rußland denken. Und hätte man auch gar keine Erfahrung, so versteht es sich a priori von selbst, daß es unvernünftig ist die Pferde zugleich hinten und vorn anzuspannen und sie dann anzutreiben. Die Regierungsprincipien in Anhalt-Bernburg sind ganz das Gegentheil von dem was der sogenannte Zeitgeist anpreist, aber das Volk ist ruhig und zufrieden und hängt an seinem Herzog, ganz wie es in Preußen zu Manteuffels Zeiten war, während dort jetzt die Verstimmung von Tag zu Tage wächst und scheußliche Gährung aufkocht. Concessionspolitik endet immer mit Verachtung der Regierung, wovon Ihr nun in Warschau ein hübsches Pröbchen gesehen habt, Ungarn aber ein schlagendes Beispiel liefert. Was wurde bei uns die Regierung von liberaler Seite angegriffen, sogar der preuß. Landtag mit unseren Zuständen behelligt. Die Herzogin blieb fest. Jetzt machte sie einen Besuch in Coswig und wurde von der Bevölkerung nicht wie ein menschliches Wesen, sondern wie eine Göttin empfangen. Vor jedem Hause war eine hohe grüne Tanne eingerammt und von Tanne zu Tanne zogen sich die üppigsten Blumenguirlanden, so daß sie den ganzen langen Weg durch die Stadt unter einem Blumendach fuhr. Die Anhaltsche Fahne wehte fast aus allen Fenstern, man hatte dazu die Laden Coswigs und der benachbarten Städte völlig ausgeräumt. Mit klingendem Spiel zogen die Bürgerschützen vor dem Wagen her und stellten Ehrenwachen vor's Schloß. Stadt- und Landvolk umdrängten den Wagen und die Glocken läuteten. Das Coswiger Schloß ist ganz öde, da alle Meubles nach Hoym geschafft wurden; aber die Bürger hatten ihre besten Meubles hingegeben und das große Schloß mit allen seinen Gemächern so wohnlich gemacht, sogar mit Betten, Gardinen und Teppichen versehen, daß die Herzogin mit ihrem ganzen Gefolge tagelang dort hätte hausen können; auch stand ein prächtiges Diner bereit. An Alledem hatten die Behörden gar keinen Antheil, die Bürgerschaft hatte Alles aus eigenem Antriebe gemacht, und die Herzogin bedauerte nichts schmerzlicher als daß sie nicht bleiben konnte, sie hatte sich am Dessauer Hofe angemeldet und war nur auf eine Stunde gekommen, um einen Neubau an der Kirche zu sehen. *So* ist das Volk jetzt, während die Zeitungsleser in Preußen sich einbilden es sei ein kochender Vulkan, aufs äußerste erbittert gegen tyrannisches Regiment. Man muß ein Herz für's Volk haben, man muß ihm aufhelfen mit aller Kraft, man muß seinen Notabeln das Wort gönnen, aber man muß ihm nicht gestatten seine Regenten selbst zu wählen, wie das der Liberalismus will, denn das kann es nicht.

Nun mein lieber Bruder zweifle an meinem Verstande, aber nicht an meinem Herzen, das warm für Dich hämmert und für die Deinen. Der liebe Gott sei mit Euch Allen! Meine Kinder Anna und Benno, mit denen ich hier haushalte, grüßen die Deinen. Lebe wohl, Du entsetzlich Ferner und behalte lieb Deinen Wilhelm.

P.S. am 3. Juni. Meine Gesundheit bessert sich wieder so sehr, daß ich morgen meinen Dienst wieder werde antreten können. Ich schlafe doch wieder ruhig in meinem Bett. Könnte ich Dir doch die alte Abteikirche in Gernrode aus dem 9t Jahrhundert zeigen, gebaut von dem Markgrafen Gero. Die Herzogin hat hunderttausend Thaler dazu bestimmt, um sie ganz so wie sie war wieder herzustellen. Bei diesem Bau entwickeln sich die herrlichsten Talente, namentlich was Holzschneiderei anbelangt. Es ist unbegreiflich wie diese Alten, denen wir so wenig Kenntniß zuzutrauen geneigt sind, doch einen so überaus sublimen Geschmack haben konnten. Doch sind dies nur erst die Vorläufer der vollendeten Gothik des 13t Jahrhunderts. Diese alten Kirchen sind versteinerte Psalmen. Von der Reformationszeit an hat man nicht mehr bauen können. Auch die Katholiken haben von da an nichts mehr gebaut. Der Geist der alten Kirche war verraucht. Das Christenthum war früher That und Leben und Genuß, dann wurde es Lehre und Wissenschaft und Begriff. In einer Kirche wie die Gernröder kann die Predigt zur Noth wegfallen weil die Steine predigen. Das Herz wird himmelan gerissen. Wir haben noch so eine Kirche in Frohse, auch von Gero gebaut und von gleicher Schönheit. Aber der Protestantismus hat so viel Buden und Emporen hineingebaut, daß z.B. von den Säulen und Seitenschiffen nichts mehr zu sehen ist. Behalten wir Friede und Ruhe, so soll auch dieses Juwel wieder restaurirt werden.

## N° 118 Ballenstädt 5. Oct. 1861

Mein theurer Bruder Gerhard!
Du hast Deine Feder gegen mich ergossen; in Bezug auf Deine Stellung Dein Herz. Du Armer! So weit Einer den Andern verstehen kann in diesem Babel, fühle ich Dir's nach. Der Teufel wollte Menschen machen und es gelang ihm der Affe; er wollte die christliche Liberalität nachahmen und der Liberalismus war das Resultat; der Liberalismus der vielleicht die Bestimmung hat die Welt in denselben Urbrei aufzulösen, aus dem sie entstanden ist. So viel ist aber auch gewiß, daß jeder Mensch seine resp. amtliche Stellung, wenn er sie erst genau kennt, affrös finden wird. Wollte ich mich herbeilassen ausführlich von dem zu reden was mir unangenehm ist, so würdest Du finden, daß es auch meinem amtlichen Wege nicht an Dornen fehlt, obgleich das Plätzchen welches mir dennoch Gottes Gnade angewiesen, von außen sehr beneidenswerth aussieht und auch beneidet wird. Das soll nicht etwa heißen, daß ich eben so schlimm dran wäre wie Du, sondern nur daß Alles miteinander Dreck ist, was Paulus schon vor 1800 Jahren erkannte. Die Welt hat sich seitdem nicht verändert – sie ist nicht wohnlicher für Christenmenschen geworden. Daß es uns übrigens noch geht wie es geht, ist doch auch eine Gnade, für die wir nicht ausdanken können; es mangelt uns viel, aber es könnte noch mehr mangeln, und bedenkt man das, so hat man Ursache zufrieden zu sein. Als Dein Brief anlangte saßen wir bei Tisch, ich zwischen Adelheid und Julius. Geschwisterliche Liebe hatte sie getrieben uns zu besuchen, der mancherlei Unbequemlichkeiten der Reise und der Engigkeit meines kleinen Hauses nicht zu achten. Zum Dessert gab ich feine Cigarren und Deinen Brief. Adelheid und Julius haben eine wahre Briefmanie, verschlangen und genossen jedes Deiner Worte, empfanden Dir auch, wie wir Alle, Deine reichlichen Besuchsfreuden nach. Diese beiden einst so wenig von einander befriedigten Menschen jetzt miteinander zu sehen, ist rührend. Sie waren wie zwei Inseparabels, Eins immer hinter dem Andern her, voll Sorgsamkeit für einander. Auf Partien führte der ergraute Julius stets seine alternde etwas schwankende Frau, und waren sie

allein in ihrer Stube, las er ihr vor, zwar aus Jakob Böhme wovon sie kein Wort verstand. Sie schälte ihm Kartoffeln und sprach nur gut von ihm. Merkwürdig duselig waren sie beide, so daß es fast unmöglich war ihnen etwas zu erzählen. Sie verstanden nie die Pointe, weil sie den Anfang immer verträumt hatten, einer wie der Andere. Vor seinen Brüdern zeichnet sich Julius durch «niederträchtige» Gesinnung aus; denn er sucht nicht das Hohe sondern das Niedrige. Wenn die Andern vor allen Dingen immer zuerst nach der Herzogin trachteten und Besuche in den vornehmsten Häusern machten, suchte Julius nur die Kammerjungfer der Bernstorff auf, von deren wunderbaren Bekehrung durch Harms ich ihm geschrieben hatte, besuchte sie häufig und brachte oft 3 Stunden en suite in ihrem Kämmerlein zu, sich an ihrer Aussprache erbauend, obgleich sie übermäßig lutherisch, er calvinisch ist. In politicis ist er durch die Lichtengelgestalt, die der politische Teufel angenommen hat, verblendet; wir hatten brieflich ausführlich darüber gestritten und ich erwartete lebhafte Discussionen, die er jedoch vermied. Sein Amt ist der arme Julius ebenso satt wie Du das Deinige; daß er es nicht schon niedergelegt hat, haben wir nur dem kräftigen Zureden Blumhardt's, des süddeutschen Gebetsmannes, zu danken, den Julius vor einigen Jahren besuchte. Die 3 Wochen unseres Zusammenseins wurden gestört dadurch, daß ich während der mittelsten Woche mit meiner Gebieterin verreisen mußte nach Döbernitz. Wir fanden Prinzeß Marie noch in tiefer Trauer um ihren Gemahl, dem sie ein schönes Mausoleum an der Kirchenwand erbaut hat. Sie führte mich dahin unter Vergießung vieler Thränen, besuchte täglich den Sarg, ihn mit frischen Kränzen schmückend. Nach meinem Geschmack ist dieser Todten-Kultus nicht. Es würde mich aufreiben, sollte ich täglich den Sarg meiner Bertha bekränzen. Ich vermißte übrigens unter den 7 Damen, mit denen ich in Döbernitz vergesellschaftet war, den Grafen gar sehr, mit dem ich noch im vergangenen Jahr unzählige Pfeifen geraucht hatte. Der Lichtpunkt meines dortigen Aufenthalts war ein kleiner Abstecher nach Leipzig. Meine Freunde da waren zwar verreist, allein ich saß 4 Stunden lang in dem prächtigen von der Stadt erbauten Museum, mich an den Bildern erfreuend von denen ich Dir schon vor'm Jahre schrieb. Auch war es für mich Harzer ein Genuß mich in den Straßen einer so opulenten Stadt herumzutreiben. Den eigentlichen Zweck meines Abstechers erreichte ich in Acquisition zweier vortrefflicher sehr lichtheller Brillen für mich und Julchen.

Die Ballenstädter Geselligkeit hatte sich unterdessen bis zum Wändeplatzen vermehrt. Julius und Adelheid, Benno, Gerhard, Adalbert Natorp, dazu Alfred Volkmann, der mit 7 Personen seinen Aufenthalt in Suderode hatte und fast täglicher Gast war, endlich kam einmal noch Nathusius mit seinem ganzen Hausstande (10 Personen) dazu. Dabei Regen und winterliche Kälte und Schmalhans Küchenmeister. Wie sehr würde man sich der Besuchenden freuen wenn sie einzeln kämen; daß sie sich aber immer lawinenartig anballen, darin liegt auch ein Beweis für die Existenz und Wirksamkeit des Teufels. Alfred wandelte als Großvater einher. Seine jüngste Tochter Fanny hat einen Professor der Physiologie Heidenheim aus Breslau geheirathet, einen jungen talentvollen Judenabkömmling, und diese Beiden haben ein ungeheures Kind erzeugt, das sie «Lothar» nennen. Lothar war mit in Suderode und machte viel Angst weil er zahnte. Trotz ungünstigen Wetters und häuslicher Ueberfüllung habe ich den alten Alfred doch sehr genossen. Er war äußerst fidel und wissenschaftlich mittheilsam. Unmäßig konnte er über das neuste wissenschaftl. archeologische französische Werk: «Livre des sauvages» lachen. Ein französischer Gelehrter hat nämlich in der Marseiller Bibliothek eine bis dahin unbeachtete Handschrift gefunden, zu deren Veröffentlichung er den Kaiser anging 20000 francs zu bewilligen. Das Werk erschien mit diplomatischer Genauigkeit in lauter facsimiles abgedruckt und herrlich ausgestattet. Es enthält meist Federzeichnungen mit in räthselhafter Sprache kurz abgefaßten Texten. Die letzteren sind von einem gelehrten Abbé dechiffrirt und weitläuftig commentirt. Es sollen nämlich Originalzeichnungen eines indianischen Priesters in Mexico aus der vorcolumbischen Zeit sein, religiösen Inhalts. Recensionen in öffentlichen Blättern machten das neu erschienene Werk bekannt, daher ein Deutscher, der nach Paris kam, es sich auf der Kaiserl. Bibliothek zur Ansicht vorlegen ließ. Er fand das Schmierheft eines deutschen Schuljungen, voller Unfläthereien. Z. B. 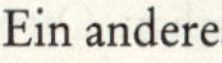 mit der einfachen Unterschrift „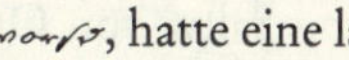" der Abbé hatte dieses Bild als Repräsentation von Donner und Blitz erklärt. Ein anderes Bild  mit der Unterschrift 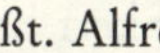, hatte eine lange sehr gelehrte Abhandlung, wenn ich nicht irre, von den Endausläufen der Ewigkeit in die Endlichkeit veranlaßt. Alfred hatte bereits das Werk verschrieben um es der Universitätsbibliothek in Halle zum Geschenk zu machen. Ich wünsche der Erste zu sein, der Dir diese Novelle mittheilt. Wie sehr freue ich mich der freundlicheren Ge-

staltung von Sally's Schicksal, und daß Ihr sie bei Euch haben konntet. Otto wird ja auch einmal fertig werden ehe alle Kranken sterben oder hornfest durch Bienengift werden. Dann wird er ein vir illustrissimus werden. Benno und Adolph schweben auch vor den halsbrechendsten examinibus. Nur Gerhard ist fertig und nahe am Hauptmann. Wir haben einen schrecklichen September gehabt, naß, kalt, trübe mit heizenden Oefen. Seit ein paar Tagen scheint die Sonne wieder – doch meine Gäste sind fort und für mich selbst ist mir das Wetter ziemlich einerlei. Die Herzogin hat seit ihrer Döbernitzer Reise auf der Nase gelegen, soll heute die erste Ausfahrt machen. Vor einiger Zeit verhungerte mir in Hoym unser bester Cellist. Er hatte den Magenkrebs, war ohne Schmerzen, konnte aber weder Dünnes noch Dickes schlucken fünf lange Wochen nahm der arme Mensch nicht das Geringste zu sich und wurde zum Skelet. Endlich umarmte er seine Geige und schlief ohne Todeskampf ein. Lebe wohl Geliebter! Herzliche Grüße von Haus zu Haus.
Wilhelm

## N° 119

Hoym 7. Nov. 1861

Mein theurer Bruder!
Du zürnst zwar über gestempeltes Papier. Da ich aber in meiner Einsamkeit durch vieles Nachdenken jüngst erfunden, Petschafte als Stempel zu gebrauchen, so stellt sich hier als Probe erstlich mein Hoymer Amtssiegel dar. Der Brief gewinnt dadurch officiellen Character.

Du lieber ferner Correspondent hast mir zwei herrliche Briefe geschrieben, wofür ich herzlich danke, obgleich die Generalfärbung, besonders des ersteren, mich recht wehmüthig stimmen könnte, dächte ich nicht an die alte Wahrheit, daß man oft am fidelsten ist, wenn man so düster schreibt. Bei mir kannst Du in der Regel das östreichische Erbübel annehmen – nämlich Kümmerniß – wenn ich vergnügt bin. Es ist die Freude am Incognito. Gut sind Deine Nachrichten sehr, ja in hohem Grade dankenswerth, insonderheit von Sally, von Otto, von Sonny und ihrem Lothar. Otto scheint das große Loos gewonnen zu haben wenn man ihm nicht etwa was vorgeflunkert hat. Tausend Rubel Fixum! Freilich habt Ihr keine Rubel mehr, sondern nur noch Postmarken; möchte der arme Kerl nicht mit solcher Münze salarirt werden. Doch das sind Zustände, von denen Du freilich nicht zum besten handelst. Sie sind immer da am schlimmsten wo man, um den Nachtheilen eines früher consequent eingehaltenen Weges zu entgehen, urplötzlich den entgegengesetzten einschlägt. Thut man dies obendrein mit Pauken und Trompeten, um von dem revolutionären Gesindel aller Länder gelobt zu werden, da ist das Horoskop nicht schwer zu stellen. Belagerungszustände sind dann die natürliche Folge. Ueber Polen, wo die Knute weggelächelt werden sollte, mag ich mich nicht näher aussprechen da ich nach Rußland schreibe. Es sah fast aus als wolle man... Gewiß war es höchste Zeit für die neusten Maßregeln, die hier Jedermann, conservativ oder liberal, mit Freuden begrüßt. Ja wohl hat das alte Königsberg eine prachtvolle Krönung gesehen. Inzwischen ist der excessive Jubel und die tiefe Rührung dabei schwer zu verstehen, da sich nichts geändert hat. Das Ganze geschah, um der althergebrachten Huldigung der Stände zu entgehen und der König sprach selbstherrliche Worte, worauf wahrscheinlich demokratische Wahlen antworten werden.

Ihr habt schöne Herbsttage gehabt; wir auch. Einer der schönsten war der 23ste October, Julchens Geburtstag. Um Gratulationen zu entgehen, pflegen wir an diesem Tage Landpartien zu machen, die seit Jahren vom Wetter begünstigt wurden. Wir gingen schon früh um 9 aus nach dem Mägdesprung, unterwegs Steinpilze suchend. Draußen ward die Tafel im Freien gedeckt, decorirt von den Waldbergen im buntesten Schmuck des Herbstes. Wir aßen was da war: Bouillon, Karpfen, Rinderbraten. Dazu eine süße Bowle von jungem Moselwein. Tafelmusik: die Schläge der Eisenhämmer, die allenfalls Kanonen ersetzten. Ein zahmer Rabe umhüpfte uns und Julchen amüsirte sich königlich wenn es ihm gelang etwas zu stehlen; sie suchte es ihm sogar zu erleichtern. Was er erwischte versteckte er in Erdlöchern, die er mit dem Schnabel aufwarf und mit Laub überdeckte. Endlich erhaschte er sogar meine Cigarrendose und 5 Minuten hatten Benno und ich uns mit ihm herumzujagen ehe wir sie zurückerlangten. Vom Mägdesprung pilgerten wir gemächlich durch den romantischsten Theil des Selkethals bis auf den Meiseberg. Es war ein herrlicher Wechsel von Felsen und buntfarbigem Laube, von nächtlichem Schatten und grellstem Licht in den Bergen. Die Selke brauste und kochte an unserer Seite und die Wiesengründe leuchteten wie Smaragden. Seelenvergnügt waren auch die Hunde. Der arme Poll, jetzt stockblind, blieb zwar immer auf meinen Fersen, sprang mich aber doch bisweilen wedelnd an, seine Zufriedenheit bezeugend, seine Tochter

aber, die kleine Ute, halb Dachs halb Windspiel mit ungeheuren Fledermausohren, umjagte uns bellend in großen Kreisen, rollte sich vor Lust zu unsern Füßen und überschlug sich in freudiger Extase. Das Beste war, daß Julchen nie einen schöneren Gang gemacht zu haben meinte. Auf dem Meiseberge tranken wir den Kaffe im schönen Fürstensale und sahen die Sonne hinter dem Ramberg versinken, das Thal sich in Nacht kleiden. Im Dunkeln traten wir den Rückweg an und der Mond leuchtete uns endlich heim. Zu Hause wurden die Pilze verzehrt. –

*Am 11t Nov.* Am 8t d.M. ward ich nach Ballenstädt zum Hofball befohlen. Nachmittag 4 Uhr fuhr ich hier weg und kam am andern Morgen halb 6 zurück. Es waren 150 Personen eingeladen und 101 hatten angenommen. Diese Sachen werden mir jetzt schwer, obgleich ich gar keine Functionen mehr dabei habe; 8 ½ Stunde in der Nacht herumzustehen, ist für Alte kein Vergnügen, von 7 Abends bis halb 4 Uhr Morgens. Elisabeth sah freilich die Sache anders an, und schwelgte in ungetrübtem Behagen. Wieder anders Anna, die sich aus dem Staube gemacht hatte um 14 Tage bei einer Freundin in Bernburg zu sein. Das Interessante bei solchen Hoffesten ist, daß man wenigstens seine Bekannten aus der Umgegend sieht und zwischen den Pausen des Orchesters ein und die andere Strophe mit ihnen plaudern kann. Graf Asseburg kam von der Krönung und dem Berliner Einzug, konnte viel erzählen. Er sah mit seinem wilden Gesicht und seiner preuß. Oberhofjägermeister-Uniform (die dem Mittelalter entlehnt scheint) wie der gespenstische Graf von Hackelberg aus. Die preuß. Hof- Staats- und Militairuniformen sind unter dem vorigen Könige überaus glänzend geworden – vielleicht das letzte Aufflackern erbköniglichen Selbstgefühls und vornehmer Repräsentation. Trotz aller mannhaften Reden bei Gelegenheit der Krönung geht es rasch bergunter. Doch Du willst von Politik nichts wissen, auch werde ich sogleich zum Souper gerufen werden um meinem kranken Herrn Gesellschaft zu leisten. Er hat jetzt eine Angstperiode, fürchtet durch die Dielen zu brechen, oder von den einstürzenden Wänden, die er schwanken zu sehen meint, erschlagen zu werden; auch glaubt er sich von Feinden namentlich von seinem Doctor verfolgt, und so giebt es immer zu trösten und zu beruhigen. Es ist dies ein ganz neuer Zustand, der mich sehr besorgt macht.

*Ballenstädt 12. Nov.* Da sitze ich wieder in meinem eigenen Hause und Hoym ist überwunden. Der Mensch ist doch ein wunderlicher Geselle. Es schien mir früher wünschenswerth in einem Schloß zu wohnen, an fürstlichen Tafeln von Silber zu speisen und in offener Kalesche mit 4 Pferden einher zu brausen. Das Alles habe ich in Hoym, und zwar als Herr und Gebieter, denn ich bevormunde meinen Herrn und leite die ganze Geschichte. Dennoch erscheint mir nun Alles als Quark, ich verwünsche die Leckerbissen und Weine der Tafel, die Fahrten langweilen mich tödtlich und das große Schloß ödet mich an. Mit Wonne werde ich mich dagegen heute mit den Meinigen an meinen eigenen mageren Tisch setzen und jeder Bissen wird mir herrlich schmecken.

Auf meinem Tische liegen 2 Bücher, auf die ich Dich aufmerksam machen möchte für den Fall, daß Du Gelegenheit haben solltest sie zu erwischen: *«Die Juden und der deutsche Staat. Berlin und Posen 1861».* mit dem Motto: «Denn weil Du dringst auf Recht, so sei gewiß, Recht soll dir werden mehr als Du verlangst.» – das 2t: *«Funken vom himmlischen Leuchter»* von C.H. Spurgeon Prediger in London, übersetzt von Rehfuß. Ludwigsburg bei Riem». № 1. Sehr geistreich und witzig mit durchdringender Sachkenntniß, aber vom Standpunkt absoluten Unglaubens geschrieben. Die Kreuzzeitung erklärte, daß der Verfasser zu ihren Freunden nicht gehöre und, obgleich er in ihrem politischen Interesse schreibe, sie doch sein Buch desavouire. Die liberalen und Judenblätter suchen es todt zu schweigen, doch wird es von Jedermann verschlungen. № 2. Die machtvollsten, interessantesten Predigten, die ich gelesen; man legt sie nicht wieder aus der Hand, was bei Predigten und *mir* viel sagen will. Der Verfasser ein ganz junger, ungeschulter und unstudirter Mensch, Baptist, ist der berühmteste Redner in England, der jeden Sonntag ein Publikum von 10 bis 12 Tausend Menschen in Londons größtem Concertsaal – Kirchen reichen nicht aus – um sich versammelt. Mit 18 Jahren wählte ihn schon die Londoner Baptistengemeinde. Er ist Demokrat vom reinsten Wasser, theologisch völlig roh und ungebildet, aber angehaucht von einem mächtigen Geiste, ob von Gottes Geiste, weiß ich noch nicht, obgleich er ganz entschieden christlich predigt. Daß diese Reden in England, wo wenig geistige Bildung herrscht, den tiefsten Eindruck machen, und die Leute sich massenhaft bekehren, begreift man wenn man sie liest.

Nun mein alter lieber Bruder sei unter Gottes Schirm und

Schutz befohlen mit Deinem Häuflein, und möge das schwere Leben weniger auf Deine alten Knochen drücken!

Dein Wilhelm

## Nº 120 Hoym 1. April 1862

Mein lieber, lieber Gerhard!
Dein köstlicher Brief vom 14. Febr. regte mich so auf, daß ich beschloß Dir augenblicklich zu antworten. Da es dennoch nicht geschehen ist, so muß mir etwas dazwischen gekommen sein. Greif' in Deine Brust und finde, daß es Zeiten giebt da vertrauliche Briefe sich schwer entwinden. Ich habe lange keinen so lieben und ausführlichen Brief von Dir erhalten, möchte Dir auch gern einen guten schreiben – aber, aber das Mögen macht es nicht. Ich bin so arm an Gedanken und Erlebnißen wie ein alter Mann, der ich auch bin, denn ich werde in diesem Jahre sechszig. Hätte es nicht gedacht, daß ich es bei meiner schwachen Leibesbeschaffenheit so weit bringen würde.

*Am 2t April.* So weit kam ich gestern, woraus Du sehen kannst, daß Einem manchmal etwas dazwischen kommt. Es ist ein so sehnsüchtig schöner Morgen mit klarem Sonnenschein und Vogelconcert, die Corneliuskirschen blühen unter meinem Fenster in derselben Vollkommenheit wie wir sie im Gärtchen des Narrenhäuschens blühen sahen, am Ende der Elbbrücke wenn wir aus der Schule kamen; und weiterhin sehe ich ein Hyacinthenbeet in aller Pracht südlicher Farben. Ich wollte Du wärest da und wir könnten schlendern und rauchen. Du würdest mir doch noch Manches erzählen aus dem lieben Ehstland, daß mir das Herz warm würde wie bei der Beschreibung Deiner Münkenhofschen Fahrt. O Gerhard! Ich roch den Kutscher, den Du doch nicht einmal erwähnest, als säße er vor mir. Ich war mit Leib und Leben zurückversetzt in jene ferne Zeit da ich unter gleichen Verhältnißen denselben Weg machte, nur daß ich nicht in Münkenhof sondern in Meyris ausmündete und keine Cigarren rauchte, sondern eine Pfeife «Kurzgegarbenen» Wagstaff, auf und niederstampfend mit Oncle Carl. Nun bin ich aber auch mit Dir in Münkenhof gewesen, bei der lieben Sonny und Hermann dem Großen, und habe mich der Wärme ihrer Herzen und Zimmer erfreut. In Kullina waren wir auch bei den LaTrobe's und sahen den eisenfesten Körper Wilhelms des Ein und einzigsten mit bloßen Augen. Daß er und Sengbusch mich 1857 besuchten gerade als ich mit der Herzogin verreisen mußte, kann ich immer noch nicht verwinden. –

Stein's Leben habe ich ebenfalls gelesen. Es ist toll, daß unsere Liberalen sich immer auf ihn beziehen, mit denen er doch nichts gemein hatte als daß ihm das Maul unter der Nase saß. Stein war ein alter Ritter und ein Christ. Es ist aber merkwürdig, daß die Monarchen zu solchen Characteren nie Vertrauen fassen. Sie umgeben sich immer mit Mittelmännern und Schwätzern, die nach allen Seiten hin verderben. Du Glücklicher, daß Du es vermagst keine Zeitung zu lesen! Mir ist die Verwickelung, in der wir verstrickt sind, so interessant, daß ich Notiz davon nehmen *muß*, namentlich was Preußen anlangt, das der eigentliche Quirl für Deutschland ist. Von Auberlen habe ich nichts gelesen. Wenn er behauptet, daß es noch nie einen christlichen Staat gegeben, so kann er in seiner Art recht haben, aber er setzt sich über den gewöhnlichen Sprachgebrauch hinweg und könnte ebenso gut behaupten, daß es noch keine christliche Kirche gegeben. Hat es aber heidnische, mohamedanische, jüdische Staaten gegeben, d.h. Staaten, in welchen die Religion, zu der sie sich bekannten, zum Ferment ihrer Civilisation wurde, so hat es auch christliche gegeben. Namentlich hat sich das Christenthum als staatsbildend bewährt, auf seinen Schultern stehen alle modernen Staaten. Ob die letzteren nun so weit fortgeschritten sind, daß sie die Religion können fallen lassen, blos durch Vernunft und Bajonette bestehen, das ist die Frage, die uns heute vorliegt. Ich wollte Du läsest ein gutes geschichtliches Buch, das *beste* was ich je gelesen habe, nämlich die deutsche Kaisergeschichte von Giesebrecht, früher Professor in Königsberg jetzt in München. Da sieht man wie überall die Mission dem Staate vorausgreift und auf den Schultern kirchlicher Ordnung die staatliche Platz greift. Du wirst sagen das sei kein Christenthum gewesen sondern Katholicismus. Dagegen habe ich nichts. Für mich hat dies Werk ein doppeltes Interesse weil die mächtigen und großartigen Gestalten der sächsischen und salischen Kaiser wesentlich hier in unserer Gegend fußten und beinah Alles was sie thaten durch das Sachsenvolk bewirkten. Ich wollte Du könntest Dir das Buch verschaffen. Es ist nicht tendentiös, nicht aus gewissen Gesichtspunkten geschrieben, sondern rein die Sache anschauend wie eine naturgeschichtliche Arbeit. Noch habe ich ein ganz reizendes Buch gelesen, das ich in dieser Zeit der Confusion unter den Gläubigen nicht genug empfehlen kann: «Erinnerungen aus dem Leben eines Landgeistlichen.» Es ist von dem Prediger Büchsel in Berlin, der es jedoch anonym herausgegeben hat. Zu meiner Freude schwärmt mein Sohn Benno, so weit ein Melancholico-Phlegmaticus schwärmen kann, für die in diesem Buche ausgesprochene Richtung. Benno macht jetzt seine schriftlichen Arbeiten für's Examen, das mündliche ist noch nicht angesetzt und kann sich bis in den Juli verziehen. Neulich schrieb mir Nathusius er habe gehört Benno sei gesonnen eine Hauslehrerstelle anzunehmen; ob er nicht vielleicht eben so gern in sein Haus als in ein anderes käme? Da fuhr ich natürlich zu. Mit dem ersten Mai soll er antreten und 200 Thaler haben, ist also nun auch versorgt. – Ueber den Lollar'schen Hermann habe ich mich fast geärgert. Er schrieb mir neulich aus seiner russischen Reise könne nun vor der Hand nichts werden, denn da sein Schwiegervater gestorben und er deshalb nach Torgau gegangen sei ihn zu begraben und die Mutter zu trösten, so habe dieser Ausflug das Reisegeld verzehrt. Da diese Schnur 3 Söhne hat, die alle drei zu ihr eilten, so war Hermanns Opfer meines Erachtens in den Wind geworfen und Andere werden ihm nun in Petersburg zuvorkommen. Mir scheint Alles vom Uebel zu sein, was Schippang heißt; Hermanns Verderben sind diese Leute gewiß; er ist aber blind gegen sie. Der eine Sch. hat ihn schon um ein namhaftes Kapital gebracht, und nun nimmt er den andern Bruder als Buchführer in sein Geschäft. Dazu ist er Freimaurer und Demokrat geworden, so daß gar kein Verständigen mehr mit ihm ist. Wenn nur wenigstens solche Leute wie Hermann, die gar keine Kenntniß von den Sachlagen haben und Alles auf Treu und Glauben hinnehmen, was Juden und Judengenossen in die Welt schreien und schreiben, das Aburtheilen sein ließen. Es ist sehr wahr, was Nathusius immer sagt: «Jeder ist conservativ (rechts) in dem was er versteht; in dem, was er nicht versteht, liberal (links).» Mein Gerhard macht mir auch Sorge. Zwar thut er wieder Dienst, ist aber immer noch leidend und wird wahrscheinlich ein Bad brauchen müssen. Dazu ist er tief verletzt weil zwei jüngere Offiziere seines Regiments, die auf Ehrenwort gefangen saßen (wegen Todtschlags) durchgebrannt sind, ein Fall der in der preuß. Armee noch nicht vorgekommen. G. meint das ganze Offizierscorps würde dadurch im Avancement zurückgesetzt werden. Daß ich in diesem Sommer etwas Ernstliches für meine Gesundheit werde thun müssen, liegt mir auch auf dem Gemüthe. Ich denke entweder Seebad oder Obersalzbrunn. Der Winter war gar zu schlecht – von Weihnachten bis vor kurzem bin ich überaus elend gewesen und fange erst seit 8 Tagen an bei wärmerer Luft mich etwas zu erholen. Aber ich habe immer noch Pfeffer in der Kehle, wenig Stimme, wenig Athem und bin matt; doch bin ich nicht abgemagert und soll, wenn auch alt, doch ganz gut aussehen. Daß ich Helene auf ihre lieben Briefe so lange nicht geantwortet habe, wuchtet auf dem Gewissen. Die Schreibeflucht, an der ich leide, hängt vielleicht mit meinem körperlichen Befinden zusammen. Wir hoffen sehr, daß die liebe Helene uns im Frühjahr heimsucht und bis zum Herbste bleibt. Gesetzt auch ich wäre einmal auf 4 Wochen abwesend, so würden Frau und Töchter sie so lange doppelt lieb haben. –

Ich komme eben mit dem Herzog von der Ausfahrt zurück und kann mich nicht erinnern die Felder im Frühjahr je so üppig und dicht bestaudet gesehen zu haben. Es ist nichts ausgewintert, weil wir während des Frostes Schnee hatten. Dennoch ist Alles mit der Säemaschine, also so sparsam wie möglich gesäet. Der Oberamtmann Behm versichert mich, daß er mit der Maschine die Hälfte der Aussaat spart. Es wird Alles in Furchen gesäet, so daß man, wenn man will, dazwischen hacken kann. Man findet auf diesen Feldern kein Unkraut, keine Korn- und Radeblumen. Mir mißfällt das. Kein Säemann mehr, der mit seinem weißen Sack taktmäßig dahinschreitet, keine Kornblumen mehr, die das Feld allein erträglich machen; die Pächter aber füllen ihre Taschen.

Wagener sagt in seinem Staatslexicon: «Es ist unmöglich im Christenthum dem Christenthum sich zu entwinden; man kann es lästern, aber man kann ihm nicht entfliehen. Schwerlich daher, daß ein Postulat der Feinde eine nachhaltige Wirkung gehabt, in dem ein geübtes Auge nicht alsbald eine Carricatur christlicher Gedanken entdeckt. So die Theorie der Menschenrechte, der Ruf nach Freiheit, Gleichheit, Brüderlichkeit, so die in ein diabolisches System gebrachte Nächstenliebe des Communismus, so die im Imperialismus verkörperte Sehnsucht nach Autorität.»

Es giebt Wahrheiten, die nur auf paradoxe Weise zur Anschauung gebracht werden. Bei Wagener hat fast Alles diesen Character. Ach könntest Du doch nur einmal auf 4 Wochen herkommen, daß wir uns aussprechen könnten in dieser Zeit der Entscheidung und der Sichtung nach allen Seiten. Die Christenheit ist mitten drin im großen Abfall; Gott schütze uns und unsere Kinder! Entfliehen wird die Welt freilich nicht der Hand des Richters; er wird sie halten bei ihrem eigenen Geschrei; aber zum Gericht. Lebe wohl mein alter lieber Gerhard mit Deiner lieben Elmine, mit unserer theuern Helene und allen Kindern, die Gott segnen wolle in Jesu Christo, Amen! Dein Bruder Wilhelm.

## Nº 121

Finn am 11t Mai 1862

«Des Vaters Huld mich heut anblick'
Des Sohnes Weisheit mich erquick'
Des heil'gen Geistes Glanz und Schein
Erleuchte meines Herzens Schrein!»

Daß ich im Geiste bei Dir bin, mein alter lieber Bruder, siehst Du aus der Ueberschrift. Möchte das Datum nicht gelogen sein und der Brief am richtigen Tage eintreffen wie Deine fast immer; wo nicht, so nehme ich an, daß Du einen von den alten vorlangst, mit deren Wiederkäuen Du rührenderweise Deine Zeit verdirbst. Es ist mir aber lieb, daß ich jetzt so oft bei Dir bin.

Wunderlich daß wir wohl Briefe *an* uns, aber nicht *von* uns wiederlesen mögen. Es giebt keinen größeren Schreck als alte Briefe von sich selbst wieder zu Gesicht zu kriegen. Man lernt daraus wie entschieden man sich faßt, wenn man sich selbst einmal als ein Anderer entgegentritt. Die Kirche stellt den Menschen als eine durch den Teufel verpfuschte göttliche Schöpfung dar. Dabei steht einem der Verstand still. Wenn man aber ordentlich zusieht, so liegen allerdings solche Ungereimtheiten in uns zu Tage, daß der Verstand wieder flüchtig wird. Es ist nur zu wahr, daß wir uns selbst über Alles lieben, und eben so wahr, daß wir uns selbst über Alles hassen, so sehr, daß die uns unerträglichsten Menschen gerade solche sind, in denen wir uns selbst wiedererkennen. Man kann keinen Vers daraus machen, und es reimt sich auch nichts auf Mensch. – Dein Brief, der mich hier in sehr trauriger Einsamkeit überraschte, machte mir ungeheure Freude. Wenn Du mir doch noch einigemal schreiben wolltest, mein Alter, ehe die Welt untergeht! Du würdest Dich aber dazuhalten müssen, denn der Teufel ist jetzt so am Pfuschen, daß die Sachen sichtlich aus dem Leime gehen. Wüßtest Du auch gar nichts anderes, als daß eine Bachstelze mit dem Stärz gewackelt hat, so bin ich schon entzückt, weil Du bewirkt hast, daß ich mit Dir dasselbe sehe. In der That war dies von allen Meldungen, die Du machst, die erfreulichste, denn daß Otto noch immer auf dem Trocknen sitzt, daß man Dich sprengen will, daß Helene nicht schon fort war und dergl. mehr war weniger angenehm. Daß Hermann aber bereits in Petersburg angelangt war, wußte ich schon. Aber Fräulein Priorin! Dergleichen Streiche! Uebrigens bei näherer Erwägung: wenn ein Mädchen so unvernünftig sein kann eine vornehme, geachtete und gesicherte Lebensstellung für einen Candidaten aufzugeben, so hat sie (vorausgesetzt, daß sie nicht meine Tochter ist) meine volle Achtung; denn das Herz, oder der Mensch an sich, hat über seine Erbfeinde Geiz und Hochmuth obgesiegt – das ist was Großes. Kleinlich dagegen finde ich's, wenn man Dich aus Deiner bescheidenen Stellung zu verdrängen sucht, um ein paar Rubel mehr in eine todte Hand zu legen. Wärst Du nur so frei, daß Du herkommen könntest und die Herzogin ein paar Mal gut unterhalten, so glaube ich Du könntest Cavalier hier werden. Es wird nämlich einer gesucht die Herzogin auf ihren Reisen zu begleiten, wozu wir alle vier nicht taugen. Der Eine hat ein Blasen- der Andere ein Brust- der Dritte ein Ohrenübel und der vierte ist auch caput. Dich kenne ich zwar nur noch aus Briefen, aber ich möchte glauben Du habest alle Eigenschaften zum Reisemarschall, wenigstens hast Du die persönliche Majestät die in solcher Stellung besonders geschätzt wird und weißt mit Geld umzugehen. Freilich, freilich! wäre auch mancher Haken dabei – die Deinigen Alle zu entwurzeln! Gott, dem Du angehörst, wird Alles fügen, daß sich's schickt und zu ertragen ist. – Ich habe, um von was Anderem zu reden, diesmal hier in Hoym einen unangenehmen Aufenthalt, nicht nur weil er sich durch die Krankheit eines Collegen aufs doppelte verlängert (ich bin nun bald 14 Tage hier) sondern vornehmlich wegen meines Hundes, der mich kindisch gemacht hat. Ich habe nämlich ein niedliches kleines Hündchen (vergangenen Sommer in meinem Hause geworfen) Namens Ute, und das ist krank. Es zeigte sich eine Wunde auf der Stirn, die immer größer ward, weil das Thier sich den Blutschorf regelmäßig wieder abkratzte. Acht Wochen sahen wir's mit an und endlich nahm ich ihn mit heraus, um ihn vom hiesigen berühmten Thierarzt behandeln zu lassen. Das Ding ward aber unter ärztlicher Behandlung immer schlimmer, so daß ich den Doctor bald entließ und mich auf Vorsters Rath blos auf Anwendung von Höllenstein beschränkte. Die Wunde nahm fast die ganze Stirn ein und näherte sich schon den Augen; so konnte ich das Thier nicht wieder nach Hause bringen, es mußte hier genesen oder sterben, wo es Niemanden als mich genirte. Aber denke Dir nun so einen kranken Hund im Zimmer, der sich fremd fühlend, mir nicht von der Seite, kaum vom Schoße weichen wollte, ohne mich natürlich auch nicht ins Freie zu bringen war, beständig bestrebt sein blutiges Haupt an meinen Kleidern abzuwischen. Mußte ich das Zimmer verlassen, so ging es nicht anders als daß ich ihm ein altes Hemd preisgab, auf dem er sich so lange tröstete. Wenn ich das Thierchen früh um 5 in den Garten brachte (denn länger kann es sein Wässerchen nicht halten) und es sich dann sein blutiges Krönchen ganz still am thauigen Grase abwischte, oder auch wenn es des Nachts in meinem Bette Trost suchen wollte, und ich's hart anschnauzen mußte, damit es die Bettwäsche nicht blutig machte, dann waren mir oft die Thränen näher als das Lachen. Die ganze Dienerschaft nahm Theil an meiner Sorge und jeder wußte Mittel, die alle der Reihe nach durchprobirt wurden, aber das Uebel blieb im Wachsen. So faßte ich endlich gestern den bitterschweren Entschluß mein liebes Thierchen durch den Schäfer todtschlagen zu lassen – die süßeste Todesart wie man sagt – und wandte mich deshalb an den Oberamtmann Behm. Der muß ein Menschenkenner sein, und so fühllos ich mich auch stellte, es mir doch angesehen haben wie sehr ich in Verlegenheit mit meinem Thiere war; kurz er gab sich den Anschein als interessire ihn der Fall aufs höchste, nahm mir den Hund weg und versprach ihn selbst zu behandeln und wo möglich herzustellen. Ich stahl mich fort und freute mich nun wieder schlafen zu können. Aber siehe da, in der Nacht winselte ein Hündchen unter meinem Fenster; ich glaubte die Stimme zu erkennen und ging hinaus um den braven Kleinen mit tausend Freuden wieder aufzunehmen. Aber mit Lichtanmachen und Anziehen war viel Zeit vergangen und der Hund verschwunden. Ob er's gewesen, weiß ich nicht, mag auch nicht nachfragen, um Behm nicht noch mehr zu belästigen – aber das Thierchen fehlt mir so sehr, daß ich ganz verödet bin. Auch macht mich's weich, daß Benno sich heute am 1sten Mai vom Vaterhause löst, um in Neinstedt das erste eigene Brod zu essen. Da er bis zum letzten Augenblick mit seinen verdammten Examenarbeiten beschäftigt war, die vorher abgeliefert sein mußten, so konnte er nicht herauskommen um Abschied zu nehmen. Termin zum mündlichen Examen hat er noch nicht. An die Examina der zukünftigen Söhne haben wir gar nicht gedacht als wir heiratheten, weil wir selbst damit verschont waren, sonst, glaube ich, wären wir beide, wie Minchen sagte «ehelitzig» geblieben. Auf so einem Jungen lasten nur seine eigenen Examinas, auf uns aber die aller Söhne, was kaum erträglich ist. Gottlob, daß Gerhard wenigstens durch ist; möchte er nur auch mit seiner Gesundheit erst wieder im klaren sein. Sein Arzt schickt ihn jetzt noch nach Gräfenberg zur Stärkung, was meine eigene Badereise wohl zu Wasser machen wird. Zwar pflegt die Herzogin für solche Fälle ihren Cavalieren 30 Louisd. beizusteuern, dies aber anzunehmen wäre mir aus vielen Gründen unerträglich. Wo das Herz giebt, nimmt man gern, nämlich von reichen Gebern, vor blos conventionellen Gaben aber habe *ich* wenigstens entschiedenen Widerwillen.

*Am 2. Mai.* Es war mir doch nicht möglich diesen Brief noch gestern vor Postabgang fertig zu kriegen; aber ich denke Du erhältst ihn auch so noch zur rechten Zeit. Nun stelle Dir vor: als ich gestern Nachmittag die gewöhnliche Promenade mit dem Herzog durch den Park machte, sprang mich von hinten etwas an. Ich dachte es wäre der Hund des Herzogs, der immer mitgeht und sah mich gar nicht um. Bald aber erkannte ich meine kleine Ute, der Gefangenschaft entsprungen und außer sich vor Freude – und ich konnte ihn nicht auf den Arm nehmen, loben und streicheln, nicht nachsehen ob der Schade zu- oder abgenommen habe, denn ich war mit dem Herzog Arm in Arm zusammengekettet und Se. Hoheit interessirte sich nicht im Geringsten für den Fall. Nach beendigter Promenade sollte der Willkommen losgehen und die Besichtigung – aber als wir zurückkamen, war das Hündchen weg und kam auf keinen Pfiff. Ich schickte nun zu Behm und erfuhr, daß dieser ihn auf einem Wirtschaftsgange hatte mitnehmen wollen, aber das Thierlein war im Vorübergehen in den Schloßgarten gewischt und auch so glücklich gewesen mich gleich anzutreffen. Behm war nachgeschlichen und wer weiß wie er es angefangen, aber es war ihm geglückt ohne von mir oder dem nachgehenden Lakaien bemerkt zu werden, das Hündchen wieder wegzulocken und er ließ mir sagen er habe es in sicherem Gewahrsam. Für mich war es eine bloße Geistererscheinung gewesen. –

Ach Gerhard! daß Du nicht hier bist, oder Helene, oder der Frühling schlürfende Otto, oder Elmine, die ich, so alt und schwach ich bin, auf dem Rücken herumtragen wollte um ihr Alles zu zeigen – es ist ein gar zu herrlicher Maitag voll Nachtigallen und Blüthenwürze. Kaum habe ich's noch so gesehen, Bosquets und Waldbäume dicht belaubt – mit Ausnahme der Eichen – und alle Obstbäume wie weiße oder rosenrothe Blumenbouquets. Mein Benno ist nun heute in Neinstedt erwacht, welches fast in Ehstland liegt, da die Burg Stecklenburg zu der es gehört, ein paar hundert Jahre im Besitz einer ehstländischen Familie von Oettingen gewesen ist. Ein schwedischer Rittmeister v. Oettingen hatte sich im 30jährigen Kriege dort verheirathet. Sein, seiner Söhne und Töchter Bildniße stehen noch in Holz geschnitzt in der Kirche und scheint sich die Familie weniger durch Schönheit als durch große Nasen ausgezeichnet zu haben. Stecklenberg liegt jetzt in Trümmern, obgleich es in unserer Jugend, wenigstens in seinen äußeren Umrissen noch dastand, der Thurm sogar noch Knopf und Bedachung hatte. So schnell reitet der Tod. Das Studierzimmer des Pastors in Neinstedt ist noch mit in Gold gepreßten Ledertapeten bekleidet, die seine Vorgänger sich aus dem verlassenen Schlosse gestohlen hatten. Benno hat dort herrliche Hülfsmittel etwas zu lernen. Einen gelehrten Principal, einen tüchtigen Pastor loci, eine immense Bibliothek und eine große Anstalt für Verwahrloste; auch kann er reiten und fahren lernen, da Nathusius zwei Kutschpferde und zwei Poni's hält, welche letztere urkräftige Teufel sind und für den kleinen Benno gerade die rechte Größe haben. – Es wird mir ganz weich und elend da ich nun wieder von Dir weg soll, gerade an Deinem Geburtstag. Möchte gern mit Euch Allen zu Tische sitzen und was Gutes essen – dann ein kräftiges Nachmittagsschläfchen machen, und einen Grind über die Politik wachsen lassen. Es geht zu schlecht! Die Wahlen fallen wieder nach jüdischem Geschmack aus. Dieser König kann weder mit Liberalen noch mit Conservativen regieren; er kreuzt Alles mit hirnlosen Deklamationen und mag zusehen wo er mit seiner Krone von Gottes Gnaden bleibt. Der Nachfolger soll noch schwächer sein. – Ich empfehle Walter Scott's Leben von Eberty, ein sehr interessantes Buch zum Zusammenlesen. Die Art seiner persönlichen Liebenswürdigkeit muß von der unseres Vaters die größte Aehnlichkeit gehabt haben. Uebrigens ist er mein Mann nicht, weil ihm alle Gedankentiefe abgeht, kein meditatives Element in ihm ist, wie in Goethe, der ihn jedoch unendlich hoch hielt wegen seiner reichhaltigen Stofferfindung. Wenn diese Epistel keinen Schluß hat, so liegt das darin, daß man an Geburtstagen schwer auseinanderkommt. Ich fiel beim

Schreiben durch eine unbegreifliche Fügung vom Reitstuhl, daher die Klexe.

## N° 122 Ballenstädt 6. Sept. 1862

Mein lieber theurer Bruder!
Vor mir liegt Dein Brief vom 4. Aug. und erst heute ist es mir einigermaßen anwortlich zu Muthe. Ich war krank und bin es auch noch, so daß ich nur in Absätzen schreiben kann, weil mir gleich der Schweiß ausbricht, doch überwiegt die Lust mich einmal wieder mit Dir zu unterhalten. Bei Helenens Abreise hatte ich starken Schnupfen, daraus ward die Grippe, aus dieser ein bösartiger chronischer Katarrh, der mich nicht schlafen läßt und mich an Allem hindert. Möchte er nicht bleibend werden; ich würde dann meinen Abschied nehmen müssen, da ich schon wie ich vordem war meinen Dienst kaum noch versehen konnte. Ja mein alter Gerhard unsere Lebenswege werden immer dunkler – wir werden es lernen müssen im Dunkeln zu gehen. Auch Dein Brief riecht nach dem Jammerthal und Helene schreibt, daß sie Dich recht niedergeschlagen gefunden hätte. Deine Lage mag auch bitterschwer sein, Du armer Kerl. Es kann ja wahr sein, daß wir Alles mit unsern Sünden verdient haben, aber das ist kein Trost und ich wollte lieber ich hätte es mit meinen Tugenden verdient. Würde man wenigstens durch das liebe Kreuz recht in den Glauben getrieben! Mir will es jedoch scheinen als nähme nachgerade Alles bei mir ab, Glaube, Liebe und Hoffnung. Wenn es Einem im Aeußeren wohl geht, hält man sich auch innerlich für wohlhabend, aber wenn die äußeren Stützen brechen, dann zeigt sich's, daß man arm und nackt ist. Doch da hilft kein Heulen. – Ich möchte Dir so gern was hübsches erzählen, weiß aber nur Uebeles, womit Deine brüderliche Liebe fürlieb nehmen möge. Z.B. von Anna's Krankheit. Sie befiel mit mir zugleich an der Grippe, die ihr ebenfalls immer noch in der Kehle sitzt; dazu gesellten sich Geschwüre in den Ohren mit Höllenschmerzen, dann hinter den Ohren, jetzt auch unter den Armen. Es will kein Ende nehmen; wenn ein Geschwür aufgeht, bildet sich gleich wieder ein neues. Vorster hat mit seltenen Besuchen aus der Ferne behandelt; heute habe ich den Medicinalrath Ziegler zugezogen, welcher so eben bei der Kranken ist und die Sache sehr gründlich zu nehmen scheint. Anna hat bei all' ihren Leiden hinreichenden Trost in ihrem Glauben. Das ist ein Vorzug der Frauen,

daß wenn sie einmal Christen sind, sie es auch ganz sind. Bei uns erstickt Alles in bodenlosem Leichtsinn. Ich wundere mich, daß das Evangelium den Armen gepredigt ist und nicht den Frauen; sie sind doch – nur wenige Männer ausgenommen – die Einzigen, die es aufnehmen, wenigstens heut zu Tage. – Schlechtes Wetter; mein Ofen heizt, draußen nur 11°. Es ist ein trostloser Sommer. Die Ernte ist zwar sehr gut, nur an Kartoffeln nicht, die viel krank sind. Auf manchen Feldern werden sie gar nicht aufgenommen. Obst und Zwetschen in ungeheurer Menge, aber es ist kein Zucker darin. In meinem Gärtchen brechen die Aeste der Pflaumenbäume. Es regnet dicht vom Himmel herunter und die Fenster sind beschlagen. Könnten wir miteinander ein Pfeifchen schmauchen! Dazu gehörte freilich auch Sprechfreiheit, die mir fehlt, und keine Trennung in Aussicht. Daß Hugo Zöge mich nicht besucht hat, ist sein eigener Schade. Er wäre positiv Kammerherr geworden, wenn er nur einigermaßen Adolphs Beschreibung entspricht. Gerade eine solche Species wurde gesucht. An unserem Hofe steht es nun so: die Hofdame hat Tag und Nacht Gesichtsschmerzen, ist wenig zu brauchen, Hofmarschall Kutteroff leidet an einem bösartigen Blasenübel, das ihn ab und zu auf 4 bis 6 Wochen umschmeißt, Hellfeld liegt fest darnieder am Podagra, Cramer ist stocktaub, ich ohne Athem und immer erkältet. Du wirst finden, daß das so eine Sache ist. Wenn die Herzogin uns Alle auf einmal stranguliren ließe, so machte sie das beste Geschäft. Nur daß sie dann – sagt Julchen – mit einem schlechten Gewissen dasitzen würde. Es ist aber sehr die Frage ob ein schlechtes Gewissen bei so viel Zerstreuung nicht leichter zu ertragen wäre als ein Heer von schlechten Kammerherrn. In 4 Wochen kommt nun ein neuer, ein Herr von Welck aus Sachsen, der einen tüchtigen sächsischen Stiefel spricht. Es wird ihm wohl viel Arbeit zufallen; die Reisen ganz und gar; da wird er denn wohl auch nächstens aufgerieben und mißliebig sein; denn wenn Einer ganz ohne angelernt zu sein, gleich ins Geschirr fahren soll, so kann es kaum fehlen, daß einige Stränge reißen und das vergißt sich nicht. Was dann werden soll, muß die Zukunft lehren. – Der arme Schätzell hat jetzt schlimme Zeit. Die Magdeburger Zeitung, die vorzugsweise bei uns gelesen wird, verfolgt ihn unausgesetzt mit den lügenhaftesten Artikeln; in Dessau ist er so verdächtigt, daß sein Einfluß auf den dortigen Hof, freilich zu dessen eigenem Nachtheil, lahm gelegt ist; endlich hat ihm die Stadt Bernburg, die er auf dem Landtage vertritt, jetzt ein Mißtrauensvotum gegeben. Coswig hat nun zwar unmittelbar darauf mit dem glänzendsten Vertrauensvotum geantwortet, aber daß dieser Schritt gerade von Bernburg kam, für das er so viel gethan wie noch keine vorhergehende Regierung, ist ihm doch sehr schmerzlich gewesen. Die Feinde werden ihm geboren wie der Thau aus der Morgenröthe, theils weil er ein Christ ist und Christus gekreuzigt werden will, theils weil er ohne Ansehn der Person überall durchgreift. Auf das Mißtrauensvotum hat er im gestrigen Regierungsblatt geantwortet, wie es eines Christen würdig ist, und zugleich – was er gar nicht nöthig gehabt hätte – sein Mandat niedergelegt. An seine Stelle werden nun die Bernburger Wühler einen Schulkameraden von Gerhard, einen jungen Advokaten und entschiedenen Atheisten in die Kammer zu bringen suchen. Es ist unglaublich wie Dummheit und Parteihaß sich selbst im Lichte stehen. Aber der Unsinn ist überall gleich groß. Besonders – was den Nonsens anlangt – hat mir gefallen, daß nach der officiellen Gortschakow'schen Depesche das Königreich Italien namentlich zu *dem Zweck* anerkannt wird, um das monarchische Princip gegen die Revolution zu stützen. Sehr hübsch ist auch, daß der König Victor Emanuel, bis jetzt mit Garibaldi unter einer Decke, diesen plötzlich als Hochverräther desavouiren, verfolgen und einfangen muß, weil Frankreich ein einiges Italien nicht zu wollen scheint. Aus Servilität würde er ihn gewiß am liebsten aufhängen, wenn ihn die Furcht vor dem Volke nicht abhielte. Ob es gelingen wird diesen Schwindler (jedenfalls der edelste und beste unter dem ganzen revolutionären Pack) gefangen zu halten? – Ich vergaß, mein liebster Bruder, daß Du letzthin von der Politik nichts mehr wissen wolltest. Sollte sich dieser Schade noch nicht wieder zugezogen haben, so setze ich voraus, daß Du rechtzeitig Alles überschlagen hast, und werde dies auch für die Zukunft immer voraussetzen wenn ich mich etwa wieder vergessen sollte. Eine vornehme Dame zu Rousseau's Zeiten sagte: «Was mich an der Geschichte degoutirt, ist: daß das was ich sehe, einmal Geschichte sein wird.» Sie hätte auch sagen können: Was mich an der Gegenwart degoutirt, ist daß die Geschichte auch einmal Gegenwart war. Man kann da allerdings die Augen schließen und mit der Schnecke sprechen: «In meinem Häuslein ist mir wohl, die Welt ist aller Schalkheit voll». Wer indeß sein Häuslein recht kennt, mag auch wiederum sagen: «Was mich an der Welt degoutirt, ist daß sie aus lauter Schneckenhäuslein d.h. Meinesgleichen besteht.» Es ist eben ein Jammerthal.

Mach' ich die Augen auf, so sehe ich den Jammer draußen, mach' ich sie zu – den drinnen.

*Am 8. Sept.* Endlich geht es doch, wenigstens mir ein bischen besser. Ich dachte ich wäre wassersüchtig. Gestern bin ich zu verschiedenen Malen von zwei Aerzten auscultirt, d.h. aufs zärtlichste behandelt worden, indem sie meine Brust fest an ihre Dickköpfe preßten. Nicht brust-*wasser*süchtig, sondern brust-*luft*süchtig soll ich sein, d.h. an einem völlig ausgebildeten Emphysem leiden. Dagegen soll nichts zu thun sein als Katarrhe, die lebensgefährlich werden können, zu vermeiden. Der chronische Katarrh, der mir jetzt so viel zu schaffen macht, soll nun mit Senfpflastern und wollenem Hemde bekämpft werden, womit schon gestern der Anfang gemacht worden. Ich habe die ganze Nacht im Lehnstuhl gesessen und besser geschlummert als im Bett, fühle die Brust auch heute schon sehr merklich erleichtert. Ich hätte kaum geglaubt, daß ich noch einmal wieder aufkommen, mein Gott mir noch eine Gnadenfrist schenken würde. Möchte ich sie nutzen. – Mit Anna ist noch nichts entschieden. Sollte die Disposition zu Geschwüren nicht weichen, so ist die Rede davon sie nach Rehme in Westfalen zu schicken. Das wäre freilich ein harter Schlag für meine Kasse. Indeß wird sichere Heilung in Aussicht gestellt.

Meine eigene Badereise verunglückte als Kur ja gänzlich indem ich nicht baden, sondern mich nur erkälten durfte. Angenehme Zerstreuung, deren wir Menschenkinder ja auch bedürfen, brachte diese Reise übrigens in Fülle, und die Seele sättigte sich mit einer Unendlichkeit interessanter schöner, lieblicher und gewaltiger Bilder, an denen lange zu zehren ist. Den größten Theil meiner Nächte habe ich seitdem wachend und halbwach im Bett, auf Sopha's und Stühlen zugebracht, immer umgaukelt und unterhalten durch Erinnerung an jene Herrlichkeiten. Das majestätische Heranrollen der großen 16 bis 20 Fuß hohen Brandungswellen der Nordsee hat mir einen unverlöschligen, immer noch gleichmäßig erquickenden Eindruck hinterlassen. Leider kann man dergleichen nicht malen, weil Lebensgröße, Bewegung und Donner dazu gehören. Ein intimer Mitmensch, deren man in der Jugend an allen zehn Fingern hat, fehlte mir freilich, doch war ich in einen Kreis gebildeter Menschen gerathen deren feines Benehmen wenigstens nicht genirt. Was gäbe ich darum könnte ich mit Dir einmal an jenen Strand – wir müßten uns dann nur nach beendigter Kurzeit gegenseitig todtschießen, die Trennung zu vermeiden. Einen Herrn von Kettelhott aus Rudolstadt hatte ich eine Zeitlang zum Stubennachbar. Er erzählte, daß Cotta im vergangenen Jahre gestorben und bis an sein Ende auffallend roh geblieben sei. Unser armer alter Jugendfreund! Ein anderer Herr, ein gewisser Gnesbach aus Carlsruhe kannte dort den Maler Kopmann. Dieser hat drei Töchter, hübsche Sängerinnen. Zwei sind verheirathet, die dritte sollte es kürzlich auch werden; da ging der Bräutigam mit einer namhaften Geldsumme, die er für Kopmann erhoben, durch nach Amerika. Eine englische Familie Spencer war meine ganze Freude. Leider konnte ich mit diesen überaus liebenswürdigen Menschen nur im Französischen verkehren, sonst würde es mir an intimen Umgang nicht gefehlt haben – gläubige Christen und durchaus conservativ.

Helene hat doch Alles so schlecht als möglich getroffen! Daß endlich ihre Rückreise noch so wohl gelungen, war sehr über Erwarten und hat meine Sorgen beschämt. Grüße sie doch von uns Allen und danke ihr für ihren interessanten Brief. Ich habe doch mit einigem Vergnügen das echt französische Phrasenwerk von Michelet über das Meer, das sie mir hier zurückließ, durchgelesen. – Glänzendes Wetter. Mein Benno ist mit den 5 Brüdern Nathusius, die Alle ihre Familien sammt Lehrern und Lehrerinnen mitführen, auf 8 Tage im Harz. Leb' wohl mein alter lieber Bruder! Der Winter kommt, und mit ihm Deine Schreibkraft. Schreibe bald, vornehmlich wie und was Du denkst. Grüße Alle, insonderheit die liebe theure Elmine. Gott sei bei Euch und helfe Euch herrlich hindurch durch alle Ungunst des Lebens. Wilhelm.

## Nº 123 Hoym 9. Oct. 1862

Lieber Bruder Gerhard!
Gestern empfing ich Deinen Brief und freute mich Deiner warmen Theilnahme und Liebe. Gott erhalte es so, daß wir, die wir unter *einem* Herzen gelegen, auch eines Herzens bleiben in dieser und in jener Welt. – Ein herrlicher Herbstmorgen, helle Sonne, funkelnder Thau; langsam wirbeln in stiller Luft die Blättchen von den Akazien vor meinem Fenster, in vergangener Nacht von gelindem Frost abgebissen. Draußen wird das Portal des Schlosses bekränzt und dekorirt mit Guirlanden und Topfgewächsen; denn wir feiern den Geburtstag der Herzogin und erwarten sie hier zur Tafel. Gott

erhalte sie noch lange dem Lande, das sie musterhaft regiert. Hat sie auch jetzt nur Stank für Dank wegen der revolutionären Aufregung in allen Köpfen: wenn sie einmal weg ist, wird man merken, wie großen Segen Gott durch sie gegeben. Alle humanen und wahrhaft heilsamen Forderungen der Neuzeit sind bei uns vollständig erfüllt, nur der Wahnwitz ist ausgeschlossen, und wenn dies zunächst auch Schätzell's richtigem Urtheil und seiner Thatkraft beizumessen ist, so kann doch der tüchtigste Minister nichts effectuiren, wenn der Fürst nicht hinter ihm steht. Ob wir noch längere Zeit so fortbestehen werden, wird menschlicher Ansicht nach davon abhängen ob es gelingen wird die Demokratie in Preußen zu bewältigen oder nicht. Ich wage es nicht zu hoffen, da der Krebs, vier Jahre lang von der Regierung gepflegt, dort schon tief um sich gefressen hat, die Demokratie ihrer Antecedenzien wegen und nach der Deutungsfähigkeit der Verfassung mir auch nichts weniger als ganz unberechtigt scheint. Kann sich das Ministerium Bismarck, das aus trefflichen und ehrenhaften Männern zusammengesetzt ist, nicht zu einer Art von Contrerevolution entschließen, d.h. Presse und Vereinsrecht zügeln, die Diäten der Deputirten absetzen und in die unklaren Verfassungsparagraphen Klarheit hinein octroyiren, so gebe ich alle Hoffnung auf, und dann sind auch wir verloren, weil Preußen dann (eben so wie in Hessen) auch bei uns interveniren würde, wenn nicht nach nationalvereinlichen Gelüsten uns ganz verschlingen. Es ist aber doch merkwürdig. Vor 4 Jahren trat die neue Aera ins Leben, stieß in die liberale Posaune und jagte das Ministerium Manteuffel als «zu extrem» zum Teufel – und jetzt sieht man sich genöthigt zu einem Ministerium Bismarck zu greifen, das sehr viel conservativer ist als Manteuffel je geträumt hat. Warum? Weil die Liberalen nicht mehr vor dem Riß stehen wollen und demokratische Minister so lange unmöglich sind als der König noch Lust hat seinen Thron zu bewahren.

*Ballenstädt 14. Oct.* Als ich vor 8 Tagen diesen Brief begann, dachte ich täglich etwas daran zu schreiben in Form eines Tagebuchs – aber so bitter waren die Tage, daß mir die Lust verging sie zu beschreiben. Am $9^{t}$ schrieb ich Dir; am $10^{t}$ früh fühlte ich ein Verlangen für meine Tochter Elisabeth zu beten und that dies auf meinen Knien in einer Ecke des Zimmers. Ein Stündchen darauf kam College Hellfeld mich – sehr zur ungewöhnlichen Zeit, abzulösen. Er brachte schauderhafte Nachricht. In der Nacht vom $9^{t}$

zum 10[t] war zur Feier des Geburtstages der Herzogin Hofball gewesen. Um 2 Uhr waren die Meinigen nach Hause gekommen, d.h. meine Frau und Elisabeth. Anna geht überhaupt nicht auf Bälle, war diesmal noch obendrein krank an ihren Geschwüren und schlief schon längst in ihrem Bette. Elisab. half meiner Frau etwas aus dem Staat, ließ sich dann vom Mädchen das Schnürleib lüften und ging allein in die obere Etage wo sie schläft, um sich dort vollends zu entkleiden und auch schlafen zu legen. Dabei mochte sie sich mit dem Licht zu nahe kommen als sie in die Wohnstube ging, um dort etwas abzulegen, und beim Spiegel vorübergehend bemerkte sie daß ihr Kranz brennt; sie reißt ihn ab und das Kleid fängt Feuer, läuft zurück ins Schlafzimmer um ein Kissen zu ergreifen und die Flamme auszudrücken, dies mißlingt – sie will schreien, kann nicht; da rennt sie nach der Treppe und hier endlich gelingt der Schrei. Meine Frau hört dies unten, denkt an Raub und Mord und stürzt hinaus dem Kinde zu Hülfe, desgleichen die kranke Anna im bloßen Hemde aus dem Bett – da steht Elisabeth auf der oberen Stufe wie eine Feuersäule. Sie werfen sich nun beide auf sie, reißen sie um, erdrücken das Feuer und streichen es mit ihren Händen aus. Der Arzt war sogleich zur Hand mit seiner Frau. Beide blieben die ganze Nacht und als der Tag kam, ward Hellfeld zu mir geschickt mich abzulösen. O welch ein Jammer als ich nun ins Haus kam! Anna mit dick verbundenen Händen kam mir zuerst entgegen, dann meine Frau mit Brandblasen an den Händen, doch unverbunden. Oben lag Elisabeth in ihrem Bett lang ausgestreckt unbeweglich, von Kopf bis zu Füßen in Watte gewickelt wie eine Mumie, sehr kurzathmig und konnte kaum sprechen. Sie bat um Verzeihung, daß sie uns durch ihre Unvorsichtigkeit solchen Schrecken gemacht und dankte Gott, daß sie wenigstens nicht so vom Balle weg vor Gottes Richterstuhl gefordert worden, wozu sie in ihrem Innern nicht vorbereitet gewesen. Seit dem liegt das sonst so muntere, leicht ungeduldige Mädchen da, so still und geduldig wie ein Lamm, unter Höllenschmerzen, immer dankbar für jeden Dienst – – ich kann nicht weiter –

*Am 16. Oct.* Es war gestern ein echter Angsttag. In der Nacht hatten sich sehr bedenkliche Symptome eingestellt, Schüttelfrost und wurde Starrkrampf befürchtet, der glücklicherweise nicht eintrat. Ich war wie Wachs im Gluthofen und fast unfähig zu Hülfsleistungen. Dabei die unerhörte Theilnahme des ganzen Ort's, die Einen doppelt ängstigt, mein Haus wie ein Jahrmarkt, durchlaufen von den höchsten Herrschaften bis zu den Schneiderinnen und Waschfrauen, Blumensendungen, Früchte, Suppen, Leinwand Charpie von allen Seiten. Gegen Abend trat mehr Ruhe ein und Benno kam zum Trost von Neinstedt, die Nacht zu wachen. Heute Morgen, Gott sei Dank, empfing mich die Nachricht, daß die Nacht ruhiger gewesen sei für beide Patienten. Elisabeth war allerliebst, rief mich an's Bett: «Papa ich habe eine Erfindung gemacht; wenn man schlafen will, muß man die Augen zumachen und durch die Nase athmen.» Mich entzückte dieser erste Versuch ein Späßchen zu machen. Der Arzt Dr. Ziegler sprach nur einen Augenblick um vorläufig mich zu befragen und machte auf meinen Bericht zum erstenmal Hoffnung. So gewinnt man wieder Kraft. Ich muß gestehen wenn ich dies Kind auf so fürchterliche Weise verlieren sollte, ich weiß nicht wie ich's und ebenso wie meine Frau es ertragen sollte. Anna, die nicht viel weniger krank ist und im 3$^{t}$ Zimmer ebenfalls ganz fest liegt, würde auf der Stelle sterben. Aber Gott sei Dank, wir haben nun wieder Hoffnung, haben auch alle erdenkliche Hülfe im Hause, indem die Herzogin uns eine Diakonisse aus Bethanien hat kommen lassen, die wie ein guter Engel zu uns eingetreten und der Kranken sehr angenehm ist. Sie wacht eine Nacht um die andere und ist sonst immer bei der Kranken. Der Arzt ist ganz vortrefflich und opfert uns seine übrige Praxis fast gänzlich auf, ist meistens bei uns, versichernd er habe zu Hause keine Ruhe. Der Verband allein dauert alle Morgen 5 Stunden. Der eigentliche Angsttheil ist der Rücken, der ganz verbrannt ist und auf dem das arme Kind liegen muß, daher er gar nicht heilen will. Bei der unendlichen Schwierigkeit die Kranke zu heben, kann der Rücken nur einmal verbunden werden und dreimal wäre es nöthig, da die Eiterung schon eintritt. Da hat nun Ziegler eine Maschine erfunden, die das Heben erleichtern wird. An der Lage des Zimmers ist eine Kurbel angebracht, durch die ein Seil läuft; daran ein eiserner Bügel. Der Kranken wird eine kleine lederne Hängematte unter der Mitte des Leibes durchgezogen, der Bügel eingehenkt und so wird sie aufgezogen, dann kippt die Hängematte nach vorn und sie wird mit geringer Unterstützung der Hand so weit aufgerichtet, daß der Doctor an den Rücken kommen kann. Der erste Versuch gelang gestern schon leidlich und heute haben wir die Maschine erheblich verbessert. Heute Abend bekommen wir auch vom Mägdesprung eine eiserne Winde, mittelst welcher auch eine schwache

Kraft hinreichen wird die Kranke zu heben. Auf diese Maschine, deren Erfolg Gott segnen möge, setzen wir nun unsere Hoffnung. Hilf, lieber Herr! Niemand kann ermessen wie schmerzlich eine Pflege ist, die doch keine Erleichterung verschafft. Elisabeth ist gänzlich unbeweglich, kann kein Glied rühren und verträgt auch keine Berührung. Könnte man ihr einmal die Hand geben, den Kopf stützen, sie auf die andere Seite legen, so könnte man ihr doch eine kleine Liebe erweisen. So kann man ihr nur die Fliegen abwehren und ihr etwas Wasser, ein bischen Suppe einflößen, oder eine Erdbeere in den Mund stecken, das ist Alles. Beim Verbande *muß* sie ja angefaßt werden und dann zuckt ihr der Schmerz durch alle Glieder. Sie ist nachher ein paar Stunden wie todt. Anna hatte sich mehrere Tage aufrecht erhalten um zu helfen so lange sie konnte mit ihren dickverbundenen Händen. Endlich fiel sie ohnmächtig um. Da entdeckte die Diakonisse, daß ihr das rechte Bein vom Fuß bis zum Knie ebenfalls tief verbrannt war, was sie uns verschwiegen. Sie hat tiefere Wunden als Elisabeth und ist nur in so fern besser daran, als die Brandfläche nicht so groß ist. Sie liegt jetzt ganz fest, fiebert und weint immer um die Schwester aus Angegriffenheit der Nerven. Die Eiterung hat auch bei ihr begonnen. Dies Kind ist unbeschreiblich rührend in ihrer Selbstvergessenheit.

*Am 19. Oct.* Welche Angsthölle wir durchgegangen sind in den letzten Tagen ist nicht zu sagen. Heute benutze ich einen Moment, wo wir nach einer relativ guten Nacht wieder einige Hoffnung fassen, um diesen Brief wo möglich zu schließen. Von etwas Anderem als unserer Lage kann ich freilich nicht schreiben. Ich habe keinen anderen Gedanken als meine beiden verbrannten Töchter. Unser Haus gleicht einem Feldlager oder vielmehr Lazareth. Die ganze obere Etage ist eine einzige Krankenstube. Elisabeth haben wir gestern in das große Wohnzimmer gebracht, das vorher ausgeräumt und mit Pflegeutensilien versehen wurde. Alle Bilder wurden auf den Boden geschafft. Anna liegt am andern Ende im sogenannten neuen Museum. Alle Thüren offen bis in mein Zimmer, wo die Pflaster geschmiert werden und diejenige Person wacht, die der Schwester Amalie, oder wer sonst die Kranke bedient, zur Hand geht. Dieser ganze Raum (6 Zimmer) ist mit Eitergeruch erfüllt, der durch Chlor und Essig wohl für die Pfleger, weniger für die Kranken gemäßigt und erträglich gemacht wird. Meine Frau schläft, wenn sie nicht wacht, in meinem ehemaligen Schlafzimmer und trotzt bis jetzt mit großer Tapferkeit allen Anstrengungen. Für mich verlangt der Arzt, da ich recht schwach bin, ganz absolute Nachtruhe, daher ich unten in Julchens Zimmer mich jeden Abend zu Bett lege. In Helenens Zimmer wohnen wir und hier empfange namentlich ich die zahlreichen den ganzen Tag andauernden Besuche der theilnehmenden Freunde, die uns mit Blumen, Früchten, Eingemachtem und passenden Krankenspeisen überschütten, leider auch mit Thränen. Hülfreiche Dienste will Jedermann leisten, doch können bei den sehr nervösen Kranken nur Diejenigen gebraucht werden, die gleich von Anfang da waren, die liebe Pickels als nächtliche Pflegerin, bei Tage die Doctorin Valentiner, die zufällig zum Besuch da ist, und eine alte Geheimräthin v. Kersten welche namentlich beim Verbinden gute Dienste leistet. Es ist oben eine Maschine angebracht, durch welche Elisabeth in einer schmalen Hängematte, die ihr unter der Mitte des Leibes durchgezogen wird, in die Höhe gewunden werden kann, während man das Bett unter ihr wegzieht und ein neues mit frischem Bettzeug unterschiebt. Die Diakonisse ist wie ein guter freundlicher Engel in unser Haus getreten. Sie heißt «Schwester Amalie» wer sie sonst ist, wissen wir nicht, sie kann ebensogut eine Reichsgräfin als von niederem Stande sein. Im ganzen Hause wird sie Schwester genannt und so, nämlich als Schwester, hat sie sich von der ersten Stunde an gezeigt, als wenn sie zur Familie gehörte. Sie ist unermüdlich, gänzlich anspruchslos, heiter, freundlich, behaglich, den beiden kranken Mädchen unbeschreiblich angenehm. Wenn es des Abends, so nach 9 Uhr, still im Hause wird, betet sie zur Ruhe, was immer eine gute Wirkung thut. Stets so reinlich wie aus dem Ei geschält, ist sie in ihrer einfachen doch edeln nonnenartigen Tracht, mit frischer Gesichtsfarbe und schönen Zügen auch äußerlich eine überaus wohlthuende Erscheinung. Ich habe unbeschreiblichen Respect vor diesen Mädchen, die mit völliger Dahingabe aller Lebensbehaglichkeit und jeder Weltfreude aus Liebe zu ihrem Herrn sich entschlossen haben alle ihre Tage und Nächte der Krankenpflege, diesem schwersten aller Berufe hinzuopfern. Bei aller Liebe und Theilnahme und Hülfeleistung der Freunde, bei aller rastlosen Thätigkeit des Arztes, der uns seine ganze Zeit widmet, würden wir doch verloren sein ohne jene sachkundige und betende Person. Daß Gott sie uns schickte, ist mir fast ein Unterpfand seiner Hülfe; denn Bethanien giebt eigentlich keine Diakonissen in Privathäuser ab, und nur auf Bitte der Herzogin ist dies durch die Königin für uns möglich geworden. Jetzt eben sind sie wieder beim Verbinden, was immer 4 bis 5 Stunden Zeit nimmt. Ich bin gar nicht mehr dabei, auch Julchen nicht; wir können es nicht mehr aushalten und auch Elisabeth ist viel ruhiger wenn sie uns fern weiß. So ein armes geliebtes Kind in solcher Qual zu sehen, übersteigt alle Begriffe und nur der Gedanke, der sich mir immer aufdrängt, daß ich es bin mit meinen Sünden, für den sie leidet. Gott hat das arme Kind geschlagen um mein altes Sünderherz dadurch zu sich zu ziehen, das fühle ich deutlich. Wir sind Allesamt wie eine ausgegossene Salbe vor dem Herrn. Ach möchte er noch einmal ein Wunder thun für mein Alter, wie er es zu verschiedenen Malen für meine Jugend gethan hat. Bisweilen ist mir's so als dränge das Gebet durch, wohl nicht meinetwegen, aber es beten rechte Kinder Gottes mit uns. Benno ist mir sehr rührend in seiner Sorge um die Schwester. Ein um die andere Nacht findet er sich ganz still ein zur Nachtwache, ist beiden Schwestern sehr angenehm und tröstlich – und Morgens in aller Frühe ist er dann wieder verschwunden, um 1 ¾ Meilen von uns in Neinstedt seine Zöglinge zu unterrichten. Auch im Fall glücklichsten Verlauf's werden wir doch immer noch wenigstens 4 Wochen zwischen Tod und Leben schweben, und ich schicke diesen Brief so ab, damit Ihr mit uns betet, daß Gott unsere Herzen stillen wolle und – so es sein heiliger Wille zuläßt – uns unser liebes Kind erhalte, mit ihr auch Anna. Lebt Alle wohl und Du, lieber Gerhard, laß in Deiner Antwort keine zu große Besorgniß blicken, was Julchen zu sehr ängstigen würde, der Gott die schwere Gefahr verschleiert zu haben scheint. Die lieben Schwestern Elmine und Helene, Alwina, Sonny und die Kinder sind von uns Allen herzlichst gegrüßt.

Dein tiefbetrübter Bruder Wilhelm

## N° 124 — Ballenstädt 31. Oct. 1862

Mein lieber Bruder!
Heute treten wir in die 4^t^ Woche, und noch lebt unser Kind. In dieser Woche wird es sich – nach Wilms – entscheiden ob wir unsere Elisabeth behalten, wozu jedoch Ziegler schon jetzt ziemlich gewisse Aussicht giebt, da bis dahin Alles über Erwarten gut gegangen ist. Ich weiß nicht ob ich Dir geschrieben, daß die Herzogin den Dr. Wilms, einen unserer größten Wundärzte, von Bethanien kommen ließ. Vorster hatte ihr gesagt, daß Zieglers Verfahren

verderblich sei; Wilms sollte entscheiden und billigte vollkommen die eingeschlagenen Wege. Seitdem haben wir schwere Zeiten durchlebt, Angsttage da das Herz in der Walkmühle lag, unablässig zu Gott schrie; aber auch war der Herr mit seinem Trost nicht fern, namentlich in geistlichen Erquickungen, die er dem armen Kinde zu theil werden ließ. Ich habe wieder einmal recht erkannt, was das Christenthum zu bedeuten hat, dessen Kräfte nun auch bei unserer Elisabeth Eingang finden. Das arme Kindchen leidet Höllenschmerzen; doch sagte sie mir neulich, als ich an ihrem Bette saß, mit ihrer schwachen athemlosen Stimme: «Wenn ich – denke – daß ich nun auch – meinen – Heiland gefunden habe – so – fühle ich meine Schmerzen kaum.» Sie hat eine hohe innerliche Freude, daß Gottes Gnade, wenn auch durch Verwundung des Leibes bis zum Tode, ihre Seele geheilt hat und ihr eine Befriedigung gewährt, von der sie früher keine Ahnung hatte, und die sie deshalb auch an Andern, namentlich an ihrer Schwester nicht recht verstehen konnte. Ihr vergangenes Leben, obgleich nach menschlichen Begriffen in hohem Grade schuldlos, erscheint ihr jetzt als höchst verdammungswürdig, im Dienst der Eitelkeit verbracht. Sie weinte bitterlich und sagte: «Aber – ach! – wenn ich nun wieder unter die Andern komme!» Ich sagte ihr, daß auch ihre Gespielinnen durch diesen Schreckensfall in die Buße geführt und so ernst geworden wären, daß sie sich wohl mit ihnen würde verständigen können. Sie setzte dann hinzu: «Wir haben ein schrecklich frivoles Leben geführt – ohne Gott.» – Ich kann jetzt verstehen was es heißt: «Er macht seine Diener Feuerflammen.» Die Flamme war der Engel, der dem Herzen meiner Elisabeth die Geburt des Heilandes verkündete. O wie gern möchte man nun schon hier auf Erden sich mit dem wiedergeborenen Kinde noch eine Zeitlang der Herrlichkeit und Gnade Gottes erfreuen, und Gott sei Dank, es ist dazu auch Aussicht. Ich hatte den Herrn angefleht, daß er mich doch nun in meinem Alter noch einmal seine Wunderkraft wolle sehen lassen wie so oft in meiner Jugend; da war es mir denn wie eine Erlösung, als mir Ziegler vor ein paar Tagen sagte: «Wir sehen lauter Wunder Gottes; trotz der mannigfaltigsten Hinderniße, die eine nur einigermaßen ausreichende Behandlung ganz unmöglich machen, kommen wir doch alle Tage vorwärts – das ist nicht mein Verdienst.» Anna ist seit ein paar Tagen wieder so weit, daß sie das Bett verlassen hat und ab und zu bei der Schwester sitzen kann. Sie ist voll Glaubensfrische und scheint auch leiblich wie neugeboren.

– Von Helene hatte ich mittlerweile einen lieben ausführlichen Brief voll guter Nachrichten. Wie schön, daß sie wieder ein Kind zu pflegen und zu erziehen hat, das Euch angenehm zu sein scheint. Fremde Kinder müssen freilich sehr liebenswürdig sein, wenn sie angenehme Hausgenossen sein sollen; dann aber sind sie nächst den eigenen Kindern die besten und viel erfreulicher als *alte* Narren.

*Abends.* So eben komme ich von Meiseberg. Einen Tag nach dem andern fährt mich entweder der junge Salmuth oder Kutteroff spazieren, weil ich wegen eines Rheumatismus im Bein nicht gut fortkommen kann, und doch an die Luft soll. Salmuth ist mein politischer Freund, liest für mich die Zeitungen und macht mir dann Mittheilung. In Preußen geht es mit der Reaction jetzt gut vorwärts und wie es scheint, schwenkt auch die öffentliche Meinung ein. Sie ist gewöhnlich auf der Seite, welche Macht und Kraft entfaltet. Schon war der Landtag ein Convent geworden, und noch ein Jahr so fortgewirthschaftet, so hätte die Krone im Dreck gelegen. Jetzt kommt es vorzüglich darauf an den Kronprinzen zu gewinnen, der sich immer noch in liberalen und nationalvereinlichen Ideen wiegt und nicht bemerkt hat wie nahe ihm das Messer an der Kehle saß. Glückt dies nicht, so haben wir mit dem nächsten Regierungswechsel wieder eine «neue Aera» vor der uns Gott in Gnaden behüten wolle. Es kostet mir übrigens einige Anstrengung jetzt von der Politik Notiz zu nehmen, da ich nur *einen* Gedanken habe: Elisabeth. –

*Am 6. Nov.* Ich möchte so gern diesen Brief expediren, aber wir sind immer noch zu keinem Resultat gekommen, haben wieder rechte Angsttage durchlebt, starke Fieber, Erbrechen und andere Schrecken, doch sind Arzt und Diakonisse voll Zuversicht, da die Heilung immer fortschreitet. Anna liegt auch wieder fest. Zwei Tage war sie außer dem Bett, da trat heftiges Zahnweh ein mit Geschwulst des ganzen Gesichts, Kopfweh und Fieber. Heute früh nun ist etwas Linderung eingetreten, doch soll das arme Leidenskind noch ein paar Tage das Bett hüten. – Elisabeth liegt da wie eine Leiche, lang hingestreckt und völlig unbeweglich seit fast 4 Wochen. Es ist ein Anblick, daß sich Einem das Herz im Leibe umdreht – kein Glied rühren zu können, den Kopf um keinen Fingerbreit weder heben noch wenden zu können, keinen Athem und beständige Schmerzen am ganzen Leibe! In dieser Lage zu vomiren muß eine unbeschreibliche Qual sein. Doch leidet das gute Kindchen mit einer wahren Lammesgeduld, und wenn sie einmal aufschreit beim Verbinden, bittet sie den Arzt und die Diakonisse aufs rührendste um Vergebung, daß sie es ihnen erschwere. Wenn der Arzt zum Verbinden kommt, bittet sie oft Gott mit lauter Stimme, daß er ihr Kraft geben und ihr beistehen wolle. Die Diakonisse ist der gute Engel im Hause; immer getrost und freudig geschickt zu Allem und unermüdlich pflegt sie mit warmer Liebe Leib und Seele ihrer Patientin, mit der sie sich aufs zärtlichste befreundet hat. Und nicht sie allein, die ganze Schwesterschaft nimmt den innigsten Antheil an unserer armen Kranken, sie Alle in Bethanien, wie in Bernburg und anderen Stationen, vereinigen sich im Gebet mit unserer Schwester Amalie für Elisabeths glückliche Heilung. Aus täglich einlaufenden Briefen von den Schwestern sehen wir wie ernstlich Allen dieser schwere Fall auf dem Herzen liegt und solche Gebetsgenossenschaft ist uns vom höchsten Werth. Wunderbar! aus unserer verderbten, glaublosen Zeit schießen diese Schwesterhäuser wie Paradiesesblüthen auf. Das protestantische Deutschland zählt immerhin schon 1200 barmherzige Schwestern obgleich kaum der dritte Theil der sich meldenden als qualificirt aufgenommen werden kann. Die Schwestern jeder Anstalt stimmen ab darüber, ob sie eine Novize in ihren Orden aufnehmen wollen oder nicht, so kommen unlautere und ungeschickte Elemente so leicht nicht hinein. Der Zusammenhang und die Liebe Aller unter einander ist wahrhaft rührend und erbaulich. An der Oberin, einer Gräfin Stolberg (Tochter des Grafen Anton) hängen sie wie an einer leiblichen Mutter; auch kann eine solche nicht zärtlicher an eine leibliche Tochter schreiben, als diese es an unsere Schwester Amalie thut. Ich glaube, daß heut zu Tage solche Schwesternhäuser die größte Wohlthat sind, die Fürsten ihrem Volk erweisen können.

*Am 8t Nov.* So eben Dein und Helenens liebe, theilnehmende Briefe. Gott segne Euch für Eure Liebe! Und auch Ihr habt, und fast zur selben Zeit mit uns, ein so schauderhaftes Brandunglück erlebt. Es steckt doch eine teuflische Bosheit in uns Menschen, daß sich so viele Brandstifter unter uns finden. Wohl glaube ich Dir, daß Du den Eindruck jener Nacht nie vergessen wirst. Ihr armen lieben Geschwister! Ach ja – könnten wir es doch recht begreifen, daß die Leiden dieser Zeit nicht werth sind der Herrlichkeit, die unser wartet; könnten wir überhaupt recht *glauben* wie wir sollten, wir hätten auch mehr Kraft. Unglauben ist Schwäche, und ich bin krank an dieser Schwäche. Ach mein lieber Bruder die letzten Tage waren so schlecht, daß ich kaum noch ein Fünkchen Hoffnung habe für mein armes, geliebtes und so geduldiges Schäfchen. Ja ich muß jetzt beten: Herr errette oder mach' ein Ende! – So eben kommt Ziegler herein und bittet mich Wilms noch einmal kommen zu lassen. Ich habe gleich telegraphirt und hoffe in einer Stunde auf Antwort. Daran knüpft sich wieder etwas Hoffnung, oder wenn auch das nicht, so freue ich mich noch etwas für meine Elisabeth thun zu können. Ich kann die Buchstaben kaum erkennen durch die Thränen und doch ist es mir tröstlich gegen meinen besten Freund auf Erden klagen zu können. Was dieser Verlust mir wäre, kann ich gar nicht aussprechen, jetzt gerade da das liebe Kind aus Gott geboren ist und ich hoffen könnte in ein so inniges Verhältniß zu ihr zu treten wie nie zuvor. Was ich so lange ersehnte, hat Gott gegeben, und nun geht sie wahrscheinlich hin bis zu einem Wiedersehen in der Ewigkeit. Auf diesen Brief, mein lieber Bruder, wird schnell ein anderer folgen mit Nachricht der Entscheidung. Herzlichst grüßen wir: Julchen, ich und Anna Dich, die liebe theuere Elmine und Helene.

Euer alter zerbrochener Bruder Wilhelm

## N° 125

Ballenstädt 19. Nov. 1862

Mein theurer Gerhard!
So eben erhalte ich Eure lieben Geburtstagsbriefe, von Dir, von Elmine und von Helene. Mein Adolph las sie in der Familie vor – ach in welchem Trauercirkel! Mein lieber Bruder! Am 17t Morgens 4½ Uhr ging unsere liebliche Elisabeth heim in die Arme der ewigen Liebe. Um 1 Uhr ließ die Diakonisse mich rufen, sie habe nach mir verlangt. Als ich zu ihr kam, sah sie mich groß an, ich setzte mich zu ihren Häupten, legte die Hand auf ihre Stirn und sagte ihr ich würde die Nacht nicht von ihr weichen. «HerzensVaterchen!» das war das Einzige was sie noch sprach. Sie schlief dann ein, der Athem ging immer schwerer, halb 5 stockte er. Um 6 ging ich zu meiner Frau, die überredet worden war diese Nacht zu schlafen und bis dahin der festen Zuversicht gelebt hatte, daß Gott ihre Gebete erhört habe und ihr Kind retten werde. Bis diesen Augenblick hatte sie alle ihre Kraft und Frische behalten – nun brach sie zu-

sammen, konnte nicht allein stehen und kann es auch jetzt noch nicht. Sie ist bis jetzt *ganz trostlos*. Ihr Lebensglück hing an diesem Kinde, das der Schmuck und die Freude ihres Lebens war, sie mit Pflege, Sorgsamkeit, Aufheiterung aller Art umgab. Sie kann diesen Verlust nicht begreifen, stiert in ein leeres Leben, und ich stehe vor ihr mit der äußersten Besorgniß, daß ihr das Herz bricht, des meinigen selbst kaum mächtig. Nachts liegen wir zusammen Hand in Hand, an Schlaf ist kaum zu denken, höchstens auf ein Stündchen. «O mein allerliebstes Kindchen!» Das ist fast das Einzige was sie spricht. Ich bete laut für sie da sie nicht beten kann; doch liebt sie, daß *ich* bete und schließt sich an: ach ja! ach ja! – Ich weiß nicht – ich glaube ich könnte sie jetzt nicht auch verlieren. Anna sieht aus wie ein seliger Schatten. Sie wendet alle Kraft an, die Gott ihr schenkt und steht dem Hauswesen vor – aber sie ist ja selbst noch krank, unser Verlust geht ihr auch nicht weniger zu Herzen als uns Anderen. Gott erhalte sie. Benno bleibt 8 Tage hier, auch Adolph, der gestern Morgen kam, bleibt. Die Kinder sind ganz prächtig, umringen und umgeben die Mutter mit Zärtlichkeit und Liebe. O Gerhard – welch ein Leben!! – Prinzeß Louise sitzt Vor- und Nachmittags stundenlang bei uns wie eine Schwester, selbst gestern an ihrem Geburtstage. Die alte Herzogin von Holstein sendet Speisen für das ganze Haus, überreichlich, sogar für die Leute. Gott segne sie für diese Liebe wie überhaupt alle unsere Freunde und Nachbarn. Nachbar Brinckmeier nimmt mir die ganze Begräbnißsorge ab. Heute endlich ist die Sonne durchgebrochen, heiterer Himmel, Reif und Frost, nachdem fast die ganze Krankheitszeit hindurch ein dicker undurchdringlicher Nebel auf uns lag. Details vom Sterbelager kann ich noch nicht geben, ich bin dazu noch zu wund – begreife eigentlich nicht, daß ich noch lebe. Es ist eine furchtbare Zeit – doch auch gnadenreich. Mit welcher Innigkeit unsere Elisabeth sich an ihren Heiland angeschlossen, ist nicht zu sagen, ihr nach blickt der ganze Freundeskreis nach Oben, schnappt nach Himmelsluft. Es ist eine Weckstimme durch Ballenstädt erschollen vom Himmel her. Elisabeth ist auch für ihre Freundinnen mit gestorben. Auch die steinalten Bardua's sind davon angethan und wenden sich zu Christo dem Erlöser; sie sind mir unbeschreiblich lieb geworden. Ich sitze hier im Kreise der weinenden Familie. Besuche gehen aus und ein. Es ist ein einziges kleines Unterzimmer (dasselbe welches Helene bewohnte) wo wir immer Alle bei einander stecken. Uebermorgen Nachmittag soll die Beerdigung sein. Gott halte seine Hand über Eure liebe Emma, die bei Abgang Eures Briefes erkrankt war. Gott segne sie und Euch Alle, Ihr so einzig und unbeschreiblich geliebten Menschen und Geschwister! Auf Dir, mein Bruder liegt's auch schwer. Gott stütze Dich! Alle die Meinigen grüßen Euch herzlichst.

## N° 126 Ballenstädt 12. Dec. 1862

Mein alter herzlich geliebter Bruder!
Tausend Dank für die herrlichen Briefe von Dir, Elmine und Helene, voll tröstlichem Zuspruchs. Gott wolle Euch segnen für Eure große theilnehmende Liebe, die so sehr wohl thut. Ja, mein lieber Gerhard, wohl ist es ein Jammer, daß Du nicht zu mir kommen kannst; wir würden etwas an einander haben, denk ich, und uns das Herz ausschütten, uns manches sagen, was man ungeschrieben läßt. Ich sehne mich zuweilen schmerzlich nach einer Aussprache wie sie mir vielleicht nur gegen *Dich* möglich wäre. Gott der Herr hat uns aber Beide angepflockt, und immer erkenne ich's als ein Gnadengeschenk, daß Du noch unter den Lebendigen bist und wir uns wenigstens schreiben können. Jetzt mußt Du es schon leiden, daß ich Dir noch von meinem Töchterchen erzähle, deren Bild mich nicht verläßt wie sie so daliegt, lang ausgestreckt auf ihrem Marterbett, nicht der geringsten Bewegung mächtig – nur ab und zu verzieht sich die schöne Stirn zum Weinen, aber Thränen fehlen schon seit langer Zeit. «Mein herzliebes Vaterchen!» sagt sie mit dem Ausdruck wehmüthigster Zärtlichkeit – und ich kann ihr nicht helfen! – Als Julchen und ich die erste Nacht bei ihr wachten, sprach sie viel in Phantasien. Einmal sagte sie langsam in ihrer Weise und mit der süßesten Stimme: «Nehmt bitte – doch das große Tuch weg – das große schwarze Tuch!» – «Da ist kein Tuch.» – «O ja, Papa! Da über mir an den 4 schwarzen Spießen – der große Vorhang – sieh doch nur hin – da ist er ja. Bitte nimm ihn doch weg – er benimmt den Athem.» Ich dachte an den Baldachin, der hier bei Leichenbestattungen an 4 Stangen über dem Sarge schwebt, und es ging mir durch's Herz. Kurz darauf sagte sie: «Laßt es nur liegen – wir wollen es nicht fertig machen – das Schreckenskleid – Wenn Eins stirbt – das mag es ankriegen.» Sie hatte die Tage vorher mit großem Fleiß und größerer Unlust an ihrem Ballkleide genäht. Einer Freundin, die verreiste, hatte sie gesagt: Du bist glücklich, daß Du nicht auf den Ball brauchst. Sie war überhaupt, als die

Herzogin von ihren Sommerausflüchten zurückkehrte, den beginnenden Winterfreuden mit Grausen entgegengegangen, wiederholendlich klagend, daß nun das Putzen wieder angehe. Als ich an ihrem Krankenlager mit der Schwester Amalie einmal vom Tanzen sprach, sagte sie: «Gottlob das ist vorbei». Ach es war mehr vorbei, das ganze Erdenleben. Davon hatte ich seit jener Vision die sichere, nur momentan durch einzelne Hoffnungsstrahlen unterbrochene Ahnung, die mich in namenloser Angst und Unruhe umtrieb. Ich konnte nur wenig um die Kranke sein, weil ich fürchtete die Fassung zu verlieren und keine Besorgniß zeigen wollte. Ich meinte Elisabeth dächte nicht an ihr nahes Ende und wollte ihr die Aussicht auf Genesung nicht trüben. O wie irrte ich! Nachher erfuhr ich von der Diakonisse, wie sicher mein Kind den Tod erwartet hat. Am letzten Abend hatte Elisabeth nach mir verlangt. Ich saß lange bei ihr, sie phantasirte viel, doch kannte sie mich immer und hörte auf mein Zureden. Als sie ruhiger und klarer wurde, betete ich ihr das Lutherlied vor: «Aus tiefer Noth usw.» Ich küßte sie dann auf die Stirn und segnete sie. «Mein herzensliebes Vaterchen!» Das klang mir wie ein Scheidegruß. Ich sagte der Schwester, wenn die Kranke nach mir verlange in der Nacht, mich auch nur nenne, mit oder ohne Phantasie, so wolle ich gleich gerufen sein. So ging ich zu Bett. Im Krankenzimmer wachten die Schwester und eine Wartefrau. Julchen war vom Doctor überredet worden sich niederzulegen. Etwa um 1 Uhr oder 1 ½ ward ich gerufen. «Nun ist der Papa da» sagte die Schwester bei meinem Eintritt. Ich trat ans Bett. «Vaterchen» das war das letzte Wort, das Elisabeth gesprochen hat. Ich setzte mich zu ihren Häupten, legte ihr die Hand auf die Stirn und sagte ihr ich würde bei ihr bleiben; noch näher sei ihr unser lieber Heiland und halte sie fest umfangen in seinen Liebesarmen. Elisab. athmete kurz und schnell und schien sehr unruhig. Ich betete still. Die Schwester flößte der Kranken von Zeit zu Zeit etwas Wasser ein: Die Wartefrau hatte sie weggeschickt. Nach etwa einer Stunde schrie mein armes Kind laut auf. Ich berührte ihre Stirn und sprach den Segen. Darauf schien sie einzuschlafen, athmete tief und schwer in langen Zügen. Ich frug die Schwester leise, ob das ein natürlicher Schlaf sei? Sie sagte: «Nein.» Hat Ziegler das vorausgesehen? «Ja diese Nacht oder morgen früh.» Da kam von oben her eine wunderbare Stärke und Freudigkeit über mich. Es sang fortwährend etwas in meinem Innern den 1sten, 11$^{t}$ und 12$^{t}$ Vers des Liedes «Warum sollt' ich mich denn grämen.» Diese Verse traten plötzlich mit großer Lebendigkeit in mein Gedächtniß und immer von neuem wieder sang ich sie in meinem Geiste, hatte Trost und Erquickung daran. Unterdessen ward der Athem meines Kindes immer tiefer, ruhiger und etwas rasselnd. «Nun wird Gott der Herr bald kommen!» sagte die Schwester. Ich sprach mit leiser Stimme noch einmal den Segen, indem ich das Zeichen des Kreuzes über Haupt und Brust meines Kindes machte. Dann sang es wieder in meinem Herzen: «Herr mein Hirt, Brunn aller Freuden usw.» Es war als faßte ich meinen Heiland bei der Hand und ich war stark in seiner Kraft. Um 4 Uhr etwa hörte der Athem auf wie abgeschnitten. Kein Zuck in dem schönen ruhigen Gesicht. Mein allerliebstes Kind war todt. Eine Stunde blieb ich noch mit der Schwester in stillem Dankgebet; dann trieb sie mich fort, weil Benno, der unten bei mir schlief, sich über mein Ausbleiben beunruhigen könne. Als ich zu ihm kam, richtete er sich rasch auf und ich schloß ihn in meine Arme, weinte mich mit ihm aus, dann dankten wir Gott mitsammen. – Nun aber kam das Schwerste. Ich ging zu Julchen, die ich halb gekleidet auf dem Sopha fand. Sie war erstaunt mich eintreten zu sehen. Ich sagte die Angst ließe mich nicht schlafen. Sogleich war sie auf den Füßen. Sie könne auch nicht schlafen seit ein paar Stunden und hätte eben aufstehen und zu Elisabeth gehen wollen. Darauf sah sie mich mit großen Augen an: Es ist doch nichts vorgefallen? Ich brach in Thränen aus, zog sie an mein Herz und sagte: Unser Kind hat Frieden! – Nun folgte eine Scene, die ich nicht beschreiben kann. Julchen brach zusammen wie ein geknicktes Rohr. O Gott, was liebt doch ein Mutterherz so tief. Ich glaubte sie würde auf der Stelle sterben. Sie hatte bis dahin fest an Wiedergenesung geglaubt. – Nun schreibe ich noch etwas ab aus einem Briefe der Schwester Amalie an Anna vom 29. November:

.........«Wie viel ließe sich noch sagen aus der Erinnerung unserer lieben, so, ach so sehr seligen Elisabeth. Ich bin zerknirscht und zermalmt wenn ich an ihre tiefe, demüthige Beugung unter Gottes gewaltige Hand denke. Wie war ich oft in Staub geworfen an ihrem Krankenbett wenn sie so voll Glaubensfreudigkeit und mit lauter Stimme ausrief: «Ach wie glücklich bin ich doch, daß ich meinen Heiland bei mir habe und ihm sein Kreuz nachtragen darf» – «Nicht wahr, liebe Schwester», sagte sie einmal «der Herr Jesus hat doch noch viel mehr gelitten als ich; er hat Blut geschwitzt –

ich schwitze nur Wasser.» Besonders rührend war sie in den letzten 8 Tagen, wo sie das nahe Abscheiden voraussah. Da faßte sie ihren Herrn mit stürmischer Liebe. O ich vergesse es nicht, als ich eines Abends kurz vor dem Abendbrod ein Gespräch mit ihr über die Seligen hatte. Sie fragte mich über ihr Thun und Wirken. Da las ich ihr Offenbarung 7 vor. Vom 9t Verse wurde sie ganz strahlend und sagte: «Ach, dann bekomme ich auch ein weißes Kleid und eine Palme in die Hand!» Unterdeß kam das Abendbrod. Als sie ihr Wassersüppchen zur Hälfte verzehrt hatte, sagte sie: «Ich kann gar nicht essen vor Freude wenn ich daran denke, daß ich einst immer einstimmen darf in das Loben der Seligen, und ohne Schmerzen sein werde und ohne Sünde. Aber ach! wie soll ich das Glück ertragen, wenn meine Eltern und Geschwister es nicht theilen.» Dann brach sie in Thränen aus: «Ach mein armes Mutterchen! könntest Du mit, daß Du auch glücklich wärst!» In dieser Nacht hatte sie viel Schmerzen, so daß sie kaum bleiben konnte und manchmal ungeduldig zu werden begann. Das merkte sie alsbald und meinte es wäre Sünde. Sie bat es gleich ihrem Heiland ab unter vielen Thränen, bat in so kindlich rührender Weise um Geduld bis zum letzten Stündlein. «Ach komm' doch bald mein Heiland, erhöre mich doch einmal, hole mich zu Dir und erlöse mich aus meiner Qual – ach Herr erbarme Dich doch über mich!» Als es Tag ward, sagte sie: «Nun kann ich danken daß Du mir wieder durch die lange schwere Nacht geholfen!» «Aber nun der lange Tag! Ach möchte es der letzte sein! Fünf Wochen schon! und nicht genug?» Dann sagte sie: «Das war wieder sündlich. Verzeihe es mir, daß ich so wenig tragen kann, ich bin noch nicht geschickt für Dein Reich, kann noch nicht Deine Braut sein. Du mußt mich erst noch läutern im Ofen des Elends.» Wenn die Schmerzen zu groß wurden, sagte sie: «Liebes Schwesterchen! einen einzigen Spruch!» und den faßte sie dann und sagte ihn so lange bis es ganz stille in ihrer Seele wurde. Oft frug sie mich: «Sind wir allein?» und wenn ich das bejahte: «Ach dann wollen wir beten!» O wie hat sie beten gelernt auf ihrem Schmerzenslager, daß ich oft tief beschämt war. Wie sie betete, das bezeugen ihre fast letzten Worte: «Ich kann gar nicht mehr recht beten. Ich kann wohl beten, aber nicht ohne Unterlaß.» Ach wie war sie begnadigt von dem treuen und gnädigen Gott, daß sie unter den namenlosesten Schmerzen doch nichts konnte als loben und danken. Wie danke ich es dem Herrn daß er ihr ein so gnädiges Ende bescherte, auch in Bezug auf ihre

Schmerzen. Denn sie war in den letzten 2 Tagen fast ganz ohne Schmerzen. Und daß sie in diesen beiden Tagen viel abwesend war, war auch Gnade. Vorbereitet war sie auf ihren Heimgang, sie ging ihrem Herrn entgegen wie eine geschmückte Braut dem Bräutigam. Ach er hat sie so lieb gehabt, darum hat er sie sich also zubereitet. O könnte ich doch bei ihr sein an der Seite meines Herrn und Heilandes Jesu Christi, und mit ihr das Dreimal-Heilig singen!» usw.

Unser Leben ist etwas öde, weil wir nach dem Verluste, den wir litten, schwere Herzen haben und überdem Alle unwohl sind. Marie Krummacher aus Potsdam wollte zu uns kommen, was eine Wohlthat gewesen wäre, da sie nicht allein sehr mittheilend ist, sondern auch ununterbrochen vorlesen kann. Da aber die gute Valentiner schon bei uns war, so hatten wir keinen Platz. An ihr aber haben wir nun eine neue Sorge, denn es zeigt sich, daß sie in Folge von Elisabeths Pflege auch ganz krank ist. Sie bringt ihre Nächte aufrecht sitzend mit Herzklopfen und Beängstigungen zu und überdem hat sie sich den ganzen Theekessel auf den Fuß gerissen und diesen jämmerlich verbrannt, so daß sie nicht auftreten kann und fortwährend Schmerzen leidet schon seit 8 Tagen, und unter 4 Wochen wird sie kaum wieder werden. Vorlesen kann Keiner von uns, außer Anna etwa ein halbes Stündchen. Ich zeichne Abends, wie in der Jugend, und möchte gern, daß dazu gelesen würde. Statt dessen sitzt den ganzen Abend das Zimmer voll Besuch, der oft so zahlreich wird, daß ich aus der Haut fahren möchte. Gewöhnlich theilen wir uns dann; meine Frau sitzt mit den jungen Mädchen, die mit großer Zärtlichkeit an ihr hängen, unten, ich mit den älteren Personen oben. Von 8 Uhr an sind wir allein, essen etwas und ziehen dann wieder auf mein Zimmer. Dann wird wohl etwas gelesen, aber die Augen verdrehen sich bald. Julchen, die Valentiner und Anna schlafen gewöhnlich ein, die Hunde desgleichen schnurgeln auf meinem Lehnstuhl, und ich selbst lege mich häufig mit meiner Pfeife auf die Erde, das Herzklopfen zu beschwichtigen. Um 10 gehen wir zu Bett, und dann kann Keiner ordentlich schlafen, am wenigsten Julchen, die an schrecklichen Beklemmungen leidet. Unser armer Arzt hat sich mit Elisab. so angegriffen, daß er nun auch zu Bett liegt. Desgleichen die alte 70jährige Geheimräthin Kersten, welche sechstehalb Wochen lang jeden Morgen beim Verbinden war und rüstig Hand anlegte. – Auf die Nacht folgt nicht der Tag, erst kommt die Dämmerung und in dieser werden wir wohl noch lange stecken. –

Auch bei Euch, Ihr Geliebten, scheint Dämmerung zu sein. Aber es ist ja Gottes Weg, den Seinigen die Erde zu vergällen damit das Auge sich erhebe zu den Bergen, von denen die Hülfe kommt. Ach könnten wir unseren Heiland erst fassen wie Elisabeth es konnte – aber wir haben auch nicht gelitten was sie gelitten hat, oder doch auf andere Art; denn ein geliebtes Kind zu Tode martern zu sehen, ist freilich auch ein Leiden, aber ein Leiden, das fast scheu macht. Was ich gewonnen habe, ist *Furcht* vor dem allmächtigen Gott, vor welchem ich im Staube liege. Daß ich seinen heiligen Namen früher oft leichtfertig gebrauchen konnte, brennt mir jetzt auf dem Gewissen, und ich kann es nicht begreifen. So lange gelebt mit christlichem Wissen – und was ist die Ausbeute gewesen? Ich bin arm und nackt und bloß, und wüßte nicht was ich antworten sollte, wenn der ewige Richter mich heute früge: was hast Du mit Deinen Pfunden gemacht? Jetzt wünsche ich noch zu leben um sterben zu lernen. – Gott Lob und Dank, der Euch Eure Emma erhalten hat! Er wolle es in Gnaden auch ferner thun, Euch und Eure lieben Kinder segnen und bewahren und es genug sein lassen an den Nackenschlägen, die ihr schon empfingt. Ja Amen! Auch in Deiner Wirthschaft wolle er Dir mehr Freude geben, Du Armer! und das wird er auch – unser Herr ist ja auch ein Ackersmann. Die bäuerlichen Verhältniße mögen schwer genug bei Euch sein, da gilt es gewiß recht beten, den Muth frisch zu erhalten. Aber mit Gebet kommt man auch durch den Dickigt. – Es ist doch wunderbar wie Gott mir half im Sterbestündlein meines lieben lieben Kindes. Ohne ihn wär's nicht gegangen, denn ich bin über die Maßen schwach am Körper wie am Geist.

Grüße Helene herzlich und danke ihr für ihren lieben Brief. Sie wird es mir verzeihen, daß ich ihr nicht besonders schreibe, ich habe zu viel zu schreiben und kann mich an ein und dasselbe Haus nicht theilen. Du theure liebe Elmine! Dir gilt dasselbe. Julchen und Anna grüßen auch und haben Euch sehr lieb. Lebe wohl, mein Geliebter, und erfreue bald wieder mit einiger Nachricht

Deinen alten Bruder

Nº 127 Hoym 16. März 1863

Mein Herzensbruder!

Es ist nicht zu sagen wie ich staune, daß Du bei Deiner enormen Schreibunlust doch einen so herrlichen, ausführlichen und gedankenreichen Brief hast können zu Stande bringen wie Deinen letzten. Ich wollte ich könnte, bei meinem gleichen Abscheu vor jeder Art von Federn, von Tinte und Papier und vor Allem miteinander, Dir mit einem ähnlichen Labsal lohnen. Ich werde aber auch immer dümmer und weiß nicht, wenn das so fortgeht, was mit uns beiden werden soll. Wir werden uns zuletzt, wie jener Benkendorff der den Briefträger fragen mußte wie er hieße, nicht mehr auf unsere eigenen Namen besinnen können. – Fünf ganze Monate habe ich nun als ein an Leib und Seele geschlagener Mensch, unfähig zu allem Ding, in meinem Trauerhause bei meiner armen noch viel tiefer geschlagenen Frau gesessen. Endlich hat mir ein großes Pechpflaster über das ganze rechte Bein wenigstens wieder auf die Beine geholfen, und ich habe meinen Dienst, zuerst in Hoym, wieder angetreten. Ach es war wehmüthig die Fahrt heraus, weil sie mich an die letzte Fahrt herein erinnerte, und der Eintritt hier in das große öde Zimmer, wo ich die Schreckenspost erhielt, und der Gedanke zurück an's Haus wo die freudige Elisabeth mir nimmer wieder entgegenkommen wird. Ich hatte das Gefühl als sei ich selbst gestorben und spuke hier im Schloß, dessen Bewohnern ich wie aus dem Grabe erstanden erscheinen mußte, so lebhafte Freude sprach das ganze Personal aus, mich wieder unter sich zu sehen. Einer nach dem Andern kam auf mein Zimmer, Kastellan, Koch, Lackaien, Stalleute und Musiker, Alle wollten mir die Hand drükken. Das machte mir doch große unverhoffte Freude – und vollends mein alter Herzog! Er ließ meine Hand gar nicht wieder los: «Ich habe Ihnen doch recht sehr bedauert, ja recht sehr, recht sehr, – und ich muß Ihnen doch sagen, daß ich immer an Sie gedacht habe, und weil sie so lange nicht wiederkamen und immer nicht, da habe ich doch recht gehofft, daß ich Sie noch einmal wiedersehen würde.» Ich fiel wie aus den Wolken bei dieser plötzlich losbrechenden langen Rede, denn mein armer Herr redet sonst gar nicht mehr, scheint nur noch zu vegetiren. Es gehört ein Ereigniß dazu seine schlummernde Seele zu wecken. Man sieht aber doch, daß das Herz noch da ist und lebt. –

Der Hakel, den ich aus meinem Fenster sehe, ist weiß, hier regnet es blos. Wir haben keinen Winter gehabt. Seit 4 Wochen blühen Schneeglöckchen, Leberblumen, Veilchen, Seidelbast und dergleichen Frühlingspöbel, auch sind, mit Ausnahme der Frösche und Nachtigallen, alle Singvögel da, aber Frühling ist es doch noch nicht, und braucht es auch nicht, weil er erst heute über 8 Tage angeht. Daß Du Dich immer so vergebens auf das Frühjahr freust, geht auch mir hier so unter günstigeren Verhältnißen und das kommt von der uns durch Adams Fall angeborenen Undankbarkeit. Wenn auch sonst gar nichts wäre, so reichen doch an sich die langen Tage schon hin um überaus entzückt zu sein. Es war schrecklich im vergangenen Winter obgleich es eigentlich gar keiner war; aber Du wirst es auch empfunden haben: wo so viel Angst und Schmerzen und Todesnoth, da ist die Finsterniß gleich Hölle. Im Frühjahr wäre Alles leichter gewesen.

Möchtest Du immer so anregende Lectüre haben wie die Missionsberichte Hinderer's! Man sollte kaum glauben daß so geschmackvolle Namen im 19ten Jahrhundert noch vorkommen könnten; im 10ten hieß freilich Alles Popo, namentlich die hohe Geistlichkeit. Daß Du Mendelssohns italienische Briefe gelesen und genossen, macht mir Freude, da es mir eben so gegangen ist. Ich habe die Reife und Zahmheit dieses 20jährigen Knaben nicht genug bewundern können; es mag sein, daß er durch Witz wenig zerstreut worden ist. Das Interessanteste ist aber doch der Besuch bei Göthe, wie man sich denn über Göthe und Luther nie genug auswundern kann. Zwischen ihnen liegt kein einziger Name, auf den die Nation so stolz gewesen wäre. Ein anderes Buch, von dem Du mit Interesse schriebst, habe ich auch zu Gesicht bekommen, oder vielmehr zu Gehör, indem Benno, der es studirt, mir Einiges daraus vorlas: nämlich Auberlen über Daniel und die apokalyptischen Zahlen. Mir war die Sache aber zu gelehrt und schwierig um dadurch angeregt zu werden mir das Werk zu verschaffen. Ich bekümmere mich überhaupt nicht viel um die Offenbarung weil nichts daraus offenbar wird. Bengel habe ich noch mit Eifer studirt, seitdem aber auch er sich als unrichtig erwiesen, habe ich jede Hoffnung aufgegeben. Man sagt zwar die Weissagung werde erst verstanden wenn sie erfüllt sei, aber dann ist sie überhaupt nicht mehr viel werth, besonders wenn die Erfüllung erst mit dem Untergange der Welt eintreten kann. Interessant wäre es mir gewesen diese Dinge mit dem Meister Auberlen selbst zu besprechen, der nach Alexisbad kommen wollte, um da eine Kaltwasserkur zu gebrauchen und sich deshalb um Rath an Adolf Krummacher gewandt hatte. Dieser frug bei mir an – ich konnte aber, wenn ich gewissenhaft sein wollte, nur abrathen, so leid es mir that. – Jawohl! Wie sieht es in Berlin aus! Nun ich wußte es ja sicher, daß die neue Aera den Staat in den Dreck fahren würde. Da steckt er nun, und ob es Gott belieben wird ihn wieder heraus zu ziehen, ist abzuwarten. Jedenfalls hat der König jetzt einen Steuermann angestellt, der Alles in Schatten stellt was vor ihm an Ministern dagewesen. Es fehlt der oppositionellen Majorität wahrhaftig nicht an Intelligenz, doch ist Bismarck ihnen Allen bedeutend überlegen; seine kurzen kalten Reden schneiden bis auf's Mark, machen jede vernünftige Entgegnung unmöglich; es wird nur dagegen angezappelt wie Fische thun, die auf's Trockne gerathen sind. Diese Fische sterben aber nicht vom Trockenen, und wenn sie denn auch keine Gründe mehr anzuführen haben, so können sie doch beharrlich «Nein» sagen und es kommt nichts zu Stande. Daß es so nicht bleiben kann, sieht der große Karpfen Grabow selbst ein. Er ist neulich in vertraulicher Sendung zum Kriegsminister Roon gekommen (wie dieser selbst einem meiner Freunde erzählt) und hat ihm gesagt, daß wenn der König bewogen werden könnte Bismarck zu entlassen, so werde das Haus der Abgeordneten sich die übrigen Minister (lauter streng Conservative) gefallen lassen und das Armeebudget bewilligen. Ist das nicht das Aeußerste? Aus bloßem Haß gegen eine einzelne Person, dieser den Willen zu thun und etwas zu beschließen, was man bis dahin als das allgemein Gefährlichste bestritten hat – und Roon zum Mittelsmann machen, welcher ehe Bismarck eintrat, das scheußlichste Gespenst der Demokraten gewesen war. Die Sache mußte natürlich vor den König kommen, welchem indessen Bismarck rieth: «er möge ihn immer noch etwas liegen lassen, dann würde er noch bedeutend im Preise steigen.» Er ist ungeheuer witzig. Beim Eintritt der neuen Aera war er von Frankfurt, wo er Gesandter war, schon in's Ministerium berufen. Als er ankam war Auerswald ihm vorgezogen, aber um ihn zu entschädigen, schickte man ihn nach Petersburg und machte einige Entschuldigungen. «Ich verstehe, sagte Bismarck, Se. Majestät hält es für angemessen, mich wie eine Bouteille Champagner erst kalt zu stellen ehe ich verbraucht werde.» Seit geraumer Zeit wünscht das Abgeordnetenhaus nichts dringender als aufgelöst zu werden, um jetzt da das Volk noch nicht hinlänglich aufgeklärt ist, Jeder in seinem heimischen Kreise zu wühlen und auf die nächsten Wahlen zu drücken. Ein feuriger Redner erlaubte sich deshalb eine Interpellation und fragte in einer langen wohlstudirten Rede an, warum das Ministerium, das doch wahrscheinlich so viel Verstand habe einzusehen, daß es mit diesem Hause auch nicht das geringste Geschäft erledigen würde – und daß dies der Fall sein würde constatire er hiermit im Namen der Majorität – warum man also nicht so bald als möglich zur Auflösung der Kammer schritte, um bessere Wahlen zu erzielen? «Der Grund liegt darin – erwiederte Bismarck freundlich – daß wir beabsichtigen, das Land erst die nähere Bekanntschaft der Herren machen zu lassen.» Die volle Wahrheit zu hören, hatte man am wenigsten erwartet und war wie auf's Maul geschlagen. Es geht so mit allen Bismarckschen Entgegnungen, die stets so zutreffend sind, daß die Leute sich immer erst eine Weile besinnen müssen, ehe ihnen wieder ein neuer Gesichtspunkt einfällt. Es gehört wahrlich ein Mann dazu, sich gegen eine solche Zeitströmung zu stämmen! Du wirst meinen, es werde doch nichts helfen; aber einmal kann man das nicht wissen, und dann sollen wir thun was unseres Amtes ist und die Folgen Gott überlassen. Auch wird Bismarck täglich mit Dankschreiben und Adressen von 100 bis 1000 Unterschriften überschüttet aus allen Kreisen der Monarchie, die Conservativen, denen jetzt auch die Reste der Liberalen zufallen, bekommen wieder Muth, und sollten in Folge dessen die nächsten Wahlen besser ausfallen, so ist Alles gewonnen – wo nicht, so muß entweder die Verfassung über Bord, oder die ganze königl. Familie muß resigniren und das Land sich selber überlassen. Napoleon würde wohl wissen was er zu thun hätte. – In unserem Bernburger Lande geht es jetzt recht gut, obwohl man in der Weihnachtszeit noch dachte Schätzell würde auf offener Straße erschlagen werden. Jetzt küssen sie ihm die Hände und danken ihm für dieselben Maßregeln, die sie früher so bekämpften, mit Ausnahme natürlich der bewußten Demokraten, welche lieber im Saustall wohnen würden als in einem reichen geordneten Staate, wenn sie nur kommandiren könnten. Wenn es Dich interessirte, könnte ich Dir Bogen füllen über Schätzells kluges und männliches Regiment. Das Resultat ist, daß wir jetzt so reich sind, daß jeder Bürger unentgeltlich 3mal wöchentlich seine Zeitung mit politischen und Handelsnachrichten ins Haus kriegt, und von Ostern an alle directen Steuern wegfallen werden, wenn anders die Stände, die sich jetzt versammeln, darauf eingehen. –

*Am 17. März.* Heute ist das 50jährige Jubiläum der Freiwilligen von 1813, ein Fest das nach Parteiinteressen möglichst mißbraucht werden wird. Die Regierung ist indessen so klug gewesen die Initiative zu ergreifen, so daß sie das Heft in der Hand behält. Ich erinnere mich jener Tage noch wie heute – als Kersting von unserem Vater ausgerüstet wurde, und Theodor Körner in vollem Waffenschmuck bei uns eintrat. Weißt Du noch als wir die ersten Kosacken aus dem Bodenfenster sahen, wie sie aus dem Walde hervorkamen und ihre Pferde auf dem Sande tummelten. Dort pfeift jetzt die Locomotive an einem neuen Stadttheil vorüber, der Sand ist verschwunden. – Lebewohl mein lieber Gerhard und grüße alle die Deinen von Deinem alten Wilhelm.

## № 128

Ballenstädt 4. Mai 1863

Lieber Gerhard!
Dieser Brief ist für meinen einzigen Bruder nach Natur und Wahl, den Gott segnen wolle vom 11t bis zum 11t und weiter hinaus, daß er sein Lebelang unter dem Schutz und Schirm der Engel Gottes bleiben und allen Teufelchens ein Schnippchen schlagen möge! Für's Erste: Dank für Deinen Brief vom 22. März a.St., der die gute Nachricht von Helenens fortschreitender Besserung, und die üble von Timmo's Durchfall bringt (in der Matrikelangelegenheit). Timmo ist im Besitz sehr großer Eigenschaften, aber ein einziger Gran Eigendünkel macht einen ganzen Sack voll Tugenden zu nichte. Was aber will ein Gran sagen, hier ist wohl etwas mehr. Ich konnte mit Timmo nur verkehren so lange er ärmer und ungeschickter war als ich; sobald er mich überflügelt hatte, konnte er's nicht lassen mir dies fortwährend einzureiben, und dergleichen anzuhören ist nicht Jedermanns Sache. Wenn er vor Andern so unausgesetzt geprahlt hat wie vor mir, so kann ich es wohl begreifen, daß man ihn nicht zum Genossen wünscht.

Was Du, mein lieber Alter, von Deiner angeborenen Thorheit sagst, die sich hinter äußerem Ernst verbirgt, gilt in weit höherem Maße auch von mir. Ich bin ein bodenlos leichtsinniger Patron mit solider Maske. Ich habe mich aber endlich in meine Unnatur ergeben, da ich weiß, daß doch Niemand über sich hinauskommt, Keiner seiner Länge eine Elle zusetzen kann. Und auch Gott, dem man gern dienen möchte, macht Einen nicht größer sondern immer kleiner. Vor Alters mag's heilige Männer gegeben haben, jetzt sind sie aus der Mode. Wo man Einem, der in diesem Geruch steht, näher tritt, da verschwindet auch der Nimbus und man stößt auf Hochmuth, Eitelkeit, Völlerei, Heuchelei, Afterweisheit, kolossale Dummheit oder dergleichen unangenehme Abstracta. Ob es wohl je anders gewesen ist? «Ebert! es scheucht ein trüber Gedanke mich in die Melancholei!» Ich tröste mich bei solchen Wahrnehmungen damit, daß ich eine zu kritische Natur bin. Glücklichere Naturen wie Göthe und mein Schwager Fried. Krummacher sehen jene Schatten gar nicht vor den Lichtern, die ja auch nicht fehlen; das Licht überstrahlt ihnen den Schatten – mir verdunkelt der Schatten das Licht. Das kann man tadeln wenn man will, zu bessern wird's schwerlich sein. –

Kürzlich besuchte uns Fritz mit seiner ganzen Familie, und war hier, in stetem Entzücken über alle Menschen und Sachen die er sah, ein angenehmer Gast. Er hat ein furchtbar großes, bös aussehendes pockennarbiges Schreckgesicht, mit langen weitabstehenden grauen Haarbüscheln und Locken, die ihm, namentlich wenn er aus dem Bette fährt, ein ganz entsetzliches Ansehen geben. Nun war es jüngst vorgekommen, daß seine alte Frau sich in der Nacht gedrungen fühlte ein Licht anzuzünden um sich nach loco tertio zu begeben. Da sie ungewöhnlich lange ausblieb, wurde Fritz besorgt, konnte es im Bett nicht mehr aushalten und stand auf um sie zu suchen. Licht hatte er nicht. Er mußte sich daher im Finstern die Treppe herunter tappen und gelangte so mit aller Vorsicht bis auf die Hausflur, welche durch eine Glasthür in zwei Hälften getheilt ist. In demselben Augenblick nun, da er diese Thür erreichte, langte auch Lotte von der anderen Seite an und erblickte nun plötzlich beim Schein ihres Lichtes hinter den Scheiben jenen furchtbaren Struwelpeter. Das Licht fallen lassen und laut aufschreien war Eins so daß die Töchter, die unten schliefen, aus den Betten flogen und herbei stürzten. Als Lotte sich endlich beruhigt hatte, sagte sie noch ziemlich ungehalten: «Das sag ich Dir aber, Fritz, jetzt in allem Ernst, daß Du mir das nit wieder machst!» Lotte ist nämlich aus Frankfurt. Fritzens waren gekommen um ihre Tochter Marie abzuholen, welche den dunkelsten Winter unseres Lebens treulich mit uns verlebt hatte, und an ihrer statt uns Bertha hierzulassen. Diese Marie war so recht etwas für mich, und ich hatte so viel Genuß an ihrer Art und Weise, daß sie mir ordentlich fehlt, obgleich auch Bertha ein gutes, liebes Mädchen, in vielen Stücken sogar vorzüglicher, ja meine alte Specialin ist. Julchen und

Anna haben jedenfalls gewonnen durch den Tausch, da sich's mit Bertha bedeutend leichter verkehren läßt. Uebrigens sind alle vier Schwestern ausgezeichnet, eine wie die andere. Von der Potsdamer Gesellschaft haben sie folgende sehr treffende Prädicate bekommen: Mathilde heißt die «Talentvolle», Bertha die «Liebenswürdige» Marie die «Geistreiche», Lorchen die «Kluge». Mathilde ist übrigens auch noch ein Weilchen bei uns geblieben und macht durch ihre naive Lebhaftigkeit und ihr fortwährendes Schaffen viel Leben im Hause, das uns Allen, auch meiner armen in Traurigkeit immer noch versunkenen Frau sehr wohlthut und sie wenigstens auf Augenblicke aus ihrer Melancholie herausreißt. Vorgestern gelang es mir zum ersten Mal mein armes Julchen zu einer Landpartie zu überreden. Wir gingen nach dem Sternhause. Ich hatte Waldwege gewählt, die wir mit Elisabeth niemals gegangen waren, um keine Erinnerungen wach zu rufen. Julchen mochte aber doch ihre Gedanken nicht abwenden können von dem fröhlichen singenden Kinde, deren allergrößtes Vergnügen dergleichen Gänge gewesen waren und die nun fehlte. Sie weinte daher immer still vor sich hin und nachher noch fast die ganze Nacht durch. Es ist herzzerschneidend; ihr ganzes Wesen ist umgestimmt aus Heiterkeit in Herzeleid und Schwermuth und ich bin ziemlich rathlos. Gott wird ja Wege zeigen. –

*Am 5. Mai.* Für gestern hatte uns Nathusius auf den Stufenberg eingeladen, den ich seit unseres Kindchens Tode nicht gesehen, weil auch er den ganzen Winter hindurch krank war, und nach dem ich ein Verlangen hatte. Julchen wollte natürlich nicht mit und Anna blieb bei ihr; ich ging allein mit Bertha und Mathilde und zwar gleich nach Tische. Der ganze Himmel war überzogen und wir trugen Jeder einen Regenschirm; bald aber brach die Sonne durch und strahlte uns mit einer Energie an als stünden ihrer zehn am Himmel. Die guten Mädchen nahmen mir den Rock ab und ich ging in Hemdärmeln Schritt vor Schritt ¾ Stunden lang bis zum Stufenberge, wo wir alle Drei in Schweiß gebadet ankamen. Unbegreiflich, wo in diesen «späteren Zeiten» immer noch die Hitze herkommt. Wir trafen eine ungeheure Gesellschaft von Männern und Frauen, Mädchen, Jünglingen und Kindern, die sich unter Blüthen mit Kaffe, Thee oder Maitrank erlustirten. Und da war auch ein Herr von Harpe aus Ehstland, der sich als Landsmann vorstellte und als alten Bekannten. Ich hatte keine Ahnung davon, daß er in der Welt sei; er aber behauptete mich vor Olims Zeiten in Reval gesehen und mit Dir in Dorpat studirt zu haben, kannte auch alle Menschen von ehemals, so daß es mir ganz wohl mit ihm ward. Von ihm erfuhr ich, daß Du noch ein sehr schöner Mann seist, was mich recht beglückte. In 8 Tagen reist er nach Hause und will Dich grüßen, wozu ich ihn übrigens nicht aufforderte, weil ich fürchten mußte, daß er davon Anlaß nehmen könnte Dich zu besuchen. Es ist doch merkwürdig wie mich Alles bewegt und anheimelt, was mich an jene längst abgeschwundene Jugendzeit erinnert. Jetzt fallen mir noch tausend Fragen ein, die ich jenem Manne hätte thun können mit dem wir wahrscheinlich auch verwandt sind; ich war aber allzu zerstreut durch Hitze und große Gesellschaft. Wir kamen erst um 8 ½ Abends nach Hause und fanden wieder große Gesellschaft vor am langen Tisch schmarotzend, nämlich die Valentiner, den Propst Scholtz und den Judenmissionär Schulz, einen Fremden, der uns aufgesucht hat, obgleich wir nicht in seiner Kirche waren. Dieser Mensch reist fortwährend herum und predigt alle Tage in Städten und Dörfern wo er ankommen kann, und füllt alle Kirchen bis zum Platzen. Hier in Ballenstädt wo sonst wenige zur Kirche gehen, hat er vier Tage hinter einander gepredigt, immer in den Abendstunden, und immer bei so gefülltem Hause, daß kein Apfel zur Erde konnte. Gedanken, Geschichten, Gedichte strömen ihm zu ohne abzureißen, er würde Tag und Nacht in einem fort predigen können, wenn anders der Körper es aushielte. Ebenso unerschöpflich war auch seine Unterhaltung bei uns, mir in so fern ganz erwünscht als ich im hohen Grade erschöpft war und selbst nichts beitragen konnte. Und er war am Abend bei uns nachdem er schon den ganzen langen Tag in einem fort geredet hatte. Das sind die von Gott gemachten Prediger; von Menschen hat er's nicht, da er weder ein Examen gemacht hat noch ordinirt ist. Er ist wie ein Komet unter der geordneten Schaar von Planeten. Nächsten Sommer wird Schulz vielleicht zu Euch kommen, da er von dort sehr dringende Einladungen erhalten haben will; ich habe ihm aber nichts von Dir gesagt, daher: wenn er Dich besuchen sollte, so bin ich unschuldig. Hier schwärmt Alles für ihn, von den Prinzessinnen bis zu den Dienstmädchen, nur die Bernstorff nicht, die als echte Lutheranerin alles freibeuterische Christenthum haßt. Was mich anbelangt, so mag ich ein so extraordinäres Wesen schon leiden, nur daß ich mit solchen Leuten erst einen Scheffel Salz gegessen haben muß, bevor ich

Vertrauen zu ihnen fassen kann. Sie sind oft sehr erweckliche Werkzeuge und doch keinen Schuß Pulver werth, während die ordentlichen Pastoren oft gar nichts wirken und doch die prächtigsten Menschen sind. Soll ich für meinen Benno wählen so greife ich nach dem letzteren. Den sah ich gestern natürlich auch auf dem Stufenberge und freute mich seines gesunden Aussehens, nachdem er auch den ganzen Winter gekränkelt hat. Adolph hat uns auch vor einigen Tagen verlassen um nach Berlin zu gehen, wo er sich zu seinem Staatsexamen vorbereiten will. Gott gebe seinen Segen, daß er nicht durchfällt; es wäre schrecklich und gar nicht unwahrscheinlich, da er nichts weniger als ein Genie ist und die Examinatoren es auf's Durchfallen anlegen, weil der Andrang zu diesen Richterstellen allzugroß ist. Hätte ich diese Carrière gekannt, so hätte ich den Jungen niemals Jurist werden lassen. Benno, der ein paar Jahr später von der Schule kam, ißt jetzt schon seit einem Jahre sein eigenes Brod und für Adolph werde ich im günstigsten Fall d.h. wenn er glücklich durchkommt, doch noch 4 Jahre lang zu sorgen haben. –

Mein alter Herzensbruder! Wie sehr theile ich mit Dir den Abscheu vor allem Prunk in Kleidern, Meubles, Wort und Wesen! Wir haben das von unserer Mutter, die auch Zeit ihres Lebens für Prosa, schlichte Kleider, Strohstühle und weißgescheuerte Tische schwärmte. Was gäbe ich darum könnte ich in Zimmern leben wie wir sie bei Großmann's in Lotzdorf hatten. Meine Einrichtung gleicht dagegen einem alten abgerissenen und beschmutzten Ballkleide reif um in die Papiermühle zu wandern. – Wie freue ich mich über Helenens Fortschritte und wie sehr bedauere ich doch zugleich das arme Schwesterchen. Dieser Fall ist und bleibt ein schweres Unglück, das nur durch geistige Güter aufgewogen werden kann, und damit wolle unser Gott sie reichlich ausstatten, oder was dasselbe ist, ihr nur erhalten, was sie schon gewonnen hat. Grüße sie recht herzlich und danke ihr für ihren lieben Brief. Euch Alle grüßen wir Alle aufs herzlichste Dein Wilhelm

## № 129 Ballenstädt 22. Aug. 1863

Mein lieber Bruder Gerhard!
Aus aller Unruhe heraus will ich nur immer anfangen Dir zu schreiben, und ich bringe vielleicht in Absätzen einen Brief zu Stande; denn es geht hier Alles durcheinander. Unser Spiel ist zu

Ende, der Herzog todt, und Keiner weiß was aus ihm werden soll. Der Herzog starb noch während meiner Anwesenheit in Hoym, Nachmittags am 19$^{t}$ d. umgeben von seinen Getreuen. Früh um 9 Uhr verkündete Vorster das Herannahen des Todes. Wie lange war man darauf gefaßt, und dennoch überraschte die Botschaft. Ich schickte einen Reitknecht nach Ballenstädt. Da kamen sie heran alle die Herren, die dem Herzoge besonders nah gestanden, füllten die Nebenzimmer und traten abwechselnd ins Sterbezimmer ein. Meine Frau und die Bernstorff waren auch gekommen, die Herzogin saß mit Trost und Handreichung am Bett zu dessen Häupten, die beiden Aerzte Vorster und Ziegler standen. Der Kranke war unruhig, er verlangte fortwährend aufzustehen, wozu jede Möglichkeit fehlte, oder er bat auf's rührendste man möge ihn zu Bett bringen. Mit Wasser, Wein, Bier usw. suchte man ihn zu erquicken, durch öftere Veränderung der Kopflage ihn zu erleichtern. Um 11 Uhr ward der Dienerschaft erlaubt ihren Herrn noch einmal zu sehen; auf den Fußspitzen schlichen sie an der offenen Thür vorüber, einer nach dem andern, unter vielen Thränen, Lakaien, Jäger, Stalleute, Küchenmädchen, Ofenheizer, aber es war trotz der vielen Menschen kein Laut zu hören, außer der Stimme des Herzogs, der immer bat ihm aufzuhelfen oder ihn zu Bett zu bringen, sein «Bitte! bitte!» klingt mir noch in den Ohren. Die Herzogin verließ ihren Gemahl keinen Augenblick, und selbst die Leiche erst 3 Stunden nach dem Tode. Für mich war es vielleicht ein Glück, daß ich so vielfach beschäftigt war; ich empfing und meldete die Fremden führte die Leute ein und aus und hatte die vielen Gäste abzufüttern. Auf meinem Zimmer war förmliche Marschallstafel, die Herzogin trank nur Bouillon im Nebenzimmer und kehrte sogleich zu ihrem Herzoge zurück. Um 2 Uhr ward der Sterbende ruhig und lag ganz still da. Ich hatte bis auf die Nächststehenden Alles entfernt, nur die Prediger, die Aerzte, Schätzell, die Bernstorff, die Hofdame, meine Frau, der Hofmarschall und ich blieben. Scholtz sprach zuweilen nahe dem Ohr des Sterbenden ein geistliches Lied. Um 4 Uhr fielen wir Alle auf die Knie und der Oberhofprediger betete die Sterbegebete, gar schön und tröstlich; eine halbe Stunde später stockte der Athem. Ich ging hinaus und verkündete es der ganzen Gesellschaft, die Glocken schlugen an und das Sterbegeläute begann. Es war ein ergreifender Augenblick, Anhalt Bernburg verfiel der Geschichte, es gab einen solchen Staat nicht mehr. Gott hatte meinem Herzog einen ganz ungewöhnlich sanften Tod beschieden – Sein Name sei gelobt! –

Schätzell war gleich nach Dessau geeilt den Tod anzuzeigen. Er war sehr kalt empfangen worden und dadurch zu dem Entschluß gekommen einige Tage später seinen Abschied einzureichen, den er ohne Zweifel erhalten wird. Dessauischerseits hat man ihm zu viel zu danken als daß man ihm verzeihen könnte. Dessauische Commissäre kamen Besitz ergreifend und die Behörden verpflichtend hierher; nur wir Hofleute sind nicht verpflichtet worden. Ob man uns etwa will laufen lassen wie den Minister weiß ich nicht. Noch sind wir im Dienst, denn wir haben den Befehl erhalten unsern ehemaligen Herrn zu begraben, was etwa in 10 Tagen geschehen wird. Der Herzog von Desssau kam in Person am dritten Tage nach Hoym zur Condolenz, blieb aber nur 5 Minuten und hat der Herzogin kein Wort gesagt aus dem sie entnehmen könnte ob sie in Ballenstädt bleiben darf oder nicht. So sind wir fürs Erste gewissermaßen Alle an die Luft gesetzt.

*Am 25. Aug.* Der Herzog ist geöffnet worden. Es zeigt sich, daß er in Folge einer allgemein verbreiteten Tuberkulose gestorben ist, einer Krankheit von der sich keine Symptome gezeigt hatten, deren Dasein auch durch Auscultation nicht ermittelt worden. Das Gehirn war ganz gesund. Die Herzogin bleibt in Hoym bis zum Begräbniß. Sie ist sehr weich, doch gefaßt und ergeben in den Willen Gottes. Die Leiche bringen wir nach Bernburg in die herrschaftliche Gruft, dann geht die Herzogin nach Alexisbad. Es wird ein sehr großartiges Begräbniß, vor dem mir etwas graut. Zehn Kammerherrn tragen den Sarg bis auf den Wagen, nachher in Bernburg in die Kirche vor den Altar, dann in die Gruft. Ich habe erklärt 25 Pfund könnte ich tragen, das Uebrige ließe ich fallen; doch meine Collegen sprechen mir Muth ein, ich solle nur mit anfassen.

Hier auf dem Schlosse ist Prinz Alexander eingetroffen, ein Sohn des Dir bekannten Prinzen Friedrich von Preußen und unsere Prinzeß Louise. Vor 29 Jahren, da er 14 Jahr alt war, wurde ich ihm vorgestellt. Seit jener Zeit haben wir uns nicht wiedergesehen, und nun erinnert sich dieser Mensch noch jedes Wortes, das wir damals miteinander sprachen, der ganzen Tischgesellschaft mit Namen und Aussehen, wie auch jedes einzelnen Lakaien, von denen keiner mehr in Function ist. Er hat ein kolossales Gedächtniß – leider fehlt aber die Secunda Petri gänzlich; er steht auf gleichem geistigen Niveau mit meinem verstorbenen Herrn. – Gestern am 24sten sind meine Gäste abgezogen. Ich hatte seit 8 Tagen das Haus voll, Eduard Krummacher mit drei Töchtern. Sie wollten sich auch erholen, da kürzlich die Hausmutter gestorben (geb. Natorp) nach 7jährigem schweren Todesleiden. Dieser Besuch war uns besonders lieb und angenehm, half über Manches hinweg, wenn wir auch der Landestrauer wegen und wegen meiner Geschäfte, die mich an den Ort banden, keine Partien machen konnten. Ich bin sehr gespannt was nun aus mir werden wird. Persönliche Dienste kann ich weder dem Herzoge von Dessau noch meiner Herzogin mehr leisten. Fortjagen wie einen alten Hund oder todtschießen wird man mich schwerlich – aber pensioniren, und dann weiß ich auch nicht wie ich meine Söhne durchbringen soll.

In Frankfurt machen sie einen Rath und es wird nichts d'raus. Es ist eine lächerliche Phantasie Deutschland ohne Preußen reformiren zu wollen. Ein hoher Herr hat zwar gesagt, Preußen würde nun bald auf sein Churfürstenthum reducirt sein – aber man muß es abwarten. Bis jetzt haben wir uns eng an Preußen geschlossen; das wird nun wohl auch anders. Kommt es zum Bürgerkrieg, so wird uns Preußen schnell verspeisen. Auf diesen Bürgerkrieg aber lauert Frankreich um den Rhein zu nehmen, und wenn die Herren nicht bald gescheut werden, so weiß ich nicht wie es abzuwenden. –

Mein Sohn Gerhard führt für den Augenblick ein lustiges Soldatenleben und reitet mit seinem Obersten des öftern über die Grenze um die Russen zu besuchen. Diese scheinen immer noch die Alten. Capitaine bitten um einen Schluck Brandwein und saufen den preuß. Offizieren die Feldflasche bis auf die Nagelprobe aus. Dann bitten sie noch um Trinkgelder für ihre Leute, die an Allem Mangel litten, stecken das Geld aber jedenfalls selber ein. Sehr gut gefielen meinem Jungen die Kosacken, zwar lumpiges Volk, und die abgetriebenen Pferde nur an einem Huf beschlagen, am andern nicht, ganz ungleichmäßig bewaffnet und uniformirt, dennoch aber von kriegerischem Aussehen, gewährten sie den malerischsten Anblick und erinnerten an Cotta's radirte Blätter aus den Freiheitskriegen. Mein Junge befindet sich sehr wohl und reitet täglich seine beiden Pferde müde – wenn mich der Spaß nur nicht so viel kostete. Er muß seinen Obersten, einen Herrn v. Witzleben, überall hin begleiten und auf gleichem Fuß mit ihm leben, zwei Pferde hat er kaufen müssen und selbst an die Russen muß er Trinkgelder zahlen. Hoffentlich wird Polen doch irgendeinmal überwunden werden. Die Gortschakowschen Antworten an die Westmächte haben wir hier mit großer Befriedigung gelesen. Napoleon hat gesagt: «Das war eine Ohrfeige!» So mochte es wohl auch gemeint sein. Ein Schuft brennt mir mein Haus an, ich soll aber nicht löschen, sondern mit der Flamme Waffenstillstand schließen. In der gesammten Diplomatie der ganzen Welt herrscht gegenwärtig die grenzenloseste Verwirrung, und die Kanonen können nicht entscheiden, weil Keiner recht klar weiß was er will, auch Rußland nicht, wenigstens nicht in Beziehung auf Polen; denn wenn es seine Verheißungen wahr macht, so ist ihm dieses Land erst recht verloren. Doch wozu die Weisheit. Daß die alte Frau v. Seelhorst todt ist, weißt Du. Ich habe Dein Bild geerbt. Der sel. Vater hatte es im März 1814 mit bunten Stiften für Frl. Schäfer (Deine Gattin) gezeichnet. Das Bild ist schreiend ähnlich und malt mir die ganze alte Zeit vor die Augen, als wir mit dem kleinen Prinzen spielten der jetzt als ein alter todter Mann schon 3 Tage in Sublimatauflösung liegt, den Körper vor Fäulniß zu bewahren. Es ist Alles todt was uns damals umgab, außer den beiden alten Schwestern Caroline und Minchen Bardua, die gestern Nachmittag bei uns im Garten saßen und über den todten Herzog weinten. Caroline B. ist noch die einzige, mit der ich von alten Zeiten sprechen könnte: von Kraft, von Senff und Cotta, von Friedrich, Hartmann und Talkenberg usw., wenn sie nur nicht so taub und ich so schwachbrüstig wäre. – Morgen fahre ich nach Hoym um die Siegel von des Herzogs Pult zu lösen. Wir versiegelten nämlich mit dem Hofmarschallamts-Siegel und mit meinem. Sonderbar, daß unser abgehauener Kopf auf des Herzogs Verlassenschaft gesetzt ward. Uebrigens weiß ich, daß sich in dem Pulte nichts vorfinden wird als ein Tintenfaß, eine Gänsefeder und ein Tintenwischer.

Adelheid befindet sich wohl. Julius hat schrecklich an Gesichtsschmerz gelitten und wollte schon sein Amt niederlegen. Doch noch einen Versuch wollte er machen und bat seinen Bruder Eduard in Bremen um ein homöopathisches Mittel. Schon einige Stunden bevor die Pulver anlangten, wich indeß der Schmerz. Das ist die brillanteste Kur, die Eduard gemacht hat. Julius reiste gleich darauf an den Rhein, wo er sich noch heute herumtreibt. Lebewohl mein alter Bruder, lebt Alle wohl und gedenket

Eures Wilhelm.

Nº 130 Ballenstädt 6. Nov. 1863

Mein alter lieber Bruder!
Sehr erfreulich, überraschend und beschämend war mir Dein Brief vom 23. Oct. an Julchens Geburtstag geschrieben. Es war schön von Dir, daß Du nicht mit mir rechnen wolltest. Man kann oft monatelang nichts schreiben, weil man nichts weiß, und auch heute weiß ich nichts, außer daß mich mein Herz treibt Dir für Deinen Besuch in litteris und in effigie zu danken. Aber Mensch! Du siehst ja aus wie Hans Sorgenloch, der Schalk ganz weg; ich glaube ich hätte Dich nicht erkannt. Freilich sind 17 Trampelthiere von Jahren über Dein Herz gegangen seit wir uns nicht gesehen und überdem sind diese Spiegelbilder oft so wenig ähnlich als die Menschen es sich selbst sind. Das aber hast Du, daß Du wie ein echter Reactionär aussiehst. Ich gewahre keinen Fortschritt in diesen Zügen, die mir recht gefallen könnten, wenn sie mich mehr an Dich erinnern wollten. Wenn Du Vettern hast, die es umsonst oder gegen Ersetzung der Auslagen thun, so schicke mir bald wieder eins; ich habe ein großes Interesse an Photographien weil sie gewissermaßen, wenn auch mehr oder weniger verzerrt, die Leute selbst sind.

Wie es mit meinen Aussichten steht, wirst Du wohl aus meinem Briefe an Helene ersehen haben. Hinzufügen möchte ich noch folgendes Bedenken. Es könnte nämlich der Fall eintreten, daß der Herzog den Anforderungen gegenüber, welche die Allodialerben erheben (und welche beiläufig etwa 3 Millionen betragen) auf den Gedanken kommen könnte wenigstens die eine dieser Millionen an den Gehalten des Hofstaats Serenissimi Defuncti zu ersparen, welche einer Zinsenquote von ungefähr 50,000 Thalern gleichkommen. Ob aber die Allodialerben uns auf ihre Schultern nehmen würden, ist zu bezweifeln. Doch mache ich mir keine Sorgen, da ich einerseits dazu zu bequem bin, andererseits zu gut weiß, daß der alte Dessauer nicht mein rechter Brodvater ist, sondern das der im Himmel wohnt. Es ist doch sonst kein Verlaß auf nichts mehr, am wenigsten auf Fürsten, die, wenn sie von der ihnen von Gott verliehenen Gewalt keinen besseren Gebrauch machen als jetzt, sammt allen ihren Schranzen bald von der immer giftiger anschwellenden Revolution verschlungen sein werden. Das was die große Mehrzahl der deutschen Kannegießer heut zu Tage eigentlich will, ist doch nichts anderes als alle persönlichen Gewalten in den Dreck treten um sich dann unter den Schutz eines abstracten

Rechts zu stellen. Unter diesem abstracten Recht verstehen die Treiber des dummen Volks (wie Du Aehnliches bemerkt hast) nichts anderes als ihre eigenen großmächtigen Personen – und auch darin hast Du Recht, daß wenn es wirklich Gottes Wille ist die Welt durch Advocaten zu Tode zu hetzen, die conservativen Bestrebungen Einzelner dagegen nicht viel helfen werden. Indeß hat sich Gott dieseshalb noch nicht offenbart, und bis jetzt sind es diese Bestrebungen allein gewesen, die wenigstens Preußen noch einigermaßen im Gleise erhalten haben und damit ganz Deutschland, welches sich außerdem längst in ein Tohuwapohu oder Chaos aufgelöst hätte. Die letzten Wahlen in Preußen sind auch viel besser ausgefallen als die Regierung selbst erwartet hatte. Das deutet auf eine beginnende Umkehr der öffentlichen Meinung, die einem festen Gouvernement gegenüber auch ganz natürlich ist. Uebrigens sehen die Zeiten geradeso aus als würde das revolutionäre Geschrei und parlamentarische Geplapper bald durch einen ernsthaften Krieg erstickt werden. Der deutsche Bund kann mit Holstein nicht zurück und Frankreich wird diese Gelegenheit kaum unbenutzt lassen. Anfänglich kann es uns dann freilich schlecht ergehen, da wir nicht wie die Franzosen kriegsgeübt sind, aber so schmälige Resultate wie anno 6 kann ein Krieg mit Frankreich heut zu Tage auch nicht mehr haben und auf die Dauer, denke ich werden wir jenem Erbfeinde wohl gewachsen sein.

– Am 31sten October sollte Adolph sein Assessorexamen in Berlin machen, und wir brachten diesen Tag in größter Spannung hin, weil sie jetzt in Preußen, bei dem ungeheuern Andrang zur juristischen Laufbahn, Alles durchfallen lassen, was irgend möglich. Da lief gegen Abend eine telegraphische Depesche ein mit den Worten: «Examen *glücklich bestanden! Adolph.*» Ich konnte vor Freude die ganze Nacht nicht schlafen. Es ist zwar nur das mündliche Examen, die schriftlichen Arbeiten werden erst ein halb Jahr später eingereicht und können immer noch den Hals brechen, aber das mündliche ist die eigentliche Klippe, an der die meisten scheitern. Nun aber haben wir seitdem auch keine Zeile von Adolph erhalten und sind in der größten Sorge ob er vielleicht krank sei; und das verdirbt die Freude wieder. Vorgestern hat Julchen an ihn geschrieben er solle augenblicklich Nachricht geben, und auch die heutige Post hat keine Antwort gebracht. Es ist eine quälende Ungewißheit. – Ihr armen Menschen mögt wegen Eurer Ina auch keine geringe Angst ausgestanden haben! Gott sei Dank, daß es dort nun besser geht und der Typhus überwunden scheint, wie Helene schreibt. – Und der arme Timmo! Das thut mir unbeschreiblich leid! Freilich kann so ein Nierenleiden tödtlich werden, – und welche Schmerzen! Ach es ist doch ein elend Ding um unser Leben – Ende schlecht, Alles schlecht, sagt das Sprüchwort, und was sind wir Alle andres als zum Tode verdammte Delinquenten! –

Die Herzogin, welche sich seit dem Tode ihres Gemahls nach Alexisbad zurückgezogen hatte, um dort die definitive Regelung ihrer neuen Wohnungsverhältniße abzuwarten, ist – da nun Alles zu ihrer Zufriedenheit, wenn auch vor der Hand nur mündlich geordnet ist – endlich wieder hier eingezogen. Sie hat einen Flügel des hiesigen Schlosses abgegeben und dafür ihre alte Wohnung im Bernburger Schlosse beibehalten. Das herzogliche Haus in Alexisbad gehört ihr ohne dem, so daß es ihr an Gelegenheit im Lande umher zu wechseln nicht fehlen wird. Wir, ihre ehemaligen Cavaliere, hatten uns versammelt, sie wie sonst in den altgewohnten Räumen zu empfangen, was unter großer gegenseitiger Rührung geschah. Leider kann sie sich in ihre neue Lage noch gar nicht finden, ist erbittert und so außerordentlich verletzbar, daß man kaum weiß wie man seine Worte stellen soll. Es thut ihr dies viel Schaden, und bei dem Glauben, den sie so laut bekennt, auch vielen Andern. Sie hat nie viel Liebe gehabt, und jetzt verletzt sie noch obendrein so manchen alten Freund durch Unmuth und thörichtes Mißtrauen. Schwer mag es schon sein von der Höhe der Souverainität wieder herabzusteigen und zuzusehen wie ungeschickte Hände wieder zerstören was man gebaut hat; doch trifft letzteres vorzüglich Schätzell, der ja doch Alles machte; sie hatte ihm nur die Macht dazu gegeben. Er hat es ganz unendlich schwer, wovon sehr viel zu sagen wäre wenn's mündlich geschehen könnte; aber er ist ein Mann und widersteht dem Teufel, und die Herzogin wird sich ja endlich auch ermannen. Sie kann eigentlich Gott danken, daß sie bei den Zeiten, denen wir entgegengehen, aller Verantwortung überhoben ist, es sei nun daß Krieg über uns verhängt ist, oder Revolution. Und viel liegt am Ende auch nicht daran ob ein wenig besser oder schlechter regiert wird, Halunken bleiben wir doch immer und zuletzt wird, wie gesagt, doch Jeder hingerichtet, einerlei ob er gut oder schlecht regiert worden ist. Das heißt nicht, daß man die Hände in den Schoß legen soll; werden sie Einem aber fest gebunden, so kann man sich allerdings des trösten. Die Bernstorff wird auch immer ungenießbarer weil sie durch die Harmsschen Schriften, die sie den ganzen Tag liest (schon seit Jahren) in eine so confessionelle Engigkeit hineingerathen ist, daß wir uns gar nicht mehr recht mit ihr verständigen können. Namentlich ist *mein* Umgang mit ihr fast nur noch ein äußerlicher, da mir fast Alles fremd ist worauf sie Werth legt. Für solche alte Jungfern ist die Theologie ein wahres Gift. Sie verstehen nichts davon und gerathen in das Schlepptau irgend eines Consequenzenmachers, für welchen sie dann viel mehr eifern als er selbst es thut für seine Sache. Ich bin überzeugt, daß Harms sehr viel weitherziger ist als Viele seiner Verehrer.

Heute hat uns Bertha Krummacher verlassen, nachdem sie sieben Monate lange bei uns gewesen. An ihre Stelle ist nun eine kleine dicke Trutschel gekommen Namens Ea Krummacher, aus Bremen, Eduards Tochter, die hier confirmirt werden soll. Anna vertritt Mutterstelle bei ihr. Sie hat den ganzen Tag Stunden und übt viel Klavier, was mich auf wehmüthige Art an die Zeiten erinnert, da Elisabeth noch in derselben Lage war. Es ist ja nicht lange her. Ach Elisabeth mein armes liebes Kind! Der Schmerz um sie will sich nicht stumpfen, namentlich wühlen diese Herbsttage Alles wieder auf. Julchen sieht immer aus als wenn sie geweint hätte, und das hat sie auch immer. Ueber diesen Jammer werden wir wohl zeitlebens nicht recht hinweg kommen. Leb wohl, mein lieber Bruder! Dein Bild steht vor mir Du alter Mann! Fängt schon an mich bekannter anzusehen. Gott unser Heiland führe uns Allesamt an seiner Hand durch den Rest des Lebens hin und mache es gut mit unserem Ende um seines Sohnes Willen, dem wir doch angehören *wollen*. Ich umarme und grüße Euch Alle aufs herzlichste.

Dein alter Bruder Wilhelm

## N° 131 — Ballenstädt 27. Dec. 1863

Mein lieber Bruder!
Dein letzter trefflicher (d. h. der mein Herz traf) Brief ist nun auch schon 5 Wochen alt. Ich konnte es nicht begreifen als ich ihn eben ansah, denn meinem Gefühl nach hatte ich Dir vorgestern erst geschrieben. Ich finde mich von einem wahren Zeitwirbel dahingerafft, der mich fast schwindlich macht.

Unterdeß ist auch mein Geburtstag einmal wieder gewesen wo ich Deiner besonders dachte und Du meiner. Morgens war ein Kuchen und ein Rückenkissen von Anna's Hand und zwar von ganz besonderer Construction, die das gute Kind eigens für die Eigenthümlichkeit meines Kreuzes erfunden hatte. Dann 2 Briefe, einer von Bertha Krummacher, die mir immer zum Geburtstag schreibt, der andere von Tony. Letztere ist ein kleines Mädchen, die ich vor 5 Jahren in Föhr kennen lernte. Sie war damals 7 Jahr alt, und da sie aus Halle war, so trug ich ihr Grüße an Alfred Volkmann auf, der mein Jugendfreund sei. Nun war Alfred sehr erstaunt gewesen als plötzlich ein kleines Mädchen Namens Tony bei ihm gemeldet ward und die kleine niedliche Person, von deren Existenz er keine Ahnung hatte, ganz unbefangen bei ihm eintrat und meine Grüße überbrachte. Als er das letzte Mal hier war, erzählte er mir von dem angenehmen Eindruck, den er davon gehabt. Von Tony hörte ich nichts weiter bis jener Geburtstagsbrief anlangte, aus welchem mir Alfred's sprechend ähnliche Photographie in den Schooß fiel. Die Kleine schreibt mir mein Jugendfreund sei schwer erkrankt an einer Lungenentzündung, und da er schon so alt sei, nämlich 62 Jahr, so fürchteten die Aerzte für sein Leben. Sie fühle sich gedrungen mir das zu melden weil sie wüßte wie sehr wir uns liebten. Ich antwortete auf der Stelle und bat um fernere Nachricht, und so ist die naivste Correspondenz entstanden die Du Dir denken kannst. Tony schreibt noch immer zwei Mal die Woche, obgleich ihre letzten Briefe dictirt sind, da das arme Kind selbst an einem Schleimfieber danieder liegt. Mit Alfred geht es besser, doch fürchtet man, daß seine alte Kraft gebrochen sei und er kränklich bleiben werde. Doch zurück zum Geburtstag. Als ich der kleinen Tony geantwortet und mich an Alfred's Bilde satt gesehen, ging ich mit Anna auf den Gottesacker, zum ersten Mal seit jener furchtbaren Katastrophe, die mein Haus betroffen. Das hohe Kreuz von weißem Marmor auf Elisabeths Grabe leuchtete mir in der Morgensonne entgegen. Der ganze Grabhügel war bedeckt mit Blumen und Kränzen, womit die Freundinnen ihn am Todestage geschmückt hatten. Ich weinte mich recht satt, auch an Mutters und Bertha's Grabe. Zu Hause fand ich meinen Benno, der von Neinstedt angewandert war und mir einen schönen Pfeifenkopf von rohem Meerschaum schenkte. Nach Tisch wieder Briefe von Adolph und Gerhard. Auf Gerhards Couvert stand: incl. 25 Thaler. Ich traute meinen Augen kaum; sollte er eine Schuld in Ballenst. zu berichtigen haben? Aber nein, das Geld war ein Geburtstagsgeschenk für mich. Während ich fürchtete, daß dieser Junge, der keine Zulage mehr von Hause kriegt und ein überaus bewegtes Leben führen muß, plötzlich mit einer ungeheuern Forderung an mich treten würde um seine Schulden zu bezahlen, schenkt er mir 25 Thaler mit der Verheißung dies vierteljährlich zu wiederholen bis seine Pferde abgezahlt seien. Die erste Quote nahm ich natürlich an, für die Folge habe ich mir's aber ernstlich verbeten. Der junge Coqui, Kaufmannsschwengel zu Magdeburg, schenkte vor einigen Jahren seinem Vater einen Elephanten nebst der Rechnung was er gekostet; ich glaube, daß ich mehr Ursache hatte mich über das Geschenk meines ehrlichen Jungen zu freuen, da es mir den Beweis giebt, daß er unter den schwierigsten Umständen ein guter Wirth ist. Gegen Abend kam Fleischlen, der Inspector des Nathusiusschen Rettungshauses, um Benno abzuholen. Er ist ein Schwabe mit der Sprache und allen Eigenschaften dieses interessanten Volksstammes, und unterhielt uns herrlich. Erst um 10 Uhr traten die beiden Freunde ihren Rückzug durch die helle Mondnacht an. –

Nun haben wir schon wieder Weihnachten gehabt und unsern Adolph hier, der sich aus seinen Examenarbeiten losgerissen um 14 Tage bei uns zu bleiben. In 8 Wochen muß er seine letzte Arbeit einreichen und wenn sie genügt so ist er Assessor, wird als solcher verwandt, kann aber unter 4 Jahren nicht an Gehalt denken, und bleibt für diese Zeit immer noch auf meine Casse angewiesen. Da machte Schätzell gestern ein Anerbieten. Er ist Chef-Intendant aller Geschäfte der Herzogin und als solcher in der Lage über hundert Prozesse gegen den Herzog von Dessau anzustrengen, um nach und nach die Allodial-Erbschaft serenissimi defuncti einzutreiben, wobei es sich um 3 Millionen handelt. Durch einen eigenen sich im Dienst der Herzogin befindlichen Advocaten würden diese Arbeiten beschleunigt und wesentlich verwohlfeit werden. Nun schlägt er vor, Adolph solle nach bestandenem Examen Advocat werden und mit 800 Thalern Gehalt in den Dienst der Herzogin treten, für die Folge aber ihn (Schätzell) einmal remplaciren. Für mich wäre das eine außerordentliche Erleichterung, dem armen Jungen aber ist die Idee erschrecklich seine Carrière im Staatsdienst aufzugeben und die Advokatenlaufbahn zu betreten, die ihm zuwider ist. Auch kann er noch keine Einsicht in die rechtliche Begründung der Forderungen der Herzogin gewinnen und scheut sich vor dem Ballenstädter Leben, das ihm weder Geselligkeit noch Anregung bietet. Wir sind Alle dadurch in Aufregung und wissen nicht was ergreifen. Ich rathe ab, und denke wenn es

Gottes Wille ist, so wird es ja doch so werden. – Welch ein Wetter! Es stürmt und gießt und ist ganz warm dabei. Mit Ausnahme eines einzigen Tages haben wir noch keine Schneeflocke gesehen. Der Nordwind ist warm, der Südwind etwas kälter, zum Frost bringt es keiner mehr. Bei Euch mag Alles bis zum Mittelpunkt der Erde aufgeweicht sein. Wie soll die arme Helene nur aus Petersburg zurückkommen. Der Wagen wird weder im Dreck noch in den Löchern der Schneebahn rollen, und ein Schlitten ist nicht zu brauchen, da sie den Wagen hat. Solche Verhältniße können Männer sehr beunruhigen, während Frauenzimmer Alles ruhig an sich kommen lassen. Da! – da bin ich auf's Schloß gebeten. Welche Pein um 3 Uhr zu Mittag zu essen und durch Sturm, Regen und Koth den Berg hinaufzuklettern mit verderbten Lungen! Vom Hof sollte Jeder frei sein, der keine Pferde hat. Dazu ist das Essen, seitdem die Herzogin einen Holsteinschen Koch hat, so überaus übel geworden, daß man vor diesen abominablen Gerichten wie vor einer verzweifelten Aufgabe sitzt, denn sie sehen zuweilen aus wie das Ausgespieene eines Hundes. Manche übergeben sich schon wenn sie den Schloßberg wieder herabgehen. Denke Dir z.B. Krebsschwänze und Lebern vom vorigen Jahr mit Sahne, Zucker, Zimmt und Faßbutter zu einer scheußlichen fließenden Latwerge verarbeitet; oder gänzlich verfaulten Hasenbraten mit Milchsauce und einem Sallat, der wegen der Homöopathie ohne Essig blos mit Oel angeschmalzt ist, oder eine Bouillon aus Knochen mit kleinen verteufelten schändlich glatten Klößchen von unbekannter Substanz und verwesten Geschmack – und was dergleichen mehr ist. Und für dieses Schleswig-Holstein, aus welchem solche Köche kommen, schwärmt jetzt ganz Deutschland wie verrückt und rebellirt gegen die paar Regierungen, die sich noch einen Rest von Vernunft erhalten haben.

*Am 28. Dec.* Ich kam gestern besser aufs Schloß als ich gedacht hatte, weil Schätzell mich in seinem Wagen abholte. Die Rede war natürlich wie immer von den Dänischen Wirren. Die Herrschaften sind vollständig abgewelkt und verholzt aus Gram über die Schwäche und das feige Verhalten ihres Bruders des Königs Christian; Prinzeß Louise, die trotz ihrer 40 Jahre bis dahin ein straffes junges Mädchen war, ist eine Backpflaume geworden. Nun soll man immer sagen was man von diesem Christian denkt. Entschuldigt man ihn, so ist's nicht recht, und sagt man die Wahrheit so ist's eine Beleidigung. Es läßt sich in der That keine andere Entschuldigung denken als Dummheit oder Kanonenfieber, zwei unanständige Krankheiten für einen König. Man sieht da einmal wieder die Früchte einer Majoritätsregierung. Hätte der König seiner Einsicht gemäß nicht unterzeichnet und den Herzogthümern ihre wohlverbrieften Rechte zurückgegeben, so wäre die Executive unterblieben, und an den albernen Herzog Friedrich von Augustenburg hätte kein Mensch gedacht, die Herzogthümer hätten mit Freuden dem König Christian gehuldigt. Nun drückt unsere einheimische Demokratie auch auf *unsere* schwachen Regierungen, diesen Friedrich anzuerkennen und Schleswig nebst Holstein von Dänemark abzureißen, und stände nicht Bismarck fest, so würde schon jetzt der Krieg in ganz Europa entbrannt sein. Mit Ausnahme der preußischen stehen sämmtliche deutsche Regierungen schon unter der Herrschaft der Fortschrittspartei gerade wie die Dänische, und sollten sich in Preußen zwei Augen schließen, so würde wahrscheinlich Alles aus Rand und Band gehen. Erhielte sich dagegen dies conservative Regiment in Preußen nur noch 10 Jahre, so würde ein Umschlag erfolgen, der in Preußen schon jetzt bemerklich ist, da das Benehmen des Landtags bei allen anständigen Leuten Entrüstung hervorruft und Italiens abschreckendes Beispiel sich immer bemerklicher macht. Ich bin daher dem alten Bismarck von Herzen dankbar für jede Stunde die er noch das Ansehen der Minorität aufrecht erhält. «Alles Große und Gescheite – sagt der Practicus Goethe – existirt nur in der Minorität. Es ist nie daran zu denken, daß die Vernunft populär werde.»

Deiner Meinung nach geschieht immer was das Volk will, und daraus könnte man den Schluß ziehen, daß aller Widerstand vergeblich sein müsse. Wenn Du es so meinst, so muß ich Vorder- und Hintersatz bestreiten. Nur in dem Fall, daß wirklich das Volk *einig* wäre, könnte ich Dir unter der Voraussetzung Recht geben, daß es sich in der Lage befände sich selbst zu bestimmen, was aber selten genug vorkommt. Unter Volk versteht man gewöhnlich die Majorität der Schreihälse. Diese setzten in den neunziger Jahren in Frankreich ihren Willen allerdings durch, für Monate nämlich; aber was ist daraus geworden? Und was will die Majorität in Deutschland heute? Sie will tabula rasa machen mit allen einzelnen Gewalten, Oestreich weg, Preußen weg, Baiern weg u.s.w. ebenso alle Stände mit allen und jeden Vorrechten ausgerottet, und ist der Urbrei fertig, so soll ein Scheinkaiser an die Spitze treten und der Executor des Willens der Majorität werden, die Ehre des Vaterlandes gegen das Ausland aber nicht mit Soldaten sondern mit einem Volksheer von Turnern und Schützenbrüdern wahren. Dies ist kein Zerrbild, sondern die wahrhaftige, tausendmal bezeugte Idee des Fortschritts, der die Gemüther heute beherrscht. Ich gebe zu, daß sich diese Idee durch andauernde Schwäche der Regierungen auf einige Monate realisiren könnte; aber würde der Fortschritt damit seinen Willen haben? Gewiß nicht. Es würde sich schnell ein Zustand einstellen, der zwar nicht wieder der alte sein könnte, noch viel weniger aber der erstrebte.

*Am 29. Dec.* So ein Brief ist wie ein Tagebuch, in welches man einschreibt was Einem gerade in den Sinn kommt. Unreifes, Unverdautes und Schauderhaftes was man erlebt. Letzteres geht jetzt hier Schlag auf Schlag. So erfahre ich eben, daß gestern Abend mein College, Kammerherr v. Cramer plötzlich gestorben ist. Den gestrigen Vormittag verbrachte ich noch mit ihm im Hofmarschall-Amt, wo er ganz frisch, vergnügt und arbeitskräftig war. Den Abend war er mit seiner ganzen Familie bei Kutteroffs. Dort fühlte er sich nach einer starken Havanna Cigarre plötzlich unwohl und ging nach Hause um an die Luft zu kommen; die Frau, welche ihm bald gefolgt war, fand ihn todt auf seinem Kanapé. Er war die längste Zeit hier einer meiner besten Freunde bis er sich als entschiedener Demokrat und Feind des Christenthums gestaltete. Das brachte uns auseinander, doch behielten wir uns einander immer lieb und sind gute, treue Collegen geblieben. Vor einem halben Jahre hatte er sich mit fremdem Gelde ein Haus gekauft für 4000 Thaler. Jetzt bleibt die Familie ganz mittellos zurück mit 300 Thalern Wittwenpension. Das geht jetzt Schlag auf Schlag, in Zeit von 13 Monaten fünf aus unserer nächsten Nähe hingestreckt: Elisabeth, die Pröpstin Scholtz, Salmuth, der Herzog, Cramer. Man wird schwindlich. –

So eben komme ich aus dem Trauerhause – welche Verwüstung! Wir können wohl beten: Herr lehre uns bedenken, daß wir sterben müssen. –

Daß Mathilde Krummacher sich verlobt hat mit einem Herrn von Salisch, Oberst a. D. hast Du vielleicht schon gehört. Er wird sehr gelobt und die Familie ist glücklich darüber. S. soll zwar schon 56 Jahr alt sein und 3 Kinder aus früherer Ehe haben, aber Mathilde ist auch kein Jüngling mehr, so etwa 36, das paßt denn noch. – Leidet Ihr auch so an der Trichinen-Furcht? Hier wird nächst Schleswig-Holstein kaum von was anderem gesprochen. Kein gebildeter Mensch ist hier mehr Schweinefleisch, obgleich der Physikus jedes frisch geschlachtete Schwein (Privatschlächtereien ausgenommen) amtlich und mikroskopisch untersucht. Es sind aber auch in unserer Nähe schreckliche Fälle vorgekommen. In dem benachbarten Hettstedt erkrankten 80 Personen, die alle von einem Schwein gegessen hatten und 24 sind gestorben nach langen schrecklichen Leiden. Auch in Halberstadt sind verschiedene Personen schwer erkrankt, doch keine gestorben. In der Wirthschaft ist es sehr schwer ohne Wurst und Schinken auszukommen. Diese Nacht ist Alles weiß geschneit, schneit noch immer. Das stärkt die Nerven. – Die Herzogin hat mir aus des Herzogs Nachlaß folgende Andenken geschenkt: des Herzogs Stehpult von Mahagoni, seinen Pelzpaletot und einen marmornen Briefbeschwerer (nackte Nymphe, die sich auf einer Matratze rekelt) Julchen: 2 sehr schöne kleine Porcellan-Vasen; Gerhard: ein Feldbesteck mit Becher und sonstigen Utensilien; Anna ein wundervolles Tintenfaß aus Schildpatt; Adolph und Benno ebenfalls Tintenfässer geringeren Werthes. Den Pelz habe ich, da ich getragene Kleider nicht brauchen mag, sogleich an Adolph geschenkt, der glückselig darüber ist. Die Herzogin hat mit solchen Andenken gegen 200 Personen bedacht, und immer ist noch Vorrath da, weil der Herzog alles was er zeitlebens geschenkt bekommen, sorgfältig aufbewahrt hatte. Es fanden sich noch Sachen, die wir als Kinder schon gekannt z. B. das musikalische Petschaft. – Zur Nachricht: am 18t October errichteten wir aus gesammelten Beiträgen, als am Jubeltage der Leipziger Schlacht, unter Musik, Böllerschüssen und Reden und im Beisein der halben Bevölkerung des Oberherzogthums, auf dem Gegensteine ein massives eisernes Kreuz von 27 Fuß Höhe – fast so hoch als der Felsen, auf dem es stand. Man sah es durch das ganze Land. In der Nacht vom 3t auf den 4t Dec. schickte Gott der Herr einen Orkan von Süden her, der den Stamm des Kreuzes, etwa 2 Mannshöhen von der Basis mitten durchbrach wie einen Strohhalm. Leid that es mir, daß ich es nicht stürzen sah, und lieb war mir's, daß ich nicht mehr als einen Thaler dazu gegeben. Wer an Omina glaubt der könnte bange werden. Was ich zu Weihnachten gekriegt: von Julchen Pfefferkuchen, von Anna ein neuerfundenes Kopfkissen zum Nachmittagsschläfchen, von Adolph 25 Stück echte Havanna-Cigarren, die er in Berlin aufgetrieben, von der Bea Punschextract, von Ea hundert Stück leichte Havanna-Cigarren, von Benno endlich das beste, was auch Dir vergnügen machen würde: einen Miniaturschleifstein zum Drehen in einem eisernen Gestell. Der Stein hat ungefähr 1 ½ Fingerlänge im Durchmesser und schleift, wenn er in rotirende Bewegung gesetzt wird, ganz barbarisch. Ungefähr 8 Minuten brauchte ich, um aus meiner starken Gartenhippe ein paar tiefe eingebrochene Scharten auszuschleifen. Es ist toll genug wenn die Kinder anfangen die Eltern zu beschenken. – Es scheint mir, daß wir uns politisch jetzt immer näher rücken; in den concreten Fragen sind wir gewiß einig und auf allgemeine Raisonnements kommt nichts an so lange sie unter vier Augen bleiben. Möchte von Helene gute Nachricht dasein. Ihr mögt doch viel Angst ausgestanden haben, und gern möchte ich Euch wieder beisammen wissen. Timmo hat sich ja auch erholt, wie ich höre; Gott behüte doch einige Zeit vor neuen Todesfällen. Die Geschichte mit Cramer hat mich ganz lahm geschlagen. Er hinterläßt zwei niedliche sehr wohlerzogene Töchter und einen Sohn, der preuß. Offizier ist. Wie ich höre wird die Pension 400 Thaler betragen. Cramer soll noch kürzlich gesagt haben, daß er nun erst anfangen wolle zu leben da die Kinder erzogen seien. Er war so glückselig in seinem hübschen neuen Hause. Lebe wohl mein Gerhard, Alle grüßen Dich und Gott behüte Dich mit den Deinen.

Dein alter Bruder.

P.S. (im Couvert). *30. Dec.* Inliegender Brief ist so schlotterig, daß ich ihn ganz gewiß nicht abgehen ließe, wenn's nicht an Dich wäre, von dem ich ganz gewiß weiß, daß er ihn nicht wird drucken lassen. Wenn ich Deine Photographie ansehe, freue ich mich immer, daß du wenigstens einen warmen Rock anhast. – Noch Eins will ich Dir nicht vorenthalten: Einer meiner Freunde war auf einer Kindtaufe bei geringen Leuten. Die Pathen setzten sich zum Kaffe während die Hausfrau noch beschäftigt war an einem Nebentische Kuchen zu schneiden. Ein kleiner Junge, Sohn des Hauses, hängte sich an die Röcke der Mutter und verlangte mit Ungestüm Kuchen. Die Mutter verwies ihn auf die Zukunft, aber der Junge blieb hartnäckig am Betteln und Schreien. Endlich fing er an zu drohen: «Wenn Du keinen Kuchen hergiebst – so sag ich's – Kuchen her! sonst sag ich's.» Was willst Du denn sagen, dummer Junge? – «Daß Du mein Vater sein Hemde anhast!»

Adolph kann sich noch immer nicht entschließen Schätzells Anerbieten anzunehmen, blos weil er eine unglückliche Schwärmerei für den Staatsdienst hat. Schätzell will ihm aber Frist geben. Er soll nach dem Examen 6 Monat Urlaub nehmen und sich hier die Sache gründlich ansehen; gefällt es ihm dann nicht, soll er zurücktreten können. Schätzell will ihn für seine ganze Zukunft, auch für den Fall des Todes der Herzogin sicher stellen. Er könnte gleich darauf heirathen.

Anna war mit Ea 3 Tage in Neinstedt. Am 3t Feiertage predigte Benno und zwar vortrefflich wie Anna sagte; er habe dabei wie ein Engel ausgesehen. – Cramers Tod macht mich eigentlich zu Allem unfähig. Er war ein redlicher Mensch aber entschiedener Feind des Christenthums.

## No 132 — Ballenstädt 17. Jan. 1864

Mein lieber Bruder!
Zuvörderst Dank für Deinen Brief und Gott sei Dank für Helenens endliche glückliche Rückkehr! Wie deutlich kann ich mir ihre Schlittenreise denken, da ich sie auch gemacht habe und weiß wie es Einem wohl wird wenn man Narva erst im Rücken hat, obgleich es von da bis Deutschland noch weit genug ist. Aber es geht ein Schein von Deutschland über Ehstland, der Einen dort so heimisch werden läßt. Die arme Helene hat ein schweres Jahr überstanden und das ist es für Euch Alle gewesen. Dafür wolle Euch der liebe himmlische Vater die 64 desto leichter auf die Schultern legen. –

Da! da tritt unser Hofmarschallamtsbote ein mit dick bereiftem Mantelkragen und überbringt ein Actenheft, und morgen ist Session! Hin ist die Sonntagsfreude. Nach Cramers Tode ist mir nämlich das Decernat für die herrschaftlichen Bauten übertragen und ich bin so wenig eingearbeitet, daß ich vor jedem neuen Actenbündel wie vor einem verschlossenen Kasten stehe, an dem kein Schlüsselloch zu finden. Daß ich vom Bauwesen gerade so viel verstehe wie die Kuh vom Evangelium macht mir die geringste Sorge, dafür sind die Fachleute da; aber die einschlägigen Geschäftsformeln und der ganze Geschäftsgang, Dinge die sonst jeder Esel begreift, wollen mir nicht in den Kopf. Bei jeder Kleinigkeit habe ich alte Actenstöße nach analogen Fällen durchzusehen und endlich weiß ich doch nicht, was ich zu thun habe. Leb' wohl mein Alter für heute.

– Es findet sich noch ein Rest von Tageslicht und Schreiblust um fortzufahren, und wenn ich erst eine Petroleumslampe haben werde, wird es auch Abends gehen. Es ist eine große Beruhigung für Julchen, daß Ihr Euch endlich vom Talglicht emancipirt habt; sie litt bis dahin ordentlich, wenn sie an den Gestank Eurer Lichtscheren dachte, ein Instrument das hier nur noch die ältesten Leute aus der Erinnerung kennen. Mendelssohns Briefe lesen wir hier gerade auch, des Abends, nach dem Essen von 9 bis 10 auf meinem Zimmer; ich im Lehnstuhl mit der Pfeife unfern des Ofens, Julchen auf dem Sopha mit den Hunden, strickend und leicht eingenickt, die Mädchen auf Rohrstühlen wie die Kerzen, abwechselnd lesend – das kann ich nicht mehr. Was diesen Briefen Werth giebt, ist die Berühmtheit des Briefstellers, wie jener alte Pantoffel, den Baron Block in Dresden vorzuzeigen pflegte, von Jederman gern angesehen wurde weil Kant ihn getragen hatte. Wer Mendelssohn will kennen lernen, muß seine Musik hören, in welcher er ganz aufgegangen zu sein scheint. Was dann noch übrig geblieben, gewissermaßen die Träber, tritt Einem in den Briefen entgegen. Zuerst ist es eine gewisse noble Gesinnung, die Einem ziemlich ostentiös in die Augen fällt. Im Uebrigen erscheint der Mann glatt, schattenlos, farblos, salzlos, ein widerwärtiger Bursche. Da lobe ich mir doch den Flegel Beethoven, dem es ganz einerlei ist was die Leute von ihm sagen, wenn er sie nur vor den Kopf stoßen kann. Es ist etwas in jenem Menschen, was ihn mir degoutant macht. Angenehm war mir die Erwähnung Hensel's (Fanny's Mannes). Erinnerst Du Dich noch jenes geselligen Abends in der Familie Deines Freundes Möller? Da war auch dieser Hensel und ich führte mit ihm zusammen «Meiner Mutter ihre alte Puffjacke.» auf. Nachher wurden noch Sprüchwörter aufgeführt und wir hatten einen vergnügten Abend. In Rom kam ich mit Hensel öfter wieder zusammen, nachher verschwand er mir und ich hörte von ihm erst wieder vor 2 Jahren als er starb, und zwar daß er Mendelssohns Schwager und später ein tüchtiger conservativer Mann geworden sei, der namentlich im Jahre 48 mit Faust und Rede für seinen König einstand. Interessant war mir auch Mendelssohn's Verhältniß zum Könige, dessen Unklarheit da wieder recht zu Tage tritt. Diese Unklarheit war eine Krankheit, an der fast alle Pläne des sonst so hochbegabten Herrn litten, und ist auch den Ursachen der Revolution in Preußen mit beizuzählen. Wer wird uns nun von diesem perniciösen Uebel wieder befreien! Es ist fast wie der Schwamm, der auch nicht anders auszurotten ist, als daß man das ganze Gebäude einreißt, der aber bei uns recht schön gepflegt wird indem man ihm noch Feuchtigkeiten zuführt. Bismarck ist der erste, der dies nicht thut, der vielmehr ätzende Mittel dagegen in Anwendung bringt; aber Bismarck ist nur *Ein* Mann, der auch nicht ewig vorhalten kann. Wie schwer mag dieses Mannes Stellung sein, da nun auch die Kleinstaaten den Weg der Revolution betreten und durch Mißbrauch ihrer Rechte den Bund zu sprengen drohen, durch den sie sich doch bis jetzt allein noch erhalten haben. Er soll indeß neulich gesagt haben: die Kammer mache ihm wenig Sorge und eben so wenig die äußere Politik – *wenn nur die Diners nicht wären!* Die Kammer bringt sich zuletzt auch selber um; sie entzieht der Regierung alle und jede Mittel zum Fortbestehen, und zwar nicht etwa wegen Bismarcks Thaten, denn er hat bis jetzt noch nichts thun können, sondern nur weil ihr seine Nase nicht gefällt. Bald wird sich jetzt die Alternative herausstellen, ob man die Verfassung oder den Staat zu Grunde gehen lassen soll.

*Am 18. Jan.* Was Du und Otto von Schätzells Anerbieten an Adolph munkelt, wird unter Brüdern etwas doctrinär gefunden. Was für Aussichten hat Adolph denn im Staatsdienst? 3 Jahre studiren, 4 Jahre unentgeltlicher Referendar, 4 Jahre unentgeltlicher Assessor – dann kann er erst als Kreisrichter Gehalt erwarten und zwar 600 Thaler p. a. 8 bis 10 Jahre bleibt er Kreisrichter in irgend einem Nest, wo er außer dem revolutionären Burgemeister keinen Umgang findet, dann wird er Rath in einer Kreisstadt mit 800 Thalern und wenn er das sechszigste Jahr erlebt, kann er es vielleicht auf 1000 Thaler bringen. Das ist die Geschichte von tausend und abertausend Juristen in Preußen, und zwar durchaus nicht von mittelmäßigen, sondern zum Theil sehr tüchtigen Leuten. Dieser Aussichtslosigkeit wegen haben auch meine Freunde Stolzmann und Bosse in welchen beiden nach Schätzells Urtheil das Holz zu tüchtigen Ministern steckte, mit Freuden die erste Gelegenheit ergriffen aus dem Staatsdienst auszuscheiden und sind in die Privatdienste zweier Grafen Stolberg übergegangen. Und mit diesen beiden jungen Leuten kann Adolph sich nicht vergleichen. Er hat weder allgemeine Bildung, noch gelehrte Anlage, noch ist er geistreich, oder Redner, Eigenschaften, durch die sich Jene hervorthun; er kann aber ein tüchtiger Geschäftsmann werden, und als solcher hat er, wenn er nicht Advocat werden will, allerdings nichts anderes zu erwarten als die sehr untergeordnete Stellung eines Kreisgerichts-Rathes, der in einem ganz einseitigen Geschäftskreise, z.B. in Hypotheken – und VormundschaftsSachen usw. verknöchern muß. Wie anders wäre seine Stellung hier: statt der 4 Jahre unbesoldeten Arbeitens gleich 800 Thaler Fixum, und statt der Butter- und Käse- Raufereien, mit denen er sich als Kreisrichter zu beschäftigen hätte, die großartigsten für sein ganzes Leben ausreichenden und in alle Zweige der Jurisprudenz: ins pr. Landrecht, Fürsten- Staats- und allgemeines Recht einschlagenden Prozesse; seine Klienten: der König von Preußen und die Holsteinischen Fürsten, seine Mitarbeiter und Gegner ausgezeichnete Juristen in Preußen und Sachsen, mit denen er in mannigfache persönliche Berührung käme, Ehrentitel und Orden in Aussicht, die zwar nicht satt machen, doch heut zu Tage satten Menschen ganz wohl anstehen. Die Sache scheint mir aber die zu sein, daß er das was er als preußicher Richter braucht, jetzt weg hat, in seiner hiesigen Stellung aber ganz neue Studien machen müßte, was ihm unbequem sein mag. Nun hat ihm Schätzell vorgeschlagen er solle nach beendigtem Examen 6 Monate Urlaub nehmen um sich unter seiner Leitung erst etwas einzuarbeiten und zu orientiren. Gefällt ihm die Sache dann nicht, so soll es ihm frei stehen sich wieder zurückzuziehen; gefällt es ihm aber, so soll er hier sicher gestellt werden und auch in Preußen, in so fern als ihm der Rücktritt in den dortigen Staatsdienst vorbehalten bleibt, worauf der König unter diesen Verhältnißen gern eingehen wird. Wenn Schätzell sich dann später zurückzieht, soll er die Verwaltung des Vermögens der Herzogin, das sich jetzt schon auf eine Million beläuft und nach ihrem Tode als selbstständige Familienstiftung beisammen bleiben soll, übernehmen. Das würde eine sehr einträgliche, vor allen politischen Eventualitäten möglichst gesicherte, freie und unabhängige Stellung sein. Für mich wäre es ein Großes, wenn ich diesen Jungen von den Schultern kriegte, könnte dann auch etwas für Anna thun und für mich selbst; aber wie gesagt ich rede nicht zu. Er mag nur erst sein Examen manchen und sich dann frei entscheiden.

*Am 20. Jan.* Gern schriebe ich, doch zerstreuen mich zwei Eichhörnchen, welche meinen kleinen Garten emsig untersuchen, ob sich denn gar nichts mehr zu leben finde. Auf der Schneerinde hin, im Buchsbaum, in den Büschen wie in den Kronen der Obstbäume springen, schweben, fliegen sie umher, daß man nichts graziöseres sehen kann, obgleich es den armen Thieren wohl nicht sehr graziös zu Muthe sein mag. Wir haben einen formidablen Winter, seit 22 Tagen unausgesetzt Frost zwischen 5 bis 15º R. Erst heute ist das Thermometer etwas über null gegangen, wofür ich Gott in meinem eigenen Interesse von Herzen danke, nicht allein meines Holzvorraths, sondern ganz besonders meiner Lunge wegen, welche wie ich nun erfahren habe, keine Kälte mehr verdauen kann. Ihr habt es doch besser; denn wenn Ihr es in den Zimmern auch nur auf 12º bringt, so bleibt sich das doch auch in der Nacht gleich, während ich es mit meinem eisernen Windöfchen zwar am Tage so warm haben kann wie es mir beliebt, in der Nacht aber an der kalten Luft, die ich athme, fast ersticke. Seit zehn Jahren haben wir keinen Winter gehabt und verstehen es gar nicht mehr und sterben wie die Fliegen. Die Pastoren kommen nicht mehr viel hinter den Leichenwagen weg. In früheren Jahren wußte ich nichts besseres als Kälte und nichts schlimmeres als Hitze; jetzt weiß ich mir nichts schlimmeres als beides, und doch scheint es jetzt die Regel zu sein, daß ein Drittes nicht gereicht wird – doch aber: «Reisende müssen sich begnügen» sagt der Narr im Shakespeare, und was sind wir anders als Reisende, etwas lüderliches Volk, das über die Kneiperei in den Herbergen das Ziel der Reise vergißt und für keinen Preis nach Hause kommen will. So ist es. – Ich habe eine interessante Bekanntschaft gemacht. Die Gräfin Hohenthal (Schwester unserer Herzogin) welche ordentlicherweise in Sachsen lebt, ist unordentlicherweise jetzt hier zum Besuch und hat aus Dresden eine Gesellschaftsdame mitgebracht, eine verwittwete Medicinalräthin Baumgarten, deren Vater Namens Zocher (wie sie behauptet) mit unserem Vater befreundet war. Sie kennt alle unsere alten Freunde aus allen Gesellschaftsklassen und führt ihrer Viele, die meines Erachtens längst todt sein müßten, noch unter den Lebenden an. Zu diesen gehört auch unsere gute Margret Neff. Diese ist, nachdem sie ihren Mann den Kaufmann Müller (einen alten Haustyrannen, an dem sich ihre Engelsgeduld den Himmel verdient) durch den Tod verloren und in Dresden nichts mehr zu beißen und zu brechen hatte, nach Paris zu ihrer Schwester gezogen, wo diese beiden Mütterchens nun einzig und allein von Timmo's Pension leben. Auch die alte Fräulein Winkel lebt noch und soll, da sie durch die Unredlichkeit eines Geschäftsfreundes ihr Vermögen verloren, wieder Harfenstunden geben.

*Am 22sten Jan.* Da meine Studirlampe für die alternden Augen nicht mehr recht ausreichen wollte, Du mir auch den Mund wässrig gemacht hattest mit Deiner Petroleumlampe, so habe ich mir gestern in Quedlinburg auch eine solche gekauft, die allerdings ein so penetrantes Licht ausstrahlte daß ich heute Kopfweh habe. Ich werde mir deshalb anstatt des Abatjours von Porcellan einen dikken Papierschirm machen, wodurch ich dem Fehler abzuhelfen denke. Diese Schirme sind vortrefflich; ich habe mich ihrer schon früher bedient und den Schnitt dazu selbst ausgetiftelt. – Ich habe jetzt Aussicht endlich mit einer überaus schwierigen Arbeit zu Stande zu kommen, mit welcher ich mich seit 10 Jahren herumbalge, das ist die Beschreibung meiner eigenen Jugendgeschichte bis zu des Vaters Tode. Als ich anfing dachte ich in höchstens einem Jahre damit fertig zu werden, und nun sind 10 Jahre ins Land gegangen und ich bin es noch nicht, obgleich ich selten daran feierte. Das Anordnen, Verbinden und Zusammenstellen der Begebenheiten ist schon schwer genug, dann die Ausarbeitung und Färbung, und die Ausmärzung des Faden und Langweiligen und endlich habe ich bei jeder neuen Redaction das Ganze immer wieder umschmeißen und von Neuem machen müssen. Oft sollte es in den Ofen, dann aber dachte ich: Nein, erst fertig machen, zum Verbrennen findet sich schon Zeit. Vergangenen Frühling dachte ich endlich ich wäre fertig und ging ans Mundiren. Nun aber da es galt, zeigte sich die Abgeschmacktheit erst recht deutlich und fast jede Seite mußte neu gefaßt werden. Leider aber bellten mich die Fehler immer erst beim Abschreiben an, und so kam es, daß ich manchen Bogen viermal, im Durchschnitt jeden 2 Mal abgeschrieben habe und das Schreiben war am Ende das wenigste dabei. Jetzt endlich habe ich 82 Bogen fertig, etwa 30 fehlen noch, dann ist es beendet bis auf einzelne Flickereien die wohl noch folgen werden. Gern würde ich es Jemand zur Beurtheilung vorlegen, dessen Urtheil mir von Wert wäre, und das wärst Du allein, sonst wüßte ich Niemand, – und das ist nicht zu machen. An Alfred Volkmann habe ich auch gedacht, doch der ist ein Gelehrter, alles Belletristische liegt ihm fern und er würde kaum Zeit noch Lust haben das dicke Convolut zu lesen. Alfred hat mich übrigens sehr dringend eingeladen ihn zu besuchen, da er sich nach vertraulicher Aussprache mit mir sehnt. Es scheint mir als wenn nach seiner schweren Krankheit ein lebendiges religiöses Bedürfniß in ihm erwacht sei, und er mag denken, daß ich Futter für solchen Hunger hätte. Ich habe aber selbst sehr wenig, bin arm und blind und nackt, und kann mir selbst nicht helfen. Ich bin Spiritualist oder ein «Geisterer» wie's Luther nennt, und noch obendrein ohne Begeisterung. Solche sind aber die schlechtesten Apostel. Die kleine Tony ladet mich auch seitens ihrer Eltern auf's allerdringendste ein und verspricht die ausgezeichnetste Pflege. Da nun Halle sehr viel anziehendes für mich hat, auch die Nachbarschaft von Leipzig, so hätte ich wohl Lust, wenn anders meine Gesundheit wieder etwas erträglicher werden sollte, zum Frühjahr einen Abstecher nach Halle zu machen. Freilich muß auch Anna mit der Mutter in ein Bad und die Mittel sind knapp. Anna ist bleichsüchtig, wie jetzt die meisten Mädchen, und der Arzt dringt auf eine Radicalkur, die nur durch ein Bad zu ermöglichen sein soll. In Potsdam erwarten sie uns auch und dringen in jedem Brief auf baldiges Kommen, und dazu habe ich schändlicherweise die wenigste Lust, obgleich Potsdam durch seine Lage, Gärten und Kunstschätze gegenwärtig zu den sehenswerthesten Orten in Deutschland gehören soll. Ach am liebsten, mein alter lieber Bruder käme ich zu Euch – das wäre einmal was! – aber theils würde ich eine solche Reise kaum mehr überstehen, theils und ganz besonders müßte ich wieder fort, und mit einem Abschied für immer wollen wir beide ein Wiedersehen nun einmal nicht wieder erkaufen. Eben springt mir mein Hündchen auf den Schooß, er langweilt sich gräulich und ich muß etwas mit ihm spielen.

*Am 27. Jan.* Vorgestern ist der preuß. Landtag aufgelöst worden, weil er sich standhaft weigerte diesem Ministerium irgend etwas zu bewilligen, doch hat Preußen noch nie ein besseres gehabt. Wie siegreich in der polnischen Sache gegen Frankreich, England und Oestreich und die eigene Kammer, wie siegreich gegen Oestreich in der albernen Fürstenconferenz-Angelegenheit! Und nun trotzdem die Einigung mit Oestreich zu Stande gebracht in der Schleswig'schen Sache gegen die Mittelstaaten, die schon klein beigegeben. Die Politik gegen Dänemark ist nun endlich richtig und fest. Das Recht der Herzogthümer beruht jetzt nur noch auf dem Londoner Protocoll und dem Friedensschluß vom 2^t Juli 1852, und für dieses Recht steht Preußen ein. Das dynastische Recht der Augustenburger ist so fraglich, daß selbst in der so nahe betheiligten herzogl. Holsteinschen Familie die Stimmen getheilt sind. Diese Frage ist auch weniger eine Rechts- als eine Machtfrage und die

Macht wird sie entscheiden. Wenn die Dänen so verblendet sind nicht nachzugeben und Schleswig durch Eroberung in deutsche Hände kommt, dann hätte der Augustenburger freilich eine Chance für sich. Die Demokratie ist wüthend über das Einverständniß zwischen Preußen und Oestreich, fürchtet für Polen, für Italien und die eigene Revolution. Und doch liegt die ersehnte Einheit Deutschlands nur in der Einheit der beiden Großmächte. – Meine hiesige Stellung schwebt immer noch in der Luft wie alles Andere auch. Hat doch sogar die Herzogin noch keine schriftliche Zusicherung ob ihr das Schloß verbleiben soll oder nicht. Sehr wahrscheinlich aber werde ich keine Einbuße erleiden. Du solltest mich doch einmal besuchen Gerhard! und dann heimlich wieder abreisen; *ich hätte Dir viel zu erzählen.* Du meinst ich könnte leichter kommen, aber von Dir kann man nicht heimlich fort, und meine Brust leidet solche Reise nicht mehr. Ich grüße herzlich die geliebten Schwestern Elmine und Helene. Behaltet Alle lieb

Euren Wilhelm.

P.S. Warum ich diesen Brief fortschicke? Wahrscheinlich weil ich ihn geschrieben habe. Ich schreibe an Niemand so nachlässig wie an Dich und daher am liebsten an Dich. Mit Schätzell der jetzt mein nächster Nachbar, ist es eine Lust zu verkehren. Er ist so heiter wie ich ihn früher nie gekannt habe. Ich gäbe was drum wenn Du diesen eisernen und doch so herzlichen, kindlich frommen Menschen kennen lerntest, Du würdest auch besser als ich mit ihm verkehren können, weil Du so barbarisch schreien kannst. Ich weiß daß ich Dir noch etwas zu melden habe, kann mich aber durchaus nicht darauf besinnen. Nimm es daher für gesagt.

## Nº 133 Ballenstädt 25. April 1864

Mein liebster Bruder!
Zwei Briefe von Dir liegen vor, und zwar vorzugsweise der letztere, ein rechter Prachtbrief, ein lieber ganz vortrefflicher Bruderbrief, ausführlich, geistreich und nach alter jugendlicher Weise. Für beide Briefe danke ich Dir mein Alter. Den zweiten Brief empfing ich in Halle und hätte ihn gern gleich beantwortet, doch kam ich nicht dazu. Auch jetzt wird es keine rechte Antwort werden, da es mich zuvörderst drängt von meiner Reise zu berichten. Ich kann es noch gar nicht begreifen wie diese Reise zu Stande kam, da

ich doch bis zum letzten Moment ein halber Moribundus war. Von Weihnachten bis in den April hinein ein elender Stubenpatient, engbrüstig, stöhnend und an allen möglichen Uebeln leidend, mußte ich fast zweifeln auch nur das Ballenstädter Posthaus zu erreichen. Große Schwäche und ein anhaltendes Hüftweh hinderten mich am Gehen. Es wurde mir schwer die kleine Treppe meines Hauses auf und abzusteigen. Doch wollte ich fort, Alfred noch einmal anzusehen und seinen Sohn Richard zu consultiren, der jetzt der berühmteste Arzt in der Provinz Sachsen ist. – Ein Einspänner brachte mich mit Anna, die mich bemuttern sollte, bis zur Post. Dann ging es weiter mit der Fahrpost nach Bernburg. Da ich mich sogar im Bett zu erkälten pflegte und wir nur 6º Wärme hatten, so hatte mir meine Frau 3 Röcke über einander gezogen, darüber eine Wildschur. Wir waren zu sechs im Wagen und es entstand eine Hitze, daß mir das Wasser nur so vom Leibe strömte. Als wir nach Bernburg kamen schwamm ich in meinem eigenen Saft und mußte, um mich nicht zu erkälten, den Pelz auch im Passagierzimmer anbehalten, wo wir zwei Stunden warteten. Dann ging es nach Köthen mit dem Dampfer, wo wir auf den Magdeburger Zug trafen, der ganz mit Verwundeten gefüllt war, welche direct von den Düppler Schanzen kamen und ins Lazareth nach Weissenfels gebracht werden. Ein kläglicher Anblick. Anna und ich bekamen jedoch ein eigenes Coupé und gelangten sehr bequem nach Halle, ich immerfort im Schwitzbad. Halb Halle war am Bahnhofe versammelt um die Verwundeten zu sehen, denen die Stadt hier ein warmes Essen gab. Es war kaum durchzudrängen durch die Massen; kein Wagen zu erlangen und gehen *konnte* ich nicht. Endlich trieb ich einen Mann auf, der einen Wagen schaffte und halb 9 Uhr Abends langten wir bei Alfred an. Hier legte ich nun den Pelz ab, behielt aber die 3 Röcke an und schwitzte in den wohlgeheizten Zimmern fort wie ein Braten. Um 10 Uhr sagten ich und Anna gute Nacht. Ich zog mich um und ging zu Bett. Am anderen Morgen bemerkte ich zu meiner Freude daß mein Hüftweh fort war, welches 1½ Jahre den schärfsten Mitteln getrotzt hatte wie ein Däne. Sollte kein Rückfall eintreten, so bin ich diesem unvernünftigen Schwitzen großen Dank schuldig. – Mit Alfred verlebte ich 6 Tage unter unausgesetztem Rauchen und Gesprächen. Es gab viel zu erzählen, zu streiten über Heiliges und Profanes, fehlte auch nicht an Erzürnungen. Im Kreise der Damen war es ebenfalls hübsch. Alfreds Frau ist das Muster einer klugen sorgsamen und liebenswürdigen Hausmutter; ihre Tochter Anna ganz vortrefflich und desgleichen auch zwei Schwiegertöchter in spe, arme Mädchen, die zwei von den Söhnen zu Bräuten gemacht haben und von Alfred bis zur einstigen Verheirathung ins Haus genommen sind. Es ist eine glückliche sehr respectable Familie, welche in ihrer Untadelhaftigkeit manches Christenhaus beschämt. Ungläubig sind sie freilich (die Mädchen waren ganz erschrocken als Anna die Fortdauer nach dem Tode als ausgemachte Wahrheit behauptete); was aber gegenseitige Liebe, Duldsamkeit Freundlichkeit, Verträglichkeit, Opferfreudigkeit und wie die -keits alle heißen, anbelangt, so ist es wie gesagt bei Volkmanns eine Musterwirthschaft. Von Sünde und von Buße haben diese trefflichen Menschen allerdings keinen Begriff, daher auch Christus bis jetzt nicht zu ihnen kommen konnte. Den Feind in der Tiefe ihres Herzens, die Selbstgerechtigkeit, erkennen sie nicht und eben so wenig die Ungereimtheit ihres Glaubens an Gott, dem sie keinerlei Gestalt zu geben wissen. Bei Aller Vortrefflichkeit und Tadellosigkeit des Lebens könnte einem Christen aus diesem Hause dennoch eine unheimliche Kälte anwehen, wenn nicht die Jugendfreundschaft mit Alfred wäre, die *mich* wenigstens warm erhielt. Ich fühlte mich sehr glücklich mit diesem alten Freunde, obgleich er Hyperrationalist, Demokrat und Erzprosaiker ist. Auch Clärchen kam heran von Leipzig mit ihrem alten Fechner, der zwar entschiedener Spinozist ist, aber ein Mensch wie ein Engel, den ich zärtlich liebe. Anna war ganz erstaunt in einem Kreis so vorzüglicher Menschen versetzt zu sein, die sie als solche anerkennen mußte, und die doch gar nichts wissen wollten von dem Heiland ihrer Seele. – Meinen Hauptzweck habe ich auch erreicht. Richard, der Doctor, hat mich gründlich untersucht und ich weiß nun was ich habe, nämlich ein Lungenemphysem, welches das Herz zur Seite und die Leber nach unten drückt. Dagegen ist *nichts* zu thun, als etwa sich vor Erkältungen und Katarrhen zu hüten, welche das Uebel stets einen Schritt weiter fördern, ohne daß ein Rückschritt möglich ist. Kleine Hülfsmittel um Erkältungen rasch zu beseitigen sind mir an die Hand gegeben, und ich bin beruhigt und danke meinem Gott, daß er mich in eine Lage versetzt hat, die es mir möglich macht mich zu schonen. – So habe ich denn viel Befriedigung im Alfredschen Hause gefunden, und außer demselben noch etwas ganz besonders Niedliches, was ich nicht erwarten konnte, Du nicht errathen wirst: ich habe nämlich einen kleinen Liebeshandel angefangen wenn Du's so nennen willst. Ich schrieb Dir schon, daß ich vor 6 Jahren, als ich mit der Herzogin in Föhr war, ein niedliches kleines Mädchen aus Halle kennen lernte, für welche die Herzogin schwärmte und sie daher viel um sich hatte. Was mich anbelangt, so gefiel mir das kleine Ding damals sehr wenig, weil es seiltänzermäßig gekleidet und über seine Jahre weise war. Ich ignorirte damals das Mädchen und glaube nichts anderes mit ihr gesprochen zu haben als daß ich ihr einen Gruß an Alfred mitgab, den ich meinen *Freund* nannte. Ich wußte nicht welch hohen Begriff dies kleine schwärmerische Wesen damals mit dem Worte Freund verband. Sie kannte Alfred gar nicht, aber die Idee, daß er ein «Freund» sei, hatte sie doch bewogen ihn wirklich aufzusuchen, und er schrieb mir nachmals, daß mein Gruß auf diesem Wege an ihn gelangt und ihm eine ganz besondere Freude gemacht habe. Später kam mir die Kleine gänzlich aus dem Sinn bis ich an meinem letzten Geburtstage jenen allerliebsten Brief mit Alfreds Bild erhielt, von dem ich Dir geschrieben. Seitdem sind wir in regelmäßiger Correspondenz geblieben. Tony schrieb mir ziemlich alle 14 Tage, überschrieb gewöhnlich «Lieber Freund!» und die ungemeine Naivität dieser fliegenden Blättchen, in denen sie sich mir ganz gleich stellte, als wären wir zusammen jung gewesen, machte mir solche Freude, daß ich ihr auch meist antwortete. – Als ich nun nach Halle kam, erkundigte ich mich vorerst nach meiner literarischen Freundin und ihren häuslichen Verhältnißen, von denen ich nichts wußte, bei Richard Volkmann, den mir Tony selbst als ihren Arzt genannt hatte, und hörte dann, daß dies arme Kind unter sehr wenig günstigen Verhältnißen aufwachse, welche nachtheilig auf ihre Entwickelung wirkten. Die Mutter sei eine überfeinerte zur Sentimentalität geneigte Hamburgerin, der Vater aber ein Hallescher Rüpel, übermäßig reich und eben so materiell. Diese Beiden verstünden und vertrügen sich aufs übelste, lebten in großer Mißhelligkeit und das Kind sei Beider Vertraute. So wachse sie auf und zwar gänzlich isolirt von allen Altersgenossen, weil die Eltern ihres unglückseligen Verhältnißes wegen jede Geselligkeit im Hause fliehen. In dieser Einsamkeit sei allerdings eine Anomalie von Mädchen entstanden, das in die Welt nicht passe, aber dennoch einen großen pathologischen Reiz habe. Sie sei ein wahrer Engel an Gemüth, von unbegrenzter Herzensgüte, Tag und Nacht raffinirend wie sie den Eltern und den wenigen Personen, die sie kenne, Freude machen könne. Für mich habe sie eine große Schwärmerei gefaßt und er könne von den freudigen Eindrücken meines Besuch's nur Gutes für seine arme Patientin erwarten, welche leider an einer Herzenserweiterung litte, die für die Zukunft wenig Hoffnung ließe. So vorbereitet machte ich meinen ersten Besuch mit Alfred, der durch meine Erzählungen neugierig geworden war das Kind wiederzusehen. Das wird kalt Wasser auf die Flamme werden, dacht' ich, wenn dieser himmliche Engel ihren alten verhotzelten Correspondenten nun mit Augen sieht, denn seit 6 Jahren und namentlich seit Elisabeths Tode ist mein äußerer Mensch schauderhaft reducirt und von der immer zunehmenden Krankheit geschändet worden. Wir wurden in einen höchst eleganten Salon geführt, wo uns die Mutter empfing, eine noch jugendlich, durchsichtige zarte Frau, von natürlich feinem doch keineswegs ganz weltförmigen Wesen, die mich gleich durch den herzlichsten Dank beschämte für die Güte, die ich ihrem Kinde zeige und an welcher dieses neu auflebe. Bald trat auch Tony ein. Sie ist schon 16 Jahr alt, aber noch klein und unentwickelt, eine kindische Gestalt im kurzen Kleide, doch zierlich und graziös und von rührender Schönheit. Mit leuchtendem von der Freude lieblich angehauchten Gesicht schritt sie mir entgegen und reichte mir die Hand. Jetzt kam auch der Vater, durchaus kein Rüpel, ein hübscher freundlicher Mann, der mich ebenfalls mit Dankesworten für mein Verhalten gegen sein Kind überhäufte. Ich wußte gar nicht wie ich zu all dieser Ehre kam. Ich wurde fast wie ein Fürst und doch auch wie ein Bruder empfangen, und dachte einen Augenblick, ob ich vielleicht ein berühmter Wohlthäter der Menschheit sei. Wir nahmen Platz. Tony rollte für mich einen Doppelstuhl herbei und setzte sich zutraulich an meine Seite. An der Unterhaltung nahm sie keinen Antheil, sie sagte gar nichts, doch ruhte ihr Blick entzückt auf meinen Runzeln und bisweilen griff sie nach meiner Hand. Als wir aufbrachen lud Frau Finger mich und Anna zu einer Spazierfahrt ein, und holte uns zur bestimmten Stunde in einer prächtigen Equipage ab. Unterwegs konnte wegen des Rädergerassels nicht gesprochen werden. Am Giebigenstein aber hielten wir und die Mama schlug eine Promenade vor. Ich hob Tony aus dem Wagen. Wie der Blitz hatte sie sich eingehakt, zog mich vorwärts und sagte mit einem unbeschreiblichen Ausdruck von Triumph: «*Nun!* Herr von Kügelgen!» Es lag in diesem einfachen Worte ein großer Zauber und reicher Inhalt. Nun sollte es losgehen! Sie führte mich schöne Gänge aber los ging eigentlich nichts. Ihre Antworten waren trocken, kurz und durchaus kindlich, aber ein mehrmaliges zärtliches Ansichdrücken meines Armes zeigte mir wie glückselig die Kleine war. Als wir uns trennten, sagte sie: «Sie kommen doch alle Tage? *wir beide* haben uns noch viel zu sagen!» Ich fühlte mich recht schwach und elend. Die ersten Gehversuche griffen mich an, aber zu Tony ging ich doch täglich auf ein Stündchen mit meiner Anna, welche ebenso eingenommen als ich von der kleinen wunderbaren Person war, die von einer Seite noch ganz Kind ist, von der andern fast so gelehrt wie weiland die berühmte Olympia Morata in Ferrara. Im lateinischen liest sie jetzt Cicero de amicitia. Dies erfuhr ich durch den Vater, den ich bat dieses zarte Wesen doch nicht mit so überflüssigem Lernen anzustrengen; aber sie soll nicht abzuhalten sein. Der Vater gefiel mir übrigens ganz wohl, so auch die Mutter, sie waren auch freundlich mit einander und verschleierten wenigstens vor *meinen* Augen den innern Zwiespalt, der sie trennt. Mir erwiesen sie alles erdenkliche Wohlwollen und luden mich herzlich ein für die Zukunft bei ihnen zu wohnen. – Bei unserer Abreise standen auf dem Perron des Bahnhofes im Strahl der Morgensonne Tony und ihre Mama schon da um uns noch einmal zu begrüßen, mit herrlichen Blumensträußen von Camellien, Hyacinthen, Azaléen, Heliotropen und allem Schönsten was Treibhäuser jetzt aufzuweisen haben, die sie uns schenkten. Wir gingen noch ein Weilchen auf und nieder, Tony fest an meinen Arm geklammert bis die Glocke rief. Beim Abschiede konnte ich es nicht vermeiden, daß die Mama im Vollgefühl ihrer Dankbarkeit für alle Güte, die ich von ihr angenommen, mir die Hand küßte. Hätte ich in demselben Augenblick nicht ins Coupé gemußt, so wäre ich natürlich vor Beschämung unter die Erde gesunken. Da brauste der Zug ab und Tücherschwenkend verschwanden die beiden zurückbleibenden follen Gestalten. – Anna und ich waren wieder ganz allein im Coupé, das sich mit dem Dufte unserer schönen Blumen füllte, die uns sehr zu statten kamen weil wir in einer befreundeten Familie Köthens heute einen Geburtstag mitfeiern sollten. Unsere Gespräche drehten sich um Tony, von der auch Anna alle erdenkliche Zärtlichkeit genossen hatte. Die Mutter, der Vater, die ganze Fülle von Liebe und Vertrauen, welche uns wildfremde, als sonderbar verschrieene Menschen in solcher Abondance entgegen trugen – dergleichen war noch niemals vorgekommen. Unsere Herzen brannten für das arme liebliche Kind, an dessen Leben bereits ein tödtlicher Wurm nagt. Möchte es dem Richard doch gelingen sie noch zu retten.

Am 18t April gegen Abend (es war der letzte Tag, den wir in Halle zubrachten) langte die Depesche von der am Mittag erfolgten glücklichen Erstürmung der zehn berühmt gewordenen Düppler Schanzen und des Brückenkopfes an. Das war ein Freude! im Volkmannschen Hause leider sehr getrübt durch den am selben Tage statt gefundenen Tod von Richard's jüngstem Kinde. Bei diesem Sturm, der (nach brieflich hier eingegangenen Nachrichten) das Entzücken der anwesenden fremdländischen Offiziere, besonders der französischen gewesen, fiel leider auf dänischer Seite auch ein Bruder unserer Bernstorff. Die Preußen haben ihren alten Waffenruhm neu aufgefrischt, Napoleon hat Respect bekommen, die Armeereorganisation ist gerettet, die Nation jubelt und Bismarck wird immer populärer. Gott gebe weiter seinen Segen. Auf deutscher Seite war man an Waffen und Mannschaft zwar überlegen, aber die Schiffe fehlten und die Dänen hatten eine fast uneinnehmbare Stellung inne und gaben keine Blößen. Nachgeben werden sie auch jetzt noch nicht, aber wenn man erst Alsen hat (noch ein schwer Stück Arbeit) so werden sie weiter nicht gefragt werden. Die dänischen Offiziere sollen wüthend sein gegen ihr Pöbelministerium, das die Armee und den Schatz des Landes so unnütz aufopfert. Ein dänischer Offizier, ein Herr v. Ahlefeld, der als Parlamentär zum Prinzen Friedr. Carl kam, und die Ehre hatte mit diesem eine Cigarre zu rauchen, hat geäußert: «Wir werden uns für unsere Soldatenehre schlagen so gut wir können, aber wir sehen dem Augenblick des Verlustes von Alsen mit Sehnsucht entgegen, um nach Kopenhagen zurück zu kommen und die Ordnung im eigenen Lande wieder herzustellen.» In der That scheint auch eine Militärrevolution der einzige Weg zu sein um Dänemark vom gänzlichen Untergang zu retten. Napoleon beträgt sich gut. Er hätte bei einem Kriege gegen Deutschland wohl einige Chancen, aber so lange Preußen und Oestreich sich verstehen, geht es eben nicht. Ich hoffe er wird bei der Conferenz keine Schwierigkeiten machen. England aber hat sich so stock-gemein gezeigt, so falsch und lügenhaft, so ungerecht und zugleich so erbärmlich, daß es (bei uns wenigstens) einen colossalen Haß gegen sich wach gerufen hat. Die Volksstimmung ist derartig, daß englische Touristen kaum noch Vergnügen daran finden können Deutschland zu durchreisen. – Aus meinem Hause kann ich Gutes melden Gott sei Dank! und Alles was von Kindern übrig ist, macht Freude. Gerhard zwar schreibt traurig, daß er jetzt, da die Armee einmal Geschäfte macht, zu der Rolle eines Bleisoldaten verdammt ist. Dafür aber behält er seine Glieder unzerfetzt und unzerbrochen, was doch immer auch einigen Werth hat. Adolph hat sein mündliches Examen wohl bestanden wie auch die erste Hälfte des schriftlichen. Ueber die zweite hat er noch keinen Bescheid, den er im elterlichen Hause abwartet, und mittlerweile hilft er Schätzell bei seinen Geschäften. Benno wird bald ins zweite Examen gehen, und befindet sich nach einem etwas verkränkelten Winter wieder ganz wohl. Sein Principal aber ist sehr ernstlich krank gewesen an einer Brustfellentzündung mit Wasserbildung. Niemand glaubte an sein Aufkommen, doch soll der Arzt jetzt außer Sorgen sein und der Patient verläßt bereits das Bett auf Stunden. Was mich anbetrifft, so hat der Herzog jetzt endlich eine definitive Entscheidung über mich und meine Kameraden getroffen. Wir haben ein Collectivrescript erhalten, worin der Herzog uns dankt für die seinem Vorgänger bewiesene Treue, uns in unserem Character und Gehalt bestätigt, uns zur Disposition stellt, und uns erlaubt, wenn wir es wünschen, in Ballenstädt zu bleiben. Dies schwarz auf weiß zu besitzen ist für den Fall eines abermaligen Regierungswechsels, der nicht mehr lange ausbleiben kann, allerdings ein schätzenswerther Trost, für den ich Gott als für eine besondere Gnadenerweisung danke. – Ich wurde hier durch Anna's Ankunft unterbrochen, die frisch und fröhlich erst heute von ihrer Reise zurückkehrt. Ich hatte sie in Köthen bei einer befreundeten Familie zurückgelassen. Dann war sie noch für einige Tage in Bernburg geblieben, wo sie viele Freunde hat, unter denen die Schwestern des Krankenhauses oben an stehen. Du kennst die Leute alle nicht, sonst wäre viel zu erzählen. Das ist das Schlimmste wenn man sich niemals besucht, daß man auch brieflich nicht in ausreichender Verbindung bleiben kann. Man kann nicht alle Bekannte so ausführlich behandeln wie die kleine Perle Tony. – Von meinem alten Hunde Poll will ich Dir aber doch melden, daß ich ihn habe todt schießen lassen. Blind und taub wie er war, hätte er noch lange auf meinem Sopha liegen mögen, das er sich zu seiner Residenz erwählt hatte, weil er dort nicht getreten werden konnte und meine Nähe liebte, die Freunde, die mich besuchten auch so rücksichtsvoll waren auf Stühlen vorlieb zu nehmen; aber ein großes Krebsgeschwür, das sich auf der Brust gebildet hatte, wollte aufgehen und fing an zu eitern. Da schickte ich nach einem Jäger und mein armes Thierchen brach ohne Ruck und Zuck zusammen. – Was Du von Otto's aufreibender Praxis in

Hallist schreibst, ist schauerlich, Gott gebe dem lieben Jungen Kraft, daß er sich ungeschädigt durchbeißt. – Mitte Mai wollen wir nun auf 14 Tage nach Potsdam. Mich hat die Hallesche Reise geistig so aufgefrischt, daß ich meiner armen Frau den selben Vortheil wünsche. Grüße die liebe rührende Elmine mit einem rechten Handkuß, grüße alle Deine Würmerchens und sei von ganzem Herzen umklammert von Deinem alten Bruder Wilhelm.

P.S. So eben ein Brief von Tony's Mutter. Das arme Kind ist den Tag nach unserer Abreise in Folge einer Gemüthsbewegung schwer erkrankt und liegt zu Bett. Gott gebe, daß die Freude meines Besuches dem kranken Herzen nicht zu mächtig gewesen ist. Die Mutter widerspricht dem zwar auf das Bestimmteste. Wahrscheinlich hat der Rüpel sich irgend eine Rohheit gegen seine Frau erlaubt, von der das Kind Zeuge war. Diese arme Frau hat sich zu mir gestellt wie eine Tochter gegen einen sehr verehrten Vater, ganz kindlich und vertrauensvoll. Sie schreibt eben so naiv wie Tony, und entschuldigt sich, daß sie bei der absoluten Einsamkeit, in der sie leben müsse, durchaus nicht mehr wisse was sie sagen dürfe und was nicht. Ich bin da plötzlich zu wildfremden Frauen in ein eben so fabelhaftes als unerwartet intimes Verhältniß gerathen, was Gott zu allseitigem Segen führen wolle. Wenn Tony sterben sollte, so würde mir das furchtbar ans Herz schlagen. – Seit dem 18ᵗ d. haben wir Frühlingswetter, gestern und heute sogar 17º Wärme. Die Grasplätze in meinem Garten sind blau von Veilchen, deren Duft ins Fenster dringt. –

## Nº 134

Ballenstädt 30. Mai 1864

Mein lieber Bruder!
Etwas thut doch die Eisenbahn. Da ist ein Brief von Dir vom 25sten d., von Wesenberg (der Poststempel ist nicht zu lesen) doch wahrscheinlich erst am 26sten abgegangen also in 4 Tagen hierhergelangt. Daraus, daß ich mich sogleich an die Beantwortung mache, magst Du sehen wie sehr Du mich erfreut hast durch Deine brüderliche Liebe, Deine Nachrichten und sogar durch Deine Handschrift. Hundertfach genieße ich einen Brief wenn er sauber geschrieben ist; es ist als wenn alle Gedanken dadurch schöner und correcter würden. Wie bedauere ich Dich, mein armer Bruder, Deiner landwirthschaftlichen Verhältniße wegen! Es muß schau-

derhaft sein in einem Lande zu wirthschaften, das weder Wetter noch Arbeiter noch Käufer, noch Geld, überhaupt gar nichts hat als Mangel. Zwar haben wir seit Pfingsten auch wieder Kälte, so daß wir alle Tage etwas heizen müssen, aber es leidet wenigstens nichts anderes darunter als meine Gesundheit und die Maikäfer. Doch haben wir (nicht die Landwirthe, sondern die Gartenbesitzer) viel geklagt, und schämen uns jetzt da wir Deinen Brief gelesen. Um Pfingsten herum hatten wir sehr schönes Wetter – in den Nachmittagsstunden bis 20° Wärme – so daß wir an Deinem Geburtstag im Freien essen und bis Abends 8 Uhr im Garten sitzen konnten. Die größte Freude aber war, daß Adolph an diesem alten schönen Familienfeste, sein Patent als königlich preuß. Gerichtsassessor, und damit zugleich die Gewißheit erhielt, daß er sein Examen genügend bestanden. Mich bewegte diese Nachricht so, daß ich schwindlich wurde und ein paar Stunden still in meinem Lehnstuhl sitzen mußte. In der Regel bin ich freilich nicht so sensibel, aber ich hatte so eben eine schwere Krankheit durchgemacht und war gerade daran mich ein wenig zu erholen, was man einen Reconvalescenten nennt. In der ersten Zeit nach meiner Halleschen Reise befand ich mich leidlich wohl, bald aber stellte sich, ohne daß ich einen Grund davon wüßte, eine mir neue sonderbare Herzbewegung ein. Das Herz that nämlich einige harte Schläge, die ich bis in den Hirnschädel hinein fühlte, dann stand es eine Zeitlang still bis es anfing wie ein Lämmerschwänzchen zu zittern, worauf dann wieder jene harten, hammerartigen Schläge erfolgten. Am vierten Tage ging ich zu Ziegler, der mir ein Fußbad empfahl, das mir eine ruhige Nacht verschaffte. Andern Morgens beim Frühstück erfaßte mich jedoch ein plötzlicher Schwindel mit solcher Gewalt, daß ich dachte der Schlag würde mich rühren. Mit Mühe geleiteten mich meine beiden Söhne Adolph und Benno auf mein Zimmer, wo ich in eine Ohnmacht verfiel, die vier Stunden anhielt. Nach Verlauf dieser Zeit fühlte ich mich wohl, das Herz schlug ruhig, ich aß und trank und glaubte ich wäre gesund. Der Arzt aber war der Meinung der Zufall werde sich noch öfter wiederholen und empfahl die größte Schonung. Er hatte Recht; fast 14 Tage lang wiederholten sich die Schwindelanfälle, die gewöhnlich 4 bis 5 Stunden anhielten und sich bisweilen mit heftigem Erbrechen endeten, aber das Herz blieb, und zwar immer mit unterdrücktem Pulse ruhig. Langsam hat sich endlich dieser Zustand wieder verloren, wenn auch kleine Schwindelmomente immer noch ab und zu eintreten, und aus der Freude meiner Bekannten, die mich seit einigen Tagen wieder besuchen dürfen, ersehe ich erst wie gefährlich krank ich gewesen sein muß. Gebraucht habe ich nichts anderes als Baldriantropfen und mehrmals des Tages etwas Ungarwein. Merkwürdig daß die arme kleine Tony in derselben Zeit mit demselben Uebel zu kämpfen hatte. Das arme Kindchen hat bisweilen 21 Mal am Tage brechen müssen und dictirt auch ihren letzten Brief noch vom Bett aus mit einem Sack voll Eis auf Herz und Magen. Fast muß ich fürchten, daß die vielen und gewaltsamen Mittel, die sie brauchen muß, sie nur um so kränker machen. Sie hatte (sonderbarerweise über Carlsbad) von meiner Krankheit und Genesung gehört und spricht über letztere ihre Freude folgendermaßen aus: «Wie einsam wäre die Welt, hätte ich *Sie* nicht mehr». So dictirte sie ihrer Mutter mit einem Eissack auf dem Herzen. Schließlich freut sie sich auch, daß wir durch *eine* Art zu fühlen, *eine* Politik und Religion (sic!) und Alles was man Zartes nicht in Worte formen könne, an einander gebunden seien.

*Am 31. Mai.* Daß Du die Nachricht von der Erstürmung der Düppler Schanzen in Deinem abgelegenen Kloster schon am Abend desselben Tages haben konntest, ist unbegreiflich. In Berlin sagte neulich bei Gelegenheit eines Zankes ein Schusterjunge zum andern: «Du olles Danewerk! wenn du nich jleich dein Missunde hältst, so jebe ich dich enen Düppel uf deinen Büffelkoppel, daß dir janz übel wird und dein Brückenkopf jleich bis nach Alsen nüber fliegt.» Das Beispiel der Dänen könnte der Berliner Kammer und Unzucht wohl den Staar stechen über die Herrlichkeit einer parlamentarischen Regierung. Das Volk ist durch giftige, prahlerische und lügenhafte Advocatenreden überall sehr leicht zu den extravagantesten Ansichten zu bringen; dem muß die Kammer sich fügen, das Ministerium der Kammer, der König dem Ministerium. Als König Christian sich in die Dannewerkstellung begab, machte der Minister Monrad (der nebenbei auch Pastor ist) bekannt: wenn der König sich zur Armee begäbe so habe das keinen anderen Zweck als die Hospitäler zu besuchen, von jeder Beziehung zum Commando habe er fern zu bleiben. Uebrigens (fügte Monrad zu weiterer Beruhigung des Pöbels noch hinzu) *«werde er den König begleiten.»* Der König stand somit unter polizeilicher Aufsicht als er zu seiner Armee ging und das Agrement solcher Stellung wird er wahrscheinlich nun mit seinem halben Lande bezahlen. In Amerika ist es eben so. Eine freie Regierung hätte das Loos der Sklaven verbessert, ohne das Land zu entvölkern und auf Generationen zu ruiniren. Auf gleicher Höhe toller Pöbelherrschaft würden auch wir jetzt stehen, wäre Bismarck nicht gekommen. Was nun freilich weiter werden wird, kann man nicht wissen, und hängt das von den Personen ab, die fernerhin ans Ruder kommen werden. Eine solche Erwägung darf aber einen Staatsmann nimmer abhalten das für den Augenblick Richtige und Nothwenige zu thun. Wenn nun der Landtag wieder zusammentritt, so wird er sich in der Alternative befinden, die verweigerten Kriegskosten entweder noch nachträglich zu bewilligen, oder nicht. Im ersten Fall schlägt er sich selber ins Gesicht, im zweiten der Nation, die über diesen populären Krieg frohlockt. Die Armee ist durch den Landtag so mit Koth beworfen, daß sie – obgleich ein Volksherr wie kein zweites – mit ihrem Könige durch dick und dünn geht. Das Verhalten dieser Armee im dänischen Kriege ist wahrhaft herzerhebend. Nach allen Privatnachrichten that Einer es dem Andern an Hingebung und Aufopferung zuvor. Die Offiziere waren im Gefecht immer voran, und doch nie im Stich gelassen von ihren Leuten, daher die Preußen, auch wo sie sich in der Minderzahl befanden und nichts als Kolben und Bajonet brauchen konnten, doch immer siegreich waren. Es werden wunderbare Thaten berichtet. Ein Rittmeister Alvensleben hieb sich (bei Gelegenheit einer Recognoscirung) nur von einem Unteroffizier begleitet, durch eine Schwadroon Dragoner, hin und zurück, tödtete und blessirte mehrere Dänen, und beide kehrten glücklich, wenn auch verwundet wieder zu den Ihrigen zurück. Ein Pionier Klinke rief, als eine dem Kartätschenfeuer ausgesetzte Sturmcolonne plötzlich auf mit starkem Drath durchflochtene Pallisaden stieß: «Herr Hauptman, ich opfere mich!» Damit hatte er auch schon seinen Pulversack an die Pallisaden gelegt, hineingeschossen und sich und das Hinderniß in die Luft gesprengt. Im selben Augenblick waren die Stürmenden auf der Schanze usw. – So rasch und entschlossen die Leute in den Tod gingen, so freundlich zeigen sie sich gegen die gefangenen Dänen, mit denen sie Alles theilen und die sie aufzuheitern suchen wie sie können. Man hat gesehen daß Soldaten gefallene Dänen, die sie selbst niederstreckten, sich aufluden, auf die Verbandplätze schleppten und nachher täglich im Hospital besuchten, ihnen Erquickungen zu bringen und an ihrer Pflege theil zu nehmen. Der junge Smend, Mia's Bräutigam, der als freiwilliger Feldprediger zu den westfälischen Regimentern eilte, ist von den Leuten wie ein guter Engel aufgenommen worden, und kann den guten Geist, den er vorgefunden, nicht genug loben. Da war nichts von Roheit zu spüren, und nach Gotteswort zeigte sich ein Hunger bei Gesunden wie bei Verwundeten. Manche haben ihm gesagt sie kämen als andere Menschen zurück als wie sie hingegangen. Geistliche Lieder singend kehrten die Sturmcolonnen zurück. Das ist Alles sehr erfreulich und zeigt wie gut das Volk ist, wenn es nur unter anständiger Leitung steht. Auch die Nation hat sich im Großen und Ganzen gut genommen. Die Armee ist mit Spenden an Victualien, Wäsche, Schuhwerk, Cigarren, Wein und allem Denkbaren überschüttet worden, und schon sind überall Vereine gebildet um Wittwen und Waisen wie auch die Invaliden ausreichend zu versorgen. Die Krankenpflege war zum größten Theil in freiwilligen Händen. Die Brüder des rauhen Hauses (wegen ihrer Frömmigkeit von der Kammer so verunglimpft) gingen überall im dicksten Kugelregen mit und folgten den Stürmenden bis auf die Schanzen um die Verwundeten wegzutragen, desgleichen eine Anzahl Johanniter-Ritter (geführt vom Grafen Eberhard Stolberg) mit ihren freiwilligen Krankenträgern, um die Verwundeten in bequemen Krankenwagen nach den im Sundewitt von ihnen eingerichteten sechs Hospitälern zu bringen. –

Mein lieber Bruder, nicht Du allein, auch ich bin blos ein Zuschauer auf dem Welttheater, und dafür wollen wir Gott danken denn jedenfalls ist das die bequemste und amüsanteste Partie bei der Sache; wollen wir daher wünschen, daß uns nie eine Rolle dabei zugetheilt werde! Wie glücklich schätzt sich Schätzell, nun auch blos auf der Zuschauerbank zu sitzen. Er blüht ganz auf und erlebt fast eine zweite Jugend, versichernd es mache ihm ebensoviel Freude jetzt durch treue Wirthschaft der Herzogin ein Bund Paraphinlichte zu ersparen, als früher eine gelungene Staatsaction. Ruhig sieht er zu wie sein Werk mit beispielloser Bornirtheit wieder zerstört wird und tröstet sich mit dem Bewußtsein, seiner Zeit gethan zu haben was Pflicht und Gewissen ihm geboten. Auch darüber wollen wir uns trösten, daß es immer enger um uns wird; hat doch auch das unruhige Verlangen in uns aufgehört, das Einen in der Jugend nach tausend Zielen spornt, die man doch nie erreicht. Da man doch einmal zu Ende gehen oder «alle» werden muß, so ist es ein Segen wenn das peu à peu geschieht. Sage doch Elminen ich würde peu à peu alle, das wäre das Neueste. – Wenn

Du doch auch deutsche Knechte haben könntest wie Re. Maydell in Kawast! Die Ehsten scheinen wie Lappen und Indianer, die wenn sie mit Europäern in Contact kommen, durch eine geistige Schwindsucht auch peu à peu aufgerieben werden. Daß Dir wohler wäre, wenn Du irgend etwas zu säugen hättest, mag sein, da Du etwa ein milchner Häring bist; mir dagegen ist es am wohlsten wenn ich sauge, was ich möglichst viel an meiner Pfeife thue. Daß Du am 25. Mai noch Schnee und Eis hattest, ist scheußlich. Das «Na halt' man aus!» ist bald gesagt, unter solchen Umständen aber ein schlimmer Trost. Mir ist es schon hier zu kalt und ich würde unbedingt an den Genfer See ziehen wenn ich nicht unbedingt hier bleiben müßte. Wenn die Erde wirklich ein abkühlender Knollen ist, so muß es ja alle Jahre schlimmer werden und zuletzt wird man am Aequator im JuniMonat elendiglich erfrieren. Heute am 31. Mai haben wir hier übrigens plötzlich mit Südwind 19º Wärme bekommen, während in der Frühe noch alle Oefen heizten. Morgen werden wir vielleicht wieder 3º haben.

*Am 1. Juni.* Daß Du auch an Schwindel leidest! Doch scheint es bei Dir nur beim Klettern und von hohen Punkten aus zu kommen, während es mich auch so anfiel. Denke doch welche Pfade wir in der Jugend auf den Felsen der sächs. Schweiz gewandelt sind mit dem sel. L. Maydell. Wenn ich mir das jetzt vorstelle, wird mir «janz übel». Es ist merkwürdig, daß das bedächtige Alter schwindelt, wo Jugendschwindel ganz fest auftritt. Und mit Deinen Hühneraugen! Da sollte Otto doch helfen können. Mache Dir Pflaster von dickem semischen Leder, schneide ein Löchelchen hinein, so groß, daß das Auge gerade durchsehen kann (nämlich das Hühnerauge) bestreiche es mit Heftpflaster und lasse es Dir von Deinem Kutscher gerade auf den Leichdorn kleben. Man hat jetzt diese Pflaster hier gleich fertig von dickem Baumwollenfilz. Seitdem ich dieses Mittel habe, frage ich nichts mehr nach Hühneraugen. –

In der Nacht Gewitter, heute Sturm und Regen, doch ist es warm geblieben. Bald wird der milde Südwester auch Dich erreichen, des tröste ich mich. – Noch eine Anekdote. Die Garnisonprediger in Preußen gehören mit zu den Examinatoren der Fähnriche. Bei solchem Examen wird Rücksicht genommen auf die Lieblingsstudien der jungen Leute. «Welches Studium haben Sie denn vorzugsweise betrieben?» frug neulich der Garnisonprediger Bollert in Potsdam den Einen seiner Examinanden. «Die chinesische Sprache!» antwortete der junge Mensch. «Das freut mich (sagt Bollert) daß Sie sich auch gerade mit meinem Lieblingsstudium abgegeben. Wir wollen mit dem Leichtesten anfangen. Sagen Sie einmal, mein junger Freund, wie heißt der Ochse im Chinesischen?» «Bollert» erwidert der Fähnrich. Natürlich wurde er 'naus geschmissen wie der Jude Itzig, und vom Examen ausgeschlossen.

Mein lieber einziger Bruder! Dein Wilhelm.

## Nº 135

Potsdam 28. Juni 1864

Mein lieber Bruder Gerhard!

Es kann nicht fehlen, Daß Du Dich wunderst einen Brief aus Potsdam zu bekommen, wie ich mich wundere Dir von hier aus zu schreiben. Was sich etwa für diese Reise anführen ließe, würde Deine Geduld erschöpfen und Du würdest dabei an Anderes denken. Das aber kann ich sagen, daß unser Gerhard auf Urlaub in Ballenstädt war und daß wir ihn auf der Rückreise bis hierher begleiteten, um besser um den Abschied herumzukommen. Der arme Junge ist übrigens Bräutigam geworden und verfeiert jetzt den Rest seines Urlaubs an der russischen Grenze bei der Braut. Dieselbe heißt Julchen und ist nach Gerhards Beschreibung ein schlankes, graciöses und unerhört liebenswürdiges Mädchen, riesig unwissend, aber geistreich, witzig und gottesfürchtig. Sie soll alle Qualitäten des weiblichen Geschlechts an sich haben, die guten wie die übeln, worauf Gerhard besonderen Werth legt. Der Vater, Obristlieutenant Voß, lebt auf seinem Gute Witaschütz bei Jarocyn mit Frau und Kindern. Julchen, vielfach umworben von Gutsbesitzern und Offizieren, ist des Vaters großer Liebling, daher Gerhard viel Ausdauer und Energie anwenden mußte, um sie von ihm abzulösen. Endlich ist es gelungen und der Alte hat auch versprochen die Zukunft seines Lieblings zu sichern; so mag es denn Gerhard mit dem Ehestand wagen, für den er seiner Solidität, Friedfertigkeit und Gemüthlichkeit wegen ganz geschaffen scheint. Mir ist dieser Junge ganz besonders ans Herz gewachsen, so wie meinem Mitvater sein Julchen, und die Trennung von ihm wird mir alle Zeit blutsauer, wie auch er es nicht ohne Thränen fertig bringt; aber wie gesagt, wenn man so ein Stück zusammen reist und dann am fremden Ort unter allerlei Zerstreuung zurückbleibt, macht sich's am leichtesten. – Potsdam, wo ich nun mit Julchen und Anna etwa noch 8 Tage zu verbleiben gedenke (nachdem wir schon eben so viele hier vertagediebt haben) ist etwas unter meiner Erwartung geblieben, was nicht an dem unschuldigen Potsdam, sondern an eben jenen Erwartungen gelegen hat, und vielleicht auch an dem kalten regnerischen Wetter, das man ebenfalls Niemandem vorwerfen kann. Von Allem was ich bis jetzt gesehen habe, hat mir Sanssouci am meisten imponirt. Das ist wirklich eine königliche Residenz, viel großartiger als ich erwartet hatte. Noch Vieles bleibt mir übrigens zu sehen übrig, wenn ich sonst Trieb zum Sehen kriegen sollte, der mir bis jetzt noch fehlt. Meine Hauptbeschäftigung besteht im Baden. Einen Tag um den andern nehme ich ein warmes Malzbad, was mich dergestalt ermüdet, daß ich erst am andern Tage gegen Abend Lust bekomme auszufahren und mir etwas zu besehen. Das Fahren wird mit Droschken bewerkstelligt, die an allen Ecken halten und sehr billig sind. Wenn das Wetter es erlaubt, sitze ich am liebsten im Krummacherschen Garten, an dem die Eisenbahn vorübergeht, und sehe die gewaltigen Züge vorüberbrausen, bisweilen drei in einer Stunde, und selten vergeht eine Stunde daß nicht ein Zug vorübergeht. Auch horche ich gern dem Glokkenspiel Friedrich des Großen vom Thurm der nahen Garnisonkirche, das alle Viertelstunden etwas von sich giebt: «Ein Mädchen oder Weibchen wünscht Pagageno sich usw.» mit Vorspiel und Variationen wenn es halb schlägt, und ist die Stunde voll: «Lobe den Herrn, den mächtigen König der Ehren» – das geht auch die Nacht so durch, damit Niemand schlafen, sondern immer des Glückes eingedenk sein soll, daß er sich in Potsdam befinde. Ich wünsche nichts sehnlicher als nur erst wieder in Ballenstädt zu sein, obgleich Krummachers mit beispielloser Liebenswürdigkeit Alles aufbieten um es uns angenehm bei sich zu machen.

*Am 2. Juli.* Sie lassen uns nicht fort, und ich muß nachgeben, weil Julchen und Anna es so wünschen. Wir bleiben nun bis zum 11[t] dieses. Eine Menge schöner und großartiger Schloß- und Gartenanlagen haben wir gesehen. Vorgestern fuhren wir nach Glienicke, wo Fritz wegen des Geburtstages des alten Prinzen Carl seinen Namen einschreiben wollte. Der Prinz empfängt an diesem Tage Niemand; wohl aber saß er in voller Uniform dicht an der Chaussé auf einem Ausbau seines Gartens und rauchte aus einem kurzen Sauzahn wie ihn die Fuhrleute führen. Auf diese Weise kriegten ihn alle Gratulanten im Vorüberfahren doch zu sehen, und er sah auch *sie* ohne durch sie genirt zu sein. Ich finde das ganz überaus zartsinnig, sich an seinem Geburtstage auf unnahbare Weise so öffentlich auszustellen. Der Prinz sah ganz fidel aus, weil er so eben die telegraphische Nachricht von der Einnahme Alsens erhalten hatte. Glienicke ist überaus schön, ebenso auch die benachbarte neue Königspfalz auf dem Babelsberge, wo der König wohnt. Das wohnlichste und geschmackvollste von Allem aber ist das neue am Fuße des Babelsberges gelegene Palais des Prinzen Friedrich Carl mit seinen Gärten. Außer den Havelseen hat Postdam keine Natur, es ist Alles königlicher oder Prinzlicher Garten, wo man nicht rauchen darf, was die Lust daran verkümmert. Das Wetter ist affrös, zwar Sonnenblicke zwischendurch, aber so kalt, daß ich im Schlafrock friere. Ich bin deshalb auch ganz erkältet und habe die Bäder aufgeben müssen, derentwegen ich doch zum Theil mit hergekommen bin. Beleidigend sind hier auch die vielen Popo's. Wo Du gehst und stehst, strecken Dir unzählige Statuen den nackten Hintern entgegen, und dazu spielt das Glockenspiel «Ein Mädchen oder Weibchen wünscht Papajeno sich usw.». Aber «Reisende müssen sich begnügen» sagt Probstein der Narr.

*Am 6. Juli.* Wir haben wieder viel Neues gesehen, Schöpfungen Friedr. Wilhelm IV. ungeheure Bauten und Gartenanlagen. Das Interessanteste die Friedenskirche, wo der König begraben liegt, eine römische Basilika mit Klostergebäuden, Kreuzgängen, Vorhöfen und Hallen. In die Gebäude sind statt der Mönche Schulen, Pfarrwohnungen, Cantor- und Küsterlogis eingelegt. Das Ganze liegt im Park von Sanssouci überaus malerisch. In der einen der reizenden Vorhallen stehen zwei herrliche Sculpturen: die pietà von Rietschel und der Moses von Rauch. Die pietà (Maria mit dem Leichnam Christi) ist das erbaulichste und *Schönste* was ich von neuerer Bildhauerarbeit gesehen habe. Ein Riesenwerk ist das neue Orangeriehaus mit seinen prachtvollen Colonnaden, gewaltigen Terrassen, seinen Statuenheer und herrlichen Gärten, Alles mit größter Pracht ausgestattet. Wahnsinnig ist das Belvedere auf dem Pfingstberg, ein ungeheures, überaus prächtiges, auf das Verschwenderischste aufgeführtes Gebäude, welches übrigens keinen anderen Zweck hat als ganz herrlich auszusehen; keine Zimmer und kein gar nichts, aber allerdings herrliche Treppen, Corridore und Mauern, und eine magnifice Aussicht von den Thürmen. Je länger ich hier bin, je mehr sehe ich ein, daß Potsdam meine Erwartung dennoch bei weitem übertrifft, die Sehenswürdigkeiten sind unzählbar, leider aber fehlt mir die Lust zum Sehen, ich bin matt und müde, und würde immer nur im Garten sitzen und rauchen, wenn die Kälte nicht so empfindlich wäre, daß man täglich ein paar Mal gehen muß, um nur warm zu werden. Bekanntschaften halte ich mir vom Halse und bin nur unter der Bedingung hergekommen, daß ich mit dergleichen verschont bleibe. So wird denn diese Reise sehr wenig Frucht für mich haben.

*Am 8. Juli.* Am Vormittage mache ich mit Julchen oder einem Mädchen kleine Spazier- oder Geschäftsgänge. Gestern ließen wir uns photographieren, was hier zu erschwingen. Das Dutzend kostet 1 ½ Thaler, das zweite Dutzend billiger. In Ballenstädt kostet jede Karte 10 Silbergroschen. Wie es ausgefallen, wissen wir noch nicht. Gegessen wird um 2 Uhr; dann schlafen wir bis 4; dann Kaffe getrunken mit Cigarre; bei schönem Wetter draußen, bei schlechtem im Gartensaal. Ich zwar trinke keinen Kaffe, rauche nur. Von 5 bis gegen 9 werden zum Theil recht weite Partien gemacht, zu Wagen und zu Fuß – lauter Gartengenuß; es ist Alles Garten oder Schloß. Nicht uninteressant war das enorme neue Palais Friedrich des Großen, das er nach Beendigung des 7jährigen Krieges erbaute, um seinen Feinden zu zeigen, daß er noch Geld habe. Die Zimmer des Königs sind alle noch unberührt. Zwei Riesensäle, einer mit schöner Architectur und zum Theil sehr guten Bildern, das beste: das Opfer der Iphigenie von van Loo. Der andere Saal ist ganz mit Mineralien und Muscheln ausgelegt im holländischen Grottengeschmack, überaus prachtvoll und feenhaft. Gestern waren wir in dem berühmten Rosengarten von Charlottenhof. Nichts als Rosen im ganzen Garten, sogar der Boden der Beete mit Rosen überzogen. Man sieht hier Alles was es von Rosen giebt in Ueberfülle und in den schönsten Exemplaren. Ich habe kein einziges befallenes Blatt gesehen, als wenn die sämmtlichen Sträucher unter der Glasglocke gezogen wären. Der Duft ist so stark, daß ich nur kurze Zeit verweilen konnte. Alle Tage sehen wir Ueberraschendes und Neues, und doch haben wir noch nicht den vierten Theil des Sehenswerthen gesehen, obschon wir alle Tage aus sind. Heute habe ich die Mädchen zum Conditor geführt und weidlich tractirt, sie kamen vor innerem Kitzel nicht aus dem Lachen, und jetzt eben erwarte ich meinen neuen Neffen, den Obrist Salisch, der bereits mit 4 Kindern behaftet (unter denen 3 erwachsen) vor ½ Jahr Mathilden geheirathet hat. Er ist ein behaglicher Mann von unserem Alter, mit dem sich's gut hinschwätzt und Cigarren raucht. Da kommt er. –

*Am 10. Juli.* Morgen wollen wir nun fort, daher zum Schluß. Für Deinen herrlichen Brief, den ich gestern über Ballenstädt erhielt, herzlichen Dank! Ein paar Tage vorher kam einer von Helene, für den ich gleichfalls herzlich danke. Du mußt nicht fürchten, daß Helene Deine Nachrichten vorweg nimmt. Diesmal hat sie gar nichts ausgeplaudert, außer das schön Wetter war, und auch wo Ihr Gleiches schreibt, ist es in der Darstellung so unendlich verschieden, daß man's kaum wieder kennt. Grüße doch Timmo und seine liebe Frau. Ich wünschte ich hätte den alten Knaben hier, die Kunstschätze mit ihm zu betrachten. Mein Bild lege ich für Dich bei. Im nächsten Brief folgt eins für Helene, die das ihrige an Elmine gegeben hat. Später soll auch Julchen folgen. Wir sind beide nicht sonderlich gerathen. Ich sehe aus wie ein Dummer auf dem Abtritt. Gestern machten wir eine reizende Partie nach der Meierei. Man sitzt da auf einer breiten ins Wasser gebauten Terrasse und blickt über die seeartig erweiterte Spiegelfläche der Havel auf gegenüberliegende mit altem Walde bestandene Hügel, unvergleichlich. Ich ruderte Anna und Bertha in den Strom hinaus und ließ da den Nachen schaukeln meine Cigarre rauchend. Daß ich noch rudern konnte! und zwar so gerade wie ein Licht mit *einem* Ruder. Weit gings freilich nicht und mit großen Pausen. – Ich wollte Dir die Pietà von Rietschel schicken, aber alle Photographien waren vergriffen. Statt dessen schicke ich Dir die simplicitas von mir. – Was war das für ein schöner Sieg in Alsen. Unter dem Feuer des Feindes eine Armee in Böten über einem Meeresarm zu setzen, ist noch nicht dagewesen. Zuerst ein einzelnes Bataillon, welches während die Böte zurückgehen um andere Truppen zu holen, sogleich losstürmt und die schlimmste Batterie nimmt. Die alten Offiziere, die ich hier kennen lerne, sind ganz erstaunt und können es nicht begreifen. – Das Wetter wird jetzt herrlich, gerade da wir fortmüssen. Leb' wohl mein Bruder und Ihr Lieben Alle! Dies ist kein Brief, sondern ein Wisch, aber ich bin zu unruhig hier. Julchen grüßt. Euer Wilhelm.

Nº 136 Ballenstädt 13. Aug. 1864

Lieber Gerhard!

Herzlich danke ich Dir für Deinen trefflichen und sehr lieben Brief vom 23sten Juli, den ich gern heute als an dem von Dir bezeichneten Sonnabend beantworten möchte, wenn ich anders nur einen Eingang fände. Das Briefschreiben kostet mir überhaupt je mehr und mehr Kopfbrechens und ich beneide meine Anna, welche so wie sie nur die Feder erfaßt, auf der Stelle losgeht und ohne abzusetzen ein paar Bogen hinstürmt, und zwar besser geschrieben und interessanter als ich es mit allem Meditiren leisten könnte. Zuvörderst also beklage ich Dich, mein armer Dicker, wegen aller Sorgen, Kümmerniße, Aerger und Arbeit, die Dir Dein Amt bringt, und dennoch beneide ich Dich auch darum. Du kannst es doch noch leisten, und das ist Gnade von Gott; ich aber kann nichts mehr leisten. Ich habe freilich wieder dafür zu danken, daß ich nichts mehr zu leisten *brauche* und darum kannst wieder Du mich beneiden. Vor 10 Tagen nahm ich inzwischen einen Anlauf, weil ich dachte ich müßte es und besuchte meinen Herzog Leopold, der jetzt ganz einsam, blos von einem Jäger und Kammerdiener begleitet, auf dem Mägdesprunge hauset um Hirsche zu schießen. Alle Andern waren schon draußen gewesen, nur ich nicht, weil ich mich vor dem Geschrei fürchtete, das man erheben muß um dem tauben Herrn verständlich zu werden. Ich benutzte endlich einen guten Tag, ward sehr freundlich aufgenommen und schrie barbarisch. Der Herzog sagte es sei recht schlimm mit seiner Taubheit und ich möchte doch lauter sprechen. Ich griff an meine Brust und schrie, daß mir die Lungen bersten wollten: ich könnte nur ganz leise schreien. Die Pantomime ward verstanden und Se. Hoheit sagte mir die theilnehmendsten Worte, sprach dann von unserem sel. Vater, den er gekannt und lobte meine Bilder auf dem Ballenstädter Schlosse, die er für Bilder meines Vaters gehalten hätte, war sehr huldvoll und entließ mich nach einer viertel Stunde. Als ich meinen Wagen wieder erreicht, kam mir der Kammerdiener nach: Se. Hoheit ließe mir sagen er habe kein einziges Wort verstanden und wenn ich etwa ein Anliegen gehabt hätte, so möchte ich ihm doch schreiben. – Alle Andern können sich verständlich machen, wenn auch mit Mühe, und es machte mich ganz traurig für die Zukunft jedem persönlichen Verkehr mit dem Herzoge, der mir augenscheinlich wohl will, entsagen zu müssen. Schlimmer ist die

Spannung in welcher der diesseitige Hof mit dem Dessauer noch immer verharrt. Jede Aufmerksamkeit, die man dem Einen erweist, genirt oder verletzt den Andern. Ich könnte Dir da mündlich die unbequemsten Geschichten erzählen. Am schlimmsten sind die Kammerherrn Welck und Hellfeld daran, welche auf Befehl des Herzogs den Dienst bei der verwittweten Herzogin haben, doch aber Dessau'sche Kammerherren bleiben. Diese beklagenswerthen Prügeljungen kommen beständig in so peinliche Situationen, daß sie den Tag ihrer Geburt verwünschen. – Eine zweite Probe daß ich nichts mehr leisten kann, legte ich heute vor 8 Tagen ab. Es tauchte nämlich plötzlich Emma Samson mit ihren beiden Pflegetöchtern Emmy Mühlen und Ludmilla Zöge bei uns auf, und zwar mir und den Meinigen zur aufrichtigen Freude. Um meine lieben Gäste zu amüsiren, arrangirte ich eine Fahrt ins Bodethal, bei welcher ich mich trotz aller Vorsicht und bei einer Temperatur von 23º doch so erkältete, daß ich 3 Tage lang so steif war wie ein Werstpfahl. Wir kamen am Eingange des Thales zu gleicher Zeit mit dem Magdeburger Dampfzuge an, und warteten ein wenig um die Entwickelung der Menschenmenge anzustaunen. Was mag das für ein Kerl sein, *der* da in der wunderlichen Uniform mit dem kolossalen Orden um den Hals? Der erfahrene Adolph sagte: ein östreichischer Admiral wenn's nicht ein portugiesischer ist. Wenn's keine Taube ist, sagte ich, wird's wohl ein Hirsch sein. «Da sind Ungerns!» rief Emma auf einen Knäul von Damen zeigend, und wir verließen den Wagen um Ungern's zu begrüßen. Der Admiral war unter ihnen. «Ist das nicht?» «Ja das ist er!» Es war Carl Lesedow, der russische Militairarzt, in dessen echt Lesedowschen Gesicht ich zu meiner Freude die ganze Familie wiedererkannte. Stürmische Umarmung zwischen mir und dem Admiral, und geflügelte Worte hin und wieder. Leider konnten wir nicht zusammenbleiben, da die russische Gesellschaft andere Wege zog als wir; wir waren uns schnell aus dem Gesicht. Um Ungerns hatte ich mich gar nicht gekümmert und erfuhr nur, daß es gar nicht Ungerns gewesen, sondern Minna Morgenstern mit ihren Pflegetöchtern. Als wir ein Stündchen darauf zum Bodekessel kamen, schrie Emma abermals: Da sind ja Ungerns!» Es waren Vater und Mutter mit vielen Töchtern und großem Hallo. Ich ließ mich nicht vorstellen weil ich zu sprachmüde war, aber mein Adolph befreundete sich dergestalt mit dem Vater Ungern, daß dieser ihn nach Dresden einlud. – Ich war lange nicht im Bodethal gewesen und werde schwerlich wieder hingehen. Es ist da kein heiliges Land mehr. Hotels auf Hotels, Gartenwege, alle erdenkliche Commoditäten und tausend und abertausend sich untereinander herumwürgender Reisende, deren Exhalationen das tiefe Thal erfüllen und unathembar machen. Wer noch Natur genießen will, muß nach Kamtschatka reisen. – Als ich Emma dankte daß sie uns hier in unserem außerweltlichen Ballenstädt aufgesucht, gestand sie, daß dies nicht ganz uneigennützig geschehen sei, da sie eine Zuflucht für die kleine Emmy Mühlen suche und uns hätte bitten wollen Dieselbe auf ein Jahr zu uns ins Haus zu nehmen, da sie die Kleine auf größeren Reisen nicht gern mit sich führen wolle, um ihre Studien nicht zu unterbrechen. Meine Frau konnte sich weder zu Ja noch Nein entschließen, da sie die Umstände scheut, die Kleine auf den ersten Anlauf auch nichts weniger als anziehend erscheint, andererseits es ihr aber schwer ward das Anliegen der guten Emma zurückzuweisen. Sie hat sich aber Bedenkzeit ausgebeten und die Sache sollte nun brieflich weiter besprochen werden. Da Anna mit dem armen elternlosen Kinde aufrichtiges Erbarmen hat und sich einen solchen Pflegemutterberuf im Hause zu wünschen scheint, so wird die Sache doch wohl noch zu Stande kommen. Ich mische mich gar nicht herein. Ludmilla ist ein wunderhübsches reizend naives Mädchen, doch wundere ich mich, daß Peter sie sich erwählt hat, denn sie ist die reine Serbierin oder Walachin (ich weiß nicht was ihre Mutter war) und hat gar nichts Deutsches. Liebenswürdig und sehr niedlich ist sie freilich, besonders in ihrer Liebe zu Peter, von dessen außerordentlicher Vortrefflichkeit sie fortwährend zu erzählen wußte, und von dem sie rührenderweise ganz besonders hervorhebt, daß sie einen *Vater* in ihm gefunden, nach dem sie sich zeitlebens gesehnt. Sie ist 16 Jahr alt und soll schon im September heirathen weil kein Haltens mehr ist. Griechisch ist sie auch. – Emmy ist grundhäßlich, aber ein verteufelt gescheutes Frauenzimmer, wie meine Söhne wenigstens finden wollen, die sich viel mir ihr unterhalten haben. Emma klagte sie könne beide nicht mehr bändigen; die Beiden dagegen meinten sie würden zu viel gebändigt. Schreibe mir doch was Du von Emma hältst, die uns ganz gut gefallen hat, aber augenscheinlich mit den Eigenschaften Leberkranker behaftet ist, was ihr bei der Kindererziehung allerdings im Wege sein mag. –

Was sagst Du zu dem Frieden mit Dänemark? wenn er so zur Ausführung kommt, ist er brillant. Der Uebergang der Preußen nach Alsen war einer der tollkühnsten Streiche in der gesammten Kriegsgeschichte und hätte nothwendigerweise mißlingen müssen wenn der Feind nicht demoralisiert gewesen wäre, was man in diesem Grade nicht erwarten konnte. Es war daher ein Fehler, aber solche Fehler sind oft das klügste, weil ein kluger Feind sie Einem nicht zutraut. – Von Timmo habe ich noch nichts verspürt, außer daß der Bräutigam Peter Zöge, der nach Sylt gegangen, ihn in Hamburg an der table d'hote getroffen. Wenn er mich besuchte würde ich mich sehr freuen, aber eine Reise werde ich seinetwegen schwerlich unternehmen. Ich bin dazu zu müde. – Wir haben plötzlich schauderhafte Kälte, Mittags nur 10º, Regen, Sturm, und mein Hüftweh ist wieder da. Adelheid ist auch recht unwohl und spricht von Symptomen der Schwindsucht. Hoffentlich täuscht sie sich. Lebe wohl, mein alter Bruder und mache es gut.

Dein Wilhelm.

P.S. So eben, da ich diesen Brief falte, langt ein sehr vortrefflicher langer und ausführlicher von Helene an, welche die Ankunft Eurer lieben Sally im Vaterhause meldet. Ich danke herzlich (muß freilich besorgen, daß dieser Brief der Dir den Schreibestoff entwindet, Dich nun wieder auf längere Zeit vom Schreiben abhalten wird) und bitte den Ankömmling recht schön zu grüßen vom weiten Oncle. Wie rührend mag es Euch gewesen sein diese liebe Tochter einmal wieder in die Arme zu schließen mit drei Enkeln, von denen zwei noch nicht gesehen waren. Du kommst diesen Sommer aus dem Kindergedrüssel nicht sehr heraus, aber die eigenen Enkel wiegen es wohl auf. – Wir haben ein Kätzchen, das jeden Abend mit Ute dem Hunde die lächerlichsten Comödien aufführt. Nathusius ist in Interlaken und schreibt von dort die interessantesten Reiseberichte in's Volksblatt für seine Freunde. Tony ist auch dort und wird im September herkommen. Ob Bertha Kr. den Winter bei uns zubringt, wird von Julchens Entschluß wegen Emmy abhängen.

## Nº 137 Ballenstädt 1. Oct. 1864

Mein alter lieber Bruder!

Großen Dank sollst Du haben für Deinen treuen Brief vom 29. Aug. a. St., den ich längst beantwortet haben würde, wenn mich die Bescheidenheit nicht davon abgehalten hätte; denn bei prompter Beantwortung hätte Dich das Bewußtsein Deine Schuld abgetragen zu haben, nur allzu kurze Zeit erfreut. Daß Du in diesen schnöden Zeiten noch Witz übrig hattest, ist Gnade von Gott. Es muß allerdings nicht leicht, sondern furchtbar schwer sein zu wirthschaften, wenn Einem die ganze Natur entgegen ist, und dazu noch Feuersbrünste und Anderes. Du armes Bruderherz! – Bei uns war das Wetter auch vom Uebel, aber doch nur für Spaziergänger, Badegäste und andere überflüssige Leute; dem Bauer ist nur das Heu zu kurz gerathen, die übrige Ernte gut. Ich freilich, als Einer der Unnützen, hätte lieber Wärme als Weizen genossen, meine Brust zu nähren, die immer athemloser wird. Das ist mein Cardinalübel; doch wer da hat dem wird gegeben, daß er die Fülle habe. Ein Knoten in der Brust läßt mich an Schlimmes denken; auch ist mir seit 5 Tagen das linke Auge verschleiert, was mich, da ich keinen Schmerz empfinde, an den Staar erinnert. Das wäre für mich ein schweres Kreuz, denn ich lebe wesentlich durch meine Augen und wollte hundertmal lieber taub als blind sein. Den Arzt habe ich noch nicht herbeigerufen aus Besorgniß daß er was Dummes macht. Emmy Mühlen, nach der Du frägst, ist seit 3 Wochen bei uns. Wir sträubten uns sie zu nehmen, aber die arme Emma war in größter Verlegenheit, wußte nicht aus nicht ein mit dem Mädchen, das sie aus sehr respectablen Gründen jetzt nicht bei sich behalten konnte. *Wir* konnten es ja und entschlossen uns endlich gegen ein Kostgeld von 12 Thalern monatlich. Glücklicherweise scheint sich die kleine Widerspenstige bei uns zu gefallen. Wenn die Tante sie in ein Institut gegeben hätte, sagte sie neulich, so hätte bei ihr der Entschluß auch festgestanden sich zu vergiften – mit Essig; hier aber sei ihr wohl – und dabei umarmte sie meine Frau und küßte sie. Mit Mordgedanken scheint sie überhaupt vertraut. In Woiseck hatte sie, wie sie erzählte, eines Abends ein Messer mit ins Bett genommen um Ludmilla im Schlafe zu erstechen. Diese habe ihr nämlich eine Ohrfeige gegeben und ihr Wasser ins Gesicht gegossen, und zwar habe sie sich gerächt und wiedergeschlagen und gegossen, aber sie sei zu empört gewesen um es damit gut sein zu lassen. Als das Licht gelöscht war, sagte Ludmilla, die das Messer bemerkt hatte: «Was Du thun willst das thue bald!» Darauf schliefen sie beide ein. Am andern Morgen fand Emmy auf ihrem Tisch einen Zettel von Ludmilla's Hand, des Inhalts: «Lebe wohl Emmy! ich sterbe versöhnt und ohne Groll!» Solche Kindsköpfe sind beide auch noch heute, jedoch mit übermäßigem Bewußtsein ihrer Erwachsenheit. Sie klagten bitter, daß die Tante sie immer noch wie Kinder behandele. Die arme Tante mag es mit diesen fremden Kindern auch schwer genug gehabt haben, und die armen Kinder mit dieser Tante, die in ihrem Pflichteifer wohl zu viel erzogen haben mag ohne die Hülfe natürlicher Mutterliebe. Emmy hat die ganze Herbigkeit Zög'scher Natur, Otto's Misantropie, ein scharfes Auge für die Mängel aller Dinge, keins für die guten Seiten, oder wenigstens nur ein verschleiertes, urtheilt schnell und vorlaut und steckt voll Widerspruch. Dazu ist sie auffallend unwissend, versteht nichts anzugreifen, kann weder stricken noch nähen und ist entschieden faul. Ich kann mir denken, daß die arme leberkranke Emma nichts mit ihr anfangen konnte. Bei uns wird sie wenig berufen und gemeistert, muß aber Alles thun was ihr geheißen wird, und thut es auch immer, nachdem sie wie der Arbeiter im Evangelium erst tüchtig nein gesagt und viele Gründe dagegen angebracht hat. Sie muß sogar Nähstunden nehmen und thut es ganz freundlich, obgleich ihr Stolz sich anfangs dagegen empörte und sie meinte sie würde es nie nöthig haben zu nähen. Bei alledem ist sie glücklicherweise Keinem von uns zuwider und in der Gesellschaft gefällt sie sehr gut wegen ihres unbefangenen und feinen Benehmens. Da habe ich Dir geschrieben wie eine Gouvernante.

Das Verhältniß des Dessauer Hofes zu dem unsrigen gestaltet sich immer freundlicher. Der Erbprinz war jetzt hier 4 Wochen lang mit Frau und Kindern, auch der alte Herzog ist jeden Augenblick da und Alles gefällt ihnen. Unseren Herrschaften sind sie sehr nahe getreten. Ich habe mich dem Prinzen nicht vorstellen können, meiner Gebrechlichkeit wegen, aber Anna ist bei der Erbprinzeß gewesen und wohl aufgenommen worden. Ich werde wohl nie wieder an Hof kommen, was ich als das Geringste meiner Leiden empfinden würde. Wir erwarten jetzt täglich die Nachricht von der Verlobung der Prinzeß Dagmar von Dänemark mit dem russischen Thronfolger, und eigentlich war sie schon vorgestern zwischen den Zeilen eines Telegramms des Königs an seine Mutter zu lesen. Wenn sich die Sache bestätigt, so würde diese liebe einfache und demüthige Frau, Mutter von vier Königen werden, England, Dänemark, Griechenland und Rußland. Ueberall aber ist ein fataler Haken dabei, der die Freude oft zur Trauer herabstimmt. In Rußland ist die Ehre erkauft durch die Ehrlosigkeit des Uebertritts zur griechischen Kirche, und das wird von unseren Herrschaften tief empfunden. –

Die Sache mit meinem Adolph hat sich nun dahin erledigt, daß er vorläufig hier bleibt mit 800 Thalern Gehalt. Ob er später in preußischen Dienst zurücktritt, oder als Generalbevollmächtigter der Herzogin hier bleibt um an Schätzells Stelle ihr Vermögen zu verwalten, kann sich erst später entscheiden. In Preußen ist ihm die Anciennetät vorbehalten, so daß er, wenn die Sache sich hier (etwa durch Vergleiche der Parteien) zerschlagen sollte, an seinem Avancement keinen Schaden erleidet. Der Geheimrath Obstfelder, der unter Schleinitz dem Hausministerium vorsteht, ist mit Adolph's hier bereits entfalteten Thätigkeit so zufrieden gewesen, daß er Schätzell gratulirt hat, eine so hübsche junge Kraft gewonnen zu haben und für die Zukunft seine Protection in Aussicht stellt, was viel werth ist. Benno ist Pfarr-Vicar in Coswig geworden und Lehrer an der dortigen Töchterschule; zwar eine sehr kleine Stelle von 2 bis 300 Thalern, doch ist er damit allen seinen Mitexaminanden vorgegangen weil er, wie der Superintendent mir sagte, das beste Examen gemacht. Zu Ostern wird er die neue Stelle antreten, und hat immerhin den Fuß im Steigbügel. Wir freuen uns dieses kleinen Anfangs sehr. Nach Stockholm hätte er auch gehen können an eine dortige deutsche Gemeinde mit tausend Thalern Gehalt, was er aber aus Liebe zum Vaterlande ohne alles Besinnen zu meiner Zufriedenheit ausschlug; denn er hätte dort keine weitere Zukunft gehabt und wäre zeitlebens ein Ausländer und Fremder geblieben. – Gerhards Regiment hat jetzt feste Garnison in Lissa bezogen, immer in dem vertrackten Polen. Sobald er Hauptmann wird, zu dem er heran ist, wird er heirathen. Die Schwiegertochter ist uns noch terra incognita, selbst brieflich nicht mir ihr zu verkehren, da Gerhard ihr Bischen Schreibekraft consumirt. Er wünscht so sehr, daß wir sie ins Haus nähmen, damit sie sich von den Eltern abzweigt, doch diese widerstehen bis jetzt. Ich habe zu der ganzen Sache noch keine rechte Freudigkeit und weiß selbst nicht warum. – Adelheid schreibt mit großer Frische von Maria's Hochzeit. Emil Kr. mit seiner Frau, Eduard mit einer Tochter, und selbst die alte Marie Natorp (Julchens Schwester) hatten sich eingestellt. Bei Tisch waren es über 60 Couverts und die Herren saßen fest beim Wein bis 3 Uhr in der Nacht. Das wäre recht was für mich gewesen! Jetzt lebt das junge Paar bereits ganz eingerichtet im Pfarrhause zu Recke, nur einige Stunden entfernt von Tecklenburg. Dieser Julius Smend, Maria's Mann, scheint ein recht lieber Mensch zu sein; auch söhnt sich Adelheid, die Anfangs wenig

Sympathie für ihn verspürte, je mehr und mehr mit der Wahl ihrer Tochter aus. – Was mich in letzter Zeit am meisten interessirt hat, ist eine Nachricht über Julie Uexküll. Diese von Kindheit auf verlogene und verlotterte Person scheint eine Heilige geworden zu sein, die man den begnadigtesten Christen dreist an die Seite setzen kann. Die Geheimeräthin Niebuhr geb. v. Wolzogen aus Berlin, die mit ihrem kranken Manne die Schweiz bereiste, fand dort ihre ehemalige Bekannte, unsere Uexküll wieder, und zwar verheirathet an einen Doctor Mercier, in dessen Hause und Pflege Niebuhr's längere Zeit verweilten. Voll Lob und Preis der Wunder, die Gott an diesem verlorenen Schaf gethan, schreibt sie nun ausführlich an die Bardua. Ich wollte ich könnte Euch den merkwürdigen Brief oder vielmehr Psalm abschreiben; vielleicht thue ich's einmal für Helene. Geschieden von ihrem ersten Mann Baron Uexküll Güldenband, suchte Julie als büßende Magdalena Beschäftigung in einem schweizer Hospital, aus welchem sie, gerührt von ihrer Pflichttreue, der Arzt Dr. Mercier bald wegheirathete. Aber die allgemeine Achtung, die ihr nun entgegenkam, führte sie immer tiefer in die Buße, bis sie es endlich über sich gewann einem in ihrem Hause vorsprechenden Missionar ihr früheres Leben aufzudecken. Dieser ertheilte ihr die Absolution, und nun zogen Friede und Seligkeit in ihrem Herzen ein. In beständigem inneren Verkehr mit ihrem Herrn besorgt sie nun still, freundlich und demüthig ihren Hausstand, erzieht ihre Kinder in der Furcht Gottes, entwikkelt eine großartige Thätigkeit in der Armen- und Krankenpflege und erbaut durch ihren Wandel Jedermann der mit ihr in Berührung kommt. Der natürlich gutmüthige aber ungläubige Mann stört sie nicht in ihrem stillen Walten und liebt sie herzlich, so wie sie ihn. Es ist eine besonders glückliche Ehe. Daß eine so eitle, von Grund aus verlogene Natur jemals zu rechtschaffener Buße kommen könne, hätte ich nicht geglaubt. Diebe, Mörder und Ehebrecher haben es leichter und gewiß geben solche selige Erfahrungen triftigere Gründe für die Wahrheit und Kraft des Christenthums ab, als auch die gelehrtesten und besten Verstandesraisonnements. Nun aber frage ich: wo bin *ich* denn geblieben gegen dies verachtete und zuchtlose Julchen? Ich verhalte mich jetzt zu ihr wie sie sich sonst zu mir. Gott helfe mir! Den Nachrichten der Niebuhr ist zu trauen, weil sie selbst eine gar liebe, gottselige Frau ist. –

Da kommt ein reicher herrlicher Brief von Helene mit vieler sehr erwünschter Nachricht. Meinen herzlichen Dank der lieben Cousine, aber antworten kann ich jetzt nicht, meine Auge macht mir's allzuschwer, kann nur in Absätzen schreiben. Die Meinigen grüßen Alle. Lebt wohl Ihr Geliebten! Gott helfe uns allen einmal zu einem sanften seligen Ende. Euer alter Bruder Wilhelm

P.S. Tony Finger hat uns neulich auf ihrer Rückreise aus der Schweiz mit ihrer Mutter besucht. Der Aufenthalt in Interlaken hat ihr nichts genutzt; das arme Kind ist kränker als je. Neulich ersäufte sich hier ein allerliebster 10jähriger Knabe weil er in der Schule zurückgesetzt sich vor den Prügeln seiner Mutter fürchtete. – Mein Adolph ist ein großer Jäger. Oft geht er früh um 5 Uhr aus und läuft nach Hoym, wo er jagen darf und kommt erst Abends 9 zurück so matt wie ein Lappen. Emmy sagt: den ersten Tag ist er ganz erstorben, den 2t halb und den dritten geht er wieder auf die Jagd. Schreibe bald wieder, lieber Gerhard! es ist meine größte Freude.

## No 138 Ballenstädt 30. Oct. 1864

Mein alter Gerhard!
Ich habe mich lange nicht so über einen Brief gefreut als über den Deinigen vom 9. Oct. den ich am 22sten bei meiner Rückkehr von Halle vorfand und nun schon zu wiederholten Malen gelesen habe. Wollen wir Gott danken, daß wir uns in dieser sublunarischen Welt noch Briefe schreiben können, welche Fähigkeit ich, als ich Dir zuletzt schrieb, nicht mehr lange zu besitzen füchten mußte. Daß ich staarblind würde, war mir so ziemlich gewiß, und auch mein Arzt schien der Meinung zu sein. *Darüber* bin ich nun beruhigt. Professor Gräfe in Halle stellte allerlei Experimente mit mir an und fand endlich mittelst des Augenspiegels ein kleines mikroskopisches Tröpfchen Blut auf der Retina. Er frug sogleich ob ich an starken Schwindeln gelitten und brachte jenen Blutaustritt damit in Verbindung. Es ist demnach eine Art von Schlaganfall gewesen. Gräfe meint nun, daß ich nichts weiter zu besorgen habe als daß das Uebel im schlimmsten Fall bleiben werde wie es ist, an eine Zunahme des Sehhindernisses, oder ein Ergriffenwerden des anderen Auges sei nicht zu denken; im besseren Fall werde das Blut wieder resorbiert werden und dies zu befördern verordnet er in periodischen Intervallen ein paar Blutegel an die Schläfe und größte Schonung des Auges. Ich soll mit Lesen, Schreiben und Zeichnen die

Augen täglich nicht länger als ¾ Stunden beschäftigen, und diese Viertelstunden müssen auseinander liegen. Nach 4 Wochen soll ich schreiben um weitere Verordnungen entgegen zu nehmen. Die Unthätigkeit ist somit das Schlimmste, doch hoffe ich, daß ich mit der Zeit auch von dieser wieder losgesprochen werde. Den Knoten in der Brust hat der junge Volkmann untersucht und versichert, daß ich nichts davon zu befürchten habe; es sei eine entzündete Drüse, die sich wenn auch sehr langsam mit der Zeit schon wieder abkühlen werde; eine Operation würde nicht nöthig sein. Meine Hallesche Reise ist daher sehr lohnend gewesen, indem sie mich doch wesentlich beruhigt hat; und nebenbei sah ich den getreuen Alfred wieder, der mich immer wie einen Bruder bei sich aufnimmt. Die Unterhaltung mit ihm ist freilich sehr beschränkt, da er entschiedener Fortschrittsmann und in religiöser Hinsicht Neolog ist. Es ist mir dies recht sehr betrübt und schmerzlich. – Doch da ist mein Viertelstündchen schon überschritten.

*31. Oct.* Ich befand mich diesmal nicht wohl in Halle. Schon am 2[t] Tage befielen mich wieder neue Schwindel und Uebelkeiten und am dritten machte ich mich daher mit dem ersten Bahnzuge wieder aus dem Staube, kam in Ballenstädt recht krank an und brachte 8 Tage schwindelnd im Lehnstuhl zu; doch kam es nicht zur Ohnmacht. Seit gestern ist es besser und gehe ich wieder aus, doch ist mir der Kopf noch benommen und die Pfeife noch nicht im alten Zuge. An ernsten Mahnungen fehlt mir's nicht. – In dem was Du über meine Glaubensstellung sagst, magst Du sehr recht haben, wenigstens in der unbezweifelten Hauptsache, daß es damit nicht steht wie es soll. Du meinst ich sähe vielleicht zu wenig auf den Herrn und zu viel auf mich, und ich muß Dir unbedingt Recht geben; doch würde ich das auch thun, wenn Du gesagt hättest ich sähe zu viel auf den Herrn und zu wenig auf mich selbst. Ich fühle mich eben an Allem schuldig. Wie in der Atmosphäre Wind und Gegenwind, so gehen auch im Christenthum zwei Strömungen gegeneinander: die passive und die active, die beide richtig sind an ihrer Stelle; so meine ich wenigstens, ob ich gleich von keiner recht erfaßt, sondern nur momentan hin und her bewegt bin. Ich habe es von meiner Jugend an nie recht verstehen können, wenn als Princip aufgestellt wurde: «man müsse Gott machen lassen, sich ihm hingeben und nichts selber thun wollen.» *Wahr* ist's ja schon an seinem Ort, aber nicht erschöpfend. Ebenso wahr und ebensowenig erschöpfend ist: Thue das, so wirst Du leben. Wer ein rechter Christ ist, in dem ist beides lebendig, wenn er sich der Sache auch nur einseitig bewußt wird. Er läuft, weil er sich ziehen läßt, und er wird gezogen weil er läuft. Mir aber ist beides nicht geglückt. Wenn ich's *thun* wollte, so mißlang es, und wenn ich's *abwarten* wollte, so kam es nicht. Die Grundgebrechen meines Wesens sind Eitelkeit, Selbstüberschätzung und Sinnlichkeit – und diese Hüften sind bis heute noch nicht ausgerenkt. Nichts destoweniger kann ich doch vom Christenthum nicht lassen und klammere mich daran, als an die einzige mir bekannte Kraft, von der ich sehe, daß sie wenigstens Andern hilft, und ich hoffe daß auch meine Stunde kommen werde, wäre es auch erst die Todesstunde. Ueber Deine Auslassungen aber freue ich mich von Herzen, weil ich daraus sehe, daß Du selbst etwas von Deinem Glauben hast. Auch war es brüderlich, daß Du mir so geschrieben; sage mir immer wo Du mich schief gehen siehst, es ist das tausendmal besser als Lob und Anerkennung, die man sich selber schon im Uebermaße spendet. –

*Am 1. Nov.* Daß Dein armer Wilhelm so asthmatisch ist, habe ich gar nicht gewußt, – der arme Kerl! Ob denn Erleichterungsmittel dagegen angewendet werden? Ich schlage zwei vor, von denen ich an mir oder Andern Erfolg sah: 1.) man tränke weißes ungeleimtes Druckpapier in einer gesättigten Salpeterauflösung und läßt es trocknen. Bei einem Anfall verbrennt man davon ein Stück, etwa 3 □ Zoll groß in einer Tasse und athmet den Dampf ein, bleibt nachher noch 10 Minuten in demselben Zimmer. Mir hilft es freilich nichts, doch kenne ich Andere, die ohne dem gar nichr mehr leben können. Dagegen 2.) erleichtert mich sehr wesentlich (bei starken Beklemmungen) ein kleines Pfeifchen Stramonium (Stechapfel). Ich mische die getrockneten Blätter desselben mit 2 Theilen Taback und rauche davon etwa ½ Zoll auf andern Taback aufgestopft. Dies wirkt sehr lösend und erleichtert mich immer in Zeit von einer halben Stunde, oft auf der Stelle. –

Um den echten Perser, den Du in Deinem Zimmer hattest, könnte ich Dich beneiden wenn Du nicht mein Bruder wärst, und wenn er Dir nicht ohne Zweifel Geld abgezwickt hätte. Darin stimme ich Dir bei, daß für viele Menschen in dem Unverständlichen ein sehr erbauliches Moment liegt; das Verstandene wird sogleich trivial. Daß es überhaupt noch lebendige Nestorianer giebt, war mir interessant zu hören. Sie werden wohl auch noch zu mir kommen, und wünsche ich für diesen Fall einen Gruß von Dir zu erhalten. – An unserem Hofe hier hatten wir auch einen merkwürdigen Besuch: den Prinzen von Wales nebst Gemahlin. Ich habe sie nicht gesehen weil meine Kränklichkeit mich vom Hofe fern hält, habe aber viel von ihnen gehört. Vom Prinzen sagte Schätzell er sei der reine Weinreisende, nicht drunter und nicht drüber, weder an Aussehen noch Verstand; unsere Herrschaften dagegen waren entzückt und meinten einen liebenswürdigeren Mann hätte man für ihre erlauchte Nichte nicht aussuchen können. Er hatte hier einen Eber geschossen und sagte zur Herzogin: wenn er gewußt hätte, daß es hier so viel Schweine gäbe, so würde er sich auf längeres Bleiben eingerichtet haben. Von der Prinzeß urtheilte Schätzell sie sei die blanke Holzpuppe während die Herrschaften sie einem wahren Engel verglichen. Uebrigens schäumte das hohe englisch-dänische Paar die ungerechtfertigste Wuth gegen Preußen aus, so daß man einen anwesenden preuß. Offizier, den jungen Asseburg, fern halten mußte und die Prinzeß sich weigerte neben unserem Erbprinzen zu sitzen, weil er als Volontair mit bei Düppel gewesen. Mit Ausnahme unserer guten Herzogin theilt diesen Haß das ganze Holsteinsche Haus bis zum Exceß, theils aus Demokratie, theils aus Dänomanie, obgleich die Prinzen sämmtlich am 48er Aufstande gegen Dänemark theilgenommen und Preußen ihrem Vaterlande zu seinem Recht verholfen hat. Verstehe Einer humanam naturam! Ich kann mir recht denken wie Du beim Heizen Deines Ofens der Wuth der Elemente lachst und möchte Dich so malen. Man muß besagte Elemente bisweilen von der lächerlichen Seite ansehen um ihrem Haß nicht zu erliegen. Lacht man doch über sich selbst um sich erträglich zu finden. Man ist eben eine räthselhafte Creatur. Wir haben hier einen leidlich schönen October gehabt, es war der beste Monat und ich war noch bei Sommerwetter in Halle, 15° im Schatten. Seitdem ist es aber auch kalt geworden, Nordostwind mit Nebel und Nachtfrösten. Für das Obst hat das Bischen Wärme nicht ausgereicht, es hat keinen Zucker, mit Ausnahme der Zwetschen, die reichlich und ganz wohlschmeckend sind.

Heute läuft die Nachricht vom Friedensabschluß mit Dänemark ein. Dänemark ist sein Recht geschehen. Zugleich eine andere Nachricht vom Rücktritt des Grafen Rechberg. Dies kann sich auf Preußen, vielleicht auch auf Italien beziehen. Ist das erste der Fall so würde es, da Schmerling bleibt, wohl so viel bedeuten als die

Sprengung der preußischen Alliance. Preußen und Oestreich zusammen heißt so viel als die stärkste Landmacht in Europa, die anderweitiger Alliancen nicht bedarf, und will Napoleon fortfahren die Europäische Politik zu beherrschen, so wird er wohl nicht ermangelt haben alle Hebel in Bewegung zu setzen um diese Alliance zu sprengen. Es wäre sehr schlimm wenn Rechbergs Abgang die Frucht auswärtiger Einflüsterungen wäre.

*Am 2. Nov.* Emmy Mühlen hat uns viel Unlust gemacht durch die Neigung vorzugsweise ihre schlechtesten Seiten herauszukehren. Es steckt ein Hochmuth und Widerspruchsgeist in dem Mädchen, wie mir das in solchem Grade und bei einem so jungen aller äußeren Vorzüge baaren Dinge früher kaum denkbar gewesen; aber sehr begreiflich wurde es uns jetzt warum Emma sich ihrer entledigt hatte. Nun ereignete sich gestern der folgende Vorfall, der uns mit dem armen Kinde wieder versöhnt hat. Anna, die besonders unter ihr zu leiden hatte, hatte ihr ihre Sünden aufs klarste exponirt, als Emmy plötzlich aus dem Zimmer stürmte, sehr verletzt wie Anna annahm. Bald aber kehrte sie mit einer kleinen in Gold gefaßten Muschel zurück, die sie Anna zu öffnen bat. Ihre Pflegeschwester Sonny Schönfeld habe ihr das beim Abschiede in die Hand gedrückt. Es lag ein beschriebenes Blättchen in der Muschel und Anna las laut: «Ich bitte Dich, meine geliebte Emmy! lege nun endlich den Hochmuth ab, der Dich unliebenswürdig macht, werde recht demüthig und bescheiden, füge Dich dem Urtheil älterer Personen und widersprich nicht immer, was Jedermann zuwider ist.» Als Anna gelesen, fiel Emmy ihr mit Thränen um den Hals, küßte sie und sagte: «Siehst Du Anna! ich weiß es nicht daß ich so bin, aber sage es mir doch immer wo Du mich fehlen siehst, daß ich mich bessern kann.» – So ist doch bei aller, fast unglaublichen Selbstüberschätzung ein tiefer Grund von Bescheidenheit und Demuth da, der für gewöhnlich nur überfluthet ist. Welch wunderbares mixtum compositum sind doch wir Menschen. Ich glaube daß ein Jeder, dem es vergönnt ist einen Blick in sein Inneres zu thun, sich ebenso aus den widersprechendsten Elementen zusammengesetzt finden wird. Das tiefste Geheimniß alles Lebens, ja vielleicht seine Bedingung mag der Kampf der Gegensätze sein, die sich untereinander fressen und negiren.

Von der Tochter Anna:

*Am 28. Nov.* Unser liebes, leider krankes Vaterchen bat Mutter seinen Brief an Dich, lieber Oncle, fortzusetzen fügte aber hinzu: «ich muß es aber weder sehen, hören noch merken.» – «Wie das aber anfangen,» fragt Mutterchen – «da er mich keinen Augenblick von seinem Bette läßt?» Und so bleibt denn kein anderer Rath als daß ich es übernehme und zum ersten Mal im Leben, leider aus trauriger Veranlassung, mich brieflich mit meinem lieben, verehrten Oncle unterhalte. Der Brief ist vom 30sten Oct. datirt; daraus schließe ich, daß Papa schon selbst von seiner Halleschen Reise erzählt haben wird, von der er ja leider recht unwohl zurückkehrte und sich seitdem auch noch nicht vollständig erholt hat. Einige Tage, während welcher er Dir ja auch schrieb, ging es erträglich, ja er war im Stande vier Pastoren vom Lande bei sich zu empfangen, mit ihnen zu rauchen und lebhaft zu sprechen; vielleicht war diese Anstrengung und Aufregung zum Theil die Veranlassung, daß am folgenden Tage ein plötzliches Unwohlsein eintrat, denn Würzler, den wir später in der Angst zuzogen, sagt, das Rauchen sei längst ein Gift für ihn und meint er würde es nie wieder dürfen. Die Schwindel und Uebelkeiten stellten sich wieder ein und leider wiederholten sich die Ohnmachten ganz wie im Frühjahr in Zeit von 10 Tagen etwa 5 Mal. Ach lieber Oncle, erlaß es mir auszumalen was wir empfunden und gefürchtet haben, wenn der geliebte Papa so da lag mit fast völlig erstorbenem Pulse, todesbleich und matt und man mit jeder Secunde den letzten Schlag des theuersten Herzens erwartete. Aber Gottlob, wenn die Angst aufs höchste gestiegen, kehrte das Leben allemal wieder und wir faßten auch neue Hoffnung. Als aber die Zufälle sich immer häufiger wiederholten und die hiesigen Aerzte uns ziemlich rathlos schienen, reiste Adolph nach Bernburg zu dem berühmten Homöopathen Würzler, nach dessen Hülfe Papa selbst verlangte, trotz seiner Verachtung der Homöopathie. Der schickte Pulver und guten Rath und nannte sein Leiden eine Stockung in den Krampf-Arterien, welche das Blut zum Herzen führen; sobald ihre Thätigkeit nachläßt, wird das Herz schwach und schwach bis zum Tode. Für den Moment der Ohnmacht weiß er kein Mittel, aber die Pulver sollen eben den Grund der Ohnmacht heben, und Gott sei Dank! sie thun es offenbar, denn seitdem sind fast 14 Tage vergangen ohne Anfall. Aber seitdem diese wesentliche Besserung eingetreten ist (denn die Aerzte haben uns nicht verhehlt, daß jede Ohnmacht lebensgefährlich ist) ist doch eine große Schwäche nachgeblieben und wir können unser HerzensVaterchen wohl noch immer als einen schwer Kranken betrachten obgleich der Arzt fortwährend von Genesung spricht, die ganz regelrecht fortschreite. Der Patient fühlt nur nichts von Genesung, er liegt von Woche zu Woche in immer gleicher Schwäche da und wird mager zum Erschrecken. Ziegler versichert aber, es sei jetzt durchaus keine Gefahr und Vieles beruhe nur auf Hypochondrie und Einbildung. Es ist ja *nur* Schwäche, heißt's immer zum Trost! aber was ist denn Schwäche und wohin führt sie? möchte mein zaghaftes Herz antworten.

Unseres lieben Papa's Bett steht in seiner Kammer, nahe dem Fenster, damit er in guten Stunden ab und zu ein Bild betrachten kann, denn seinem Auge thut offenbar die Ruhe gut, er kann es wieder mehr brauchen. Am Pfosten lehnt ein Pfeifchen und zuweilen raucht er ein Bischen *kalt* – nur der Erinnerung wegen – der Anblick ist *zu* rührend, beim bloßen Gedanken daran ist mir der Hals wie zugeschnürt. Auf dem Tisch am Bett stehen tausend Fläschchen, Döschen, Gläschen, verschiedene Weine, Malzbier, Medizin, Riechfläschchen, Bonbons, Chocolade, und wenn die Schwäche kommt, wird bald dies bald das zur Belebung der Kräfte versucht. Am Bett steht Mutterchens Stuhl, da sitzt sie fast ununterbrochen, die treue Pflegerin; denn alle die unendlichen kleinen Handreichungen nimmt der liebe Patient am liebsten von ihr, und ihre Hand in der seinen zu halten, ist ihm in bangen Stunden der größte Trost. Geht sie nur auf Minuten von ihm, so fragt er gleich ungeduldig «wo bleibt nur Mutterchen?» – So ist sie Tag und Nacht sein guter Engel, seine immer freundliche, ja heitere Pflegerin, der nie zur rechten Zeit ein tröstliches ermuthigendes Wörtchen fehlt. In der Stille fließt wohl manche heiße Thräne, wird mancher Kampf durchgerungen, aber im Krankenzimmer ist das liebe, rührende, blasse Gesicht immer hell und heiter. Die Liebe giebt wunderbare Kraft! – Die Nächte sind verschieden, oft durch schlechte Träume beunruhigt oft völlig schlaflos. Die Frühstunden sind gewöhnlich gut, Papa trinkt dann seinen Homöopathischen Kaffe mit Apetit, ißt auch ganz ordentlich dazu. Dann gegen 10 Uhr tritt gewöhnlich große Schwäche ein, wo er sich, wie er sagt, an der Thür der Ohnmacht fühlt. Erholt er sich etwas, so genießt er eine Tasse Bouillon usw. dann ist er ziemlich wohl bis Mittag, läßt sich langsam und leise ein wenig vorlesen, ißt Mittags mit mehr oder weniger Apetit kräftige Bouillon, Braten usw. Dann

*Die Tochter Anna*

steht er ein Stündchen auf, geht ein paar Mal auf und nieder; neulich war er 5 Stunden auf, was aber gleich eine Ohnmacht zur Folge hatte, seitdem ist er sehr vorsichtig. Der übrige Theil des Tages geht dann wieder abwechselnd mit Lesen und völligem Ruhen hin; mehr als eine Person mag er nicht am Bett leiden, hat es aber gern wenn wir Kinder im Nebenzimmer sind und uns ab und zu recht ruhig unterhalten. Gegen 9 steht er noch einmal auf, läßt sein Bett machen und legt sich dann zur Ruhe. Mutterchen schläft auf dem Sopha im Wohnzimmer.

*Abends.* So weit kam ich heute früh; seitdem hat sich Manches ereignet. Papa wurde ungeduldig über Ziegler, es geschah so gar nichts Wesentliches und er war in den letzten Tagen durch Angst, Traurigkeit und Schwäche ganz muthlos gemacht; da entschloß er sich frisch den hiesigen Homöopathen auch noch hinzuzuziehen, nachdem ein zweiter Allopath sich rathlos und unwissend gezeigt hatte. So kam denn heute Nachmittag Hoffmann, und wir sahen ein Wunder: Papa, der zum Sterben matt und gänzlich muthlos war, wurde bei seinem Eintreten ein völlig Gesunder; er hat wohl eine Stunde mit ganz kräftiger Stimme mit ihm gesprochen, so daß wir fast eine Ueberreizung der Nerven fürchteten, doch eine Stunde ist seitdem vergangen und er ist noch ganz frisch. Hoffmann hat ihm Allerlei gerathen, namentlich die kalten Compressen, die er schon lange aus eigenem Instinct braucht, fortzusetzen und zu vervollständigen, auch während der Ohnmacht, sollte sie wiederkehren, kalte Compressen aufzulegen. Er will es selbst übernehmen sich mit Ziegler zu verständigen. Papa ist nun in den Händen von 4 Allopathen (denn Volkmann in Halle und den Augenarzt Gräfe haben wir auch noch befragt) und zwei Homöopathen! Gott, als der beste Arzt, gebe seinen Segen dazu! Hoffmann stimmt Papa's Wunsch nach Bädern bei, nur für jetzt sei er noch zu schwach. Er sowohl als Ziegler versichern, daß für jetzt gar keine Gefahr vorhanden sei; die Nerven wären furchtbar herunter, es gäbe dagegen aber Mittel, man müsse jetzt nur ernstlich dazu greifen und sich nicht länger so passiv verhalten wie bisher. Er hat uns Allen Muth ins Herz gesprochen und Papa selbst ist seitdem wie ein neuer Mensch. Er muß das Bewußtsein haben, daß etwas geschieht, dann geht es gleich besser. – Wenn ich bei diesem Briefe hundert Mal unterbrochen worden bin, so ist das sehr wenig; die fortwährenden Anforderungen, die ein Krankenzimmer mit sich bringt, die Besuche, Erkundigungen usw. das Alles zerstreut und nimmt mich so in Anspruch, daß ich ganz wirr werde, daher verzeih, lieber Oncle, diesen confusen Brief, der doch einmal expedirt werden muß und die Unruhe ist alle Tage gleich. Schreibe ich nicht so bald wieder, so nimm es als ein gutes Zeichen, ich habe zu viel zu schreiben um nach allen Seiten öfter Nachricht geben zu können. Hoffmann ist nicht so entschieden gegen das Rauchen, er meint eine so alte Gewohnheit dürfe nicht so plötzlich unterbrochen werden. Das was dem lieben Papa eigentlich am schwersten wird, sind die Beängstigungen an denen er viel leidet, und in besseren Stunden die völlige Unthätigkeit; nicht einmal *denken* soll er. Deinen Geburtstagsbrief, so wie viele andere, haben wir Papa nicht geben dürfen. Er hatte sich ausgebeten, daß ihm alle Briefe verheimlicht würden, er könne es nicht aushalten. Er ist unbeschreiblich weich. Daß Adolph hier ist, gereicht uns zum großen Trost, er ist uns eine Hülfe in jeder Beziehung. Benno kommt oft von Neinstädt herüber; das erste Wiedersehen ergriff Papa bis zu heißen Thränen. Gerhard will Weihnachten kommen wenn Papa bis dahin stark genug ist für ein solches Wiedersehen. Ich habe Dir nun nichts verschwiegen, lieber Oncle, von der Gefahr und Noth in der wir schweben; betet Alle für uns und mit uns, der Herr kann ja so leicht helfen und hilft ja so gern! Der lieben Tante Elmine und Helene und all den Deinen die innigsten Grüße von Deiner

gehorsamen Nichte Anna.

## N° 139 — Ballenstädt 7. Jan. 1865

Mein lieber, lieber Bruder!
Nach so langer Pause weiß ich kaum wie ich anfangen soll. Mein letzter Brief war von Ende Octob. v.J. Anna hat ihn vollendet, weil ich krank wurde und seitdem bin ich so krank geblieben, daß ich mich erst heute getraue wieder einen Schreibeanfang an Dich zu machen. Es war eine furchtbare Sterbenszeit die ich durchgemacht habe, nächtlich, gespenstisch, wie ich noch nichts erlebt, Leib und Seele gleichermaßen geschlagen. Es fing psychisch an. Eine *tiefe*, krankhafte Sehnsucht überfiel mich nach den Verhältnißen, Dingen und Gestalten meiner Vorzeit, nach Mutter, Vater, Geschwistern, Freunden wie sie damals waren als wir noch im «Gottessegen» wohnten, ja nach den Dienstboten, Zimmern und Geräthschaften von damals. Das Alles stand lebendig und doch auf

ewig verloren vor meinen Augen und erpreßte mir bittere Thränen. Gleichzeitig erschien mir mein ganzes bisheriges Leben als ein verlorenes; ein mißlungener Christ, Maler, Hausvater und ein arger Uebertreter aller Gebote. Meine Sünde bäumte sich wie ein schauderhaftes Ungeheuer vor mir auf und drohte mich jeden Augenblick zu verschlingen. Dazu völlige Gebundenheit des Leibes. Ich lag still in meinem Bett in verdunkeltem Zimmer, konnte mich nicht beschäftigen, mich durch nichts zerstreuen, ja nicht einmal reden hören und wurde 3 bis 4 Mal am Tage ohnmächtig. Das Einzige, was ich von Trost hatte, war die Gegenwart meiner Frau, die mich weder bei Tage noch bei Nacht verließ – andere Menschen konnte ich nicht vertragen. Der Arzt that nichts als daß er die Ohnmachten mit kleinen Reizmitteln hob und mir immerwährend Schonung meiner Kräfte empfahl, selbst *denken* sollte ich nicht. Ich glaubte mich falsch behandelt und nahm noch einen Arzt dazu, der aber mit dem ersten ganz einverstanden mich immer schwächer werden ließ. Endlich schickte ich Adolph nach Bernburg zu einem berühmten Homöopathen, Dr. Würzler, der mir ein Mittel gegen die Ohnmachten schickte, die sich denn auch bald zu mäßigen anfingen, aber die Nervenschwäche wurde größer, es stellten sich Zuckungen ein, Zittern der Hände und vollkommene Schlaflosigkeit; wenn ich einschlafen wollte, weckte mich ein Schreck. Jetzt verlangte ich lebhaft nach Malzbädern um das Nervenwesen umzustimmen und mich zu stärken, aber der Arzt erklärte mich für zu schwach zum Baden und fing an mich mit Chinin zu füttern. Da riß mir die Geduld und ich schickte nach dem Leibarzt der Herzogin (Hoffmann) der Homöopath und Hydropath ist. Er kam, untersuchte mich und versprach mir schon am nächsten Tage das erste Bad, zugleich auch meinen früheren Arzt (Ziegler) dafür zu gewinnen, auch gab er mir Pulver und verbot alle Reizmittel; ich sollte mich nicht länger schonen, aufstehen, mich beschäftigen wie ich wolle und keine Ohnmacht fürchten. Ich stand auf dem Fleck auf, bekam allerdings eine kleine Ohnmacht, doch ward sie überwunden. Am andern Morgen besorgte Hoffmann alles Nöthige, entkleidete mich selbst und badete mich wie eine Mutter ihren Säugling. Das war am 1sten Dec. v.J. Die ersten Bäder regten mich gewaltig auf, so daß wir große Pausen machen mußten, doch wurde das Mittel beibehalten und bis heute habe ich 12 Bäder genommen und bin so weit gestärkt, daß ich vom 23. Dec. an täglich etwas im Garten promeniren kann, gestern schon 1½ Stunden, auch kann ich wieder das Gespräch der Meinigen ertragen, seit einigen Tagen sogar ½ Stündchen vorlesen hören, auch mache ich Papparbeiten und zeichne so weit die Augen es zulassen. Ich mache Briefmappen mit einer Zeichnung auf dem Deckel, was mich angenehm zerstreut und womit ich die theilnehmenden Freundinnen meines Hauses beschenke und sehr beglücke, wie auch alle die Meinigen. Diese Arbeiten sind mir ein wahres Heilmittel geworden, sie strengen mich nicht an, verschaffen mir Bewegung und ziehen die Gedanken ab. Nichts destoweniger kann ich diese Reconvalescentenzeit keine angenehme nennen. Die Schwäche kehrte immer wieder, sogar Schwindel bis zum Erbrechen, dazu Hüftweh, Zahnweh, Uebelkeiten, Brustschmerzen, Wallungen, Herzklopfen, Aussetzen des Pulses, Leberschmerzen u. a. m., das wechselte so ab, und einigermaßen ordentlich schlafen kann ich erst seit 7 Nächten. Das Schlimmste war, und ist zum Theil auch noch, eine fürchterliche Höllenangst, die sich ganz leiblich in der Herzgrube entwickelt, von da aus wie eine Spinne mit scharfen Klauen um sich greift und den ganzen Menschen einnimmt. Ich brauche dagegen kalte Compressen über den Magen und das Uebel wird jetzt täglich gelinder. Einige Tage bin ich schon ganz frei gewesen. – Doch für heute will's nicht weiter gehen.

*Am 8. Jan.* Schlimmer als jene leibliche Angst war die Seelenangst, die ich auszustehen hatte. Daß ich sterben würde war mir fast gewiß und daß ich vor einem unversöhnten Gott erscheinen würde. Ich glaubte mich von Gott verworfen. Am 4t Dec. gegen Abend faßte ich mir endlich ein Herz und ließ den Propst Scholtz zu mir kommen. Ich war so schwach, daß ich kaum reden konnte, doch brachte ich nach und nach eine vollständige Beichte zu Stande und bekannte diesem geistlichen Bruder was mich zumeist beschwerte und von Gott trennte, die Absolution begehrend. Er stand auf, kniete nieder in eine Ecke des Zimmers und betete still für sich. Ich schleppte mich in seine Nähe und kniete an einem Stuhl. Nun betete er laut für mich, herzlich eindringlich und kräftig, dann erhob er sich und ertheilte mir die Absolution und den Segen. O das war Balsam! Ich erkannte zum erstenmal, welch einen Schatz die Kirche besitzt an der ihr verliehenen Macht Sünden zu vergeben. Scholtz verließ mich und meine Frau trat wieder ein. Ich bat sie mir einen Psalm vorzulesen. Welchen? – Einerlei den ersten besten! – Sie schlug den Psalter auf und las den 103. Psalm. Das ging mir wie ein Lebenshauch durch Seele und Leib. Ich sah es wie ein Amen an, von Gott selbst gesprochen, wie eine Bürgschaft für geistige und leibliche Genesung, an welcher letzteren mir sehr viel lag als an einer Gnadenfrist mich für den Tod zu stärken. Ich ließ mir den Psalm nun öfter lesen bis ich ihn auswendig konnte und fortan ward er mir zum festen Stabe im dunkeln Thal. Ich richtete mich immer wieder daran auf wenn zaghafte Gedanken kamen, und so thue ich's auch noch. An diesem Psalm genese ich langsam. Ach Gerhard! Es stirbt sich schlecht wenn man die Welt und was in der Welt ist, noch lieber hat als Gott. Möchte er mein Herz endlich entzünden mit jenem heiligen Feuer, das von der Welt ab zu ihm, allein zu *ihm* aufflammt! –

*Am 9. Jan.* Daß ich immer von *mir* schreibe und von meiner Krankheit! aber das erfüllt mich ganz. Ich bin Hypochondrist geworden. Heute soll meine Kur in ein neues Stadium treten. Ich habe bis jetzt warm gebadet; heute sollen kalte Uebergießungen damit verbunden werden, von denen der Arzt sich außerordentlich viel verspricht. Möchte er sich nicht täuschen! Mein neuer Arzt ist übrigens vortrefflich, versteht es mir Hoffnung und Muth zu machen, während Ziegler mich nur ängstigte. Noch immer badet er mich persönlich und widmet mir die größte Sorgfalt. Sein Hauptmittel ist Wasser, kalt und warm und laulicht. Gegen die Schwindel wandte er kalte Compressen um den Kopf an. Eine nasse ausgerungene Serviette wird dreieckig gelegt über den Kopf genommen, die Enden um die Schläfen und vorn auf der Stirn geknotet. Zwei bis drei Minuten läßt man die Mütze sitzen, dann wird sie erneuert (immer mit kälterem Wasser) und dies 10 bis 12 mal wiederholt um die Reaction zurückzuhalten. probatum est! Es ist zugleich das beste Schlafmittel. Macht man sich etwa um 7 Uhr Abends 3 bis 4 solcher Compressen, so kann man die Schlafzeit kaum erwarten und schläft wie ein Ratz. Angegriffenheit durch Arbeit, Ueberstudirtheit und dgl. wird auf diese Weise sicher vor Nacht gehoben, auch leichtes Nervenkopfweh gebannt. Man darf sich nur nicht geistig anstrengen so lange man die Compresse hat. Bei asthmatischen Anfällen kommt die Compresse auf die Brust, bei Angst auf Herzgrube und Magen, wo man sie 1 bis 2 Stunden liegen lassen kann; dann wird sie heiß und wirkt örtlich beruhigend wie ein warmes Bad. Bei Herzklopfen recht kalt aufs Herz, ist ein herrliches Mittel. Ich habe dir dieses wirksame und durchaus unschuldige Palliativ und Hausmittel nicht vorenthalten wollen für den Fall, daß Du es noch nicht kennst. – Unbeschreiblich viel Theilnahme ist mir geworden von Bekannten und Unbekannten und aus allen Ständen, und das war fast das Schlimmste, denn ich erkannte daraus die große Gefahr in der ich schwebte. Beständige Erkundigungen von allen Seiten, die mir nicht entgehen konnten weil ich so hellhörig war und Alles vernahm was im Hause vorging; kleine Zuschriften, Geschenke, niedliche Speisen, Weine usw. Man überschüttete mich förmlich. Schrecklich war mein Geburtstag. *Eine* kleine Ueberraschung nach der andern, Glückwünsche, Verse, Blumen, Näschereien wurden mir auf die Bettdecke gelegt. Ich konnte an nichts denken als wie ich wahrscheinlich in wenig Tagen würde vor dem Richterstuhl Gottes erscheinen müssen; ich war von Angst durchfressen. Am Weihnachtsabend war ich schon auf, konnte sogar der Bescherung auf ein Viertelstündchen beiwohnen und bekam selbst schöne Sachen, aber Freude war nicht dabei, ich war noch zu schwach, die Brust that weh und ich verbrachte den ganzen Abend mit meiner Papparbeit allein auf meinem Zimmer in abwechselnder Gesellschaft irgend eines Familiengliedes, während die Andern mit ein paar befreundeten Frauen beim Tannenbaum Thee tranken und zu Abend speisten. Bisweilen sagte ich meinen Psalm her und richtete mich daran immer wieder auf wenn es mir zu wehmüthig werden wollte. Der glücklichste von uns war Adolph, der kurz zuvor das erste Quartal seines Gehalts mit 200 Thalern und eine Renumeration von 100 Thalern empfangen hatte; das erste verdiente Geld und gleich in solcher Fülle! In der Freude seines Herzens beschenkte er uns Alle ganz fürstlich und glaube ich kaum, daß er unter 50 Thalern weggekommen ist. Er hat hier die angenehmste Stellung von der Welt, sehr mäßige Arbeit, hübschen Umgang und freies Leben im Vaterhause. Schätzell liebt ihn wie einen Sohn, und Adolph schwärmt für diesen väterlichen Freund, zu dem er 3 bis 4 Mal den Tag hinüberläuft und bei dem er sehr häufig seine Abende zubringt; die Herzogin scheint ganz und gar eingenommen von ihrem neuen Diener und ebenso die Gesellschaft, die sich um ihn reißt. Mich macht das sehr glücklich wie Du Dir denken kannst.

*Am 10. Jan.* Denke Dir, daß ich erst heute Deinen Geburtstagsbrief lesen konnte und er mich doch noch aufs tiefste bewegte, so schwach und weichmüthig bin ich noch. Aber was für ein lieber

Brief! So recht aus dem Innern heraus, voll Leben und Wahrheit! So muß man sich schreiben ohne Rückhalt und Heuchelei. Du giebst so wahre Bilder, daß ich mich ganz nach Ehstland versetzt fand, die Knorpel der gefrorenen Wege fühlte, die Schneeluft roch, die Traulichkeit des Familienlebens mit genoß. Das bischen Geselligkeit außer dem Hause kannst Du Dir schon gefallen lassen; zwar ist es ohne dem bequemer, aber man verrostet, wenn man nie aus seinem Bereich herauskommt, wie mir's jetzt geht der ich keinen Umgang vertrage. Ich habe noch keinen meiner männlichen Bekannten wiedergesehen und von den Damen nur ein paar auf Augenblicke am Weihnachtsabend, sehe nur den Arzt und die Meinigen und zwar auch nur einzeln. Einer ist gewöhnlich bei mir, zwei werden mir leicht unerträglich. Die kalten Uebergießungen gestern thaten mir für einige Stunden ganz wohl, ich muß mich aber doch dabei erkältet haben, denn ich hatte eine abscheuliche Nacht mit Asthma und starkem Hustenreiz, bin auch heute Morgen so angegriffen, daß ich hier abbrechen muß. Immer auf und ab geht es mit mir.

*Am 12. Jan.* Die Erkältung will nicht weichen, ich bin wieder recht elend, will aber doch versuchen diesen Wisch zu expediren, damit Du endlich wieder Nachricht kriegst. Der Winter, sonst meine Lieblingsjahreszeit, ist nichts mehr für mich. Wir haben abwechselndes Wetter, manchmal Schnee mit Frost auf einige Tage, dann wieder Frühlingswehen. Jeder Wechsel wirft mich um, obgleich ich nicht der Luft entwöhnt bin und alle Tage hinausgehe. Wenn ich nächsten Winter noch lebe, werde ich doch wohl nach dem Süden gehen, wenn nicht zu Euch. Ich glaube in Euern gleichmäßig warmen Häusern befände ich mich besser als hier, wo ich fortwährend aus einer Temperatur in die andere komme. – Daß Dein Otto die Leute so scharf kritisirt, war ihm hier schon eigen; ich würde es für ein Zeichen von Dummheit halten, wenn er nicht sonst ein ganz gescheuter Junge wäre. Gott sei mit ihm! – Mein Adolph hat eine sehr schätzbare Eigenschaft, die auch die Zwillinge hatten: das Gute an den Leuten springt ihm dermaßen in die Augen, daß er die Schatten übersieht, leicht lieb gewinnt und daher von allen Seiten wiedergeliebt wird. Mir hat das stets gefehlt, und daß ich dennoch so viel Liebe gefunden, ist Gottes Wunder. Ich grüße alle Deine lieben Kinder, Elmine und Helene, der ich dankend die Hand küsse für ihre ausführlichen Briefe. In meinem Hause steht es sonst wohl, was ich besonders an meiner Frau loben und bewundern muß, da meine aufreibende Pflege sie consumiren sollte. Emmy macht sich ganz gut, doch müssen wir, meiner Krankheit wegen, den Entschluß beklagen sie ins Haus genommen zu haben. Es wird ihr und uns so Manches dadurch entzogen. Sie fühlt sich hier sehr glücklich und hat Todesangst wieder fortzumüssen nach Woiseck. – Denke Dir, daß ich nicht mehr rauche seit fast ¼ Jahr. Dr. Würzler verbot es mir, weil es direct das Herz vergifte, Dr. Hoffmann wollte mich, da ich schon ein Menschenalter durch geraucht, nicht ganz davon entwöhnen, Dr. Ziegler rieth mir täglich 3 Pfeifen, nicht weniger wegen der alten Gewohnheit. Ich habe eine Mittelstraße gewählt und rauche Morgens ein Meerschaumköpfchen, das etwa ½ Stunde brennt, und vor Schlafengehen für einige Züge noch einmal angezündet wird, d.h. ich rauche als rauchte ich nicht. O meine alte Lust! Ziegler tadelt, Hoffmann lobt mich. Wenn ich nicht fürchten müßte mein Gehalt zu verlieren, so zöge ich nach Potsdam. Ballenstädt ist mir gar zu öde geworden. Ich bin so mager wie ein Stock und dazu ist mir in der Krankheit ein dreister Schnurrbart gewachsen. – Mein lieber, Gerhard

Dein alter Bruder Wilhelm.

## Nº 140 — Ballenstädt 10. März 1865

Mein armer lieber Gerhard!

Denke Dir, daß ich erst jetzt nach dem Empfang von Deinem und Helenens letzten Briefe erfahren habe, welch einen bitteren Verlust Ihr erlitten. Man hatte es mir anfangs auf ärztlichen Befehl verbergen müssen, und später verschoben die Meinigen von Tage zu Tage die Mittheilung, bis sie zuletzt nicht mehr wußten wie sie es nachträglich noch anbringen sollten. Da kam Dein Brief mit räthselhafter Andeutung; ich frug und erhielt eine Antwort, die mich tief erschütterte, weil ich Eure Lilla, dies liebe, hochbegabte Kind durch ihre Briefe an Otto und früher schon durch den Ausdruck ihres Gesichts ganz besonders ins Herz geschlossen hatte. Gut daß die Seligen keinen Trost brauchen für den Verlust der Ihrigen, denn sie leben im Anschauen Gottes, und glaubten wir das *wirklich*, so brauchten auch *wir* keinen. Unser Glaube aber heißt Hoffnung und Zweifel! Gott wolle Euch stärken in dieser Prüfung; sie Euch besser überwinden lassen als es uns in ähnlichen Lagen gelingen wollte. Bei aller gläubigen Hoffnung, die ja auch wir haben, können wir doch (besonders Julchen nicht) das herzzerreißende Bild unserer armen so geduldigen und demüthigen Elisabeth in ihrem schweren Todesleiden nicht aus dem Gedächtniß bannen. Wäre sie gesund geworden, so würden wir alle Qualen längst verwunden und vergessen haben, nun aber da sie den Staub des so überaus kläglichen Erdenlebens abgeschüttelt und (wie wir doch selbst bekennen) eine ewige unaussprechliche Herrlichkeit in Gott ihrem Heilande ererbt hat, so blicken wir noch immer auf die gespenstische Räuberhand des Todes, der sie uns entriß. Unser Glaube ist daher nur eine schnöde Lüge. Gott bessere das! wir selbst können es nicht. Wir können nur die Arme nach dem Heil ausstrecken, das *allein* der allmächtige Gott gewährt. Und *dennoch* ist unser Glaube auch *keine* Lüge. Der Glaube half mir siegreich über jene schrecklichsten Momente meines Lebens, daß ich nicht ganz erlag; und wiederum – fühle ich mich nicht heute noch berührt und freudig erhoben in dem Gedanken an die wunderbare, tief in mein innerstes Seelenleben eingreifende Absolution, die mir in meiner letzten Krankheit durch Gottes Gnade zu Theil ward? – Solche Widersprüche finden nur schwache Lösung in dem Worte des Apostels, daß unser Glaube Stückwerk sei. Man sollte meinen, daß der ewig reiche Gott, wenn er einmal giebt, was Ganzes und kein Stückwerk geben würde. Oder sind wir denn so wahnsinnig, daß wir die *ersehnte* Gabe freventlich zurückweisen und nur ein Bruchstückchen davon behalten sollten? Bescheidenheit ist es wahrlich auch nicht. Es giebt nur zweierlei reellen Trost im Leben, oder wenn Du willst, auch Dreierlei: Vergessenheit, Ermüdung und Gehorsam. Die beiden ersten Arten haben auch die Heiden, die letzte habt Ihr. Wir haben auch etwas von allen dreien, aber nicht ausreichend.

Julchen und ich sind eben von einem hübschen Spaziergang im Schloßgarten zurückgekommen. Wir gingen durch die Tannen und betrachteten den Baum, der Dir bei Deinem Hiersein auffiel und nach welchem Du den zufällig herbeikommenden Hofgärtner befragtest. Es ist ein wunderschöner eleganter Baum geworden, obgleich er vor etwa 10 Jahren durch Windbruch seines entwurzelten Nachbars schräg über den Weg geneigt ist, über welchem er jetzt eine reizende Laube bildet. Er ist mein Liebling, weil er mich an Deinen letzten Aufenthalt bei uns erinnert wie nichts Anderes. Ganz gleichgültige unbedeutende Momente können sich oft tiefer ins Gedächtniß graben als die bedeutendsten. Diese täglichen Spaziergänge mit Julchen sind einzig. Sie läßt mich nicht allein gehen, weil sie wohl immer noch besorgt sein mag, daß ich irgendwo umfallen könnte. Doch *mit* mir zu gehen hält sie auch nicht aus, weil ich so langsam und gravitätisch einherschreite wie weiland unser geliebter Oncle Kügelgen. Sie umläuft mich daher wie ein munteres Hündchen; bisweilen sehe ich sie gar nicht, begegne ihr dann plötzlich und freue mich. So treiben wir's täglich und bei jedem Wetter, welches diesen ganzen Winter hindurch feindlich genug gewesen ist und sich immer noch nicht zum Frühling anschicken will, auf den ich doch als meinen Hauptarzt vertröstet werde und hoffe. Diese Nacht ist sogar wieder tiefer Schnee gefallen, nachdem der alte schon ziemlich weggeleckt war, und alle Hoffnung ist für lange Zeit wieder lahm gelegt. Frost hat noch gar nicht aufgehört; wenn es auch bei Tage thaute, so fror es doch in der Nacht. Du freilich hast es noch schlimmer weil Du immer eine Null voraus bist, und wenn ich eine Eins habe, sicher Zehn hast. Wir können uns übrigens in diesem Winter rühmen 27° unter Null gehabt zu haben, wenn auch nur auf Stunden. Im Ganzen haben wir seit 20 Jahren keinen so kalten und Schneereichen Winter gehabt. Du begreifst also, daß es mit Crocus und Hyazinthen nichts ist und daß ich nichts vor Dir voraushabe als den Mangel einer Null, was weniger als nichts sagen will. –

*Am 11. März.* Wir feierten heute beim Frühstück Sally's Geburtstag mit herzlichen Wünschen für sie und ihr neugeborenes Töchterchen. Die liebe gute bewunderswerthe Sally! Wolle Gott sie segnen mit allen ihren Kindern!

Mein alter Gerhard, Du hast mich um eine schöne Illusion ärmer gemacht. Erinnerst Du Dich noch Beckedorffs Geschichte vom Juden, der da glaubte auf seinem neuen Pferde 3 Meilen in *gar nichts* zurückgelegt zu haben, weil seine Uhr stehen geblieben war? So erhielt ich auch Deinen Brief vom 3. März hier am selben Tage und freute mich über die außerordentlich geförderte Postverbindung, und nun mußt Du mir schreiben, daß dieser erfreuliche Fortschritt nur auf einem Versehen im Datum beruht habe! Du hast mich um eine süße Täuschung ärmer gemacht, der ich doch nur noch durch Täuschung aller Art an diesem lügenhaften Leben hänge. – Deine Sehnsucht nach Freude begreife ich vollkommen und theile sie, d.h. nach rechter, derber und ausdauernder Freude, wie sie die Jugend ohne weitere Veranlassung in sich selbst trägt. Wir werden uns aber wohl Beide für den Rest unseres Lebens den Mund wischen müssen; es sei denn, daß wir zu jener Glaubensfreudigkeit gelangen wie sich deren nun schon seit etwa 8 Jahren die Kammerjungfer der Bernstorff, Hermine Pickels, und zwar unausgesetzt erfreut. Sie ist so strahlend und glückselig, daß Leben und Sterben ihr keinen Unterschied mehr macht und ihr das Wörtlein «Unglück» in Beziehung auf sich selbst nicht mehr verständlich ist. Meine Söhne Gerhard und Adolph halten sie deswegen für verrückt, Benno und Anna aber nur für ganz und nicht wie andere Christen nur stückweise gläubig. Die Bernstorff behauptet allen Ernstes, daß sie manchmal etwas leuchte und ihr Bett nach Rosen dufte. Ihr Wesen erinnert auch lebendig an das Bild, das uns die katholische Kirche von der h. Agnes giebt, deren Blick steilwärts gen Himmel gerichtet war, daß sie's kaum merkte als sie verbrannt ward. Ihre beiden Schwestern (an die das Christenthum freilich nicht herangetreten) sind allerdings verrückt geworden, und sollte sie es letztlich auch noch werden, wie Adolph das stündlich erwartet, so würde das die härteste Glaubensprüfung sein, die ich erlebt. Mein alter Gerhard! ebenfalls begreife ich Deinen Schreck und Abscheu vor Deinen eigenen Briefen, weil es mir mit den meinigen eben so geht; die Deinigen dagegen machen mir nur Freude die Du mir nicht entziehen darfst, wenn Du nämlich meinen persönlichen Besuch zum nächsten Winter vermeiden willst. Wir gleichen aber mit unseren Briefen dem Kasperle in der Puppenkomödie, aus dessen Bauche zuweilen ein anderer Kasperle herausspringt, über welchen er, so oft sich dieser Vorfall wiederholt, den heftigsten Schreck und Abscheu zeigt und endlich die Flucht vor diesem seinem Ebenbilde ergreift. Unsere Briefe sind solche Conterfei's unserer selbst und sie erschrecken uns nur, weil wir uns doch viel schöner gedacht hätten. Was übrigens Deine harten Urtheile angeht, – wenigstens die, welche Du in Deinen Briefen gegen mich aussprichst – brauchst Du darüber am wenigsten zusammenzufahren; sie sind mir niemals aufgefallen und ich wollte ich wäre in dieser Hinsicht so rein wie Du.

Neulich hatte ich doch einmal eine rechte Freude. Max Pröll in Dresden, des alten Heuer's Pflegesohn und Erbe, mit dem ich außer jeder Beziehung stehe, hatte gehört daß ich krank sei, und um mir irgend eine Liebe zu erweisen, schickte er mir drei erinnerungsreiche Bilder aus unserem väterlichen Hause, welche der sel. Heuer anno 22, als wir nach Rußland zogen, aus unserer Auction erstanden und sehr in Ehren gehalten hatte. Es sind 1.) das Selbstportrait des Malers Fesel aus Bonn, des Lehrers unseres Vaters, das im Gottessegen unter allerlei interessanten alten Rummels in einer Bodenkammer stand, und dessen stockgemeinen Ausdruck, grüne Gesichtsfarbe und saloppen Anzug wir oft belachten, wenn wir jene halbdunkeln dumpfen Räume betraten, die mir mit ihrer eigenthümlich eingeschlossenen Atmosphäre und den verschiedenen Gegenständen die dort aufbewahrt wurden, in diesem Bilde wieder lebendig vor Augen und Nase traten. 2.) das lebensgroße Brustbild der Kaiserin Elisabeth von Rußland (Alexanders Gemahlin) in Pastell von des Vaters Hand, welches mir sehr erinnerlich an der ziemlich dunkeln Fensterwand im Atelier hing. 3.) ein Sepiabild eigener Composition von unserer lieben Mutter aus ihrer Jugendzeit. Es hing dies Bildchen im gelben Eckzimmer vorn heraus, wo wir mit der Mutter als Kinder schliefen und die Spitzblattern bestanden, über meinem Bett, tausendmal von mir betrachtet und bewundert. Es stellt ein fürstliches Liebespärchen vor, schalkhaft von einem broncenen Amor bedroht, der ihnen als Fackelträger leuchtet. Nichts hätte mir damals mehr Freude machen können als diese Sendung, die aus so unverdienter Liebe eines sehr entfernten und halb vergessenen Bekannten hervorging. Auch von dem alten Herzensfreunde Ludwig Richter erhielt ich köstliche Briefe; zu Weihnachten sein und Peschels photogr. Portraits – zwei Greise! Peschel schickte mir überdem Photographien nach seinem letzten Bilde, einem Altarbilde mit 2 Flügeln und demnach ein ganzer Complex von Bildern, die Kreuzigung, die Auferstehung die Geburt und das Abendmahl – trefflich gefühlte und studirte Sachen. Peschel ist ohne Talent, aber durch Liebe zur Kunst, durch Fleiß, Beharrlichkeit und Hunger hat er sich so herausgebildet, daß seine Arbeiten jetzt sehr gesucht sind. Er gehört zu den reinsten und besten Menschen, die ich gekannt habe. Richter ist jetzt der Liebling des deutschen Publicums, das sich in seinem Besten und Allerheiligsten von ihm verstanden fühlt und sich durch ihn zum immer besseren Verständniße seiner selbst angeregt fühlt. Sein neustes Heft von Holzschnitten «Neuer Strauß für's Haus» ist ganz entzückend und überragt alles Vorhergehende. Hast Du es schon gesehen? Wenn ich Gelegenheit hätte, so schickte ich es Dir. Ich wüßte nicht, daß Bilder mich je so angezogen hätten, als einige dieser überaus reizenden Blätter. Er selbst aber steht hoch, auch über seinen besten Arbeiten, ein ganz überaus liebenswerther und erquicklicher Mensch. Seine Briefe wehen mich immer an wie Waldesluft im Frühjahr. –

Hast Du etwa schon Notiz genommen von dem neuen Unterhaltungsblatt «Daheim», das mit großen Geldopfern der conservativen Partei in Preußen in Scene gesetzt wurde, jetzt aber schon selbstständig besteht, da es bereits 30000 Abonenten zählt? Es hat den Zweck dem lesegierigen Publicum eine unschuldige, gesunde und vom Parteiwesen sich fernhaltende Nahrung zu geben, daher auch principiell politische und religiöse Controversen ausgeschlossen sind. Das Blatt giebt wöchentl zwei Druckbogen Text mit Illustrationen und Bildern, gegen ein vierteljähriges Abonnement von 15 Silbergroschen. Kleine Novellen Naturkunde und Mittheilungen über Leben und Wirken deutscher Künstler und Dichter der Gegenwart bilden den Hauptinhalt. Wir freuen uns immer Alle auf den Sonnabend, wo wir es regelmäßig durch die Post erhalten und des Abends nach dem Essen im Familienkreise genießen, obgleich der Text in belletristischer Hinsicht meist nur Mittelgut ist, und die Bilder in Künstleraugen meist wenig gelten, oft auch schlecht sind. Ganz vortrefflich waren jedoch die ersten Hefte, namentlich durch die mit herrlichen Holzschnitten illustrirten Mittheilungen des Düsseldorfer Bataillenmalers Camphausen über seinen Aufenthalt und seine Erlebniße auf dem Kriegsschauplatze in Schleswig.

*Am 13. März.* Du berührst leichthin die politischen Zustände in Preußen, und ich will's auch so machen und kann's kaum anders, da ich seit meiner langen und schweren Krankheit so stumpf dagegen geworden bin, daß ich in die elenden Kammerverhandlungen nur noch flüchtig hineinblicke. Meine Sympathien sind zwar die alten geblieben und immerhin würde ich mich freuen, wenn der Teufel alle fortschrittlichen Bewegungen holen wollte; wenn er es aber nicht thut, so würde ich mir auch keine grauen Haare darum wachsen lassen. Von den kirchlichen Controversen gilt dies in noch höherem Grade; denn seine Kirche zu schützen ist am Ende Gottes Sache; Er der Allmächtige kann es so leicht und will er es anders, so habe ich am allerwenigsten Beruf ihn darin zu stören. Ich bin ein alter müder Mann und sehne mich nach Frieden. Der große Störenfried Napoleon scheint auch müde geworden zu sein und angelt jetzt nach schriftstellerischem Ruhm. Wenn er das Lügen lassen könnte, so wäre es mir übrigens interessanter gewesen wenn er seine eigene Geschichte geschrieben hätte als die des Caesar, mit dem er freilich gerade so viel Aehnlichkeit hat als mit Garibaldi. Ich halte Bismarck für einen größeren Staatsmann. –

An der kleinen Emmy Mühlen gewinne ich von Tag zu Tage mehr Interesse. Sie erschien im Anfang äußerst unliebenswürdig aber nach und nach erkennt man doch, daß der Grund recht gut ist. Die meisten jungen Mädchen erscheinen besser, weil sie klüger sind und heucheln, Emmy ist aber von Grund aus ehrlich, offen, und sagt Alles heraus, wodurch man in den Stand gesetzt ist auch auf sie einzuwirken. So ändert sie sich denn zusehends zu ihrem Vortheil, und wenn dies jugendliche frische Wesen uns einmal wieder entzogen wird, werde ich die arme Kleine sehr vermissen. – Mit meinem Befinden geht es so so. Viele böse Symptome, die mich fast 4 Monate niederhielten, sind verschwunden, aber das Stammübel, das Emphysem, tritt dafür wieder in verstärktem Maße auf. Ich habe kaum noch einzelne halbe Stunden in der Woche, wo ich ohne Beschwerde athmen kann, und wenn ein schöner Sommer dies nicht ändert, so kann ich mir nicht denken, daß ich das nächste Frühjahr erleben werde. Dem sei wie Gott will, wenn er mich nur nicht wieder in jene Höllenangst zurückfallen läßt, die mich im vergangenen Herbst so furchtbar quälte. Adieu mein lieber alter Bruder, Gott segne Dich und Dein ganzes Haus. Ich gratulire zu Richard's bestandenem Examen. Was ein «graduirter Student» bedeutet weiß hier kein Mensch.

Dein alter frater Wilhelm

P.S. Es schneit wieder gräulich fort und fort, das Land ist dick eingeschneit, Thermometer auf Null. Keine Rettung aus diesem eisernen Winter. Das ist für brustkranke Leute eine Geduldsprüfung. – Anna und Prinzeß Louise theilen mit Emmy den ganzen Confirmationsunterricht, denke Dir das! Propst Scholtz hatte von den drei Personen der Gottheit gehandelt, als Emmy ihn mit der Frage unterbrach: «der heilige Geist ist wohl der am wenigsten berühmte unter ihnen?» – Ja wohl ist unsere Adelheid nach Herz und Verstand in hohem Grade ausgezeichnet, nur unserer Mutter vergleichbar, vor welcher sie noch eine größere Milde voraus hat. Sie vermißt es recht, daß Du ihr niemals schreibst. Julius ist bei mancher Sonderbarkeit jetzt auch ganz vortrefflich und macht Adelheid sehr glücklich. Die Beiden sind ganz in einander verwachsen und fast unzertrennlich. Wer hätte das damals gedacht! –

Erinnerst Du Dich noch Hollmanns, der als Lehrer des Prinzen an Backhofs Stelle kam? Er lebt jetzt in Halle als Professor der neuen Sprachen, ein kleines altes verhotzeltes Männchen, das sich durch kolossale Originalität sehr komisch auszeichnet. Im Laufe des Winters ward er plötzlich spät am Abend in seinem Studirstübchen von einem wüthenden Kerl überfallen, der ihm sein Geld abforderte. H. erhob sich und ließ ihn hart an; da fuhr ihm jener mit einem Schlachtmesser nach der Kehle, H. faßte ihn, beide rangen mit einander bis der kleine Hollmann den Flegel endlich glücklich unter wüthendem Geschrei zur Thür hinaus warf. Auf das Schreien waren die Hausgenossen herbei geeilt und durchsuchten das ganze Haus. Da fand man den Räuber erhenkt auf dem Boden. Hollmann aber wird wahrscheinlich an der empfangenen Wunde sterben.

## N° 141

Ballenstädt 16. April 1865
(Ostern)

Mein liebster Bruder!
Ich habe den guten Willen Dir zu schreiben, wenn auch wenig Stoff, am wenigsten erfreulichen. Was mich antreibt, ist Dankgefühl für Deine rasche Antwort vom 27. März, die mich wahrhaft erquickt hat, obschon sie, was man sonst *«gute Zeitung»* nennt, nicht brachte. Die beste Zeitung bleibt freilich immer zu erfahren, daß arme von Gott geschlagene Leute ihr schweres Kreuz geduldig, ja fast mit Freudigkeit tragen. So stärke Euch doch Gott der Herr auch ferner mit Himmelskräften, insonderheit die theure Elmine, die gewiß zehnfach leidet: um ihren und ihres Kindes Verlust und um die Angst der Geschwister. Sehr lieblich muß die sel. Lilla sich doch entwickelt haben; das ist tröstlich, da sie todt ist – aber es ist auch doppelt schwer ein solches Kind zu verlieren. Das habe ich bei Elisabeths Sterben empfunden. Welche Seligkeit wäre es uns gewesen eine solche Himmelsbraut bei uns zu behalten – *sie* freilich ist bei ihrem Bräutigam ja so sehr viel seliger als sie es hätte je im Elternhause werden können, so gern sie auch noch bei uns geblieben wäre. – Die armen, armen Stackelbergs! Ich habe keine Worte und kann nicht sagen wie nahe mir ihr Leiden geht. Ein Bekannter von mir (General v. Krohn) starb hier vor einigen Jahren auf ähnliche Weise, und ich dachte man müsse es nicht überleben können dergleichen an den Seinigen zu erfahren. Aber Tony lebt ja

noch, nach den letzten Nachrichten, und der barmherzige Gott wolle sie den armen Eltern doch erhalten!

Wir leben hier auch in nicht geringer Sorge um unser Pflegkind Emmy, die uns erkrankt ist. Sie sollte am Gründonnerstage confirmirt werden. Am Mittwoch richtete Anna unsern kleinen Salon als Kapelle ein, alle unnützen Meubles heraus, Blumen, Kränze, Guirlanden, ein hübscher kleiner Altar und darauf ein Crucifix von einem Palmengewächs überschattet; die Einladungen ergingen, Geschenke wurden datirt und der arme Täufling repetirte Katechismus und Hefte. Am Nachmittage stellten sich Magenschmerzen und Fieber ein. Emmy mußte ins Bett und die h. Handlung sollte aufgeschoben werden. Aber die Kranke erklärte sie *könne* die Spannung nicht länger ertragen, und todt oder lebendig wolle sie jedenfalls morgen confirmirt werden. Die Nacht war gut, das Fieber am Morgen sehr gering und die Schmerzen waren fort; dennoch untersagte der Arzt die Confirmation. Ich sah den Schmerz im Gesicht des armen Kindes, das Fieber schien mir nur Folge vorhergegangener Aufregung und Examenangst, fürchtete das Uebel werde durch Verschiebung der Feier schlimmer werden denn zuvor, und machte gegen den Arzt die Meinung geltend, daß die Kranke sich sicherlich gleich beruhigen würde sobald der Confirmationsberg nur erst überstiegen sei; der Pastor versprach mit Weglassung des Examens die ganze Sache in einer Viertelstunde abzumachen und der Arzt gab nach. Emmy strahlte, sie blieb im Bett bis die geladenen Pathen sich zu versammeln anfingen. Es waren dies: Prinzeß Louise von Holstein, die Bernstorff, die Hofdame Frl. v. Necker, Fräul. v. Hellfeld (Emmys Busenfreundin) Herr v. Schätzell, der Doctor und die Hausgenossen. Alle diese guten Leute waren auf Emmy's eigenes Verlangen eingeladen worden. (Sie hatte auch die Pickels eingeladen, die sie sehr lieb gewonnen und die auch *wir* mit ihrem betenden Herzen gern bei der Feier gehabt hätten. Sie schlug es aber wegen der vornehmen Leute ab.) Unterdeß ward Emmy von Anna und Pauline Hellfeld aus dem Bett gebracht und angekleidet. Sie erschien in einem weiten schmucklosen weißen Gewande und nahm dem Altar gegenüber Platz vor welchem der Pastor in seinem Talar stand. In gutem Abstand hinter Emmy saß die übrige Versammlung von 11 Personen im Halbkreis. Nun schlug ich das Instrument an und wir sangen ein paar Verse aus dem Liede: «Ich habe nun den Grund gefunden». Die arme Emmy schwankte bis der Arzt zu ihr trat und ihr ein paar Worte ins Ohr sagte; da faßte sie sich wieder und Scholtz vollzog die h. Handlung in schonendster Weise. Er ließ das gefürchtete Examen weg und begnügte sich mit dem apostolischen Glaubensbekenntniß, welches Emmy ohne Anstoß mit fester Stimme aufsagte. Nach der Einsegnung knieten der Pastor und wir Alle nieder und Scholtz beschloß die Feier mit einem herrlichen tief eingreifenden und herzerhebenden Gebet. Außer meiner eigenen war diese Confirmation die erbaulichste, die ich mich erinnere erlebt zu haben. Emmy gewann durch ihr kindliches Verhalten Aller Herzen, sie sah glückselig aus wie ein verklärter Engel und behauptete auch sie sei nun ganz gesund, mußte aber dennoch, nachdem sie die üblichen Glückwünsche und mancherlei Geschenke entgegengenommen, auf Befehl des Arztes in's Bett zurückkriechen. Da lag sie den ganzen übrigen Tag still und freundlich, vor sich auf der Decke ausgebreitet die kleinen Geschenke, die sie erhalten hatte, das arme liebe Kind an ihrem Confirmations- und Ehrentage, und draußen schien die glänzendste Frühlingssonne, sproßten reichlich die ersten Schneeglöckchen und Veilchen, sangen die Vögel im Chor und brausten zahlreiche Wasserfälle von den Höhen. Ob sie am nächsten Tage (Charfreitag) mit uns in der Kirche communiciren würde, sollte von der Nacht abhängen. Doch die war schlecht, wir mußten ohne sie zur Kirche gehen und Emmys erste Communion hat nun auf Pfingsten verschoben werden müssen. Heute ist nun Ostersonntag und unser armes Kindchen liegt immer noch im heißen Fieber und glüht wie ein Ofen. Wir sind dadurch in schweren Sorgen, fürchten ein Nervenfieber aber der Arzt will noch nichts entscheiden. Ich habe dies anfangs etwas abstoßende Mädchen, seitdem ich mich in den letzten Monaten mehr um sie kümmern konnte, sehr lieb gewonnen. Sie ward zutraulich, so offen und überaus kindlich gegen mich, daß ich manchmal glaubte ich hätte wieder eine jüngste Tochter. – Das liebe Kind! und sollte sie nun sterben? Und wenn ich an meine arme Frau und an Anna denke, wieder ein schweres Krankenlager, vielleicht ein abermaliges Sterbebett und ich mit meinem kranken Herzen! ich mag es nicht ausdenken. Emmy ist so sehr glücklich, so dankbar still und freundlich und so gänzlich ohne alle Klage, wie man das sonst nur an sehr ernstlich Kranken sieht. Gott helfe ihr und uns!

Daß ich so angefochten werde, lieber Gerhard, von Dir und Helene wegen der h. Jungfrau Pickels!! Ist es Euch denn keine Glaubensprüfung wenn Ihr Christen in Sünden fallen oder gar darin verkommen seht? Schwerere Prüfung wäre es, wenn das, was man Jahrelang für Wirkung des heil. Geistes angesehen, sich plötzlich nur als Schwärmerei und Wahnsinn erwiese, oder wenn sich die Kennzeichen des Christenthums ganz eben so auch am Wahnwitz fänden? Ihr habt ganz recht: man soll nicht allzusehr auf Andere blicken, d. h. weder den Muth sinken lassen, wenn man sich gegen sie zurück fühlt, noch sich überheben wenn sie gegen uns zurückzubleiben scheinen. Dennoch ist gerade für die nach Wahrheit suchende Vernunft das Leben und Verhalten der Gläubigen die rechte Lockspeise und der einzig mögliche Beweis für die Wahrheit ihres Glaubens. Die evangelische Geschichte ist so durchaus unglaublich, daß die Vernunft oder das (doch wahrscheinlich von Gott) uns eingepflanzte Unterscheidungs- und Urtheilsvermögen, dieser uns eingeschaffene Probierstein aller Wahrheit, sich a priori schlechterdings davon abwenden *muß*. Dasselbe gilt von der dieser Geschichte implicirten Lehre, die sich obendrein selbst als thörigt ankündigt, sich wesentlich an Ungebildete und Dumme wendet, die Weisen abweist, sich in sich selbst mannigfach widerspricht, und so dunkel ist, daß man sich bis heute darüber streitet und nicht einmal weiß, ob sie wirklich einer sittlichen Freiheit das Wort redet, oder ob sie blos den Klumpen Thon predigt, aus dem der Töpfer nach Belieben gute oder schlechte Waare fertigt. Indessen darf Vernunft, wenn sie rechte Vernunft ist, nicht blos a priori urtheilen. Theoretisch reimt sich Manches nicht, was sich practisch doch als wahr erweist. Sähe oder fände man nun, daß diese so überaus unwahrscheinliche Geschichte und dunkle und verkehrte Lehre Diejenigen, die es fertig bringen sie als Offenbarung Gottes dennoch zu glauben, wirklich in neue und geheiligte Creaturen umgestaltet, und zwar in einer Weise wie dergleichen sonst nicht vorkommt, so läge doch die Vermuthung nahe, daß solche Gläubige wirklich religiöse Wahrheit hätten, und nur um solche handelt es sich hier. (Verzeih den schwerfälligen Satz.) Es bliebe dann doch kaum was Anderes übrig als es mit der unvernünftig scheinenden Predigt einmal practisch zu versuchen ob sie nicht auch an uns ihre heiligende Kraft bewiese – ja es wäre dies das Vernünftigste was wir thun könnten. Setzen wir aber den umgekehrten Fall, daß die wirklich aufrichtigen Gläubigen mit der Annahme ihres Glaubens an sittl. Werth verlören: feige, trübsinnig, Narren oder Schweine würden, so würde es Niemand der Mühe werth halten, es mit ihrem unsinnigen Glauben einmal zu versuchen. Uns zu Kindern Gottes zu machen, reicht gutes Beispiel freilich nimmer aus, doch bleibt dies immerhin die mächtigste Predigt der Christen. –

Wir haben himmlisches Wetter vom 5t April an, bis dahin war starrer Winter. Am 5t lagen die Schneeschanzen vor allen Häusern noch so hoch, daß ich an vielen Stellen, namentlich vor meinem eigenen Hause nicht darüber weg zu sehen vermochte. In den Bergen war alle Communication unmöglich. Nach der Victorshöhe arbeiteten sich von Gernrode aus 18 Holzarbeiter mit Schaufeln und Seilen einen ganzen Tag lang hindurch, um der oben stationirten schon halb verhungerten Försterfamilie einige Lebensmittel zuzuführen; ein Weg den man sonst bequem in 1½ Stunden zurücklegt. Rehe sind zahllos verendet, auch Hirsche findet man todt, halb aufgefressen von schwelgenden Füchsen. Niemand kann sich hier eines so hartnäckigen und schneereichen Winters erinnern. Jetzt ist Alles weggeschmolzen bei 12 bis 17 Grad Wärme und nur in hochgelegenen Thälern soll der Weg noch unter Schnee liegen. Das Wetter ist bezaubernd schön und ich würde mich im Naturgenusse vielleicht etwas ausheilen können, wenn ich nicht die schreckliche Sorge um das Angstkind hätte.

*Am 17. April.* Zweiter Feiertag. gestern Abend kündigte uns Hoffmann an, daß sich bei Emmy sehr wahrscheinlich ein Nervenfieber entwickele, alle Symptome seien bereits da, wenn auch bis jetzt nur in gelinder Form. Er änderte demnach seine Mittel, es wurde für die Nächte eine Pflegerin angenommen und Anna (die bis jetzt allein gepflegt hatte) ausgebettet. Die Nacht war schlecht, doch ist heute größere Ruhe eingetreten und der Arzt scheint wieder zweifelhaft zu werden ob er es wirklich mit einem Nervenfieber zu thun hat, das er übrigens bis jetzt in allen mir bekannten Fällen mit Glück behandelt hat. Emmy scheint nichts von Gefahr zu ahnen und preist die Pflege, die ihr zu theil wird. In Woiseck scheinen Patienten nicht sehr beachtet zu werden, wie es denn überhaupt den Anschein hat als fehle in diesem Hause, bei mancher respectabeln Pflichtübung, doch das Beste die Liebe. Emmy hat ein Grausen dahin zurückzukehren.

Ich las so eben Helenens Brief vom 31. März wieder durch. Da ist allerdings nur gesagt: man dürfe es sich nicht anfechten lassen, wenn die Pickels ihre Glaubens*freudigkeit* verlöre. Nun ja, das ist schon recht; es käme aber immer auf den Grad und die Dauer solcher Entziehung an. Der Glaube ist seiner Natur nach allezeit fröhlich, oder doch wenigstens getrost, und wenn das nicht wäre, würde man sich gewiß nicht danach umsehen, doch mag es wohl sein, daß Gott Ueberhebung oder Untreue bisweilen mit temporärer Entziehung des Glaubens straft, obgleich auch gesagt werden mag, daß wo jene beiden Teufel auftreten, der selig machende Glaube bereits aus dem Herzen gewichen und nur derjenige Glaube geblieben sei, den auch die bösen Geister haben, ein Glaube der weder Freude noch Trost schafft, sondern nur Zittern und Verzweiflung. Wenn es sich aber schließlich zeigen sollte, daß die wunderbare Beseligung jenes Mädchens nur eine Frucht von Schwärmerei oder Verrückheit gewesen wäre, so würde mich das allerdings sehr ernstlich anfechten, das läugne ich nicht. Die Pikkels ist auch nichts weniger als beschränkten Geistes, wie Du wohl meinst, liebe Helene, sondern ein wahrer Verstandeskasten und reich an schönen Kenntnißen, da sie eine gute Erziehung genoß; aber sie hat allerdings schon von Natur einen einheitlichen nicht so zerfahrenen Geist wie wir, die wir durch Zögesche Blutbeimischung gleichzeitig nach allen Seiten neigen, und wenn wir nicht das Bruchstückchen Glauben überkommen hätten, ähnlich wie Heine zersplittern würden. Ueber den Ausdruck Bruchstück will ich nicht streiten. Wenn Einer glaubt, daß er seines Vaters Kind ist, und doch bisweilen auch sein Bedenken darüber hat, wie soll man solchen Glauben nennen? oder wenn Einer die h. Schrift im Allgemeinen für GottesWort hält, nimmt aber Bileams Esel, des übellaunigen Jonas Wallfisch, die Schöpfungsgeschichte, die Offenbarung, die Briefe Jacobi und II Petri und allerlei Anderes aus, ist das nicht Bruchstück? Oder wenn Einer, wie der sel. Menken Alles ganz gehorsam glaubt, nur nicht die Paulinische Lehre von der Rechtfertigung und Gnadenwahl, so hat er doch auch nur Stückwerk. Wie danke ich Dir, liebe Helene, für die Abschrift von Mutters Brief. Gentz war auch eine reiche, nach allen Richtungen hin verneinende und bejahende Natur. So schreibt er z.B. 1805 an Adam Müller: «Einen so bittern, tückischen Haß gegen das Christenthum hätte ich Göthe nie zugetraut, ob ich gleich von dieser Seite längst viel Böses von ihm ahnte. Welche unanständige, cynische und faunenartige Freude er bei der glorreichen Entdeckung, daß Winckelmann eigentlich ein Heide sei, empfunden zu haben scheint!» – So eben kommt eine herzliche Einladung von Schiller's in Hamburg an Anna, im Juni Monat ihre älteste und beste Freundin Mathilde Valentiner (die sie seit 6 Jahren nicht gesehen) nach Pyrmont ins Bad zu begleiten; es soll uns nicht einen Pfennig kosten. Diese Sache scheint mir direct von Gott zu kommen. Es ist der keineswegs gesunden Anna dies Bad schon längst dringend angerathen, aber tausend Hinderniße hielten ab. Meine Frau hätte mitgemußt und ich kann auch nicht allein bleiben, dann Geldmangel und Emmy und manches Andere. So aber lösen sich alle Schwierigkeiten, und wenn Anna abzieht, bleibt das Laputchen doch im Hause und kann meiner Frau an die Hand gehen. Diesen Namen «Laputchen» hat Schätzell der armen Emmy angehängt weil er sich stellt als könne er Lappland und Ehstland nicht wohl unterscheiden. Seit sie indessen ihre Verschlafenheit überwunden und Morgens früh an unserem Frühstück theilnimmt, wird sie meist «Stehaufchen» genannt, worauf sie willig hört.

*Am 18. April.* Benno's Geburtstag. Die Anstellung des armen Jungen verzögert sich ins Himmelblaue. Das Consistorium hatte ihn schon vor langer Zeit als Pfarrvicar und Lehrer an der Töchterschule in Coswig vorgeschlagen, eine für den Anfang ganz annehmbare Stelle, die zu Ostern angetreten werden sollte, aber die Bestätigung des Herzogs läßt noch immer auf sich warten. Zehn ähnliche Anträge des Consistoriums für Stellenwechsel haben dasselbe Schicksal erfahren. Es bleibt überhaupt jetzt höchsten Ortes Alles liegen, und das Zurückverlangen nach des früher so gehaßten Schätzells raschem und kräftigem Regiment wird immer größer. Mit der Hauslehrerschaft in Neinstedt ist es zu Ende, da der Schüler diesen Ostern confirmirt ist und auf's Gymnasium geht. Benno ist daher wieder im Elternhause eingezogen und wartet nun hier auf die Coswiger Berufung, kann auch nach Analogie anderer Verzögerungen noch bis Johanni warten. Unterdessen haben die Coswiger Prediger keine Vertretung, die glücklichen Backfische keine Schule. – Emmy hat eine sehr schlechte Nacht gehabt, doch kommt der Arzt von der Befürchtung eines Nervenfiebers immer mehr zurück, da sich äußerlich Geschwüre zeigen, was freilich auch nichts Gutes ist. Das arme Stehaufchen leidet große Schmerzen und hat arges Fieber, erhält sich aber immer noch die gleiche Freundlichkeit und Geduld. Gestern wurde meine Frau durch den Besuch einer Jugendfreundin abgerufen; Anna erzählte der Kranken: die Beiden schienen oben ganz glückselig miteinander zu sein; da sagte Emmy: «Das kann ich nachfühlen, denn Dein Vater kommt mir auch ganz so vor wie mein Jugendfreund.» Ich sitze viel an ihrem Bett, dann wird sie gewöhnlich ruhig, schläft auch wohl ein. Von meiner anderen Jugendfreundin Tony habe ich sehr schlimme Nachricht. Ihr Herzübel nimmt rapide zu, und ihr Arzt der junge Volkmann schreibt mir sie ginge einem «entsetzlichen» Ende entgegen. Es stürmt zu viel auf Einen ein.

*Am 20. April.* Der Brief hat gelegen, weil ich an Emma Samson nach Montreux schreiben mußte, von der so eben eine telegraphische Anfrage kommt, die 4 Stunden gegangen ist. Gott sei Dank, ich konnte antworten, daß Alles gut geht und wir außer Sorgen sind. Das Fieber ist fort und nur ein schmerzhaftes Geschwür hält die Kranke noch im Bett. Wir haben entzückendes Wetter und auch die Freude um Emmy kommt mir zu statten. – Schätzell ist ganz wie ein Bruder, so theilnehmend daß es kaum zu begreifen, für Adolph ein zweiter Vater. Den will er durchaus mit einem sehr reichen, ganz hübschen und frommen Mädchen verkuppeln, einer Fräulein v. Kemnitz, aber Adolph sträubt sich mit Hand und Fuß, weil sie ihm zu dumm und langweilig vorkommt. Geistreich ist sie allerdings nicht, doch verständig genug und hat sonst die besten Eigenschaften. Wir Eltern reden weder zu noch ab, obschon wir diese Verbindung, auch wegen der vortrefflichen Schwiegereltern, die hier benachbart sind, sehr wünschen. Alle sind gegrüßt.

Wilhelm.

## Nº 142 — Ballenstädt 23. Aug. 1865

Mein lieber Bruder Gerhard!
Viele liebe Briefe habe ich empfangen und bin doch so undankbar gewesen seit dem 29. Juni nicht mehr zu schreiben. Es ist hier aber auch gräulich hergegangen und kaum finde ich heute etwas Ruhe meine Relationen wieder zu beginnen. Jahrelang projectirter, immer wieder abgesagter, von neuem angesagter, zuletzt aufgegebener Besuch stellte sich plötzlich von allen Seiten zu unserem Verderben ein. Unser Gerhard mit seiner Braut und deren Schwester, und Obrist Salisch aus Potsdam mit seiner Frau (Mathilde Krummacher) und drei erwachsenen Töchtern stellten sich sogar an *einem* Tage ein. Kurz darauf der Schwager Friedrich Krummacher mit seiner Frau und drei Töchtern, und endlich noch am allerunerwartetesten Emma Samson um ihre Emmy zu entführen. Bei uns

wohnten nur außer Emmy, Gerhard und Bertha Kr. die beiden Fräulein Voß, Salisch's im Nachbarhause mit Gartenverbindung, Krummachers im Gasthaus, aber natürlich waren sie meist bei uns, denn sie waren nur unsertwegen gekommen, ein namenloses Gedrissel, daß Haus und Leiber fast aus dem Leime gingen. Ich mußte mich viel in die Stille meines Zimmers zurückziehen, fand aber auch hier keine Ruhe, denn ich wußte, daß sie dawaren und dachte an Julchens riesenmäßige Arbeit. Diese hielt die Ohren steif genug, besorgte mit Anna Alles meisterhaft und stellte glänzende Bewirthung her, bis endlich Emma Samson dazwischen fuhr um Emmy zu entführen. Da mußten Rechnungen abgeschlossen werden, in größter Eile gewaschen, gebügelt, geschneidert, Wäsche, Kleider, tausenderlei Kleinigkeiten sortirt und gepackt werden und meine arme Frau endigte mit einem Weinkrampf, der die ganze Nacht durch dauerte. Aber die Arbeit war damit auch ziemlich zu Ende. Gestern Abend zogen die beiden Russen ab und heute Morgen Krummachers bis auf Bertha, die noch acht Tage bleibt, wie auch Salisch's. Was hätten wir für Freude gehabt wenn diese vielen lieben Gäste sich vertheilt hätten und der liebe Gott hätte Wetter dazu geschenkt. Wir hatten aber Regen, Dreck und Kälte, konnten selten draußen sitzen, und kurz und gut es war für Julchen, mich und Anna eine kleine Hölle. So säet der Teufel Unkraut in jeglichen Weizen, und Freuden die Einem so nöthig wären, wollen nicht mehr zu Stande kommen. Jetzt wird nun Ruhe, wir haben, da auch Gerhard fort mußte (nach Liegnitz zum Maneuvre) nur noch 8 Gäste, Salisch und 7 Frauenzimmer. Da werden wir wieder etwas aufleben, aber auch an diese Zeit gedenken, die wir uns auf den ganzen Sommer vertheilt gedacht und auf die wir uns so sehr gefreut hatten.

*Am 24. Aug.* Der Abschied von Emmy ist mir sehr schwer geworden. Dies ungezogene Kind war mir mittelst irgend eines unbegreiflichen physiologischen Wunders ans Herz gewachsen und ein Schmuck meines Lebens. Häßlich, fliddrig, hochmüthig, widerspenstig, phlegmatisch und leidenschaftlich stürmisch, indolent und ungemüthlich, war sie doch auch wieder so allerliebst kindisch, so naiv, ehrlich, offen, tapfer, so ächt mädchenhaft und graziös und trotz ihrer Häßlichkeit so wunderhübsch, daß sie immerhin zu den anziehendsten Erscheinungen gehört, die mir in meinem Leben vorgekommen sind. Ich vermisse sie jetzt an allen

Ecken und Enden und sehe sie mit großer Sorge in die Hände ihrer armen kranken freudlosen Tante zurückkehren, die kein Verständniß für sie hat, sich blos über sie ärgert und ihr zum Aergerniß wird. Heute Morgen sind sie beide in Ostende erwacht. – Von sehr anderer Art als Emmy und mir schon als Tochter nicht weniger lieb, ist meine Schwiegertochter Julie, oder, wie sie leider genannt wird Lulle Voß. Emmy ist etwa von Elminens Größe, zierlich und schlank gebaut. Lulle ist ungemessen 7 Ellen lang, mager, von vorgebeugter Haltung, ein zierliches, vornehm geistvolles, sehr freundliches und gewinnendes Gesichtchen mit dunkelbraunen Haaren und hübschen braunen Augen, ein anschmiegend friedsames demüthiges Gemüth, doch in Allem was sie thut und sagt, entschlossen und bestimmt, naiv, gemüthlich, etwas träumerisch und zur Duselei geneigt, fromm und voll Respect vor dem Heiligen. Sie hat viele glänzende Anträge zurückgewiesen und zuletzt den armen Lieutenant Gerhard gewählt wegen des soliden Eindrucks, den er macht. Mir fiel sie gleich aus dem Wagen mit den Worten in die Arme: «Mein geliebtestes Herzens-Papachen!» Mit gleicher Herzlichkeit ward meine Frau umfangen und im Sturm gewonnen, obgleich mein gutes Julchen sonst nicht geneigt ist außer ihren leiblichen Kindern noch sonst Jemand wirklich zu lieben, und sich vor diesem Zuwachs etwas geängstigt hatte. Auch Anna war schnell gewonnen bis zum Grunde ihres Herzens, und Julie wiederum von uns so eingenommen, daß sie schon am dritten Tage ihres Hierseins den Wunsch aussprach den ganzen Winter bei uns zu bleiben. Sie schrieb deshalb sogleich an ihre Eltern und hat nun auch schon die erbetene Erlaubniß. Uns frug sie wunderbarer Weise gar nicht, schien sich vielmehr vom ersten Augenblicke an so heimisch wie im Vaterhause zu fühlen und da frägt man nicht ob man drin bleiben kann. Bedenkt man nun, daß dieses junge Mädchen aus den opulentesten, verwöhnendsten Verhältnißen kommt, so spricht es wirklich für sie, daß es ihr in unserer unbequemen Aermlichkeit so wohl gefällt. Sie ist ganz anspruchslos, durchaus schlicht und natürlich, und wenn sie nicht so entsetzlich groß wäre, so hätte ich wenig an ihr auszusetzen. Emmy war so hingerissen, daß sie sie gleich in der ersten Stunde stürmisch umschlang mit der Frage: «Schwärmst Du gern?» – «O ja! Du auch?» – «Sehr gern.» – «Für wen schwärmst Du denn?» – «Für Dich!» – Juliens mitgebrachte Schwester Namens Lisa, 19 Jahr alt, ist etwa 8 Ellen lang, ein ungeheurer zartfühlender Fleischberg, dick, weich, lustig, sensitiv. Sie weinte neulich weil ein Schauspieler sie auf der Straße angesehen hatte. Sie hat ein ungemein zartes Gewissen und macht sich jetzt, da Emmy fort ist, die bittersten Vorwürfe, daß sie gegen diese bisweilen so häßlich gewesen. «Aber, sagte Anna, Du warst doch die Zärtlichkeit, Liebe und Hingabe selbst, gegen Emmy. Nein, erwiderte sie, ich habe ihr doch bisweilen nicht Recht gegeben.» Man muß freilich wissen, was Emmy's Behauptungen zu bedeuten haben. Diese Reise ist Lisa's erster Ausflug in die Welt, daher sie sich im Zustande gespanntester Aufmerksamkeit befindet. Gestern war sie mit den Salisch's zu Fuß auf dem Falkenstein. Auf dem Rückwege überraschte sie ein wolkenbruchartiger Gewitterregen und dunkle Nacht, so daß man die Hand vor dem Auge nicht sah. Voraus ging Mathilde, hinter ihr in ihren Rock gefaßt der alte halbblinde Salisch, dessen Rockschöße seine jüngste Tochter gefaßt hatte, an der wieder die zweite Schwester hing, an dieser die dritte und endlich Lisa – ganz wie das Märchen von der bezauberten Gans, an der alle Jungfern hängen blieben. Wenn Eins ausglitt und fiel, so fiel die ganze Gesellschaft in den Dreck. So stürzte Lisa plötzlich sich 2 Mal überschlagend in einen tiefen Wassergraben, die Andern setzten sich nur eben auf den Hintern. Allgemeines Geschrei: Lisa! Lisa! wo bist Du? und dieser versagte die Stimme zur Antwort, bis sie glücklich heraus war. Salisch, den man einen Augenblick los gelassen hatte, spazierte direct in einen Teich und Mathilde wurde durch ein Wunder bewahrt in eine Cisterne zu stürzen. Endlich kamen sie denn triefend hier an, Lisa glückselig so etwas herrliches erlebt zu haben. Das sei der interessanteste Abend ihres Lebens. Wenn das arme Kind nur nicht so entsetzlich groß wäre!

Mein Gerhard ist immer noch Lieutenant, weil er einen Vordermann hat, der nicht avancirt und dennoch geschworen zu haben scheint bei der Fahne zu sterben. So hält er die sämmtlichen Lieutenants des Regiments zurück. Wiederholt hat der Obrist versprochen diesem Hinderniße einen Tritt zu geben, dann wäre Gerhard Hauptmann und könnte heirathen; aber bis jetzt ist es immer nur beim Versprechen geblieben. Wenn er heute Hauptmann würde, könnte er späthestens in 8 Jahren Major und ein gemachter Mann sein. Tröstlich ist, daß der alte Voß bei der Sache interessirt ist und sich auch seinerseits Mühe giebt Gerhard zu poussiren, denn dem Hauptmann braucht er nur 400 Thaler Zulage zu geben, der Lieutenant würde ihm 600 Thaler kosten. Wie es übrigens mit V. Vermögensumständen steht, weiß Niemand so recht. Zwar anscheinend ist er sehr reich. Er hat das schönste Gut im Pleschner Kreise, aber er macht auch ungeheuern Aufwand, versteht nicht das Geringste von der Wirthschaft und läßt sich von seiner verschwenderischen Frau leiten. Mir macht das einige Sorge, denn mit einer vermögenslosen Frau wäre Gerhard sogleich am Bettelstabe und müßte den Dienst verlassen.

*Am 25. Aug.* Die Zeitung bringt heute den neuen Vertrag zwischen Preußen und Oestreich bezüglich der Herzogthümer officiell. Bismarck ist siegreich aus diesem allerschwersten Conflict hervorgegangen. Die Herzogthümer treten in den Zollverein, Preußen baut mit Eigenthumsrecht den Nordseekanal, Rendsburg Bundesfestung mit vorläufig combinirter Besatzung, Kiel Bundeshafen mit preuß. Besatzung und unter preuß. Commando. Lauenburg geht in preuß. Besitz über gegen Zahlung von 1½ Millionen an Oestreich, und bis zur Lösung der Erbfolgefrage wird Holstein von Oestreich, Schleswig von Preußen administrirt. Die Hauptsache ist, daß die beiden deutschen Großmächte gute Freunde bleiben. – Du, lieber Gerhard, schreibst mit Freude von Herm. Grimm's Michael Angelo. Ich habe dies gute Buch schon vor einigen Jahren gelesen und zwar mit großer Befriedigung, mit dem Verfasser selbst (der ein interessanter liebenswürdiger junger Mann ist) ausführlich darüber gesprochen. Er bedauerte damals, daß der Florentiner Magistrat ihm die Einsicht in den bedeutenden Schatz von noch unbekannten Originalbriefen des großen Michael, den die kürzlich ausgestorbene Familie der Stadt vermacht, nicht gestattet habe. Dagegen hatte die Londoner Bibliothek sich sehr liberal gezeigt. Giesebrecht's Kaisergeschichte ausgenommen, habe ich noch kein historisches Werk mit solchem Genuß gelesen. Gegenwärtig beschäftigt mich ein Buch ganz anderer Art. In Halle war ich mit Fechner (Alfreds Schwager) in eine sehr lebhafte Unterhaltung über die letzten Dinge gerathen, die leider unterbrochen ward. Ich schrieb ihm von hier ich könne mir kein rechtes Bild von seinen mir sehr fern liegenden Anschauungen machen, und verlange sehr unser unterbrochenes Gespräch fortzusetzen. Als Antwort übersandte er mir sein letztes Werk: «Die drei Motive und Gründe des Glaubens.» Das ist endlich einmal gesunde Philosophie und keine leere Strohdrescherei wie unsere bisherigen Systeme. Doch aber fällt mir ein, daß ich Helenen schon ausführlich darüber geschrieben, und will hier nur noch sagen, daß Fechner mich immer mehr für seine Ideen gewinnt und zwar unbeschadet des Christenthums das sich im Wesentlichen wohl verträgt mit dieser Philosophie. Der Hauptsatz in meinem Büchlein «Von den Widersprüchen» es sei Alles für wahr zu halten, was sittlichen Nutzen bringt, scheint dem Verfasser die Idee gegeben zu haben; wenigstens ist es auch in Fechner's Buche der Hauptgedanke, und ich weiß daß er das meinige mit großem Interesse gelesen hat. Sonst habe ich in jüngster Zeit nichts gelesen und trage auch kein Verlangen danach. Mein Hauptverlangen ist Ruhe, und die schenkt mir auch mein Gott; denn daß alle meine Freunde mich auf *einmal* besuchen, ist doch nur einmal vorgekommen. – Ganz reizend beschreibt Helene ihre Reise und ihren Aufenthalt in Neuguth. Das vorzulesen war ein wahrer Genuß und ich danke der lieben Cousine herzlichst dafür. Hoffentlich sind sie und Ina glücklich wieder bei Euch angekommen. Interessant war mir Ina's Photographie. Sie sieht aus wie eine berühmte Italienerin der besten Art. Ich wünschte Bilder von allen Deinen Kindern zu haben. Es ist doch eine prächtige Erfindung. – Wir haben einen sehr dürren Sommer gehabt, fast ganz ohne Regen von Anfang Mai bis Mitte August. Alle Aenger und Wiesen verbrannt, Futterkräuter mißrathen, schlechte Getreideernte. Das beste war noch Weizen und der liegt nun großentheils noch draußen und wächst im nachträglichen Regen aus. Das Schock Stroh, das sonst 3 Thaler kostet, gilt jetzt gleich nach der Ernte 12 und wird wahrscheinlich auf 20 Thaler steigen. Die kleinen Leute schaffen schon ihr Vieh ab. Obst, das größtentheils abfiel, auch sehr theuer. – Mein Arzt ist mit der Herzogin in die Schweiz, habe einen andern nehmen müssen, den fünften. Lebe wohl, mein theurer Bruder, grüße und umfange Dein ganzes Haus. Wilhelm.

*P.S. 26. Aug.* So eben erhalte ich Tischendorf über das Alter der Evangelien. Er soll Renan ganz todt schlagen und ich freue mich auf diese Lectüre. Fritz meinte Renan habe sehr genützt durch die vortrefflichen Gegenschriften, die er veranlaßt. – Adelheid hat ihren Martin nun verheirathet und ist ganz entzückt von ihrer englischen Schwiegertochter Susi. Ich wünschte ich könnte es über die meinige auch sein, die mir wie ein Neutrum vorkommt. – Nathusius soll, wie uns seine Schwiegermutter andeutete, den Wunsch ausgesprochen haben, daß Benno seine Tochter Lise heirathete.

Diese ist ein sehr hübsches, ganz allerliebstes Mädchen, wie geboren zur Pfarrfrau und zugleich sehr reich. Er wird aber wohl zu dumm sein sie zu wählen. – Wenn mich Timmo doch besuchte, möchte ihn schon einmal wiedersehen. Der Generalin Kaulbass kannst Du danken, daß sie mich wenigstens hat besuchen *wollen*. Mit meiner Gesundheit geht es schwach. Fürchte den Winter.

## N° 143 Ballenstädt 9. Sept. 1865

Mein lieber Bruder Gerhard!
Unsere Briefe haben sich gekreuzt, der Deinige vom 20sten, der meinige vom 26sten Aug. Sie mögen sich etwa in Berlin begegnet sein. Vielleicht kann ich die Sache durch eiliges Schreiben wieder einrenken. Stoff habe ich zwar nicht, aber unter dem Schreiben findet sich doch manchmal etwas davon ein. – Deine Nachricht aus Itfer hat mich erschreckt; die armen lieben Menschen! Gottes Wege mit seinen Kindern sind oft furchtbar dunkel, am dunkelsten ist Wahnsinn. Wenn Nebucadnezar den Verstand verliert, so mag man darin zwar die Nemesis erkennen, – aber ein so junges Mädchen! – Von den Eltern war es wunderbar vernünftig, daß sie sich über die gewöhnlichen Vorurtheile hinweg setzend, die Kranke gleich zu Anfang einer Anstalt übergaben, in welchem Falle gewöhnlich noch Heilung möglich sein soll, und wo diese auch nicht erfolgt, so ist es doch wenigstens das einzige Mittel die Unglückliche einigermaßen zu beruhigen und sie von der quälenden Angst fern zu halten, die ihre größte Marter ist. Der Wahnsinn nimmt furchtbar zu, wenigstens bei uns. Die Irrenhäuser wachsen wie Pilze aus der Erde, große Staatsanstalten von riesenhaften Dimensionen, daneben eine Menge Privathäuser, und immer noch lange nicht zureichend für das Bedürfniß. Was ist das doch? – Möge die arme Bertha Zöge nur bewahrt bleiben. Es ist heut zu Tage keine Schande mehr sich einer Anstalt anzuvertrauen; unser größter Physiolog, Joh. Müller, that es freiwillig drei Mal und blieb in seinem Fache immer die geachtetste Autorität. Wenn Bertha ein Bewußtsein von ihrem Zustande hat, und das sollen dergleichen Kranke immer haben, so sollte sie nicht säumen, sie würde dann gewiß vor dem Aergsten bewahrt bleiben.

In Poll wäre ich auch gern mitgewesen bei dem gastfreien Willy – wenn anders ich es ausgehalten hätte die Jugendfreundinnen nicht mehr vorzufinden, an deren Andenken meine alte Seele hängt. Lieber noch wäre ich mit Euch zum Pühhajärw gefahren, dort mit meinem Pathensohn Willy feine Cigarren zu rauchen und mich an Elminens rührendem Anblick zu erbauen, ihr persönlich zu danken für ihre Milde gegen Jedermann und ganz besonders für ihr liebes briefliches Andenken, das mir das Herz bewegte. Eure Partien sind viel ansprechender als die unseren, weil Eure Natur noch ungeschminkter ist, und weil Ihr keine Hotels habt, welche der Fluch unserer Naturfreuden sind. Vorgestern machten wir auch ein Partiechen nach Alexisbad, welches meine Gäste noch nicht kannten und hatte auch Schätzell dazu eingeladen, der einige meiner Leute mit in seinen Wagen nahm. Ein schöner Tag, klar, sonnig mit 21º Wärme im Schatten. Während meine Frau mit der Jugend in die Berge schweifte, blieb ich mit Schätzell allein im Buchenschatten an der Selke zurück und wir ergingen uns in Erinnerungen. Wie war das sonst so anders als der Herzog hier noch mit seinem Hofe haushielt, schmucke Gebäude, ein buntes Durcheinander von wohlgekleideten Badegästen untermischt mit stets zahlreich herzuströmenden Fremden, brillante Tafeln dort im Schweizerhaus mit schönen Damen und klingendem Spiel, ein Kursaal, glänzende Bälle, Taschenspieler und Barduasche Tableaux, und wir waren jung und gesund und relativ mächtig. Jetzt Alles todt und verlassen, Gebäude und Promenaden verkommen, außer uns und einigen Rüpels von Harzreisenden kein einziger Gast, die Wirthschaft so desolat, daß nichts zu haben war als Schnaps und schlechter Kaffe, und auf dem ehemaligen Lieblingsplatz der Herzogin lagen menschliche Excremente. Lauter traurige Eindrücke, und doch kam man wenig aus dem Lachen weil Schätzell sich vorzugsweise zu albernen Erinnerungen angeregt fühlte, die ebenfalls an diesem Boden hafteten, und ganz Timmo's hinreißende Art des Vortrags komischer Begebenheiten hat. Unter Anderem erzählte er wie die Herzogin einst bei ihren waghalsigen Klettereien jenen hohen steilen Bergabhang 600 Fuß tief auf ihrer eigenen Gelegenheit heruntergefahren war, und der dicke Oberhofprediger, der sie nicht hatte verlassen wollen, im Frack und ohne Hosenboden hinterher, und wie sie dann unten nicht gewagt hätten sich anzublikken, und Jeder allein in Lumpen nach Hause geschlichen sei. Bei der Rückfahrt überraschte uns Schätzell mit einem solennen Souper auf dem Mägdesprunge, das wir im Freien einnahmen während der Vollmond über die nächtlichen Berge heraufstieg. Die Meinigen waren sehr vergnügt und auch ich alter Kröpel genoß die schöne Sommernacht, besonders auf der Heimfahrt im offenen Wagen. Wir haben in letzter Zeit viele Partien der Art gemacht, die Gäste zu ehren und da diese nicht gehen können, so hat es mich schmäliges Geld gekostet. Ich denke aber man hat die Braut des ältesten Sohnes nicht alle Tage zum ersten Mal bei sich. – Ob mir übrigens diese Braut so recht gefallen soll, weiß ich noch immer nicht. Zwar ist sie ein schönes Mädchen mit sehr individuellem Wesen und Gesichtchen sehr natürlich und ungezwungen, ungemein herzlich, freundlich, friedlich, gelehrig, demüthig bescheiden, doch auch lebendig und frisch, aber auch schwächlich, übermäßig lang, ohne Kenntniß und Uebung der Wirthschaft, etwas träge in Allem was Arbeit heißt und von überraschender Naivität. Bisweilen macht sie mir den Eindruck als sei sie bei aller exorbitanten Herzlichkeit im Innern doch kalt. Meine Frau und Anna wollen das nicht wahr haben und haben das beste Zutrauen. Träge sei sie allerdings, aber wenn sie einmal etwas angriffe, so geschähe das immer mit Geschick und stetem Gelingen; sie habe den besten Willen und bäte auch dringend sie immer zu corrigiren wo sie fehle. Anna freut sich besonders über ihren Geschmack am Einfachen, über ihre Flucht vor conventionellen Vergnügungen, und über das lebhafte Interesse, das sie am positiven Christenthum nimmt, welches ihr in unserem Hause zum ersten Mal entgegentritt. Sie hatte zwar eine natürliche allgemeine Gefühlsfrömmigkeit und war daran gewöhnt jeden Morgen und Abend ihr Gebet zu sprechen, was auch der alte Obrist, ihr Vater thut, aber sie war ganz rationalistisch unterrichtet worden ohne Glaubens*begriffe* und Katechismus. Nun hatten die Mädchen zusammen meine Jugenderinnerungen gelesen, die sich wesentlich um das Wachsthum unserer Eltern und mancher auf meine Entwickelung einflußreicher Freunde aus dem Nihilismus in den Rationalismus und aus diesem in das biblische Christenthum dreht und bewegt, und das hat denn zu vielen Fragen und Aufklärungen geführt, welche immer mit Dank und Freude entgegengenommen wurden. Jetzt sind sie nun zu schwerer Kost übergegangen und lesen «Büchsels: *Erlebniße eines Landgeistlichen*» (ein sehr lesenswerthes Buch) und das Interesse scheint im Wachsen. Das wäre ja Alles ganz erfreulich, aber immer läßt mich der Verdacht nicht los, ob Jula nicht in einem anderen Hause, etwa im Volkmannschen, die entgegengesetzte Lehre mit derselben Willigkeit und demselben scheinbaren Interesse entgegen nehmen würde; und ob dieses Interesse, wenn auch kein gemachtes, doch nicht etwa blos aus einer menschengefälligen conventionellen Freundlichkeit hervorgegangen sei, um nicht anzustoßen und sich lieb Kind zu machen. Jula tritt eigentlich Allem, was überhaupt geäußert wird, emphatisch bei, ganz im Gegensatz zu Emmy Mühlen, deren Lieblingsvergnügen die Verneinung war. Emphase und Nachdruck sind ihr bei den gleichgültigsten Dingen geläufig, was oft frappirt. Aus anscheinend gleichgültiger Theilnahmlosigkeit fährt sie in plötzlichem Entzücken über gar nichts auf, um unmittelbar nachher wieder in gleichgültige Ruhe zurückzuversinken. Gestern auf dem Spaziergange ging ich neben ihr. Ich erzählte ihr von dem Ehstländischen Strandgute Malla und sagte: «Ganz arglos trittst Du von vorn in's Haus und erblickst dann von hinten aus allen Fenstern die offene See.» Da umschlingt mich Jula stürmich mit ihren Armen, preßt mich an sich und ruft mit dem Ausdruck des höchsten Entzückens: «Du *innig* geliebtes Papachen! aus *allen* Fenstern von hinten!» Meine Frau, die mit den Andern folgte, fragte mich nachher, was ich denn Jula so erfreuliches mitgetheilt habe? Ich sagte: daß man aus den Hinterfenstern von Malla das Meer sähe. – Dergleichen Befremdliches kommt jeden Augenblick vor, und ich stoße mich etwas daran, während meine Frau und Anna, von der originellen, allerdings sehr liebenswürdigen Tochter und Schwester ganz unbedingt eingenommen sind, was allerdings mehr für sie spricht als wenn *ich* es wäre. Mir ist bis jetzt die kleine spröde und störrige Emmy, welche die Andern weniger zu goutiren wußten, doch noch viel lieber, deren Zähmung mir Freude machte, deren gleich große Originalität ich besser verstand, und deren geräuschlose Tapferkeit so respectabel war. Unser Stalldach war defect geworden, so daß bei einem starken nächtlichen Gewitterregen das Wasser der armen Zuleika (Adolphs Pferd) gerade auf den Kopf gelaufen war. Der Maurer, der bestellt war, zögerte zu kommen, als während wir uns zum Thee setzten ein abermaliges gräuliches Gewitter mit wolkenbruchartigen Regengüssen hereinbrach. Adolph war abwesend, und ich schickte mich eben an, trotz aller Protestationen der Familie, in den Stall zu gehen um das Pferd loszuketten; da trat Emmy ein, und da sie hörte wovon die Rede war, sagte sie es wäre Alles schon in Ordnung, sie käme eben aus dem Stalle und hätte das Pferd losgekettet und umgedreht; es stehe trocken. Die anderen Frauenzimmer haben es aus Angst vor dem großen schnaufenden und wilden Ungeheuer noch nie gewagt die Stallschwelle auch nur mit einem Fuß zu überschreiten; auch

Emmy hatte es zuerst der Köchin aufgetragen, da aber diese sich fürchtete, that sie es selbst weil sie besorgt hatte *ich* könnte sonst bei dem Wetter herausgehen. Emmy war, trotz ihres spröden zurückhaltenden Wesens, doch stets meine Specialfreundin, und fehlt mir mehr als ich das je für möglich gehalten hätte. Für einen alten, kranken, geknickten und überreifen Kerl von 63 Jahren paßt keine Gesellschaft besser als die eines unreifen 16jährigen Mädchens, wofern dieses nur recht mädchenhaft und ehrlich ist, ohne Ziererei und Affectation. Ueberdem zeigen Emmy's Briefe es jetzt ausreichend, daß sie auch Seele hatte, was man hier an ihr vermissen wollte. Ich vermuthe, daß das arme Kind sich jetzt wieder recht unglücklich fühlt. – Vorgestern Nachmittag gab uns Schätzell eine Fête in seinem schönen Garten, wo uns besonders eine Schweinigel-Colonie in Anspruch nahm, die er sich da angelegt hat. Beim Kaffe griff ich die Kreuzzeitung an wegen der Scheinheiligkeit, in welche sie ihre Politik zu hüllen strebt, und war der Meinung ein Staat brauche gar nicht fromme Beweggründe vorzuschieben, wenn er sich in einer *Nothwendigkeit* befände, Dinge auszuführen, welche im Privatleben unmoralisch scheinen würden, da er unmöglich die Bergpredigt zur Richtschnur seiner Handlungsweise machen könne. Es ist dies sonst auch (natürlich unter gewissen Reserven) auch Schätzells Ansicht. Vorgestern aber wollte er dergleichen Ueberschreitungen z.B. ein Nichteinhalten der Verfassung oder etwanige beabsichtigte Annexionen nur aus höheren christlichen Gesichtspunkten gelten lassen, z.B. um ein Teufelsreich der rothen Republik zu verhindern u. dergl. m. Daß die Sachen erstrebt werden müßten, darüber waren wir ganz einig; über die Beweggründe, die ich ganz einfach in Preußens wahrem Vortheil finden wollte, kamen wir in solchen Wuthstreit, daß wir uns fast die Nasen abgebissen hätten und die Damen uns verließen. Endlich wurde Schätzell ruhiger und nannte mich einen Machiavellisten. Das konnte ich ihm mit bestem Gewissen zurückgeben, und damit brachen wir den Streit ab und schlenderten Arm in Arm als zwei gute Machiavellisten durch den Garten den Damen nach. Ich bleibe dabei, daß eine gesunde Politik nach jedem ihr dienlichen Mittel greifen darf, wofern nur die öffentliche Moral dadurch nicht geschädigt wird, wie z.B. durch den englischen Opiumhandel oder die Zerstörung der deutschen Kirche durch die Dänen u.s.w. – Alfred schreibt mir recht glücklich über die Verlobung seiner ältesten Tochter Anna mit einem Professor juris Anschütz in

Halle. Darüber läßt sich meine altkluge Tony in ihrem letzten Briefe folgendermaßen aus: «Da ich überhaupt nicht viel vom Heirathen halte, so bin ich sehr erstaunt über Fräulein Volkmann ihre Verlobung. Sie so schwach – der Professor so taub, daß man sehr laut schreien muß, dabei *Pedant* und *Egoist* (beide Worte mit gesperrter Schrift). Sie sollen sehen, mein alter Freund, dies ist das erste Kind, was durch das *Alter* des Verlobten und seine Eigenthümlichkeiten dem Hause entrissen wird, und Volkmann's scheinen so etwas gar nicht zu ahnen.» – Ich habe Dir, mein lieber Bruder, diese herrliche Stelle nicht vorenthalten dürfen. – Gerhard, der jetzt das Maneuvre bei Liegnitz mitmacht, schrieb in diesen Tagen, der Obrist habe ihm die Mittheilung gemacht, daß sein Vormann, gedrängt von oben und unten, endlich seinen Abschied eingereicht habe und Gerhard jedenfalls bis Weihnachten eine Companie erhalten würde. Dann wird er im nächsten Frühjahr heirathen. Die Braut wird wahrscheinlich nur bis Anfang Novemb. bei uns bleiben, da ihr Vater sich stellt als könne er nicht länger ohne sie leben. Wie soll es werden wenn sie erst verheirathet ist. Sie ist allerdings sein *Alles*, bringt ihn zu Bett, holt ihn wieder heraus, ist den ganzen Tag um ihn, geht, fährt, reitet mit ihm aufs Feld und schneidet ihm die Hühneraugen. Er ist ein hoher Siebziger, aber noch ganz rüstig, ein waghalsiger Reiter und Kutscher. –

Nun weiß ich nichts mehr, habe diesen Brief auch nur geschrieben um ihn zu füllen. Gestern reiste Bertha Krummacher nach Potsdam zurück. Die Herzogin ist noch in der Schweiz. Die Reise kostet, wie mein College Welck schreibt, bis jetzt 77½ Thaler täglich, in Summa 8000 Thaler, und am 12. Oct. will man erst zurückkommen. Helenen danke ich für ihren interessanten Brief mit Beschreibung der Rückreise. Lebt Alle wohl! Wilhelm.

## N° 144 Ballenstädt 9. Oct. 1865

Lieber Gerhard!

Dein lieber Brief vom 23. Sept. liegt vor mir auf dem Tisch und sieht mich so fragend an, als wollte er sagen: willst nicht auch bald anfangen? – Ja anfangen wollen wir, lieber Bruderbrief! zumal da heute der Geburtstag unserer Herzogin ist, den die Natur mit Regen feiert, den zweiten Regen von anno 1865. Das thut namentlich meiner Lunge gut, die gleich leichtere Arbeit hat, und dann gehen auch die Gedanken leichter ab. Die Herzogin sitzt heute im hôtel du beau visage bei Lausanne und hat den Genfer See zu Füßen, den Montblanc im Auge (das ist noch schlimmer als ein Balken). Ich habe ihr geschrieben, ich dächte es mir gemüthlich aus dem beau visage heraus das Licht der Welt zu erblicken, und nun zeigt es sich hinterher, daß ich durch unleserliche Handschrift genasführt: visage für rivage gelesen hatte, sie also beau visage auf ihr eigenes dickes Gesichtel beziehen wird. Sie wird denken: es geht dem guten Kügelgen wie allen alten Herren a. D., je weniger gefährlich sie sind, desto schmeichelhafter werden sie. – Es war mit der Trockenheit und Dürre wirklich kaum mehr auszuhalten; die Bauern konnten das Feld nicht bestellen, und ich nicht athmen – was thut man da mit dem schönen Wetter! Es ist zwar heute auch nur ein feiner Sprühregen, so pour la bonne bouche, aber der Barometer ist so tief gesunken, daß man auf mehr hoffen darf. In dieser lang entbehrten lieblichen feuchten Luft hat uns Benno heute früh 5 Uhr verlassen, um nach seiner Station zurückzukehren. Er hatte seine Ferien hier genossen. Da der Herzog gerade auf dem Mägdesprung sitzt, so ging Benno hinaus, um sich – wie das hier usuell ist, für seine Anstellung zu bedanken. Der gute Buschpold (so nennt der Volkswitz diesen Herzog Leopold weil er immer auf der Jagd ist) frug: «Sie sind wohl Propst in Coswig geworden?» Das ist eine der besten Stellen. Ich möchte wissen, wenn Benno Ja gesagt und der Herzog ihn als Propst entlassen hätte, was daraus erfolgt wäre. Nachher hat er gesagt, er dächte sich das Predigen recht schwer, weil man doch sehr zerstreut werden müsse, wenn man die vielen Leute sähe. Benno war aber ganz eingenommen von der liebenswürdigen Freundlichkeit des alten Herrn. Nun ist der liebe Junge wieder weg, und vor den nächsten Hundstagen werden wir ihn kaum wiedersehen, da er als Pfarrvicar gerade zu den hohen Festen: Weihnachten, Ostern und Pfingsten am wenigsten abkommen kann, außerdem aber bis zu den Hundstagen keine Ferien fallen. Mir hängt immer das Herz ganz schief wenn so ein Junge wieder fort ist. – Nein aber was hast *Du* für Besuch gehabt! und noch obendrein mit Pferden, Hunden, Knechten, Mägden! Da muß ich ja einpacken mit meinen paar Gästen. Ich begreife nicht, daß sie Euch nicht bis aufs Hemde ausgezogen haben. – Da, eben kommt ein Brief aus Polen. Es wird von Witaszüce (Witaschütz) aus angepocht und hergehorcht ob der alte Voß nicht kommen dürfe uns zu besuchen. Mein armes Julchen ist sehr erschrocken, obgleich es sich von selbst versteht, daß er im Gasthof wohnt, aber sie ist das

Bewirthen gründlich überdrüssig, und einen guten Thaler Geld wird es freilich kosten, da man solchem Gast doch einiges Vergnügen schuldig ist. Demohnerachtet freue ich mich sehr meinen Mitvater kennen zu lernen, der nach Allem was seine Töchter von ihm erzählen ein durchaus edler und liebenswerther Mann sein muß; möchte doch die Wurzel sehen, aus der die langen Schilfstengel von Töchtern erwachsen sind. Er ist über 70 Jahr alt, soll ein Riese sein und noch so rüstig wie ein Jüngling. Jüngst hat er viel Aerger gehabt. [Ein Lieutenant ⟨...⟩ hatte vergangenen Ostern vor einem Jahr um Jula angehalten, die ihm einen Korb gab und sich mit Gerhard verlobte. Da hielt er um die Hand der zweiten Tochter Clara an und erhielt sie. Nun aber scheint es als wolle er sich zurückziehen, Kränklichkeit vorschützend. Man traut es ihm zu, sich nur deshalb um Clara beworben zu haben, um das Haus nicht als Zurückgewiesener verlassen zu müssen, vielmehr sich in die Möglichkeit zu versetzen, selbst zurückzuweisen, um sich so indirect an Jula, die er jetzt hassen soll, zu rächen. Ich glaube aber vielmehr, daß ihm die Vermögensverhältniße des alten Voß verdächtig vorgekommen sind, und er sich deshalb wieder frei zu machen sucht. Er hat wenigstens seiner Braut geschrieben, sie solle den Vater offen fragen, was er ihr mitzugeben denke, damit sie hernach nicht etwa in die Lage käme an den Hungerspfoten saugen zu müssen, und darüber hat der Alte sich ganz schmählich geärgert.] *Ich* bin übrigens zu leichtsinnig in dieser Angelegenheit verfahren, indem ich Gerhard *allein* den ganzen Handel überließ, ihm nur versichernd, daß er von mir keinen Heller zu erwarten hätte. Ich hielt Voß damals für einen sehr reichen Mann, woran ich jetzt nach der Erzählung der Töchter zu zweifeln beginne, die ganz offen davon sprechen, daß der Vater alle Jahre zusetzen müsse, weil er nichts von der Wirtschaft verstehe, viel zu gutmüthig sei und zu groß lebe. Sie wünschen daher sehr, daß er das Gut verkaufe, was er auch gern möchte, aber die Mutter sei dagegen, wenn nicht 400,000 Thaler gezahlt würden, und das werde schwerlich Jemand geben. Wenn ich nun denke, daß der Alte vielleicht noch 10 Jahre so fortwirthschaftet und dann Jula nichts als Schulden hinterläßt, so wird mir ganz schauerlich zu Muth, denn ein Offizier kann mit Familie unmöglich von seinem Gehalte leben. Es wäre mir schrecklich wenn Gerhard am Ende genöthigt wäre auch rückläufig zu werden, noch schrecklicher wenn er später unrettbar elend würde. Das jüngste Kind ist ein Sohn, der aus dem Cadettenhaus genommen werden mußte, weil er aus Faulheit nicht mit den Andern fortkam. Nun hat ihn der Vater, um ihn zum Fähnrichsexamen reif zu machen, in die sogenannte Presse gethan, eine Art Treibhaus in Berlin, wo er für ihn allein tausend Thaler Pension zahlt. Der Unsinn ist nicht zu begreifen. Der Junge wird dort eben so wenig etwas lernen als im Cadettenhause und sehr bald ein erwachsener Bengel sein, aus dem nichts werden kann, weil er sich für reich hält. Die Mädchen sind allerliebst und herzensgut, aber vom Leben, von Wirthschaftlichkeit und irgend einer Art von Berechnung haben sie auch nicht den geringsten Begriff. Es ist uns deshalb sehr viel daran gelegen, daß Jula so lange als möglich bei uns bleibt, um wenigstens einige Anschauung von einer Wirthschaft zu gewinnen wie sie sie künftig wird führen müssen. Bis Weihnachten haben wir ja nun die Zusicherung; ich hoffe aber der Alte läßt sie auch bis Ostern. Sie ist ordentlich, hat guten Willen und findet sich vielleicht noch in ein Verhältniß, das ihr bis dahin völlig fremd war.

*Am 10. Oct.* Wenn wir uns doch endlich über den «christlichen Staat» einigen könnten! Glaubst Du wirklich, daß ein religionsloser Staat bestehen könne? Ich halte dies für unmöglich bis Erfahrung mich eines Bessern belehrt. Ist aber Religion nöthig, welche andere sollte es außer der christlichen sein? Absolut ungläubige Tyrannen wie Robespierre und Napoleon hielten einen religiösen Unterbau für unerläßlich. Der Staat kann freilich kein Christ sein in der Bedeutung wie ein Einzelner; je mehr es ihm aber gelingt das Christenthum in seinem Inneren zu pflegen und zur Geltung zu bringen, desto wohler wird er sich befinden. In niederem Grade gilt dies auch von jeder andern Religion. Rußland war bis jetzt in sittlicher Beziehung der unchristlichste Staat in Europa, aber doch war er der religiöseste und fast einzig *daran* hatte er seinen Bestand und seine Kraft. Die Knute allein hat es nicht gethan. England, ein Raubthier nach außen, im Innern christliche Sitte pflegend wie kein anderer Staat, und dadurch groß und mächtig. Die slawisch deutschen Länder, einzig durch die römische Kirche civilisirt, gestaltet und verstaatet. In aller nachchristlichen Staatenbildung ging das Kreuz voran – oder wäre das nicht so gewesen? Giesebrecht hat in seiner deutschen Kaisergeschichte die ungeheure Bedeutung des Christenthums für den Staat wohl erkannt. Der liberale Rotteck spottet darüber, daß Heinrich II. die Gründung des Bisthums Bamberg für die größte That seines Lebens hielt; Giesebrecht erkennt diesen Anspruch des alten Kaisers vollkommen an. Aber, wirst Du sagen, wir sind heute in anderer Lage; das Christenthum entzieht sich immer mehr dem öffentlichen Volksbewußtsein. Das ist wahr, und eben das beklage ich, und eben deswegen glaube ich, daß unsere Staaten sich balde werden überlebt haben. – Da ist ein Brief von Hermann Zöge, meldend Tante Dascha's seliges Ende. Die Letzte der Elterngeneration! Da legt man die Feder für heute weg.

*Am 11. Oct.* Nach ein paar kalten Heiztagen heute plötzlich das lieblichste Sommerwetter mit $14^{\underline{o}}$ im Schatten, dazu Westwind – wenn ich noch gesund wäre, so liefe ich über alle Berge. – Hermann Zöge's Brief mit der Trauerkunde hat sehr mein Herz gewonnen; das muß ein gar lieber Mensch sein, und gern möchte ich ihm gleich antworten, wenn ich nur wüßte wie ich die Adresse nach Meyris zu Stande bringen sollte. Wenn Du ihn siehst, so danke ihm doch und grüße ihn recht herzlich von mir, seinem entfernten Vetter. Woran die liebe sel. Tante eigentlich gestorben, ist nicht gesagt, ebensowenig wie die armen nun ganz verwaisten Töchter sich befanden und warum Otto nicht zugegen war. Es scheint ein beneidenswerthes Ende gewesen zu sein, dem demüthig friedlichen und schuldlosen Wesen dieser Tante ganz angemessen. Sie war nicht viel älter als ich, etwa 5 oder 6 Jahre. Daß sie uns vor 2 Jahren hier noch besuchte, ist mir nun doppelt werthvoll. Vielleicht werde ich bald dieselben Zimmer bewohnen, die sie vor einigen Jahren in der Lutze'schen Klinik zu Köthen inne hatte. Lutze hat nämlich in neuerer Zeit einige so auffallende Kuren gemacht, und zwar an völlig aufgegebenen Patienten, daß ich sehr aufmerksam auf ihn geworden bin. Zudem denke ich mir, da ich zu arm bin, um für den Winter nach dem Süden zu gehen, daß mir in jener Klinik vielleicht ein künstlicher Frühling geboten sei, denn das ganze große Gebäude ist mit Treppen und Vorsälen durch alle Räume gleichmäßig mittelst heißen Wasser geheizt, und dabei ist die Luft in Köthen überhaupt viel milder als die Bergluft hier, die an sich schon zu Asthma geneigt macht. Allzutheuer ist der Aufenthalt auch nicht, indem man Alles was man braucht, den Arzt mit eingerechnet, täglich für einen Thaler hat. Mein Arzt billigt den Plan, der mir sehr im Kopf herumspukt, und nur die Idee mich von den Meinigen trennen zu müssen, läßt mich noch zu keinem Entschluße kommen. Neulich hat Lutze einen Fuhrmann, der völlig erblindet, oder vielmehr so weit erblindet war, daß er sein Geschäft nicht mehr betreiben, auch nicht mehr allein ausgehen konnte und seine Freunde nicht mehr erkannte, wenn sie vor ihn traten, nachdem er die berühmtesten Augenärzte, Gräfe in Berlin, Gräfe in Halle und noch einen Professor in Leipzig erfolglos gebraucht, in wenigen Tagen hergestellt. Er war ihm auf der Straße begegnet und da er ihn von früher kannte, redete er ihn an und proponirte ihm in seine Klinik zu kommen, er würde sich ein Vergnügen daraus machen ihn zu behandeln. Der Patient kam und verließ schon nach einigen Tagen vollkommen geheilt das Krankenhaus. Mein Freund Lüdicke in Köthen kennt den Mann persönlich und erzählte mir diese Geschichte nebst anderen gleich curiosen Fällen, die er verbürgen wollte. Mich bringen solche Fälle zur Verzweiflung an Allem was man Verstand nennt. Nicht der billionste, sondern der decillionste Theil eins Grans Kochsalz oder Lykopodium, oder Kamillenextract heilt Geschwülste, Magenkrämpfe und streckt krumme Glieder wieder gerade. Man macht sich lächerlich wenn man dergleichen nacherzählt, aber wenn man's nun mit Augen sieht, muß man's da glauben? Ich habe dergleichen allerdings mit eigenen Augen noch nicht gesehen, habe mir aber doch eine homöopathische Apotheke mit 43 Mitteln angeschafft um Versuche zu machen. Gestern zuerst mit meiner Frau, die Zahnweh bekam, das bei ihr immer lange anzuhalten pflegt. Im Augenblick nahm der Schmerz einen anderen Charakter an, war nach 4 Stunden weg und ist bis jetzt nicht wiedergekehrt. Kann freilich Zufall sein. Ich selbst habe auch eingenommen, bis jetzt ohne Erfolg, merke freilich Erleichterung, die aber wahrscheinlich nur aus Witterungsveränderung resultirt. Zahnweh soll Lutze jedesmal beseitigen. Unser hiesiger homöopathischer Arzt, den ich nun seit 10 Monaten brauche, wirkt mit seinen Pulvern, so weit ich sehen kann gar nichts und macht Alles mit Bädern und Compressen. –

*Am 13. Oct.* Ein kleines Erlebniß von Julie Voß darf Euch nicht vorenthalten werden. Lang ausgestreckt auf dem Rücken im Grase oder Heidekraut zu liegen und in den blauen Himmel zu duseln, ist Jula's Lieblingsbeschäftigung. Je einsamer sie bei dieser Arbeit sein kann, je lieber ist es ihr, obgleich sie schon manche bedenkliche Erfahrung gemacht hat. Zu uns war sie aus dem Badeorte Cudowa in Oberschlesien gekommen. Dort pflegte sie sich nun auch, um ihrer Lust zu fröhnen, des Morgens auf ein paar Stunden einsam in den Wald zu schleichen und sich da auszustrecken. Da tritt einst ein fremder junger Herr aus dem Dickicht legt sich ohne weiteres neben sie, und freut sich Gelegenheit zu finden ihr Gesellschaft zu leisten. Entsetzt springt sie auf, schreit «Papa! Papa!» und rennt fort während Jener ihr verblüfft nachsieht. *Eine* Schwalbe aber macht noch keinen Sommer, und *eine* Erfahrung den Menschen noch nicht klug. Trotz jenes Schreckens läuft sie neulich hier wieder, ohne Jemand was zu sagen, ganz allein in den wilden Wald, sucht sich ein recht appetitliches Fleckchen aus, und streckt sich der Länge lauf auf den Rücken nieder, gleich einer Todten, wie ihr Namensvetter Reineke Voß da er Krähen fangen wollte. So schläft sie ein und die Krähen lassen nicht auf sich warten. Als sie erwacht, sieht sie in nächster Nähe zwei Herren mit schwarzen Vollbärten, von denen der Eine, auf einem Baumstubben sitzend eine große Mappe auf den Knien hat und sie zeichnet. Julie richtet sich auf, die Herren ziehen sich stumm zurück und sie tritt den Rückweg an, aber in mäßiger Entfernung von Jenen gefolgt bis vor unsere Hausthür. Wahrscheinlich waren es Harzreisende Maler, und sollten sie hier bekannt sein und in Erfahrung bringen wer in dem Hause wohnt, so können sie das dumme Mädchen noch in schlechten Ruf bringen. Sie ist unausstehlich originell, und mein armer Gerhard kann noch manchen Schreck mit ihr haben. Ich wünschte ich könnte Dir ein Bild von diesem sonderbaren Neutro geben; wenn Du Prinzeß Louise von Holstein kenntest, so wäre es leicht, das ist der Alterego. Große Liebenswürdigkeit bei völliger Unkenntniß aller Verhältniße des wirklichen Lebens, große Lebhaftigkeit bei auffallender Schläfrigkeit und Geknicktheit, enthusiastische Herzlichkeit und Zärtlichkeit bei einer starken Portion innerer Gleichgültigkeit, dabei unschuldig, rein, aber muthwillig und aggressiv im Benehmen gegen Jedermann. Ach es ist schwer eine Individualität zu schildern. Das Unbegreiflichste ist mir, daß sie sehr viel umfreit worden ist; aber Anna sagt es wäre ihr nichts leichter zu begreifen. – Heute haben die drei Mädchen großen Festtag. Sie backen alle drei zum Behuf einer abendlichen Gesellschaft. Anna backt den Kuchen, Julie macht Chocoladencrème, Lisa Baisers. Die Vossens haben dergleichen zu Hause nie gethan, sind von der wunderlichen Mutter grundsätzlich von der Küche so wie von jeder wirthschaftlichen Beschäftigung zurückgehalten worden, weil das nicht für sie passe, und freuen sich jetzt wie die Heimchen wenn meine Frau ihnen bisweilen was anvertraut. Aber sie sehen Alles nur als Spielerei an. Neulich machten sie eine kleine Fußreise in Gesellschaft der Kammerherrin Welck und einer entfernte Verwandten derselben, einer Urenkelin des alten Herder, Suschen Herder (ein allerliebstes Mädchen von 18 Jahren) und einer verwittweten Frau von Aster aus Dresden mit deren Tochter, die ebenfalls bei Welcks zu Besuch waren. Bis zum «Tanzplatz» (über dem Bodethale) fuhren sie über den Ramberg und gingen von da, das Thal überschreitend auf die Roßtrappe, die sie bei Vollmond sahen, dann wurde oben im Gasthaus genächtigt. Adolph war Harzführer. Am andern Morgen Sonnenaufgang auf den Klippen der Roßtrappe; dann das Bodethal hinaufgewandert bis nach Dreseburg, wo zu Mittag gespeist wurde und wieder zurück bis zum «Waldkater». Hier nahmen sie einen Leiterwagen und fuhren bis Gernrode, von da aus zu Fuß heimkehrend. An diesem Tage hatten sie doch über 3 Meilen zu Fuß gemacht und langten hier Abends 10 Uhr todtmüde an; aber so gründlich begeisterte Reisende wie diese beiden Mädchen habe ich früher noch nicht gesehen. Lisa schrieb noch in die Nacht hinein ihr Tagebuch, damit die Eindrücke sich nicht verwischen sollten. –

*Am 17. Oct.* Ich erwarte immer, daß was geschehen sollte was ich Dir schreiben könnte, aber es ist nichts passirt als daß ein Brief von der geistreichen Helene aus Klein Marien einlief. Die hat mehr erlebt und schildert es aufs beste. Eine Familie wie die Knüpffer'sche kommt gewiß nur selten zu Stande. Mir fällt aus meiner Bekanntschaft eben keine ein. Pastor Knüpffer muß ein selten tüchtiger Mann sein. Ich grüße Helene herzlich, die ja nun wohl wieder in Finn ist. Meinen nächsten Brief werde ich an sie richten. – Gestern hatten wir den lieblichsten Sommertag, der mich zu weitem Gange verführte. Ich setzte mich unter duftende Kiefern, zog mein Taschenbuch heraus und dichtete wieder einmal wie in früheren Tagen. Was Einem etwa Gutes einfällt in schöne Form zu kleiden, ist doch ein großes Vergnügen! Wir erfreuen uns übrigens in diesem Jahr einer Herbstpracht wie ich Aehnliches noch nicht erlebt habe. Der Wald hat eine so fabelhafte Färbung, daß man sich die Augen reibt und sich frägt ob es Wirklichkeit oder Zauberbethörung ist. Strohgelb, gelb, orange braun, feuerroth, blutroth, violett, dunkelgrün, graugrün, kurz alle denkbaren Schattirungen in geschmackvollster Zusammenstellung. Am schönsten sehen einzelne alte Linden aus, von einer Seite mit dem feinsten Gold angehaucht, von der andern noch grün, oder ganz grüne Birken mit vergoldeten Zweigspitzen. Einzelne Buchenpartien stehen ganz im Feuer auf dunkelm Tannengrunde usw. Das Frühlingsgrün will nichts bedeuten gegen diesen Farbenpomp. Man kann sich nicht satt sehen! Wärst Du doch hier! Und Ihr Armen habt schon Schnee gehabt und 11º Kälte! Gestern Abend zwischen 9 und 10 beobachtete ich ein kolossales Nordlicht, das seine Strahlen bis in den großen Bär schoß. Da wird denn wohl die Kälte auch nicht lange auf sich warten lassen. In der Politik nichts Neues. Bismarck spielt immer noch die erste Violine. Es ist merkwürdig, was dieser Mann, dieser wahre Fortschrittsmann, im Widerspruch gegen alle nominellen Fortschrittsmänner, oder mit andern Worten gegen den Junker «Alle», doch zu Stande bringt. So ein Römer! – das französische wie das englische Ministerium haben sich herbei lassen müssen zu ihren beleidigenden Erklärungen (über den Gasteiner Vertrag) beschwichtigende Commentare zu geben. Wie macht sich namentlich die englische Regierung lächerlich durch ihr hohles Poltern gegen Preußen. Bismarck hat Schätzell erzählt, Beust hätte (als der Krieg mit Oestreich vor der Thür war) bei ihm angefragt, ob Sachsens Neutralität anerkannt würde, worauf jener geantwortet: Sachsen würde mit Preußen gehen oder sofort weggenommen werden. Seitdem ist Beust ganz timide geworden. In allen Kleinstaaten kocht ein übermäßiger aber ohnmächtiger Haß gegen Preußen, weil sie wohl fühlen, daß dieses Raubthier sie endlich alle zu ihrer eigenen Verdammniß verschlingen werde. Die Kleinstaaten haben Deutschland zum gebildetsten Lande der Welt gemacht, jetzt aber sind sie nicht mehr möglich und müssen großen politischen Nothwendigkeiten weichen. Berlin allein hat jetzt schon 500,000 Einwohner; das gesammte Anhalt (von Preußen gänzlich eingeinselt) 180,000. Und doch wollen wir selbstständig sein und Nein sagen können, wenn Preußen Ja sagt. Das hat keine Art mehr. – Außerordentlich gut fand ich Deinen neulichen Vergleich des Meeresgrundes mit einer Makaronischüssel. Mache bald wieder solchen Witz.

*Am 22. Oct.* Eher komme ich noch dazu einen Brief zu schreiben als ihn zu expediren. Heute aber soll er eingesackt und expedirt werden. – Die Herzogin liegt krank in Prag. Gestern wurde ihr Leibarzt telegraphisch dahin berufen. Was hat sie auch in Prag zu suchen. Es fehlen nur 4 Tage an 4 Monaten, daß sie zwecklos in der Welt herumreist. – Morgen ist Jula's Geburtstag; das giebt wieder einen schweren Tag! – Veit's verlassen uns nun auch weil der Arzt fort ist. Wir erwarten aber noch Julius Krummacher und den alten Voß. Das Wetter bleibt immer schön bei jedem Wind und Barometerstande. Natur und Menschen seufzen nach Regen, weil die Felder nicht bestellt werden können. Buschpold sitzt immer noch auf dem Mägdesprung ohne allen und jeden Umgang, hat nicht einmal einen Cavalier bei sich. Er hat in diesem Jahr seine beiden jüngeren Brüder verloren. – Gerhard's Regiment wird von Glogau weg und nach Polen verlegt und da in kleine Judennester verzettelt werden. Da ist es denn wohl Zeit, daß er heirathet. Mein ganzes Haus grüßt das Deine. Leb wohl mein alter Bruder und gedenke

Deines Wilhelm.

## N° 145 — Ballenstädt 4. Dec. 1865

Mein alter Geliebter!
Herzlichen Dank für Deinen Geburtstagsbrief, der mir sowohl seiner reichlichen Nachrichten wegen, als auch wegen seines raisonnirenden Theils diesmal besonders interessant war. Aber merkwürdig, daß Du Dich gegen Verständigungen sträubst. Du frägst warum nicht Jeder bei seiner Meinung bleiben könne? Und wer wollte oder könnte irgend Jemand dieses angeborene Recht nehmen? Aber Verständigung ist doch der Zweck der Sprache und ich habe nun einmal das alberne Bedürfniß nicht mißverstanden zu werden, so wie auch Andere zu verstehen, und da genügt es mir noch nicht zu wissen, daß Jemand etwa den Winter dem Sommer vorziehe, ich möchte auch wissen warum? Im gegenwärtigen Falle ist es denn auch wirklich einmal gelungen sich zu verständigen; denn ich sehe, daß wir vollständig gleicher Ansicht sind, indem wir Beide die Religion als zu den wesentlichsten Fundamenten eines Staats gehörig ansehen, in ihrer Unterwühlung folglich die augenscheinlichste Gefahr erblicken. Ich stimme Dir auch darin bei, daß diese Religion der Glaube der großen Mehrzahl der Staatsangehörigen sein, oder, wie ich hinzufüge, *werden* müsse. Es ist Eins wie das Andere der Fall gewesen. Ueber diese Dinge kann kein Streit sein und nur findest Du verkehrt, wenn ich behaupte es sei keine andere Religion mehr möglich als die christliche. Aber das beruht auf Mißverstand, denn ich meine damit nur unsere europäischen

Kulturländer, und werde das wohl auch geschrieben haben. Bei uns ist wirklich für das Allgemeine nichts Anderes möglich, und ein ganz kleiner Bruchtheil Juden ausgenommen, ist religiös und christlich noch gleichbedeutend; es giebt keine andere Form der Frömmigkeit. Eigentlich sprach ich den Satz einem der verbissensten Feinde aller und jeder Religion nach. Nämlich Feuerbach, welcher sagt: «Eine andere Religion als die christliche ist heute nicht mehr möglich; beweist uns ihre Voraussetzung, einen persönlichen Gott, so nehmen wir alles Uebrige mit in den Kauf.» Ob Zwangsbekehrungen wie Karl der Große und die sächsischen Kaiser sie übten, ersprießlich seien, darüber haben wir nicht zu streiten, da Vorkommniße dieser Art nicht in der Zeit liegen. Aber die Staatsgewalt, die ihren Vortheil kennt, wird allezeit dafür sorgen müssen, daß die theologischen Lehrstühle mit gläubigen Gelehrten besetzt werden solange solche verhanden sind, und strenge darauf halten, daß die bestehenden Ordnungen der Kirche nicht verletzt werden. Damit ist Zwang genug geübt. Wir haben gesehen was einzelne Männer, Sartorius und Philippi bei Euch, und Tholuck bei uns gewirkt haben; aber die resp. Regierungen mußten sie doch erst anstellen. Meine Befüchtungen für den Staat knüpfen sich eben daran, daß das christliche Bewußtsein der Menge immer mehr entschwindet und die Religion nicht mehr mit der Wissenschaft fortkommt. Je mehr das Volk geschult wird, je ungläubiger wird es. –

Du fragst wie es mit dem Rauchen steht? Nun ich rauche wieder ziemlich flott, obschon nicht mehr so übermäßig wie früher. Sonst 1 Pfund Taback per Woche, jetzt reiche ich damit 3 Wochen. Vier Monate lang rauchte ich gar nicht, höchstens des Morgens ½ Pfeifchen, aber ich befand mich nicht wohl dabei und rauche jetzt ganz nach Bedürfniß, wovon ich keinen Nachtheil verspüre. Es war thöricht vom Arzt dem Körper einen Stoff entziehen zu wollen, mit dem er seit 40 Jahren ganz durchwoben und durchschwängert war. Ich muß aber allein und sparsam rauchen, dann thut es mir wohl und wirkt lösend auf die Schleimhäute der Bronchien.

*Am 5. Dec.* Gestern Abend ist Vater Voß angekommen um seine Töchter zu besuchen. Er will etwa 8 Tage bleiben, dann nach Cöln gehen, um das 50jährige Jubiliäum seines ehemaligen Regiments mit zu feiern und von dort zurückkehrend die Töchter hier abzuholen. Er ist drei und siebzig Jahr alt, hoch gewachsen mit weißem Haar und Bart, sieht sehr gut aus, hat angenehme Maniren und die hübsche Pommersche Aussprache. Er ist noch aus der alten Schule wo Edelleute nichts zu lernen pflegten und verwechselt mir und mich wie der alte Berg. Was ihm aber an Gelehrtheit abgeht, ersetzt er durch die gutmüthigste Herzlichkeit, die ihn mir vom ersten Augenblick an lieb machte. Das Besorgliche in seinem Wesen ist eine gewisse Unentschiedenheit; es scheint ihm an festem durchgreifenden Willen zu fehlen, und dies mag die Ursache mannigfacher Verluste sein, die er in seiner Wirthschaft erfährt, wie auch ein gewisser ungezügelter Edelmuth ihm manchen Schaden bringt. Doch das sind liebenswürdige Fehler und sein Umgang würde mir sehr angenehm sein wenn ich nicht so krank wäre. Außer den Essenszeiten muß ich ihn Adolph und der Familie überlassen; auch hat Schätzell versprochen sich seiner kräftig anzunehmen und ihn tüchtig in der Gegend herumzufahren. Für seine Beköstigung hat Julchen reichlich gesorgt, sich mit Hirsch und Rehkeulen, Hasen, Austern und Caviar versorgt, feinste Cigarren sind angeschafft und ein paar Flaschen Champagner, so denke ich wird er einen ganz angenehmen Eindruck mit hinwegnehmen. Ich muß für heute schließen.

*Am 6. Dec.* Gestern Abend nach dem Essen erzeugte ich, um Voß zu amüsiren die Schlange Pharaonis. Dies ist ein sehr unterhaltendes chemisches Experiment, mit dem ich Dich, falls Du es noch nicht kennst, doch bekannt machen muß. Man kauft unter dem Namen Pharaonisschlange für 2 Silbergroschen eine kleine Räucherkerzchenartige mit Staniol überzogene Gestalt ¾ Zoll hoch und an der Basis etwa ½ Zoll breit. Dies Kerzchen setzt man auf einen Teller und zündet es oben an der Spitze an. Sobald es brennt, hebt oder ringelt sich eine dünne Made oben aus blaugrüner Flamme heraus, die jedoch bald die Dicke eines Regenwurms erlangt, sich auf den Teller beugt und sich, an Dicke immer zunehmend, als fingerdicke Schlange bei anderthalb Ellen lang auf demselben in mancherlei Windungen hinschlängelt bis das Kerzchen niedergebrannt ist. Es ist ein sehr großes Vergnügen aus einem so kleinen Verschluß eine hundertmal größere Gestalt hervorgehen zu sehen. Die Schlange besteht aus einer grauen, sehr fragilen, porösschlackenartigen Masse, fast ohne Gewicht. Von der Regierung sind diese Dinger verboten wegen der Quecksilberdünste, die sich bei der Verbrennung entwickeln sollen, von denen man aber nichts merkt und am Ende läßt sich dergleichen Amüsantes nicht verbieten. – Ach wenn ich nur gesunder wäre, oder das Wetter besser, daß ich mehr sprechen oder den alten Voß hinausbringen könnte um ihn zu amüsiren, aber seit er hier ist, gießt es vom Himmel und ich kann ihn nicht 8 Tage lang mit lauter Pharaoschlangen hinhalten. Heute Mittag werden noch Schätzell und ein fremder Maler aus Paris, Namens Behmer bei uns speisen; ich aber werde auf meinem Zimmer bleiben, weil mich dergleichen Gedrissel gegenwärtig zu sehr angreift. – Nun aber muß ich Dir ein Erlebniß erzählen. An meinem Geburtstage befand ich mich so wohl, daß ich einen raschen Entschluß faßte, telegraphirte nach Cöthen ob Platz sei und traf andern Mittags bei schönstem Frühlingswetter auf dem Cöthener Bahnhof ein, wo Lutze's Equipage mich erwartete um mich nach seiner Klinik zu bringen. Ich bezog dasselbe Zimmer, wo ich vor etwa 6 Jahren die sel. Tante Dascha besucht hatte. Ein schönes hohes gothisches Fenster mit Aussicht über den Schloßgarten, auf das alte dreithürmige Fürstenschloß, links weg über den neusten Theil der Stadt und darüber auf die Eisenbahn, die ich weithin verfolgen konnte und die eben einen lustig dahinfliegenden Zug entsandte. Nebenbei war noch ein hübsches mir zur Disposition gestelltes vierfenstriges Zimmer mit einem reizenden Balkon von welchem (da es ein Eckbalkon) die Aussicht nach allen Seiten unbeschränkt ist. Das ganze ungeheure Gebäude war mittelst Wasserheizung in allen Räumen gleichmäßig warm und ich dachte es mir sehr hübsch und heilsam hier auf einige Monate zu verweilen; ich sprach aber gegen Lutze nur von einigen Tagen, um ihn recht gründlich auszufragen. Es ging zu Tisch. Der Speisesaal ist wie alle Gesellschaftsräume in diesem Hause architectonisch schön gebaut, mit einer Abondance von Licht und mit exotischen Gewächsen fast waldartig decorirt. Die zahlreiche Tischgesellschaft war still und bescheiden, fast ehrfurchtsvoll, kein Durcheinandersprechen, kein Geplapper; Lutze und ich machten die Conversation fast allein. Die Alimentation war allerdings sehr einfach, fast kümmerlich, indessen ward man ohne Ueberladung doch satt. Nach Tisch überkam mich seltsame Schwäche, die sich nach einer schlechten, wegen Luftmangel halb auf dem Balkon verbrachten Nacht andern Tages so steigerte, daß ich eine neue Ohnmachtsperiode befürchtend gegen Abend meine Frau hertelegraphirte, die denn auch am nächsten Vormittage schon erschien. Das war Trost und Freude und ich hätte mich nun recht behaglich fühlen können, wenn nur die Schwäche, die mir jeden Genuß verleidete, gewichen wäre. Es war des Interessanten so viel geboten. Lutze's Haus ist ein Museum, angefüllt mit reichen Kunstschätzen und den merkwürdigsten Curiositäten. Dazu war unter den Patienten eine Wiener Virtuosin, eine Fräul. Röckel, die jeden Abend auf einem herrlichen Flügel ein paar Stunden Musik machte und besonders Beethoven mit einer Fertigkeit, Präcision und so zartem Verständniß vortrug, wie ich es vordem noch nie gehört. Auch war sie so gefällig, daß man sich ausbitten konnte was man wollte. Sie hatte an 200 große Musikstücke im Kopf, brauchte niemals Noten. Mit unsern großen Meistern Kaulbach und Schwind ward ich eigentlich hier erst bekannt, indem Lutze Photographien im größten Format, etwa ¾ Ellen im Durchmesser, nach ihren Cartons besaß, welche die Originale bis auf den geringsten Kohlenstrich mit der vollkommensten Treue wiedergeben, jeden Kupferstich natürlich weit hinter sich zurücklassend. Es ist doch die schönste Erfindung unserer Zeit. Schöne Original-Bilder von Stilke machten mir auch viel Freude, erinnerten sehr an Timmo. Unter den Curiositäten interessirten mich wundervolle riesige Korallengewächse und ein chinesisches Tam-Tam, an dessen gespenstisch zauberhaften Klängen ich mich nicht satt hören konnte. Ein schönes Pianino, auf welchem Frau Lutze sich eben ein Gesangstück begleitet hatte, fing plötzlich von selbst an zu spielen, Märsche, Tänze, Nationalhymnen und dergl. Die reichen Sammlungen an Antiquitäten Naturalien, Waffen, Münzen, einige Tausend Medaillen u. s. w. nahmen die obere Etage eines ganzen Flügels ein und Lutze gestattete mir mit seltener Liberalität ganz allein darin herumzukramen so oft ich wollte. Heimisch hätte es uns in Cöthen auch werden können durch die Anwesenheit unseres lieben Halbkindes, der ehemaligen Auguste Veit und ihres Mannes, des in Cöthen stationirten Rechtsanwaltes Lüdicke, die sich Beide wie leibliche Kinder zu uns stellten. Auguste hatte mir sogar, ohne daß ich's wußte, ihr eigenes wundervolles Bett unter dem Leibe weg in die Anstalt schaffen lassen und versorgte uns überdem mit einer ganzen kleinen Wirthschaft, Tischzeug, Messer Gabel und die ausgesuchtesten Delicatessen um die Lücken zu füllen, die der magere Tisch der Klinik übrig ließ. Auch brachte das gute Kind fast jeden Abend mit uns zu und schwatzte mir manche Beängstigung weg. Trotz aller dieser Agrements aber konnte ich doch nicht aushalten. Ohne meine Frau ging es nicht und mit ihr ward es mir zu theuer, wie ich denn auch trotz aller Anstrengungen der guten Lüdicke's meine häusl. Bequemlichkeit zu sehr vermißte; daher wir uns denn nach 8tägigem Noviziat wieder auf die Socken machten und zu großer Freude der Kinder nach Ballenstädt zurück rollten. Keinenfalls aber bereue ich diese kleine Reise, die meine Phantasie mit frischen Bildern füllte und mich die nähere Bekanntschaft Lutze's machen ließ, eines wahrscheinlich sehr wenig würdigen, aber jedenfalls sehr merkwürdigen Mannes. Denke Dir eine kurze gedrungene Gestalt mit einem großen aber schönen und intelligenten Kopf, von welchem lange, schwarzgraue Haare bis auf den Rücken herabhängen, und ein ungeheurer Prophetenbart, der wie eine Schürze die halbe Vorderseite des kleinen Kerls zudeckt. Ein rasch dahintrippelnder Mensch, ohne Fond, ohne sonderliche Kenntniße und männliche Geistesbildung, characterlos, voll Jovialität doch ohne Genius. Durch und durch Talent, Dichter und Redner, kein bewußter Betrüger aber unwillkürlicher Lügner, feuriger Enthusiast, unruhig, in rastloser Bewegung von früh bis in die Nacht, gutmüthig, gefällig, friedfertig, kolossal wohlthätig, in hohem Grade practisch und von oben bis unten vollgeladen mit der lächerlichsten, ganz unbemäntelten Eitelkeit. Am Sonntage versammelte er alle Hausgenossen in seinem rasch zur Kapelle umgewandelten Sprechsaal und hielt uns eine ganz ordentliche Predigt über das Evangelium des Tages und zwar ex tempore, denn zum Studieren hat der von allen Seiten unablässig angelaufene Mensch keine Zeit. Es war nichts besonderes, war weder christlich noch unchristlich, eine ganz geschickte, geschmackvoll wohl geordnete Rede. Lutze gefiel sich ungemein als Geistlicher. Bei Tisch war er in immerwährender Bewegung, sprang auf, legte vor, oder holte aus seinem Museum irgend eine neue Rarität, die er am Morgen gekauft und wies sie erklärend und prahlend umher, oder lief an allen Plätzen herum um durch Aufstülpen der flachen Hand auf Flaschen und Gläser alles Wasser heilsam zu magnetisiren. Meine Frau konnte sich des Lachens nicht enthalten, und um diesem Lachen Grund zu geben, rief ich ihm zu: «Machen sie es nur nicht zu stark, Herr Sanitätsrath! ich kann nicht viel vertragen!» Da bekam Julchen Luft, einige Gäste lachten mit, Andere sahen mich erschrocken wegen meiner Kühnheit an. «Sie glauben wohl nicht an die Wirkung?» frug Lutze. «Ehrlich gestanden, nein.» Nun setzte sich Lutze auf seinen Platz mir gegenüber und sagte: «Ich kann durch fortgesetzte Manipulation das Wasser so potenziren daß Sie es für Wein trinken!» Da ließ ich ihm keine Ruhe, er mußte das Experiment machen, nahm ein volles Glas in die linke Hand und bohrte und wischte und stülpte mit der rechten so lange darauf herum bis ihm der Schweiß ausbrach. «Strengen Sie sich nicht zu sehr an», sagte ich, «ich bin zufrieden wenn es nur Limonade wird!» Es herrschte die größte Spannung an der ganzen Tafel. «Sagen Sie lieber Mineralwasser» erwiederte er «denn was den Wein anlangt, so muß ich gestehen, ich glaube eben selbst nicht dran.» Diese Naivität war ordentlich liebenswürdig. Er schob mir das Glas zum Kosten hin, was ich mit vielem Ekel that, und weil ich ihn vor seinen gläubigen Patienten nicht vernichten wollte, sagte ich ganz ernsthaft: «Pyrmonter Krenchen!» Julchen wollte auch kosten und fand einen leichten Eisengeschmack. Tante Dascha erzählte Lutze habe es dem Wasser stets angeschmeckt ob es magnetisirt sei oder nicht und wäre damit nicht zu betrügen gewesen. Er ist ein Erzcharlatan, aber auffallende Kuren macht er, und ich habe nun auch angefangen von ihm zu brauchen, ohne freilich bis jetzt irgend eine Wirkung zu verspüren. Allerdings hat er mir vorausgesagt, daß bei einem so eingewurzelten Uebel wie das meinige die Wirkung erst in 6 bis 14 Monaten eintreten könne; was ich wohl kaum erleben werde. Eine Fräulein v. Wedell war in der Anstalt, welche behauptete kränker gewesen zu sein als ich und in Jahresfrist ganz geheilt worden zu sein. Freilich kann ich nicht wissen ob diese Wedell nicht blos als Lockvogel dient für allerlei Patienten, doch sah sie ehrlich aus.

*Am 7. Dec.* Du meinst ich hätte ein Vorurtheil gegen die Homöopathie gehabt. Ich habe allerdings bezweifelt, daß ein Körnchen Kochsalz in einem Weltkörper voll Wasser aufgelöst und von dieser Auflösung so viel eingenommen als eine Mücke an der Stachelspitze tragen kann, heilsame Wirkung haben könne. Lutze bereitete vor meinen Augen Sepia (die ich im Urzustande beim Zeichnen reichlich vom Pinsel lecke) auf diese Weise in 30ster Potenz und goß von dieser Flüssigkeit *sechs* Tropfen auf 16000 Streukügelchen in einer Flasche, die er dann tüchtig schüttelte damit die Körner alle gleichmäßig angesteckt würden. Wieviel Sepia nun auf ein einzelnes Streukügelchen kam, magst Du selbst berechnen; doch soll ein einziges bisweilen ausreichen um eine hysterische Frau zu kuriren. Ich lachte, aber Lutze demonstrirte wie erst durch Zerstörung des Körpers oder der Materie die inwohnende Kraft frei würde, was ein neuer Unsinn war; denn die Kraft ist eine Eigenschaft des Körpers, oder der Körper eine Eigenschaft der Kraft, und in beiden Fällen werden sie *zusammen* gemindert oder zerstört. A priori ist man also ganz im Recht die Homöopathie zu verwerfen; aber a priori findet sich noch keine Wahrheit, die in allen Fällen erfahren sein will. Ich habe mich deshalb jetzt, in der Lebensgefahr in der ich mich befinde, daran begeben solche Erfahrungen zu machen und deshalb eine Apotheke angeschafft – bis jetzt freilich fruchtlos. Wäre Lutze nur weniger Schwärmer, weniger leichtgläubig und hätte er einen gebildeteren Kopf, so wären die Erfahrungen ja da. So behauptet er, daß er in diesem Herbst bereits 40 Kinder an der Rachenbräune behandelt und kein einziges verloren habe; aber gesetzt die 40 Würmer liefen alle wirklich wieder herum, so fragt sich's, ob sie wirklich was anders als Schnupfen gehabt haben, den der große Meister in seinem Enthusiasmus für Rachenbräune hielt. Einzelne Fälle sind zwar constatirt, Zahnweh, Blindheit, Asthma usw. aber in einzelnen Fällen wird man auch von selbst durch nicht nachweisbare Ursachen gesund. Du siehst also, daß ich von meinem Vorurtheil noch nicht ganz genesen bin. Ich bin eben nur am Experimentiren, und zwar seit einem vollen Jahre, zu einer Ueberzeugung bin ich nicht gekommen. – [⟨...⟩]

Lebe wohl mein lieber Bruder und Gott erhalte Dich mit Deinem ganzen Hause! Dein Bruder Wilhelm.

## N° 146

Ballenstädt 14. Febr. 1866

Lieber Gerhard!
Gestern erst erhielt ich Deinen Bruderbrief, merkwürdig spät. Du schreibst vom 3. Febr.; freilich ist nicht zu ersehen wann das Couvert zur Post gelangt, da der lüderliche Wesenbergsche Stempel nur ausnahmsweise zu lesen ist, die Grenze hatte der Brief am 12t passirt. Bei Wegen wie Du sie beschreibst ist es freilich noch merkwürdiger, daß der Brief überhaupt angekommen ist. Wie beneide ich Dich übrigens mein Dicker, daß Du eine Reise, wie die nach Reval, doch noch ertragen konntest, es Dir auch gar nichts schadet wenn Du in Schnee- und Wasserlöchern liegst und der Pelz Dir auf dem Leibe zur Sülze wird, während mich die bloße Beschreibung schon halb erstickt. Bei Euch sollte man Weihnachten in den Februar verschieben, das wäre gesunder als alle Emancipationen. Was die Wege und andere Mängel anlangt, so frägt es sich ob ein Staat, der sich ohne festen Kulturkern so ungeheuer ausgedehnt hat,

überhaupt kulturfähig ist. Was könnte Livland sein, wenn es die Fähigkeit besessen hätte für sich zu bleiben und sich in sich selbst auszubauen! – Daß Du so liberal gewesen bist mir zu schreiben, noch ehe Dein letzter Brief beantwortet war, macht mich ordentlich stolz auf Deinen Character, da ich als älterer Bruder doch auch einigen Antheil an den Verdiensten Deiner Erziehung haben könnte. Ich schrieb Dir zuletzt am 6. Dec. wie ich so eben zu meinem Schrecken sehe, und habe Dir noch nicht einmal zum neuen Jahre gratulirt, was hiermit nachgeholt wird. Möchte der Druck des Lebens nicht allzuschwer auf Dir und den Deinigen lasten! – Daß ich so lange nicht schrieb? Ich hatte keine Lust, es trieb mich kein Erlebniß, kein Gedanke, kein gar nichts; schreibe auch jetzt nur um Gegenbriefe zu verdienen, und daß Ihr nicht denken sollt ich sei schon todt. Mehr als halbtodt bin ich zwar, weniger als Halbmensch, kann nichts mehr leisten – selbst zeichnen greift zu sehr an; aber freilich *schreiben*, das geht noch und ist meine einzige Resource, arbeite auch jetzt an einem Märchen, das mich amüsirt; aber zu Briefen gehören Erlebniße, wenn man sich dieselben nicht wie die Spinnen ihr Gewebe aus dem eigenen Achtertheil ziehen will, was zu sehr angreift. – Weihnachten verlebten wir diesmal so still wie noch nie, da Gerhard und Benno nicht kommen konnten, wir auch keinen Pflegling mehr im Hause hatten wie die Jahre vorher. Während Adolph und Anna in der Kirche waren, bauten wir Alten in meiner Stube auf, oder eigentlich that es Julchen allein, die überhaupt Alles besorgt hatte – die Arme! wir haben Beide keinen Sinn mehr für solche Feste, an die sich fast nur Erinnerungen von Verlusten knüpfen. Geburtstag und Weihnacht sind mir die schmerzlichsten Momente des Jahres, dagegen Ostern und Pfingsten noch lieb wie sonst. Den Baum hatten wir uns diesmal erlassen, oder doch die Lichte, denn ein kleines ellenhohes Bäumchen hatte Julchen allerdings auf den Tisch gestellt des Geruchs wegen. Die aus der Kirche rückkehrenden Geschwister schleppten ihrerseits einen Wäschekorb voll Gaben herein. Auch der Korb war Geschenk. Der reiche Adolph hatte sich wieder sehr ausgezeichnet mit einer Fülle von Gaben. Auch von der Bernstorff und von Schätzell kamen Sachen, von Glogau ein Kistchen mit Gerhards Wohlthaten. Ich bekam ganz allerliebste Dinge; von Adolph z. B. ein Taschenmesser mit 4 Klingen, das schönste was ich noch gesehen, und welches Adolph eigens bei einem berühmten Messerschmied in Cöthen bestellt hatte. Schätzell schenkte mir sich selbst in Bronze – ganze Figur mit seinem Jagdhunde, als Tintenfaß. Einen Baumstubben kann man zurückklappen und es wird ein Tintentümpel sichtbar, aus dem ich nun immer schreibe. Dabei waren Knittelverse als Erwiderung ähnlicher, von denen mein Geschenk an ihn begleitet war. Von der Bernstorff bekam ich das beste: das alte Testament von O. Gerlach, dem ich schon lange nachgetrachtet. – Wir hatten $2^{\underline{o}}$ Wärme und so hielt sich auch die Temperatur (zwischen 2 und $5^{\underline{o}}$) bei schwachen Nachtfrösten, heiterem Wetter und prachtvoller Schlittschuhbahn bis zum $14^{\underline{t}}$ Januar, da trat mit etwas Regen und mit Stürmen, die mit kleinen Unterbrechungen bis gestern angehalten haben, der Frühling ein; 12 bis $13^{\underline{o}}$ im Schatten war nichts seltenes. Der Himmel meist klar mit einzelnen Gewitterregen, auch Blitz und Donner. Die Nußsträucher trieben lange Schwänze, die Weiden schmückten sich mit Kätzchen. Die wilden Kirschen sind am Aufbrechen, Stachelbeeren treiben, Crocus und Schneeglöckchen stecken ihre niedlichen Gesichter aus der Erde, allerlei Perennien streben auf in den Rabatten, die Finken schlagen und Anna pflückte bis gestern Veilchen aus dem Garten. Heute aber ist die Erde mit einer dicken Schneedecke bekleidet, es hat in der Nacht gefroren und jetzt gegen Mittag haben wir trotz Sonnenschein und Westwind doch nur $3^{\underline{o}}$ Wärme. Schade um die sehr vorgerückte Pflanzenwelt, doch im Ganzen wäre es ja erwünscht, wenn wir noch etwas Winter, besonders Schnee bekämen, denn es fehlt an Wasser und grassiren Krankheiten, namentlich Nervenfieber. Jedermann klagt und meine Herzbeschwerden machen sich bei dieser Wärme so fühlbar, daß ich manchmal die ganze Nacht nicht schlafen konnte und ein ruhiger Pulsschlag nur sehr ausnahmsweise eintrat. Schmerzen habe ich zwar selten, aber das Aussetzen, Zittern, Springen, Hämmern und widerwärtige Schwelgen des Herzens verursacht ein Gefühl von Unsicherheit, Unbehagen und Schwäche, das auch nicht besser und nicht weniger unheimlich ist. Ich bin deshalb sehr ungesellig geworden und sitze fast den ganzen Tag auf meinem Zimmer einsam. Besuche, die auf mich gemünzt sind, muß ich ganz vermeiden, werde wahrscheinlich auch Hermann Ziegesar, der Anfang Mai auf einige Tage kommen will, abschreiben müssen. Zu meiner Frau kommen fast jeden Abend einige Gäste, meist Damen. Fühle ich mich dann besser und habe ich so viel Luft im Blasebalge, daß ich nicht zu laut zu anken brauche, so setze ich mich wohl ein Viertelstündchen mit darunter und höre zu, schleiche dann wieder in meine Höhle ab.

Neulich waren Prinzeß Louise und Prinz Julius da; das Gespräch kam auf das unglückselige Holstein und wurde lebhaft; ich mit hineingezogen strengte mich an um meine Ansicht geltend zu machen, bei einer Stunde lang – da ward ich schwindlig, mußte mich mit Kopf- und Brustcompressen pflegen und konnte nicht schlafen. Ich sollte Dir solche Unarten nicht schreiben, aber ich bin eben jetzt ein kranker Mann, und diese Art wird unausstehlich geschwätzig wenn sie auf ihre Leiden zu sprechen kommt. Es ist ja auch immer noch erträglich, wenn ich nur Ruhe habe und wenn man mich nicht zum Sprechen veranlaßt. Aber bei der Lebendigkeit und Frische des Geistes, die mir noch geblieben, ist es immerhin nicht leicht unter Menschen wie ein stummer Mops zu sitzen. Erwähne in Deinem Briefe nichts von diesen Klagen, denn meine Frau denkt es gehe alle Tage besser. Ganz so war es auch bei Elisabeth und ist eine gute Eigenschaft für Pfleger; hätte auch nicht klagen sollen; denn ich kann ja noch essen, trinken, schlafen, rauchen, schreiben und ein wenig herumstelzen. Die Zeit wird kommen, wo ich nur noch krumm im Lehnstuhl sitzen und stöhnen werde, wenn mich mein Gott nicht auf andere Weise einheimst, wie Deinen Schwiegervater. – Die Nachrichten, die Du aus der Verwandschaft giebst, sind nicht gut. Die arme, arme Alwina mit ihrer Tony! Wozu solche Störungen in Gottes Kreatur? Sie sind mir weder durch den Sündenfall noch als Mittel zur Heiligung erklärlich, die dadurch ebenso gut gefördert als gehindert werden kann. Ob die Beobachtung daß Christen besonders geplagt seien, begründet ist, lasse ich dahingestellt sein; es trifft auch Unchristen und Thiere, ja die harmlose Welt der Pflanzen. Ist die Kreatur durch Adams Apfelbiß aus Gottes Hand gerissen, so wäre Alles klar; wir nennen ihn aber Schöpfer und *Erhalter* aller Dinge, ja sogar Fechner weiß, daß alle Dinge in ihm sind und er in ihnen. Gern möchte ich wissen wie weit die arme Tony noch umgänglich ist, ob sie versteht was man sagt, und ob sie lesen kann, und besonders *schreiben*, sich verständlich zu machen. Und Bertha Zöge!! das ist furchtbar. Möchte sie sich zu einer Anstalt verstehen ehe es zu spät ist. Setzen solche Uebel sich fest, so werden sie gewöhnlich unheilbar und die Anstalten sind die einzigen Mittel. Wenn Bertha zu Vorster nach Lengerich gebracht würde, so könnte Adelheid sie mit überwachen. Diese Staatsanstalten sind Privatinstituten weit vorzuziehen, weil sie unter strengster Controlle stehen. Ich könnte ja durch Adelheid Erkundigungen einziehen. Daß es wenigstens mit Hermann Krause wieder vorwärts geht, ist prächtig. Grüßt ihn von uns Allen, ihn und sein Mütterchen. Vor Allen grüße ich aber Helene, die mich so reichlich mit Nachrichten versieht, daß ich ganz bei Euch zu Hause bin. Sehr interessierten mich die Briefauszüge in ihrem letzten Schreiben und ich bin ihr dafür besonders dankbar. Schreiben will ich ihr nicht, weil ich dann nicht an Dich schreiben könnte, aber um meinen Dank doch einigermaßen zu bethätigen, lege ich ihr eine kleine Photographie vom Stufenberge bei, einem altberühmten Lustplätzchen auf deutscher Erde, wo auch sie, wie ich denke, einige vergnügte Stunden verlebte. Von unseren Harzgegenden sind jetzt Photographien in groß Quartformat zu haben, so klar und so schön, daß man sich nicht satt daran sehen kann, und wohlfeil, das Stück zu 1 Thaler. Sie sind von einem Dessauer Hofmaler zunächst für den Herzog gemacht, nachher in den Handel gekommen und vergreifen sich wie warme Semmeln; leider kann man sie aber nur zwischen Brettern versenden – zu schwer für Rußland.

Daß mein Gerhard die Companie, die er schon seit Michaelis führt, nun endlich ganz überkommen ⟨!⟩ hat und Hauptmann geworden ist, mußt Du doch auch erfahren. Jüngst hat er die große Freude gehabt, daß der Brigadegeneral bei Inspection des Regiments ihn vor der Fronte laut belobigt und ihn den älteren Hauptleuten zur Nachahmung empfohlen hat, – «die Companie sei nicht wieder zu erkennen seit er sie führe». Dergleichen Belobigungen sind bei dem straffen Wesen in Preußen fast unerhört. Gerhard hatte kurz vorher geschrieben er fühle sich der schweren Verantwortlichkeit seiner Stellung gegenüber allzuschwach und wisse kaum wie durchzukommen. Nun aber hat er das nöthige Selbstvertrauen gewonnen, was mich sehr glücklich macht. Die Stellungen der Hauptleute und Obristen sollen die schwierigsten in der Armee sein, und fast die Hälfte der Offiziere stolpern darüber und müssen abgehen. Der alte Voß will Gerhard 500 Thaler Zulage geben, was ja auch ausreichend ist. Gerhard hat jetzt als Hauptmann 600 Thaler, Fourage für ein Pferd und allerlei kleine Emolumente. Nach 5 bis 6 Jahren wird er Hauptmann $1^{\text{er}}$ Classe mit 1200 Thalern und wenn Jula 10 bis 15 Tausend erbt, so wird es ja schon gehen. Brillant ist die Partie freilich nicht, aber zu brillanten Partien sind wir Kügelgens nicht geboren. Adolph und Benno sind sie gewissermaßen angeboten, hübschere und bessere Mädchen als Jula, mit ungeheuern Geldsäcken, aber sie haben keine Augen dafür und werden wahrscheinlich einmal ganz arme Cantor- oder Chaussé-EinnehmerTöchter heirathen, die durch irgend eine Zufälligkeit ihre Aufmerksamkeit auf sich ziehen. – Auch Benno macht uns rechte Freude. Anfänglich war er fast erdrückt von der ungeheuern Arbeit den ganzen Tag Schule zu halten und sonntäglich zu predigen, auch oft zu taufen und zu copuliren. Zur nöthigen Vorbereitung mußte er die Nächte zu Hülfe nehmen. Jetzt hält er noch überdem einigen gottesfürchtigen Bürgern, die ihn darum gebeten, wöchentlich ein paar Bibelstunden und leitet einen kleinen Hülfs-Missionsverein, zu welchem er seine Schülerinnen verbunden hat. Die Mädchen gehen so eifrig ins Zeug, daß sie schon ein paar Kisten mit allerlei Arbeiten nach Berlin senden konnten. Bei den Bürgern scheint Benno sehr beliebt, steht mit allen Collegen, Pastoren wie Schulleuten im besten Vernehmen und kommt mit seinen 300 Thalern ganz gut aus. Das macht viel Freude. – So eben läuten die Glocken und drüben in der Allé geht ein langer Zug dunkler Gestalten vorüber, viele Wagen folgen. Es wird schon wieder ein Mann aus unserem nächsten Kreise begraben, der Hofmarschall v. Kutteroff. Vor 8 Tagen sprach ich ihn noch auf der Straße, er sah schlecht aus und klagte über sein Befinden, aber an Sterben dachte Niemand. Er litt an Blasenhämorrhoiden konnte sich nicht erleichtern, die Blase trieb den Leib wie einen Berg auf, Uebelkeit, Erbrechen, Ohnmacht, furchtbare Schmerzen, kalter Brand und Tod. Er starb nach 20 stündiger Agonie in den Armen seines Kutschers, der ihn auch fast ganz allein gepflegt hatte, da die sonst liebe Frau zu weichlich war ihn so entsetzlich leiden zu sehen. Kutteroff war kein Christ und früher, wie man sagt, in puncto sexti nicht ganz taktfest, sonst aber ein ernster, äußerst gewissenhafter Mensch, und ein ganz zuverlässiger Beamte. Gegen mich war er immer sehr herzlich und wahrhaft freundschaftlich, und ein angenehmer Vorgesetzter. Mir geht sein Tod recht nahe und es betrübt mich, daß ich in dieser Zeit zu leidend war um ihn in seiner Angst zu besuchen und die Hände über ihm zu falten. Gott sei seiner armen Seele gnädig!

Um Politik kümmere ich mich nur noch in so weit als ich anhöre was Schätzell mir zuweilen zuträgt. Die Zeitung lese ich nicht mehr, halte keine mehr seit Michaelis. Das Schauspiel, welches die schwatzende Kammer in Berlin aufführt, erfüllt mich mit Ekel. Die preuß. Verfassung ist aber auch ein elendes und schlecht limitirtes Machwerk, das sowohl den König als die Stimmführer des

Volkes im Stich läßt; jeder Theil muß seine Befugniße usurpiren und der König wie die Volksvertretung sind fast gezwungen die Verfassung immerwährend zu brechen wenn sie leben wollen. Fried. Wilhelm IV, dieser geistreichste, wohlwollendste auch christlichste König, der auf dem preuß. Throne gesessen, ist ein schweres Unglück für sein Volk geworden, weil er keinen Character hatte. Bei uns in Anhalt erfreuen wir uns einer vollständigen Mißregierung. Der Unfähigkeit der Minister danken wir die bodenloseste Verwirrung in allen Geschäften, und die Beamten, früher Schätzells geschworene Feinde, strecken jetzt die Arme nach ihm aus. Es wußte damals wenigstens Jeder was er sollte; das weiß jetzt Keiner. Die Finanzen sind in Verwirrung, neue Auflagen werden nöthig um den Ausfall des Schätzellschen Salzwerks zu dekken, welches jährlich schon 250,000 Thaler netto eintrug und jetzt still liegt, dank grenzenloser Fahrlässigkeit der Verwaltung. Der Herzog ist gut und ein Ehrenmann, leider aber in den Händen seiner Bedienten ohne alle eigene Ansicht. Auch der Landtag ist gut, aber man will den alten Herrn nicht kränken so lange er lebt und so verludert eben Alles. – Die Bernstorff hat sich seit ihrer schwärmerischen Reise nach Hermannsburg nicht wieder erholt und ist sehr elend, hält sich aber einigermaßen noch aufrecht. Adoph hat eine große Hirschjagd in Meisdorf mitgemacht, welche Graf Asseburg den preuß. Ministern gab, die aber leider ausblieben bis auf den Kriegsminister Roon. Dieser hat sich ein paar Mal mit Adolph unterhalten, der ganz entzückt von ihm war, ein Mann im vollen Sinne des Worts und so beredt, daß er die ganze Jagdgesellschaft, etwa 50 Herrn der sächsischen Ritterschaft, durch seine kernigen Trinksprüche und treffenden Antworten zu unendlichem Jubel hingerissen hat. Dazu ein einfacher kindlicher Christ in einer mächtigen Gestalt, gleich einem Auerochsen. Bismarck ist noch in der letzten Stunde verhindert worden, sonst hätte Adolph den auch kennen gelernt. Sonst waren viele namhafte Leute da, der regierende Graf zu Stolberg-Wernigerode (Hermanns Sohn) der Oberpräsident v. Witzleben und Andere. Adolph schoß seinen ersten Hirsch. Die ganze Gesellschaft alt und jung ist übrigens so ausgelassen gewesen mit Saufen, Singen, Schreien und Rumoren wie ein Studentenhaufen und der alte Asseburg hat meist in Versen gesprochen.

Ich gratulire Euch noch besonders zu Euerm Fromhold; das muß ein liebes Männchen sein. Das Beste was wir erleben ist doch an den Kindern. Lebt Alle wohl. Gerhard, Elmine, Helene, Willy, mein alter Pathensohn und meine liebe kleine Emma! Lebt wohl und Gott behüte uns Allesammt. Wilhelm.

## Nº 147 Ballenstädt 6. April 1866

Mein lieber Gerhard!
Dein sehr dankenswerther Brief vom 9t März ist nun auch schon fast 4 Wochen alt. Da wird es Zeit wieder Nachricht zu geben, besonders da ein Brief jetzt nur 4 Silbergroschen kostet. Alles wird spottwohlfeil in der Welt und doch kann Niemand mehr bestehen; warum? weiß Niemand. Wenn es jetzt zum Kriege käme zwischen Oestreich und Preußen, dann würde man erst recht bankerott werden, und vielleicht unterbleibt der Krieg aus diesem Grunde. Oestreichs formidable Rüstungen bei fortwährender Betheuerung, daß es *nicht* rüste und ihm nichts ferner läge, als eine Forderung an Preußen durch die ultima ratio zu unterstützen, ist allerdings bedenklich; tröstlich aber ist, daß Oestreich in der That gar keine Forderung gestellt hat, tröstlich auch, daß Preußen nicht gegenrüstet, sondern nur die nöthigsten Maßregeln zum Schutz der Grenzen trifft gegen einen etwanigen Handstreich. Ganz ruhig bin ich indessen doch nicht. Wenn Oestreich sich auch nicht ausspricht, so ist doch sicher, daß es eine Machtstärkung Preußens durch Holstein nicht leiden will, und eben so sicher, daß Preußen entschlossen ist Holstein fest zu halten; ein solcher gegentheiliger Entschluß wird aber doch einmal zur That ausschlagen. Die Sympathien der Mittelstaaten sind natürlich für Oestreich, weil das die dümmste Partie ist, die sie ergreifen können. Aufgefordert sich zu erklären auf wessen Seite sie für gewisse Fälle stehen würden, berufen sie sich auf eine Austrägal-Entscheidung des Bundes, der Niemand anderes ist als sie selbst mit Oestreich; durch Stimmenmehrheit kleiner ohnmächtiger Staaten wird sich aber Preußen nicht aus seinem Besitz heraus escamotiren lassen, viel lieber einen Krieg führen, dessen Ausgang ungewiß ist. Etwas anderes wäre es wenn der König stürbe. Dann würde Preußen augenblicklich der Schwäche des Liberalismus verfallen und eben auch ein Mittelstaat werden. Der Kronprinz ist gänzlich in den Händen der Fortschrittsleute, die nur eine schwache Regierung brauchen können. Kommen wird es ja gewiß einmal so, aber doch wäre es zu wünschen, daß bis dahin die sogenannten Elbherzogthümer schon im preußischen Be-

sitz wären und die Armee neue Lorbeeren erkämpft hätte; es würde dann schwerer werden sie zu demoralisiren, ja sie könnte noch zur rettenden Macht werden. Nur durch einen Staatsstreich würde dann Preußen zu retten sein. Was die inneren Zustände anlangt, schreibst Du sehr richtig, daß der Fehler auf beiden Seiten liege. Der König hat in der *Sache* recht, die Kammern in der *Form*. Da nun die Form nicht zu wahren ist ohne die Sache zu schädigen, so bin ich für den König; *gegen* ihn würde ich sein, wenn das Verhältniß umgekehrt wäre. Wenn Frankreich eine starke Regierung und eine wohlgerüstete Armee hat, so kann sich Preußen nicht mit bloßem Geschwätz und Bürgerwehr begnügen. –

Wir haben jetzt unseren Benno hier, den wir seit Michaelis nicht sahen weil ihn sein schweres Amt so fest hält; jetzt auch nur auf 3 Tage, die ziemlich bewegt waren, weil er, kaum hier angelangt, einen Ruf als Hofprediger nach Athen bekam. Der junge König bietet 1500 Thaler Gold Jahresgehalt, Wohnung und freie Station im Palais, und falls das Verhältniß sich auflöst 900 Thaler Pension. Das ist allerdings sehr blendend für einen jungen Mann, der in seinem Vaterlande bei saurer Arbeit mit 300 Thalern auskommen muß. Auch war Benno anfänglich so gut wie gewonnen, wozu wohl auch der Nimbus des classischen Bodens und des herrlichen winterlosen Klima's mit beitrug; bei näherer Ueberlegung aber ist die Sache doch aufgegeben. Der Hofprediger gehört dort nämlich zur nächsten Umgebung des Königs, er wohnt im Schloß, frühstückt, speist und soupirt mit dem Könige, muß ihn mannigfach begleiten und unterhalten und dieser König ist ein Junge. Seine Verstandeskräfte kannst Du schon danach bemessen, daß er fortwährend an seine hiesigen Verwandte schreibt, sie möchten die griechischen Zustände doch ja nicht nach den lügenhaften Zeitungsnachrichten beurtheilen, es wäre dort Alles gut und in hohem Grade zufriedenstellend. Sein Stil ist der eines Unterquartaners; aber wenn er auch so weise wäre wie Salomo, so traut sich Benno doch die Fähigkeit nicht zu den fürstlichen Unterhalter zu machen, und da er überdem blos zu predigen und keine Gemeinde haben würde, so hat er sich heute Morgen zu meiner großen Freude entschlossen *nicht* anzunehmen. Aber schwer ist es dem armen Kerl geworden.

Recht große Unruhe hat uns in letzter Zeit auch unsere kleine wilde Emmy gemacht, die sich mit der heftigen Pflegemama nicht vertragen kann, und diese nicht mit ihr. Es war ein vollständiges

Zerwürfniß eingetreten und «alle Kindlichkeit hat aufgehört» schrieb Emmy «Ich soll in ein Correctionshaus» telegraphirt sie «als Sträfling; aber ich thue es nicht, – darf ich zu Euch kommen?» Eine Masse Briefe flogen hin und her zwischen Emmy, Emma und mir. Sie hätte Emmy nach Neu-Dettelsau zu Löhe geben wollen, schreibt Emma, und der Wagen wäre schon bestellt gewesen, da habe das aufsessige Mädchen erklärt sie thäte es nicht, würde nur der Gewalt weichen und sich umbringen usw. Da sei für Emma nichts anderes übrig geblieben als sich zu Bett zu legen und krank zu werden. Emmy verlange mit Ungestüm zu uns zurück, aber das zu gestatten hieße ihren Befehlen folgen, was sie nicht dürfe. Ich schenkte Beiden reinen Wein ein. Emma kann keine Mädchen erziehen, weil sie es beim besten Willen an Liebe und Stetigkeit fehlen läßt, ich machte es ihr zur Gewissenssache Emmy andern Händen anzuvertrauen. Emmy dagegen bestimmte ich sich zu demüthigen und nach N.Dettelsau zu gehen, was denn beides auch geschehen ist; sie steckt jetzt vorläufig dort im Kloster und begießt ihr junges Leben mit Thränen. Nun aber geht der Teufel mit Sonny Schönfeld los, diesem armen sterbenden Engel, über deren undankbare Bosheit mir jetzt das Herz ausgeschüttet wird. Ihretwegen habe ich heute wieder einen langen Schutzbrief geschrieben, der mich sehr angegriffen hat und Emma nach Boll an Blumhardt gewiesen. Ich habe in dieser Angelegenheit seit 3 Wochen 8 Stück ausführliche und höchst schwierige Briefe geschrieben und überdem 2 Telegramme; sehne mich jetzt recht nach einem befriedigenden Schluß und daß nur erst die arme kranke Sonny abgetrennt sein möge, die mir von ganzem Herzen leid thut. Emma schreibt die vernünftigsten Briefe, doch weiß ich nicht was ich denken soll; ich fürchte für sie. Nur bitte ich dringend, daß Ihr nicht weiter redet; denn wenn ich Emma's Vertrauen verlöre, würde ich weder ihr noch den armen Mädchen weiter dienen können. Wenn sie nicht zu Blumhardt will, habe ich sie hierher eingeladen in der Hoffnung sie mündlich zu weniger despotischem Verfahren zu bewegen. Bis jetzt hat sie mir nichts übel genommen, obgleich ich mich unbefugt eingemischt und ihr horrende Dinge gesagt habe. Mein heutiger Brief aber könnte möglicherweise einen Bruch veranlassen, da ich ihr gestehen mußte, daß ich mich ihretwegen an ihren Würzburger Arzt, den berühmten Scanzoni gewendet habe, was allerdings ein Mißtrauen in ihre Gemüthsbeschaffenheit involvirt.

*Am 8. April.* Der Krieg droht immer ernstlicher, da die östr. Truppenmärsche nach der preuß. Grenze fortdauern, trotz aller officiellen Gegenversicherungen. Ich denke mir folgendes: Sobald Oestreich eine schlagfertige Armee an der Grenze hat, wird es ein Verlangen des deutschen Bundes provociren, Schleswig-Holstein zu räumen und es dem Herzog Friedrich von Augustenburg zu überantworten. Oestreich wird darauf gehorsamlichst seine Truppen herausziehen und Preußen nicht, womit dann der casus belli gefunden wäre. Oestreich würde dann im formalen Recht sein, Preußen entschieden im Unrecht, und doch würde letzteres zu diesem Unrecht *gezwungen* sein, wenn es nicht seinen Einfluß auf Deutschland verlieren und zu einer Mittelmacht hinabgedrängt sein will; es würde sich schlagen müssen. Frankreich würde aber ein entschiedenes Uebergewicht eines der beiden Großstaaten über den andern nicht dulden. Es würde sich auf die Seite des Unterliegenden schlagen und den Frieden erzwingen, für seine Mühewaltung den Rhein nehmen und Preußen mit Sachsen entschädigen. Einen anderen Ausweg kann ich mir nicht denken, wenigstens so lange nicht als Englands Verblendung fortdauert.

Wir haben schönes warmes Wetter, gestern waren sogar 16º bei starkem Gewitter, heute sind 17º und Vieles blüht im Garten, Veilchen in unglaublicher Menge, Primeln, Tazetten Hyacinthen, und die Grasplätze sind saftig grün. Dabei befinde ich mich endlich wieder etwas wohler, nachdem ich eine scheußliche Grippe überstanden, die mich sehr angriff. Ach möchte diese Erleichterung doch eine Weile anhalten! Es ist ja nicht Genesung, aber ein Stillstand wie er bei Herzkrankheiten bisweilen vorkommt, mit unter für längere Zeit. Es sind Feiertage, die sich das Uebel gönnt, weil es in seiner Bosheit eben auch ermüden mag.

So eben ein Brief vom Sohne Gerhard. Die Artillerie seines Armeecorps ist auf Kriegsstärke, die Infanterie hat nur einen Jahrgang Reserven eingezogen, so daß sie im Bataillon auf 680 Mann kommen, während die Kriegsstärke 1002 Mann beträgt. Die Festungen gegen Oestreich sind armirt. Das ist Alles noch wenig durchgreifend und ehe nicht mobil gemacht wird, braucht man an einen Krieg nicht zu glauben. Die preuß. Armee wird sich nur ungern gegen Oestreich schlagen; die Oestreicher dagegen sind künstlich erbittert durch die Presse.

*Am 9. April.* Helene wundert sich, daß gläubige Christen so verschiedener polit. Ansicht sein können, aber der Glaube giebt da keinen Anhalt. Gläubige Reformirte sind mit Ausnahme der engl. Staatskirche meist Demokraten, oder doch nach dieser Seite geneigt, Lutheraner haben mehr monarchische Sympathien, nach Maßgabe ihrer resp. Kirchenverfassungen. Was den Begriff der Staatskirche anlangt, so gehen die Meinungen auseinander, jenachdem man den Staat oder die Kirche im Auge hat, oder auch je nach der Geschmacksrichtung. Wen die amerikanischen Zustände anheimeln, der wird sie gut finden, wen sie anekeln, schlecht. Ueberdem sind ja gläubige Christen nicht einmal theologisch einig, da die Bibel systemlos ist und voller Widersprüche. Man kann über freien Willen, Gnadenwahl, Sacramente, Ehe und Feiertage sehr verschieden denken und doch ein frommer bibelgläubiger Christ sein. Selbst in der Moral ist man nicht einig. Wie weit soll z. B. die Nachgiebigkeit gegen Andere gehen? Muß ich jedenfalls meinen Mantel hingeben, wenn es meinem Nachbar Brinckmeier einfällt ihn mir abzunehmen und den Rock dazu? und muß ich, nicht genug mich ohrfeigen zu lassen, noch obendrein dazu auffordern, wenn ich sehe daß dem Nachbar Brinckmeier die Finger danach jucken? Darf ich mich auch einer ungerechten Obrigkeit nicht widersetzen ja sie nicht stürzen, wenn ich die Mittel dazu habe? und ist die englische Revolution unter Jacob II nicht vor Gott und Menschen vollkommen gerechtfertigt? obgleich es heißt «Seid unterthan usw». – Es giebt hier außer der Hofgesellschaft, der wir angehören, noch einen zweiten geselligen Kreis, mit dem die erstere wenig in Beziehung kommt, das sind die Herren vom Kreisgericht und andere Beamte, Lehrer, wohlhabende Kaufleute und Particüliers, Oekonomen usw. mit ihren Familien. Diese haben ein Kränzchen, das 40 Personen stark sich alle 14 Tage im Saal des großen Gasthofes versammelt und sich dort mit Vorlesen, Tanzen, Musicieren, Spielen, Essen und Trinken amüsirt. Es sind sehr gebildete Leute dabei, im Ganzen herrscht aber doch der Ton einer zweiten Gesellschaft vor, daher unsere Damen sich nicht recht gemüthlich darunter fühlen würden. Nun ist mein Adolph, der populärste aller Menschen, sehr bekannt geworden mit einigen Herren vom Gericht, die ihm neulich keine Ruhe ließen ihr Kränzchen zu besuchen, wozu er keine Neigung hatte, doch aber nachgab weil man ihm die Weigerung für Stolz ausgelegt hätte und er die Auffassung gewann als wolle man ihm zeigen, daß diese Gesellschaft an eleganter Manier der seinigen nicht nachstehe. Er ging also hin und fand wunderhübsche Mädchen in glänzender Toilette (denn man ist dort viel reicher als bei uns) an deren ungeheurer Naivität er sich erquickt. Bei Tisch saß ihm gegenüber der herzogl. Bauinspector Tölpe, ein großer dicker Mann mit kahlem Kopf, der einem Pascha von 3 Roßschweifen so ähnlich sieht wie ein Ei dem andern, ein Liebling der Bürger, die ihn wegen seiner Dummheit schon 2 Mal in den Landtag gewählt haben. Dieser erhob sich nach der Suppe majestätisch und klingte an sein Glas. (Allgemeine Aufmerksamkeit) «Ich glaube» sprach der Volksvertreter «es mir nicht versagen zu dürfen der verehrten Gesellschaft eine Mittheilung zu wiederholen, die mir so eben mein Nachbar der Herr Professor Brinckmeier macht. In Brasilien nämlich (Brinckmeier versetzt ihm einen Ribbenstoß) ich sage in Brasilien pflegen die Frauenzimmer durchschnittlich, wahrscheinlich des tropischen Klima's wegen, 18 bis 20 Kinder zu *gebären* – (große Aufregung und Ruf zur Ordnung von verschiedenen Seiten), – in Deutschland dagegen – (die jungen Mädchen halten sich die Ohren zu) – ist das Verhältniß ein mäßigeres, wegen des gemäßigten Klima's, denn unsere lieben Frauen und Jungfrauen *gebären* nur 8 bis 10 Mal – (hier ward der Redner auf seinen Stuhl niedergerissen) – dennoch sage ich: es leben unsere deutschen Frauen und Jungfrauen!!! Großer Tumult, furchtbare *Entrüstung* unter den jungen Mädchen, lautes Schelten der Mütter, Zurechtweisung und Drohung des Hinausschmeißens der Männer, und dazwischen immer wieder die Stimme des sich verwundert umschauenden Redners: «Ich kann versichern, meine Herren und Damen! daß ich bona fide geredet habe und kann Gott zum Zeugen nehmen, daß ich nichts Unanständiges habe sagen wollen u. s. w.» Endlich gelang es der Frau Tölpe, einer überfeinen, gezierten und sentimentalen Frau, die allerdings 9 Söhne und eine Tochter (alle am Leben) in die Welt gesetzt hat, ihren Eheherrn zu bewegen die Gesellschaft mit ihr zu verlassen, und Adolph versicherte man, daß dergleichen sonst nicht vorzukommen pflege. Für ihn war es ein wahres Gaudium gewesen, und besonders hatte ihn die so laut zur Schau getragene Entrüstung der jungen Mädchen interessirt. Der Adel hat bei uns keine politische Bedeutung mehr, und doch sind die aristokratischen Kreise jetzt, wegen Gleichstellung mit den Mittelständen, viel mehr als früher genöthigt sich auf sich selbst zurückzuziehen, obgleich sie in wissenschaftlicher Beziehung den bürgerlichen fast nachstehen. Der *Geschmack* ist eben ein anderer und der Geschmack entscheidet in allen Dingen in letzter Instanz. Der Geschmack ist es, der mich zum Conservativen, unsere Adelheid zur Demokratin macht; denn wunderbarer Weise huldigt sie dem Fortschritt, und wohl zu ihrem Glück, denn sie theilt damit den Geschmack ihres Mannes. Daß du übrigens diese höchst ehrenwerthe Schwester so vernachläßigst lieber Gerhard, ist unrecht; sie empfindet es tief. –

...*Nachmittag.* So eben hat Prinz Julius von seinem Bruder, dem Prinzen Wilhelm, welcher östreichischer General ist, eine telegr. Depesche aus Wien erhalten des Inhalts, daß die Rüstungen sistirt und die Regimenter von der preuß. Grenze zurückbeordert seien. Freilich hat Prinz Wilhelm noch vor wenig Tagen hierher geschrieben, man solle doch den preuß. Zeitungen nicht glauben, da kein Mensch in Oestreich an Rüstungen dächte und Niemand marschiere, was die Nachricht allerdings weniger werthvoll macht; doch ist in beiden Fällen nicht anzunehmen, daß der Prinz habe täuschen wollen, und ich kann nicht läugnen, daß ich einige Hoffnung daran knüpfe. Vielleicht hat Italien geschreckt. Adieu lieber Bruder! Ich danke Dir für die Nachrichten von Timmo, von Stakkelbergs und Bertha Zöge. Das Geringste was Du mir von alten Freunden meldest, wie von neuen Zuständen, interessirt mich höchlich; sollst Dir auch keine Sorge machen löthige Briefe zu schreiben; ein Quartblatt ja ein Octavblatt genügt, zu melden wie man sich befindet. Die Zeit der langen Briefe ist ohnedem vorüber, wir sind in das Jahrhundert der Depeschen getreten. Heute wieder 15º Wärme; man tritt in den Garten wie in ein Treibhaus, da die Erde sehr feucht ist. Meine Bäume starren von Fruchtknospen, die im Aufbrechen sind. Wenn da keine Störung eintritt, so werde ich eine reiche Obsternte thun. Wie schön, daß Dein Asthma zu weichen scheint, diese Höllenplage. Mein größter Wunsch in diesem Winter war, daß ich nur noch *einmal* ehe ich stürbe, möchte ein Stündchen frei athmen können, blos um zu sehen wie das wäre, und siehe, jetzt, nachdem ich eine Grippe überstanden habe, werde ich, wenigstens Nachts, bisweilen ganz frei auf der Brust, was ich unendlich genieße, und auch am Tage, wenn ich mich ruhig halte, kommen Perioden wo mir das Athmen wenigstens keine Beschwerde ist, was mich unbeschreiblich glücklich macht. Jeden Morgen aber nach der Anstrengung des Aufstehens und Ankleidens habe ich einen schweren Anfall, welcher wenn er gutartig ist, doch eine Stunde dauert mit einer andern Stunde Nachwehen. Meine Hülfe ist Stramonium rauchen. Eine gestopfte Pfeife liegt immer bereit, da ich während des Anfalls selbst zu stopfen unvermögend bin. Dein Bruder Wilhelm.

## Nº 148 Ballenstädt 2. Mai 1866

Mein alter Gerhard!
Deinen sehr lieben dankenswerthen Brief vom 20sten April erhielt ich erst nach 7 Tagen. Es ist fraglich ob nicht der Weg über Petersburg der kürzere wäre; es ist mir nämlich als wären Helenens Briefe von dort nur 3 Tage gegangen. Du füllst den halben Brief mit Gründen, die Dich am Schreiben hindern und reizest mich damit zu ungemessener Dankbarkeit; hast es allerdings auch schwerer als ich, weil Du noch mitten im Lärm und Arbeit des Lebens stehst; doch muß ich Dir gestehen, daß auch ich nur ausnahmsweise gern schreibe, für gewöhnlich am liebsten noch an Dich und Adelheid aus alter Gewohnheit und weil mir da der Eingang keine Sorge macht, während ich anderweitig immer so viele Schulden habe, daß die nöthigen Entschuldigungen mich lähmen, schreibe auch leicht Ungehöriges und muß dann wieder abschreiben, und endlich ist mir die mechanische Handbewegung durch mein Uebel so erschwert, daß es nur langsam geht und dennoch häßlich wird. Du schreibst immer noch dieselbe schöne Hand wie vor 40 Jahren – ein großer Vorzug; denn ich glaube, daß Jedermann lieber einen kalligraphischen Küchenzettel liest als ein geschmiertes Gedicht. – Daß Dir das «Daheim» gefällt, ist gut; es ist conservativerseits mit einem tüchtigen Kapital gegründet, um die in Preußen verbotene «Gartenlaube» zu ersetzen, neutraler Boden mit conservativ-christlichem Unterbau, der indeß principiell nicht an die Oberfläche treten darf. Die Novellen sind mit wenig Ausnahmen schwach, doch unschädlich, die sonstigen Mittheilungen oft und meistens interessant, die Bilder unter dem Kalmuck, was um so unbegreiflicher ist, da wir Ueberfluß an guten Zeichnern haben und selbst die gemeinsten Volkskalender besser ausgestattet sind. Auch die Gegenstände der Bilder taugen nichts; diese sogenannten «Kunstblätter» haben für Niemand Werth und ebenso wenig «Werkstätten» u. dgl. – warum illustrirt man nicht lieber die Novellen? aber es fehlt König an Geschmack und Urtheil. Mir ist es unglücklich gegangen mit dem Daheim. Ich schickte vergangenen Winter einen Beitrag

ein «Erinnerungen an Roller» den ich mit einem höflichen Handschreiben zurückerhielt «weil der Artikel seiner Länge wegen die Grenzen des Daheim überschreite». Durch diesen Krebs ist mir die Thüre für die Zukunft verschlossen, was mir leid thut, da es mir Vergnügen gemacht hätte bisweilen etwas für das Blatt zu schreiben. Früher habe ich Mancherlei für das «Volksblatt» gearbeitet mit der Unterschrift «vom Unterharze» aber zu ernsten Sachen habe ich keine Lust mehr, und noch weniger zu Tendenzerzählungen wie sie das Volksblatt wohl aufnimmt. Was sagst Du zu dem echten Loschwitzer Winzer auf der Richterschen Titelvignette des Daheim? und wünschest Du nicht die nähere Bekanntschaft der gemüthlichen Besuchsfamilie an der Außenthür? –

Mit vollen Tellern, Tassen und Gläsern geht es mir gerade wir Dir, ich schiebe sie zurück als beleidigend; mit Ausnahme meiner Casse ist mir überhaupt alles Volle zuwider. Könnte ich doch dem armen Hermann Krause helfen! Das ist doch ein rechter Christophorus, thut mir entsetzlich leid – und Tony Stackelberg! und Bertha Zöge! – Unsere Emmy ist wirklich nach NeuDettelsau marschirt und – siehe da, befindet sich dort sehr wohl und rühmt ihr großes Glück; denn bei viel Entbehrung und Unbequemlichkeit ist sie doch dem häuslichen Unfrieden entflohen. Selbst das, was sie am meisten fürchtete,die *Schule*, macht ihr Freude. Es ist eine Tyrannei, daß das arme Kind an Niemand, selbst an Vater und Geschwister nicht schreiben darf, ohne daß Emma die Briefe vorher liest. Selbst als sie bei uns war sollte sie ihre Briefe nach Rußland erst in die Schweiz der Mama einsenden, daher sie lieber *gar nicht* schrieb. Die Correspondenz mit uns habe ich jedoch erkämpft und Emma hat selbst jetzt diese Erlaubniß nicht wieder zurückzuziehen gewagt. Anna und ich sind die einzigen Correspondenten des armen Kindes. Mit Emma fürchte ich es gründlich verdorben zu haben, da sie erfahren, daß ich mich bei Dr. Scanzoni nach ihrer Gesundheit erkundigt habe. Indessen freue ich mich doch, daß sie (nachdem sie die unglückselige Sonny in Würzburg untergebracht hat) auf mein Andringen nach Boll zu Blumhardt gegangen ist um sich von dem berathen zu lassen. Da kommt sie in die rechte Mühle, und falls sie blos verdreht und nicht wirklich gestört ist, wird Blumhardt sie schon zurechtsetzen. Sie dauert mich eben auch unbeschreiblich, denn ihr Leben ist ganz freudlos.

Leider sind Sonny und Emmy nur auf einige Monate abgegeben; dann wird der alte Tanz von neuem angehen, falls die Verwandten sich nicht ins Mittel legen, denn Art läßt nicht von Art. Ich möchte fast sagen, daß an der sanften Sonny, wenn sie zu dieser Mama zurück muß, ein Mord begangen wird, während die gegengerüstete und widerbellende Emmy nur boshaft würde, wozu sie von Natur neigt. –

Du würdest also im Fall eines Krieges *Preußen* die Schuld geben? Ich *Oestreich* und zwar Oestreich ganz allein, welches durch seine seit Jahrhunderten erbärmliche Verwaltung gänzlich zerrüttete Land jetzt einen Verzweiflungskrieg sucht um noch mit einigen Ehren zu Grunde gehen zu können. Heißt das nicht Händel suchen, wenn man ganz ohne irgend eine positive Forderung auszusprechen, bei Nacht und Nebel plötzlich rüstet und an der Grenze des friedlichen Nachbars eine Armee zusammenzieht, fortwährend in officiellen Noten jede Absicht und jede Rüstung in Abrede stellend? Endlich thut Preußen seinerseits das Nöthigste um seine Grenze gegen Ueberrumpelung zu schützen; da bietet Oestreich (welches ja nicht gerüstet zu haben behauptet hatte) Entwaffnung an, wenn auch Preußen entwaffnen wolle. Preußen aber sagt: erst Du, denn Du hast angefangen, ich werde gerade in dem selben Maß abrüsten als Du es thust, und Oestreich geht darauf ein, steigert aber gleichzeitig seine Rüstung dermaßen, nebst seinem Bundesgenossen Sachsen, daß nun auch Italien rüstet. Wieder dasselbe Spiel: Italien rüstet, sagt Oestreich, und will Venetien fressen, so müssen wir doppelt rüsten. Was soll denn das nun Alles heißen? Da fährt Bismarck dazwischen mit der Bundesreform, wodurch für den Augenblick wenigstens die Mittelstaaten paralisiert sind und der Krieg vielleicht vertagt ist. Was nun weiter wird, kann man nicht wissen, ich aber glaube, daß wir, wenn Bismarck leben bleibt, ein einiges Deutschland kriegen werden unter Preußens Aegide; bleibt er nicht, so wird Preußen freilich großen Demüthigungen entgegengehen und seinen Einfluß in Deutschland verlieren. Für den Augenblick ist eine entsetzliche Confusion indem durch das Reformproject sowohl die demokratischen als conservativen Parteien zersprengt sind. Preußen *muß* Holstein besitzen oder dominiren, nicht allein im Interesse von Holstein selbst (Ritterschaft und Geschäftsleute flehen, daß man sie verschlinge) sondern im Interesse von ganz Deutschland, das jetzt endlich eine Flotte haben will, und Oestreich würde dadurch nichts verlieren. Ein kluges Oestreich würde Preußen längst Parität in Deutschland zugestanden und sich aufs engste diesem Staat angeschlossen haben, so hätte es die Lombardei behalten und der Deutsche Bund würde nicht gefallen sein. Nur durch ganz gemeinen Neid wird es daran gehindert. Bis auf Bismarck hat Preußen immer nachgegeben, jetzt *darf* es das nicht länger. Doch diese Sachen weiter auszuführen, gestattet der Raum nicht. Du solltest blos wissen wie ich zum Kriege stehe, obgleich mein kleines Vermögen dabei auf dem Spiel steht. Eine Suprematie Oestreichs ist Deutschlands Verderben. –

An jetzo aber Herr Bruder falle ich Dir um den Hals, brieflich viel kräftiger als ich es in der Gegenwart des Fleisches vermöchte, und gratulire Dir zu Deinem Geburtstage, schicke Dir auch 2 Blättchen weiß Papier und 2 Blättchen Löschpapier. Nun nimmst Du einen reinen Teller, legst das weiße Blättchen drauf, die Glanzseite nach oben, und deckst es säuberlich mit dem Löschblättchen zu. Auf letztere träufelst Du, ohne daß es sich verrücken darf, reines Wasser bis es glatt aufliegt wie ein nasser Lappen. Etwa nach 1 ½ Minuten hebst Du das Löschblatt ab und gießest reines Wasser auf das untere Blatt, den ganzen Teller voll und läßt es so zwei Stunden stehen, indem Du während dieser Frist das Wasser 4 Mal abgießest und durch neues ersetzest. Löschblatt und das abgegossene Wasser sind giftig, das rückbleibende Product ist es nicht mehr. Nach 2 Stunden also nimmst Du dieses Product aus dem Wasser und trocknest es zwischen feinem Löschpapier unter einem Briefbeschwerer durch mehrmaliges Erneuern dieses Verfahrens. Dann bestreichst Du es hinten dünn mit Gummi und klebst es auf ein glattes Cartonblatt. Was daraus entstehen wird kann ich nicht wissen, denn man kauft die Katze im Sack und aus jedem Blättchen wird was anderes. Wenn es Dir aber eben so viel Vergnügen macht wie mir, so kann ich Dir mehr davon schicken. Du wirst nun 60 Jahr alt und bist somit vom Greise noch 10 Jahre entfernt, ein munterer Jüngling in meinen Augen, der ich vor der Zeit vergreisen mußte. Gott erhalte Dich noch lange bei Deiner Jugendkraft mein lieber alter Bruder! Was den Schwindel anbelangt, von dem Du schreibst, so faßt der fast Jedermann in Deinen Jahren. Ich kann auch nicht mehr frei auf einem Stuhle stehen und schaudere wenn ich Felsklippen (wie z. B. die Gegensteine) sehe, die ich noch vor 10 Jahren rauchend und singend erklomm. Erinnerst Du Dich unserer Fußreise durch die sächsische Schweiz mit Ludw. Maydell? und der schmalen Felswege, die wir an der Bastei und dem Prebischthor gingen? Ich werde übel wenn ich noch daran denke.

Du warst immer vollblütig, so daß Dir ja einmal in Deinem zehnten Jahre ohne alle Veranlassung die Backe platzte. Das mag Dich zum Schwindel besonders geneigt machen, und dazu kommt noch unsere Zeit, in welcher fast nichts Anderes mehr getrieben wird als Schwindel. Es ziemt uns zeitgemäß zu sein. – Gott behüte uns nur vor Herzeleid! Das mag sich Jeder zum Geburtstag wünschen. – Wir leben hier in einem Blüthenmeer, so üppig wie ich kaum etwas erlebt habe – Du siehst kein Holz an den Bäumen. Vorgestern roch mein Garten wie ein Blumenstrauß, seit gestern aber dicker Nebel in diese Blüthenpracht, der Alles todt macht, namentlich die Pflaumen, die dergleichen nicht vertragen; nun werden wir uns den Mund wischen können. Wozu diese Unordnungen in der Natur, kann keine Weisheit ermitteln, und ich kann nur Eins constatiren: daß die Menschen nicht besser dadurch werden.

Daß Du Adelheid geschrieben, ist herrlich; Du wirst der alten, schändlich abgemagerten Schwester damit eine große Freude gemacht haben. Wir nannten sie in unserer Jugend prophetisch den «einsamen Spatz»; das hat sich nun erfüllt seitdem die Kinder sie verlassen haben, denn an dem höchst sonderbaren Mann (obschon sie jetzt im Frieden mit ihm lebt) hat sie doch recht wenig. Ich grüße herzlich Dich, Elmine und Helene und verbleibe allezeit
Euer armer Wilhelm vom Unterharze.

P.S. So eben lese ich von einer kategorischen Anfrage Preußens an die sächsische Regierung, *gegen wen* die Rüstungen gemeint seien? Sollte die Antwort nicht genügen, so würde man selbst nachsehen müssen. Sollte das wahr sein, so möchte der Krieg doch näher sein als man denkt. Es ist ja doch lächerlich, daß ein Land wie Sachsen sich bis an die Zähne waffnet. Mit Gewißheit spricht man auch von einem Schutz- und Trutzbündniß zwischen Oestreich und Dänemark. Letzterem soll sein ganzer Besitz quo ante garantirt sein. Bismarck soll den Norden von Schleswig zurückzuerstatten versprochen haben wenn Dänemark sich ruhig verhielte, König Christian aber dieses Anerbieten zurückgewiesen haben. Dem wird auch hier im Holsteinschen Hause nicht widersprochen. Du frägst nach der Lutzeschen Kur. Sie bestand wesentlich in einer einmaligen Dosis Arsenik. Wirkung sollte sich nach 14 Monaten zeigen. Stramonium hat er mir erlaubt. Mein hiesiger Arzt hat mir nachträglich noch eine starke Dosis Arsenik aufgedrungen, die mich auf 8 Wochen unterleibskrank machte, so daß ich ihn dafür tüchtig bei den Ohren gekriegt habe. Es ist doch nichts mit dieser Selbstdispensation der Homöopathen, ich bin buchstäblich vergiftet gewesen. Die Lutzeschen Mittel sind indeß unschädlich, 20ste Potenz. Adieu mein Alter.

## N^o^ 149 — Ballenstädt 14. Juni 1866

Mein lieber Bruder!
Habe Dank für Deinen vortrefflichen, recht con amore geschriebenen Brief vom 11^t^ v.M. der mir eine *ganz besondere* Freude machte, namentlich wegen seiner Frische und wohlthuenden Wärme. Schlimme Nachricht brachte er freilich auch: der Feuerschade in Itfer – das ist ja fürchterlich! Auch Dein Husten war keine gute Post. – Du berührst ein interessantes Thema, bemerkst sehr richtig, daß mit dem Alter unsere Ansichten und Urtheile die frühere Schärfe verlieren, und stellst die Frage: ob das etwa die gerühmte Weisheit des Alters sei? Ich möchte sagen: Ja, so ist es! Unsere Ueberzeugungen, selbst die wissenschaftlichen beruhen doch allermeist auf Glauben, der sich anfänglich auf Autorität, später – wenigstens zum Theil – auf Erfahrung und Speculation gründet. Der Autoritätsglaube ist aber bei weitem der stärkere. Es will mir scheinen, als gingen alle selbstdenkenden Menschen diesen Weg, und wo sie es thun, gewinnen sie wohl eben so viel als sie verlieren. Man verliert an Zuversicht, gewinnt an Bescheidenheit und Duldung. In der Jugend ist man nur zu sehr geneigt Jedermann zu verachten, der unsere Ueberzeugungen nicht theilt, und hat als Beweismittel nur die Faust, später ist man sich wenigstens der Gründe dessen, was man von Ueberzeugungen noch gerettet hat, deutlich bewußt und weiß sich somit auf anständige Weise zu vertheidigen. Auch bei mir datirt der Anfang dieser Umwandlung ungefähr vom 30sten Jahre, bin aber immer noch nicht fertig damit. – Daß Ehstland nun auch seinen Thomas Morus hat, ist ja beruhigend. Für Herrn von Steinbeis interessire ich mich sehr, und die neue Spielart der Aquileja des Herrn v. Trefurt empfehle ich allerwärts.

Den Ausbruch der Feindseligkeiten (die schlimmste Art von Seligkeiten) muß oder darf man nun täglich erwarten. Der Deutsche Bund faßt heute einen folgenschweren Beschluß. Oestreich hat auf Bundeskrieg gegen Preußen angetragen, und bei dem herrschenden Wahnsinn in den Cabinetten ist es wohl möglich, daß die Majorität dem beistimmt. Damit wäre der Bund gesprengt, da Mecklenburg, Oldenburg, Braunschweig, Hannover und die sächsischen Herzogthümer ja in Preußens Hand liegen, Kurhessen und Baden wenigstens beruhigende Zusicherungen gemacht haben. Preußen würde augenblicklich zuschlagen. Sollte aber der Bund den Krieg verweigern, so ist immerhin anzunehmen, daß Oestreich selbst in diesem Falle nicht zurückweichen und lieber militärisch als moralisch unterliegen würde. Der Kaiser soll (gerüchtsweise) unzurechnungsfähig sein und die Geschäfte allein von der Erzherzogin Sophie, dem Cardinal Rauscher und dem Grafen Mensdorff geleitet werden. Die östreichische Armee ist übrigens nicht zu verachten. Sicherem Vernehmen nach ist sie wenigstens nicht unter 550,000 Mann mit 800 Feldgeschützen, einer zahlreichen, der preußischen nummerisch überlegenen Cavallerie, und befehligt von einem sehr renommirten, bewährten General. Eine solche Armee kann man nicht mit der Mütze wegschlagen, und selbst wenn sie ohne Alliirte bleibt und Preußen von Italien secundirt würde, so könnte es doch harte Kämpfe kosten sie aufzurollen, und dennoch muß dies meiner Meinung nach geschehen wenn Deutschland nicht einer scheußlichen Zukunft entgegen gehen soll. Die jetzt im Felde stehende preußische Armee ist denn freilich auch keine Mütze, soll ohne die Rekruten, Festungsbesatzung und das noch nicht einberufene 2$^{t}$ Aufgebot der Landwehr 600,000 Mann stark sein mit 1300 gezogenen gußstählernen Feldgeschützen, welche bei der fabelhaften Sicherheit der preuß. Artillerie allein schon eine formidable Macht repräsentiren. Die durchgängige Bewaffnung mit Zündnadelgewehren und die weit bessere Verpflegung der Leute geben ebenfalls eine Ueberlegenheit; ob aber die commandirenden Prinzen einem Benedek gewachsen sein werden, ist eine Frage, und somit, glaube ich, kann man die gegenseitigen Kräfte als gleich ansehen. Der Geist der Leute, schreibt Gerhard, sei ein sehr guter; von Begeisterung sei zwar keine Rede, weil Niemand weiß wofür er sich schlagen soll, auch höre man keine herausfordernden großmäuligen und prahlerischen Worte, aber es gehe ein Zug ruhiger, selbstbewußter Kraft und festen Vertrauens durch die ganze Armee, während der östreichische vor 4 Wochen noch so hoch aufflammende Enthusiasmus bereits auf Null reducirt sei. Mein Gerhard steht mit seiner Companie (außer ihm 5 Offiziere und 250 Mann) beim 6$^{t}$ Armeecorps 11$^{t}$ Division, im 1sten Bataillon des schlesischen Füselierregiments N$^{o}$ 38. Wahrscheinlich ist er in diesen Tagen von Obersalzbrunn in die Gegend von Neiße gerückt. Der arme Kerl! am 16t d. sollte seine Hochzeit sein; statt dessen, schreibt er, werde er vielleicht auf Feldwache liegen und mit seinem Burschen aus *einem* Kessel Speckkartoffeln essen....

So eben bringt die Zeitung einen überraschenden Artikel aus dem preuß. Staatsanzeiger, die Grundzüge der neuen von Bismarck projectirten Bundesverfassung. Schon das früher von ihm in Aussicht gestellte deutsche Volkshaus war mir unbegreiflich, aber einem so großen Manne gegenüber suspendirte ich mein Urtheil. Dies neue ausführliche Programm spricht sich aber so klar aus, daß man sich vor der Alternative nicht ganz verschließen kann: entweder ist Bismarck verrückt geworden, oder er ist mit übermenschlichem Verstande und einem besonderen göttlichen Mandate ausgerüstet. In dem Augenblick der Abstimmung in Frankfurt greift er sämmtliche deutsche Fürsten bei ihrem empfindlichsten Punkte, ihrer Selbstständigkeit, an und wischt Oestreich, noch ehe er es besiegt hat, aus Deutschland weg wie man eine Fliege von der Hand wischt. Gleich der 1ste Artikel besagt: «Das Bundesgebiet besteht aus den bisherigen Bundesstaaten mit Ausnahme der östreichischen Gebietstheile.» Anmaßlich sondergleichen! Sämmtliche deutsche Staaten werden jetzt ausnahmslos Oestreich zufallen und ihm eine Verstärkung von wenigstens 250,000 Mann zuführen. Bismarck kann sich nur gedacht haben: Freunde und Neutrale will ich nicht, denn solche kann man nachher nicht kürzen, sie müssen vielmehr Alle meine Feinde sein, damit ich sie besiegen und hernach mit ihnen machen kann was ich will – das ist doch eine Kühnheit sondergleichen. – Da höre ich Schätzells Stimme im Hause; dem wird dieser Artikel wohl auch auf die Nägel brennen, und sieht doch so unschuldig aus mit Duodezlettern gedruckt, ohne jegliche Bemerkung!

*Am 15. Juni.* Schätzell war ebenfalls gegen Bismarck aufgebracht, meint wenn er Cavoursche Politik machen wolle, so müsse er wenigstens das Volk hinter sich haben, was nicht der Fall ist. Auch der Brief Napoleons an Drouyn de Lhuys vom 11. Juni, der seine Wünsche hinsichtlich Deutschlands enthüllt, ist im höchsten Grade beunruhigend: «für Preußen zweckmäßigere Grenzen, für die Mittelstaaten eine Machtstärkung, für Oestreich Aufrechterhaltung seiner Machtstellung in Deutschland.» Für Frankreich den Rhein, hat er hinzuzufügen nur vergessen. Bei diesen schauderhaften Spaltungen in Deutschland wird ihm auch der Rhein nicht entgehen. Preußen wird vielleicht sogar genöthigt werden denselben anzubieten; der Friede rückt in immer weitere Ferne. Heute sind 2 Bataillons unseres Regiments von Dessau nach Mainz abgerückt. Adolph hat seinem Bruder Gerhard einen überaus schönen und fein gearbeiteten Revolver zugeschickt, der auf 10 Schritt Entfernung ein 3 zolliges Tannenbrett durchbohrt. Man schießt damit 6 Mal hintereinander, indem man dabei nichts als den Drücker in Bewegung setzt; der erste Druck schiebt die Ladung vor den Lauf, der zweite giebt Feuer, der $3^{t}$ eine neue Ladung und so fort. Den Säbel in der rechten Hand, den Revolver in der linken, ist ein Offizier im Handgemenge ausreichend gut bewaffnet. – Die Kriegserwartung lähmt Handel und Wandel bereits in großem Maßstabe, es sind enorme Verluste gemacht, und noch weit größere stehen bevor, sobald der Krieg zum Ausbruch kommt. Der Nationalwohlstand wird auf lange Zeit vernichtet sein und es zeigt sich wie unverantwortlich mit imaginären Werthen speculirt worden ist. Die Thaler, die man in der Hand zu haben glaubte, verwandeln sich in Papierschnitzel. Mein östreichischer Tausendguldenschein steht auf 36%. Oestreich geht mit Ach und Krach bankerott, aber auch Preußen ist schwer verschuldet; seine Haupteinnahme gewährte ihm der hohe Aufschwung seiner Industrie, die jetzt schon fast lahm liegt. Das kleine Anhalt-Bernburg (16 □ Meilen) bezog allein aus seinen Zuckerfabriken 300,000 Thaler an Steuer, und das war nur *eine* Branche; wie aber soll man den Ausfall solcher Posten decken wenn die Fabriken stehen? In Preußen nun obendrein eine Kammer, die entschlossen ist dem Ministerium Bismarck keinen Heller zu bewilligen. Die neuen jetzt ausgeschriebenen Wahlen werden nichts bessern. Der preußische Wähler ist terrorisirt durch die Vereine und wählt links um sich keine Feinde zu machen; sollte die Kammer Unzuträgliches beschließen, so denkt er der König werde es schon wieder in Ordnung bringen. Es wählt überhaupt nur ein Drittel der Wahlberechtigten, den andern beiden ist Alles egal, oder sie fragen: wozu ist denn der König da? Unser gemeines Volk ist politisch nichts reifer als die Ehsten und folgt am liebsten Denen, die am lautesten über Steuern und Lasten raisonniren. Die gebildeten Stände in ganz Deutschland verlangen das Chaos (Republik) und werden es erlangen sobald die Bismarcksche Reform ins Leben tritt. Dieser Mensch soll übrigens so ruhig und vergnügt sein wie ein Heimchen. Schätzell, der kürzlich in Berlin war, sagte, in der allgemeinen Unruhe und Verworrenheit würde es Einem ganz wohl, wenn man einmal mit Bismarck oder Roon zusammenträfe. Dasselbe erzählt auch die junge Gräfin Asseburg, geb. Königsmark, die letzthin mit ihrem Manne hier einen Besuch machte, eine prächtige, kernige junge Frau, die uns gefiel. Ich empfing sie im Schlafrock, weil ich vom Spaziergang heiß war, und es wurde nicht übel genommen. Gegen Anna äußerte sie, sie möchte gern eine rechte Erzpietistin werden und...

So eben (Nachmittag 4 Uhr) langen Extrablätter von allen Zeitungen an. Die gestrige Abstimmung des Bundestages ist *gegen* Preußen ausgefallen, 9 Stimmen gegen 7. Preußen hat darauf den Bundestag für aufgelöst erklärt, und sämmtlichen Staaten, die gegen es gestimmt, den Fehdehandschuh hingeworfen. Baiern, Sachsen, Württemberg, Hannover, Darmstadt, Nassau, sind gegen Preußen und ich zweifle kaum, daß morgen schon preußische Armeecorps die sächsische und hannöversche Grenze überschreiten werden, wenn es nicht schon heute geschehen ist. Hier ist Alles in großer Aufregung. –

*Abends 8.* Die Nachricht verbreitet sich, es sei bereits heute Morgen 5 Uhr eine preuß. Division in Leipzig eingerückt. –

*Am 16. Juni.* Das ist denn doch nicht wahr gewesen, und nun glaube ich fast, daß Preußen erst die östreichische Kriegserklärung abwarten will. Es wird dadurch seine Lage verschlimmern, andererseits freilich dem Vorwurf entgehen den Frieden gebrochen zu haben. – Ich bin mit dem gelehrten Fechner in Leipzig in brieflichen Streit gerathen, der mich interessirt hat, jetzt aber, da er rein wissenschaftlicher Natur war, in der Unruhe der Zeit leider wohl untergehen wird. Man kann nicht philosophiren wo Leib und Leben, Hab und Gut, ja alle bisherigen Bedingungen der Subsistenz in Frage gestellt sind. Fechner hatte eine eigenthümliche Auferstehungstheorie aufgestellt. Der Mensch lebt drei Mal: im Mutterleibe, dann jenseits desselben, endlich jenseits dieses jenseitigen Leibes; doch immer leiblich. Im Mutterleibe bildet er sich den Leib für das erste Jenseits, im ersten Jenseits für das Zweite, in welches er durch den Tod tritt, oder geboren wird. Dieser Leib muß fertig sein wenn wir sterben, und besteht in der Gesammtheit der Einflüsse, die wir auf andere Menschen haben, in welchen wir später mit vollem Bewußtsein fortleben werden und zwar glückselig, wenn diese Einflüsse heilsam waren, unglückselig im umgekehrten

Falle. Auf diese Weise würde Newton gleichzeitig und seiner selbst bewußt in 4 Gelehrten fortexistiren, von denen einer in Archangel die andern am Cap der guten Hoffnung, in New York und in Moskau lebten. Die Figur dazu wäre folgende: . Der große Kreis ist Newton, die kleineren sind die 4 Gelehrten. Dies Theorem steht übrigens nicht so nackt da wie ich es hier skitzirt habe, sondern ist reich ausgestattet und behangen mit vielen Daten aus wissenschaftlichem Bereich, so daß es kaum zu erkennen ist. Ich habe es, so weit ich es zu verstehen glaubte, scharf angegriffen und habe nun die Freude, daß Fechner, anstatt das übel zu nehmen, mich mit einer wahren Lammsgeduld in ausführlichen Schreiben zu widerlegen sucht, mir auch um dies zu erleichtern, eins seiner Werke nach dem andern zuschickt, was Alles mein Herz diesem liebenswürdigsten Gelehrten und vortrefflichen Menschen zuneigt. Mit Alfred habe ich einen Streit anderer und sehr genußloser Art. Er sieht nämlich auf dem politischen Gebiet Alles schwarz, was ich weiß sehe und vice versa. Da kann man eben nur seine Ansicht sagen und dabei sind wir übereingekommen uns weder für dumm noch für schlecht zu halten. – Hermann Ziegesar, der kürzlich Obersthofmeister seiner Herzogin geworden, daneben die Civilliste des Herzogs verwaltet, war 10 Tage lang bei uns. Er hat sich sehr jung und frisch erhalten und erzählte von früh bis Abends unausgesetzt rauchend die Abentheuer seines vielbewegten Lebens. Natürlich hatten wir das schändlichste Wetter dabei, all mein Obst erfror in 7 aufeinander folgenden Frostnächten, dazu Eichen, Buchen, Eschen, Nüsse; man konnte nicht draußen sitzen und ich kam recht herunter, doch konnten wir ein paar Partien zu Wagen machen, da Schätzell mir seine Equipage zur Verfügung stellte. Dann kamen meine alten lieben Hauskinder Line und Tille aus Hamburg auf 5 Tage zu uns und erwärmten durch ihre treue Liebe unser Aller Herzen.

*Am 17. Juni.* Preußen hat an den König von Sachsen die Frage gestellt ob seine Frankfurter Abstimmung feindliche Absichten gegen Preußen involvire? Antwort scheint Ja gewesen zu sein. Gleich darauf die preuß. Kriegserklärung, Abreise des Königs von Dresden zur Armee, Ueberschreitung der Grenze bei Strehla durch preuß. Truppen am gestrigen Tage. Gleiche Anfragen sind an Hannover und Hessen ergangen und wahrscheinlich stehen auch dort schon preuß. Truppen. Der Krieg hat also begonnen. Der Haß gegen Preußen echauffirt ganz Deutschland, brennt gegen das preuß. Gouvernement lichterloh sogar in Preußen selbst, aber Bismarck läßt sich nicht irren, soll sehr zugänglich und in der freundlichsten Stimmung sein, seines endlichen Sieges gewiß. Welch ein kolossaler Mensch! Vorgestern war Otto Strauß bei uns (Sohn des bekannten Hofpredigers) und erzählte Wunderdinge wie der Minister unter den großen Geschäften doch immer noch ein offenes Auge und Interesse für die geringsten Kleinigkeiten zeige. So bettelt ihn vor einigen Tagen ein armes Mädchen für ihre kranke Mutter an, welche die Apothekerrechnung nicht erschwingen kann. Bismarck erkundigt sich schriftlich beim Parochialgeistlichen Strauß nach den Umständen der Familie, und da Strauß günstig berichtet, schickt er ihm mit 6 Thalern den Betrag der Rechnung. Nachdem 6 Revolverkugeln, die alle 6 seinen Paletot durchlöcherten, ihn nicht verletzt haben, mag er ganz fest an seine göttliche Mission glauben. Unser Eichwald sah nach dem Frost wie verbrannt aus, jetzt ist er wieder belaubt, der Johannistrieb. Getreideernte scheint brillant zu werden.

Wilhelm.

P.S. Die preuß. Zeitungen schweigen jetzt über alle Truppenbewegungen, nur durch Reisende erfährt man Unzuverlässiges. Demnach hätte der König von Hannover seine Residenz verlassen und die ganze Hannoversche Armee sei in Gefahr gefangen zu werden. Unser Regiment ging nicht nach Mainz, im Augenblick des Abmarsches Contreordre. Wir werden wohl mit in die preuß. Linie rücken. – So eben ein Brief von Gerhard. Er steht bei Neiße und das Regiment erwartet jeden Augenblick den Befehl die Grenze zu überschreiten. Die 11$^{\underline{t}}$ Division bildet die Avantgarde und verspricht sich einen höchst interessanten Feldzug. «Mit meinem Revolver» schreibt Gerhard «schieße ich der Mannsscheibe auf 30 Schritt jedesmal durch die Brust. Er erregt allgemeinen Neid.» Die Stimmung der Leute soll herrlich sein. Anstrengende Märsche in furchtbarer Hitze und schlechte ärmliche Quartiere werden mit gutem Humor ertragen. Strauß, der das Regiment genau kennt, sagte mir es gehöre zu den vorzüglichsten der Armee und es wäre eine Lust die Feldübungen mit anzusehen. – Unsere anhaltische Staatscasse steht plötzlich am Bankerott, kann ihren Verpflichtungen nicht mehr nachkommen, daher die Stände gestern in außerordentlicher Sitzung beisammen waren, um ein Anleiheproject zu genehmigen. Ein so reicher Staat, blos durch Mangel an Controle und Ordnung! was soll nun werden, wenn erst Kriegslasten getragen werden müssen. Schätzell hatte immer Ueberfluß an Geld. An unserem und an Oestreichs Beispiel sieht man wie wenig moderne Constitutionen solchen Calamitäten abhelfen. Nach einem Gewitter, das wir heute Mittag hatten, kühlt das Wetter sehr ab. Möchte es so bleiben, das wäre ein Glück für die armen Soldaten, die unter der Hitze sehr gelitten haben. Kein Mensch kann die sächsische und Hannoversche Politik begreifen. Natürlich werden beide Länder fürs Erste ausgesogen, und siegt Preußen, so werden sie gestrichen. Rußland benimmt sich sehr anständig indem es den Schlesiern erlaubt ihre Wertheffecten zollfrei nach Rußland zu flüchten.

## № 150

Ballenstädt 4. Juli 1866

Mein lieber Bruder!
Ich weiß nicht wie ich anfangen soll, und doch geht es nicht anders, ich muß heute früh die Hand meines Bruders ergreifen. Gestern Abend saß ich mit meiner Frau im Garten, da kommt ein Feldpostbrief – nicht von Gerhards Hand. Ich erschrak und öffnete. Mit Bleistift auf ein Zettelchen geschrieben folgendes:

«Hochgeehrter Herr! Ich befinde mich leider in der Lage Ihnen mittheilen zu müssen, daß gestern d. 28sten d. Ihr Herr Sohn Gerhard bei einem Gefecht bei Skalitz den Tod für's Vaterland erlitten hat. Eine Granate traf seine Brust; er war auf der Stelle todt. Indem ich diese Zeilen schreibe, blutet mir das Herz, er war mir stets ein treuer Freund und der Verlust keines Kameraden könnte mich näher berühren. Ich habe ihn stets an der Spitze seiner Companie im furchtbarsten Granatfeuer gesehen. Heldenmüthig führte er seine Companie der feindlichen Batterie entgegen. Ihm war es nicht vergönnt zu sehen wie die Unsrigen einen glorreichen Sieg erfochten. Für die Beerdigung seiner Leiche hat Hauptmann v. Rettberg Sorge getragen.» v. Twardowski Reg. Adjutant.»

Ich dachte Julchen werde mir in den Armen sterben. Wie lieb ich diesen Jungen gehabt, weiß nur Gott. Es war ein Band des innigsten Verständnißes zwischen uns. Gerhard war von Kindheit auf ein ehrenfester, gewissenhafter, bescheidener Mensch, sehr begabt und talentvoll, friedliebend, gänzlich unerschrocken, ohne Ehrgeiz und jegliche Prahlerei, doch eines hohen Aufschwungs seiner

Gefühle fähig, seinen Eltern mit kindlicher Ergebenheit zugethan, und das wußte er auf die rührendste Weise zu zeigen, wenn er bei uns war. Das kam freilich seit seinem 13$^{t}$ Jahr nur selten vor; von einem auswärtigen Gymnasium weg gleich in ein auswärtiges stets an der äußersten Grenze stehendes Regiment, und dann sah man sich nur zu den Ferien, oder auf kurzen Urlaub, kaum einmal im Jahre. Das waren denn freilich Festzeiten für uns Alle, aber, wie ich glauben möchte, besonders für mich; denn er hatte eine eigenthümliche mir vorzugsweise verständliche Art mir seine Liebe zu zeigen, so daß mir das Herz immer dick und schwer ward wenn er wieder abzog. Er fand sich fast immer an meiner Seite, belebte und vergnügte mich durch seinen Humor, oder regte mich auf angenehme Weise an durch gescheute Fragen über Glauben und Wissen. Alle Menschen, mit denen er in Berührung kam, gewannen ihn dauernd lieb, die Regimentskameraden waren seine Freunde, von allen oft wechselnden Obristen an bis zu den Lieutenants, und in der ganzen Armee war er wohl bekannt und genannt. Sein kurzes Leben hat er reichlich genossen und dann ein schmerzloses höchst ehrenvolles Soldatenende auf dem Schlachtfelde gefunden, in einem heiligen Kriege gegen Dummheit, Lüderlichkeit und obstinaten Aberglauben.

*Am 5. Juli.* Gestern Abend war Benno's Ankunft, der von Coswig heraneilte, sehr tröstlich, auch für Julchen. O wie herzzerreißend ist der Anblick dieser Mutter! Sie thut was sie kann, sich zu fassen, aber sie war noch von Elisabeths schrecklichem Ende zu wund. Gott helfe ihr und mir. Unser *geliebter Gerhard*! Ach daß er doch wenigstens den Sieg seines herrlichen Regiments, das er zum großen Theil mit bilden half, noch erlebt hätte! Doch das sind eitle Gedanken. Benno war gestern durch lauter flaggende Städte gekommen mit unermeßlichem Jubel, weil sich die Nachricht von einem neuen entscheidenden Siege bei Königgrätz verbreitet hatte. Auch soll die Post noch gestern Abend amtlich davon benachrichtigt worden sein, daß 8 Armeecorps an der Schlacht theil genommen und Benedek aufs Haupt geschlagen sei. Prag soll in preuß. Händen sein. Wenn das wahr ist – – – So eben die Zeitung; telegraphische Depesche des Königs an die Königin vom 3. Juli: «Großer Sieg über die Oestreicher. Alle 8 Corps 8 Stunden lang im Feuer; Oestreicher total geschlagen. Massen von Trophäen noch nicht zu übersehen. Unsere Verluste bedeutend. Wir sind Alle wohl; Gottes

Gnade walte ferner über uns.» – Es ist eine unerhörte Kraftentwikkelung. Seit dem 27sten Juni alle Tage Schlachten, endlich dieser Sieg, der dem Kampfe vielleicht wesentlich ein Ende macht. Die Armee hat eine Vortrefflichkeit gezeigt wie man sie nicht geahnt hatte, von keiner Seite. Selbst die gerühmte oestreich. Cavallerie von der preußischen bei jedem Zusammentreffen geworfen. Bismarck ist jetzt der populärste Mann in Preußen. Alles schwärmt für ihn, auch die Demokraten. Ich hoffe er bringt uns ein einiges Deutschland zu Stande. Daneben Geheul und Wehklagen in den meisten Familien. Leicht waren diese Siege nicht; viel, sehr viel Blut geflossen. Aus Ballenstädt müssen noch 6 Offiziere an den Schlachten bei Gitschin und Königgrätz theil genommen haben, außerdem viele nächste Verwandte hiesiger Familien – von allen diesen noch keine Nachricht. Unser Haus ist den ganzen Tag überströmt von theilnehmendem Besuche aus allen Ständen. Das thut ja wohl; aber – ach unser Gerhard! – Drei liebe Kinder sind nun weg. O Herr mein Gott! wie es so bitter weh thut! – und die arme Braut, die immer so heldenmüthige Briefe schrieb – wie wird sie nun geknickt sein. Ich kann nicht weiter schreiben. Seid Alle herzlich umfangen.

Wilhelm.

## Nº 151

Ballenstädt 12. Juli 1866

Mein lieber Bruder!

Vorgestern Abend erhielt ich Deinen Brief vom 3t und will Dir wieder schreiben mich zu zerstreuen, nicht von meinem Verlust, der mir das Herz abfrißt – sondern von anderen Dingen. Daß unser beiderseitiges Urtheil über diesen schauerlichen Krieg zusammenklingt, erfreut mich, so wie es mich betrüben könnte, daß unser alter Freund Timmo anders denkt. Von Oestreichs Unschuld zu reden kommt mir eben so ungereimt vor als von Preußens Unschuld. Wer ist unschuldig in dieser Welt? Ein Krieg wie dieser ist ein unabwendbares Naturereigniß. Seit anno 48 hatten sich alle Verhältniße verwirrt, die Luft war dick und schwül, fast undurchsichtig geworden – jetzt zuckt der Blitz hindurch, das ist die Sache. Der Deutsche Bund konnte nur bestehen so lange Oestreich und Preußen Hand in Hand gingen, und dies zu ermöglichen hat Preußen sich 50 Jahre lang vor dem lüderlichen Oestreich gedemüthigt, jetzt aber ging es nicht länger wenn nicht Preußen und mit ihm ganz Deutschland in den desolaten Zustand der altersschwachen

Großmacht mit hineingezogen werden sollte, ja wenn Preußen nicht an der von Oestreich eifrig geschürten wahnwitzigen Demokratie im eigenen Lande zu Grunde gehen sollte. Es wagte auf seine Forderungen wegen Schleswig-Holstein zu bestehen, Forderungen die ganz Deutschland, auch Oestreich zu Gute kamen, das noch überdem entschädigt werden sollte. Diese Forderungen waren für Preußen eine Nothwendigkeit seiner inneren und äußeren Lage wegen, was hier auseinanderzusetzen zu weitläuftig wäre. Oestreich aber freute sich durch sie einen Rechtstitel und eine Handhabe für den längst beschlossenen Krieg zu erhalten. Der Krieg gegen Preußen war schon vor 3 Jahren beschlossen, man wollte ihm den Großmachtskitzel austreiben und es sollte wieder ein Staat werden wie Hannover oder Sachsen. Eine furchtbare Gehässigkeit wurde in ganz Deutschland angeregt gegen Preußen, welches der Wohlthäter Aller war. Ich nenne hier nur den Zollverein und das uneigennützige Niederschlagen der Revolution in ganz Norddeutschland bis Baden hinunter. Dadurch war freilich der Haß der Demokratie erregt, den Oestreich klüglich ausnutzte. Die Fürsten erschreckte man mit Annexionslügen. Die ungeheure Majorität der eigenen Kammer benutzte die gedrückte Lage der Regierung, das sogenannte Budgetrecht, Ministerverantwortlichkeit, Unterordnung der Armee unter die Kammer, kurz alle den Unsinn zu erzwingen, durch den die Kleinstaaten schon geschwächt waren. Aber Bismarck, der allgemein verkannte und gehaßte Held, stand in dieser Brandung wie ein Felsen. Außer ihm und dem trefflichen Roon war in Preußen Alles gegen den Krieg bis tief ins königliche Haus hinein, selbst der alte brave Gerlach rieth zum Nachgeben, und den *König* bei der Stange erhalten zu haben, war Bismarks *größte* That. Die Demokraten fürchteten für ihre Macht, die ruhigen Bürger für ihren Reichthum, die Generale für ihre Kriegsehre – Alles petitionirte um Frieden. Bismarck blieb fest, sich stolz abwendend von einem zweiten Olmütz, und siehe als die Stunde kam und der König rief, so war die Armee bereit und in Zeit von 8 Tagen lag ganz Norddeutschland und halb Böhmen zu des Königs Füßen. Da schwanden die Illusionen des Auslandes, der Hader im eigenen Lager verstummte, die Parteien reichen sich die Hand, die Wahlen fallen gut aus, ganz Preußen gleicht einem einzigen großen Kriegslager, man schwärmt für Bismarck und für die treffliche, seit Jahren angefeindete Armee, für die man kein Geld bewilligen wollte, und Jedermann opfert willig seine Habe.

Ganze lange Eisenbahnzüge vollgepackt mit freiwilligen Gaben für die Armee durchsausen das Land; es ist ein Aufschwung wie anno 13, gewaltig! Auch unser Ländchen nimmt theil an dieser Begeisterung, obgleich der Hof ganz östreichisch gesinnt ist – «das arme unschuldige Oestreich!» seufzt auch unser gutmüthiger Herr, der dennoch aber seine Bataillone nach Preußen geschickt hat (wenn auch unter der Bedingung sie nicht ins Feuer kommen zu lassen). Schätzell richtet im Schlosse Hoym ein großes Hospital mit 100 Betten für Verwundete ein. Die Gaben dazu fließen überreich ein: Betten, Bandagen, Charpie, Leinwand, Wein, Lebensmittel langen Frachtwagen weise an von den Dörfern, auch baares Geld im Ueberfluß. Gestern allein von Badeborn ein vierspänniger Leiterwagen mit Utensilien aller Art und 85 Thalern Geld. Ebensoviel haben die wackeren Badeborner Bauern an das Quedlinburger Hospital geschickt, dem ebenfalls Schätzell vorsteht. Das preuß. Militär ging ohne jede Animosität, fast widerwillig gegen Oestreich; aber die Oestreicher benahmen sich so gemein und niederträchtig, daß jetzt ein fürchterlicher Haß entbrannt ist. Oestreich ist horribile dictu! der *einzige* europäische Staat, dem Genfer Vertrage zum Schutz der Verwundeten, Hospitäler, Aerzte und Pfleger, *nicht* beigetreten, schleppt Aerzte, die seine eigenen Leute verbinden, in die Gefangenschaft, und schlägt die Verwundeten auf dem Schlachtfelde todt! Grausenhafte Scenen der Art erzählte mir gestern als Augenzeuge ein preuß. bei Königgrätz verwundeter Oberjäger, den Schätzell ins Haus genommen um ihn auszupflegen. Daß Oestreicher das Gewehr strecken und dann auf die friedlich herannahenden Preußen aus nächster Nähe plötzlich schießen, ist nichts seltenes. Ich könnte Dir da noch viel erzählen aus den Briefen, die von der Armee hier anlangen. Was die Soldaten nicht thun, thun die Bauern, die auf den Schlachtfeldern ihre eigenen verwundeten Landsleute todt schlagen um sie zu plündern. Weichen die Preußen, von Uebermacht gedrängt, von einem Kampfplatz zurück und avanciren hernach wieder mit Verstärkung, so finden sie alle Verwundeten erschlagen. Die Dörfer sind verbrannt und ausgeplündert durch die eigenen Landsleute, die Brunnen verschüttet usw. Die Slaven zeigen sich als Halbmenschen und den Krieg gegen dies Gesindel kann man keinen Bruderkrieg mehr nennen. Die armen Leute sind freilich künstlich fanatisirt und belogen von ihrer Regierung und ihren Priestern, die Preußen sind ihnen als Religionsschänder, Gottesleugner und brutale Bestien geschildert worden. – Und welche Unthat des Gouvernements Venedig an Napoleon zu schenken, Venedig, das sie immer Deutschlands Bollwerk gegen Süden nannten! Anstatt als ehrliche Männer, nach der entscheidenden großen Schlacht, Venedig, wenn sie es nicht halten konnten, aufzugeben und mit Preußen Frieden zu schließen, was sie immer noch unter annehmbaren Bedingungen konnten, verschenken sie es an Napoleon, und übertragen diesem ihrem ärgsten Feinde und Deutschlands ärgstem Feinde das Geschäft des Friedensschlusses, ihn somit als höchsten Richter in Europa anerkennend. Dieses Verschleudern deutscher Ehre an Frankreich muß ihnen ja alle Sympathien ihrer deutschen Bundesgenossen rauben, und geschieht das nicht – dann Schande über diese Buben! Dieses elende Gesindel, das erst so große Worte hatte und jetzt von einer Hand voll Preußen zu Paaren getrieben wird wie Schafe. Man scheint sich auch durch Napoleon nicht schrecken zu lassen; denn die Armee geht vorwärts und Böhmen ist erobert. Daß Bismarck eine Verständigung mit Napoleon getroffen, wie Du meinst, ist nicht wahrscheinlich. Es sieht diesem klugen Monarchen nicht ähnlich, daß er sich im voraus die Hände binden werde. Wegen Holstein hätte er allerdings keinen Krieg gemacht, aber sein Programm an Drouyn de Lhuys möchte er doch wohl durchzusetzen suchen, um Deutschland nicht erstarken, namentlich nicht unter Preußens Scepter einig werden zu lassen. Inzwischen ist man hier der Meinung, daß Napoleon wenn er seine Dynastie befestigen will, sich keiner Schlappe aussetzen dürfe, eine Calamität, die ihm gegen diese siegreiche Armee ja doch möglicherweise begegnen könnte. Auch will man wissen, daß die franz. Offiziere, welche dem Feldzuge in Holstein beiwohnten, ihn gewarnt hätten, so wie auch Gablenz dem Kaiser von Oestreich gesagt hat, es sei ganz unmöglich in diesem Augenblick mit Preußen anzubinden, wegen der Bewaffnung, des ausgezeichneten Offizierscorps und des Geistes in den Leuten. Ganz Preußen ist jetzt eine hell lodernde Flamme und ich hoffe Napoleon wird keine Lust haben sich die Fänge zu verbrennen um für das «unschuldige» Oestreich die Kastanien aus dem Feuer zu holen. Die Neugestaltung Deutschlands wird er freilich zu erschweren suchen, wird vielleicht Sardinien nehmen für Venedig, und wenn er es haben kann, vielleicht auch Belgien als Compensation für Preußens wachsende Größe. Die ekelhafte Stimmung der Engländer gegen Preußen ist gänzlich umgeschlagen, die Times schwärmt jetzt für Bismarck, den sie einen

Halbgott nennt, und für Preußens Waffen, bekennt es offen, daß Deutschland nur noch in Preußen zu suchen sei. Geehrt wird sich Bismarck dadurch wenig fühlen, aber für den Fall eines Krieges mit Frankreich wären die Sympathien des englischen Pöbels immerhin erwünscht. Wir hatten gestern Nachricht aus Berlin (privative): eine große Anzahl ungarischer Magnaten habe eine Einladung an den Prinzen Friedrich Carl erlassen, nach Ungarn zu kommen und die Krone des h. Stephan anzunehmen. Man könnte es sich wohl denken, daß sie einen solchen Husarenkönig gern hätten. Natürlich wird der Prinz nicht antworten. Er ist im dichtesten Handgemenge gewesen, alle Prinzen im Kugelregen, selbst der König hat sich exponirt. Denke Dir, daß schon 200 Kanonen genommen sind, während die Oestreicher keine einzige erobert. Bei Königgrätz sollen 250,000 Oestreicher auf ausgesuchtem Schlachtfelde, mit ausgesteckten Merkstangen für die Artillerie, gegen 200,000 Preußen gestanden haben. Dennoch gleicht ihre Niederlage nur der preußischen von 1806 bei Jena. In allen Schlachten waren sie Meister des Terrains und diese furchtbare Niederlage ist nur durch schlechte Führung oder vielmehr durch den Rathschluß Gottes zu erklären, denn gefochten haben sie wie die Löwen. Wo die preuß. Armee jetzt ist, wissen wir nicht, es liegt seit vielen Tagen ein Schleier darüber. Vorgestern hatte ich einen Feldpostbrief von Rettberg aus Pardubitz, und unsere Köchin von ihrem Schatz einen aus Horitz. Somit war die Armee nach der Schlacht weit vorgerückt. Man vermuthet indessen, daß das Hauptquartier damals schon in Mähren war, daß man auf Brünn marschire und daß die Oestreicher sich entweder vor Brünn oder an der Donau noch einmal stellen werden, wenn es ihnen gelingt bis dahin die italienische Armee an sich zu ziehen.

*Am 13. Juli.* Gestern die Nachricht von dem Tode eines jungen Grafen Schulenburg von unsern Aschersleber 10ten Husaren, ein bildschöner Mensch, der hier oft zur Tafel war. Er hatte bei Königgrätz Gefangene gemacht und rettete einem derselben, den die Husaren niedersäbeln wollten weil er plötzlich Widerstand leistete, das Leben. Einige Augenblicke darauf ergreift der Kerl doch wieder sein Gewehr, das er von sich geworfen, und schießt seinem Retter durch die Brust. Dergleichen ehrlose Geschichten werden häufig berichtet. Mein lieber Gerhard, wir leben hier in einer sehr großen Aufregung, obgleich Ballenstädt ja noch im tiefsten Frieden liegt. Zeitungen sind die einzige Lectüre, sie überschwemmen uns täglich drei Mal, werden eifrig besprochen unter Nachbarn und Freunden – aber auch *unserer* gedenkt man mit wohlthuender Theilnahme, wir sind selten allein. Kann ich so flüchte ich mich in Schätzells Garten, der wie ein Wald ist. Da ist ein trautes Plätzchen unter hohen rauschenden Wipfeln, wo ich (vorm Jahr um diese Zeit) zuletzt meines Gerhards noch recht froh ward. Wir lasen hier zusammen ein philosophisches Buch von Fechner, das interessanten Ideenaustausch veranlaßte. Jetzt weine ich mich hier ein paar Mal täglich recht satt um den prächtigen lieben Jungen, während ich mich der Frau und Anna gegenüber ziemlich steif halte. Ach es thut weh, weh, *unendlich* weh! Nur Gott der Herr weiß wie lieb ich diesen so reich begabten, gehorsamen, bescheidenen, selbstlosen Heldensohn gehabt. Die fieberhafte Aufregung der Zeit kommt mir zu Hülfe, dahinein rette ich mich immer wieder von neuem um zu verhüten, daß mir das Herz bricht. Wir haben nun nähere Nachricht durch Rettberg, seinen Freund. Gerhard führte seine Companie bei Skalitz gegen feindliche Kanonen; da fuhr ihm ein Granatstück durch den Oberschenkel in den Unterleib. Er brach zusammen mit den Worten «Ich habe genug!» schwang dann noch den Säbel und rief laut: «*Drauf* Kinder! *Drauf! nehmt die Batterie!*» und sie nahmen sie mit solchen Ehren, daß mehrere Leute der Companie zur höchsten Auszeichnung vorgeschlagen sind. Ihr Hauptmann erlebte diesen Triumpf nicht mehr, er soll nach 6 Minuten todt gewesen sein. Rettberg suchte und fand die Leiche des Freundes, die er in einem nah gelegenen Dorfe vom Gemeindegeistlichen mit allen militärischen Ehren nach katholischem Ritus auf dem Gottesacker begraben ließ nebst der Leiche eines bei demselben Sturme mitgefallenen Kameraden, Lieutenants Zimmermann. Aus freien Stücken hatte sich die Regimentsmusik eingefunden und den Choral «wie sie so sanft ruh'n» über das Grab geblasen. Die Offiziere des Regiments wollen einen Denkstein setzen. Gerhard war als Mensch wie als Soldat im ganzen Regiment sehr hoch geachtet. Wie meine arme Frau über diesen neuen Verlust hinwegkommen wird, weiß ich nicht – Gott helfe ihr und mir! und auch der armen Anna, welche diesen Bruder ganz besonders werth hielt. Die Braut ist gebrochen und vollständig geknickt; ihre Briefe sind das Herzzerschneidenste was man lesen kann; die ganze Voß'sche Familie aufs tiefste erschüttert. Genug – ich kann nicht mehr davon reden. –

Des Königs Hauptquartier soll schon nahe bei Brünn stehen. In Baiern rückt Falkenstein vor gegen die Reichsarmee, siegreich in allen Gefechten. Er hat nur zu wenig Mannschaft. Die Landwehr ist noch wenig ins Gefecht gekommen, das zweite Aufgebot noch gar nicht einberufen. Bei Königgrätz soll man von der Schußwaffe wenig Gebrauch gemacht haben wegen der gedeckten Stellung der Oestreicher. Bajonett und Säbel sollen den Sieg wesentlich herbeigeführt haben. Gortschakow hat dem preuß. Gesandten die Versicherung gegeben, das Journal de St. Peterbourg entbehre gänzlich den offiziellen Character. Es sind in dieser Zeit so viele Erklärungen gegeben worden! – Die Bremer haben mit gewohnter Munificenz und deutschem Patriotismus ein kolossales Geschenk an Wein und Cigarren an die Armee nach Böhmen abgehen lassen. Die Mecklenburger, Bremer, Hamburger und Oldenburger Contingente vereinigen sich, sagt man bei Wittenberg mit unseren Anhaltschen.

So eben die Anzeige von Max Zöge's Tode am 24. Juni. Was ist denn das? war er krank? Ist er verunglückt? Es war darüber nichts beigefügt. Die arme Wittwe! –

Unser Benno kam gestern an; er hat Ferien auf drei Wochen, gereicht uns zum Troste. Die Herzogin, die fast täglich bei uns war, seit vorgestern in Alexisbad. Die Holsteinschen Herrschaften verlassen uns nächste Woche um nach Holstein zu gehen für den Sommer. Der Herzog ist auf dem Mägdesprung, die Erbprinzlichen Herrschaften hier eingerückt. Das Wetter im Juni sehr heiß mit häufigen Gewittern, unendlich fruchtbar, dann bis zum 11t Juli naßkalt, viel Heu verdorben, jetzt wieder schön 26º Wärme, leider rollt schon wieder der Donner in der Ferne. – Eben bekomme ich einen Brief aus Woiseck vom Laputchen von dem ich lange, lange nichts gehört. Sie ist sehr ungern von NeuDettelsau weggegangen, doch scheint das Verhältniß mit der Tante nun gut, doch die arme in Würzburg zurückgebliebene Sonny Sch. soll noch in großer Ungnade stehen. Ich grüße Elmine, Helene, Alle,Alle und ebenso grüßt Julchen. Möchte doch der arme Dulder Hermann Krause sich endlich recht gründlich erholen, – es mit Tony Stackelberg immer besser gehen! Grüße die liebe gute Alwina und meinen alten Vetter Wilhelm. – Bei Frankfurt sollen 90,000 Mann Oestreicher und Süddeutsche zusammengeballt sein – ich fürchte Preußen ist dort zu schwach. Wird es dort geschlagen, so möchte sich der Krieg in die Länge ziehen und hierher wälzen. Leb wohl mein Bruder!

Dein Wilhelm.

Nº 152 Ballenstädt 4. Aug. 1866

Mein geliebter alter Bruder!
Herzlichen Dank für Deinen lieben Brief vom 26sten Juli so wie für den Helenens, den ich 2 Tage früher erhielt – lauter gute Nachrichten. Selbst daß Helene zu Knüpffers geht, um ihre Thatkraft und reiche Begabung zu verwerthen, mag richtig sein, wenn anders die beiden Schwestern die Trennung ertragen. Für die theure Elmine thut es mir leid, diese Civil-Adlata ihres Herzens verlieren zu müssen. Daß Harnack im Stift war, um seine Schwägerin die Priorin zu besuchen, interessirt mich. Schreibe mir doch ausführlich alles Erfreuliche was Du an ihm bemerkst und grüße ihn bestens. Ich hatte Genuß an ihm als er vor etwa 25 Jahren hier war. Ein anderer interessanter und lieber Bekannter aus jener schöneren Zeit stellte sich vor wenig Tagen, wenn auch nur auf ein paar Stunden bei mir ein, Woldemar Bock. Daß er kommen würde, war mir schon seit längerer Zeit wahrscheinlich, da sich ein Brief an ihn auf hiesiges Postamt verirrt hatte, bis Hermann Ziegesar mir meldete Bock sei bei ihm gewesen, und auf dem Wege zu uns. Der Mann blieb aber aus und ich glaubte daher, daß er des schlechten Wetters wegen seine Absicht aufgegeben habe, als er sich plötzlich dennoch einfand. Die ganze Zeit hatte der Sonderling in Quedlinburg gesessen, zweifelnd ob er es wagen dürfe uns in unserem jetzigen Castro doloris aufzusuchen. Auch war es nur ein vorläufiger Recognoscirungs-Besuch, er mußte nach Quedlinburg zurück weil seine Sachen dort geblieben; doch wollte er nächsten Tags auf längere Zeit wiederkommen. Statt dessen ein Brief er sei erkältet und müsse sich erst auskuriren. Gestern schickte ich vom Quedlinburger Bahnhofe aus (wohin wir Alle gefahren waren um die mit dem Abendzuge eintreffende Julie Voß in Empfang zu nehmen) da ich wegen Entfernung der Bockschen Wohnung selbst nicht gehen konnte, Benno ab, sich nach seinem Befinden zu erkundigen. Benno fand ihn im überheißen Zimmer mit Schnupfenfieber und eifrig mit Schriftstellerei beschäftigt. Er versprach indeß zu kommen sobald er genesen, wenn er auch Berlin darüber opfern sollte. So ist denn wieder einer Freude entgegenzusehen. Meine arme Schwiegertochter hat uns durch ihr herzzerschneidendes Aussehen tief bewegt; doch geht sie kräftig gegen ihren Schmerz an, sich bemühend uns durch ihren Jammer nicht noch mehr zu betrüben. Das arme Kindchen; – sie hat ihren Gerhard mit einer wahren und

tiefen Liebe geliebt, und ihre ganze Zukunft mag vor der Hand in Scherben vor ihr liegen. Mit der Zeit wird auch ihr Schmerz sich lindern und sie kann immer noch recht glücklich werden. Sie hat Erlaubniß 7 Wochen bei uns zu bleiben. – Was doch der arme Hermann Krause für Pech hat! Gott sei Dank, daß der Sturz keine nachtheiligen Folgen hatte. Gratulire ihm doch wie auch seiner lieben Mama von unserer Seite zu dem erfreulichen Erfolge seiner Schlammbäder.

*Am 5. Aug.* Der Friede scheint – Gewisses weiß man noch nicht – fürs Erste eine Zweitheilung Deutschlands bringen zu wollen, worüber schon wieder Unzufriedenheit entsteht, noch ehe man es weiß; aber immerhin ist anzunehmen, daß ein Mann wie Bismarck das Mögliche erreichen, das Uebrige aber sich später von selbst machen werde.. Es kann kaum fehlen, daß die Wucht von 30 Millionen Norddeutschen den Rest im Süden durch das einfache Gesetz der Gravitation nach sich ziehen werde. Daß mein geliebtes Sachsen wahrscheinlich nicht anectirt wird, thut mir aufrichtig leid; es würde sich in erneuerter Verbindung mit seinen 1815 freventlich abgerissenen Theilen besser befinden als unter einem eigenen Schattenkönig, aber man scheint der würdigen Persönlichkeit des Königs Johann das Land zum Opfer bringen zu wollen. Viele patriotische Männer in Sachsen denken ebenso, wie mir ein Reisender erzählte. Wenn Helene schreibt, daß die Petersburger, die sie spricht, sämmtlich auf Seiten Oestreichs ständen *wegen des Rechts*, so beweist das nur, daß diese Petersburger, wenn auch Deutsche, dennoch stark durch die russische Atmosphäre, in der sie leben, angehaucht sind. Rußland hat sich in dieser ganzen Krise officiell nur freundschaftlich zu Preußen gestellt, das ihm stets ein guter und getreuer Nachbar war, während sich Oestreich allezeit, und noch im letzten Polenkriege sehr zweideutig, ja feindlich und hinsichtlich Ungarns sogar infam benommen hat. Daß Rußland nichts destoweniger innerlich grollt wegen preußischer Erwerbung der Elbherzogthümer (die man allerdings vom Gesichtspunkte des gemeinen Rechts für nicht ganz loyal halten könnte) ist begreiflich, aber nicht etwa wegen eines dabei begangenen Unrechts, sondern weil diese Acquisition Preußen nothweniger Weise zum Herrn der Ostsee machen muß. Noch kommt dazu, daß Rußland in der Neubildung Deutschlands den Untergang einer Anzahl von Stutereien (wie Stein sich gegen Alexander I ausdrückte) erblicken mag, aus denen es seine Großfürstinnen bezog. Daß Jeder geneigt ist nur das für Recht zu halten, was gerade in seine Tasche paßt, ist nur zu wahr; aber man muß doch suchen sich darüber klar zu werden. Auf das von Dänemark abgerissene Schleswig-Holstein hatte Niemand ein Recht außer demjenigen, der es abgerissen, weil es ihm feierlich von dem früheren Besitzer abgetreten war. Die älteren Rechte waren durch den Londoner Vertrag vernichtet, wie ich das schon vordem ausgeführt habe. Diese älteren Rechte waren dunkler und zweifelhafter Natur, weshalb man sie, um zu einem Resultat zu kommen in London durchhieb. Augustenburg hatte erweislich gar kein Recht, wohl aber bestanden alte Erbrechte für Rußland (an Oldenburg abgegeben), Glücksburg, welches rechtlich an die Stelle von Augustenburg trat, Dänemark und Ranzau. Man müßte also den kleinen Lappen noch viertheilen, damit Jeder zu seinem Rechte käme, aber dem Volke wäre dadurch Unrecht geschehen und Bismarck braucht nur die Augen zu schließen, so wären alle 4 Zipfel wieder dänisch geworden. Gemeinschaftliche Rechte müssen abgelöst oder aufgehoben werden und sobald das Recht eines Fürsten die wahren Bedürfniße und Interessen eines Volkes, dessentwegen er da ist, beeinträchtigt, wird er weise thun es freiwillig aufzugeben ehe man ihm zwangsweise davon verhilft. Es sind im Staatsleben von jeher gewisse Nothwendigkeiten eingetreten, die über alles Recht hinweggehen. Die kleinen deutschen Fürsten hätten längst einsehen müssen, wie sehr die Nation durch ihre respectiven Hoheitsrechte (die ihnen der Feind verliehen) geschädigt wurde. Dem allerdringendsten Bedürfniße hatte Preußen schon vor 30 Jahren durch seinen Zollverein in großmüthigster und uneigennützigster Weise abgeholfen; aber damit war immer noch kein deutsches Vaterland geschaffen und den Zollverein, der es ersetzen sollte, hatte Preußen ganz allein gegen äußere und innere Feinde zu vertheidigen, mußte daher eine Armee erhalten, die seine Kraft erschöpfte. Wenn Preußen nun die günstigen Zeitverhältniße, die das Misère der Kleinstaaten ans Licht stellten, benutzte ihnen einen Militairanschluß vorzuschlagen, und sie, da sie ihm dafür den Krieg erklärten, ohne weiteres exmittirte, so hat es nur *correct* gehandelt. Hätte Preußen andere Politik gemacht als es gemacht, so hätte Oestreich ganz Deutschland unter seine Botmäßigkeit gebracht und welch ein namenloses Elend wäre das geworden! Preußen hat, indem es Deutschland eroberte, Deutschland blos frei gemacht. Worin die liebe Luise N. nun eigentlich das *Un-*

*recht* findet, begreife ich um so weniger, da meines Wissens beide Neffs bei ähnlichem Vorgange in Italien doch auf italienischer Seite standen. Aehnlich sage ich, denn wenn man von Unrecht sprechen will, so waren die von den italienischen Patrioten angewandten Mittel nicht die gleichen, sondern ganz entschieden unrechtlicher. Sardinien war nicht angegriffen, sondern hat mitten aus dem Frieden heraus plötzlich mit Hülfe Frankreichs und der Revolution Italien unter sich geeinigt. Daß dieser Halbstiefel oder vielmehr Ganzstiefel endlich zu politischer Einheit gelangen wollte, war mir sehr begreiflich, ob es aber die angewandten *Mittel* je verwinden wird, ist eine andere Frage. Zudem konnte ich mich für seinen Freiheitskampf ebenso wenig begeistern als für den polnischen, weil eine vaterländische Macht dadurch geschädigt ward, ohne daß das gesammte Vaterland einen Nutzen davon gehabt hätte, wie das jetzt durch Oestreichs Schädigung der Fall, wenigstens wahrscheinlich sein wird. –

*Am 7. Aug.* Gestern Abend langte Woldemar Bock an. Leider konnten wir ihn nicht logiren, da außer unserer Schwiegertochter noch ein anderer lieber Gast eingetroffen war, (Frau von Tschammer-Osten, von der ich wohl früher schon geschrieben) doch soll er im Gasthof nur schlafen und den ganzen Tag über bei uns sein. Er scheint wirklich ein eminenter Mensch, liebenswürdig, geistreich, voller Kenntniß, dabei überaus bescheiden und bequem. Daß er die Idee hat sich mit Familie in Quedlinburg niederzulassen, um sich von da aus nach einem Gutskauf umzusehen, erfreut mich; doch weiß ich nicht, ob er daraus vielleicht noch ein Geheimniß machen will, und bitte Dich vorläufig nichts davon zu verlautbaren. Heute Nachmittag will er uns einen Vortrag über vaterländische Zustände machen.

*Am 8. Aug.* Woldemars Vortrag, zu welchem Schätzell wie zu einer Schüssel Erdbeeren eingeladen wurde, ging gestern in meinem Garten vor sich; er war nicht von mir veranlaßt, sondern von Woldemar selbst angeboten, und es wurde Großes erwartet – aber o weh! o weh! der große Mann ist sehr gesunken. Die Rede war stockend, mitten im Satz aussetzend, eintönig ohne Prägnanz vorgetragen (in der Weise des sel. Ungern) der Stil gesucht, verwikkelt, fast nur aus Parenthesen, Interjectionen und Fremdwörtern bestehend, der ganze Vortrag, von der Weltschöpfung beginnend, eigentlich nur Einleitung und Verwahrung, so daß nach dreistündiger Rede das eigentliche Object, die gegenwärtige Lage, nur wie beiläufig berührt werden konnte, und wir eben so dumm wieder aufstanden als wir uns hingesetzt hatten. Ich war wie zersägt, doch stolz daß ich es ausgehalten hatte, denn die Andern waren bis auf Schätzell verduftet. Daß Woldemar sein Vaterland und dessen Geschichte gründlich kannte, lag auf der Hand, daß er aber die Gabe nicht hatte es auch Andere kennen zu lehren, begriff ich noch leichter, und sollte er so breitspurig, weitläuftig, vorsorglich und gesucht schreiben wie er spricht, so wäre ihm eine literarische Thätigkeit, wie er sie sich vorgesetzt zu haben scheint, doch ernstlich abzurathen. –

Vorgestern erhielten wir die preuß. Thronrede. Das ist ein Meisterstück, männlich, kurz, deutlich, versöhnlich, ernstbescheiden, kein siegestrunkenes Wörtchen und reichlich freie Hand lassend. Das einzige Wort «Indemnität» das früher vermieden wurde, (obgleich man die Berechtigung des Abgeordnetenhauses nie bestritten) hat hier, so ganz am rechten Ort eingeschaltet, Wunder gewirkt, die Demokratie, wenigstens für den Augenblick, fascinirt, und gewiß wird jetzt Alles bewilligt werden was verlangt wird. Der Demokrat Alfred Volkmann schreibt mir darüber ganz überwältigt, «eine solche Größe hätte er dem Bismarck nie zugetraut.» Alfred hatte diesen Mann bis jetzt aufs gründlichste gehaßt, aber das kleine Wort *«Indemnität»* macht den Teufel jetzt so liebenswerth als bewunderungswürdig. Bismarck hat das Bewilligungsrecht der Kammer nie bestritten, nur wollte er es nicht zum offenbaren Ruin des Staats, oder zum bloßen Mittel einen Minister los zu werden, herabgewürdigt wissen.

*Am 9. Aug.* Gestern Nachmittag fuhren wir unsere Gäste den schönen Weg über das Sternhaus nach dem Stufenberge. Endlich einmal ein schöner Sommertag. Wir saßen auf der Terrasse unter vielen Menschen, einige Harfenmädchen musicirten aus angemessener Distance, ein Luftballon stieg, Woldemar unterhielt vortrefflich, und meine armen kohlschwarzen Trauerdamen wurden ordentlich ein bischen vergnügt. Auf dem Rückwege brachen wir ein Rad (gleich der vom Strande heimkehrenden Elmine) doch ward es glücklicherweise bemerkt ehe der Wagen umschlug. Ein paar fremde heranrollende Samariter übergaben uns sehr artig sogleich ihr Vehikel, so daß wenigstens ich und die schwache Tschammer fahren konnten, die Andern gingen. Um 9 Uhr Abends saßen wir Alle bei der sauern Milch. Möchte das Wetter so bleiben! Von Anfang Juli naßkaltes Wetter, das Gesundheit und Ernte schädigt. Das prachtvolle Heu verfault, der Roggen erst erfroren, dann verhagelt, endlich ausgewachsen. Auf Gerste und Weizen baut man noch Hoffnung, für den Fall nämlich, daß der Regen endlich ausbleibt. –

*Am 11. Aug.* Heute, gleich nach Tisch verließ uns Woldemar, dessen Besuch mir Freude und *Wohlthat* war, letzteres namentlich dadurch, daß er mich zwang meine Gedanken von meinem Verluste abzuziehen. Er scheint wirklich ein selten braver und vortrefflicher Mensch zu sein, dessen große Bescheidenheit und Anspruchslosigkeit bei so großer Befähigung sehr für ihn einnimmt. In religiöser Hinsicht hat er sich nicht decouvrirt, schien aber überall einverstanden, politisch war er ein sattelfest conservativer Mann, stand in diesem Kriege entschieden auf preußischer, also deutscher Seite, und zeigte sich in unseren Angelegenheiten gründlich orientirt, dazu angenehme aristokratische Formen im Verkehr, – kurz um ein passenderer Besuch war nicht zu denken. Möchte er sich nur bei seiner Uebersiedelung nach Deutschland nicht täuschen. Daß er als Schriftsteller Einfluß gewinnen könne, kann ich mir gar nicht denken, da er viel ausführlicher und breiter als man es heut zu Tage ertragen kann. Die Präsidentenwahl in Berlin ist auf einen Fortschrittler «Forckenbeck» gefallen. Die zahlreichen conservativen (124) sind mit 16 Stimmen in der Minorität geblieben, müssen doch ihre Sachen schlecht gemacht haben. Ueber den Frieden verlautet noch nichts, und man fängt an besorgt zu werden, um so mehr als sich französischer Apetit nach der Rheingrenze kund giebt. Jetzt möchte sie allerdings noch zu haben sein, Oestreich noch keineswegs niedergeschlagen und Preußens neue Erwerbungen noch nicht assimilirt. Es wäre ein schauderhafter Streich, aber Napoleon würde sich durch solchen Raub, wenn anders er sich dazu drängen ließe, moralisch so sehr im Lichte stehen, daß er sich doch zehnmal besinnen möchte ehe er die Hand danach ausstreckt. – Vor einiger Zeit fragt im Kladeradatsch ein Preuße einen Italiener: «Caro amico, wanno gehn avanzo?» Italiener antwortet: «Gari baldi!» –

Gestern Abend ist die Prinzeß Friedrich Carl von Preußen mit fünf, man sagt reizenden Kindern auf hiesigem Schlosse angekommen. Unsere eigene Erbprinzessin ist auch hier mit ebenfalls fünf reizenden Kindern. Denke Dir plötzlich dieser Kindersegen in unserem seit 50 Jahren gänzlich entkinderten Kloster! – Von unseren Ascherslebener 10t Husaren ist nur 1 Offizier geblieben, Graf Schulenburg. Seine junge Wittwe schickte einen Gutsbeamten hin und ließ mit vielen Kosten die Leiche in einem wohlverlöteten Zinksarge holen und sie im Erbbegräbniß der Familie im Beisein aller Verwandten und Lehnsvettern feierlichst bestatten. Nach einiger Zeit fühlte sie das unabweisliche Bedürfniß ihren Mann noch einmal zu sehen. Der Sarg wird geöffnet und darin liegt ein ganz fremder alter Mann. – Eine andere namhafte Familie in Schlesien erhält die Nachricht, daß der einzige Sohn bei Königgrätz gefallen, und ebenfalls kommt die wohlverlöthete Leiche auf dem väterlichen Gute an und wird beigesetzt. Nach 3 Wochen langt ein Brief des Verstorbenen an: «Lieber Vater! Gottlob daß ich Dir endlich melden kann, daß ich lebe, aber leider gefangen bin. Bitte, schicke mir Geld!»

*Am 12. Aug.* Gestern regnete es den ganzen Tag sündfluthartig, heute hell und heiter. Es ist ganz leer geworden seit Woldemar fort ist, doch ist es für mein Befinden ganz gut, da Hören und Sprechen mich auf die Länge doch sehr angriff. Neulich unser Landtag berufen um 800,000 Thaler zu decken, die in der Staatscasse fehlten. Ja wo sind sie denn geblieben? 300,000 über den Bauetat verausgabt. – Unerhört! aber die anderen 500,000? – Ministerium erklärt seine vollständige Unwissenheit. Herr v. Krosigk von Hohenerxleben: «Seit Jahren stehe die Ueberzeugung im Lande fest, daß die Herren Minister vollständig unfähig zur Führung der Geschäfte seien und nur eine verschwindende Minorität, nämlich die Herren selber, dächten anders, möchten sie jetzt zur Einsicht kommen und abtreten.» Finanzminister: «Es möge Grund zur Klage sein, aber zur Entschuldigung diene die Erbschaft, die sie angetreten hätten, sie hätten es von ihren Vorgängern nicht anders gelernt.» Advocat Bolze (früher grimmer Feind Schätzells): «Unter ihren unmittelbaren Vorgängern sei Herr v. Schätzell gewesen, dessen ganze Verwaltung, namentlich Finanzwirtschaft mustergültig gewesen, sie aber möchten das Land von sich erlösen.» Unanimiter schloß sich der Landtag diesem Verlangen an. Es circulirt hier überall im Oberherzogthum eine Petition an den Herzog, Schätzell wieder an die Spitze der Geschäfte zu stellen, aber abgesehen davon, daß er persona ingrata ist, würde er doch keinenfalls wieder annehmen. August Heynitz schreibt mir sehr glücklich über die Wiederauffindung seines Sohnes (diente im sächsischen Gardereiterregiment) und ladet mich ein einen Sommeraufenthalt bei ihm zu machen, ihn und seine Frau zu malen. Ach wie wäre das so schön! aber, aber! – Daß die Kreuzzeitung lügt, ist eine bloße Lüge des Lügners Beust, dem sie allerdings zu seinen politischen Tänzen gehörig aufgegeigt hat. Die Meinigen grüßen, ich desgleichen Euch Alle, Alte und Junge! Wilhelm.

## № 153

Ballenstädt 7. Sept. 1866

Mein alter lieber Bruder!

Ich benutze die Wärme, die Dein Lob vom 28. Aug. in meiner Seele angeblasen um einen neuen Brief wenigstens zu beginnen. Vor Allem spreche ich Dir meine Freude aus, daß Dein Richard ein, wie es scheint so großartiges Engagement gefunden hat, vorausgesetzt nämlich, daß große Arbeit auch großen Lohn abwirft. Dreihundert □ Werst! Das sind nach Adam Riese 6 deutsche □ Meilen, ein Koloß, zu dessen Ungeheuerlichkeit der Preis von 350,000 Rub. in keinem Verhältniß zu stehen scheint. Ich zweifle nicht, daß ein solches Areal in unserer Gegend seine 6 Millionen werth sei. Meisdorf z.B. ist noch keine □ Meile groß, besteht meist aus Wald und trägt Asseburg seine 40,000 Thaler ein. Wenn jenes Salis aber auch nur Wüste wäre, so meine ich, müßte der Kaufpreis allein aus Streusand herausgeschlagen werden können. Ich habe es auf meiner Karte gefunden am Meeresstrande mit seinen ausgedehnten Grenzen. Beneidenswerthe Lage. Was wird Richard dort für Seehunde schießen, Sonntags, denn in der Woche wird keine Zeit dazu sein. Am meisten wird die Ablösung der Frohne zu schaffen machen, für welche – wie Woldemar mir sagte – es gar keine Norm giebt, und die daher nicht ausgeführt werden kann wenn die Contrahenten sich nicht einigen, doch aber ausgeführt werden *muß*. «Der Bien' er *muß*.» Man scheint in der Gesetzgebung ein Mittel gefunden zu haben unauflösliche Weichselzöpfe zu ermöglichen, ein Resultat, welches die preuß. Deputirtenkammer umgekehrt durch einfache Verneinung aller Gesetzgebung gewann. Mit Deinen Auslassungen über letztgenannte Bande triffst Du den Nagel auf den Kopf – «ledern und engherzig» – das ist das rechte Wort für diese Klugscheißer, Fortschrittler genannt, die jeden

Fortschritt hemmen. Nun man hat doch endlich eine Form für die Adresse gefunden und durch Genehmigung der Indemnität sogar die Gnade gehabt es der Regierung zu verzeihen, daß sie weitsichtiger, preußischer und deutscher gewesen ist als das sogenannte hohe Haus; daß sie das Vaterland groß und mächtig und vor der ganzen Welt geachtet gemacht hat. Es ist Alles wider den entschiedensten Willen ungeheurer Majoritäten errungen worden. Was nutzte nun die Verfassung? Zwar fast viel, denn ohne die schwere Noth, die sie der Regierung gemacht, wäre Preußen noch heute ein von Oestreich behofmeisterter und gehemmter Mittelstaat mit dem Titel Großmacht, wie zu Zeiten Friedr. Wilhelms IV. Nur das Tollwerden der Majoritäten konnte einen Mann wie Bismarck an die Spitze treiben und ihn dort erhalten. Es ist klar, daß in einem constitutionellen Staate nur sehr ausgezeichnete Männer Minister sein können – finden sich diese nicht: dann freilich ist das Land sehr übel dran, den himmelstürmenden Kräften preisgegeben und der Thron wird eine wacklige Schaukel.

Wenn Woldemar Bock sich seines hiesigen Aufenthalts gern erinnert, so ist das in der That sehr gütig, da wir ihm so wenig, fast nichts zu bieten hatten. Wenn er wenigstens hätte rauchen wollen! uns aber war er ein selten liebenswerther Gast, voll Kenntniß, Geist und Gemüth, bescheiden und bequem. Sollte er wirklich seinen Plan noch ausführen und für längere Zeit nach Quedlinburg ziehen, so würden wir Alle nur bedauern, daß es nicht hierher ist. Ich denke mir aber er werde seiner Familie die Expatriation wohl kaum ernstlich zumuthen wollen. Frauen entwurzeln sich schwer, und die Söhne würden einen mächtigen Hebel des Fortkommens, die sogenannten Connexionen, schwer entbehren. Von Berlin aus hat er mir neulich vor seiner Abreise noch freundliche Abschiedsworte zugesandt, die ich leider nicht beantworten kann, weil ich vergessen habe mir seine Rigasche Adresse auszubitten.

Unsere liebe Helene möchte gern wissen was ich zu den Kl. Marienschen Lockungen sage, aber ich habe darüber nicht das geringste Urtheil, da ich die Verhältniße und namentlich den Grad der Unzertrennlichkeit der Schwestern nicht kenne. Sie sind vielleicht wie Schleswig-Holstein «up ewig ungedeelt» zu betrachten. Das aber scheint mir unzweifelhaft, daß allezeit Gottes Wille geschieht, und ist Helene nicht gegangen, so wird sie gewißlich Gottes Willen damit nachgekommen sein. In Wahrheit wüßte ich kaum wie Ihr den Winter überdauern wolltet, wenn Euch Helene fehlte.

*Am 10. Sept.* Das Interesse, welches Harnack für Benno gegen Dich ausgesprochen, ist mir in so fern unbegreiflich als er sich in Erlangen nicht im geringsten um den armen Jungen gekümmert hat, welche Renitenz ich ihm nicht übel nahm, da er durch keinerlei Verpflichtung gebunden war. Uebrigens freut es mich, daß er meiner noch gedenkt und sich seine Liebenswürdigkeit erhalten hat. Ich hatte gefürchtet, daß er in der orthodox-lutherischen Richtung, die er vertreten soll, verknöchert wäre. Freilich lehrt Erfahrung, daß Anführer sich oft freier erhalten als Angeführte. Scheibel und Harms waren viel milder als ihre Anhänger. Von Harms glaubt die Bernstorff, daß er inspirirt gewesen und folglich infallibel. Wenn er z. B. sagt: aus dem Umstande, daß Lazarus einen Finger gehabt, den er ins Wasser tauchen konnte, und daß Johannes die Seelen der Märtyrer unter dem Altar *sehen* konnte, gehe hervor, daß wir lange vor der Auferstehung der Leiber schon einen Leib, wenn auch vielleicht nur einen ätherischen haben würden; oder wenn er sehr willkürlich behauptet: die *Weiber*, mit denen die 144,000 Versiegelten in der Offenbarung sich nicht befleckt hätten, seien keine eigentlichen Weiber, sondern vielmehr *Irrlehrer* gewesen, so leuchten dergleichen Behauptungen und Argumente den von ihm angeführten Damen augenblicklich ein, und sie hüten sich vor ähnlicher Befleckung, indem sie Jedermann für ein Weib ansehen, der nicht auf Harms schwört. Wer sich indessen wirklich in solcher gedankenlosen Gläubigkeit geborgen fühlt, dem ist sie schon zu gönnen. Das Sommergedränge in Deinem Hause, über welches Du Dich in anerkennungswerther Fassung ausläßt, scheint dennoch zu Deinen schwersten Prüfungen zu gehören, und würde ich dergleichen nicht ertragen können wenn nicht etwa meine Frau ein sonderbares Behagen daran fände, wovon sie indessen himmelweit entfernt ist. Wenn sich bei uns mehr als *eine* Mannsperson, oder zwei Frauensleute zur Zeit anhäufen, so fängt meine Frau an zu weinen und ich falle in Ohnmacht. Dennoch versuchen sie es immer wieder, denn wen die Götter zu einem Gast prädestinirt haben, dem haben sie auch etwas von der Heuschreckennatur eingeschaffen, die sich nur massenweis am Platz fühlt. Die liebe gute Elmine wird das Alles vor- und nachempfinden. Schlecht Wetter habt Ihr auch dazu – Ihr Armen! – Daß Du 3000 Rubel beim Umsatz Deiner Werthpapiere eingebüßt, erscheint einem armen Teufel wie mir wie ein Bankerott. Was für Papiere hast Du denn gekauft? Dein Schwager de Vries ist doch ein rechter Wohlthäter in der Familie. Wenn ich nur sein Bild hätte! Schickt mir doch Bilder! Elminens Bild hätte ich so gern, Helene fehlt mir und fast alle Verwandte, auch Timmo hätte ich gern. Für jedes Bild, das Ihr mir einlegt, schicke ich Euch wieder eins für den Betreffenden. Ich wüßte nicht was mir größere Freude machen könnte, als nach und nach Euch Alle auf diese Weise wiederzusehen. Ich wollte Euch das Bild meiner Schwiegertochter schicken, die ich schon am 27. Aug. recht für Euch photographiren ließ, aber außer einem Probeblatt, das ich leichtsinnigerweise gleich an Emmy schickte, der es längst versprochen war, habe ich noch nichts erhalten. Damit Ihr aber doch nicht unbesucht bleibt, lege ich diesmal das Bild des sel. Gerhard bei. Ich ließ es nach einer Karte, die er mir selbst im vorigen Jahre schenkte, in Berlin copiren, da sind denn die Mitteltöne weggeblieben und die tiefen viel zu schwarz geworden, wodurch es alle Weichheit verloren hat, doch ist es auch so noch ähnlicher als ein Maler es machen könnte, das liebe treue freundliche Gesicht. Unsere arme Juling (Julie Voß) ist uns wirklich Freude und Trost, ein theures Vermächtniß unseres Gerhard. Sie ist in all' ihrer Traurigkeit so gut und freundlich, so aufmerksam, dienstfertig und zärtlich, daß man sich an ihrer Demuth nur erbauen kann. Sie hat Gott dem Herrn ihr Opfer in vollständigem Gehorsam gebracht. Mit Anna ist sie ein Herz und eine Seele, und thut meiner Frau Alles was sie ihr nur an den Augen absehen kann; erweist sich auch im Hause so thätig, daß sie nach jeder Seite hin eine Hülfe ist. Sie bliebe gern den Winter über und hat zu Hause deshalb angefragt, aber noch keine Antwort. Ihre große Naivität ist auch erfreulich. Gestern beim Vorlesen aus Milners Kirchengeschichte, da der fromme Verfasser sich erlaubte an verschiedenen Kirchenvätern, die er schildert, auch verschiedene Menschlichkeiten oder irrige Ansichten zu rügen, fuhr sie auf einmal auf: «Es ist doch unverantwortlich die reizenden alten Männer so zu bekritteln, man weiß ja gar nicht mehr wen man lieben soll, wenn Jedem etwas angehängt wird.» Sehr gutartige Frauenzimmer sind leicht geneigt in ihren Mitmenschen entweder Böcke oder Schafe zu sehen; daß es auch bockige Schafe und schafige Böcke gebe ist ihnen schwer einzureden. –

*Am 11. Sept.* Wir haben nun Frieden; ob von Dauer, ist fraglich. Die Veränderungen in Deutschland sind zu radical, als daß sie schon so bald in das Bewußtsein des Volkes übergehen sollten.

Oestreich grollt und rüstet fortwährend und die exmittirten Fürsten rufen Himmel und Erde um Rache an. Man soll unter der Hand auch in Frankreich rüsten. Daß Moustier Minister geworden, ist nur für den Augenblick eine Friedensbürgschaft; man braucht eben Zeit. Es soll im Plan Napoleons liegen die Armee der preußischen nachzubilden, auch in England wird dieser Wunsch rege. Es hat sich plötzlich gezeigt, daß ein kleiner Staat im Lande der Professoren, Philosophen und Träumer die bestorganisirte Armee der Welt hatte. Ein heilsames Vessicatorium für uns könnte die orientalische Frage werden, die jetzt wieder auftaucht und von der jetzt Alles redet, obgleich kein Mensch zu wissen scheint, worin die orientalische Frage eigentlich besteht. Daß man den kranken Mann gern auf die Straße würfe, ist sicher, wenn man nur wüßte wen man in sein Haus setzen sollte – aber so ist es schon seit 50 Jahren gewesen. Was mit Sachsen wird, weiß noch kein Mensch. Die Person des alten Königs ist so allgemein im In- und Auslande als weise, gerecht und ehrwürdig anerkannt, daß eine Rücksichtslosigkeit wie gegen den Welfen nicht möglich ist. Möchte er doch abdanken! er ist *zu* weise um zu regieren. Helenen danke ich tausendmal für ihre prächtigen Briefe und grüße Alle herzlich

Wilhelm

## Nº 154 — Ballenstädt 30. Nov. 1866

Lieber Gerhard,
Alter getreuer Correspondent und Bruder!
Deine Ahnung hat Dich nicht getäuscht; ich war unwohl, so daß mir die Lust zum Schreiben fehlte; jetzt bin ich krank und nun möchte ich gern schreiben – will versuchen wie weit ich's bringe. Antwort auf Deine beiden letzten lieben Briefe mußt Du nicht erwarten, dazu bin ich zu dumm, kann nur einige hypochondrische Auslassungen machen. Am 29sten Sept. sehr unerwartet drei Brüder Krummacher: Fritz mit Frau und 2 Töchtern, Emil mit Frau, der Wittwer Eduard allein; alle drei Brüder starke, gesunde, stimmkräftige, praßköpfige Greise. Im Gasthof schliefen sie, außerdem immer bei uns. Sie waren liebenswürdig und gut, ich aber hatte den Schaden davon. Die starke Geselligkeit überanstrengte mich, und als nach 8 Tagen das Haus wieder leer und still ward, waren meine kümmerlich im Sommer angesammelten Kräfte auch zu Ende. Ich quälte mich so hin, hoffte von Woche zu Woche und

empfand Widerwillen vor Briefschreiben, obgleich ich mir einen Brief an Helene abzwang, deren neue Lage mir gefiel. Möchte sie sich doch entschließen in Neu Harm zu bleiben. – Was mich anlangt, so war meine Hoffnung auf Besserung meiner Gesundheit eitel. Ich sollte vielmehr nun erst recht krank werden, indem ich mich an einer Kastanie erkältete. Am 12. Nov. las ich in Lutze's Lehrbuch: pulverisirte Roßkastanie zu schnupfen gegen Polypen. Ich machte sogleich den Versuch. Ein Schmerz im Nasloch als hätte ich Höllenstein geschnupft, und auf der Stelle ein so wüthender Schnupfen als hätte man sich in eine lebendige Quelle aufgelöst; Kopfweh, Augenschmerzen, Gliederschmerzen und entsetzlicher Husten; ich hatte die boshafte Grippe. Seit der Zeit noch *keine Nacht im Bett zugebracht*; entweder ich gehe gar nicht zu Bett, liege und hänge auf Sopha und Stühlen herum, oder der Husten reißt mich wieder heraus, wenn ich ein paar Stündchen gelegen; selten gelingt ein Stündchen Schlaf, im Lehnstuhl noch eher als im Bett. Meine Frau immer um mich, immer auf dem Zeuge bei Tag und bei Nacht, obgleich selbst angesteckt und grippig – ich kann es nicht begreifen wie sie es aushält, nun 19 Tage hinter einander. –

*Am 2. Dec.* Ich habe nun 2 Nächte im Bett ausgehalten, auch ab und zu etwas geschlafen und der Arzt glaubt, daß ich mich erhole. Mir wäre es lieb; denn ich fürchte mich vor dem Sterben (Erstikken) wie wohl nicht vor dem Tode. Könnte ich wie Elias im Wetter auffahren: lieber heute als morgen! Das Leben bietet wenig mehr; ich bin, wie die Kaiserin von Rußland Alexandra Feodorowna, nur noch der Schatten eines Menschen. Diese Biographie von meinem alten Petersburger Bekannten Grimm geschickt verfaßt, haben sie mir vorgelesen. Zwar ist Grimm ein Erzschönfärber, und mußte es in seinen Verhältnißen wohl auch sein, oder das Schreiben unterlassen, doch aber enthält sein Buch sehr dankenswerthe Data, ist gut geschrieben und interessant genug. Jetzt lesen wir das Leben der Marie Nathusius von ihrem Mann, ein rechtes Gegenstück, ein naturgetreues Menschenbild, in welchem man sich selbst wieder erkennt, klar, durchsichtig, wahr in Freud und Leid, während die arme Kaiserin mehr den Eindruck einer Sinnestäuschung, eines wesenlosen Gespenstes macht, oder eines Automaten, der von Zeit zu Zeit den Mund aufthut um irgend eine tragische Sentenz zu sagen. Gestern kam ein Brief mit dem Poststempel «Würzburg» hier an, an Fräulein Zoë von Bock, zu erfragen bei dem Herrn Kammerherrn v. K. in Ballenstädt. Sollten Bocks wirklich schon jetzt im Anzuge sein? Ich würde das für klippeklaren Wahnsinn halten. Die liebe Elmine schickt mir ihr Bild! Aber der Vetter Rosen scheint seine Kunst schlecht zu verstehen, die Leute auf ihren momentanen Ausdruck gar nicht anzusehen. Elmine sieht aus wie die personificirte Bosheit, Richard wie ein recht verbissener Bösewicht von Profession. Dennoch ist es mir gar lieb und rührend Elminens Spiegelbild zu sehen. Die Erinnerung ist doch noch scharf genug um Leben und Freundlichkeit hineinzudenken, wenn auch nicht die Morgensonne von 1822. Unser Aller Angesichter tragen die Spuren des großen Trampelthiers, Leben genannt, das über uns dahingeschritten, unbekümmert wo es hin trat. Doch nein, Emma soll ausgenommen sein; ihr junges Herz mag zwar auch schon manchen Tritt weg haben, doch sieht man es dem lieben Gesichtchen noch nicht so an, es ist noch mehr die Fähigkeit des Schmerzes als der Schmerz selbst, der sich darin ausspricht. Ein allerliebster Ausdruck! Wie sehr bekannt waren mir Deine Empfindungen nach Otto's Abschied; – so war es wenn mein Gerhard schied, so öde und leer! Freundschaft mit einem Sohne ist die höchste Steigerung der Vaterfreude. Meine beiden anderen Söhne sind auch gut und brav, doch das Verhältniß, welches sich mit dem Aeltesten gestaltet und seine Wurzeln schon in der frühsten Kindheit hatte, war ein Unicum – unwiederbringlich verloren. Die Augen werden mir dunkel ich muß abbrechen. –

*Am 5. Dec.* Es soll besser mit mir gehen, meint der Arzt, auch ist es wahr, daß ich mehr schlafe und der Husten an Wuth verloren hat. Wir haben seit 3 Tagen statt des vorhergehenden Schnees und Frostes 9° Wärme bei starkem S. W. Sturm, und Wärme ist bei Katarrhen das Beste. Ich habe sehr gelitten und leide auch noch; bei meinem Lungen-Emphysem geht eine Grippe auf Tod und Leben. Bei allen Qualen lebe ich wie ein Fürst von lauter Wildbraten, Austern und Champagner. Line Schiller hat mir ein ganzes Fäßchen der schönsten Holsteiner Austern geschickt. Das hilft denn auch den übermäßigen Auswurf in etwas wieder ersetzen, aber ich bin dennoch ein Gerippe geworden. Liegen und Sitzen ohne Fleisch ist eine Art von Prügelstrafe und zum Stehen fehlt die Kraft. Was mögt ihr ausgestanden haben bei meines armen Pathensohnes Wilhelm schwerer Krankheit – und was er selbst! Man hat jetzt ein herrliches antirheumatisches Mittel, das ist eine aus Tannen- und Fichtennadeln bereitete Wolle, Waldwolle genannt. Beim Beginn meiner Krankheit war es mir ins linke Bein gefahren, von der Hüfte bis zum Knöchel, konnte nur an zwei Stöcken durchs Zimmer gehen und schrie beim Husten laut auf vor Schmerz. Mein Arzt wandte dagegen alberne homöopathische Pülverchen an bis ich selbst auf Waldwolle verfiel. Eine einzige Nacht Einwickelung und der Schmerz war radical verschwunden. Dann kriegte ich plötzlich dicke geschwollene Füße: eine Nacht Waldwolle und Alles war wieder schlank und gut. In der Wesenberg'schen Apotheke wird es ja zu haben sein. Man webt auch schon Jacken und Hosen davon, die wie Wald riechen. –

Vor ein paar Tagen kam Schätzell aus Berlin zurück und brachte mir die neueste, diesen Herbst in Putbus gemachte Photographie von Bismarck mit. Ich lege Dir das Bild bei in Ermangelung eines Familiengesichts. Es ist eine scheußliche Physiognomie, fast teuflisch und glaube ich sogar keimenden Wahnsinn darin zu sehen. In Berlin ist man sehr besorgt um ihn. Krank ist er, doch weiß Niemand was ihm fehlt.Man fabelt von Gehirnerweichung, Gicht und allgemeiner Nervenzerrüttung, und beschäftigt sich mit Muthmaßungen, was werden soll ohne ihn. Außer ihm ist Niemand der Situation gewachsen, er allein hält die Fäden in seiner Hand und zieht Niemand ins Vertrauen. Niemand weiß z. B. wo er mit dem deutschen Parlament hinaus will; wie das Verhältniß der Vasallenfürsten sich gestalten soll usw. Sollte Bismark jetzt abgehen, so fürchtet man einen Schiffbruch des preußischen Staats. Auch der treffliche Roon ist schwer krank, plötzlich asthmatisch geworden und würde ebenfalls kaum zu ersetzen sein. Hannover macht viel Sorge. Mit Sachsen scheint es besser zu gehen als man Anfangs dachte. Ein preuß. Offizier, der in Dresden steht, weiß das kameradschaftl. Verhältniß zwischen den sächsischen und preuß. Offizieren nicht genug zu rühmen.

*Am 7. Dec.* Endlich einmal eine etwas erquickliche Nacht und ohne Husten. Zwar liegt ein Alp auf der Brust und das wird wohl die bleibende Folge sein, aber besser ist es doch als der entsetzliche Husten. Gegen diesen erwies sich ganz besonders wirksam Meiranthee mit braunem Candiszucker freilich auch die warme Luft, seit 5 Tagen bei Tag und Nacht 8 bis 11° Wärme im Schatten. – Daß ichs nicht vergesse: laß doch Deinen Willy stets einige Roßkastanien in den Hosentaschen tragen, ein wirksames antirheumatisches Mittel. Mein langjähriges Hüftweh, das allen Mitteln (in der rechten Hüfte das ganze Bein herunter – Ischias – ) ⟨!⟩ hat sich, seitdem ich Kastanien trage, in halbjähriger Frist, vollständig verzettelt, so daß ich nichts mehr fühle. –

Denke Dir, da trifft Schätzell gestern in Neinstedt bei Nathusius in einer großen Herrengesellschaft den sonderbaren Menschen Woldemar Bock, und zwar über die kirchlichen Zustände Livlands einen Vortrag haltend, an dessen Breite und Langweiligkeit die ganze Gesellschaft fast den Geist aufgegeben hat. Er ist auf dem Wege nach Wernigerode gewesen, um sich auch das als eventuellen Wohnort anzusehen. Ob die Familie auch mit in Deutschland ist, danach hatte Schätzell nicht gefragt.

Von Roon und Bismarck bringen die Zeitungen jetzt die befriedigendsten Nachrichten. Bismarck soll seine Geschäfte wieder übernommen haben. Er führt ein ungesundes Leben, raucht den ganzen Tag die stärksten Havanna Cigarren, trinkt viel Grog und schweres Bier, ißt stark und hastig, arbeitet die Nächte durch und schläft am Tage. – Bertha Krummacher, die noch immer Gast der Herzogin ist, wurde gestern Abend auf dem Wege vom Schlosse zu uns mit dem Wagen umgeworfen. Glücklicherweise hat sie nichts zerbrochen, aber sie fühlt Steifigkeit und Schmerzen in allen Gliedern und ist in einer weinerlichen Stimmung. Der Kutscher, ein neuer, nicht in unserem Stall gebildeter Mensch, ist sogleich entlassen worden. Bertha soll noch über Weihnacht bleiben. Die Herzogin scheint ganz verliebt in sie.

*Am 8. Dec.* Schrecklich nächtliche Jahreszeit! Kaum wird es Tag, und diese Lichtlosigkeit noch ganzer 4 Wochen auszuhalten ehe wieder ein Zunehmen bemerkbar wird. Wer weiß ob man's erlebt. Ich fühle mich sehr krank. Die Grippe weicht zwar jetzt, aber die Brust ist sehr viel enger geworden. Nun Gott wird ja zum Kreuz auch einen Buckel geben, der es tragen kann – ja Amen! – Laß Dich die Schnelligkeit der Fixsterne nicht ärgern, sie haben ja von ihr den Namen. Die Bemessung der Sonnenelemente durch das Licht halte ich doch für Humbug. Man scheint zu übersehen, daß das Sonnenlicht, ehe es das Prisma erreicht, die Erdatmosphäre durchwandert, mit deren Elementen es sich verbinden kann. Möchte doch von Gott dem Herrn ein Freudenschein in mein dunkles Herz fallen, ich hab's recht nöthig. Meine gute Freundin die Gräfin Iris Richthofen in Gnadenberg stirbt jetzt am Krebs, hat wohl kaum noch 4 Wochen zu leben – aber das ist *ein* Jubel, so freut sie sich auf den nahen Heimgang. Die Herzogin war kürzlich dort, sie noch einmal zu sehen, und ist ganz angethan von dieser wunderbaren Glaubensfreudigkeit. Auf Rücken, Brust und Armen hat sie schon offene Wunden. – – In der Politik sieht es wieder schlecht aus. Das preuß. Abgeordnetenhaus ergiebt sich wieder seiner alten Unart. Welchen mächtigen Aufschwung könnte Deutschland nehmen jetzt unter Preußens Führung, wenn dieser demokratische Unsinn nicht wäre. Es soll einmal nicht allzu wohnlich auf Erden werden. Gott grüß' Euch alle!

Wilhelm.

## N° 155 Ballenstädt 22 Dec. 1866

Mein liebster Bruder!
Das war eine unerwartete und große Freude mit Deinem lieben vortrefflichen, brüderlich herzlichen Briefe vom 15.d. den ich gestern Abend erhielt. Mittlerweile wirst Du meines langen Schweigens halber auch beruhigt sein durch meinen Brief vom 5t d., der übrigens unendlich langsam marschiert sein muß, da Du ihn noch nicht hattest. – Ich bin immer noch ein rechter armer Lazarus, kann mich nicht erholen weil immer neue Zufälle dazwischen fahren. Die böse Grippe, die mich zum Stock abgemagert, ward durch einen trockenen scharfen Husten abgelöst, dann legte sich's auf Kehlkopf und Stimmritze wo es auch noch liegt, verbreitete sich auf Gaumen und Nasenmündung und triumphirt jetzt endlich als Zahnreißen. Das ist das Schlimmste, weil ich des Wassers wegen, das ich im Munde halte, um den Schmerz erträglicher zu machen, nicht schlafen kann. Gestern konnte ich bei Tage wie bei Nacht ohne Wasser im Munde keinen Augenblick bestehen, und nun denke Dir die Qual, wenn dabei die Nase durch zwei angeschwollene Polypen fast gänzlich verstopft ist – wo nimmt man Luft her! Jetzt eben nach dem Frühstück geht es besser, doch bin ich in immerwährender Besorgniß, der abziehende Gast könne kehrt machen. Aber Halt! «Echenlob stinkt» sagt der Sachse.

Deine Nachricht von Emmy Mühlen hat mich erfreut. Aus ihren letzten Briefen geht allerdings der ernstliche Vorsatz hervor, das ihr auferlegte Kreuz als eine demüthige Christin zu tragen, und wenn davon auch Andere etwas gewahr werden, so muß es ja mehr als bloße Phrase sein. Man muß ja glauben, daß Gottes Vatergüte Jedermann an seinen Platz stellt, und für Emma mag ein starker Druck geboten sein. Das Bock'sche Räthsel beginnt sich nun auch zu klären. Nachdem er allein in der Umgegend nach Quartieren umhergeschweift, holte er seine Frau von Berlin, um die gefundenen nun noch einmal selbander zu recognosciren. Da sprachen sie denn am 19$^{t}$ d. auch bei uns vor und blieben Nachmittag und Abend, um andern Tages von Quedlinburg aus nach Berlin zurück zueilen, von wo sie mit der daselbst zurückgelassenen Familie nach Kl. Wandres zu Leo wollten, um dort das Weihnachtsfest zuzubringen. Dann soll es sich erst entscheiden wo sie bleiben werden. Ich rieth zu Ballenstädt, wo Anna sie ein sehr schönes Quartier mit geräumigem Garten besehen ließ, das ihnen besser gefiel als alles vorher Gesehene; zu einem Entschluß aber konnte Woldemar noch nicht kommen. Die Frau erklärte sie ließe ihren Mann allein schalten und würde mit Allem zufrieden sein, was er erwähle. Für die Frauen wäre ein vorläufiger Aufenthalt in Ballenstädt jedenfalls das Beste, in Quedlinburg das Uebelste. Dort fehlt es an Gesellschaft von guten Formen und die engen Straßen mit offenen Rinnsteinen sind im höchsten Grade melancholisch. Sophie, die mir und den Meinigen sehr gefiel, geht es wie den meisten Livländern wenn sie zuerst herauskommen; sie haben keine Augen für alles ihnen Fremdartige. Vom Stufenberge, wo Bock's zu Mittag gespeist, und zwar an einem schönen sonnigen Frühlingstage, wo die Färbung der Ferne brillant gewesen sein muß, kamen sie direct zu uns, ohne daß Sophie den geringsten Eindruck einer schönen Gegend bekommen zu haben schien; sie lobte nur die Küche und klagte, daß die Berge so niedrig wären. Dagegen rühmte sie mit Wollust ihre heimischen Landschaften. Mit Emmy war es eben so: «bei uns viel schöner» war ihr drittes Wort. Aber, aber, als sie zurückkehrte, war es anders. Sie schrieb mir: «Onkel! ich sage niemals mehr: bei uns schöner.» Und doch ist allerdings bei Euch Vieles schöner als hier, mehr Frische und Jungfräulichkeit der Natur, mehr Vogelgesang, im Allgemeinen reineres Wasser, schönere Birken, und vor Allem die schöne Ostsee mit zum Theil so lieblichen Küsten. Das Auge ist dort auf wenigere Gegenstände beschränkt und das Wenige wird dadurch doppelt lieb und genossen. Der Hauptreiz unserer Gegend – ich rede vom Harz – besteht in schönen Linien und schönen Farben, wofür der Sinn allerdings geweckt und ausgebildet sein will. Manchen und zwar sehr gebildeten Menschen scheint

übrigens dieser Sinn zu fehlen; Lessing konnte Jacobi's Freude an der Natur nicht begreifen. Er könne nicht leugnen, daß eine blühende Frühlingswiese ihm einen ganz angenehmen Eindruck mache, doch scheint er dergleichen Empfindungen für sehr untergeordnet zu halten, und es ist eben nur die Freude am Klang der Instrumente, nicht an der Musik.

*Am 23. Dec.* Gestern gegen Abend traten die heillosen Zahnschmerzen richtig wieder ein und wütheten mit Ausnahme des Abendessens (sonderbar daß das Essen jedesmal heilsam wirkt) unausgesetzt bis 3 Uhr in der Nacht. Da war ich plötzlich vom Schlaf überrascht und schlief bis 8 in einem Strich. Vorbei scheint die Geschichte übrigens nicht zu sein, denn es wetterleuchtet wieder ab und zu. Man möchte sich so gern etwas erholen, aber die wiederholten Zahnanfälle machen es unmöglich. Wenn Line Schiller mir nicht wieder ein Fäßchen Austern geschickt hätte, so glaube ich, ich wäre meinen entkräftenden Uebeln schon 3 Mal erlegen, aber dies leichte und reizende Nahrungsmittel erhält mich. Ihr habt einen Vorwinter gehabt mit 10$^{\underline{o}}$ und Schlittenbahn; wir nur einen Tag Schnee und ein paar Mal Nachts das Thermometer auf null, mit leichten Frösten, sonst – die Orkane im Anfang des Monats abgerechnet – recht schönes Frühlingswetter mit Veilchen in den Gärten. – Am 9$^{t}$ d. kam der Kronprinz von Dänemark mit Gefolge von Petersburg und Berlin, alle ganz angethan von der Großartigkeit der Petersburger Verhältniße. Dennoch hatten sie sich von London mehr angesprochen gefühlt. Der Kronprinz brachte seiner Großmama, unserer lieben verehrten Herzogin von Holstein, seitens der Kaiserin den Catharinenorden in Brillanten mit, was die kindlich bescheidene alte Dame gar sehr beschämte. Sie konnte sich nicht entsinnen je etwas gethan zu haben, was einer Anerkennung werth sei und war nur mit Mühe dahin zu bringen die Decoration bei dem das Ereigniß feiernden Hoffeste anzulegen.

*Am 25. Dec. Weihnacht.* Als ich vorgestern schrieb, ging die Pein von neuem los, ich brauchte vergeblich alle Mittel, zuletzt Blutegel und speichelte die ganze Nacht. Ich war furchtbar herunter und konnte gestern Mittag auch nichts essen als etwas kalte Milch. Zähne ausnehmen wollte der Arzt durchaus nicht wegen meines Schwächezustandes, und sonstige Mittel wußte er auch nicht. Da fiel mir Waldwolle ein. Ich schickte nach der Apotheke, bekam aber durch ein Mißverständniß «aromatische Gichtwatte». So versuchen wir das! Ich legte die Watte auf, nahm ein Fußbad von heißer Kleie und legte mich ins Bett. Es war 4 Uhr Nachmittags, die Kinder in der Kirche und meine Frau, allein bei mir, las mir aus einer Reisebeschreibung vor während ich kalt Wasser durch den Mund strömen ließ. Um 5 ließen die Schmerzen nach und ich schlief ein. Seliges Gefühl am WeihnachtsAbend! Um 6 stand ich auf, die Kinder kamen, und obschon eine eigentliche Bescherung nicht statt fand, so überreichte doch Einer dem Andern seine Gaben. Adolph und meine Frau hatten sich vereint mir eine Wanduhr zu schenken, und zwar einen prachtvollen Regulator. Da man hier selten eine Uhr schlagen hört und alle anderen Uhren im Hause immer differiren, so daß oft große Noth um die richtige Zeit war, so freute ich mich dieses Geschenks sehr, um so mehr, da es auch für mein Zimmer eine schöne Zierde ist. Ich habe die Nacht wie ein Ratz geschlafen und befinde mich nun auch nach dem Aufstehen so viel besser, daß ich wenigstens bis jetzt (halber Mittag) noch kein Wasser in den Mund genommen habe; doch fühle ich, daß der Feind noch da ist, er regt und rührt sich bisweilen wie im Schlaf und ich habe eine Heidenangst, daß die Marter wieder anfangen könnte, nicht wegen der Schmerzen, die mit Hülfe kalten Wassers ja zu ertragen wären, sondern wegen der enormen Speichelmassen, deren Verlust mich entkräftet. In meinen Verhältnißen aber ersetzen sich verlorene Kräfte schwer oder gar nicht. Seit dem 12. Nov. habe ich nichts gethan als Kräfte verloren. Entschuldige nur, daß ich so viel von meiner Krankheit schreibe, doch weiß ich nichts Anderes, ich komme nicht aus meinem Zimmer, sehe und erlebe nichts und muß zum elenden Egoisten werden. Werde ich wieder der Halbmensch, der ich war, oder werde ich zum Nichts? Das ist die Frage, um die sich mir jetzt Alles dreht. Mein Arzt glaubte mich schon durchzuhaben und triumphirte merklich, weil er Alles seinen homöopathischen Pülverchen zuschrieb; seit diesem Gesichtsreißen aber läßt er den Kopf sehr hängen, seine Mittel verfangen nicht, und ob meine zufällige Gichtwatte helfen wird, d.h. radical helfen wird, muß die Zukunft lehren. –

Vorgestern hatte ich einen Brief von W. Bock aus Berlin. Er habe sich nun definitiv entschieden, schreibt er, nach Quedlinburg zu ziehen, theils wegen der dortigen guten Schulen, theils seines neuerworbenen preußischen Indigenats wegen. Letzterer Grund ist allerdings stichhaltig, aber ich bedauere die armen Damen. Eine

Wohnung in einer dunkeln Straße und über den schmutzigen Hof hinweg allerdings die Mitnutzung des Gärtchens, aber gemeinschaftlich mit Andern, und für gebildete Leute, die sich nicht etwa befriedigt finden im Umgange mit Mittelständigen christgläubigen Menschen (wie das bei unserer Mutter so ziemlich der Fall war) kein angenehmer Verkehr. Quedlinburg ist nur erträglich, wenn man ein recht comfortables Haus für sich hat, deren es dort vor der Stadt allerdings sehr reizende giebt. Gymnasium freilich und Töchterschule sind sehr gut, und Woldemar findet für seine Person an den Gelehrten der Schule, den Pastoren und vielleicht einigen Herren vom Gericht und in der Garnison jedenfalls besseren und anregenderen Umgang als in Ballenstädt. Merkwürdig, daß er Nathusius besucht hat und überhaupt die Absicht zu haben scheint sich den Gläubigen anzuschließen. Ich bin sehr gespannt auf seine nähere Bekanntschaft. Von Euch haben sie uns viel erzählen müssen. Du sollst auffallend jung und frisch aussehen, und von Elminens Blumengärtchen war namentlich Sophie ganz entzückt. Elmine selbst hatte Sophie leider zu wenig gesehen, weil dieselbe durch Willy's Pflege ganz in Anspruch genommen war. Emma hatte sie recht lieb gewonnen.

*Am 26. Dec.* Daß Du keine Liebhabereien hast, ist schmerzlich; ich wüßte nicht, was im Winter auf dem Lande anders zu haben wäre in dieser Beziehung als Zeichnen und Musik. Zu beiden hast Du entschiedenes Talent, und besonders wäre Dir das Zeichnen zu empfehlen weil es gesellig und dabei beruhigend wirkt. Dem Zeichnen danke ich die einzigen leidlichen Stunden während der so eben überstandenen Grippe. Ich zeichne eigentlich fast gar nicht mehr, aber als mich jüngst in der Krankheit Angst und Unruhe packten, riß ich mich auf und schmadderte, während vorgelesen wurde, mit Deckfarben grau in grau eine stürmische See auf's Papier mit Mondscheinbeleuchtung; es war Gelingen dabei und es beruhigte mich. Dann habe ich die schlimmsten Abende zum Theil verzeichnet. Nach Elisabeths Tode habe ich beinah ein halbes Jahr lang, den ganzen Winter durch jeden Abend krampfhaft verzeichnet und mich dabei stets beruhigt. Eigene Erfindung hätte mich angestrengt, habe auch keine mehr; aber ich copirte die Danneckersche Ariadne, von der ich ein sehr gutes kleines Modell besitze in allen möglichen Lagen, Beleuchtungen und Verkürzungen und in sehr verschiedenen Manieren, verschenkte die Bilder dann, die immer sehr wohl aufgenommen wurden. Im Winter vor 2 Jahren in der Krankheitsangst machte ich von Pappe kleine Mappen verschiedener Façon mit Lederrücken, und zeichnete Vignetten darauf. Bei solchen ganz mechanischen Arbeiten ist mir immer am wohlsten gewesen, man vergißt sich dabei. Wenn Du Dir nur im Sommer auf Deinen Gängen kleine flüchtige Skitzen verschiedener Gegenden, nur in wenigen Linien und mit Angabe der Beleuchtung in ein Taschenbuch krakeltest, auch Wolkengestalten mit beigeschriebener Färbung und Schattirung und dergl., so hättest Du an Winterabenden eine Menge Vorwürfe, um Dich mit Tusche an der Ausführung zu üben – Du würdest es bald ganz ausgezeichnet gut machen. Doch verzeih, daß ich mich erdreiste, ich weiß ja nichts anderes als Zeichnen, und wenn Du keine Lust hast, wirst Du ja doch davon bleiben.

*Am 27. Dec.* Schon gestern Nachmittag ging's wieder los, habe wieder arge Schmerzen ausstehen müssen, aber sie hielten nicht so fest mehr an und die Nächte waren gut. Heute habe ich ein Gefühl als wenn die Zahnperiode nun überstanden wäre; Gott gebe es. Ein anderes böses Leiden quält mich, das ich wenig beachten konnte. Durch das enorme Husten während der Grippe sind nämlich meine Brüche dergestalt hervorgetreten, daß ich sie nicht mehr zu bändigen weiß und mein Doctor ist ein Schlappstiefel und Ignorant, dessen Weisheit mit seinen homöopathischen Pülverchen allemal zu Ende ist. Wir haben jetzt ein interessantes Buch gelesen, eine Selbstbiographie von Carus in Dresden (Mutters früheren Arzt). Man hört einen ungewöhnlich gebildeten Mann sprechen, dessen nach allen Lebensrichtungen hinlaufenden feinen Bemerkungen großentheils neu und anregend sind. Auch sein großes Interesse für bildende Kunst zog mich sehr an (er selbst ist ausübender Künstler in der Landschaft) und obgleich nur gebildeter Dilettant und als solcher nicht zünftig raisonnirend. Auffallend, daß er unseren Vater nicht gekannt hat, ihn kaum erwähnt. Mit Friedrich war er sehr befreundet. Unangenehm fällt es auf, daß er sich selbst gar zu sehr zum Object seiner Darstellung macht. Ein Selbstbiograph soll vor Allem schildern was er gesehen und erlebt hat; in diesem Rahmen wird er schon selbst hinlänglich anschaulich werden. Carus aber macht von Anfang an den Leser geflissentlich darauf aufmerksam, alle die einzelnen Umstände zu beachten, die dazu beigetragen einen so großen Mann zu Stande zu bringen. Bis jetzt ist nur der erste Band erschienen. So wenig sympathisch mir Carus bei persönlicher Bekanntschaft war, so wenig ist er es auch in seiner Selbstschilderung. Seiner Jugend fehlt die Jugend, seinen reiferen Jahren Witz und Genialität; doch muß man seinen enormen Fleiß, sein Wissen, seinen Verstand bewundern, so wie ein gewisses Wohlwollen erfreut. Wie sich seine religiöse Ansicht gestalten wird, weiß ich noch nicht. Bis jetzt hat er sich nur vorübergehend gegen Pantheismus und Monotheismus erklärt. Was kann übrig bleiben als vielleicht eine Verschmelzung beider? – Das Papier geht zu Ende. Mein Herzensbruder! Ich falle Dir um den Hals, Gott sei mit Dir und Deinem Hause und gebe Euch gute Festzeit! Die Meinigen, die sich mit mir ganz besonders an Deinem Brief erquickten, grüßen Euch Alle sehr herzlich und ich lasse noch Helenen besonders danken für ihren lieben letzten Brief aus Harm. Ich denke sie sollte in dieser gesegneten, ihr so angemessenen Thätigkeit verbleiben. Es ist doch ein sehr herrlicher Beruf Menschen zu bilden wenn man das Zeug dazu hat, viel herrlicher als Puppenbälge zu stopfen. Du armer Gerhard, wie schauerlich gestaltet sich *Dein* Beruf dagegen! Ich könnte es nicht aushalten. Indessen was man nicht ändern kann, das muß eben getragen werden als eine vom Herrn auferlegte Last, und diese Lasten sind der Herr selbst, verwandeln sich plötzlich in das Christkindchen wie die Legende vom heil. Christophorus lehrt. Jede Dummheit, die geschieht, kann auf Gott reducirt werden – er will bisweilen das Verkehrte und so müssen wir's denn gehen lassen wenn er uns die Kraft versagte es zu ändern. Meine Grippe ist nun völlig überstanden, mein Zahnweh, wie ich hoffe, auch. Lebt wohl Ihr Geliebten!

Wilhelm.

P.S. Für Politik habe ich jetzt wenig Sinn. Deutschland, ja Europa liegen im Kreißen, was da herausgeboren wird, kann man nicht wissen, vielleicht ein Thier. Deutschland ist ein gepeitschtes Meer. Carus schildert eine Reise, die er mit Friedrich nach Rügen machte – o wie heimelt Einen das jetzt an – wie scheußlich dagegen die modernen Reisen ganz ohne Uebergang und Vermittelung von einem Ort zum andern. Es ist Alles für Kaufleute und Fabrikanten – wir treten jetzt in den Himmel der Industrie ein.

N° 156 Ballenstädt 1. Jan. 1867

Tausend Dank, mein innig geliebter Bruder für Deinen Brief vom 21. Dec. v. J., an dessen brüderlicher Liebe und Theilnahme ich mich wieder einmal recht erquickte. Du wolltest mir eine Freude machen in meinem Elende und hast Deinen Zweck sehr wohl erreicht; eine festliche Empfindung bleibt mir den ganzen Tag wenn ich einen Brief von Dir erhalten. Deine brüderlichen Worte trafen mit einer bedeutenden Besserung meines Befindens zusammen, indem die Zahnschmerzen mich gänzlich verlassen und ich hoffen durfte mich nun nach und nach wieder zu erholen; jetzt ist es leider wieder anders, da ein sonst sehr lieber Besuch, der meine schwache Kraft überanstrengte, mir geschadet und die kaum abgezogenen Schmerzen wieder hervorgerufen hat. Doch sind sie nicht wieder mit der alten Vehemenz aufgetreten. Am 28. Dec. Abends gegen 10 Uhr kam nämlich der Busenfreund meines Gerhards, Hauptmann von Rettberg, der ihn auch auf dem Schlachtfelde aufgesucht und begraben hat und den wir den ganzen Sommer über vergeblich erwartet hatten. Von einer Urlaubsreise und dem Besuche seiner in Wiesbaden wohnenden Mutter zurückkehrend, war er mit einem bedeutenden Umwege nach Ballenstädt gekommen, um einen Tag bei uns zu verweilen und uns noch mündliche Nachricht von Gerhard zu bringen. Wie aufregend das war, kannst Du Dir denken. Ich saß noch bis 11 Uhr mit ihm zusammen, indem ich mein Krankenzimmer verlassend zu den Andern vorkam. Der ganze andere Vormittag ging unter Gesprächen hin, die mir das lebhafteste Bedürfniß waren aber so tief einschnitten, daß ich schon am Nachmittag genöthigt war mich wieder zurückzuziehen um still für mich zu bleiben; aber ein Ruhen war das auch nicht, da es mich immer wieder wie mit Seilen zu dem hinzog, der meinem Sohn so besonders nah gestanden hatte und dem ich so viel Dank schuldig war. Ruhiger wurde ich erst wieder als er gestern früh halb 7 Uhr abgereist war. Dieser Hauptmann Rettberg ist ein sehr lieber Mensch, sanft, bescheiden, gebildet und von wohlthuenden vornehmen Formen. Mit unbeschreiblicher Liebe hängt er an Gerhards Andenken, dessen ganzes soldatisches Leben er meist als Stubenkamerad theilte. Er sagte mir, daß der Sieg bei Skalitz, welcher wesentlich die Entscheidung bei Königgrätz vorbereitete, auch wesentlich Gerhards todesverachtendem Vorgehen beizumessen sei, und wie auch die übrigen Offiziere des Regiments sämmtlich diese Ansicht theilten. Mit einer beispiellosen Bravour habe Gerhard seine Compagnie angefeuert und gegen eine todspeiende Batterie von 24 Kanonen vorgeführt. Wenn er nicht gefallen wäre, hätte er ohne Zweifel den Orden pour le mérite (den gesuchtesten der ganzen Armee) erhalten, den nun sein erster Lieutenant Geißler davon getragen. Durch Gerhards Fall seien seine Leute in solche Wuth versetzt worden, daß ihnen nichts in der Welt widerstanden hätte. Als Gerhard den Schuß bekam, wankte er, hielt sich den Unterleib und brach zusammen. Dann sprang er wieder auf, schwang den Säbel und feuerte die stutzende Companie an, indem er selbst wieder vorwärts eilte, stürzte aber nach ein paar Schritten ohnmächtig nieder. Nach 10 Minuten war die furchtbare Batterie genommen. Geißler eilte zu Gerhard zurück, den er noch lebend fand und der ihm nun die Companie als seinem ältesten Lieutenant übergab mit Angaben über die Companiecasse und allerlei nöthigen dienstlichen Weisungen. Geißler ließ einen Mann bei ihm zurück, andere Offiziere nahten sich und küßten ihn; so starb er sehr bald. Andern Tages fand Rettberg, der bei einem anderen Bataillon stand, den todten Freund ohne alle Entstellung, mit ruhigen Gesichtszügen wie im Leben, auf dem Schlachtfelde, seinen Tornister unter dem Kopf. Er war in keiner Weise beraubt, seine goldenen Ringe, seine Uhr, seine Casse hatte er bei sich, nur der Säbel war nicht aufzufinden. –

Während Rettberg noch bei uns war, erhielt ich ein Schreiben vom Regiment mit einem Collectivbilde aller bei Skalitz gefallenen Regimentskameraden, lauter Photographien von einem Lorbeerkranz umschlungen und mit einer Votivschrift. Es sind 5 Offiziere, die das Regiment in wenigen Minuten verloren: ein Obristlieutenant, ein Hauptmann und drei Lieutenants. Außerdem waren 8 kampfunfähig geworden, Obrist Witzleben, der noch heute nicht außer Gefahr ist, an der Spitze. Der Obristlieutenant von Knobelsdorff, der mir die Sendung seitens des Regiments machte, auch bei Skalitz das Regiment commandirt hatte, da Witzleben gleich zu Anfang verwundet wurde, schreibt unter Anderem:

«Als ältester Kamerad Ihres Sohnes, so wie als sein nächster Vorgesetzter, darf ich Ihnen, hochverehrter Herr! die Mittheilung nicht vorenthalten, daß Ihr Herr Sohn im ganzen Regiment der ungetheilten Liebe und vollsten Anerkennung sich zu erfreuen hatte und daß er durch seinen Heldentod auf alle Zeit sich ein Denkmal gesetzt in unseren Herzen. Wenn das Regiment mit Stolz des Tages von Skalitz sich erinnern darf, so kann dies nie geschehen ohne dabei des speciellen Verdienstes zu gedenken, das Ihr Herr Sohn sich dabei erworben. Auf der Bahn des Sieges und der Ehre war auch noch sein letztes Lebenszeichen eine Aufforderung an seine braven Füseliere. In hervorragender Weise war *dem zufolge* seine (die 4^t) Companie betheiligt bei der Erstürmung der feindlichen Batterie Prohaska usw.» –

Mir ist dieses Zeugniß von besonderem Werth, da gerade dieser Knobelsdorff der einzige Offizier war, mit dem Gerhard einmal Unannehmlichkeiten hatte, die jedoch damit ihre Erledigung fanden, daß Knobelsdorff sein Unrecht eingestand und ihn um Verzeihung bitten ließ.

Uebrigens weiß ich noch immer nicht wie ich mit meinem Gemüth über diesen Vorfall hinweg kommen soll.

*Am 2. Jan.* Es schneite gestern den ganzen Tag auf den gefrorenen Boden und hat das ganze Land heute seinen weißen Wintermantel an. Vielleicht daß wir nun einwintern, was für meine Umstände wohl günstig wäre. Ich habe seit der Grippe neben dem Zahnreißen ein schlechtes Kratzen und Brummen im Halse, besonders beim Schlucken zurückbehalten, was mich sehr ernstlich an Kehlschwindsucht denken läßt. Der Arzt lacht mich zwar damit aus, allein was will er machen; eingestehen darf er es mir doch nicht. Ich klagte es gestern Schätzell, der den Abend bei mir zubrachte, und der erwiderte wenn es weiter nichts wäre, so hätte er eine Salbe, womit er schon verschiedene Personen von der entschiedensten Halsschwindsucht radical geheilt habe, die würde er mir geben. Das wäre denn doch ein Freundschaftsdienst. Außerdem erzählte er viel von Bismarck, mit dem er (gleich Adolph) 2 Tage in Meisdorf zusammengewesen, und von dessen gewaltiger Erscheinung er noch ganz erfüllt erschien. Schon Adolph hatte mir erzählt, daß Bismarck Schätzell sehr auszeichnet, ihm gleich beim Eintritt beide Hände entgegengestreckt und ihm auf herzlichste Weise seine Freude ausgesprochen habe ihn zu sehen. Nach Tisch hatte er sich mit ihm und einem Sch. befreundeten Grafen Alvensleben in ein besonderes Zimmer zurückgezogen und beiden Herren da mit unbesorgtester Offenheit die interessantesten Mittheilungen gemacht. Sch. sagt, er habe in seinem Leben mit manchem großen Herrn gesprochen, nie aber sich gegenüber den Eindruck von solcher Majestät, Macht und Größe gehabt; so etwa denke er sich Carl den Großen. Mit vollkommener persönlicher Bescheidenheit, ganz schlicht und einfach ohne jede Großmäuligkeit, habe sich doch in jedem Wort das ruhige und feste Bewußtsein ausgesprochen, daß im gegenwärtigen Augenblick in seiner Hand die Zügel liegen. Seine Rede sei dabei überall so scharf zutreffend, seine Worte so bezeichnend gewesen, daß jeder Gegenstand, den das Gespräch berührt, im Augenblick hell und überschaulich geworden, wie das ja auch in seinen Kammerreden bemerklich – immer treffe er den Nagel auf den Kopf. Schätzell stand einem geistigen Riesen gegenüber, der ganz friedlich und unbekümmert in dem was er thut auf seiner eigenen Kraft ruht – mögen sie schäumen, radschlagen und sich stellen wie sie wollen, die Feinde von unten und oben; er weiß doch, daß sie thun müssen was er will. Schätzell ist so offen und zutraulich gegen Jedermann, besonders aber gegen mich, daß ich ihm den ganzen Inhalt des Gesprächs hätte abfragen können wenn ich gewollt hätte; doch mochte ich das nicht thun und begnügte mich gern mit dem, was er von selbst fallen ließ. Geahnet hatte ich freilich, doch erfuhr ich erst jetzt mit Bestimmtheit, wie die schwierigste Opposition, die der große Mann zu bekämpfen hat, keineswegs von unten kommt. Dann wurde bestätigt, daß während der Friedensunterhandlungen zu Nikolsburg der Kaiser Napoleon allerdings die ganze jenseitige preuß. Rheinprovinz mit Cöln und Mainz für sich verlangt habe. Da hatte Bismarck dem Benedetti ganz kurz erwidert: wenn davon noch ein Wort verlaute, so ständen binnen 8 Tagen 200,000 Preußen schlagfertig auf dem linken Rheinufer. Die Forderung ward nun allerdings bis heute nicht wiederholt, wenn aber ein Krieg mit Frankreich, der für den Augenblick das größte Unglück gewesen wäre, vermieden werden sollte, so durfte Napoleon nicht weiter gereizt werden und man mußte sich mit der Maingränze begnügen, obgleich andererseits dieser Mäßigung auch wieder die größten Schwierigkeiten entgegenstanden, die von der Art waren, daß sie dem Postgeheimniß nicht anzuvertrauen sind. Es gehört ein Felsen wie Bismarck dazu um die fortwährende Eifersucht von oben und unten gleichmäßig zu paralisiren und doch dabei leben zu bleiben. Mit seiner Gesundheit scheint es übrigens doch nicht so schlimm zu stehen; wenigstens hat er die Jagden mitgemacht, auch bei Tisch eine gute Klinge geschlagen und soll dabei sehr wohl und straff ausgesehen haben. Schätzell hatte ihm bei seinem letzten Aufenthalt in Berlin, etwa vor 4 Wochen, durch einen Herrn v. Bodelschwingh sagen lassen, er leide offenbar an Nikotinvergiftung und müsse die starken Havanna's (die er den ganzen Tag schmauchte) weglassen, ohne jedoch zu glauben, daß Bodelschwingh das ausrichten werde. Als nun in Meisdorf nach Tisch Cigarren präsentirt wurden, refüsirte Bismarck mit den Worten: «Ich rauche nicht.» Hat Ihnen das der Arzt verboten? frug Schätzell «O nein, aber Sie haben es mir ja durch Bodelschwingh sagen lassen. Ich rauche seitdem nicht mehr als zwei leichte Cigarren täglich, was mir ausgezeichnet bekommt.» Der arme Bismarck! sein einziges Vergnügen und das Einzige was ihn bei seiner schweren Arbeit einigermaßen zu unterstützen vermochte, hat er seiner Gesundheit zum Opfer bringen müssen. Ich hoffe aber er fängt wieder an, sobald nur erst das norddeutsche Parlament absolvirt sein und er mehr Ruhe bekommen wird. Was uns Anhaltiner anlangt, so wollen die conservativen Wähler im ehemaligen Herzogthum Bernburg vernünftigerweise Schätzell in den Reichstag wählen. Da hat denn unsere Regierung nichts besseres zu thun gehabt als unsere Wahlkreise schnell mit den ganz demokratischen Cöthener Kreisen zusammenzulegen, nur um Schätzell zu verhindern, ja die Landräthe sind angewiesen Alles aufzubieten um dieser Wahl entgegenzutreten, da jeder Demokrat erwünschter sein würde. So groß ist die Gespensterfurcht, welche die Dessauer Pigmäen vor einem bedeutenden Manne haben, vor dem einzig befähigten, den sie in den Reichstag zu schicken haben. Unsere Regierung ist von der Art, daß conservative wie demokratische Patrioten ihre Blicke jetzt ganz offen nach Preußen wenden; man macht kein Geheimniß daraus, daß man sobald als möglich verschlungen sein möchte, obgleich die directen Steuern in Preußen höher sind als bei uns. Ein Beweis wie weit die Nachlässigkeit geht: Ende Septemb. brannte im Coswigschen das große Dorf Zieko ab und zwar mit Stumpf und Stiel, nur Pfarrhaus und Kirche blieben stehen. Die Regierung verbot sogleich den Wiederaufbau bis ein neuer zweckmäßiger Bauplan ausgearbeitet sein würde. Dieser Plan ist noch nicht fertig, der Winter da, und die armen Leute sind, ohne Obdach für sich und ihr Vieh, gezwungen sich zur Noth in benachbarten Dörfern unterzuschieben, oder in leicht gezimmerten Baracken unter den Ruinen ihrer alten Höfe einzuwintern und ihr Vieh à tout prix loszuschlagen. Ein Bauer, dem die Sache zu langstielig wurde und sich entschlossen hatte wenigstens einen Stall zu bauen, wurde polizeilich gezwungen denselben wieder einzureißen. Es klingt unglaublich, aber Benno, der in letzter Zeit ein paar Mal in der Ziekoer Kirche gepredigt hat, versichert es.

*Am 3. Jan.* Wir haben nun auch rechtschaffenen Winter, Schnee, Frost, Schlittenbahn; ich sehe die Jungens mit Schlittschuhen über die Straße ziehen. Es drängt mich gewaltig hinaus, möchte gern unter beschneiten Tannen Athem holen, aber der Arzt will es noch nicht erlauben. Ich schriebe Dir so gern noch in diesem Brief, daß ich wieder durch Schnee gewandert bin. Du liebst den Winter nicht (ich meine die Winterlandschaft) weil Du zu viel davon hast; ich aber bin von jeher wie der sel. Roller ein homo hiemalis gewesen bis ich vor 2 Jahren so krank wurde. Seit der Zeit muß ich den Winter als nachtheilig fürchten, kann ihn, meiner schlecht gewordenen Augen wegen, auch im Zimmer nicht mehr so ausnutzen wie früher; doch aber wenn ich an einem schönen Schneetage hinaus in den Wald komme, dann zieht ein wunderbar zauberhaftes Gefühl wehmüthiger Freude durch meine Brust, woran die Erinnerung an das geliebte Ehstland ihren Theil haben mag. Aber auch früher schon: unsere winterlichen Besuche bei Roller! wie entzükkend war es durch die Haide zu toben! Geburtstags- und Weihnachtsklänge von ehedem, wo das noch Feste waren, wehen auch hinein. Ein schöner Winter hatte früher mehr Poesie für mich als der schönste Frühling. Jetzt freilich muß ich wünschen, daß der gemüthliche trauliche Geselle seiner rauhen Seite wegen, sich so kurz fassen möge wie möglich. Ich brauche Wärme und müßte eigentlich in das südliche Frankreich ziehen um mein Leben zu verlängern. Das räth der Arzt; aber wenn ich auch ein reicher Engländer wäre, der's bezahlen könnte, ich glaube nicht daß ich's thäte. So alte Leute können sich nicht mehr expatriiren.

*Am 4. Jan.* Wie hat sich dieses neue Jahr so unvermerkt herangeschlichen! Der Sylvesterabend war früher das Hauptfest für mein Haus, man freute sich das ganze Jahr darauf, sprach nachher noch lange davon; an diesem Abende wurde ich mir stets meines häuslichen Glück's am lebhaftesten bewußt. Nachdem ein solenner Häringssalat verzehrt war, begab sich Alles auf mein Zimmer, das vorher schon mit langausgezogenem Tisch und brennender Astrallampe zum Spiel vorbereitet war. Meine 6 blühenden Kinder, die lieblichen Valentiners-Mädchen, die Bernstorff und sonst wohl ein paar gute Hausfreunde nahmen Platz, und nun begann das schon von Roller zweckmäßig vereinfachte, von mir noch weiter ausgebildete Schummelspiel, ohne weitere Gewinnste als die Haselnüsse, mit denen man spielte. Einer um den andern bot die Pacht aus und zwar singend nach einem von mir erfundenen Recitativ; auch geboten wurde singend bis endlich der Hammer erklang. Durch Unverschämtheit zeichneten sich die Pächter aus beim Einfordern der Pacht und wurden entsetzlich verhöhnt wenn abgeworfen wurde ohne daß sie auf ihre Rechnung gekommen waren, nach Umständen auch getröstet. Die Bankerotteure wurden von eigens ernannten Barbieren eingeseift und barbiert. Dann fanden sie bei Gutherzigen wohl Credit für schwere Zinsen, es bildeten sich Compagniegeschäfte u.d.m. Unter strömendem Witz und Gelächter offenbarten sich die verschiedenen Individualitäten und Talente. Gerhard und Adolph, wie später auch die sehr witzige Elisabeth überboten sich an guten Einfällen, Anna improvisirte wohl ein Verschen der Gratulation oder des Trostes, Bertha nahm sich thatkräftig der Geschmähten und Unterliegenden an, die Valentiner's waren immer bereit höchst opferwillig auszuhelfen. Die Alten wurden mit zu Kindern und spielten fast mit derselben Leidenschaft und Alle saßen da mit glücklichen Gesichtern und hochrothen Backen bis ¾ auf 12 das Spiel geschlossen wurde. Dann wurde abgerechnet, der Tisch gesäubert und die Punschbowle aufgetragen aromatischen Duft verbreitend. Sobald es 12 schlug läuteten die Gläser aneinander und es erfolgte gerührt Gratulation mit Händedruck, Umarmung und Küssen. Dann ging es mit einer gewissen Feierlichkeit an die Verloosung der kleinen Bilder mit Sprüchen, die ich die Woche vorher mit Lust gezeichnet hatte. Ganz wunderbar trafen die Sprüche zu, und man erbaute sich dabei nicht wenig. Endlich las ich noch ein Gebet und das herrliche Neujahrslied von Paul Gerhard. Um 1 Uhr ging Alles auseinander und zu Bett um einen ungewöhnlich guten Schlaf zu thun. – Das ist nun freilich längst schon anders geworden, die Todesfälle haben diese Lust gesprengt. Diesmal haben wir des Jahreswechsels gar nicht gedacht und waren andern Morgens ganz überrascht durch die Gratulationsvisiten, die ich für meine Person nicht einmal annehmen konnte, doch freute ich mich, daß endlich das schwerste Jahr meines Lebens hinter mir lag. Fahre hin du 66! sollte ich Dich noch einmal durchmachen müssen, so würde ich wünschen nicht geboren zu sein. Mein armer lieber Gerhard! – –

*Nachmittag.* Heute Mittag ist Bertha Krummacher abgereist. Von der Herzogin auf 14 Tage nach Alexisbad eingeladen, hat sie sich so liebenswürdig gezeigt, daß sie erst jetzt nach vier Monaten entlassen worden ist. Uns ist sie leider durch diesen langen Aufenthalt am Hofe etwas entfremdet; nicht mehr unser Hauskind wie sonst, immer in großem Staate und nur auf Stunden und selten bei uns vorfahrend, kam sie uns fast wie eine fremde Person vor. Ihre Schuld war es freilich nicht. Die Gäste unserer guten Herzogin sind sehr gebunden, sitzen immer auf dem qui vive, und namentlich wenn sie der hohen Frau sehr angenehm sind, läßt sie sie den ganzen Tag nicht aus den Händen. Bertha hat ihr so außerordentlich wohl gefallen, daß die Einladung sich zum Sommer gewiß wiederholen wird, wodurch sie uns völlig abspenstig gemacht werden muß. Sie erwidert übrigens die Neigung der Herzogin von ganzem Herzen, ja schwärmt für sie, und wo solche Neigung von dem Glanz des Hoflebens unterstützt wird, da ist sie durch nichts Anderes mehr zu überbieten. Sehr zu statten kam es Bertha auch, daß sie trotz ihres schwächlichen Körperbaues doch außerordentlich gut zu Fuße ist und in dieser Beziehung die größten Strapazen aushalten kann; denn kein Mensch ist sonst mehr recht im Stande die täglichen Promenaden der Herzogin auszuhalten, und dieser Umstand allein konnte sie schon unentbehrlich machen.

*Am 5. Jan.* Was Du mir von Richards Reise nach Andern schreibst, hat mir ordentlich das Herz warm gemacht. Herrliches Land, wo sich noch solche Reiseabentheuer erleben lassen! Da lohnt es sich wirklich noch jung zu sein. Bei uns erlebt der Reisende weiter nichts mehr als daß er ankommt, oder nicht ankommt (wenn nämlich der Zug entgleißt und er ganz unvermuthet, vielleicht kaum aus dem Schlaf erwacht, den Hals bricht.) Wenn Du keinen Widerspruch zwischen Bismarcks Aussehen und seinen Thaten findest, so geht es Dir gerade wir mir; er ist eben ein Teufelskerl und sieht auch gerade so aus. Uebrigens weiß man von seinem Privatleben durchaus nichts Uebles. Er soll ein guter rücksichtsvoller Ehemann sein, der seine Frau beglückt (was allerdings mehr ist, als wenn er sie blos nicht unglücklich machte), ein guter Vater und ein treuer Freund. Seine wenigen persönlichen Freunde (an deren

Spitze Graf Eberhard Stolberg) sind ebenfalls als sehr ehrenhafte Männer bekannt und halten treu zu ihm. In Hannover erzählt man sich freilich er lebe mit Tänzerinnen und kirre den König dadurch, daß er ihm Liebschaften zuführe, so wie man sich ja auch in Bernburg und Dessau früher von den Ausschweifungen unserer ehrwürdigen Herzogin unterhielt. Kleine Unvorsichtigkeiten führen manchmal zu solchem Geklatsch, oder werden als Belege dazu benutzt. Bismarck soll überhaupt jovialen fast studentenhaften Streichen nicht abgeneigt sein. Als er in Frankfurt Bundestagsgesandter war, seiner großen Ueberlegenheit wegen schon damals von dem übrigen diplomatischen Corps gefürchtet, verschmähte er es doch nicht, wenn er bei seinen Promenaden in der Mainlust oder andern öffentlichen Gärten preußische Lieutenants antraf, sich zu ihnen zu setzen, mit ihnen kameradschaftlich zu kosen, zu trinken und zu singen und sie dadurch für seine Person zu begeistern. Das hat mir früher mein Gerhard erzählt und jetzt wieder Rettberg. –

*Am 6. Jan.* Meine Fenster von oben bis unten mit den schönsten Eisblumen überzogen, 6° Kälte, auf dem Schloß werden gewiß 10° sein. Das «Daheim» brachte gestern ein hübsches Bild, den fliegenden Holländer, auch einen interessanten Klatschaufsatz über Bismarck mit seinem Bilde. Es wird mir ganz wohlig und heimlich bei Text und Bildern des «Daheim», sie mögen nun gut oder schlecht sein, weil sie eine Gemeinschaftlichkeit zwischen uns Beiden vermitteln. Ich weiß gewiß: das liest er auch und das sieht er auch. Mein schöner Regulator geht wunderbar richtig. Das wäre etwas für Euch auf dem Lande, obgleich es andererseits für Euch auch wieder gleichgültig ist, ob Ihr den Tag eine Stunde früher oder später anfangt, während meine Zeit mit der meiner Nachbarn nothwendig zusammenklappen muß. – Ich lese jetzt wieder einmal Wilhelm Meisters Lehrjahre und zwar diesesmal mit ungemeiner Lust. Früher in Rom, dann vor 30 Jahren hier in Ballenstädt stieß mich die Lüderlichkeit und Meisters Character und Gewissenlosigkeit ab, heute aber bezaubert mich die überaus reizende, so ruhig und behaglich fortschreitende Darstellung dermaßen, daß ich wenig nach dem Stoff frage. Eine Fülle feiner, guter und richtiger Gedanken, die gewöhnlich den Nagel auf den Kopf treffen, nimmt man gern mit in den Kauf. Heute habt Ihr Weihnachten! Ich glaube ich würde bei Euch wieder froh! Seid Alle herzlich gegrüßt von

Eurem Wilhelm.

Nº 157 Ballenstädt 19. Jan. 1867

Eia! Eia! ein Brief aus Finn ist da!

Gestern Abend lief er ein als Julchen und ich allein zu Hause saßen (die Kinder waren zu Schlitten auf dem Falkenstein bei den jungen Asseburgs) und wir lasen gar traulich mit einander. Dein Brief war 6 Tage gegangen. Es schriebe sich noch einmal so bequem wenn man nicht wüßte, daß zwischen Losschießen und Treffen eine Woche Zeit liegt. Merkwürdig übrigens am 18. Jan. einen Brief vom vorigen Jahre zu erhalten, obgleich er nur 6 Tage gegangen war. Rußland wird trotz seines fortschrittlichen Eifers noch dahin kommen Weihnachten zu feiern wenn wir schon Ostern haben. Wahrhaft erquickt in Deinem Briefe hat mich Dein brüderliches Herz, wie auch das gelegentliche Wetterleuchten Deines alten Humors, der aus dem Druck der Jahre wie der Verhältniße immer noch hindurch bricht. Gott stärke Dir diese Ader. Betrübt dagegen haben mich die Nachrichten aus Ottenküll, wie auch die Schilderung der mannigfachen Drangsale, die Dir Deinen Beruf so schändlich verkümmern. In seiner Arbeit sich nicht wohlfühlen, ist schlimmer als leibliche Krankheit, aber besser ist es doch noch, als sich seinem Berufe nicht gewachsen fühlen, in welchem Falle sich Ernst Heynitz in Hermsdorf und ich mich befand so lange ich Maler war. Du aber bist Deinem Berufe ausreichend gewachsen, wie mir von verschiedenen Seiten versichert wurde, und wird Dir derselbe durch moderne Staatskünstler verleidet, – nun so mußt Du denken: es ist doch zuletzt mein himmlischer Vater, der mir in seiner unerforschlichen Weisheit diese scheußlichen Pomeranzen in meine Abendsuppe ausdrückt. Deine Schwindelaufgabe als «Jongleur» läßt es mich übrigens jetzt als ein Glück erkennen, daß Du unter allen diesen Störungen nicht auch noch Liebhabereien hast, in welchen unterbrochen zu werden beleidigender für das Gefühl ist, als Störung bei der Arbeit, besonders wenn diese Störungen in der Natur der Arbeit selbst liegen. Ich werde Dir daher zum Zeichnen kaum mehr zureden. Ich bin nun so glücklich, daß ich weder Geschäfte habe, noch durch irgend welche Quärulanten mehr überlaufen werde, vielmehr lebe ich wie der glückliche Horaz wesentlich nur noch von Essen und Trinken – freilich aber bin ich auf der anderen Seite auch so unglücklich, aus meiner beneidenswerthen Muße nichts Erfreuliches mehr herausschälen zu können. So hat jeder sein Theil. – Daß Du den ganzen Tag stehen kannst, ist mir bei meiner gegenwärtigen Schwäche eben so unbegreiflich, als daß ich's sonst auch konnte (in Petersburg sogar auf der Leiter); Du kommst mir dieser fortgesetzten Stabilität wegen schon fast so verehrungswürdig vor wie der sel. Symeon Stylites. Wenn sich in Deinem Zimmer überhaupt keine Sitze befinden, so habe ich deren in dem meinigen desto reichlichere. Es befinden sich darin an Ruhestätten 1.) ein großes mit amerikanischem Leder überzogenes Sprungfeder-Sopha 2.) ein mächtiger Großvaterstuhl mit Faulenzer für die Füße 3.) ein gewöhnlicher Lehnstuhl 4.) Vier Rohrstühle, 5.) wenn Du's nicht übel nehmen willst (wenigstens in dieser Krankheitsperiode) eine kleine bescheidene Druckerei, zu deutsch auch Nachtstühlchen genannt. Auf allen diesen Commoditäten sitze oder liege ich, mit Hülfe von Luft- und anderen Kissen, herum, ohne daß es mir zu viel würde.

*Am 20. Jan.* Wir leben jetzt Adolph's wegen in großer Aufregung. Durch Schätzells Vermittelung hat er nämlich begründete Hoffnung auf eine, wenn auch höchst beschwerliche, doch sonst sehr gute Stelle in Königsberg in Preußen, welche ihn in den höheren Staatsdienst einführen würde. Es ist dies eine combinirte Stellung, welche gleichermaßen in die Verwaltung wie in die Justiz eingreift; der Titel ist «Ober-Präsidialrath», welchen Titel jedoch Adolph vorerst eben so wenig als den damit verbundenen Gehalt erhalten würde. Er würde das erste Jahr nur als comittirter RegierungsAssessor mit Diäten arbeiten müssen, dann aber wenn er sich der Arbeit gewachsen zeigt, Titel und Gehalt bekommen und gewissermaßen eine Anwartschaft haben später als Ministerialrath nach Berlin gezogen zu werden. Da nun Adolph niemals im Verwaltungsfach gearbeitet hat und dergleichen Stellen sonst nur an ältere RegierungsAssessoren gegeben werden, so gehörte ein unverschämter Muth dazu, sich gerade um diesen Posten zu bewerben, er hat aber diesen Muth und ist in voriger Woche in Berlin gewesen um sich dem Minister des Innern Grafen Eulenburg, wie einigen anderen einflußreichen Personen vorzustellen und kam mit den besten Hoffnungen zurück. Geheimerath v. Lebbin, in dessen Händen die Entscheidung liegt, hatte ihm sogar gesagt, er solle sich immer bereit halten, so daß er auf den ersten Ruf in 24 Stunden in Königsberg sein könne. Nun sitzt er da, den Wanderstab in der Hand und erwartet stündlich die beregte Depesche. Ich weiß nicht recht was ich wünschen soll, mir scheint die Aufgabe zu schwer und sichere Havarie verheißend. Den damit verbundenen juristischen Geschäften als Justiziarius bei der Regierung wird Adolph jedenfalls gewachsen sein, wie er aber als Amanuensis eines alten 75jährigen Präsidenten, der ihm, selbst arbeitsmüde, auch seine eigenen Sachen (von denen der Junge keinen Begriff hat,) zuschieben würde, fertig werden sollte, verstehe ich nicht. Schätzell indessen sagt: Wirf den Pudel ins Wasser, so schwimmt er und Adolph ist ein Pudel. Er hat die beste Meinung von dem Jungen. Dein Richard wird wohl auch jetzt schwimmen müssen ohne es gelernt zu haben.

*Am 26. Jan.* Vom 15$^{\underline{t}}$ bis 22sten d. hatten wir Kälte, Schnee und schöne Schlittenbahn und einen so wundervollen Eisbehang an den Bäumen, daß die Forstleute Ach und Weh schrien wegen der vielen Waldbrüche. Man rechnet allein im Harzgeroder Forst circa 400 Klafter Bruchholz. Besonders haben die Birken gelitten, obgleich sie sich wie Sprenkel beugten; ich habe selbst Stämme von 6 Zoll Dicke gebrochen gesehen. Mit dem 23sten trat Wärme ein, die sich sogleich auf 9 Grad steigerte und in 24 Stunden waren Schnee und Rauhreif abgeflossen, für meine Respirationswerkzeuge und meinen Holzvorrath wie erbeten. Wie habe ich Dich in diesen Tagen um Dein warmes Haus beneidet! Wenn Du auch vielleicht nur 12$^{\underline{o}}$ erzeugst, und ich mit meinen eisernen Oefen bei jeder Temperatur jeden beliebigen Wärmegrad zu Wege bringe, so hast Du Deine geringere Wärme wenigstens gleichmäßig in allen Räumen, während ich, um von einem warmen Zimmer ins andere zu gelangen, stets durch eiskalte Räume muß. Ich heize mit 3 Oefen nur 4 Zimmer, das meinige, das Wohnzimmer das Speise und Leutezimmer, das im Winter zugleich Kochstube ist und mit seinem Bratofen auch das Speisezimmer mit erwärmt. Diese 4 Zimmer liegen aber in 2 verschiedenen Etagen und haben untereinander keine directe Communication, selbst um vom Speisezimmer in die Kochstube zu gelangen, muß man die fast immer zugiche Hausflur überschreiten. Will ich zu meiner Frau, so habe ich auch nur die Wahl entweder zwei oder drei kalte Zimmer zu passiren, und wenn ich meine Aufmerksamkeit nicht ununterbrochen auf den Gevatter Ofen richte, so steigt mein Thermometer plötzlich auf 20 oder fällt auf 9 Grad und ich schwitze oder friere wie ein armer Sünder. Holz wird übrigens wenig mehr bei mir verfeuert; ich heize mit Braunkohlen, die wie grobe Erde aussehen und mit Wasser vermengt wie Speck brennen. Darauf werden dann einige Torfstücke gelegt, welche Stunden lang Kohle halten, so daß wenigstens das Feuer nicht so leicht ausgeht. Diese Feuerung ist also viel billiger als die mit Holz und auch bequemer für Einen der selbst für seinen Ofen zu sorgen hat.

Am 24sten früh erschien denn plötzlich Wold. Bock mit seiner Tochter Alma von Quedlinburg kommend und blieb den Tag über bei uns. Sie wohnen noch im Gasthof und richten sich von da aus im eigenen Quartier ein, das sie erst im Februar beziehen können. Anna hatte sogleich großes Wohlgefallen an Alma, und immer ist es wahr, daß diese Livländerinnen (wenigstens die aus der Sippe unserer Mutter) eine besonders liebenswürdige Species von Frauenzimmern sind. Wir hätten sie gern für den Winter hier behalten, aber sie konnte sich jetzt nicht von der Mutter trennen, da die beiden jüngeren Schwestern in Kl. Wandris zurückgeblieben sind. Ich habe übrigens falsch berichtet, wenn ich schrieb, daß Woldemar das preußische Indignat erworben. Er sagte wenigstens ich müsse seinen Brief falsch verstanden haben, so weit sei es noch nicht, wenn auch seine Absicht dahin gerichtet sei. Ich muß hier übrigens noch einen Irrthum berichtigen: Nicht *Rheinpreußen*, sondern Rheinbaiern und Rheinhessen mit Mainz (von Preußen nur der Saardistrict) hatte Napoleon in Nikolsburg verlangt, als er von Bismarck so entschieden abgewiesen wurde, und dieser Schutz scheint namentlich in Baiern gutes Blut gemacht zu haben, das sich überdem von Oestreich vollständig verrathen und verkauft sah, daher jetzt eine neue Allianz mit diesem Staate perhorrescirt.

Gestern hat mich die Herzogin sehr angenehm überrascht. «Da sie mich gar nicht mehr zu sehen kriege und doch nicht vergessen sein wolle» ließ sie mir sagen «so sende sie mir ihr Bild, das mich an sie erinnern möge.» Ich empfing nun ein prachtvolles Album für Photographien und als ich die Klammern löste und öffnete, fiel mir allerdings sogleich das Bild der hohen Frau in die Augen, zugleich erhob sich aber auch im Innern des Buches ein munteres Liliputaner-Concert mit den komischsten Schnörkeln, Laufern und Cadenzen, das mit großem Eifer vier volle Minuten anhielt. Daran habe ich nun ein kindisches Vergnügen und lasse diese kleine Hauscapelle fleißig musiciren. Sie spielt zwei hübsche Bravourstückchen.

*Am 4. Febr.* Ich habe diesen Brief so lange liegen lassen, um etwas Bestimmtes über Adolph melden zu können, aber dessen Angelegenheit steckt immer noch im Tintenfaß. Zwar erzählte Asseburg, der kürzlich in Berlin war, er sei dem Grafen Eulenburg hart zu Leibe gegangen und dieser habe ihm versprochen die Königsberger Stelle keinem Andern als Adolph zu geben, der sich daher immer bereit halten möge; aber Asseburg ist der größte Lügner in Europa, und Adolph ist ihm bereits so zum Bedürfniß geworden, daß ich eher annehmen möchte er habe die ganze Sache, etwa unter dem Vorwande, daß Adolph in der Allodialsache hier noch nicht entbehrt werden könne, contrecarrirt. So sitzt der arme Kerl, denn immer noch auf seinem Koffer und wartet sich ganz ab. Mir wäre es ganz recht, wenn wir ihn noch ein halbes Jahr behalten könnten, da meine Frau unter diesem Abschiede schwer leiden würde, auch mir eine weniger weit gelegene Stelle wünschenswerther erschiene. So ein Junge geht freilich am liebsten so weit von Hause als möglich, daher ein Amt in Königsberg sein Ideal. Gegenwärtig interessirt er sich lebhaft für die Wahlen zum norddeutschen Parlament, und thut sein Möglichstes um Schätzell durchzubringen, wahrscheinlich doch vergeblich, da die Demokratie, diesmal von der Regierung begünstigt, alle erlaubte und unerlaubte Mittel aufbietet um diesen Candidaten der Conservativen abzuschlagen. Die scheußlichsten Lügen werden dem Volke aufgebunden, sogar auf ein gewisses anstößiges Verhältniß mit einer hohen Frau hingedeutet, und populus glaubt Alles. Herumvagirende Agitatoren halten in Schänken und Schützengräben große Volksversammlungen ab, zum Theil auch geworbene Rotten mit sich führend, welche durch Geschrei und Pfeifen die Gegenredner zum Schweigen bringen. Es ist ganz wie 1848. Schätzells Gegencandidat ist ein Rechtsanwalt Holzmann aus Cöthen, welcher die Wahlversammlungen selbst bereist um sich persönlich zu empfehlen, wobei er übrigens in Bernburg schlechte Geschäfte machte. Hier hielt er eine lange Rede, in welcher er sich den Passus erlaubte: «Meine Herren! Sie werden wie es scheint zwischen Herrn von Schätzell und mir zu wählen haben, und will ich mir daher schließlich noch erlauben Ihnen zu bedenken zu geben, daß Herr von Schätzell ein Fremder ist, ich aber ein echter Anhaltiner, ein Cöthener Kind bin.» Die Gegenrede war diesmal kurz aber siegreich. Der Oberburgemeister Oelze nahm das Wort und sagte vom Platze aus: «Wir sind so eben durch Herrn Holzmann belehrt worden, daß er ein Cöthener Kind sei. Meine Herren, das ist ein wahres Wort gewesen; denn daß er ein *Cöthener* ist, kann schon seine Sprache nicht verleugnen (dieser Dialect ist wegen seiner Plumpheit verrufen) und daß er ein *Kind* ist, darüber kann Niemand in Zweifel sein, der seine Rede mit angehört hat.» Schallendes Gelächter. In Bernburg wird Schätzell wahrscheinlich gewählt werden. Auf solche Wähler- und Wühlereien das Heil des Staats zu gründen, ist doch der größtdenkbarste Unsinn, besonders wenn man bedenkt, daß bei dieser Art Urwahlen gewiegte Staatsmänner nicht mehr Stimmen haben als der gemeinste Rotzlöffel, der kaum seinen Namen schreiben kann; den größten Einfluß aber die unverschämtesten Schreier gewinnen müssen, die sich nicht entblöden den Pöbel mit stinkenden Geschichten zu regaliren. Wohl bin ich sehr für eine ständische Volksvertretung, wie wir sie Dank Schätzell für unsere anhaltischen Landtage noch haben, doch kenne ich keinen größeren Uebelstand für einen Staat als den Junker Omnes zum Mitregenten zu erhalten.

*Am 6. Febr.* Da kommt wahrhaftig schon wieder ein Brief vom Bruder Frater. Ich traute meinen Augen kaum, weil ich Dein voriges Schreiben schon für die Antwort auf mein letztes gehalten hatte. Da nimm denn zuerst meinen Gruß zu der erneuten Großvaterwürde; der lieben Elmine wird damit wieder eine Sorge von der Seele genommen sein. Aber die arme Nanny – und noch mehr die armen Ottenküller! Das Geschick der sanften freundlichen Alwina geht mir gewaltig zu Herzen; man sah ihr als Kind nicht an in welcher Art die ewige Liebe sich an ihr erweisen würde. Gott stärke sie und das arme leidende Kind!

Deine Beschreibung des gegenwärtigen niederträchtigen Zustandes der Poststraßen erinnert mich lebhaft an meine letzte Winterfahrt nach Petersburg. Wir hatten einmal (es war in Ehstland) 12 starke Pferde vor dem Riesenwagen, und saßen doch meist fest, so daß alle Passagiere heraus mußten und die 3 Schaufler, die wir im Bauerschlitten nachschleppten, stets in Arbeit waren. Dabei ward eine Frau v. Berg aus Mitau nicht müde mir die Vorzüge des Reisens in Rußland vor denen in Preußen auseinanderzusetzen, wie später der alte Timmo diejenigen einer gewissen usance der damaligen russischen Beamten Geld zu nehmen, wodurch es reichen Leuten wenigstens möglich sei zu machen was sie wollten. Das hat ja auch Alles seine Meriten, sowohl die übermäßig schweren Reiseequipagen, als die übermäßig offene Hand der Beamten, wenn nur nicht arme Leute und Pferde so sehr dabei geschunden würden. Der Reiche gewinnt seinen Prozeß und der Reisende kann sich des Vergnügens einer angenehmen Reisegesellschaft möglichst lange erfreuen.

Wunderbar, daß Ihr einen so scharfen Winter habt und wir gar keinen. Das Bischen Schnee und Schlittenbahn hier war bald weg. Unter Büschen an sonnigen Hängen grünen schon kleine nichtswürdige Kräutlein und hier und da in Gärten blühen einzelne Exemplare Galantus nivalis. Der Barometer steht so tief wie ich ihn seit den beiden Jahren, daß ich ihn besitze noch nicht beobachtet habe, und die Stürme reißen mir fast die Bude ein. Mein Befinden dabei ist athemlos und elend. Wie freute ich mich einmal etwas von Nicolai Zöge zu hören. Die russischen Offiziere kommen doch weit herum und Nicolai muß immerhin ein ganzer Kerl sein, daß er schon General ist. Mein Gerhard pflegte oft zu sagen, daß aus den Cadettenhäusern die besten Offiziere kämen, was auch schon daraus hervorgeht, daß die Demokratie so sehr auf Abschaffung dieser Anstalten dringt.

*Am 9. Febr.* Die Wahlagitation nimmt immer größere Dimensionen an, die öffentlichen Blätter strotzen von Invectiven gegen Schätzell. Gedruckte Wahlzettel und Aufrufe werden Einem ins Haus geschickt und demokratische Emissäre dringen in die Wohnungen der kleinen Leute, sie zu belämmern. Dazu auf allen Dörfern Volksversammlungen, zusammengetrommelt durch Fortschrittsleute aller Art. Die beiden tollsten Wühler in Ballenstädt sind der Advocat Hempel (Sohn des früheren Ministers, der den Sturz seines Vaters nicht vergessen hat) und der pensionirte Propst Hartung, der aus Aerger über das neue Gesangbuch den Dienst quittirt hat, zwei sehr gescheute Männer welche die Urtheilslosen in Masse anführen. Die Conservativen legen übrigens die Hände auch nicht in den Schooß, schreiben und schreien tapfer, können aber weniger durchdringen, weil sie gemeine Mittel verschmähen. Einen Geniestreich machte der Burgemeister von Gernrode. Als er erfuhr, daß Hempel und Hartung eine Wahlversammlung in Gernrode angesagt hatten, miethete er an dem bestimmten Tage alle Gasthäuser für sich, so daß die Herren Agitatoren ihre Versammlung auf offenem Markte abzuhalten genöthigt waren, wo sie denn ziemlich allein blieben wegen des schlechten regnerischen Wetters. Es würde immerhin eine hübsche Genugthuung für Schätzell sein, wenn sich auch nur das Bernburger Land für ihn erklärte.

*Am 14. Febr.* Lange Pause weil ich Dir noch melden wollte, was aus Adolph und unseren Wahlen geworden ist, welche vorgestern stattgefunden haben. Da Salmuth mir seinen Wagen schickte, so habe ich mich auch dazu eingefunden. Ich hatte mich vor langem Warten gefürchtet, aber siehe da, meine Mitbürger waren so höflich mir Raum zu geben. In der Hausflur, auf der Treppe und im Wahllocale schritt ich durch das große Gedränge so ungehindert als wäre ich allein da, warf meinen Stimmzettel in die Urne und war schnell wieder zu Hause. Hier in Ballenstädt ist Schätzell mit ungeheurer Majorität gewählt worden, auf dem Harz fast einstimmig und auch im Bernburgschen fiel die Wahl noch günstig aus; allein im Cöthenschen hat fast Alles für Holzmann gestimmt, wodurch Schätzell in die Minorität gekommen. Der Minister Sintenis hat also ganz richtig gerechnet wenn er unseren Wahlkreis mit dem Cöthenschen zusammenlegte und uns von dem uns angehörigen conservativen Coswig trennte, zugleich aber ist er selbst, (von Dessau aus als Candidat aufgestellt) mit noch viel größerem Glanze durchgefallen und hat dem Regierungsrath Köppe Platz machen müssen, der zwar auch liberal aber doch ein vernünftiger Mann ist, mit dessen Wahl man zufrieden sein kann. Die Schäzellsche Wahl hat wenigstens den Beweis geführt, daß er in dem ehemaligen Anhalt-Bernburg, dessen Geschäfte er so lange geleitet, die sehr große Majorität für sich hat. – Adolph war mehrere Tage in Berlin, wo er mit dem Hausministerio in der Allodialsache zu conferieren hatte und kam erst gestern zurück. Er hat nun mit Gewißheit erfahren, daß seine Ernennung nach Königsberg schon unterzeichnet ist und nur noch auf die Ausfertigung wartet. In diesen Tagen wird er also abgehen müssen und Gott gebe, daß er sich der sehr beschwerlichen Stelle gewachsen zeigt, vor der man ihn von allen Seiten bange macht; doch hat er selbst den besten Muth obgleich er vollkommen grün in der Art von Geschäften ist, die ihn dort erwarten.

Wir lesen jetzt «Ludwig Nohl, Mozart's Briefe.» So hat mich lange nichts interessirt. Ein Menschenherz von Kindheit auf mit nichts als Musik und einer gewissen ganz eigenthümlichen Albernheit angefüllt. Es macht traurig zu sehen wie ein Mensch an allen großen Fragen der Menschheit so gleichgültig vorübergehen kann.

Schrecklich so blos Musik zu sein wie ein Leierkasten. Mir scheint doch ein solcher einseitiger Riese viel kleiner zu sein als jeder sonst ganz gewöhnliche gebildete Mensch. Grüßt Helene wenn Ihr schreibt. Adieu mein Gerhard, Gott behüte Dich mit den Deinigen!

Dein Wilhelm.

## N° 158

Ballenstädt 28. März 1867

Mein lieber Bruder Gerhard!

Herzlichen Dank für Deinen reichhaltigen Brief vom 1sten d. mit der Beschreibung eines grausen Winters. Wir hatten mittlerweile hier auch Winter bekommen, wenn auch nicht mit 31, doch mit 3 bis 6° in der Nacht, am Tage 0 und sehr reichlichen Schnee. Dies dauerte unter anhaltendem Ostwind und schauderhaftem Uebelbefinden meinerseits vom 26. Febr. bis 23. März, wo Wärme eintrat und der Schnee in wenig Tagen abfloß. Auf diese Zeit war ich mit meinen kaum noch erträglichen Beschwerden vom Arzt vertröstet worden – aber nun bei 15° Wärme und Südwind sind sie erst recht unerträglich geworden. Gott weiß was daraus werden soll! – In diesem Augenblick reist ein Trauerbrief ins Haus. Professor Anschütz in Halle, der Mann von Anna Volkmann, ältesten Tochter unseres Freundes, meldet mir den Tod der jüngsten, die mit dem Professor Heidenheim in Breslau, einem sehr ausgezeichneten Gelehrten, verheirathet und Mutter von drei Kindern war. Ohne alle Frage war sie die liebenswürdigste bedeutendste und beste von allen Volkmanns-Kindern und der alte Satz bestätigt sich hier wieder, daß der Tod den besten Geschmack hat, sich gewöhnlich Diejenigen herausgreift, die man am wenigsten missen möchte. «Meine unvergeßliche Schwägerin» schreibt Anschütz «hat die Kraft besessen dem Tode ruhig ins Auge zu sehen, von allen Angehörigen (ihre Mutter pflegte sie in den Wochen) einzeln Abschied zu nehmen – und für Jeden hat sie noch ein Wort der Liebe und des Gottvertrauens gefunden. So ist sie in Gott gestorben, den wir bitten, daß er uns stärken möge.» Alfred war auf die Todespost gleich nach Breslau geeilt und soll furchtbar erschüttert sein; diese Fanny war sein Liebling.

*Am 29. März.* Ein anderer Todesfall hat uns viel näher betroffen. Am 23sten d. starb ganz plötzlich die alte Herzogin von Holstein-Glücksburg, die Mutter unserer Herzogin. Anscheinend wieder genesen von einer kleinen Erkältung, saß sie Nachmittags mit unserer Herzogin, Prinzeß Louise und ein paar zufällig anwesenden Prinzen in ihrem Zimmer und amüsirte sich an einer plattdeutschen Erzählung aus dem «Daheim», als sie plötzlich zusammenbrach. Sie sprach nur noch einzelne abgerissene Worte, als: «Das geht zum Tode» – «Ich bin ruhig» – «Gott segne Euch». – Da stand der Puls. Diese liebe Herzogin war weder geist- noch kenntnißreich; wohl eigentlich etwas beschränkt, aber von einer hinreißenden Weiblichkeit, ich möchte sagen Jungfräulichkeit, die sie bis ins hohe Alter (sie wurde 77 Jahr alt) zierte, eine demüthige, bescheidene, vergnügte Kinderseele, innig fromm, wohlwollend, zufrieden mit Allem was Gott schickte und von feinen Umgangsformen. Wir kannten an ihr nur eine Schwäche, *die* nämlich, daß Jedermann stets eben so heiter und vergnügt sein mußte als sie es selbst war; man durfte in ihrer Gegenwart nichts kritisiren, nichts tadeln, weder Sachen, noch Personen, noch Verhältniße; geschah es dennoch, so corrigirte sie augenblicklich mit ein paar freundlichen, halb schüchternen Worten als: «Ich dachte es wäre doch recht hübsch und brauchbar,» oder «Er ist aber doch ein recht guter Mensch» oder «Ich muß sagen, daß es der liebe Gott doch so gefügt hat» usw. Sah man ernst aus, so frug sie theilnehmend: «Sind Sie unwohl?» – «Nein Hoheit!» – «Ich dachte» fügte sie dann mit großer Freundlichkeit hinzu und Jedermann sah heiter aus. Außerordentlich gern besuchte sie das Theater (mit Ausnahme der Trauerspiele) und immer freute ich mich, wenn mich dann der Dienst traf. Sie nahm an der Handlung theil als wenn sie einer wirklichen Begebenheit beiwohnte und wandte sich des öfteren nach mir um mit Fragen, wie: «Es wird doch ohne Unglück abgehen?» – «Spielt sie nicht allerliebst?» «Finden Sie das Stück nicht gut?» Und wenn ich Alles bejahte, konnte sie mich ordentlich dankbar ansehen und wandte sich dann auch wohl sehr zufrieden an ihre Hofdame: «Herr v. K. findet es auch sehr gut.» worauf ich denn auch von dieser einen freundlichen Blick bekam. Trotz Alledem war die theure Frau doch äußerst theilnehmend an fremdem Leid. Bei den Trauerfällen, die mein Haus betrafen, war sie fast immer die Erste, die zu uns kam mit uns zu weinen, und war Jemand krank, so schickte sie eine Erquickung nach der andern, ja zu Zeiten ganze Mahlzeiten ins Haus. Wenn Gerichte auf ihre Tafel kamen von denen sie wußte, daß Dieser oder Jener sie sehr liebte, so verlangte sie, daß einem Solchen eine tüchtige Portion zugeschickt werde.

An zwölf arme hülflose Familien speiste sie ganz regelmäßig Tag für Tag mit Fleisch und kräftigen Suppen, und kein Handwerksbursche sprach vor, der nicht ein Viaticum und wenigstens einen Teller Suppe bekam; überdem brachte sie als große Consumentin viel Nahrung in den Ort. Für die Gesellschaft gab ihr Haus einen zweiten angenehmen Mittelpunkt ab, und in ihrer Familie war sie das bindende versöhnende Element. Es sind alles dies Eigenschaften, die an einer so vornehmen Frau besonders liebenswürdig erscheinen. Ihr Haus ist eins der ältesten in Europa; hat Dänemark, Schweden, Rußland Könige und Kaiser gegeben. Selbst von Königen stammend war sie Mutter und Großmutter dreier gekrönter Häupter, überdem noch der beiden Kronprinzessinnen von England und Rußland – und doch eine rechte Magd des Herrn, so klein und demüthig wie eine Frau aus den niedrigsten Ständen es nur sein kann. Wo es in den Verhältnißen lag, daß sie sich ihrem Range gemäß putzen und aufblähen mußte, hörte man sie klagen: «Ach daß ich doch keine Fürstin wäre! Ich passe mich nicht dazu.» Einige Tage vor ihrem Tode sprach sie mit Fräul. Necker, ihrer Hofdame, von jenem Leben. Da sagte sie: «Ich habe keine Angst. Ich weiß was ich thue. Sobald ich zum ewigen Leben erwacht bin, werfe ich mich zu den Füßen meines Heilandes und schreie: Gnade! Erbarmen!» Ihre Leiche ist einstweilen, bis die Familiengruft unter der Kathedrale von Schleswig bereitet ist, im Garten beigesetzt. Sie besaß und bewohnte das ehemalige Alvenslebensche Haus. Du erinnerst Dich vielleicht des hübschen griechischen Gartentempels, den Alvensleben da erbaut hatte; der ist zum einstweiligen Mausoleum umgewandelt, und dort ruht sie jetzt unter Blumen und Kränzen, die stets erneuert werden. Dem Zuge dahin schloß sich der ganze Ort an und den Sarg trugen die sechs Söhne der Dahingeschiedenen, unter denen auch der König von Dänemark. Prinzeß Louise wird nun nach Itzehoe gehen in ihr Stift und den hiesigen Hausstand gänzlich auflösen. Das ist für unsere Herzogin sehr bitter und fast bittrer noch für Anna, die in einem fast schwärmerischen Verhältniß zu dieser Prinzeß steht. Die zahlreiche Dienerschaft wird auseinander gerissen und hier und da untergebracht – da fließen denn viele Thränen. Haus und Garten will die Familie zum Andenken an die Mutter im jetzigen Stande erhalten. Unser Adolph ist nun auch endlich zu seiner neuen Bestimmung abgegangen, am 20sten d. Er ist nur versuchsweise und ohne Titel und Gehalt auf 6 Monat als Justitiarius an die Regierung comittirt und versieht zugleich beim Präsidium die Stelle eines Präsidialrathes. Hält er die Arbeit aus und ist er zu brauchen, so werden später Titel und Gehalt nicht fehlen und die höhere Staatscarrière steht ihm offen. Leider hat er erst an Ort und Stelle erfahren was er zu leisten hat. Er ist Justitiar in beiden Abtheilungen der Regierung, so wie auch für die Postdirection und die städtischen wie ländlichen Feuerversicherungen und hat überdem noch ein selbstständiges kleines Verwaltungsdecernat in der 1sten Abtheilung der Regierung. Dieser ganze Complex von Geschäften ist früher von zwei Beamten bearbeitet worden und nun soll es Einer allein machen, der im Verwaltungsfach ohne alle Kenntniß und Erfahrung und auch in der Sphäre der Justiz, nach dreijähriger Bearbeitung einer ganz einseitigen Branche, zum Fremdling geworden ist. Jede Arbeit muß ihm zu einer zehnfachen werden, da er sich überall erst zu informiren haben wird, und seine Brust ist nicht die stärkste, Königsberg ein schlechtes Klima. Ich bin sehr besorgt und auch er selbst scheint an Ort und Stelle doch etwas erschrocken über die ihm gewordene Aufgabe zu sein. Schätzell, der sich das Alles auch nicht so schlimm gedacht, bleibt freilich bei seinem Axiom: Schmeiß den Pudel ins Wasser usw. und zweifelt keinen Augenblick daran, daß Adolph ein Pudel ist. Ich sprach mit der Gräfin Asseburg darüber; die war der Meinung, daß Adolph durch das persönliche Interesse, das er überall für sich zu erregen wisse, alle Schwierigkeiten überwinden werde. Das ist nun zwar eine rechte FrauenzimmerAuffassung, aber nicht zu leugnen ist es, daß allerdings persönliche Eigenschaften in jeder Lage dienlich werden können. Wenn Adolph seinen Vorgesetzten und Collegen als frischer netter Kerl gefällt, so helfen sie ihm schon weiter.

*Am 30. März.* Nun liegt meine Fau auch auf der Nase, hat sich neulich in der Nacht erkältet, da sie für mich aus dem warmen Bette sprang, ohne sich Zeit zu geben etwas an die Füße zu ziehen – hat Kopfweh, Zahnweh und Fieber. Doch hätte sie sich nicht abhalten lassen mir auch vergangene Nacht wieder beizustehen, wenn ich nicht meinen Barbier, Constantin Schenk mit Namen, schon als Krankenwärter bestellt gehabt hätte, der meiner Frau so unheimlich ist, daß sie die Kammerthür zwischen uns verriegelte. Ich freute mich nun ordentlich auf die Nacht da ich würde schreien und stöhnen können nach Herzenslust ohne die arme Frau gleich aus den Federn zu jagen; Constantin Schenk beschützte mich vollkommen. Und siehe da, gerade in dieser Nacht blieb der Anfall zum ersten Mal seit 7 Nächten aus, so daß mein Diakon seinen Thaler ganz umsonst verdiente. Schade daß es so theuer ist, sonst hielte ich mir von jetzt ab immer eine Nachtwache. Mit dem Bewußtsein Anderen, statt sie zu incommodiren, durch seine Krankheit noch zu nützen, leidet es sich noch einmal so gut. Aus dem besten Schlafe, jetzt gewöhnlich schon um 2 Uhr weckt mich ein jähes Unvermögen Athem zu holen, welches mich nöthigt laut zu stöhnen, ja zu schreien und mir alle Fähigkeit des eigenen Handelns dergestalt raubt, daß ich nicht im Stande wäre mir selbst Licht zu machen oder nach meiner Pfeife (die gestopft neben mir liegt) zu greifen und sie anzuzünden. Dann schießt die arme Frau herbei aus dem Nebenzimmer, zündet Licht an, steckt mir die Pfeife in den Mund und hält den Zünder darauf. Mit unsäglicher Anstrengung bringe ich das Instrument in Brand und damit zieht denn auch der Trost ein. Manchmal schon nach 10 bis 15 Minuten finde ich etwas Erleichterung. O Hochgenuß, wenn dann so allgemach von den Centnern auf der Brust ein Pfund nach dem andern abgehoben wird. Meine Frau reißt unterdeß das Fenster auf, rührt Senfteig ein, wärmt Kaffe, räuchert mit Salpeterpapier und in Folge dieser Mittel komme ich in der Regel nach 2 Stunden wieder in meinen gewöhnlichen Zustand oder wenigstens doch so weit zu Kräften, daß ich langsam das Bett verlassen und mich im Lehnstuhl erholen kann – aber die Nacht ist doch gewöhnlich für uns Beide verloren, für mich auch noch der Tag, da ich so matt wie eine Fliege bin. Hoffentlich komme ich nun bald wieder in meinen alten Trab, wo der Anfall Morgens eintritt und nicht so heftig ist, daß ich mir nicht allein mit einem Pfeifchen Stramonium (Stechapfel) helfen könnte. – Da habe ich Dir nun so viel vorlamentirt – nimm es nicht übel.

*Am 31. März.* Diese Nacht hat Anna bei mir campirt. Der Anfall kam richtig wieder. Aber Gott sei Dank! Julchen ist viel besser diesen Morgen, macht doch ihre Sachen schnell ab. Die Vögel singen herrlich, trotzdem daß es heute kühl und regnerisch ist. Veilchen schon reichlich im Garten, im Walde Schneeglöckchen und Leberblümchen usw. Wir haben herrliche Tage gehabt, ich Armer aber kann nicht hinaus weil ich dick geschwollene Füße habe und keinen Stiefel ankriege, doch bin ich einmal mit Julchen gefahren. –

Der norddeutsche Reichtstag macht Einen auch krank. Die Wahlen sind zwar besser ausgefallen als für die bisherigen Landtage und besonders freut es mich, daß das Volk sich wieder zum Adel bekannt hat, wie man aus der großen Menge der Fürsten, Grafen und Barone ersieht; aber dennoch gehen die Verhandlungen nicht gut, obgleich die Majorität den besten Willen hat. Die alten demokratischen Principienreiter, zum Theil sehr begabte Männer wie Twesten, Waldeck, Schulze-Delitzsch, Braun, der Judenjunge Lasker u.A.m. sind es, die die Verhandlungen durch endlose Amendements so sehr aufhalten, daß man nicht zu Stande kommt. Ihnen liegt an einem ledernen Parlamentismus nach der Schablone mehr als an Einheit und Macht, und am wenigsten liegt ihnen an Bismarck. Man sollte denken ein Staatsmann von solchen Erfolgen und so patriotisch-deutscher Gesinnung verdiente endlich volles Vertrauen, und eine Verfassung, die er bietet, nachdem es ihm gelungen sie allen verbündeten Fürsten mundgerecht zu machen (trotz der großen Opfer, die sie bringen müssen) wäre es werth jetzt im Drange der Umstände en bloc angenommen zu werden. Die Fürsten haben sich nur bis zum August verbindlich gemacht, und sollten bis dahin ihre Hoffnungen auf Frankreich neue Nahrung gewinnen, so wäre es wohl möglich, daß sie zurücktreten. – Ich muß aufhören – bin der Hand nicht mehr mächtig – –

Das waren wieder 5 schauderhafte Stunden; das Herz setzt aus, tanzt und oscillirt, thut einige Kraftschläge, der Boden schwankt unter den Füßen und es wird Einem gottesjämmerlich zu Muthe. Mittel dagegen giebt es nicht, man muß warten bis der vergnügte Muskel sich müde gezappelt hat. – Ich sprach vorhin vom Parlament. Schöne Kräfte vereint es und die Reden sind in hohem Grade interessant. Bismarck ist der Meister. Sobald er sich erhebt, ist Alles stumm und mumm, die große Gesellschaft, die sonst wie ein Bienenschwarm unter einander summt und saust und braust und wenig auf die Reden hört, wird mäuschenstill und aller Augen richten sich auf den Redner, der vom Platz aus spricht und *wie* spricht: mit heiserer Stimme, sich oft räuspernd und wiederholend, ganz eintönig ohne jeglichen Stimmfall, ohne allen rhetorischen Schmuck, und die Daumen übereinander drehend – aber Alles vor sich niederschlagend. Endet er, so folgt gewöhnlich stürmischer Beifall; auf die freie Rede gegen den Hannoveraner Grafen Münchhausen ein solcher, daß der Präsident die Sitzung aufheben mußte. Es sind schöne Kräfte, bedeutende Männer da versammelt, aber auch viele Klugscheißer, die es leicht dahin bringen können, daß mit nächstem der ganze Schwarm zum Teufel gejagt und die Verfassung octroyirt wird, denn der Bund *muß* den auswärtigen Gefahren gegenüber jetzt zu Stande kommen. Luxemburg kann zum Kriege führen wie man die Hand umdreht, und dann muß der Bund wie *ein* Mann stehen. Napoleon soll ernstlich Frieden wollen, aber die Opposition drängt ihn zum Kriege um ihn durch den Krieg zu verderben. Welch eine herrliche Ueberraschung war es als kürzlich bekannt wurde, daß Baiern, Baden und Württemberg sich schon im August verg. J. anheischig gemacht hatten, in jedem Vertheidigungskriege deutschen Besitzes zu uns zu stehen. Es war ein Festtag für jeden Patrioten und wahrhaft empörend, wenigstens für *mein* Gefühl, daß der Reichstag dem großen Minister dafür nicht einmal einen Dank notirte. Diese Kerls aber wollen Ministerverantwortlichkeit und dergleichen Dreck – an der Macht und Einigkeit des Vaterlandes scheint ihnen wenig zu liegen.

*Am 3. April.* Helene hat mir geschrieben, um mich mit ihren neusten Verhältnißen bekannt zu machen. Vielleicht hat Elmine die Güte der Schwester meinen Gruß und Dank auszurichten und ihr zu sagen, daß ich ihr jetzt nicht schreiben kann. Sollte ich mich wieder erholen, dann schreibe ich wieder – jetzt versagt Kopf und Hand den Dienst. In den letzten Tagen und Nächten habe ich wieder schwer gekämpft und gelitten, die vorvorige Nacht nur in knieender Stellung vor meinem Bette liegend schlafen können. Ich fürchte die Krankheit nimmt jetzt eine unangenehme Wendung, Tag und Nacht reiben gleichmäßig auf. Nachts freue ich mich auf den Tag und am Tage auf die Nacht, aber beide lassen mich im Stich und eins wird immer schlimmer als das andere. – Helene schreibt als großes Geheimniß, daß Otto Zöge käme um Leo in Wandres zu überraschen; aber bevor Helenens Brief hier ankam, hatte Leo schon an Bock geschrieben, daß er mit nächstem Otto erwarte. Was mich anbelangt, so kann ich mich nicht auf den lieben Jungen freuen, es sei denn, daß ich mich noch einmal wieder erholte, was mir kaum möglich scheint, wenn wir nicht bald sommerliches Wetter bekommen. Daß Helene sich entschlossen hat in Harm zu bleiben, ist mir sehr lieb und ich freue mich darüber wie man sich über Manches ohne eigentlichen Grund freut. Mehr noch freue ich mich über Nanny's Genesung. – Ich weiß nicht ob ich geschrieben, daß Julie Voß bei uns ist als ein rechtes Hauskind. Auch Alma ist da seit gestern auf mehrere Tage. Heute hat sie mir livländische Fischsuppe gekocht zur Erinnerung an vergangene Zeiten, – morgen sollen es Pfannkuchen werden. Alma's heiteres Wesen paßt gut in mein verödetes Haus. Vor einigen Tagen war auch Woldemar hier, der die anderthalb Meilen von Quedlinburg hin und zurück als Spaziergang ansieht. Ich mußte von neuem seine große Begabung bewundern als er eine ganze Rede Bismarcks gegen Lasker frei und vortrefflich recitierte. Neulich ist in Berlin ein interessantes Buch erschienen «Livländische Beiträge zur Verbreitung gründlicher Kunde usw.» Es enthält lauter Actenstücke in Sachen der Bauerbekehrungen zur orthodoxen Kirche. Leider ist der Zeitpunkt zu solcher Veröffentlichung nicht ganz glücklich gewählt, da jetzt das engste vaterländische Interesse zu gewaltig prädominirt. Ich fürchte die Presse werde von diesen schwer wiegenden Mittheilungen im gegenwärtigen Moment nur wenig berührt werden. Es kommen doch noch immer mitten in Europa Dinge vor, die Einen in die Türkei versetzen. Mit Gewalt ist dagegen nichts zu thun, aber die größtmöglichste Oeffentlichkeit könnte hülfreich werden. So arg hatte ich mir die Sachen denn doch nicht gedacht. –

*Am 4. April.* Ich habe die ganze Nacht außer Bett zugebracht in Kleidern auf Sopha und Stühlen, weil ich hoffte auf diese Weise den Anfall zu coupiren, was denn auch gelang, er wurde in mehreren Anfällen zurückgeschlagen und zwischen durch schlief ich leidlich. Dafür war ich aber den ganzen Morgen übelig und schwach und gewinne erst jetzt (Mittag) Neigung ein paar Züge Taback zu rauchen und diesen elendesten Brief, den ich je geschrieben, zu beenden. Leb' wohl mein Bruder und bitte Gott, daß er mein Glaubenslichtlein nicht ganz verlöschen wolle. Ich merke nichts mehr von diesem süßen Licht, das mir doch sonst bisweilen etwas leuchtete, finde nur in strengster Resignation einige Kraft und etwas Halt. Von Adolph nun über 8 Tage keine Nachricht. Er wird wohl auch nicht zu Bette gehen können wegen überhäufter Arbeit. Schätzell und Asseburg haben ihm gestern ein großes Belobigungsschreiben nachgesandt. Anna hat hübsche Tage durch Julie und Alma – meine Frau ist durch meine Pflege ausgefüllt – beide grüßen herzlich das liebe Finnsche Haus. Gebt Helene, die ich auch von uns Allen gegrüßt wissen möchte, doch Nachricht, ich kann jetzt nicht schreiben, außer etwa an Dich und Adelheid. Sollte noch einmal die Glaubenssonne in meinem Herzen aufgehen – dann wäre es leichter schreiben. Dein alter Bruder.

## № 159 Ballenstädt 30. April 1867

Mein geliebter Gerhard!
Dein herrlicher Bruderbrief, den ich am 18t. d. erhielt, hat mich sehr erfreut, gerührt, erquickt und gestärkt. Hab' tausend Dank für Deine Liebe und Treue! – Mich hat Gott der Herr unterdessen schwer in die Schule genommen, *sehr schwer*, obgleich vielleicht nur Kinderspiel für das was noch rückständig ist. Ach möchte es mein Herr doch gnädig mit mir machen!!

Schmerzen habe ich bis jetzt zwar wenig, auch ist die Angst nicht übermäßig geworden, nur selten aufregend, Herzklopfen, aufgeregter Puls und heftige asthmatische Anfälle, das macht sich, ja dagegen anzukämpfen ist nicht ohne Genuß; aber die *Unbequemlichkeit*, (eine Sache die ich mein Lebelang gehaßt habe) fängt an ganz exorbitant zu werden seitdem ich mich mit Wasser fülle und darin gewissermaßen versteinere. Denke Dir, daß ich seit 10 Tagen nicht aus den Kleidern und in kein Bett gekommen bin. Ich sitze im Lehnstuhl, bei Athembeschwerden den Kopf vorn über auf einen Reitstuhl gelegt – so manchmal den großen Theil der Nacht. Läßt die Athembeschwerde nach, so kann ich meine Stellung in so weit etwas verändern als ich die Beine nicht dazu brauche, die unförmlich wie Kanonenläufe liegen und hängen müssen wie sie einmal liegen. In gutem Falle schlafe ich ein paar Stunden, oft auch gar nicht und kann nicht begreifen wie ich demohnerachtet am Tage noch so geistig regsam bin. Bisweilen trifft mich in jener unbequemen Lage noch ein asthmatischer Anfall mit lautem Stöhnen und Geschrei; dann ist Julchen bei der Hand mit Compressen, Senfspiritus und Stramonium-Taback. Bei Tage rauche ich gar nicht mehr, der Animus dazu fehlt; diese nächtlichen Pfeifen aber sind Genuß, sie schmecken mir und bringen meist Linderung. Ich bin durch Luftmangel oft so entkräftet, daß ich nicht nach der Pfeife langen kann, aber Julchen steckt sie mir angezündet in den Mund, ich rauche, und siehe es wird besser. Sehr schlimm ist das Aufstehen Morgens, die Beinsäulen, so lange in einer Stellung verblieben, sind steif und durch die ungeheure Geschwulst schmerzhaft zusammengeschnürt, nur mittelst zweier

Stöcke kann ich mich langsam fortbewegen bis es nach einiger Uebung besser geht.

Hatte eben einen rechten Schreck. Ueber dem Schreiben hatte ich mich vergessen, dachte ich wäre wieder der Alte wie vor 6 Wochen und wollte ein Bein über das andere schlagen – da war es schwer wie Blei und ging nicht. Solche Ueberraschungen kommen oft. Ich habe bis jetzt nur homöopathisch gebraucht, will es aber nun, da die Sache immer schlimmer wird, einmal mit Allopathie versuchen und mein Homöopath ist auch damit einverstanden. Ich habe deswegen an Alfred geschrieben ob Hülfe auf diesem Wege noch zu hoffen sei und bekomme heute die Antwort, daß sein Sohn Richard mich übermorgen besuchen will. Wird nicht wenigstens Linderung in Aussicht gestellt, oder erfolgt diese nicht bald auf allopathischem Wege, so werde ich wohl zur Homöopathie oder einfachen Naturwaltung zurückkehren. Ich denke zuzusehen welcherlei Krankheit die geringere Beschwerde bringt, die natürliche oder medizinische, und mich danach bestimmen. Ach Gerhard! Von Jugend auf ist mir Wassersucht als schrecklichste Krankheit erschienen – ich erhebe meine Hände und bitte: «Laß mich *wollen* was ich *soll.*» In der Nacht steigt Gebet auf um Kraft und Licht, oder die Seele singt alte liebe Lieder. Besonders lieb sind mir die drei letzten Verse des unveränderten Liedes «O Haupt voll Blut und Wunden» Desgleichen einzelne Verse aus «Wie soll ich Dich empfangen» Höchst erquicklich bleibt immer das alte: «Nun danket alle Gott» man kann es in jeder Noth singen.

*Am 1. Mai* Guten Morgen Gerhard! Endlich einmal ein heller Morgen. Der April war schauerlich «und der Regen regnete jeglichen Tag» und März und Februar, es war immer stürmisch, rauh, widerwärtig, nachtheilig für die Gesundheiten; man konnte sich nicht dabei erholen. Die Sonne zu genießen bin ich schon im Febr. in das vordere Zimmer neben meine Frau gezogen – aber es war keine Sonne. Grün ist's übrigens doch geworden trotz aller Rauhigkeit. Die Birke vor meinem alten Malfenster bildet vor demselben einen entzückenden grünen Schleier. Aus meinem Südfenster, an dem ich gegenwärtig schreibe, blicke ich über den grünenden, sprossenden Schätzellschen Garten auf die Berge des Thiergartens, dessen Birken auch schon im schönsten Schmuck stehen, und Drosseln, Finken und Nachtigallen musiciren. Gott sei Dank, es ist nun wieder eine Nacht überstanden. Ich bin jetzt so unbeholfen, daß ich bei mir wachen lassen muß, oft nöthig werdender Handreichung wegen. Da ich fast gar nicht schlafe, so finde ich es tröstlich immer Jemand bei mir zu haben. Früher schlief Julchen im Nebenzimmer und kam nur wenn sie mich sehr laut stöhnen hörte, um gewöhnlich 2 Stunden zu bleiben. Damit war ihre Nachtruhe doch gestört. Jetzt kann sie 2 Nächte schlafen und die dritte doch auch etwas auf Sopha und Lehnstuhl schlummern. Vergangene Nacht hat nun meine Schwiegertochter Julie den Anfang mit ordentlichen Wachen gemacht. Dies liebe, von mir früher verkannte Mädchen lebt schon halb im Himmel bei ihrem Gerhard, und was sterben anbelangt, so glaube ich sie thäte es lieber heute als morgen. Sie hat einen köstlichen Kinderglauben. Ich hatte mich vor der Nacht gefürchtet, zu der jene sich drängte, weil ich mir dachte sie würde Alles verkehrt machen, aber es ging prächtig obschon ich von 2 bis 4 einen recht ungewöhnlich schweren Anfall hatte. Sie erfand mit practischem Sinn eine Menge kleiner Hülfen, die mir sehr wohl thaten, war überaus munter, frisch, schnell und leise. Um 4 Uhr wärmte sie Chocolade und wir frühstückten mit einander bei hellem Morgenroth und dem schönsten Vogelconcert, indem wir uns von geistlichen Dingen unterhielten. Auch mit der im Glauben sehr geförderten Anna hatte ich neulich eine ähnliche erquickende nächtliche Unterhaltung, mit meiner Frau viele trauliche Stunden, so lieb und herzlich wie sie im gesunden Zusammensein nicht immer vorkommen. Das sind dann so schöne Lichtblicke in der Nacht der Krankheit, kleine Herbergen auf beschwerlicher Reise.

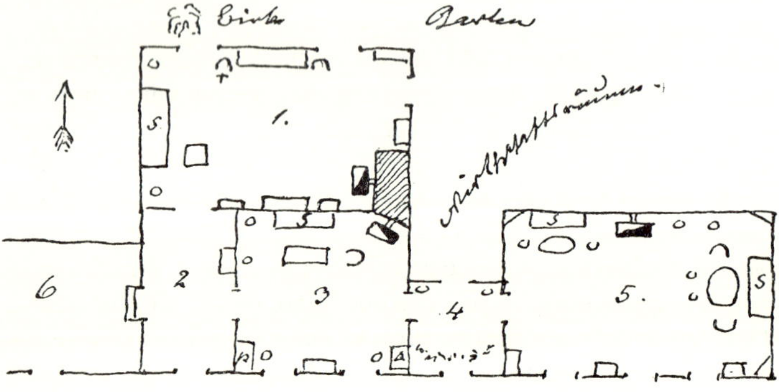

Ich schicke Dir hier den Theil der Welt, in dem ich mich noch frei bewege: 1. Malzimmer, jetzt schlafe ich da auf dem Lehnstuhl +. Zwischen beiden Lehnstühlen ein Tisch mit Utensilien zur Pflege. S Sopha U Lehnstühle, 2.) Schlafzimmer meiner Frau 3.) Mein jetziges Wohnzimmer, p Pult an dem ich Dir eben schreibe, △ Stehpult. 4.) Blumenzimmer 5.) Wohnzimmer meiner Frau. 6.) Anbau, das sogenannte Museum. – Im Malzimmer mache ich mir Bewegung und kann mich daselbst zurückziehen. Zu meiner Frau spaziere ich aufs bequemste durch lauter warme Räume. Das Malzimmer hat große von mir durchgebrochene Fenster, keine Gardinen und enorme Helligkeit, aber keine Sonne. Zum Schlafen luftig und geräumig. Ich bin doch Gott dem Herrn sehr dankbar, daß ich so viel Platz in meiner Krankheit habe.

*Am 2. Mai.* Heute Mittag kam Richard Volkmann und war unbeschreiblich herzlich und liebenswürdig. Hat mir viel Hoffnung gemacht. Soll mit Gewalt Nachts wieder ins Bett und Morphium nehmen um die Anfälle abzuwehren und zu schlafen. Wie das gehen soll, weiß Gott, aber versucht werden muß es. Auch das Dünsten im Bett hält Richard für nothwendig. Nach einigen Tagen soll ich dann einmal ganz übermäßig abführen, so daß ich wenigstens 16 Mal zu Stuhl gehe und das reine Wasser kommt. Davor fürchte ich mich sehr, da ich so schwach bin, aber Richard hält es für ganz unumgänglich. Auch muß ich denken: thue ich nichts, wie bisher, so gehe ich drauf, und ist die Kur zu stark, so gehe ich auch drauf, nur mit geringerer Qual – letzteres ersterem vorzuziehen – halte ich aber die Kur aus, nun so würde ich auch das Leben noch ein Weilchen aushalten. Es war unbeschreiblich gut von Richard, daß er kam, ein ganz bedeutendes Opfer, das er brachte, und er that es ungeheißen und so freundlich wie möglich mit kindlicher Pietät für mich. Er ist, obgleich erst 36 Jahr alt, der berühmteste Arzt (namentlich Operateur) in der Provinz Sachsen, hat ungeheuer zu arbeiten, und dazu ist er vor einigen Wochen auch noch Director der großen Klinik in Halle und ordentlicher Professor geworden. Sein Vater schreibt einen ruhigen Tag habe er nie, sehr selten eine ruhige Stunde, und doch kommt er zu mir, von dem er weder Honorar noch Reisegeld erwartet. Als er schied, sagte er: «So bald Sie mich wieder haben wollen, so befehlen Sie über mich. Ich komme gleich und gern, denn ich mache damit 4 Menschen eine Freude 1.) Ihnen, das weiß ich 2.) meinem Vater, der Sie nicht aus den Gedanken läßt 3.) meiner Frau, die mich immer fortschicken möchte, weil ich ihr am liebenswürdigsten scheine wenn ich zurück komme und 4.) mir selbst, denn es thut mir wohl mich einen Tag aus dem Gedränge der Geschäfte herausretten zu dürfen.»

*Am 3. Mai.* Nun ist's geschehen! Ich ging gestern Abend, nachdem ich Morphium genommen, wirklich zu Bett, nachdem meine Frau mich bis auf die Unterhosen ausgekleidet hatte. Anstatt aber schläfrig zu werden, war ich blos aufgeregt, athmete sehr schwer mit großer Anstrengung, und jeden Augenblick oder wenigstens alle 30 Secunden stieg aus der Herzgrube etwas Anonymes auf – etwas rasch vorübergehendes, für den Augenblick beängstigendes, das mich stets aus dem etwanigen Einnicken wieder gewaltsam aufriß – schrecklich! Ich kämpfte treulich bis 3 Uhr Morgens; da aber stand ich auf, hüllte mich in Decken und gedachte noch etwas auf dem Stuhle zu schlafen – war aber zu aufgeregt – es gelang nicht. Mit der großen Purganz wird es wohl auch nichts werden und Richard umsonst hier gewesen sein. Nun – eine Freude hat er mir doch gemacht und übrigens: wie Gott will! –

Daß ich so viel von mir rede, das ist die Art hypochondrischer Kranken, Du mußt es so hinnehmen. Mein Zweck war aber eigentlich Dir zum Geburtstag um den Hals zu fallen. Gott segne, stärke und geleite Dich an seiner Hand durch's weitere Leben, und gebe Dir Freude an Deinen trefflichen Kindern, wo möglich an Deinem Berufe – uns beiden aber an jenem heiligen Berufe, den wir für den Himmel haben. Möchte der $11^{t}$ Mai schöner bei Euch aussehen als bei uns der $2^{t}$ und $3^{t}$ mit Kälte und Regen. Meine Aerzte setzen alle Hoffnung für mich auf's Wetter, aber schönes Wetter kommt nicht und wird wohl auch in der ersten Sommerhälfte nicht kommen, wie gewöhnlich wenn die Nordsee voll Polareis steckt. Jeder freundliche Tag, den wir haben, rächt sich augenblicklich mit Gewitter und Kälte. Wir haben auch schon 20 Grad Wärme gehabt, aber hilf Himmel welche gräulichen Gewitter und welche Kälte folgten! Nicht allein die Kranken, auch Bauern und Gärtner sind übel dran, können nicht bestellen wegen des Sumpfes, besonders hier, wo wir so schweren Boden haben. Schreibe mir nichts Theilnehmendes, überhaupt nicht viel über meine Krankheit – ich darf nicht weich werden, und habe mich bis jetzt auch gut gehalten; aber die entsetzliche Theilnahme von nah und fern macht es mir bisweilen schwer. Im Orte hier überbietet sich Alles, die Leute schicken mir ihr Bestes ins Haus und die Herzogin hat mir Küche und Keller zur Disposition gestellt; da ich davon keinen Gebrauch mache, so schickt sie mir von ihrer Tafel zarte Wildbraten, die sonst gar nicht mehr zu beschaffen sind – eine große Wohlthat! Aus Hamburg erhielt ich heute zwei große Rinderbraten (die dort ja berühmt sind) von Cöthen gestern eine reiche Sendung frischer Kibitzeier, die ich so liebe. Aus Bremen schicken sie russischen Caviar und wundervolle brasilianische eingemachte Früchte, Pfirsiche hatten wir gestern Volkmann zu Ehren, so frisch als wären sie vom Baum in den Kochtopf marschiert. Die ganze Familie hat zu thun um zu vernichten was an dergleichen Liebesgaben eingeht, und ich bin so beschämt von aller dieser Liebe, daß ich mein Haupt verhüllen möchte. Voß'es schicken dicke Gänsebrüste, wie man sie noch nie gesehen, Adolph gestern eine prachtvolle Marzipantorte aus Königsberg dem Lande des Marzipans. Es scheint ihm gut zu gehen. Er bezieht 800 Thaler Gehalt mit herrlicher Expectanz. Wenn er nur die übermäßige Arbeit wird bewältigen können! Jetzt eben ist er auf einer Dienstreise, wo er die Abende für sich hat. Da wird er wohl einmal Zeit zu ausführlichem Schreiben finden. Grüße mir Helene herzlich. Es mag wohl gut sein, wenn sie bei Elmine bleibt. Woldemar Bock ist recht krank gewesen an einem gastrischen Fieber, doch soll es wieder besser gehen. Alma ist öfter hier bei uns und uns Allen schon recht lieb geworden. Die arme Zoë sahen wir erst einmal, sie ist so taub, daß sie an allgemeiner Unterhaltung nicht theilnehmen kann. – Ich denke die eiteln Franzosen werden doch nicht ruhen bis sie den Krieg beim Wickel haben. Dann möge sie Gott der Herr zerschmeißen! –

Tausend Grüße an Elmine und an Euch alle!

Wilhelm.

†

Ballenstädt 26. Mai 1867

Lieber theurer Onkel Gerhard!
Der schwarze Rand, die fremde Handschrift sagen Dir schon, was mein Brief enthält! – Ja, er hat überwunden, unser heißgeliebter Mann und Vater, Dein einziger Bruder! Wir haben unaussprechlich viel verloren und dennoch ist unsere Seele voll Dank, denn die Leiden waren zu gewaltig, zu herzzerreißend und wir rangen uns fast die Hände wund um Erlösung. Es thut mir leid, lieber Onkel Dein

Herz zu verwunden indem ich Dir den Jammer der letzten Wochen schildere und dennoch wirst Du hören wollen wie Dein Bruder endete. Alles das, was er lebenslang als das Entsetzlichste fürchtete, hat er auskosten müssen bis auf den letzten Tropfen – Wassersucht, Sprachlosigkeit und elendes Verschmachten! Der Herr hat uns durch dunkle Tiefen geführt! Diesen klaren und reichen Geist, diesen frommen demüthigen Christen blödsinnig sein Leben auskeuchen und ausringen sehen zu müssen – das ging fast über Vermögen! Aber wenn der Herr in seinem unerforschlichen Rath so großes Weh über seine Kinder verhängt, so kommt er auch zur rechten Stunde mit überschwänglichem Trost – und den empfinden wir jetzt. Der gnädige Gott hat unser Gebet erhört und im Tode den geliebten Zügen den edeln bekannten Ausdruck wiedergeschenkt, und nun liegt er so behaglich ausgestreckt auf dem langentbehrten reinen Bett, ein Bild süßer Ruhe, seligen Friedens, mit Blumenkränzen bedeckt, unter dem Kreuz seines Heilandes, blühenden Rosenstöcken und einer Calla in ihrer lieblichen «Engelgestalt» wie Elisabeth diese Blume auf ihrem Todesbett nannte. Wir sehen ihn an mit nassen Augen, aber wir sind glücklich und voll Dank und Preis. Wir fühlen schon jetzt wie doch all sein heißes Leiden der Herrlichkeit nicht werth war, die nun an ihm offenbart ist. Wir *wissen* so ganz unumstößlich gewiß, daß er überschwänglich selig ist und jetzt weiß und erkennt warum er den Tod so bitter kosten mußte.

Wann er Dir zuletzt geschrieben, weiß ich nicht genau. Auch diese Freude hörte auf, er bekam Schreibekrampf und Wasser in die Finger. Mit jedem Tage wurde das Aufstehen schwerer und endlich war er festgebannt an den Lehnstuhl und war es durchaus nöthig ihn aufzurichten, so geschah das unter lautem Geschrei und unbeschreiblicher Qual. Die Beine waren wie dicke Säulen hart und regungslos; er konnte sie allein auch nicht einen Zoll weit bewegen. Die einzige Stellung, in der er etwas Ruhe fand, war vorn übergebeugt und nun schwoll der Leib so, daß auch das ihm sehr mühsam wurde. Das Wasser stieg in Brust und Herz und wo nicht Wasser war, sammelte sich Luft und das war fast noch schwerer. Die Zunge lechzte vor Durst und die Athemnoth erlaubte ihm weder zu essen noch zu trinken. Hunger, Durst, Angst und Schmerzen – o lieber Onkel, es war furchtbar hart! Es kamen auch bessere Tage und Stunden, kurze Ruhepunkte, die Gottes Gnade schenkte. Aber *wie* konnte er auch beten in dieser Trübsalshitze! Wie hob und trug er uns oft hoch über allen Erdenjammer hinaus. Eines Tages, als er in der Angst so laut geschrien hatte, stundenlang, daß mans weit im Garten hörte, fing er an zu beten, o! und *wie* zu beten! Da wurde er ganz still und sprach nun tröstlich und voll Freudigkeit mit uns vom nahen Ende. Er bat uns Alles ab – ach was hatte *er* abzubitten? er dankte für Alles! (wie oft hatte er schon uns und Gott gedankt, daß er uns zur Pflege hatte und nicht etwa in einem Krankenhause liegen müßte) Er segnete Jede einzeln – und dieser Segen wird uns halten und helfen durchs Leben. – Da kam der verhängnisvolle Mittwoch der 22ste. Er war ganz merkwürdig wohl; ohne Angst, aß mit Apetit, war sehr aufgelegt allerlei Unterhaltung anzuhören; ich glaube fast es war an diesem Tage, als er sich Deinen Brief mit Freude von mir vorlesen ließ. Abends als er sein Arrowroot-Süppchen getrunken und etwas Wurst gegessen hatte, sprach er schon wieder mit Freude vom Frühstück und rühmte ein ganz dünnes Schwarzbrodbemmchen, welches Julie ihm so herrlich gemacht hatte und sprach die Befürchtung aus, daß Mutterchen es ihm am frühen Morgen nicht *so* delicat machen würde. Ich war, was sonst nie geschah, einen Moment allein mit ihm – da traf ihn die Lungenlähmung – ich hörte ein plötzliches Röcheln und ein gläserner, starrer, namenlos wehmüthiger Blick traf mich. Ich setzte mich zu ihm, nahm seine Hand, sprach ihm zu – merkte bald, daß die Sprache gelähmt war; es traten Zuckungen ein und großer Schweiß; ich glaubte das Ende sei da und bat nur Gott, daß Mutter kommen möge. Sie kam und erkannte bebend diesen neuen Jammer. Bald war der Arzt da – Papa hatte offenbar Bewußtsein, denn er rang die lieben Hände und sah uns herzzerreißend an. Er hatte noch für Jede einen besonderen Blick – Mutter reichte er die Hand hin und nickte ihr zu. Mich sah er mit mühsamen Lächeln an und legte die Hand aufs Herz als wollte er sagten: «Ich habe Dich lieb.» Julie war leider nicht da. Er machte allerlei Zeichen, wir verstanden ihn nicht – o wie das schmerzlich war! Wir wollten ihm Erquickung reichen, er wehrte Alles heftig ab. Der Arzt wollte ihn zwingen – o mit welcher Angst wandte er sich wie flehend zu Mutter, bis der Doctor auf unser ernstes «Nein» endlich abstand den armen Leidenden mit fruchtlosen Mitteln zu quälen. Mehr und mehr schwand aber, wie die Aerzte versichern und wir nur zu gern glauben, das klare Bewußtsein. Wir wissen nicht ob er uns noch kannte, noch verstand wenn wir mit ihm beteten, mit ihm sprachen; doch verfolgte sein irrer Blick jede

Bewegung im Zimmer, und wenn die Thür ging, sah er immer auf. Gewöhnlich saß er mühsam athmend, furchtbar rasselnd und stöhnend und zeigte auf seine Brust, in der es wohl recht schmerzlich wühlen mochte. Dann und wann traten große Beängstigungen ein; er versuchte sich Alles vom Leibe zu reißen, stürzte mit solcher Gewalt nach vorn, daß wir ihn mit großer Anstrengung halten mußten. Wir hatten seit 8 Tagen einen Diakon zur Hülfe und die Nacht zum 24sten auch noch einen Wärter, da der Arzt meinte es könnten schreckliche Convulsionen eintreten. Die treue, unermüdliche Mutter fiel am 23sten Abends fast um vor Schwäche, und so ließ sie sich denn ohne Widerstreben aufs Sopha in Betten legen und überließ den geliebten Kranken uns Töchtern und den beiden sehr sorgfältigen, guten Wärtern. Sie schlief gleich ein wie ein Kind und schlief die ganze Nacht, obgleich Schätzell noch kam und Propst Scholtz dieselbe Nacht treu mit uns aushielt. Papa öffnete plötzlich seine Bonbonière und legte sich einige Bonbons zurecht; daraus schloß ich, daß er nun doch ein Bedürfniß nach einer Erquickung habe, und holte verschiedene Gläser mit Compots und Getränken. Als ich mit dem Theelöffel seinem Munde nahe kam, griff er begierig zu, konnte aber den Löffel nicht dirigiren, fuhr mit dem Finger hinein und schmierte es sich auf die Lippen, riß mir dann hastig das Glas aus der Hand und trank, bekam aber keinen Tropfen, Alles floß herab! Dann griff er nach einem anderen Glase – dieselbe Geschichte. Nun reichte ich ihm Wasser und da trank er auf diese Weise ein Glas nach dem andern; wir hielten Tücher unter um das herabfließende aufzutrocknen; er hielt die Karaffe oft mit merkwürdiger Kraft fest und machte selbst ungeschickte Versuche sich einzuschenken. Diese Scene ist mir eine der schmerzlichsten gewesen! – Am 24sten früh lag der Frühling unter hohem Schnee begraben, wie in ein Leichentuch gehüllt; wir dachten Alle an diesem Tage, dem Todestage der theuern Großmutter, würde er erlöst werden, – aber auch dieser Tag ging hin. Nachmittags kam Benno; der arme Junge! Er hatte sich wohl keine *so* traurige Vorstellung gemacht und sank bei Papa's Anblick laut schluchzend vor ihm in die Knie. Da ging ein schwaches Lächeln, o welch ein starres, blödes Lächeln über das theure Angesicht. Offenbar erkannte er Benno; er ließ ihm seine Hand und sah ihn nachher noch einigemal lange an. Ja in seiner letzten Phantasie – denn er sprach vor dem Schlaganfall oft etwas irre, war sich aber dessen meist bewußt und gequält dadurch – sagte er: «Nun kommt gleich der Kleine.» – nun war der Kleine da und konnte noch die letzte Nacht beim Vater wachen und ihn in seinen Armen am 25sten früh den letzten Athemzug thun lassen. Papa brachte die Nacht sehr still zu, der Athem ging schwächer und schwächer und in den letzten Momenten nahmen die Züge, die unserem armen Herzog *wunderbar* ähnlich geworden waren, den alten Ausdruck mehr und mehr wieder an. Ich war am Abend vorher, nach 5 durchwachten und durchquälten Nächten und Tagen einer Ohnmacht nah und *mußte* zu Bett. Bat man möge mich wecken, wenn sich etwas ändere; der Tod kam aber so leise und schnell, daß ich doch zu spät kam. Ich fand den geliebten Vater aber noch warm, das theure Haupt an Mutters Brust gelehnt. O *wie* fanden wir ihn! Wie schon seit Tagen aus den Füßen das Wasser so strömte, daß große Pfützen, gar nicht oft genug aufzuwischen, vor ihm standen, so war es auch aus dem Leibe geflossen; er saß in einem *Sumpfe*! O wie klagte er als er noch klagen konnte, daß er so unapetitlich werden mußte, dieser saubere, ordentliche Mann! Es war schon lange nicht mehr möglich ihn umzukleiden; Schweiß und Wasser gaben einen sehr übeln Geruch; wenn die Füße aufgewickelt und trocken gelegt wurden, war es furchtbar! – Du kannst Dir denken, geliebter Onkel, wie wohl es uns that, als wir ihn nun rein gewaschen und gekleidet im reinen bequemen Bette liegen sahen, Friede und süße Ruhe in den schönen Zügen. – Bald kamen die treuen Freunde, die geholfen haben ihn auf betenden Händen durchs finstere Todesthal zu tragen! Wie viel Thränen fließen um diesen allgeliebten herrlichen Menschen! Wie kniete seine Herzogin demüthig in heißen Liebesthränen an seinem Todtenbettlein; wie ging der Schmerz durch alle Stände bis zu den Geringsten hinab, denen er je ein freundlich Wort gegeben. Nur lobende, liebende und dankende Worte hörte man. –

*Montag am 27sten Mai.* Unseres Gerhards Geburtstag. Mein Brief will gar nicht fertig werden. Ich stehle mir die Momente zwischen den fortwährenden Besuchen heraus – es giebt so viel zu ordnen, zu bedenken, zu schreiben und man sehnt sich auch sehr nach stillen Augenblicken, die der Seele im Schmerz so nöthig sind. – Bis jetzt ist unser süßes Mutterchen noch immer wunderbar gehalten und getragen von Gottes Kraft und Liebe. Er tritt nun selbst ein. Er der Wittwen Trost, nun der treue, starke Mann sie nicht mehr stützen kann. 40 Jahre haben sie Freud und Leid getheilt – wir haben gestern mit Dank berechnet, daß die Freudenstunden doch weit weit überwiegend sind. Mutter kann ziemlich gut schlafen, ist schon thätig im Hause, kann ihren Schmerz so gesund aussprechen und ausweinen. Bewundernswürdig gefaßt und ruhig war sie, als heute früh die Aerzte nach Papa's Wunsch und Willen ihn secirten. Sie kamen dann, alle drei sehr bleich und ergriffen und hatten eine große Zerstörung gefunden. Die Lungen fast ganz weg, das Herz *sehr groß* mit Anfängen der Verhärtung, in der Brust wenig Wasser, im Herzbeutel mehr, die Verwesung schon gewaltig fortgeschritten und denk welche Freundlichkeit unseres Gottes – es ist jetzt *keine Spur* von Geruch! wir haben noch nicht die geringsten Mittel zur Reinigung der Luft anzuwenden gebraucht. Möchte das theure Angesicht so gut erhalten bleiben bis, wahrscheinlich heute Abend, unser armer Adolph aus Königsberg kommt. Er hat nur einen Tag Urlaub und will natürlich gern zur Beerdigung hier sein; dieselbe wird so Gott will, morgen früh 8 Uhr statt finden, an Elisabeths Seite. Tante Adelheid erwarten wir jede Stunde. Sie hatte große Sehnsucht schon früher zu kommen, doch wollte Papa sie nicht sehen, er scheute ja so sehr jede Rührung. –

Du kannst Dir kaum denken, theurer Oncle, wie wohl unsern wunden Herzen die Theilnahme unserer Freunde thut. Prinzeß Louise hat jetzt immer die Nachmittagsstunden bei uns zugebracht; sie hat ja eben denselben Schmerz erfahren und wir gehören mehr als je zusammen; sie ist uns sehr erquicklich. Benno ist auch reizend, so weich und so stark. Unser Diakon, der gute Bruder Dechant bat noch bleiben zu dürfen: «er möchte doch *zu* gern dem Herrn Kammerherrn die Ehre erzeigen und ihn noch zum Grabe geleiten» Er hat in den wenigen Leidenstagen den allgeliebten Kammerherrn auch lieb gewonnen und gehört förmlich mit dazu. Die Kinder aus dem Friederikenstift (Rettungsanstalt) erboten sich ein Lied zu singen; das soll geschehen, wenn die Leiche vor der Beerdigung eingesegnet wird. Gott gebe Sonnenschein! Die liebe Sonne brach nach Sturm und Schnee hervor, als der fromme Dulder ausgelitten und hat uns seitdem freundlich angesehen.

Arme geliebte Helene! wie wirst Du kleines Tantchen weinen! O könntest Du mit uns in sein Friedens-Antlitz schauen, Du würdest auch getröstet sein!

Verzeih, lieber Onkel, meinen flüchtigen Brief, ich werde immerfort unterbrochen. Den lieben Deinen von uns Allen den innigsten Liebesgruß! Deine Nichte Anna.

## Stammtafeln/und Übersicht über familiäre Beziehungen

Wilhelm v. Kügelgen, *20. XI. 1802 in St. Petersburg, † 25. V. 1867 in Ballenstedt, ∞ 18. VI. 1827 mit Julie Krummacher, *23. X. 1804 in Duisburg, † 22. V. 1909 in Dessau.

### I. v. Kügelgen

| | |
|---|---|
| Eltern: | Gerhard, *6. II. 1772 in Bacharach a. Rhein, ermordet 27. III. 1820 bei Loschwitz, Porträt- und Historienmaler, Prof. an der Kunstakademie in Dresden, ∞ 1800 mit Helene Marie (Lilla) Zoege v. Manteuffel, *24. XI. 1774 zu Eigstfer (Livland), † 24. V. 1842 in Ballenstedt. |
| Geschwister: | Gerhard, *11. V. 1806 in Dresden, † 28. XII. 1883 in Reval, zunächst Herr auf Versenau-Neuhall, dann Verwalter des Stiftes Finn in Estland, ∞ 1827 mit seiner Kusine Wilhelmine (Elmine) v. Kügelgen (1808–89), Tochter des Onkels Karl. |
| | Adelheid, *10. II. 1808 in Dresden, † 11. XI. 1874 in Osnabrück, ∞ mit Pfarrer Julius Krummacher, Bruder von W. v. K.s Frau. |
| Kinder: | Bertha, *14. IV. 1829 zu Poll, † 26. I. 1853 in Ballenstedt. |
| | Anna, *7. II. 1831 in Hermsdorf, † 12. II. 1919 in Dessau. |
| | Gerhard, *27. V. 1833 in Hermsdorf, gefallen als Hauptmann bei Skalitz 28. VI. 1866. |
| | Adolph, *9. V. 1835 in Dresden, † 25. X. 1899 in Rudolstadt als preuß. Geh. Oberregierungsrat und Vortragender Rat a. D., ∞ 1893 mit Gabriele v. Blanckensee. |
| | Benno, *18. IV. 1837 in Ballenstedt, † 2. VIII. 1915 in Dessau als Pastor emer., ∞ 1870 mit Marie Körner, † 1874 in Harzgerode. |
| | Elisabeth, *22. IX. 1839 in Ballenstedt, † 17. XI. 1862 daselbst. |
| Onkel: | Karl, Zwillingsbruder des Vaters, † 9. I. 1832 in Reval, russ. Hofmaler in St. Petersburg, ∞ mit Emilie Zoege v. Manteuffel, † 1835, Schwester von M. v. K.s Mutter. |
| Vettern, | Söhne des Onkels Karl: Karl (Carlo) † 1838. |
| | Constantin (Conny, 1810–80), Herr auf Nömme, Landschaftsmaler in Dorpat, ∞ mit a) Sara (Sally) v. Zezschwitz † 1839; b) Aline v. Zoege. |

| | |
|---|---|
| Kusinen, | Töchter des Onkels Karl: Elmine, Frau des Bruders Gerhard. Alwina (1812–93), ∞ mit Wilhelm v. Stackelberg (s. II,2).<br>Sophie (Sonny, 1814–75), ∞ mit Dr. med. Krause in Reval.<br>Helene (1819–89), unverheiratet, lebte meist in Finn.<br>Nanny (1825–67), ∞ mit Franz de Vries in Petersburg. |
| Neffen u. Nichten: | Helene (Lilla) 1831–65.<br>Otto 1833–72, Arzt in Hallist (Livland).<br>Sara (Sally) ∞ mit Pastor Hugo Kraus (erste Ehe).<br>Alwine (Ina) ∞ mit Pastor Hugo Kraus (zweite Ehe).<br>Emma 1844–1920.<br>Frommhold 1850–71. |

## II. Zoege v. Manteuffel
samt v. Stackelberg, v. Berg und v. Bock

W. v. K.s Mutter: Helene Marie (Lilla) Zoege v. Manteuffel ∞ mit Gerhard v. Kügelgen.

W. v. K.s Großeltern mütterlicherseits: Wilhelm Joh. v. Zoege (auf Eigstfer, später auf Harm in Livland) ∞ mit Helene Henriette v. Bock.

W. v. K.s Onkel und Tanten mütterlicherseits:

1. Peter (auf Kurküll, später Woiseck) ∞ mit a) Lidly v. Reutz;
b) Betsy v. Bock.
Kinder [W. v. K.s Vettern und Kusinen]:
von a) Karl; dessen Tochter: Ludmilla.
Emma ∞ mit v. Samson-Himmelstjerna;
von b) Klara ∞ mit Moriz v. zur Mühlen; deren Tochter: Emmy v. zur Mühlen.

2. Sophie († 1828) ∞ mit Gustav Adolph Baron Stackelberg auf Poll.
Kinder: Wilhelm v. Stackelberg auf Ottenküll ∞ mit Alwina v. Kügelgen, Tochter des Zwillingsbruders von W. v. K.s Vater.
Sophie v. Stackelberg (Pia) 1795–1860.
Alwina v. Stackelberg (1797–1879), ∞ mit Fredéric de La Trobe († 1846: deren Tochter Sophie († 1890 in Quedlinburg) ∞ mit Woldemar v. Bock, livländ. Hofgerichtspräsident (1816–1900).
Antonie v. Stackelberg († 1844), ∞ mit Otto Baron Ungern-Sternberg, Herr auf Karritz.
Auguste v. Stackelberg (1802–60).

3. Heinrich (auf Kurküll, später Meyris, † 1833) ∞ mit Anna Gräfin Duecker.
Kinder: Alexandrine (Aline) ∞ mit Constantin v. Kügelgen (s. Tafel I).
Hermann (1827–1900), Erbherr auf Meyris ∞ mit Bertha v. Parrot.

4. Auguste ∞ mit Alexander v. Radingh; Tochter: Lilly v. Radingh.

5. Carl (in Dorpat, † 1845) ∞ mit Dorothea (Dascha) v. Berg († 1865), Schwester von Eleonore v. Ziegesar-Hummelshain (»Tante Norchen«, † 1862 in Erfurt) und von Natalie v. Berg († 1879).
Söhne: Max, Erbherr auf Neuharm, ∞ Louise v. Maydell.
Otto (der Maler) ∞ Emilie v. Reischach.
Leo ∞ mit Alwina de La Trobe; deren Tochter die Schriftstellerin Ursula Z. v. M. (1850–1910).
6. Emilie ∞ mit Karl v. Kügelgen, Zwillingsbruder von W. v. Ks Vater; s. Tafel I.

## III. Krummacher
samt Ratorp

W. v. K.s Frau: Julie, geb. Krummacher (s. Tafel I).
W. v. K.s Schwiegereltern: (Ätti) Friedrich Adolf, * 1767 in Tecklenburg, † 4. IV. 1845 in Bremen, 1800 Prof. der Theol. in Duisburg, 1812 Generalsuperintendent u. Oberhofprediger in Bernburg, 1824 Pfarrer in Bremen, D. theol., ∞ mit Eleonore Möller (1763–1844), Schwester des Konsistorialrat Möller in Münster).
W. v. K.s Schwäger und Schwägerinnen:
1. Friedrich Wilhelm (»Fritz«), 1796–1868, seit 1834 Pfarrer in Elberfeld, 1847 an der Dreifaltigkeitskirche in Berlin, 1853 Hofprediger u. Garnisonpfarrer in Potsdam, D. theol., ∞ mit Charlotte Pilgeram aus Frankfurt a. M.
Kinder (W. v. K.s Neffen und Nichten): Adolf (1824–84), Hofprediger in Halberstadt, dann Oberpfarrer in Barby, ∞ mit der Tochter des Gymnasialdirektors Dr. Schmid in Halberstadt
Mathilde (1825–98) ∞ mit Oberst Karl v. Salisch (1804–70).
Bertha (1827–1918) † in Potsdam.
Maria (1831–1912), Schriftstellerin, † in Potsdam,
2. Emil (1798–1886), Pfarrer in Duisburg, vorher in Langenberg i. Westf., ∞ mit Charlotte Hollmann.
Kinder: Hermann (1828–1890), Konsistorialrat in Stettin.
Karl (1831–99), Superintendent in Elberfeld.
3. Maria (1799–1880) ∞ mit Gustav Ludwig Natorp († 1864), Pfarrer in Düsseldorf.
Kinder: Gustav Natorp, * 1824, Dr. phil.
Adalbert Natorp, * 1826, Konsistorialrat in Düsseldorf.
Agnes Natorp, * 1828, ∞ mit Bergrat Gustav Brassert in Halle.
Oskar Natorp, * 1833, Oberlehrer.
4. Eduard (1803–91), Arzt in Bremen, ∞ mit seiner Schwägerin Adelheid Natorp (1805–63).
Tochter: Adelheid (Ea), * 1847, lebt in Bremen.
5. Julius (1807–93), Pfarrer zu Tecklenburg, ∞ mit Adelheid v. Kügelgen, W. v. K.s Schwester.

Kinder: Martin, *1836, Dr. phil., Direktor des Lehrerinnen-Seminars in Kassel.
Maria, *1839, ∞ mit Pfarrer Smend in Burgsteinfurt.
Gottfried, *1848.

*Zum besseren Verständnis:*
Folgende Ehen wurden innerhalb der Verwandtschaft geschlossen:

1. Wilh. v. K.s Vater und dessen Zwillingsbruder Karl heirateten zwei Schwestern v. Zoege.
2. Der Bruder Gerhard heiratete seine Kusine, die Tochter des Onkels Karl v. Kügelgen.
3. W. v. K.s Vetter Constantin v. Kügelgen war in zweiter Ehe mit einer Enkelin seines Großvaters (mütterlicherseits) v. Zoege verheiratet.
4. W. v. K.s Vetter Wilhelm v. Stackelberg heiratete eine Kusine W. v. K.s, die Tochter des Zwillingsbruders des Vaters.
5. Der Bruder Julius von W. v. K.s Frau heiratete W. v. K.s Schwester Adelheid.
6. W. v. K.s Schwägerin Maria Krummacher war mit G. L. Natorp verheiratet, W. v. K.s Schwager Eduard Krummacher mit der Schwester Adelheid dieses Natorp.

## Bildquellenvermerk

Reproduktion der Gemälde Wilhelm von Kügelgens auf Seite 12 und 14 mit freundlicher Genehmigung des Archivs für Kunst und Geschichte, Berlin.
Alle übrigen Abbildungen, Zeichnungen Wilhelm von Kügelgens, stammen aus Privatbesitz.

## Leben Kügelgens bis zur Übersiedlung nach Ballenstedt

| | |
|---|---|
| 20. 11. 1802 | Wilhelm v. Kügelgen geb. in St. Petersburg, Wohnsitz des als Porträtmaler wirkenden Vaters |
| 1803 | Übersiedlung nach Dresden |
| 11. 05. 1806 | Geburt des Bruders Gerhard |
| 10. 02. 1808 | Geburt der Schwester Adelheid, verh. 1835 mit Kügelgens Schwager Julius Krummacher |
| 9. 10. 1813 | Völkerschlacht bei Leipzig |
| 1817 | Zögling des Pastors Roller zu Lausa zusammen mit den Grafen Hermann und Bernhard zu Dohna (Vorbereitung auf die Konfirmation) |
| 1820 | Nach dem Tod des Vaters Aufenthalt in Bernburg bei Friedrich Adolf Krummacher, Superintendent in Bernburg, später Pastor in Bremen, beliebter populärtheologischer Schriftsteller, in der Familie »Ätti« genannt |
| 1822–23 | Aufenthalt bei den mütterlichen Verwandten in Estland auf dem Gut Poll, ca. 120 km östlich Reval. Tiefe Zuneigung zum deutschbaltischen Leben. Die dortigen Verwandten finden sich auf den Stammtafeln S. 1068f. |
| 1824 | Vergebliches Anhalten um die Hand von Julie Krummacher (geb. 23. 10. 1804 Duisburg, gest. 22. 5. 1909 Dessau) |
| 1825–26 | Aufenthalt in Rom, zusammen mit dem baltischen Malerfreund Timoleon Neff, späterem Professor an der Akademie und Direktor der Eremitage zu St. Petersburg |
| 1826 | Zustimmung Krummachers zur Verlobung mit Julie Krummacher |
| 1827 | Heirat |
| 1827 | Dresden; Reise nach Estland auf das geliebte Gut Poll |
| 1828 | Hofmaler in St. Petersburg, Porträts, kaiserlicher Auftrag für das Altarbild in Reval. Geburt der Tochter Bertha |
| 1829 | Poll |
| 1829 | Herbst: nach kurzem Aufenthalt in Dresden Umzug auf das Gut Hermsdorf zu dem Freund E. von Heynitz |
| 1831 | Geburt der Tochter Anna |
| 1833 | Geburt des Sohnes Gerhard. Berufung als Hofmaler nach Ballenstedt |
| 1833 | Oktober: Übersiedlung nach Ballenstedt; Geburt der Söhne Adolph (1835 Dresden) Benno (1837) und der Tochter Elisabeth (1839) |

# Personenregister

Unter den Freunden und Orten, die für Kügelgens Lebensgang bedeutsam waren und von denen die ›Jugenderinnerungen eines alten Mannes‹ berichten, sind hervorzuheben:

Die Familie und das Haus des Senators W. Volkmann (1779–1850).

Der Pastor Samuel Roller (1779–1850) zu Lausa, den Kügelgen in einem Brief an die Braut mit den Worten charakterisiert: *Der alte Roller ist ein Werk vom lieben Gott, betitelt: »Unbegreifliche Rebellion auf rechtlichem Wege gegen die gewöhnliche Art aufzufassen und zu fühlen. Prachtausgabe in groß Menschenquart.«* (20. XI. 1826)

Der Maler Ludwig Richter (1803–1884): *Er ist ein herrlicher Mensch, der durch ungeheures Kreuz in allen Ansichten sehr geläutert und warm in der Liebe zu seinem Gott geworden ist. Wir sind enge Freunde geworden.* (An Tim. Neff, 30. XI. 1832). Zu Richters Dresdener Kreis gehörten die Maler E. F. Oehme (1797–1855) und K. G. Peschel (1798–1879).

Der Maler Timoleon Neff (1804–1876), Pflegesohn von K. s. Onkel Heinrich Zoege von Manteuffel, zuletzt Direktor der Eremitage zu St. Petersburg: *Wir haben ja sehr verschiedenartige Naturells, aber wir haben Jahre hindurch so viel Freuden und Ungemach miteinander geteilt, daß wir doch Freunde für dieses Leben bleiben wollen.* (An Neff, 30. XI. 1832)

Der Gutsherr Ernst v. Heynitz zu Hermsdorf (1801–1861): *Hier, fern von allem Geräusch und Eitelkeit ist mir wohl, hier habe ich den treuen Heynitz.* (15. II. 1832)

Das Gut Poll in Estland und die dortigen Verwandten: *Mein Herz ist tief eingewurzelt auf diesem Fleckchen Erde.* (22. VIII. 1847) *Die Familie besteht aus dem Hausvater* (G. A. Baron von Stackelberg) *und drei Töchtern* (Sophie, Antonie, Auguste). *Wenn Dir diese Mädchen sagen, daß sie Dir gut sind … so kannst Du's getrost glauben, denn diesen wahrhaft edlen Charakteren ist es unmöglich, zu lügen oder auch nur sich zu verstellen.* (10. XII. 1826)

*Kursiv gestellte Ziffern verweisen auf Illustrationen, Ziffern in Klammern auf die Einleitung.*